Schwerpunkte Band 9/1   Wessels/Hillenkamp · Strafrecht Besonderer Teil 2

D1672558

Schwerpunkte

Eine systematische Darstellung der wichtigsten Rechtsgebiete anhand von Fällen
Begründet von Professor Dr. Harry Westermann †

Strafrecht Besonderer Teil 2

Straftaten gegen Vermögenswerte

begründet von

Prof. Dr. Johannes Wessels †

fortgeführt von

Dr. Dr. h.c. Thomas Hillenkamp

o. Professor an der Universität Heidelberg

32., neu bearbeitete Auflage

CFM

C. F. Müller Verlag
Heidelberg

Bibliografische Informationen der Deutschen Nationalbibliothek
Die Deutsche Nationalbibliothek verzeichnet diese Publikation in der Deutschen Nationalbiblio-
grafie; detaillierte bibliografische Daten sind im Internet über http://dnb.d-nb.de abrufbar.

Bei der Herstellung des Werkes haben wir uns zukunftsbewusst für umweltverträgliche und wie-
derverwertbare Materialien entschieden. Der Inhalt ist auf elementar chlorfreiem Papier gedruckt.

ISBN 978-3-8114-9718-4

E-Mail: kundenbetreuung@hjr-verlag.de
Telefon: +49 89/2183-7928
Telefax: +49 89/2183-7620

© 2009 C.F. Müller, eine Marke der Verlagsgruppe Hüthig Jehle Rehm GmbH
Heidelberg, München, Landsberg, Frechen, Hamburg

www.cfmueller-campus.de
www.hjr-verlag.de

Satz: Textservice Zink, Schwarzach
Druck: Druckerei C.H. Beck, Nördlingen

Vorwort

Die 32. Auflage berücksichtigt Literatur und Rechtsprechung bis Ende Juli 2009.

Übersichten zu den wichtigsten Tatbeständen stehen am Ende der Behandlung des jeweiligen Delikts. Wer sich vorab einen Überblick über die Darstellung verschaffen möchte, sollte in das Inhaltsverzeichnis schauen. Wer sich dagegen nach der jeweiligen Lektüre vergewissern will, ob die Merkmale des Delikts und ob dazu beispielhaft aufgeführte besonders gewichtige, mit einem ℗ gekennzeichnete Fragestellungen aufgenommen und richtig zugeordnet sind, kann sich an diesen Übersichten orientieren, die sich zugleich als **Aufbauschemata für Falllösungen** eignen. Die abzuprüfenden gesetzlichen Merkmale sind jeweils durch einen • gekennzeichnet und gleichsam an einer Kette untereinander aufgereiht. Mit einem → versehene Hinweise enthalten im Gesetzestext selbst nicht explizit benannte Bestandteile des darüber stehenden Merkmals. Wer mit einem Merkmal, Bestandteil oder Problem nichts (mehr) anzufangen weiß, sollte zurückblättern und die entsprechende Lektüre wiederholen.

Mit dem Kauf dieses Buches haben Sie sich für das **Werk ohne** die zu ihm angebotene **CD-ROM** entschieden. Verlag und Autor werben gleichwohl für das in ihren Augen sinnvolle Angebot, alle in den amtlichen Sammlungen des Reichsgerichts und des Bundesgerichtshofs sowie in den Zeitschriften „wistra" und „Goltdammer's Archiv" enthaltenen und in diesem Band zitierten Entscheidungen auf CD-ROM mitgeliefert zu bekommen. Sie sind mittlerweile um alle BGH-Entscheidungen ergänzt worden, die in den Jahren 1999–2009 auch aus anderen als den oben genannten Quellen in diesem Band zitiert worden sind (also zB JR, JZ, NJW, NStZ, StV etc). Dadurch kann namentlich die häusliche Arbeit mit dem Werk entscheidend erleichtert werden.

Meinem wiss. Mitarbeiter, Herrn Dr. *Kai Cornelius*, danke ich für die Überarbeitung der Computerdelikte. Für die Sammlung des in der Neuauflage zu verarbeitenden Materials und die Aktualisierung und Ergänzung der CD bedanke ich mich bei meinen sich mit viel Eigeninitiative und Übersicht engagierenden Mitarbeiterinnen und Mitarbeitern *Tillmann Böß, Daniela Buhl, Katharina Butz, Lena Kalbfell, Julia Neugebauer, Eda Tekin* und *Marlien Telöken* sehr herzlich. Ein besonderer Dank gilt wie stets meiner Sekretärin *Brigitte Seib,* die mittlerweile bei zwölf an meinem Lehrstuhl entstandenen Auflagen die für mich unverzichtbare technische Hilfe geleistet hat. Dank schulde ich schließlich auch Prof. Dr. *Helmut Satzger*, der mir freundlicherweise wieder geholfen hat, die in Rn 8b enthaltenen Ausführungen auf den neuesten Stand zu bringen.

Heidelberg, im Juli 2009   *Thomas Hillenkamp*

Vorwort der 21. Auflage

Der Entschluss, die Weiterführung meines Werkes in der *Schwerpunkte*-Reihe jüngeren Kollegen anzuvertrauen, wurde mir vor allem dadurch erleichtert, dass für diese Aufgabe Nachfolger gefunden werden konnten, die ihre herausragenden fachlichen und pädagogischen Fähigkeiten bereits in zahlreichen Veröffentlichungen unter Beweis gestellt haben. Dies gilt in besonderem Maße auch für Herrn Professor Dr. Dr. h.c. Thomas Hillenkamp, der die Neubearbeitung des vorliegenden Bandes zu den Straftaten gegen das Eigentum und gegen das Vermögen übernommen hat. Ich bin sicher, dass dieser Teil meines Lebenswerkes bei ihm in guten Händen liegt.

Aufrichtigen Dank sage ich bei dieser Gelegenheit erneut meinen früheren Mitarbeiterinnen und Mitarbeitern, meinem Sohn Hans Ulrich sowie allen, die in vielfältiger Weise zum Erfolg meiner Arbeit beigetragen haben.

Münster, im Februar 1999   *Johannes Wessels*

Johannes Wessels hat die Neubearbeitung seines Werkes abgegeben, nicht aber sein Werk: Es bleibt, es gilt es zu bewahren. Didaktisches Geschick, die Achtung der Meinung anderer in souveräner Darstellung und Kritik, die abgewogene Begründung oft richtungweisender Standpunkte, das alles hat dem Werk eine Leserschar versammelt, die es zu erhalten gilt. Mehr als Bemühen kann ich – mit der Nachfolge in diesem Band betraut und geehrt – nicht versprechen.

Die Auflage ist umfangreicher geworden. Das liegt nicht ausschließlich an textlicher Anreicherung. Eine übersichtlichere äußere Gestaltung – vom Verlag für alle drei Bände angeregt – hat Raum beansprucht. Dazu trat freilich die Notwendigkeit, die durch das 6. Strafrechtsreformgesetz vom 26.01.1998 (BGBl I, S. 164) eingetretenen Änderungen aufzunehmen. Sie ließen sich oft nicht vermitteln, ohne die Wiedergabe vormaliger Streitstände beizubehalten. Neben dem 6. Strafrechtsreformgesetz sind die Änderungen berücksichtigt, die durch das Gesetz zur Bekämpfung der Korruption vom 13.08.1997 (BGBl I, S. 2038), durch das Gesetz zur Verbesserung der Bekämpfung der Organisierten Kriminalität vom 04.05.1998 (BGBl I, S. 845) und durch die am 01.01.1999 in Kraft getretene Insolvenzordnung vom 05.10.1994 (BGBl I, S. 2866, 2911, 2941) eingetreten sind. Auch habe ich manches angefügt und nachgetragen, wo ich der Meinung war, es könnte dem Leser nutzen. Rechtsprechung und Literatur sind bis einschließlich Dezember 1998 berücksichtigt.

Für vielfältige Mithilfe danke ich meinen wissenschaftlichen Mitarbeitern *Dr. Ralph Ingelfinger* und *Dr. Brigitte Tag* sowie meinen studentischen Hilfskräften *Andreas Brilla, Simone Hartwig, Sybille Knörzer, Rolf Mack* und *Michael Rothenhöfer*. Vor allem aber danke ich meiner Sekretärin Frau *Brigitte Seib*, die mit großer Geduld und Können die Satzvorlage hergestellt hat.

Heidelberg, im Februar 1999   *Thomas Hillenkamp*

Vorwort der 1. Auflage

Dieses Buch enthält die *Straftaten gegen Vermögenswerte*. Es ergänzt den bereits vorliegenden Band 8 der Titelreihe, in welchem die *Straftaten gegen Persönlichkeits- und Gemeinschaftswerte* behandelt sind. Die Darstellung beschränkt sich auch hier auf solche Schwerpunkte, die das Bild der Strafrechtspraxis bestimmen und die erfahrungsgemäß für den akademischen Unterricht wie für die Anforderungen im Examen von Bedeutung sind. Die Wuchertatbestände (§ 302a), die bislang über ein Schattendasein nicht hinausgekommen sind, wurden daher ausgeklammert; zu ihrer Neufassung durch das 1. WiKG vom 29.7.1976 wird auf die Abhandlung von *Sturm* verwiesen (JZ 77, 84). Die Rechtsprechung zu den einzelnen Vermögensdelikten ist umfassend eingearbeitet. Bei den Literaturangaben musste aus Raumgründen auf Vollständigkeit verzichtet werden; sie sind so ausgewählt, dass dem Lernenden möglichst über Einzelschriften und neuere Abhandlungen das reichhaltige Quellenmaterial erschlossen wird.

Meinen Beitrag innerhalb der *Schwerpunkte*-Reihe widme ich dem Andenken meiner Eltern, deren Geburtstag sich in Kürze zum einhundertsten Male jährt. In ihrem arbeitsreichen Leben, das von unermüdlicher Pflichterfüllung geprägt war, galt ihr ganzes Streben dem Wohl ihrer sechs Kinder. Ihr Vorbild hat mir die Kraft gegeben, dieses Werk neben meiner starken dienstlichen Beanspruchung zu vollenden.

Dank schulde ich meinen Mitarbeitern, den Herren *Franz Josef Flacke, Heinz Hagemeier* und *Dr. Ulrich Womelsdorf.* In ihren Händen lag das Lesen der Korrekturen und die Erstellung des Sachregisters. Ihre Anregungen waren für mich eine wertvolle Unterstützung.

Münster, im März 1977 *Johannes Wessels*

Inhaltsverzeichnis

	Rn	Seite
Vorwort		V
Vorwort der 21. Auflage		VI
Vorwort der 1. Auflage		VII
Abkürzungsverzeichnis		XXII
Literaturverzeichnis		XXVII
Fest- und Gedächtnisschriftenverzeichnis		XXX

Einleitung
Straftaten gegen Vermögenswerte . . . . 1 . . . 1

    I. Straftaten gegen das Eigentum und gegen
       einzelne Vermögenswerte . . . . 2 . . . 1
    II. Straftaten gegen das Vermögen als Ganzes . . . . 3 . . . 2
    III. Gesetzliche Neuerungen . . . . 9 . . . 7

1. Teil
Straftaten gegen das Eigentum

1. Kapitel
Sachbeschädigungs- und Computerdelikte

§ 1 Die einzelnen Straftatbestände . . . . 10 . . . 8

    I. Einfache Sachbeschädigung . . . . 11 . . . 8
       1. Rechtsnatur und Reform . . . . 11 . . . 8
       2. Geschütztes Rechtsgut . . . . 13a . . . 10
       3. Gegenstand der Tat . . . . 14 . . . 12
       4. Tathandlungen . . . . 18 . . . 13
          a) Beschädigen . . . . 20 . . . 13
          b) Zerstören . . . . 31 . . . 18
          c) Verändern des Erscheinungsbildes . . . . 31a . . . 19
       5. Abgrenzung zur bloßen Sachentziehung . . . . 32 . . . 20
       6. Subjektiver Tatbestand . . . . 33 . . . 21
       Prüfungsaufbau Sachbeschädigung, § 303 . . . . 34 . . . 22

II. Zerstörung von Bauwerken und von wichtigen
    Arbeitsmitteln 35   22
    1. Zerstörung von Bauwerken 35   22
    2. Zerstörung wichtiger Arbeitsmittel 38   23
III. Gemeinschädliche Sachbeschädigung 39   24
    1. Schutzgut und Schutzzweck 40   24
    2. Unrechtstatbestand 41   24
IV. Datenveränderung und Computersabotage 49   27
    1. Datenveränderung 50   27
    Prüfungsaufbau Datenveränderung, § 303a 52   30
    2. Computersabotage 53   30
    Prüfungsaufbau Computersabotage, § 303b 55b   33

2. Kapitel
Diebstahl und Unterschlagung

§ 2   Der Grundtatbestand des Diebstahls 56   34
    I. Systematischer Überblick 57   34
      1. Gegenüberstellung von Diebstahl
        und Unterschlagung 57   34
      2. Qualifizierte und privilegierte Diebstahlsfälle 59   36
    II. Das Diebstahlsobjekt 62   37
      1. Begriff der Sache 63   37
      2. Beweglichkeit 67   38
      3. Fremdheit 68   38
    III. Die Wegnahme 71   40
      1. Wegnahme und Gewahrsamsbegriff 71   40
      2. Eigentum und Gewahrsam 73   42
      3. Einzelprobleme und Erscheinungsformen
        des Gewahrsams 74   42
        a) Gewahrsamswille 75   43
        b) Tatsächliche Sachherrschaft und Verkehrsauffassung 78   44
        c) Besitz und Gewahrsam 81   45
        d) Mitgewahrsam 84   46
        e) Abgrenzungskriterium zur Unterschlagung 85   46
        f) Gewahrsam bei verschlossenen Behältnissen . . . 93   49
        g) Gewahrsamsverlust 97   50
      4. Vollendung der Wegnahme 99   51
        a) Bruch fremden Gewahrsams 103   52
        b) Begründung neuen Gewahrsams 109   54
      5. Vollendung und Beendigung des Diebstahls 119   58

X

   IV. Der subjektive Unrechtstatbestand des Diebstahls 121   59

     1. Tatbestandsvorsatz 124   59

     2. Entwicklung des Zueignungsbegriffs in Wissenschaft und

       Rechtsprechung 127   60

       a) Bedeutung der Erweiterung durch das 6. StrRG . . . 127   60

       b) Substanz-, Sachwert- und Vereinigungstheorie 128   61

       c) Eigene Stellungnahme 134   63

     3. Einzelelemente des Zueignungsbegriffs 136   64

       a) Aneignung 137   65

       b) Enteignung 142   66

     4. Absichtsbegriff im Diebstahlstatbestand 149   68

       a) Handeln mit animus rem sibi habendi 150   68

       b) Handeln mit Drittzueignungsabsicht 153   69

     5. Problematische Fallgestaltungen 157   73

       a) Rückveräußerung an den Eigentümer 158   73

       b) Entwendung von Legitimationspapieren 160   74

       c) Entwendung von Ausweispapieren 162   76

       d) Entwendung von Geldautomatenkarten 163   76

       e) Grenzen der Sachwerttheorie 172   80

       f) Hinweise zum Selbststudium 179   82

     6. Rechtswidrigkeit der erstrebten Zueignung 187   84

     7. Maßgeblicher Zeitpunkt in subjektiver Hinsicht 191   86

  Prüfungsaufbau Diebstahl, § 242 191   86

§ 3 Besonders schwere Fälle des Diebstahls 192   87

   I. Die Reform des § 243 und die Bedeutung

     der Regelbeispielsmethode 193   88

     1. Von der Qualifikation zu Regelbeispielen 193   88

     2. Regelbeispiele als Strafzumessungsregeln 195   89

     3. Problematik des Versuchs 201   91

       a) Versuch als besonders schwerer Fall 202   91

       b) Versuchsbeginn 209   95

     4. Vorsatzerfordernis und Teilnahme 210   96

   II. Die einzelnen Regelbeispiele des § 243 I 211   96

     1. Einbruchs-, Einsteige-, Nachschlüssel- und

       Verweildiebstahl (Nr 1) 212   97

       a) Geschützte Räumlichkeiten 213   97

       b) Handlungsmodalitäten 215   98

       c) Zeitpunkt des Diebstahlsvorsatzes 222   100

     2. Überwindung besonderer Schutzvorrichtungen (Nr 2) . . 223   101

     3. Gewerbsmäßiger Diebstahl (Nr 3) 230   103

     4. Kirchendiebstahl (Nr 4) 231   104

     5. Gemeinschädlicher Diebstahl (Nr 5) 232   104

     6. Ausnutzung fremder Notlagen (Nr 6) 233   104

      7. Waffen- und Sprengstoffentwendung (Nr 7) 234   105
      8. Konkurrenzen 235   106
  III. Die Ausschlussklausel des § 243 II 238   108
      1. Voraussetzungen des Geringwertigkeitsbezugs 239   108
      2. Geringwertigkeitsbegriff 242   110
      3. Problematik des Vorsatzwechsels 245   111
  Prüfungsaufbau Besonders schwerer Fall
  des Diebstahls, § 243 251   114

**§ 4 Diebstahl mit Waffen, Wohnungseinbruchs- und
    Bandendiebstahl** 252   115
  I. Diebstahl mit Waffen 253   115
      1. Beisichführen von Waffen oder anderen gefährlichen
        Werkzeugen 254   115
        a) Beisichführen von Waffen 255   116
        b) Beisichführen eines anderen gefährlichen
          Werkzeugs 260   119
      2. Diebstahl mit sonstigen Werkzeugen und Mitteln . . . 263   127
  II. Wohnungseinbruchsdiebstahl 267   131
  III. Bandendiebstahl 269   134
      1. Bandenbegriff 271   134
      2. Bandenmäßige Begehung 272   137
      3. Schwerer Bandendiebstahl 273   138
  Prüfungsaufbau Diebstahlsqualifikationen, § 244 274   139

§ 5 Unterschlagung und Veruntreuung 275   141
  I. Einfache Unterschlagung 276   141
      1. Struktur, Rechtsgut und Tatobjekt 277   141
      2. Tathandlung 279   142
        a) Manifestation des Zueignungswillens 279   142
        b) Beispiele 281   144
        c) Ausgleich von Kassenfehlbeständen
          mit Fremdmitteln 283   147
      3. Besitz oder Gewahrsam 290   149
      4. Rechtswidrigkeit der Zueignung und Vorsatz 294   152
  II. Veruntreuende Unterschlagung 295   152
  III. Mehrfache Zueignung und Subsidiaritätsklausel 299   155
      1. „Gleichzeitige" Zueignung 300   155
      2. „Wiederholte" Zueignung 301   156
  Prüfungsaufbau Unterschlagung, § 246 304   159

§ 6 Privilegierte Fälle des Diebstahls
und der Unterschlagung 305   160

    I. Haus- und Familiendiebstahl 306   160

       1. Privilegierungsgrund und Anwendungsbereich 306   160

       2. Beziehung zwischen Täter und Verletztem 308   161

    II. Diebstahl und Unterschlagung geringwertiger Sachen . . . 310   161

    III. Irrtumsfragen 312   162

3. Kapitel
Raub

§ 7 Der Grundtatbestand des Raubes 314   163

    I. Die Unrechtsmerkmale des Raubes 314a   164

       1. Grundstruktur und Schutzgüter des Raubes 316   164

       2. Qualifizierte Nötigungsmittel 318   165

          a) Gewalt gegen eine Person 319   165

          b) Drohung mit gegenwärtiger Gefahr für Leib
             oder Leben 325   167

       3. Subjektiver Tatbestand, Tatbeteiligung und Versuch . . 327   169

          a) Subjektiver Tatbestand 327   169

          b) Beteiligung 328   169

          c) Versuch 331   171

    II. Sachentwendung bei fortwirkenden, nicht zu Raubzwecken
       geschaffenen Zwangslagen 333   172

       1. Fortdauer der Gewaltanwendung 334   173

       2. Ausnutzung der Gewaltwirkung 335   173

    Prüfungsaufbau Raub, § 249 337   175

§ 8 Raubqualifikationen 338   176

    I. Schwerer Raub 339   176

       1. Überblick über die Neufassung des § 250 339   176

       2. Einfache Raubqualifikationen 342   177

          a) Beisichführen von Waffen oder anderen gefährlichen
             Werkzeugen 342   177

          b) Raub mit sonstigen Werkzeugen oder Mitteln 343   179

          c) Gesundheitsgefährdender Raub 346   181

          d) Bandenraub 348   182

       3. Schwere Raubqualifikationen 349   183

          a) Verwendung von Waffen oder gefährlichen
             Werkzeugen 350   183

          b) Bewaffneter Bandenraub 351   185

          c) Schwere körperliche Misshandlung und
             Lebensgefährdung 352   186

    Prüfungsaufbau Schwerer Raub, § 250 352   186

II. Raub mit Todesfolge 353   188
   1. Folge und raubspezifische Gefahr 354   188
   2. Leichtfertigkeit 356   190
   3. Versuch und Rücktritt 358   190
   Prüfungsaufbau Raub mit Todesfolge, § 251 359   192

4. Kapitel
Raubähnliche Sonderdelikte

§ 9 Räuberischer Diebstahl und räuberischer Angriff
auf Kraftfahrer 360   193
   I. Räuberischer Diebstahl 360   193
     1. Rechtsnatur 361   193
     2. Objektiver Tatbestand 363   194
       a) Vortat und Anwendungsbereich 363   194
       b) Betreffen und Nötigungsmittel 368   196
     3. Subjektiver Tatbestand 370   197
     4. Beteiligungsfälle 373   199
     5. Erschwerungsgründe und Abgrenzungsfragen 375   200
     Prüfungsaufbau Räuberischer Diebstahl, § 252 379   203
   II. Räuberischer Angriff auf Kraftfahrer 380   204
     1. Struktur des Delikts 381   204
     2. Tatbestand 383   206
       a) Verübung eines Angriffs 383   206
       b) Ausnutzung der besonderen Verhältnisse
         des Straßenverkehrs 384   208
       c) Subjektive Merkmale 387   211
     3. Vollendung, Versuch und Rücktritt 388   211
     Prüfungsaufbau Räuberischer Angriff auf
     Kraftfahrer, § 316a 391   214

Teil II
Straftaten gegen sonstige spezialisierte Vermögenswerte

5. Kapitel
Gebrauchs- und Verbrauchsanmaßung

§ 10 Unbefugter Gebrauch von Fahrzeugen und Pfandsachen
sowie Entziehung elektrischer Energie 393   216
   I. Unbefugter Gebrauch eines Fahrzeugs 394   217
     1. Schutzzweck, Schutzobjekt und Berechtigter 394   217

2. Ingebrauchnehmen des Fahrzeugs 397 218
3. Verhältnis zu den Zueignungsdelikten 402 220
Prüfungsaufbau Unbefugter Gebrauch eines
Fahrzeugs, § 248b 405 222
II. Unbefugter Gebrauch von Pfandsachen 406 222
III. Entziehung elektrischer Energie 407 223

6. Kapitel
Verletzung von Aneignungsrechten

§ 11 Jagd- und Fischwilderei 410 224
  I. Jagdwilderei 411 224
    1. Rechtsgut und Schutzfunktion 412 225
    2. Objektiver Tatbestand 416 226
      a) Tatobjekte und Tathandlungen 416 226
      b) Verletzung fremden Jagd- oder
        Jagdausübungsrechts 419 227
    3. Zueignung gefangenen oder erlegten Wildes
      durch Dritte 422 228
    4. Vorsatz und Irrtumsfälle 427 230
    5. Strafantragserfordernis 433 233
    6. Besonders schwere Fälle der Wilderei 434 233
  II. Fischwilderei 437 235
  Prüfungsaufbau Jagdwilderei, § 292 . . . . 437 235

7. Kapitel
Vereiteln und Gefährden von Gläubigerrechten

**§ 12 Pfandkehr, Vollstreckungsvereitelung
und Insolvenzstraftaten** 438 236
  I. Pfandkehr 438 236
    1. Schutzfunktion, Täterkreis und Tathandlung 439 236
    2. Subjektiver Tatbestand 443 238
  II. Vereiteln der Zwangsvollstreckung 445 239
    1. Schutzgut und Gläubigerbegriff 446 239
    2. Objektiver Tatbestand 447 240
      a) Drohen der Zwangsvollstreckung
        und Tathandlung 448 240
      b) Täterschaft und Teilnahme 452 241
    3. Subjektiver Tatbestand und Antragserfordernis 453 242
    Prüfungsaufbau Vereiteln der Zwangsvollstreckung, § 288 456 243

III. Insolvenzstraftaten 457   244
   1. Zweck und Rechtsnatur der Insolvenzdelikte 457   244
   2. Bankrott 460   246
     a) Wirtschaftliche Krise 461   247
     b) Tathandlungen 463   249
     c) Subjektiver Tatbestand und objektive Bedingung
       der Strafbarkeit 467   251
     d) Übrige Fragen 470   252
   3. Verletzung der Buchführungspflicht 473   254
   4. Gläubigerbegünstigung 476   255
     a) Grund der Privilegierung 477   256
     b) Tatbestand und Teilnahme 478   256
   5. Schuldnerbegünstigung 485   258

Teil III
Straftaten gegen das Vermögen als Ganzes

8. Kapitel
Betrug und Erpressung

§ 13 Betrug und Computerbetrug 488   260
  I. Schutzgut und Tatbestandsaufbau des Betrugs 488   260
 II. Der objektive Tatbestand des § 263 492   262
   1. Täuschung über Tatsachen 493   262
     a) Tatsachenbegriff 494   264
     b) Täuschung durch aktives Tun 497   265
     c) Täuschung durch Unterlassen 503   270
   2. Erregen oder Unterhalten eines Irrtums 508   273
   3. Vermögensverfügung 514   276
     a) Begriff und Funktion der Verfügung 514   276
     b) Verfügungsbewusstsein 517   277
     c) Ursächlicher und funktionaler Zusammenhang . . . 520   278
   4. Vermögensbeschädigung 529   281
     a) Vermögensbegriff 530   281
     b) Vermögensschaden 538   285
   5. Schadensberechnung 539   286
     a) Eingehungs- und Erfüllungsbetrug 539   286
     b) Vermögensschutz und Dispositionsfreiheit 541   289
     c) Schadenskompensation durch gesetzliche Ansprüche
       und Rechte 545   290
     d) Individueller Schadenseinschlag 547   291

    e) Soziale Zweckverfehlung 550   293
    f) Einsatz von Vermögenswerten zu missbilligten
       Zwecken 562   296
    g) Ansprüche aus gesetz- oder sittenwidrigen
       Geschäften 567   298
    h) Schadensgleiche Vermögensgefährdung 571   299
    i) Weitere Einzelfälle 577   302
  III. Subjektiver Tatbestand 578   304
    1. Vorsatz 578   304
    2. Absicht rechtswidriger Bereicherung 579   306
      a) Absicht 579   306
      b) Rechtswidrigkeit des erstrebten Vorteils 581   306
      c) Unmittelbarkeitsbeziehung 585   308
      d) Bereicherungsabsicht und Teilnahme 587   309
  IV. Regelbeispiele und Qualifikation 588   310
    1. Regelbeispiele 588   310
    2. Qualifikation 595   313
  V. Sicherungsbetrug und Verfolgbarkeit 596   313
    1. Sicherungsbetrug 596   313
    2. Verfolgbarkeit 597   313
  Prüfungsaufbau Betrug, § 263 597   314
  VI. Computerbetrug 598   315
    1. Zweck, Rechtsgut und Einordnung der Vorschrift 598   315
    2. Tatbestand 601   317
      a) Zwischenfolge, Erfolg und Bereicherungsabsicht . . 601   317
      b) Tathandlungen 605   318
    Prüfungsaufbau Computerbetrug, § 263a 616   326

§ 14 Abgrenzung zwischen Betrug und Diebstahl 617   327
  I. Sachbetrug und Trickdiebstahl 618   327
    1. Ausschlussverhältnis 619   327
    2. Abgrenzungskriterien 620   328
      a) Unmittelbarkeit 622   328
      b) Freiwilligkeit 627   330
      c) Verfügungsbewusstsein 635   333
  II. Diebstahl in mittelbarer Täterschaft und
    sog. Dreiecksbetrug 636   335
    1. Dreipersonenverhältnisse 637   335
    2. Abgrenzungskriterien 638   336
    3. Folgerungen 642   337

§ 15 Versicherungsmissbrauch, Vortäuschen eines Versicherungsfalls und Erschleichen von Leistungen 650 340

  I. Versicherungsmissbrauch 650 340

    1. Struktur und Schutzgut 652 340

    2. Tatobjekt und Tathandlungen 653 341

    3. Subjektiver Tatbestand 655 342

    4. Vollendung und Versuch 656 343

  II. Vortäuschen eines Versicherungsfalls 658 344

    1. Das Regelbeispiel des § 263 III 2 Nr 5 . . . . 658 344

      a) Tatobjekte und Vorbereitungshandlungen 659 344

      b) Vortäuschung eines Versicherungsfalls 660 345

    2. Zum Verhältnis von § 265 zu § 263 I, II, III 2 Nr 5 . . . 663 346

    Prüfungsaufbau Versicherungsmissbrauch, § 265 . . . . 664 347

  III. Erschleichen von Leistungen 665 348

    1. Tatbestandsüberblick 666 348

    2. Erschleichen als Ausführungshandlung 669 349

    3. Leistungs- und Warenautomaten sowie Einrichtungen 674 352

    4. Vorsatz, Versuch und Verfolgbarkeit 676 353

    Prüfungsaufbau Erschleichen von Leistungen, § 265a . . 678 354

§ 16 Subventions-, Kapitalanlage-, Kredit- und Submissionsbetrug 679 355

  I. Subventionsbetrug 680 355

    1. Schutzzweck und Deliktsnatur 680 355

    2. Subventionsbegriff 684 356

    3. Tathandlungen und Strafbarkeit 688 357

  II. Kapitalanlagebetrug 692 358

  III. Kreditbetrug 694 359

  IV. Submissionsbetrug 697 360

    1. Submissionsabsprachen und Submissionsbetrug 697 360

    2. Wettbewerbsbeschränkende Absprachen bei Ausschreibungen 699 361

    3. Bestechlichkeit und Bestechung im geschäftlichen Verkehr 701 363

§ 17 Erpressung, räuberische Erpressung und erpresserischer Menschenraub 703 365

  I. Erpressung 704 366

    1. Deliktsstruktur und Schutzgüter 704 366

    2. Objektiver Tatbestand 706 366

      a) Nötigungsmittel 707 366

      b) Vermögensverfügung 708 367

      c) Vermögensnachteil 715 371

3. Subjektiver Tatbestand 716 372
4. Rechtswidrigkeit und Vollendung 719 374
5. Konkurrenzen 722 375
Prüfungsaufbau Erpressung, § 253 . . . . 725 376
II. Räuberische Erpressung 726 377
1. Tatbestandsstruktur und Nötigungsmittel 727 377
2. Abgrenzung zum Raub 729 378
3. Rechtsprechungsbeispiele 735 380
Prüfungsaufbau Räuberische Erpressung, § 255 . . . . . 738 382
III. Erpresserischer Menschenraub 739 383
1. Tatbestandsstruktur und Schutzgut 740 383
2. Tatbestand 742 384
Prüfungsaufbau Erpresserischer Menschenraub, § 239a . 745 387

9. Kapitel
Untreue und untreueähnliche Delikte

**§ 18 Die Tatbestände der Untreue und der
untreueähnlichen Delikte** 746 388
I. Übersicht zu § 266 . . . . 747 389
1. Schutzgut und Deliktscharakter 747 389
2. Tatbestandliche Ausgestaltung 749 390
II. Missbrauchstatbestand 751 391
1. Verfügungs- und Verpflichtungsbefugnis 751 391
2. Vermögensbetreuungspflicht 752 391
3. Missbrauchshandlung 753 392
4. Nachteilszufügung 767 398
III. Treubruchstatbestand 768 398
1. Treueverhältnis, Vermögensbetreuungspflicht
und Pflichtverletzung 769 398
2. Nachteilszufügung 775 402
3. Vorsatz 778 405
4. Fragen des Allgemeinen Teils und Regelbeispiele 781 407
Prüfungsaufbau Untreue, § 266 . . . . 784 409
IV. Vorenthalten und Veruntreuen von Arbeitsentgelt 785 410
1. Vorenthalten von Sozialversicherungsbeiträgen 785 410
2. Heimliches Nichtabführen einbehaltenen Arbeitsentgelts
an Dritte 788 414
V. Missbrauch von Scheck- und Kreditkarten 789 414
1. Zweck der Vorschrift 790 414
2. Tatbestand 792 415
Prüfungsaufbau Missbrauch von Scheck- und
Kreditkarten, § 266b 798 419

10. Kapitel
Begünstigung, Hehlerei und Geldwäsche

§ 19 Begünstigung 799 419

   I. Übersicht 800 420
     1. Gesetzesreform 800 420
     2. Schutzgut und Deliktseinordnung 801 420
   II. Tatbestand 803 421
     1. Merkmale der Vortat 803 421
     2. Tathandlung 806 422
     3. Vorsatz und Begünstigungsabsicht 810 424
       a) Vorsatz 810 424
       b) Begünstigungsabsicht 811 424
     4. Tatvollendung 817 426
   III. Selbstbegünstigung und Begünstigung
      durch Vortatbeteiligte 818 426
     1. Selbstbegünstigung 818 426
     2. Auswirkungen der Vortatbeteiligung 819 426
   IV. Verfolgbarkeit 820 427

   Prüfungsaufbau Begünstigung, § 257 . . . . 822 428

§ 20 Hehlerei und Geldwäsche 823 428

   I. Schutzgut und Wesen der Hehlerei 823 428
     1. Gesetzesreform 823 428
     2. Schutzgut und Unrechtsgehalt 824 429
   II. Gegenstand und Vortat der Hehlerei 827 430
     1. Tatobjekt 828 430
     2. Zusammenhang zwischen Vortat und Hehlerei 830 431
     3. Fortbestehen der rechtswidrigen Vermögenslage 837 433
   III. Hehlereihandlungen 845 435
     1. Sich oder einem Dritten verschaffen 847 435
       a) Einvernehmliche Erlangung der
         Verfügungsgewalt 848 436
       b) Problemfälle 855 437
     2. Absetzen und Absetzenhelfen 861 439
       a) Begriffliche Abgrenzung 863 440
       b) Vollendung und Absatzerfolg 865 441
       c) Bedeutung im Einzelnen 868 442
   IV. Subjektiver Tatbestand 874 444
     1. Vorsatz 874 444
     2. Bereicherungsabsicht 876 445
   V. Vollendung und Versuch 878 446
   VI. Vortatbeteiligung und Hehlerei 882 447
     1. Vortäterschaft und Hehlerei 883 447

2. Vortatteilnahme und Hehlerei 884 448

3. Rückerwerb der Beute durch den Vortäter 885 448

VII. Verfolgbarkeit und Strafschärfung 888 449

    1. Verweisung auf §§ 247, 248a 888 449

    2. Qualifikationen 889 449

Prüfungsaufbau Hehlerei, § 259 . . . . 891 450

VIII. Geldwäsche und Verschleierung unrechtmäßig erlangter
Vermögenswerte 892 451

    1. Entstehung, Zweck und Rechtsgut 893 451

    2. Tatbestand 895 454

        a) Tatobjekt, Vortat und Täter 895 454

        b) Tathandlungen 898 456

    3. Tatbestandseinschränkungen 899 456

Prüfungsaufbau Geldwäsche, § 261 . . . . 902 460

Sachverzeichnis 463

Abkürzungsverzeichnis

aA	anderer Ansicht
aaO	am angegebenen Ort
ABl. EU	Amtsblatt der Europäischen Union
abl.	ablehnend
Abs.	Absatz
abw.	abweichend
AE	Alternativ-Entwurf eines Strafgesetzbuches
aF	alte Fassung
AG	Amtsgericht
AK-	Alternativkommentar zum Strafgesetzbuch (-Bearbeiter)
AktG	Aktiengesetz
Alt.	Alternative
Anm.	Anmerkung
AO	Abgabenordnung
Art.	Artikel
AT	Allgemeiner Teil (Strafrecht)
Aufl.	Auflage
BayObLG	Bayerisches Oberstes Landesgericht
BayObLGSt	Entscheidungen des Bayerischen Obersten Landesgerichts in Strafsachen
BB	Betriebsberater
BBG	Bundesbeamtengesetz
Bd.	Band
Begr.	Begründung
Bespr.	Besprechung
BeurkG	Beurkundungsgesetz
BGB	Bürgerliches Gesetzbuch
BGBl	Bundesgesetzblatt (Teil,Seite)
BGH	Bundesgerichtshof
BGHSt	Entscheidungen des Bundesgerichtshofes in Strafsachen
BGHZ	Entscheidungen des Bundesgerichtshofes in Zivilsachen
BJagdG	Bundesjagdgesetz
BND	Bundesnachrichtendienst
BNotO	Bundesnotarordnung
BR-Ds	Bundesrats-Drucksache
BT	Besonderer Teil (Strafrecht)
BT-Ds	Bundestags-Drucksache
BtMG	Betäubungsmittelgesetz
BT-Prot.	Bundestags-Protokolle
BVerfG	Bundesverfassungsgericht
BVerfGE	Entscheidungen des Bundesverfassungsgerichts
BVerwG	Bundesverwaltungsgericht
BVerwGE	Entscheidungen des Bundesverwaltungsgerichts
bzw	beziehungsweise
CR	Computer und Recht

D	Dallinger
DAR	Deutsches Autorecht
ders.	derselbe
dh	das heißt
diff.	differenzierend
Diss.	Dissertation
DJT	Deutscher Juristentag
DJZ	Deutsche Juristenzeitung
DR	Deutsches Recht
DRiZ	Deutsche Richterzeitung
DZWIR	Deutsche Zeitschrift für Wirtschafts- und Insolvenzrecht
E 1962	Entwurf eines Strafgesetzbuches 1962
EG	Einführungsgesetz
EGStGB	Einfuhrungsgesetz zum Stratgesetzbuch
EGV	Vertrag zur Gründung der Europäischen Gemeinschaft
Einl.	Einleitung
einschr.	einschränkend
Erg.	Ergebnis
etc	et cetera
EU	Europäische Union
EuGRZ	Europäische Grundrechte, Zeitschrift
EUV	Vertrag über die Europäische Union
evtl.	eventuell
EzSt	Entscheidungen zum Straf- und Ordnungswidrigkeitenrecht
FamRZ	Zeitschrift für das gesamte Familienrecht
FS	Festschrift
f	folgende
ff	folgende
FGG	Gesetz über die Angelegenheiten der freiwilligen Gerichtsbarkeit
Fn	Fußnote
GA	Goltdammer's Archiv für Strafrecht
GewO	Gewerbeordnung
GG	Grundgesetz für die Bundesrepublik Deutschland
ggf	gegebenenfalls
GmbH	Gesellschaft mit beschränkter Haftung
GmbHG	Gesetz betreffend die Gesellschaften mit beschränkter Haftung
GmbHR	GmbH-Rundschau
GrS	Großer Senat für Strafsachen
GS	Gedächtnisschrift
GVG	Gerichtsverfassungsgesetz
GWB	Gesetz gegen Wettbewerbsbeschränkungen
GWG	Geldwäschegesetz
H	Holtz
HESt	Höchstrichterliche Entscheidungen in Strafsachen
HGB	Handelsgesetzbuch
hL	herrschende Lehre
hM	herrschende Meinung
HRR	Höchstrichterliche Rechtsprechung (zitiert nach Jahr und Nummer)

HRRS	Onlinezeitschrift für Höchstrichterliche Rechtsprechung zum Strafrecht
Hrsg.	Herausgeber
idF	in der Fassung
idR	in der Regel
iE	im Ergebnis
ieS	im engeren Sinn
iwS	im weiteren Sinn
InsO	Insolvenzordnung
iR	im Rahmen
iS	im Sinne
iVm	in Verbindung mit
iwS	im weiteren Sinn
JA	Juristische Arbeitsblätter
JA-R	JA-Rechtsprechung
JGG	Jugendgerichtsgesetz
JK	Jura-Kartei
JMBl NW	Justizministerialblatt für das Land Nordrhein-Westfalen
JR	Juristische Rundschau
Jura	Juristische Ausbildung
JuS	Juristische Schulung
JW	Juristische Wochenschrift
JZ	Juristenzeitung
KG	Kammergericht
KO	Konkursordnung
krit.	kritisch
KTS	Konkurs-, Treuhand- und Schiedsgerichtswesen
L	Lernbogen
Lb	Lehrbuch (Strafrecht)
LG	Landgericht
LJagdG NW	Landesjagdgesetz Nordrhein-Westfalen
LK-	Leipziger Kommentar zum Strafgesetzbuch (-*Bearbeiter*)
Lkw	Lastkraftwagen
LM	Entscheidungen des Bundesgerichtshofes im Nachschlagewerk von Lindenmaier, Möhring ua
LPartG	Lebenspartnerschaftsgesetz
LZ	Leipziger Zeitschrift
MDR	Monatsschrift für Deutsches Recht
McdR	Medizinrecht
MMR	MultiMedia und Recht
MRK	Konvention zum Schutze der Menschenrechte und Grundfreiheiten
mwN	mit weiteren Nachweisen
NdsRpfl	Niedersächsische Rechtspflege
nF	neue Fassung
NJ	Neue Justiz
NJW	Neue Juristische Wochenschrift
NK-	Nomos-Kommentar zum Strafgesetzbuch (-*Bearbeiter*)

Nr(n)	Nummer(n)
NStE	Neue Entscheidungssammlung für Strafrecht
NStZ	Neue Zeitschrift für Strafrecht
NStZ-RR	NStZ-Rechtsprechungs-Report
NZI	Neue Zeitschrift für das Recht der Insolvenz und Sanierung
NZV	Neue Zeitschrift für Verkehr
NZWehrR	Neue Zeitschrift für Wehrrecht
OGHSt	Entscheidungen des Obersten Gerichtshofes für die Britische Zone in Strafsachen
oHG	Offene Handelsgesellschaft
ÖJZ	Österreichische Juristenzeitung
öStGB	österreichisches Strafgesetzbuch
OLG	Oberlandesgericht
OLGSt	Entscheidungen der Oberlandesgerichte zum Straf- und Strafverfahrensrecht
OrgKG	Gesetz zur Bekämpfung des illegalen Rauschgifthandels und anderer Erscheinungsformen der Organisierten Kriminalität vom 15.7.1992
OWiG	Gesetz über Ordnungswidrigkeiten
Prot.	Protokoll
ProstG	Prostitutionsgesetz
Reg.E	Regierungsentwurf
RefE	Referentenentwurf
RG	Reichsgericht
RGBl	Reichsgesetzblatt (Teil, Seite)
RGSt	Entscheidungen des Reichsgerichts in Strafsachen
RGZ	Entscheidungen des Reichsgerichts in Zivilsachen
Rn	Randnummer
RPflG	Rechtspflegergesetz
Rs.	Rechtssache(n)
S	Satz
S.	Seite
s.	siehe
ScheckG	Scheckgesetz
SchlHA	Schleswig-Holsteinische Anzeigen
SchlHOLG	Schleswig-Holsteinisches Oberlandesgericht
Sch-Sch-	Schönke-Schröder, Strafgesetzbuch (*-Bearbeiter*)
SchwZStr	Schweizerische Zeitschrift für Strafrecht
SJZ	Süddeutsche Juristenzeitung
SK-	Systematischer Kommentar zum Strafgesetzbuch (*-Bearbeiter*)
sog.	so genannt
StGB	Strafgesetzbuch
StPO	Strafprozessordnung
Strafo	Strafverteidigerforum
StrÄndG	Gesetz zur Änderung des Strafrechts
StrRG	Gesetz zur Reform des Strafrechts
StV	Strafverteidiger
s.u.	siehe unten

SubvG	Gesetz gegen missbräuchliche Inanspruchnahme von Subventionen (Subventionsgesetz)
TierSchG	Tierschutzgesetz
u	unten
ua	unter anderem, und andere
usw	und so weiter
uU	unter Umständen
UWG	Gesetz gegen den unlauteren Wettbewerb
VersR	Versicherungsrecht
VG	Verwaltungsgericht
vgl	vergleiche
Vorbem.	Vorbemerkung
VRS	Verkehrsrechts-Sammlung
VUR	Verbraucher und Recht
VVG	Gesetz über den Versicherungsvertrag
VW	Volkswagen
WaffG	Waffengesetz
WEG	Wohnungseigentumsgesetz
WiKG	Gesetz zur Bekämpfung der Wirtschaftskriminalität
wistra	Zeitschrift für Wirtschaft, Steuer, Strafrecht
WuW	Wirtschaft und Wettbewerb
zB	zum Beispiel
ZiP	Zeitschrift für Wirtschaftsrecht
ZIS	Zeitschrift für Internationale Strafrechtsdogmatik
ZJS	Zeitschrift für das Juristische Studium
ZPO	Zivilprozessordnung
ZRP	Zeitschrift für Rechtspolitik
ZStW	Zeitschrift für die gesamte Strafrechtswissenschaft
zT	zum Teil
zusf.	zusammenfassend
zust.	zustimmend
zutr.	zutreffend
ZVG	Gesetz über die Zwangsversteigerung und Zwangsverwaltung

Literaturverzeichnis

Achenbach/ Ransiek	Handbuch Wirtschaftsstrafrecht, 2. Auflage 2008 Zitiert: A/R-*Bearbeiter*
Arzt/Weber/Heinrich/ Hilgendorf	Strafrecht, Besonderer Teil, 2000. Zitiert: A/W-*Bearbeiter*, BT
BE	Bochumer Erläuterungen zum 6. Strafrechtsreformgesetz, 1998 (Hrsg. *E. Schlüchter*). Zitiert: BE-*Bearbeiter*
Beulke	Klausurenkurs im Strafrecht III, 3. Auflage 2009. Zitiert: *Beulke*
Binding	Lehrbuch des gemeinen deutschen Strafrechts, Besonderer Teil I, 2. Auflage 1902. Zitiert: *Binding*, BT I
Blei	Strafrecht II, Besonderer Teil, 12. Auflage 1983. Zitiert: *Blei*, BT
Bockelmann	Strafrecht, Besonderer Teil/1, Vermögensdelikte, 2. Auflage 1982. Zitiert: *Bockelmann*, BT I
Dölling/Duttge/ Rössner	Gesamtes Strafrecht, Handkommentar, 1. Auflage 2008. Zitiert: HK-GS/ *Bearbeiter*
Eisele	Strafrecht – Besonderer Teil II, Eigentumsdelikte, Vermögensdelikte und Urkundendelikte, 1. Auflage 2009. Zitiert: *Eisele*, BT II
Eisenberg	Kriminologie, 6. Auflage 2005. Zitiert: *Eisenberg*
Eser	Strafrecht IV, Vermögensdelikte, 4. Auflage 1983 Zitiert: *Eser*, Strafrecht IV
Fischer	Strafgesetzbuch, 56. Auflage 2009. Zitiert: *Fischer*
Gössel	Strafrecht, Besonderer Teil, Band 2, Straftaten gegen materielle Rechtsgüter des Individuums, 1996. Zitiert: *Gössel*, BT II
Haft/Hilgendorf	Strafrecht, Besonderer Teil I, 9. Auflage 2009. Zitiert: *Haft/ Hilgendorf*, BT
Hauf	Strafrecht, Besonderer Teil 1, Vermögensdelikte, 2. Auflage 2002. Zitiert: *Hauf*, BT I
Heghmanns	Strafrecht für alle Semester, Besonderer Teil, 1. Aufl. 2009. Zitiert: *Heghmanns*
Hellmann/Beckemper	Wirtschaftsstrafrecht, 2. Auflage 2008. Zitiert: *Hellmann/Beckemper*
Hillenkamp	Examenswichtige Klausurprobleme, Strafrecht Allgemeiner Teil, 12. Auflage 2006. Zitiert: *Hillenkamp*, AT
Hillenkamp	Examenswichtige Klausurprobleme, Strafrecht Besonderer Teil, 11. Auflage 2009. Zitiert: *Hillenkamp*, BT
Hohmann/Sander	Strafrecht, Besonderer Teil 1, Eigentums- und Vermögensdelikte, 2. Auflage 2000. Zitiert: *Hohmann/Sander*, BT I
Jäger	Examens-Repetitorium Strafrecht Besonderer Teil, 3. Auflage 2009. Zitiert: *Jäger*, BT
Joecks	Strafgesetzbuch, Studienkommentar, 8. Auflage 2009. Zitiert: *Joecks*
Kaiser	Kriminologie, 3. Auflage 1996. Zitiert: *Kaiser*
Kindhäuser	Strafgesetzbuch, Lehr- und Praxiskommentar, 3. Auflage 2006. Zitiert: *Kindhäuser*
Kindhäuser	Strafrecht, Besonderer Teil II, Straftaten gegen Vermögensrechte, 5. Auflage 2008. Zitiert: *Kindhäuser*, BT II
Kohlrausch/Lange	Strafgesetzbuch, 43. Auflage 1961. Zitiert: *Kohlrausch/Lange*
Krey/Hellmann	Strafrecht, Besonderer Teil/2, Vermögensdelikte, 15. Auflage 2008. Zitiert: *Krey/Hellmann*, BT II

Küper	Strafrecht, Besonderer Teil, Definitionen mit Erläuterungen, 7. Auflage 2008. Zitiert: *Küper*, BT
Lackner/Kühl	Strafgesetzbuch, 26. Auflage 2007. Zitiert: *Lackner/Kühl*
Leipziger Kommentar	Strafgesetzbuch, 10. Auflage 1978–89; 11. Auflage 1992 ff; 12. Auflage 2007 ff. Zitiert: LK-*Bearbeiter*
Maurach/Schroeder/ Maiwald	Strafrecht, Besonderer Teil, Teilband 1, Straftaten gegen Persönlich- keits- und Vermögenswerte, 9. Auflage 2003. Zitiert: *Maurach/Schroeder/Maiwald*, BT I
Maurach/Schroeder/ Maiwald	Strafrecht, Besonderer Teil, Teilband 2, Straftaten gegen Gemein- schaftswerte, 9. Auflage 2005. Zitiert: *Maurach/Schroeder/Maiwald*, BT II
Mitsch	Strafrecht, Besonderer Teil 2, Vermögensdelikte (Kernbereich)/ Teilband 1, 2. Aufl. 2003. Zitiert: *Mitsch*, BT II/1
Mitsch	Strafrecht, Besonderer Teil 2, Vermögensdelikte (Randbereich)/ Teilband 2, 2001. Zitiert: *Mitsch*, BT II/2
Müller-Gugenberger/ Bieneck	Wirtschaftsstrafrecht, 4. Auflage 2006. Zitiert: M-G/B-*Bearbeiter*
MK-StGB	Münchner Kommentar zum Strafgesetzbuch, Band 3, 1. Auflage 2003; Band 4, 1. Auflage 2006. Zitiert: MK-*Bearbeiter*
NK-StGB	Nomos-Kommentar zum Strafgesetzbuch, 2. Auflage 2005. Zitiert: NK-*Bearbeiter*
Otto	Grundkurs Strafrecht, Die einzelnen Delikte, 7. Auflage 2005. Zitiert: *Otto*, BT
Rengier	Strafrecht, Besonderer Teil I, Vermögensdelikte, 11. Auflage 2009. Zitiert: *Rengier*, BT I
Rengier	Strafrecht, Besonderer Teil II, Delikte gegen die Person und die Allgemeinheit, 10. Auflage 2009. Zitiert: *Rengier*, BT II
Roxin	Strafrecht, Allgemeiner Teil, Band 1, 4. Auflage 2006. Zitiert: *Roxin*, AT I
Roxin	Strafrecht, Allgemeiner Teil, Band 2, 2003. Zitiert: *Roxin*, AT II
Samson	Strafrecht II, Wiederholungs- und Vertiefungskurs, 5. Auflage 1985. Zitiert: *Samson*, Strafrecht II
Schmidhäuser	Strafrecht, Besonderer Teil, 2. Auflage 1983. Zitiert: *Schmidhäuser*, BT
Schmidt/Priebe	Strafgesetzbuch, Besonderer Teil II (Vermögensdelikte), 8. Auflage 2009. Zitiert: *Schmidt/Priebe*, BT II
Schönke/Schröder	Strafgesetzbuch, 27. Auflage 2006, fortgeführt von *Lenckner, Cramer, Eser, Stree, Heine, Perron, Sternberg-Lieben*. Zitiert: S/S-*Bearbeiter*
Schroth	Strafrecht, Besonderer Teil, 4. Auflage 2006. Zitiert: *Schroth*, BT
Seelmann	Grundfälle zu den Eigentums- und Vermögensdelikten, 1988. Zitiert: *Seelmann*
SK-StGB	Systematischer Kommentar zum Strafgesetzbuch, Band 2, Besonderer Teil, 1995 ff, von *Rudolphi, Horn*, mitbegründet von *Samson*, fortgeführt von *Günther, Hoyer, Rogall, Schall, Sinn, Stein, Wolter* und *Wolters*. Zitiert: SK-*Bearbeiter*
Tiedemann	Wirtschaftsstrafrecht, Einführung und Allgemeiner Teil, 2. Auflage 2007. Zitiert: *Tiedemann*, AT
Tiedemann	Wirtschaftsstrafrecht, Besonderer Teil, 2. Auflage 2008. Zitiert: *Tiedemann*, BT
Wabnitz/Janovsky	Handbuch des Wirtschafts- und Steuerstrafrechts, 3. Auflage 2007. Zitiert: W/J-*Bearbeiter*
Welzel	Das deutsche Strafrecht, 11. Auflage 1969. Zitiert: *Welzel*

Wessels	Strafrecht, Besonderer Teil/2, Straftaten gegen Vermögenswerte, 20. Auflage 1997. Zitiert: *Wessels*, BT II
Wessels/Beulke	Strafrecht, Allgemeiner Teil, 39. Auflage 2009. Zitiert: *Wessels/Beulke*, AT
Wessels/Hettinger	Strafrecht, Besonderer Teil 1, Straftaten gegen Persönlichkeits- und Gemeinschaftswerte, 33. Auflage 2009. Zitiert: *Wessels/Hettinger*, BT I

Fest- und Gedächtnisschriftenverzeichnis

Im Text zitiert sind Beiträge aus den Fest- und Gedächtnisschriften für

Knut Amelung	Grundlagen des Straf- und Strafverfahrensrechts, Berlin 2008
Günther Bemmann	Baden-Baden 1997
Hans Erich Brandner	Köln 1996
Hans-J. Bruns	Köln, Berlin, Bonn, München 1978
Rudolf Bruns	Gedächtnisschrift, München 1980
Bundesgerichtshof	50 Jahre Bundesgerichtshof Band IV, München 2000
Hans Dahs	Köln 2005
Eduard Dreher	Berlin, New York 1977
Ulrich Eisenberg	München 2009
Albin Eser	Menschengerechtes Strafrecht, München 2005
Wilhelm Gallas	Berlin, New York 1973
Friedrich Geerds	Kriminalistik und Strafrecht, Lübeck 1995
Gerd Geilen	Bochumer Beiträge zu aktuellen Strafrechtsthemen, Köln, Berlin, Bonn, München 2003
Karl Heinz Gössel	Heidelberg 2002
Gerald Grünwald	Baden-Baden 1999
Rainer Hamm	Berlin 2008
Ernst-Walter Hanack	Berlin, New York 1999
Hans Joachim Hirsch	Berlin, New York 1999
Heidelberg	Festschrift der Juristischen Fakultät Heidelberg zur 600 Jahr-Feier der Ruprecht-Karls Universität Heidelberg, Heidelberg 1986
Ernst Heinitz	Berlin 1972
Rolf Dietrich Herzberg	Strafrecht zwischen System und Telos, Tübingen 2008
Richard M. Honig	Göttingen 1970
Günther Jakobs	Köln, Berlin, München 2007
Heike Jung	Baden-Baden 2007
Rolf Keller	Gedächtnisschrift, Tübingen 2003
Günter Kohlmann	Köln 2003
Ulrich Klug	Köln 1983
Wilfried Küper	Heidelberg 2007
Karl Lackner	Berlin, New York 1987
Ernst-Joachim Lampe	Jus humanum, Berlin 2003
Theodor Lenckner	München 1998
Otfried Lieberknecht	München 1997
Klaus Lüderssen	Baden-Baden 2002
Manfred Maiwald	Fragmentarisches Strafrecht, Frankfurt a.M., Berlin 2003
Reinhart Maurach	Karlsruhe 1972
Hartmut Maurer	Staat, Kirche, Verwaltung, München 2001
Hellmuth Mayer	Beiträge zur gesamten Strafrechtswissenschaft, Berlin 1966
Dieter Meurer	Gedächtnisschrift, Berlin 2002
Koichi Miyazawa	Baden-Baden 1995
Egon Müller	Baden-Baden 2008
Harro Otto	Köln, Berlin, Bonn, München 2007

Karl Peters	Einheit und Vielfalt des Strafrechts, Tübingen 1974
Claus Roxin	Berlin, New York 2001
Hans-Joachim Rudolphi	Neuwied 2004
Ellen Schlüchter	Freiheit und Verantwortung in schwieriger Zeit, Baden-Baden 1998
Ellen Schlüchter	Gedächtnisschrift, Köln, Berlin, Bonn, München 2002
Hans-Ludwig Schreiber	Strafrecht, Biorecht, Rechtsphilosophie, Heidelberg 2003
Friedrich-Christian Schroeder	Heidelberg 2006
Hans-Dieter Schwind	Kriminalpolitik und ihre wissenschaftlichen Grundlagen, Heidelberg 2006
Manfred Seebode	Berlin 2008
Jürgen Sonnenschein	Gedächtnisschrift, Berlin 2003
Günter Spendel	Berlin, New York 1992
W. Stree/J. Wessels	Beiträge zur Rechtswissenschaft, Heidelberg 1993
Klaus Tiedemann	Strafrecht und Wirtschaftsstrafrecht, Köln, München 2008
Otto Triffterer	Wien 1996
Herbert Tröndle	Berlin, New York 1989
Rudolf Wassermann	Neuwied, Darmstadt 1985
Ulrich Weber	Bielefeld 2004
Hans Welzel	Berlin, New York 1974
Gunter Widmaier	Strafverteidigung, Revision und die gesamten Strafrechtswissenschaften, Köln 2008
Heinz Zipf	Gedächtnisschrift, Heidelberg 1999

Straftaten gegen Vermögenswerte

Als **Vermögensdelikte** bezeichnet man diejenigen Straftaten, die sich gegen das Vermögen oder gegen einzelne Vermögenswerte eines anderen richten. Diese Bezeichnung wird in einem *engeren* und in einem *weiteren* Sinn gebraucht, je nachdem, ob der Eintritt eines **Vermögensschadens** bei den angesprochenen Deliktsgruppen zu den Voraussetzungen der Strafbarkeit gehört (wie etwa beim Betrug, bei der Erpressung und der Untreue) oder nur eine *regelmäßige* Begleiterscheinung des tatbestandlichen Verhaltens, *nicht* aber dessen *notwendige* Folge ist. Letzteres trifft für die **Eigentumsdelikte** zu, deren Besonderheit gegenüber den Vermögensdelikten ieS sich vor allem darin zeigt, dass sie (wie etwa der Diebstahl und die Sachbeschädigung) auch den Schutz *wirtschaftlich wertloser* Sachen mit einschließen (**Beispiel:** Entwendung von Liebesbriefen, Zerreißen fremder Erinnerungsfotos usw). Während also zB beim Betrug das Opfer notwendig *wirtschaftlich ärmer* wird, ist das beim Diebstahl nur idR so. Demgemäß lässt sich die **Einteilung** der Vermögensstraftaten iwS nicht frei von Überschneidungen durchführen[1]; bei ihrer Zusammenfassung in Form einer Übersicht *kann* man zwei große Gruppen unterscheiden:

1

I. Straftaten gegen das Eigentum und gegen einzelne Vermögenswerte

Eigentumsdelikte		Straftaten gegen einzelne Vermögenswerte		
Zueignungsdelikte	Sachbeschädigung (§§ 303 ff)	Entziehung elektr. Energie (§ 248c) und Gebrauchsanmaßung (§§ 248b, 290)	Straftaten gegen Aneignungsrechte (§§ 292 ff)	Insolvenzdelikte (§§ 283 ff) und Straftaten gegen Gläubiger-, Nutzungs-, Gebrauchs- und Sicherungsrechte (§§ 288, 289)
Diebstahl (§§ 242 ff), Unterschlagung (§ 246), Raub und räuberischer Diebstahl (§§ 249-252)				

2

Neben dem spezifischen Eigentumsschutz ist für die vorstehend genannten Deliktsgruppen kennzeichnend, dass das Vermögen dort nicht als Ganzes, sondern nur in seinen **einzelnen Erscheinungsformen** – als *Gebrauchsrecht*, als *Aneignungsrecht* oder dergleichen – und unabhängig davon Schutz genießt, ob es zu einem Vermögensschaden kommt. Einreihen ließe sich hier auch das Vermögensgefährdungsdelikt des unerlaubten Entfernens vom Unfallort (§ 142), das wegen seiner Sachnähe zu den Verkehrsdelikten aber dort behandelt wird[2].

---

1 A/W-*Heinrich*, § 11 Rn 5–7.
2 *Wessels/Hettinger*, BT I § 22.

II. Straftaten gegen das Vermögen als Ganzes

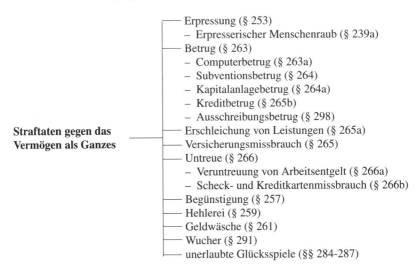

Straftaten gegen das Vermögen als Ganzes

— Erpressung (§ 253)
  – Erpresserischer Menschenraub (§ 239a)
— Betrug (§ 263)
  – Computerbetrug (§ 263a)
  – Subventionsbetrug (§ 264)
  – Kapitalanlagebetrug (§ 264a)
  – Kreditbetrug (§ 265b)
  – Ausschreibungsbetrug (§ 298)
— Erschleichung von Leistungen (§ 265a)
— Versicherungsmissbrauch (§ 265)
— Untreue (§ 266)
  – Veruntreuung von Arbeitsentgelt (§ 266a)
  – Scheck- und Kreditkartenmissbrauch (§ 266b)
— Begünstigung (§ 257)
— Hehlerei (§ 259)
— Geldwäsche (§ 261)
— Wucher (§ 291)
— unerlaubte Glücksspiele (§§ 284-287)

3 In diesem Bereich wird das **Vermögen in seiner Gesamtheit** als *Inbegriff aller wirtschaftlichen Güter* eines Rechtssubjekts geschützt, sodass im Regelfall (insbesondere bei der Erpressung und beim Betrug) beliebige Vermögensbestandteile den Gegenstand der Tat bilden können, wie zB Sachen, Forderungen, Rechte, Anwartschaften und andere Positionen wirtschaftlicher Art.

4 In dieser zweiten Gruppe finden sich mit Betrug, Erpressung, Untreue ua Vermögensdelikte ieS, die eine wirtschaftliche Schädigung des Opfers voraussetzen, mit dem Subventions-, dem Kapitalanlage- und dem Kreditbetrug ua aber auch Vermögensdelikte iwS, bei denen der Schaden nur die Regel, nicht aber Strafbarkeitsvoraussetzung ist. Die Zuordnung zu den Vermögensdelikten ist nicht bei allen unproblematisch. Das gilt etwa für die Begünstigung, weil die ihr zu Grunde liegende Vortat sich nicht unbedingt gegen fremdes Vermögen gerichtet haben muss und als Begünstigungsobjekte nicht nur Vermögensvorteile in Betracht kommen, auch wenn dies zumeist der Fall ist, *ein* Grund, sie hier mitzubehandeln. Ähnliches gilt für den Tatbestand der Geldwäsche (§ 261). Subventions-, Kapitalanlage- und Kreditbetrug schützen dagegen *neben* dem Vermögen gleichrangig Interessen der Allgemeinheit. Diese sind aber mit dem Vermögensschutz so verzahnt, dass sie die Einordnung als Vermögensdelikte nicht hindern.

5 Während der Schutz des Eigentums im StGB neben seiner wirtschaftlichen Funktion auch das Interesse des Eigentümers an der freien Verfügungsmöglichkeit über die Sache umfasst, wird der Vermögensinhaber im Bereich der Vermögensdelikte ieS nur vor der **Zufügung wirtschaftlicher Nachteile** durch bestimmt umschriebene Verhaltensweisen geschützt. Die Verfügungsfreiheit als solche erfährt durch die dort getroffene Regelung keinen Schutz; für sie verbleibt es bei § 240, der die Freiheit der Willensbetätigung lediglich gegen Gewalt und Drohungen abschirmt. So kommt es beim Betrug (§ 263) entscheidend auf den Eintritt eines **Vermögensschadens** als Folge der irrtumsbedingten Verfügung an; es genügt nicht, dass der Getäuschte zu einer Vermögensverfügung veranlasst wird, die er ohne die Täuschung nicht vorgenommen hätte[3] (näher Rn 541 ff).

---

3 BGHSt 16, 321, 325.

Einen *lückenlosen* Eigentums- und Vermögensschutz kennt das Gesetz nicht. Die bloße Besitzentziehung ist zB gar nicht, die Gebrauchsanmaßung nur teilweise mit Strafe bedroht (s. dazu Rn 32 und 394 ff). Reine Vertragsverletzungen werden auch bei Schädigung des Vertragspartners nicht bestraft. Das ist hinzunehmen, weil für den Gesetzgeber das Strafrecht als Mittel des Rechtsgüterschutzes nur *fragmentarisch, subsidiär* und als *ultima ratio* einsetzbar ist, eine Einsicht, die in der europäischen Kriminalpolitik zu wenig beachtet wird[4].   **6**

Der Anteil der Vermögensstraftaten iwS an der **Gesamtkriminalität** ist überaus hoch; allein beim Diebstahl beträgt er über 40 % aller *registrierten* Rechtsverletzungen. Bezieht man das *Dunkelfeld* mit ein, dürfte sich der Anteil eher noch erhöhen[5]. Für das Jahr 2006 weist die Polizeiliche Kriminalstatistik in der Bundesrepublik Deutschland dazu folgendes aus: **7**

Straftaten	erfasste Fälle	Anteil in %	Aufklärungs- quote
insgesamt (ohne Staatsschutz- und Verkehrsdelikte)	6 304 223	100,00	55,4
Diebstahl unter erschwerenden Umständen	1 239 287	19,7	14,3
Diebstahl ohne erschwerende Umstände	1 362 615	21,6	43,6
Betrug	954 277	15,1	83,8
Sachbeschädigung	761 117	12,1	26,4
Unterschlagung	103 500	1,6	60,9
Raub, räuberische Erpressung und § 316a	53 696	0,9	51,5
Begünstigung, Strafvereitelung, Hehlerei und Geldwäsche	28 964	0,5	97,0
Veruntreuungen	40 095	0,6	98,8
Erpressung	5 838	0,09	83,4
Wilderei	3 715	0,05	74,0
Insolvenzstraftaten	6 032	0,1	99,6

Bei den **Straftaten gegen Persönlichkeits- und Gemeinschaftswerte** liegt der Anteil an der Gesamtkriminalität erheblich niedriger. Er betrug im Jahr 2006 bei Mord und Totschlag 0,04 %, bei einfacher vorsätzlicher Körperverletzung 5,7 %, bei gefährlicher und schwerer Körperverletzung 2,4 %, bei Straftaten gegen die persönliche Freiheit 2,6 %, bei Beleidigungen 3,0 %, bei Vergewaltigung 0,3 %, bei Urkundenfälschung 0,9 % sowie bei Widerstand gegen die Staatsgewalt und Straftaten gegen die öffentliche Ordnung 2,1 %.   **8**

Inwieweit sich von den Straftaten gegen Vermögenswerte von **Wirtschaftsstraftaten** – der Begriff findet sich in § 30 IV Nr 5b AO – und damit von **Wirtschaftskriminalität** reden lässt, ist deshalb nicht sicher bestimmbar, weil sich die Zuordnung von Deliktstypen zu diesem Bereich vor allem danach richtet, ob man sie aus rechtspolitischer, kriminalistischer, kriminologischer oder straf- bzw strafprozessrechtlicher Sicht vornimmt[6]. Selbst bei einer Verengung auf einen der Blickwinkel bleiben die Grenzen oft fließend[7]. Von der Zuordnung hängt freilich für die hier im Vordergrund stehende   **8a**

---

4   *Roxin*, AT I § 2 Rn 38 ff; teils krit. *Kindhäuser*, BT II § 1 Rn 8; s. auch *Maiwald*, Maurach-FS S. 9 ff, zur gegenläufigen Tendenz in EU-Vorgaben s. *Duttge*, Weber-FS S. 309; *Vogel*, GA 02, 527.
5   *Kaiser*, § 67 Rn 7; § 68 Rn 2.
6   S. dazu *Tiedemann*, AT Rn 39 ff.
7   S. dazu nur A/W-*Heinrich*, § 19 Rn 1–21 einerseits; *Otto*, BT § 60 Rn 3 f andererseits; ferner *Achenbach*, Schwind-FS S. 177 ff; *Hefendehl*, ZStW 119 (2007), 816, 818; *Rönnau*, ZStW 119 (2007), 887, 894 ff; W/J-*Dannecker*, 1/5 ff.

Auslegung der einzelnen Tatbestände in aller Regel nur soviel ab, dass „zur Bearbeitung des Falles besondere Kenntnisse des Wirtschaftslebens erforderlich" sein können. Ist das so, zählt § 74c I Nr 6 GVG auch Fälle des Betrugs, der Untreue und des Wuchers zu den in die Zuständigkeit der Wirtschaftsstrafkammer fallenden Wirtschaftsstraftaten und setzt das für den Computer-, Subventions-, Kapitalanlage- und Kreditbetrug, die wichtigsten Insolvenzdelikte, die wettbewerbsbeschränkenden Absprachen bei Ausschreibungen (§ 298) und die Bestechlichkeit und Bestechung im geschäftlichen Verkehr (§ 299) stillschweigend voraus. Man kann infolgedessen solche Fallgestaltungen und Delikte mit guten Gründen zu den Wirtschaftsstraftaten zählen, ohne deshalb alle übrigen die wirtschaftliche Ordnung oder das Vertrauen der Allgemeinheit auf die Redlichkeit des geschäftlichen Verkehrs (§ 30 IV Nr 5b AO) nicht selten erheblich gefährdenden, in § 74c GVG aber nicht aufgeführten Deliktsarten wie zB bestimmte Fallgestaltungen des Bandendiebstahls oder der Bandenhehlerei ausklammern zu müssen. Wie die Aufzählung zeigt, finden sich unter den Wirtschaftsdelikten Straftaten, die sich gegen die Wirtschaft richten, aber auch solche, die den Einzelnen vor Beeinträchtigungen durch Wirtschaftssubjekte schützen[8]. Einen in seiner Bedeutung vielfach unterschätzten[9] Bereich der Wirtschaftskriminalität eröffnen die zahlreichen einschlägigen Tatbestände des Nebenstrafrechts[10], die hier ausgeklammert bleiben müssen.

8b Ebenfalls dem Wirtschaftsstrafrecht zuzuordnen sind die Bereiche, in denen die **Europäische Union** seit einiger Zeit bemüht ist, gegen ihre finanziellen Interessen gerichtete Verhaltensweisen – voran den (Subventions-)Betrug und die Geldwäsche – unter Strafe zu stellen. Dazu ist zunächst festzuhalten, dass es – zumindest bislang – mangels einer Kompetenz der EG/EU kein „echtes" (also supranationales) europäisches Strafrecht gibt. Die Mitgliedstaaten arbeiten aber auch im Bereich des Strafrechts verstärkt zusammen und streben vor allem eine Angleichung der nationalen Strafvorschriften an, um so auch ohne originär europäische Strafvorschriften ein europaweit einheitliches strafrechtliches Schutzniveau zu erreichen. Zumeist erfolgt diese Harmonisierung innerhalb der sog. „Dritten Säule" der EU („Polizeiliche und Justitielle Zusammenarbeit in Strafsachen", Art. 29 ff EU-Vertrag), wobei als Rechtsgrundlage auf den weit verstandenen Art. 31 I lit. e EU-Vertrag zurückgegriffen wird. Die typische Rechtsaktsform ist dabei der *Rahmenbeschluss* (s. Art. 34 II S. 2 lit. b EU-Vertrag), der – ähnlich einer Richtlinie im EG-Recht – nur hinsichtlich des Ziels verbindlich ist, die Art der Umsetzung in nationales Recht aber den Mitgliedstaaten überlässt. Ein thematischer Schwerpunkt dieser Rechtsangleichung liegt in der Wirtschaftskriminalität. So wurden beispielsweise im Jahre 2001 ein Rahmenbeschluss zur Bekämpfung von Betrug und Fälschung im Zusammenhang mit unbaren Zahlungsmitteln und ein Rahmenbeschluss über Geldwäsche sowie im Jahre 2003 ein Rahmenbeschluss zur Bekämpfung der Bestechung im privaten Sektor erlassen. Ebenfalls im Rahmen der „Dritten Säule" ist – bereits seit 1995 – die Bekämpfung von Betrügereien zu Lasten der EG vorangetrieben worden. Durch das Übereinkommen über den Schutz der finanziellen Interessen der Europäischen Gemeinschaften (sog. *PIF-Konvention*)[11], ergänzt durch zwei Zusatzprotokolle, haben sich die Mitgliedstaaten zu einer ent-

---

8 S. zusf. *Heinz*, in: Gropp, Wirtschaftskriminalität und Wirtschaftsstrafrecht 1998, S. 14 ff; zum Strafrecht als Mittel der Wirtschaftslenkung s. *Achenbach*, ZStW 119 (2007), 789 ff.

9 S. M-G/B-*Müller-Gugenberger*, § 1 Rn 2.

10 Vgl dazu die Auflistung in § 74c I Nrn 1–4; ferner die Rechtsprechungsübersichten von *Achenbach*, NStZ 97, 536; 98, 560; 99, 549; 00, 524; 01, 525; 02, 523; 03, 520; 04, 549; 05, 621; 06, 614; 07, 566; 08, 503; *ders.*, BGH-FS S. 593; zum Ordnungswidrigkeitenrecht *ders.*, GA 04, 569 ff.

11 S. dazu LK-*Tiedemann*, § 264 Rn 8, 10 und Nachtrag Rn 1 ff; zum Einfluss des Europarechts auf das Wirtschaftsstrafrecht s. zusf. *Achenbach*, GA 04, 466 ff; W/J-*Dannecker*, 2/51 ff.

sprechenden Angleichung ihres Strafrechts verpflichtet. Die nur zögerliche Ratifizierung durch einige Mitgliedstaaten veranlasste die Kommission jedoch dazu, die in den Übereinkommen vorgesehene Strafrechtsharmonisierung über eine *Richtlinie*, und damit im Rahmen der „Ersten Säule" der EU, also im Europäischen Gemeinschaftsrecht, voranzutreiben[12]. Denn zum Erlass einer Richtlinie ist keine Einstimmigkeit im Rat erforderlich und das Europäische Parlament spielt eine mitentscheidende Rolle.

Jedoch ist auf der Grundlage des EG-Vertrags nach bisher hM eine Harmonisierung mitgliedstaatlichen Strafrechts nicht möglich[13]. Zwar ist die PIF-Konvention im Jahre 2002 endlich in Kraft getreten. Die Kommission hält an ihrem Richtlinienvorschlag jedoch fest[14]. Zudem hat ihre Position, die *strafrechtlichen Harmonisierungsbemühungen auf der Gemeinschaftsebene* – also in der „ersten Säule" – zu verstärken, durch zwei wichtige Entscheidungen des Europäischen Gerichtshofs einen erheblichen Schub erhalten[15]. Diese Urteile lassen sich so interpretieren, dass die Gemeinschaft – entgegen der bisher ganz überwiegenden Ansicht – grundsätzlich überall dort für den Erlass strafrechtlicher Harmonisierungsrichtlinien zuständig sein soll, wo dies zur Wahrnehmung von Gemeinschaftsaufgaben erforderlich ist[16]. Einschränkend formuliert der EuGH mittlerweile jedoch, dass zumindest die Bestimmung von Art und Maß der kriminalstrafrechtlichen Sanktionen den Mitgliedstaaten vorbehalten bleiben müsse[17]. Nach dieser Rechtsprechung dürfte vor allem auf das Wirtschaftsstrafrecht eine Reihe von Gemeinschaftsregelungen zukommen, wie etwa die Richtlinienvorschläge über strafrechtliche Maßnahmen zur Durchsetzung der Rechte des geistigen Eigentums[18] sowie zur Bekämpfung der illegalen Beschäftigung[19] beweisen. Dies gilt erst recht, wenn der Vertrag von Lissabon[20] zur Reform der EU in Kraft treten sollte (was derzeit ungewiss ist): Gemäß Art. 83 II des dann an die Stelle des EG-Vertrags tretenden Vertrags über die Arbeitsweise der Europäischen Union (AEUV) würde eine Kompetenz zum Erlass materiellstrafrechtlicher Richtlinien geschaffen.

Im Übrigen ist zu beachten, dass auch unabhängig von neuen gesetzgeberischen Harmonisierungsmaßnahmen bereits nach geltendem Recht die nationalen Straftatbestände *gemeinschaftsrechtskonform* – nach einer neueren Entscheidung des EuGH sogar *rahmenbeschlusskonform*[21] – *auszulegen* sind, so dass die Rechtsgüter und Interessen der Gemeinschaft im Ergebnis so weit wie möglich wie nationale Rechtsgüter geschützt werden[22].

---

12 Krit. *Satzger*, ZRP 01, 549.
13 Hierzu *Ambos*, Internationales Strafrecht, 2. Aufl. 2008, § 11 Rn 13; *Satzger*, Internationales und Europäisches Strafrecht, 3. Aufl. 2009, § 8 Rn 31 ff; anders *Hecker*, Europäisches Strafrecht, 2. Aufl. 2007, § 48 Rn 36 ff.
14 S. den geänderten Richtlinienvorschlag der Kommission ABl Nr 71 E v. 25.3.2003, S. 1.
15 EuGH, Rs. C-167/03, *Umweltstrafrecht*, JZ 2006, 307 ff mit Anm. *Heger* sowie EuGH, Rs. C-440/05, *Meeresverschmutzung*. Vgl zu Rs. C-167/03 *Pohl*, ZIS 06, 213 ff; *Hecker*, Europäisches Strafrecht, 2. Aufl. 2007, § 8 Rn 27; *Satzger*, Internationales und Europäisches Strafrecht, 3. Aufl. 2009, § 8 Rn 41 ff und zu Rs. C-440/05 *Zimmermann*, NStZ 08, 662 ff.
16 Vgl die Mitteilung der Kommission vom 24.11.2005 an das Europäische Parlament und den Rat über die Folgen des Urteils des Gerichtshofs vom 13. September 2005 (Rs. C-176/03), KOM (2005) 583 endg./2.
17 So ausdrücklich EuGH, Rs. C-440/05 (Rn 70).
18 Geänderter Vorschlag für eine Richtlinie des Europäischen Parlaments und des Rates über strafrechtliche Maßnahmen zur Durchsetzung der Rechte des geistigen Eigentums, KOM (2006) 168 endg.
19 Vorschlag für eine Richtlinie des Europäischen Parlaments und des Rates über Sanktionen gegen Personen, die Drittstaatsangehörige ohne legalen Aufenthalt beschäftigen, KOM (2007) 249 endg., s. dazu *Zimmermann*, ZIS 09, 1, 8 ff.
20 ABl. EU Nr C 306 vom 17.12.2007; eine konsolidierte Fassung der europäischen Verträge nach dem Vertrag von Lissabon findet sich in ABl. EU Nr C 115 vom 9.5.2008.
21 EuGH Rs. C-105/03, *Maria Pupino*, Slg. 2005, I-5285 s. dazu auch *Wessels/Beulke*, AT, Rn 77c.
22 Vgl Art. 10 EGV; *Satzger*, Die Europäisierung des Strafrechts 2001, S. 565 ff; M-G/B-*Müller-Gugenberger*, § 5 Rn 81 ff, 91 ff; *Wessels/Beulke*, AT Rn 57; undeutlich: BGHSt 37, 333, 336.

Diese Fortschritte im Bereich des materiellen Rechts werden von Maßnahmen im Bereich der Strafverfolgung flankiert. So hat am 1.6.1999 ein völlig unabhängiges sog. *Europäisches Amt für Betrugsbekämpfung (OLAF)* seine Arbeit aufgenommen, welches mit umfangreichen Befugnissen zur Bekämpfung von Betrug, Korruption etc ausgestattet ist[23]. Daneben existieren mit *Europol* und *Eurojust* zentrale europäische Stellen zur polizeilichen bzw justiziellen Zusammenarbeit bei der Strafverfolgung insgesamt, die Schaffung einer Europäischen Staatsanwaltschaft ist in der Diskussion[24]. Als wichtiger Schritt in Richtung einer vereinfachten europäischen Strafverfolgung hat weiterhin der Rahmenbeschluss über den *Europäischen Haftbefehl* aus dem Jahr 2002 besondere Aufmerksamkeit erfahren, der gerade auch im Bereich des Wirtschaftsstrafrechts relevant ist. Dieser Rahmenbeschluss sieht die Möglichkeit vor, einen vom sog. Ausstellungsstaat auf der Grundlage eines EU-weit einheitlichen Formulars erlassenen „Europäischen Haftbefehl" in irgendeinem anderen Mitgliedstaat – dem sog. Vollstreckungsstaat – zu vollstrecken und damit insoweit das Auslieferungsverfahren zu ersetzen. Als Ausprägung des Prinzips der gegenseitigen Anerkennung gerichtlicher Entscheidungen in der EU ist für 32 abschließend benannte Deliktskategorien – darunter Betrug, Korruption und Geldwäsche – das sog. Erfordernis beiderseitiger Strafbarkeit (ein massives Hindernis im klassischen Auslieferungsrecht) nicht mehr zu prüfen[25]. Nachdem das Bundesverfassungsgericht das deutsche Umsetzungsgesetz im Jahr 2005 wegen Verletzung der Art. 16 II und 19 IV GG für nichtig erklärt hatte[26], trat am 2.8.2006 ein neues Umsetzungsgesetz in Kraft[27]. Darin hat der Gesetzgeber versucht, den verfassungsrechtlichen Anforderungen Rechnung zu tragen[28]. In eine ganz ähnliche Richtung wie der Europäische Haftbefehl zielt der Rahmenbeschluss über die „*Europäische Beweisanordnung*"[29], der ebenfalls auf dem Prinzip der gegenseitigen Anerkennung beruht.

Parallel zu den genannten legislativen Aktivitäten auf europäischer und nationaler Ebene fehlt es nicht an Vorarbeiten für ein künftiges supranationales europäisches Strafrecht. So hat eine 1995 ins Leben gerufene Arbeitsgruppe im Auftrag des Europäischen Parlaments das so genannte „*Corpus Juris der strafrechtlichen Regelungen zum Schutz der finanziellen Interessen der Europäischen Gemeinschaft*" entworfen[30], dessen materiellrechtlicher Teil acht Straftatbestände für einen wirksamen Schutz des Gemeinschaftshaushalts enthält (Betrug, Ausschreibungsbetrug, Bestechlichkeit und Bestechung, Missbrauch von Amtsbefugnissen, Amtspflichtverletzung, Verletzung des Dienstgeheimnisses, Geldwäsche und Hehlerei sowie Bildung krimineller Vereinigungen). Daneben finden sich dort diese Bereiche betreffende Regelungen eines Allgemeinen Teils. Zwar ist das Corpus Juris bislang nicht geltendes Recht. Die bisherigen Harmonierungsbemühungen umreißen jedoch bereits diejenigen Straftatbestände, die den Nukleus eines künftigen Wirtschaftsstrafrechts auf europäischer Ebene bilden könnten. Mit dem Vertrag von Lissabon zur Reform der europäischen Verträge würde der Weg für ein echtes supranationales Kriminalstrafrecht

---

23 Näher *Satzger*, in: Streinz, Art. 280 EGV, Rn 23.

24 S. *Schünemann* ua, StV 03, 116 ff. Eine Rechtsgrundlage hierfür würde durch den Vertrag von Lissabon geschaffen (Art. 86 AEUV).

25 S. dazu *Beulke*, Strafprozessrecht, 10. Aufl. 2008, Rn 10i ff; krit. ua *Satzger*, in Hohloch, Wege zum Europäischen Recht 2002, S. 51; *Schünemann*, StV 03, 116.

26 BVerfGE 113, 273 ff; ferner, mit zahlreichen weiteren Nachweisen, *Schorkopf*, Der Europäische Haftbefehl vor dem Bundesverfassungsgericht, 2006.

27 Gesetz zur Umsetzung des Rahmenbeschlusses über den Europäischen Haftbefehl und die Übergabeverfahren zwischen den Mitgliedstaaten der Europäischen Union (Europäisches Haftbefehlsgesetz – EuHbG) vom 2.8.2006, BGBl I 1721 ff.

28 Zu weiter bestehenden Kritikpunkten vgl etwa *Satzger*, Internationales und Europäisches Strafrecht, 3. Aufl. 2009, § 9 Rn 30; *Böhm*, NJW 06, 2592 ff.

29 ABl. EU Nr L 350 vom 30.12.2008, S. 72; hierzu und zu weiteren Entwicklungen im Bereich der gegenseitigen Anerkennung (etwa von Sanktionen) s. *Satzger*, Internationales und Europäisches Strafrecht, 3. Aufl. 2009, § 9 Rn 35 ff.

30 S. *Delmas-Marty*, Corpus Juris der strafrechtlichen Regelungen zum Schutz der finanziellen Interessen der Europäischen Union, 1998; zur überarbeiteten Fassung 2000 s. die Nachw. bei *Satzger*, Die Europäisierung des Strafrechts 2001, S. 8; *Wessels/Beulke*, AT Rn 77e.

6

zum Zweck der Bekämpfung von Betrügereien gegen die finanziellen Interessen der EU freigemacht: Art. 325 IV AEUV bietet dann die Rechtsgrundlage zum Erlass unmittelbar anwendbarer europäischer Strafvorschriften für diesen Bereich[31].

III. Gesetzliche Neuerungen

Seit der noch von *Wessels* bearbeiteten 20. Auflage dieses Buches aus dem Jahre 1997 hat **9** sich das geltende Recht erheblich verändert. Durch das **Gesetz zur Bekämpfung der Korruption** vom 13. August 1997 (BGBl I 2038) ist das StGB bereits seit dem 20. August 1997 um Vorschriften (§§ 298 ff) ergänzt, die dem strafrechtlichen Schutz des Wettbewerbs gelten[32]. Dazu enthält das **Gesetz zur Verbesserung der Bekämpfung der Organisierten Kriminalität** vom 4. Mai 1998 (BGBl I 845) eine Änderung des § 261[33]. Auch sind die ehemaligen Konkursdelikte mit Wirkung vom 1. Januar 1999 der neuen Insolvenzordnung angepasst worden[34]. Vor allem aber hat der Gesetzgeber durch das **6. StrRG** vom 26. Januar 1998 (BGBl I 164) den Besonderen Teil des StGB erheblich umgestaltet. Das Gesetz ist seit dem 1. April 1998 in Kraft. Von seiner Zielsetzung, Strafrahmen zu harmonisieren und Strafvorschriften so zu ändern, dass der Strafschutz verbessert und die Rechtsanwendung erleichtert wird, sind auch die *Vermögensdelikte* erfasst. Wichtige Auslegungshilfen zum neuen Recht bieten die *Gesetzesmaterialien*, die im Entwurf der Bundesregierung nebst Begründung, der Stellungnahme des Bundesrates und der Gegenäußerung der Bundesregierung (BT-Ds 13/8587, S. 1–54; 55–77; 78–90), dem Bericht des Rechtsausschusses (BT-Ds 13/9064) und dem Protokoll über die Öffentliche Anhörung des Rechtsausschusses in seiner Sitzung vom 4. Juni 1997 (BT-Prot. 13/88) enthalten sind. Daneben hat der Gesetzgeber häufig auf den E 1962 zurückgegriffen. Kritischen *Stimmen zum Entwurf*[35] sind Übersichtsbeiträge und *Stellungnahmen zur verabschiedeten Fassung* gefolgt[36], die schon in der 21. Auflage berücksichtigt werden konnten. Nach dem 31.12.1998 erschienene Veröffentlichungen sind fortlaufend einbezogen. *Rechtsprechung* und *Literatur* zum *zuvor geltenden Recht* behalten zwar vielfach Bedeutung, sind aber nur noch mit Vorsicht verwertbar. Mit dem 39. StrÄndG vom 1. September 2005 (BGBl I 2674) hat der Gesetzgeber die **§§ 303, 304** um einen neuen Abs. 2 namentlich in der Absicht erweitert, die Strafbarkeit von Graffiti von Zweifeln zu befreien[37].

---

31 S. *Satzger*, Internationales und Europäisches Strafrecht, 3. Aufl. 2009, § 7 Rn 40 ff; vgl auch *Tiedemann*, Wirtschaftsstrafrecht, 2. Aufl. 2007, Rn 85a; *Hecker*, Europäisches Strafrecht, 2. Aufl. 2007, § 14 Rn 46 f; *Weigend*, ZStW 116, 2004, 288.

32 S. dazu *König*, JR 97, 397 und Rn 697 ff.

33 S. dazu *Meyer/Hetzer*, NJW 98, 1017; eine weitere Änderung wird § 261 durch das Geldwäschebekämpfungsänderungsgesetz erfahren, s. BT-Ds 16/9198, S. 5 und Rn 893.

34 S. dazu *Moosmayer*, Einfluss der Insolvenzordnung 1999 auf das Insolvenzstrafrecht, 1997; *Röhm*, Zur Abhängigkeit des Insolvenzstrafrechts von der Insolvenzordnung, 2002; *Uhlenbruck*, wistra 96, 1; *Weyand/Diversy*, Insolvenzdelikte, 7. Aufl. 2006.

35 *Freund*, ZStW 109, 1997, 455; *Hettinger*, Entwicklungen im Strafrecht und Strafverfahrensrecht der Gegenwart 1997, S. 32; zusf. *Lackner/Kühl*, vor § 38 Rn 10.

36 *Dencker* ua, Einführung in das 6. Strafrechtsreformgesetz, 1998; *Hörnle*, Jura 98, 169; *Hoffmann*, JA 98, 615; *Hohmann/Sander*, NStZ 98, 273; *Kreß*, NJW 98, 633; *Kudlich*, JuS 98, 468; *Lackner/Kühl*, StGB, Einführung zum Nachtrag zur 22. Aufl., 1998, S. V ff; *Lesch*, JA 98, 474; *Stächelin*, StV 98, 98; *Wolters*, JZ 98, 397.

37 S. zur Entstehungsgeschichte und zur kriminalpolitischen Bewertung dieses „Nofitti-Gesetzes" *Hillenkamp*, Schwind-FS S. 927 ff.

Teil I

Straftaten gegen das Eigentum

1. Kapitel

Sachbeschädigungs- und Computerdelikte

§ 1 Die einzelnen Straftatbestände

10 **Fall 1:** Der Anlieger A ärgert sich seit langem über mehrere Bewohner eines Studentenwohnheims, die ihre Kraftwagen dicht gedrängt auf dem Bürgersteig vor seinem Haus zu parken pflegen und dadurch den Zugang behindern. Eines Nachts rächt er sich in der Weise, dass er bei allen auf dem Bürgersteig abgestellten Wagen die Luft aus den Reifen lässt, sie aus Sprühdosen mit „tags" versieht und durch „Car-Walking" gegen das Falschparken protestiert. Dabei entsteht an einem Fahrzeug eine Delle im Dach.

Hat A sich strafbar gemacht? **Rn 34**

I. Einfache Sachbeschädigung

1. Rechtsnatur und Reform

11 § 303 enthält den Tatbestand der einfachen **Sachbeschädigung**. Er ist – wie alle übrigen Delikte des 27. Abschnitts – vom 6. StrRG (Rn 9) unberührt geblieben. Die Vorschrift ist aber durch das 39. StrÄndG vom 1.9.2005[1] um einen neuen Absatz 2 ergänzt worden. Er lautet: „Ebenso wird bestraft, wer unbefugt das Erscheinungsbild einer fremden Sache nicht nur unerheblich und nicht nur vorübergehend verändert". Die bisher in Absatz 2 angeordnete Versuchsstrafbarkeit findet sich jetzt in Absatz 3.

11a Die Reform bezweckt, eine dem Gestaltungswillen des Eigentümers (oder eines sonst Berechtigten) zuwiderlaufende Veränderung der äußeren Erscheinung und Form einer Sache unter den in Absatz 2 näher beschriebenen Voraussetzungen den Tathandlungen des Absatzes 1 gleichzusetzen. Das geschieht in der Absicht, den Begriff des Beschädigens um die Problematik des nur das Erscheinungsbild der Sache (belangreich) verändernden Verhaltens zu entlasten. Der insoweit im

---

1 BGBl I 2674; die Änderung geht auf den am 17. Juni 2005 vom Deutschen Bundestag unverändert angenommenen Entwurf eines 39. Strafrechtsänderungsgesetzes zu §§ 303, 304 StGB der Fraktionen SPD und BÜNDNIS 90/DIE GRÜNEN (BT-Ds 15/5313) zurück. Damit haben sich Gesetzesentwürfe des Bundesrates (BT-Ds 15/404), der Abgeordneten *Bosbach* ua und der Fraktion der CDU/CSU (BT-Ds 15/5317), der Abgeordneten *Röttgen* ua und der Fraktion der CDU/CSU (BT-Ds 15/302) und der Abgeordneten *van Essen* ua und der Fraktion der FDP (BT-Ds 15/63) erledigt; s. zur Entstehungsgeschichte und zur kriminalpolitischen Bewertung *Hillenkamp*, Schwind-FS S. 927 ff; LK-*Wolff*, § 303 Entstehungsgeschichte; der Vorhalt nicht hinreichender Bestimmtheit (so *Wüstenhagen/Pfab*, StraFo 06, 190, 194) ist überzogen.

Gefolge der zum wilden Plakatieren getroffenen Grundsatzentscheidung BGHSt 29, 129 sehr zurückhaltenden Rechtsprechung soll es durch die das Beschädigen ergänzende Tathandlung ermöglicht werden, namentlich das Auftragen von **Graffiti** auf Hauswände, öffentliche Bauten, Verkehrseinrichtungen usw ohne konstruktive Probleme und ohne die durch sie nach der bisherigen Rechtsprechung notwendig werdende Einholung kostspieliger Gutachten zum Entfernungs- und Reinigungsaufwand unter den Tatbestand der Sachbeschädigung zu subsumieren[2]. Damit hat sich die kriminalpolitisch umstrittene Auffassung[3] durchgesetzt, dass die „Bekämpfung" des „Graffiti-Unwesens" und die damit einhergehende Verbesserung des Eigentumsschutzes gerade auf das Mittel des Strafrechts setzen sollte.

Bei der **Bewertung** der Auswirkungen der Reform auf den gesamten Tatbestand der Sachbeschädigung und der **Auslegung** des eingefügten Textes ist zu berücksichtigen, dass sich der Gesetz gewordene Entwurf gegenüber allen übrigen Entwürfen, die der Initiative des Landes Berlin aus dem Jahre 1998[4] gefolgt sind, in drei Punkten unterscheidet. Zum Ersten ist die neue Tathandlung nicht den beiden übrigen vorangestellt oder angefügt, sondern in einem Absatz 2 den hergebrachten gleichgesetzt und das die Sache kennzeichnende Merkmal „fremd" hier wiederholt worden. Zum Zweiten wird von der Veränderung neben der auch in anderen Entwürfen zu findenden Erheblichkeit verlangt, dass sie „nicht nur vorübergehend" ist. Zum Dritten muss sie (im Gegensatz zum beibehaltenen Hinweis auf die allgemeine Rechtswidrigkeit in Absatz 1) „unbefugt" sein. **11b**

Die Sachbeschädigung ist ein *Erfolgsdelikt*. Ihr Versuch ist – anders als der der Körperverletzung, der erst seit 1998 unter Strafe steht – schon seit 1871 strafbar[5]. § 303 bedroht nur die *vorsätzliche* Sachbeschädigung mit Strafe. Das Gleiche gilt außerhalb des 27. Abschnitts im StGB für die in §§ 133, 274 I Nr 1 genannten Beschädigungshandlungen[6]. Lediglich bei der einfachen Brandstiftung (§ 306 I), die einen speziellen Fall der Sachbeschädigung betrifft, lässt das Gesetz im Rahmen des § 306d auch *fahrlässiges* Handeln genügen[7]. **12**

Der Unterschied im Strafrahmen bei Sachbeschädigung und Diebstahl (Freiheitsstrafe bis zu 2 bzw bis zu 5 Jahren) ist historisch bedingt, aber auch damit zu erklären, dass Verstöße gegen § 303 häufig *bloße Begleittaten* zu schwereren Delikten darstellen (zB zum Einbruchsdiebstahl, zum Haus- und Landfriedensbruch, zu Schlägereien usw) und aus dieser Sicht als weniger gravierend eingestuft zu werden pflegen. Hinzu kommt der große Anteil *junger* Täter, bei denen oft jugendlicher Übermut oder Geltungsdrang im Spiel und für die eine Straßenlaterne lediglich Demonstrationsobjekt der eigenen Wurfkraft und Treffsicherheit ist. Diesem traditionellen Bild der Sachbeschädigung hat sich allerdings ein zweites hinzugesellt. **Vandalismus** in Gestalt sinnlos erscheinender Zerstorungswut tritt seit geraumer Zeit in zunehmendem Maße auf; die Schäden, die dabei in öffentlichen Anlagen und Verkehrsmitteln, an Telefonzellen, Schulgebäuden, geparkten Kraftwagen oder durch (Graffiti-) Schmierereien an Hauswänden[8] angerichtet werden, **13**

---

2 S. die Begründung zum Entwurf des 39. Strafrechtsänderungsgesetzes, BT-Ds 15/5313, S. 1, 3.

3 S. dazu die Nachweise bei *Ingelfinger*, Graffiti und Sachbeschädigung 2003, S. 11 ff, 35 ff; *Schnurr*, Graffiti als Sachbeschädigung 2006, S. 112 ff, 221 ff; *I. Wolf*, Graffiti als kriminologisches und strafrechtsdogmatisches Problem 2004, S. 183 ff; ferner *Hefendehl*, NJ 02, 459; *Kühl*, Weber-FS. S. 413; *Weber*, Meurer-GS S. 283; eine iE positive Bewertung der Reform findet sich bei *Dölling*, Küper-FS S. 21 ff; *Hillenkamp*, Schwind-FS S. 939 ff; krit. *Neubacher*, ZStW 118 (2006), 873 f; zu erheblichem Leerlauf wegen Beweisschwierigkeiten s. *Schnurr*, StraFo 07, 318.

4 BR-Ds 805/98; Anlass war das Urteil KG NJW 99, 1200; s. dazu *Wassermann*, Deutsche Wohnungswirtschaft 98, 330.

5 S. dazu *Maurach/Schroeder/Maiwald*, BT I § 36 Rn 24 und krit. *Fischer*, § 303 Rn 22.

6 Vgl *Wessels/Hettinger*, BT I Rn 678 ff und 885 ff.

7 Näher *Wessels/Hettinger*, BT I Rn 975.

8 S. dazu BT-Ds 14/8013 S. 6; *I. Wolf*, Graffiti als kriminologisches und strafrechtsdogmatisches Problem 2004, S. 82 ff.

sind ärgerlich und hoch. So beziffert der Deutsche Städtetag allein den Umfang der durch Graffiti verursachten Schäden auf 200 bis 250 Mio EUR pro Jahr[9]. Auf deren Verminderung zielt die beschriebene Reform. Auf eine *Anhebung der Strafrahmen* in §§ 303, 304 hat der Gesetzgeber zu Recht verzichtet. Sie würde die Beteiligten kaum erreichen, da die jugendstrafrechtliche Praxis auf minderschwere (Erst-) Taten Jugendlicher, um die es hier überwiegend geht, zu Recht mit formlosen Erziehungsverfahren reagiert[10]. Und sie würde die berechtigte[11] Besorgnis am falschen Ort artikulieren, weil Sachbeschädigungen auch in den Formen des Vandalismus zur episodenhaften Jugenddelinquenz zu zählen sind, der eher durch die Bekämpfung von Jugendarbeitslosigkeit und Alkoholmissbrauch und die Wiedergewinnung von Halt und Perspektiven in einer zunehmend urbanisierten und anonymen Welt als durch symbolische Strafschärfungen beizukommen ist[12]. Daneben liegt hier – namentlich in der „Graffiti-Szene" – auch ein noch unausgeschöpftes Experimentierfeld für Wiedergutmachung und Täter-Opfer-Ausgleich im Jugendstrafrecht[13].

2. Geschütztes Rechtsgut

13a   Das durch § 303 **geschützte Rechtsgut** ist das **Eigentum**. Hieran hat sich durch die Neufassung (Rn 11) im Grundsatz nichts geändert[14]. In den Entwürfen verstreute Überlegungen, ein durch Graffiti vermeintlich bedrohtes „Sicherheitsgefühl der Bevölkerung" oder ein gleichfalls gefährdetes, durch „Ästhetik" geschaffenes „Lebensgefühl" als weitere Rechtsgüter einzubeziehen[15], hat sich der der Gesetzesänderung zugrunde liegende Entwurf zu Recht nicht zueigen gemacht. Er hat allerdings den namentlich von der Rechtsprechung[16] auf die **körperliche Unversehrtheit** oder **bestimmungsgemäße Brauchbarkeit** der Sache verengten **Schutz erweitert**. Denn neben die substanzverletzenden oder die die Gebrauchsfähigkeit der Sache beeinträchtigenden Tathandlungen des Absatzes 1 tritt mit der nunmehr „ebenso" unter Strafe gestellten Veränderung des Erscheinungsbildes der Schutz vor einer dem Gestaltungswillen des Eigentümers widersprechenden **Zustandsveränderung**[17]. Der Gefahr einer hierdurch drohenden Verwässerung des Rechtsguts lässt sich dadurch begegnen, dass man unter dem Gestaltungswillen nicht das durch die Verfassung gewährleistete allgemeine Selbstbestimmungsrecht, sondern die aus dem Eigentum selbst fließende und mit ihm verbundene sachbezogene personale Gestaltungsmacht des Eigentümers bezüglich des äußeren Zustands der Sache versteht[18].

---

9   S. BT-Prot. 15/19, S. 71.
10   Zweifelhaft daher OLG Düsseldorf NJW 99, 1199 mit krit. Anm. *Behm* NStZ 99, 511.
11   S. dazu *Wessels*, BT II Rn 13.
12   S. zu diesen Aussagen *Eisenberg*, § 45 Rn 112–116, § 57 Rn 14 f; *Kaiser*, § 51 Rn 12 f, 47–50, 58.
13   S. *Schaffstein/Beulke*, Jugendstrafrecht, 14. Aufl. 2002, S. 120 ff; *Wesel*, NJW 97, 1965.
14   Ebenso *Dölling*, Küper-FS S. 26 f; *Krüger*, NJ 06, 248; *Satzger*, Jura 06, 429; SK-*Hoyer*, § 303 Rn 4.
15   S. den Entwurf eines Graffiti-Bekämpfungsgesetzes des Bundesrates, BT-Ds 15/404, S. 6, 7. Vgl dazu und zu weiteren „Rechtsgütern" krit. *Hefendehl*, NJ 02, 460 f; *Hillenkamp*, Schwind-FS S. 941; *Kühl*, Weber-FS S. 422; *Schnurr*, Graffiti als Sachbeschädigung 2006, S. 124 ff.
16   BGHSt 29, 129, 132; 44, 34, 38.
17   *Satzger*, Jura 06, 429 und SK-*Hoyer*, § 303 Rn 4 sprechen zutreffend von einer neuen „Schutzrichtung"; durch das „Beschädigen" miterfasst sah diese Fälle schon zuvor die „Zustandsveränderungstheorie", vgl *Gössel*, JR 80, 184; *Krey/Hellmann*, BT II, Rn 240, 245 f; *Otto*, BT § 47 Rn 9; *F.C. Schroeder*, JR 87, 359; JZ 78, 72; S/S-*Stree*, § 303 Rn 8c mwN.
18   In diesem Sinne auch *Ingelfinger*, Graffiti und Sachbeschädigung 2003, S. 29 f; *Kühl*, Weber-FS S. 421 f.

Da das Tatobjekt in § 303 I und II eine *fremde* Sache ist, scheidet der **Eigentümer** als **13b**
Täter aus. Das gilt für § 303 II auch dann, wenn er sein Recht, den Zustand der Sache
zu bestimmen, durch Gesetz oder Vertrag an einen Dritten verloren hat[19]. Eine **Einwil-**
ligung des Eigentümers schließt die Verletzung des Gestaltungswillens und damit den
Tatbestand des § 303 II aus. Nach der Begründung des Entwurfs[20] ist die Veränderung
dann nicht **unbefugt**. Obwohl die Verfasser des Entwurfs das Merkmal „unbefugt"
nur in § 303 II aufgenommen und es in § 303 I bewusst bei dem allgemeinen Hinweis
auf die Rechtswidrigkeit belassen haben, wird man angesichts der Möglichkeit, dass
sich die Tathandlungen beider Absätze überschneiden, einer Einwilligung des Eigentümers in die Zerstörung oder Beschädigung einer Sache (nunmehr) gleichfalls eine
tatbestandsausschließende Wirkung beimessen müssen[21].

Steht das Gestaltungsrecht einem „**sonst Berechtigten**" zu, handelt er in dessen Rah- **13c**
men befugt. Auch schließt seine Einwilligung dann für Dritte den Tatbestand aus. Das
wird man freilich nur annehmen können, wenn der Berechtigte sein Gestaltungsrecht
vom Eigentümer ableitet. Erwächst das Recht zur Veränderung des Zustandes dagegen einem Dritten gegenüber dem Eigentümer (oder sonst Berechtigten) aus **Notrech-**
ten oder **öffentlich-rechtlichen Befugnissen**, kann nicht anders als bei einer Beschädigung oder Zerstörung der Sache unter solchen Voraussetzungen nur Rechtfertigung
eintreten[22]. Wer auf eine Haustür die Warnung vor einer hinter ihr lauernden Explosi-
onsgefahr oder wer schwer verletzt mit letzter Kraft den Namen des erkannten Schützen an eine Hauswand sprüht, verletzt mit dieser Veränderung des Erscheinungsbildes
von Tür oder Wand den Gestaltungswillen des Eigentümers und ist nur nach § 904
BGB gerechtfertigt. Beseitigt eine Gemeinde im Wege der Ersatzvornahme die durch
eine unzulässige, vom Eigentümer aber gewünschte Farbgebung eingetretene Verunstaltung einer baulichen Anlage, verändert sie das Erscheinungsbild gegen seinen
Willen. Die Befugnis hierzu kann folglich den tatbestandsmäßigen Eingriff nur rechtfertigen[23].

---

19 Anderes gilt für § 248b, der vom „Berechtigten" spricht.
20 BT-Ds 15/5313, S. 3.
21 Zur alten Fassung ist hier bis zur 29. Auflage (Rn12) die Einwilligung als Rechtfertigungsgrund be-
    handelt worden; ebenso zB *Mitsch*, BT II/1 § 5 Rn 12; *S/S-Lenckner*, Vorbem. §§ 32 ff Rn 33a; auch
    zur neuen Fassung soll es bei der (nur) rechtfertigenden Wirkung der Einwilligung in Abs. 1 nach *Satz-*
    ger, Jura 06, 433, *MK-Wieck-Noodt*, § 303 Rn 63 und *SK-Hoyer*, § 303 Rn 18 bleiben; wie hier *Thoss*,
    StV 06, 161.
22 Anders die Gesetzesbegründung, nach der auch die Berufung auf eine „Befugnisnorm" den Tatbestand
    ausschließen soll, BT-Ds 15/5313, S. 3; dem zust. *Eisenschmid*, NJW 05, 3035; HK-GS/*Weiler*, § 303
    Rn 6; *Kindhäuser*, § 303 Rn 18; nach der hier vorgeschlagenen Lösung hat das Merkmal „unbefugt"
    eine Doppelfunktion: Tatbestandsausschluss bei Handeln mit Einwilligung, im Übrigen Hinweis auf
    allgemeine Rechtfertigungsgründe, s. zu einer solchen Deutung S/S-*Cramer/Heine*, Vorbem. §§ 324 ff
    Rn 14.
23 SK-*Hoyer*, § 303 Rn 25 folgt dem bei Rechtfertigung nach §§ 228, 904 BGB, will aber bei Amtsbe-
    fugnissen nicht überzeugend den Tatbestand ausschließen; wie hier dagegen *Eisele*, BT II Rn 448;
    Krey/Hellmann, BT II Rn 254a; *Krüger*, NJ 06, 251; *Küper*, BT S. 260; *Satzger*, Jura 06, 435; für all-
    gemeines Rechtswidrigkeitsmerkmal *Heghmanns*, Rn 895.

3. Gegenstand der Tat

14 **Gegenstand** der Sachbeschädigung iS des § 303 sind **fremde Sachen** ohne Rücksicht darauf, ob sie beweglich oder unbeweglich (zB Wiesen, die von einer Schafherde abgefressen, zertreten und verkotet wurden)[24] sind.

15 **Sachen** (s. dazu auch Rn 63 ff) sind alle körperlichen Gegenstände. Im Rahmen des strafrechtlichen Eigentumsschutzes zählen dazu auch Tiere, da § 90a S 1 BGB („Tiere sind keine Sachen") sich nur auf die Rechtsstellung von Tieren im Zivilrecht bezieht, der Sachbegriff des Strafrechts aber allein durch dessen Zielsetzung und die hier maßgebende Regelungsmaterie bestimmt wird[25]. Einer „entsprechenden" Anwendung des § 303 bedarf es daher nicht. Wer kontaminiertes Tierfutter an Massentierhaltungen liefert und damit die Unverwertbarkeit der Tierprodukte hervorruft, verwirklicht den Tatbestand der Sachbeschädigung[26]. Zur **Körperlichkeit** gehört, dass der Gegenstand eine Begrenzung aufweist, ein selbstständiges, individuelles Dasein führt und so aus seiner Umwelt hervortritt. Daran fehlt es bei der freien atmosphärischen Luft, dem Meereswasser, frei umherliegendem Schnee, nicht aber bei einer auf ihm gezogenen Skilanglaufspur[27].

16 Auf den **Geldwert** des Gegenstandes kommt es nicht an, da der Schutz des § 303 sich auch auf wirtschaftlich wertlose Sachen bezieht[28]. Ein altes, vergilbtes Familienfoto kann daher ebenso schutzwürdig sein wie ein fabrikneuer Kraftwagen. Dass überhaupt kein oder kein „vernünftiges" Erhaltungsinteresse besteht, ist keine Frage der Sachqualität oder der generellen Schutzwürdigkeit[29], sondern – wie bei der Tötung eines tollwütigen Hundes – der Rechtfertigung (im Beispiel nach § 17 Nr 1 TierSchG)[30]. Auch eine schon beschädigte Sache kann daher Objekt einer Sachbeschädigung sein[31].

17 **Fremd** ist eine Sache, wenn sie im (*Allein-*, *Mit-* oder *Gesamthands-*) **Eigentum eines anderen** steht. Ob das der Fall ist, richtet sich nicht nach eigenständig strafrechtlichen Kriterien (s. Rn 69), sondern nach den Vorschriften des bürgerlichen Rechts (vgl §§ 873, 929 ff, 1370, 1922 BGB). Nicht fremd sind *herrenlose* Sachen, die niemandem gehören (vgl §§ 959 ff BGB), sowie Sachen, die *ausschließlich im Eigentum des Täters* selbst stehen. Folglich kann der Eigentümer in keiner Variante Täter sein (s. Rn 13b).

Liefert ein Unternehmer einem Verbraucher eine unbestellte Sache, steht der Eigentumsübergang unter dem Vorbehalt der Annahme des Kaufangebots und der Zahlung des Kaufpreises. Beschädigt oder zerstört der annahme- und zahlungsunwillige Verbraucher die Sache, begeht er

---

24 LG Karlsruhe NStZ 93, 543; s. auch *Fahl*, JuS 05, 809 f.
25 S. dazu §§ 324a I Nr 1, 325 IV Nr 1 und grundlegend RGSt 32, 165, 179; zu § 90a BGB s. *Fahl*, Jura 05, 274; *Graul*, JuS 00, 215; *Küper*, JZ 93, 435; LK-*Wolff*, § 303 Rn 3, 5; MK-*Wieck-Noodt*, § 303 Rn 8; *Wessels/Beulke*, AT Rn 59; zum spezielleren Schutz durch § 17 TierSchG s. HK-GS/*Weiler*, § 303 Rn 11 ff.
26 *Fischer*, § 303 Rn 11.
27 *Rengier*, BT I § 24 Rn 5; krit. S/S/-*Eser*, § 242 Rn 9; aA *Heghmanns*, Rn 865 f; *Wessels*, BT II Rn 15 und BayObLG JR 80, 429 mit abl. Anm. *Schmid*.
28 OLG Köln NJW 88, 1102.
29 AA RGSt 10, 120, 122; LK-*Wolff*, § 303 Rn 4; S/S-*Stree*, § 303 Rn 3; *Wessels*, BT II Rn 16.
30 S. BayObLG NJW 93, 2760 und *Mitsch*, BT II/1 § 5 Rn 16; *Schmidt/Priebe*, BT II Rn 883.
31 *Schmidt/Priebe*, BT II Rn 883.

tatbestandlich eine Sachbeschädigung. Da § 241a BGB diese zwar nicht „billigt", wohl aber für den Verbraucher folgenlos zulässt, wird man hieraus auch für das Strafrecht gegenüber diesem Eingriff eine rechtliche Duldungspflicht des Unternehmers ableiten müssen, die die Rechtswidrigkeit beseitigt[32]. Das gilt auch für einen eine Zueignung iS des § 246 darstellenden Verbrauch, für eine Unterschlagung durch Weiterveräußerung aber nur, wenn § 241a BGB auch diese gestattet[33].

4. Tathandlungen

Tathandlung in § 303 I ist das **Beschädigen** oder **Zerstören**, in § 303 II das **Verändern** des **Erscheinungsbildes** der Sache. Alles drei kann in einem aktiven Tun wie in einem Unterlassen bestehen (zB im Nichtfüttern fremder Tiere oder dem Nichtbeseitigen einer Veränderung durch einen dazu verpflichteten Garanten). **18**

Im E 1962 (§ 249) war vorgesehen, den Tatbestand der Sachbeschädigung um die Begehungsformen des **Unbrauchbarmachens** und des **Verunstaltens** (vgl §§ 133 I, 134 StGB) zu erweitern, „um gewisse Strafbarkeitslücken zu schließen" (Begr. S. 420). Dieser zum Unbrauchbarmachen überflüssigen und mit dem Verunstalten den Eigentumsschutz mit heiklen ästhetischen Fragen belastenden Ausdehnung ist das 6. StrRG (Rn 9) zu Recht nicht gefolgt. Dass bloßen Verunstaltungen und Verunreinigungen mit dem Zivil- und dem Ordnungswidrigkeitenrecht angemessener und hinreichend begegnet werden kann (so zB durch §§ 1004, 823 BGB, § 118 OWiG; § 64a I Nr 4 Eisenbahn-Bau- und Betriebsordnung sowie kommunale Polizeiverordnungen), ist aber eine Auffassung, die den Gesetzgeber nicht überzeugt hat. Aus diesen Gründen sind zwar Gesetzesvorschläge, die §§ 303, 304 zur „Bekämpfung" des Graffiti-Unwesens um das Merkmal des „Verunstaltens" (BR-Ds 805/98; BT-Ds 14/546; 14/569; 15/63; 15/302) ergänzen wollten, nicht, wohl ist aber der Vorschlag Gesetz geworden, die Veränderung des Erscheinungsbildes unter Strafe zu stellen (s. Rn 11)[34]. **19**

a) Beschädigen

Was unter der Tathandlung des Beschädigens zu verstehen ist, war unter der Geltung des § 303 aF (s. Rn 11) sehr umstritten[35]. Dabei geriet die Ergänzung der im Kern des Begriffs stehenden Substanzverletzung um die Brauchbarkeitsminderung schnell au- **20**

---

32 Für § 241a BGB als Rechtfertigungsgrund *Fischer*, § 303 Rn 16; *Haft/Eisele*, Meurer-GS S. 245, 254 ff; LK-*Wolff*, § 303 Rn 8; *Matzky*, NStZ 02, 458; *Wessels/Beulke*, AT Rn 283a; krit. dazu *Otto*, Jura 04, 389 f; für Strafbarkeit *Schwarz*, NJW 01, 1453 f.
33 Abl. *Haft/Eisele*, Meurer-GS S. 259; für *Otto*, Jura 04, 389 ist die Sache für den Verbraucher mit der Folge seiner Straflosigkeit schon nicht „fremd"; ähnlich *Kohlheim*, Ein neuer wirtschaftlicher Fremdheitsbegriff im Strafrecht 2007, S. 90 ff (s. zu diesem von der hL abweichenden Begriffsverständnis Rn 69); zum Ganzen s. auch *Dornheim*, Sanktionen und ihre Rechtsfolgen im BGB unter besonderer Berücksichtigung des § 241a BGB 2003, S. 220 ff, der § 241a BGB als Rechtfertigungsgrund sieht, sowie *Tachau*, Ist das Strafrecht strenger als das Zivilrecht? 2005, S. 140 ff; 220 ff, der Zueignungsdelikte mangels Enteignungsmöglichkeit schon tatbestandlich verneint und § 303 durch Einwilligung (nicht durch § 241a BGB) als gerechtfertigt ansieht; ebenso *Reichling*, JuS 09, 113.
34 Mit unterschiedlichen Vorschlägen für eine Graffiti eindeutig erfassende Reform zB *Ingelfinger*, Graffiti und Sachbeschädigung 2003, S. 14 f, 34, 35 ff mit der Empfehlung, die nachhaltige Beeinträchtigung der äußeren Gestaltung der Sache in § 303 aufzunehmen; *Kühl*, Weber-FS S. 419 ff; *I. Wolf*, Graffiti als kriminologisches und strafrechtsdogmatisches Problem 2004, S. 209 ff; zum Subsidiaritätsgedanken aaO S. 184 ff; zur Rechtslage im Ausland aaO S. 169 ff; s. dazu auch *Moos*, JR 01, 93; abl. *Schnurr*, Graffiti als Sachbeschädigung 2006, S. 221 ff.
35 Zum Streit s. *Hillenkamp*, BT, 10. Aufl. 2004, 27. Problem; *Küper*, BT S. 256 ff.

ßer Streit[36]. Da im deutschen, anders als im österreichischen Strafgesetzbuch[37], das Verunstalten als Tathandlung fehlte, kehrte aber keine Einigkeit darüber ein, inwieweit eine dem (berechtigten) Interesse des Eigentümers widerstreitende (nachteilige) Veränderung des äußeren Zustandes bzw der Erscheinungsform einer Sache unter den Begriff des Beschädigens fallen sollte. Hierauf gibt § 303 II nF die dort zu findende Antwort. Die Frage, wie weit sie reicht und was sie für die Tathandlung des Beschädigens bedeutet, kann nur auf dem Hintergrund des überkommenen Streits beantwortet werden.

20a Die Rechtsprechung hat den Begriff des Beschädigens zunächst eng ausgelegt und das Vorliegen einer *substanzverletzenden* Einwirkung gefordert[38]. Später ließ das Reichsgericht eine *belangreiche Veränderung* der Sache in ihrer äußeren Erscheinung und Form genügen (zB durch Besudelung einer weißen Marmorbüste mit roter Farbe oder durch Beschmutzen eines Kleides mit Urin)[39]. Bei Manipulationen an zusammengesetzten Sachen erblickte es das Wesen der Sachbeschädigung zumeist in einer *Minderung der Gebrauchsfähigkeit* zu dem bestimmungsgemäßen Zweck[40]. Diesem Gesichtspunkt gab es schließlich ganz allgemein den Vorzug[41]; auf ihn greift auch die Rechtsprechung des Bundesgerichtshofs zurück[42]. Im Gegensatz zu neueren Auffassungen, wonach jede dem Eigentümerinteresse zuwiderlaufende **Zustandsveränderung**, wie etwa das Bekleben von Wänden, Mauern oder Telefonverteilerkästen mit fest haftenden Plakaten oder das Besprühen mit Farbzeichen und -bildern eine Sachbeschädigung darstellen sollte (= *Zustandsveränderungstheorie*)[43], nur weil und wenn sie dem Gestaltungs- und Sachherrschafts*willen* des Eigentümers widerstreitet, nahm der BGH wieder einen *restriktiven* Standpunkt ein[44]. Wo es im Einzelfall an einer Substanzverletzung oder an einer Brauchbarkeitsminderung fehlt, sollte hiernach die bloße Veränderung des äußeren Erscheinungsbildes einer Sache (in BGHSt 29, 129 eines Verteilerkastens der Bundespost) von der Tathandlung des Beschädigens grundsätzlich nicht erfasst werden. Hiervon ist der BGH auch für die Beurteilung von Farbsprühaktionen nicht abgerückt[45]. Die Einbeziehung des **Verunstaltens** in den Beschädigungsbegriff blieb danach bisher auf eng zu begrenzende Ausnahmefälle beschränkt[46].

21 BGHSt 29, 129, 132 ff führte dazu aus, der Schutz des Eigentums in § 303 aF beziehe sich (anders als in § 1004 BGB) allein auf das Interesse des Eigentümers an der **körperlichen Unversehrtheit** seiner Sache. Die bloße Veränderung ihrer äußeren Erscheinungsform sei in aller Regel keine Sachbeschädigung, und zwar auch dann nicht, wenn diese Veränderung auffällig (belangreich) sei. Das Kriterium der Brauchbarkeitsminderung werde entleert und als Hilfsmittel der Gesetzesauslegung untauglich, wenn man die vom Eigentümer beabsichtigte äußere Erscheinung seiner

---

36 Der Streit ähnelt nicht zufällig dem der zur Zueignung bestehenden zwischen Substanz-, Sachwert- und Vereinigungstheorie mit engem oder weitem Sachwertverständnis, s. Rn 128 ff und *Hillenkamp*, BT 21. Problem.
37 S. zu § 125 öStGB *I. Wolf*, Graffiti als kriminologisches und strafrechtsdogmatisches Problem 2004, S. 170 ff.
38 RGSt 13, 27, 28.
39 RGSt 43, 204; RG HRR 1936, 853.
40 RGSt 55, 169; 64, 250, 251.
41 Zusf. RGSt 74, 13, 14.
42 BGHSt 13, 207, 208; 29, 129, 133; BGHSt 44, 34, 38 mit iE zust. Bespr. von *Dietmeier*, JR 98, 470; *Krüßmann*, JA 98, 626; *Otto*, NStZ 98, 513.
43 Vgl zu § 303 aF *Gössel*, JR 80, 184; *Krey/Hellmann*, BT II Rn 240, 245 f; *Otto*, BT § 47 Rn 9; *F.C. Schroeder*, JR 87, 359 und JZ 78, 72; *S/S-Stree*, § 303 Rn 8c mwN.
44 BGHSt 29, 129, 133; BGH NJW 80, 601; zust. *Fischer*, § 303 Rn 8 f.
45 So aber OLG Düsseldorf NJW 99, 1199 unter Berufung auf BGHSt 41, 47, 55, eine Entscheidung, die ein solches Abrücken nicht ergibt; zutr. KG NJW 99, 1200; OLG Karlsruhe StV 99, 544.
46 Ebenso OLG Celle NStZ 81, 223; OLG Frankfurt NJW 90, 2007; OLG Dresden NJW 04, 2843.

Sachen stets als deren *bestimmungsgemäße Brauchbarkeit* verstehe. Die Auslegung des § 303 entferne sich damit in unzulässiger Weise vom Wortsinn des Merkmals „beschädigen" und gehe auch daran vorbei, dass das StGB zwischen der **Verunstaltung** (§ 134) und der **Beschädigung** von Sachen (§ 303) unterscheide[47]. Ob das Tatobjekt nach *ästhetischen* Gesichtspunkten gestaltet worden sei und nach seiner Zweckbestimmung über eine eigene Ansehnlichkeit verfüge, sei bei *Gebrauchsgegenständen* und *technischen Anlagen* ohne Bedeutung. Eine Ausnahme sei lediglich für den in RGSt 43, 204, 205 f erwähnten Fall anzuerkennen, dass die Gebrauchsbestimmung des Gegenstandes, wie etwa einer Statue, eines Gemäldes oder eines Baudenkmals, *offensichtlich* mit seinem ästhetischen Zweck zusammenhänge; nur hier genüge im Rahmen des § 303 eine „belangreiche Veränderung der äußeren Erscheinung und Form".

Das **Verunstalten** oder **Verunreinigen** fremder Sachen verwirklichte den Tatbestand des § 303 **22** aF hiernach nur dann, wenn es zu einer *Substanzverletzung* oder *Brauchbarkeitsminderung* führte[48], mochte dies auch erst die zwangsläufige Folge der durch den Eingriff veranlassten Reinigungsmaßnahmen sein. Dann war im Zeitpunkt der Verunstaltung nach der auch hier (27. Aufl. Rn 28) vertretenen Auffassung schon ein „beschädigungsgleicher" Zustand eingetreten, der bereits als Beschädigung der Sache begriffen und gegen dessen Gleichstellung mit einer unmittelbaren Substanzverletzung nicht eingewendet werden konnte, dass es im Belieben des Eigentümers liegt, eine Reinigung durchzuführen. Solche Wiederherstellungsfolgen wurden nach allgemeinen Grundsätzen für zurechenbar gehalten[49]. Beispiele dafür bildeten das Beschmieren von Wänden, Mauern oder Litfaßsäulen mit Teer oder durch Aufrufe und Parolen, die mit Ölfarbe angebracht bzw aufgesprüht werden[50] sowie das Besudeln einer Statue, eines Gemäldes oder eines anderen Kunstwerkes, das ästhetischen Zwecken dient und gerade durch seine Schönheit auf den Betrachter wirken soll[51].

Beim Bekleben von Häusern, Mauern, Schalt- und Verteilerkästen usw mit *fest haftenden Plaka-* **23** *ten* ging es dagegen wie bei *leicht entfernbaren Schmierereien* in aller Regel *nur um Zustandsveränderungen*, denen nach der auch hier (27. Aufl. Rn 29) für richtig gehaltenen Ansicht hinreichend mit dem Ordnungs- und dem Zivilrecht (§§ 1004, 823 BGB) zu begegnen war. Das Überkleben von Wahlplakaten mit anderen Plakaten führte dagegen bei fester Verbindung regelmäßig zu einer Sachbeschädigung[52].

In der Rechtslehre, die zum Teil an der *Zustandsveränderungstheorie* festhielt, ist die Auslegung **24** des § 303 aF durch den BGH verbreitet auf Kritik gestoßen[53]. Soweit sie wegen des Gegensatzes zwischen Beschädigen (§ 303) und Verunstalten (§ 134) das Bedenken aus dem Wortsinn teilte, hatte sie sich mit der Forderung nach Reform iS des E 1962 (Rn 19) verbunden[54].

Auf diesem **Hintergrund** ist es die erklärte und in der Gesetzesänderung auch un- **25** missverständlich zum Ausdruck gekommene Absicht des Gesetzgebers, die „Fälle der Substanzverletzung und der Beeinträchtigung der technischen Brauchbarkeit" mit den Tathandlungen des § 303 I und „den darüber hinausgehenden Schutz des äußeren Er-

---

47 Zust. HansOLG Hamburg StV 99, 545.
48 Grundlegend dazu BGHSt 29, 129, 132.
49 S. dazu *Ingelfinger*, Graffiti und Sachbeschädigung, 2003, S. 21 ff; *Wilhelm*, JuS 96, 425; Bedenken dagegen bei *Maiwald*, JZ 80, 259; *Momsen*, Anm. JR 00, 172; NK-*Zaczyk*, § 303 Rn 12; *Seelmann*, JuS 85, 200.
50 RG HRR 1933, 350; OLG Celle StV 81, 129; OLG Düsseldorf NJW 82, 1167; OLG Oldenburg JR 84, 35 mit Anm. *Dölling*; LG Bremen NJW 83, 56.
51 RGSt 43, 204, 205; BGHSt 29, 129, 134.
52 BGH NStZ 82, 508; lehrreich dazu *Wilhelm*, JuS 96, 424.
53 Vgl *Dölling*, NJW 81, 207; *Maiwald*, JZ 80, 256; dem BGH zust. *Behm*, JR 88, 360; *Katzer*, NJW 81, 2036; *Seelmann*, JuS 85, 199.
54 So *Hauf*, BT I S. 77; *Wessels*, BT II Rn 22.

scheinungsbildes" in einem neuen Absatz 2 zu erfassen. Dabei ist in erster Linie an die Erstreckung auf Graffiti gedacht, eine andere Art der Veränderung des Erscheinungsbildes aber nicht ausgeschlossen[55]. Hiernach drängt es sich auf, die Veränderung des Erscheinungsbildes nicht nur in den Fällen, die die Zustandsveränderungslehre über die Rechtsprechung hinaus der Beschädigung zuschlagen wollte, in den Absatz 2 zu verweisen. Vielmehr sollte man die Beschädigungsalternative auch um die Fälle zugunsten einer Anwendung der neuen Tathandlung entlasten, in denen erst die bei einer Wiederherstellung des Ausgangszustandes eintretenden Substanzschäden über das Konstrukt eines „beschädigungsgleichen Zustands" (27. Aufl. Rn 28) oder einer „mittelbaren" Sachbeschädigung auch nach der Rechtsprechung die Tathandlung des Beschädigens erfüllen könnte[56].

25a Hiernach setzt der **Beschädigungsbegriff** in § 303 I zweierlei voraus: eine unmittelbare Einwirkung auf die betroffene Sache selbst und eine dadurch verursachte Beeinträchtigung ihrer körperlichen Unversehrtheit oder bestimmungsgemäßen Brauchbarkeit.

26 Keine Zustimmung verdient danach die im Schrifttum vereinzelt vertretene **Funktionsvereitelungstheorie**, die eine Einwirkung auf die Sachsubstanz für entbehrlich hält (also in einer Unterbrechung der Stromzufuhr eine *Beschädigung* der dadurch stillgelegten Maschinen erblicken müsste) und die sogar eine durch *schlichte Sachentziehung* bewirkte Aufhebung der Verwendungsfähigkeit genügen lässt[57]. Diese Auffassung wird von der hM mit Recht abgelehnt, weil sie den begrenzten Schutzzweck des § 303 und die Subsidiarität des Strafrechts gegenüber dem Zivilrecht missachtet[58]. Sie wird unter Verkennung des Merkmals der unmittelbaren Einwirkung wiederbelebt, wenn das Verhindern einer Aufnahme des Fahrers durch die Kamera einer Verkehrsüberwachungsanlage mit Hilfe von im Fahrzeug eingebauten Reflektoren nicht anders als das Beschmieren der Kamera mit Senf als Sachbeschädigung ausgegeben wird. Während der Täter mit dem Beschmieren auf die Sache selbst einwirkt, wird mit den Reflektoren wie mit einer „Gegenblitzanlage" die Funktion der Kamera ohne eine solche Einwirkung beeinträchtigt. Das reicht für eine Sachbeschädigung nicht aus[59].

27 Die Art der Einwirkung ist dagegen gleichgültig (**Beispiel:** Bösartigmachen von Tieren durch nachhaltige Beeinflussung ihres Nervensystems, RGSt 37, 411, 412; Anbringung eines Hindernisses auf Bahngleisen, BGHSt 44, 34, 38). Vorausgesetzt wird nur, dass die *Einwirkungsfolgen* nicht ganz unbedeutend oder belanglos, sondern **erheblich** sind. Das sind sie regelmäßig dann, wenn sie nicht zu beheben oder nur mit einem nicht nur geringfügigen Aufwand an Zeit, Mühe oder Kosten zu beseitigen sind[60]. Dabei ist der Wiederherstellungsaufwand nur ein Indiz für die

---

55 S. BT-Ds 15/5313, S. 3; der Hinweis auf Befugnisnormen, die in den seltensten Fällen (s. Rn 13c) Graffiti rechtfertigen können, zeigt, dass auch alle anderen Veränderungen gemeint sind.
56 S. dazu OLG Düsseldorf NJW 93, 869; KG NJW 99, 1200, OLG Dresden NJW 04, 2843; wie hier *Kreß/Baenisch*, JA 06, 710; *Küper*, BT S. 259 f; SK-*Hoyer*, § 303 Rn 15 f und wohl auch S/S-*Stree*, § 303 Rn 9a; nach wie vor für Anwendung des Abs. 1 auf diese Fälle *Jäger*, BT Rn 523a; *Krey/Hellmann*, BT II Rn 250 f, 253; *Rengier*, BT I § 24 Rn 20 f.
57 So *Kohlrausch/Lange*, § 303 Anm. III; *Maurach*, BT 5. Aufl. S. 191 für das Fliegenlassen eines Vogels; s. dazu § 251 E 1962 mit Begr. S. 421 f.
58 Näher RGSt 20, 182, 185; A/W-*Weber*, § 12 Rn 24 ff; SK-*Hoyer*, § 303 Rn 8, 9.
59 Anders OLG München NZV 06, 435 mit abl. Bespr. von *Gaede*, JR 08, 97; *Kudlich*, JA 07, 72 und *Mann*, NStZ 07, 271; wie hier *Lackner/Kühl*, § 303 Rn 4; *Rengier*, BT I § 24 Rn 22; *Schmidt/ Priebe*, BT II Rn 891; zur – zu verneinenden – Sachbeschädigung des Kennzeichens nach §§ 303, 304 durch Überkleben mit reflektierender Folie s. *Walter/Uhl*, JA 09, 34.
60 BGHSt 13, 207, 208; BGH NStZ 82, 508; OLG Düsseldorf NJW 93, 869; OLG Düsseldorf NJW 99, 1199; LK-*Wolff*, § 303 Rn 7.

Erheblichkeit der Sachbeschädigung und ändert nichts daran, dass diese selbst zunächst festgestellt werden muss[61].

Zu einer **Substanz*verletzung*** muss der Eingriff des Täters nicht unbedingt führen[62]. So kann die **28** Brauchbarkeit einer zusammengesetzten Sache selbst dann aufgehoben oder gemindert sein, wenn ihre Einzelteile unversehrt bleiben, wie etwa beim Zerlegen einer Uhr oder beim Blockieren einer Maschine durch Einlegen eines Holzkeils[63]. Wer diese Fälle mit einer zu eng verstandenen *Substanz*theorie § 303 wieder entzieht[64], dreht das Rad der Entwicklung zu weit zurück und macht durch die Vernachlässigung des sich in der Brauchbarkeit niederschlagenden *Sachwertes* einen wesentlichen Teil des Eigentumsschutzes zunichte (zur Parallele beim Diebstahl s. Rn 132 ff).

Hiernach liegt eine **Beschädigung** iS des § 303 I vor, wenn der Täter auf die Sache als **29** solche in der Weise körperlich eingewirkt hat, dass ihre **Unversehrtheit** oder **bestimmungsgemäße Brauchbarkeit** mehr als nur unerheblich beeinträchtigt[65] und im Vergleich zu ihrer bisherigen Beschaffenheit *nachteilig* verändert worden ist, was auch auch bei Verstärkung eines schon vorhandenen Mangels der Fall sein kann[66].

Wer dagegen eine schadhafte Sache ordnungsgemäß **repariert** und so ihren Zustand verbessert, *beschädigt* sie nicht. Das gilt selbst dort, wo der Eigentümer (etwa zu Beweiszwecken) ein Interesse am Fortbestand des mangelhaften Zustandes hat, denn ein solches Interesse wird vom Schutzzweck des § 303 I nicht mehr gedeckt[67]. In solchen Fällen kann allerdings nun § 303 II erfüllt sein (s. Rn 31c).

Beim Überkleben eines Verkehrsschildes mit einem anderen Zeichen ergibt sich die **30** Beschädigung aus der nachhaltigen Beeinträchtigung der bestimmungsgemäßen Brauchbarkeit. Hier kommt es darauf, ob sich die aufgebrachte Folie leicht entfernen lässt, naturgemäß nicht an, wohl aber auf die Dauer der Beeinträchtigung[68]. Wird das Diensthemd eines Polizeibeamten mit Bier durchtränkt[69], ist die **Unerheblichkeit** der Brauchbarkeitsminderung zu erwägen. IdR *darum* (Ausschluss von Bagatellen)[70], wird es auch beim **Ablassen von Luft** aus den Reifen eines Kraftfahrzeuges oder eines Fahrrades gehen. Zu verneinen ist eine Sachbeschädigung hier nicht schon deshalb, weil der einzelne Reifen durch diese Einwirkung nicht stofflich verändert oder gebrauchsunfähig, sondern nur vorübergehend in seiner Gebrauchsbereitschaft beeinträchtigt wird[71]. Ausschlaggebend ist vielmehr, ob das Kraftfahrzeug oder Fahrrad als zusammengesetzte Sache nach einem solchen Eingriff noch bestimmungsgemäß als Fortbewegungsmittel verwendet werden kann. Diese Funktionsfähigkeit wird aber

---

61 BayObLG StV 97, 80; HansOLG Hamburg StV 99, 544; *Behm*, NStZ 99, 511; *Hohmann/Sander*, BT I § 10 Rn 6.
62 OLG Köln NJW 99, 1042.
63 Lehrreich dazu RGSt 20, 182, 183 f.
64 *Kargl*, JZ 97, 289.
65 BGHSt 13, 207, 208; 29, 129, 132; BGH NJW 80, 601; OLG Celle NJW 88, 1101; OLG Hamburg NJW 82, 395; LK-*Wolff*, § 303 Rn 9, 10.
66 Vgl OLG Celle StV 81, 129.
67 Vgl BGHSt 29, 129, 132; *Krey/Hellmann*, BT II Rn 240; NK-*Zaczyk*, § 303 Rn 13; S/S-*Stree*, § 303 Rn 10; anders RGSt 33, 177, 180; A/W-*Weber*, BT § 12 Rn 22; *Eisele*, BT II Rn 434; *Rengier*, BT I § 24 Rn 14.
68 S. OLG Köln NJW 99, 1042; *Baier*, JuS 04, 59 f.
69 OLG Frankfurt NJW 87, 389; *Stree*, JuS 88, 187.
70 S. dazu *Behm*, StV 99, 570.
71 So aber OLG Düsseldorf NJW 57, 1246 Nr 20.

schon dann aufgehoben oder zumindest beeinträchtigt, wenn auch nur ein einzelner Reifen die Luft verliert. Selbst wenn die Ventile oder die stoffliche Substanz der Reifen nicht beschädigt werden, verwirklicht das vollständige Ablassen der Luft aus einem oder mehreren Reifen deshalb den Tatbestand des § 303 I. Ist das Wiederauffüllen der Luft freilich an Ort und Stelle ohne ins Gewicht fallenden Aufwand an Zeit und Mühe möglich, ist eine Sachbeschädigung mangels **Erheblichkeit**[72] zu verneinen. Dass unerhebliche Beeinträchtigungen auch nach § 303 I nF wie bisher aus dem Tatbestand ausscheiden, ist zweifelsfrei. Die Erwähnung dieser Voraussetzung in § 303 II nF dient dort nur der Verdeutlichung dessen, was in der großen Bandbreite möglicher Veränderungen des Erscheinungsbildes tatbestandliches Unrecht sein kann, lässt aber keinesfalls den Umkehrschluss zu, dass die rechtsstaatlich gebotene Ausscheidung von Bagatellunrecht aus § 303 I nunmehr hinfällig sein soll.

Zu weit geht daher BayObLG JR 88, 217, das im Ablassen der Luft aus einem Fahrradreifen sogar dann eine strafbare Sachbeschädigung erblickt, wenn sich an dem betreffenden Fahrrad eine funktionsfähige Luftpumpe befindet[73]. Was ärgerlich ist, ist nicht schon deshalb strafbar.

b) Zerstören

31 **Zerstört** ist eine Sache, wenn sie auf Grund der erfolgten Einwirkung in ihrer Existenz vernichtet (**Beispiel:** Tötung eines Tieres; Verbrennen eines Buches) oder so wesentlich beschädigt ist, dass sie ihre bestimmungsgemäße Brauchbarkeit völlig verloren hat[74].

Ein Zerstören iS des § 303 kann auch im *zweckwidrigen* Aufbrauchen einer an sich zum Verbrauch bestimmten Sache liegen (**Beispiel:** A wirft das Kaminholz des B eigenmächtig in dessen Osterfeuer). Bei einem *bestimmungsgemäßen* Ver- oder (die Sache beeinträchtigenden) Gebrauch wird der Tatbestand dagegen zu Recht überwiegend verneint[75]. Handelt der Täter in Zueignungsabsicht, wird – wie beim Verzehr fremder Nahrungsmittel – das Unrecht ausschließlich durch die Zueignungsdelikte[76], handelt er mit Gebrauchsabsicht, die mit der Tat notwendig einhergehende Sachabnutzung von § 248b erfasst. Verheizt der Täter Kaminholz im Kamin des Eigentümers oder belästigt er ihn mit unerbetener Telefaxwerbung, ist allein die Tatsache, dass Holz oder Papier gegen den Willen des Eigentümers ver- oder gebraucht werden, auch angesichts der durch die Reform des § 303 eingetretenen Rechtsguterweiterung (Rn 13a) nicht geeignet, in der an sich bestimmungsgemäßen Verwendung das Unrecht einer Sachbeschädigung zu sehen. Mit der von BGH NJW 96, 660 für die Wettbewerbswidrigkeit aufgedrängter Telefax-Werbung gegebenen Begründung liefe eine Bestrafung wegen Sachbeschädigung wohl auf die hier (Rn 24) abgelehnte Funktionsvereitelungstheorie hinaus[77].

---

72 Abl. hierzu *Kargl*, JZ 97, 290; näher dazu BGHSt 13, 207; *Behm*, Anm. NStZ 88, 275; *Geerds*, Anm. JR 88, 218.
73 *Lackner/Kühl*, § 303 Rn 5.
74 Vgl RGSt 55, 169, 170.
75 *Blei*, JA 73, 811; LK-*Wolff*, § 303 Rn 20; S/S/*Stree*, § 303 Rn 10; *Seier* JuS 97 L 62; aA *Heghmanns*, Rn 890; *Kindhäuser*, § 303 Rn 27.
76 NK-*Zaczyk*, § 303 Rn 19.
77 Für Strafbarkeit *Schmittmann*, MMR 02, 263; *Stöber*, NStZ 03, 515.

c) Verändern des Erscheinungsbildes

Die in § 303 II nF aufgenommene Tathandlung des **Veränderns** des **Erscheinungs-** **31a**
bildes schützt den Eigentümer gegen Eingriffe, die den äußeren Zustand der Sache
gegen oder – was ausreicht – ohne den Willen des Eigentümers oder eines ihn in der
Ausübung des Gestaltungswillens vertretenden Berechtigten abändern. Geschieht
dies durch eine Handlung, die die Sache zugleich beschädigt oder zerstört, tritt die
hiermit typischerweise verbundene Veränderung zurück[78]. Ob die Veränderung das
äußere Erscheinungsbild verschlechtert oder verbessert, ist gleichgültig. Es kommt
auch nicht darauf an, dass der Sache vom Eigentümer eine bestimmte ästhetische Wirkung zugedacht ist. Insoweit ist der Begriff der Veränderung neutral[79]. Vorausgesetzt
ist lediglich, dass die Veränderung ein von dem vor der Einwirkung bestehenden Zustand abweichendes Erscheinungsbild hervorruft[80].

Um strafwürdiges und dem Unrechtsgehalt des § 303 I entsprechendes Verhalten zu **31b**
kennzeichnen, setzt auch die Veränderung des Erscheinungsbildes voraus, dass sie
durch eine **unmittelbare Einwirkung** auf die Sache geschieht. Daher reicht ein bloßes Verstellen, Verhängen oder die Projektion von Licht auf eine Wandfläche nicht
aus[81]. Da auch dem Gesetzgeber bewusst war, dass nicht jede Veränderung des Erscheinungsbildes eine hinreichende Unrechtsqualität besäße, hat er die Beschränkung
auf **strafwürdiges Unrecht** durch **drei** die Veränderung kennzeichnende **Merkmale**
herbeizuführen gesucht.

Zum *Ersten* darf die Veränderung **nicht nur unerheblich** sein. Da die Erheblichkeit **31c**
(s. Rn 30) seit je Voraussetzung einer tatbestandlichen Sachbeschädigung ist, hätte der
Gesetzgeber auf ihre Normierung (nur in § 303 II) besser verzichtet[82]. Die Erheblichkeit muss sich in § 303 II auf das Erscheinungsbild beziehen. Ein winziges „tag" an
einer schwer einsehbaren oder ohnehin schon mit Graffiti übersäten Stelle einer Hauswand ist unerheblich, vor dem Balkon aufgehängte bunte Laken oder Spruchbänder
sind dagegen erheblich, bilden aber mangels Einwirkung auf die Sachsubstanz schon

---

78 S. zum Überschneidungsproblem *I. Wolf*, Graffiti als kriminologisches und strafrechtsdogmatisches
Problem 2004, S. 234 ff; wie hier *Beulke*, Rn 145; *Küper*, BT S. 259; für Subsidiarität des § 303 II gegenüber § 303 I auch KG NStZ 07, 223; für Fälle des Graffiti s. aber auch hier Rn 25.

79 Verkannt von *M. Heinrich*, Otto-FS S. 593; vgl zu den unterschiedlichen Bedeutungen des Begriffs in
verschiedenen Gesetzeszusammenhängen *I. Wolf*, Graffiti als kriminologisches und strafrechtsdogmatisches Problem 2004, S. 217 ff; zur Kritik an dem zu Recht nicht gewählten Begriff des Verunstaltens
s. *Ingelfinger*, Graffiti und Sachbeschädigung 2003, S. 36 ff, der selbst den Begriff des „Beeinträchti-
gens" vorzieht; ihm folgend *I. Wolf*, aaO S. 230 ff.

80 So auch *Satzger*, Jura 06, 434; MK-*Wieck-Noodt*, § 303 Rn 54; OLG Jena NJW 08, 776; ein Rückgriff
auf das „Verändern" iS von § 303a empfiehlt sich angesichts dessen inhaltlichen Bezugs nicht, vgl
hierzu *Krüger*, NJ 06, 248; *Thoss*, StV 06, 160; eine „unmittelbare Nutzungsbeeinträchtigung" ist entgegen *M. Heinrich*, Otto-FS S. 583 ebenso wenig wie eine Verunstaltung zu verlangen.

81 *I. Wolf*, Graffiti als kriminologisches und strafrechtsdogmatisches Problem 2004, S. 219; s. auch *Hillenkamp*, Schwind-FS, S. 938; *Lackner/Kühl*, § 303 Rn 7b; *Moos*, JR 01, 94; *Satzger*, Jura 06, 431,
435; *Weber*, Meurer-GS S. 290; krit. zu einem weiteren Verständnis auch *Fischer*, § 303 Rn 18a; aA
Kindhäuser, § 303 Rn 15; LK-*Wolff*, § 303 Rn 28; weiter auch *Rengier*, BT I § 24 Rn 29.

82 S. zur Kritik *Ingelfinger*, Graffiti und Sachbeschädigung 2003 S. 40f.; *Kühl*, Weber-FS S. 425; *Thoss*,
StV 06, 161 f; *I. Wolf*, Graffiti als kriminologisches und strafrechtsdogmatisches Problem 2004,
S. 227.

keine tatbestandliche Veränderung[83]. Zum *Zweiten* darf die Veränderung **nicht nur vorübergehend** sein. Veränderungen, „die ohne Aufwand binnen kurzer Zeit von selbst wieder vergehen oder entfernt werden können, wie Verhüllungen, Plakatierung mittels ablösbarer Klebestreifen sowie Kreide- und Wasserfarbenauftrag", fallen nach der Entwurfsbegründung[84] hiernach als tatbestandliche Veränderung aus. Ihnen fehlt es an der erforderlichen *Nachhaltigkeit*[85]. Sie setzt sich, wie die Beispiele zeigen, aus einem zeit- und einem auf die Intensität des Substanzeingriffs bezogenen Moment zusammen, an dem es alternativ fehlen kann[86]. Als *Drittes* muss die Veränderung **unbefugt** vorgenommen werden. Allgemeine Befugnisnormen schließen lediglich die Rechtswidrigkeit aus (Rn 13c). Geschieht dagegen die Veränderung mit Einwilligung des Eigentümers oder des ihm gegenüber in der Ausübung des Gestaltungswillens Berechtigten, entfällt schon der Tatbestand (Rn 13b, 13c). Entfernt der KfZ-Lehrling die von einem Hagelunwetter auf dem Dach des Autos des Vaters verursachten Beulen mit dessen Einwilligung, fehlt es am Tatbestand. Bereitet er dem Vater dagegen hiermit eine Geburtstagsüberraschung, hat er § 303 II verwirklicht, wenn der Vater den Zustand aus Gründen der Versicherung noch erhalten wollte[87].

5. Abgrenzung zur bloßen Sachentziehung

32 Die schlichte **Sach-** oder **Besitzentziehung**, die im geltenden Recht nicht mit Strafe bedroht ist[88], erfüllt die Merkmale des § 303 nicht. Wer etwa einheimische Singvögel aus dem Käfig des Züchters entweichen lässt, den goldenen Trauring der jungvermählten Konkurrentin in einen Fluss wirft oder dem erfolgreichen Briefmarkensammler ein seltenes Einzelstück in der Weise entzieht, dass er es in dessen Privatbibliothek für ihn unauffindbar mitsamt der schützenden Klarsichtfolie zwischen die Seiten eines Buches steckt, setzt sich zwar uU einem Schadensersatzanspruch nach § 823 BGB aus, macht sich aber nicht nach § 303 strafbar[89].

Dies folgt daraus, dass die Entziehungshandlung hier keine nachteilig verändernde Einwirkung auf die Sache als solche enthält, sondern allein das *Herrschaftsverhältnis* des Eigentümers zur Sache betrifft. Für § 303 soll freilich in solchen Fällen Raum bleiben, in denen die ihrem Eigentümer entzogene Sache weiteren Einwirkungen ausgesetzt wird, die zwangsläufig zu ihrer Beschädi-

---

83 Anders BT-Ds 15/5313, S. 3, wo die Erheblichkeit verneint wird.

84 BT-Ds 15/5313, S. 3; s. dazu auch schon BGHSt 29, 129, 132: „leicht abwaschbare Beschmutzungen"; alles, was „ohne nennenswerten Aufwand an Mühe, Zeit oder Kosten" behebbar ist.

85 Diese Kennzeichnung *Ingelfingers*, Graffiti und Sachbeschädigung 2003, S. 40 f (ihm folgend *I. Wolf*, Graffiti als kriminologisches und strafrechtsdogmatisches Problem 2004, S. 229) entspricht inhaltlich dem vom Gesetzgeber gewählten Begriff.

86 Für eine Aufteilung der Intensität auf die Unerheblichkeit und die (zeitliche) Extensität auf das „Nur-vorübergehend" SK-*Hoyer*, § 303 Rn 20; ihm zust. *Satzger*, Jura 06, 435. Eine leicht entfernbare Veränderung ist aber unabhängig von ihrem Belassen nur vorübergehend; wie hier *Eisenschmid*, NJW 05, 3035; *Fischer*, § 303 Rn 19; *Krüger*, NJ 06, 250.

87 Dieser Fall war nach § 303 aF umstritten; gegen Beschädigung zB *Krey/Hellmann*, BT II Rn 240; NK-*Zaczyk*, § 303 Rn 13; S/S-*Stree*, § 303 Rn 9 f sowie hier 27. Aufl. Rn 27; anders dagegen A/W-*Weber*, § 12 Rn 22; *Rengier*, BT I § 24 Rn 14.

88 Anders E 1962 § 251; krit. *Joecks*, § 303 Rn 9 f; s. zur Abgrenzung von Entziehung und Beschädigung BGHSt 44, 34, 38 f; *Krüßmann*, JA 98, 627 f.

89 So die hM: *Fischer*, § 303 Rn 12; LK-*Wolff*, § 303 Rn 19; S/S-*Stree*, § 303 Rn 10.

gung oder Vernichtung führen, so etwa, wenn ein fremdes Fahrrad ins Wasser geworfen wird, wo es mit der Zeit verrostet und verkommt[90]. Da mit der Sachentziehung die Sache der Obhut des Eigentümers aber entzogen und daher regelmäßig dem Schicksal alles Vergänglichen überantwortet wird, wird mit dieser Überlegung die Straflosigkeit der Sachentziehung weitgehend unterlaufen. Deshalb fallen solche Folgeschäden nicht mehr unter die *Reichweite der Norm*[91].

6. Subjektiver Tatbestand

Für den **inneren Tatbestand** genügt Eventualvorsatz. Auf die in § 303 I erwähnte **33** *Rechtswidrigkeit* der Tat braucht der Vorsatz sich nicht zu beziehen, da es sich insoweit nicht um einen Tatumstand iS des § 16 I, sondern lediglich um einen überflüssigen Hinweis auf das allgemeine Deliktsmerkmal der Rechtswidrigkeit handelt[92]. Wer über die Rechtswidrigkeit irrt, ist nach den dafür geltenden Regeln zu beurteilen. Geht der Täter irrtümlich davon aus, der Eigentümer – oder im Rahmen des § 303 II der Berechtigte – sei „einverstanden", ist als Vorfrage zu klären, ob die Einwilligung bei der Sachbeschädigung bereits den Tatbestand oder ob sie nur die Rechtswidrigkeit entfallen lässt. Nach der Neufassung der Vorschrift liegt es näher, von Ersterem auszugehen (s. Rn 13b, c; 31c).

> Im **Fall 1** erfüllt das Ablassen der Luft aus *allen* Reifen den Tatbestand der Sachbeschädigung **34** (Rn 30 mit BGHSt 13, 207, 208). Bei den „tags", einer Form des Graffiti, steht zwar einer Bestrafung weder die Meinungs- noch die Kunstfreiheit entgegen[93], wohl aber nach der bisherigen Rechtslage, dass sich die Schriftzüge von einer metallischen Oberfläche idR rückstandslos und ohne Beschädigung des Lackes beseitigen lassen[94]. Die willenswidrige Zustandsveränderung reichte nach der Rechtsprechung für Sachbeschädigung nicht aus. Nunmehr ist das Aufsprühen der „tags" als Veränderung des Erscheinungbildes von § 303 II nF erfasst. Sind sie durch Größe und Sichtbarkeit erheblich, dürfte sich A strafbar gemacht haben, da sich die „tags" auch nicht ohne weiteres beseitigen lassen. Die Veränderung ist daher nicht nur vorübergehend. Auf eine Beeinträchtigung der Substanz durch die Reinigung kommt es nach § 303 II nicht mehr an. Die Delle im Dach ist zwar eine idR *erhebliche* Beschädigung (und eine dahinter zurücktretende Veränderung des Erscheinungsbildes, s. Rn 31a) des Autos, ist aber bei einem geübten Car-Walker möglicherweise vom Vorsatz nicht erfasst[95]. Auf Rechtfertigung kann sich A trotz verkehrswidrigen und ihn behindernden Verhaltens der Autobesitzer nicht berufen[96]. A hat sich daher nach § 303 strafbar gemacht. Verneint die Strafverfolgungsbehörde ein besonderes öffentliches Interesse, wird die Sachbeschädigung nur auf **Antrag** verfolgt, § 303c. *Antragsberechtigt* ist nur der Sacheigentümer. Die Erweiterung dieser Befugnis auf

90   Vgl RGSt 64, 250 f; RG GA Bd. 51, 182, 183; *Kindhäuser*, § 303 Rn 24; S/S-*Stree*, § 303 Rn 10.
91   Zu Recht krit. daher A/W-*Weber*, BT § 12 Rn 28; *R. Schmitt*, Stree/Wessels-FS S. 505; ist der Tod eines Tieres *unmittelbare* Folge seines Aussetzens (zB auf befahrener Straße oder bei 40° minus), liegt § 303 natürlich vor; daher überzeugt das als Gegenbeispiel nicht, so aber *Satzger*, Jura 06, 431.
92   Vgl *Wessels/Beulke*, AT Rn 135; aA *Gropengießer*, JuS 97, 1013; *ders.*, JR 98, 93 f: Tatbestandsmerkmal mit der Bedeutung „unter Verstoß gegen die materielle Eigentumsordnung"; s. auch *Kindhäuser*, § 303 Rn 13.
93   S. BVerfG NJW 84, 1293; EKMR NJW 84, 2753: Sprayer von Zürich; s. dazu *Eisele*, BT II Rn 455; *Pieroth/Schlink*, Grundrechte Staatsrecht II, 24. Aufl. 2008, Rn 632.
94   OLG Köln StV 95, 592; BayObLG StV 97, 80 mit zust. Bespr. von *Löhnig*, JA 98, 184; LG Itzehoe NJW 98, 468; HansOLG Hamburg StV 99, 544.
95   LG Berlin NStZ-RR 97, 362.
96   S/S-*Lenckner/Perron*, § 32 Rn 9; *Dölling*, JR 94, 113.

Nutzungsberechtigte wie Pächter, Entleiher oder Mieter ist (auch in Fällen des § 303 II) sachwidrig, da sich ihre aus dem Eigentum abgeleiteten Rechte nicht als gegenüber diesem verselbstständigte Schutzgüter des § 303 erweisen[97].

Sachbeschädigung, § 303

I. Tatbestand
  1. Objektiver Tatbestand
    a. Tatobjekt: • *Sache iSd § 90 BGB*
                 → auch unbewegliche
                 → auch Tiere
               • *fremd*
    b. Tathandlung: • *Beschädigen*
                 → Substanzverletzung oder
                 → Brauchbarkeitsminderung
                 → Erheblichkeit der Beschädigung
               • *Zerstören*
                 → Existenz- oder Brauchbarkeitsverlust
                 Ⓟ bestimmungsgemäßer Verbrauch
                 Ⓟ (Erfolgseintritt durch) Sachentziehung
               • *Verändern des Erscheinungsbildes*
               • *zu allen drei Tathandlungen:*
                 Ⓟ Einwilligung als Tatbestandsausschließungs- oder Rechtfertigungsgrund
  2. Subjektiver Tatbestand
    Vorsatz: • *jede Vorsatzart*
II. Rechtswidrigkeit
III. Schuld
IV. Strafantrag, § 303c
    Ⓟ Antragsberechtigter: neben Sacheigentümer auch Nutzungsberechtigter

➔ **Qualifikationen, §§ 305, 305a**

II. Zerstörung von Bauwerken und von wichtigen Arbeitsmitteln

1. Zerstörung von Bauwerken

35 Die **Zerstörung von Bauwerken** (§ 305) ist ein qualifizierter Fall der Sachbeschädigung und wie diese ein echtes Eigentumsdelikt, das als Objekt der Tat eine *fremde* Sache voraussetzt. Die Strafverfolgung tritt hier jedoch ohne Strafantrag ein.

36 Das **Bauwerk** bildet den Ober- und Auffangbegriff der in § 305 I abschließend aufgezählten Tatobjekte. Als Bauwerk sind alle baulichen Anlagen anzusehen, die auf dem Grund und Boden ruhen; einer dauerhaften Verbindung bedarf es – wie beim Zirkus-

---

97 So schon bisher *Fischer*, § 303c Rn 3; S/S- *Stree*, § 303c Rn 2; aA OLG Frankfurt NJW 87, 389; *Wessels*, BT II Rn 34.

zelt – nicht. Wie die Einbeziehung der Schiffe in den Kreis der geschützten Objekte zeigt[98], ist die Festigkeit der Verbindung mit dem Grund und Boden nur eine Regelerscheinung, aber kein Wesensmerkmal des § 305.

Bauwerke sind zB auch Rohbauten, eine Hütte, eine Gartenmauer, ein künstlicher Fischteich sowie ein auf dem Boden errichteter Tankbehälter mit einem Fassungsvermögen von mehreren Tonnen. Alle Tatobjekte müssen, wie ihre Umschreibung und der erhöhte Strafrahmen ergeben, auf eine gewisse Dauer errichtet und „von gewisser Größe und Bedeutung" sein[99]. Tretboote oder Fußgängerstege genügen daher nicht.

Als **Tathandlung** kommt hier nur ein gänzliches oder teilweises **Zerstören** der fremden Sache in Betracht. Auch Letzteres ist mehr als Beschädigen oder Zerstören eines beliebigen Teilelements. Es liegt zB im Unbrauchbarmachen eines selbstständigen, für das Ganze aber wichtigen Teils. So ist das Abmontieren eines Brückengeländers oder das Auseinanderbiegen bzw die Demontage von Eisenbahnschienen eine teilweise Zerstörung der Brücke bzw Eisenbahn[100], nicht aber das Einwerfen einer Fensterscheibe die teilweise Zerstörung eines Bauwerks.   **37**

2. Zerstörung wichtiger Arbeitsmittel

Nach § 305a macht sich der **Zerstörung wichtiger Arbeitsmittel** schuldig, wer ein *fremdes* technisches Arbeitsmittel von bedeutendem Wert, das für die *Errichtung* einer Anlage oder eines Unternehmens iS des § 316b I Nr 1, 2 oder der sonst in § 305a I Nr 1 genannten Anlagen von wesentlicher Bedeutung ist, ganz oder teilweise zerstört. Dient das Arbeitsmittel dem *Betrieb*, fällt seine Beeinträchtigung unter § 316b. Arbeitsmittel sind nach § 2 I 2 GerätesicherheitsG zB Arbeits- und Kraftmaschinen, Hebeeinrichtungen und Beförderungsmittel[101]. Als weitere Tatobjekte nennt § 305a I Nr 2 **Kraftfahrzeuge** der Polizei und der Bundeswehr; darunter fallen auch Luft- und Wasserfahrzeuge, wie etwa Hubschrauber und Motorboote[102].   **38**

Diese Vorschrift, die einen Qualifikationstatbestand zu § 303 bildet[103] und den Strafschutz in das Vorfeld des § 316b ausdehnt, ist durch das Gesetz zur Bekämpfung des Terrorismus vom 19.12.1986 (BGBl I 2566) in das StGB eingefügt worden. Sie bezweckt die Verhinderung von Sabotageakten im genannten Bereich[104]; ihre eigentliche Bedeutung liegt indessen in ihrer problematischen Einbeziehung in § 129a, der die Bildung von terroristischen Vereinigungen mit Strafe bedroht[105]. Die Vorschrift ist nur aus der Zeit des die innere Sicherheit erstmals gefährdenden Terrorismus verstehbar und bedarf – wie alle übrigen hierdurch bedingten Veränderungen von StGB und StPO – einer ihre Notwendigkeit stetig überprüfenden Revision (s. dazu BT-Ds. 13/9460).

---

98 Gegen diesen Schluss RGSt 15, 263, 264; *Fischer,* § 305 Rn 2; s. auch LK-*Wolff,* § 305 Rn 3.
99 BGHSt 41, 219, 221; s. zu den Beispielen *Kindhäuser,* § 305 Rn 2; RG HRR 30, 462; RGSt 15, 263.
100 Näher dazu RGSt 55, 169, 170; LG Dortmund NStZ-RR 98, 139, 140; OGHSt 1, 53; 2, 209.
101 Das Gerätesicherheitsgesetz wurde am 1.5.2004 durch das Geräte- und Produktsicherheitsgesetz abgelöst. Beispiele für technische Arbeitsmittel werden in dessen § 2 II nicht mehr aufgeführt. Hier findet sich nur noch eine Definition.
102 Zutr. S/S-*Stree,* § 305a Rn 9.
103 In Abs. 2 fehlt allerdings das Merkmal „fremd"; aA daher NK-*Zaczyk,* § 305a Rn 1.
104 S. *Fischer,* § 305a Rn 2a.
105 Krit. dazu *Dencker,* StV 87, 117; *Kühl,* NJW 87, 746; LK-*Wolff,* § 305a Rn 1.

III. Gemeinschädliche Sachbeschädigung

39   **Fall 2:** Der Student S zählt zu den Benutzern einer Universitätsbibliothek. In zwei wertvollen wissenschaftlichen Werken entdeckt er mehrere alte Kupferstiche, die er herausschneidet und mitnimmt. Beim Verlassen der Bibliothek wird er von zwei Polizeibeamten in Empfang genommen, die das aufmerksame Bibliothekspersonal benachrichtigt hatte. Aus Zorn über seine Entdeckung tritt S so gegen den Streifenwagen, dass eine tiefe Einbeulung zurückbleibt.

Wie ist das Verhalten des S strafrechtlich zu beurteilen? **Rn 48**

1. Schutzgut und Schutzzweck

40   Bei der **gemeinschädlichen Sachbeschädigung** (§ 304) handelt es sich nicht um einen qualifizierten Fall des § 303, sondern um ein *eigenständiges Delikt*, das sich gegen die *Interessen der Allgemeinheit* richtet und dessen Ahndung nicht von einem Strafantrag abhängt. Der Strafrahmen ist gegenüber der einfachen Sachbeschädigung um 1 Jahr erhöht.

Bei den in § 304 genannten Schutzobjekten spielen die Eigentumsverhältnisse keine Rolle[106]. Ihr erhöhter Strafrechtsschutz erklärt sich einmal daraus, dass es hier oft um Kulturgüter von hohem Wert geht, die nur schwer oder mitunter gar nicht zu ersetzen sind. Die verschärfte Strafdrohung beruht aber auch und vor allem darauf, dass die dem öffentlichen Nutzen dienenden Gegenstände *allgemein zugänglich* sein müssen und deshalb in besonderem Maße der Gefahr mutwilliger Beschädigung oder Zerstörung ausgesetzt sind[107]. Der **Gesetzgeber** hat auch in § 304 einen § 303 II nF nachgebildeten Absatz 2 eingefügt, der die Tathandlungen um die nicht nur unerhebliche und nicht nur vorübergehende **Veränderung des Erscheinungsbildes** der in Absatz 1 bezeichneten Sachen und Gegenstände erweitert. Die Ausführungen hierzu zu § 303 gelten entsprechend. Zum auch in § 304 II in bewußtem Gegensatz zu „rechtswidrig" in § 304 I eingefügten „**unbefugt**" ist zu berücksichtigen, dass auch der Eigentümer Täter und seine **Einwilligung** allenfalls dann tatbestandsausschließend sein kann, wenn er zugleich das Recht hat, die Widmung der Sache zu öffentlichen Zwecken aufzuheben. Sonst Berechtigte können hier anders als in § 303 I ihre Dispositionsbefugnis aus anderen Rechtsgrundlagen als dem Eigentum beziehen[108].

2. Unrechtstatbestand

41   Der **Unrechtstatbestand** umfasst die vorsätzliche **Beschädigung**, **Zerstörung** und die nicht unerhebliche und nicht nur vorübergehende **Veränderung** des **Erscheinungsbildes** von in § 304 I abschließend aufgeführten kulturellen oder gemeinnützigen **Gegenständen**. Neben *Grabmälern*, die namentlich von Friedhofsschändungen in einer oft auch § 168 II erfüllenden Weise betroffen sind, sind vor allem Gegenstände der *Kunst*, der *Wissenschaft* oder des *Gewerbes*, die *in öffentlichen Sammlungen aufbewahrt* werden und *Gegenstände*, die dem *öffentlichen Nutzen* dienen, von praktischer Bedeutung.

---

106   Vgl dazu RGSt 43, 240, 242.
107   BGHSt 10, 285, 286.
108   LK-*Wolff*, § 304 Rn 17; krit. zur identischen Formulierung in § 303 II und § 304 II *I. Wolf*, Grafitti als kriminologisches und strafrechtsdogmatisches Problem 2004, S. 224 f.

Zu den **öffentlichen Sammlungen** gehören Museen und Bibliotheken. Sie sind nicht 42
schon deshalb eine öffentliche Sammlung, weil sie im Eigentum der öffentlichen
Hand stehen. **Öffentlich** iS des § 304 ist eine Sammlung vielmehr nur, wenn sie **allgemein zugänglich** ist. Daran fehlt es, wenn sie lediglich einem begrenzten Kreis von
Benutzern offen steht, wie etwa den Angehörigen einer Behörde oder einer sonst
durch gemeinsame Merkmale verbundenen engeren Personengruppe.

Letzteres trifft zB für Gerichtsbüchereien zu, die allein für die im Justizdienst tätigen Personen
und die zur Rechtspflege zählenden Berufsgruppen (= Rechtsanwälte, Notare, Rechtsbeistände,
Gerichtsvollzieher usw) eingerichtet werden.

Staats- und *Universitätsbibliotheken* sind dagegen *öffentliche Sammlungen* iS des 43
§ 304. Dass ihre Benutzung von einer Erlaubnis und der Einhaltung bestimmter Vorschriften der Anstaltsordnung abhängig ist, steht dem nicht entgegen. Maßgebend ist
vielmehr, dass der Zutritt zu ihnen bei Erfüllung der Zulassungsvoraussetzungen
grundsätzlich jedermann, also nicht nur Behörden- und Universitätsangehörigen gewährt wird[109].

Gegenstände, die zum **öffentlichen Nutzen** dienen, sind solche, die im Rahmen ihrer 44
Zweckbestimmung der Allgemeinheit *unmittelbar* zugute kommen, sei es in Form des
Gebrauchs oder in anderer Weise[110]. Da dem öffentlichen Nutzen unzählige Dinge
dienen, die keine den übrigen Schutzobjekten vergleichbare Bedeutung haben, dient
die *Unmittelbarkeit* der Gemeinwohlfunktion dazu, diese Vergleichbarkeit herzustellen. Sie wird bei einer von einem Träger hoheitlicher Gewalt dem öffentlichen Nutzen
gewidmeten Sache nahe liegen, ist hiervon aber nicht abhängig[111].

Unmittelbarkeit in diesem Sinne *liegt vor*, wenn jedermann aus dem Publikum, sei es auch erst 45
nach Erfüllung bestimmter allgemeiner Bedingungen, aus dem Gegenstand selbst oder aus dessen
Erzeugnissen oder aus den bestimmungsgemäß von ihm ausgehenden Wirkungen Nutzen ziehen
kann[112]. **Beispiele:** Verkehrszeichen[113], Gitter am Fenster eines Justizvollzugskrankenhauses[114],
Wegweiser, Feuermelder, Feuerlöscher in öffentlichen Verkehrseinrichtungen, Notrufeinrichtun-
gen, Telefonzellen, Postbriefkästen, öffentliche Verkehrsmittel, Ruhebänke in öffentlichen Anlagen und Skilanglaufloipen[115]. Am unmittelbaren Nutzen für die Allgemeinheit *fehlt es* dagegen zB
bei Wahlplakaten[116] sowie bei Einrichtungs- und Gebrauchsgegenständen von Behörden, die (wie
zB Schreibtische, Aktenschränke usw) bloß innerdienstlichen Zwecken dienen. Das gleiche gilt
für Sachen, deren bestimmungsgemäße Verwendung dem Bürger nur in der Weise *mittelbar* zugute kommt, dass sie Amtsträgern die Erledigung öffentlicher Aufgaben ermöglicht oder erleichtert. Infolgedessen fällt die Beschädigung eines **Polizeistreifenwagens** nicht unter § 304, weil er
nur Hilfsmittel für den polizeilichen Einsatz ist; unmittelbaren Nutzen zieht der Bürger hier allein
aus dem polizeilichen Einsatz als solchem, nicht aber aus der bestimmungsgemäßen Verwendung
des Fahrzeugs als Transport- und Fortbewegungsmittel[117].

---

109   BGHSt 10, 285, 286.
110   RGSt 58, 346, 347 f; BGH NStZ 90, 540.
111   *Stree*, JuS 83, 838; enger *Loos*, JuS 79, 700; krit. dazu NK-*Zaczyk*, § 304 Rn 10.
112   BGHSt 31, 185, 186.
113   BGH VRS 19, 130; OLG Köln NJW 99, 1042; *Jahn*, JA 99, 98.
114   BGH NStZ 06, 345.
115   Zur Loipe aA *Lackner/Kühl*, § 304 Rn 3; zu den Beispielen s. RGSt 65, 133, 134 f; BGH MDR/D 52,
      532; BayObLG NJW 88, 837.
116   LG Wiesbaden NJW 78, 2107; *Loos*, JuS 79, 699; *Wilhelm*, JuS 96, 427.
117   BGHSt 31, 185 mit Anm. *Loos*, JR 84, 169; *Stree*, JuS 83, 836.

46 Geschützt sind auch Gegenstände, die zur Verschönerung **öffentlicher Wege, Plätze** und **Anlagen**[118] dienen. Das tun vor allem Blumen, Ziersträucher und Bäume. Das Abreißen *einzelner* Blumen oder Zweige fällt zumeist nur unter § 303; gegen § 304 soll·aber verstoßen, wer eine kostbare Pflanze, die schon für sich allein wesentlich zur Verschönerung der Anlage beiträgt, ihres Blütenschmucks beraubt[119].

47 Die Tathandlung besteht – wie in § 303 – im **Beschädigen, Zerstören** oder im erheblichen und nicht nur vorübergehenden Verändern des **Erscheinungsbildes**. Dabei liegt ein Beschädigen hier nur vor, wenn *auch* der *besondere Zweck* beeinträchtigt wird, kraft dessen der Gegenstand zu den durch § 304 geschützten Objekten gehört[120]. Das muss auch für die neu hinzugekommene Alternative des § 304 II gelten. Dafür spricht, dass man die Anforderungen an zwei gleichwertige Handlungsalternativen in ein- und demselben Tatbestand – betreffen sie eine sinnvolle Restriktion – nicht unterschiedlich bestimmen oder sogar für die idR mit einer geringfügigeren Einwirkung verbundene Variante aufheben sollte. Andernfalls wäre § 304 II beim Fehlen einer nur für § 304 I verlangten Beeinträchtigung des besonderen Zwecks gegenüber § 304 I auch nicht subsidiär[121]. Das Besprühen von Brückenteilen oder Eisenbahnwagen reicht deshalb selbst dann nicht aus, wenn eine einfache Sachbeschädigung vorliegt[122], wohl aber zB das vollständige Besprühen einer Parkbank oder der Sitzflächen einer öffentlichen Toilettenanlage.

48 Im **Fall 2** gehörten die von S beschädigten Bücher zu einer *öffentlichen Sammlung* (Rn 42 f), in der sie als Gegenstände der Kunst und der Wissenschaft aufbewahrt wurden. Durch das Herausreißen von Blättern ist ihre Tauglichkeit auch gerade für den *besonderen Zweck*, dem sie zu dienen bestimmt waren, beeinträchtigt worden[123]. Infolgedessen hat S sich nach § 304 strafbar gemacht. § 303, dessen Voraussetzungen hier ebenfalls erfüllt sind, wird durch § 304 als dessen *regelmäßige Begleittat* konsumiert. Nach anderer Ansicht soll zwischen § 304 und § 303 Tateinheit möglich sein[124]. Letzteres gilt auch im Verhältnis zum bei Zueignungsabsicht gegebenen Diebstahl[125]. Die Beschädigung des Streifenwagens erfüllt dagegen den Tatbestand nicht. Der Streifenwagen dient nicht *unmittelbar* öffentlichem Nutzen (Rn 45). Auch beeinträchtigt die Delle nicht maßgeblich den öffentlichen Zweck (Rn 47). Sie stört auch nicht nachhaltig den Betrieb der der öffentlichen Ordnung und Sicherheit dienenden Einrichtung Polizei, sodass auch § 316b I Nr 3 nicht gegeben ist[126]. Da das Fahrzeug nicht wenigstens teilweise zerstört ist, kommt – statt § 305a I Nr 2 – nur § 303 wirklich in Betracht, der hier auch nicht an der Erheblichkeitsschwelle scheitert.

---

118 S. hierzu BGHSt 22, 209, 212.
119 RGSt 9, 219, 221.
120 *Küper*, BT S. 260; MK-*Wieck-Noodt*, § 304 Rn 23; NK-*Zaczyk*, § 304 Rn 14.
121 Das KG (NStZ 07, 223 f) hätte sich deshalb vor der Erklärung, § 304 II sei subsidiär, mit der Frage auseinandersetzen müssen; wie hier OLG Jena NJW 08, 776; *Eisele*, BT II Rn 463; *Fischer*, § 304 Rn 13a; *Jäger*, BT Rn 535; *Joecks*, § 304 Rn 4; *Lackner/Kühl*, § 304 Rn 4; *Rengier*, BT I § 25 Rn 4. In der Annahme einer solchen Beeinträchtigung zu eng *Kudlich*, GA 06, 40 f, zu weit SK-*Hoyer*, § 304 Rn 14.
122 So schon vor der Reform BayObLG StV 99, 543; ebenso für das bloße Besprühen von Starkstromkästen OLG Jena NJW 08, 776 auf dem Boden der Neufassung.
123 S. dazu RGSt 43, 31, 32; 65, 133, 134 f.
124 Für Konsumtion *Fischer*, § 304 Rn 17; für Tateinheit LK-*Wolff*, § 304 Rn 22; S/S-*Stree*, § 304 Rn 13.
125 BGHSt 20, 286; nach OLG Hamm MDR 53, 568 wird § 304 von §§ 242, 243 I 2 Nr 5 konsumiert.
126 BGHSt 31, 185, 188.

IV. Datenveränderung und Computersabotage

Der zunehmende Einsatz von Datenverarbeitungsanlagen im Wirtschaftsleben hat neue Erschei- **49**
nungsformen der Kriminalität hervorgerufen, die mit den überkommenen Strafvorschriften nicht
oder nicht ausreichend erfasst werden konnten. So fehlt es zB bei unbefugter Einwirkung auf einen Datenverarbeitungsvorgang an den für einen Betrug vorausgesetzten Merkmalen von Täuschung und Irrtum. Im Bereich des § 303 ist umstritten, ob das Löschen von Daten ohne Bein-
trächtigung des Datenträgers eine Sachbeschädigung ist[127]. Die Daten selbst sind weder Sachen
noch eigentumsfähig und deshalb durch § 303 nicht geschützt. Das 2. WiKG vom 15.5.1986
(BGBl I 721) hat sich zum Ziel gesetzt, solche Lücken im Strafrechtsschutz zu schließen[128]. Zu
den neu geschaffenen Tatbeständen gehören neben §§ 202a, 263a, 269, 270 die **Datenverände-**
rung (§ 303a)[129] und die **Computersabotage** (§ 303b). Sie weisen in den Tathandlungen Ähn-
lichkeiten mit der Sachbeschädigung auf, stehen mit ihr aber nur in loser Verbindung.

Beide Delikte sind durch das 41. StrÄndG vom 7.8.2007 (BGBl. I 1786)[130] neu gefasst **49a**
worden. Mit ihm hat der Gesetzgeber die Vorgaben des Übereinkommens des Europa-
rates über die Computerkriminalität vom 23.11.2001 sowie des Rahmenbeschlusses
2005/222/JI des Rates der Europäischen Union vom 24.2.2005 umgesetzt[131]. In
§ 303a III und § 303b V wird die **Vorbereitung** einer Datenveränderung bzw einer
Computersabotage nunmehr unter Strafe gestellt. Da die Taten nach § 303a I und
§ 303b I und II als Versuch strafbar sind (§§ 303a II, 303b III), begegnet hier die
durch den Rückverweis auf § 202c bewerkstelligte Ausdehnung weniger Bedenken
als zu §§ 202a, b selbst, da deren Versuch straflos ist[132]. Befremdlich ist allerdings,
dass §§ 303a I und II, 303b I bis III als relative Antragsdelikte ausgestaltet sind
(§§ 303c), der über §§ 303a III, 303b V anzuwendende § 202c dagegen ein Offizial-
delikt ist. Während sich die Veränderung des § 303a auf die Erfassung der Vorbereitung beschränkt, ist § 303b in seinem neuen Abs. I erheblich ausgedehnt und um die
Abs. IV und V erweitert worden. Die Tatobjekte des § 303b I aF finden sich jetzt in
der Qualifikation des § 303b II wieder.

1. Datenveränderung

Nach § 303a macht sich der **Datenveränderung** schuldig, wer **Daten** iS des **50**
§ 202a II, die elektronisch, magnetisch oder sonst nicht unmittelbar wahrnehmbar gespeichert sind oder übermittelt werden, löscht, unterdrückt, unbrauchbar macht oder
verändert. Die Strafdrohung dieser *Spezialvorschrift* deckt sich mit der des § 303.

---

127 A/W-*Weber*, BT § 12 Rn 52; *Krey/Hellmann*, BT II Rn 256 ff.
128 Näher dazu *Achenbach*, NJW 86, 1835; *Bühler*, MDR 87, 448; *Frommel*, JuS 87, 667; *Haft*, NStZ 87,
     6; *Hilgendorf*, JuS 96, 509 ff; *Lenckner/Winkelbauer*, CR 86, 453, 654; *Möhrenschlager*, wistra 86,
     123; *Schlüchter*, Zweites Gesetz zur Bekämpfung der Wirtschaftskriminalität, 1987; *Tiedemann*, JZ
     86, 865; *Weber*, NStZ 86, 481; zu solchen Zielsetzungen in der EU s. *Sanchez-Hermosilla*, CR 03,
     774; *Gercke*, CR 05, 468.
129 Die Vorschrift wird teilweise wegen Verstoßes gegen das Bestimmtheitsgebot für verfassungswidrig
     gehalten, s. LK-*Tolksdorf*, 11. Aufl. 1992, § 303a Rn 7; NK-*Zaczyk*, § 303a Rn 1, 4.
130 Krit. Bespr. finden sich bei *Ernst*, NJW 07, 2661; *Gröseling/Höfinger*, MMR 07, 626; *Schumann*,
     NStZ 07, 675; *Vassilaki*, CR 08, 131.
131 S. BT-Ds 16/3656, S. 1.
132 Es bleiben allerdings die Bedenken gegen jede Vorfeldkriminalisierung, s. dazu LK-*Hillenkamp*, vor
     § 22 Rn 6; vgl auch hier Rn 599.

Sinn und Zweck des Gesetzes ist es, das **Interesse** an der *unversehrten Verwendbarkeit* von **Daten** zu **schützen**. *Träger* dieses Interesses und daher Verletzter ist, wer die *Berechtigung* hat, über die Daten zu *verfügen*. Dieses Interesse wird oft wirtschaftlicher Natur sein. Zwingend ist dies aber nicht[133], weshalb die Einordnung als Vermögensdelikt[134] nicht recht überzeugt. Bei *beweiserheblichen* Daten wird § 303a durch § 274 I Nr 2 ergänzt[135].

51 Mit der Aufnahme mehrerer, sich teilweise überschneidender **Tathandlungen** in das Gesetz soll sichergestellt werden, dass alle denkbaren Formen einer Beeinträchtigung der Verwendbarkeit von Daten iS des § 202a II erfasst werden. Das **Löschen** entspricht dem Begriff des Zerstörens in § 303. Ein **Unterdrücken** von Daten liegt vor, wenn diese dem Zugriff des Berechtigten entzogen werden, sodass sie dauernd oder jedenfalls eine nicht ganz unerhebliche Zeit[136] nicht verwendet werden können[137]. Bewirkt eine Online-Demonstration nur, dass eine Website für Dritte nicht mehr erreichbar ist, der Verfügungsberechtigte aber auf die Daten zugreifen kann, ist hiernach ein Unterdrücken nicht gegeben[138]. Geschieht das Unterdrücken, wie bei der Beauftragung eines E-mail-Dienstleisters mit der Herausfilterung unerwünschter und störender E-mails (Spam), mit Einwilligung des Berechtigten, ist bereits der Tatbestand ausgeschlossen (Rn 52)[139]. **Unbrauchbar gemacht** sind Daten, wenn sie durch zusätzliche Einfügungen oder andere Manipulationen so in ihrer Verwendungsfähigkeit beeinträchtigt sind, dass sie den mit ihnen verbundenen Zweck nicht mehr ordnungsgemäß erfüllen können[140]. Das Merkmal des **Veränderns** erfasst sonstige Funktionsbeeinträchtigungen, wie zB die Veränderung des Informationsgehaltes oder Aussagewertes durch inhaltliches Umgestalten[141]. Ob der Eingriff sich auf bereits gespeicherte Daten bezieht oder schon während der Übermittlungsphase erfolgt, ist belanglos[142]. Geht die Tat mit einer Beschädigung des Datenträgers einher, ist Tateinheit mit § 303 möglich. Erschöpft sie sich in der Beeinträchtigung der Daten, tritt § 303 zurück, soweit Sachbeschädigung hier überhaupt – wie beim Löschen eines Tonbandes – in Betracht kommt[143].

133 *Lackner/Kühl*, § 303a Rn 1; MK-*Wieck-Noodt*, § 303a Rn 4; *Schulze-Heiming*, Der strafrechtliche Schutz der Computerdaten 1995, S. 165; vgl aber auch LK-*Wolff*, § 303a Rn 1.
134 S. *Kindhäuser*, BT II § 24 Rn 1.
135 S. *Mitsch*, BT II/2, § 5 Rn 198.
136 Nach OLG Frankfurt/M MMR 06, 552 mit insoweit zust. Anm. *Gercke* soll eine vorübergehende (zweistündige) Entziehung der Gebrauchsmöglichkeit nicht ausreichen, anders zurecht *Fischer*, § 303a Rn 10; *Rengier*, BT I § 26 Rn 5; der Fall (s. auch AG Frankfurt/M NStZ 00, 399) betrifft eine Online-Demonstration; zur Zweifelhaftigkeit einer (Haupt-)Tat aus beteiligungsrechtlicher Sicht s. *Kelker*, GA 09, 86 ff.
137 *Hilgendorf/Frank/Valerius*, Computer- und Internetstrafrecht 2005, Rn 196.
138 *Kraft/Meister*, MMR 03, 366, 372; OLG Frankfurt/M MMR 06, 547, 551.
139 *Kitz*, CR 05, 450 f, 453 f; zum – wohl fehlenden – Unterdrücken durch Ablehnung der Annahme und Rücksendung s. *Heydrich*, CR 09, 169 f.
140 Vgl dazu *Wuermeling*, CR 94, 585, 592; zu beiden Tathandlungen durch das sog. Spamming s. *Frank*, CR 04, 125.
141 Näher BayObLG JR 94, 476 mit Anm. *Hilgendorf*.
142 *Grundfälle* hierzu bei *Hilgendorf*, JuS 96, 890 ff.
143 S. *Eiding*, Strafrechtlicher Schutz elektronischer Datenbanken 1997, S. 87 f. *Krey/Hellmann*, BT II Rn 257; 257b nehmen dagegen Idealkonkurrenz an.

Da bei jeder Bedienung eines Computers Daten verändert werden, ist die tatbestandliche Umschreibung ersichtlich *zu weit*. Unter sie scheint auch der zu fallen, der Daten verändert, über die er selbst verfügungsberechtigt ist und die für ihn deshalb nicht „fremd" sind[144]. Diesem Mangel der Tatbestandsfassung ist dadurch abzuhelfen, dass den Tatbestand nur erfüllt, wer das (eigentümerähnliche) Verfügungsrecht eines anderen, der ein unmittelbares Interesse an der Unversehrtheit der Daten besitzt, gegen dessen Willen verletzt. Ob man dieses Ergebnis dadurch erreicht, das man nur in diesem Sinne „fremde" Daten als Schutzobjekt anerkennt, das Wort „fremd" dem Tatbestand also hinzufügt, oder dadurch, dass man das Wort „rechtswidrig" als einschränkendes Tatbestandsmerkmal auffasst und es nur bei einer willenswidrigen Verletzung „fremder" Daten bejaht, ist ohne Bedeutung[145]. Als Täter kommt danach auch der Systembetreiber oder der in Betracht, der die Daten erstmalig abgespeichert hat[146], sofern er in Dritten zustehende Besitz- oder Nutzungsrechte *unbefugt* eingreift, weil ihm die Daten nicht allein „gehören".

52

Ein **Beispiel** aus der bislang spärlichen Rechtsprechung (2000 wurden bei einer Aufklärungsquote von 52,6 % 513 Fälle nach §§ 303a, b, 2007 bei einer Aufklärungsquote von nur noch 24,3 % immerhin schon 2660 Fälle polizeilich registriert) bietet BayObLG JR 94, 476, das die Verurteilung des Inhabers einer **ec-Karte** nach § 303a bestätigt, der seine Kontonummer auf der Karte durch die einer Bekannten ersetzt und danach erfolglos versucht hatte, Geld zulasten der Bekannten abzuheben. Im Austausch der Nummern wird eine *Veränderung* der Daten gesehen, mit der jedenfalls in die auch dem Karteninhaber gegenüber bestehen bleibende *Verfügungsberechtigung* der *Sparkasse* und damit rechtswidrig eingegriffen werde[147]. Ob auch die Verletzung der Interessen des vom Inhalt der Daten Betroffenen ausreicht[148], bleibt in der Entscheidung offen, ist aber aus Gründen der Bestimmtheit der Norm und ausreichenden Schutzes durch das Bundesdatenschutzgesetz abzulehnen[149]. Wer eine abtelefonierte **Telefonkarte** unberechtigt wieder auflädt, verändert zwar Daten, über die zunächst der Kartenausgeber durch den Skripturakt verfügungsberechtigt ist. Diese Verfügungsbefugnis geht aber auf den Kartenerwerber über. Auch wenn er durch die Manipulation die Interessen des Kartenausgebers verletzt, erfüllt er deshalb gleichwohl nicht den Tatbestand des § 303a[150]. Bei der unberechtigten Aufhebung einer **SIM-Lock-Sperre** dürfte § 303a dagegen vorliegen[151]. Im **Sasser-Fall** hat das LG Verden neben § 303b Zeitungsberichten zufolge auch § 303a bejaht[152]. Auch beim unberechtigten **Zugang** zu **Computerdaten** und -**systemen** durch Hacker oder Cracker ist die Verwirkli-

---

144 S. zur Problematik dieses Begriffs in diesem Zusammenhang LK-*Wolff*, § 303a Rn 8; *Mitsch*, BT II/ 2 § 5 Rn 204.
145 So zu Recht LK-*Tolksdorf*, 11. Aufl. 1992, § 303a Rn 5; LK-*Wolff*, § 303a Rn 8 spricht sich für die 2. Alternative aus; s. auch *Eisele*, BT II Rn 479; *Heghmanns*, Rn 918; *Hilgendorf*, JuS 96, 892; *Kindhäuser*, § 303a Rn 9; *Lackner/Kühl*, § 303a Rn 4; MK-*Wieck-Noodt*, § 303a Rn 17; *Otto*, BT § 47 Rn 30; *Rengier*, BT I § 26 Rn 7; SK-*Hoyer*, § 303a Rn 2, 12; iE trotz Einstufung von „rechtswidrig" als allgemeines Verbrechensmerkmal nicht anders *Eiding*, Strafrechtlicher Schutz elektronischer Datenbanken 1997, S. 105; *Fischer*, § 303a Rn 4, 13; *Haß*, in: M. Lehmann, Rechtsschutz und Verwertung von Computerprogrammen, 2. Aufl. 1993, S. 496 f; S/S-*Stree*, § 303a Rn 3; zur Verfügungsberechtigung s. LK-*Wolff*, § 303a Rn 10 f; W/J-*Bär*, 12/68.
146 AA *Hilgendorf*, JuS 96, 893.
147 S. dazu *Hecker*, JA 04, 765.
148 Abl. *Hilgendorf*, JR 94, 479; bejahend *Lackner/Kühl*, § 303a Rn 4.
149 *Eiding*, Strafrechtlicher Schutz elektronischer Datenbanken 1997, S. 96.
150 S. *Hecker*, JA 04, 764 f; zur Datenveränderung s. BGH StV 04, 21, 22.
151 AA *Sasdi*, CR 05, 238.
152 Krit. dazu *Eichelberger*, MMR 04, 594 f.

chung des § 303a möglich[153]. Solange beim sog. Phishing (s. auch Rn 613) keine Schadprogramme eingesetzt wurden, scheidet eine Strafbarkeit nach § 303a aus[154]. Das Blenden einer **Verkehrsüberwachungs-Blitzanlage** durch im Auto angebrachte Reflektoren hat das OLG München[155] dagegen zu Recht als nicht tatbestandsmäßig angesehen, weil Voraussetzung hierfür das Verändern bereits vorhandener Daten sei, dem die Verhinderung der Aufzeichnung nicht genüge.

Datenveränderung, § 303a

I. Tatbestand
  1. Objektiver Tatbestand
    a. Tatobjekt: „fremde" Daten
                    • *Daten (§ 202a II)*
                    • *Beeinträchtigung einer „fremden" Verfügungberechtigung*
    b. Tathandlung: **Einwirkung auf die Daten**
                    • *Löschen*
                    • *Unterdrücken*
                    • *Unbrauchbarmachen*
                    • *Verändern*
                    Ⓟ rechtswidrig = gegen den Willen des Verfügungsberechtigten
  2. Subjektiver Tatbestand
    Vorsatz: • *jede Vorsatzart*
II. Rechtswidrigkeit
III. Schuld
IV. Strafantrag, § 303c

---

2. Computersabotage

53 Den **Grundtatbestand** der **Computersabotage** erfüllt, wer eine Datenverarbeitung, die für einen anderen von wesentlicher Bedeutung ist, dadurch erheblich stört, dass er eine Tat nach § 303a I begeht (§ 303b I Nr 1), Daten iS des § 202a II in der Absicht, einem anderen Nachteil zuzufügen, eingibt oder übermittelt (§ 303b I Nr 2) oder eine Datenverarbeitungsanlage oder einen Datenträger zerstört, unbrauchbar macht, beseitigt oder verändert (§ 303b I Nr 3). Gegenüber § 303b I aF ist dieser Tatbestand durch die Neufassung (s. Rn 49a) nicht nur durch die Tathandlungen des § 303b I Nr 2, sondern auch durch die Einbeziehung *privater* Datenverarbeitungsanlagen erheblich erweitert worden. Die vormalige Beschränkung der Schutzobjekte auf Datenverarbeitungsanlagen fremder Betriebe, fremder Unternehmen und von Behörden findet sich jetzt nur noch in dem als Qualifikationstatbestand ausgestalteten § 303b II wieder. Infolge dieser durch internationalrechtliche Vorgaben bedingten Ausdehnung ist als das

---

153 S. dazu *Krutisch*, Strafbarkeit des unberechtigten Zugangs zu Computerdaten und -systemen 2004, S. 150 ff.
154 *Goeckenjan*, wistra 09, 47, 51, 53.
155 OLG München NStZ 06, 576 mit Anm. *Mann*, NStZ 07, 271; ebenso *Geppert*, DAR 00, 106, 108.

geschützte **Rechtsgut** nicht mehr nur das Interesse von Wirtschaft und Verwaltung, sondern aller (auch der privaten) Betreiber und Nutzer von Datenverarbeitungen an deren ordnungsgemäßer Funktionsweise anzusehen[156].

Eine erhebliche Störung der Datenverarbeitung durch Eingriffe in Daten und durch Sabotageakte gegen Datenträger oder Datenverarbeitungsvorgänge kann aber vor allem in Wirtschaft und Verwaltung zu unabsehbaren Schäden führen. Man braucht hier nur an den Fall zu denken, dass in einem Rechenzentrum Buchführung und Lohnabrechnung eines Unternehmens durch Störungshandlungen lahmgelegt werden, um die Notwendigkeit eines nun in § 303b II enthaltenen *speziellen Strafrechtsschutzes* einzusehen, der die Funktionsfähigkeit der Datenverarbeitung gerade in diesen Bereichen verbürgt[157].

Schutz genießt jede Form der Datenverarbeitung, die für einen anderen (§ 303b I) bzw **54** für fremde Wirtschaftsbetriebe oder eine Behörde (§ 303b II) von wesentlicher Bedeutung ist. Der Begriff der **Datenverarbeitung** ist dabei weit auszulegen. Er umfasst nicht nur den einzelnen Datenverarbeitungsvorgang, sondern auch den weiteren Umgang mit Daten und deren Verwertung[158]. Vorausgesetzt wird jeweils eine nicht unerhebliche Beeinträchtigung des reibungslosen Ablaufs der entsprechenden Datenverarbeitung; eine bloße Gefährdung reicht nicht aus.

Eingeschränkt wird der Tatbestand durch die wenig genaue[159] Bedingung, dass die Datenverarbei- **54a** tung für den jeweils Betroffenen von „**wesentlicher**" Bedeutung sein muss. Diese Voraussetzung ist für § 303b II beispielsweise dann erfüllt, wenn die Datenträger und Anlagen zentrale Informationen enthalten, von denen die Funktionsfähigkeit des Unternehmens oder der Behörde abhängt. Für Privatpersonen sollen eine Datenverarbeitung iR einer schriftstellerischen, wissenschaftlichen, künstlerischen oder einer dem Erwerb dienenden Tätigkeit, nicht aber „jeglicher Kommunikationsvorgang im privaten Bereich oder etwa Computerspiele" als wesentlich einzustufen sein[160]. Hier wird man einen objektiv-individuellen Maßstab entwickeln müssen, der freilich suchtbedingte Abhängigkeiten ausschließt, auch wenn die Datenverarbeitungsanlage deshalb „für die Lebensgestaltung der Privatperson eine zentrale Funktion einnimmt"[161]. Fehlen soll die Wesentlichkeit nach der Vorstellung des Gesetzgebers bei Sabotageakten von ganz untergeordneter Bedeutung, wie etwa bei Eingriffen in die Funktionsfähigkeit von elektronischen Schreibmaschinen oder von Taschenrechnern[162].

§ 303b I Nr 1 nennt als **Sabotagehandlung** eine rechtswidrige Datenveränderung **55** iS des § 303a I. Für Datenverarbeitungsanlagen und Datenträger knüpft § 303b I Nr 3 an die in § 303 und in sonstigen Sabotagedelikten (§§ 87 II Nr 2, 109e I, 316b, 317) vorgesehenen Tathandlungen an. Als Beispiel ist das Einbringen von Sabota-

---

156   BT-Ds 16/3656, S. 13; krit. hierzu *Schumann*, NStZ 07, 679; zum internationalrechtlichen Hintergrund s. LK-*Wolff*, § 303a Rn 48 f.
157   Zur Qualifikation s. BT-Ds 16/3656, S. 13.
158   LK-*Wolff*, § 303b Rn 4; krit. dazu *Fischer*, § 303b Rn 4.
159   *Achenbach*, NJW 86, 1838; Konkretisierungen bei *Haß*, in: M. Lehmann, Rechtsschutz und Verwertung von Computerprogrammen, 2. Aufl. 1993, S. 499 f; *Schulze-Heiming*, Der strafrechtliche Schutz der Computerdaten 1995, S. 206 ff; W/J-*Bär* 12/72.
160   BT-Ds 16/3656, S. 13.
161   So die Formulierung in BT-Ds 16/3656, S. 13; offen für Letzteres *Ernst*, NJW 07, 2665; für die Einbeziehung „subjektiver Bewertungen" auch *Fischer*, § 303b Rn 6; s. auch LK-*Wolff*, § 303b Rn 11; *Rengier*, BT I, § 26 Rn 13; *Schumann*, NStZ 07, 679; *Vassiliki*, CR 08, 133 f.
162   Krit. dazu *Fischer*, § 303b Rn 6.

gesoftware („Viren", „Trojanische Pferde" u.ä.) zu nennen, das uU beide Varianten erfüllen kann[163].

55a Die neu (s. Rn 49a) eingefügte Nr 2 des § 303b I stellt darüber hinaus auch das Eingeben oder Übermitteln von Daten in Nachteilszufügungsabsicht unter Strafe[164]. Hierdurch sollen insbesondere (Distributed) Denial-of-Service-Attacken erfasst werden[165], wenn sie – was bei unter Art. 5 GG fallenden Massen-E-Mail-Protesten ausgeschlossen sein kann[166] – in der verlangten, § 274 nachgebildeten und deshalb nicht ausschließlich das Vermögen betreffenden Nachteilszufügungsabsicht vorgenommen werden. Durch den problematischen Verweis auf den Datenbegriff des § 202a II ist fraglich, ob auch der manuelle Input von Daten unter die „Eingabe" nach Nr 2 fällt[167]. Der Datenbegriff des § 202a ist gegenüber dem der „Computerdaten" aus den europäischen Vorgaben durch das Merkmal des „Speicherns" enger. Allerdings werden bei DoS-Angriffen regelmäßig Daten übermittelt, die auch bei manueller Eingabe zumindest im Arbeitsspeicher eines Systems abgelegt werden und damit unter den Datenbegriff des § 202a II fallen dürften. Dann sind über das Internet durchgeführte DoS-Attacken jedenfalls durch die Übermittlungsalternative erfasst.

55b **Erfolg** der Tathandlung muss eine erhebliche Störung der Datenverarbeitung sein[168]. Mit dem zuvor schon hineingelesenen, nunmehr aber namentlich im Hinblick auf die Erweiterung auf Datenverarbeitungsanlagen Privater ausdrücklich aufgenommenen Merkmal der **Erheblichkeit** soll klargestellt werden, dass nur unerhebliche Beeinträchtigungen des reibungslosen Funktionierens einer Datenverarbeitung keine den Tatbestand erfüllende Störung bedeuten[169].

§ 303b I Nr 1 ist als Eingriff in die Software eine Qualifikation zu § 303a. § 303b I Nr 3 ist dagegen als Beeinträchtigung der Hardware idR eine qualifizierte Sachbeschädigung, greift aber auch dann ein, wenn die Sabotagehandlung zwar an eigenen Sachen des Täters vorgenommen wird, jedoch bewirkt, dass dadurch die Datenverarbeitung eines fremden Unternehmens oder einer Behörde gestört wird[170]. Bezüglich der in der Qualifikation des **§ 303b II** verwendeten Begriffe *Betrieb* und *Unternehmen* gilt § 14. *Fremd* sind diese, wenn der Täter nicht selbst Inhaber oder vertretungsberechtigter Repräsentant des Inhabers ist[171]. Die **Regelbeispiele** des § 303b IV ent-

---

163 S. *Hilgendorf*, JuS 96, 1082; *Schulze-Heiming*, Der strafrechtliche Schutz von Computerdaten 1995, S. 185 ff; *Hilgendorf/Frank/Valerius*, Computer- und Internetstrafrecht 2005, Rn 211; weitere Beispiele bei *Eiding*, Strafrechtlicher Schutz elektronischer Datenbanken 1997, S. 112 ff.

164 Auch das verlangen die internationalrechtlichen Vorgaben, s. BT-Ds 16/3656, S. 8, 13; *Popp*, MR-Int 07, 84, 85.

165 BT-Ds 16/3656, S. 13; die Strafbarkeit einer DDoS-Attacke (= Blockieren einer Internetseite durch das Überlasten eines Webservers zB infolge massenhaft durch Aufrufe zu einer Online-Demonstration eingehender Anfragen) nach §§ 303a, 303b aF verneint OLG Frankfurt/M MMR 06, 547 mit Anm. *Gercke* 553; *Schumann*, NStZ 06, 675, 679.

166 BT-Ds 16/5449, S. 5; differenzierend LK-*Wolff*, § 303b Rn 29.

167 S. die Zweifel bei *Gröseling/Höfinger*, MMR 07, 627; *Vassiliki*, CR 08, 134; dort auch zu der im Text folgenden Aussage.

168 S. dazu LK-*Wolff*, § 303b Rn 26; nach § 303b aF *Kraft/Meister*, MMR 03, 366, 372; zum Sasser-Fall *Eichelberger*, MMR 04, 596; vgl auch *Krutisch*, Strafbarkeit des unberechtigten Zugangs zu Computerdaten und -systemen 2004, S. 154, 162 ff.

169 BT-Ds 16/3656, S. 13; s. dazu *Fischer*, § 303b Rn 10.

170 Vgl BT-Ds 10/5058, S. 36; *Hilgendorf*, JuS 96, 1083.

171 *Eisele*, BT II Rn 491; *Fischer*, § 303b Rn 15.

halten Strafzumessungsregeln nur für den Qualifikationstatbestand des § 303b II. Sie lehnen sich in Nrn 1 und 2 inhaltlich an § 263 III 2 Nrn 1 und 2 (s. dazu Rn 588 ff) und in Nr 3 an § 316b III 2 und § 92 III Nr 2 an[172]. Für die **Vorbereitung** (s. Rn 49a) einer Computersabotage gilt nach § 303b V der § 202c entsprechend[173].

Computersabotage, § 303b

  I. Tatbestand

    1. Objektiver Tatbestand (Abs. I)
      a) Tathandlung: **Einwirkung auf eine Datenverarbeitung**
                                       • *Datenveränderung iSd § 303a StGB*
                                        • *Dateneingabe oder -übermittlung*
                                        • *Zerstörung etc der Hardware*
      b) Taterfolg: **Störung einer Datenverarbeitung**
                                          • *Datenverarbeitung iSd § 3 IV BDSG*
                                        • *Wesentliche Bedeutung der Datenverarbeitung*
                                        • *Erhebliche Störung*

    2. Subjektiver Tatbestand
    Vorsatz: • *jede Vorsatzart bei Nrn 1, 3*
                                        • *und Nachteilszufügungsabsicht bei Nr 2*

    3. Qualifikation (Abs. II)
    Tatobjekt: • *Datenverarbeitung eines fremden Betriebs, eines fremden Unternehmens, einer Behörde*

 II. Rechtswidrigkeit

 III. Schuld

 IV. Regelbeispiele zur Qualifikation (Abs. IV)

  V. Strafantrag § 303c

 VI. Strafbarkeit für Vorbereitungshandlungen (Abs. V)

---

172 S. BT-Ds 16/3656, S. 13 f; s. dazu *Ernst*, NJW 07, 2665.
173 S. BT-Ds 16/3656, S. 8, 14. Da die Qualifikation des § 303b II den Grundtatbestand des § 303b I enthält, ist trotz der Beschränkung auf die Vorbereitung einer „Straftat nach Absatz 1" auch die Vorbereitung der Qualifikation erfasst. Zur Strafbarkeitsausdehnung s. krit. *Gröseling/Höfinger*, MMR 07, 628; *Schumann*, NStZ 07, 678; *Vassiliki*, CR 08, 135; zum Inhalt vgl *Rengier*, BT II § 31 Rn 37 ff.

2. Kapitel

Diebstahl und Unterschlagung

§ 2 Der Grundtatbestand des Diebstahls

56 **Fall 3:** Nach dem Besuch einer Theatervorstellung erleidet die in Düsseldorf wohnende Witwe W beim Betreten ihrer Wohnung einen tödlichen Herzinfarkt. Ihre Schwester S, die im Nachbarhaus wohnt und sich in ihrer Begleitung befindet, nimmt die Perlenkette vom Hals der Toten und legt sie zu ihren Schmucksachen, um sie zu behalten. Alleinige Erbin der W kraft gesetzlicher Erbfolge ist deren Tochter T, die mit ihrem Ehemann in München lebt.

Hat S einen Diebstahl begangen? Ändert sich die strafrechtliche Beurteilung, wenn T die Erbschaft ausschlägt und an ihrer Stelle S die alleinige Erbin der W wird? **Rn 70, 83**

I. Systematischer Überblick

1. Gegenüberstellung von Diebstahl und Unterschlagung

57 Innerhalb der **Zueignungsdelikte** unterscheidet das StGB im 19. Abschnitt zwischen **Diebstahl** (§§ 242 ff) und **Unterschlagung** (§ 246). Beide Straftatbestände setzen als Tatobjekt eine fremde bewegliche Sache voraus. Während beim Diebstahl der Täter die Sache einem anderen *wegnehmen* und dabei nur die *Absicht* haben muss, sie *sich oder einem Dritten zuzueignen* – der Diebstahl also auf die Zueignung bezogen ein erfolgs-kupiertes Delikt ist[1] – setzt die Unterschlagung als tatbestandliche Ausführungshand-lung diese *Zueignung* voraus. Unter ihr ist eine Betätigung des Zueignungswillens zu verstehen, die diesen Willen äußerlich eindeutig manifestiert. Das *kann* durch Veräu-ßern, Verpfänden, Verbrauchen, Beiseiteschaffen oder Ableugnen des Gewahrsams (so die Aufzählung in §§ 225, 226 des Preußischen StGB von 1851)[2], nach der auf Besitz oder Gewahrsam des Täters nicht mehr abstellenden Neufassung des Unterschla-gungstatbestandes durch das 6. StrRG (Rn 9, 58) aber auch durch „Wegnehmen" ge-schehen[3]. Dass Diebstahl „Zueignung durch Wegnahme" und Unterschlagung „Zu-eignung ohne Wegnahme" sei, ist daher eine *heute sicher*[4] nicht mehr zutreffende Kennzeichnung. Auch besteht zwischen Unterschlagung und Diebstahl nicht das Ver-hältnis der Spezialität[5]. Denn dass eine Wegnahme zugleich eine Zueignung ist, ist auch bei einer sie begleitenden Zueignungsabsicht (s. Rn 280) nicht zwingend. So begeht zwar der Taschendieb stets Diebstahl und Unterschlagung, mangels Eindeutigkeit der

---

1 AA *Kindhäuser*, BT II § 2 Rn 76 ff; *ders.*, Gössel-FS S. 451: Zueignung wird mit Wegnahme vollzo-gen; dagegen *Witzigmann*, JA 09, 489; relativierend zur Drittzueignung *Kindhäuser*, § 242 Rn 76 f.
2 S. *Küper*, ZStW 106, 1994, 371 f.
3 AA S/S-*Eser*, § 242 Rn 1, der Unterschlagung als Eigentumsverletzung ohne Gewahrsamsbruch kenn-zeichnet.
4 Zu Bedenken schon nach altem Recht s. *Wessels*, BT II Rn 58.
5 So aber *Maurach/Schroeder/Maiwald*, BT I § 34 Rn 5; ebenso *Börner*, Die Zueignungsdogmatik der §§ 242, 246 StGB 2004, S. 179 ff; *ders.*, Jura 05, 393.

Manifestation der Zueignungsabsicht aber nur einen Diebstahl, wer zB dem mit einem gefährlichen Feuerwerkskörper hantierenden Kind diesen in solcher Absicht entreißt.

Geschütztes Rechtsgut beider Delikte ist folglich *allein* das **Eigentum**. Denn dass   57a
§ 242 in der Angriffsform der Wegnahme *auch* den *Gewahrsam* schützt, erhebt diesen nicht mehr zu einem gegenüber § 246 selbstständigen Rechtsgut. Die Wegnahme ist daher nur eine, in § 242 freilich notwendig vorausgesetzte Art der Eigentumsverletzung. Deshalb ist auch dort, wo Eigentümer und Gewahrsamsinhaber auseinander fallen, nur der Eigentümer iS der §§ 247, 248a *verletzt*[6].

Wie sich darin schon zeigt, hat das **6. StrRG** (Rn 9) Diebstahl und Unterschlagung er-   58
heblich verändert. Zum einen hat es – um sicherzustellen, „dass auch strafbar ist, wer die Sache nicht sich selbst, sondern einer dritten Person zueignen will" (BT-Ds 13/8587, S. 43) – in beide Tatbestände die *Drittzueignung* aufgenommen. Dazu hat es in § 246 die Voraussetzung beseitigt, dass der Täter *„in Besitz oder Gewahrsam"* der Sache ist, die er unterschlägt. In beidem folgt der Gesetzgeber dem E 1962 (§§ 235 I, 240 I) im Einklang mit dessen (Begr. S. 401, 408 f) und seiner eigenen Zielsetzung, „Strafbarkeitslücken zu schließen" und „Auslegungsschwierigkeiten zu beseitigen" (BT-Ds 13/8587, S. 1, 43)[7]. Darauf ist bei der Behandlung dieser Merkmale zurückzukommen (Rn 127; 153 ff; 279; 290 ff). Für das **Verhältnis** der Unterschlagung zum Diebstahl (und zu anderen Eigentums- und Vermögensdelikten) ist maßgeblich, dass nunmehr *jede* rechtswidrige Sachzueignung – also auch eine solche durch Diebstahl, Raub, Betrug usw – unter § 246 I fällt, Strafbarkeit aber wegen Unterschlagung nur eintritt, „wenn die Tat nicht in anderen Vorschriften mit schwererer Strafe bedroht ist". Beides spricht in Übereinstimmung mit der Entwurfsbegründung (BT-Ds 13/8587, S. 43 f) dafür, die Unterschlagung *nicht* als *Grundtatbestand* aller Zueignungsdelikte, sondern als *Auffangtatbestand* zu verstehen, „der alle Formen rechtswidriger Zueignung fremder beweglicher Sachen umfasst"[8] (zu den Konsequenzen s. Rn 294 ff). Eine solche Sichtweise wahrt die geschichtliche Eigenständigkeit der Unrechtstypen. Auch gibt sie den Grund dafür an, warum § 246 in Fällen der Zueignung auch gegenüber §§ 263, 253, 266 oder 259 subsidiär sein soll, obwohl die Unterschlagung nicht Grundtatbestand dieser Delikte sein kann[9]. Und schließlich sind auch sonst nur Auffang-, nicht aber Grundtatbestände mit Subsidiaritätsklauseln versehen[10].

---

6   *Eisele*, BT II Rn 8; *Fischer*, § 242 Rn 2; MK-*Schmitz*, § 242 Rn 8; NK-*Kindhäuser*, vor § 242 Rn 3; so schon nach altem Recht S/S-*Eser*, 25. Aufl., § 242 Rn 2 gegen die sich auf BGHSt 10, 400; 29, 319, 323; BGH NJW 01, 1508 stützende hL, s. *Wessels*, BT II Rn 57; für Schutz von Eigentum und Gewahrsam *Heghmanns*, Rn 1002 f; HK-GS/*Duttge*, § 242 Rn 3; *Jäger*, BT Rn 174; *Lackner/Kühl*, § 242 Rn 1; s. auch *Schramm*, JuS 08, 678 f.
7   Zust. *Freund*, ZStW 109, 1997, 483; *Hettinger*, Entwicklungen im Strafrecht und Strafverfahrensrecht der Gegenwart 1997, S. 38; krit. *Bussmann*, StV 99, 615; *Dencker*, in: *Dencker* ua, Einführung in das 6. StrRG 1998, S. 16; *Stächelin*, StV 98, 99.
8   Ebenso E 1962, Begr. S. 409; *Fischer*, § 246 Rn 2, 4; *Hörnle*, Jura, 98, 171; *Hohmann/Sander*, NStZ 98, 276; *Jäger*, BT Rn 177; *Kreß*, NJW 98, 640; *Kudlich*, JuS 98, 473; *Lackner/Kühl*, § 246 Rn 1; *Rengier*, BT I § 5 Rn 3; BE-*Noak*, S. 73; *Wagner*, Grünwald-FS, S. 799; *Wolters*, JZ 98, 399.
9   *Maiwald*, Der Zueignungsbegriff im System der Eigentumsdelikte 1970, S. 223.
10 Für Grundtatbestand dagegen *Kindhäuser*, Gössel-FS S. 451; *Lesch*, JA 98, 477; NK-*Kindhäuser*, vor § 242 Rn 5; *Otto*, BT § 39 Rn 8; *ders.*, Jura 98, 551; für Spezialität von § 242 gegenüber § 246 *Maurach/Schroeder/Maiwald*, BT I § 34 Rn 5; s. dazu Rn 57.

2. Qualifizierte und privilegierte Diebstahlsfälle

59 § 242 normiert den **Grundtatbestand** des Diebstahls, zu dem § 243 I als Strafzu-
messungsvorschrift[11] Regelbeispiele für *besonders schwere Fälle* nennt, während die
§§ 244, 244a eine **tatbestandliche Qualifizierung** für besonders gefährliche Formen des Diebstahls enthalten. Die in §§ 247, 248a vorgesehenen **Privilegierungen**
haben dagegen keine eigenständige Tatbestandsqualität und daher auf den Strafrahmen keinen Einfluss[12]. Sie haben vielmehr durch das **Strafantragserfordernis** allein
Bedeutung für die **Zulässigkeit der Strafverfolgung**. Während § 248a bei geringwertigen Tatobjekten jedoch nur dann gilt, wenn die Bestrafung des Täters aus § 242
bzw aus § 246 erfolgt, erfasst § 247 auch die in §§ 243, 244, 244a geregelten Diebstahlsfälle[13].

60 Der räuberische Diebstahl (§ 252) ist nach hM kein qualifizierter Fall des § 242, sondern ein
raubähnliches Sonderdelikt eigenständigen Charakters[14]. Daher ist dort für §§ 247, 248a kein
Raum.

61 Die **Diebstahlskriminalität**[15] liegt innerhalb der Gesamtkriminalität weit an der Spitze. Mehr
als 40 % aller polizeilich registrierten Straftaten in der Bundesrepublik sind Diebstähle, wobei
der Diebstahl in und aus Warenhäusern, Verkaufsräumen und Selbstbedienungsläden die erste
Stelle einnimmt[16]. Reale Erscheinungsformen, Zusammensetzung der Tätergruppen, Schadenshöhe, Anzeigeverhalten, Aufklärungsquote und Dunkelfeld bieten hier ein sehr unterschiedli-
ches Bild. Eine gewisse Eigenart weist zB der Diebstahl von und aus Kraftfahrzeugen, von
Fahrrädern, aus Automaten, von Weidevieh sowie die Entwendung von Antiquitäten und von
sakralen Kunstgegenständen auf; gleiches gilt für den Taschen- und den Ladendiebstahl. Der
versicherungsrechtlich erklärbaren Anzeigehäufigkeit bei Fahrraddiebstählen steht eine mini-
male Aufklärungsquote gegenüber. Am höchsten ist die Aufklärungsquote bei Ladendiebstäh-
len; sie beträgt nach der polizeilichen Kriminalstatistik 2006 rund 93 %. Daraus folgt aber lediglich, dass durchweg nur solche Taten zur Anzeige gelangen, die von Kaufhausdetektiven und
dem sonst eingesetzten Überwachungspersonal bereits aufgeklärt sind. Im Bereich des einfachen Diebstahls ist mit einem hohen Dunkelfeld zu rechnen; eine Anzeige unterbleibt in Fällen
dieser Art vielfach auf Grund der Erwägung, dass „doch nichts dabei herauskommt". Die Höhe
des Schadens, der alljährlich durch Ladendiebstähle entsteht und den die ehrlichen Kunden
durch entsprechend kalkulierte Preise tragen müssen, ist hoch. Reformvorschläge mit dem Ziel,
den Ladendiebstahl zu entkriminalisieren und sich bei seiner Bekämpfung mit *zivilrechtlichen*
Mitteln zu begnügen, sind zwar mit dem 51. Deutschen Juristentag 1976 gescheitert[17], bleiben
aber wie entsprechende Überlegungen zum „Schwarzfahren"[18] Gegenstand kriminalpolitischen
Interesses.

---

11 BGHSt 23, 254, 256 f; 26, 104, 105.
12 Gegen die Bezeichnung als Privilegierung daher *Mitsch*, BT II/1 § 1 Rn 8.
13 Näher zur Systematik *Wessels/Beulke*, AT Rn 112.
14 Vgl BGHSt 3, 76, 77.
15 Zu ihr aus kriminologischer Sicht *Eisenberg*, § 45 Rn 76–105; *Kaiser*, §§ 60–71.
16 Vgl dazu die Übersicht in Rn 7; *Eisenberg*, § 45 Rn 85; *Kaiser*, § 70.
17 Vgl dazu *Arzt*, JuS 74, 693 und JZ 76, 54; *Meurer*, Die Bekämpfung des Ladendiebstahls, 1976.
18 S. die Nachweise bei *Lackner/Kühl*, § 265a Rn 1.

II. Das Diebstahlsobjekt

Der objektive Tatbestand des § 242 wird durch die Wegnahme einer fremden beweglichen Sache **62**
verwirklicht. Taugliches **Objekt** der Tat kann somit nur eine bewegliche, in fremdem Eigentum
stehende Sache sein. Auf die „Legalität" des Besitzes kommt es nicht an. Daher können auch Diebesgut, Drogen oder Falschgeld gestohlen werden[19].

1. Begriff der Sache

Sachen (s. hierzu und zu Tieren als Sache schon Rn 15) im strafrechtlichen Sinn sind **63**
alle **körperlichen Gegenstände** ohne Rücksicht auf ihren wirtschaftlichen Wert (vgl
dazu Rn 16). Forderungen und Rechte sind nicht diebstahlsfähig. Auch ist der *Diebstahl* geistigen Eigentums, der *Softwarediebstahl* oder die *Raubkopie* juristisch der
falsche Begriff[20]. Taugliche Objekte iS des § 242 sind aber Urkunden, die Ansprüche
oder sonstige Rechte verkörpern (wie zB Sparbücher, Wechsel, Schecks, Aktien,
Fahrkarten, Garderobenmarken und dergleichen) wie auch die Träger von Daten, die
selbst keine Sachen sind[21].

In welchem Aggregatzustand sich die Sache befindet, ist gleichgültig. Unter den Sachbegriff fal- **64**
len auch Flüssigkeiten, Gase und Dämpfe, soweit sie ein gesondertes, abgrenzbares Dasein aufweisen und damit eigentumsfähig sind[22]. *Elektrische Energie* ist nach hM keine Sache, ihre Subsumtion hierunter daher verbotene Analogie[23]. Der Gesetzgeber hat diese Lücke geschlossen: die
Entziehung unterliegt der besonderen Strafdrohung des § 248c (s. Rn 407 f).

Der *Körper des lebenden Menschen* besitzt (auch schon vor der Geburt) keine Sach- **65**
qualität. Dasselbe gilt für seine organischen und für seine fest eingefügten künstlichen
Teile, solange sie mit ihm verbunden sind[24]. An abgetrennten Körperteilen ist dagegen
Sachherrschaft möglich. Mit ihrer Abtrennung werden sie zu selbstständigen Sachen,
die ohne besonderen Aneignungsakt unmittelbar in das Eigentum derjenigen Person
fallen, zu deren Körper sie bisher gehörten[25]. Praktisch bedeutsam wird das beim Entfernen überkronter Zähne, beim Abschneiden von Zöpfen sowie bei der Entnahme
von Blut, Hautpartien oder Organen für medizinische Zwecke. Wenn es dabei an der
Sachqualität in Fällen fehlen soll, in denen die entnommenen Körperbestandteile dem
Ausgangskörper oder – wie bei einer Spermaspende – zur Erfüllung einer körpertypi-

---

19 *Mitsch*, BT II/1 § 1 Rn 34; S/S-*Eser*, § 242 Rn 19; aA MK-*Schmitz*, § 242 Rn 14. Für Drogen bestätigt
    die hier vertretene Meinung BGH NJW 06, 72 mit zust. Anm. *Hauck*, ZIS 06, 37; *Kudlich/Noltens-*
    meier, JA 07, 865; dass auch der Dieb gegenüber Dritten Besitzschutz genießt, betont BGH NStZ 09,
    37 mit Anm. *Dehne-Niemann*.
20 A/W-*Heinrich*, § 13 Rn 32; *v. Gravenreuth*, Das Plagiat aus strafrechtlicher Sicht 1986, S. 91 f; *Julius*,
    Anm. JR 93, 255; zur sog. Raubgräberei s. *Koch*, NJW 06, 557.
21 *Fischer*, § 242 Rn 3; Daten sind deshalb auch kein Hehlereiobjekt, s. dazu im Liechtensteiner Konten-
    daten-Fall Rn 828.
22 RGSt 44, 335.
23 RGSt 29, 111, 116; 32, 165, 185 f; *Schramm*, JuS 08, 679.
24 Diff. *Gropp*, JR 85, 181; S/S-*Eser*, § 242 Rn 10.
25 LK-*Ruß*, § 242 Rn 4, 9; S/S-*Eser*, § 242 Rn 20; ausgekämmte Haare, abgeschnittene Fingernagelteile
    uÄ, die zu einem heimlichen Vaterschaftstest „entwendet" werden, sind – werden sie nicht wirksam
    derelinquiert – folglich taugliche Diebstahlsobjekte, s. *Glaser/Dahlmanns*, JR 07, 318; verneint man
    Gewahrsam, bleibt § 246; allerdings ist die Zueignung (-sabsicht) zweifelhaft.

schen Funktion einem spenderfremden Körper (wieder-) eingefügt werden sollen[26], kann der verloren gehende Eigentumsschutz im *Strafrecht* nicht durch die Annahme einer Körperverletzung kompensiert werden[27]. Zur Aufrechterhaltung des Schutzes wenigstens gegen vorsätzliche Beschädigung (§ 303) oder Entwendung (§ 242) ist daher dieser bürgerlichrechtlichen Differenzierung nicht zu folgen. Das entspricht einer für das Strafrecht eigenständigen Begriffsbildung, die – wie gegenüber § 90a BGB – der zivilrechtlichen nicht notwendig folgt (s. Rn 15).

66 Ob **menschliche Leichen** als „Rückstand der Persönlichkeit" oder als Sachen anzusehen sind, bei denen es in der Regel nur an der Eigentumsfähigkeit fehlt, ist umstritten[28]. Einigkeit besteht jedoch darüber, dass Leichen dann zu den eigentumsfähigen Sachen zählen, wenn sie nicht zur Bestattung bestimmt sind (wie Mumien, Moor-, Anatomie- oder plastinierte Leichen)[29]. Hier können im Einzelfall die Voraussetzungen der §§ 242 ff, 303 gegeben sein. Das gilt auch für implantierte therapeutische Hilfsmittel wie einen Herzschrittmacher, der nach seiner Entnahme wieder zur Disposition des Eigentümers steht[30]. Wo dagegen die Eigentumsfähigkeit zu verneinen ist, greift nur die dem Schutz des Pietätsgefühls dienende Vorschrift des § 168 ein[31].

2. Beweglichkeit

67 **Beweglich** iS der §§ 242 ff sind alle Sachen, die fortbewegt (dh von ihrem bisherigen Ort fortgeschafft) werden können. Bei der Beurteilung dieser Frage orientiert das Strafrecht sich nicht an der im Bürgerlichen Recht (§§ 93 ff BGB)[32] getroffenen Regelung, sondern mit Blick auf die Wegnahme daran, was fortgeschafft werden kann[33].

Beweglich sind demnach auch Grundstückserzeugnisse und Bestandteile von Gebäuden, die zwecks Wegnahme erst losgelöst, abgetrennt oder sonstwie **beweglich gemacht werden müssen**, wie zB Torf, Heizkörper, Waschbecken und dergleichen. Deshalb liegt im unbefugten Abgrasen einer Wiese durch eine Schafherde neben § 303 (Rn 14) auf das Gras bezogen auch ein Diebstahl vor[34].

3. Fremdheit

68 **Fremd** ist eine Sache, wenn sie im (Allein-, Mit- oder Gesamthands-) **Eigentum eines anderen steht**, also weder *herrenlos* iS der §§ 958 ff BGB ist noch *ausschließlich* dem Täter selbst gehört (vgl Rn 17).

---

26 So in BGHZ 124, 52; wie hier *Eisele*, BT II Rn 18.
27 AA *Freund/Heubel*, MedR 95, 194, 198 unter Verstoß gegen das Analogieverbot, s. *Otto*, Jura 96, 119 f; SK-*Horn/Wolters*, § 223 Rn 5a.
28 Für Ersteres *Maurach/Schroeder/Maiwald*, BT I § 32 Rn 19; für Letzteres die hM: *Otto*, BT § 40 Rn 5; S/S-*Eser*, § 242 Rn 10, 21; vgl auch AG Rosenheim NStZ 03, 318.
29 S. *Tag*, MedR 98, 387 f.
30 S. hierzu *Gropp*, JR 85, 181; S/S-*Eser*, § 242 Rn 21; SK-*Hoyer*, § 242 Rn 16.
31 Zahngold, das mit der Asche der Urne überantwortet werden soll, ist nach OLG Bamberg NJW 08, 1543 zwar durch § 168, als Teil der den Leichnam vertretenden Asche – weil herrenlos – aber nicht durch § 242 geschützt; s. dazu *Kudlich*, JA 08, 391; *Jäger*, BT Rn 186a; *Jahn/Ebner*, JuS 08, 1086; *Safferling/Menz*, Jura 08, 383.
32 Für Zivilrechtsakzessorietät SK-*Hoyer*, § 242 Rn 9 f; dazu krit. MK-*Schmitz*, § 242 Rn 39.
33 Ebenso HK-GS/*Duttge*, § 242 Rn 10; MK-*Schmitz*, § 242 Rn 39; NK-*Kindhäuser*, § 242 Rn 14; *Rengier*, BT I § 2 Rn 5.
34 LG Karlsruhe NStZ 93, 543.

Die **Fremdheit** der Sache folgt nicht schon daraus, dass sie dem Täter nicht gehört[35]. Denn Letzteres ist auch bei *herrenlosen* Sachen der Fall, die niemandem gehören und die ebenso als taugliche Objekte des Diebstahls ausscheiden wie Sachen, die ausschließlich im Eigentum des Täters selbst stehen[36] oder die – wie der menschliche Leichnam – verkehrsunfähig[37] sind. Bei **Drogen** handelt es sich um verkehrsfähige Sachen[38]. *Sammelgut*, das zu Gunsten wohltätiger Organisationen auf dem Bürgersteig zum Abholen bereitgelegt wird, ist nicht herrenlos, sondern für Dritte „fremd" iS des § 242[39].

Maßgebend für die **Beurteilung der Eigentumsverhältnisse** im Bereich des Straf- **69** rechts sind die zivilrechtlichen Vorschriften über den Erwerb und Verlust des Eigentums[40]. Deshalb ist zB die Möglichkeit eines Diebstahls beim Tanken ohne Bezahlen auch davon abhängig, wann das Eigentum am Benzin auf den Kunden übergeht. Behält sich der Tankstelleninhaber das Eigentum bis zur Bezahlung vor, bleibt das Benzin auch nach *Vermischung* mit dem Restinhalt des Tanks in aller Regel für den Tankenden durch das Miteigentum des Inhabers fremd[41]. Ist das Kausalgeschäft sittenwidrig, folgt daraus nicht notwendig die Unwirksamkeit des Erfüllungsgeschäfts[42]. Daher ist das Wiederansichbringen des Kaufgeldes für Betäubungsmittel unmittelbar nach seiner Hingabe *nur dann* kein Diebstahl, *wenn* aus dem Verbot des unerlaubten Handeltreibens mit Betäubungsmitteln die Nichtigkeit der Übereignung des als Kaufpreis gezahlten Geldes folgt[43]. Ein hiervon abweichender *wirtschaftlicher Eigentumsbegriff*, der die *Fremdheit* von der umfassenderen Vermögensposition abhängig machen will[44], ist auf Grund seiner Unbestimmtheit für das Strafrecht kein Gewinn[45]. Von seiner rein formalrechtlichen Beurteilungsgrundlage aus behandelt es auch die besonderen Erscheinungsformen des Vorbehalts- und Sicherungseigentums ohne Einschränkung als volles Eigentum[46].

Im **Fall 3** gehörte die Perlenkette ursprünglich der Witwe W. Mit deren Tod ging das Eigentum **70** daran kraft Gesetzes auf die Tochter T als Gesamtrechtsnachfolgerin über (§§ 1922 I, 1924 I, 1942 I BGB). Demnach war die Perlenkette im Augenblick der Tathandlung für S eine *fremde*

---

35 *Maurach/Schroeder/Maiwald*, BT I § 32 Rn 21; zur Eigentumslage an Schätzen und Bodendenkmälern s. *Koch*, NJW 06, 557.
36 Die Wegnahme eigener Sachen kann aber nach § 289 strafbar sein; vgl OLG Düsseldorf NJW 89, 115
37 Zu Ausnahmen s. Rn 66 und SK-*Hoyer*, § 242 Rn 14.
38 BGH NJW 06, 72 mit zust. Anm. *Hauck*, ZIS 06, 37; *Jäger*, BT Rn 188; *Schramm*, JuS 08, 680.
39 BayObLG JZ 86, 967.
40 BGHSt 6, 377, 378.
41 Wird das Benzin mit dem Einfüllen übereignet, soll keine fremde Sache (mehr) vorliegen, s. *Mitsch*, BT II/1, § 1 Rn 28; dagegen *Küper*, BT S. 262 f (Präzedenzprinzip; bei Übereignung scheitert erst die Absicht rechtswidriger Zueignung); zum Meinungsstand s. *Jäger*, BT Rn 192; NK-*Kindhäuser*, § 242 Rn 17; ferner *Lange/Trost*, JuS 03, 964 sowie Rn 184.
42 *Krey/Hellmann*, BT II Rn 4.
43 So BGH NStZ-RR 00, 234; s. dazu *Rengier*, BT I § 2 Rn 7.
44 *Otto*, BT § 40 Rn 10 f; *ders.*, Jura 96, 220; zur Bedeutung dieses Begriffsverständnisses für Fälle des § 241a BGB s. *Otto*, Jura 04, 389; auf *Ottos* Ansatz aufbauend *Kohlheim*, Ein neuer wirtschaftlicher Fremdheitsbegriff im Strafrecht 2007, S. 97 ff, der für den Verbraucher die Fremdheit der unbestellt zugesandten Ware verneint (S. 98).
45 S. auch *Küper*, BT S. 262 f; *Matzky*, NStZ 02, 460 ff; abl. auch *Börner*, Die Zueignungsdogmatik der §§ 242, 246 StGB 2004, S. 34 f und *Tachau*, Ist das Strafrecht strenger als das Zivilrecht? 2005, S. 163 ff, der selbst in Fällen des § 241a BGB die Möglichkeit einer Enteignung verneint, S. 173 ff, 220 f.
46 Vgl RGSt 61, 65.

bewegliche Sache iS des § 242. An dieser Feststellung ändert sich für die strafrechtliche Beurteilung des Falles auch dann nichts, wenn T die ihr zunächst angefallene Erbschaft form- und fristgerecht ausgeschlagen hat (§§ 1942 ff BGB), sodass S an ihrer Stelle den gesamten Nachlass der W als deren alleinige gesetzliche Erbin erworben hat (§§ 1953 I, 1922 I, 1925 I, III BGB). Zwar *gilt* der Anfall der Erbschaft an die Tochter T bei dieser Sachlage gemäß § 1953 I BGB als *nicht erfolgt*, und kraft dieser *Rückwirkungsfiktion* wird es für den Bereich des Zivilrechts so angesehen, als sei die S (und zwar nur sie) schon unmittelbar im Zeitpunkt des Todes der W deren alleinige Erbin und damit auch Eigentümerin der Perlenkette geworden. Eine derartige Zurückbeziehung unter Eliminierung der bereits eingetretenen Rechtsfolgen (hier: des Anfalls der Erbschaft an T) widerspricht den Zielsetzungen des Zivil-rechts nicht; dem Strafrecht ist sie jedoch absolut wesensfremd. Die bürgerlichrechtlichen **Rückwirkungsfiktionen** (§§ 142 I, 1953 I BGB) gelten daher nach einhelliger Auffassung **für das Strafrecht nicht**, weil es bei der Entscheidung über die Tatbestandsmäßigkeit eines bestimmten Verhaltens nur auf die Sach- und Rechtslage ankommen kann, wie sie **im Augenblick des Handelns wirklich bestanden** hat. Andernfalls könnte nämlich, insbesondere über §§ 119, 123, 142 I, II BGB, eine Handlung nachträglich strafbar werden, die bei ihrer Vornahme mangels Tatbestandsmäßigkeit straflos war[47]. Im **Fall 3** bleibt somit zu prüfen, ob S die (fremde) Perlenkette durch *Wegnahme* erlangt hat (**Rn 83**).

III. Die Wegnahme

1. Wegnahme und Gewahrsamsbegriff

71 **Wegnahme** als **Tathandlung** bedeutet im Rahmen des § 242 den **Bruch fremden Allein- oder Mitgewahrsams und die Begründung neuen**, nicht notwendig, aber regelmäßig *eigenen* **Gewahrsams**[48]. Unter **Gewahrsam** versteht die **hL** die **tatsächliche Sachherrschaft** eines Menschen über eine Sache, die von einem natürlichen Herrschaftswillen getragen und deren Reichweite von der Verkehrsauffassung bestimmt wird[49]. Damit ist Gewahrsam ein primär **faktischer** Begriff. Er wird durch die sich in der Verkehrsauffassung niederschlagende Anschauung des täglichen Lebens nach Auffassung seiner Anhänger nicht konstituiert, vielmehr werden seine Ableitungen an ihr nur gemessen[50]. **Vorzugswürdig** ist demgegenüber ein **sozial-normativer** Gewahrsambegriff, der das für den Gewahrsam notwendige Herrschaftsverhältnis nicht nach den zufälligen Komponenten tatsächlicher Macht, sondern aus der *sozial-normativen Zuordnung* der Sache zur Herrschaftssphäre einer Person begründet[51]. Nur bei diesem Ausgangspunkt lässt sich der Gewahrsam des Bauern am zurückgelassenen Pflug auf dem Felde oder des verreisten Wohnungsinhabers am Wohnungsinventar aus dem Begriff selbst herleiten, weil die Verkehrsauffassung Acker und Wohnung

---

47 Vgl KG JW 30, 943 Nr 5; *Kudlich/Roy*, JA 01, 772; LK-*Ruß*, § 246 Rn 4; S/S-*Eser*, § 246 Rn 4a.
48 Vgl RGSt 48, 58, 59 f.
49 *Krey/Hellmann*, BT II Rn 11, 13; *Lackner/Kühl*, § 242 Rn 8 ff; *Mitsch*, BT II/1 § 1 Rn 40 ff; *Otto*, BT § 40 Rn 15; *Rengier*, BT I § 2 Rn 11, 13; *Wessels*, BT II Rn 71.
50 S/S-*Eser*, § 242 Rn 24.
51 SK-*Samson*, 4. Aufl., § 242 Rn 20 ff; grundlegend dazu schon BGHSt 16, 271, 273 im Anschluss an *Welzel*, GA 60, 257; NJW 61, 328; s. auch *Geilen*, JR 63, 446; *Gössel*, ZStW 85, 1973, 591, 617.

als Gewahrsamssphären ihrer Eigner und den Zugriff Dritter auf die dort befindlichen Sachen als rechtfertigungsbedürftige Störung dieser Zuordnung begreift[52].

Die im Ergebnis hier nicht anders entscheidende hL überspielt die von ihr verlangte, in Wahrheit aber fehlende *tatsächliche* Zugriffsmöglichkeit in diesen Fällen mit deren aus der Anschauung des täglichen Lebens hergeleiteter Fiktion. Sie entwertet zudem zum bloßen Korrektiv, was den Kerngehalt des Gewahrsams ausmacht. Und sie trägt zusätzliche Unsicherheit in einen nach Auffassung der Rechtsprechung von allen zufälligen „Umständen des Einzelfalles" abhängigen und dadurch „im Wesentlichen (zur) Tatfrage"[53] erklärten Begriff, der nicht mehr ausrechenbar und bestimmt und dessen jeweils ausschlaggebendes Moment von keinem tatbegleitenden Vorsatz mehr sicher erfassbar ist[54]. Dieser faktischen, aber durch die Verkehrsauffassung stets modifizierbaren Sicht ist deshalb eine Auffassung vorzuziehen, die Gewahrsam als Herrschaftsverhältnis bejaht, wenn die **Zuordnung der Sache** zur Herrschaft einer Person als eine **sozial-normativ gesicherte Übereinkunft** erscheint[55]. **71a**

Dass auch bei diesem Verständnis Unsicherheiten bleiben, wo sich *gesicherte* Übereinkünfte (noch) nicht finden, ist einzuräumen, macht aber die sozial-normative Zuordnung nicht zum willkürlich oder beliebig verwendbaren Begriff. Der Vorschlag, Gewahrsam aus solchen Gründen stattdessen als „Eingliederung der Sache in ein persönliches Nutzungsreservat" zu verstehen, in dem Aneignung ermöglicht wird[56], führt auf die Schwächen des tatsächlichen Gewahrsamsbegriffs zurück, wenn der „faktischen Okkupation" der Sache vor der rechtlichen Zuordnung der Vorrang und der sozialen Zuordnung nur eine beschreibende Rolle gegenüber der tatsächlichen oder subsidiären rechtlichen Zuweisung eingeräumt wird. **71b**

Zur Vermeidung von Verwechslungen ist zu beachten, dass der *Gewahrsamsbegriff* in § 168 I anders, und zwar im Sinne eines tatsächlichen *Obhutsverhältnisses* über den Leichnam und die ihm gleichstehenden Schutzobjekte ausgelegt wird[57]. Zur Wegnahme genügt dort der Bruch dieses Obhutsverhältnisses[58]. Auch bei § 289 deutet die hM den *Wegnahmebegriff* entsprechend dem Schutzzweck der Norm in einem umfassenderen Sinn, indem sie auf das Erfordernis eines Gewahrsamsbruchs verzichtet und jedes Entziehen der Sache aus dem Machtbereich des Pfandgläubigers oder des sonst Berechtigten genügen lässt[59] (näher dazu Rn 442). **72**

---

52 SK-*Samson*, 4. Aufl., § 240 Rn 20; s. auch *Kargl*, JuS 96, 971, 974; *Martin*, JuS 98, 893; MK-*Schmitz*, § 242 Rn 55; NK-*Kindhäuser*, § 242 Rn 28; *Scheffler*, Anm. JR 96, 342 f; *Schmidt/Priebe* BT II Rn 30 ff; unentschieden OLG Karlsruhe NStZ-RR 05, 140.

53 BGHSt 41, 198, 205; beispielhaft BGHSt 23, 254, 255; BGH NStZ 08, 624, 625 mit Anm. *Bachmann*, NStZ 09, 267; s. auch *Jäger*, BT Rn 211; krit. *Hillenkamp*, JuS 97, 222 f.

54 Die gegenteilige Wertung findet sich bei A/W-*Heinrich*, § 13 Rn 40; *Heghmanns*, Rn 1014 mit Sympathie für den hier vertretenen Standpunkt in Rn 1010.

55 Ähnlich OLG Zweibrücken NStZ 95, 449; *Brocker*, JuS 94, 923; *Schmitz*, JA 93, 350; wohl auch *Eisele*, BT II Rn 26.

56 SK-*Hoyer*, § 242 Rn 32 ff; krit. dazu MK-*Schmitz*, § 242 Rn 56 f; s. auch *Maurach/Schroeder/Maiwald*, BT I § 33 Rn 27.

57 Vgl OLG München NJW 76, 1805; KG NJW 90, 782; OLG Zweibrücken JR 92, 212 mit Anm. *Laubenthal*; OLG Bamberg NJW 08, 1543 mit Bespr. *Kudlich*, JA 08, 391; *Lackner/Kühl*, § 168 Rn 3; *Roxin*, JuS 76, 505.

58 S/S-*Lenckner*, § 168 Rn 4.

59 Wichtig beim *besitzlosen* Vermieterpfandrecht, vgl BayObLG JZ 81, 451; LK-*Schünemann*, § 289 Rn 14 ff; aA *Maurach/Schroeder/Maiwald*, BT I § 37 Rn 16; S/S-*Eser/Heine*, § 289 Rn 8.

2. Eigentum und Gewahrsam

73 Der in § 242 zur **Wegnahmehandlung** gehörende **Gewahrsamsbegriff** ist nach beiden zu ihm vertretenen Auffassungen (Rn 71) von dem die *Fremdheit* der Sache betreffenden *Eigentumsbegriff* scharf zu unterscheiden. Zwar pflegt man beim Eigentum wie beim Gewahrsam von einem *„Herrschaftsverhältnis" zu* sprechen. Inhaltlich ist damit aber etwas Verschiedenes gemeint, worauf insbesondere dann zu achten ist, wenn Eigentum und Gewahrsam an einer Sache auseinander fallen (wie bei der Miete, Leihe oder Verwahrung). Das **Eigentum** als dingliches Recht begründet eine Sachherrschaftsbeziehung *rechtlicher* Art, die dem Eigentümer ein Höchstmaß an Einwirkungs- und Abwehrbefugnissen gewährt (vgl §§ 903, 985, 1004 BGB). Ihr Bestand ist von jeder tatsächlich vorhandenen Einwirkungsmöglichkeit unabhängig. Im Falle des Diebstahls vermag sogar der völlige Verlust der Sache am Eigentum und an der *rechtlichen Herrschaftsmacht* des Bestohlenen nichts zu ändern. Beim **Gewahrsam** handelt es sich dagegen nach seinem **faktischen** Verständnis um ein **rein tatsächliches Herrschaftsverhältnis**, das dem Gewahrsamsinhaber kraft seines faktischen *Könnens* eine **physisch-reale Einwirkungsmöglichkeit** auf die Sache verschafft. Die Frage nach dem rechtlichen *Dürfen* stellt sich hiernach nicht; denn ob der Gewahrsam auf rechtmäßige oder auf rechtswidrige Weise begründet worden ist, hat keinerlei Einfluss auf seinen Bestand. Gewahrsam als *tatsächliche* Sachherrschaft erlangt bei erfolgreicher Wegnahme auch der Dieb; wer ihm die Beute wegnimmt, um sie sich widerrechtlich zuzueignen, bricht daher dessen Gewahrsam und erfüllt seinerseits den Tatbestand des § 242[60]. Das ist auch nach dem hier zugrundegelegten Gewahrsamsbegriff nicht anders. Denn auch die **sozial-normative** Sachherrschaft richtet sich in ihrer Anerkennung nicht danach, ob der Sacherwerb rechtmäßig und mit Recht zu behaupten, sondern nur danach, ob die Sachherrschaft nach sozial-normativ gesicherter Übereinkunft *anerkannt* und daher der Zugriff eines Dritten sozial auffällig und rechtfertigungsbedürftig[61] ist. Das aber ist bei einer Wegnahme der in die *geschützte Gewahrsamssphäre* des Diebes überführten Beute selbst durch den Eigentümer der Fall. Es trifft deshalb nicht zu, dass der normative Gewahrsamsbegriff nur beim Bestohlenen, für den Dieb nach dieser Auffassung aber der faktische gelte[62].

3. Einzelprobleme und Erscheinungsformen des Gewahrsams

74 Maßgebend für die **Beurteilung der Gewahrsamsverhältnisse** sind nach **hL** die konkreten Umstände des Einzelfalles und die Anschauungen des täglichen Lebens[63]. Da eine Sache nicht selten vielfältigen, sich oftmals überschneidenden und in ihrer Stärke wechselnden *tatsächlichen* Einwirkungsmöglichkeiten mehrerer Personen ausgesetzt ist, ist die Gewahrsamsfrage nach den hiernach primär in Betracht zu ziehen-

---

60 BGH NJW 53, 1358 Nr 25; RGSt 60, 273, 278; 70, 7, 9; s. auch BGH NStZ 09, 37 mit Anm. *Dehne-Niemann*; Mitsch, BT II/1 § 1 Rn 49.
61 NK-*Kindhäuser*, § 242 Rn 28, 32.
62 So aber der Vorhalt von *Kargl*, JuS 96, 973; *Maurach/Schroeder/Maiwald*, BT I § 33 Rn 13.
63 BGHSt 16, 271, 273; 41, 198, 205; BGH NStZ 08, 624, 625.

den *faktischen* Gegebenheiten nicht immer eindeutig und zweifelsfrei und auf Grund deren Zufälligkeit auch nicht stets überzeugend zu beantworten. Diese Schwäche sucht die hL durch den Rückgriff auf die Verkehrsauffassung zu beheben. Auf diesem Umweg begegnet sie der für den sozial-normativen Gewahrsamsbegriff *maßgeblichen* Sicht. Deshalb sind trotz der methodischen Differenz die Ergebnisse beider Lehren und auch die sie tragenden Sacheinsichten zwar häufig nicht unterschieden[64]. Nur der **sozial-normative** Ansatz führt aber mit hinlänglicher Bestimmtheit zum Ziel. Zudem verbürgt er bei Streit über das Gewicht des normativen Elements[65] das sachgerechtere Ergebnis.

a) Gewahrsamswille

Sachherrschaft ist zunächst eine **objektiv-subjektive** Sinneinheit. Sie ist ohne einen auf Herrschaft gerichteten Willen nicht denkbar[66]. Dieser **Sachherrschaftswille** als *subjektiv-voluntatives* Gewahrsamselement ist von der Geschäftsfähigkeit unabhängig. Er besteht in einem *natürlichen* Beherrschungswillen, wie ihn auch Kinder und Geisteskranke haben können[67]. Hohe Anforderungen werden an ihn nicht gestellt. So muss er nicht jede einzelne Sache innerhalb des maßgeblichen Herrschaftsbereichs umfassen. Auch ein **genereller Gewahrsamswille** reicht aus[68]. Er setzt kein spezialisiertes Wissen, aber auch kein ständig aktualisiertes Sachherrschaftsbewusstsein und kein ununterbrochenes „Wachsein" voraus. Schlaf und Bewusstlosigkeit heben ihn nicht auf[69]; wer in einem solchen Zustand vor Wiedererlangung des Bewusstseins stirbt, behält den Gewahrsam bis zum Todeseintritt[70]. Einer ausdrücklichen Bekundung bedarf der Sachherrschaftswille nicht; es reicht aus, dass er sich aus den Umständen ergibt. Diese Abschwächungen des Willenselementes sind für die **sozial-normative** Zuordnung unschädlich. Mit einer ernst genommenen faktischen Herrschaft vertragen sie sich allerdings nicht.

75

Gewahrsamsinhaber kann nur eine **natürliche Person** sein. Juristische Personen und Behörden als solche haben keinen Gewahrsam[71]. Träger der Sachherrschaft und des Gewahrsamswillens ist bei ihnen das jeweils zuständige Organ, der Behördenleiter, ein sonstiger Amtsträger oder ein mit der Herrschaftsausübung betrauter Angestellter. In der juristischen Umgangssprache wird das nicht immer beachtet; der Einfachheit halber ist hier bisweilen vom Gewahrsam der „Post", der „Eisenbahnverwaltung" usw die Rede[72].

76

Dem Inhaber eines **räumlich umgrenzten Herrschaftsbereichs** schreibt die Verkehrsauffassung den Willen zu, die tatsächliche Gewalt über alle Sachen auszuüben,

77

---

64 *Joecks*, § 242 Rn 15; S/S-*Eser*, § 242 Rn 24; SK-*Samson*, 4. Aufl., § 242 Rn 23; als Beispiel s. OLG Karlsruhe NStZ-RR 05, 140; LG Zwickau NJW 06, 166.
65 S. dazu S/S-*Eser*, § 242 Rn 39 f; *Hillenkamp*, JuS 03, 158 f.
66 *Lackner/Kühl*, § 242 Rn 10; KG GA 1979, 427, 428; aA *Bittner*, JuS 74, 156, 159; MK-*Schmitz*, § 242 Rn 59; SK-*Samson*, 4. Aufl. § 242 Rn 32, 35.
67 RGSt 2, 332; OLG Hamburg MDR 47, 35.
68 BGH GA 1962, 77, 78; BGH NJW 87, 2812; *Eisele*, BT II Rn 28 f; *Rengier*, BT I § 2 Rn 14.
69 Vgl BGHSt 4, 210; 211; *Fahl*, Jura 98, 458.
70 BGH NJW 85, 1911; *Herzberg*, JuS 76, 40, 42; LK-*Ruß*, § 242 Rn 22; *Vogler/Kadel*, JuS 76, 245 ff; anders *Seelmann/Pfohl*, JuS 87, 199.
71 RGSt 60, 271; aA SK-*Hoyer*, § 242 Rn 39.
72 Vgl RGSt 54, 231; 60, 271; BGH wistra 89, 18, 19.

die sich innerhalb dieser Gewahrsamssphäre befinden und an denen kein Sonderge-
wahrsam Dritter besteht. Demgemäß erlangt man in **sozial-normativer** Sicht an Post-
sendungen schon mit dem Einwurf in den eigenen Hausbriefkasten Gewahrsam, auch
wenn man abwesend ist und vom Zugang nichts weiß und folglich keinen konkretisierten Herrschaftswillen hat. Warenpakete, die morgens vor Geschäftsbeginn für den
Ladeninhaber vor die verschlossene Ladentür gestellt zu werden pflegen, stehen bereits im Gewahrsam des Ladeninhabers; wer sie entwendet, begeht einen Diebstahl[73].
Andererseits erwirbt ein Grundstückseigentümer nicht ohne weiteres dadurch Gewahrsam, dass irgendwelche Gegenstände mutwillig auf sein Grundstück geworfen
werden. Ebenso hat er keinen Gewahrsam an Waffen, Sprengkörpern oder Einbruchs-
werkzeugen, die ein anderer ohne sein Wissen und ohne sein Einverständnis auf dem
Grundstück versteckt.

b) Tatsächliche Sachherrschaft und Verkehrsauffassung

78   Ob und inwieweit eine nur **tatsächliche Sachbeherrschung**, die besteht, wenn der
Verwirklichung des Willens zur physisch-realen Einwirkung auf die Sache unter normalen Umständen keine wesentlichen Hindernisse entgegenstehen[74], unter *sozial-normativen* Aspekten als willensgetragene Sachherrschaft iS des Gewahrsamsbegriffs anzuerkennen ist, wird durch die **Verkehrsauffassung** bestimmt. Die **Beurteilung der
Gewahrsamsverhältnisse** hängt deshalb nicht entscheidend von der körperlichen
Nähe zur Sache, der Intensität des Beherrschungswillens und der physischen Kraft ab,
mit der die Beziehung zur Sache durchgesetzt oder aufrechterhalten werden kann. Das
überließe die Antwort dem Zufall. Maßgebend in dieser Hinsicht sind vielmehr die
Anschauungen des täglichen Lebens[75], in denen **Übereinkunft** über die **Zuordnung** besteht. Sie hat sich vor allem *für typische Gewahrsamssphären* gebildet.

79   Solche Gewahrsamssphären sind das Haus, die Wohnung, der Fabrikbetrieb, das Geschäftslokal
und das befriedete Besitztum. Besonders ausgeprägt ist das so begründete Sachherrschaftsverhältnis bei Gegenständen, die jemand zur ausschließlich eigenen Verfügung in seiner Kleidung, in der
Hand oder sonst am Körper trägt[76]. Es setzt sich auch in einer generell oder konkret von anderen
beherrschten Sphäre durch. So begründet der Bankräuber Gewahrsam am in die Hosentaschen ge-
stopften Geld, auch wenn er sich noch in einem bereits von Polizei umstellten Bankraum befindet.
Denn auch in diesem Fall ist der Zugriff von Personal oder Polizei in die Tasche des Räubers *sozial auffällig* und *rechtfertigungsbedürftig*[77], was für die Anerkennung des Gewahrsams des Räubers spricht. Dass die Rechtfertigung leicht gelingt, spricht nicht dagegen.

80   Besondere Bedeutung für die Zuordnung einer Sache hat auch der allgemein anerkannte Grundsatz, dass der einmal begründete Gewahrsam durch eine **bloße Lockerung** der Herrschaftsbeziehung und eine ihrer Natur nach vorübergehende Verhinderung in der Ausübung der tatsächlichen Gewalt nicht beeinträchtigt wird (ebenso
§ 856 II BGB für den *unmittelbaren Besitz* im Zivilrecht).

---

73   BGH JZ 68, 307 mit zust. Anm. *R. Schmitt;* § 246 tritt zurück.
74   RGSt 60, 271; BGHSt 23, 254, 255; BGH NStZ 08, 624, 625; S/S-*Eser,* § 242 Rn 25.
75   BGHSt 16, 271, 273.
76   Lehrreich *Welzel,* GA 1960, 257; BGHSt 16, 271, 273 und als Gegenstück dazu BGH GA 1966, 244.
77   SK-*Samson,* 4. Aufl., § 242 Rn 24; aA S/S-*Eser,* § 242 Rn 39; LG Köln StV 97, 27.

Trotz räumlicher Trennung behält man daher den Gewahrsam am geparkten Fahrzeug, am defekt zurückgelassenen Unfallwagen, an einem auf dem Feld stehenden Pflug, an frei herumlaufenden Haustieren, sowie während der Urlaubsreise oder eines Krankenhausaufenthaltes an den in der Wohnung befindlichen Sachen, selbst wenn deren Bewachung einer Hausangestellten oder einem Nachbarn übertragen wird[78]. In all diesen Fällen tritt zwar eine **Gewahrsamslockerung**, aber kein Gewahrsamsverlust ein. Das zeigt deutlich, dass der Gewahrsam ein *im Socialleben begründetes Zuordnungsverhältnis* ist, bei dem es auf die *tatsächliche* Sachherrschaft nicht entscheidend ankommt[79].

c) Besitz und Gewahrsam

Besitz iS der §§ 854 ff BGB und **Gewahrsam** decken sich nicht. Zwar spricht § 854 **81** BGB ähnlich dem faktischen Gewahrsamsbegriff vom Besitz als tatsächlicher Gewalt. Das Zivilrecht hat aber aus seiner eigenen Zwecksetzung Regeln, die für die Umschreibung des Gewahrsams nicht passen. Wer einem anderen zB bewegliche Gegenstände (= ein Auto, ein Fahrrad usw) oder leer stehende Räume zur Benutzung überlässt, behält als Verleiher oder Vermieter den **mittelbaren Besitz** (§ 868 BGB), hat aber keinen Gewahrsam[80]. Entsprechendes gilt für Verwahrungsverhältnisse[81].

Mittelbarer Besitz und Gewahrsam schließen sich freilich nicht aus. Bei der Überlassung **möblierter Räume** hat der Vermieter (= die Zimmerwirtin, der Hotelier usw) neben dem mittelbaren Besitz zugleich **Mitgewahrsam** am Wohnraum und an den Einrichtungsgegenständen[82]. Das dürfte auch bei unentgeltlicher und vorübergehender Überlassung eines Gartenhäuschens aus Gefälligkeit gelten. Zufälligkeiten wie die Anbringung eines zusätzlichen Schlosses durch den Nutzer ändern an dieser sozial-normativen Zuordnung nichts[83].

Ohne Rücksicht auf seine körperliche Nähe zur Sache ist ein **Besitzdiener** nach § 855 **82** BGB **nie Besitzer**; gleichwohl kann er Gewahrsam haben, sofern er nicht auf Grund seiner sozial abhängigen Stellung zu seinem Auftrag- oder Arbeitgeber nach der Verkehrsauffassung lediglich *Gewahrsamsgehilfe* oder *Gewahrsamshüter* des Alleingewahrsamsinhabers ist[84] (s. auch Rn 88). Des Weiteren geht gemäß § 857 BGB automatisch mit dem Erbfall zwar der **Besitz** des Erblassers, nicht jedoch der Gewahrsam auf den oder die Erben über (RGSt 34, 252, 254; 58, 228). Eine gesetzliche Fiktion kann die fehlende Herrschaftszuordnung nicht ersetzen[85].

Im **Fall 3** (Rn 56) war die Sachherrschaft der Witwe W mit ihrem Tode erloschen; ein Toter hat **83** keinen Gewahrsam mehr[86]. Da § 857 BGB für den Gewahrsam nicht gilt und W ihre Düsseldorfer Wohnung allein bewohnte, wurden ihre Sachen zunächst **gewahrsamslos**, bis jemand zB durch ein Verbringen in die eigene Gewahrsamssphäre **neuen Gewahrsam** daran begrün-

---

78 Vgl in der Reihenfolge der Beispiele BGH GA 1962, 78; OLG Köln VRS 14, 299; RGSt 50, 183, 184 f; BGH MDR/D 54, 398; BGHSt 16, 271, 273.
79 *Samson*, JA 80, 285, 287; *Schmidhäuser*, BT 8/19; ähnlich *Lampe*, Anm. JR 86, 294.
80 BGH GA 1962, 78; RGSt 37, 198, 199 ff; 56, 115, 116 f.
81 RG HRR 39, 1281; LK-*Ruß*, § 242 Rn 17.
82 BGH NJW 60, 1357 Nr 17; RG GA Bd. 68, 276, 277.
83 AA OLG Celle JR 68, 431 mit Anm. *Schröder*.
84 Vgl RGSt 52, 143, 145; RG GA Bd. 68, 276, 277; BGHSt 16, 271, 273 f.
85 RGSt 34, 252, 254; 58, 228; *Rengier*, BT I § 2 Rn 12.
86 RGSt 56, 23, 24.

dete (gleichgültig, ob für sich oder zu Gunsten der Erben, ob zu Recht oder zu Unrecht). Infolgedessen hat S die Perlenkette der toten W nicht im Wege des *Gewahrsamsbruchs* erlangt. Mangels *„Wegnahme"* hat sie keinen Diebstahl (§ 242) begangen, sich aber durch „Leichenfledderei" der nach der Neufassung durch das 6. StrRG (Rn 9) keinen (vorherigen) Besitz oder Gewahrsam mehr verlangenden Unterschlagung (§ 246) schuldig gemacht (s. Rn 292).

d) Mitgewahrsam

84 Sind **mehrere Personen** Träger der tatsächlichen Verfügungsgewalt, so können sie entsprechend dem Rangverhältnis ihrer Sachherrschaftsbeziehung unbestritten gleichrangigen, nach der Rechtsprechung aber auch über- und untergeordneten **Mitgewahrsam** haben[87]. Gleichrangigkeit kommt zB beim Mitgewahrsam von Ehegatten am Hausrat sowie unter Gesellschaftern in Betracht, während zwischen Arbeitgebern und Arbeitnehmern idR *mehrstufiger* Mitgewahrsam vorliegen soll. Zur **Wegnahme** iS des § 242 genügt der **Bruch fremden Mitgewahrsams**[88], und zwar auch seitens eines Mitgewahrsamsinhabers selbst[89]. Bei mehrstufigem Mitgewahrsam kann nach der Rechtsprechung aber nur der Untergeordnete gegenüber dem Übergeordneten Gewahrsamsbruch begehen, nicht umgekehrt[90]. Besser als aus der Konstruktion gestuften Gewahrsams lässt sich dieses zutreffende Ergebnis daraus herleiten, dass nach **sozial-normativer** Übereinkunft dem Untergeordneten Sachherrschaft gar nicht erst zukommt. Gestuften Gewahrsam gibt es dann nicht[91].

Verkauft der Inhaber eines Tierparks den Schäferhund der F, den diese wegen Erkrankung vorübergehend in die Obhut des Tierparks gegeben hat, nachdem er das von dem bei ihm als Tierpfleger beschäftigten Sohn S der F liebevoll betreute Tier aus dem von S gewarteten Zwinger geholt hat, ist nach OLG Hamm JMBl NW 65, 10 ein Bruch des nur untergeordneten Mitgewahrsams des S für Diebstahl nicht ausreichend. Es liegt veruntreuende Unterschlagung vor (§ 246 II). Zu keinem anderen Ergebnis führt es, wenn man (auch untergeordneten) Gewahrsam des S trotz seiner persönlichen Beziehung zu dem Tier auf Grund seiner sozialen Stellung im Tierpark verneint[92].

e) Abgrenzungskriterium zur Unterschlagung

85 Für die **Abgrenzung zwischen Diebstahl** (§ 242) **und Unterschlagung** (§ 246) – bei der es nach der Neufassung des § 246 durch das 6. StrRG (Rn 9) darum geht, ob *nur* Unterschlagung oder Diebstahl *und* (subsidiäre) Unterschlagung vorliegen – gewinnt die Unterscheidung zwischen **Allein-** und **Mitgewahrsam** in erster Linie bei der Frage Bedeutung, ob das Zueignungsobjekt *im alleinigen Gewahrsam* des Täters stand oder – wo es daran fehlt – ob die Zueignungshandlung im Zusammenwirken

---

87 Vgl BGH NStZ 83, 455; MDR 54, 118; BGHSt 10, 400; 18, 221, 222 f; zust. *Heghmanns*, Rn 1021 f.
88 BGHSt 8, 273, 276; BGH VRS 50, 175.
89 OGHSt 1, 253, 256; anders, aber nicht überzeugend *Haffke*, GA 1972, 225 sowie *Charalambakis*, Der Unterschlagungstatbestand de lege lata und de lege ferenda 1985, S. 146, 150.
90 OLG Hamm JMBl NW 65, 10; BGH NStZ-RR 96, 131.
91 IE ebenso *Eisele*, BT II Rn 26a; *Lackner/Kühl*, § 242 Rn 13; *Samson*, JA 80, 285, 288; *Schmidt/Priebe*, BT II Rn 46; *Schünemann*, GA 1969, 46, 52; SK-*Hoyer*, § 242 Rn 45.
92 *Küper*, BT S. 448; s. zum umgekehrten Fall LG Karlsruhe NJW 77, 1301.

bzw *im Einvernehmen mit allen Gewahrsamsinhabern* erfolgt ist, sodass eine Verletzung ihres Gewahrsams entfällt. Im einen wie im anderen Fall bleibt nur für § 246 Raum[93]. So klar und einleuchtend das ist, so zweifelhaft ist häufig, ob unter den gegebenen Umständen nach den Anschauungen des täglichen Lebens Allein- oder Mitgewahrsam anzunehmen ist. Zwei **Beispiele** mögen das näher verdeutlichen:

Fall 4: Die in der Drogerie des D in Lüneburg beschäftigte Verkäuferin V hat sich mehrfach kosmetische Artikel aus den Ladenvorräten und kleinere Geldbeträge aus der Kasse zugeeignet, zu der sie ebenso wie D Zugang hat. Eines Tages übergibt D dem Lehrling L 2000 EUR mit dem Auftrag, das Geld zur nahe gelegenen Bank zu bringen. L geht jedoch zum Bahnhof, fährt nach Hamburg und verjubelt das Geld auf der Reeperbahn. **Rn 90**

86

Fall 5: Zu den Angestellten eines Heidelberger Transportunternehmens gehören der Kraftfahrer F und sein Beifahrer B. Während einer Fernfahrt in den norddeutschen Raum eignet B sich im Einvernehmen mit F Teile des Transportgutes zu, die er bei Verwandten in Osnabrück ablädt.

87

Wie sind die Gewahrsamsverhältnisse in diesen beiden Fällen im Hinblick auf die Frage zu beurteilen, ob V, L und B *fremden Gewahrsam* gebrochen haben oder ob es jeweils an einer „Wegnahme" iS des § 242 fehlt? **Rn 92**

Innerhalb von **Dienst-, Auftrags-** und **Arbeitsverhältnissen** gibt es zwar keine einheitliche Antwort auf die Frage, wann und in welcher Hinsicht Allein- oder Mitgewahrsam besteht. Die Beurteilung hängt aber auch hier nicht von allen mehr oder weniger zufälligen Umständen des Einzelfalles ab. Vielmehr richtet sie sich nach Konventionen zur Sachherrschaft, die auch in solchen Verhältnissen vorfindbar sind. So ist bei Verkäuferinnen, Angestellten und Lehrlingen in einem **Ladengeschäft** kleineren oder mittleren Zuschnitts, dessen Führung sich unter der persönlichen Mitwirkung des Geschäftsinhabers zu vollziehen pflegt, nach der Verkehrsauffassung nicht Mitgewahrsam, sondern **Alleingewahrsam des Geschäftsherrn** an den Waren wie am Geld in der Kasse anzunehmen. Auf Grund seiner bestimmenden Einflussnahme erscheint er allein als **Inhaber der Sachherrschaft**, während die Beziehung seines Personals zu den Betriebsmitteln sich (ähnlich wie bei Hausangestellten) auf eine *rein unterstützende Funktion* beschränkt. Daher bezeichnet man diese Hilfskräfte auch als **Gewahrsamsgehilfen** oder **Gewahrsamshüter**, die keine eigene Sachherrschaft ausüben und dies nach den Gepflogenheiten des sozialen Lebens unter den hier gegebenen Umständen auch gar nicht wollen[94].

88

Dies bei Verkäuferinnen und Angestellten in **Kauf-** und **Warenhäusern** anders zu sehen, besteht kaum hinreichender Anlass. Denn selbst, wo sie zB eine Fachabteilung zu betreuen haben und mit einem gewissen Maß an Eigenverantwortlichkeit für ein bestimmtes Sortiment innerhalb eines räumlich begrenzten Verkaufsstandes zuständig

89

---

93 Vgl BGHSt 2, 317; 8, 273, 276; BGH NStZ-RR 01, 268.
94 Näher BGHSt 8, 273, 275; *Fischer*, § 242 Rn 14; S/S-*Eser*, § 242 Rn 33. Krit. zum Begriff des Gewahrsamsgehilfen LK-*Ruß*, § 242 Rn 25, der darin eine „unberechtigte Übernahme des § 855 BGB" erblickt und für die Bejahung von Mitgewahrsam plädiert, was jedoch am Ergebnis (= Anwendbarkeit des § 242 an Stelle des § 246) nichts ändern würde.

sind, ist ein solcher Kompetenzzuwachs mit *Sachherrschaft* nicht notwendig verbunden. Sie ordnet die Verkehrsauffassung dem dem Prinzipal im Ladengeschäft[95] heute eher nahe kommenden Abteilungsleiter zu. Wer Mitgewahrsam annimmt, der zum Mitgewahrsam des Geschäftsführers im Verhältnis der Unter- und Überordnung steht, entscheidet im Ergebnis nicht anders. **Kassierer** und **Kassenverwalter** haben dagegen nach allgemeiner Auffassung bis zur Abrechnung und Ablieferung **Alleingewahrsam** am Kasseninhalt, wenn sie die *alleinige Verantwortung für die Kasse* tragen und Geldbeträge (ungeachtet einer jederzeit zulässigen Kassenrevision) nicht ohne ihre Mitwirkung der Kasse entnommen werden dürfen, wie dies in Warenhäusern, Verbrauchermärkten, Banken, Sparkassen oder an den Fahrkartenschaltern der Bahn regelmäßig der Fall ist und worauf oft der alleinige Besitz der Kassenschlüssel hinweist[96]. Auch wer eine **Außenfiliale** selbstständig leitet, hat im Verhältnis zum Geschäftsherrn durchweg **Alleingewahrsam**[97].

90 Hiernach hat V im **Fall 4** den Alleingewahrsam des D gebrochen und neuen Gewahrsam an den entwendeten Gegenständen begründet, sich also des Diebstahls schuldig gemacht. Bei L ist zweifelhaft, ob er bezüglich der ihm übergebenen 2000 EUR nur *Gewahrsamsgehilfe* des D und deshalb ohne eigenen Gewahrsam oder ob ihm nach der Rechtsprechung und der insoweit folgenden Lehre[98] *untergeordneter Mitgewahrsam* eingeräumt war. Für Letzteres könnte sprechen, dass L als **Bote** außerhalb des unmittelbaren Einflussbereichs seines Arbeitgebers in einer *faktisch* engeren Beziehung zu dem ihm anvertrauten Geld stand als vergleichsweise zu den *Warenvorräten* im Laden. Zur Klärung der Frage, ob sein Verhalten unter § 242 oder § 246 fällt, genügt hiernach jedoch die in der Rechtsprechung gebräuchliche Feststellung, dass er *allenfalls* Mitgewahrsam hatte, deshalb *zumindest* den (übergeordneten) Mitgewahrsam des D gebrochen und infolgedessen einen Diebstahl begangen hat[99]. Nach dem hier zu Grunde gelegten Gewahrsamsbegriff ist L bloßer Gewahrsamsgehilfe. Seine körperliche Gewahrsamssphäre wird durch die Weisungsabhängigkeit überlagert, die den Zugriff des Lehrherrn sozial unauffällig und nicht rechtfertigungsbedürftig macht[100]. Infolgedessen hat L auch hiernach den (Allein-) Gewahrsam des D gebrochen.

91 Zwischen **LKW-Fahrer** und **Geschäftsherrn** kann Mitgewahrsam, aber auch Alleingewahrsam des einen oder des anderen bestehen[101]. Hat der Firmenchef oder Auftraggeber während der Fahrt eine hinreichende Kontroll-, Direktions- und Einwirkungsmöglichkeit und trägt der Fahrer infolgedessen für das Transportgut keine eigene Verantwortung, bleibt es in der Herrschaft des Prinzipals. Das mag bei Transporten innerhalb des engeren Ortsbereichs in der Regel und innerhalb von Großstädten jedenfalls bei Einhaltung eines festen Zeitplans und einer festgelegten Fahrtroute so sein[102]. Wo diese Voraussetzungen erfüllt sind, ist Alleingewahrsam des Geschäftsherrn anzu-

---

95 RGSt 2, 1, 2; 30, 89, 90.
96 Vgl BGHSt 8, 273, 275; BGH wistra 89, 60; OLG Hamm NJW 73, 1809, 1811; BGHSt 40, 8, 23; BGH NStZ-RR 96, 131; 01, 268; *Fischer*, § 242 Rn 14.
97 Vgl RGSt 60, 271, 272; *Eisele*, BT II Rn 32.
98 S. S/S-*Eser*, § 242 Rn 32.
99 Vgl BGHSt 16, 271, 274.
100 S. SK-*Samson*, 4. Aufl., § 242 Rn 26.
101 LK-*Ruß*, § 242 Rn 29; S/S-*Eser*, § 242 Rn 33; OLG Köln VRS 107 (04), 366, 368.
102 Vgl RGSt 52, 143, 144 f; 54, 32, 33 f.

nehmen. Die Bejahung untergeordneten Mitgewahrsams für den Fahrer ist ohne Bedeutung (Rn 84). Ist der Fahrer für das Frachtgut in ähnlicher Weise allein verantwortlich, wie es Kassierer und Kassenverwalter für ihre Kasse sind (Rn 89), steht das Frachtgut im Alleingewahrsam des den Transport durchführenden Kraftfahrers. Das ist namentlich bei *Fernfahrten* denkbar, bei denen das Gut unter der alleinigen Obhut des Fahrers steht[103].

Im **Fall 5** scheidet ein Gewahrsamsbruch gegenüber dem Inhaber des Heidelberger Transportunternehmens aus, weil sich das Transportgut während der Fernfahrt in den norddeutschen Raum mangels jeder Aufsicht des Geschäftsherrn **im alleinigen Gewahrsam von F und B** befand[104], die *beide* an der Ausübung der Sachherrschaft beteiligt waren und in *ihrem Verhältnis zueinander* **gleichrangigen Mitgewahrsam**[105] hatten. Eine „Wegnahme" iS des § 242 wäre hier nur dann zu bejahen, wenn B den Mitgewahrsam des F gebrochen hätte. Daran fehlt es jedoch, da F mit dem Verhalten des B *einverstanden* war, sodass sein Mitgewahrsam durch dessen Zueignungshandlung nicht verletzt wurde. Zum Begriff der **Wegnahme** gehört stets, dass die Sache dem Gewahrsam bzw dem Mitgewahrsam eines anderen **gegen** oder zumindest **ohne dessen Willen entzogen** wird (s. Rn 103). Vollzieht sich die widerrechtliche Zueignung der fremden Sache im Einvernehmen mit allen Gewahrsamsinhabern, ist nur Raum für § 246 und ggf für § 266. In Bezug auf § 242 wirkt das **Einverständnis** des betroffenen Gewahrsamsinhabers **tatbestandsausschließend**, weil es das Merkmal der „Wegnahme" entfallen lässt[106]. B hat somit keinen Diebstahl begangen, sich aber – mithilfe des F – der *veruntreuenden* Unterschlagung schuldig gemacht (§ 246 II).

92

f) Gewahrsam bei verschlossenen Behältnissen

Umstritten ist, ob der Gewahrsam, den ein Verwahrer oder Rauminhaber an einem **verschlossenen Behältnis** ausübt, zugleich den Gewahrsam an dessen **Inhalt** begründet, wenn der Schlüssel zum Behältnis sich in der Hand eines anderen befindet, dem der Verschluss eine Sicherung gegen Fremdeinwirkungen bieten soll. Die Annahme, dass stets der *Schlüsselinhaber* den Gewahrsam oder Mitgewahrsam am Inhalt des Behältnisses habe, ist hier nach den Vertretern eines *faktischen* Gewahrsamsbegriffs ebenso verfehlt wie die gegenteilige Ansicht, dass der *Gewahrsam am Behältnis* in jedem Falle den Gewahrsam am Inhalt in sich schließe[107]. Die hM will daher wie folgt differenzieren:

93

Ist das Behältnis *fest mit einem Gebäude verbunden* oder nach *Gewicht und Größe* nur schwer zu bewegen (wie Bank- und Gepäckschließfächer, Panzerschränke, Musikboxen, Spiel- und Warenautomaten), so soll allein der **Schlüsselinhaber** den Gewahr-

94

---

103   S. BGHSt 2, 317, 318; BGH GA 1979, 390, 391; BGH StV 01, 13; OLG Köln VRS 107 (04), 366, 368.
104   Vgl BGHSt 2, 317, 318.
105   S. SK-*Samson*, 4. Aufl., § 242 Rn 39; vgl auch OLG Köln VRS 107 (04), 366, 368; hier wurde der trotz kurzzeitigen Verlassens des Fahrzeugs weiterbestehende (übergeordnete) Mitgewahrsam des Transportleiters gebrochen.
106   Näher BGHSt 8, 273, 276; BayObLG NJW 79, 729; OLG Celle JR 87, 253; *Wessels/Beulke*, AT Rn 366; in OLG Köln VRS 07 (04), 366, 368 f fehlte es an einem solchen Einverständnis.
107   BGHSt 22, 180, 182.

sam am Inhalt haben, auch wenn das Behältnis sich in einem fremden Herrschaftsbereich oder in nicht frei zugänglichen Räumen befindet[108]. Mitgewahrsam mehrerer Schlüsselinhaber ist dabei denkbar[109].

95 Ist das Behältnis dagegen *selbstständig und frei beweglich*, sodass sein Verwahrer gleichzeitig mit ihm über den Inhalt durch Wegschaffen oder Veräußern verfügen *kann* (**Beispiele:** Kassette, Koffer, Aktentasche, Sammelbüchse), so soll die Verkehrsauffassung dem **Behältnisverwahrer** in der Regel mit der tatsächlichen Gewalt über die Sachgesamtheit auch den **Alleingewahrsam am Inhalt** zuweisen[110]. Das soll vor allem dann gelten, wenn der Schlüsselinhaber gar nicht weiß, wo das Behältnis sich jeweils befindet, wie etwa bei Koffern und Kisten, die der Bahn, der Post oder einem Spediteur zur Beförderung übergeben worden sind[111]. Dass der Verwahrer zur Verfügung über den Inhalt des Behältnisses nicht *befugt* ist, stehe seiner *tatsächlichen* Sachherrschaft ebenso wenig entgegen wie der Umstand, dass eine Beseitigung des Verschlusses nur auf widerrechtliche Weise möglich ist.

96 Solche Differenzierungen, zu denen der faktische Gewahrsamsbegriff nötigt, kann man „ebenso wohl einleuchtend wie auch nicht einleuchtend finden"[112]. Eine sichere Leitlinie bieten sie nicht. Auch hier ist die **sozial-normative** Sicht vorzuziehen. Danach ordnet die Verkehrsauffassung den Inhalt des verschlossenen Behältnisses dem am Inhalt Berechtigten allein zu, wenn er an den Inhalt mit seinem Schlüssel jederzeit ungehindert gelangen kann[113]. Ist der Zugang dagegen von der Zustimmung oder Mitwirkung des Verwahrers abhängig, begründen diese Schranken (gleichrangigen) Mitgewahrsam[114]. Auf Beweglichkeit, Gewicht oder Größe des Behältnisses kommt es nicht an.

g) Gewahrsamsverlust

97 Bestehender Gewahrsam **endet**, wenn der Gewahrsamsinhaber die Sachherrschaft aufgibt oder verliert. Das ist bei einer im Sterben liegenden Person nach sozial-normativer Sicht selbst dann nicht der Fall, wenn sie die Fähigkeit verloren hat, irgendetwas zum Schutz ihrer Habe zu tun[115]. Sachen, die **außerhalb** eines räumlich umgrenzten Herrschaftsbereichs **verloren gehen** (= im Wald, am Strand, auf der Straße usw), werden nicht *herren-* (§ 959 BGB), aber *gewahrsamslos*. An ihnen ist nur Unterschlagung möglich. Tritt der Verlust **innerhalb einer fremden Gewahrsamssphäre** ein, wie zB in Dienstgebäuden von Behörden, Banken oder Sparkassen, auf Bahnsteigen, in Kaufhäusern und dergleichen, so endet zwar der bisherige Gewahrsam des Verlierers. Zu-

---

108 BGHSt 22, 180, 183; RGSt 45, 249, 252.
109 Insbesondere bei Bankschließfächern: RG JW 37, 3302 Nr 8.
110 BGHSt 22, 180, 183; LK-*Ruß*, § 242 Rn 31; S/S-*Eser*, § 242 Rn 34.
111 BGH GA 1956, 318; RGSt 35, 115, 116.
112 *Bockelmann*, BT I, S. 14.
113 So iE auch RGSt 2, 64, 65; BGHSt 22, 180, 183.
114 AA SK-*Samson*, 4. Aufl., § 242 Rn 40.
115 Auf dem Boden des faktischen Gewahrsamsbegriffs folgerichtig anders BayObLG JR 61, 188; inkonsequent dagegen BGHSt 4, 210, 211; BGH NJW 85, 1911; wie hier HK-GS/*Duttge*, § 242 Rn 21; s. auch Rn 75.

meist entsteht hier jedoch sofort neuer Gewahrsam für den Inhaber dieses Herr-schaftsbereichs, soweit sein genereller Beherrschungswille reicht und soweit mit hinreichender Sicherheit festzustellen ist, *wer* als neuer Gewahrsamsinhaber in Betracht kommt[116].

An Sachen, die man lediglich **vergessen** hat, von denen man (im Gegensatz zu den *verlorenen* Sachen) aber **weiß, wo sie sich befinden**, besteht der bisherige Gewahr-sam fort, wie etwa am Schirm, den man auf einer Parkbank hat liegen lassen. Dabei ist nur für die faktische Sicht von Bedeutung, dass man die Sache ohne wesentliche Hin-dernisse äußerer Art zurückerlangen kann. An der sozial-normativen Zuordnung än-dern solche Hindernisse nichts. Sind die vergessenen Sachen in einem fremden Ge-wahrsamsbereich zurückgeblieben (zB im Hörsaal, in einer Gastwirtschaft oder im Zugabteil), so entsteht an ihnen regelmäßig Mitgewahrsam dessen, der dort kraft sei-nes generellen Gewahrsamswillens die Sachherrschaft innehat[117].

98

Ein Dritter, der sich *vergessene* Sachen zueignet, bricht also stets fremden Gewahrsam und ver-wirklicht so den objektiven Tatbestand des § 242. Bei *verlorenen* Sachen gilt das dagegen nur, so-fern an ihnen neuer Gewahrsam entstanden ist.

4. Vollendung der Wegnahme

Die **Wegnahme** ist **vollendet**, wenn der Täter fremden Allein- oder Mitgewahrsam gebrochen und neuen Gewahrsam an der Sache begründet hat. Beides kann in *einem* Akt des Tatgeschehens zusammenfallen, sich aber auch in zeitlich getrennten Phasen vollziehen, wie etwa beim späteren Abtransport der in Säcken verpackten und zu-nächst im bisherigen Gewahrsamsbereich versteckten Diebesbeute[118]. **Beides** muss **gegen den Willen** des bisherigen Gewahrsamsinhabers geschehen[119]. Ob ein **Ge-wahrsamswechsel** erfolgt ist oder ob die Tat nur das Stadium des *Versuchs* erreicht hat, ist vom zu Grunde gelegten Gewahrsamsbegriff abhängig. Während die dem fak-tischen Verständnis folgende Rechtsprechung auch insoweit nach den **jeweiligen Umständen des Einzelfalles** und nach der **Verkehrsanschauung** urteilt[120], ist für die *sozial-normative* Auffassung (s. Rn 71) maßgeblich, ob die Tathandlung die **Zuord-nung** der Sache zur Herrschaftssphäre des Täters (oder eines Dritten) bewirkt hat (s. dazu auch Rn 126). Bereits gesicherten Gewahrsam setzt die Vollendung nach kei-nem Gewahrsamsbegriff voraus (s. Rn 109).

99

---

116 Vgl RGSt 54, 231; BGH NJW 87, 2812; Letzteres ist bei einem Verlust im Treppenhaus eines Hoch-hauses oder eines von mehreren Firmen benutzten Bürogebäudes nicht ohne weiteres der Fall, vgl BGH GA 1969, 25; *Krey/Hellmann*, BT II Rn 22; krit. zur Rechtsprechung LK-*Ruß*, § 242 Rn 20.

117 Vgl RGSt 38, 444, 445; OLG Hamm NJW 69, 620; *Kindhäuser*, BT II, § 2 Rn 39 ff; abw. MK-*Schmitz*, § 242 Rn 64.

118 Vgl RGSt 12, 353, 355 ff; BGH NJW 55, 71 Nr 14; LG Potsdam NStZ 07, 336.

119 So zu Recht *Rotsch*, GA 08, 72 ff; erfolgen Bruch und Begründung uno actu, kann der Wille nicht auseinandertreten, wohl aber kann eine erst nachfolgende Gewahrsamsbegründung auf ein Einver-ständnis stoßen = versuchter Diebstahl und vollendete Unterschlagung, falls sich das Einverständnis nicht auch auf die Zueignung erstreckt.

120 BGHSt 16, 271, 273; 23, 254, 255; 41, 198, 205; BGH NStZ 81, 435; VRS 60, 294; OLG Köln NJW 86, 392; BayObLG NJW 97, 3326; *Lackner/Kühl*, § 242 Rn 15 ff, beide Gewahrsamsbegriffe be-denkt OLG Karlsruhe NStZ-RR 05, 140.

100   **Fall 6:** Frau F nimmt in einem Selbstbedienungsladen eine Dose Hummer aus dem Regal, legt sie jedoch nicht in den Warenkorb, sondern verbirgt sie in Zueignungsabsicht in ihrer Manteltasche. An der Kasse wird sie von dem Hausdetektiv gestellt, der sie beobachtet und nicht mehr aus dem Auge gelassen hat.

101   **Fall 7:** A ist zur Nachtzeit in eine Gaststätte eingestiegen, um die Spielautomaten zu plündern. Als die von Nachbarn alarmierte Polizei ihn im Schankraum stellt, hat er einen Teil des erbeuteten Münzgeldes bereits in seine Jackentaschen gesteckt. Der Rest befindet sich in einem Beutel, der neben A auf dem Boden liegt.

102   **Fall 8:** B hat zu seinem Geburtstag Gäste in sein Haus eingeladen. Im Laufe des Abends bemerkt der Gast G auf einer Ablage in der Diele einen wertvollen Ring, den er in Zueignungsabsicht an sich nimmt und in seiner Hosentasche verschwinden lässt. Die Hausgehilfin H hat den Vorgang von einem Nebenraum aus beobachtet. Als der von ihr verständigte B den G zur Rede stellt, hat dieser den Ring schon wieder an den erwähnten Platz zurückgelegt, weil er plötzlich Scham empfunden hatte.

Haben F, A und G einen *vollendeten* Diebstahl begangen oder hat ihre Wegnahmehandlung das Stadium des *Versuchs* nicht überschritten? **Rn 115**

a)   Bruch fremden Gewahrsams

103   Im Rahmen der Tathandlung ist hier zunächst nach dem Vorliegen eines **Gewahrsamsbruchs** zu fragen. Fremder Gewahrsam wird dadurch gebrochen, dass die Sachherrschaft des bisherigen Gewahrsamsinhabers **gegen seinen Willen** oder zumindest **ohne sein Einverständnis** aufgehoben wird[121]. Diese Voraussetzungen sind im Alltagsfall eines Einbruchsdiebstahls ohne weiteres, aber zB auch bei einer von falschen Kriminalbeamten *vorgetäuschten Beschlagnahme* des Zugriffsobjekts[122], bei der heimlichen und unbemerkt bleibenden Entnahme von Benzin an einer Tankstelle[123] sowie im Falle des sog. *Trickdiebstahls* gegeben, bei dem der Täter sich durch Täuschung des Gewahrsamsinhabers erst die Möglichkeit oder eine bessere Gelegenheit zur Wegnahme verschafft[124]. Von einer *willentlichen* Übertragung des Gewahrsams ist auch hier nicht zu sprechen (näher zu diesen im Einzelnen streitigen Fragen Rn 618 ff).

104   An einem Gewahrsamsbruch und damit am Merkmal der Wegnahme **fehlt** es dagegen bei einer *freiwilligen Weggabe*, die in dem Bewusstsein und mit dem Willen erfolgt, den bisherigen Gewahrsam an der Sache aufzugeben. Das gleiche gilt, wenn der Gewahrsamsinhaber aus freien Stücken damit **einverstanden** ist, dass ein anderer die Sache an sich nimmt (= *tatbestandsausschließendes* Einverständnis)[125].

---

121   BGH NJW 52, 782 Nr 8; BayObLG NJW 79, 729; OLG Celle JR 87, 253.
122   BGHZ 5, 365; BGH NJW 52, 782 Nr 8, 796 Nr 26; OLG Hamburg HESt 2, 19; *Fischer*, § 242 Rn 27; *Krey/Hellmann*, BT II Rn 37, 405; s. hier Rn 628 ff.
123   *F.C. Schroeder*, JuS 84, 846; aA NK-*Kindhäuser*, § 242 Rn 47.
124   S. MK-*Schmitz*, § 242 Rn 74 ff.
125   Vgl BGH NJW 83, 2827 zur einvernehmlich erfolgenden Entnahme von Benzin an Selbstbedienungstankstellen.

Daher liegt nicht Diebstahl, sondern Betrug vor, wenn jemand durch Herbeiführung eines irrtums- **105**
bedingten, aber innerlich freien Willensentschlusses zur Gewahrsamsübertragung oder zur Vornahme einer vermögensschädigenden Verfügung sonstiger Art veranlasst wird. Wer beispielsweise von dem Wächter einer **Sammelgarage**, der zu jedem der dort abgestellten Fahrzeuge den
zweiten Zündschlüssel verwahrt, dessen Herausgabe und die Gewährung des Zugangs zu einem
Kraftwagen erschleicht, indem er ihm eine entsprechende Erlaubnis des Kraftfahrzeughalters vorspiegelt, macht sich des Betrugs und nicht des Diebstahls schuldig[126] (näher Rn 637 ff, 645). Das
gilt auch für den, der den Abwurf von Hilfsgütern durch die Täuschung erreicht, er gehöre zu den
mit der Hilfsaktion unterstützten Bedürftigen[127].

Um die Problematik des Einverständnisses geht es auch, wenn der Gewahrsamsinhaber dem Tä- **106**
ter eine **Diebesfalle** stellt. Kommt es hier beim Zugriff auf die fremde Sache zu einer Gewahrsamsverschiebung, was Tatfrage ist[128], entfällt das Merkmal der „Wegnahme" gleichwohl, weil
der Berechtigte nach Lage der Dinge mit dem Übergang des Gewahrsams auf den Täter einverstanden ist, um dessen Überführung zu ermöglichen. Für einen *vollendeten* Diebstahl ist dann
kein Raum (= Mangel am objektiven Tatbestand). Da der Täter das Einverständnis jedoch nicht
kennt, liegt ein untauglicher Diebstahlsversuch vor[129]. Ist auch ein Einverständnis mit der Zueignung gegeben – was zB nahe liegt, wenn der Fallensteller den Verlust des Köders in Kauf
nimmt – ist der Diebstahlsversuch auch aus diesem Grund untauglich. Bei dieser Sachlage
scheidet auch eine *vollendete* rechtswidrige Zueignung iS der Unterschlagung aus[130]. Wer zur
Unterschlagung anders entscheidet[131], kann den Fallensteller nur mit Mühe als *straflosen* agent
provocateur behandeln[132].

Zur *Beachtlichkeit* des Einverständnisses genügt der **natürliche Wille** des Gewahr- **107**
samsinhabers. Auf seine Geschäftsfähigkeit kommt es bei der Gewahrsamsaufgabe
ebenso wenig an wie bei der Gewahrsamserlangung (vgl Rn 75). Das Einverständnis
kann gegenständlich oder inhaltlich beschränkt sein[133] und an **Bedingungen** geknüpft
oder von der **Einhaltung bestimmter Voraussetzungen** abhängig gemacht werden.
Das Merkmal der Wegnahme entfällt dann nur, sofern oder soweit die entsprechenden
Bedingungen erfüllt sind.

So ist zB der Aufsteller eines **Warenautomaten** mit der Entnahme von Waren ausschließlich **108**
für *den* Fall einverstanden, dass der Mechanismus ordnungsgemäß, dh durch Einwurf einer
echten Münze im angegebenen Nennbetrag ausgelöst wird. Die durch den Einwurf von Falschgeld ermöglichte Warenentnahme verwirklicht daher nach hM den Tatbestand des Diebstahls,
sodass insoweit für die *subsidiäre* Vorschrift des § 265a kein Raum ist[134]. Ebenso liegt es bei
der Entnahme von Münzgeld aus einem Geldwechselautomaten, wenn der einzuwechselnde

---

126 BGHSt 18, 221, 224.
127 Für Diebstahl *Rotsch*, GA 08, 72 f.
128 Vgl BGHSt 4, 199, 200.
129 Näher BayObLG NJW 79, 729; OLG Celle JR 87, 253; OLG Düsseldorf NJW 88, 83.
130 *Fischer*, § 242 Rn 23; *Hillenkamp*, Anm. JR 87, 254; *Krey/Hellmann*, BT II Rn 35a; *Rengier*, BT I
     § 2 Rn 33; iE so auch *Duttge/Fahnenschmidt*, Jura 97, 287, die freilich auch einen versuchte Unter-
     schlagung verneinen; für Subsidiarität einer ggf vollendeten Unterschlagung *Eisele*, BT II Rn 50.
131 OLG Celle JR 87, 253; *Geppert*, JK 92, § 242/15; *Kindhäuser*, § 242 Rn 46; *Paeffgen*, Anm. JR 79,
     297.
132 *Hillenkamp*, Anm. JR 87, 256.
133 BGH VRS 48, 175.
134 BGH MDR 52, 563; OLG Düsseldorf NStZ 99, 248; *Heghmanns*, Rn 1032 f; *Krey/Hellmann*, BT II
     Rn 32; *Ranft*, JA 84, 1, 6; S/S-*Eser*, § 242 Rn 36; *Schulz*, NJW 81, 1351; aA *Dreher*, Anm. MDR 52,
     563; AG Lichtenfels NJW 80, 2206 mit Anm. *Seier*, JA 80, 681.

Geldschein nach Auslösung des Wechselvorgangs wieder zurückgezogen wird[135]. Nichts anderes gilt nach diesen Grundsätzen auch dann, wenn mit dem Falschgeld zugleich ein im Automaten befindlicher elektronischer Münzprüfer „überlistet" wird. Bejaht man allerdings in einem solchen Fall[136] wie etwa beim „Leerspielen" von Glücksspielautomaten unter Ausnutzung unbefugt erlangter Kenntnisse des Computerprogramms Diebstahl *neben* § 263a[137], tritt § 242 zurück (Rn 614).

b) Begründung neuen Gewahrsams

109 **Neuer Gewahrsam** ist nach dem *faktischen* Gewahrsamsbegriff begründet, wenn der Täter (oder ein Dritter) die *tatsächliche* Herrschaft über die Sache derart erlangt hat, dass ihrer Ausübung keine *wesentlichen* Hindernisse entgegenstehen[138]. Dass der bisherige Gewahrsamsinhaber auf die Sache nicht mehr einwirken kann, ohne zuvor die Verfügungsgewalt des Täters (oder des Dritten) zu beseitigen[139], ist dagegen eine Formulierung, die auch dem *sozial-normativen* Begriff entspricht. Denn wenn die Wiederherstellung des Gewahrsams des Bestohlenen einen rechtfertigungsbedürftigen Zugriff auf die Herrschaftssphäre des Täters voraussetzt, ist *dessen* Gewahrsam betroffen. Ein **Fortschaffen** der Sache aus dem fremden Herrschaftsbereich ist nach beiden Auffassungen nicht zwingend erforderlich, denn der Wegnahmebegriff setzt nicht voraus, dass der Täter *endgültigen* und *gesicherten* Gewahrsam erlangt[140]. Deshalb kommt es auch nicht darauf an, in welchem Maße die Herrschaftsbeziehung des Täters zu seiner Beute noch gefährdet ist. Entscheidend ist vielmehr, dass sein Sachherrschaftsverhältnis die freie Verfügbarkeit der Sache für den bisherigen Gewahrsamsinhaber nach der Verkehrsauffassung ausschließt[141] und ihre Wiedererlangung zu sozial auffälligem Vorgehen zwingt.

110 Der Streit darüber, ob zur Wegnahme ein bloßes Berühren der fremden Sache genügt (so die *Kontrektationstheorie*), ob stattdessen auf das Ergreifen abzustellen ist (so die *Apprehensionstheorie*) oder ob es darüber hinaus des Fortschaffens (so die *Ablationstheorie*) bzw des Bergens der Beute bedarf (so die *Illationstheorie*), ist heute weithin gegenstandslos. Die hM folgt zwar vordergründig der **Apprehensionstheorie**[142], verlangt dabei aber ein **zum Gewahrsamswechsel führendes** Ergreifen der Sache[143], für dessen Bestimmung die vier Umschreibungen nur wenig aussagekräftig sind[144]. Das gilt zB für das „Ergreifen" als vermeintlich maßgeblichem Kriterium dann, wenn man den mit ihm verbundenen „Formalismus" durch von der Verkehrsanschauung nahegelegte

---

135 OLG Düsseldorf JR 00, 212 mit abl. Anm. *Otto*, der hier § 263a annehmen will; dagegen *Kudlich*, JuS 01, 21, der dann aber Diebstahl am Geldschein statt am Wechselgeld bejaht; wie hier *Geppert*, JK 00, StGB § 242/20.

136 Mit unterschiedlichen Begründungen abl. OLG Celle JR 97, 345; *Hilgendorf*, Anm. JR 97, 349 f; *Mitsch*, JuS 98, 313 f; s. dazu Rn 616.

137 Zum Streit s. S/S-*Eser*, § 242 Rn 36.

138 BGH GA 66, 78; KG JR 66, 308; BGH NStZ 88, 271.

139 *Küper*, BT S. 445; S/S-*Eser*, § 242 Rn 38.

140 BGHSt 16, 271, 272 ff; 23, 254, 255; BGH NStZ 08, 624, 625; OLG Karlsruhe NStZ-RR 05, 140, 141.

141 BGHSt 26, 24, 26; BGH NStZ 82, 420; BayObLG NJW 95, 3000.

142 Auch *Ergreifungstheorie* genannt; für ihre Wiederbelebung *Ling*, ZStW 110, 1998, 919 ff; aufgegriffen auch vom OLG Karlsruhe NStZ-RR 05, 140, 141.

143 Vgl BGHSt 16, 271, 272 f; 23, 254, 255; 26, 24, 25; OLG Köln NJW 84, 810; *Gössel*, ZStW 85, 1973, 591 mwN.

144 S/S-*Eser*, § 242 Rn 37 f.

Wertungen überspielt[145] und damit in der Sache die Apprehensionstheorie durch den sozial-normativen Gewahrsamsbegriff ersetzt.

Für die Gewahrsamsbegründung sind nach dem *faktischen* Gewahrsamsbegriff wiederum *alle* (zufälligen) *Umstände des Einzelfalles* von Bedeutung. So soll bei Gegenständen, die wegen ihrer Beschaffenheit oder wegen ihres Gewichts nur **schwer zu transportieren** sind, das bloße Ergreifen oder Verstecken *innerhalb* des fremden Herrschaftsbereichs zur Herbeiführung des Gewahrsamswechsels nicht genügen. Vielmehr bedürfe es hier zur Vollendung der Wegnahme zusätzlicher Maßnahmen, wie etwa des Fortfahrens mit dem zu entwendenden Kraftwagen, des Hinüberhebens schwerer Werkzeugteile, Teppichrollen usw über die Mauer des Lagerplatzes, des Fortschaffens eines aus seiner Verankerung gelösten, mehrere Zentner schweren Panzerschrankes oder des zwar an Kopf und Beinen ergriffenen, sich aber heftig zur Wehr setzenden Hammels[146]. **111**

Im Fall BGH NStZ 81, 435 hatten drei Mittäter bei einem nächtlichen Einbruch schon einige Textil- und Tabakwaren aus einem Laden auf die Straße geschafft, ehe sie damit begannen, einen großen, 300 kg schweren Tresor nach draußen zu transportieren und etwa 5 Meter vor der Ladentür auf ein fahrbares Gerät, und zwar auf einen sog. Palettenwagen zu heben, der zum Transport von Waren innerhalb des Ladengeschäfts diente. In diesem Augenblick wurden sie von der Polizei, die ein Nachbar alarmiert hatte, festgenommen. Im Gegensatz zur Vorinstanz hat der BGH das Vorliegen einer *vollendeten* Wegnahme verneint und dazu ausgeführt, im Hinblick auf die Nachtzeit, die Art des Gegenstandes und die Schwierigkeit des Transports würde jeder Beobachter sofort erkannt haben, dass hier Diebesgut wegbefördert werden sollte. Gewicht, Größe und Unhandlichkeit der Beute hätten deren rasches Verbergen (zumindest für eine bestimmte Wegstrecke) unmöglich gemacht. Zwar setze die Vollendung der Wegnahme keinen *endgültig* begründeten und *gesicherten* Gewahrsam voraus. Unter den gegebenen Umständen hätten die Täter aber nicht einmal die volle Sachherrschaft erlangt, die zum Gelingen der Wegnahme gehöre. Damit sei die Tat insgesamt im Versuch stecken geblieben. Dies gelte auch für die Textil- und Tabakwaren, die als Teil der Gesamtbeute erst zusammen mit dem Tresor abtransportiert werden sollten. Solange die Täter in unmittelbarer Nähe des Tatorts mit dem Aufladen des Tresors beschäftigt gewesen seien, hätten sie an allen Gegenständen, die ohne weiteres als Diebesgut erkennbar gewesen seien, noch keinen neuen Gewahrsam begründet. **112**

Bei unauffälligen, **leicht fortzuschaffenden Gegenständen** wie Geldscheinen, Münzen, Schmuckstücken, abgepackten Lebens- oder Genussmitteln usw lässt die Rechtsprechung für den Gewahrsamswechsel und die **Vollendung der Wegnahme** dagegen schon das **Ergreifen und Festhalten** sowie das **Einstecken** in die eigene Kleidung, eine Hand- oder Aktentasche, einen Beutel oder ein sonstiges, leicht zu transportierendes Behältnis genügen[147]. Neuen Gewahrsam kann hiernach der Täter beispielsweise auch dadurch begründen, dass er in einem Kaufhaus bei regem Publikumsverkehr größere Bekleidungsstücke wie ein Jackett oder einen Mantel über seinen Arm legt oder in einer Kabine anzieht, sich damit auf den Weg zum Ausgang begibt und die **113**

---

145 So *Maurach/Schroeder/Maiwald*, BT II § 33 Rn 25, 26; ähnlich für die Ablationstheorie LG Zwickau NJW 06, 166.
146 So in der Reihenfolge der Beispiele BGHSt 18, 66, 69; BGH NJW 55, 71 Nr 14; BGH NStZ 81, 435; OLG Bamberg HESt 2, 18; s. auch LG Potsdam NStZ 07, 336 mit krit. Anm. *Walter*, NStZ 08, 156.
147 BGHSt 16, 271, 274; 23, 254, 255; 26, 24, 25; BGH VRS 60, 294; anders *Ling*, ZStW 110, 1998, 940.

genannten Gegenstände wie eigene Sachen davonträgt[148]. Hat der Täter in dieser Weise den umschlossenen Herrschaftsbereich des Gewahrsamsinhabers verlassen, soll es an der Gewahrsamsbegründung nichts ändern, wenn der Gewahrsamsinhaber dem beobachteten Täter folgt und ihm „wenige Schritte vor dem Ladenlokal" die Sache wieder abnimmt[149]. Im Einzelfall soll all das aber stets eine von den näheren Umständen abhängende Tatfrage sein[150].

114 Diese wenig befriedigende Kasuistik führt auch hier nur der **sozial-normative Gewahrsamsbegriff** einer sicheren Beurteilung zu. Danach fehlt es an einer Gewahrsamsbegründung am Tresor (Rn 112), weil er „noch nicht aus dem engsten Bereich des Geschäfts" und damit aus der *generellen Gewahrsamssphäre* des Ladeninhabers fortgeschafft und auch nicht – wie die in die Kleidung gesteckten Genussmittel – in eine im Sozialleben anerkannte *Gewahrsamsenklave* verbracht worden ist. Nicht Größe, Sperrigkeit oder Gewicht sind maßgeblich, sondern ob das Zurückschieben des Tresors oder der Griff in die Kleidung durch den Ladeninhaber sozial auffällig und rechtfertigungsbedürftig sind. Auf dieser Grundlage ist eine zufällige oder planmäßige **Beobachtung** des Geschehens durch den Bestohlenen oder seine Angestellten ohne Einfluss auf die Vollendung der Wegnahme[151]. Das gilt nicht, weil Diebstahl keine *heimliche* Tat ist[152], sondern weil ein Gewahrsamswechsel von einer Beobachtung nach der Verkehrsauffassung *unabhängig* ist. Die Entdeckung der Tat und die etwaige Bereitschaft des Täters zum Ablassen von der Beute geben dem Bestohlenen – wie zB im Fall der Entwendung von mit einem **elektromagnetischen Sicherungsetikett** versehenen Waren bei Auslösung des Alarms[153] – die Möglichkeit, die noch nicht abgeschlossene Gewahrsamsbegründung zu verhindern oder den schon erfolgten Gewahrsamswechsel rückgängig zu machen und den ihm entzogenen Gewahrsam wiederzuerlangen[154]. Sie sagen über die Zuordnung der Sache aber nichts aus[155].

115 Im **Fall 6** hat Frau F sich somit des *vollendeten* Diebstahls schuldig gemacht, als sie die Dose in ihre „Tabusphäre" verbrachte[156]. Dass sie infolge der Beobachtung keine Chance hatte, ungehindert durch die Sperre des Selbstbedienungsladens nach draußen zu gelangen, ist nur nach *faktischer*, nicht aber nach *sozial-normativer* Sicht von Bedeutung[157]. Eine beobachtete Entwendung im Selbstbedienungsladen ist weder mit dem Stellen einer *Diebesfalle* (s. dazu Rn 106) noch damit zu vergleichen, dass ein Arbeiter in seiner Tasche Werkzeuge des Arbeit-

---

148 RGSt 52, 75; OLG Hamm MDR 69, 862; OLG Köln MDR 71, 595.
149 BGH NStZ 08, 624, 625; auf dem Boden eines faktischen Gewahrsamsbegriffs ist das schwerlich begründbar. Fügt man an, dass der vormalige Gewahrsamsinhaber „über die Sache nicht mehr verfügen kann, ohne seinerseits die Verfügungsgewalt des Täters zu brechen" (625), nähert man sich dem sozial-normativen Gewahrsamsbegriff an.
150 BGH NStZ 88, 270; BGHSt 41, 198, 205.
151 Zum Streitstand s. *Hillenkamp*, BT 20. Problem.
152 BGH NStZ 87, 71; OLG Düsseldorf NJW 90, 1492; BayObLG NJW 97, 3326; HK-GS/*Duttge*, § 242 Rn 27.
153 S. BayObLG NJW 95, 3000.
154 So zutr. BGHSt 16, 271, 274; OLG Zweibrücken NStZ 95, 448.
155 AA *Ling*, ZStW 110, 1998, 942, der eine „Sachbeziehung mit Zukunft" verlangt.
156 Vgl BGHSt 16, 271; *Gössel*, BT II § 7 Rn 52; *Welzel*, GA 1960, 257; aA *H. Mayer*, JZ 62, 617; S/S-*Eser*, § 242 Rn 40.
157 AA NK-*Kindhäuser*, § 242 Rn 61; LG Köln StV 97, 27; krit. *Otto*, Jura 97, 466.

gebers mit sich führt[158]. Wenn die Verkehrsanschauung dem Dieb, in der Regel aber nicht dem Arbeiter eigenen Gewahrsam an den fremden Gegenständen in seiner Tasche zubilligt, so beruht das darauf, dass der Dieb den Bestohlenen gerade von der Sachherrschaft ausschließt und ausschließen will, während der Arbeitnehmer die Verfügungsgewalt über die Werkzeuge *für* seinen Arbeitgeber ausübt und insoweit als dessen *Gehilfe* tätig werden will. Ein derart gewichtiger Unterschied kann nach der Anschauung des täglichen Lebens für die Frage des Gewahrsams *kraft sozialer Zuordnung* nicht unberücksichtigt bleiben[159]. Ein *vollendeter* Diebstahl ist auch in den **Fällen 7 und 8** anzunehmen. Die verspätete Reue des Gastes G führt mangels einer Versuchslage nicht etwa zu einem strafbefreienden Rücktritt iS der §§ 22, 24, sondern zur bloßen Wiedergutmachung des Schadens, die allerdings strafmildernd ins Gewicht fällt, sofern es zur Bestrafung des G kommt (vgl § 46 II am Ende). Dass A im **Fall 7** *widerrechtlich* in die Gastwirtschaft eingedrungen ist, während G das Haus des B als *eingeladener Gast* betreten hat, berührt die Frage des **Gewahrsamswechsels** durch **Einstecken der Diebesbeute in die eigene Kleidung** (bzw in mit geführte Behältnisse) nicht[160]. Die gegenteilige Ansicht, wonach die Wegnahme bei einem nächtlichen Einbruchsdiebstahl erst mit dem Verlassen des Gebäudes vollendet sein soll[161], überzeugt nicht. Sie läuft auf eine Wiederbelebung der *Ablationstheorie* hinaus[162].

Wer in einem **Selbstbedienungsladen** Waren, die er entwenden und sich ohne Bezahlung rechtswidrig zueignen will, nicht in seine Kleidung oder ein ihm gehörendes Behältnis steckt, sondern in den **Einkaufswagen** legt, vor dem Gang zur Kasse jedoch (etwa mit dem eigenen Parka oder Werbeprospekten) überdeckt, um sie vor dem Kassenpersonal zu verbergen, erlangt eigenen Gewahrsam durch Wegnahme erst zu dem Zeitpunkt, in welchem das Kassenpersonal seine Abfertigung abgeschlossen hat. **116**

Das OLG Köln[163] hat für dieses Ergebnis auf dem Boden des *faktischen* Gewahrsamsbegriffs zur Voraussetzung gemacht, dass der Wegschaffung der Beute kein *tatsächliches* Hindernis mehr entgegenstehen und der Täter sich deshalb nicht mehr im kontrollierenden Blickfeld des Kassenpersonals befinden dürfe. Abzuheben ist stattdessen auch hier auf die „soziale Konvention"[164]. Sie besteht darin, dass in den Gewahrsam des Kunden fällt, was er in seiner Kleidung oder Tasche verbirgt und dass in der Gewahrsamssphäre des Ladeninhabers bleibt, was der Kunde – offen oder verborgen – vor der Kasse[165] im Einkaufswagen oder -korb belässt. Was der beobachtende Detektiv aus der Tasche des Kunden zieht, *nimmt* er diesem *weg*, was der Ladeninhaber vor der Kasse aus dem Einkaufswagen zurücklegt, *behält* er nur *ein*. Das eine ist rechtfertigungsbedürftig, das andere nicht[166]. **Vollendet** ist hiernach der Diebstahl nach abgeschlossener Abfertigung an der Kasse. Nach ihr *ordnet* die Verkehrsauffassung die Ware dem Kunden *zu*[167]. Auf die Entfernung von der Kasse, fortdauernde Beobachtung, Kräfteverhältnisse und Schnelligkeit der Beteiligten kommt es ebenso wenig an, wie auf Größe, Gewicht oder Sperrigkeit der Beute oder darauf, wie gut sie verborgen oder ob sie rechtswidrig in die Gewahrsamssphäre gelangt ist (Rn 73 ff).

---

158 Anders S/S-*Eser*, § 242 Rn 40.
159 *Krey/Hellmann*, BT II Rn 44.
160 Vgl BGHSt 23, 254, 255.
161 S/S-*Eser*, § 242 Rn 39; ähnlich *Kahlo*, in: Vom unmöglichen Zustand des Strafrechts 1995, S. 123 ff.
162 Zutr. dagegen BGHSt 26, 24, 25 f und *Geilen*, JR 63, 446.
163 NJW 84, 810.
164 OLG Düsseldorf NJW 88, 923; NStZ 93, 286; OLG Zweibrücken NStZ 95, 449.
165 S. dazu BayObLG NJW 97, 3326 mit zust. Bespr. *Martin*, JuS 98, 890.
166 *Hillenkamp*, JuS 97, 220 f; *Scheffler*, JR 96, 342 f; aA *Kargl*, JuS 96, 975, der aber die soziale Auffälligkeit überdehnt: das wortlose Herausnehmen der Ware aus dem Korb des Kunden ist nicht – worauf es allein ankommt – als Herausnehmen, sondern nur wegen der „Wortlosigkeit" auffällig.
167 OLG Zweibrücken NStZ 95, 449; *Brocker*, JuS 94, 922.

117 Dass man voreilige, an Äußerlichkeiten haftende Verallgemeinerungen vermeiden muss, zeigt eine denkbare Abwandlung zu dem vom OLG Köln aaO entschiedenen Fall: Wenn ein Kunde in einem Selbstbedienungsladen aus einer Leergutkiste sog. **Pfandflaschen** entwendet und sie in den Einkaufswagen legt, um sie an der Kasse in Zahlung zu geben, führt er einen vollständigen Gewahrsamswechsel schon durch das Einlegen in den Einkaufswagen herbei, weil dies bei dem unbefangenen Betrachter den Eindruck hervorrufen muss, dass es sich *um ihm gehörende* und von ihm in den Laden mitgebrachte Pfandflaschen handelt[168]. Sie ordnet die Verkehrsauffassung nicht anders als eine im Einkaufswagen abgelegte Tasche der Herrschaftssphäre des Kunden zu.

118 Zur Abgrenzung zwischen § 242 und § 263 bei solchen und ähnlichen Manipulationen innerhalb von Selbstbedienungsläden besteht auf dem vorstehend geschilderten Hintergrund Unsicherheit (s. Rn 635)[169].

5. Vollendung und Beendigung des Diebstahls

119 Von der tatbestandlichen **Vollendung** des Diebstahls ist dessen tatsächliche **Beendigung** zu unterscheiden. Zur Vollendung bedarf es nur der Wegnahme in Zueignungsabsicht, nicht der Zueignung selbst. Die tatsächliche **Beendigung** tritt dagegen erst ein, wenn der vom Täter begründete neue Gewahrsam eine gewisse **Festigung und Sicherung** erreicht hat[170]. Auch hier geht es nach der Rechtsprechung um eine *faktische*, von den Umständen des Einzelfalls abhängige Frage[171].

120 Gefestigt und gesichert ist der neue Gewahrsam des Diebes beispielsweise, wenn dieser die entwendete Sache in seine Wohnung, zu Bekannten oder in ein Versteck außerhalb seiner Wohnung geschafft hat. Bei kleineren Gegenständen (wie etwa Geld, Schmuck oder Goldmünzen), die der Täter in seine Kleidung oder in eine Aktentasche gesteckt hat, kann uU zur Beendigung des Diebstahls schon das Verlassen des fremden Herrschaftsbereichs genügen[172]. Solange sich der Täter im räumlichen Beherrschungsbereich des Bestohlenen befindet, ist der Diebstahl in der Regel noch nicht beendet[173]. Das Verlassen dieses Bereichs ist aber nur für Beendigung, nicht für Vollendung zu verlangen. Wer anders entscheidet, setzt beides gleich[174]. **Wichtig** ist die exakte **Unterscheidung** zwischen der Vollendung und der Beendigung des Diebstahls vor allem für die Anwendbarkeit des § 252 und dessen Abgrenzung gegenüber § 249 oder § 240 (s. dazu Rn 365). In *diesem Zusammenhang* wird von der Rechtsprechung die Beendigung zu Recht als eine *faktische* Frage behandelt[175]. Von einem *streng normativen* Verständnis der Phase zwischen Vollendung und Be-

---

168 Anders *Eisele*, BT II Rn 44; zu den Eigentumsverhältnissen an solchen Flaschen s. BayObLGSt 1960, 187; AG Flensburg NStZ 06, 101; OLG Hamm NStZ 08, 154; Erman-*Küchenhoff/Michalski*, BGB, § 1204 Rn 4; *Hellmann*, JuS 01, 353 f; *Kudlich*, JA 06, 571; *Schmitz/Goeckenjahn/Ischebeck*, Jura 06, 821; zur Rückveräußerung entwendeter Sachen an deren Eigentümer vgl Rn 158.
169 S. BGHSt 41, 198; OLG Zweibrücken NStZ 95, 448; *Hillenkamp*, JuS 97, 217; *Scheffler*, Anm. JR 96, 342; *Stoffers*, Anm. JR 94, 205; *Vitt*, Anm. NStZ 94, 133; *Zopfs*, Anm. NStZ 96, 190.
170 BGHSt 8, 390, 391; 20, 194, 196; BGH VRS 60, 294; NJW 87, 2687; NStZ 08, 152.
171 BGH NStZ 01, 88, 89.
172 BGH VRS 60, 294, 296.
173 BGH NJW 87, 2687.
174 So OLG Zweibrücken NStZ 95, 449; OLG Düsseldorf NJW 86, 2266: Verlassen des geschlossenen Kaufhausbereichs als *Vollendungs*voraussetzung; krit. *Otto*, Jura 97, 466.
175 LK-*Hillenkamp*, vor § 22 Rn 37.

endigung ist dagegen dann auszugehen, wenn sie dazu dienen soll, *Teilnahme* oder *qualifizierende* Folgen zu begründen. Das setzt voraus, dass sich die Beendigungsphase sprachlich und sachlich noch als eine fortgesetzte Verwirklichung der Tat verstehen lässt, was bei einem Diebstahl nur bei iterativer Begehung denkbar ist[176].

IV. Der subjektive Unrechtstatbestand des Diebstahls

Fall 9: A verbringt seine Winterferien auf dem Landgut seines geizigen Onkels G. Als dieser **121** für zwei Tage verreist, entwendet A einige auf dem Hof zum Verkauf liegende Fichtenbretter und verbirgt sie unter Strohballen in der Scheune. Er will damit eine Wildfütterungsanlage im Revier des Onkels ausbessern, die dieser bewusst hat verkommen lassen. Außerdem bringt A den von G nicht ausreichend gefütterten und daher stark abgemagerten Jagdhund in ein nahe gelegenes Tierheim des Tierschutzvereins. Bei dieser Gelegenheit hebt er vom Sparbuch des G, das er in dessen unverschlossenem Schreibtisch entdeckt hatte, bei der örtlichen Sparkasse 200 EUR aus Enttäuschung darüber ab, dass G nichts zur Verbesserung der Ferienkasse beigetragen hatte.

Hat sich A strafbar gemacht? **Rn 126, 141, 160**

Fall 10: Der Briefmarkensammler S hat auf einer Auktion eine seltene Sondermarke erwor- **122** ben. Seinem Bekannten B gelingt es, dieses wertvolle Stück heimlich an sich zu bringen.

Wie ist der **Fall 10** strafrechtlich zu beurteilen, wenn B in der Absicht gehandelt hat, die entwendete Marke
a) sofort nach der Tat zu zerreißen, weil er sie dem S missgönnt? **Rn 138**
b) zu behalten, um sich selbst an ihrem Besitz zu erfreuen? **Rn 152**
c) an einen Dritten zu veräußern, um den Erlös für sich zu verwenden? **Rn 155**
d) seinem Freund F zum Dienstjubiläum zu schenken? **Rn 155**
e) einem Briefmarkenmuseum als anonyme Spende zukommen zu lassen? **Rn 155**
f) nach geraumer Zeit als angeblich eigene dem S zum Kauf anzubieten, um so einen möglichst hohen Erlös zu erzielen? **Rn 158 f**

Zum **subjektiven Tatbestand** des § 242 gehört, dass der Täter *vorsätzlich* und in der **123** *Absicht* gehandelt hat, die fremde Sache *sich* oder einem *Dritten* rechtswidrig *zuzueignen*.

1. Tatbestandsvorsatz

Der **Vorsatz** muss alle objektiven Merkmale des § 242 umfassen. Der Dieb muss ins- **124** besondere wissen, dass die Sache im Eigentum und im Gewahrsam eines anderen steht. Die Einzeltatsachen, aus denen das fremde Eigentum folgt, braucht er nicht zu kennen. Es genügt, dass er den rechtlich-sozialen Bedeutungsgehalt des Fremdheitsbegriffs nach Laienart richtig erfasst hat[177].

---

176 *Küper*, JZ 1981, 251; LK-*Hillenkamp*, vor § 22 Rn 23, 35 ff; s. dazu auch *Kühl*, Roxin-FS S. 665; *ders.*, JuS 02, 732 ff.
177 Vgl *Wessels/Beulke*, AT Rn 243.

Die irrige Annahme des Täters, die Sache sei *herrenlos* oder gehöre ausschließlich ihm selbst, lässt nach § 16 I 1 jedenfalls dann den Diebstahlsvorsatz entfallen, wenn der Täter einen Sachverhalt annimmt, bei dessen Vorliegen seine Annahme zuträfe[178]. Wer weiß, dass die Sache fremd ist, aber davon ausgeht, dass sie *gewahrsamslos* sei oder dass alle Gewahrsamsinhaber mit der Aufhebung ihres Gewahrsams *einverstanden* seien, handelt ohne Wegnahmevorsatz; er kann sich lediglich der Unterschlagung schuldig machen. Nimmt der Täter irrig an, es handle sich um eine fremde Sache, so kann ein sog. Vorfeldirrtum vorliegen, der je nach seinem Zustandekommen in einen untauglichen Versuch oder ein Wahndelikt führt[179].

125 Ob der Vorsatz des Täters sich von vornherein auf ein **bestimmtes Tatobjekt** richtet oder ganz allgemein dahin geht, alles Stehlenswerte mitzunehmen, ist belanglos. Der Diebstahlsvorsatz bleibt derselbe, auch wenn er sich im Rahmen einer einheitlichen Tat verengt, erweitert oder sonst wie ändert[180]. Anders verhält es sich, wenn bei einem Diebstahlsversuch der ursprüngliche Tatentschluss endgültig aufgegeben und ein ganz **neuer Diebstahlsvorsatz** gefasst wird[181]. Praktisch bedeutsam wird dies im Falle des Vorsatzwechsels innerhalb der §§ 242, 243 (näher Rn 245 ff; s. auch Rn 191).

126 Im **Fall 9** hat A den objektiven Tatbestand des § 242 *vorsätzlich* verwirklicht. Er wusste, dass die Bretter, der Hund (zu Tieren als Sache s. Rn 15) und das Sparbuch (zum Geld s. Rn 161) dem G gehörten und trotz seiner vorübergehenden Abwesenheit (Rn 80) in dessen Gewahrsam standen. Den die Wegnahme vollendenden Gewahrsamswechsel hat er willentlich und in Kenntnis des Umstandes vollzogen, dass G mit seinem Vorgehen nicht einverstanden war. Ob allerdings auch bezüglich der Bretter der Gewahrsamswechsel schon eingetreten und die Wegnahme vollendet ist, ist zweifelhaft. Da sich die Bretter noch in der von G generell beherrschten Gewahrsamssphäre der Hofgebäude befanden, dürfte die Verkehrsanschauung sie trotz der erschwerten Zugriffsmöglichkeit noch seiner Herrschaftssphäre zuordnen, in der das *Versteck* keine *anerkannte* Gewahrsamsenklave des A bildet[182]. Anhänger des faktischen Gewahrsamsbegriffes entscheiden dagegen anders, wenn (nur) der Täter ungehinderten Zugang zum Versteck hat[183]. Auch im **Fall 10** hat B die Briefmarke *vorsätzlich* weggenommen. In beiden Fällen ist aber die *Zueignungsabsicht* problematisch.

2. Entwicklung des Zueignungsbegriffs in Wissenschaft und Rechtsprechung

a) Bedeutung der Erweiterung durch das 6. StrRG

127 Der Dieb musste nach der früher geltenden Fassung des § 242 die fremde Sache in der Absicht wegnehmen, sie **sich** rechtswidrig **zuzueignen**. Das setzte den Willen zu einer Überführung der Sache in das *eigene* Vermögen voraus[184]. Infolgedessen herrschte

---

178 *Fischer*, § 242 Rn 31.
179 S. zur umstrittenen Behandlung dieses Irrtums LK-*Hillenkamp*, § 22 Rn 210 ff, 225 ff; OLG Stuttgart NJW 62, 65 (zu § 246).
180 BGHSt 22, 350, 351; BGH NStZ 82, 380.
181 BGH MDR/D 69, 722.
182 *Maurach/Schroeder/Maiwald*, BT I § 33 Rn 26; SK-*Samson*, 4. Aufl., § 242 Rn 25.
183 S/S-*Eser*, § 242 Rn 39, der – Rn 24 – zu Unrecht Unterschiede im Ergebnis beider Gewahrsamsbegriffe bestreitet; s. auch RGSt 12, 353, 355 ff.
184 RGSt 62, 15, 17; BGHSt 4, 236, 238 f.

Unsicherheit darüber, *wann* hiervon noch gesprochen werden konnte, wenn der Täter in der Absicht handelte, die Sache an einen **Dritten** weiterzugeben. Dabei stand der Auffassung, jede eigenmächtige Verfügung zu Gunsten eines Dritten bedeute notwendig eine für das *Sich*-Zueignen ausreichende Anmaßung der Eigentümerbefugnisse, eine Meinung gegenüber, die hiervon nur in Fällen des Verkaufens oder Verschenkens an einen Dritten sprechen wollte[185]. Namentlich die Rechtsprechung ließ es darüber hinaus genügen, dass der Täter mit der Verfügung einen eigenen Nutzen oder Vorteil erstrebte, der mal als Vorteil im weitesten Sinne, mal enger als Vorteil wirtschaftlicher Art gekennzeichnet wurde[186].

Das **6. StrRG** (Rn 9) will mit der die **Drittzueignungsabsicht** als gleichwertige Alternative aufnehmenden Neufassung des § 242 die durch diesen Streit bewirkte Unklarheit beseitigen und *sicherstellen*, dass auch strafbar ist, wer die Sache einer dritten Person zueignen will (BT-Ds 13/8587, S. 43). Es kehrt damit (übrigens für *alle* Zueignungsdelikte, s. §§ 246, 248c, 249, 292, 293) zu einer vom preußischen wie später vom Reichsgesetzgeber als überflüssig erachteten Fassung zurück, die der Entwurf zum Preußischen StGB aus dem Jahre 1847 und alle Entwürfe zum StGB bis zum E 1962 (§ 235) empfohlen und die das DDR-Recht in § 177 übernommen hatte[187]. Ob hiermit sachliche Veränderungen in der Beurteilung der Drittzueignungsfälle verbunden sind, ist zweifelhaft (Rn 153 ff). Den **Zueignungsbegriff** selbst berührt die Neufassung dagegen sicher **nicht**. Denn während die *Zueignung* in der ersten Alternative der *Täter für sich* anstreben muss, will *sie* in der zweiten Alternative der Täter dem Dritten *ermöglichen*[188]. Ob beim Täter bezüglich seiner selbst oder bezüglich des Dritten die Zueignungsvoraussetzungen vorliegen, stellt sich als Frage hiernach ununterschieden gleich. Deshalb bleibt der überkommene Streit um Funktion, Wesen und Gegenstand der Zueignung von unveränderter Gültigkeit. Man muss die Aussagen hierzu freilich so lesen, dass sie sich im Falle des Sich-Zueignens auf den Täter, im Falle der Drittzueignung auf den Dritten beziehen (näher dazu Rn 153 ff). **127a**

b) Substanz-, Sachwert- und Vereinigungstheorie

Durch die Absicht, die Sache **sich** oder einem **Dritten zuzueignen**, unterscheidet sich der Diebstahl von den teils strafbaren, teils straflosen Fällen der *Gebrauchsanmaßung* (= strafbar nur unter den Voraussetzungen der §§ 248b, 290), von der schlichten *Sachentziehung* (vgl Rn 32) und von der *Sachbeschädigung* (§ 303). Darüber, wie diese Abgrenzung im Einzelnen durchzuführen ist, gehen die Ansichten auseinander. Umstritten ist auch, ob der Zueignungsbegriff mehr nach formalen oder nach wirtschaftlichen Kriterien zu bestimmen ist und was den **Gegenstand der Zueignung** bildet **128**

---

185 S. LK-*Roxin*, 11. Aufl. 1992, § 25 Rn 141 mwN einerseits, *Krey*, BT II, 11. Aufl. 1997, Rn 85 ff mwN andererseits.
186 Zusf. BGHSt 41, 187, 194; *Küper*, BT S. 478 f mwN.
187 S. *Dreher/Tröndle*, 47. Aufl. 1995, § 246 Rn 13a; LK-*Ruß*, § 242 Rn 64; *Schmid-Hopmeier*, Das Problem der Drittzueignung 1999, S. 33 ff.
188 *Küper*, BT S. 476, 484 ff.

(= die Sache selbst, der in ihr verkörperte Sachwert oder die reale Herrschaftsmacht des Eigentümers)[189].

129 Die **Entwicklung des Zueignungsbegriffs** in Rechtsprechung und Wissenschaft wurde zunächst durch die Gegenüberstellung, sodann durch die Verbindung formaler und wirtschaftlicher Kriterien bestimmt. Sie vollzog sich von der älteren **Substanztheorie** (= *Binding, A. Merkel, v. Liszt, Eb. Schmidt*) über die **Sachwerttheorie** (= *Frank, Gleispach, Sauer*) bis zur heute vorherrschenden **Vereinigungslehre.**

130 Nach der **Substanztheorie** liegt das Wesen der Zueignung in der Anmaßung einer eigentümerähnlichen Machtstellung durch die Betätigung des Willens, die fremde Sache *selbst ihrer Substanz nach* zu gewinnen und sie unter Ausschluss des Berechtigten den eigenen Zwecken des Täters dienstbar zu machen (= *se ut dominum gerere*).

131 Die **Sachwerttheorie** hielt dagegen die Gewinnung der Sache *ihrem wirtschaftlichen Wert* nach, dh die Betätigung des Willens für wesentlich, den in der Sache verkörperten wirtschaftlichen Wert unter Ausschluss des Berechtigten dem eigenen Vermögen zuzuführen.

132 Die **Rechtsprechung** folgte ursprünglich der Substanztheorie. Von dieser Grundlage aus bejahte sie das Vorliegen eines Diebstahls zwar auch noch in den „*Sparbuchfällen*", obwohl das Verhalten des Täters dort von dem Willen geleitet war, „die unveränderte Substanz des Sparkassenbuches"[190] nach Abhebung eines Teilbetrages dem Eigentümer wieder zuzuführen, verwies aber schon hier auf die *vermögensrechtliche* Substanz und den *wirtschaftlichen Wert*[191] des Sparbuchs als Gegenstand der Zueignung. Im zweiten „*Biermarkenfall*"[192] näherte das Reichsgericht sich der Sachwerttheorie dann noch deutlicher mit dem Hinweis, Kennzeichen des Eigentumsrechts sei die Zugehörigkeit der ihm unterliegenden Sachen *zum Vermögen* des Eigentümers; demnach sei ihre Zueignung darauf gerichtet, sie wirtschaftlich in *ihrem* über den Stoffwert hinausgehenden und als solchen ausnutzbaren *Sachsubstanzwert* dem eigenen Vermögen einzuverleiben. Das geschehe, wenn ein Kellner dem Gastwirt zur Abrechnung (statt Bargeld) Biermarken abliefere, die er normalerweise zuvor zu bezahlen, hier aber dem Wirt entwendet hatte. Den Abschluss dieser Entwicklung bildete sodann die Verbindung zwischen Substanz- und Sachwerttheorie durch die sog. **Vereinigungsformel**[193], die das Wesen der Zueignung darin erblickt, dass der Täter „die

---

189 In dieser Hinsicht ist manches noch nicht abschließend geklärt. Vgl etwa *Behrendt*, Der Begriff der Zueignung in den Tatbeständen des Diebstahls und der Unterschlagung, 1996; *Bloy*, Der Diebstahl als Aneignungsdelikt, JA 87, 187; *Börner*, Die Zueignungsdogmatik der §§ 242, 246 StGB, 2004; *Gehrmann*, Systematik und Grenzen der Zueignungsdelikte, 2002; *Gössel*, Über den Gegenstand der strafbaren Zueignung usw, in: 140 Jahre GA, 1993, S. 39; *Kauffmann*, Zur Identität des strafrechtlichen Zueignungsbegriffs, 2005; *Kindhäuser*, Gegenstand und Kriterien der Zueignung beim Diebstahl, Geerds-FS S. 655; *Maiwald*, Der Zueignungsbegriff im System der Eigentumsdelikte, 1970; *Meister*, Die Zueignungsabsicht beim Diebstahl, 2002; *Miehe*, Zueignung und Sachwert, in: Heidelberg-FS S. 481; *Otto*, Strafrechtliche Aspekte des Eigentumsschutzes, Jura 89, 137, 200; *Rudolphi*, Der Begriff der Zueignung, GA 1965, 33; *Seelmann*, Grundfälle zu den Eigentums- und Vermögensdelikten, 1988; *Tenckhoff*, Der Zueignungsbegriff bei Diebstahl und Unterschlagung, JuS 80, 723; *Wessels*, Zueignung, Gebrauchsanmaßung und Sachentziehung, NJW 65, 1153; *ders.*, Die Entwendung von Dienstgegenständen zu vorübergehendem Gebrauch, JZ 65, 631.
190 RGSt 10, 369, 371.
191 RGSt 22, 2, 3; 39, 239, 243.
192 RGSt 40, 10.
193 RGSt 61, 228, 233.

Sache oder den in ihr verkörperten Sachwert mit Ausschlusswirkung gegen den Eigentümer **dem eigenen Vermögen einverleibt**"[194]. Der Bundesgerichtshof hat diese Begriffsbestimmung unverändert übernommen[195]. Die Rechtsprechung folgt ihr auch sonst[196].

Die hM in der **Rechtslehre** stimmt im Wesentlichen der **Vereinigungstheorie** zu[197], verwahrt sich **133** allerdings gegen einen **extensiven** Sachwertbegriff, der sich auf jede beliebige Verwendungsmöglichkeit der Sache erstreckt und jeden mittelbaren Nutzen aus dem Umgang mit der Sache ausreichen lässt[198]. **Herrschend** ist daher eine **Vereinigungstheorie** mit **restriktivem** Sachwertbegriff[199]. In Einzelfragen gibt es gleichwohl Meinungsunterschiede. So soll zB der Begriff des „Sachwertes" nach einer **Mindermeinung** nicht den Geldwert mit einschließen, der bei einer Veräußerung der Sache zu erzielen ist (= *Veräußerungswert*), sondern auf den „spezifischen Wert" beschränkt werden, der sich (als *lucrum ex re* im Gegensatz zum *lucrum ex negotio cum re*) in der Weise aus der Sache ziehen lässt, dass man ihn **von ihr trennen** und behalten kann, während man die Sachsubstanz wie eine „Hülse ohne Kern" an den Eigentümer zurückgibt[200]. Eine zunehmend vertretene Ansicht nimmt dagegen an, dass man auf Sachwertgesichtspunkte ganz verzichten und mit einer mehr oder weniger **modifizierten Substanztheorie** auskommen könne[201], wenn man die Inanspruchnahme der der Sache objektiv innewohnenden Verwendungs- und Funktionsmöglichkeiten als Substanzzueignung begreife.

c) Eigene Stellungnahme

Trotz unterschiedlicher Beschreibung des Zueignungsgegenstandes stimmen Substanz- und Sachwerttheorie im Ausgangspunkt darin überein, dass als **Objekt der Tat** **134** nur eine **bestimmte körperliche Sache** in Betracht kommt. Sachsubstanz und Sachwert sind Teilaspekte der Sachqualität, die das Zueignungsobjekt nur unter einem verschiedenen Blickwinkel bezeichnen[202]. Vom einen wie vom anderen Standpunkt aus bedarf es seitens des Täters der **Anmaßung einer eigentümerähnlichen Verfügungsgewalt** (se ut dominum gerere) über die Sache. Die gemeinsame Grundlage beider Theorien, die ihre Verbindung gestattet, liegt darin, dass der Täter mit seinem auf Zueignung gerichteten Verhalten eine äußere Position erstrebt, die in *rein tatsächlicher* Beziehung der in § 903 BGB umschriebenen Eigentümerstellung ähnelt und die es ihm ermöglicht, die fremde Sache den *eigenen Zwecken dienstbar zu machen* und

---

194 Ebenso RGSt 64, 414, 415; 67, 334, 335.
195 BGHSt 16, 190, 192; 24, 115, 119; 35, 152, 157; BGH NJW 85, 812.
196 BayObLG NJW 92, 1777, 1778; OLG Köln NJW 97, 2611; s. zur Gesamtentwicklung auch *Küper*, BT S. 478 ff.
197 *Bloy*, JA 87, 189; *Eisele*, BT II Rn 62; *Haft/Hilgendorf*, BT S. 12; *Heghmanns*, Rn 1041; HK-GS/ *Duttge*, § 242 Rn 41; *Krey/Hellmann*, BT II Rn 53 f; *Lackner/Kühl*, § 242 Rn 21 ff; LK-*Ruß*, § 242 Rn 48; *Rengier*, BT I § 2 Rn 41, 51; *Wessels*, NJW 65, 1153 und JZ 65, 631; abl. *Miehe*, Heidelberg-FS S. 495; krit. *Kindhäuser*, § 242 Rn 88 f; *Maiwald*, Der Zueignungsbegriff 1970, S. 79; SK-*Hoyer*, § 242 Rn 80.
198 S. S/S-*Eser*, § 242 Rn 49.
199 Streitübersicht bei *Hillenkamp*, BT 21. Problem.
200 *Bockelmann*, BT I S. 19; S/S-*Eser*, § 242 Rn 49; *Stoffers*, Jura 95, 113, 117.
201 So ua *Ambos*, GA 07, 132 ff; A/W-*Heinrich*, § 13 Rn 99 ff; *Gössel*, BT II § 6 Rn 47; *Kindhäuser*, § 242 Rn 78, 89; *Maurach/Schroeder/Maiwald*, BT I § 33 Rn 43 ff; MK-*Schmitz*, § 242 Rn 117 ff, 131; NK-*Kindhäuser*, § 242 Rn 75 ff; *Otto*, BT § 40 Rn 54; *Rudolphi*, GA 1965, 33; *Seelmann*, JuS 85, 288; *Welzel*, S. 342.
202 Vgl *Bockelmann*, ZStW 65, 1953, 569, 575.

über sie oder den in ihr verkörperten Sachwert unter Ausschluss des Berechtigten *für eigene Rechnung* zu verfügen[203].

Da es bei einer solchen **Eigentumsanmaßung** nach einhelliger Auffassung nicht darauf ankommt, ob der Täter die fremde Sache dauernd behalten, sie veräußern oder sich ihrer in sonstiger Weise entledigen will[204], lassen die meisten Fälle sich schon mit der **Substanztheorie** zufrieden stellend lösen. Schwächen weist diese Theorie *auch* in ihrer *modifizierten Fassung* aber bei der eigenmächtigen Verfügung über fremde Sparbücher und andere Legitimationspapiere, Gutscheine oder Marken auf[205]. Hier liefert die **Sachwerttheorie** die bessere Begründung[206]. Da diese aber ihrerseits versagt, wo die entwendete Sache keinen Vermögenswert besitzt oder vom Täter in anderer Weise benutzt wird, als es ihrem *wirtschaftlichen* Wert entspricht[207], sind beide Ansätze zu verbinden.

135 Der **Vereinigungstheorie** ist demnach zuzustimmen. Sie bedarf aber der Verdeutlichung durch eine klarere Umschreibung der Einzelelemente des Zueignungsbegriffs. Durch eine **restriktive** Handhabung des **Sachwertaspekts** muss ferner der Gefahr[208] begegnet werden, dass sich die Grenzen zwischen Zueignungs- und Bereicherungsdelikten verwischen[209].

3. Einzelelemente des Zueignungsbegriffs

136 Jede Zueignung hat eine positive und eine negative Seite, die man im Anschluss an *Binding*[210] als *Aneignung* und *Enteignung* zu bezeichnen pflegt. **Sichzueignen** bedeutet die **Anmaßung einer eigentümerähnlichen Verfügungsgewalt zu eigenen Zwecken** durch die Betätigung des Willens, die fremde Sache oder den in ihr verkörperten Sachwert – wenn auch nur vorübergehend[211] – dem eigenen Vermögen einzuverleiben, insbesondere **für eigene Rechnung darüber zu verfügen** (= *Aneignung*), und sich unter **endgültiger Ausschließung des Eigentümers** ganz oder teilweise wirtschaftlich an dessen Stelle zu setzen (= faktische *Enteignung* iS einer Verdrängung des Eigentümers aus seiner *bisherigen* Position).

---

203 Näher *Wessels*, NJW 65, 1153; an § 903 BGB anknüpfend auch *Ambos*, GA 07, 129 ff; NK-*Kindhäuser*, § 242 Rn 70; *Schmitz*, Otto-FS S. 764 ff; SK-*Hoyer*, § 242 Rn 81; auch *Hauck*, Drittzueignung und Beteiligung 2007, S. 145 geht vom se ut dominum gerere und einer hieraus ableitbaren eigentumsnegierenden und die Sache neu zuordnenden Sachherrschaft als Substrat der Zueignung aus (S. 208).

204 Vgl RGSt 64, 259; BGH NJW 85, 812; BGH MDR 60, 689; LK-*Ruß*, § 242 Rn 50.

205 Vgl RGSt 24, 22; 26, 151; 40, 10; 49, 405; 50, 254.

206 Zutr. S/S-*Eser*, § 242 Rn 49; aA *Kindhäuser*, § 242 Rn 88 f.

207 Vgl OLG Hamburg MDR 54, 697 im *Fetischistenfall* und OLG Celle JR 64, 266 im *Brieflesefall*.

208 Zu ihr s. *Otto*, BT § 40 Rn 49; *Wolfslast*, Anm. NStZ 94, 542.

209 Vgl *Jäger*, BT Rn 218; *Lackner/Kühl*, § 242 Rn 22 f; S/S-*Eser*, § 242 Rn 49; *Tenckhoff*, JuS 80, 723, 725; *Wessels*, JZ 65, 631.

210 BT I S. 264 ff, krit. hierzu und zum Folgenden *Dencker*, Rudolphi-FS S. 425, 430 ff, der Zueignungsabsicht mit den „Vorhaben des Täters" bezeichnet, mit der Sache so zu verfahren, dass für den Eigentümer die Gefahr dauernden Sachverlustes und für den Täter oder einen Dritten – worauf es dem Täter ankommt – die Möglichkeit der Sachnutzung entsteht (442 f).

211 BGH JR 99, 336 mit Anm. *Graul*.

a) Aneignung

Das Merkmal der **Aneignung** grenzt die Zueignungsdelikte von der *Sachbeschädigung*, der *Sachentziehung* und von eigenmächtigen Verfügungen *zu Gunsten des Sacheigentümers* ab. An einer **Aneignung** und damit an einer Zueignung **fehlt es** im Falle der Sachbeschädigung (§ 303), der bloßen Sachentziehung und der eigenmächtigen Verwendung fremder Sachen für Zwecke bzw für Rechnung ihres Eigentümers. **137**

Wer fremde Sachen wegnimmt, um sie **ohne vorherigen Eigengebrauch** sogleich zu **zerstören** oder **wegzuwerfen**, verfährt zwar mit der Sache, wie es nur der Eigentümer darf, eignet sie sich aber nicht an[212] und begeht daher keinen Diebstahl, sondern (je nach den Umständen) eine Sachbeschädigung (§ 303), einen Verwahrungsbruch (§ 133) oder eine Urkundenunterdrückung (§ 274 I Nr 1). Hiernach scheidet im **Fall 10a** eine Bestrafung des B wegen Diebstahls aus[213]. **138**

Anders liegt es, wenn die fremde Sache **erst nach erfolgter Verwendung für Zwecke des Täters** ihrem Schicksal überlassen wird[214] oder wenn die Sachvernichtung im **eigennützigen Verbrauch der Sache** durch den Täter besteht, wie zB im Verzehr fremder Speisen oder Getränke, im Verbrennen fremder Bretter zum Heizen der eigenen Wohnung usw[215]. **139**

Entsprechendes gilt bei der reinen **Sachentziehung**. Für sie ist kennzeichnend, dass die betroffene Sache ihrem Eigentümer *ohne Einverleibung in das Vermögen des Täters* zeitweilig oder dauernd entzogen wird. Wer beispielsweise einem Festredner das Manuskript seines Vortrags unmittelbar vor dem Beginn der Veranstaltung entzieht, um es ihm unversehrt auf dem Postwege wieder zuzuleiten, handelt zwar widerrechtlich (§§ 858, 823 I BGB), hat aber keinen *Aneignungswillen* und begeht keinen Diebstahl[216]. Dafür reicht auch nicht aus, dass der Täter durch den Entzug in irgendeiner Form auf den Eigentümer oder einen Dritten einwirken, ihn zB zum Tausch gegen die eigentlich begehrte Sache bewegen will[217]. **140**

Bei **eigenmächtigen Verfügungen sonstiger Art** kommt es darauf an, ob der Täter **eigennützig**, insbesondere **für eigene Rechnung** oder aber *zu Gunsten des Eigentümers* gehandelt hat. Die Anmaßung der Verfügungsgewalt *als solche* ist für sich allein noch kein Aneignungsakt[218]. An einer Einverleibung in das eigene Vermögen und einem darauf gerichteten Aneignungswillen **fehlt es** beispielsweise, wenn der Täter sich nur über den entgegenstehenden Willen des Eigentümers hinwegsetzt, die Sache jedoch *zu Gunsten* bzw *für Rechnung ihres Eigentümers* verwendet[219]. **141**

---

212 RGSt 61, 228, 232 f; NK-*Kindhäuser*, § 242 Rn 88 f.
213 Näher BGH NJW 77, 1460; NJW 85, 812; BayObLG NJW 92, 2040; OLG Düsseldorf JR 87, 520 mit Anm. *Keller;* S/S-*Eser*, § 242 Rn 55.
214 BGH MDR 60, 689; OLG Celle JR 64, 266.
215 RGSt 44, 335, 336 f; OLG Köln NJW 86, 392; NK-*Kindhäuser*, § 242 Rn 87.
216 Vgl BGH GA 1953, 83, 84; BGH MDR/H 82, 810.
217 BGH NStZ-RR 07, 15; BayObLG NJW 92, 2041; OLG Köln NJW 97, 2611.
218 Vgl BGHSt 4, 236, 239; BGH NJW 70, 1753 mit Anm. *Schröder.*
219 BGH MDR/D 58, 139; RGSt 52, 320; 61, 228, 232.

Soweit A im **Fall 9** die Bretter zu dem Zweck entwendet hat, mit ihnen die Wildfütterungsanlage des G auszubessern, scheidet eine Bestrafung wegen Diebstahls demnach aus[220]. Auch reicht bezüglich des Hundes nicht aus, dass sich A „wie ein Eigentümer aufgeführt hat", wenn die Abgabe des Hundes an das Tierheim nur dem Erhalt des Tieres zu Gunsten des Eigentümers, nicht aber eigenen wirtschaftlichen Zwecken des A oder des Tierheims dienen soll[221]. Unter dieser Voraussetzung scheidet auch eine Drittzueignung aus. Soll der Hund nach der Vorstellung des A nicht zu G zurückkehren, begründet dieses Enteignungsmoment nur straflose Sachentziehung.

b) Enteignung

142 Um den Zueignungsbegriff zu erfüllen, muss die Aneignung mit einer sog. **Enteignung** verbunden sein, die den Sacheigentümer im rein tatsächlichen Sinne aus seiner bisherigen Position verdrängt, sein Eigentumsrecht also illusorisch macht[222]. Dieses *Enteignungselement* spielt als Abgrenzungskriterium zwischen **Zueignung** und **Gebrauchsanmaßung** (= *furtum usus*) eine wichtige Rolle. Während die **Enteignung** – anders als die Aneignung[223] – **auf Dauer angelegt**[224] sein muss, hat die *Gebrauchsanmaßung* nur eine vorübergehende Nutzung der fremden Sache zum Ziel, durch die ihr Eigentümer jedenfalls nicht endgültig aus seiner bisherigen Position verdrängt werden soll[225].

143 Wesentlich für die **Gebrauchsanmaßung** ist der **Rückgabewille** des Täters. Um eine bloße Gebrauchsanmaßung statt um eine Zueignung handelt es sich dann, wenn die unbefugte Benutzung der fremden Sache schon im Zeitpunkt der Wegnahme bzw der Ingebrauchnahme (vgl §§ 248b, 290) mit dem **Willen** erfolgt, den **rechtmäßigen Zustand** im Sinne der früheren Lage *unter Wahrung der Eigentumsordnung* **alsbald wieder herzustellen**. Notwendig dazu ist die Bereitschaft, die zeitweilig gebrauchte Sache **ohne Identitätswechsel, ohne wesentliche Wertminderung** und **ohne Eigentumsleugnung** so an den Berechtigten zurückgelangen zu lassen, dass dieser die ursprüngliche Verfügungsgewalt ohne besonderen Aufwand und nicht lediglich als Folge des reinen Zufalls wieder ausüben kann[226].

144 Bei der Frage, ob ein solcher **Rückführungswille** vorhanden war und ob der Täter mit der Rückerlangung der Verfügungsgewalt durch den Berechtigten sicher rechnen durfte, können alle Umstände des Einzelfalles berücksichtigt werden, die Rückschlüsse in dieser Hinsicht gestatten. Wo es um die Ingebrauchnahme fremder **Kraftfahrzeuge** ging, hat die Rechtsprechung als *Beweisanzeichen*[227] dafür ua den Umstand verwertet, an welchem Ort der Täter das Fahrzeug nachher abgestellt hatte

---

220 BGH MDR/D 58, 139.
221 BGH wistra 88, 186.
222 *Binding*, BT I S. 264 ff; *Wessels*, NJW 65, 1153, 1155.
223 BGH JR 99, 336.
224 Krit. *Otto*, BT § 40 Rn 57 ff; *ders.*, Jura 97, 468.
225 Vgl S/S-*Eser*, § 242 Rn 51 ff; RGSt 64, 259; BGHSt 22, 45, 46; BGH GA 1960, 82; BayObLG JR 93, 253 mit Anm. *Julius*.
226 BGH NStZ 96, 38; *Kindhäuser*, § 242 Rn 105 ff; *Schaffstein*, GA 1964, 97.
227 BGH NStZ 96, 38.

(etwa vor der Polizeiwache, auf einem Parkplatz oder in der Nebenstraße einer Groß-, Mittel- oder Kleinstadt, außerhalb der bewohnten Ortslage usw), ob das Fahrzeug nach Wagentyp und Aussehen leicht oder nur sehr schwer auffindbar war und ob der Täter es ggf durch Verschließen der Wagentür gegen den unbefugten Zugriff Dritter gesichert hatte[228]. **Diebstahl** statt Gebrauchsanmaßung iS des § 248b ist hier jeweils angenommen worden, wenn die Wegnahme erwiesenermaßen von dem Willen getragen war, das Fahrzeug nach dem Gebrauch **wahllos preiszugeben** und es dem **Zufall zu überlassen**, ob, wann und in welchem Zustand der Eigentümer es zurückbekommen würde[229]. Im Urteil bedarf das der Begründung anhand konkreter Feststellungen; mit rein formelhaften Wendungen darf der Richter sich insoweit nicht begnügen[230]. Auch besteht mit Blick auf § 248b kein Anlass, bei der Entwendung von Kraftfahrzeugen an die Enteignung geringere Anforderungen zu stellen als beim Gebrauch sonstiger Sachen[231].

Lässt sich nicht klären, ob der Wille des Täters im maßgeblichen Zeitpunkt einen auf Dauer angelegten Ausschluss des Eigentümers aus seiner bisherigen Sachherrschaftsposition mitumfasst hat oder nicht, greift der Grundsatz *in dubio pro reo* ein. Ist zB bei dem misslungenen Versuch, aus einer Haftanstalt auszubrechen, im Tatplan der Häftlinge offen geblieben, was nach geglückter Flucht mit dem gewaltsam **entwendeten Anstaltsschlüssel** geschehen sollte, so vermag das bloße **Fehlen** einer diesbezüglichen Absprache (und damit das Fehlen des Willens zur Rückgabe des Schlüssels an dessen Eigentümer) den **Nachweis** des auf eine Enteignung gerichteten Tatentschlusses nicht zu ersetzen[232]. Übersehen darf man in all diesen Fällen schließlich nicht, dass die *Aneignungs*komponente vorliegen muss. Wer nur aus Ärger über den Eigentümer dessen Fahrrad an einen Ort verbringt, wo es dem Zugriff Dritter preisgegeben ist, begeht mangels Aneignungsabsicht[233] keinen Diebstahl und mangels Gebrauchs auch keine Gebrauchsanmaßung. Vielmehr liegt straflose Sachentziehung vor[234]. **145**

Rechtsprechung und hM machen die Bejahung des **Zueignungswillens** in diesen und ähnlichen Fällen nicht davon abhängig, dass die *Enteignung* das getreue Spiegelbild der *Aneignung* bildet, also gerade durch den Gebrauch als solchen – insbesondere durch eine gebrauchsbedingte Wertminderung – bewirkt werden soll[235]. **146**

Zueignung ist **Aneignung** *plus* **Enteignung** und nicht unbedingt „Enteignung *durch* Aneignung". Die Gegenmeinung[236] vernachlässigt den Eigentumsschutz, weil sie bei Gegenständen, die nicht unter §§ 248b, 290 fallen, zu empfindlichen Strafbarkeitslücken führt (= uU Straflosigkeit für die Gebrauchsanmaßung wie für die nachfolgende Sachentziehung).

Hat der Täter den Willen zur Preisgabe des Fahrzeugs erst **während des noch andauernden Gebrauchs** gefasst, so schließt das zwar die Anwendbarkeit des § 242, nicht aber eine Bestrafung wegen **Unterschlagung** (§ 246) aus. Dagegen ist nur für § 248b **147**

---

228 Näher BGH VRS 51, 210; BGHSt 22, 45, 46 f mwN.
229 RGSt 64, 259, 260; BGHSt 22, 45; BGH NStZ 82, 420; *Rengier*, BT I § 2 Rn 60.
230 Vgl BGH NStZ 87, 72; *Keller*, Anm. JR 87, 343.
231 S/S-*Eser*, § 242 Rn 54.
232 Lehrreich dazu BGH NStZ 81, 63.
233 Es fehlt auch an einer Drittaneignungsabsicht, s. A/W-*Heinrich*, § 13 Rn 115.
234 BayObLG JR 92, 346 mit zust. Anm. *Meurer*.
235 Vgl LK-*Ruß*, § 242 Rn 51; *Schaffstein*, GA 1964, 97; *Tenckhoff*, JuS 80, 723, 724.
236 *Androulakis*, JuS 68, 409, 413; *Joecks*, Vor § 242 Rn 44; *Kindhäuser*, Geerds-FS S. 655, 660; MK-*Schmitz*, § 242 Rn 133; *Rudolphi*, GA 1965, 33, 50 ff; SK-*Samson*, 4. Aufl., § 242 Rn 78.

Raum, wenn der zunächst vorhandene Rückführungswille **erst nach dem Ende des unbefugten Gebrauchs** aufgegeben und durch den Entschluss zur Preisgabe des Fahrzeugs ersetzt wird, etwa deshalb, weil der Motor plötzlich streikt oder der Benzinvorrat verbraucht ist[237].

148 Fraglich ist, ob eine auf Dauer angelegte, endgültig wirkende Enteignung an Stelle einer bloßen Gebrauchsanmaßung auch dann anzunehmen ist, wenn die Rückgabe der Sache an den Berechtigten erst nach einem **unangemessen langen Gebrauch** erfolgen soll. Da das Gesetz (§§ 248b, 290) der straflosen Gebrauchsanmaßung keine zeitliche Grenze setzt, muss man diese mit dem Begriff der Enteignung ziehen. Von ihr ist zu reden, wenn mit dem Gebrauch eine so **wesentliche Wertminderung** der Sache verbunden ist, dass sie ihren **Gebrauchs-** oder **Verkehrswert** für den Eigentümer weitgehend verloren hat[238]. Davon kann sicher bei vollständigem oder teilweisem Funktionsverlust, uU aber auch schon bei einer empfindlichen Werteinbuße die Rede sein[239]. Wo es an einer erheblichen Wertminderung fehlt (**Beispiel:** Wegnahme eines Campingzeltes im *Mai* mit dem Willen, es im *Oktober* nach dem Ende der schönen Jahreszeit in gepflegtem Zustand zurückzugeben), wird man den „*Enteignungscharakter*" der Tat bejahen dürfen, wenn ein objektiver Betrachter den Verlust der Sache nach den Anschauungen des täglichen Lebens als endgültig ansehen und eine Ersatzbeschaffung durch den Betroffenen für unumgänglich halten würde[240].

4. Absichtsbegriff im Diebstahlstatbestand

149 § 242 setzt (ebenso wie § 249) keine vollendete Zueignung, sondern nur die **Absicht** voraus, die weggenommene Sache **sich** oder einem **Dritten** rechtswidrig zuzueignen.

Die zum Zueignungsbegriff entwickelte Definition (Rn 136) ist daher bei §§ 242, 249 ins *Subjektive* zu übertragen[241]. Mit der in §§ 253, 259, 263 enthaltenen Bereicherungsabsicht darf die Zueignungsabsicht nicht verwechselt werden. Da Objekt der erstrebten wie der begangenen Zueignung auch eine Sache *ohne Vermögenswert* sein kann, sind die §§ 242 ff keine „Bereicherungsstraftaten"[242]. Freilich darf sich – wie bei diesen (§§ 253, 259, 263) die Bereicherungsabsicht schon immer – nun auch die Zueignungsabsicht seit dem **6. StrRG** (Rn 9, 127) auf einen *Dritten* beziehen.

a) Handeln mit animus rem sibi habendi

150 Die Absicht, **sich** die Sache zuzueignen, nimmt als nunmehr erste Alternative die überkommene Formulierung des § 242 auf. Ihre Bedeutung hat sich *nicht maßgeblich* (s. aber Rn 154) verändert. Unter **Absicht** ist der **auf Zueignung** gerichtete **Wille** zu verstehen. Innerhalb der in Aussicht genommenen Zueignungshandlung ist bei deren Auswirkungen wie folgt zu differenzieren: Die **Aneignung** der Sache oder des in ihr verkörperten Sachwertes muss das *Ziel* des Handelns sein, also mit unbedingtem Wil-

---

237 Vgl BGH GA 1960, 182; BayObLG NJW 61, 280.
238 Vgl BGHSt 34, 309, 312; OLG Hamm JMBl NW 60, 230; OLG Köln JMBl NW 62, 175.
239 *Kargl*, ZStW 103, 1991, 136, 184; *Rudolphi*, GA 1965, 33, 46; nach *Fricke*, MDR 88, 538: mehr als 50 %; zur Funktion des Sachwertbegriffs in diesen Fällen s. *Küper*, BT S. 483 f.
240 Ebenso *Blei*, BT § 52 II 2a; *Eisele*, BT II Rn 68; *Maurach/Schroeder/Maiwald*, BT I § 33 Rn 40; MK-*Schmitz*, § 242 Rn 126; *Welzel*, S. 342; aA *Rudolphi*, GA 1965, 33, 47.
241 Abw. *Kindhäuser*, BT II § 2 Rn 76 ff: Zueignung wird durch Wegnahme vollzogen; dagegen wie hier A/W-*Heinrich*, § 13 Rn 69 ff; *Mitsch*, BT II/1 § 1 Rn 97.
242 Vgl BGH GA 1969, 306; NJW 70, 1753; 77, 1460.

len **erstrebt** werden. Dass sie vom Täter nur als mögliche Folge seines Verhaltens *in Kauf genommen* wird, reicht nicht aus[243]. Auf die **Enteignung** des Berechtigten und die damit verbundene endgültige Ausschlusswirkung zulasten des Eigentümers braucht es dem Täter dagegen nicht anzukommen. In dieser Hinsicht lässt die hM **einfachen Vorsatz** unter Einschluss des *dolus eventualis* genügen[244].

Für diese Unterscheidung zwischen *Aneignungsabsicht* und *Enteignungsvorsatz*[245] spricht, dass § 242 sonst keine praktische Bedeutung hätte und seinen Schutzzweck verfehlen würde, weil Diebstähle durchweg aus Gründen des Eigennutzes und nicht etwa *zwecks* Schädigung des Opfers begangen werden. Auf die Enteignung als solche kommt es dem Dieb in aller Regel nicht an; insbesondere bei der Entwendung von Kraftfahrzeugen, die nach dem unbefugten Gebrauch irgendwo abgestellt und wahllos preisgegeben werden, pflegt der Täter (sofern ihm dieser Umstand nicht völlig gleichgültig ist) es nur *in Kauf zu nehmen*, dass es zu einem dauernden Verlust des Fahrzeugs für dessen Eigentümer kommt. **151**

Ob die erstrebte Zueignung das *Motiv* zur Tat bildet oder den vom Täter verfolgten Endzweck darstellt, ist unerheblich[246].

Am Vorliegen dieser Absicht ist nicht zu zweifeln, wenn der Täter – wie B im **Fall 10b** – die fremde Sache **für sich haben** und behalten will, also mit dem *animus rem sibi habendi* das Ziel verfolgt, sich wirtschaftlich voll und ganz an die Stelle des Eigentümers zu setzen und die Sache dadurch *seinem* Vermögen einzuverleiben. **152**

b) Handeln mit Drittzueignungsabsicht

Mit der Absicht, die Sache einem **Dritten** zuzueignen, stellt das **6. StrRG** (Rn 9, 127) der eigennützigen eine *altruistische* Alternative zur Seite. Sie lässt die Absicht des Täters genügen, *die Sache in das Drittvermögen zu überführen*, sei es dadurch, dass der Täter die Sache dem Dritten selbst *verschaffen*, sei es dadurch, dass er dem Dritten *die* Aneignung *ermöglichen* will[247], die in der 1. Alternative der Täter für sich anstreben muss. Dabei wird für die bloße Ermöglichung der Drittzueignung zurecht die Beabsichtigung eines die Sachherrschaft täterschaftlich verändernden Verhaltens zu Gunsten des Dritten verlangt[248], das aber anders als beim Verschaffen nicht in ei- **153**

---

243 Vgl BGH VRS 22, 206; RGSt 49, 140, 142 f.
244 *Fischer*, § 242 Rn 41; *Lackner/Kühl*, § 242 Rn 25; *Rengier*, BT I § 2 Rn 40; *Tenckhoff*, JuS 80, 723, 726; *Witzigmann*, JA 09, 492; trotz aA im Ergebnis ähnlich *Maiwald*, Der Zueignungsbegriff im System der Eigentumsdelikte 1970, S. 174 ff; *Schmitz*, Otto-FS S. 773 ff; anders A/W-*Heinrich*, § 13 Rn 87.
245 Krit. zur Übertragung der Vorsatzformen auf die Zueignungsabsicht *Gössel*, Zipf-GS S. 217.
246 RGSt 49, 140, 142; *Lackner/Kühl*, § 242 Rn 25.
247 *Küper*, BT S. 484 f; de lege lata gegen die Alternative bloßer Ermöglichung *Rönnau*, GA 00, 423 f; enger auch HK-GS/*Duttge*, § 242 Rn 48; MK-*Schmitz*, § 242 Rn 136; *Schmitz*, Otto-FS S. 770 ff.
248 *Fischer*, § 242 Rn 48; *Otto*, Jura 98, 551; *Rengier*, BT I § 2 Rn 69 f; S/S-*Eser*, § 242 Rn 58; zu eng *Kindhäuser*, BT II § 2 Rn 119, der eine dem Täter zurechenbare Eigenbesitz*begründung* durch den Dritten voraussetzt; ähnlich MK-*Schmitz*, § 242 Rn 136; dagegen bei § 242 *Kauffmann*, Zur Identität des strafrechtlichen Zueignungsbegriffs 2005, S. 209 f; vgl auch BGH wistra 07, 18, 20 zu § 246; zur Sachherrschaft als Abgrenzungskriterium s. auch *Hauck*, Drittzueignung und Beteiligung 2007, S. 210 ff.

nem Übergabeakt bestehen muss[249]. Drittzueignungsabsicht hat daher der, der Geld stiehlt, um es auf das Konto eines Dritten zu leiten oder dessen Schulden zu begleichen wie der, der gestohlenes Holz vor der Haustür des verarmten Nachbarn abzuladen gedenkt, um diesem das Beheizen seines Ofens zu ermöglichen. Auch die Drittzueignungsabsicht muss der wenigstens einfache Vorsatz begleiten, dass es infolge der Drittzueignung zu einem dauernden Verlust der Sache für den Eigentümer kommt. Der *Gegenstand* der Absicht, die *Zueignung*, ist danach in beiden Alternativen gleich. Deshalb reicht es auch für eine Drittzueignungsabsicht nicht aus, wenn der Täter dem Dritten nur ermöglichen will, die Sache zu zerstören, dem Eigentümer zu entziehen oder mit ihr zu Gunsten des Eigentümers zu verfahren (Rn 137 ff). Andererseits fehlt es am Enteignungsvorsatz, wenn der Täter davon ausgeht, der Dritte werde die Sache nach vorübergehendem Gebrauch zurückführen[250] (Rn 142 ff). Einen wie auch immer gearteten *Vorteil* muss der Täter für sich dagegen bei der Drittzueignung nicht (mehr) anstreben. Die Strafbarkeitslücke, die sich beim Fehlen eines solchen Vorteilsstrebens iR des Sich-Zueignens bei einer eigenmächtigen Drittverfügung nach der überkommenen Rechtsprechung auftat[251], hat das **6. StrRG** bewusst geschlossen (BT-Ds 13/8587, S. 43).

153a Nach dieser gesetzgeberischen Entscheidung ist im überlieferten Schulbeispiel der Knecht, der auf Geheiß seines Herrn Gänse des Nachbarn aus dessen Gänsebucht in den Stall des Bauern treibt[252], *Täter* der *altruistischen* Variante, der Herr Anstifter[253]. Freilich setzt Drittzueignungs*absicht* voraus, dass es dem Täter auf die Drittaneignung ankommt. Findet sich der Knecht mit der Aneignung durch den Herrn als unerwünschte oder auch erwünschte Nebenfolge[254] nur ab, ist er mangels Drittaneignungsabsicht nicht Täter, sondern richtigerweise nur Gehilfe einer vom Bauern mangels Herrschaft über die Wegnahme nur begehbaren Unterschlagung[255]. Erkennt man das absichtslos-dolose Werkzeug an, kommt in solchen und ähnlichen Konstellationen für den Hintermann auch Diebstahl in **mittelbarer Täterschaft** in Betracht[256]. Hier lebt der alte Streit also fort[257]. *Trotz* Drittzueignungsabsicht entfällt andererseits Täterschaft auch dann, wenn der Beteiligte dem Dritten bei dessen Wegnahme nur hilft, indem er zB beim Einbruch Schmiere steht oder dem Dritten den Zugriff auf die Sache nur erleichtert, ihm sie aber nicht selbst verschaffen oder ihre Aneignung nicht durch eigene Einwirkung auf die Sache ermöglichen will. Die Drittzueignungsabsicht ist folglich notwendige, aber nicht hinreichende Bedingung für Täterschaft; auch für Teilnahme bleibt trotz ihres Vorliegens Raum[258]. Das ist auch vor der Annahme einer bei bloßer

---

249 So aber wohl *Rengier*, BT I § 2 Rn 70; S/S-*Eser*, § 242 Rn 58; wie hier *Dencker*, Rudolphi-FS S. 425, 435; *Eisele*, BT II Rn 75.
250 *Lackner/Kühl*, § 242 Rn 26a; SK-*Hoyer*, § 242 Rn 92.
251 BGHSt 41, 187, 194.
252 *Welzel*, S. 104; zur str. Lösung nach altem Recht s. *Krey*, BT II, 11. Aufl. 1997, Rn 79 ff; LK-*Roxin* 11. Aufl. 1992, § 25 Rn 140 f; *Roxin*, Täterschaft und Tatherrschaft, 6. Aufl. 1994, S. 339 ff; ferner Fahl, JA 04, 287 ff. Im anders gelagerten Original-Gänsebuchtfall RGSt 48, 58 liegt ein Sich-Zueignen vor, s. A/W-*Heinrich*, § 13 Rn 62; s. dazu auch *Witzigmann*, Das „absichtslos-dolose Werkzeug" 2009, S. 216 f.
253 *Küper*, BT S. 486; *Mitsch*, BT II/1 § 1 Rn 164 f.
254 S. dazu *Krey/Hellmann*, BT II Rn 89, 89a.
255 *Krey*, BT II, 11. Aufl. 1997, Rn 83, 89 mwN; *Krey/Hellmann*, BT II Rn 89d.
256 *Lackner/Kühl*, § 242 Rn 26a; *Wessels/Beulke*, AT Rn 537; einschr. *Witzigmann*, Das „absichtslos-dolose" Werkzeug 2009, S. 250 ff, 254 f; zur Falllösung S. 288 ff.
257 *Dencker*, in: *Dencker* ua, Einführung in das 6. StrRG 1998, S. 18.
258 S. *Maiwald*, Der Zueignungsbegriff im System der Eigentumsdelikte 1970, S. 245; *Rengier*, BT I § 2 Rn 77, 97.

Drittzueignungsabsicht jetzt möglichen **Mittäterschaft** zu beachten[259]. Nur so lässt sich der Vorwurf entkräften, der Gesetzgeber habe mit der Aufnahme der Drittzueignungsabsicht die Maßstäbe der Abgrenzung zwischen Täterschaft und Teilnahme im Sinne einer Erweiterung der Täterschaft vergröbert[260] und den Bereich der Mittäterschaft in nicht absehbarem Umfang erweitert[261].

Mit Blick auf die Erweiterung der Zueignungsabsicht auf die Drittzueignung sind die herkömmlichen Drittzueignungsfälle *neu* zu bewerten. Dabei ist freilich zunächst an der Sacheinsicht festzuhalten, dass der Wille, den Eigentümer auf Dauer (= endgültig) aus seiner bisherigen Position zu verdrängen, nicht notwendig die Absicht voraussetzt, die fremde Sache unbegrenzt lange *für sich* zu behalten; anders als die *Enteignung* braucht die *Aneignung* nicht auf Dauer angelegt zu sein[262]. **Sich** zueignen will daher nach wie vor auch derjenige, der von vornherein entschlossen ist, die weggenommene Sache **für eigene Rechnung zu veräußern** oder an einen Dritten zu **verschenken**[263]. Dann liegt allein Selbst-, nicht aber Drittzueignung vor. Wer beides bejaht, hat angesichts der Gleichwertigkeit der Absichten keinen vernünftigen Grund, die Drittzueignung für subsidiär zu erklären[264]. Entscheidend ist hier allein, dass die entgeltliche Veräußerung oder unentgeltliche Zuwendung an den Dritten die **Anmaßung der eigentümerähnlichen Verfügungsgewalt** durch den Täter zum Ausdruck bringt (= *se ut dominum gerere*) und **in enger Beziehung zu seinem Vermögen** steht. Diese Voraussetzungen sind nicht nur gegeben, wenn der Betreffende die Sache gegen Entgelt veräußert, sondern auch, wenn er über die Sache als *Schenker* oder *Spender* verfügt; denn wer sich auf Kosten des Bestohlenen freigebig zeigt, erspart dadurch Aufwendungen aus dem eigenen Vermögen[265] und nutzt die Sache nicht anders als bei der Veräußerung für sich. Die **Rechtsprechung**, die in solchen Fällen zumeist nicht von Substanz-, wohl aber von Sachwertzueignung spricht, kommt zum gleichen Ergebnis, soweit sie verlangt, dass der Täter *im eigenen Namen* verfügt[266].

154

Berechtigung und Anlass, für das **Sich**-Zueignen weniger ausreichen zu lassen, besteht nach der Neufassung nicht mehr. Deshalb sollte man einerseits die Auffassung preisgeben[267], **jede** eigenmächtige Verfügung zu Gunsten eines Dritten setze ein Sich-Zueignen **notwendig** voraus[268]. Diese Auffassung nimmt dem Aneignungsmoment im

155

---

259 *Ingelfinger*, JuS 98, 534 f; *Jäger*, JuS 00, 653; *Krey/Hellmann*, BT II Rn 86d; *Noak*, Drittzueignung und 6. StrRG 1999, S. 38 f.

260 So BE-*Noak*, S. 68; *Schmid-Hopmeier*, Das Problem der Drittzueignung 1999, S. 210; *Noak*, Drittzueignung und 6. StrRG 1999, S. 79 ff.

261 *Lackner/Kühl*, § 242 Rn 26a; *Schroth*, BT, 3. Aufl. 2000, S. 120 (s. jetzt – 4. Aufl. – S. 152).

262 BGH NStZ 81, 63.

263 Vgl *Jäger*, BT Rn 154; *ders.*, JuS 00, 651; *Mitsch*, BT II/1 § 1 Rn 133 f; NK-*Kindhäuser*, § 242 Rn 105; OLG Düsseldorf JZ 86, 203.

264 Für das Vorliegen beider Absichten *Krey/Hellmann*, BT II Rn 80b, c; *Rengier*, BT I § 2 Rn 73; für Subsidiarität der Drittzueignung *Eisele*, BT II Rn 74; *Rengier*, BT I § 13 Rn 73a; diff. *Gropp*, JuS 99, 1045; gegen Überschneidungen dagegen auch A/W-*Heinrich*, § 13 Rn 117; *Kindhäuser*, § 242 Rn 110, 112; iE auch *Maiwald*, Schreiber-FS S. 319 f.

265 SK-*Samson*, 4. Aufl., § 242 Rn 77.

266 BGHSt 4, 236, 238; Substanzzueignung bejahen A/W-*Heinrich*, § 13 Rn 75, 113; diff. *Krey/Hellmann*, BT II Rn 74, 80a.

267 S. auch *Dencker*, in: *Dencker* ua, Einführung in das 6. StrRG 1998, S. 19; *Küper*, BT S. 485 f.

268 So noch *Roxin*, Täterschaft und Tatherrschaft, 6. Aufl. 1994, S. 341 ff; *Rudolphi*, GA 1965, 41, 51 f; *Tenckhoff*, JuS 80, 725 f; ähnlich BGH NStZ 95, 442; *Hauf*, DRiZ 95, 144, 146; *Otto*, Jura 97, 469; *Wolfslast*, NStZ 94, 542, 544.

Sich-Zueignen jede Bedeutung[269]. Auch verträgt sie sich mit der neuen Gesetzeslage nicht; denn träfe die behauptete Sachlogik zu, hätte sich der Gesetzgeber für eine Tautologie entschieden. Andererseits kann und sollte die Rechtsprechung ihre Auffassung aufgeben, dass bei einer eigenmächtigen Verfügung von einem Sich-Zueignen auch dann noch zu reden sei, wenn nur der Täter, sei es auch mittelbar, einen **irgendwie messbaren Vorteil** erstrebe[270]. Zum einen weist das Gesetz die Drittverschaffung unabhängig von eigenem Vorteilsstreben der 2. Alternative zu[271]. Zum anderen genügt dem Objekt der Zueignung nach wie vor nicht *jeder* beliebige Vorteil. Wer anders entscheidet, lässt Überschneidungen beider Alternativen zu und ersetzt Sachzueignung durch bloße Bereicherung[272]. Diese Gefahr schließt nicht aus, wer den erstrebten Vorteil auf einen solchen nur *regelmäßig wirtschaftlicher Art* beschränkt[273]. Danach ist in Fällen der Drittüberlassung von einem Sich-Zueignen nur zu sprechen, wenn der Täter die Sache an den Dritten veräußern oder verschenken will. Alle übrigen Fälle eigenmächtiger Verfügung über die Sache sind solche der Drittzueignung, soweit deren spezifische täterschafts- und absichtsbegründenden Voraussetzungen (Rn 153) hinzutreten.

> Im **Fall 10c** ist B daher wie auch im **Fall 10d** wegen Diebstahls zu bestrafen. Dabei kommt es im Fall 10d nicht darauf an, ob B aus Anlass des Jubiläums zu einer Zuwendung an F *verpflichtet* war, denn das ändert an der realen Ersparung eigener Aufwendungen für das tatsächlich Geleistete nichts[274]. Im **Fall 10e** liegt kein Verschenken oder Spenden vor, mit dem sich B *erkennbar* an die Stelle des Berechtigten setzt und aus *seinem* Vermögen freigebig erweist. Daher ist in Fällen einer anonymen Spende ein Sich-Zueignen zu verneinen[275]. Es liegt aber die Absicht vor, dem Museum als Drittem die Briefmarke rechtswidrig zwecks Aneignung zu verschaffen und sie dadurch dem Eigentümer auf Dauer zu entziehen.

156 Anders als bei der *Rückveräußerung an den Bestohlenen selbst* (vgl Rn 158) ist es bei einer Veräußerung oder Zuwendung der Sache **an Dritte** belanglos, ob der Täter sich als Eigentümer *bezeichnet* oder sonst[276] den Eindruck erweckt, dass ihm die Sache gehöre.

Wer beispielsweise die Beute an einen eingeweihten Hehler veräußert, pflegt nicht zu behaupten, Eigentümer im juristischen Sinne zu sein. Der Anwendbarkeit des § 242 steht das aber nicht entgegen, da es genügt, dass der Täter sich *wirtschaftlich* an die Stelle des Berechtigten setzen und **für eigene Rechnung gleich einem Eigentümer über die Sache verfügen** will[277].

---

269 Krit. schon nach altem Recht daher BGHSt 41, 187, 194; *Küper*, JuS 86, 862, 867 f; *Werle*, Jura 79, 485, 486.
270 BGHSt 4, 236, 238; 17, 87, 92 f; 40, 8, 18; BGH NJW 70, 1753; 85, 812; 94, 1228, 1230.
271 Ebenso *Rengier* BT I § 2 Rn 76.
272 *Krey/Hellmann*, BT II Rn 80c.
273 BGHSt 41, 187, 194; diese Formulierung ist kaum enger als „Nutzen im weitesten Sinne", so BGH NStZ 95, 131, 133.
274 Enger SK-*Samson*, 4. Aufl., § 242 Rn 77.
275 *Schröder*, Anm. NJW 70, 1754; aA *Arzt/Weber*, BT § 13 Rn 119; *Rengier*, BT I § 2 Rn 72a.
276 Wie zB im Gänsebuchtfall RGSt 48, 58.
277 Näher *Bloy*, JA 87, 187; s. dazu auch *Kindhäuser*, BT II § 2 Rn 90 f; *Mitsch*, BT II/1 § 1 Rn 134; *Wolfslast*, Anm. NStZ 94, 542; enger S/S-*Eser*, § 242 Rn 47.

5. Problematische Fallgestaltungen

In *beiden* Alternativen ist das *Bezugsobjekt* der Absicht, die **Zueignung**, gleich **157** (Rn 127, 153). Wie der Täter oder in seiner Vorstellung der Dritte mit der Sache verfahren und welches gegenständliche Substrat er oder der Dritte gewinnen wollen muss, um von *Zueignungs*absicht zu sprechen, ist nicht nur in den Grundlagen (Rn 130 ff), sondern häufig auch trotz Übereinstimmung hierzu für zahlreiche **Grenzkonstellationen** umstritten. Dabei geht es den Vereinigungslehren angesichts des verhältnismäßig klaren *Kerns* der *Substanzzueignung*[278] vornehmlich um **Inhalt** und **Grenzen** des **Sachwertes**, der *erweiterten* Substanztheorie (Rn 133) dagegen um die Bestimmung der Verwendungs- und Funktionsmöglichkeiten, deren Inanspruchnahme *Substanzzueignung* bedeutet. *Inhaltlich* sind diese Fragen annähernd gleich. Sie werden hier auf dem Boden einer **Vereinigungslehre** mit **engem Sachwertbegriff** entschieden[279].

a) Rückveräußerung an den Eigentümer

Umstritten ist, ob derjenige einen Diebstahl begeht, der eine fremde Sache in der Absicht wegnimmt, sie als *angeblich eigene* dem betroffenen Eigentümer zum Kauf, zum Tausch oder – insbesondere bei Geld – zur Erfüllung einer Verbindlichkeit anzubieten. Rechtsprechung und hM bejahen das Vorliegen der Zueignungsabsicht und einer auf Dauer angelegten *Enteignung* auch bei einer ins Auge gefassten **Rückveräußerung an den Sacheigentümer**. Dabei erfüllt die erste Alternative, wer die Rückveräußerung selbst, die zweite, wer sie einem Dritten durch Verschaffen der Sache ermöglichen will[280]. **158**

Die Mindermeinung hält dem entgegen, bei Rückerlangung der Sache durch den Eigentümer werde diesem weder die Nutzung der Substanz noch der Sachwert entzogen; in der Wegnahme liege daher nur eine – als Gebrauchsanmaßung – straflose Vorbereitungshandlung zum **Betrug** gegenüber dem Eigentümer[281]. **159**

Diese Gegenansicht führt, was man hinnehmen kann[282], zu beträchtlichen Strafbarkeitslücken und liefert dem Dieb, der die Beute noch besitzt, eine vortreffliche Schutzbehauptung. Sie ist aber auch sachlich unzutreffend, da es unter den genannten Umständen an allen Wesensmerkmalen einer *Gebrauchsanmaßung* fehlt und dem Eigentümer jedenfalls der in **der Sache verkörperte wirtschaftliche Wert**[283] **endgültig entzogen** wird:

---

278 A/W-*Heinrich*, § 13 Rn 75, 93; *Bloy*, JA 87, 189.

279 S. *Hillenkamp*, BT 21. Problem.

280 So RGSt 57, 199 im „*Getreide*-" und RGSt 40, 10 im „*Biermarkenfall*", bestätigt in BGHSt 24, 115, 119 für den ähnlichen Fall des *Ausgleichs von Kassenfehlbeständen* mit Geldern des Berechtigten; ebenso *Eisele*, BT II Rn 69; *Krey/Hellmann*, BT II, Rn 74; *Lackner/Kühl*, § 242 Rn 26; *Ranft*, JA 84, 277, 282; *Rengier*, BT I § 2 Rn 62; *Rudolphi*, GA 1965, 33, 43; *Wessels*, NJW 65, 1153, 1156.

281 Vgl dazu *Bockelmann*, BT I S. 20; *Grunewald*, GA 05, 520, 524 ff, 531 ff; *Maiwald*, JA 71, 579, 581; *Mitsch*, BT II/1 § 1 Rn 115; *Seelmann*, JuS 85, 290; SK-*Hoyer*, § 242 Rn 95.

282 S. Rn 6 und *Seelmann*, JuS 85, 290.

283 AA *Stoffers*, Jura 95, 117.

Um eine bloße *Gebrauchsanmaßung* kann es sich nicht handeln, weil die entwendete Sache dem Eigentümer **nicht** als *ihm gehörend* zurückgegeben, sondern als angeblich *dem Täter gehörend* nur zum Neuerwerb angeboten wird[284]. Darin liegt nicht eine Wiederherstellung der *bisherigen* Eigentümerposition, sondern gerade eine **Leugnung** der Rechte des Eigentümers, dem lediglich die Chance eingeräumt wird, sich eine *neue* Sachherrschaftsbeziehung zu erkaufen. Das Angebot, ihm die Sache gegen Entgelt zu „übereignen", setzt notwendigerweise deren vorherige Zueignung durch den Täter voraus. Von dem in der Sache verkörperten Wert (= *Veräußerungswert*) wird der Eigentümer insoweit ausgeschlossen, als dieser in das Vermögen des Täters fließt; selbst wenn der Eigentümer nunmehr die „zurückerworbene" Sache für sich verwertet, kann er damit nur das „Loch des entgeltlichen Rückerwerbs" stopfen[285]. Die Abgrenzung zwischen Diebstahl und Gebrauchsanmaßung muss sich *hier* nach dem Vorliegen oder Fehlen einer **Eigentumsleugnung** richten[286]. Im **Fall 10f** hat B daher ebenfalls einen Diebstahl begangen, hinter den der spätere Betrug, wenn man einen Schaden bejaht, als sog. Sicherungsbetrug zurücktritt[287]. Gleiches gilt bei der Entwendung von **standardisiertem Leergut** (wie zB Eurobierflaschen) aus dem Leergutbestand eines Getränkemarktes in der Absicht, es diesem, der Eigentümer der Flaschen ist, gegen das Pfandgeld zurückzugeben. Geht es hierbei dagegen um im Eigentum des Herstellers verbliebenes **individualisiertes** Pfandleergut, will der Entwender – wie im „Windhund-" und „Dienstmützen-Fall" (s. Rn 173 ff) – nur den Täuschungswert nutzen. Diebstahl liegt dann folglich nicht vor[288].

Am Enteignungswillen und an der Zueignungsabsicht würde es auch fehlen, wenn jemand einem Hehler Hehlgut wegnimmt, um es an den bestohlenen Eigentümer *als diesem gehörend* zurückzugeben[289].

b) Entwendung von Legitimationspapieren

160 Die Wegnahme eines fremden **Sparbuchs** mit dem Ziel, es nach Abhebung eines Teilbetrages an den Eigentümer (= als ihm gehörend, aber teilentwertet) zurückzugeben, verwirklicht nach hM[290] alle Voraussetzungen des § 242. Sparbücher sind *qualifizierte* Legitimationspapiere iS des § 808 BGB, in denen der Gläubiger *namentlich benannt* ist und die mit der Bestimmung ausgegeben werden, dass der Schuldner nur gegen Aushändigung der Urkunde zu leisten braucht und die darin versprochene Leistung mit befreiender Wirkung an den Inhaber erbringen darf, ohne dass dieser berechtigt ist, die Leistung auf Grund der bloßen Innehabung der Urkunde **zu verlangen**[291]. Das Eigentum am Sparbuch folgt gemäß § 952 BGB dem „Recht aus dem Papier", steht

---

284 S. hierzu *Graul*, JuS 99, 563; *Hellmann*, JuS 01, 354.
285 *Eser*, Strafrecht IV S. 32; ebenso BGH JZ 80, 648 zur Frage der Schadenszufügung und eines etwaigen Schadensausgleichs in zivilrechtlicher Hinsicht.
286 So auch BGHSt 24, 115, 119; *Jäger*, BT Rn 230.
287 *Rengier*, BT I § 2 Rn 62; vom Boden der *erweiterten* Substanztheorie aus iE übereinstimmend A/W-*Heinrich*, § 13 Rn 116; *Kindhäuser*, § 242 Rn 93; *Rudolphi*, GA 1965, 43.
288 Nach OLG Hamm NStZ 08, 154, 155 kommt dann § 289 in Betracht; wie hier *Rengier*, BT I § 2 Rn 62a; zur Entwendung von Leergut vgl ferner AG Flensburg NStZ 06, 101 mit Bespr. *Kudlich*, JA 06, 571; *Schmitz/Goeckenjahn/Ischebeck*, Jura 06, 821; *Hellmann*, JuS 01, 355; *Rönnau/Golombek*, JuS 07, 349.
289 BGH JZ 85, 198 mit zust. Anm. *Rudolphi*, JR 85, 252.
290 *Jäger*, BT Rn 222; *Rengier*, BT I § 2 Rn 48; aA *Gössel*, BT II § 6 Rn 19, 49; *Miehe*, Heidelberg-FS S. 497 f; MK-*Schmitz*, § 242 Rn 122.
291 Näher BGHZ 28, 368, 370; 42, 302, 305; 64, 278, 282.

also immer demjenigen zu, der *Gläubiger* der Darlehensforderung ist. **Objekt** des Diebstahls bei Entwendungen dieser Art ist das *Sparbuch* als fremde bewegliche Sache. Maßgebend für die Bejahung der *Zueignungsabsicht* ist, dass der Täter (bzw in der zweiten Alternative der Dritte) sich unter Anmaßung der Rechte des Eigentümers den im Sparbuch verkörperten Sachwert verschaffen und den Berechtigten davon auf Dauer ausschließen will[292].

Für die Annahme einer *Gebrauchsanmaßung* bleibt hier kein Raum, weil der Täter sich durch Abhebung des Teilbetrages außer Stande setzt, das Sparbuch **ohne Wertminderung** an den Berechtigten zurückzugeben (vgl Rn 143, 148), durch die im Extremfall nur die „papierne, absolut wertlose Substanz" zurückkehrt[293]. Vertreter der erweiterten Substanztheorie sehen in dem teilweisen Funktionsverlust eine *Substanz*einbuße[294], die zwar zu keinem anderen Ergebnis führt, sich aber in Wahrheit nur mit einer Anleihe bei der Sachwerttheorie behaupten lässt[295].

> Im **Fall 9** ist A demnach des Sparbuchdiebstahls schuldig. Da er zur Zeit der Tat mit G in *häuslicher Gemeinschaft* lebte, bedarf es zur Strafverfolgung aber eines Strafantrags des G (§ 247).

Das einem Sparbuchdiebstahl nachfolgende *Abheben* des *Geldes*, an welchem der **161** Täter durch Einigung und Übergabe gemäß § 929 S 1 BGB *Eigentum* erlangt, hat mit der Vollendung des vorausgegangenen Diebstahls nichts mehr zu tun. Ob es die Merkmale des Betrugs (zum Nachteil des Darlehensgläubigers durch Vorspiegeln der Verfügungsberechtigung gegenüber den Angestellten des Geldinstitutes) erfüllt, ist umstritten[296]. Vielfach wird angenommen, dass der die Auszahlung verfügende Bank- oder Sparkassenangestellte sich wegen der **Legitimationswirkung** iS des § 808 I S 1 BGB *gar keine Gedanken* über die sachliche Berechtigung des Sparbuchinhabers mache, insoweit also **keinem Irrtum** erliege (krit. dazu Rn 509). Bejaht man Diebstahl, hat diese Streitfrage für den Dieb keine praktische Bedeutung, weil er beim Abheben des Geldes nur die Vorteile ausnutzt und verwertet, die ihm die Vortat verschafft hat, sodass ein etwaiger Betrug zum Nachteil des bestohlenen Sparbucheigentümers im Verhältnis zum Diebstahl eine *mitbestrafte Nachtat* wäre[297].

Ein Betrug zum Nachteil des Bestohlenen kommt aber dann in Betracht, wenn in der Zwischenzeit eine **Sperre** des Sparkontos verfügt worden war und der Täter vor oder bei dem Abheben des Geldes durch eine geschickte Täuschung die Beseitigung dieser Kontosperre erwirkt hatte[298].

---

292 Näher RGSt 26, 151, 152 ff; 39, 239, 242 ff; *Eisele*, BT II Rn 64; *Heghmanns*, Rn 1050; *Krey/Hellmann*, BT II Rn 50 ff; *Rengier*, BT I § 2 Rn 48; ist das Sparbuch entgegen der Annahme des Täters leer, liegt ein untauglicher Versuch vor, s. *Maurach/Schroeder/Maiwald*, BT I § 33 II Rn 57; *Schnabel*, NStZ 05, 18, 21.
293 RGSt 26, 151, 154.
294 A/W-*Heinrich*, § 13 Rn 99; *Rudolphi*, GA 1965, 54 f; *Seelmann*, JuS 85, 289.
295 *Krey/Hellmann*, BT II Rn 53; dagegen *Kindhäuser*, § 242 Rn 88.
296 Zweifelnd RGSt 39, 239, 242; abl. *Gössel*, BT II § 6 Rn 49; *Miehe*, Heidelberg-FS S. 498 f, die damit insgesamt zur *Straflosigkeit* kommen.
297 Vgl RGSt 39, 239, 243; BGH StV 92, 272; BGH NStZ 08, 396; *Fischer*, § 242 Rn 37, 59; LK-*Ruß*, § 242 Rn 60; *Wessels/Beulke*, AT Rn 795.
298 BGH NStZ 93, 591.

c)   Entwendung von Ausweispapieren

162   Die Entwendung von **Personalausweisen** und anderen Papieren ist nicht in jedem Falle mit einer Sparbuchentwendung zu vergleichen:

Zwar ist nach § 242 zu bestrafen, wer einen fremden Ausweis mit dem Willen wegnimmt, ihn dem Inhaber auf Dauer zu entziehen, um im Geschäftsverkehr unter dessen Namen auftreten zu können und sich dabei zur Legitimation des Ausweises zu bedienen[299]. An der Zueignungsabsicht **fehlt** es aber, wenn jemand seinem Arbeitskollegen einen **Zechenausweis** fortnimmt und ihn umgehend an den früheren Platz zurücklegt, nachdem er ihn dazu benutzt hat, unter dem Namen des Berechtigten eine Lohnvorauszahlung in Empfang zu nehmen[300]. Hier liegt in der missbräuchlichen Verwendung des Ausweises nur eine *Gebrauchsanmaßung* zur Begehung eines **Betrugs** durch Irreführung der Lohnzahlungsstelle. Für § 242 ist dagegen kein Raum, da der Berechtigte – wie vorgesehen – den Ausweis *ohne Wertminderung* als *ihm gehörend* zurückerhalten hat und ihm weder die Sachsubstanz noch ein im Ausweis selbst verkörperter Wert entzogen worden ist. Die Sachwerttheorie darf nicht so weit ausgedehnt werden, dass sie *jeden beliebigen* Vermögensvorteil erfasst, den der Gebrauch einer fremden Sache vermittelt. Anderenfalls verfälscht man den Diebstahl in ein Bereicherungsdelikt[301].

d)   Entwendung von Geldautomatenkarten

163   Den Sparbuchfällen vergleichbar ist die zeitweilige Nutzung einer Sparcard oder von Telefon- oder Geldkarten, auf denen Guthaben gespeichert sind, die der Täter in Anspruch nimmt[302]. Wesentliche Unterschiede gegenüber den Sparbuchfällen weist dagegen die Entwendung einer **Geldautomatenkarte** (auch *Codekarte* genannt) zum vorübergehenden Gebrauch in der Absicht auf, sich durch ihre missbräuchliche Verwendung zulasten eines fremden Girokontos **Bargeld** aus dem dafür vorgesehenen Automaten einer Bank oder Sparkasse zu verschaffen.

Die meisten Kreditinstitute haben **Geldautomaten** installiert, um ihren Kunden auch außerhalb der Schalterstunden das Abheben von Bargeld durch Verfügung über deren Girokonto zu ermöglichen. Zu diesem Zweck erhält der Kunde eine spezielle, vormals mit der eurocheque-Karte[303] kombinierte Codekarte, deren Magnetstreifen die eingespeicherten Daten des Kunden aufweist, die der Automat ablesen kann. Daneben wird dem Kunden eine nur ihm bekannte Geheimzahl zugeteilt, die er Dritten nicht mitteilen darf. Nach dem Einstecken der Codekarte gibt der Geldautomat seine Bedienungsvorrichtung für den Benutzer frei, dem über Bildschirm Schritt für Schritt mitgeteilt wird, was er jeweils zu tun hat. Wird neben dem gewünschten Betrag, für den pro Tag eine bestimmte Höchstgrenze besteht, die richtige Geheimzahl eingegeben, vergleicht das Gerät diese Eingaben mit den Daten der Geldautomatenkarte, prüft den Tag der letzten Verfügung und wirft, wenn sich keine Sperre ergibt, den verlangten Geldbetrag aus. Soweit der Geldautomat nicht im sog. „Onlinebetrieb" mit dem Zentralrechner des gerade angesprochenen Geldinstituts in direkter Verbindung steht, wird der Vorgang auf Magnetbändern erfasst und später auf dem Girokonto verbucht. Um Missbräuchen entgegenzuwirken, zieht das Gerät die ein-

---

299   BGH GA 1969, 306; einschr. *Kindhäuser*, § 242 Rn 97.
300   OLG Hamm JMBl NW 53, 153.
301   *Rengier*, BT I § 2 Rn 52 f; lehrreich dazu auch BayObLG NJW 92, 1777.
302   *Kindhäuser*, § 242 Rn 95; *Schnabel*, NStZ 05, 18; zur unterschiedlichen Behandlung von Sparcard und ec-card s. *Schramm*, JuS 08, 774.
303   S. zu ihrer mit Wegfall des garantierten Euroscheckverkehrs zum 1.1.2002 vorgesehenen Ersetzung durch die Maestro-Karte *Baier*, ZRP 01, 454.

gelegte Codekarte automatisch ein, wenn nicht spätestens bei der dritten Aufforderung die *richtige* Geheimzahl eingegeben wird.

Nach den gebräuchlichen **Ausgabebedingungen** verbleibt die Codekarte im **Eigentum des Geldinstitutes**. Der Kontoinhaber weiß und muss gegen sich gelten lassen, dass jeder, der im Besitz seiner Codekarte ist und die Geheimzahl kennt, über das Girokonto verfügen kann. Abhebungen durch **Unbefugte** gingen ursprünglich voll zu seinen Lasten; in dieser Hinsicht galten schon seit Ende 1988 veränderte Bedingungen, die von den Kreditinstituten seit 1.1.2002 auf die neuen Kartenformen und -funktionen umgestellt worden sind[304].

Ein Diebstahl der Codekarte ist zweifelsfrei gegeben, wenn diese mit dem Willen **164** weggenommen wird, sie nicht wieder an den Berechtigten zurückzugeben, sondern sie nach erfolgtem Gebrauch zu behalten oder zu vernichten. Aneignungsabsicht und Enteignungsvorsatz sind dann unschwer zu begründen. § 248a findet keine Anwendung[305] (Rn 311, 213). Ein solcher Diebstahl tritt auch nicht als mitbestrafte Vortat hinter einem durch Geldabhebung begangenen Computerbetrug zurück[306]. Anders liegt es, wenn die Codekarte nach ihrer missbräuchlichen Verwendung alsbald wieder in den Besitz des Berechtigten zurückgelangen soll.

Beispiel: Während der Kaufmann K das Wochenende mit seiner Familie auf Sylt verbringt, ent- **165** deckt die Putzfrau P beim Säubern seiner Wohnung im unverschlossenen Schreibtisch eine Geldautomatenkarte nebst einem Zettel, auf welchem K die ihm vor einigen Tagen von der Stadtsparkasse zugeteilte Geheimzahl notiert hat. Da P gerade in einer finanziellen Klemme steckt, nimmt sie die Codekarte des K an sich, prägt sich die Geheimzahl ein und hebt am Geldautomaten der Sparkasse 400 EUR ab, um damit ihre Schulden zu begleichen. Sodann legt sie die Codekarte in den Schreibtisch des K zurück, der nach seiner Rückkehr feststellt, dass auf seinem Girokonto 400 EUR abgebucht sind.

Strafbarkeit der P?

Der objektive Tatbestand des § 242 ist in solchen Fällen zwar unabhängig davon, ob **166** die Karte dem Kunden oder der ausgebenden Bank gehört[307], erfüllt. Ein Diebstahl der Codekarte muss indessen verneint werden, da im Augenblick der Wegnahme **nicht mit Zueignungsabsicht** gehandelt wird[308]. Es fehlt zwar nicht am Aneignungselement, weil es dem Entwender darauf ankommt, die fremde Codekarte für eigene Zwecke zu nutzen und sie wenigstens vorübergehend dem eigenen Vermögen einzuverleiben. Ein Enteignungsvorsatz lässt sich jedoch nicht feststellen, da der Wille fehlt, dem Berechtigten die Codekarte *auf Dauer* zu entziehen und den Kartenausgeber faktisch aus seiner Eigentümerposition zu verdrängen. Vom Standpunkt der Substanztheorie aus liegt lediglich eine Gebrauchsanmaßung *(= furtum usus)* vor. Aber auch die Sach-

---

304 S. zB die in allen Volks- und Raiffeisenkassen bzw Sparkassen aushängenden „Sonderbedingungen für die VR-BankCard" bzw „Bedingungen für die Verwendung von SparkassenCards"; die vormaligen Bedingungen sind in NJW 89, 2607 sowie bei *Yoo*, Codekartenmissbrauch am POS-Kassen-System 1997, S. 150 f abgedruckt.
305 *Huff*, NStZ 85, 439 f; aA S/S-*Eser*, § 248a Rn 7.
306 BGH NJW 01, 1508 mit zust. Anm. *Wohlers*, NStZ 01, 539; umgekehrt ist auch der Computerbetrug nicht mitbestrafte Nachtat zu § 242, BGH NStZ 08, 396.
307 S. BGH NJW 01, 1508.
308 A/W-*Heinrich*, § 13 Rn 102; *Beulke*, Rn 360 f; *Eisele*, BT II Rn 63; *Krey/Hellmann*, BT II Rn 513e; *Lackner/Kühl*, § 242 Rn 23; *Rengier*, BT I § 2 Rn 54; *Yoo*, Codekartenmissbrauch am POS-Kassen-System 1997, S. 47 ff.

werttheorie führt hier zu keinem anderen Ergebnis, da die **Codekarte** nach dem Willen des Entwenders **ohne Wertminderung und ohne Eigentumsleugnung** an den Berechtigten zurückgelangen soll. Ein Vergleich mit den Sparbuchfällen, in denen die Zueignungsabsicht mit Sachwerterwägungen oder nach der modifizierten Substanztheorie mit dem Entzug einer wesentlichen Funktion bejaht werden kann, verdeutlicht die ins Gewicht fallenden Unterschiede recht anschaulich: Während ein Sparbuch über seinen stofflichen Substanzwert hinaus einen wirtschaftlichen Wert verkörpert, den man ihm bei Teilabhebungen in äußerlich erkennbarer Weise entziehen kann, bis schließlich (bei einem Restguthaben von 1 EUR) nur noch eine „Hülse ohne Kern" übrig bleibt, ist das bei einer Geldautomatenkarte nicht der Fall. Sie ist keine moderne Form des Sparbuchs, sondern ein Automatenschlüssel, der (zusammen mit der persönlichen Geheimzahl) die rein tatsächliche Möglichkeit eröffnet, über ein bestimmtes Girokonto zu verfügen. Die Codekarte verkörpert dieses Girokonto und das darauf ausgewiesene Guthaben aber nicht; sie erleidet durch eine missbräuchliche Verwendung auch keine bleibende Einbuße und verliert für die Zukunft nichts von dem Funktionswert, den ihre Existenz für den Berechtigten hat.

167 Infolgedessen liegt in der Wegnahme und der unbefugten Verwendung der Codekarte durch P (mit dem Willen zur alsbaldigen Rückgabe der Karte) nur eine straflose Gebrauchsanmaßung[309]. Eine Bestrafung wegen **Betrugs** (§ 263) scheitert schon daran, dass P niemanden getäuscht hat und nur Menschen in einen Irrtum versetzt werden können (vgl dazu Rn 508). Der Tatbestand des **Automatenmissbrauchs** (§ 265a) ist ebenfalls nicht erfüllt; ein *Erschleichen* der Leistung iS dieser Vorschrift setzt voraus, dass der Automat ordnungswidrig, also unter Missachtung der für seine Benutzung geltenden Regeln in Betrieb genommen wird (näher Rn 670 f). P hat den Geldautomaten aber *funktionsgerecht* bedient; ihr fehlte lediglich die Befugnis, über das Girokonto des K zu verfügen.

168 Fraglich ist, ob das aus dem Automaten erlangte **Bargeld** als Objekt eines Diebstahls oder einer Unterschlagung in Betracht kommt. Dies wurde zunächst überwiegend mit der Begründung verneint, dass die betreffenden Geldscheine bei vorschriftsmäßiger Bedienung des Geräts gemäß § 929 S 1 BGB im Wege der Einigung und Übergabe an denjenigen übereignet würden, der (ausgewiesen durch die Codekarte und die Kenntnis der Geheimzahl) die Leistung des Geldautomaten in Anspruch nehme. Von diesem Standpunkt aus lag unter den geschilderten Umständen beim Geldautomatenmissbrauch eine **Strafbarkeitslücke** vor, deren Schließung Sache des Gesetzgebers war[310].

169 Die Gegenmeinung, die das Vorliegen eines **Diebstahls** bejahte, war sich nicht einig, ob neben § 242 auch ein *besonders schwerer Fall* iS des § 243 I 2 Nr 2 anzunehmen sei[311].

---

309 Zutr. insoweit BGHSt 35, 152, 156 f; anders, aber nicht überzeugend *Seelmann*, S. 18.
310 So zB OLG Hamburg NJW 87, 336; OLG Schleswig NJW 86, 2652; *Dencker*, NStZ 82, 155; *Huff*, NStZ 85, 438 und NJW 87, 815; *Krey/Hellmann*, BT II Rn 514, 516; *Otto*, JR 87, 221 und BT § 40 Rn 39, § 42 Rn 16; *Schneider*, Anm. NStZ 87, 123; *Sonnen*, JA 84, 569; *Steinhilper*, GA 1985, 114 und Jura 83, 401, 408 ff; *Wiechers*, JuS 79, 847.
311 Vgl BayObLG NJW 87, 663 und 665; OLG Düsseldorf NStZ 87, 330; OLG Koblenz wistra 87, 261; *Gropp*, JZ 83, 487; *Jungwirth*, MDR 87, 537; *Lenckner/Winkelbauer*, wistra 84, 83; *Mitsch*, JuS 86, 767 und JZ 94, 877; *Schroth*, NJW 81, 729.

Für die vor dem 1.8.1986 begangenen Straftaten hat der BGH sich auf die Seite derer **170** gestellt, die hinsichtlich des Bargeldes eine **Unterschlagung** für gegeben hielten[312].

Eine Wegnahme iS des § 242 wurde vom BGH unter Hinweis auf das äußere Erscheinungsbild des Vorganges wie folgt abgelehnt: Gebe der Automat bei funktionsgerechter Bedienung den gewünschten Geldbetrag frei, so liege darin eine dem Aufsteller zurechenbare Gewahrsamsübertragung (= Übergabe iS des § 929 BGB). Bei natürlicher Betrachtung sei dieser Gewahrsamswechsel nicht anders zu beurteilen, als wenn ein Vertreter der Bank einem nachgeordneten Angestellten die Anweisung erteile, während seiner Abwesenheit einen Geldbetrag bis zu einer bestimmten Höhe an denjenigen herauszugeben, der sich durch den Besitz einer gültigen Scheckkarte und die zugehörige Geheimzahl legitimiere. Daraus sei aber nicht zu folgern, dass die Bank auch mit dem Übergang des **Eigentums** auf den unbefugten Benutzer des Geldautomaten einverstanden sei. Ihr Wille gehe vielmehr dahin, die Benutzung des Geldautomaten nicht jedermann, sondern nur dem Kontoinhaber zu erlauben, dem die Geheimzahl persönlich zugeteilt worden sei. Den Bedürfnissen des Geschäftsverkehrs entspreche es, den Missbrauch von Geldautomaten zu erschweren. Infolgedessen sei für die Zeit bis zum In-Kraft-Treten des § 263a Raum für die Anwendbarkeit des § 246.

Dem BGH ist darin beizupflichten, dass die äußerlich ordnungsgemäße, funktionsge- **171** rechte Bedienung eines Geldautomaten nicht als Wegnahme iS des § 242 anzusehen ist. Die von ihm gewählte Unterschlagungslösung entbehrt jedoch der Überzeugungskraft, weil es widersprüchlich erscheint, die Frage der Eigentumsübertragung anders zu beurteilen als die der einverständlichen Gewahrsamsübertragung. Gerade der vom BGH selbst gezogene Vergleich mit der Herausgabe eines Geldbetrages durch einen Bankangestellten an einen Nichtberechtigten, der durch den Besitz der Codekarte und die Kenntnis der Geheimzahl ausgewiesen ist, zwingt zu der Annahme, dass mit der „Herausgabe" des Geldes nicht nur der Gewahrsam, sondern auch das Eigentum auf den förmlich legitimierten Geldempfänger übertragen wird[313]. Insgesamt spricht daher mehr für die Ansicht, dass in dem erörterten Bereich eine **Strafbarkeitslücke** bestand, die seit dem 1.8.1986 durch den neuen **Straftatbestand des Computerbetruges (§ 263a)** geschlossen worden ist[314].

Die durch das 2. WiKG in das StGB eingefügte Vorschrift des § 263a erfasst auch die missbräuchliche Verwendung von Geldautomatenkarten. Sie bedroht ua den mit Strafe, der vorsätzlich und mit Bereicherungsabsicht das Vermögen eines anderen dadurch beschädigt, dass er das Ergebnis eines Datenverarbeitungsvorgangs durch die **unbefugte Verwendung von Daten** beeinflusst (vgl BT-Ds 10/5058, S. 30; näher Rn 598 ff).

Inzwischen hat der BGH klargestellt, dass die unbefugte **Entnahme von Geld** aus einem Bankautomaten mithilfe einer (im konkreten Fall unechten) Codekarte gegenwärtig nicht als Diebstahl oder Unterschlagung, sondern als **Computerbetrug** strafbar ist[315]. Für die Unterschlagung ist das aus der durch das 6. StrRG (Rn 9) eingefügten Subsidiaritätsklausel herzuleiten, wenn man Computerbetrug und Unterschlagung als gleichzeitig verwirklicht ansieht[316]. Ein Diebstahl bezüglich der **Karte** bleibt hiervon allerdings unberührt (s. Rn 164).

---

312 S. BGHSt 35, 152, 161; OLG Stuttgart NJW 87, 666; *Lackner/Kühl*, § 242 Rn 23; *Ranft*, Anm. JR 89, 165 und wistra 87, 79; *Schulz/Tscherwinka*, JA 91, 119.
313 Zutr. *Huff*, Anm. NJW 88, 981; *Schmitt/Ehrlicher*, Anm. JZ 88, 364; *Spahn*, Jura 89, 513; ebenso *Beulke*, Rn 367 f, 370; *Löhnig*, JR 99, 364; *Thaeter*, wistra 88, 339 und JA 88, 547.
314 So auch *Krey/Hellmann*, BT II Rn 513d.
315 BGHSt 38, 120, 124 f.
316 *Küper*, BT S. 492, 496.

e) Grenzen der Sachwerttheorie

172 Die **Grenzen der Sachwerttheorie** werden vielfach nicht richtig erkannt. Wie notwendig es ist, der Gefahr ihrer Ausuferung durch eine möglichst *restriktive* Handhabung zu begegnen, wird an einigen (der Rechtsprechung entnommenen) Beispielen deutlich:

173 **Fall 11:** In einer Tageszeitung der Kleinstadt S ist folgende Anzeige erschienen: *Afghanischer Windhund entlaufen. Finderlohn 100 EUR. Edelmann, Bahnhofstraße 11.* Der Fliesenleger F, der die Zeitung gelesen hat, findet auf dem Weg zur Arbeitsstelle das Tier. Kurz entschlossen bringt er es zu sich nach Hause und sperrt den Hund dort im Hühnerstall ein, um ihn dem E am Abend zurückzubringen. Der im Nachbarhaus wohnende Rentner R hat den Vorgang beobachtet. Da er es auch auf die Belohnung abgesehen hat, bricht er die Tür zum Hühnerstall auf, holt den Hund heraus und bringt ihn zu E, wo er sich als Finder ausgibt und den Finderlohn kassiert.

Hat R einen Diebstahl begangen? **Rn 174 f**

174 Der Hund stand im Eigentum des E, war für R also eine fremde bewegliche Sache. Durch das Entlaufen war er zwar gewahrsamslos, nicht aber *herrenlos* geworden. **Haustiere** sind **zahme** Tiere, an denen das Eigentum nur durch **Dereliktion** aufgegeben werden kann (§§ 959, 90a S 1, 3 BGB). § 960 BGB betrifft lediglich *wilde* und *gezähmte* (= von Natur aus wilde) Tiere. F hatte den Hund gefunden und in seinen Gewahrsam genommen. Diesen Gewahrsam hat R gebrochen; mit der Begründung neuen – hier eigenen – Gewahrsams durch ihn war die Wegnahme vollendet. Dass R den objektiven Tatbestand des § 242 *vorsätzlich* verwirklicht hat, darf man unbedenklich annehmen. An der **Zueignungsabsicht** fehlt es hingegen aus folgenden Gründen: R hat sich zu keinem Zeitpunkt eine Eigentümerstellung angemaßt. Er wollte sich – wie geschehen – nur **als Finder** ausgeben und den Hund seinem wirklichen Eigentümer zuführen, und zwar *als dem E gehörend* (= in Anerkennung des fremden Eigentums)[317]. Zivilrechtlich betrachtet hat R den Hund nicht in Eigenbesitz (§ 872 BGB) genommen, vielmehr – wenngleich auf widerrechtliche Weise (§ 858 BGB) – **Fremdbesitz** zu Gunsten des Eigentümers E begründet und bis zur Ablieferung des Hundes ausgeübt. Wille und Verhalten des R waren ausschließlich auf die Erlangung des öffentlich ausgelobten **Finderlohns** (§§ 657, 971 BGB), nicht aber auf eine *Aneignung* des Hundes und eine *Enteignung* des E gerichtet. § 242 scheidet demnach in subjektiver Hinsicht aus. Auch mit **Sachwerterwägungen** lässt sich eine Zueignungsabsicht des R nicht begründen: Der **Finderlohn**, auf den R es abgesehen hatte, war zwar an den **Besitz des Hundes** geknüpft, jedoch kein im Hund selbst verkörperter Sachwert. Selbst wenn man insoweit von einem *Fundwert* sprechen will, handelt es sich dabei (anders als bei dem *Veräußerungswert* einer geldwerten Sache) nicht um einen mit der Sache nach ihrer **Art** und **Funktion** unmittelbar verbundenen *„spezifischen"* Wert, der Gegenstand eines Zueignungsdelikts sein könnte[318].

175 Im **Fall 11** hat R daher keinen Diebstahl begangen. § 289 entfällt ebenfalls, weil R nur seinen eigenen Vorteil, nicht den des E im Auge hatte (vgl Rn 443). In Betracht kommt aber ein **Betrug** zum Nachteil des F, dessen Finderlohnanspruch nicht schon mit der Wegnahme des Hun-

---

317 S. hierzu auch *Graul*, JuS 99, 563.
318 Vgl RGSt 55, 59, 60; A/W-*Heinrich*, § 13 Rn 106; *Eser*, Strafrecht IV S. 32; *Krey/Hellmann*, BT II Rn 69 f; *Radtke/Meyer*, Jura 07, 714 f; *Rengier*, BT I § 2 Rn 57; zur Parallele bei Leergut s. AG Flensburg NStZ 06, 101.

des, sondern erst dadurch erloschen ist, dass der gutgläubige E den R für den Finder gehalten und die 100 EUR an ihn gezahlt hat. Damit ist E auch dem wirklichen Finder F gegenüber **frei** geworden (= § 851 BGB analog)[319]. E selbst hat keinen Schaden erlitten, denn die Hingabe der 100 EUR wird durch das Freiwerden von seiner Verbindlichkeit dem F gegenüber ausgeglichen (= Problem der „Schadenskompensation"). Da der Getäuschte nicht zugleich der Geschädigte sein muss (bei § 263 müssen nur der *Getäuschte* und der *Verfügende* personengleich sein), spielt es keine Rolle, wen R für den Benachteiligten gehalten hat (= den E oder den F). Für seinen Betrugsvor-satz genügt die Vorstellung, dass ein anderer unmittelbar durch die Verfügung des E geschädigt wurde, auf dessen Kosten ihm die erstrebte Bereicherung in Gestalt der 100 EUR zufloss. Soweit es um das Betreten des Hühnerstalls geht, dessen Tür R aufgebrochen hat, sind die Voraussetzungen der §§ 123, 303 erfüllt.

Ähnlich liegen die Dinge zu § 242 bei der **Entwendung von Dienstgegenständen** unter Soldaten zwecks späterer Rückgabe auf der „Kleiderkammer", wie etwa im **Dienstmützenfall**:   **176**

Fall 12: S ist Soldat der Bundeswehr. Eines Tages ist ihm auf ungeklärte Weise die Dienstmütze abhanden gekommen. Um sich die lästige Verlustmeldung zu ersparen und einer etwaigen Ersatzpflicht zu entgehen, entwendet er die Dienstmütze seines Kameraden K aus dessen verschlossenem Spind. Entsprechend seinem Tatplan benutzt S diese Mütze, bis er sie am Ende des Wehrdienstes mit den sonstigen Ausrüstungsgegenständen auf der Bekleidungskammer abgibt.

Strafbarkeit nach § 242? **Rn 177 f**

Der objektive Tatbestand des § 242 ist auch hier erfüllt. Militärische Ausrüstungsgegenstände sind für den Soldaten *fremde* Sachen, da sie ihm nicht zu Eigentum, sondern nur zum dienstlichen Gebrauch überlassen werden. Auch wenn Soldaten angesichts des den militärischen Dienstbetrieb kennzeichnenden Prinzips von Befehl und Gehorsam bezüglich solcher Gegenstände als Besitzdiener iS des § 855 BGB angesehen werden[320], ist ihnen in *sozial-normativer* Sicht (Rn 71, 82) Alleingewahrsam an im verschlossenen Spind aufbewahrten Bekleidungsstücken zuzusprechen, den S im **Fall 12** durch die Entwendung der Mütze gebrochen hat. Am Ergebnis der Wegnahme ändert sich freilich nichts, wenn man auch bezüglich der Dienstbekleidung Mitgewahrsam von Soldat und Kompaniechef annimmt[321].   **177**

Innerhalb des subjektiven Tatbestandes erscheint wiederum die Frage der **Zueignungsabsicht** problematisch. In mehreren gerichtlichen Entscheidungen ist sie unter Zuhilfenahme der Sachwerttheorie mit dem Hinweis darauf bejaht worden, dass S die dem K entwendete Dienstmütze zur *Tilgung einer eigenen Verbindlichkeit* (= Pflicht zur Rückgabe der ihm bei Dienstantritt ausgehändigten Bekleidungsstücke) und zur *Abwehr eines Schadensersatzanspruchs* benutzt habe[322]. Dem kann jedoch nicht zugestimmt werden: An der Zueignungsabsicht fehlt es schon deshalb, weil S sich keinerlei Eigentümerrechte angemaßt, die Mütze nie als ihm selbst, sondern stets *als dem Bund gehörend* besessen und zu keinem Zeitpunkt auch nur den Eindruck einer Eigentumsleugnung erweckt hat. Im Übrigen gilt zu den Sachwertgesichtspunkten das   **178**

---

319   Vgl *Erman-Ebbing*, BGB, § 971 Rn 1.
320   OLG München NJW 87, 1830.
321   S. *Wessels*, JZ 65, 631, 633 Fn 14.
322   OLG Frankfurt NJW 62, 1879; OLG Hamm NJW 64, 1427.

oben im **Fall 11** Gesagte entsprechend[323]. Auch hier kommt allenfalls eine Bestrafung wegen Betrugs in Betracht, wobei vor allem die subjektiven Voraussetzungen des § 263 kritisch zu prüfen sind.

f) Hinweise zum Selbststudium

179 Wie die erörterten Beispiele zeigen, bedarf es angesichts der Vielgestaltigkeit des deliktischen Zugriffs auf fremde Sachen stets einer *differenzierten* Beurteilung, bei der die **einzelnen Kriterien des Zueignungsbegriffs** je nach den Besonderheiten der unterschiedlichen Fallgruppen mehr oder weniger stark in den Vordergrund treten.

Abgrenzungsschwierigkeiten sind dabei unvermeidlich. Bei ihrer Lösung sollte man sich von der Vorstellung freimachen, dass das Bekenntnis zur (erweiterten) Substanztheorie oder zu einer der Vereinigungslehren jeweils nur *eine* verlässliche Antwort zulasse[324]. Dass das nicht so ist, zeigt die Tatsache, dass die Grenzfälle oft auch unter den Vertretern ein- und derselben Grundposition streitig sind. **Leitlinie** sollte sein, die *notwendige* Ergänzung der Substanz- durch die Sachwertzueignung durch einen restriktiven Sachwertbegriff so eng zu halten, dass der Sachwert nicht mit jedem beliebigen Vorteil gleichgesetzt, sondern durch seine Beschränkung auf das lucrum ex re als Grenzstein zwischen Zueignungs- und Bereicherungsdelikten mit scharfen Konturen versehen wird[325].

180 Die Tragfähigkeit dieser Leitlinie lässt sich an den nachfolgend genannten **Grenzfällen** aus der Praxis erproben, die zum **ergänzenden Selbststudium** geeignet sind:

181 Entwendung eines zur Auslieferung bereitgestellten **Warenpakets** zu dem Zweck, es dem Adressaten als angeblicher *Bote* des Verkäufers zu überbringen, den Kaufpreis zu kassieren und diesen für sich zu verwenden: BayObLG JR 65, 26[326] bejaht Diebstahl mit zu weitem Sachwertbegriff.

182 Entwendung eines **Taschenbuch-Kriminalromans** aus dem Verkaufsstand eines Warenhauses in der (unwiderlegten) Absicht, das Buch nach dem Lesen dort wieder einzustellen (= Entziehung des *Neuverkaufswertes*?): OLG Celle JZ 67, 503[327] bejaht Diebstahl. Dabei wird das Abschneiden nahe liegender Schutzbehauptungen durch eine Überdehnung des Sachwertbegriffes erreicht: auch zur Ansicht überlassene Bücher werden weiterhin als neu verkauft; Lesen entzieht dem Buch daher keine wesentliche Funktion[328].

183 Wegnahme eines **Verwarnungszettels** von der Windschutzscheibe eines anderen Autos, um ihn zwecks Täuschung der Ordnungshüter an dem in der Parkverbotszone abgestellten eigenen Kraftwagen anzubringen und später den vorherigen Zustand wieder herzustellen: OLG Hamburg NJW 64, 736 verneint zu Recht Diebstahl, weil es dem Täter nur um den Täuschungs-, nicht aber den Sachwert geht[329].

---

323 Näher BGHSt 19, 387, 388; OLG Celle NdsRpfl 64, 230; OLG Stuttgart NJW 79, 277; *Eser*, JuS 64, 477; *Wessels*, JZ 65, 631; vgl ferner *Ambos/Rackow*, JuS 08, 811 f; *Bloy*, JA 87, 187; *Rudolphi*, Anm. JR 85, 252; Übersicht bei *Hillenkamp*, BT 21. Problem.

324 S. dazu *Hillenkamp*, BT 21. Problem (Ausgangspunkt); *Rönnau*, JuS 07, 807.

325 S. zu den Argumenten gegen die Einbeziehung von Sachwertgesichtspunkten *Küper*, BT S. 482 f.

326 Mit abl. Anm. *Schröder*; abl. auch *Krey/Hellmann*, BT II Rn 76; *Thoss*, JuS 96, 816; dem BayObLG zust. *Kindhäuser*, Geerds-FS S. 655, 667; LK-*Ruß*, § 242 Rn 61; *Otto*, Jura 96, 383; *Tenckhoff*, JuS 80, 723; *Wessels*, NJW 65, 1153.

327 = NJW 67, 1921 mit abl. Anm. *Deubner* = JR 67, 389 mit abl. Anm. *Schröder*.

328 Vgl dazu auch *Androulakis*, JuS 68, 409; *Britz/Jung*, JuS 00, 1194 f; *Eisele*, BT II Rn 68; *Fahl*, JA 02, 649; *Hohn*, JuS 04, 982; *Kindhäuser*, § 242 Rn 108; *Mitsch*, BT II/1 § 1 Rn 114; *Rengier*, BT I § 2 Rn 61; *Rotsch*, Jura 04, 777, 779; *Widmann*, MDR 69, 529.

329 S. dazu *Baumann*, NJW 64, 705; *Jäger*, BT Rn 226; LK-*Ruß*, § 242 Rn 54; *Ilse Schünemann*, JA 74, 37; zum Betrug in solchen Fällen s. Rn 537.

Zur Entnahme von Benzin an **Tankstellen mit Selbstbedienung** ist umstritten und noch nicht ab- **184** schließend geklärt, ob die Übereignung des Benzins nach § 929 BGB – ist ein Eigentumsvorbehalt bis zur Zahlung nicht erklärt – schon beim **Einfüllen des Kraftstoffs**[330] oder erst bei **Zahlung des Kaufpreises** an der Kasse erfolgt[331]. Für die letztgenannte Auffassung spricht neben der Interessenlage die Vergleichbarkeit dieser Fälle mit dem Eigentumserwerb an Waren im Selbstbedienungsladen. Die strafrechtliche Beurteilung hängt dann allerdings von den jeweils gegebenen Tatumständen ab: Ist der Täter von Anfang an zahlungsunwillig, so liegt in seinem Verhalten eine konkludente Täuschung des ihn beobachtenden Tankstellenpersonals; das irrtumsbedingte **Zulassen des Tankens** führt hier zur Anwendbarkeit des § 263 (= sog. Besitzbetrug)[332]. Fasst der Täter bei Anwesenheit des Tankstellenpersonals erst nach der Benzinentnahme den Entschluss, sich ohne Zahlung des Kaufpreises unbemerkt zu entfernen, ist Raum für eine Unterschlagung des Kraftstoffs (§ 246), es sei denn, dass der Täter sich durch Irreführung des Tankstellenpersonals der Realisierung des Zahlungsanspruchs entzieht; im letztgenannten Fall greift wiederum § 263 ein[333]. Nutzt der zahlungsunwillige Täter dagegen eine momentane Abwesenheit des Tankstellenpersonals zum heimlichen, unbemerkt bleibenden Tanken aus, kommt mangels Täuschung und mangels einverständlicher Gewahrsamsübertragung ein Diebstahl in Betracht (§ 242 bzw §§ 242, 22)[334]. Nutzt ein Kunde einer vollautomatischen Selbstbedienungstankstelle einen Defekt des Abrechnungssystems zum „kostenlosen" Tanken mittels einer Bankkarte aus, liegt § 263a nicht vor (s. Rn 612 mit Fn 447). In einem solchen Fall einen Eigentumsvorbehalt daran zu knüpfen, dass der Tankstelleninhaber „hinsichtlich der Zahlung des Entgelts eine gesicherte Position erlangt"[335], ist eine eher lebensfremde Unterstellung.

Bei einer eigenmächtigen **In-Pfand-Nahme** von Sachen zwecks Durchsetzung einer Forderung **185** wird Diebstahl zu Recht verneint, weil die Zueignungsabsicht ausgeschlossen ist, „wenn der Täter mit der Wegnahme der Sache diese nur als Mittel zur Erpressung des Tatopfers nutzen will, das fortbestehende Eigentum … mithin anerkennt"[336].

Beim **Spielen an Geldspielautomaten** unter Verwendung von rechtswidrig erlangten Kenntnis- **186** sen über den Programmablauf kommen § 17 II Nr 2 UWG sowie § 263a in Betracht[337]. In diesen Fällen liegt kein Eigentumsdelikt vor (s. Rn 613 f)[338]. Dagegen ist bei „Überlistung" eines elektronischen Münzprüfers ein Diebstahl gegeben[339]. Abgrenzungsfragen zwischen § 242 zu § 263a stellen sich beim durch einen wieder herausziehbaren Geldschein „überlisteten" **Geldwechselautomaten**[340].

---

330 So OLG Düsseldorf JR 82, 343; *Herzberg*, NJW 84, 896; *ders.*, NStZ 83, 251 und JA 80, 385; *Seier*, JA 82, 518; ob dann keine fremde Sache vorliegt, hängt vom hierfür maßgeblichen Zeitpunkt ab, s. *Küper*, BT S. 262 f mwN.

331 So OLG Hamm NStZ 83, 266; OLG Koblenz NStZ-RR 98, 364 mit Bespr. *Baier*, JA 99, 364; *Borchert/Hellmann*, NJW 83, 2799; *Charalambakis*, MDR 85, 975; LK-*Ruß*, § 246 Rn 8; NK-*Kindhäuser*, § 242 Rn 16, 49 ff; *Ranft*, JA 84, 1, 4; S/S-*Eser*, § 246 Rn 7; offen gelassen in BGH NJW 83, 2827; zur Frage der Vermischung (§§ 948, 947, BGB) s. *Lange/Trost*, JuS 03, 964.

332 Näher BGH NJW 83, 2827; 84, 501; OLG Köln NJW 02, 1059.

333 OLG Düsseldorf JR 85, 207.

334 Zutr. *Schroeder*, JuS 84, 846; anders *Charalambakis*, MDR 85, 978, der auch bei dieser Sachlage Unterschlagung annimmt. Zur Diskussion dieses Fragenkomplexes in Österreich vgl *Steininger*, Österreich. Richterzeitung 1988, 233.

335 So OLG Braunschweig JR 08, 435, 436 mit zu Recht krit. Anm. *Niehaus/Augustin*.

336 S. BGH NStZ-RR 09, 51; BGH NJW 82, 2265; BGH NStZ-RR 98, 235. Ferner OLG Köln StV 90, 266: uU auch keine Nötigung; *Bernsmann*, NJW 82, 2214; *Gropp*, Anm. JR 85, 518 f; NK-*Kindhäuser*, § 242 Rn 82.

337 S. BGHSt 40, 331, 335; BayObLG JR 94, 289; *Achenbach*, Anm. JR 94, 293; *Mitsch*, JZ 94, 877; *Ranft*, JuS 97, 19; *Zielinski*, Anm. NStZ 95, 345 mwN.

338 S/S-*Eser*, § 242 Rn 36.

339 S. OLG Celle JR 97, 345 mit Anm. *Hilgendorf* und Fall 59 (Rn 616).

340 S. OLG Düsseldorf JR 00, 212 mit krit. Anm. *Otto*; *Biletzki*, NStZ 00, 424; *Kudlich*, JuS 01, 20.

6. Rechtswidrigkeit der erstrebten Zueignung

187 Die erstrebte **Zueignung** muss objektiv **rechtswidrig** sein. Nach zutreffender Ansicht fehlt es daran, wenn ihr ein *fälliger* und *einredefreier* **Anspruch auf Übereignung** der weggenommenen Sache zu Grunde liegt. Zwar kann der Täter den ihm geschuldeten Zustand rechtlich nicht herstellen[341], das von ihm verfolgte **Ziel** widerspricht dann im Endergebnis aber nicht der materiellen Eigentumsordnung, mag der zur Realisierung beschrittene Weg und der Einsatz **unerlaubter Mittel** auch zu missbilligen, ggf sogar als Nötigung (§ 240) strafbar sein[342]. Steht der Anspruch dem Täter zu, ist es gleichgültig, ob er in Selbst- oder Drittzueignungsabsicht handelt, da er zur Übertragung des Eigentums nach dessen Erwerb berechtigt und daher auch gleich zur Weiterleitung materiell „befugt" ist. Steht der Anspruch dem Dritten zu, will der Täter im Drittzueignungsfall dem Dritten nur verschaffen, was diesem „zukommt". Auch dann mangelt es folglich an der materiellen Eigentumsverletzung[343].

188 Hiernach ist die Rechtswidrigkeit der beabsichtigten **Zueignung** (= *normatives* Tatbestandsmerkmal) von der Rechtswidrigkeit der **Wegnahme** (= allgemeines Verbrechensmerkmal) sorgfältig zu unterscheiden. Verbotene Eigenmacht (§ 858 BGB) macht zwar die Wegnahme, nicht aber ohne weiteres auch die erstrebte Zueignung rechtswidrig[344]. Ist die Zueignung von einem Notrecht (zB durch § 904 BGB) gedeckt, entfällt die Rechtswidrigkeit der Zueignung, da das Notrecht ein Recht auf Aneignung gewährt[345].

189 Bei **Gattungsschulden** ist zu beachten, dass der Anspruch des Gläubigers sich vor erfolgter Konkretisierung (§ 243 II BGB) nicht auf *bestimmte* Sachen, sondern nur auf die Leistung von Sachen **mittlerer Art und Güte** richtet (§ 243 I BGB) und dass dem ein auch wirtschaftlich bedeutsames Auswahlrecht des Schuldners entspricht. Verletzt der Gläubiger dieses Auswahlrecht, indem er sich eigenmächtig aus der Gattung befriedigt, so ist außer der Wegnahme auch die angestrebte Zueignung objektiv rechtswidrig[346]. Ob **Geldschulden** als *Wertsummenverbindlichkeit* eine Sonderstellung einnehmen oder wie Gattungsschulden zu behandeln sind, falls es nicht ausnahmsweise um die Lieferung einer bestimmten Geldsorte oder um individualisierte Münzen und Geldscheine geht, ist umstritten. Während die Rechtsprechung vom Charakter der Geldschuld als Gattungsschuld ausgeht, aber im Irrtumsbereich Besonderheiten zu Gunsten des zur Eigenmacht greifenden Täters gelten lässt[347], gewinnt in der Rechtslehre die **Wertsummentheorie** an Boden, wonach schon die *objektive Rechtswidrig-*

---

341 Klärend *Küper*, Gössel-FS S. 429, 441 ff.

342 Vgl BGHSt 17, 87, 89; BGH GA 1966, 211, 212; OLG Schleswig StV 86, 64; *Samson*, JA 80, 285, 292; S/S-*Eser*, § 242 Rn 59; anders *Bockelmann*, BT I S. 23; *Hirsch*, JZ 63, 149, wonach zusätzlich die Voraussetzungen *erlaubter Selbsthilfe* notwendig sein sollen, dagegen zu Recht *Küper*, Gössel-FS S. 429, 439 f; s. zum Streitstand *Hillenkamp*, BT 22. Problem; ferner *Beulke*, Rn 158.

343 Vgl *Dencker*, in *Dencker* ua, Einführung in das 6. StRG 1998, S. 20 f; *Krey/Hellmann*, BT II Rn 95; *Küper*, BT S. 500; *Mitsch*, ZStW 111, 1999, 69 f; aA MK-*Schmitz*, § 242 Rn 148.

344 BGH GA 1968, 121.

345 *Mitsch*, BT II/1 § 1 Rn 147 f; SK-*Hoyer*, § 242 Rn 98; nach *Krey/Hellmann*, BT II Rn 92; *Küper*, BT S. 501 nur das allgemeine Verbrechensmerkmal Rechtswidrigkeit *und* die Rechtswidrigkeit der Wegnahme.

346 S/S/*Eser*, § 242 Rn 49; aA HK-GS/*Duttge*, § 242 Rn 49; NK-*Kindhäuser*, § 242 Rn 117 f; *Otto*, Jura 97, 470; diff. *Mitsch*, BT II/1 § 1 Rn 155 f.

347 BGHSt 17, 87, 88 ff; BGH GA 1962, 144; BGH StV 94, 128; 00, 78; 78, 79.

keit der Zueignung entfallen soll, wenn der Täter einen fälligen **Anspruch auf die Wertsumme** der weggenommenen Münzen oder Geldscheine hat[348]. Für diese Auffassung spricht, dass es unter den genannten Voraussetzungen in aller Regel an einer *materiellen Interessenverletzung* fehlt, weil das in § 243 I BGB dem Schuldner vorbehaltene Auswahlrecht bei Geldschulden praktisch bedeutungslos ist[349]. Auf **vertretbare Sachen** schlechthin trifft das in dieser Allgemeinheit jedoch nicht zu, wie der Unmut eines Markthändlers über den aus einem Kartoffelangebot eigenmächtig auswählenden Kunden zeigt. Es ginge auch zu weit, alle Fälle des *eigenmächtigen Geldwechselns* pauschal aus dem „Schutzbereich der Norm" des § 242 herauszunehmen, da einem solchen Verhalten berechtigte Interessen des Geldeigentümers oder des Kassenverwalters entgegenstehen können[350], und ein Rückgriff auf den Rechtfertigungsgrund der **mutmaßlichen Einwilligung** insoweit zu sachgerechteren Lösungen führt.

In Bezug auf die **Rechtswidrigkeit der Zueignung** genügt einfacher Vorsatz unter **190** Einschluss des *dolus eventualis*[351]. Dass sich der Vorsatz auf dieses die erstrebte Zueignung kennzeichnende und deshalb dem subjektiven Tatbestand des Diebstahls angehörige Merkmal beziehen muss, ergibt sich aus seiner objektiven Natur. Deshalb richtet sich die Beurteilung eines Irrtums nach den allgemeinen Regeln. Die Absicht *rechtswidriger* Zueignung ist folglich nach § 16 I 1 zu verneinen, wenn der Täter **irrtümlich glaubt,** einen fälligen und einredefreien Anspruch gerade auf die weggenommene Sache zu haben[352]. Dem steht bei der Drittzueignung die Vorstellung gleich, der Dritte habe diesen Anspruch. Im Zusammenhang mit Drogengeschäften ist dazu die neuere Rechtsprechung zu § 249 (s. Rn 327), zu § 263 (s. Rn 578) und zur Erpressung (s. Rn 716) zu beachten.

Die irrige Annahme, dass ein solcher Anspruch auch bei der **nicht konkretisierten Gattungsschuld** bestehe, ist **Verbotsirrtum**. Bei **Geldschulden** baut die Rechtsprechung dem Täter jedoch insofern *goldene Brücken*, als sie seine Fehlvorstellung in großzügiger Weise dem Tatbestandsirrtum gleichzustellen pflegt[353]. Dieses zutreffende Ergebnis lässt sich nur auf dem Boden der Wertsummentheorie ohne Widerspruch erzielen[354].

Weiß der Täter nicht, dass ihm ein fälliger und einredefreier Anspruch auf Übereignung der weggenommenen Sache (zB auf Grund eines Vermächtnisses gemäß § 2174 BGB) zusteht, kommt lediglich ein *untauglicher* Versuch des § 242 in Betracht[355].

---

348 Näher *Roxin*, H. Mayer-FS S. 467; s. auch *Ebel*, JZ 83, 175; *Eisele*, BT II Rn 84; SK-*Hoyer*, § 242 Rn 103.
349 *Rengier*, BT I § 2 Rn 90.
350 *Krey/Hellmann*, BT II Rn 48 f.
351 RGSt 49, 140, 142 f.
352 Krit. zu dieser Begründung *Gössel*, Zipf-GS S. 228; für analoge Anwendung des § 16 *Roxin*, AT I § 12 Rn 140 ff.
353 Vgl BGHSt 17, 87, 90 f; BGH GA 1962, 144; 1968, 121; BGH StV 88, 526, 529; 90, 407, 546; 91, 515; BGH NStZ 94, 128; OLG Schleswig StV 86, 64.
354 S. zu den Irrtumskonstellationen *Hillenkamp*, BT 23. Problem; vgl auch *Kudlich*, JuS 03, 243; für Tatbestandsirrtum auch *Beulke*, Rn 160; *Gropp*, Weber-FS S. 127, 138 f, 141 f.
355 *Kösch*, Der Status des Merkmals „rechtswidrig" 1999, S. 55, 221; aA *Gössel*, Zipf-GS S. 228: vollendeter Diebstahl; dagegen zu Recht *Küper*, Gössel-FS S. 429, 446 ff. Ein solcher ist gegeben, wenn auf der Grundlage der Vorstellung des Täters die erstrebte Zueignung rechtswidrig wäre; zur Abgrenzung des untauglichen Versuchs vom Wahndelikt bei sog. „Vorfeldirrtümern" s. LK-*Hillenkamp*, § 22 Rn 210 ff.

7. Maßgeblicher Zeitpunkt in subjektiver Hinsicht

191 Die *Absicht* rechtswidriger Zueignung muss schon **bei der Wegnahme** vorhanden sein; wird sie erst später gefasst, kommt nur Unterschlagung in Betracht[356]. Gleiches gilt für den *Vorsatz*. Wer einen Mantel in der Meinung an sich genommen hat, es sei sein eigener und ihn nach Erkennen des Irrtums behält, ist nicht nach § 242, wohl aber nach § 246 zu bestrafen. Wegnahmevorsatz und Zueignungsabsicht beurteilen sich nach den Vorstellungen, die der Täter bei Vornahme der tatbestandlichen Handlung hat. Wenn sich im Verlauf der Tatbegehung Änderungen in Bezug auf das Tatobjekt oder die Vorstellung des Täters von diesem ergeben, ist für die Beurteilung der Kongruenz von objektivem und subjektivem Tatbestand der Zeitpunkt der letzten Ausführungshandlung entscheidend. Dass sich entgegen der ursprünglichen Annahme der weggenommene Gegenstand für die von den Tätern verfolgten Zwecke nicht eignet, entlastet die Täter infolge dessen nicht[357]. Hiervon zu unterscheiden ist allerdings der Fall, in dem sich der Zueignungswille auf in einem weggenommenen Behältnis vermutete Wertgegenstände richtet, sich in dem Behältnis aber – wie sich später herausstellt – nur für die Täter wertlose Sachen befinden. Erstreckte sich die Zueignungsabsicht nicht zugleich auf das Behältnis, liegt dann nur noch versuchter Diebstahl vor[358].

Diebstahl, § 242
I. Tatbestand
1. Objektiver Tatbestand
a. Tatobjekt: • *Sache*
• *beweglich*
• *fremd*
b. Tathandlung: • *Wegnahme*
→ ***Bruch fremden Gewahrsams***
Gewahrsam
Ⓟ faktischer oder sozial-normativer Begriff
fremd
Ⓟ Mitgewahrsam
Bruch
Ⓟ Einverständnis (Diebstahl ↔ Betrug)
Ⓟ durch Dritte (mittelbare Täterschaft ↔ Dreiecksbetrug)
→ ***Begründung neuen Gewahrsams***
Gewahrsam
Ⓟ Gewahrsamsenklave
Begründung
Ⓟ Vollendung
2. Subjektiver Tatbestand
a. Vorsatz: • *jede Vorsatzart*
→ *Bedeutungskenntnis bzgl Fremdheit*

---

356 BGH JR 99, 338; BGHSt 16, 190, 192 f; BGH GA 1960, 82; 1962, 78; S/S-*Eser*, § 242 Rn 66.
357 BGH NStZ 04, 386, 387.
358 So BGH NStZ 00, 531; 04, 333; 06, 686 (jeweils zum identischen Problem beim Raub); abw. LG Düsseldorf NStZ 08, 155, 156; s. dazu auch Rn 331 f.

b. Zueignungsabsicht: • *Absicht rechtswidriger Zueignung*

Aneignung
→ bzgl (zeitweiser) Anmaßung d. Eigentümerstellung
Ⓟ Zueignungsgegenstand
→ dolus directus 1. Grades (Absicht)

Enteignung
→ bzgl endgültiger Verdrängung d. Eigentümers
Ⓟ Rückführungswille
Ⓟ Zueignungsgegenstand
→ zumindest dolus eventualis

zu eigenen Gunsten/zugunsten eines Dritten
Rechtswidrigkeit der (beabsichtigten) Zueignung
→ fälliger, einredefreier Anspruch
Ⓟ Gattungs-, Spezies-, Geldschuld

Vorsatz bzgl Rechtswidrigkeit
→ Parallelwertung in der Laiensphäre
Ⓟ Irrtum bzgl Anspruch/Konkretisierungsbefugnis

II. Rechtswidrigkeit
III. Schuld
IV. Besonders schwerer Fall, § 243

→ **Qualifikationen, §§ 244, 244a**
→ **Privilegierungen (Strafantrag, §§ 247, 248a)**

§ 3   Besonders schwere Fälle des Diebstahls

Fall 13: Drei Beamten der Deutschen Bundesbank, die innerhalb der Hauptkasse in verschiedenen Funktionen mit der Aussonderung und Vernichtung von nicht mehr umlauffähigen (beschmutzten oder beschädigten) Banknoten befasst waren, gelang es in den Jahren 1974 und 1975 in arbeitsteiligem Zusammenwirken, durch den Umtausch schon gelochter und zur Verbrennung bestimmter gegen noch ungelochte Banknoten Scheine im Wert von 2 200 000 DM aus dem Bereich der Bundesbank zu entwenden, die sie unter sich aufteilten.

Liegt ein besonders schwerer Fall des Diebstahls vor? **Rn 200**

192

Fall 14: T betrat kurz nach Kassenschluss einen Supermarkt. Er beabsichtigte, in einem unbeobachteten Moment eine Kasse aufzubrechen und den Kasseninhalt an sich zu nehmen, erkannte aber auf Grund der im hinteren Teil des Marktes noch brennenden Leuchtröhren, dass die Kassenschubladen bereits geöffnet und entleert waren.

Ist T eines versuchten Diebstahls in einem besonders schweren Fall schuldig? **Rn 208**

I. Die Reform des § 243 und die Bedeutung der Regelbeispielsmethode

1. Von der Qualifikation zu Regelbeispielen

193 Die heutige Fassung des § 243, die für *besonders schwere Fälle* des Diebstahls einen höheren Strafrahmen zur Verfügung stellt, beruht auf dem 1. StrRG vom 25.6.1969, dem EGStGB vom 2.3.1974 und dem StrÄndG vom 9.6.1989. Zwar hat auch das 6. StrRG (Rn 9) die Vorschrift noch einmal verändert, indem es den sog. *Wohnungseinbruchsdiebstahl* aus der Aufzählung des § 243 I 2 Nr 1 heraus- und in §§ 244 I Nr 3, 244a I als weiteren Qualifikationsgrund aufgenommen hat (s. dazu Rn 214, 267). Den für die Natur der Vorschrift maßgeblichen Übergang von der *tatbestandlich* geformten **kasuistischen** zur flexibel gehaltenen **Regelbeispielsmethode**[1] hat der Gesetzgeber in Anlehnung an § 236 E 1962 (Begr., S. 401) aber schon 1969 vollzogen.

194 § 243 aF enthielt eine **zwingende** Regelung und eine **abschließende** Umschreibung bestimmter Erschwerungsgründe in Form eines **Qualifikationstatbestandes**, dessen Verwirklichung die Tat zum *Verbrechen* werden ließ. Die dadurch bedingte Kasuistik führte bisweilen zu merkwürdigen und ungerechten Ergebnissen. So war zB mit Zuchthaus zu bestrafen, wer ein Auto aufbrach und *aus* ihm einen Regenschirm entwendete, nur mit Gefängnis wegen einfachen Diebstahls aber, wer das Auto mitsamt Regenschirm wegnahm, weil er nicht, wie es die Qualifikation vorsah, *aus* einem umschlossenen Raum, sondern diesen selbst stahl[2]. Solche Nachteile hielt der Gesetzgeber 1969 für gewichtiger als den Gewinn an Rechtssicherheit, dem die früher bevorzugte kasuistische Tatbestandsabwandlung ihre dominierende Rolle in der Gesetzestechnik verdankte[3]. Infolgedessen ist der Reformgesetzgeber in zunehmendem Maße zur Regelbeispielsmethode übergegangen, weil sie elastischer sei und im konkreten Fall gerechtere Ergebnisse verbürge. Es lässt sich freilich nicht leugnen, dass sie mit einer gewissen Einbuße an Rechtssicherheit verbunden ist, die ihr auch ablehnende Kritik eingebracht hat[4]. Sie ist mit unterschiedlichen Akzenten auch dem Regierungsentwurf eines 6. StrRG (BT-Ds 13/8587) entgegengetreten, der in erheblichem Umfang bisherige Qualifikationstatbestände in Regelbeispiele umwandeln und neue Regelbeispielstatbestände in großer Zahl schaffen wollte. Dabei wurde von den Kritikern ein Gewinn an Bestimmtheit zwar eingeräumt, wo der Gesetzgeber für bislang unbenannte besonders schwere Fälle nunmehr neue (§ 263 III) oder weitere (§ 240 IV) benannte vorsah. Es wurde aber an der Regelbeispielstechnik insgesamt gerügt, dass sie unter Verstoß gegen den nullum-crimen-Satz dem Richter die Bestimmung strafbegründender Merkmale überlasse und die Gefahr ungleicher Rechtsanwendung heraufbeschwöre[5]. Auch aus praktischer Sicht wurden in der Anhörung erhebliche Bedenken geäußert[6]. Der Gesetzgeber hat daraufhin zwar von der Regelbeispielstechnik in deutlich geringerem Umfang als noch im Entwurf vorgesehen Gebrauch gemacht[7], von ihr aber

---

1 S. dazu *Gössel*, Hirsch-FS S. 186.
2 S. dazu *Hillenkamp*, Die Bedeutung von Vorsatzkonkretisierungen, 1971, S. 18 sowie *Maurachs* besorgten Brief an einen Verbrecher in JZ 62, 380.
3 Vgl *Wessels*, Maurach-FS S. 295.
4 Näher *Arzt*, JuS 72, 385 ff; *Blei*, Heinitz-FS S. 419; *Maiwald*, NStZ 84, 433; *Montenbruck*, NStZ 87, 311; *R. Schmitt*, Tröndle-FS S. 313; *Wessels*, aaO und *Wessels/Beulke*, AT Rn 112; abl. *Calliess*, JZ 75, 112 ff.
5 *Freund*, ZStW 109, 1997, 471; *Hettinger*, Entwicklungen im Straf- und Strafverfahrensrecht der Gegenwart 1997, S. 35.
6 Prot. Rechtsausschuss BT Nr 88 v. 4. Juni 97 mit Anlagen; Zusammenfassung bei *Calliess*, NJW 98, 930; *Lackner/Kühl*, StGB Nachtrag 1998, S. VII.
7 S. Bericht des Rechtsausschusses BT-Ds 13/9064, S. 15.

mit Recht[8] nicht vollends abgesehen. Denn wie sich auch aus der sicher mit guten Gründen zu rechtfertigenden Umwandlung des Wohnungseinbruchsdiebstahls vom Regelbeispiel zur Qualifikation[9] erweisen wird, ist der rechtsstaatliche Gewinn einer „starren" Lösung nur mit einer Einbuße an Einzelfallgerechtigkeit zu erkaufen, wenn etwa *jeder* Einbruch in ein Hotelzimmer, eine „Studentenbude" oder einen Wohnwagen mit Freiheitsstrafe (§ 47 II) zu ahnden[10] und in die Versuchsstrafbarkeit unabdingbar der Fall einzubeziehen ist, in dem die Tat im Versuch schon vor Verwirklichung des Qualifikationsmerkmals stecken bleibt (s. dazu Rn 267). Der Gesetzgeber sollte daher gegenüber der Empfehlung, Regelbeispiele generell durch Qualifikationen zu ersetzen[11], auch weiterhin der Abwägung der Vor- und Nachteile beider Regelungstechniken im Einzelfall den Vorzug geben.

2. Regelbeispiele als Strafzumessungsregeln

§ 243 kennt in seiner heutigen Fassung **keine zwingende Regelung** und **keine abschließende Aufzählung** der Erschwerungsgründe mehr. Nach seiner jetzigen Ausgestaltung ist ein *besonders schwerer Fall* des Diebstahls **nicht immer**, aber auch **nicht nur dann** anzunehmen, wenn ein erschwerender Umstand iS des § 243 I 2 Nrn 1–7 erfüllt ist. Die Verwirklichung eines solchen Regelbeispiels hat lediglich indizielle Bedeutung. Dies besagt, dass beim Vorliegen eines Regelbeispiels die Bejahung und bei seinem Fehlen die Verneinung eines *besonders schweren Falles* **angezeigt** (= *indiziert*) ist. Ersteres pflegt man den Eintritt der **Regelwirkung** zu nennen.   **195**

Bildlich gesprochen stehen die Regelbeispielsgruppen zwischen den *tatbestandlichen* Qualifikationen (zB im Sinne des § 244) und den *unbenannten* Strafänderungsgründen (Beispiel: § 212 II). Ihre Umschreibung im Gesetz ähnelt zwar derjenigen von Tatbestandsmerkmalen; sachlich fehlt ihnen aber der „Tatbestands"-Charakter, für den das Vorliegen einer *zwingenden* und *abschließenden* Regelung unerlässlich[12] und für die das Gesetzlichkeitsprinzip (§ 1) maßgeblich ist.

Die hM erblickt in den Regelbeispielen mit Recht nur **Strafzumessungsregeln**, deren Bedeutung sich auf die Auswahl des **Strafrahmens** und auf das **Strafmaß** beschränkt[13]. Daraus folgt, dass § 16 I auf vorsatzbezogene Regelbeispiele wie die des § 243 I nicht unmittelbar, sondern nur *entsprechend* anzuwenden ist[14].   **196**

Ob der Richter das Vorliegen eines *besonders schweren Falles* in der **Urteilsformel** oder allein in den Urteilsgründen zum Ausdruck bringt, liegt bei der Verurteilung von Erwachsenen in seinem Ermessen[15]. Die Praxis pflegt inzwischen von einer Aufnahme in die Urteilsformel Abstand zu nehmen[16].   **197**

---

8   Anders die krit. Beiträge bei *Dietmeier*, ZStW 110, 1998, 408 ff.
9   Zu den Gründen s. BT-Ds 13/8587, S. 43.
10 *Wolters*, JZ 98, 399.
11 So *Hirsch*, Gössel-FS S. 287; *Zieschang*, Jura 99, 567; wie hier *Eisele*, Die Regelbeispielsmethode im Strafrecht 2004, S. 416, 446.
12 Vgl BGHSt 29, 359, 368; *Wessels/Beulke*, AT Rn 109.
13 BGHSt 23, 254, 256; 26, 104, 105; 33, 370, 373; A/W *Heinrich*, § 14 Rn 16; *Fischer*, § 243 Rn 2; *Gössel*, Hirsch-FS S. 196 f; *Rengier*, BT I § 3 Rn 1; SK-*Hoyer*, § 243 Rn 1; anders *Calliess*, JZ 75, 112; *ders.*, NJW 98, 929; *Eisele*, Die Regelbeispielsmethode im Strafrecht 2004, S. 181, 189; *ders.*, JA 06, 311 f; *Jakobs*, AT 6/99; *Kindhäuser*, BT II § 3 Rn 4; *ders.*, Triffterer-FS S. 123; s. zum Streit auch *Eisele*, BT II Rn 91–93.
14 NK-*Puppe*, § 16 Rn 17; *Roxin*, AT I § 12 Rn 143; *Zopfs*, Jura 07, 421; für direkte Anwendung *Eisele*, Die Regelbeispielsmethode im Strafrecht 2004, S. 284.
15 BGH NJW 70, 2120; *Börtzler*, NJW 71, 682; *Wessels*, Maurach-FS S. 295, 308.
16 Vgl BGH *Kusch* NStZ 93, 29 zu § 260 IV StPO; zur prozessualen Behandlung von Regelbeispielen s. *Rieß*, GA 07, 377 ff (zum Urteilstenor S. 383).

198 Die **Regelbeispielsmethode** fußt auf dem Grundsatz der **Gesamtwürdigung** von **Tat und Täter**[17]. Sind die Merkmale eines Regelbeispiels erfüllt, tritt die sog. **Regelwirkung** ein. Die ihr entsprechende Annahme eines *besonders schweren Falles* bedarf im Urteil keiner weiteren (= zusätzlichen) Begründung, weil sie sich mit der generellen gesetzlichen Bewertung deckt. Der Richter hat allerdings zu prüfen, ob nicht besondere Umstände innerhalb des Tatgeschehens oder in der Person des Täters vorliegen, die den Unrechts- oder den Schuldgehalt der Rechtsverletzung so sehr mindern, dass die indizielle Wirkung des Regelbeispiels erschüttert ist. Wo das zutrifft, ist die Abweichung von der Regel zulässig, vom Richter aber näher zu begründen[18]. Dabei ist von maßgeblicher Bedeutung, dass die Tat in Blick auf *den Schutzzweck der Beispielsnorm* hinter dem schweren Fall zurückbleibt[19]. Daneben können aber auch Umstände Berücksichtigung finden, die auch sonst zu Privilegierungen oder (benannten) minder schweren Fällen oder zur Strafminderung führen[20].

199 **Fehlt es an den Voraussetzungen eines Regelbeispiels,** wie etwa im Rahmen des § 243 I 2 Nr 1 deshalb, weil das Verhalten des Täters weder als *Einbrechen* noch als *Einsteigen* anzusehen ist oder weil er das Gebäude nicht mithilfe eines falschen, sondern des richtigen Schlüssels betreten hat, so scheidet die Bejahung eines *besonders schweren Falles* in der Regel aus, ohne dass dies im Urteil näher zu begründen wäre. Der Richter ist hier aber **nicht gehindert**, das Vorliegen eines *besonders schweren Falles* anzunehmen, wenn **sonstige** – im Gesetz nicht erfasste – Erschwerungsgründe hinzukommen, die dem Leitbild der Regelbeispiele und damit dem gerade ihnen eigenen Schutzzweck qualitativ entsprechen und die den Unrechts- **und** Schuldgehalt der Tat so sehr steigern, dass die Anwendung des normalen Strafrahmens unangemessen wäre[21]. Wer dem Richter *diese* nicht auf bloße Merkmalsähnlichkeit[22], sondern auf enge Anlehnung an das geregelte Leitbild verpflichtete und daher als „Erfindungsrecht" überzogen gekennzeichnete *Möglichkeit* aus verfassungsrechtlicher Sicht bestreitet[23], erstreckt das Gesetzlichkeitsprinzip zu Unrecht auf Strafzumessungsregeln, die man auch deshalb nicht als eine unselbstständige qualifizierende Unrechtsvertypung bezeichnen sollte[24]. Zudem bringt man die Regelbeispielstechnik mit der damit verbundenen Beschränkung, nur eine negative Abweichung (Rn 198) zuzulassen, um einen die Einzelfallgerechtigkeit gleichgewichtig verbürgenden Vorteil. Auch dem Vorschlag, so wenigstens de lege ferenda zu verfahren[25], sollte man deshalb nicht folgen.

---

17   Vgl BGHSt 28, 318, 319; 29, 319, 322.
18   § 267 III 3 StPO; BGH JZ 87, 366.
19   BGH StV 89, 432.
20   BGH NStZ-RR 03, 297; enger MK-*Schmitz*, § 243 Rn 5; ausführlich *Eisele*, Die Regelbeispielsmethode im Strafrecht 2004, S. 267 ff.
21   Vgl BGHSt 29, 319, 322; OLG Düsseldorf JR 00, 212; HK-GS/*Duttge*, § 243 Rn 1; *Lackner/Kühl*, § 46 Rn 14; *Wessels*, Maurach-FS S. 295, 302 und Lackner-FS S. 423; ausführlich *Eisele*, Die Regelbeispielsmethode im Strafrecht 2004, S. 225 ff; enger MK-*Schmitz*, § 243 Rn 6; SK-*Hoyer*, § 243 Rn 9 ff.
22   S. zum Analogieverbot A/W-*Heinrich*, § 14 Rn 19.
23   *Calliess*, NJW 98, 935; *Heghmanns*, Rn 1083; s. auch *Zieschang*, Jura 99, 563.
24   So aber *Kindhäuser*, § 243 Rn 5 mit der Folgerung, dass zB § 16 direkt anwendbar sei; ebenso *Eisele*, Die Regelbeispielsmethode im Strafrecht 2004, S. 181, 189, 284.
25   *Freund*, ZStW 109, 1997, 471.

Im BGHSt 29, 319 nachgebildeten **Fall 13** waren die drei Beamten in der ersten Instanz nur **200**
wegen *einfachen* Diebstahls verurteilt worden. Der BGH beanstandete die Nichtanwendung
des § 243 I mit folgenden Hinweisen: Auch bei Fehlen eines Regelbeispiels könne ein *beson-*
ders schwerer Fall des Diebstahls gegeben sein. Maßgebend dafür sei, ob das **gesamte Tatbild**
einschließlich aller subjektiven Momente und der **Täterpersönlichkeit** vom Durchschnitt der
gewöhnlich vorkommenden Fälle so sehr abweiche, dass die Anwendung des strengeren Aus-
nahmestrafrahmens geboten sei. Die Annahme eines solchen Falles könne unter den hier gegebenen Umständen deshalb nahe liegen, weil die Täter als **Amtsträger** Sachen von **beson-**
ders hohem Wert gestohlen hätten, die ihnen in ihrer Eigenschaft als Amtsträger zugänglich
und anvertraut gewesen seien. Neben der Frage, in welchem Maße das Opfer durch den Diebstahl getroffen werde, falle hier ins Gewicht, dass das Vertrauen der Allgemeinheit in die Integrität der Deutschen Bundesbank als Hüterin der Währung durch eine derartige „Selbstbedienung" ihrer Beamten nachhaltig beeinträchtigt werde. Danach ist hier ein atypischer besonders
schwerer Fall zu bejahen, der sich an dem durch § 243 gewährleisteten Schutz vor mit hoher
krimineller Energie begangenen Diebstählen und an gesicherten belastenden Strafzumes-
sungstatsachen wie dem Missbrauch einer Vertrauensstellung als Amtsträger (vgl § 263 III 2
Nr 4) orientiert.

3. Problematik des Versuchs

Verwendet der Gesetzgeber die Regelbeispielstechnik, sind im Bereich des Versuchs **201**
zwei Fragen auseinanderzuhalten. Zum einen ist zu klären, wann der erhöhte Strafrahmen auf einen Versuch anwendbar ist, zum anderen, wann durch den Beginn der Regelbeispielsverwirklichung zur Erfüllung des Tatbestandes unmittelbar angesetzt ist.

a) Versuch als besonders schwerer Fall

Einen *Versuch* des § 243 *als solchen* gibt es begrifflich nicht, da diese Vorschrift als **202**
Strafzumessungsregel keinen Tatbestand bildet[26]. Der **Versuch eines Diebstahls**
(§§ 242 II, 22) kann unter den Voraussetzungen des § 243 I aber durchaus einen *be-*
sonders schweren Fall darstellen[27]; denn wenn auch § 243 I 1 von einem „Diebstahl" und § 243 I 2 Nrn 2–7 davon sprechen, dass der Täter die Sache „stiehlt", so
ist mit diesen eine vollendete Tat nahe legenden Formulierungen als Anknüpfungspunkt für die Anwendung der Zumessungsregel der nur versuchte Diebstahl nicht
ausgeschlossen. Sähe man es anders, wäre die von § 23 II eröffnete Möglichkeit,
auch beim Versuch den Strafrahmen der vollendeten Tat auszuschöpfen, ausgerechnet für den Fall abgeschnitten, in dem schon beim Versuch ein Regelbeispiel vollständig erfüllt worden ist. Das leuchtet nicht ein[28]. Im Übrigen ist das Ausbleiben
der Vollendung nicht notwendig ein Gegenindiz für geringere Schuld. Der Eintritt
der **Regelwirkung** sollte hier allerdings von der *vollständigen* Verwirklichung des

---

26 Missverständlich BayObLG NStZ 97, 442; zutr. BGH NStZ-RR 97, 293 zu § 176 III aF.
27 Vgl OLG Köln MDR 73, 779; ebenso A/W-*Heinrich*, § 14 Rn 36; aA *Arzt*, JuS 72, 517; *Calliess*, JZ
75, 118; *Degener*, Stree/Wessels-FS S. 305, 326 ff.
28 S. *Küper*, JZ 86, 520; LK-*Hillenkamp*, vor § 22 Rn 143 f; iE ebenso *Eisele*, Die Regelbeispielsmethode im Strafrecht 2004, S. 302 f; *Sternberg-Lieben*, Jura 86, 185; *Zipf*, JR 81, 121.

Regelbeispiels abhängig gemacht und nicht schon deshalb bejaht werden, weil der *Wille* dazu vorhanden war[29].

203 Im Einzelnen sind hierzu *drei* Fallgestaltungen zu unterscheiden:

204 (1) Bei einem **Diebstahlsversuch** sind die Merkmale eines Regelbeispiels bereits voll verwirklicht worden. **Beispiel:** A ist zum Zweck des Diebstahls mithilfe eines Dietrichs in das Geschäft des B eingedrungen, wird aber gestört und ergreift die Flucht, bevor er etwas hat wegnehmen können.

Gegen den Eintritt der Regelwirkung bestehen hier keine Bedenken[30], sodass A wegen versuchten Diebstahls in einem *besonders schweren Fall* bestraft werden kann (§§ 242, 22 in Verbindung mit § 243 I 2 Nr 1)[31].

205 (2) Bei einem zur Vollendung gelangten Diebstahl ist die **beabsichtigte** Verwirklichung eines **Regelbeispiels** im „Versuchsstadium" stecken geblieben. **Beispiel:** Bei dem Versuch, die Eingangstür am Geschäft des B mit einem Dietrich zu öffnen, stellt A zu seiner Überraschung fest, dass die Tür gar nicht abgeschlossen ist. So kommt er mühelos in das Gebäude hinein, aus dessen Räumen er Bargeld und Schmuck entwendet.

Als die früher geltende Fassung des § 243 noch *tatbestandliche* Qualifikationen mit einer abschließenden und zwingenden Regelung zum „schweren Diebstahl" enthielt, hätte man bei einem solchen Sachverhalt Tateinheit zwischen vollendetem einfachen Diebstahl (§ 242) und versuchtem schweren Diebstahl annehmen können (§§ 243 I 2 Nr 3, 43 aF). Diese Möglichkeit ist jetzt entfallen, da Regelbeispiele keine „Tatbestände" sind und § 22 das Ansetzen zu ihrer Verwirklichung nicht gesondert erfasst. Einen vollendeten Diebstahl in einem *versuchten* „besonders schweren Fall" kennt das heute geltende Recht nicht; zwischen Straftat und Strafzumessungsregel gibt es außerdem kein Konkurrenzverhältnis. Fraglich kann daher nur sein, ob bei einem vollendeten Grunddelikt die Indizwirkung von Regelbeispielen auch dann durchgreift, wenn diese zwar nicht vollständig erfüllt sind, der Wille zu ihrer Realisierung aber bestand und in der Form des „Ansetzens" betätigt worden ist. BGHSt 33, 370, 375 hat sich einer Stellungnahme hierzu enthalten[32]; mit der hM[33] ist der Eintritt der Regelwirkung hier jedoch zu *verneinen*. Für den Unrechtsgehalt der Tat ist es nämlich keines-

29 Ebenso die früher hM; vgl BayObLG JR 81, 118; OLG Düsseldorf NJW 83, 2712; OLG Stuttgart NStZ 81, 222; *Blei*, BT § 54 III; *Bockelmann*, BT I, S. 29; *Kadel*, Anm. JR 85, 386; *Lieben*, NStZ 84, 538; *v. Löbbecke*, MDR 73, 374; S/S-*Eser*, § 243 Rn 44; *Sternberg-Lieben*, Jura 86, 183; *Wessels*, Maurach-FS S. 295, 306. Anders BGHSt 33, 370, 376 f (s. zu dieser Entscheidung *Eckstein*, JA 01, 548); *Fabry*, NJW 86, 15; *Jäger*, BT Rn 261; *Kindhäuser*, BT II § 3 Rn 55 ff; *Kindhäuser*, Triftterer-FS S. 123; *Maurach/Schroeder/Maiwald*, BT I § 33 Rn 107; *Zipf*, Anm. JR 81, 119. Krit. bzw abl. zu BGHSt 33, 370: *Arzt*, Anm. StV 85, 104; *Graul*, JuS 99, 852; *Hohmann/Sander*, BT I § 1 Rn 178; *Krey/Hellmann*, BT II Rn 125a; *Küper*, JZ 86, 518; *Lackner/Kühl*, § 46 Rn 15; LK-*Ruß*, § 243 Rn 36; *Maurach/Gössel*, AT § 40 Rn 120 ff; *Otto*, Jura 89, 200; *Rengier*, BT I § 3 Rn 52; *Schmidt/Priebe*, BT II Rn 161; *Wessels*, Lackner-FS S. 423; *Zopfs*, GA 1995, 320.
30 Vgl BGH NStZ 85, 217; A/W-*Heinrich*, § 14 Rn 37 f; *Rengier*, BT I § 3 Rn 51; aA aber *Arzt*, Anm. StV 85, 104 und JuS 72, 385, 517.
31 Zur Möglichkeit der Strafmilderung gemäß §§ 23 II, 49 I s. OLG Köln MDR 73, 779; *Fischer*, § 46 Rn 104.
32 S. dazu *Rengier*, BT I § 3 Rn 56; *Zopfs*, GA 1995, 324.
33 S. *Beulke*, Rn 113; *Joecks*, § 243 Rn 42; MK-*Schmitz*, § 243 Rn 84; *Schmidt/Priebe*, BT II Rn 161; *Zopfs*, Jura 07, 423; s. auch BGH NStZ-RR 97, 293 mit zust. Bespr. *Graul*, JuS 99, 852, 856.

wegs belanglos, ob der Täter ein erfolgsbezogenes Regelbeispiel vollständig verwirklicht oder dazu bloß „angesetzt" hat. Das zeigt ein Vergleich mit dem oben erörterten Beispiel (1): Dort hat der Täter die Schutzvorkehrungen, die der Bestohlene zur Sicherung seines Gewahrsams getroffen hatte, erfolgreich überwunden; das Gefühl, gegen raffinierte Rechtsbrecher letztlich machtlos zu sein, belastet und verunsichert den Betroffenen gewiss noch lange Zeit. Im Beispiel (2) brauchte A dagegen keine hinderliche Barriere zu überwinden; da B die Eingangstür nicht verschlossen hatte, wird er sich sagen müssen, er habe es dem Täter durch eigene Nachlässigkeit leicht gemacht, bei ihm einzudringen und ihn zu bestehlen, Grund, von Unrechts-, Schuld- und entsprechender Strafminderung zu reden[34]. Diesen Unterschied im Unwertgehalt der Tat würde man ignorieren und einebnen, wenn man den Eintritt der Regelwirkung in beiden Fällen ohne Rücksicht darauf bejahen wollte, dass die Voraussetzungen des § 243 I 2 Nr 1 allein im Beispiel (1) vollständig erfüllt sind, während es im Beispiel (2) am diesbezüglichen Erfolgsunwert fehlt. Das spricht dafür, im letztgenannten Fall bei der Verurteilung wegen **vollendeten Diebstahls** lediglich den **Strafrahmen des § 242** anzuwenden, der weit genug ist, um gemäß § 46 II auch dem Umstand gerecht werden zu können, dass A zur Verwendung eines Dietrichs entschlossen war und dazu bereits angesetzt hatte[35]. Will man den Strafrahmen des § 243 eröffnen, muss man die Voraussetzungen eines atypischen schweren Falls (s. Rn 199) bejahen[36].

(3) Weder der geplante Diebstahl noch das in Aussicht genommene Regelbeispiel sind über das **Versuchsstadium** hinausgelangt. **Beispiel:** Bei dem Versuch, die Eingangstür zum Geschäft des B mit einem Dietrich zu öffnen, ist der zum Stehlen entschlossene A überrascht und festgenommen worden. **206**

Vom Standpunkt der früher hM[37] aus wäre A hier nur nach §§ 242 II, 22 zu bestrafen, während die Gegenansicht über die Regelwirkung des § 243 I 2 Nr 1 das Vorliegen eines versuchten Diebstahls in einem *besonders schweren Fall* bejaht[38]. Zu der letztgenannten Auffassung hat sich auch der BGH bekannt, der sich dabei in BGHSt 33, 370, 375 auf folgende Erwägungen stützt:

Dem Gesetz sei keine eindeutige Antwort auf die umstrittene Frage zu entnehmen. Es sei daher notwendig, auf allgemeine Grundsätze des Strafrechts zurückzugreifen und das Ergebnis auf seine Vereinbarkeit mit ihnen zu überprüfen. § 23 II besage in dieser Hinsicht wenig. Immerhin gehe daraus der Wille des Gesetzgebers hervor, eine versuchte Tat, sofern sie strafbar sei, prinzipiell derselben Strafdrohung zu unterwerfen wie die vollendete Tat. Der Strafrahmen bestimme sich insoweit nach dem jeweiligen Tatentschluss. Im Übrigen liege es nahe, Regelbeispiele weitgehend wie Tatbestandsmerkmale zu behandeln, da sie jedenfalls *tatbestandsähnlich* seien und sich im Wesen nicht tiefgreifend von selbstständigen Qualifikationstatbeständen unterschieden. Die Ansicht, die für den Eintritt der Regelwirkung und die Anwendbarkeit des strengeren Straf-

---

34 S. *Hillenkamp*, Vorsatztat und Opferverhalten 1981, S. 297 ff, 306.
35 S. dazu ua BayObLG JR 81, 118; *Küper*, JZ 86, 518, 525; *Otto*, BT § 41 Rn 36; *Sternberg-Lieben*, Jura 86, 183 mwN.
36 So SK-*Hoyer*, § 243 Rn 54; zust. *Kindhäuser*, § 243 Rn 49.
37 S/S-*Eser*, § 243 Rn 44; der Sache nach liegt sie, allerdings mit deliktsspezifischer Begründung, auch BGH StV 07, 132 (zu § 263) zugrunde, s. dazu *Rengier*, BT I § 3 Rn 53; auch heute erfährt BGHSt 33, 370 überwiegend Widerspruch, s. *Zopfs*, Jura 07, 423 mwN.
38 *Eisele*, Die Regelbeispielsmethode im Strafrecht 2004, S. 331 ff; *Fabry*, NJW 86, 15; *Kindhäuser*, § 243 Rn 51; *Maurach/Schroeder/Maiwald*, BT I § 33 Rn 107; SK-*Hoyer*, § 243 Rn 54.

rahmens bei einer nur *versuchten* qualifizierenden Handlung **den Tatentschluss** für maßgebend halte, stehe nicht in Widerspruch zu den Grundsätzen des Strafzumessungsrechts und den Zielvorstellungen des Gesetzgebers. Grundlage der Strafzumessung sei die Schuld des Täters, die sich im wenigstens teilweise ausgeführten Tatentschluss widerspiegele. Sinn der Reform des § 243 sei es nicht gewesen, die Reichweite der einzelnen Erschwerungsgründe einzuschränken und zB den versuchten Einbruch von der Qualifizierung auszunehmen. Der Gesetzgeber habe den Tatrichter vielmehr nur von der früher geltenden strengen Bindung an den schärferen Strafrahmen freistellen wollen. Die Rechtsauffassung des BGH ermögliche es, § 243 in Fällen des *versuchten* Diebstahls einfach und einheitlich anzuwenden, sodass es bei der Bestrafung nicht darauf ankomme, ob der Erschwerungsgrund an eine Handlung des Täters (§ 243 I 2 Nrn 1 und 6) oder an eine Eigenschaft des Diebstahlsobjekts gebunden sei (§ 243 I 2 Nrn 2, 5 und 7).

207   Der Hinweis des BGH auf die Praktikabilität seiner Rechtsauffassung hat aus der Sicht der Strafrechtspraxis gewiss ein nicht zu unterschätzendes Gewicht. Dieser Vorteil wiegt indessen die Bedenken nicht auf, die gegen den Standpunkt des BGH sprechen. Im Endeffekt läuft dessen Grundsatzentscheidung auf eine Korrektur des Gesetzes, dh darauf hinaus, im Wege der Analogie zu §§ 22, 23 II dem bloßen „Ansetzen" zur Verwirklichung eines Regelbeispiels die gleiche Indizwirkung beizulegen wie seiner vollständigen Verwirklichung. Dafür fehlt es aber an einer tragfähigen Begründung. Im Bereich der **Strafzumessung** kommt es auf die **Tatbestandsnähe** der Regelbeispiele nicht an; sie hat nur für die Frage Bedeutung, ob der Versuch des einschlägigen **Grunddelikts** schon mit dem Ansetzen zur Verwirklichung eines Regelbeispiels beginnt[39]. Richtig ist zwar, dass die Schuld des Täters Grundlage der Strafzumessung ist. Daraus ergibt sich jedoch nichts für die Frage, ob die Steigerung der Schuld, die sich im Entschluss zur Verwirklichung erschwerender Umstände niederschlägt, über *die Indizwirkung* des *betreffenden Regelbeispiels* oder stattdessen **gemäß § 46 II in den Grenzen des Normalstrafrahmens beim Grunddelikt** zu erfassen ist.

207a   Prüft man die Konsequenzen, zu denen die Rechtsauffassung des BGH führt, stößt man auf weitere Bedenken. Stellt man nämlich im Bereich des § 243 beim Eintritt der Regelwirkung entscheidend auf den Entschluss und das Vorstellungsbild des Täters ab, so erstreckt sich der strengere Strafrahmen auch auf Irrtumsfälle, dh auf die nur vermeintliche Erfüllung eines Regelbeispiels. Bei § 243 I 2 Nr 1 käme es dann nicht mehr darauf an, ob der Täter mithilfe eines „falschen" oder durch unbefugte Benutzung des „richtigen" Schlüssels in den geschützten Raum gelangt ist; es würde genügen, dass er den Schlüssel *für falsch gehalten* hat[40]. Die Frage, ob das einschlägige Regelbeispiel objektiv erfüllt war oder nicht, brauchte künftig nicht mehr aufgeklärt zu werden, sofern nur feststeht, dass der Angeklagte mindestens zur Ausführung eines entsprechenden Entschlusses angesetzt hatte. Vollständige, versuchte und vermeintliche Erfüllung eines Regelbeispiels stünden danach, soweit es um den Eintritt der Regelwirkung und die Anwendbarkeit des verschärften Strafrahmens geht, auf einer Stufe. Trotz der ganz unterschiedlichen Sachlage käme es letzten Endes allein auf den bösen Willen und dessen Betätigung an.

---

39   Vgl *Wessels/Beulke*, AT Rn 599, 607.
40   LK-*Hillenkamp*, vor § 22 Rn 144.

Die Ansicht, die beim Eintritt der Regelwirkung zwischen der vollständigen und bloß teilwei- **208**
sen Verwirklichung eines Regelbeispiels unterscheidet, verdient daher den Vorzug. Sie ebnet
die aus der jeweiligen Sachlage folgenden Unterschiede nicht ein, nur um § 243 „in Fällen des
versuchten Diebstahls einfach und einheitlich anzuwenden"[41]. Das gilt mit entsprechender Begründung auch im **Fall 14**, in dem es freilich anders als in BGHSt 33, 370 noch nicht einmal
zur *Teilverwirklichung* des hier einschlägigen Regelbeispiels des Stehlens einer durch ein verschlossenes Behältnis gesicherten Sache (§ 243 I 2 Nr 2) gekommen ist. Um eine Parallele zu
dem der Entscheidung des BGH zugrunde liegenden Fall, in dem mit dem Einbruch bereits begonnen war, handelt es sich deshalb nur dann, wenn man mit einer den Versuchsbeginn und
das „Ansetzen" zur Regelbeispielsverwirklichung weit vorverlagernden und daher zweifelhaften Auffassung schon im Betreten des Supermarktes und der Inaugenscheinnahme der Kassen
ein unmittelbares Ansetzen zur Wegnahme der gesicherten Sachen sieht[42]. Das BayObLG[43] tut
das und folgt mit seiner Annahme eines versuchten Diebstahls in einem besonders schweren
Fall dann der Auffassung des BGH. Bei Zugrundelegung der hier vertretenen Meinung kann
man zum *gleichen Ergebnis* nur gelangen, wenn hinreichende Anhaltspunkte für einen atypischen besonders schweren Fall vorliegen[44]. Das war in beiden zitierten Entscheidungen aber
nicht der Fall.

b) Versuchsbeginn

Auf einer ganz anderen Ebene liegt die im Zusammenhang mit **Fall 14** schon ange- **209**
deutete Frage, **wann** der **Versuch beginnt**. Hier kann zweifelhaft sein, ob das Versuchsstadium bereits dann erreicht ist, wenn der Täter noch nicht mit der eigentlichen Wegnahme begonnen, sondern erst zur Verwirklichung eines Regelbeispiels
„angesetzt" hat. Akut wird das zB dort, wo der Täter während des Einbrechens oder
Einsteigens überrascht und von der Tatvollendung abgehalten wird. Nach § 22
kommt es insoweit allein darauf an, ob im Beginn des *Einbrechens* oder *Einsteigens*
ein **unmittelbares Ansetzen zur Verwirklichung des Diebstahlstatbestandes**, dh
des § 242 liegt. Keinen Beifall verdient deshalb die Formulierung, das strafbare Versuchsstadium sei stets erreicht, sobald der Täter mit der Verwirklichung des Er-
schwerungsgrundes beginne[45]. Da § 22 allerdings auch Ausführungshandlungen erfasst, die noch nicht selbst „tatbestandsmäßig" sind, aber im *unmittelbaren Vorfeld*
der Tatbestandsverwirklichung liegen, *kann* die Grenze zwischen Vorbereitung und
Versuch naturgemäß auch schon mit dem Beginn des Einbrechens, Einsteigens usw
überschritten sein, sofern dieses Ansetzen zur Tat nach dem Gesamtplan des Täters
bei ungestörtem Verlauf *unmittelbar anschließend* zur „Wegnahme" iS des § 242
führen sollte[46].

---

41 So aber BGHSt 33, 370, 375.
42 Dagegen zu Recht *Wolters*, Anm. JR 99, 39; s. auch LK-*Hillenkamp*, § 22 Rn 107.
43 NStZ 97, 442 mit Anm. *Sander/Malkowski*, NStZ 99, 36 und Bespr. *Graul*, JuS 99, 852.
44 Vgl dazu BGHSt 29, 319, 322; *Lackner/Kühl*, § 46 Rn 14.
45 So aber OLG Hamm MDR 76, 155 mit abl. Anm. *Hillenkamp*, MDR 77, 242.
46 Vgl LK-*Hillenkamp*, § 22 Rn 127 f; ferner *Beulke*, Rn 111 f; HK-GS/*Duttge*, § 243 Rn 63; *Mitsch*,
    BT II/1 § 1 Rn 181; SK-*Hoyer*, § 243 Rn 55; S/S-*Eser*, § 243 Rn 45; *Wessels/Beulke*, AT Rn 601; 607;
    iE ähnlich *Lackner/Kühl*, § 46 Rn 15; trotz anderen Ausgangspunkts iE übereinstimmend *Eisele*, Die
    Regelbeispielsmethode im Strafrecht 2004, S. 297 ff; *Eisele*, BT II Rn 135.

4. Vorsatzerfordernis und Teilnahme

210 Die den Täter belastende Zurechnung der Verwirklichung eines Regelbeispiels oder eines atypischen besonders schweren Falles setzt auf der subjektiven Seite **Vorsatz** voraus. Das folgt angesichts der sachlichen Nähe der Regelbeispiele zu den Qualifikationsmerkmalen aus einer *entsprechenden* Anwendung der §§ 15, 16[47]. Für den Teilnehmer kann insoweit nichts anderes gelten. Ob **Anstiftung** oder **Beihilfe** zum Diebstahl unter den Voraussetzungen des § 243 I einen *besonders schweren Fall* darstellen, ist für jeden Beteiligten nach dem Gewicht seines Tatbeitrags selbstständig zu ermitteln[48]. Dabei sind die allgemeinen Akzessorietätsregeln und die dem § 28 II zu Grunde liegenden Wertungen *sinngemäß* zu berücksichtigen[49]. Entsprechend § 28 II ist deshalb zB die Gewerbsmäßigkeit, bei der die erhöhte Strafdrohung spezialpräventiv begründet ist, nur *dem* Teilnehmer anzulasten, der sie in eigener Person erfüllt[50].

II. Die einzelnen Regelbeispiele des § 243 I

211 **Fall 15:** A, Filialleiter einer Teppichhandlung, hatte aus einer Registrierkasse, zu der nur der Kassierer und der Firmenchef F Zugang hatten, 5000 EUR entwendet. Es war ihm gelungen, die Kasse durch das Drücken eines von 30 verschiedenfarbigen Bedienknöpfen zu öffnen. Diese Öffnungsmöglichkeit hatte er zufällig wahrgenommen, als F den Knopf bediente. Als A als Täter entdeckt wurde, drängte F ihn, das Arbeitsverhältnis aufzulösen. A erbat sich Bedenkzeit. In dieser Zeit überließ er seinem Bekannten B die Schlüssel zur Filiale und forderte ihn aus Ärger über das Drängen des F auf, aus deren „Schatzkammer" Seidenteppiche zu entwenden. Das tat B. Bevor er mit den Schlüsseln in das Firmengebäude und die „Schatzkammer" gelangte, musste er die niedrige Umzäunung eines vor dem Filialgebäude liegenden Hofes übersteigen, da die Schlüssel zu dessen bereits verschlossenem Eingangstor nicht passten. Wie haben sich A und B strafbar gemacht? **Rn 237**

Fall 16: T entfernte in einem Kaufhaus mit Gewalt das Sicherungsetikett aus einem Jackett und zerbrach es. Dies geschah in der Absicht, das Jackett zu stehlen. Er zog es unter seinem Parka an und wollte so das Kaufhaus verlassen. Die elektromagnetische Alarmanlage hätte auf das Sicherungsetikett am Kundenausgang des Kaufhauses reagiert. T wurde nach Verlassen der Herrenabteilung von einem Verkäufer, der ihn beobachtet hatte, gestellt. Ist T eines Diebstahls in einem besonders schweren Fall schuldig? **Rn 237a.**

---

47 BGHSt 26, 244, 246 mit Verweis auf § 62 E 1962, Begr. S. 185; *Roxin*, AT I § 12 Rn 143 f; für direkte Anwendung (auch des § 28) *Eisele*, Die Regelbeispielsmethode im Strafrecht 2004, S. 284; *ders.*, JA 06, 312.
48 Vgl BGH NStZ 83, 217; *Fischer*, § 46 Rn 105.
49 S/S-*Eser*, § 243 Rn 47; *Wessels*, Maurach-FS S. 295, 307; krit. dazu *Bruns*, GA 1988, 339.
50 BGH StV 96, 87; SK-*Hoyer*, § 243 Rn 57.

1. Einbruchs-, Einsteige-, Nachschlüssel- und Verweildiebstahl (Nr 1)

§ 243 I 2 Nr 1 fasst eine Gruppe von besonderen Erscheinungsformen des Diebstahls **212** mit gewissen Gemeinsamkeiten zusammen, bei denen der Täter

zur Ausführung der Tat in ein Gebäude, einen Dienst- oder Geschäftsraum oder in einen anderen umschlossenen Raum einbricht, einsteigt, mit einem falschen Schlüssel oder einem anderen nicht zur ordnungsmäßigen Öffnung bestimmten Werkzeug eindringt oder sich in dem Raum verborgen hält.

Vorausgesetzt wird hiernach dreierlei: Die Verletzung eines bestimmten **räumlichen Schutzbereichs**, eine bestimmte **Form des Eindringens** unter Einbeziehung des **Sich-Verborgenhaltens** sowie die Vornahme der einschlägigen Handlung **zur Ausführung des Diebstahls**.

a) Geschützte Räumlichkeiten

Den Oberbegriff des geschützten Bereichs bildet der *umschlossene Raum*[51]. Als **um-** **213** **schlossener Raum** iS des § 243 I 2 Nr 1 ist jedes Raumgebilde anzusehen, das (zumindest auch) zum **Betreten durch Menschen** bestimmt und mit Vorrichtungen versehen ist, die das Eindringen von Unbefugten abwehren sollen und tatsächlich ein Hindernis bilden, das ein solches Eindringen nicht unerheblich erschwert[52]. **Umschlossen** bedeutet *nicht verschlossen*; auch bei offenen, unbewachten Eingängen oder Zufahrten kann ein Raum umschlossen sein[53]. Erforderlich ist nur, dass nicht jedermann frei und ungehindert Zutritt hat und dass es nicht offensichtlich an einem Ausschlusswillen des Berechtigten fehlt, wie dies etwa bei Telefonzellen[54] oder öffentlichen Bedürfnisanstalten der Fall ist. Wer den umschlossenen Raum durch eine vorhandene Lücke betritt, ohne dabei Schwierigkeiten überwinden zu müssen, also zB durch einen schadhaften Zaun auf einen Lagerplatz gelangt, ohne die Umfriedung zu übersteigen, unter ihr durchzukriechen oder sie mit Kraftanstrengung beiseite zu drücken, verwirklicht das Regelbeispiel des § 243 I 2 Nr 1 nicht[55].

Zu den **umschlossenen Räumen** gehören beispielsweise eingezäunte oder mit Mauern umgebene **214** Höfe, Gärten und Lagerplätze[56], auch Friedhöfe zur Nachtzeit[57]. Viehweiden fallen nicht darunter, wenn die Umzäunung nur dem Zweck dient, das Vieh am Fortlaufen zu hindern[58]. Da es entgegen der reichsgerichtlichen Rechtsprechung nach heute einhelliger Auffassung auf die Frage der Beweglichkeit oder Bodenverbundenheit nicht ankommt[59], sind *umschlossene Räume* auch Schiffe, Eisenbahnwagen, Wohnwagen, Lastkraftwagen[60], der Insassenraum von Personenkraftwagen[61]

---

51 *Küper*, BT S. 250 f; nach OLG Frankfurt/M. NJW 06, 1746, 1748 soll er – was zweifelhaft ist – dem Merkmal der „abgeschlossene Raum" iS des § 123 entsprechen.
52 BGHSt 1, 158, 164; BGH StV 83, 149.
53 BGH NJW 54, 1897; RGSt 32, 141.
54 OLG Hamburg NJW 62, 1453.
55 BGH StV 84, 204.
56 RGSt 39, 104, 105; 54, 20.
57 BGH NJW 54, 1897.
58 OLG Bremen JR 51, 88.
59 BGHSt 1, 158, 163.
60 BGHSt 4, 16 f.
61 BGHSt 2, 214, 215; nicht aber der *Kofferraum*, der nur *Behältnis* ist: BGHSt 13, 81, 82.

sowie Teile im Innern eines Gebäudes. **Dienst-** oder **Geschäftsräume**[62] und **Gebäude** sind dem Begriff des *umschlossenen Raumes* in § 243 I 2 Nr 1 lediglich als illustrierende Beispiele vorangestellt. Den Einbruch in **Wohnungen** hat das 6. StRG (Rn 9) aus der Aufzählung herausgenommen und zur Qualifikation erhoben (§ 244 I Nr 3). Insoweit sind §§ 242, 243 I 2 Nr 1 subsidiär[63] (zum Einbruch in sog. Mischgebäude, die neben Wohnungen auch Geschäfts-, Dienst- oder Gaststättenräume umfassen, s. Rn 267a).

Gebäude ist ein durch Wände und Dach begrenztes, mit dem **Erdboden fest** (wenn auch allein durch die eigene Schwere) **verbundenes Bauwerk**, das den Eintritt von Menschen gestattet und Unbefugte fern halten soll[64]. Darunter kann auch ein unbewohntes, zum Abbruch vorgesehenes Gebäude fallen, weil es hier um den durch das Bauwerk gewährleisteten **Schutz von Sachen** und nicht wie bei Gebäuden iS der §§ 306, 306a um den Schutz menschlicher Wohnstätten geht[65].

b) Handlungsmodalitäten

215 **Einbrechen** ist das gewaltsame, nicht notwendig substanzverletzende[66] Öffnen einer dem Zutritt entgegenstehenden Umschließung.

Vorausgesetzt wird eine **Kraftentfaltung** nicht ganz unerheblicher Art. Daran fehlt es beim bloßen Hochheben eines beweglichen Zaunes[67] wie beim Entriegeln eines offen stehenden Kippfensters, während das mit einer gewissen Anstrengung verbundene Auseinanderbiegen der beiden Flügel eines Scheunentors „bis zur Bildung einer klaffenden Spalte" den Begriff des *Einbrechens* erfüllt[68]. Ob das Aufdrücken des unverriegelten Seitenfensters eines Kraftwagens zum Hindurchgreifen und Entsperren der Tür von innen genügt[69], hängt von den näheren Umständen des Einzelfalles, insbesondere von der mehr oder weniger schweren Beweglichkeit solcher Fenster ab[70].

Verwirklicht ist der erschwerende Umstand des Einbrechens mit der gewaltsamen Beseitigung des den *Zutritt* verwehrenden Hindernisses. Wer ein die Flucht oder das Fortschaffen der Beute *von innen* erschwerendes Hindernis gewaltsam überwindet, bricht nicht *ein*[71]. Ein *Betreten* des umschlossenen Raumes durch den Täter ist nicht erforderlich; es reicht aus, dass er die entwendete Sache mit der Hand oder mithilfe eines Geräts herausholt[72]. Es kommt nach der heutigen Fassung des § 243 I 2 Nr 1 auch nicht mehr darauf an, ob „aus" dem umschlossenen Raum gestohlen oder ob dieser (wie etwa ein Kraftwagen) mittels der in § 243 I 2 Nr 1 genannten Modalitäten selbst entwendet wird (s. Rn 194).

216 **Einsteigen** ist jedes Hineingelangen in das Gebäude oder den umschlossenen Raum durch eine zum **ordnungsgemäßen Eintritt nicht bestimmte Öffnung** unter Über-

---

62 Vgl dazu *Wessels/Hettinger*, BT I Rn 578 ff.
63 *Mitsch*, ZStW 111, 1999, 72; SK-*Hoyer*, § 243 Rn 15; für Spezialität *Fahl* NJW 01, 1699 mit Nachw. zum Streitstand; s. auch *Beulke*, Rn 414 f; zu Irrtumsfällen *Zopfs*, Jura 07, 423 f.
64 BGHSt 1, 158, 163.
65 Vgl dazu BGHSt 6, 107 f; *Wessels/Hettinger*, BT I Rn 962.
66 *Fischer*, § 243 Rn 5.
67 BGH NStZ 00, 143, 144 f, OLG Karlsruhe NStZ-RR 05, 140, 142.
68 Vgl RGSt 44, 74.
69 Wie BGH NJW 56, 389 und VRS 35, 416 annehmen; abl. *Eser*, Strafrecht IV S. 66; *Rengier*, BT I § 3 Rn 13.
70 *Krey/Hellmann*, BT II Rn 103.
71 *Lackner/Kühl*, § 243 Rn 10.
72 BGH NStZ 85, 217; OLG Düsseldorf MDR 84, 961.

windung von Hindernissen und Schwierigkeiten, die sich aus der Eigenart des Gebäudes oder der Umfriedung des umschlossenen Raumes ergeben und die das Hineingelangen nicht unerheblich erschweren[73].

Das Benutzen eines verbotenen, aber offenen Eingangs genügt nicht, ebenso nicht das einfache Überschreiten einer niedrigen Garteneinfassung, wohl aber das Überklettern einer Mauer oder eines Zaunes[74] sowie das Einsteigen durch ein Fenster.

Einer „steigenden" Bewegung bedarf es nicht unbedingt. Nach einhelliger Ansicht umfasst der Begriff des Einsteigens auch das Hinab- oder Hineinkriechen und jedes sonstige Hindurchzwängen durch eine schmale Öffnung[75].

Alle genannten Vorgänge können sich auch innerhalb eines Gebäudes abspielen, wobei es gleichgültig ist, ob es sich bei dem Täter um einen „Hausfremden" oder einen Hausbewohner handelt[76].

Das bloße Hineingreifen und Herausholen von Sachen durch eine Öffnung genügt hier anders als bei einem durch Einbrechen eröffneten Zugang ebenso wenig wie ein schlichtes Hineinbeugen mit dem Oberkörper[77]. Mit Letzterem sind der Wortsinn des Begriffs „Einsteigen" und ein dem „Einbrechen" gleichwertiges Unrecht noch nicht erfüllt[78]. Andererseits braucht der Täter nicht mit dem ganzen Körper eingedrungen zu sein[79]. Erforderlich ist nur, dass er **innerhalb des Raumes einen Stützpunkt gewonnen** hat, der ihm die Wegnahme ermöglicht[80].

Erschwerend wirkt ferner das **Eindringen** mit einem **falschen Schlüssel** oder einem **217** anderen **nicht zur ordnungsmäßigen Öffnung bestimmten Werkzeug.** Vom *Gebrauch falscher Schlüssel* ist der hiervon nicht erfasste *Missbrauch* eines *richtigen* Schlüssels zu unterscheiden, der beispielsweise in der Verwendung eines nur unbefugt überlassenen Schlüssels liegt[81]. **Falsch** ist jeder Schlüssel, der zur Tatzeit vom Berechtigten nicht oder nicht mehr zum Öffnen des betreffenden Verschlusses bestimmt ist[82]. Maßgebend ist also der Wille dessen, dem die Verfügungsgewalt über den Raum zusteht.

Falsch ist nicht nur der **nachgemachte Schlüssel**, sondern auch derjenige, dem der Berechtigte **218** die frühere Bestimmung zur ordnungsmäßigen Öffnung wieder **entzogen** hat. Bisweilen ist die erwähnte Bestimmung von vornherein **befristet**; sie endet dann mit Fristablauf. Letzteres ist bei einem Schlüssel, den der bisherige Wohnungsmieter nach Beendigung des Vertragsverhältnisses ohne Wissen des Vermieters behalten hat, vom Augenblick des Auszuges an der Fall[83]. Ein *richtiger* Schlüssel wird durch **Diebstahl** oder **Verlust** nicht ohne weiteres falsch; er wird es erst dadurch, dass der Berechtigte ihm die Bestimmung zur ordnungsmäßigen Öffnung entzieht. Das

---

73 BGHSt 10, 132, 133; BGH NStZ 00, 143, 144.
74 BGH NJW 93, 2252.
75 BGH MDR/D 54, 16; RGSt 55, 144.
76 Vgl BGHSt 22, 127 f mit abl. Anm. *Säcker*, NJW 68, 2116.
77 BGHSt 10, 132, 133; BGH NJW 68, 1887.
78 Dazu BGHSt 10, 132, 133; aA *Küper*, BT S. 129; wie hier HK-GS/*Duttge*, § 243 Rn 18; MK-*Schmitz*, § 243 Rn 23.
79 So aber *Gössel*, BT II § 8 Rn 15.
80 OLG Hamm NJW 60, 1359; LK-*Ruß*, § 243 Rn 12.
81 BGH StV 98, 204; OLG Hamm NStZ-RR 01, 300, 301.
82 BGHSt 13, 15, 16; 14, 291, 292; 21, 189.
83 BGHSt 13, 15, 16.

setzt die **Entdeckung des Verlustes** durch den Berechtigten voraus. Sie rechtfertigt zumeist den Schluss auf eine solche „Entwidmung"[84].

219 Unter **Schlüssel** sind auch mechanische oder elektronische Kunststoffkartenschlüssel zu verstehen, wie sie etwa im Hotelgewerbe üblich sind[85]. Die dem falschen Schlüssel gleichgestellten **anderen Werkzeuge** können von beliebiger Art sein (= Dietriche, Haken usw), müssen vom Täter aber in der Weise angewandt werden, dass der **Mechanismus des Verschlusses ordnungswidrig in Bewegung gesetzt** wird[86].

Daran fehlt es, wenn mit ihnen der Verschluss aufgebrochen wird; ein derartiges gewaltsames Öffnen verwirklicht lediglich das Merkmal des „Einbrechens"[87].

220 **Eindringen** setzt wie beim Hausfriedensbruch ein *Betreten* des geschützten Bereiches voraus, wobei auch hier – wie beim Einsteigen – der Täter nicht mit dem ganzen Körper hineingelangt sein, aber doch bildlich gesprochen den Fuß in der Tür und damit einen *Stützpunkt* im befriedeten Raum haben muss. Das notwendige Handeln *gegen* den Willen des Berechtigten folgt aus dem Gebrauch eines *falschen* Schlüssels bzw eines nicht zur *ordnungsmäßigen* Öffnung bestimmten Werkzeugs idR von selbst.

221 Den vorgenannten Formen des Eindringens in den räumlichen Schutzbereich stellt das Gesetz den Fall des **Sich-Verborgenhaltens** gleich. Bei dieser Alternative kommt es nicht darauf an, wie der Täter in den Raum gelangt ist, ob er ihn legal oder illegal betreten hat und um welche Tageszeit es sich handelt. Wohl aber ist Voraussetzung, dass er seine nicht (mehr) berechtigte Anwesenheit *geflissentlich* verbirgt[88].

Beispiel: Ein Angestellter lässt sich nach Geschäftsschluss im Kaufhaus einschließen, um dort ungestört stehlen zu können. Bleibt er einfach auf seinem Platz und wird nur übersehen, reicht das nicht aus. Vielmehr muss er sich etwa in einer Umkleidekabine verbergen[89].

Allen Begehungsformen des § 243 I 2 Nr 1 ist gemeinsam, dass sie zumeist von solchen Tätern verwirklicht werden, die nicht (mehr) berechtigt sind, sich in dem betreffenden Gebäude oder umschlossenen Raum aufzuhalten. In *jedem* Fall notwendig ist dies aber nicht[90].

c) Zeitpunkt des Diebstahlsvorsatzes

222 Die in § 243 I 2 Nr 1 erwähnten Handlungen müssen **zur Ausführung der Tat**, dh zur Begehung eines **Diebstahls,** vorgenommen werden. Daraus folgt, dass die Handlungen der Diebstahls*vollendung* dienen[91] und dass der Diebstahlsvorsatz schon im Zeitpunkt des Einbrechens, Einsteigens usw vorgelegen haben müssen.

---

84 BGHSt 21, 189, 190; BGH StV 93, 422; *Küper*, BT S. 266; strenger RGSt 52, 84; zur Notwendigkeit des Bemerkens des Verlustes s. KG StV 04, 544 f.
85 *Küper*, BT S. 267; S/S-*Eser*, § 243 Rn 14.
86 BGH MDR 52, 563; RGSt 52, 321, 322.
87 BGH NJW 56, 271.
88 *Küper*, BT S. 275 f; *Otto*, BT § 41 Rn 13.
89 RGSt 32, 310.
90 RGSt 39, 104; BGHSt 22, 127, 128; *Kindhäuser*, § 243 Rn 18; *Lackner/Kühl*, § 243 Rn 14.
91 *Rengier*, BT I § 3 Rn 19 f; *Fischer*, § 243 Rn 11.

Ein Regelbeispiel nach § 243 I 2 Nr 1 erfüllt daher nicht, wer in das Gebäude einbricht, um darin zu übernachten oder einsteigt, um eine Brandstiftung zu begehen, sich dann aber umentschließt und stiehlt. Das nachträgliche Erliegen einer zu anderen Zwecken herbeigeführten Versuchungssituation ist kein erschwerender Umstand. *Deshalb* verdient auch die vom Wortlaut noch gedeckte Ausnahme keinen Beifall, nach der es beim *Verweildiebstahl* genügen soll, dass der Täter den Stehlvorsatz erst *nach* Beginn des Sich-Verbergens fasst[92].

2. Überwindung besonderer Schutzvorrichtungen (Nr 2)

§ 243 I 2 Nr 2 betrifft den Diebstahl von Sachen, die durch ein **verschlossenes Behältnis** oder eine **andere Schutzvorrichtung** gegen Wegnahme **besonders gesichert** sind.   **223**

Den **Grund** der Strafschärfung bildet hier neben der größeren deliktischen Energie auch die Bedenkenlosigkeit, mit der sich der Täter über die besondere Gewahrsamssicherung und das daraus ersichtliche Behaltensinteresse des Eigentümers an eben diesen Sachen hinwegsetzt. Im Gegensatz zu § 243 I 2 Nr 2 aF stellt die **Neufassung** aber nicht mehr auf das „Erbrechen" des Behältnisses, sondern nur noch auf das **Vorhandensein einer Schutzvorrichtung** besonderer Art und auf die **Wegnahme** der durch sie **gesicherten Sache** ab. Wo und wie die Überwindung dieser Gewahrsamssicherung erfolgt, ist gleichgültig; es kommt auch nicht darauf an, ob das Behältnis am Tatort oder anderswo aufgebrochen oder sonst wie geöffnet wird[93]. Die Voraussetzungen des Regelbeispiels sind selbst dann erfüllt, wenn der Täter das verschlossene Behältnis als Ganzes entwendet, aber nicht geöffnet hat, weil er schon vorher entdeckt worden ist oder weil er es ungeöffnet veräußert hat[94].   **224**

Behältnis ist ein zur Aufnahme von Sachen dienendes und sie umschließendes Raumgebilde, das im Gegensatz zum umschlossenen Raum **nicht** dazu bestimmt ist, von Menschen betreten zu werden[95], wie etwa eine Truhe, Kassette oder Kiste, ein Schrank, Koffer, Warenautomat oder der Kofferraum eines Fahrzeugs[96]. **Verschlossen** ist das Behältnis, wenn sein Inhalt durch ein Schloss, eine sonstige technische Schließvorrichtung oder auf andere Weise (zB durch festes Verschnüren) **gegen einen ordnungswidrigen Zugriff von außen besonders gesichert** ist. Daran fehlt es, wenn der Schlüssel im Schloss steckt oder wenn eine Registrierkasse sich durch einfaches Drehen einer Kurbel[97] oder durch eine nur unauffällig angebrachte Öffnungsvorrichtung leicht öffnen lässt[98]. Das Regelbeispiel des § 243 I 2 Nr 2 ist auch dann nicht verwirklicht, wenn der Täter das verschlossene, aber an dem bisherigen Ort verbleibende Behältnis mit dem *richtigen* Schlüssel öffnet, den er *befugtermaßen* in Besitz hat. In einem solchen Fall ist nämlich der erhöhte Schutz, den der Verschluss gegen eine   **225**

---

92 So aber *Maurach/Schroeder/Maiwald*, BT I § 33 Rn 86; wie hier *Eisele*, BT II Rn 112; HK-GS/ *Duttge*, § 243 Rn 24; MK-*Schmitz*, § 243 Rn 10.
93 BGHSt 24, 248; aA S/S-*Eser*, § 243 Rn 25; *Schröder*, NJW 72, 778.
94 *Fischer*, § 243 Rn 17; LK-*Ruß*, § 243 Rn 18; *Rengier*, BT I § 3 Rn 30; enger BayObLG NJW 87, 663, 664 f; *Küper*, JZ 86, 523; SK-*Hoyer*, § 243 Rn 31; S/S-*Eser*, § 243 Rn 25; diff. MK-*Schmitz*, § 243 Rn 36; *Zopfs*, Jura 07, 425 f.
95 BGHSt 1, 158, 163; *Küper*, BT S. 61 f.
96 Vgl BGHSt 13, 81, 82.
97 Vgl BGH NJW 74, 567.
98 *Otto*, Jura 97, 471; aA OLG Frankfurt NJW 88, 3028; AG Freiburg NJW 94, 400.

Wegnahme der im Behältnis befindlichen Sachen bewirken soll, *ihm gegenüber* aufgehoben und insoweit nicht existent[99].

Beispiel: Während der Mittagspause entwendet eine Verkäuferin Geld aus dem verschlossenen Ladentresor, den sie mit dem ihr vorübergehend zur Verwahrung anvertrauten Tresorschlüssel geöffnet hat. Der grobe Vertrauensbruch, der in ihrem Verhalten liegt, gibt hier freilich Anlass zu der Prüfung, ob nicht ein *sonstiger* (den Regelbeispielen des § 243 I 2 entsprechender) besonders schwerer Fall des Diebstahls anzunehmen ist[100].

226 **Andere Schutzvorrichtungen** sind alle sonstigen Vorkehrungen und technischen Mittel, die dazu bestimmt und geeignet sind, Sachen gegen Entwendung zu schützen, den ungehinderten Zugriff auf sie auszuschließen und ihre **Wegnahme wenigstens zu erschweren**. Der Schutz, den sie bieten, braucht nicht vollkommen zu sein.

Beispiele: Alarmanlagen, Fahrrad- und Lenkradschlösser, Wegfahrsperren, ferner Ketten, Drahtseile oder Stricke als Mittel zur Verhinderung von Diebstählen; desgleichen *mittelbare* Schutzvorrichtungen, wie etwa ein verschlossenes Behältnis als Aufbewahrungsort für einen Schlüssel zu einem Raum iS der Nr 1[101].

227 **Zweck** der Vorrichtung muss – zumindest auch – die **Sicherung** von Sachen **gegen Wegnahme** sein[102]. Bei **verschlossenen Behältnissen** ist diese Voraussetzung in der Regel gegeben. Das gilt insbesondere für verschlossene Geld- und Schmuckkassetten, abgeschlossene Reisekoffer, zugenagelte Kisten, mit Plomben versehene Säcke und fest verschnürte Pakete, die der Bahn oder Post zur Beförderung übergeben worden sind[103]. In den letztgenannten Fällen dient das Behältnis nämlich nicht ausschließlich dem Transport, sondern auch dem Zweck, die darin befindlichen Sachen gegen Diebstahl zu schützen und dem Zugriff auf sie ein Hindernis in den Weg zu legen. Maßgebend sind aber die jeweiligen Umstände des Einzelfalles, die mit dem **Grundgedanken** des § 243 I 2 Nr 2 in Einklang stehen müssen; Verallgemeinerungen sind hier fehl am Platze. So bilden verschlossene Kartons bei der Belieferung von Geschäften mit Waren oft nichts anderes als eine reine *Verpackung* oder *Umhüllung*, die nur dazu bestimmt sind, den Inhalt vor Beschädigung zu schützen und für den Transport zusammenzufassen. Auch ein zugeklebter Briefumschlag dient lediglich als Umhüllung für seinen Inhalt[104]; bei einem *versiegelten* Briefumschlag steht einer Anwendung des § 243 I 2 Nr 2 dagegen nichts im Wege. Das Befestigen von Gegenständen auf dem Gepäckträger eines Fahrrades dient dazu, sie vor dem Herunterfallen (= vor Verlust schlechthin) zu bewahren und ist daher regelmäßig nicht als eine *besondere Sicherung gegen Wegnahme* aufzufassen. Der Einbau eines Autoradios bezweckt in der Regel ebenfalls vorrangig die Sicherung dieses Gegenstandes vor Erschütterungen, die mit der Bewegung des Fahrzeugs verbunden sind und erschwert die Wegnahme nur als Nebenwirkung[105].

---

99 OLG Hamm NJW 82, 777; s. dazu auch *Murmann*, NJW 95, 935.
100 Vgl OLG Hamm NJW 82, 777; BGHSt 29, 319, 322; zweifelnd *Kadel*, Anm. JR 85, 386.
101 Vgl S/S-*Eser*, § 243 Rn 23.
102 Näher OLG Stuttgart NStZ 85, 76; OLG Zweibrücken NStZ 86, 411.
103 Näher OLG Hamm NJW 78, 769; *Fischer*, § 243 Rn 16.
104 Vgl OLG Stuttgart NJW 64, 738; OLG Köln NJW 56, 1932; aA RGSt 54, 295.
105 OLG Schleswig NJW 84, 67; *Eisele*, BT II Rn 116; aA *Maurach/Schroeder/Maiwald*, BT I § 33 Rn 90.

Pelzmäntel und andere Bekleidungsstücke in Kaufhäusern sind nicht im Sinne des § 243 I 2 Nr 2 **228**
gegen Wegnahme besonders gesichert, wenn das an ihnen befestigte elektromagnetische **Siche-rungsetikett** auf Grund seiner Konstruktion erst nach der Gewahrsamserlangung durch den Dieb
(hier: beim Verlassen des Kaufhauses an dessen Publikumsausgang) durch optische und akusti-sche Signale Alarm auslöst, dem Bestohlenen also nur die **Wiedererlangung** des bereits einge-büßten Gewahrsams durch rasches Eingreifen seines Personals erleichtert[106]. Ob bei einer solchen
Sachlage ein *besonders schwerer Fall* außerhalb der Regelbeispiele des § 243 I 2 angenommen
werden kann, hängt von den sonst noch gegebenen Umständen des jeweiligen Einzelfalles ab.

Zur Anwendbarkeit des § 243 I 2 Nr 2 bei Manipulationen an **Geldspielautomaten**, **229**
deren Gehäuse ein verschlossenes Behältnis iS dieser Vorschrift darstellt, ist folgen-des zu beachten:

Wer den Spielablauf, das Spielwerk und die für einen Gewinn erforderliche Stellung der Walzen
regelwidrig *von außen* wie etwa in der Weise beeinflusst, dass er durch ein (von ihm hergestelltes
oder vorgefundenes) Bohrloch ein Drahtstück in den Automaten einführt und das Spielwerk so
zum Auswerfen von Geld veranlasst, begeht einen Diebstahl (näher dazu Rn 674) und verwirk-licht zugleich das Regelbeispiel des § 243 I 2 Nr 2[107]. Wer dagegen lediglich den Antriebsmecha-nismus überlistet und das Spielwerk ordnungswidrig (zB durch den Einwurf von Falschgeld oder
von ausländischen Münzen) in Gang setzt, ohne außerdem den Spielablauf als solchen durch wei-tere, zusätzliche Einwirkungen von außen zu manipulieren, macht sich zwar – soweit nicht § 263a
vorliegt und § 242 verdrängt[108] – des Diebstahls schuldig, verwirklicht aber zumeist nicht das Re-gelbeispiel des § 243 I 2 Nr 2, weil er keine Handlungen vornimmt, die gerade den Sicherungs-mechanismus des Spielautomaten überwinden oder in seiner Funktion beeinträchtigen sollen[109].
Werden in solchen Fällen allerdings falsche Münzen so präpariert, dass sie einen zusätzlich als
Schutz vor Wegnahme eingebauten elektronischen Münzprüfer „überlisten", wird der Siche-rungsmechanismus *dieser* Schutzvorrichtung überwunden. Dann bestehen gegen die Annahme
des Regelbeispiels keine Bedenken[110].

3. Gewerbsmäßiger Diebstahl (Nr 3)

Das Regelbeispiel des § 243 I 2 Nr 3 für den **gewerbsmäßigen** Diebstahl ist neu in **230**
dieser Vorschrift. **Gewerbsmäßig** handelt, wer sich aus der wiederholten Tatbege-hung eine fortlaufende Einnahmequelle von einigem Umfang und einer gewissen
Dauer verschaffen will[111]. Eine Weiterveräußerung ist bei einmaliger Tat nicht ausrei-chend[112], bei wiederholter Begehung aber auch nicht unbedingt erforderlich; es ge-nügt, dass der Täter die unrechtmäßig erlangten Sachen für sich verwenden will[113].

---

106 OLG Stuttgart NStZ 85, 76; OLG Frankfurt MDR 93, 671; OLG Düsseldorf StV 98, 204; *Dölling*,
     JuS 86, 688; HK-GS/*Duttge*, § 243 Rn 29; *Mitsch*, BT II/1 § 1 Rn 196; MK-*Schmitz*, § 243 Rn 33;
     Schmidt/Priebe, BT II Rn 147; krit. *Seier*, JA 85, 387; vgl dazu auch BayObLG NJW 95, 3000.
107 BayObLG NJW 81, 2826 mit lehrreicher Anm. *Meurer*, JR 82, 292.
108 OLG Celle NJW 97, 1518; s. dazu Rn 616.
109 Vgl OLG Düsseldorf NStZ 99, 248; JR 00, 212 und OLG Stuttgart NJW 82, 1659, das die Grenzen
     freilich zu eng zieht, wenn es unter allen Umständen Eingriffe von außen „in das Behältnis" verlangt
     und eine Manipulation, wie etwa das wiederholte Herausziehen des Anschlusskabels oder hef-tige Schläge mit der Faust gegen den Automaten während des laufenden Spiels für § 243 I 2 Nr 2 als
     nicht ausreichend bezeichnet; s. dazu auch *Albrecht*, JuS 83, 101.
110 *Hilgendorf*, JR 97, 348; *Mitsch*, JuS 98, 311 f; s. auch *Biletzki*, JA 97, 750; *Eisele*, BT II Rn 118; *Ren-gier*, BT I § 3 Rn 27.
111 BGHSt 1, 383; BGH NStZ 96, 285; BGH NJW 98, 2914; BGH wistra 03, 460, 461; s. auch Rn 590.
112 OLG Köln NStZ 91, 585; OLG Hamm NStZ-RR 04, 335.
113 BGH MDR/H 76, 633.

Gewerbsmäßigkeit in diesem Sinne kann schon bei der ersten Tat gegeben sein, wenn sie von der entsprechenden Absicht begleitet ist[114]. **Gewohnheitsmäßiges** Stehlen fällt nicht unter § 243 I 2 Nr 3, bildet aber uU einen **sonstigen** (= unbenannten) *besonders schweren Fall* des Diebstahls. Bei Teilnahme gilt § 28 II entsprechend (Rn 210)[115].

4. Kirchendiebstahl (Nr 4)

231 Bei Diebstählen aus **Kirchen** oder anderen der Religionsausübung dienenden Gebäuden oder Räumen (einschließlich der Sakristei)[116] werden von § 243 I 2 Nr 4 nur diejenigen Gegenstände erfasst, die dem **Gottesdienst gewidmet** sind oder der **religiösen Verehrung** dienen. Zur ersten Gruppe zählen ua der Altar, die Altarkerzen[117], Kelche, Monstranzen, Messbücher und liturgische Gewänder. Der religiösen Verehrung dienen zB Kruzifixe, Christus- und Heiligenbilder, Votivtafeln in Wallfahrtskirchen usw[118].

Sonstige Sachen, die zum Inventar gehören (= Bänke, Stühle oder Opferstöcke)[119] oder die nur *mittelbar* der Religionsausübung dienen, wie etwa Gebet- und Gesangbücher, scheiden aus. Das Gleiche gilt für die zur Kirchenausstattung gehörenden Kunstwerke als solche, die aber uU den Schutz des § 243 I 2 Nr 5 genießen. Gegebenenfalls ist hier auch (wie vor allem bei Kultgegenständen von in § 166 einbezogenen Weltanschauungsvereinigungen)[120], das Vorliegen eines **sonstigen** *besonders schweren Falles* zu prüfen.

5. Gemeinschädlicher Diebstahl (Nr 5)

232 § 243 I Nr 5 betrifft den **Diebstahl öffentlicher Sachen**, die für Wissenschaft, Kunst oder Geschichte oder für die technische Entwicklung von Bedeutung sind und sich in einer **allgemein zugänglichen Sammlung** befinden oder **öffentlich ausgestellt** sind. Sachen dieser Art sind der Gefahr des Diebstahls besonders ausgesetzt. Auch bringt die Tat die Allgemeinheit um uU unersetzliche Werte. Die dadurch erhöhte Strafwürdigkeit besteht allerdings nur bei Sachen *von Bedeutung*. Nicht jeder Stein in einer Mineraliensammlung ist geschützt (E 1962, Begr. S. 404).

Dieses Regelbeispiel bildet eine gewisse Parallele zu § 304 (vgl dazu Rn 40 ff), weicht davon aber teilweise ab. So fallen unter § 304 auch tätereigene Sachen[121], unter § 243 I 2 Nr 5 trotz des Schutzreflexes für die Allgemeinheit aber nicht. Wer die eigene Leihgabe an eine öffentliche Ausstellung zurückholt, *stiehlt* schon nicht.

6. Ausnutzung fremder Notlagen (Nr 6)

233 Kennzeichnend für die in § 243 I 2 Nr 6 umschriebene Regelbeispielsgruppe ist deren *verwerfliche Begehungsweise*, die sich darin zeigt, dass der Täter die **Hilflosigkeit** eines

114 BGH NStZ 95, 85; BGHSt 49, 177, 181; aA NK-*Kindhäuser*, § 243 Rn 26.
115 BGH StV 96, 87; *Schmidt/Priebe*, BT II Rn 154.
116 RGSt 45, 243, 244 ff.
117 RGSt 53, 144.
118 Näher BGHSt 21, 64.
119 BGH NJW 55, 1119 Nr 21.
120 S. *Lackner/Kühl*, § 243 Rn 19.
121 S/S-*Stree*, § 304 Rn 1.

anderen (zB eines Schwerkranken, Gelähmten oder Blinden)[122], einen **Unglücksfall** oder eine **gemeine Gefahr** und damit Situationen, in denen der Selbstschutz beeinträchtigt und deshalb ein *erhöhtes Schutzbedürfnis* gegeben ist, zum Stehlen **ausnutzt**. In den beiden letztgenannten Fällen braucht der Bestohlene nicht zu den Opfern des Unglücksfalles oder zum Kreis der Gefährdeten zu gehören, denn das Bestehlen eines Retters oder Hilfswilligen ist unter solchen Umständen nicht minder verwerflich[123]. Hat das Tatopfer die Hilflosigkeit zB durch einen Suizidversuch oder einen Rausch selbst herbeigeführt, den Unglücksfall verschuldet oder die gemeine Gefahr ausgelöst, hindert das die Anwendung des § 243 I 2 Nr 6 nicht[124]. Eine Verwirkung des Strafrechtsschutzes durch missbilligenswertes Opferverhalten kennt das Strafrecht nicht[125]. Auch schließt die Freierverantwortlichkeit eines Selbstmords die in seiner Folge eintretende Hilflosigkeit und die Verwerflichkeit ihrer Ausnutzung nicht aus[126].

Hohes Alter begründet für sich genommen noch keine Hilflosigkeit[127]. Auch ein **Schlafender** ist nicht ohne weiteres hilflos iS des § 243 I 2 Nr 6; er kann es aber sein, wenn der Schlaf mit einer krankhaften Störung zusammenhängt[128], die die Schutzmöglichkeiten gegen einen Diebstahl mindert. Davon muss der Täter dann freilich auch *Kenntnis* haben, da er nur dann die durch die Hilflosigkeit bedingte Gewahrsamsgefährdung **ausnutzt**. Für ein solches Ausnutzen reicht es andererseits nicht, dass der Täter nur die unfallbedingte Abwesenheit eines Wohnungsinhabers nutzt, um aus der ordnungsgemäß verschlossenen Wohnung zu stehlen[129]. In einem solchen Fall liegt keine gegenüber der normalen Abwesenheit gesteigerte Beeinträchtigung der Schutzmöglichkeiten vor.

7. Waffen- und Sprengstoffentwendung (Nr 7)

§ 243 I 2 Nr 7 ist durch das StrÄndG vom 9.6.1989 (BGBl I 1059) eingefügt worden. **234** Erschwerend wirkt hier der Diebstahl bestimmter Waffen und die Entwendung von Sprengstoff. § 243 II gilt hierfür nicht. Das ist kaum plausibel, wenn mit dieser im Bereich der *Eigentumsdelikte wenig systemgerechten* Vorschrift ein „typisches Phänomen im Vor- und Umfeld der Begehung politisch motivierter Gewalttaten" (BT-Ds 11/2834, S. 7) bekämpft werden soll. Zudem ist ein Diebstahl solcher Objekte ohne Verwirklichung eines Regelbeispiels nach Nr 1 oder 2 kaum denkbar. Sind die Waffen einsatzbereit, führt der Diebstahl schließlich nach der (allerdings zweifelhaften)[130] Rechtsprechung (Rn 256) ohnehin in die § 243 verdrängende Qualifikation des § 244 I Nr 1a. Die Regelung gehört deshalb in den Kreis überflüssiger „Sicherheitsgesetze", die im Zuge einer Revision der terrorismusbedingten Gesetzgebung (Rn 38) wieder gestrichen werden sollte[131].

---

122 Vgl BayObLG NJW 73, 1808.
123 OLG Hamm NStZ 08, 218; LK-*Ruß*, § 243 Rn 33.
124 AA *Maurach/Schroeder/Maiwald*, BT I § 33 Rn 99, wie hier *Fischer*, § 243 Rn 21; *Küper*, BT S. 209; *Lackner/Kühl*, § 243 Rn 21.
125 *Hillenkamp*, Vorsatztat und Opferverhalten 1981, S. 184 ff.
126 AA MK-*Schmitz*, § 243 Rn 51.
127 BGH NStZ 01, 532, 533.
128 Vgl BGH NStZ 90, 388.
129 BGH NStZ 85, 215.
130 S. *Kindhäuser/Wallau*, StV 01, 354.
131 Zu Recht krit. *Kunert*, NStZ 89, 451 f; *Maurach/Schroeder/Maiwald*, BT I § 33 Rn 100.

Als gefährliche Schusswaffen, deren Entwendung vorgebeugt werden soll, nennt das Gesetz Handfeuerwaffen, zu deren Erwerb nach dem Waffengesetz eine Erlaubnis nötig ist, ferner Maschinengewehre, Maschinenpistolen, voll- oder halbautomatische Gewehre sowie Sprengstoff enthaltende Kriegswaffen iS des Kriegswaffenkontrollgesetzes.

8. Konkurrenzen

235 Treffen bei einem Diebstahl innerhalb ein und derselben Tat **mehrere Erschwerungsgründe** iS des § 243 I zusammen, so liegt nur „ein" Diebstahl in einem *besonders schweren Fall* vor. § 243 ist keine Qualifikation, § 242 infolgedessen hierzu auch nicht Grundtatbestand. Die Strafbarkeit wegen eines besonders schweren Falles ist deshalb durch die Zitierung beider Vorschriften auszudrücken.

236 Regelmäßige Begleittat zu § 243 I 2 Nr 1 ist die Begehung eines Hausfriedensbruchs (§ 123). Da dieser Umstand in die **Gesamtwürdigung der Tat** und ihre Bewertung als *besonders schwerer Fall* des Diebstahls eingeht, wird der Verstoß gegen § 123 nach hM[132] durch die Bestrafung gemäß §§ 242, 243 I 2 Nr 1 **mit abgegolten** (= *Konsumtion*). Das gleiche gilt bei einem *Einbruchsdiebstahl* und einem das *Regelbeispiel* des § 243 I 2 Nr 2 erfüllenden Diebstahl für die damit regelmäßig einhergehende Sachbeschädigung (§ 303). Das hat der BGH allerdings nunmehr in Frage gestellt[133], weil Regelbeispiele ihrer Natur nach keinen Tatbestand verdrängen, § 242 und § 303 verschiedene Rechtsgutsträger betreffen und Einbrüche ebenso wie die Überwindung von Sicherungssystemen heute häufiger durch „intelligentes Vorgehen" als durch Sachgewalt ausgeführt werden könnten. Da die beiden ersten Gründe auch auf das Verhältnis zu § 123 und die beiden letzten auch auf § 244 I Nr 3 zutreffen, hätte die Übernahme dieses bisherigen obiter dictums in die Rechtspraxis eine erhebliche Strafverschärfung zur Folge. Diese ist aber nicht zu rechtfertigen. Denn einerseits gehört es nach wie vor zwar nicht zum notwendigen, aber doch zum typischen Erscheinungsbild der beiden hier benannten Regelbeispiele, dass sie mit einer Sachbeschädigung einhergehen, die mit dem Strafrahmen des § 243 hinreichend erfassbar und durch den Urteilsspruch auch ausreichend angedeutet ist. Andererseits ist die (damit bejahte) Wertungsfrage, ob ein Delikt zum typischen Erscheinungsbild eines anderen gehört und daher von diesem konsumiert wird, in ihrer Antwort nicht davon abhängig, ob der Gesetzgeber die Kombination beider Delikte im Strafrahmen eines Regelbeispiels oder einer Qualifikation mitbedenkt. Anderenfalls hätte die vom Gesetzgeber mit § 244 I Nr 3 vorgenommene Umwandlung eines Regelbeispiels in eine Qualifikation zur Folge, dass ausgerechnet im insgesamt schwereren Fall die mitverwirklichten Delikte verdrängt würden. Dass schließlich die durch die Tat Verletzten unterschiedliche Personen sein können, ist richtig, schließt aber weder Spezialität noch Konsumtion aus[134]. Von Idealkonkurrenz ist daher nur in den seltenen Ausnahmefällen auszugehen, in denen die Sachbeschädigung *im konkreten Fall* aus dem regelmäßigen Verlauf eines Diebstahls im besonders schweren Fall so herausfällt, dass von einem eigenständigen, nicht aufgezehrten Unrechtsgehalt und deshalb nicht mehr von einer typischen Begleittat zu sprechen ist[135].

---

132 *Kindhäuser*, § 243 Rn 58.
133 BGH NStZ 01, 642; iE zust. *Kargl/Rüdiger*, NStZ 02, 202; *Krey/Hellmann*, BT II Rn 106; *Rengier*, JuS 02, 850; *Sternberg-Lieben*, JZ 02, 514; für Idealkonkurrenz schon bisher *Maurach/Schroeder/Maiwald*, BT I § 33 Rn 109; *Zieschang*, Jura 99, 566 f; wie hier A/W-*Heinrich*, § 14 Rn 52.
134 *Beulke*, Rn 191; *Fahl*, JA 02, 543 f; *Mitsch*, BT II/1 § 1 Rn 185; *Wessels/Beulke*, AT Rn 791.
135 BGH NStZ 01, 642, 644 f; zust. *Eisele*, Die Regelbeispielsmethode im Strafrecht 2004, S. 356; auf dem Boden der hier abgelehnten (Rn 195 f) „Tatbestandslösung" bleibt es im Ganzen bei der hier für richtig gehaltenen Konkurrenzentscheidung, s. *Eisele*, JA 06, 316.

In **Fall 15** hat A, der trotz seiner Stellung als Filialleiter nach der Kassenzugangsregelung kei- **237**
nen Mitgewahrsam am Kasseninhalt hatte (s. Rn 89), einen Diebstahl an den 5000 EUR begangen. Ein besonders schwerer Fall nach § 243 I 2 Nr 2 liegt aber nicht vor. Zwar ist die Registrierkasse grundsätzlich ein verschlossenes Behältnis. Sie verliert diese Eigenschaft aber dem
gegenüber, der die unauffällige Schnellöffnungstaste kennt und von dieser – wenn auch vom
Gewahrsamsinhaber ungewollt erlangten – Kenntnis Gebrauch macht. Diese Fallgestaltung
entspricht dem § 243 I 2 Nr 2 ebenfalls nicht unterfallenden bloßen Benutzen eines versehentlich stecken gebliebenen Kassenschlüssels[136]. B hat keinen Nachschlüsseldiebstahl nach
§ 243 I 2 Nr 1 begangen. Die Schlüssel waren von F zum Öffnen und Schließen der Schlösser
bestimmt. Diese Widmung ist ihnen während der Bedenkzeit des A auch nicht konkludent entzogen (Rn 217 f). Dass F nicht wollte, dass die Schlüssel einem Unbefugten zur Begehung eines Diebstahls überlassen werden, ändert an der Widmung ebenso wenig wie die unbefugte
Benutzung selbst[137]. Auch ein Einsteigediebstahl scheidet aus. Zwar reicht das Einsteigen in
einen umschlossenen Raum, auch wenn nur aus einem angrenzenden Gebäude gestohlen werden soll. Die Umschließung muss aber ein tatsächliches Hindernis bilden, das dem Unbefugten
den Zutritt *nicht unerheblich* erschwert. Das ist bei einer niedrigen Umzäunung nicht
gegeben[138]. B hat infolgedessen nur einen einfachen Diebstahl begangen. Das in der Aufforderung des A liegende Einverständnis mit der Wegnahme schließt diese nicht aus, wenn man Gewahrsam des F bejaht. Auch Hausfriedensbruch entfällt auf Grund der rechtsmissbräuchlichen
und daher den Mithausrechtsinhaber F unzumutbar belastenden Ausübung des Erlaubnisrechts
nicht[139]. A lässt sich als Anstifter, angesichts der von ihm beherrschten und beabsichtigten Ermöglichung der Drittzueignung (Rn 153 ff) aber auch als Mittäter des Diebstahls ansehen.
Sieht man neben der Schadenshöhe namentlich im Missbrauch der Vertrauensstellung Umstände, die einen unbenannten besonders schweren Fall begründen, belastet dieser Missbrauch
entsprechend § 28 II nur A (Rn 210).

Als T im **Fall 16** vom Verkäufer gestellt wird, ist die Wegnahme des Jacketts und damit der **237a**
Diebstahl trotz der Beobachtung durch V bereits vollendet (Rn 114). Daran würde sich auch
dann nichts ändern, wenn T das Jackett *mitsamt Sicherungsetikett* in seiner *körperlichen Tabusphäre* verborgen hätte. Da das Sicherungssystem folglich erst greift, *nachdem* Gewahrsam erlangt ist, sichert es nicht *gegen* Wegnahme. Vielmehr dient es nur der Aufdeckung der Tat und
der Wiedererlangung der Sache. Infolgedessen handelt es sich um keine Schutzvorrichtung im
Sinne des § 243 I 2 Nr 2[140]. Allerdings liegt es nahe, in solchen Sachverhaltsgestaltungen einen
atypischen besonders schweren Fall anzunehmen (Rn 199). Dass es auf der Grundlage des faktischen, aber auch des sozial-normativen Gewahrsamsbegriffes Konstellationen geben kann, in
denen bei Auslösung des Alarms auf Grund des Sicherungsetiketts der Diebstahl noch nicht
vollendet und dann der Alarm doch ein faktisches Hindernis *gegen* Wegnahme ist, ist denkbar.
Auf Grund solcher Ausnahmesituationen erlangt das Sicherungsetikett aber nicht die notwendige *generelle* Eigenschaft, eine Schutzvorrichtung *gegen Wegnahme* zu sein[141].

---

136 So *Lackner/Kühl*, § 243 Rn 15; *Murmann*, NJW 95, 935; *Otto*, Jura 97, 471; aA AG Freiburg NJW
94, 400.
137 BGH StV 98, 204.
138 BGH NJW 93, 2252 f.
139 S. *Wessels/Hettinger*, BT I Rn 595 f.
140 OLG Stuttgart NStZ 85, 76 mit zust. Bespr. von *Dölling*, JuS 86, 688; OLG Düsseldorf StV 98, 204.
141 *Dölling*, JuS 86, 692 f; aA *Rengier*, BT I § 3 Rn 32.

III. Die Ausschlussklausel des § 243 II

238 **Fall 17:** T begeht gelegentlich Diebstähle aus Pkws. Als er eines Tages auf dem Vordersitz eines Autos in einer geöffneten wertvollen Lederhandtasche den Personalausweis und die Kreditkarte der Fahrzeughalterin entdeckt, schlägt er die Scheibe ein, ergreift die Handtasche und entfernt sich schnell. Die Handtasche wirft er, wie von vornherein geplant, wenig später in ein Gebüsch, nachdem er ihr die zuvor entdeckten Gegenstände entnommen hat, die er für Einkäufe nutzen will. An einem anderen Tag entwendet T zwei Pralinenschachteln im Werte von je 15 EUR aus einem zu diesem Zweck aufgebrochenen Kofferraum, nachdem er beobachtet hatte, wie die Fahrzeughalterin diese dort ablegte.

Strafbarkeit nach §§ 242, 243? **Rn 244**

1. Voraussetzungen des Geringwertigkeitsbezugs

239 § 243 II enthält eine **zwingende Ausschlussklausel** mit einer unwiderleglichen, die Indizwirkung der Regelbeispiele des § 243 I 2 Nrn 1–6 entkräftenden **Gegenschlusswirkung**, wenn die Tat sich in *objektiver* wie in *subjektiver* Hinsicht „**auf eine geringwertige Sache bezieht**". Die Einfügung „Satz 2" durch das 6. StrRG in § 243 II bedeutet nur eine redaktionelle Korrektur (s. BT-Ds 13/8587, S. 43). Die Klausel nimmt aus zweifelhaften Gründen, die den Tatobjekten der Nr 7 die ihnen zugeschriebene *Gefahr* im Vor- und Umfeld politisch motivierter Gewalttaten auch bei Geringwertigkeit unterstellen (BT-Ds 11/2834, S. 10), *nur* den Bereich dieser Ziffer aus. Sie *verbietet* daher entgegen ihrem verunglückten Wortlaut bei Geringwertigkeit auch die Annahme eines *atypischen* schweren Falles[142]. Soweit die Sperrwirkung der Klausel hiernach reicht, stellt sie die *Weiche* zum einfachen Diebstahl[143] und macht dann die Erörterung der näheren Voraussetzungen des besonders schweren Falles entbehrlich.

Der Gesetzgeber hat in § 243 II einen einzelnen Umstand, mit dem zwar bisweilen, aber nicht immer eine **Minderung des Unrechts- und Schuldgehalts** der Tat verbunden ist, in der Weise verabsolutiert[144], dass der betreffende Diebstahl trotz der erschwerenden Begleitumstände mit dem Etikett eines **Bagatelldelikts** versehen und dann sogar in den Anwendungsbereich der §§ 248a StGB, 153, 153a StPO einbezogen wird.

240 Die Problematik des **§ 243 II** deckt sich mit der des **§ 248a** aber keineswegs vollständig: **§ 248a** setzt lediglich voraus, dass der Diebstahl bzw die Unterschlagung **objektiv** eine *geringwertige Sache* zum Gegenstand hat und dass es sich um einen **Anwendungsfall des § 242 bzw des § 246** handelt. Ob der Täter die Geringwertigkeit der Sache erkannt oder infolge eines Irrtums falsch beurteilt hat, ist *dort* belanglos, weil § 248a nicht den sachlichen Charakter der Tat, sondern nur die *Zulässigkeit der Strafverfolgung* betrifft und bei Verfahrensvoraussetzungen allein auf die **objektive Sach-**

---

142 *Lackner/Kühl*, § 243 Rn 4; *Krey/Hellmann*, BT II Rn 127a; *Küper*, NJW 94, 351 f; aA HK-GS/*Duttge*, § 243 Rn 54; *Mitsch*, BT II/1 § 1 Rn 213; *ders.*, ZStW 111, 1999, 73 ff; zweifelnd *Fischer*, § 243 Rn 24; MK-*Schmitz*, § 243 Rn 62.

143 *Zipf*, Dreher-FS. 391.

144 Mit Recht krit. hierzu *Zipf*, Dreher-FS S. 399 ff; s. auch die Begründung zur Aufhebung des § 244a IV durch das 6. StrRG, BT-Ds 13/8587, S. 63.

lage abzustellen ist[145]. *Im Gegensatz* dazu geht es im Rahmen des **§ 243 II** um eine **qualitative Bewertung** des Tatgeschehens, die davon abhängt, ob sich die Tat *auf eine geringwertige Sache* „**bezogen**" hat. Für dieses **Beziehungsverhältnis** genügt es nicht, dass die weggenomme Sache tatsächlich geringwertig war[146]; andererseits kommt es auch nicht ausschließlich darauf an, was der Täter sich insoweit vorgestellt hat[147]. Maßgebend ist vielmehr beides zusammen: Nach § 243 II ist die Annahme eines *besonders schweren Falles* kraft Gesetzes nur dann ausgeschlossen, wenn die gestohlene Sache **objektiv geringwertig** und außerdem der **Vorsatz** des Täters auf die Wegnahme einer geringwertigen Sache gerichtet war[148]. Der *innere* Grund für diese strengen, von den üblichen Vorsatz- und Irrtumsregeln abweichenden Anforderungen liegt darin, dass sich die Zweifel an der Berechtigung des zwingenden Ausschlusses jedes besonders schweren Falles bei Geringwertigkeit nur mit einer Auslegung vermindern lassen, die den mit dem geringen Sachwert unterstellten Bagatellcharakter der Tat wenigstens *insoweit* für das *Erfolgs-* **und** das *Handlungs*unrecht verbürgt[149]. Dass hier zudem gerade die **subjektive Komponente** von Bedeutung ist, zeigen auch die Fälle des **Versuchs**, bei denen allein der Tatentschluss und die Vorsatzrichtung darüber Aufschluss geben können, ob die Voraussetzungen des § 243 II erfüllt sind oder nicht.

Für die Lösung der (umstrittenen) **Irrtumsprobleme** in Bezug auf § 243 II ergeben sich daraus die folgenden, von einer die Geringwertigkeit als „negative Unrechtsvoraussetzung" sehenden Meinung[150] nicht durchgehend mitgetragenen[151] Konsequenzen: **241**

(1) Ist die gestohlene Sache, wie etwa eine echte Perlenkette, **objektiv wertvoll**, so fehlt es wegen des nichtbagatellarischen Erfolgsunwerts selbst dann an den Voraussetzungen des § 243 II, wenn der Täter sie irrig als geringwertig angesehen (das kostbare Stück zB für eine billige Imitation gehalten) hat. **Handlungsunwert** und **Schuldgehalt** können hier aber so sehr gemindert sein, dass die *indizielle* Wirkung des einschlägigen Regelbeispiels versagt und der Richter innerhalb der **Gesamtwürdigung von Tat und Täter** zur Verneinung eines *besonders schweren Falles* gelangt. Für die Gegenmeinung folgt dieses Ergebnis dagegen *zwingend* aus der direkten oder entsprechenden Anwendung von § 16 I oder II[152].

(2) Hält der Täter umgekehrt eine **objektiv geringwertige** Sache auf Grund falscher Vorstellungen für höherwertig, scheitert die Anwendbarkeit des § 243 II am fehlenden **subjektiven Bezug**, dh daran, dass der **Vorsatz** des Täters nicht auf die Entwendung einer geringwertigen Sache gerichtet war. In solchen Fällen mangelt es damit am von § 243 II vorausgesetzten verminderten Handlungsunrecht. Auch hier ist es wiederum eine Frage der **Gesamtwürdigung von Tat und Täter**, ob es geboten erscheint, das Vorliegen eines *besonders schweren Falles* entgegen der Regelwirkung wegen des **erheblich geminderten Erfolgsunwertes** zu verneinen. Die Gegenmeinung neigt hier teilweise dazu, eine mildere Bewertung über Versuchsregeln zu erreichen[153].

---

145 Vgl BGHSt 18, 123, 125; *Wessels/Beulke*, AT Rn 502.
146 So aber *Braunsteffer*, NJW 75, 1570.
147 So indessen *Gribbohm*, NJW 75, 1153.
148 Vgl BGHSt 26, 104, 105; BGH NStZ 87, 71; diff. *Zipf*, Dreher-FS S. 389, 397.
149 *Küper*, BT S. 165; *ders.*, NJW 94, 351; *Lackner/Kühl*, § 243 Rn 4.
150 *Kindhäuser*, BT II § 3 Rn 48.
151 S. dazu im Einzelnen *Küper*, BT S. 165 ff; SK-*Hoyer*, § 243 Rn 48 f.
152 S. dazu *Küper*, BT S. 166 f mwN; ferner A/W-*Heinrich*, § 14 Rn 31; *Eisele*, BT II Rn 151.
153 S. dazu *Küper*, BT S. 166 f mwN.

2. Geringwertigkeitsbegriff

242 Maßgebend für den Begriff der **Geringwertigkeit** in § 243 II ist grundsätzlich der **objektiv** zu beurteilende **Verkehrswert** der Sache zur Zeit der Tat[154].

Ob daneben auch die persönlichen und wirtschaftlichen Verhältnisse der Beteiligten berücksichtigt werden dürfen, ist umstritten[155]. Für die bejahende Auffassung spricht, dass es Fälle gibt, in denen der Verletzte auch durch den Verlust einer objektiv geringwertigen Sache zB aus Gründen der Armut oder eines schützenswerten Affektionsinteresses **fühlbar geschädigt** werden kann. Weiß der Täter hiervon, ist Bagatellunrecht ausgeschlossen. Die Gegenauffassung kann mit der Annahme eines unbenannten schweren Falles nicht helfen, weil die Ausschlussklausel auch für diesen gilt (Rn 239).

Gering ist der Wert einer Sache, wenn er nach der allgemeinen Verkehrsauffassung für den Gewinn wie für den Verlust als unerheblich anzusehen ist.

Die Rechtsprechung lehnt es mit Recht ab, dafür starre Regeln aufzustellen, wie etwa die Heranziehung der wöchentlichen Arbeitslosenunterstützung als Maßstab[156]. Die obere Grenze des **geringen Wertes** wurde seit langen Jahren bei etwa 50 DM gezogen[157], dürfte heute aber bei 50 EUR liegen[158].

Bei **mehreren Tatbeteiligten** sowie im Rahmen einer natürlichen Handlungseinheit kommt es auf die **Gesamtmenge** und den **Gesamtwert** der Diebesbeute an[159].

243 Wie den vorstehend erörterten Voraussetzungen zu entnehmen ist, hängt die Anwendbarkeit des § 243 II prinzipiell davon ab, dass das Diebstahlsobjekt einen **in Geld messbaren Verkehrswert** hat. Fehlt es daran, wie etwa bei der Entwendung von Strafakten oder von anderen Gegenständen ohne objektiv messbaren Substanzwert[160], so folgt daraus nicht, dass die betreffende Sache *geringwertig* oder gar *wertlos* ist. In dem für sie einschlägigen Funktionsbereich kann ihr (allein in Betracht kommender) *funktioneller* Wert vielmehr von größter Bedeutung, ja unersetzlich sein. Die Ausschlussklausel in § 243 II, deren Formulierung die Schwere des Falles nach rein **wirtschaftlichen Kriterien** beurteilt, passt für die letztgenannten Tatobjekte nicht[161].

Anders verhält es sich bei einem **Firmenstempel** und **Briefbögen** mit Firmenkopf. Sie sind bei entsprechender Bestellung im freien Handel zu erwerben und haben somit einen in Geld messbaren Verkehrswert. Da es sich § 243 II auf die Wertverhältnisse im Zeitpunkt der Wegnahmehandlung ankommt, ist ihr Verkehrswert auch dann als gering zu veranschlagen, wenn die Entwendung in der Absicht erfolgt ist, die Firmenbögen in missbräuchlicher Weise auszufüllen und mit ihrer Hilfe durch Kreditbetrug gegenüber einer Bank einen hohen Gewinn zu erzielen[162].

---

154 BGH NStZ 81, 62.
155 Verneinend S/S-*Eser*, § 248a Rn 7; bejahend *Fischer*, § 248a Rn 3; BGH GA 1957, 17, 18; 19; OLG Hamm NJW 71, 1954.
156 BGHSt 6, 41, 45.
157 Vgl OLG Schleswig StV 92, 380; OLG Düsseldorf NJW 87, 1958; *Henseler*, StV 07, 323, 325; *Fischer*, § 248a Rn 3; BGH BeckRS 04, 07428 folgert daraus eine 25-Euro-Grenze.
158 OLG Zweibrücken NStZ 00, 536; OLG Hamm NJW 03, 3145; OLG Frankfurt a.M. NStZ-RR 08, 311 mit Bespr. *Jahn*, JuS 08, 1024; *Lackner/Kühl*, § 248a Rn 3; nach OLG Oldenburg NStZ-RR 05, 111; *Fischer*, § 248a Rn 3 dürfen 30 EUR nicht überschritten werden.
159 BGH NJW 64, 117; 69, 2210; *Kindhäuser*, BT II § 3 Rn 44.
160 Lehrreich dazu BGH NJW 77, 1460; BayObLG JR 80, 299 zählt dazu ua Personalausweise, Scheckkarten und Scheckformulare in der bis zum 31.12.2001 gültigen Funktion.
161 BGH NJW 77, 1460.
162 BGH NStZ 81, 62.

Im **Fall 17** *bezieht* sich die *erste Tat* nicht auf die wertvolle Handtasche, wenn man in ihrer **244** nur kurzfristigen Mitnahme keine eigennützige Verwendung als Transportmittel, sondern lediglich Zeitersparnis am Tatort sieht. Dann liegt insoweit nur Sachentziehungswille und keine Aneignungsabsicht vor[163] (Rn 137 ff). Der Personalausweis und die Kreditkarte, die sich C zueignen will, haben zwar nur einen geringen Material- und *keinen Verkehrswert*, besitzen aber zusammen einen beträchtlichen und ihnen (im Gegensatz zum leeren Briefbogen und Firmenstempel, Rn 243) selbst schon eigenen *funktionellen Wert*, der die Anwendung der Ausschlussklausel verbietet[164]. Da T durch das Einschlagen des Fensters und das Hineinlangen in das Wageninnere zur Ausführung der Tat in einen umschlossenen, zum Betreten von Menschen bestimmten Raum eingebrochen ist, hat er sich insoweit eines Diebstahls in einem besonders schweren Fall nach §§ 242, 243 I 2 Nr 1 schuldig gemacht. Bei der *zweiten Tat* stellt die Ausschlussklausel die Weiche dagegen in Richtung auf einen einfachen Diebstahl, da die zwei Pralinenschachteln, auf die sich T's Diebstahlsvorsatz hier ausschließlich bezog, auch *zusammen*[165] nur einen geringen (Rn 242) Wert haben. T hat sich demnach nur eines einfachen Diebstahls schuldig gemacht. Eines Strafantrages der F gemäß § 248a bedarf es trotz der Geringwertigkeit der Beute nicht, weil die Strafverfolgungsbehörde bei Diebstählen aus Pkws im Straßenverkehr namentlich unter Verwirklichung der Tatmodalitäten des § 243 (hier: I 2 Nr 2) das **besondere öffentliche Interesse an der Strafverfolgung** bejahen wird[166].

3. Problematik des Vorsatzwechsels

Schwierigkeiten ergeben sich bei der Frage der Anwendbarkeit des § 243 II in den **245** Fällen eines **Objekts-** und **Vorsatzwechsels** zwischen *Versuch* und *Vollendung* der Tat[167]. Dabei sind *zwei Fallgestaltungen* zu unterscheiden. In der einen weicht das *nach* Verwirklichung des Regelbeispiels weggenommene Objekt in seinem Wert von der Vorstellung des Täters ab, die er sich beim Einbrechen, Einsteigen usw gemacht hat (s. dazu **Fall 18a** und **b**). In der anderen *gibt* der Täter seinen auf eine nicht geringwertige Sache gerichteten Tatentschluss nach Verwirklichung des Regelbeispiels endgültig *auf*, fasst dann aber den neuen Entschluss, eine geringwertige Sache wegzunehmen (s. dazu **Fall 19**). Beide Konstellationen sind unterschiedlich zu beurteilen.

Fall 18a: T ist in das Bootshaus eines Segelklubs eingebrochen, um Geld und sonstige Wert- **246** sachen zu stehlen, entschließt sich dann aber, stattdessen nur einen Bootshaken im Wert von 8 EUR mitzunehmen.

---

163 BGH StV 00, 670.
164 S. BayObLG JR 80, 299 mit zust. Anm. *Paeffgen* zu bis zum 31.12.2001 gültigen Scheckformularen nebst dazugehöriger Scheckkarte.
165 OLG Düsseldorf NJW 87, 1958.
166 Entsprechend der weichenstellenden Funktion der Geringwertigkeitsklausel ist hier § 243 II jeweils zunächst erörtert; zust. *Zopfs*, Jura 07, 422. Die umgekehrte Prüfungsreihenfolge – erst Regelbeispiel, dann Ausschlussklausel – empfehlen *Rengier*, BT I § 3 Rn 39 und *Schmidt/Priebe*, BT II Rn 172.
167 S. zum Streitstand nach früherem Recht *Hillenkamp*, Die Bedeutung von Vorsatzkonkretisierungen 1971, S. 5 ff.

247 **Fall 18b:** T ist in das Bootshaus eines Segelklubs eingebrochen, um einen Bootshaken im Wert von 8 EUR zu stehlen. Als er Geld und Wertsachen entdeckt, nimmt er diese an sich und verlässt mit ihnen das Haus.

Strafbarkeit nach §§ 242, 243? **Rn 249**

248 (1) In der *ersten* der beiden in Rn 245 genannten Fallgestaltungen begeht der Täter einen vollendeten Diebstahl (§ 242) am letztlich weggenommenen Objekt. Die Entwendung des geringwertigen (**Fall 18a**) bzw des nicht geringwertigen Objekts (**Fall 18b**) entspricht allerdings nicht seinem ursprünglichen Tatentschluss, der im Augenblick der Regelbeispielsverwirklichung auf Gegenstände von höherem bzw geringem Wert gerichtet war. Hier ist fraglich, welche Bedeutung der **Objekts-** und **Vorsatzwechsel** innerhalb des Versuchsstadiums für die rechtliche Bewertung des Tatgeschehens und die Anwendbarkeit des § 243 I, II hat.

249 Nach der Rechtsprechung ist es für die Gesamtbeurteilung einer **einheitlichen Tat** unwesentlich, ob der Diebstahlsvorsatz zunächst auf *bestimmte* Objekte beschränkt war oder dahin ging, *alles Stehlenswerte* mitzunehmen. Sein Fortbestand wird nicht dadurch berührt, dass er sich während der Tatausführung verengt, erweitert oder sonst ändert[168]. Wer also zur Begehung eines Diebstahls in ein Gebäude einbricht, verwirklicht die Merkmale der §§ 242, 243 I 2 Nr 1 auch dann mit einem *durchgehenden* Diebstahlsvorsatz, wenn er das Gesuchte nicht vorfindet und stattdessen etwas anderes entwendet. Die zur Vollendung gelangte Tat kann bei dieser Sachlage richtigerweise **nur einheitlich**, dh im *Ganzen* entweder als **vollendeter Diebstahl** in einem **besonders schweren Fall** oder als **einfacher Diebstahl** angesehen werden[169]. Die besseren Gründe sprechen für Ersteres.

Als T im **Fall 18a** zur Verwirklichung des § 242 ansetzte und *zur Ausführung der Tat* in das Bootshaus einbrach (§ 243 I 2 Nr 1), war sein **Vorsatz** auf die Wegnahme von **Geld und Wertsachen** gerichtet. Infolgedessen „bezog" sein Tatentschluss sich im Versuchsstadium nicht auf die Entwendung geringwertiger Sachen, sodass § 243 II schon aus diesem Grunde entfällt. Im Augenblick des **Objekts- und Vorsatzwechsels** lag bereits ein **versuchter Diebstahl** in einem *besonders schweren Fall* vor, der nur deshalb nicht zum zunächst gewollten Erfolg führte, weil A sich eines anderen besann. Der während der Tatausführung gefasste Entschluss, sich mit dem Bootshaken zu begnügen, berührte hier weder den Fortbestand des Diebstahlsvorsatzes *als solchen* noch die Einheitlichkeit und sachliche Zusammengehörigkeit des Geschehens, sodass die Tat insgesamt ohne Rücksicht auf den geringen Wert der letztlich erzielten Beute gemäß §§ 242, 243 I 2 Nr 1 als **vollendeter Diebstahl** in einem **besonders schweren Fall** zu beurteilen ist[170]. Für die Anwendbarkeit des § 243 I 2 Nr 1 auf die Tat im Ganzen spricht hier auch der Umstand, dass der Erschwerungsgrund des Einbrechens im **Fall 18a** selbst dann durchgreifen würde, wenn T *gar nichts* mitgenommen und das Bootshaus ohne jede Beute verlassen hätte[171]. Andererseits widerspräche die von der Gegenansicht[172] be-

---

168 BGHSt 22, 350, 351; BGH MDR/D 53, 272.
169 Vgl BGHSt 26, 104, 105; *Blei*, JA 75, 591, 661; *Eisele*, Die Regelbeispielsmethode im Strafrecht 2004, S. 339; *Zipf*, Dreher-FS S. 389, 394.
170 BGHSt 26, 104, 105; BGH NStZ 87, 71; S/S-*Eser*, § 243 Rn 55.
171 *Fahl*, JuS 01, 48; *Krey/Hellmann*, BT II Rn 114.
172 *Kindhäuser*, BT II § 3 Rn 50; SK-*Hoyer*, § 243 Rn 53.

fürwortete Aufspaltung des Vorgangs in einen erschwerten Fall des Diebstahlsversuchs (= bezüglich der nicht mitgenommenen Wertsachen) und in einen vollendeten einfachen Diebstahl (= bezüglich des Bootshakens) dem **einheitlichen Charakter** des Geschehensablaufs. Aus Letzterem folgt, dass auch im umgekehrten **Fall 18b** nicht anders zu entscheiden und ein **vollendeter Diebstahl in einem besonders schweren Fall** anzunehmen ist. Die Gegenansicht, die hier nur einen einfachen Diebstahl bejahen will[173], vernachlässigt, dass es an dem für § 243 II vorausgesetzten bagatellarischen Erfolgsunwert ganz und auch an einem den Kernfällen des § 243 II vollständig entsprechenden geringen Handlungsunwert fehlt.

(2) Anders liegt es dagegen, wo der Täter nicht nur von dem mit der Verwirklichung   **250** des Regelbeispiels begangenen Versuch, Sachen von *nicht geringem* Wert zu stehlen, wegen Fehlschlags oder Rücktritts, sondern vom Stehlvorsatz insgesamt endgültig Abstand nimmt, bevor er auf den Gedanken kommt, Geringwertiges wegzunehmen.

Fall 19: T bricht nachts in das Bootshaus eines Segelklubs ein, um Geld und sonstige Wertsachen zu stehlen. Da er beides nicht vorfindet, legt er sich enttäuscht zum Schlafen nieder. Als er am nächsten Morgen aufwacht, entwendet er zum Frühstück zwei Flaschen Bier und eine Mettwurst im Gesamtwert von 10 EUR.

Ist T eines Diebstahls in einem schweren Fall schuldig?

Seinen ursprünglichen Entschluss, Geld und Wertsachen zu stehlen, hatte T bereits **endgültig aufgeben** müssen, ehe er noch am Tatort (= im Innern des Gebäudes) den **neuen Vorsatz** fasste, seinen Frühstückshunger mithilfe von Bier und Wurst zu stillen. Hier handelt es sich im Bereich des Verwirklichungswillens um eine echte **Zäsur**, die dazu führt, dass der zweite Abschnitt des Geschehens *selbstständig* zu würdigen und als **neue Tat anzusehen** ist, deren Strafbarkeit sich allein nach §§ 242, 248a richtet. Der vorhergehende Erschwerungsgrund des *Einbrechens* ergreift diesen nachfolgenden Diebstahl nicht, weil T nicht „zur Ausführung dieser Tat" eingebrochen ist. Demnach kommt es insoweit auf § 243 II nicht mehr an (offen gelassen in BGHSt 26, 104, 105 f). Ob es für das vorangegangene Geschehen bei der Strafbarkeit wegen eines versuchten Diebstahls in einem besonders schweren Fall (s. Rn 204) verbleibt oder nicht, hängt davon ab, ob es sich wie im hier erörterten Fall um einen nicht rücktrittsfähigen Fehlschlag oder ob es sich um einen freiwilligen Rücktritt vom Versuch[174] handelt.

Maßgebend für die **Abgrenzung** bei Fallgestaltungen dieser Art ist somit, ob der   **251** **Wille zum Stehlen** trotz des Objekts- und Vorsatzwechsels (wie im **Fall 18a** und **b**) während des Gesamtgeschehens **fortbestanden** oder ob es sich (wie im **Fall 19**) um eine **endgültige Aufgabe** des Diebstahlsvorsatzes als ganzem infolge Fehlschlags oder Rücktritts gehandelt hat, dem ein neuer **Diebstahlsentschluss** hinsichtlich eines anderen Gegenstandes gefolgt ist[175].

---

173 *Kindhäuser*, BT II § 3 Rn 51; SK-*Hoyer*, § 243 Rn 53.
174 S. hierzu *Krey/Hellmann*, BT II Rn 117; SK-*Hoyer*, § 243 Rn 53.
175 Ebenso *Küper*, BT S. 166; s. auch *Jäger*, BT Rn 262 ff.

Besonders schwerer Fall des Diebstahls, § 243

  I. Rechtswidrige und schuldhafte Erfüllung des Diebstahlstatbestandes, § 242
     Ⓟ nur versuchter Diebstahl

 II. Verwirklichung des Regelbeispiels
     Ⓟ nur „versuchtes" Regelbeispiel

    1. Objektive Merkmale des Regelbeispiels

Nr 1:	*(1) Bezugsobjekt:*	• *Gebäude*
		• *Dienst- oder Geschäftsraum*
		• *umschlossener Raum*
	(2) Handlung:	• *Einbrechen*
		• *Einsteigen*
		• *Eindringen* – *mittels falschen Schlüssels*
		– *mittels anderen Werkzeugs*
		• *Sich-Verborgenhalten*
Nr 2:	*(1) Schutzvorrichtung:*	• *verschlossenes Behältnis*
		• *andere Schutzvorrichtung*
	(2) gegen Wegnahme:	• *besondere Sicherung gegen Wegnahme*
		Ⓟ Sicherungszweck
Nr 3:	*Gewerbsmäßigkeit:*	• *gewerbsmäßiges Stehlen*
Nr 4:	*(1) Räumlichkeit:*	• *Kirche*
		• *Religionsausübung dienendes Gebäude*
	(2) Objekt:	• *Gottesdienst gewidmete Sache*
		• *religiöser Verehrung dienende Sache*
Nr 5:	*(1) Objekt:*	• *Sache von bestimmter Bedeutung*
	(2) Aufbewahrungsort:	• *allgemein zugängliche Sammlung*
		• *öffentliche Ausstellung*
Nr 6:	*(1) Gefahrenlage:*	• *Hilflosigkeit*
		• *Unglücksfall*
		Ⓟ Gefahr für Sachen
		Ⓟ Suizid
		• *gemeine Gefahr*
	(2) Ausnutzung:	• *Stehlen durch Ausnutzen der Situation*
Nr 7:	*Objekt:*	• *Handfeuerwaffe, Maschinengewehr etc*

    2. Subjektive Merkmale des Regelbeispiels

(1) „Vorsatz":	• *Quasivorsatz (§ 16 analog)*
(2) Besonderheiten:	**Nr 1:** • *zur Ausführung der Tat*
	→ Diebstahlsvorsatz bei Vornahme der Handlung
	Nr 6: • *Ausnutzungsbewusstsein*

III. Gesamtwürdigung der Tatumstände
    → Indizwirkung
    → atypischer Fall

IV. Ausschluss, § 243 II
    → Bezug auf geringwertige Sache
    Ⓟ Vorsatzwechsel

---

§ 4 Diebstahl mit Waffen, Wohnungseinbruchs- und Bandendiebstahl

Während § 243 nur Regelbeispiele für *besonders schwere Fälle* des Diebstahls aufzählt, bildet **252** § 244 einen **qualifizierten Tatbestand**, der auf dem **Grundtatbestand** des § 242 aufbaut und zu ihm in einem sog. **Stufenverhältnis** steht[1]. Die vier Erschwerungsgründe des § 244 I enthalten mithin eine *zwingende* und *abschließende* Regelung, die stets, aber auch nur dann eingreift, wenn die dort genannten Voraussetzungen erfüllt sind. Das gleiche gilt für den Verbrechenstatbestand des § 244a, der durch das OrgKG vom 15.7.1992 (BGBl I 1302) eingefügt worden ist und zur Bekämpfung der organisierten Kriminalität beitragen soll.

Beide Vorschriften haben sich durch das **6. StrRG** (Rn 9) verändert. In § 244 hat der Gesetzgeber zum einen das vor der Reform in § 243 I 2 Nr 1 mitenthaltene Regelbeispiel des Einbrechens, Einsteigens usw in *Wohnungen* unter der verkürzenden Überschrift des **Wohnungseinbruchsdiebstahls** wortgleich als nunmehr vierten Fall einer *qualifizierten Begehungsweise* in § 244 I Nr 3 aufgenommen (s. dazu Rn 267). § 244a I ist dem lediglich **angepasst** worden: Einen schweren Bandendiebstahl begeht nach der Neufassung auch der, der als Mitglied einer Bande einen nach § 244 I Nr 3 qualifizierten *Wohnungseinbruchsdiebstahl* verübt. Die zweite Veränderung des § 244 I war anders als die zuvor genannte nicht bereits im RegE des 6. StrRG vorgesehen. Sie stellt vielmehr eine **Anpassung** (Bericht des Rechtsausschusses des Bundestages, BT-Ds 13/9064, S. 17) des **Diebstahls mit Waffen an** die durch die Beschlussempfehlung des Rechtsausschusses (BT-Ds 13/8991, S. 20) angeregte und Gesetz gewordene **Änderung** des **schweren Raubes mit Waffen** usw (§ 250 I Nr 1a und b nF)[2] dar.

I. Diebstahl mit Waffen

Fall 20: Der im Wohnungseinbruchsdezernat eingesetzte Polizeibeamte P nutzte seinen Einsatz an den Tatorten wiederholte Male dazu, wertvolle kleinere Gegenstände, die sich leicht verbergen ließen, zu entwenden. Dabei trug er in der Regel seine geladene und schussbereite Dienstwaffe bei sich. In einem Fall hatte er sie allerdings im 150 m vom Einbruchsort entfernt abgestellten Streifenwagen gelassen. In einem anderen Fall bemerkte er während des Diebstahls, dass er die morgendliche Munitionsausgabe versäumt und deshalb nur eine ungeladene Waffe bei sich hatte, beruhigte sich aber mit dem Gedanken, sie notfalls als Drohmittel oder auch als Schlaginstrument gegen den Kopf von Personen einzusetzen, die sich ihm in den Weg stellen könnten. Ist P nach § 244 zu bestrafen? **Rn 268**

253

1. Beisichführen von Waffen oder anderen gefährlichen Werkzeugen

In der ersten Tatbestandsvariante (§ 244 I Nr 1a) begeht einen Diebstahl mit Waffen, **254** wer eine *Waffe* oder ein *anderes gefährliches Werkzeug* bei sich führt. Hierin liegt eine erhebliche Erweiterung gegenüber § 244 I Nr 1 aF, der das gefährliche Werkzeug noch nicht enthielt und das bloße Beisichführen einer Waffe nur ausreichen ließ, wenn es sich dabei um eine *Schusswaffe* handelte. Gleiches gilt für § 250 I Nr 1a nF gegenüber § 250 I Nr 1 aF.

---

1 Vgl *Wessels/Beulke*, AT Rn 109, 112.
2 S. dazu SK-*Günther*, § 250 Rn 2 ff; BGH JZ 98, 740.

a) Beisichführen von Waffen

255 Die **Waffe** im Sinne des § 244 I Nr 1a ist (wie in §§ 250 I Nr 1a, II Nr 2; 177 III Nr 1) vom anderen gefährlichen Werkzeug[3] *streng abzugrenzen*, weil entgegen dem auf beide Tatwerkzeuge gleich bezogenen Wortlaut nach umstrittener, aber zutreffender Ansicht nur bei der Waffe, nicht aber beim gefährlichen Werkzeug das bloße Beisichführen *ohne Verwendungsvorbehalt* ausreicht[4] (s. näher Rn 261 f). Unter Waffe ist nur eine Waffe im *technischen Sinne*[5] zu verstehen. Das ist jeder Gegenstand, der nach der Art seiner Anfertigung geeignet und schon hiernach oder nach allgemeiner Verkehrsauffassung dazu bestimmt ist, durch seinen üblichen Gebrauch Menschen durch seine mechanische oder chemische Wirkung körperlich zu verletzen[6]. Zu diesen „geborenen" oder nach allgemeiner Verkehrsauffassung „gekorenen" Waffen gehören Gegenstände *nicht*, die nur im Einzelfall als Angriffs- oder Verteidigungsmittel *zweckentfremdet* und nur durch die *Willkür* des Täters zur „Waffe" gemacht werden (= gewillkürte Waffen)[7]. Ohne Zweifel fallen unter die Waffe hiernach zunächst die **Schusswaffen** im Sinne der §§ 244 I Nr 1, 250 I Nr 1 aF und die in § 243 I 2 Nr 7 aufgeführten Waffen. Neben diesen erfüllen die Voraussetzungen aber auch alle Hieb-, Schlag-, Stoß- und Stichwaffen, die wie Gummi- und Schlagstöcke, Schlagringe oder Kampfmesser (wie zB Spring-, Fall- und Butterflymesser)[8] generell geeignet und bestimmt sind, als Waffe eingesetzt zu werden[9] sowie Handgranaten und Molotow-Cocktails[10]. Pfefferspray wird vom BGH als gefährliches Werkzeug eingeordnet[11].

Zur Bestimmung des strafrechtlichen Waffenbegriffs greift die Rechtsprechung auf die Grundvorstellungen des Waffengesetzes und den allgemeinen Sprachgebrauch zurück. **Schusswaffen** sind danach Gegenstände, die zum Angriff oder zur Verteidigung, aber auch zB zur Jagd, zum Sport oder Spiel bestimmt sind und bei denen **Geschosse** durch einen **Lauf** mit Bewegungsrichtung nach vorn getrieben werden. Dazu gehören ua Karabiner, Jagdgewehre, Pistolen und Luftgewehre[12], nach umstrittener Auffassung aber auch **Gaspistolen**, sofern sie so konstruiert sind, dass aus ihnen *Gaspatronen* verschossen werden und das durch Zündung freigesetzte Gas nicht lediglich seitwärts ausströmt[13], sondern den Lauf **in Richtung nach vorn** verlässt[14]. Soweit die Gegenmeinung Gaspistolen wegen ihrer geringeren Gefährlichkeit nicht als Schusswaffen, wohl aber als Waffen iS des § 244 I Nr 2 aF behandeln wollte[15], hat sie durch die Neufassung ihre praktische Bedeutung verloren[16]. Ist die Gaspistole nur mit **Platzpatronen** geladen, verliert sie ihre für den strafrechtli-

---

3 S. zu beidem *Becker*, Waffe und Werkzeug als Tatmittel im Strafrecht, 2003.
4 *Küper*, BT S. 457, 460.
5 *Dencker*, in: *Dencker* ua, Einführung in das 6. StrRG 1998, S. 13; *Küper*, BT S. 438; *ders.*, Hanack-FS S. 571 f; *Lackner/Kühl*, § 244 Rn 3a; *Rengier*, BT I § 4 Rn 8; SK-*Günther*, § 250 Rn 9 f.
6 RGSt 74, 282; BGHSt 4, 125, 127; BGH NJW 65, 2115; ähnlich S/S-*Eser*, § 244 Rn 3.
7 RGSt 74, 281, 282.
8 S. Anlage 1, Unterabschnitt 2 zum WaffG; zu weit BayObLG StV 99, 383: auch einfache Messer; dagegen RGSt 66, 191; 68, 238, 239.
9 RGSt 74, 281, 282; BGHSt 4, 125, 127; 43, 266, 269 unter Berufung auf § 1 VII WaffG aF.
10 *Fischer*, § 244 Rn 4.
11 BGH NStZ-RR 07, 375 unter Verweis auf BGH NStZ-RR 03, 105; diff. *Jesse*, NStZ 09, 364, 366 ff.
12 BGH MDR/D 74, 547.
13 BGH NStZ 99, 135.
14 BGHSt 24, 136, 139; 45, 92, 93 f; BGH NStZ 89, 476; BGH StV 96, 315; BGH NStZ 02, 31, 33; LK-*Ruß*, § 244 Rn 3; weiter *Küper*, BT S. 442 f.
15 S. hierzu *Lackner/Kühl*, § 244 Rn 3a.
16 *Eisele*, BT II Rn 165; *Geppert*, Jura 99, 600; *Krey/Hellmann*, BT II Rn 131; *Rengier*, BT I § 4 Rn 9.

chen Waffenbegriff vorausgesetzte abstrakte Gefährlichkeit[17] und ist nicht mehr in ihrer Eigenschaft als technische Waffe einsatzbereit (vgl BT-Ds 13/8587, S. 44). Sie kann aber wie jede **Schreckschusspistole** zu einem gefährlichen Werkzeug[18] werden, wenn der Täter dem Opfer bei einer Schussdistanz von wenigen Zentimetern (relativer Nahschuss) oder bei einem Schuss mit auf die Körperoberfläche aufgesetzter Laufmündung (absoluter Nahschuss) durch die austretenden Explosionsgase und Munitionspartikel gegebenenfalls erhebliche Verletzungen beibringen oder mit einer solchen Vorgehensweise drohen will[19]. Die in solchen Fällen auch der Schreckschusspistole zukommende erhebliche Verletzungseignung und ihr häufiger praktischer Gebrauch in dieser Weise hat den GrS des BGH[20] zwar nunmehr bewogen, Schreckschusspistolen ganz allgemein mit Gaspistolen gleichzusetzen und sie folglich als Waffen im technischen Sinne zu behandeln. Das sollte man aber nicht tun. Denn die hierfür maßgeblich ins Feld geführte und auch den Gesetzgeber in der seit dem 1.4.2003 gültigen Neufassung des WaffG zu dieser Gleichsetzung motivierende Gefährlichkeit in solchen Fällen kann nicht darüber hinwegtäuschen, dass zur Bewirkung der dann heraufbeschworenen Verletzungsgefahren die Schreckschusspistole nicht deren Hersteller, sondern erst die (vorbehaltene) bestimmungswidrige Verwendung und also der Täter bestimmt. Gerade das aber ist ein Kennzeichen nicht der Waffe, sondern des gefährlichen Werkzeugs.

§ 244 I Nr 1a setzt nicht voraus, dass die Waffe bei Begehung des Diebstahls eingesetzt wird (dann liegt regelmäßig Raub vor) oder dass die Bereitschaft besteht, im Bedarfsfall von ihr Gebrauch zu machen. Es genügt, dass der Täter oder ein anderer Beteiligter sie zu irgendeinem Zeitpunkt des Tathergangs zwischen *Versuchsbeginn* und – was strittig ist – *Vollendung* (nicht: Beendigung)[21] des Diebstahls im Bewusstsein ihrer Einsatzfähigkeit und jederzeitigen Verwendungsmöglichkeit **bei sich führt**[22]. An einem solchen Bewusstsein, an das der BGH[23] eher strenge Anforderungen stellt, kann es bei berufsmäßigen Waffenträgern (s. Rn 257) fehlen[24]. Belanglos ist, ob der Täter die Schusswaffe schon zum Tatort mitnimmt oder sie erst dort[25] – und sei es als Beute (Rn 234)[26] – an sich bringt[27]. Es wird auch nicht verlangt, dass er sie während der Tat in der Hand hält oder wenigstens am Körper trägt. Sie muss ihm nur in eigener Sachherrschaft[28] **zur Verfügung stehen**, dh in gebrauchsbereitem Zustand räumlich so von ihm in seine Nähe gebracht worden sein, dass er sich ihrer ohne besondere Schwierigkeiten und ohne nennenswerten Zeitaufwand bedienen kann[29]. Hiervon ist

256

---

17 AA BGH JR 99, 33 mit abl. Anm. *Dencker*; s. dazu *Geppert*, Jura 99, 601.

18 Nach BGH NStZ-RR 02, 9 zur Waffe; ebenso *Beulke*, Rn 189.

19 BGH NStZ 02, 31, 33.

20 BGHSt 48, 197; dem BGH zust. A/W-*Heinrich*, § 14 Rn 55; *Eisele*, BT II Rn 169; *Geppert*, JK 10/03, StGB § 250 II Nr1/4; HK-GS/*Duttge*, § 244 Rn 4; *Kindhäuser*, § 244 Rn 4; *Lanzrath/Fieberg*, Jura 09, 348; *Schmidt/Priebe*, BT II Rn 193; mit Vorbehalt *Rengier*, BT I § 4 Rn 18; offengelassen von *Krey/Hellmann*, BT II Rn 132; zu Recht krit. dagegen *Baier*, JA 04, 15 f; *Beulke*, Rn 188; *Erb*, JuS 04, 653, 654 f; *Fischer*, § 250 Rn 5a-c; *ders.*, NStZ 2003, 571 ff; *Lackner/Kühl*, § 244 Rn 3a; NK-*Kindhäuser*, § 244 Rn 7; wie hier *Fischer*, § 244 Rn 9 f; *Küper*, BT S. 442 f; *Zopfs*, Jura 07, 516 f.

21 S.u.; nach BGHSt 20, 194, 197; 38, 295, 298 f; BGH MDR 80, 106; BGH NStZ 07, 332, 334; S/S-*Eser*, § 244 Rn 7 und *Wessels*, BT/2 Rn 255: bis zur *Beendigung*.

22 BGHSt 3, 229, 232; *Hillenkamp*, JuS 90, 456 f; *ders.*, JuS 03, 159 f.

23 StV 02, 120, 122 bei einer Waffe; s. hierzu bei gefährlichen Werkzeugen BGH StV 02, 191; 03, 26, 27; 05, 606; s. auch OLG Schleswig NStZ 04, 212, 214; OLG Celle StV 05, 336; KG StV 08, 361; 473, 474 und Rn 262 f.

24 BayObLG StV 99, 383; OLG Hamm NStZ 07, 473, 474.

25 S. BGH NStZ 01, 88, 89.

26 *Rengier*, BT I § 4 Rn 51; aA *Kindhäuser*, § 244 Rn 17; *Kindhäuser/Wallau*, StV 01, 354.

27 BGHSt 13, 259, 260; BGH NStZ 85, 547.

28 BGH StV 02, 120, 121 f, *Küper*, BT S. 73; *Rengier*, BT I § 4 Rn 43.

29 Näher *Geppert*, Jura 92, 496.

bei einem Mitführen in einem Rucksack noch zu sprechen, auch wenn der Täter den Rucksack erst noch öffnen müsste, um an die Waffe zu gelangen[30]. Ist die Waffe in einem Raum fest installiert, in dem der Diebstahl geschieht, fehlt es dagegen am Beisichführen selbst dann, wenn der Täter die Waffe jederzeit auslösen könnte. Zwar begründet auch ein solcher Zustand die dieser Tatbestandsvariante immanente Gefahr. Von einem Beisichführen lässt sich aber nach dem Wortsinn nur bei *beweglichen* Gegenständen sprechen[31]. Das Beisichführen muss nur von **einem** der am *Tatort anwesenden* **Beteiligten**[32] erfüllt werden, ist den übrigen freilich nur zurechenbar, sofern sich ihr Vorsatz hierauf erstreckt.

An den Voraussetzungen des § 244 I Nr 1 fehlt es beispielsweise, wenn der Täter eine geladene Schusswaffe in seinem Kraftwagen zurücklässt, den er 200 Meter vom vorgesehenen Tatort entfernt abstellt und mit dem er ohne Beute die Flucht ergreift, nachdem sein Einbruchsversuch (durch Auslösen der Alarmanlage oder aus anderen Gründen) misslungen ist. Zum „**Tathergang**" im oben erwähnten Sinn gehört hier weder die Fahrt zum Tatort noch die spätere Flucht, denn Erstere fällt in das bloße **Vorbereitungsstadium** (liegt also vor Versuchsbeginn), während der gescheiterte Einbruchsversuch bereits **beendet** ist, ehe die Flucht mit dem Kraftwagen und der darin befindlichen Schusswaffe beginnt[33]. Zum **Tathergang** ist entgegen verbreiteter Ansicht[34] aber – abgesehen von den seltenen Fällen iterativer Begehung[35] – auch ohnehin **nicht** mehr die Phase **zwischen Vollendung und Beendigung** zu zählen, da diese der Tatbestandsverwirklichung erst *nachfolgende* und in ihrer Begrenzung *wenig bestimmte* Zeitspanne nicht dazu taugt, Qualifikationen einer schon begangenen Tat zu bewirken[36], die im hier betroffenen Bereich nach der gesetzgeberischen Vorstellung nur unter den engeren Voraussetzungen des § 252 eintreten sollen[37].

257 **Grund** der **Strafschärfung** in § 244 I Nr 1a 1. Alt. ist die von einer gebrauchsbereiten Waffe ausgehende *abstrakte* Gefährlichkeit von Täter und Tat. Das Bewusstsein, über ein derart wirkungsvolles, leicht handhabbares und oft auf Distanz einsetzbares Angriffsmittel zu verfügen, kann leicht dazu führen, es im Bedarfsfall einzusetzen und zur Einschüchterung des Bestohlenen oder eines Tatentdeckers zu verwenden. Da das Gesetz aus wohlerwogenen Gründen keinerlei Ausnahmen vorsieht und (abweichend von § 243 II) keine Geringwertigkeitsklausel enthält, ist § 244 I Nr 1a auch auf Polizeibeamte und Bundeswehrsoldaten anwendbar, die während ihres Streifendienstes oder Wachganges Sachen von geringem Wert entwenden und dabei die zu ihrer Ausrüstung gehörende Waffe tragen[38].

---

30 Enger BayObLG StV 99, 383.
31 So zum gleichbedeutenden „Mitsichführen" in § 30a II Nr 2 BtMG zu Recht BGHSt 52, 89 mit insoweit zust. Bespr. von *Magnus*, JR 08, 410; s. auch *Fischer*, § 244 Rn 15.
32 Wozu auch ein Gehilfe zählen kann, s. *Hillenkamp*, JuS 03, 159.
33 Lehrreich dazu BGHSt 31, 105, 106 f; *Kühl*, Anm. JR 83, 425.
34 BGHSt 20, 194, 197; BGH NStZ 85, 547; BGH NStZ 07, 332, 334 mit insoweit abl. Bespr. von *Kudlich*, JR 07, 381; S/S-*Eser*, § 244 Rn 7; *Wessels*, BT II Rn 255.
35 S. dazu LK-*Hillenkamp*, vor § 22 Rn 35 ff.
36 *Lackner/Kühl*, § 244 Rn 2; NK-*Kindhäuser*, § 244 Rn 21; *Schmidt/Priebe*, BT II Rn 210; SK-*Günther*, § 250 Rn 12; *Zaczyk*, Anm. JR 98, 257.
37 *Eisele*, BT II Rn 174; HK-GS/*Duttge*, § 244 Rn 18; *Rengier*, BT I § 4 Rn 49; zum Streit s. auch *Küper*, BT S. 73 f.
38 BGHSt 30, 44, 45 f; OLG Köln NJW 78, 652; OLG Hamm NStZ 07, 473, 474; *Hettinger*, GA 1982, 525; *Katzer*, NStZ 82, 236; *Lackner/Kühl*, § 244 Rn 3a; LK-*Ruß*, § 244 Rn 5a; *Mitsch*, BT II/1 § 1 Rn 241; MK-*Sander*, § 250 Rn 37; *Schmidt/Priebe*, BT II Rn 216; SK-*Günther*, § 250 Rn 16; *Sonnen*, JA 78, 468; *Zopfs*, Jura 07, 517; s. dazu auch BVerfG NStZ 95, 76; *Küper*, BT S. 443 ff.

Die Gegenansicht, die insbesondere für berufsmäßige Waffenträger eine *teleologische Reduktion* **258** des § 244 I Nr 1a unter dem Blickwinkel der „inneren Beziehung zwischen Bewaffnung und Tat" oder der „widerlegbaren Gefährlichkeitsvermutung" befürwortet[39], ist mit dem Gesetzeszweck nicht vereinbar und greift zu Unterscheidungskriterien, die sich der Beweisbarkeit entziehen oder den Unterschied zwischen § 244 I Nr 1a und Nr 1b einebnen. Davon, dass ein berufsmäßiger Waffenträger bei der Begehung von Diebstählen weniger gefährlich sei als ein ohne amtliche Eigenschaft handelnder (vorsorglich oder zufällig bewaffneter) Dieb, kann man nicht ausgehen. Im Gegenteil spricht manches dafür, dass zB ein bei einem Diebstahl überraschter Polizeibeamter von der Waffe eher Gebrauch machen wird als ein anderer Täter, weil „für ihn bei Entdeckung in der Regel die weitere Berufslaufbahn auf dem Spiele steht"[40]. Wer eine besondere „innere Beziehung" zwischen dem Beisichführen der Schusswaffe und dem Diebstahl verlangt, löst sich vom Gesetz, das auf eine solche Beziehung in § 244 I Nr 1a 1. Alt. (im Gegensatz zu Nr 1b) bewusst verzichtet. Erwägenswert könnte allenfalls der Vorschlag sein, das Mitführen einer Schusswaffe als „widerlegbare Gefährlichkeitsvermutung" zu deuten und diese Vorschrift dann nicht anzuwenden, wenn die Gefahr eines Waffengebrauchs (wie etwa bei einem Diebstahl unter Angehörigen) „erfahrungsgemäß ausgeschlossen" war[41]. Auch dieser Einschränkungsversuch vermag aber nicht zu überzeugen, da jeder Zweifel in der betreffenden Hinsicht *zulasten* des Täters gehen müsste und es keinen Erfahrungssatz darüber gibt, wie sich ein Mensch in einer von ihm nicht erwarteten kritischen Situation verhält und ob er der Versuchung widerstehen würde, von der Schusswaffe zu Einschüchterungszwecken Gebrauch zu machen. Etwaige Härten des § 244 I Nr 1a lassen sich daher nur im Rahmen der Strafzumessung abmildern.

Aus dem *Grund* der *Strafschärfung* (Rn 257) ergibt sich, dass die Waffe **gebrauchs-** **259** und **einsatzbereit** sein muss. Das ist eine Waffe dann, wenn sie **funktionsfähig** ist und jederzeit funktionsgerecht eingesetzt werden kann. Dazu muss die *Schuss*waffe nicht unbedingt geladen oder durchgeladen sein. Es reicht aus, dass die erforderliche Munition griffbereit mitgeführt wird[42]. Eine **defekte** Schusswaffe ist wie ein zerbrochener Schlagring nicht gebrauchsbereit iS des § 244 I Nr 1a; das gleiche gilt für eine ohne Munition mitgeführte Schusswaffe[43]. Dass sie möglicherweise als Schlag- oder Drohinstrument benutzt werden kann, reicht insoweit nicht aus, kann aber § 244 I Nr 1a 2. Alt. oder Nr 1b begründen[44].

b) Beisichführen eines anderen gefährlichen Werkzeugs

Das 6. StrRG (Rn 9) hat dem Beisichführen einer Waffe in § 244 I Nr 1a das Beisich- **260** führen eines anderen (beweglichen)[45] **gefährlichen Werkzeugs** gleichgestellt und damit diese Vorschrift insgesamt der entsprechenden Neufassung des § 250 I Nr 1a angepasst (Rn 252).

Die Erweiterung von der *Schusswaffe* auf *Waffen* und *andere gefährliche Werkzeuge* in § 250 nF hat der Rechtsausschuss des Bundestages mit den sich ausdrücklich auf § 250 I Nr 1a *und* auf § 250 II Nr 1 beziehenden Aussagen begründet, dass es kaum einzusehen wäre, „die Verwendung

---

39 *Hruschka*, Anm. NJW 78, 1338; *Lenckner*, Anm. JR 82, 424; *Schroth*, NJW 98, 2865; *Schünemann*, JA 80, 349, 355; S/S-*Eser*, § 244 Rn 6; *Seier*, JA 99, 672.
40 BGHSt 30, 44, 45 f.
41 *Lenckner*, JR 82, 427.
42 Vgl BGH NStZ 81, 301; 85, 547.
43 BGH StV 98, 487; BGH NJW 98, 3131 mit Bespr. *Baier*, JA 99, 9; BGH NStZ 98, 567 und BGH NStZ-RR 04, 169 zu § 250 II Nr 1.
44 BGHSt 44, 103, 105.
45 BGHSt 52, 89 (s. Rn 256 mit Fn 31).

beispielsweise einer Handgranate" (= Waffe, aber nicht Schusswaffe), „eines Tapetenmessers oder von Salzsäure" (= gegebenenfalls gefährliche Werkzeuge, aber nicht Waffen) „beim Raub einer niedrigeren Mindeststrafdrohung zuzuordnen als die Verwendung einer Schusswaffe". Für den neu eingefügten Begriff eines gefährlichen Werkzeugs wird zudem darauf hingewiesen, dass zur Auslegung auf die hierzu im Rahmen des § 223a I aF (= § 224 I Nr 2 nF) entwickelten Grundsätze zurückgegriffen werden könne (BT-Ds 13/9064, S. 18).

261 Diese Begründung macht die *Ersetzung* der Schusswaffe durch die Waffe für § 250 wie für § 244 nachvollziehbar, weil zwischen dem Beisichführen einer einsatzbereiten Pistole und dem einer funktionsfähigen Handgranate kein unrechtsrelevanter Unterschied besteht. Auch leuchtet für beide gleichermaßen ein, dass ein Verwendungsvorbehalt angesichts ihrer latenten Gefährlichkeit entbehrlich ist. Dass für die Bestimmung des Begriffs des *gefährlichen Werkzeugs* ein Rückgriff auf die zu § 223a aF (= § 224 I Nr 2 nF) entwickelten Grundsätze vorbehaltlos möglich ist, wird dagegen mit Grund bestritten[46]. Da als gefährliches *Werkzeug im Sinne des § 224 I Nr 2* jeder Gegenstand gilt, der nach seiner objektiven Beschaffenheit *und* der Art seiner *Verwendung* im konkreten Fall geeignet erscheint, erhebliche Verletzungen herbeizuführen[47], **§ 244 I Nr 1a** (anders als § 250 II Nr 1) nach seinem Wortlaut aber eine *Verwendung* oder auch nur einen inneren *Verwendungsvorbehalt* nicht verlangt, ist der Rückbezug auf diese Definition nicht ohne weiteres möglich. Das wurde von ersten Entscheidungen zu § 244 verkannt[48], ist mittlerweile aber auch der Rechtsprechung bewusst[49].

262 Was an ihre Stelle treten soll, ist lebhaft umstritten[50]. So wird verbreitet der Versuch unternommen, die Gefährlichkeit des Werkzeugs für § 244 I Nr 1a (ebenso wie für § 250 I Nr 1a) ohne Rückgriff auf eine hier im Gegensatz zu Nr 1b gerade nicht verlangte und deshalb nach diesen Stimmen auch nicht hineinlesbare[51] Verwendungsabsicht in Annäherung an die Waffe[52] **objektiv** und **abstrakt** zu bestimmen[53]. Dabei wird teils – ersichtlich zu eng[54] – formal darauf abgehoben, dass der gefährliche Gegenstand „nach dem Gesetz nicht jedermann frei verfügbar", sein Mitführen also von einem Verbot betroffen sein müsse[55]. Überwiegend wird dagegen auf „typischerweise und/oder erfahrungsgemäß bestehende Verletzungsgefahren beim Umgang mit solchen Gegenständen" oder auf „deren ohne weiteres ersichtliche Eignung zur Zufügung erheblicher Verletzungen"[56] abgestellt. Besonders harte, spitze oder scharfe Ge-

---

46 *Erb*, JuS 04, 653, 656; *Hörnle*, Jura 98, 171 f; *Küper*, BT S. 459 f; BE-*Noak*, S. 71; SK-*Günther*, § 250 Rn 8.
47 *Wessels/Hettinger*, BT I Rn 275.
48 So vom BayObLG StV 01, 17 und vom OLG Hamm StV 01, 352 mit jeweils krit. Anm. *Kindhäuser/ Wallau*.
49 S. BGH NJW 02, 2889, 2890; BGHSt 52, 257, 262 f; OLG Braunschweig NJW 02, 1753; OLG Schleswig NStZ 04, 213 und Rn 262d.
50 S. *Hillenkamp*, BT 26. Problem; *Fischer*, § 244 Rn 6 ff; *Kindhäuser*, § 244 Rn 6 ff; *Küper*, JZ 99, 192 ff; *ders.*, Schlüchter-GS S. 331, 335 ff; *Lackner/Kühl*, § 244 Rn 3.
51 *Dencker*, in: *Dencker* ua, Einführung in das 6. StrRG 1998, S. 11 f; *Krey/Hellmann*, BT II Rn 134.
52 *Dencker*, Anm. JR 99, 36; *Mitsch*, ZStW 111, 1999, 79; *ders.*, JuS 99, 643.
53 *Fischer*, § 244 Rn 20 ff; *Jäger*, BT Rn 272; LK-*Laufhütte/Kuschel*, Nachtrag § 250 Rn 6.
54 S. *Kindhäuser*, § 244 Rn 10; *Küper*, Schlüchter-GS S. 331, 337.
55 *Lesch*, JA 99, 34, 36; *ders.*, GA 99, 376 f.
56 *Dencker*, aaO S. 12; *Fischer*, § 244 Rn 22; HK-GS/*Duttge*, § 244 Rn 12; *Kargl*, StV-Forum 00, 10; SK-*Günther*, § 250 Rn 11; s. auch *J. Schmid*, Das gefährliche Werkzeug 2003, S. 194.

genstände sowie gefährliche Säuren kämen dann in Betracht[57], vor deren Benutzung generell gewarnt oder in deren Zusammenhang üblicherweise auf Vorsicht im Umgang hingewirkt wird[58]. Auch wird verlangt, dass die Art des Werkzeugs einen bestimmten gefährlichen Einsatz nahe lege[59], eine Waffenersatzfunktion habe[60] oder sogar eine andere als Leibes- oder Lebensgefahr begründende Verwendung ausschließe[61]. Trotz einer so begründeten Tauglichkeit als „Waffensurrogat" soll es an der nötigen, durch den situativen Kontext gestützten **Missbrauchsvermutung**[62] bei der Mitnahme von Gegenständen des täglichen Gebrauchs (Pkw, Bekleidungsstücke wie Gürtel etc) und bei typischem Diebeswerkzeug allerdings *generell*[63] oder jedenfalls doch dort fehlen, wo die waffengleiche Verwendung eine offensichtliche Zweckentfremdung des Werkzeugs bedeuten würde[64]. Werde freilich typischerweise in einer Bedrängnissituation der mitgeführte Gegenstand in solcher Weise zweckentfremdet, soll er wiederum doch gefährlich sein[65]. Gegenstände, die hiernach „abstrakt" ungefährlich sind, können nur bei entsprechender Verwendungsabsicht von §§ 244 I Nr 1b, 250 I Nr 1b erfasst werden[66]. Der 2. Senat des **BGH** hatte die Absicht, mit einem **Vorlagebeschluss**[67] eine mit diesen Ansätzen vergleichbare Deutung zu erzwingen, die auf eine „objektive Waffenähnlichkeit", auf eine „Waffenersatzfunktion" oder eine „objektive Zweckbestimmung" abstellt. Er hat es aber nicht vermocht, dem GrS des BGH[68] auch zu dieser Frage eine Stellungnahme abzuringen, weil die im zugrunde liegenden Sachverhalt gebrauchte Schreckschusspistole von ihm schon als Waffe im technischen Sinn angesehen wurde (s. dazu Rn 255).

Auch wenn das Bemühen anerkennenswert ist, für das gefährliche Werkzeug generelle „Waffengleichheit" und mit dem Verzicht auf eine Verwendungsabsicht Wortlauttreue gegenüber dem neuen Gesetzestext herzustellen, muss diesen Vorschlägen die Gefolgschaft versagt bleiben. Das Beisichführen *allgemein verletzungsgeeigneter Gegenstände* wie Steine, Brecheisen, Tapetenmesser oder Salzsäure erreicht den durch das Beisichführen von Waffen begründeten Gefahrengrad nur dann, wenn diese Gegenstände *gegen das Tatopfer eingesetzt*, dagegen nicht, wenn mit dem Stein oder dem Brecheisen nur Fenster eingeschlagen[69] oder mit der Säure nur Spuren vernichtet

262a

---

57 S. SK-*Horn/Wolters*, § 224 Rn 14; SK-*Günther*, § 250 Rn 8.
58 MK-*Sander*, § 250 Rn 39.
59 *Kindhäuser*, BT II § 4 Rn 5 ff; *Maurach/Schroeder/Maiwald*, BT I § 33 Rn 116; *Otto*, BT § 41 Rn 53; *Seier*, JA 99, 669.
60 *Streng*, GA 01, 365 ff; als wichtiges Kriterium benannt auch von *Eisele*, BT II Rn 189; *Fischer*, § 244 Rn 23.
61 *Joecks*, § 244 Rn 13; *Schlothauer/Sättele*, StV 98, 508 f; zust. *Bussmann*, StV 99, 621; MK-*Schmitz*, § 244 Rn 14; S/S-*Eser*, § 244 Rn 5; krit. dazu *Braum*, in: Irrwege der Strafgesetzgebung 1999, S. 32; SK-*Hoyer*, § 244 Rn 12; OLG Braunschweig NJW 02, 1736.
62 *Arzt*, BGH-FS IV S. 770 ff; *Kindhäuser/Wallau*, StV 01, 19, 354.
63 *Kindhäuser*, BT II § 4 Rn 8; ähnlich *Jäger*, JuS 00, 654; *Krüger*, Jura 02, 770 f.
64 *Hörnle*, Jura 98, 172; *Krey/Hellmann*, BT II Rn 134b.
65 *Schroth*, NJW 98, 2864; SK-*Hoyer*, § 244 Rn 11.
66 *Küper*, JZ 99, 193.
67 Vom 15.5.2002, s. NJW 02, 2889.
68 BGHSt 48, 197.
69 Auch nach *Fischer*, § 244 Rn 24 sollen ein zum Tannenbaumdiebstahl verwendetes Beil oder ein zum Einbrechen benutztes Stemmeisen, weil sie nach den Umständen (nur) der Vollendung der Wegnahme selbst dienen, ausscheiden. Mit einem objektiven Ansatz ist das schwerlich vereinbar.

oder die Gegenstände gar nicht benutzt werden sollen. Einen Maßstab dafür, welche dieser Gegenstände typischerweise in „Bedrängnissituationen" zweckentfremdet werden, welche nicht, wird man zudem nicht finden. Vermutungen hierzu führen in „Verdachtstatbestände, hinter denen letztlich nur die diffuse Spekulation über den mutmaßlichen Einsatzwillen steht"[70]. Festlegungen lassen sich – wie die unter diesen Meinungen häufig gegensätzlich beurteilten Beispiele des mitgeführten Hundes, Hammers, Brecheisens, Baseballschlägers[71] oder von Salzsäure erweisen – ersichtlich nicht objektiv, sondern nur bei Kenntnis der Zweckbestimmung treffen. Da im Übrigen namentlich Einbruchsdiebstähle kaum einmal ohne verletzungsgeeignete Werkzeuge begangen werden, würde nahezu jeder Diebstahl dieser verbreiteten Begehungsart zum Diebstahl mit Waffen[72]. Die gesetzliche Fassung des § 244 I Nr 1a erweist sich also selbst bei einer solchen objektiv einengenden Auslegung noch als *zu weit*.

262b Die **sachgerechte Beschränkung** ist daher nur über den Weg einer *teleologischen Reduktion* zu erreichen, die ausschließlich Gegenstände in den Kreis der gefährlichen Werkzeuge einbezieht, deren Verwendung *entsprechend* einem *inneren Verwendungsvorbehalt* die verlangte *Gefährlichkeit* begründen würde. Dass sich ein solcher innerer Verwendungsvorbehalt nur selten erweisen lasse, ist angesichts der häufigen Offenkundigkeit eines Missbrauchswillens zu bezweifeln und auch deshalb kein durchgreifender Einwand, weil das Gesetz in § 244 I Nr 1b (und in vergleichbarer Weise auch die in Rn 262d, e zitierte, mittlerweile allerdings aufgegebene Lösung des 3. Senats des BGH) selbst die Nachweisbarkeit voraussetzen. Auf diesem Weg ist ein – freilich zu *modifizierender* – Rückgriff auf die zu § 223a aF entwickelten Aussagen im Grundsatz möglich[73]. **Gefährlich** sind mitgeführte Gegenstände (auch) im Sinne des § 244 I Nr 1a demnach nur, wenn zu ihrer allgemeinen Eignung, erhebliche Körperverletzungen zu bewirken, hinzutritt, dass diese Wirkung *bei Umsetzung* des *inneren Verwendungsvorbehaltes* auch eintreten, der mitgeführte Stein oder die mitgeführte Säure „notfalls" also dem Opfer an den Kopf geworfen oder ins Gesicht geschüttet würden. Ebenso sind Werkzeuge[74] gefährlich, denen die *generelle* Verletzungseignung zwar fehlt, die aber – wie ein Schraubenzieher zum Stoß ins Auge – in einer konkret verletzungsgeeigneten Weise verwendet werden sollen[75].

---

70 *Küper*, JZ 99, 193; für eine solche Indizkonstruktion *Arzt*, BGH-FS IV S. 770 ff; NK-*Kindhäuser*, § 250 Rn 2.

71 S. dazu *Schlothauer/Sättele*, StV 98, 508 einerseits, *Krey/Hellmann*, BT II Rn 134b andererseits; zum Baseballschläger bejahend BGH StV 08, 470; ferner *Gleß*, Jura 03, 499 f und *Fischer*, § 244 Rn 24: nur „abgerichtete" und/oder nur Hunde mit einer Größe von über 35 cm?

72 S. dazu *Schlothauer/Sättele*, StV 98, 506.

73 *Küper*, BT S. 457, 460; ders., JZ 99, 192 ff; *Rengier*, BT I § 4 Rn 32 ff; zust. *Beulke*, Rn 116 f; *Erb*, JR 01, 207; *Geppert*, Jura 99, 602; ders., JK 5/03 StGB § 244 I Nr 1a/2; *Graul*, Jura 00, 206; *Hilgendorf*, ZStW 112, 2000, 832; *Schmidt/Priebe*, BT II Rn 201 ff; *Weißer*, JuS 05, 621; *Zopfs*, Jura 07, 519 f; alternativ auch SK-*Günther*, § 250 Rn 8.

74 Zu denen Körperteile nicht zählen, aA *Hilgendorf*, ZStW 112, 2000, 811.

75 Vorbehalte gegen diese Ausdehnung bei SK-*Horn/Wolters*, § 224 Rn 16; insofern kann man vom gefährlichen Gebrauch eines Werkzeugs statt vom Gebrauch eines gefährlichen Werkzeugs sprechen, s. *Hardtung*, StV 04, 399, 400, nicht aber die Gefährlichkeit (auch) des Werkzeugs bei dieser Verwendungsart leugnen.

Dabei ist allerdings als **Modifizierung** dieses Weges zu bedenken, dass beim Diebstahl (und beim Raub) anders als bei der einen Verletzungserfolg voraussetzenden gefährlichen Körperverletzung sich die Gefährlichkeit des Werkzeugs *nicht notwendig* aus einer vorbehaltenen Verwendung als *Verletzungsmittel* ergeben muss. Vielmehr kann sich die Gefährlichkeit auch aus einem die Nähe zum Raub herstellenden und der 2. Alt. der Verwendungsabsicht der Nr 1b entsprechenden *inneren Vorbehalt* ergeben, mit der Anwendung des Werkzeugs in einer bei der Verwirklichung der Übelsankündigung den Betroffenen in erhebliche Verletzungs*gefahr* bringenden Weise zu *drohen*[76]. Auch das reicht für Gefährlichkeit aus[77].

Die **hier vorgeschlagene Lösung** mag zwar angesichts des gegensätzlichen Wortlauts von § 244 I Nrn 1a und 1b auf den ersten Blick befremdlich erscheinen[78]. Sie widerspricht aber nicht der Gesetzessystematik[79], harmonisiert den Begriff des gefährlichen Werkzeugs für die Vorschriften der §§ 244 I Nr 1a, 250 I Nr 1a und § 250 II Nr 1[80] und ist **in der Sache zwingend**, weil es anders als bei der Waffe eine *rein* objektive Bestimmung der Gefährlichkeit eines beliebigen Werkzeugs nicht gibt[81]. Der hier gebrauchte Begriff des **Verwendungsvorbehalts** bedeutet keinen grundsätzlichen Gegensatz zur Verwendungs- oder Gebrauchs*absicht*[82]. Er soll nur die *unbestrittene*[83] Tatsache deutlicher machen, dass der Wille, vom Werkzeug im Verletzungs- oder Drohungssinne nur „notfalls" Gebrauch zu machen, ausreicht, und den Vorbehalt von der inhaltlich engeren, auf die Verhinderung oder Überwindung von Widerstand festgelegten Absicht der Nr 2 absetzen helfen. **262c**

Der **BGH** hat zunächst die aufgeworfene Frage nicht entschieden[84]. Einige OLGe gingen an ihr wortlos vorbei[85]. Der BGH ist allerdings im Rahmen des eine Verwendung voraussetzenden **§ 250 II Nr 1 nF** der Empfehlung des Rechtsausschusses (BT-Ds 13/9064, S. 18) gefolgt und hat aus dieser Vorschrift – ganz entsprechend der bisherigen Rechtsprechung zu § 223a aF – Werkzeuge verwiesen, die nicht nach ihrer objektiven Beschaffenheit *und* nach der Art ihrer Benutzung im konkreten Einzelfall geeignet sind, erhebliche Verletzungen zuzufügen. Scheinwaffen und ungeladene Schusswaffen werden auf diese Weise den Begriffen der Waffe und des gefährlichen Werkzeugs ebenso entzogen[86] wie Schlafmittel in ungefährlicher Dosierung oder ein nur zur Fesselung verwendetes Klebeband[87]. Dabei wurde zunächst nicht thematisiert, **262d**

---

76 *Küper*, BT S. 460; s. auch BGH StV 98, 487; 01, 274, 275 zu § 250 II Nr 1.

77 Insoweit einschränkend *Rengier*, BT I § 4 Rn 34.

78 Auch deshalb abl. *Hettinger*, Paulus-FS S. 73, 75; *Kindhäuser*, BT II § 4 Rn 12; *Krey/Hellmann*, BT II Rn 134; *Mitsch*, BT II/1 § 1 Rn 236; SK-*Hoyer*, § 244 Rn 10.

79 Überzeugend *Küper*, JZ 99, 193; *ders.*, Schlüchter-GS S. 341 ff.

80 Abw. Bestimmung bei *Otto*, BT § 46 Rn 33; *Schlothauer/Sättele*, StV 98, 508.

81 S. *Küper*, Hanack-FS S. 586 ff; im Ansatz folgt deshalb – für den Fall eines als Einbruchswerkzeug mitgeführten 20 cm langen Schraubendrehers – auch das OLG Stuttgart – Urt. v. 5.5.09, 4 Ss 144/09 der subjektivierenden Lehre.

82 *Küper*, BT S. 460; SK-*Günther*, § 250 Rn 8; *Weißer*, JuS 05, 621; iS geringerer Anforderungen dagegen *Hilgendorf*, ZStW 112, 2000, 832; dazu krit. *Fischer*, § 244 Rn 19, 22.

83 BGH StV 96, 315.

84 S. zum Vorlagebeschluss des 2. Senats des BGH und zur Entscheidung des GrS Rn 262.

85 So BayObLG StV 01, 17 und OLG Hamm StV 01, 352; s. dazu *Erb* JR 01, 206; für eine objektive Deutung jetzt aber OLG Schleswig NStZ 04, 212.

86 S. BGHSt 44, 103, 105 f; BGH NStZ 99, 135; Übersicht bei *Boetticher/Sander*, NStZ 99, 294.

87 BGH StV 98, 660; BGH StV 99, 91.

dass die gegebene, auf die Definition des gefährlichen Werkzeugs in § 223a aF (= § 224 I Nr 2 nF) zurückgehende Begründung im stets mit ausgeschiedenen **§ 250 I Nr 1a nF** (entsprechend **§ 244 I Nr 1a nF**)[88] keine deutliche Stütze hat, „weil das gefährliche Werkzeug dort nur mitgeführt werden muss, es dort zu einer konkreten Benutzung, an deren Art die Gefährlichkeit zu messen wäre, nicht kommt" und weil nach dem Wortlaut auch „an eine solche Benutzung durch den Täter nicht einmal gedacht werden muss". Diese Tatsache hat dann aber der **3. Senat** als Hindernis erkannt, die Maßstäbe des § 224 I Nr 2 nF *unbesehen* auch auf § 250 I Nr 1a (und entsprechend auf § 244 I Nr 1a) zu übertragen[89]. Ohne auf den hier dargestellten Meinungsstand einzugehen, erwägt der Senat in freilich das Urteil nicht tragenden Gründen, einen **Mittelweg** einzuschlagen. Dieser soll darin bestehen, „für § 250 I Nr 1a nF … neben der objektiven Beschaffenheit des Gegenstandes eine generelle, von der konkreten Tat losgelöste[90] Bestimmung des Gegenstandes zur gefährlichen Verwendung seitens des Täters" hinzutreten zu lassen, die noch „nicht die konkrete Verwendungsabsicht nach § 250 I Nr 1b StGB nF erreicht hat"[91].

262e Diese „Widmungstheorie"[92] kommt der hier vertretenen Auffassung **nahe**. Sie **verwirft** zum einen mit der zu § 30a II Nr 2 BtMG ergangenen Entscheidung BGHSt 43, 266, 269 „eine *objektive* Auslegung der Zweckbestimmung", weil eine solche sich mit dem Ausscheiden etwa von Baseballschlägern, großen Küchenmessern und Starkstromkabelabschnitten dem gesetzgeberischen Anliegen, besonders gefährliche Täter, die sich hiermit regelmäßig bewaffnen, zu erfassen versagt[93]. Sie schließt zudem eine Anwendung auch der §§ 244 I Nr 1a, 250 I Nr 1a bei schon konkret vorliegendem **Verwendungsvorbehalt** nicht zwingend aus. Und sie ist von diesem **inhaltlich** kaum entfernt, wenn sie es zwar ausreichen lässt, dass der Täter „die Bestimmung zu irgendeinem Zeitpunkt vor der Tatbegehung getroffen hat", indem er „etwa einen Gegenstand zu seiner Bewaffnung in seinem … Kraftfahrzeug bereitlegt", dann aber verlangt, dass er „sich dessen bei der Tatausführung bewusst ist"[94]. De facto und für den Beweis ist dieses Bewusstsein von dem latenten Vorbehalt, das so zurecht gelegte Werkzeug (notfalls) auch einzusetzen, schwerlich zu trennen (s. zB Fall 28 mit Rn 379). Verzichtet man deshalb auf diesen Verwendungsvorbehalt – wie es hier geschieht – ohne erhebliche inhaltliche Differenz zu dem vom 3. Senat erwogenen Weg nicht, gibt man anders als dieser[95] die Einheitlichkeit der Definition des gefährlichen Werkzeugs in ein- und derselben Vorschrift nicht auf. Auch das spricht für die hier (Rn 262b) vertretene Lösung.

---

88 S. dazu BGH JR 99, 31 mit Zuweisung der Fälle an den Auffangtatbestand des § 250 I Nr 1b.
89 BGH NStZ 99, 301.
90 Vgl hierzu BGHSt 43, 266, 269 f.
91 BGH NStZ 99, 301, 302; zust. OLG Frankfurt/M StV 02, 145; OLG Braunschweig NJW 02, 1735 mit Bespr. *Müller*, JA 02, 928; *Maatsch*, GA 01, 82 f; s. auch A/W-*Heinrich*, § 14 Rn 57; *Heghmanns*, Rn 1112; *Kasiske*, HRRS 08, 378, 382; *Zieschang*, JuS 99, 52; zum alten Recht *Scholderer*, StV 88, 432; krit. *Streng*, GA 01, 367 f.
92 S. *Hillenkamp*, BT 26. Problem unter III.
93 S. zum Hintergrund dieser Auslegung auch KG StV 08, 473, 474.
94 S. auch KG StV 473, 474; abl. insoweit OLG Braunschweig NJW 02, 1735.
95 BGH NStZ 99, 301, 302.

Es ist deshalb zu bedauern, dass sich der **3. Senat** in einer neueren Entscheidung[96] **ge-**   **262f**
gen jede subjektivierende Deutung ausgesprochen und infolgedessen auch seine
„Widmungslehre" aufgegeben hat.

Im zu entscheidenden Fall führte der Täter eines Ladendiebstahls ein zusammenklappbares Taschenmesser mit einer „relativ langen Klinge"[97] bei sich, das er keinesfalls gegen Menschen
einsetzen, sondern lediglich zum Abschneiden der Sicherungsetiketten zu stehlender Whiskey-
flaschen benutzen wollte (und benutzte). Das OLG Celle beabsichtigte, ein solches „konstruk-
tionsbedingt nur der Bearbeitung von Gegenständen" dienendes und nicht zur Verletzung von
Personen bestimmtes Werkzeug *nicht* als „gefährlich" einzustufen, wenn es – wie hier – am subjektiven Element einer vom Täter vorgenommenen generellen, vom konkreten Lebenssachverhalt
losgelösten Bestimmung des Werkzeugs zur Verwendung gegen Menschen fehlt[98]. Es sah sich daran aber durch entgegenstehende Entscheidungen anderer OLGe gehindert, die eine (rein) objektive Bestimmung des gefährlichen Werkzeugs verlangen[99]. Der 3. Senat tritt dieser, seiner eigenen
Präferenz widersprechenden Auffassung nun bei. Er will die Eigenschaft des Taschenmessers als
gefährliches Werkzeug auf dem Boden einer vorgeblich allein möglichen **objektiven Bestimmung** im konkreten Fall bejahen, weil Messer mit längerer stehender Klinge nach ständiger
Rechtsprechung schon bisher als gefährlich eingestuft worden seien und die Notwendigkeit, das
Messer auszuklappen, an der latenten objektiven Gefährlichkeit solcher Messer nichts ändere[100].
Sie seien „zum Schneiden und Stechen bestimmt und nach ihrer Beschaffenheit hierzu geeignet".
Auch könnte ein solches Messer „wie jedes andere jederzeit gegen Personen gebraucht werden
und im Falle seines Einsatzes dem Opfer erhebliche, unter Umständen sogar tödliche Verletzun-
gen zufügen"[101].

Die Entscheidung bestätigt die Unmöglichkeit, unter alltäglichen Gebrauchsgegen-   **262g**
ständen nach rein objektiven Kriterien gefährliche von ungefährlichen abzugrenzen.
Mit der gegebenen Begründung lassen sich nämlich – offenbar entgegen der Intention
des Senats – unschwer auch Messer mit einer kürzeren oder „relativ kurzen Klinge" –
stellt man sich ihren Einsatz gegen Menschen vor – als gefährliche Werkzeuge bezeichnen. Die Ununterscheidbarkeit liegt daran, dass der Senat selbst bewusst davon absieht,
über die Beantwortung der präzisierten, dem konkreten Sachverhalt angepassten
Rechtsfrage hinaus den Versuch zu unternehmen, das in Frage stehende „Tatbestandsmerkmal … allgemeingültig zu formulieren" oder doch wenigstens unter den im objektiven Lager versammelten Kriterien die für ihn maßgeblichen festzulegen. Damit vollzieht er selbst den ersten Schritt in eine „schwer kalkulierbare Einzelfallkasuistik …,
bei der … die Gefahr von widersprüchlichen Entscheidungen offenkundig ist"[102].

Der Grund dafür, dass sich der Senat der revisionsrichterlichen Pflicht, für eine einheitliche
Rechtsauslegung durch klare Definitionen Sorge zu tragen, entzieht, liegt nach seiner eigenen

---

96   BGHSt 52, 257.
97   BGHSt 52, 257, 260; auf S. 258 spricht der BGH von einer „längeren Klinge"; Genaueres erfährt
     man über die Länge nicht.
98   S. die vom OLG Celle formulierte Vorlegungsfrage in BGHSt 52, 257, 259; wie das OLG Celle *Ka-
     siske*, HRRS 08, 378, 381 f; s. auch *Foth*, NStZ 09, 93.
99   BayObLG NStZ-RR 01, 202; SchlHOLG NStZ 04, 212; OLG München NStZ-RR 06, 342.
100 BGHSt 52, 257, 269; der Entscheidung darin zustimmend *Deiters*, ZJS 08, 424, 426; *Jooß*, Jura 08,
     777, 779; *Lanzrath/Fieberg*, Jura 09, 348, 350 f; *Mitsch*, NJW 08, 2865; *Peglau*, JR 09, 162; s. auch
     Fischer, § 244 Rn 20; *Krüger*, JA 09, 190, 194 f sieht die Möglichkeit einer subjektiven Deutung nur
     der Tathandlung des „Beisichführens".
101 BGHSt 52, 257, 270.
102 BGHSt 52, 257, 266, 269.

Auskunft darin, dass die Gesetzesfassung „missglückt" und einer „mit den Mitteln herkömmlicher Auslegungstechnik" gewinnbaren „stimmigen Gesetzesanwendung" unzugänglich sei[103]. Wäre es so, hätte es allerdings nahe gelegen, statt die Instanzgerichte ratlos zu hinterlassen, das Verfahren auszusetzen und sich vom Bundesverfassungsgericht die Bestätigung einzuholen, dass bei einem solchen Befund nicht mehr von einer hinreichenden Bestimmtheit der Norm die Rede sein kann[104].

262h Vorzugswürdig wäre es nach der hier vertretenen Auffassung gewesen, sich der Bedeutung des Begriffes „gefährliches Werkzeug" in einem **Normkontext** gewahr zu werden, in dem sich die Gefährlichkeit **wie bei der Vorbereitung oder dem Versuch** des § 224 I Nr 2 oder des § 250 II Nr 1 noch nicht in einer konkreten Verwendung erweist und deshalb nur nach dem zugrunde liegenden Tatentschluss, also nach der geplanten Verwendung **subjektiv** zu bestimmen ist. Eine solche Auslegung stützt sich methodisch auf eine „herkömmliche Auslegungstechnik", nämlich die Vergleichbarkeit mit einer systematisch verwandten Sachlage, und führt zu einer sachgerechten und vorausbestimmbaren Lösung aller „denkbaren Einzelfälle"[105], die allein die Einstufung „an sich harmloser", „gefahrneutraler" und „sozialüblich" mitgeführter Gegenstände als gefährliche über ein „subjektives Gefährlichkeitskriterium" zu leisten vermag[106].

262i Nur am Rande sei noch vermerkt, dass man die innerhalb des objektiven Lagers erwogene Einschränkung, „sozialtypisch" mitgeführte Gegenstände auszuscheiden, nicht gut mit der Erwägung ablehnen kann, der Einsatz „zur Entfernung der Sicherungsetiketten und damit zur Verwirklichung des Diebstahls" zeige, dass der Täter das Messer hier gerade nicht in „sozialadäquater" Form bei sich getragen habe[107]. Denn wenn bei solchen Gegenständen „die Gefährlichkeitsvermutung widerlegt erscheint"[108], kann sich die Sozialadäquanz nicht am Diebstahl, sondern nur im Hinblick auf einen möglichen Einsatz gegen Menschen bemessen[109]. Im Übrigen werden mit der benannten Einschränkung im gleichen Atemzuge nicht nur sozial-, sondern auch deliktstypisch mitgeführte Gegenstände ausgeschlossen, wovon hier immerhin auch die Rede sein könnte[110].

262j Für das **Beisichführen** gilt im Grundsatz nichts anderes als zur Waffe (s. dazu Rn 256). Nach der (aufgegebenen) Ansicht des 3. Senats musste es freilich von dem Bewusstsein einer vormaligen Widmung begleitet sein. Andere Senate betonen beim gefährlichen Werkzeug, dass der Täter es „bewusst gebrauchsbereit" bei sich führen muss, was namentlich bei Taschenmessern in Zweifel gezogen wird[111]. Verlangt man,

---

103 BGHSt 52, 257, 266.
104 S. auch *Deiters*, ZJS 08, 424, 426; *Foth*, NStZ 09, 94.
105 Ähnlich *Kasiske*, HRRS 08, 378, 381 (teleologische Auslegung); *Rengier*, BT I § 4 Rn 41; krit. zur vom BGH hinterlassenen Unsicherheit auch *Jahn*, JuS 08, 835.
106 S. OLG Stuttgart -Urt. v. 5.5.09, 4 Ss 144/09, das zusätzlich verlangt, dass der so als „gefährlich" bestimmte „Einsatz gegen das Tatopfer droht".
107 So aber BGHSt 52, 257, 261.
108 So *Jäger*, JuS 00 651, 656; s. zur Einschränkung durch Sozialadäquanz auch KG StV 08, 473.
109 Ebenso *Kasiske*, HRRS 08, 328; *Rengier*, BT I Rn 41.
110 *Jäger* JuS 00, 651, 656; s. auch *Fischer*, § 244 Rn 24, der verwendungsneutrale Gegenstände beim Diebstahl ausscheiden will, die – wie die Axt beim Tannenbaum-, der Bolzenschneider beim Fahrrad- oder das Stemmeisen beim Einbruchsdiebstahl – der Vollendung der Wegnahme dienen.
111 S. zB BGH StV 02, 191; 03, 26, 27; wenn in BGH StV 05, 606 (mit Bespr. *Kudlich*, JA 06, 249) das nötige Bewusstsein infrage gestellt wird, weil das Messer zuvor „nur zum Öffnen von Bierflaschen" benutzt wurde, liegt die Vermutung nahe, das Bewusstsein müsse sich auf einen womöglich gefähr-

wie es hier geschieht, einen sich auf eine gefährliche Einsatzart beziehenden Verwendungsvorbehalt, liegt das einzig verlässliche Indiz für das § 244 I Nr 1a (wie § 250 I Nr 1a) zugrunde liegende prognostische Urteil einer „Verwendungsgefährlichkeit" vor, das allein es zulässt, schon das Beisichführen des Gegenstandes als potentiell ebenso gefährlich wie das einer Waffe zu bewerten[112]. Kaum weniger verlangt das OLG Schleswig, wenn es zwar die Voraussetzung eines Verwendungsvorbehalts oder einer vorherigen Widmung verwirft, dann aber für das das Beisichführen begleitende Bewusstsein, ein gefährliches Werkzeug gebrauchsbereit bei sich zu haben, die Vorstellung fordert, dass das Werkzeug „im Falle eines wenn auch nicht von vornherein für möglich gehaltenen oder sogar höchst unerwünschten Einsatzes gegen Menschen erhebliche Verletzungen verursachen kann"[113]. Eine solche das bloße Nachdenken über potentiell gefährliche Verwendungsmöglichkeiten als ausreichend erklärende Auffassung ist aber abzulehnen. Sie bezieht sich einerseits auf einen im tatsächlichen Leben so kaum jemals anzutreffenden Sachverhalt und hat andererseits den Nachteil, dass sie die über einen gefährlichen Einsatz ihrer Hutfeder reflektierende, diese Verwendung für sich dann aber sicher ausschließende Täterin wegen Diebstahls mit Waffen bestrafen müsste, wenn sie auf den Hut nur wegen unfreundlicher Witterung nicht verzichtet.

2. Diebstahl mit sonstigen Werkzeugen und Mitteln

§ 244 I Nr 1b enthält eine der zuvor beschriebenen gleichgestellte Qualifikation. Sie **263** erfüllt, wer *sonst* ein **Werkzeug** oder **Mittel** bei sich führt, *um* den Widerstand einer anderen Person durch Gewalt oder Drohung mit Gewalt zu *verhindern* oder zu *überwinden*. Nr 1b unterscheidet sich von Nr 1a demnach durch die *Art* des *mitgeführten Tatmittels* und durch den in Nr 1b schon vom *Wortlaut* her für *alle* Mittel geforderten *spezifischen Verwendungsvorbehalt*.

In dieser auf das 6. StrRG (Rn 9) zurückgehenden Fassung fehlt gegenüber der zuvor geltenden Regelung des § 244 I Nr 2 lediglich der in die Nr 1a nF aufgerückte Begriff der *Waffe*. Im Übrigen stimmen Alt- und Neufassung überein. Gleichwohl sind die hergebrachten Grundsätze auf die Neufassung **nicht übertragbar**. Denn einerseits bildet die Wendung „sonst ein Werkzeug oder Mittel" nunmehr einen bei deren wie bei der Auslegung von Gewalt und Drohung mit Gewalt zu berücksichtigenden *Gegensatz* zu dem in Nr 1a neu aufgenommenen *gefährlichen* Werkzeug. Und andererseits ist es der auch für § 244 gültig erklärte Wille des Gesetzgebers (BT-Ds 13/8587, S. 44 f; BT-Ds 13/9064, S. 18), der Vorschrift die „Funktion eines Auffangtatbestandes"[114] zu geben und sie auf die sog. Scheinwaffen wie solche Gegenstände zu erstrecken, die zwar zur gewalt-

---

lichen Gebrauch beziehen; so KG StV 08, 473, 474, das ein solches Bewusstsein bei einem Täter unterstellt, der das in ein Schweizer Offiziersmesser integrierte Taschenmesser kurz zuvor zum Obstschneiden verwendet hat.

112 S. dazu *Küper*, Schlüchter-GS S. 331, 345 f; auch *Hardtung*, StV 04, 399 will Gebrauchsabsicht oder -widmung als „starke Indizien" für das von ihm für ein „gefährliches Beisichführen" vorausgesetzte Drohen eines gefährlichen Gebrauchs gelten lassen, macht sie allerdings anders als hier nicht zur Voraussetzung (403); vgl auch *Jesse*, NStZ 09, 364, 370.

113 OLG Schleswig NStZ 04, 212, 214 mit zust. Anm. *Geppert*, JK 9/04, StGB § 244 I Nr 1a/3; *Otto*, BT § 41 Rn 53; krit. *Hardtung*, StV 04, 399; s. auch OLG Celle StV 05, 336.

114 BGH JR 99, 31.

samen, aber eine objektive Leibesgefahr nicht begründenden Überwindung von Widerstand eingesetzt werden sollen.

264 **Werkzeug** oder **Mittel** im Sinne des § 244 I Nr 1b sind demnach alle Gegenstände, die sich zwar zur Anwendung von Gewalt oder zur Drohung mit Gewalt eignen, die aber schon nach ihrer objektiven Beschaffenheit oder nach der Art ihrer geplanten Verwendung **keine erheblichen** Körperverletzungen hervorrufen und *in diesem Sinne* als **ungefährlich** bezeichnet werden können[115]. Hierzu zählen „ein Kabelstück oder ein Tuch" (BT-Ds 13/9064, S. 18), sofern sie – wie in BGH NJW 89, 2549 – nur zur Fesselung und *nicht gesundheitsbedrohlichen*[116] Knebelung benutzt werden sollen. Führen die Tatbeteiligten Klebeband[117] mit oder sind sie mit Springerstiefeln „bewaffnet", begründet mangels hinreichender Gefährlichkeit die in Aussicht genommene Drohung, dem Opfer bei Widerstand den Mund zu verkleben oder ihm einen Tritt ins Hinterteil zu versetzen, lediglich die Qualifikation des § 244 I Nr 1b. Für Werkzeuge und Mittel ist der hier freilich mit einem speziellen Inhalt versehene[118] **Verwendungsvorbehalt** (Rn 262b) schon vom *Gesetz* her zwingend. Er scheitert auch hier nicht daran, dass der Beteiligte den Gegenstand nur im Bedarfs- oder Notfall oder nur „unter Umständen" einsetzen will[119]. Führt der Täter oder ein anderer Beteiligter ein verletzungsgeeignetes Brecheisen nur mit, um „gegebenenfalls" Türen aufzuhebeln, ist dagegen weder Nr 1a noch Nr 1b gegeben. Anders als in § 250 II Nr 1 muss es zum Einsatz des mitgeführten Gegenstandes nicht kommen. Geschieht das doch, liegt zumeist Raub, Raubversuch oder räuberischer Diebstahl vor, die § 244 verdrängen.

Da ein **Verwendungsvorbehalt** nach der hier vertretenen Auffassung auch zum gefährlichen Werkzeug (§ 244 I Nr 1a 2. Alt.) zu verlangen ist, *kompensiert*[120] sein für Nr 1b gesetzlich vorgesehenes Vorliegen *insoweit* nicht mehr den geringeren Gefährlichkeits- und Unrechtsgehalt, der im Beisichführen eines *ungefährlichen* Gegenstandes liegt. Das ist angesichts des gleichen Strafrahmens nicht hinzunehmen. Es empfiehlt sich daher, von der vorbehaltenen Gewalt im Anwendungs- wie im Bedrohungsfall für Nr 1b zu verlangen, dass sie zu einer **erheblichen** Beeinträchtigung **mitbetroffener** Rechtsgüter wie namentlich der *Freiheit* führen würde. Das ist etwa bei einem geplanten Verschnüren des Betroffenen zu einem Paket[121], nicht aber schon bei der Drohung der Fall, Hilferufe durch kurzfristiges Verkleben des Mundes zu unterdrücken.

265 Mit der Neufassung des Gesetzes ist der zu §§ 244 I Nr 2, 250 I Nr 2 aF überkommene **Streit**[122] darüber, ob in der in Verwendungsvorbehalt enthaltenen *Gewaltanwendungsalternative* ein im Sinne einer Leibes- oder Lebensgefahr **ungefährliches** Werkzeug oder Mittel und ob in der *Drohungsalternative* die Bedrohung mit einer

115 *Fischer*, § 244 Rn 25; *Küper*, BT S. 464 ff; *Lackner/Kühl*, § 244 Rn 4; *Rengier*, BT I § 4 Rn 60 ff; S/S-*Eser*, § 244 Rn 13; aA *Kindhäuser*, § 244 Rn 26; *Lesch*, GA 99, 375.
116 AA insoweit offenbar SK-*Günther*, § 250 Rn 20, der damit Überschneidungen mit Nr 1a in Kauf nimmt; s. auch *Eisele*, BT II Rn 194.
117 BGH NStZ 93, 79; BGH NStZ 07, 332, 334.
118 S. dazu *Küper*, Schlüchter-GS S. 343 f.
119 BGH StV 96, 315.
120 S. hierzu zur alten Rechtslage S/S-*Eser*, 25. Aufl., § 244 Rn 16.
121 BGH NStZ 93, 79; s. auch BGH NStZ 07, 332, 334: Fesselung an Armen und Beinen (dort allerdings erst nach Vollendung, s. dazu Rn 256).
122 S. *Hillenkamp*, BT, 8. Aufl., 25. Problem.

ebenso ungefährlichen sog. **Scheinwaffe ausreicht, jedenfalls für § 244 I Nr 1b** im bejahenden Sinne **entschieden**[123].

Die überwiegende Ansicht in der Literatur hatte in der *Gewaltanwendungsalternative* nur Mittel ausreichen lassen wollen, die bei ihrem eventuellen Einsatz objektiv zur Gefährdung von Leib oder Leben geeignet wären[124]. Der BGH[125] lehnte eine solche Einschränkung ab, weil §§ 244 I Nr 2, 250 I Nr 2 aF (wie auch die heutige Fassung der Nr 1b) keine dem § 223a aF (= § 224 I Nr 2 nF) entsprechende Beschränkung auf *gefährliche* Werkzeuge vorsah und er sich an einer *richterlichen* Korrektur des auch in seiner Sicht „kriminalpolitisch zu weit geratenen Gesetzes" angesichts dieses Wortlauts und vermeintlich fehlender Anhaltspunkte für einen abweichenden Regelungswillen[126] gehindert sah. Mit dieser Entscheidung stellte der BGH den Einklang mit einer schon damals gefestigten und der überwiegenden Lehre jedenfalls zu § 250 I Nr 2 aF[127] widersprechenden Meinung her, nach der in der *Drohungsalternative* eine Scheinwaffe ausreichen sollte[128]. Die teilweise *Zustimmung*, die der BGH zu dieser für § 244 wie für § 250 vertretenen „Eindrucksthcoric" fand[129], wurde *für § 244* durch eine differenzierende Lehre *verstärkt*, die trotz des gleichen Wortlauts und der erhöhten Gefährlichkeit von Tat und Täter als Grund der Strafschärfung in *allen übrigen* Qualifikationen *beider* Vorschriften die zu § 250 I Nr 2 aF der „Gefährlichkeitstheorie" ausgesprochene Gefolgschaft für § 244 I Nr 2 aF aufgekündigt hatte. Grund dafür war namentlich, dass die in der vorbehaltenen Bedrohung auch mit einer ungefährlichen Scheinwaffe liegende Bereitschaft zu einem Angriff auf die Freiheit der Willensentschließung und Willensbetätigung wohl im Raubfall von § 249, bei Zugrundelegung der „Gefährlichkeitstheorie" nicht aber im Diebstahlsfall vom Grundtatbestand des § 242 erfasst werden konnte. Anders als in § 250 I Nr 2 aF sei deshalb in § 244 I Nr 2 aF dem *Schutzbedürfnis des Opfers* auch vor *Bedrohung* Rechnung zu tragen, für die es dann aber keinen Unterschied mache, ob das zur Bedrohung vorgesehene Werkzeug in Wirklichkeit oder nur in der Vorstellung des Opfers gefährlich sei[130].

Dass der Gesetzgeber mit der **Festschreibung der Eindruckstheorie im Gesetz** gut 266 beraten war, lässt sich mit den Gründen der „Gefährlichkeitstheorie" bestreiten[131], dass er sie festgeschrieben hat, aber nicht. Denn dass mit §§ 244 I Nr 1b, 250 I Nr 1b „Auffangtatbestände" für die Fälle ungefährlicher Gegenstände und Scheinwaffen geschaffen werden sollten, ist nicht nur gesetzgeberisches Motiv (BT-Ds 13/9064, S. 18) geblieben, sondern im Gegensatz „gefährliches Werkzeug"/„sonst ein Werkzeug oder Mittel" *eindeutig* zum Ausdruck gekommen[132]. Anders als in § 250 bildet diese Gefährlichkeit nicht nur *nicht verlangende*, sondern Ungefährlichkeit sogar *vorausset-*

---

123 Ebenso *Dencker*, JR 99, 33; *Eisele*, BT II Rn 195; HK-GS/*Duttge*, § 244 Rn 14; *Heghmanns*, Rn 1113; *Krey/Hellmann*, BT II Rn 136; *Küper*, BT S. 468; *ders.*, Hanack-FS S. 584; *Kudlich*, JR 98, 358; *Lackner/Kühl*, § 244 Rn 4; *Maurach/Schroeder/Maiwald*, BT I § 33 Rn 118; *Mitsch*, BT II/1 § 1 Rn 248; *ders.*, ZStW 111, 1999, 80; *Rengier*, BT I § 4 Rn 67; *Schroth*, NJW 98, 2865; S/S-*Eser*, § 244 Rn 13; *Seier*, JA 99, 670; zweifelnd *Hörnle*, Jura 98, 174; aA *Kindhäuser*, § 244 Rn 25 f; § 250 Rn 9 f.
124 *Wessels*, BT II Rn 340; S/S-*Eser*, 25. Aufl., § 250 Rn 15 f mwN.
125 NJW 89, 2549.
126 Zu Unrecht, s. *Hillenkamp*, JuS 90, 458 f.
127 S. *Wessels*, BT II Rn 338; SK-*Günther*, § 250 Rn 23 mwN.
128 BGH NJW 76, 248; BGH NStZ 85, 408; BGH JZ 90, 552; BGHSt 24, 339, 340; mit Einschränkung auch BGHSt 38, 116, 118.
129 S. die Nachweise bei *Hillenkamp*, BT, 8. Aufl., S. 153.
130 *Wessels*, BT II Rn 260; *Hellmann*, JuS 96, 526; weitere Nachweise bei *Hillenkamp*, BT, 8. Aufl., S. 156.
131 Krit. daher auch *Bosch*, JA 07, 469 f; *Fischer*, § 244 Rn 26.
132 *Küper*, BT S. 465, 468; SK-*Günther*, § 250 Rn 24; aA *Kindhäuser*, § 244 Rn 26.

zende Qualifikation[133] zudem in § 244 keinen eindeutigen Fremdkörper mehr. Auch der neu aufgenommene Wohnungseinbruchsdiebstahl schützt nicht ausschließlich vor erhöhter körperlicher Gefahr, sondern auch vor Opferbeeinträchtigungen, die sich als Folge der Verletzung der Intimsphäre in „ernsten psychischen Störungen" festmachen können (BT-Ds 13/8587, S. 43). Danach sind *nur* für Leib oder Leben ungefährliche Gegenstände sowie Scheinwaffen Werkzeuge und Mittel im Sinne des § 244 I Nr 1b, bei Anwendung oder Ausführung der Übelsankündigung gefährlich werdende dagegen nicht. Letztere sind § 244 I Nr 1a vorbehalten.

Der Bundesgerichtshof hat folglich an seine Rechtsprechung zur Scheinwaffe für § 250 I Nr 1b bereits angeknüpft (s. Rn 344). Auch zu **Scheinwaffen** ist wie zu den übrigen Gegenständen der Nr 1b (s. Rn 264) aber nach einer *Kompensation* zu suchen, die die in der objektiven Ungefährlichkeit liegende Unrechtsminderung gegenüber dem nach der hier zugrundegelegten Ansicht ebenfalls notwendig mit Verwendungswillen mitgeführten gefährlichen Werkzeug nach Nr 1a ausgleicht. Maßgeblich muss auch hier die Beeinträchtigung namentlich des mitbetroffenen Rechtsguts der Willensentschließungs- und -betätigungsfreiheit bei einer gedachten Verwirklichung des Verwendungsvorbehalts durch Drohung sein. Sie muss den Grad der Unerheblichkeit übersteigen. Dabei ist zu verlangen, dass dies die Wirkung der mitgeführten Scheinwaffe und nicht listiger Erklärungen wäre, da das Gesetz das Beisichführen eines zur Drohung mit Gewalt *geeigneten Gegenstandes* und nicht das schauspielerische Vermögen, einen solchen vorzutäuschen, unter Strafe stellt. Auf dieser Grundlage gewinnt die *einschränkende*, nach dem Willen des Gesetzgebers auch zur Neufassung gültige (BT-Ds 13/9064, S. 18) *Rechtsprechung* Sinn, nach der die objektive Erscheinung des Gegenstandes nicht bedeutungslos und Täuschung allein nicht ausreichend ist[134]. Danach sind nicht einsatz- oder funktionsbereite Schusswaffen[135] sowie täuschend echt aussehende Waffenattrappen für Nr 1b ausreichende Scheinwaffen, **nicht** aber ein in das Genick gesetzter metallischer Gegenstand, der sich wie der Lauf einer Pistole anfühlen soll[136], ein in den Rücken gedrückter Labello-Lippenpflegestift oder ein in der Hand gehaltenes Holzstück[137], bei denen lediglich täuschende Erklärungen wie „bin bewaffnet" die gewollte Wirkung auslösen können. Auch scheiden von einem besonnenen Betrachter ohne weiteres nach ihrem äußeren Erscheinungsbild[138] als ungefährlich erkennbare Gegenstände wie als Schrotpatrone, ein als Bombe ausgegebener Maggiwürfel oder eine in der Hand schmelzende Lakritzpistole[139] aus. Will der Täter etwa im Falle des Fehlschlages der Täuschung den mitgeführten Gegenstand (zB das Holzstück) allerdings notfalls als Schlagwerkzeug einsetzen, beurteilt sich die Tauglichkeit des Gegenstandes für Nrn 1a und b nicht anders als sonst.

---

133 S. BGH JR 99, 31; gegen diese zur Exklusivität gegenüber Nr 1a führende Auffassung *Mitsch*, ZStW 111, 1999, 81 f; *Rengier*, BT I § 4 Rn 63.

134 Ebenso A/W-*Heinrich*, § 14 Rn 58; *Eisele*, BT II Rn 196 f; *Kudlich*, JR 98, 359; MK-*Schmitz*, § 244 Rn 29; *Otto*, BT § 41 Rn 59; *Rengier*, BT I § 4 Rn 68 ff; *Schmidt/Priebe*, BT II Rn 221; S/S-*Eser*, § 244 Rn 13; zweifelnd *Dencker*, in: *Dencker* ua, Einführung in das 6. StRG 1998, S. 11; *Hohmann*, NStZ 97, 185 f; *Kindhäuser*, § 244 Rn 25 f; *Klesczewski*, GA 00, 259; abl. *Küper*, BT S. 470.

135 BGH StV 98, 486; 487.

136 BGH NStZ 07, 332, 333 f mit Bespr. *Bosch*, JA 07, 468; *Jahn*, JuS 07, 583; *Kudlich*, JR 07, 381; aA beiläufig noch BGHSt 38, 116, 118 mit Anm. *Graul*, JR 92, 297; *Kelker*, NStZ 92, 297; *Mitsch*, NStZ 92, 434; gleiches muss für einen an die Hüfte des Opfers gepressten Schraubenzieher gelten, so BGH JR 05, 159; aA *Schlothauer*, StV 04, 655 f.

137 BGHSt 38, 116, 118; BGH NJW 96, 2663; BGH NStZ 97, 184 mit Anm. *Hohmann*.

138 BGH NStZ-RR 97, 129; bei Unaufklärbarkeit ist im Zweifel hiervon auszugehen, s. BGH StV 08, 520.

139 Beispiele nach BGH NStZ 98, 38; *Geilen*, Jura 79, 389; *Hillenkamp*, JuS 90, 457.

II. Wohnungseinbruchsdiebstahl

Das 6. StrRG (Rn 9) hat aus den umschlossenen Räumen des § 243 I 2 Nr 1 die vor- **267** mals dort mitaufgeführte **Wohnung** herausgelöst und das zur Ausführung eines Diebstahls vorgenommene Einbrechen, Einsteigen usw in eine Wohnung als **Wohnungseinbruchsdiebstahl** in § 244 I Nr 3 zu einer weiteren Qualifikation erhoben (s. dazu schon Rn 193 f; 214). Diese Aufwertung, mit der anders als bei den Regelbeispielen eine abweichende Einstufung namentlich als für die Qualifikation nicht ausreichend „schwerer Fall" ausscheidet, hat überwiegend Beifall gefunden[140]. Sie beruht auf der gesetzgeberischen Erwägung, dass der Wohnungseinbruch einerseits tief in die Intimsphäre des Opfers eindringe und hierdurch zu ernsten psychischen Störungen wie langwierigen Angstzuständen führen könne, und dass er andererseits nicht selten mit Gewalttätigkeiten gegen Menschen und Verwüstungen der Einrichtungsgegenstände verbunden sei (BT-Ds 13/8587, S. 43). Zum durch den Grundtatbestand gewährleisteten Schutz des Eigentums treten in § 244 I Nr 3 als **geschützte Rechtsgüter** hiernach die häusliche Privatsphäre und die körperliche wie seelische Unversehrtheit hinzu. Dass der Wohnungseinbuchsdiebstahl in einem in der Wohnung dann begangenen Raub aufgehen soll, leuchtet bei dieser Rechtsgutsbestimmung nicht unmittelbar ein[141].

Zu den **Tatmodalitäten** des Einbruchs-, Einsteige-, Nachschlüssel- und Verweildiebstahls gilt das zu § 243 I 2 Nr 1 Ausgeführte (Rn 212 ff) entsprechend. Der Versuch ist strafbar (§ 244 II). Die Problematik des Versuchs bei Regelbeispielen (Rn 201 ff) entfällt[142]. Eine Geringwertigkeitsklausel kennt § 244 nicht. Für den Begriff der **Wohnung** wird üblicherweise auf die Erläuterungen zu § 123 verwiesen[143]. Der dort zu Grunde gelegte Wohnungsbegriff, der zB vorübergehend genutzte Hotelzimmer, Campingbusse und Zelte sowie alle Nebenräume wie Toiletten, Flure, Wasch-, Keller- und Bodenräume selbst dann erfassen soll, wenn sie außerhalb des eigentlichen Wohnbereichs oder – wie eine freistehende Garage – sogar außerhalb des Hauses liegen[144], ist angesichts der abweichende Bewertungen nicht mehr zulassenden Qualifikation, ihres hohen, Geldstrafe ausschließenden Strafrahmens und der ausnahmslosen Erfassung des Versuchs[145] **zu weit**. Der Diebstahl eines Abschleppseiles aus einer mit einem Dietrich geöffneten mit dem Einfamilienhaus unverbundenen Garage, der angesichts der fehlenden Geringwertigkeitsklausel aus § 244 I Nr 3 nicht ausschiede, ist ebenso wie der einer Rolle Toilettenpapier aus einer Flurtoilette, in die der Täter mit einem aus einem früheren Mitbenutzungsverhältnis vorenthaltenen Schlüssel gelangt, ersichtlich ungeeignet, die vom Gesetzgeber angeführten Gründe der Strafschärfung zu erfüllen. Man wird deshalb zwar den weiteren Wohnungsbegriff für § 123 nicht zwingend aufgeben[146], wohl aber die Wohnung im Sinne des § 244 I Nr 3 auf einen **inneren Kern** zurückführen müssen, der aus *den Räumlichkeiten* besteht, die als *Mittelpunkt des privaten Lebens* Selbstentfaltung, -entlas-

---

140 *Hörnle*, Jura 98, 171; *Kreß*, NJW 98, 640; *Kudlich*, JuS 98, 472; *Sander/Hohmann*, NStZ 98, 276; BE-*Noak*, S. 70.
141 So aber BGH NStZ-RR 05, 202, 203; BGH StV 01, 624 spricht anders als der Gesetzgeber nicht von Intim-, sondern von „Privatsphäre"; s. dazu, dass dieser Begriff das Gemeinte besser kennzeichnet, *Krumme*, Die Wohnung im Recht 2004, S. 291 f, der § 244 I Nr 3 bezogen auf die im Text genannten beiden Rechtsgüter zu Recht als abstraktes Gefährdungsdelikt bezeichnet (aaO S. 301 ff, 308 f).
142 S. *Mitsch*, ZStW 111, 1999, 84.
143 S. zB *Dencker*, in: *Dencker* ua, Einführung in das 6. StrRG 1998, S. 7, 13; S/S-*Eser*, § 244 Rn 30.
144 Alle Beispiele bei S/S-*Lenckner/Sternberg-Lieben*, § 123 Rn 4.
145 Krit. gegenüber der Aufwertung daher *Wolters*, JZ 98, 399.
146 So aber *Behm*, GA 02, 153, 157; für Restriktion auch *Schall*, Schreiber-FS S. 435; dagegen *Krumme*, Die Wohnung im Recht 2004, S. 311 ff, 325.

tung und vertrauliche Kommunikation[147] gewährleisten[148]. Dazu sind Außenflure, Keller- und Bodenräume in größeren Mietshäusern, freistehende Garagen, leerstehende Wohnungen und Gartenlauben[149] und auch vorübergehend genutzte Hotelzimmer[150] nicht zu rechnen. Für sie bietet § 243 I 2 Nr 1 (Gebäude, umschlossener Raum) den nach wie vor ausreichenden und flexibleren Schutz[151]. Noch weitgehend ungeklärt ist die Beurteilung der zahlreichen Variationen, die sich bei einem Einbruch in ein **gemischt genutztes Gebäude** ergeben, unter dessen Dach sich zu Wohnzwecken, aber auch zu gewerblichen oder freiberuflichen Zwecken dienende Räume vereinen. Auch hier sollten die schon für einen engen Wohnungsbegriff streitenden Gründe Anlass zu einer ebenso verfassungsrechtlich gebotenen wie von den allgemeinen Auslegungsmethoden getragenen[152] restriktiven Auslegung sein. Schon der Wortlaut verbietet es, von einem Einbruch *in* eine Wohnung zu sprechen, wenn der Täter das Fenster einer zu einem im Erdgeschoss liegenden Café gehörigen Toilette einschlägt, um von dort aus über eine Treppe in die im ersten Geschoss gelegene Wohnung des Betreiberehepaares zu gelangen. Das gilt auch dann, wenn die Wohnung nicht mehr eigens gesichert ist[153]. Gleichfalls bricht nach dem vorzugswürdigen engeren Wohnungsbegriff nicht *in* eine Wohnung ein, wer in Kellerräume oder eine Flurtoilette gewaltsam eindringt und von dort aus ohne neuerliche Verwirklichung einer der Tathandlungen in die Wohnung gelangt[154]. Zwar steigt andererseits *in* eine Wohnung ein, wer sich in sie durch ein zu ihr gehörendes Badezimmerfenster begibt. Tut er dies aber nur, um über den angrenzenden Flur in einen Geschäftsraum zu gelangen, aus dem er das dort nach seiner zutreffenden Kenntnis aufbewahrte Bargeld entwendet, ist ein Wohnungseinbruchsdiebstahl zu verneinen[155]. In diesem Fall ist das Unrecht der Tat besser durch § 243 I 2 Nr 1 als durch § 244 I Nr 3 erfasst, weil zwar zur Ausführung des Diebstahls in einer § 243 I 2 Nr 1 wohl noch genügenden Weise eingestiegen wird, aber nur die für einen Hausfriedensbruch, nicht dagegen die für einen Diebstahl aus einer Wohnung typischen und vom Gesetzgeber als Motiv der Qualifikation benannten Gefahren für den Wohnungsinhaber ausgelöst werden.

---

147 S. *Schall*, Die Schutzfunktionen der Strafbestimmung gegen den Hausfriedensbruch 1974, S. 90 ff; *Leibholz/Rinck/Burghart*, GG 2009, Art. 13 Rn 13.
148 Zust. *Eisele*, BT II Rn 222; *Fischer*, § 244 Rn 24a; *Hellmich*, NStZ 01, 511; *Jäger*, BT Rn 277; *ders.*, JuS 00, 657; *Joecks*, § 244 Rn 26; *Krey/Hellmann*, BT II Rn 137e; *Lackner/Kühl*, § 244 Rn 11; MK-*Schmitz*, § 244 Rn 56; *Rengier*, BT I § 4 Rn 84; *Trüg*, JA 02, 193; *Zopfs*, Jura 07, 520 f; unentschlossen *Seier*, Kohlmann-FS S. 304; offen gelassen in BGH NStZ 05, 631; in den – allerdings eher nicht tragenden – Gründen zust. BGH JR 08, 514 mit Bespr. *Heintschel- Heinegg*, JA 08, 742; *Ladiges*, JR 08, 493; trotz restriktiven Ausgangspunkts weiter A/W-*Heinrich*, § 14 Rn 64; HK-GS/*Duttge*, § 244 Rn 28 f; Auch *Krumme* befürwortet mit Blick auf das geschützten Rechtsgüter eine (auch gegenüber § 123) restriktive Auslegung (Die Wohnung im Recht 2004, S. 281 f, 291), hält aber eine Rückführung auf den „inneren Kern" nicht für sachangemessen (aaO S. 284 ff) und schlägt stattdessen vor, als Wohnung iS des § 244 I Nr 3 „ausschließlich eine baulich oder quasi baulich abgeschlossene Raumeinheit" anzusehen, „die dauerhaft und nicht nur einmalig und vorübergehend als Unterkunft genutzt wird und die im Alleinbesitz der sie nutzenden Personen steht, sodass anzunehmen ist, dass sich in dieser Raumeinheit typischerweise die Prozesse der häuslichen Privatsphäre vollziehen und sie so zum Mittelpunkt des privaten Lebens wird" (aaO S. 314 ff, 324).
149 AG Saalfeld StV 04, 384; 05, 613.
150 AA BGH StV 01, 624; wie hier *Krumme*, Die Wohnung im Recht 2004, S. 317 ff; *Maurach/Schroeder/Maiwald* BT I § 33 Rn 130.
151 Ebenso OLG Schleswig NStZ 00, 479; LK-*Laufhütte/Kuschel*, Nachtrag § 244 Rn 11; krit. A/W-*Heinrich*, § 14 Rn 64.
152 S. dazu *Schall*, Schreiber-FS S. 426, 428 ff; eher weiter *Fischer*, § 244 Rn 48 f.
153 BGH JR 08, 514, 515; *Seier*, Kohlmann-FS S. 295, 304.
154 Offen gelassen in BGH JR 08, 514, 515; § 244 I Nr 3 bejahend *Fischer*, § 244 Rn 48; *Ladiges*, JR 08, 493, 494 f.
155 AA BGH NStZ 01, 533 mit zust. Anm. *Geppert*, JK 02, StGB § 244 I Nr 3/1; *Krumme*, Die Wohnung im Recht 2004, S. 323; *Lackner/Kühl*, § 244 Rn 11; *Schall*, Schreiber-FS S. 435; *Trüg*, JA 02, 191; *Zopfs*, Jura 07, 521.

Verallgemeinernd sollte man die Wendung, dass „zur Ausführung der Tat" in die **267a** Wohnung eingebrochen (usw) wird, deshalb so verstehen, dass (auch) die Wegnahme **aus** der Wohnung erfolgen soll. Nur das beschränkt die Qualifikation auf ihre ratio. Dass durch eine solche Auslegung die ungereimten Ergebnisse der alten Fassung des § 243 I 2 Nr 1[156] wiederkehren, ist nicht zu befürchten, da sie sich insoweit nur für die Alternative des Diebstahls aus „einem umschlossenen Raum", nicht aber für den aus einem Gebäude ergaben.

Eine *Ausnahme* wird man für den Fall zulassen müssen, in dem in den Diebstahl ein **267b** in die Wohnung integrierter Geschäftsraum (zB das Büro eines Anwalts) einbezogen ist, sei es, dass der Täter über ihn in die Wohnung gelangt, aus der er stiehlt, sei es, dass er über die Wohnung in ihn gelangt und aus ihm stiehlt oder sei es sogar, dass er nur in ihn einsteigt und aus ihm stiehlt. Da solche Räume selbst dann, wenn sie zu Bürozeiten von Drittpersonen aufgesucht werden, von der durch die Wohnung geschützten Privatsphäre durch ihre Integration in die Wohnung nicht deutlich abgegrenzt sind, wird man sie dem Schutzbereich des § 244 I Nr 3 zuschlagen müssen[157]. Sicher kein Fall des § 244 I Nr 3 liegt dagegen vor, wenn der Wohnbereich von den Geschäftsräumen deutlich getrennt und der Dieb lediglich in den Geschäftsbereich eingedrungen ist, aus dem er dann auch stiehlt[158].

Im **Fall 20** hat P in den Fällen, in denen er seine geladene und schussbereite Dienstwaffe bei **268** sich führte, nach umstrittener, aber zutreffender Ansicht einen Diebstahl mit einer Waffe iS des § 244 I Nr 1a begangen[159]. Dass er als Polizeibeamter berufsmäßiger Waffenträger ist, hindert diese Annahme ebenso wenig, wie ein uU fehlender Vorbehalt, die Waffe einzusetzen. Es reicht aus, dass ihm das Beisichführen wenigstens mitbewusst war, was namentlich dann genauer zu erforschen ist, wenn die Umstände nahelegen, dass dem Täter im Augenblick der Tatbegehung das aktuelle Bewusstsein der Bewaffnung fehlt[160]. Allerdings muss die Waffe bei der Tatausführung griffbereit sein. Das war sie nicht, als P sie im abgestellten Streifenwagen zurückgelassen hatte. Da beim Verlassen des Streifenwagens noch kein Diebstahlsversuch und bei der Rückkehr bereits Vollendung vorlag, führte hier P in der entscheidenden Phase des Tathergangs keine Waffe bei sich (Rn 256)[161]. Das Mitführen der ungeladenen und daher nicht funktionsfähigen Dienstwaffe in einem weiteren Fall erfüllt – da P notfalls ihn behindernde Personen mit ihr bedrohen wollte – als Beisichführen einer sog. Scheinwaffe § 244 I Nr 1b (Rn 265 f). Da P auch an den Einsatz der Waffe als Schlaginstrument gegen den Kopf der Personen dachte, ist insoweit auch das Beisichführen eines gefährlichen Werkzeugs nach § 244 I Nr 1a zu bejahen[162], der wegen des alternativen Verwendungsvorbehalts Nr 1b nicht verdrängt. Da P in die jeweiligen Wohnungen trotz seines Diebstahlsvorsatzes nicht in der dort beschriebenen Weise eingedrungen ist, ist § 244 I Nr 3 nicht erfüllt.

---

156 S. dazu BGH NStZ 01, 533; *Maurach*, JZ 1962, 380, 381.
157 Offen gelassen in BGH JR 08, 514, 515; diff. *Fischer*, § 244 Rn 49; *Krumme*, Die Wohnung im Recht 2004, S. 326; anders *Ladiges*, JR 08, 493, 495.
158 BGH NStZ 05, 631.
159 BGHSt 30, 44; Rn 258.
160 BGH StV 02, 120, 122; 191.
161 Zu beiden Aspekten zu weit BGH NStZ 98, 354.
162 S. BGHSt 44, 103, 105.

III. Bandendiebstahl

269   **Fall 21:** V betrieb einen Viehhandel mit angeschlossenem Schlachtbetrieb. Zur Aufbesserung des Einkommens vereinbarte er mit seinen ebenfalls unter Geldmangel leidenden Angestellten A und B, dass diese auf von ihnen durchgeführten Fernfahrten Rinder von Weiden stehlen und sie bei V nach vorheriger Benachrichtigung im Schutze der Nacht abliefern sollten. Verarbeitung und Weiterveräußerung sollte V übernehmen, der Erlös geteilt werden. Das ganze wurde für unbestimmte, jedenfalls längere Zeit ins Auge gefasst. Bis zur Entdeckung der Taten gelangten auf diese Weise 45 Rinder in den Schlachtbetrieb des A.

Strafbarkeit der Beteiligten nach § 242 ff? **Rn 274**

270   Der Bandendiebstahl ist in § 244 I Nr 2 (= Nr 3 aF) geregelt. Seine Strafschärfung gilt für jeden, der als **Mitglied einer Bande**, die sich zur fortgesetzten Begehung von Raub oder Diebstahl verbunden hat, **unter Mitwirkung eines anderen Bandenmitgliedes** stiehlt. Die erhöhte Strafwürdigkeit des Bandendiebstahls beruht einerseits auf seiner besonderen Gefährlichkeit für die Allgemeinheit, die sich aus der Gefahr einer Spezialisierung (zB auf Trickdiebstähle, Wohnungseinbrüche, Tresorknacken usw)[163], vor allem aber aus der engen Bindung untereinander ergibt, die einen ständigen Anreiz zur Fortsetzung des kriminellen Wirkens bildet (= Organisationsgefahr)[164]. Andererseits sieht sich das Opfer in „geteilter Abwehrkraft"[165] gefährlicher Übermacht jedenfalls dann gegenüber, wenn man richtigerweise (s. Rn 272) die Mitwirkung mindestens zweier Bandenmitglieder am Ort des Geschehens verlangt[166]. Diese Gründe sind nicht *rein* tatbezogen[167]. Sie kennzeichnen vielmehr die individuelle Bereitschaft, sich zu einer gefährlichen Verbindung zusammenzuschließen und sich im gemeinsamen Bandeninteresse gegenseitig zu verpflichten. Diese innere Bindung prägt die Tat. Die **Bandenmitgliedschaft** ist folglich ein *besonderes persönliches Merkmal* iS des § 28 II. Außenstehende sind daher nur nach §§ 242, 243 iVm §§ 25 II, 26, 27 zu bestrafen[168].

1. Bandenbegriff

271   **Bande** (s. hierzu auch Rn 590) ist die auf einer ausdrücklichen oder stillschweigenden Vereinbarung beruhende Verbindung einer **Mehrzahl von Personen**, die sich zur **fortgesetzten Begehung** mehrerer selbstständiger, im Einzelnen noch ungewisser Taten iS der §§ 242, 249 zusammengeschlossen haben[169]. Das Gesetz verlangt eine noch

---

163   BGHSt 23, 239, 240.
164   BGH NStZ 07, 33, 34.
165   *Zopfs*, GA 1995, 327.
166   Gegen die Lehre von der erhöhten Aktions- oder Ausführungsgefahr *Altenhain*, ZStW 113, 2001, 128.
167   So aber *Kindhäuser*, § 244 Rn 38; *Otto*, BT § 41 Rn 65; S/S-*Eser*, § 244 Rn 28; *Toepel*, ZStW 115, 2003, 83 ff; iE ebenso LK-*Roxin*, 11. Aufl. 1994, § 28 Rn 45.
168   So auch BGH NStZ 96, 128; BGH NStZ-RR 07, 112; BGH NStZ 07, 526; *Fischer*, § 244 Rn 44; *Joecks*, § 244 Rn 28; *Krey/Hellmann*, BT II Rn 137c; *Lackner/Kühl*, § 244 Rn 7; LK-*Schünemann*, § 28 Rn 68; *Schild*, GA 1982, 83; SK-*Günther*, § 250 Rn 41.
169   *Küper*, BT S. 45 f.

ungenaue Vielzahl von Taten als Gegenstand der ausdrücklich oder stillschweigend getroffenen Vereinbarung. Die Verbindung muss daher über die Planung einer konkreten Einzeltat[170], die Ausnutzung einer bestimmten Gelegenheit und über ein kurzfristiges Zusammenwirken hinausgehen und **ganz allgemein** auf die künftige, noch unbestimmte Begehung von Raub oder Diebstahl abzielen. Dazu gehört, dass sie nicht nur auf kurze Zeit, sondern für eine gewisse Dauer aufrechterhalten werden soll[171]. Diese Voraussetzungen erfüllen angesichts des dazu verlangten Gesamtvorsatzes in der Regel auch heute Taten nicht, die vormals nach den Maßstäben des Fortsetzungszusammenhangs *einen fortgesetzten* Diebstahl oder Raub ergeben und deshalb nach überkommener Rechtsprechung für § 244 nicht ausgereicht hätten[172]. Dass die auch den Diebstahl betreffende Aufgabe der Figur der fortgesetzten Tat durch die Rechtsprechung[173] den Strafbarkeitsbereich erweitert habe, ist infolgedessen kein zwingender Schluss[174]. Auch muss sich die für eine Bande hinreichende Zahl der Mitglieder zur Begehung von **Raub** oder **Diebstahl** zusammengeschlossen haben. Eine „gemischte" Bande aus Dieben und Hehlern erfüllt § 244 I Nr 2 im Gegensatz zu § 260 I Nr 2 nicht[175].

Eine *feste Organisation* in Annäherung an begriffliche Merkmale der kriminellen Vereinigung (§ 129) verlangt die Rechtsprechung nicht[176]. Auch wertet sie „mafiaähnliche Strukturen" und sonstige Kriterien organisierter Kriminalität zu Recht lediglich als *Indizien*[177] und schließt deshalb in einem örtlich nur begrenzten Bereich tätige oder auf bestimmte Objekte spezialisierte (Jugend-) Banden ohne Bezug zur organisierten Kriminalität nicht aus[178]. Die Vereinbarung *gleichberechtigten* oder *mittäterschaftlichen* Zusammenwirkens soll nicht Bedingung sein[179]. Sie sollte nach überkommener Rechtsprechung für sich genommen aber auch nicht ausreichen, sofern nicht ein gefestigter Bandenwille besteht und ein *übergeordnetes* Bandeninteresse verfolgt und gleichsam „am selben Strang" gezogen wird[180]. Auf diese Merkmale sollte man entgegen der neueren Rechtsprechung aber auch dann nicht verzichten, wenn man für eine Bande mehr als zwei Personen verlangt[181], da erst sie die Bande von der nur wiederholten Mittäterschaft abheben. An einem übergeordneten Interesse kann es fehlen, wenn ein Bandenmitglied gelegentlich eines fehlgeschlagenen Versuchs, gemeinsam ein Auto zu stehlen, dessen Inhalt in ausschließlich eigenem Interesse an sich nimmt[182].

---

170   BGH NStZ 96, 443.
171   BGH NStZ 06, 574; zutr. schon OLG Hamm NJW 81, 2207 mit zust. Anm. *Tenckhoff*, JR 82, 208; *Schild*, GA 1982, 55, 81.
172   BGHSt 40, 138, 148 f; s. zu einem Fall des § 261 IV 2 insoweit zutr. *Krack*, JR 06, 436 f.
173   BGHSt 40, 138.
174   So aber SK-*Günther*, § 250 Rn 38.
175   BGH NStZ 07, 33, 34.
176   BGHSt 42, 255, 258; anders *Altenhain*, ZStW 113, 2001, 140 ff, der Bande und kriminelle Vereinigung gleichsetzt.
177   S. dazu *Dessecker*, NStZ 09, 184; *Schöch*, NStZ 96, 169; BGH NJW 96, 2316; BGH NStZ 96, 443; BGH NStZ 06, 574; krit. *Glandien*, Anm. NStZ 98, 197.
178   BGH NStZ 08, 625 f.
179   BGHSt 46, 321, 338; enger BGH NJW 00, 2034, 2035.
180   BGHSt 42, 255, 259; BGH NJW 97, 3387; BGH NJW 98, 2913 mit Anm. *Erb*, NStZ 99, 187; BGH NStZ 01, 32, 33; OLG Düsseldorf NStZ 99, 249; wiederverwendet von BGH NStZ 07, 269, 270.
181   So aber BGHSt 46, 321, 325 ff; BGH NStZ 06, 574.
182   BGH NStZ 00, 30; s. dazu *Rengier*, BT I § 4 Rn 103.

271a Während in der Kriminologie[183] und im strafrechtlichen Schrifttum[184] von einer Bande überwiegend erst bei *drei* Mitgliedern und mehr gesprochen wird, ließ die seit BGHSt 23, 239 gefestigte Rechtsprechung[185] **zwei Personen** ausreichen. Obwohl die für eine Bande typische wechselnde Besetzung in solchen Fällen nicht möglich und die Rede von einer Bande etwa bei einem zu fortgesetzter Begehung verbundenen Ehepaar[186] zumindest ungewöhnlich ist[187], sollte man angesichts *gesetzgeberischer* Zustimmung zum Begriff der Zweierbande[188], dieser nach dem Text des § 244 I Nr 2 offenbar als ausreichend angesehenen Zahl und der jedenfalls alltagstheoretisch kaum von der Hand zu weisenden Gefährlichkeit auch einer Zweipersonengruppe an der bisherigen Rechtsprechung festhalten[189]. Dabei ist freilich zu beachten, dass die durch eine Lebensgemeinschaft gekennzeichnete gemeinsame Interessenlage das verlangte übergeordnete Bandeninteresse noch nicht begründet[190].

271b Auf Vorlagebeschluss des 4. Senats[191] verlangt allerdings nun auch der GrS des BGH[192] den Zusammenschluss von mindestens **drei Personen**[193]. Dabei ist aber übersehen, dass sich die Mehrzahl der in beiden Entscheidungen zusammengetragenen Argumente ebenso gegen eine Mindestzahl von nur drei Mitgliedern wenden und sich daher die aufgeführten Bedenken nur mit einer deutlich radikaleren (fünf Personen und mehr), aber nirgends verlangten[194] Heraufsetzung der Mindestzahl beseitigen ließen. Auch ist nicht zu erkennen, wie diese Kehrtwende die Abgrenzung zur nur in Mittäterschaft begangenen wiederholten Tatbegehung vereinfachen soll, wenn man gleichzeitig auf das Erfordernis eines gefestigten Bandenwillens und eines Handelns im übergeordneten Bandeninteresse verzichtet[195]. Für die Rechtsprechung[196] soll hierfür nun allein maßgeblich sein, dass sich eine Bande gegenüber der Mittäterschaft „durch das Element der auf eine gewisse Dauer angelegten Verbindung mehrerer Täter zu zukünftiger gemeinsamer" und „im Einzelnen noch ungewisser Straftaten der im Gesetz beschriebenen Art" auszeichne. Allein das kann aber die erhebliche Strafschärfung gegenüber Mittätern, die sich wiederholt zur Begehung bestimmter Raub- und Diebstahlstaten zusammentun, nicht rechtfertigen.

271c Nach BGHSt 47, 214 soll es ausreichen, dass der dritten die Bande erst konstituierenden Person nur die Tätigkeiten eines **Gehilfen** zugedacht sind[197]. Damit wird die Forderung nach drei Personen zu einem halben Schritt wieder zurückgenommen. Auch wird der vom GrS für seine Lösung in Anspruch genommene Gewinn an Rechtsklarheit aufs Spiel gesetzt, wenn zwar auf den gefestigten Bandenwillen und das übergeordnete Bandeninteresse weiterhin verzichtet, für die in Aus-

---

183 S. *Dessecker*, NStZ 09, 184; *Schöch*, NStZ 96, 166 mwN.
184 A/W-*Heinrich*, § 14 Rn 60; *Eisele*, BT II Rn 201 f; *Fischer*, § 244 Rn 18; *Kindhäuser*, § 244 Rn 31; *Krey/Hellmann*, BT II Rn 137a; *Mitsch*, BT II/1 § 1 Rn 254; MK-*Schmitz*, § 244 Rn 38; *Otto*, JZ 93, 569, 566; *Rengier*, BT I § 4 Rn 89; SK-*Hoyer*, § 244 Rn 31.
185 BGHSt 38, 26, 27; 42, 255; BGH NStZ 98, 255 mit Anm. *Körner*; BGH NJW 98, 2913; 00, 2034; 2907.
186 S. BGH MDR/D 67, 369; BGH NJW 97, 3387.
187 S. zu solchen Vorbehalten zur „Vereinigung" BGH JR 79, 425 mit krit. Anm. *Volk*.
188 In § 397 II Nr 1 RAO, § 373 II Nr 3 AO 1977, s. dazu BGHSt 38, 26, 28 und *Volk*, Anm. JR 79, 427; s. auch *Rissing-van Saan*, Geilen-FS S. 133 ff; *Sya*, NJW 01, 344.
189 Ebenso *Krings*, Die strafrechtlichen Bandennormen 2000, S. 156; *Küper*, BT S. 45 f; SK-*Günther*, § 250 Rn 37.
190 BGH NStZ 98, 256; BGH NJW 00, 2034, 2035.
191 BGH JR 01, 73 mit insoweit zust. Anm. *Engländer*; s. auch *Schmitz*, NStZ 00, 477; zur Argumentation s. *Kudlich/Christensen*, JuS 02, 144.
192 BGHSt 46, 321, 325 ff; s. dazu *Rissing-van Saan*, Geilen-FS S. 131.
193 Zust. *Ellbogen*, wistra 02, 10; *Erb*, NStZ 01, 561; HK-GS/*Duttge*, § 244 Rn 20; *Joerden*, JuS 02, 329; *Schmidt/Priebe*, BT II Rn 233; *Toepel*, ZStW 115 (2003), 72.
194 *Kosmalla*, Die Bandenmäßigkeit im Strafrecht 2005, S. 129 („fünf oder mehr") bildet hierzu eine Ausnahme, fordert aber de lege ferenda eine Abschaffung der Bandentatbestände (S. 204).
195 S. dazu *Sowada*, Schlüchter-GS S. 383, 390 ff; zu Recht für Beibehaltung *Lackner/Kühl*, § 244 Rn 6.
196 BGH NStZ 06, 574.
197 Ebenso BGH NStZ 07, 33, 34; abl. MK-*Schmitz*, § 244 Rn 40.

sicht genommenen Tatbeiträge aber verlangt wird, dass sie *nicht gänzlich untergeordneter Natur* und von einem *organisatorisch* eingebundenen Gehilfen zu erbringen sind[198]. Diese Voraussetzungen sind kaum minder unbestimmt als die aufgegebenen. Die letztere Forderung widerspricht zudem dem allgemein für richtig gehaltenen Verzicht auf eine „Organisation" der Bande, die von der Rechtsprechung mit einer losen Gruppe gleichgesetzt wird[199]. Führen zwei Mitglieder der Bande den Diebstahl aus, soll es sich auch dann um einen Bandendiebstahl handeln, wenn das die Bande führende und für sie konstitutive dritte Mitglied der Bande hiervon nichts weiß[200]. Verzichtet man mit dem BGH auf ein mittäterschaftliches Zusammenwirken, ist zu beachten, dass die dann als Zurechnungsgrundlage ausfallende Norm des § 25 II nicht durch die bloße Bandenmitgliedschaft ersetzt werden kann[201].

2. Bandenmäßige Begehung

An der Begehung des Diebstahls müssen im Falle des § 244 I Nr 2 **mindestens zwei** **272** **Bandenmitglieder** vor Ort tatsächlich mitwirken[202]. Danach reicht es nicht, wenn ein Bandenmitglied bei einem Diebstahl nur von einem *Nicht*mitglied unterstützt wird[203]. Andererseits kommt es auf *mittäterschaftliches* Zusammenwirken nicht an, solange die unmittelbare Beteiligung mindestens zweier Mitglieder der Bande deren Gefährlichkeitspotenzial vor Ort repräsentiert[204]. Der 4. Senat des BGH und der GrS[205] wollen allerdings auf diese erhöhte Ausführungsgefahr mit Verweis auf *die* Bandendelikte, die auf die Mitwirkungsklausel verzichten, nicht abheben, sondern für *alle* Bandendelikte nur von einer Organisationsgefährlichkeit als Straferhöhungsgrund ausgehen und daher auch beim Bandendiebstahl und -raub die Mitwirkung eines weiteren Bandenmitglieds vor Ort nicht verlangen[206]. Danach reicht es sogar aus, wenn die Wegnahme vor Ort nur von einem Nichtmitglied für die Bande ausgeführt wird, wenn nur im Übrigen zwei Mitglieder mitwirken und wenigstens einem von ihnen die unmittelbare Ausführung des Nichtmitglieds als Täter zurechenbar ist[207]. Damit ebnet man aber die mit Bedacht getroffene gesetzliche Differenzierung ein, die die Gefährlichkeit der Bande bei Diebstahl und Raub zu Recht (auch) in der Aktionsgefahr, bei Hehlerei und Betäubungsmittelhandel dagegen vornehmlich in der Organisation von Beschaffungs- und Vertriebsketten sieht, deren Gefährlichkeit sich auch und häufig gerade bei der Verdeckung der Mitwirkung anderer erweist[208].

---

198 BGHSt 47, 214, 217, 219 mit krit. Anm. *Erb*, JR 02, 338; *Gaede*, StV 03, 78; *Rath*, GA 03, 823; *Toepel*, StV 02, 540; BGH wistra 04, 105, 108; die Abgrenzungsschwierigkeiten verdeutlichend *Zopfs*, Jura 07, 513; wie hier krit. *Lackner/Kühl*, § 244 Rn 6.
199 S. *Fischer*, § 244 Rn 36.
200 BGH NStZ 06, 342; zur nicht verlangten Kenntnis der Bandenmitglieder untereinander s. BGHSt 50, 160, 164 ff.
201 BGH wistra 07, 100, 101 (s. dazu auch Rn 590).
202 BGHSt 46, 120, 127 ff; aA A/W-*Heinrich*, § 14 Rn 62; *Hohmann*, NStZ 00, 259; *Müller*, GA 02, 318.
203 BGH StV 93, 132.
204 *Küper*, BT S. 48 ff; *Zopfs*, GA 1995, 327.
205 BGH JR 01, 73, 75 mit insoweit abl. Anm. *Engländer*; BGHSt 46, 321, 332 ff; ebenso *Altenhain*, ZStW 113, 2001, 143 f.
206 Zust. *Beulke*, Rn 432; *Eisele*, BT II Rn 215; *Ellbogen*, wistra 02, 11 f; *Kindhäuser*, § 244 Rn 34; *Krey/Hellmann*, BT II Rn 137b; *Rengier*, BT I § 4 Rn 98 f; *Rissing-van Saan*, Geilen-FS S. 140 ff; abl. MK-*Schmitz*, § 244 Rn 48 f; *Sowada*, Schlüchter-GS S. 383, 395 ff.
207 BGHSt 46, 321, 328; *Fischer*, § 244 Rn 41 ff; *Heghmanns*, Rn 1118.
208 S. *Erb*, NStZ 01, 564 ff; *Krings*, Die strafrechtlichen Bandennormen 2000, S. 162 ff; *Schmitz*, NStZ 00, 478; *Zopfs*, Jura 07, 516.

272a **Täter** eines Bandendiebstahls konnte nach der bisherigen Rechtsprechung[209] nur ein Bandenmitglied sein, das **am Tatort** (wenn auch nicht unbedingt körperlich) **selbst mitwirkt.** Gestützt wurde diese Auffassung auf die vermeintliche „tatbestandliche Besonderheit"[210] des § 244 I Nr 2, dass sich die vom Gesetz verlangte örtliche und zeitliche „Mitwirkung eines anderen Bandenmitgliedes" in dem Sinne auf den *Täter beziehe*[211], dass nur die unmittelbare Teilhabe an der vor Ort begründeten „Aktionsgefahr" *täterschaftliches* Unrecht begründe[212]. Dem ist entgegenzuhalten, dass die Mit*wirkung* anders als die Mit*gliedschaft* kein zwingend vorgeschriebenes *Tätermerkmal*, sondern eine die Gefährlichkeit der *Tat* zwischen Versuch und *Voll*endung[213] charakterisierende Tatbestandsvoraussetzung ist, die nach allgemeinen Regeln (s. dazu Rn 274) auch einem nicht anwesenden Bandenmitglied zugerechnet werden kann[214]. Wäre es anders, müsste die vom Tatbestand vermeintlich verlangte Abweichung von allgemeinen Zurechnungsregeln auch für Anstiftung und Beihilfe gelten. Das wird aber nirgends vertreten. Diesem Ergebnis stimmt die neuere Rechtsprechung zu[215]. Dabei verzichtet der GrS freilich auf die hier mit BGHSt 46, 120, 129 f aufrechterhaltene (s. Rn 272) Forderung, dass mindestens zwei andere Bandenmitglieder vor Ort tatsächlich mitwirken.

272b Ein Bandenmitglied, das nach der Bandenabrede an der Planung und Ausführung der Diebstahlstaten nicht beteiligt ist, sondern erst nach Tatbeendigung bei der Aufbereitung des Diebesguts für den Absatz tätig wird, ist nicht Täter des Bandendiebstahls, sondern nach §§ 257, 259, 261 zu bewerten. Hat es die Mitwirkung bei der Beuteverwertung zugesagt, kommt daneben eine Beihilfe zum Bandendiebstahl in Betracht[216].

3. Schwerer Bandendiebstahl

273 Der **schwere Bandendiebstahl** (§ 244a I)[217] bedeutet gegenüber § 244 I eine weitere Qualifizierung, die aus einer Kombination der bandenmäßigen Begehung mit einem der Erschwerungsgründe besteht, deren Voraussetzungen in § 243 I 2 Nrn 1–7 oder in den Nrn 1 oder 3 des § 244 I umschrieben sind. Die Tat ist **Verbrechen**[218] und auch von Jugendbanden begehbar[219]. Die § 243 II entsprechende *Bagatellklausel* (§ 244a IV aF) hat das 6.StrRG (Rn 9) aufgehoben, um Wertungswidersprüche zu § 244, in dem die Klausel schon zuvor fehlte, zu beseitigen und dem hohen Unrechts- und Gefährlichkeitsgehalt der beschriebenen Handlungen Rechnung zu tragen (BT-Ds 13/8587, S. 63; 13/9064, S. 17).

---

209 BGHSt 8, 205, 206; 25, 18; 33, 50, 52; BGH StV 97, 247.
210 BGHSt 8, 205, 209.
211 So *Miehe*, Anm. StV 97, 248; *Otto*, JZ 93, 566; *Wessels*, BT II Rn 264.
212 BGHSt 38, 29, 29 im Anschluss an *Volk*, Anm. JR 79, 428; ebenso SK-*Hoyer*, § 244 Rn 36.
213 Insoweit weiter BGH StV 99, 151.
214 A/W-*Heinrich*, § 14 Rn 62; *Fischer*, § 244 Rn 43; *Kindhäuser*, § 244 Rn 34 f; *Küper*, GA 1997, 333 f; *Rengier*, BT I § 4 Rn 96; SK-*Günther*, § 250 Rn 40; *Sowada*, Schlüchter-GS S. 383, 394 f.
215 BGHSt 46, 120, 127 ff mit zust. Anm. *Hohmann*, NStZ 00, 255; BGHSt 46, 138; 321, 333, 338.
216 BGH NStZ 03, 32, 33 f; 07, 33.
217 S. zur Gesetzesgeschichte *Zopfs*, GA 1995, 320 f.
218 S. dazu *Fischer*, § 244a Rn 3.
219 BGH StV 00, 670; BGH NStZ 06, 574; BGH NStZ 08, 625.

Innerhalb des § 244a I haben die dort in Bezug genommenen Regelbeispiele des § 243 I 2 nicht lediglich exemplifizierende Bedeutung. Sie sind hier vielmehr echte Tatbestandsmerkmale des schweren Bandendiebstahls, sodass bei ihnen für Vorsatz und Irrtum die allgemeinen Regeln gelten[220]. Auch zu § 244a setzte der BGH für **Täterschaft** zu Unrecht (Rn 272a) voraus, dass der Beteiligte zB den Einbruch im örtlichen und zeitlichen Zusammenwirken mit einem anderen Bandenmitglied verübt[221]. Zwischen einem schweren Bandendiebstahl nach § 244a I iVm § 243 I 2 Nr 3 und einer gewerbsmäßigen Bandenhehlerei gemäß § 260a I ist eine Wahlfeststellung möglich[222].

Im **Fall 21** haben A und B zunächst Diebstähle an den 45 Rindern (zu Tieren als Sachen s. **274** Rn 15) begangen. Das Stehlen geschah gewerbsmäßig (§ 243 I 2 Nr 3) und bei lebensnaher Betrachtung auch durch ein in § 243 I 2 Nr 1 beschriebenes Eindringen in die Weiden als umschlossenen Raum[223]. Ob A und B einen nach § 244 I Nr 1a oder auch b qualifizierten Diebstahl begangen haben, ist nach dem in BGHSt 33, 50 mitgeteilten Sachverhalt nicht zu entscheiden. Jedenfalls haben sich A, B und V aber zur fortgesetzten Begehung von im Einzelnen noch nicht feststehenden Diebstählen für unbestimmte Zeit zu einer **Bande** zusammengeschlossen. A und B haben in örtlichem und zeitlichen Zusammenwirken die Diebstähle mittäterschaftlich ausgeführt und deshalb §§ 244 I Nr 2, 25 II erfüllt. Da die Diebstähle auch unter Verwirklichung von Regelbeispielen nach § 243 I 2 Nrn 1 und 3 begangen wurden, sind A und B nach § 244a zu bestrafen (§§ 243 I 2 Nrn 1 und 3, 244 I Nr 2 treten dahinter zurück). Auch V ist Mitglied der Bande, hat aber an den Diebstählen am Tatort nicht mitgewirkt. Gleichwohl ist er nach allgemeinen Täterschaftskriterien als Mittäter nach § 244a anzusehen, vorausgesetzt, man spricht dem Drahtzieher und Bandenchef die Täterqualität auch dann nicht ab, wenn er an der Tatbestandsverwirklichung selbst nicht teilnimmt[224]. Auch nach der Entscheidung des GrS[225] ist, da drei Personen sich zusammengeschlossen haben, von einem Bandendiebstahl auszugehen, der V nach § 25 II selbst dann zugerechnet würde, wenn A oder B jeweils allein die Diebstähle ausgeführt hätten (ein Fall, in dem es nach der hier – Rn 272 – vertretenen Auffassung am Tatbestand des § 244 I Nr 2 fehlt). Nach BGHSt 33, 50, 52 konnte V mangels der von der Rechtsprechung damals noch vorausgesetzten Mitwirkung vor Ort dagegen nur wegen *Anstiftung zu § 244a* – die Bandenmitgliedschaft belastet auch ihn, § 28 II –, daneben freilich nach allgemeinen Grundsätzen als Mittäter zu §§ 242, 243 I 2 Nrn 1 und 3, 28 II, 25 II bestraft werden. Letzteres schloss schon nach BGHSt 33, 50, 52 die nach der hier vertretenen Lösung ohnehin unzulässige Annahme einer Hehlerei durch Entgegennahme der Rinder aus.

Diebstahlsqualifikationen, § 244

I. Tatbestand

1. Objektiver Tatbestand
    a.   **Tatobjekt:**   • *fremde bewegliche Sache*
    b.   **Tathandlung:**   • *Wegnahme*
    c.   **Qualifikation:** objektive Merkmale der Qualifikationstatbestände

---

220   §§ 15, 16 I; *Lackner/Kühl*, § 244a Rn 2.
221   BGH NStZ 96, 493; s. zu weiteren Anwendungsfragen *Zopfs*, GA 1995, 322 ff.
222   BGH NStZ 00, 473.
223   S. OLG Köln MDR 69, 237; BGH NStZ 83, 168.
224   So zB MK-*Schmitz*, § 244 Rn 54; s. zum Streitstand LK-*Schünemann*, § 25 Rn 180 ff, 184 ff; *Wessels/Beulke*, AT Rn 529.
225   BGHSt 46, 321.

Nr 1a: *(1) Tatmittel:*
- *Waffe*
  - ℗ Gas-/Schreckschusspistole
- *gefährliches Werkzeug*
  - ℗ objektive Waffengleichheit oder Verwendungsvorbehalt

(2) Handlung:
- *Beisichführen*
  - ℗ Zeitspanne
  - ℗ berufsmäßige Waffenträger

Nr 1b: *(1) Tatmittel:*
- *sonstiges Werkzeug oder Mittel*
  - → Eignung zur Gewalt/Drohung
  - ℗ Scheinwaffen
  - ℗ Einschränkung bei evidenter Ungefährlichkeit

(2) Handlung:
- *Beisichführen*
  - ℗ Zeitspanne

Nr 2: *(1) Tätereigenschaft:*
- *Mitglied einer Bande*
  - ℗ Bande
  - ℗ Extraneus, § 28 II

(2) Begehungsweise:
- *unter Mitwirkung eines anderen Bandenmitglieds*
  - ℗ persönliche Mitwirkung am Tatort
  - ℗ Zahl der Mitglieder am Tatort

Nr 3: *(1) Handlung:*
- *Einbrechen*
- *Einsteigen*
- *Eindringen*
  - – *mittels falschen Schlüssels*
  - – *mittels anderen Werkzeugs*
- *Sich-Verborgenhalten*

(2) Bezugsobjekt:
- *Wohnung*
  - ℗ Wohnungsbegriff des § 123

2. Subjektiver Tatbestand

  a. Vorsatz:
- *jede Vorsatzart*
  - → bzgl Grundtatbestand
  - → bzgl qualifizierender Umstände

  b. Zueignungsabsicht:
- *Absicht rechtswidriger Zueignung bzgl Tatobjekt*

  c. Besondere subj. Merkmale:
Nr 1a:
- ℗ Verwendungsvorbehalt
Nr 1b:
- *spezielle Verwendungsabsicht*
Nr 2:
- ℗ Handeln im Bandeninteresse
Nr 3:
- *zur Ausführung der Tat*
  - → Diebstahlsvorsatz bei Vornahme der Handlung

II. Rechtswidrigkeit

III. Schuld

➔ **Qualifikation, § 244a**

➔ **Privilegierung (Strafantrag, § 247)**

§ 5   Unterschlagung und Veruntreuung

Fall 22: A war als Angestelltem der Firma X gestattet worden, Disketten der Firma mit nach **275**
Hause zu nehmen, um dort mit ihnen zu arbeiten. Auf einer der Disketten befanden sich die
Angebotslisten der Firma X. Unter Verwendung dieser Diskette druckte A die Angebotslisten
aus und versandte sie an Kunden der Firma X. Dabei gab er die Angebotslisten als Konkur-
renzangebote einer Firma Y aus, die er mit zwei Mitgesellschaftern gegründet hatte. Als der
Geschäftsführer der Firma X hiervon Kenntnis erhielt, kündigte er A fristlos und forderte ihn
auf, die Disketten bis zum Ende des Monats zurückzubringen. Diesen Termin ließ A verstrei-
chen, weil er die Disketten behalten wollte. Sie wurden daraufhin wenige Tage später bei einer
polizeilichen Durchsuchung sichergestellt.

Ist A bezüglich der Diskette mit den Angebotslisten einer Unterschlagung schuldig?
Rn 298

I.   Einfache Unterschlagung

§ 246 I aF lautete: „Wer eine fremde bewegliche Sache, die er in Besitz oder Gewahrsam hat, sich **276**
rechtswidrig zueignet, wird mit Freiheitsstrafe bis zu drei Jahren oder mit Geldstrafe und, wenn
die Sache ihm anvertraut ist, mit Freiheitsstrafe bis zu fünf Jahren oder mit Geldstrafe bestraft".
Das **6. StRG** (Rn 9) hat diese Vorschrift in Anlehnung an § 240 E 1962[1] erheblich verändert.
§ 246 nF verlangt **nicht** mehr, dass der Täter die Sache in **Besitz oder Gewahrsam** hat, erstreckt
die Tathandlung auf die **Drittzueignung** und enthält eine auf Delikte mit schwererer Strafdrohung
bezogene **Subsidiaritätsklausel**. Der gesetzgeberische Wille, Strafbarkeitslücken[2] zu schließen,
Auslegungsprobleme zu beseitigen und die Unterschlagung als allgemeinen Auffangtatbestand zu
behandeln (BT-Ds 13/8587, S. 43; E 1962, Begr. S. 408; s. dazu schon Rn 58), hat damit zu einer
deutlich erweiterten Fassung geführt. Bedenken, sie sei konturenlos, zu unbestimmt und zu weit[3],
ist durch eine sachgerechte Auslegung des Tatbestandes zu begegnen[4]. Dabei ist namentlich darauf zu achten, dass Fälle bloßer Sachentziehung dem neuen Tatbestand unterfallen, Beihilfeunrecht nicht über die Drittzueignung vorschnell zur Täterschaft aufgewertet und in Fällen fehlenden Besitzes nicht bloßes Berühmen schon zur vollendeten Unterschlagung erklärt wird[5].

1.   Struktur, Rechtsgut und Tatobjekt

Nach § 246 I wird wegen Unterschlagung bestraft, wer eine fremde bewegliche Sa- **277**
che sich oder einem Dritten rechtswidrig zueignet. Das *kann* **zugleich** durch Delikte
wie Diebstahl, Raub, Betrug, Erpressung, Untreue oder Hehlerei geschehen (s. § 240
E 1962). § 246 I ist deshalb aber *nicht Grundtatbestand* aller Zueignungsdelikte[6].
Vielmehr ist er als **Auffangtatbestand** zu verstehen[7]. Er soll **alle** Formen rechtswid-

---

1   Krit. dazu *Dencker*, in: *Dencker* ua, Einführung in das 6. StRG 1998, S. 16.
2   Relativierend zu ihnen *Duttge/Fahnenschmidt*, ZStW 110, 1998, 888 ff, 893 f, 897 f.
3   Krit. *Bussmann*, StV 99, 615; *Hörnle*, Jura 98, 171; *Mitsch*, BT II/1 § 2 Rn 2; *Sander/Hohmann*, NStZ
    98, 276; BE-*Noak*, S. 74; *Stächelin*, StV 98, 99.
4   So auch *Krey/Hellmann*, BT II Rn 152a; *Kudlich*, JuS 02, 768; *Rengier*, Lenckner-FS S. 809.
5   S. die Entfaltung dieser Gefahren bei *Duttge/Fahnenschmidt*, ZStW 110, 1998, 899 ff, 904 ff, 907 ff;
    ferner BE-*Noak*, S. 74 f.
6   AA *Kindhäuser*, Gössel-FS S. 451; *Lesch*, JA 98, 477; *Otto*, BT § 39 Rn 8.
7   A/W-*Heinrich*, § 15 Rn 1; *Fischer*, § 246 Rn 2; HK-GS/*Duttge*, § 246 Rn 1; *Lackner/Kühl*, § 246 Rn 1.

riger Zueignung fremder Sachen umfassen, für sie aber nur eine *selbstständige* Strafbarkeit begründen, soweit sie nicht in anderen Vorschriften mit schwererer Strafe bedroht sind (Rn 58)[8]. Vom Diebstahl unterscheidet sich die Unterschlagung (s. dazu schon Rn 57) dadurch, dass sie als **Tathandlung** eine **Zueignung** verlangt, während der Diebstahl die auf Zueignung gerichtete Absicht genügen lässt. Auch Unterschlagung kann daher durch Wegnahme begangen werden, sofern hierin – was nicht zwingend ist[9] – eine Zueignung liegt[10]. In solchen Fällen tritt § 246 hinter § 242 zurück. In aller Regel wird eine Sache aber ohne Gewahrsamsbruch unterschlagen. Noch deutlicher als beim Diebstahl ist daher geschütztes Rechtsgut allein das **Eigentum** (Rn 57a).

278 **Objekt** der Tat ist eine **fremde bewegliche Sache**. Der Inhalt dieser Merkmale unterscheidet sich von denen des § 242 nicht (s. Rn 62 ff)[11].

Zu beachten ist allerdings, dass Gegenstand der Unterschlagung nur Sachen sein können, die ihrer **Individualität nach bestimmt** sind[12]. Wer einem anderen unter den Voraussetzungen des § 246 *unausgesonderte* Teile einer Sachgesamtheit zum Erwerb anbietet, die lediglich der Menge nach bestimmt sind (zB 20 Zentner Kartoffeln aus einem größeren Lagerbestand), begeht durch den bloßen Abschluss des Kaufvertrages noch keine *vollendete* Unterschlagung; dazu bedarf es vielmehr der **Aussonderung** des Zueignungsobjekts[13]. Zu bedenken ist ferner, dass im Augenblick der Zueignung die Sache noch **fremd** sein muss. Geht der Zueignung eine Übereignung voraus oder mit ihr eine solche einher, kommt § 246 nicht in Betracht. Daher kann die Entgegennahme von Geld an Geldautomaten (Rn 168) oder das Davonfahren mit nicht bezahltem Benzin (Rn 184)[14] nur dann Unterschlagung sein, wenn Geld oder Benzin zivilrechtlich noch im Dritteigentum stehen. Schließlich muss die Sache spätestens mit der Zueignung *beweglich* (gemacht) werden[15].

2. Tathandlung

a) Manifestation des Zueignungswillens

279 Die **Tathandlung** besteht darin, dass der Täter die fremde bewegliche Sache **sich oder einem Dritten rechtswidrig zueignet**. Im Gegensatz zum Diebstahl, bei dem eine Wegnahme zwecks Zueignung, dh ein Handeln in der *Absicht* rechtswidriger Zueignung genügt, bedarf es bei der Unterschlagung demnach einer äußerlich in Erscheinung tretenden **Zueignungshandlung.** In ihr kehrt der Begriff der Zueignung

---

8   E 1962, Begr. S. 409; BT-Ds 13/8587, S. 43 f; *Küper*, BT S. 494.
9   AA *Maurach/Schroeder/Maiwald*, BT I § 34 Rn 4 f; diff. *Kindhäuser*, § 242 Rn 76; s. dazu Rn 57.
10 *Küper*, BT S. 494; *Mitsch*, BT II/1 § 2 Rn 48; aA S/S-*Eser*, § 246 Rn 1: Unterschlagung als Eigentumsverletzung ohne Gewahrsamsbruch.
11 Zu Unrecht für die „Reduktion des Strafrechts" in Fällen des Eigentumsvorbehalts aus Gründen vermeintlichen Opfermitverschuldens A/W-*Heinrich*, § 15 Rn 5 f; dagegen *Hillenkamp*, Vorsatztat und Opferverhalten 1981, S. 48 ff, 142, 172 ff.
12 OLG Düsseldorf StV 92, 432.
13 Zutr. RG JW 34, 614; LK-*Ruß*, § 246 Rn 4; S/S-*Eser*, § 246 Rn 3; *Tenckhoff*, JuS 84, 775; anders RGSt 73, 253.
14 *Krey/Hellmann*, BT II Rn 158 f, s. dazu auch *Küper*, BT. S. 261 f; OLG Braunschweig JR 08, 435 mit Anm. *Niehaus/Augustin*.
15 *Mitsch*, ZStW 111, 1999, 91.

wieder. Sein **Inhalt** ist in beiden Tatbeständen gleich. Es liegt daher nahe, von der Zueignungshandlung zu verlangen, was von der Zueignung als Bezugsobjekt der Absicht verlangt worden ist. Danach würde ein **Sich**-Zueignen im Sinne des § 246 voraussetzen, dass sich der Täter die Sache selbst oder den in ihr verkörperten Wert zumindest vorübergehend aneignet und dem Eigentümer auf Dauer entzieht (s. Rn 136 ff). **Dritt**zueignung läge vor, wenn der Täter die Sache in das Vermögen des Dritten überführt[16] oder einem Dritten deren Aneignung in täterschaftsbegründender Weise ermöglicht (Rn 153). Das Enteignungsmoment bliebe hier gleich.

An Versuchen, die Zueignungshandlung in dieser Weise nicht nur als äußere Manifestation eines inneren Zueignungswillens, sondern als eine **inhaltliche Verwirklichung der Zueignungselemente** zu umschreiben, fehlt es nicht. Dabei wird teils gefordert, es müsse sich jedenfalls die *Aneignung* schon objektiv vollzogen haben[17]. Teils wird dagegen das Gewicht auf die *Enteignung* gelegt: Zueignung setzt danach voraus, dass der Sachverlust (höchstwahrscheinlich) eintreten wird. Diesen „Gefahrerfolg" müsse der Täter bereits herbeigeführt haben[18]. Verkaufsangebote oder schuldrechtliche Kaufverträge über eine Sache reichen hiernach nicht aus. Vielmehr ist der dingliche Vollzug abzuwarten. Noch enger wird vereinzelt auch der Eintritt des Enteignungserfolges verlangt[19] oder Zueignung auf Verbrauch, Entwertung und Veräußerung beschränkt[20]. Diese Ansichten[21] haben für sich, dass sie das inhaltliche Zueignungsunrecht in der Handlung verdeutlichen, den Charakter des § 246 als Erfolgsdelikt hervorheben und dem Versuch einen deutlichen Raum zuweisen[22]. Sie haben sich aber zu Recht nicht durchgesetzt. Denn während die zuletzt genannte Auffassung den Anwendungsbereich der Unterschlagung unsachgerecht verkürzt, vermögen die beiden anderen das Abstellen auf nur eines zweier gleichgewichtiger Momente nicht zu erklären. Zueignung besteht in Aneignung *und* Enteignung. Zudem kann eine Sache schon unterschlagen sein, wo ihre Nutzung im Eigeninteresse (Aneignung) und erst recht, wo es am endgültigen Sachverlust (Enteignung) tatsächlich noch fehlt. Schließlich müsste bei der **Drittzueignung** stets das zueignende Verhalten des Dritten abgewartet werden. Auf dessen Tätigwerden kommt es aber für die Vollendung der Unterschlagung nicht an (s. Rn 281).

Rechtsprechung[23] und überwiegende Lehre[24] begnügen sich demgegenüber mit einer **280** **objektiv erkennbaren Betätigung des Zueignungswillens.** Dafür ist freilich nicht schon jede beliebige Handlung ausreichend, die als Betätigung eines Zueignungswil-

---

16 BGH wistra 07, 18, 20; weiteres Beispiel bei *Fahl*, JuS 98, 24.

17 SK-*Samson*, 4. Aufl., § 246 Rn 40 ff; zust. *Krey/Hellmann*, BT II Rn 161; *Noak*, Drittzueignung und 6. StrRG 1999, S. 132; *Rönnau*, GA 00, 424.

18 *Maiwald*, Der Zueignungsbegriff im System der Eigentumsdelikte 1970, S. 191 ff; *Maurach/Schroeder/Maiwald*, BT I § 34 Rn 27; zust. *Degener*, JZ 01, 398 f; *Dencker*, in: *Dencker* ua, Einführung in das 6. StrRG 1998, S. 23 ff; *Gropp*, JuS 99, 1045; HK-GS/*Duttge*, § 246 Rn 14; *Duttge/Sotelsek*, Jura 02, 530; beide Ansätze verbindend *Ambos*, GA 07, 141 ff; *Basak*, in: Irrwege der Strafgesetzgebung 1999, S. 188 ff; *ders.*, GA 03, 120 ff; *Heghmanns*, Rn 1150; *Mitsch*, BT II/1 § 2 Rn 35 ff; *L. Schulz*, Lampe-FS S. 664.

19 *Joecks*, § 246 Rn 18 f, 24 f; *Kauffmann*, Zur Identität des strafrechtlichen Zueignungsbegriffs 2005, S. 155 ff; MK-*Hohmann*, § 246 Rn 33, 36; *Mikolajczyk*, Der Zueignungsbegriff des Unterschlagungstatbestandes 2005, S. 54 ff; *Mylonopoulus*, Roxin-FS S. 917, 920; SK-*Hoyer*, § 246 Rn 22.

20 *Kargl*, ZStW 103, 1991, 181 ff.

21 S. zum Streitstand *Hillenkamp*, BT 24. Problem mwN; *Otto*, Jura 96, 383 ff, s. auch *Börner*, Die Zueignungsdogmatik der §§ 242, 246 StGB 2004, S. 141 ff, 167 ff, 179 ff.

22 S. zu diesen Vorzügen *Maiwald*, Schreiber-FS S. 321 ff.

23 OLG Düsseldorf NStZ 92, 298; BayObLG NJW 92, 1777; Bay ObLG wistra 94, 322.

24 *Beulke*, Rn 168; *Eisele*, BT II Rn 240; *Küper*, Jura 96, 206 f; *Lackner/Kühl*, § 246 Rn 4; *Rengier*, BT I § 15 Rn 10a; S/S-*Eser*, § 246 Rn 11; unklar A/W-*Heinrich*, § 15 Rn 29 ff.

lens deutbar ist[25]. Vielmehr muss sie sich für den objektiven, mit der Sachlage vertrauten Beobachter als eine ähnlich verlässliche und unzweideutige Manifestation des Zueignungswillens darstellen, wie sie in dem dem StGB vorangegangenen preußischen StGB von 1851 in den dort beschriebenen Handlungen enthalten ist[26]. Veräußern, Verpfänden, Verbrauchen, Beiseiteschaffen und Ableugnen des Gewahrsams sind in aller Regel nicht nur *Anzeichen* eines Zueignungswillens, sondern *objektivierte Ausprägungen des Zueignungsunrechts*. An die Stelle dieser Handlungstypisierungen ist der Begriff der **Manifestation des Zueignungswillens** als Umschreibung der „Zueignung" getreten. Bloße „Berühmung" oder „Willenskundgabe" reichen wie „Beweisanzeichen" danach nicht aus[27]. Vielmehr muss der Wille **umgesetzt** und **betätigt** und die Position des Eigentümers hierdurch verschlechtert werden[28]. Das geschieht idR dadurch, dass der Täter Eigen- oder Drittbesitz oder -gewahrsam begründet (s. Rn 293)[29].

Die Zueignung ist demnach eine **objektiv-subjektive Sinneinheit**. Sie ist ohne Ermittlung dessen, was der Täter mit seiner Handlung **will**, nicht bestimmbar. Danach kann ohne **zeitgleichen** Zueignungswillen eine Handlung auch nicht Zueignung sein. Beides ist folglich gemeinsam zu erörtern[30]. Ungeklärt ist, ob der Zueignungswille mit der Zueignungs*absicht* übereinstimmt[31], oder ob jede Vorsatzform genügt[32]. Der Zueignungsbegriff selbst gibt hierfür kaum etwas her. Da § 246 im Gegensatz zu § 242 eine Absicht nicht verlangt – der Text lautet nicht: ... sich oder einem Dritten absichtlich rechtswidrig zueignet – wird man sie auch nicht fordern können. Auch inhaltlich ist das begründbar; denn während beim Diebstahl erst die Zueignungsabsicht den Tatbestand als Eigentumsdelikt prägt, geschieht das bei der Unterschlagung schon durch die Zueignungshandlung. Für ihre Kennzeichnung als Eigentumsverletzung reicht dann aber jede Vorsatzform aus. Folglich handelt es sich auch dann nicht um bloße Sachentziehung, sondern um Unterschlagung, wenn der Entleiher eines wertvollen Bildbandes diesen endgültig in seinen Bücherbestand einreiht, weil ihm die Rückgabe nach lange überzogener Leihzeit unangenehm ist und ihn dabei der Gedanke begleitet, er werde sicherlich gelegentlich in dem Buch wieder blättern, es ihm auf den Erhalt dieser Möglichkeit aber nicht ankommt.

b) Beispiele

281 **Typische Zueignungsakte** iS eines **Sich-Zueignens** sind beispielsweise der Verbrauch, die Verarbeitung (§ 950 BGB), die Veräußerung und der Verkauf fremder Sachen unter Anmaßung der Eigentümerrechte. Typische **Drittzueignungen** liegen im

---

25 So aber BGHSt 14, 38, 41; 24, 115, 119; OLG Düsseldorf StV 85, 330; krit. dazu *Degener*, JZ 01, 390 ff.

26 S. dazu *Küper*, ZStW 106, 1994, 371 f; *ders.*, BT S. 489 f; krit. *Maiwald*, Schreiber-FS S. 323 ff.

27 *Tenckhoff*, JuS 80, 726; die in diese Richtung weisenden Bedenken *Heghmanns*, Rn 1150 sind deshalb unberechtigt.

28 RGSt 65, 145, 147.

29 Als zwingende Voraussetzung der Zueignung sehen das zB LK-*Laufhütte/Kuschel*, Nachtrag § 246 Rn 4 und *Rengier*, Lenckner-FS S. 811 an; s. auch *Ambos*, GA 07, 141 ff; dagegen *Duttge/Sotelsek*, Jura 02, 529 f.

30 *Maurach/Schroeder/Maiwald*, BT I § 34 Rn 11; *Rengier*, BT I § 5 Rn 4a; aA *Eisele*, BT II Rn 242.

31 So zB *Dencker*, in: *Dencker* ua, Einführung in das 6. StRG 1998, S. 19; *ders.*, Rudolphi-FS S. 425, 441 f; *Kindhäuser*, § 246 Rn 8; *Küper*, BT S. 490; *Schroth*, BT S. 165.

32 *Ambos*, GA 07, 143; *Fischer*, § 246 Rn 20; *Lackner/Kühl*, § 246 Rn 9; *Rengier*, BT I § 5 Rn 9; SK-*Hoyer*, § 246 Rn 40; *Tenckhoff*, JuS 84, 781.

Verschaffen des Besitzes[33] oder der vom Täter beherrschten Eröffnung einer Zugriffsmöglichkeit, die dem Dritten die Aneignung erlaubt[34]. Dazu gehört zB das Einzahlen
fremder Gelder auf das Konto des Dritten. Für Drittzueignung ist nicht erforderlich,
dass der Dritte den Aneignungsakt (gut- oder bösgläubig) vollzieht oder dass er mit
der Zueignung einverstanden ist[35]. Wer fremdes Holz, auf das er Zugriff hat, dem verarmten Nachbarn vor die Haustür legt, um ihm das Beheizen des Ofens zu ermöglichen, hat die Unterschlagung genauso vollendet, wie der, der vom kranken Nachbarn
unbemerkt dessen Ofen mit dem Holz beheizt. Auf Mitwirkung oder Einverständnis
des Dritten kommt es für die Strafbarkeit des Unterschlagenden nicht an[36]. Auch ist
für eine Drittzueignung hier wie beim Diebstahl (Rn 153 f) nicht zu verlangen, dass
der Täter durch die Tat einen wirtschaftlichen Vorteil „im weitesten Sinne" erlangt[37].
Der Gesetzgeber hat der egoistischen die altruistisch motivierte Zueignung durch die
Neufassung bewusst als gleichwertig gegenübergestellt (zur notwendigen „Sachbeziehung" s. Rn 293). Deshalb sinkt der dem Dritten dessen egoistische Tat nur ermöglichende Täter auch nicht notwendig zum bloßen **Gehilfen** herab[38]. Er muss auch eine
von dem Dritten vollzogene Aneignung nicht täterschaftlich beherrschen[39]. Für eine
Beihilfe bleibt folglich nur Raum, wo der Zugriff des Dritten auf die Sache nur erleichtert, also zB durch Beseitigung von Hindernissen oder die Einräumung bloßen
Fremdbesitzes[40] unterstützt werden soll (s. schon Rn 153a).

Nach der die Grenzen der engeren Manifestationslehre nicht stets beachtenden Praxis soll schon
das *Angebot* oder der *Auftrag* zum Verkauf einer Sache genügen[41]. Ob in der **Vermischung** fremder Gelder oder vertretbarer Sachen mit eigenen eine Zueignung liegt, hängt nach ihr von den
jeweiligen Umständen ab. Da hier regelmäßig Miteigentum entsteht (§§ 948, 947 BGB), soll es
darauf ankommen, ob der Vermischende das Miteigentum des Betroffenen respektieren oder den
Gesamtbestand für eigene Zwecke verwenden will[42]. Die mehrfache **Sicherungsübereignung**
derselben Sache an verschiedene Gläubiger (§§ 929, 930 BGB) kann Betrug oder Unterschlagung sein. Die Voraussetzungen des § 246 sind nach der Rechtsprechung dann zu bejahen, wenn

---

33 *Gehrmann*, Systematik und Grenzen der Zueignungsdelikte 2002, S. 94; *Kudlich*, JuS 01, 771.
34 Ebenso *Eisele*, BT II Rn 245 f; *Rengier*, BT I Rn 19a; enger HK-GS/*Duttge*, § 246 Rn 16; MK-
     Schmitz, § 242 Rn 136; *Rönnau*, GA 00, 416 f, 423; *Schmitz*, Otto-FS S. 770 ff: Herbeiführung des der
     Aneignung immanenten Nutzens beim Dritten.
35 So aber *Bussmann*, StV 99, 616; *Kauffmann*, Zur Identität des strafrechtlichen Zueignungsbegriffs
     2005, S. 208 f; wohl auch *Schmidt/Priebe*, BT II Rn 280; *Mitsch*, ZStW 111, 1999, 86; diff. *Kindhäu-
     ser*, Gössel-FS S. 465; wie hier HK-GS/*Duttge*, § 246 Rn 16; *Krey/Hellmann*, BT II Rn 170b; *Küper*,
     BT S. 493 f; *Rengier*, BT I § 5 Rn 19a; *Schenkewitz*, NStZ 03, 18; *Schroth*, BT S 130; krit. zum Streit
     Hauck, Drittzueignung und Beteiligung 2007, S. 63 ff.
36 *Duttge/Sotelsek*, Jura 02, 532; *Eisele*, BT II Rn 246; S/S-*Eser*, § 246 Rn 26; aA *Maurach/Schroeder/
     Maiwald*, BT I § 34 Rn 35.
37 So aber *Duttge/Fahnenschmidt*, ZStW 110, 1998, 918; *Duttge/Sotelsek*, Jura 02, 531.
38 Nahe gelegt von *Maurach/Schroeder/Maiwald*, BT I § 34 Rn 35; s. auch *Rönnau*, GA 00, 423 f.
39 So aber *Schenkewitz*, NStZ 02, 19; s. auch *Rengier*, BT I § 5 Rn 20; ausreichend ist ein Verhalten, in
     dem sich der Wille objektiviert, die jeweilige Sache auf Grund eigener Verfügungsmacht dem begüns-
     tigten Dritten zuzuwenden, *Küper*, BT S. 493, 496 f; zum Einfluss des Herrschaftskriteriums auf diese
     Fragen s. *Hauck*, Drittzueignung und Beteiligung 2007, S. 210 ff.
40 So im Fall BGH wistra 07, 18, 20, in dem ein Sicherungsgeber nur den von ihm eingenommenen
     Fremdbesitz weitergibt; hat er dabei die Vorstellung, der Dritte werde möglicherweise den Fremd- in
     Eigenbesitz umwandeln und will er das unterstützen, liegt Beihilfe vor, wenn es zu der Umwandlung
     kommt; s. dazu auch *Kudlich*, JuS 01, 771 f; *Schenkewitz*, NStZ 03, 20.
41 Vgl BGHSt 14, 38, 41; RGSt 58, 230.
42 Vgl RGSt 71, 95, 96; OLG Düsseldorf NJW 92, 60.

der Täter die erneute Übereignung für rechtswirksam hält oder sonst die Eigentümerrechte des ersten Sicherungsnehmers zu vereiteln sucht[43]. Bei der Unterschlagung des Sicherungsguts zum eigenen Vorteil muss der Sicherungsgeber das Gut in einer Art und Weise weiternutzen, die zum Ausdruck bringt, dass der Täter das Sicherungseigentum nicht mehr achtet, sondern den bisherigen Fremdbesitz in Eigenbesitz umwandeln will[44]. Die eigenmächtige **Verpfändung** fremder Sachen (§§ 1204 ff BGB) kann ohne Rücksicht auf ihre Wirksamkeit[45] bloße Gebrauchsanmaßung oder Zueignung sein. Letzteres ist der Fall, wenn die Wiedereinlösung des Pfandes auf Grund der Vermögensverhältnisse des Täters nicht mit Sicherheit sofort erfolgen kann, sobald der Eigentümer die verpfändete Sache benötigt[46]. Entsprechendes gilt bei der **Pfändung** von Sachen, die dem Schuldner nicht gehören (§§ 808, 814 ff ZPO). Wer deren Versteigerung und Verwertung zwecks Verringerung seiner Schulden dadurch ermöglicht, dass er die erforderliche Mitteilung der Pfändung an den Sacheigentümer *pflichtwidrig* unterlässt, eignet sich ihrem wirtschaftlichen Werte nach zu[47]. In der **Nichtanzeige eines Fundes** und in der **Nichtrückgabe einer entliehenen Sache** liegt richtigerweise noch keine *eindeutig* erkennbare Zueignungshandlung, da beides auf bloßer Nachlässigkeit[48] oder auf anderen Gründen[49] beruhen kann. Das **Ableugnen des Besitzes** gegenüber dem Berechtigten, ein sonstiges Verheimlichen der Sache oder deren Inanspruchnahme als *angeblich eigene* enthält dagegen regelmäßig eine Betätigung des Zueignungswillens[50]. Wer den Entschluss, sich eines unter Eigentumsvorbehalt überlassenen oder nur zum vorübergehenden Gebrauch entwendeten Fahrzeugs durch dessen **Preisgabe** zu entledigen, erst fasst und verwirklicht, nachdem dieses seine Verwendungsfähigkeit für ihn eingebüßt hat, begeht mangels *Aneignung* keine Unterschlagung[51]. Auch stellt die vorsätzliche Zerstörung einer fremden Sache, die der Täter in seinem Gewahrsam hat, für sich allein *mangels Aneignung* keine Unterschlagung, sondern nur eine Sachbeschädigung iS des § 303 dar[52]. Wird eine **Inkassotätigkeit** *auftragsgemäß* erledigt, so liegt in der Annahme des Geldes mit dem Willen, es nicht abzuliefern und zu behalten, noch keine Unterschlagung. Etwas anderes gilt jedoch, wenn schon bei diesem Vorgang die vorgeschriebenen oder vereinbarten Kontrollmaßnahmen (zB Eintragung in die Inkassoliste, Erteilung einer fortlaufend nummerierten Quittung) nicht eingehalten oder sonstige Manipulationen vorgenommen werden, die eine Betätigung des Zueignungswillens enthalten[53]. Ohne genauere Klärung dessen, was beabsichtigt war, hält es der BGH dagegen nicht für möglich, eine täterschaftlich begangene Unterschlagung des Fahrers eines Lkw schon darin zu sehen, dass er die von ihm beförderten Waren an einem anderen Ort als an der ihm aufgetragenen Adresse ablädt[54].

282   In der Entnahme von Geld oder Wertsachen aus westdeutschen Brief- und Paketsendungen durch Funktionäre der **früheren DDR** zu dem alleinigen Zweck der **Abführung an die Staatskasse**

---

43   BGHSt 1, 262, 263; BGH GA 1965, 207; BGH MDR/D 67, 173.
44   BGH wistra 07, 18, 20 mit Bespr. *Hauck*, wistra 08, 241 („Blockade der Verwertungsfunktion", 245).
45   RG JW 24, 1435.
46   BGHSt 12, 299, 302; RGSt 66, 155, 156 f.
47   Vgl OLG Oldenburg NJW 52, 1267; OLG Schleswig SchlHA 53, 216; *Fischer*, § 246 Rn 7; aA *Ranft*, JA 84, 287.
48   Vgl BGHSt 34, 309, 312; BayObLG NJW 92, 1777; OLG Düsseldorf StV 90, 164; OLG Hamm wistra 99, 112 mit Bespr. *Fahl*, JA 99, 539.
49   BGH StV 07, 241: Durchsetzung eigener Ansprüche; OLG Hamburg StV 01, 577: Suche nach einem anderen Vertragspartner.
50   RGSt 72, 380, 382; BGH wistra 06, 227, 228; BayObLG JR 55, 271; LG Potsdam NStZ-RR 08, 143; anders uU bei reinen *Schutzbehauptungen* gegenüber der Polizei innerhalb eines Ermittlungsverfahrens: OLG Hamm JR 52, 204.
51   BGH NJW 70, 1753; BayObLG NJW 61, 280 Nr 25.
52   OLG Düsseldorf JR 87, 520 mit Anm. *Keller.*
53   Vgl BGH NJW 53, 1924; BayObLG NJW 99, 1648.
54   BGH wistra 08, 466.

liegt richtigerweise kein „**Sich**-Zueignen" iS des § 246[55]. Die gegenteilige Auffassung[56], die sich entweder darauf beruft, dass jede eigenmächtige Verfügung zu Gunsten eines Dritten ein Sich-Zueignen voraussetze oder darauf, dass auch ein entfernter Nutzen oder Vorteil für Zueignung ausreiche *und* für die Bediensteten anzunehmen sei, legt in beiden Varianten einen jedenfalls nach der Neufassung des § 246 durch das 6. StrRG nicht mehr haltbaren Aneignungsbegriff zu Grunde (s. Rn 154)[57]. Der Gesetzgeber hat vornehmlich diesen Fall zum Anlass genommen, den Tatbestand um die **Drittzueignung** zu erweitern (BT-Ds 13/8587, S. 43). Eine solche liegt hier vor. Sie kann freilich in den zurückliegenden DDR-Fällen nicht mehr zur Verurteilung führen (Art. 315 EGStGB, § 2). Der Gefahr, dass hierdurch auch Beihilfeunrecht unterschiedslos zur Täterschaft aufgewertet wird[58], ist durch die Anwendung der für die Abgrenzung von Täterschaft und Teilnahme geltenden Regeln hinreichend zu begegnen (s. zur parallelen Problematik bei Drittzueignungs- und Drittbereicherungsabsicht Rn 153 f; 587).

c) Ausgleich von Kassenfehlbeständen mit Fremdmitteln

Die Frage, ob eine Zueignung vorliegt, ist bisweilen schwer zu entscheiden. Das lässt **283** sich an einem BGHSt 9, 348[59] nachgebildeten Fall aufzeigen, in dem es um die Verschleierung von Kassenfehlbeständen mit Fremdgeldern geht[60]. Dabei ist zum überkommenen Streitstand zu berücksichtigen, dass es im früheren Recht eine *Amtsunterschlagung* gab (§§ 350, 351, aufgehoben zum 1.1.1975 durch das EGStGB v. 2.3.1974, BGBl I 469), die durch *Postbeamte* (nach der Privatisierung der Post werden ab 1.1.1997 keine Post*beamten* mehr ernannt) begehbar und deren Auslegung teilweise durch „gelockerte Zueignungsmaßstäbe"[61] geprägt war. Solche Fallgestaltungen unterfallen (auch als „Amtsunterschlagung") nunmehr allein § 246 und sind daher heute nach dessen Maßstäben zu entscheiden.

Beispielsfall: B ist Leiter einer ländlichen Postnebenstelle. Im Schalterdienst erledigt er den gesamten Ein- und Auszahlungsverkehr. Nach seinen Dienstvorschriften sind die mittels Postanweisung eingelieferten Geldbeträge unter einer fortlaufenden Nummer in der Einzahlungsliste zu erfassen, bevor sie der amtlichen Kasse zugeführt werden, deren Bestand täglich abzurechnen ist. Etwaige Fehlbeträge sind unverzüglich zu melden und von B zu erstatten.

Eines Tages stellt B fest, dass in seiner Kasse 1000 EUR fehlen. Wie es dazu gekommen ist, lässt sich nicht klären; B ist aber davon überzeugt, dass er sich nicht zu entlasten vermag und daher Ersatz zu leisten hat. Da er nicht in den Verdacht der Veruntreuung geraten möchte, beschließt er, die vorgeschriebene Meldung zu unterlassen und den Fehlbetrag nach und nach abzudecken. Mit seinen Ersparnissen in Höhe von 400 EUR vermindert er den Fehlbetrag sofort auf 600 EUR. Um die verbleibende Differenz für den Fall einer Kassenprüfung zu verdecken, verfährt B eine Zeit lang wie folgt: Bei ihm passend erscheinenden Beträgen legt er das mittels Postanweisung eingelieferte Geld in die amtliche Kasse, ohne die vorgeschriebene Eintragung in die Einzahlungsliste vorzunehmen. Den Einlieferungsschein händigt er dem Einzahler aus; den Stamm- und Empfängerabschnitt der Postanweisung hält er dagegen für zwei bis drei Tage zurück. Sobald dann neue Einzahlungen erfolgen, die er in der gleichen Weise behandelt, bringt er die zurückgehaltenen

55 BGHSt GrS 41, 187, 195.
56 BGH JR 95, 120 sowie ua *Otto*, Anm. JZ 96, 582; *Schroeder*, JR 95, 95; *Wolfslast*, Anm. NStZ 94, 542 mwN.
57 AA *Duttge/Fahnenschmidt*, ZStW 110, 1998, 918.
58 S. *Duttge/Fahnenschmidt*, ZStW 110, 1998, 914.
59 S. auch BGHSt 24, 115.
60 S. dazu auch *Krey/Hellmann*, BT II Rn 177 ff.
61 S/S-*Eser*, § 246 Rn 12; dagegen BGHSt 14, 38, 40; *Lackner/Kühl*, § 246 Rn 6.

Einzahlungsbelege in den Postverkehr und holt die Eintragung des in ihnen ausgewiesenen Betrages in die Einzahlungsliste nach. Bei einer überraschenden Kassenrevision wird er jedoch überführt, weil er eine ihr vorausgegangene Einzahlung nicht verbucht hat.

Liegt eine Unterschlagung durch B vor?

284 Der geheime Vorbehalt des B, die eingezahlten und in seinen Alleingewahrsam gelangten Gelder im Eigeninteresse zur Verschleierung des Kassenfehlbetrages zu verwenden, hindert den **Übergang des Eigentums** vom Einzahler auf die Post nicht (vgl §§ 929, 164, 116 BGB). Die Anwendbarkeit des § 246 hängt somit allein davon ab, ob B sich diejenigen Gelder, die Gegenstand der Manipulation waren, rechtswidrig **zugeeignet** hat.

285 Die hM in Rechtsprechung und Rechtslehre vertritt den Standpunkt, dass ein Amtsträger sich der *erschwerten* **Unterschlagung** (§ 246 II) schuldig macht, wenn er einen **Kassenfehlbetrag**, zu dessen Ersatz er verpflichtet ist[62] oder sich für verpflichtet hält, dadurch ausgleicht oder verschleiert, dass er die eingenommenen Gelder zwar in die amtliche Kasse legt, jedoch die dazugehörigen **Zahlungsbelege zurückhält** und die vorgeschriebene **Eintragung in die Eingangsliste wenigstens zeitweilig unterlässt**, um sich so die Möglichkeit zu verschaffen, den Fehlbetrag aus eigenen Mitteln nach und nach zu ersetzen[63].

286 In der Rechtslehre ist die der hM zu Grunde liegende Rechtsprechung umstritten.

In einer Anmerkung zu RG JW 32, 950 Nr 16 hat schon *Merkel* aaO den Einwand erhoben, das RG habe den Begriff der Zueignung verkannt. Im gegebenen Fall habe der Beamte seinem Vermögen „keinen Pfennig" zugeführt, weil nicht die amtlichen Gelder, sondern nur die Zahlungsbelege Gegenstand seiner Manipulation gewesen seien. Die Falschbuchung habe nicht dem Zweck gedient, eine Unterschlagung zu ermöglichen, sondern einen schon vorhandenen und *ohne Unterschlagung* entstandenen Fehlbetrag zu „verdecken". Daher komme lediglich der Tatbestand des **Betrugs** (§ 263) in Betracht[64]. *Krey/Hellmann*[65] folgen ihr mit der Einschränkung, dass eine Bestrafung wegen **Untreue** (§ 266) erfolgen müsse.

287 Die Kritik verkennt, dass für die strafrechtliche Beurteilung eines Lebenssachverhalts nur eine Betrachtungsweise maßgeblich sein kann, die den **sozialen Bedeutungsgehalt des Geschehens seinem Gesamtsinn nach wertend zu erfassen** sucht[66]. Danach lässt sich nicht sagen, dass B mit dem **Geld** ordnungsgemäß verfahren ist. Vielmehr liegt eine rechtswidrige Zueignung vor.

Gegenstand des Angriffs auf das Eigentum der Post waren diejenigen Geldscheine, deren **Neueingang** B verheimlichte. In der dieser Verheimlichung dienenden Manipulation, die B dazu benutzte, um den von ihm aus eigenen Mitteln sofort zu erstattenden Fehlbetrag auszugleichen, lag die Anmaßung einer eigentümerähnlichen Verfügungsgewalt *zu eigenen Zwecken* durch die nach außen erkennbare Betätigung des Willens, diese Gelder ihrem wirtschaftlichen Wert nach wenigs-

---

62 Beachte dazu BVerwGE 52, 255.
63 BGHSt 24, 115, 120; 9, 348, 349 f; RGSt 62, 173; 63, 130, 132 f; 64, 414, 415; *Rudolphi*, GA 1965, 33, 43 ff; *Tenckhoff*, JuS 84, 775, 778; *Tröndle*, GA 1973, 289, 338; *Wessels*, JZ 65, 631, 636.
64 So auch *Deubner*, Anm. NJW 71, 1469; *Gribbohm*, JuS 63, 106; *Otto*, Jura 96, 383 und *Schöneborn*, MDR 71, 811.
65 BT II Rn 180, 181.
66 BGHSt 24, 115, 120 ff.

tens vorübergehend dem eigenen Vermögen einzuverleiben (= Aneignung). Bei korrektem Verhalten hätte B die betreffenden Geldmittel als **Neueinzahlung** deklarieren und **in dieser Eigenschaft** innerhalb des Postbetriebes weiterleiten müssen. Tatsächlich hat er sie seiner eigenen Verfügungsgewalt unterworfen, indem er sie als *angeblich eigene* zum Ausgleich des verbliebenen Kassenfehlbetrages eingesetzt und so Aufwendungen erspart hat, die er zu genau diesem Zeitpunkt aus eigenen Mitteln hätte erbringen müssen. Um sein Ziel zu erreichen, musste B die Post unter **Leugnung ihrer Eigentümerrechte** zwangsläufig **aus ihrer ursprünglichen Eigentümerposition verdrängen** und sich selbst wirtschaftlich an ihre Stelle setzen (= Enteignung).

Die Kritik an der hM greift demnach nicht durch. Es trifft auch nicht zu, dass Fälle **288** dieser Art ebenso zu beurteilen seien wie der *„Dienstmützenfall"* (vgl dazu Rn 176 ff). Denn dort konnte der Täter die Abwendung seiner Ersatzpflicht erreichen, ohne das Eigentum der Bundeswehr an der Dienstmütze leugnen zu müssen. Hier muss sich der Täter dagegen zwangsläufig eine **eigentümerähnliche Verfügungsgewalt zu eigenen Zwecken anmaßen**, um sein Ziel zu verwirklichen[67]. Nicht der *„Dienstmützenfall"*, sondern der *„Getreidefall"* (RGSt 57, 199) und die Fälle der Rückveräußerung entwendeter Sachen an den nichts ahnenden Sacheigentümer (vgl dazu Rn 158) sind die vergleichbaren Sachverhalte.

Im **Beispielsfall** hat B somit eine *veruntreuende* Unterschlagung (§ 246 II, s. Rn 295 ff) began- **289** gen. Nach außen trat die Betätigung seines Zueignungswillens durch die **Unterdrückung** und **zeitweilige Zurückhaltung der Einzahlungsbelege** deutlich in Erscheinung. Erst daraus ging hinreichend klar hervor, dass die mangelnde Verbuchung der Einzahlung in der Eingangsliste nicht auf einem Versehen oder auf bloßer Nachlässigkeit beruhte. In diesem Zeitpunkt war die Zueignung der eingezahlten Gelder vollendet. Das Verhalten des B erfüllt des Weiteren alle Merkmale der **Untreue** in Form des *Treubruchstatbestandes* (§ 266 I 2. *Alt.*)[68]. Infolgedessen ist zunächst zu prüfen, ob eine **Untreue** im Vergleich zur *veruntreuenden* **Unterschlagung** das schwerere Delikt ist. Soweit nicht – etwa weil und wenn B Amtsträger ist – § 266 II iVm § 263 III Nr 4 eingreift, ist der Strafrahmen jedoch in beiden Fällen gleich hoch. Da die § 246 ausschließende Tatbestandslösung[69] in Gleichzeitigkeitsfällen nicht mehr vertretbar ist (Rn 300), ist das Konkurrenzverhältnis zu entscheiden. Richtigerweise ist Gesetzeskonkurrenz mit Vorrang des § 266 anzunehmen, wenn sich beide Delikte auf dieselbe Sache beziehen und sich in ein und derselben Ausführungshandlung verwirklichen[70].

3. Besitz oder Gewahrsam

Nach § 246 aF musste sich die Tat auf eine Sache beziehen, die der Täter „in Besitz **290** oder Gewahrsam" hat. Diese Voraussetzung bereitete idR keine Probleme, weil sie den ohnehin typischen Alltagsfall der Unterschlagung beschrieb. In ihm erliegt der Täter der Versuchung[71], den durch den Gewahrsam geschaffenen Schein nach außen auszunutzen oder den Fremd- in Eigenbesitz zu verwandeln: er verkauft das geliehene Buch oder gibt das geliehene Auto als gestohlen aus, um es fortan als „eigenes" zu ge-

---

67 Ebenso *Rengier*, BT I § 5 Rn 8.
68 Näher BGHSt 13, 315; BGH NJW 53, 1924.
69 BGHSt 14, 38, 46 f.
70 *Küper*, Jura 96, 205; S/S-*Lenckner/Perron*, § 266 Rn 55.
71 Ein Grund milderer Bestrafung gegenüber dem Diebstahl, s. *Hillenkamp*, Vorsatztat und Opferverhalten 1981, S. 56.

brauchen. Die Gewahrsamsklausel führte beim Wort genommen aber auch zu Strafbarkeitslücken, deren Umfang und Bedeutung umstritten waren.

So ging es einerseits um die Frage, ob der Täter bereits *vor* der Zueignungshandlung Gewahrsam inne haben musste (so die sog. „strenge Auslegung") oder ob es ausreichte, dass Gewahrsamserlangung und Zueignung in einer Handlung zeitlich zusammenfielen (so die sog. „kleine berichtigende Auslegung"), eine Ansicht, deren Ergebnis die sog. „große berichtigende Auslegung" einschloss. Diese ging aber noch darüber hinaus, weil sie in der Klausel nur ein „schlecht formuliertes Abgrenzungskriterium" gegenüber dem Diebstahl sah, mit dem ausgedrückt werden sollte, dass jede Zueignung ohne Gewahrsamsbruch als Unterschlagung anzusehen sei[72]. Andererseits war umstritten, ob dem Besitz neben dem Gewahrsam eine *eigenständige* Bedeutung mit auch von der großen berichtigenden Auslegung vertretenen Folge zuzuerkennen sei, dass auch nur mittelbarer Besitz für Unterschlagung ausreichte[73].

291 Diese Auslegungsschwierigkeiten und die durch sie heraufbeschworenen Strafbarkeitslücken will das **6. StrRG** (Rn 9) dadurch beseitigen, dass es in § 246 nF auf die Gewahrsamsklausel verzichtet (BT-Ds 13/8587, S. 43). Mit diesem Schritt ermöglicht der Gesetzgeber die *Ergebnisse* der kleinen und großen berichtigenden Auslegung[74], geht aber selbst über die Letztere noch hinaus. Denn anders als diese lässt das Gesetz eine Unterschlagung auch dann zu, wenn sie durch Wegnahme erfolgt. Sie ist dann nur gegenüber dem Diebstahl subsidiär[75]. Im Sinne des Gesetzgebers befriedigend zu lösen sind nach der Neufassung die folgenden *vier* vormals umstrittenen Fallgestaltungen, die nunmehr vom Tatbestand erfasst werden[76].

292 Zum ersten steht der Strafbarkeit der sog. **Fundunterschlagung**, bei der der Täter die Fundsache schon mit Zueignungswillen in Besitz nimmt, jedenfalls nicht mehr entgegen, dass Gewahrsamsbegründung und Zueignung in einer Handlung zusammenfallen[77]. Insoweit ist die sog. kleine berichtigende Auslegung in ihren Ergebnissen Gesetz geworden. Praktisch geändert hat sich für die Fundunterschlagung dadurch freilich nicht viel. Für sie ergaben sich schon zwischen der seinerzeit herrschenden kleinen berichtigenden und der strengen Auslegung kaum Unterschiede, weil das *bloße Ergreifen* der Sache auch durch den ehrlichen Finder notwendig und deshalb durchweg so unverfänglich ist, dass es noch keine *hinreichend erkennbare Betätigung* des schon vorhandenen Zueignungswillens darstellt[78]. Ein solch eindeutiger Zueignungsakt ist aber unabhängig von Besitz oder Gewahrsam stets abzuwarten[79]. Er kann freilich – wie beim bereits sortierenden Ergreifen nur der Geldscheine aus einem gefundenen Portmonee – im Ausnahmefall auch mit der Besitzverschaffung zusammenfallen. Dann ist heute unbestreitbar Unterschlagung gegeben. Nichts anderes gilt zur

---

72 S. zu diesem Streit *Hillenkamp*, BT, 8. Aufl., 22. Problem mwN; *Küper*, BT 1. Aufl., S. 58 ff; *Duttge/Fahnenschmidt*, Jura 97, 282 ff; *Wessels*, BT II Rn 271 ff.
73 S. hierzu S/S-*Eser*, 25. Aufl., § 246 Rn 1 mwN.
74 Missverständlich *Lesch*, JA 98, 497; BE-*Noak*, S. 73; *Stächelin*, StV 98, 99; *Wolters*, JZ 98, 399.
75 *Küper*, BT S. 479; zust. *Dencker*, in: Dencker ua, Einführung in das 6. StrRG 1998, S. 21; *Duttge/Fahnenschmidt*, ZStW 110, 1998, 898; *Sinn*, NStZ 02, 66.
76 S. im Einzelnen *Rengier*, Lenckner-FS S. 806 ff.
77 *Lackner/Kühl*, § 246 Rn 3.
78 S. *Kindhäuser*, BT II § 6 Rn 21; *Maurach/Schroeder/Maiwald*, BT II § 34 Rn 33.
79 Anders auf der Grundlage der Aneignungstheorie – Rn 279 – *Krey/Hellmann*, BT II Rn 162.

sog. **Leichenfledderei**[80]. Sachen, die sich bei einer Leiche befinden, sind wie verlorene ohne Gewahrsam (Rn 83, 97). Gewahrsam wird *erst*[81] durch Inbesitznahme begründet. In ihr liegt beim Ausplündern eines auf einer Landstraße tödlich verunglückten Motorradfahrers eine Zueignung, bei „fürsorglicher" Ansichnahme durch Verwandte dagegen noch nicht. Nur im ersten Fall ist mit dem Plündern die Unterschlagung vollendet, da dem nicht mehr entgegensteht, dass Zueignung und Gewahrsamsbegründung zusammenfallen[82]. Als drittes galt verbreitet, dass **Mittäter** einer Unterschlagung nur sein konnte, wer spätestens im Augenblick der Zueignungshandlung *eigenen Gewahrsam* erlangte[83], weil dieses strafbarkeitsbegründende Merkmal nicht nach § 25 II zurechenbar sei. Teilnehmer ohne eigenen Gewahrsam konnten folglich nur Anstifter oder Gehilfen sein. Dieses Problem hat sich als vom Gesetz gestelltes erledigt: Selbst der Alleintäter muss Besitz oder Gewahrsam nicht haben, infolgedessen auch der Mittäter nicht. Schließlich ist auch der Streit um die selbstständige Bedeutung des Wortes „Besitz" entschieden. Stellte man Besitz und Gewahrsam gleich[84], reichte nur **mittelbarer Besitz** mangels Sachherrschaft nicht aus. Verkaufte ein Verleiher ein ihm selbst nur zur Ansicht überlassenes Buch an den gutgläubigen Entleiher, blieb er hiernach straflos. Dieses Ergebnis ließ sich nur vermeiden, wenn man für den Besitz eine eigenständige, dem Zivilrecht angelehnte Deutung oder für § 246 die große berichtigende Auslegung vertrat. Das Gesetz hat sich für *dieses Ergebnis* entschieden[85].

Mit dem Verzicht auf die Gewahrsamsklausel haben Besitz und Gewahrsam ihre angestammte Bedeutung im Unterschlagungstatbestand zwar verloren, sind aber für ihn **nicht bedeutungslos** geworden. Sie bleiben innerhalb der **Zueignung** von Gewicht[86]. **293**

Gehört die fremde Sache bereits zur Herrschaftssphäre des Unterschlagenden, weil er sie geliehen, gemietet oder in Verwahrung genommen hat, bedarf es für die Zueignung einer Betätigung des auf sie gerichteten Willens, die den Fremdbesitz unzweideutig in Eigenbesitz verwandelt oder einem Dritten die Aneignungsmöglichkeit verschafft. Bloße **Berührung** oder *Kundgabe* reichen *nicht* aus[87]. Soll schon in der Herrschaftsbegründung eine Zueignung liegen, muss sie sich ebenso unzweideutig als Manifestation einer gewollten Eigentumsverletzung erweisen. Eben das tut das bloße Aufnehmen der gefundenen Sache auch trotz Zueignungswillens nicht[88]. Auch die Zueignung **unbesessener** Sachen ist von solcher *Betätigung* abhängig[89]. Deshalb ist nicht zu befürchten, dass nach der neuen Fassung eine Unterschlagung vorliegt, wenn ein in Köln lebender Täter seiner Freundin fernmündlich „die ganze Welt" (*Binding*) zu Füßen legt oder ein in Berlin verloren gegangenes Fahrrad eines Dritten telefonisch seinem Freund in München schenkt[90]. Das ist

---

80 BGHSt 47, 243.
81 Abw. *Duttge/Fahnenschmidt*, Jura 97, 286.
82 *Rengier*, BT I § 5 Rn 14.
83 BGHSt 2, 317, 318; aA *Küper*, ZStW 106, 1994, 354, 379.
84 OLG Schleswig NJW 79, 882.
85 *A/W-Heinrich*, § 15 Rn 31; *Krey/Hellmann*, BT II Rn 163.
86 *A/W-Heinrich*, § 15 Rn 26 ff; *Cantzler*, JA 01, 569; *Kindhäuser*, § 246 Rn 18 ff, 23 ff; *Mitsch*, BT II/1 § 2 Rn 21 ff; *ders.*, ZStW 111, 1999, 89 f; *Rengier*, BT I § 5 Rn 17 ff; *Schmidt/Priebe*, BT II Rn 278 ff.; zusf. *Küper*, BT S. 495 f.
87 *Lackner/Kühl*, § 246 Rn 8.
88 *Maiwald*, Der Zueignungsbegriff im System der Eigentumsdelikte 1970, S. 107 ff.
89 *Otto*, BT § 42 Rn 8; *ders.*, Jura 98, 552.
90 So aber *Sander/Hohmann*, NStZ 98, 276; ähnlich *Duttge/Fahnenschmidt*, ZStW 110, 1998, 909; wie hier *Rengier*, BT I § 5 Rn 18.

nur Kundgabe und Berühmung, nicht aber Fremdeigentum schon verletzende Willensbetätigung. Zu ihr wird in solchen Fällen in der Regel erst die Herstellung eines Herrschaftsverhältnisses des Sich-Zueignenden oder die mit Drittzueignungsabsicht erfolgende Verbringung der Sache in die Herrschaftssphäre des Dritten und die damit einhergehende Verschlechterung oder Aufhebung der Herrschaftsbeziehung des Berechtigten führen[91]. Ersteres geschieht nach sozial-normativer wie faktischer Sicht freilich schon, wenn ein Landstreicher einen von einem Fuhrwerk verlorenen Haufen Holz anzündet, um sich an ihm zu erwärmen[92]. Dann liegt neben Sachbeschädigung auch vollendete Unterschlagung vor.

4. Rechtswidrigkeit der Zueignung und Vorsatz

294 Die **Rechtswidrigkeit** der **Zueignung** kennzeichnet die Verletzung der materiellen Eigentumsordnung durch die Zueignungshandlung. Wie beim Diebstahl ist die Rechtswidrigkeit insoweit ein normatives Tatbestandsmerkmal. Dazu gelten die Ausführungen zum Diebstahl entsprechend (Rn 187 ff). Ist der Eigentümer mit der Zueignung einverstanden, kommt eine (vollendete) Unterschlagung nicht in Betracht. Das ist bei der Veräußerung eines iR einer Händlereinkaufsfinanzierung zur Sicherheit übereigneten Sache, die der Sicherungsgeber im ordnungsgemäßen Geschäftsbetrieb im eigenen Namen veräußern darf, ebenso wie bei der Diebesfalle zu beachten[93]. Eignet sich ein Verbraucher eine von einem Unternehmen unbestellt gelieferte Sache zu, ohne das Kaufangebot annehmen und den Kaufpreis zahlen zu wollen, ist die begangene Unterschlagung möglicherweise durch § 241a BGB gerechtfertigt[94]. Der **Vorsatz** muss sich auf die Rechtswidrigkeit der Zueignung erstrecken. Der Irrtum hierüber ist wie beim Diebstahl zu behandeln[95]. Dolus eventualis reicht aus. Das gilt auch für den Zueignungswillen. Absicht ist nicht zu verlangen (Rn 280).

II. Veruntreuende Unterschlagung

295 Die Zueignung **anvertrauter Sachen** ist als *veruntreuende* Unterschlagung mit höherer Strafe bedroht. Sie ist als **Qualifikation** der einfachen Unterschlagung durch das 6. StrRG (Rn 9) deutlicher als zuvor in einem eigenen Absatz geregelt (§ 246 II). **Anvertraut** sind nach hM solche Sachen, die der Täter vom Eigentümer oder von einem Dritten mit der Verpflichtung erlangt hat, sie zu einem bestimmten Zweck zu verwen-

---

91 S.BGH wistra 07, 18, 20; vgl zu diesen Fallkonstellationen nach *altem Recht Charalambakis*, Der Unterschlagungstatbestand de lege lata und de lege ferenda 1985, S. 159 ff; *Maiwald*, Der Zueignungsbegriff im System der Eigentumsdelikte 1970, S. 193, 211; *Otto*, Die Struktur des strafrechtlichen Vermögensschutzes 1970, S. 257; *Paulus*, Der strafrechtliche Begriff der Sachzueignung 1968, S. 181, 203; *Post*, Der Anwendungsbereich des Unterschlagungstatbestandes 1956, S. 50 ff; nach *neuem Recht Joecks*, § 246 Rn 20 ff; *Mitsch*, BT II/1 § 2 Rn 28; *Rengier*, Lenckner-FS S. 809 ff; *Sinn*, NStZ 02, 67 f.

92 AA *Maiwald*, Der Zueignungsbegriff im System der Eigentumsdelikte 1970, S. 211; *Rengier*, Lenckner-FS S. 811.

93 BGH NStZ 05, 566, 567; Gleiches gilt für den Vorbehaltskäufer, OLG Düsseldorf, NJW 84, 810, 811; zur Diebesfalle s. *Hillenkamp*, Anm. JR 87, 254; aA OLG Celle JR 87, 253; s. Rn 106.

94 S. HK-GS/*Duttge*, § 246 Rn 6; *Matzky*, NStZ 02, 462 f; NK-*Kindhäuser*, § 246 Rn 26 und Rn 17.

95 OLG Hamm NJW 69, 619; s. Rn 190.

den, aufzubewahren oder auch nur zurückzugeben[96]. Auch wenn Besitz oder Gewahrsam für eine Unterschlagung nach § 246 I nicht mehr gesetzlich verlangt werden, setzt eine Veruntreuung hiernach die Verfügungsgewalt im Sinne von (mittelbarem) Besitz oder Gewahrsam voraus[97]. Auf diese Umstände muss sich der Tätervorsatz erstrecken.

Anvertraut sind danach zB gemietete, geliehene, durch einen Leasingvertrag überlassene[98] in Verwahrung gegebene, zur Erledigung eines Auftrags übernommene und unter Eigentumsvorbehalt gelieferte Sachen bis zur vollständigen Bezahlung des Kaufpreises. Eine Prüfung der Vertrauenswürdigkeit dessen, dem die Sache anvertraut wird, ist nicht zu verlangen[99].

Anvertraut ist eine Sache nach zutreffender Ansicht auch dann, wenn das in Betracht **296** kommende Rechtsgeschäft *sittenwidrig* oder aus anderen Gründen *unwirksam* ist[100]. Es verdient vor allem keinen Beifall, die erhöhte Strafdrohung gegenüber einem Zugriff dessen zurückzunehmen, der sich die Verfügungsgewalt unter von der Rechtsordnung missbilligten Umständen hat einräumen lassen. Eine Verwirkung des Schutzes oder Gutes durch missbilligtes Opferverhalten ist dem Strafrecht fremd, ein die Schädigungsfreiheit erweiternder Rückzug des Strafrechts in solchen Fällen ohne erkennbaren Sinn[101]. Vorausgesetzt wird insoweit allerdings zu Recht, dass die Überlassung der Sache durch einen vom Eigentümer unterschiedenen Dritten an den Täter den Eigentümerinteressen nicht zuwiderläuft[102]. Eine gestohlene Sache, die der Dieb dem Hehler zur Verwahrung übergibt, ist nicht iS des § 246 anvertraut. Das folgt daraus, dass in der Verletzung der Vertrauensbeziehung zwischen Dieb und Hehler nicht zugleich ein für die Veruntreuung notwendiger wenigstens mittelbarer Verstoß gegenüber dem Eigentümerinteresse zu sehen ist. Anders liegt es dagegen, wenn der Dieb die Sache einem Mittelsmann *zwecks Rückgabe an den Bestohlenen* aushändigt.

Aus dem Veruntreuungstatbestand scheiden damit im Wesentlichen nur die Fälle *einseitiger* Begründung der Verfügungsgewalt über die Sache aus, wie sie durch Fund, Naturereignis[103] oder etwa beim Zulaufen eines Hundes geschehen kann. Das führt, da an das Anvertrauen deutlich geringere Anforderungen als an ein Treueverhältnis im Sinne des § 266 gestellt werden, angesichts des der Untreue entsprechenden Strafrahmens zu einer *nicht unbedenklichen* Weite dieser Qualifikation[104].

Das **Anvertrautsein** bildet einen *besonderen persönlichen Umstand* iS des § 28 II[105]. **297** Teilnehmer, die außerhalb dieser besonderen Vertrauensbeziehung stehen, werden daher nur aus dem Grundtatbestand (§ 246 I) bestraft.

---

96 BGHSt 9, 90, 91; 16, 280, 282; anders SK-*Hoyer*, § 246 Rn 46: nur bei Überlassung ohne Nutzungsbefugnis; s. krit. dazu *Fischer*, § 246 Rn 16.
97 A/W-*Heinrich*, § 15 Rn 35; *Küper*, BT S. 25; *Lackner/Kühl*, § 246 Rn 13; MK-*Hohmann*, § 246 Rn 51; S/S-*Eser*, § 246 Rn 29; aA *Mitsch*, ZStW 111, 1999, 94.
98 BGH wistra 09, 236, 237.
99 AA A/W-*Heinrich*, § 15 Rn 35.
100 BGH NJW 54, 889; OLG Braunschweig NJW 50, 656; *Eisele*, BT II Rn 258; LK-*Ruß*, § 246 Rn 26; aA NK-*Kindhäuser*, § 246 Rn 41; S/S-*Eser*, § 246 Rn 30; SK-*Hoyer*, § 246 Rn 47.
101 S. *Hillenkamp*, Vorsatztat und Opferverhalten 1981, S. 184 ff, 204 ff.
102 RGSt 40, 222; *Küper*, BT S. 25 f.
103 RGSt 4, 386, 388.
104 AA offenbar BGHSt 9, 90, 92.
105 Vgl BGH StV 95, 84; *Fischer*, § 246 Rn 19; HK-GS/*Duttge*, § 246 Rn 19; S/S-*Eser*, § 246 Rn 29; *Wessels/Beulke*, AT Rn 558.

298 Im **Fall 22** kommt – da dem A die Diskette von der Eigentümerin mit der Verpflichtung überlassen worden ist, sie nur zu bestimmten Zwecken zu gebrauchen – eine *veruntreuende* Unterschlagung (§ 246 II) in Betracht. Voraussetzung dafür ist, dass der *Grundtatbestand* (§ 246 I) erfüllt ist. Die im Eigentum der Firma X stehende Diskette hat sich – legt man die Auffassung des BayObLG[106] zu Grunde – A nicht dadurch zugeeignet, dass er sie trotz Aufforderung **nicht zurückgegeben** hat. In Übereinstimmung mit der ständigen Rechtsprechung der Revisionsgerichte[107] wird das auf dem Boden einer engen Manifestationslehre zu Recht damit begründet, dass das bloße Unterlassen der geschuldeten Rückgabe einer fremden Sache nicht den *sicheren* Schluss darauf zulasse, dass der Unterlassende den Gegenstand seinem Vermögen einverleiben will, weil es ebenso gut auf einer das fremde Eigentum nicht in Frage stellenden Nachlässigkeit oder auf einem bloßen Zurückbehaltungsinteresse beruhen kann. Es fehlt folglich an einer **unzweideutigen** Manifestation des bei A vorhandenen Zueignungswillens (der in der dem Fall zu Grunde liegenden Enscheidung ebenfalls unsicher war). Zum selben Ergebnis würde zwar auch die Überlegung führen, eine Zueignung sei durch *Unterlassen* überhaupt nicht[108] oder nur dem Garanten[109], der A nicht ist, möglich. Dem ist aber die Begründung der Rechtsprechung vorzuziehen, da in „beredtem Schweigen" oder der Nichtbefolgung einer Rückgabepflicht *im Einzelfall* sehr wohl auch ohne Garantenstellung eine zureichende *Betätigung* des Zueignungs*willens* liegen kann[110]. Eine Garantenstellung ist nur dort erforderlich, wo der Täter die Zueignung durch Dritte nicht hindert, nicht aber, wo er die Sache behält. Dass auch in der **Verwendung** der Diskette zur Herstellung der Angebotslisten keine Zueignung liegt, ist vom BayObLG[111] ebenfalls zutreffend entschieden. Die Begründung ist freilich missverständlich. Denn dass in der Verwendung der Diskette weder eine An- noch eine Enteignung liegt, spricht nur für diejenigen gegen eine zureichende Zueignungshandlung, die in ihr den *inhaltlichen* (Teil-) Vollzug der Zueignungsmomente verlangen. An einer eindeutigen Betätigung fehlt es dagegen hier nicht. Woran es in Wahrheit mangelt, ist der Zueignungswille. Zwar wollte A die Diskette wie ein Eigentümer nutzen, sie aber weder in ihrer Substanz noch in einer ihr wesentlichen Funktion der Eigentümerin auf Dauer vorenthalten. Vielmehr sollte – so A's Vorstellung im Zeitpunkt des Gebrauchs – die Diskette ohne Wert- oder Funktionsverlust der Firma X wieder zukommen. Dann aber fehlt der **Enteignungs**vorsatz[112]. Angemerkt sei, dass die abgerufenen Daten keine Sachen und daher keine tauglichen Objekte der Unterschlagung sind (Rn 63). Die Strafbarkeit richtet sich insoweit nach § 17 II Nr 1c UWG, der hier freilich deshalb nicht greift, weil sich A das Geschäftsgeheimnis nicht durch *Wegnahme* der Sache unbefugt verschafft hat, die das Geheimnis verkörpert[113].

---

106 JR 93, 253 mit zust. Anm. *Julius*; vgl auch *Cramer*, CR 97, 693, 696.
107 OLG Koblenz StV 84, 287; OLG Hamm wistra 99, 112; OLG Hamburg StV 01, 577; RGSt 4, 404, 405; BGHSt 34, 309, 312; s. zu letzterem Fall *Hillenkamp*, BT 24. Problem mit Falllösung.
108 SK-*Rudolphi*, § 13 Rn 11 mwN.
109 *Maiwald*, Der Zueignungsbegriff im System der Eigentumsdelikte 1970, S. 201 f; *Maurach/Schroeder/Maiwald*, BT I § 34 Rn 31 f; *Lagodny*, Jura 92, 665.
110 S. *Otto*, JK 92, StGB § 246/7.
111 Zust. S/S-*Eser*, § 246 Rn 11.
112 Zutr. *Julius*, Anm. JR 93, 256.
113 BayObLG JR 93, 254 f.

III. Mehrfache Zueignung und Subsidiaritätsklausel

Fall 23: T hatte als Beamter des Ordnungsamtes der Stadt X die Aufgabe, in Lebensmittelgeschäften Proben zu entnehmen und sie dem staatlichen Untersuchungsamt zuzuleiten. Ergaben sich Beanstandungen, musste er das den Kaufleuten mitteilen und ihnen eine Zahlkarte mit der Aufforderung aushändigen, die entstandenen Kosten dem Untersuchungsamt zu erstatten. Obwohl T nicht dazu befugt war, zog er das Geld stattdessen mehrfach selbst ein und verbrauchte es anschließend für sich.

Strafbarkeit des T? **Rn 304**

299

1. „Gleichzeitige" Zueignung

Der Gesetzgeber hat mit dem 6. StrRG (Rn 9) § 246 zum Auffangtatbestand gemacht, „der alle Formen rechtswidriger Zueignung fremder beweglicher Sachen umfasst" (Rn 58), zur Bestrafung aber nur führt, „wenn die Tat nicht in anderen Vorschriften mit schwererer Strafe bedroht ist" (= Subsidiaritätsklausel). Mit dieser gesetzgeberischen Entscheidung ist eine zum alten Recht verbreitete Auffassung unvereinbar, die aus der Zusammenschau aller mit einer Zueignung verbundenen Delikte hergeleitet hat, es könne nicht der Sinn des Unterschlagungstatbestandes sein, in all diesen Fällen zusätzlich angewendet zu werden *und* daraus folgerte, die Unterschlagung liege schon tatbestandlich bei **gleichzeitiger** Zueignung durch Diebstahl, Betrug, Untreue usw nicht vor[114]. Mit dieser Auffassung liefe die Subsidiaritätsklausel – die auch für die veruntreuende Unterschlagung gilt[115] – in ihrem eigentlichen Anwendungsbereich leer[116].

300

Ist also Zueignung durch Diebstahl oder Betrug gegeben, tritt die zugleich verwirklichte Unterschlagung im Konkurrenzwege zurück[117]. Dabei ist darauf zu achten, dass das gleichzeitig begangene Delikt mit schwererer Strafe bedroht ist. Hieran fehlt es zB bei einer Untreue gegenüber § 246 II. In einem solchen Fall tritt die veruntreuende Unterschlagung nur im Falle der Gesetzeskonkurrenz zurück[118].

Die **Reichweite der Subsidiaritätsklausel** ist umstritten. Obwohl § 246 nF anders als § 240 I E 1962 auf eine Benennung der Delikte verzichtet, hinter die die Unterschlagung zurücktritt, ist der gesetzgeberischen Konzeption eines Auffangtatbestandes im Zueignungsbereich zu entnehmen, dass das *vorgehende Delikt das Zueignungsunrecht ausdrücken* muss. Wer eine Strafvereitelung begeht, indem er das bei ihm untergestellte Unfallfahrzeug eines Unfallflüchtigen kurz vor der drohenden Entdeckung einem Dritten zueignet (auf Drittaneignungsabsicht kommt es bei § 246 nicht an, Rn 280), ist zwar wegen dieser Tat mit bis zu fünf Jahren Freiheitsstrafe bedroht (§ 258 I), kann aber – auch wenn § 246 II nicht eingreift – gleichwohl wegen Unterschlagung bestraft werden. An-

300a

114 So BGHSt 14, 38, 46 f; *Krey/Hellmann*, BT II Rn 173, 173a.
115 *Lackner/Kühl*, § 246 Rn 14; *Rengier*, BT I § 5 Rn 28.
116 *Küper*, BT S. 496; zust. *Cantzler/Zauner*, Jura 03, 487; *Graul*, JuS 99, 567; *Lackner/Kühl*, § 246 Rn 7; *Noak*, Drittzueignung und 6. StrRG, 1999, S. 97, 112; *Murmann*, NStZ 99, 16.
117 *Mitsch*, BT II/1 § 2 Rn 50; nach wie vor für die Tatbestandslösung dagegen *Krey/Hellmann*, BT II Rn 173a.
118 S. *Lackner/Kühl*, § 266 Rn 23.

derenfalls bliebe die Eigentumsverletzung ungesühnt[119]. Der **BGH** sieht sich an dieser Auslegung für § 246[120] durch die Wortlautschranke zu Unrecht gehindert, da der auch von ihm erkannte und die hier vertretene Deutung nahelegende gesetzgeberische Wille (BT-Ds 13/8587 S. 43 f) in der Konzipierung des § 246 als *Auffangtatbestand aller Delikte im Zueignungsbereich* hinlänglich zum Ausdruck gekommen ist. Dass eine Unterschlagung hinter einem Totschlag zurücktreten soll, ist zudem ein in der Sache nicht begründbares Ergebnis[121] und wird auch durch den Begriff der „Tat" nicht nahegelegt. Vielmehr macht dieser Begriff zur Bedingung, dass das Unrecht dieser Tat in den anderen Vorschriften zum Ausdruck kommt (s. Rn 403)[122]. Um das Ungesühntbleiben der Eigentumsverletzung zu vermeiden, ist auch bei Zweifeln über das vorrangige Delikt auf Unterschlagung zurückzugreifen. Bleibt etwa unaufklärbar, ob sich der Zueignungsakt auf eine verlorene (dann § 246, Rn 97) oder eine nur vergessene (dann § 242, Rn 98) Sache bezog, ist aus § 246 zu bestrafen[123].

2. „Wiederholte" Zueignung

301 Von der Problematik „gleichzeitiger" Zueignung ist die einer „wiederholten" oder nochmaligen Zueignung zu unterscheiden. Sie stellt sich unter dem Blickwinkel der Unterschlagung namentlich dann, wenn der Täter eine „Zueignungshandlung" iS des § 246 vornimmt, nachdem er sich die Sache **zuvor** bereits durch ein (schwereres) strafbares Eigentums- oder Vermögensdelikt zugeeignet hat. Obwohl es nahe liegt, diese Fallgestaltung nicht anders als die „gleichzeitige" Zueignung zu behandeln[124] und daher auch die „Zweitzueignung" der Subsidiaritätsklausel zu unterwerfen, besteht hierüber (nach wie vor) Streit. Er ist nach einigen Stimmen, die zu diesen Fällen auf der die *Möglichkeit doppelter Zueignung verneinenden* **Tatbestandslösung** beharren, mit der Neufassung nicht entschieden, weil sich die Subsidiaritätsklausel lediglich auf das Verhältnis der *Tat* zu den mit dieser Tat *zugleich* verwirklichten Delikten beziehe und daher das Verhältnis zu nachfolgenden „Zueignungen" unberührt lasse[125]. Diese Deutung ist zwar vom Wortlaut nach üblichem Sprachgebrauch[126] gedeckt, in der Sache aber nicht ohne Zweifel. Denn einerseits wollte möglicherweise schon der E 1962, auf dessen Vorbild sich das 6. StRG beruft (BT-Ds 13/8587, S. 43 f), mit seiner Subsidiaritätsklausel auch die „wiederholte" Zueignung entscheiden[127]. Zum anderen spricht die § 246 zugedachte Auffangfunktion nicht anders als in den Gleichzeitigkeitsfällen da-

---

119 Anders die Deutung der Subsidiaritätsklausel in § 125 durch BGH JZ 98, 470 mit abl. Anm. *Rudolphi*; wie hier A/W-*Heinrich*, § 15 Rn 42; *Cantzler*, JA 01, 571 f; *Cantzler/Zauner*, Jura 03, 483; *Eisele*, BT II Rn 261; *Fischer*, § 246 Rn 23a; HK-GS/*Duttge*, § 246 Rn 23; LK-*Laufhütte/Kuschel*, Nachtrag § 246 Rn 9; *Maurach/Schroeder/Maiwald*, BT I § 34 Rn 43; *Mikolajczyk*, Der Zueignungsbegriff des Unterschlagungstatbestandes 2005, S. 128 ff; *Mitsch*, BT II/1 § 2 Rn 75; *Otto*, Jura 98, 551; *Rengier*, BT I § 5 Rn 29; S/S-*Eser*, § 246 Rn 32; SK-*Hoyer*, § 246 Rn 48.
120 BGHSt 47, 243 mit zust. Anm. *Otto*, NStZ 03, 87 und abl. Anm. *Duttge/Sotelsek*, NJW 02, 3756; *Geppert*, JK 10/02 StGB § 246/13; *Hoyer*, JR 02, 517; *Küpper*, JZ 02, 1115.
121 S. dazu auch Rn 403, 667; dem BGH gleichwohl auch für § 246 zust. *Heghmanns*, Rn 1164 f; *ders.*, JuS 03, 956 ff; *Lackner/Kühl*, § 246 Rn 14; MK-*Hohmann*, § 246 Rn 61; *Noak*, Drittzueignung und 6. StRG 1999, S. 110; *Sander/Hohmann*, NStZ 98, 276; *Wagner*, Grünwald-FS S. 797; liegt Tatmehrheit vor, ist nach BGH NStZ-RR 06, 202 neben § 211 auch § 246 anzuwenden.
122 Zust. *Freund/Putz*, NStZ 03, 242, 246.
123 *Küper*, BT S. 497.
124 So auch *Eckstein*, JA 01, 31; *Murmann*, NStZ 99, 17.
125 *Krey/Hellmann*, BT II Rn 174; *Küper*, BT S. 496; *Rengier*, BT I § 5 Rn 24, 29; s. auch *Mitsch*, BT II/1 § 2 Rn 73, der aber selbst die Konkurrenzlösung vertritt, § 2 Rn 53.
126 IS des prozessualen Tatbegriffs für § 265 abw. BGHSt 45, 211, 214.
127 S. *Maiwald*, Der Zueignungsbegriff im System der Eigentumsdelikte 1970, S. 224.

für, auf § 246 zurückgreifen zu können, wo das vorangegangene Delikt aus mit der Zueignung nicht zusammenhängenden tatsächlichen oder rechtlichen Gründen zweifelhaft ist[128]. Im Übrigen streiten auch unabhängig hiervon die besseren Gründe für die **Konkurrenzlösung**.

Von dieser zunächst herrschenden Auffassung, nach der die einem Erwerbsdelikt nachfolgenden **Verwertungshandlungen** zwar tatbestandsmäßig iS des § 246 sein können, im Verhältnis zum Sacheigentümer aber auf der **Konkurrenzebene** unter dem Gesichtspunkt der *mitbestraften Nachtat* zu erledigen sind[129], hat die Rechtsprechung sich allerdings gelöst. Seit BGHSt 14, 38, 43 f hat sie den Standpunkt eingenommen, nicht jede weitere Betätigung des Herrschaftswillens durch den Dieb, Betrüger oder Erpresser bilde einen neuen Zueignungsakt. Schon dem Wortsinn nach sei Zueignung die **Herstellung** der eigentümerähnlichen Herrschaft über die Sache bzw die erstmalige **Verfügung** über sie, nicht aber die bloße Ausnutzung dieser Herrschaftsstellung. Unterschlagung iS des § 246 setze schon **tatbestandlich** voraus, dass sich der Täter die fremde Sache nicht bereits mit Zueignungswillen durch eine strafbare Handlung wie Diebstahl, Raub, Erpressung oder Betrug verschafft habe. Wer dem Dieb ohne Bereicherungsabsicht beim Absatz der Beute helfe, dürfe nicht wegen Beihilfe zur Unterschlagung, sondern nur wegen Begünstigung (§ 257) bestraft werden[130]. Der Konkurrenzlösung wird zudem vorgehalten, dass mit jeder erneuten Zueignungshandlung die Verjährungsfrist nach ihr von neuem begänne[131]. **302**

In der Rechtslehre ist die neuere Rechtsprechung, die selbst nicht ohne Korrekturen auskommt[132], aber zu Recht auf Kritik gestoßen[133]. Es kann zunächst nicht bestritten werden, dass die *Aneignung* fremder Sachen ebenso wiederholbar ist wie ihre *Enteignung*[134]. So ist die Annahme einer Unterschlagung unumgänglich, wenn jemand eine *verlorene* Sache, die er für *dereliquiert* gehalten und in Eigenbesitz genommen hat, schleunigst veräußert, nachdem er seinen Irrtum erkannt hat. Das gleiche gilt für den Täter, der im Zustand der Nüchternheit die Zueignung einer Sache wiederholt, die er als *Volltrunkener* (§ 323a) gestohlen hat[135]. Der Versuch, auch auf dem Boden der Tatbestandslösung in solchen Fällen Unterschlagung zu bejahen, weil die Erstzueignung *nicht* oder jedenfalls *nicht als Zueignung* **strafbar** sei[136], gibt in Wahrheit die Ausgangsthese auf. Das liegt nicht anders, wenn man in Fällen der Herstellung oder Vertiefung des Enteignungseffektes durch die Zweithandlung Zweitzueignung bejaht[137]. In beiden Gestaltungen räumt man die Wiederholbarkeit der Zueignung ein und macht damit sichtbar, dass das fortbestehende Eigentum des Betroffenen auch nach dem Entzug der Sache schutzwürdig bleibt[138]. Die von der Gegenmeinung bei Unbeweisbar- **303**

---

128 IE ebenso *Cantzler/Zauner*, Jura 03, 487 f; *Dencker*, in: *Dencker* ua, Einführung in das 6. StrRG 1998, S. 25; *Gropp*, JuS 99, 1045; *Joecks*, § 246 Rn 30.

129 BGHSt 3, 370, 372; 6, 314, 316; 8, 254, 260; BGH GA 1955, 271, 272.

130 BGH NStZ-RR 96, 131; zust. *Lackner/Kühl*, § 246 Rn 7; LK-*Ruß*, § 246 Rn 11; *Maurach/Schroeder/ Maiwald*, BT I § 34 Rn 22; MK-*Hohmann*, § 246 Rn 41; NK-*Kindhäuser*, § 246 Rn 62 f mwN; *Schmidt/Priebe*, BT II Rn 289; diff. *Otto*, BT § 42 Rn 23 f.

131 BGHSt 14, 38, 46; *Kindhäuser*, § 246 Rn 39.

132 BGHSt 16, 280, 281; BGH NJW 61, 1171.

133 Vgl ua A/W-*Heinrich*, § 15 Rn 44 ff; *Baumann*, NJW 61, 1141; *Eisele*, BT II Rn 249 f; HK-GS/ *Duttge*, § 246 Rn 5; S/S-*Eser*, § 246 Rn 19; *Tenckhoff*, JuS 84, 775, 778.

134 Vgl BGHSt 13, 43, 44 zur Zueignung gestohlener oder unterschlagener Sachen durch Dritte.

135 BGH MDR/D 71, 546; *Hillenkamp*, BT S. 125 f; LK-*Spendel*, § 323a Rn 342; *Weber*, JZ 76, 102.

136 OLG Celle MDR 63, 156; *Maiwald*, Der Zueignungsbegriff im System der Eigentumsdelikte 1970, S. 267 f; *Schünemann*, JuS 68, 118.

137 SK-*Samson*, 4. Aufl., § 246 Rn 52; s. auch *Ranft*, JuS 93, 859; iE ebenso SK-*Hoyer*, § 246 Rn 32.

138 *Mitsch*, JuS 98, 312; s. auch *Duttge/Sotelsek*, Jura 02, 533.

keit der Erstzueignung und in Fällen der Beteiligung an der vermeintlich tatbestandslosen Verwertungstat in Kauf genommenen Strafbarkeitslücken sind zudem zwar für
sich genommen kein Argument (Rn 6), bleiben hier aber ohne begründbaren Sinn.
Daher ist auch bei „wiederholter" Zueignung der **Konkurrenzlösung** zu folgen, deren
Konsequenzen für die Verjährung hinzunehmen sind.

303a Das gilt auch für eine einer Selbstzueignung **nachfolgende Drittzueignung**[139]. Verlangt man auch für die Drittzueignung eine Aneignung durch den *Täter*[140], ist der
Streitstand (Rn 301 ff) übertragbar. Stellt man richtigerweise darauf ab, dass bei der
Drittzueignung nur dem Dritten die Aneignung ermöglicht werden muss (s. Rn 280 f),
ergibt sich für einige Vertreter der Tatbestandslösung[141] wie für Anhänger der Konku-
renzlösung[142] das Problem der wiederholten Zueignung mit der Begründung nicht,
dass Selbst- und Drittzueignung etwas Verschiedenes und daher hintereinander ohne
weiteres begehbar seien. Da die Drittzueignung das vorangegangene Unrecht vertiefe,
soll sie selbstständig nach § 246 strafbar sein[143]. Andere[144] sehen in der Drittzueignung
nach Selbstzueignung lediglich den Vortäter nicht belastendes Hehlereiunrecht[145] und
wollen daher § 246 im Wege der teleologischen Reduktion um diese Drittzueignungs-
konstellation im Sinne der Tatbestandslösung verkürzen. Da sich eine Drittzueignung
nach einer Selbstzueignung aber weder begrifflich leugnen noch aus dem Begriffskern
teleologisch herausnehmen lässt, ist auch hier der **Konkurrenzlösung** der Vorzug zu
geben[146]. Richtigerweise tritt dann auch die Drittzueignung zurück, da sie angesichts
des Verzichts auf jeden Nutzen für den Täter deutlich weniger personales Unrecht bedeutet, als die egoistische Selbstzueignung durch Verschenken oder Verkaufen.

304 Im **Fall 23** hat T die Kaufleute durch konkludente Vorspiegelung einer Einziehungsvollmacht
getäuscht und sie geschädigt, da durch die Zahlung an ihn keine Schuldbefreiung eingetreten
ist. Er hat daher einen Betrug begangen. Gleichzeitig liegt in der Vortäuschung der Vollmacht
und in der den Betrug vollendenden Entgegennahme des Geldes eine *unzweideutige* Manifestation des Zueignungswillens, für deren Begründung man nicht auf eine auch mehrdeutiges
Handeln einbeziehende Erweiterung der Manifestationslehre zurückgreifen muss[147]. Der Einwand gegen die damit *zugleich* gegebene Unterschlagung, sie setze Gewahrsam *vor* Zueignung voraus, hat sich durch den Verzicht auf die Gewahrsamsklausel erledigt. Auch steht der
Überlegung, die Annahme einer zeitgleich mit anderen Zueignungsdelikten begangenen Unterschlagung ergebe keinen Sinn, der in der Subsidiaritätsklausel zum Ausdruck gekommene
gesetzgeberische Wille entgegen. Die Unterschlagung tritt freilich gegenüber § 263 zurück.
Im Verbrauch des Geldes liegt nach der zutreffenden **Konkurrenzlösung** eine weitere Unterschlagung. Sie tritt – wenn man sie nicht schon von der Subsidiaritätsklausel mit erfasst sieht –
aus allgemeinen Konkurrenzüberlegungen als *mitbestrafte Nachtat* hinter den Betrug zurück,

---

139 S. dazu *Hillenkamp*, BT 24. Problem, Beispiel 4.
140 So zB *Rönnau*, GA 00, 424.
141 ZB *Schmidt/Priebe*, BT II Rn 291.
142 ZB *Mitsch*, ZStW 111, 1999, 92.
143 So *Schmidt/Priebe*, BT II Rn 291.
144 *Hohmann/Sander*, BT I Rn 25; *Murmann* NStZ 99, 15.
145 S. dazu *Cantzler/Zauner*, Jura 03, 487 f; *Eckstein*, JA 01, 30.
146 Ebenso *Eisele*, BT II Rn 252; für die Tatbestandslösung auch insoweit *Rengier*, BT I Rn 23a; HK-
     GS/*Duttge*, § 246 Rn 17 mwN.
147 So aber BGHSt 14, 38, 41.

erlaubt aber gegenüber der sie verneinenden Tatbestandslösung, ihre Förderung bei Fehlen der Voraussetzungen der §§ 257, 259 als Teilnahme zu bestrafen. Auch lässt sich nur mit ihr selbstständiges Unterschlagungsunrecht ausdrücken, wenn mit dem Betrug das Vermögen der Kaufleute und mit der Unterschlagung schon Eigentum der Gemeinde verletzt worden sein sollte[148].

Unterschlagung, § 246

I. **Tatbestand**

1. **Objektiver Tatbestand**

   a. **Tatobjekt:**
   - *Sache iSd § 90 BGB*
     - → nur individuell bestimmte Sache
     - → auch Tiere
   - *beweglich*
   - *fremd*

   b. **Tathandlung: rechtswidrige Zueignung**
   - *Zueignungswille*
     - Ⓟ Zueignungsabsicht
   - *Zueignungshandlung*
     - Ⓟ nur (eindeutige) Manifestation des Zueignungswillens oder
     - → Aneignung
     - → Enteignung
   - *Selbst- oder Drittzueignung*
     - Ⓟ Funktion von Besitz und Gewahrsam
     - Ⓟ gleichzeitige/wiederholte Zueignung
     - → An- und Enteignung
   - *Rechtswidrigkeit der Zueignung*
     - → Widerspruch zur Eigentumsordnung
     - Ⓟ fälliger, einredefreier Anspruch bei Gattungs-, Spezies-, Geldschuld

2. **Subjektiver Tatbestand**
   Vorsatz:
   - *jede Vorsatzart*
     - Ⓟ Irrtum bzgl der Rechtswidrigkeit der Zueignung

II. **Rechtswidrigkeit**

III. **Schuld**

➔ **Qualifikation: Veruntreuende Unterschlagung, § 246 II**
   Vertrauensstellung:
   - *Sache anvertraut*
     - Ⓟ Anvertrautheit bei unwirksamem Rechtsgeschäft

➔ **Privilegierung (Strafantrag, §§ 247, 248a)**

IV. **Subsidiarität, § 246 I**
   - → Subsidiarität gegenüber mit schwererer Strafe bedrohter Tat
   - Ⓟ Reichweite der Subsidiaritätsklausel
   - Ⓟ gleichzeitige/wiederholte Zueignung

---

148   Auch dann anders BGHSt 14, 38, 44 f; s. zu weiteren Argumenten *Hillenkamp*, BT 24. Problem.

§ 6 Privilegierte Fälle des Diebstahls und der Unterschlagung

305 **Fall 24:** Der Heiratsschwindler H hatte sich mit der Kellnerin K „verlobt" und war auf sein Drängen bei ihr eingezogen. Dabei ging es ihm allein darum, sich an den nachts von K mit nach Hause gebrachten Trinkgeldern und an ihren in der Wohnung aufbewahrten Ersparnissen zu vergreifen, was auch wiederholte Male geschah. Als K die Diebstähle bemerkte, löste sie die „Verlobung" auf und bat H auszuziehen. Von einer Anzeige sah sie allerdings ab, weil es ihr unangenehm war, auf einen Heiratsschwindler hereingefallen zu sein, und auch, weil sie selbst zuvor aus einer verschlossenen Kassette des H, in der dieser seine persönliche Habe verwahrte, eine ihm von einer früheren Freundin geschenkte Krawattennadel im Einkaufswert von 150 EUR entwendet und auf dem Flohmarkt verkauft hatte.

Sind die Taten von H und K ohne Antrag verfolgbar? **Rn 313**

I. Haus- und Familiendiebstahl

1. Privilegierungsgrund und Anwendungsbereich

306 Nach § 247 werden Diebstahl und Unterschlagung in all ihren Erscheinungsformen unter Einschluss der §§ 243–244a und des § 246 II **nur auf Antrag** verfolgt, wenn durch die Tat ein *Angehöriger*, der *Vormund* oder der *Betreuer* verletzt ist oder wenn der Täter zur Zeit der Tat mit dem Verletzten *in häuslicher Gemeinschaft* lebt. Das Antragserfordernis beruht hier nicht auf geringerem Unrecht oder geminderter Schuld, da die Tat wegen des mit ihr verbundenen Vertrauensbruchs sogar besonders schwer wiegen kann. Zweck des Gesetzes ist es vielmehr, den familiären oder den inneren häuslichen Frieden vor zusätzlichen Störungen durch eine unerwünschte Strafverfolgung zu schützen und den Mitgliedern des betroffenen Näheverhältnisses die Möglichkeit offen zu halten, die Angelegenheit unter sich zu bereinigen[1].

307 **Antragsberechtigt** ist der Verletzte (§ 77 I). Bei einer Unterschlagung ist das der Sacheigentümer. Das gilt auch für den Diebstahl (Rn 57). Die Rechtsprechung hält beim Diebstahl daneben auch den Gewahrsamsinhaber für geschützt[2]. Sind dies verschiedene Personen, müssen danach beide in dem vorausgesetzten Verhältnis zum Täter stehen; ein bloß *untergeordneter* Mitgewahrsam und eine Gewahrsamsbeziehung dessen, dem keinerlei Besitzrecht zusteht, sollen außer Betracht bleiben[3].

§ 247 gilt nicht für Raub und räuberischen Diebstahl (§§ 249–252), wohl aber – neben § 248a – bei den Tatbeständen der Entziehung elektrischer Energie (§ 248c III), der Hehlerei (§ 259 II), des Betrugs (§ 263 IV), des Computerbetrugs (§ 263a II), der Leistungserschleichung (§ 265a III) und der Untreue (§ 266 III). Beim Missbrauch von Scheck- und Kreditkarten gilt § 247 dagegen

---

1 BGHSt 29, 54, 56; SK-*Hoyer*, § 247 Rn 1 f.
2 BGHSt 10, 400, 401; 29, 319, 323; ebenso *Wessels*, BT II Rn 302; aA *hier* Rn 57; *Kindhäuser*, § 247 Rn 10; S/S-*Eser*, § 247 Rn 9, 10.
3 BGHSt 10, 400, 401 ff.

nicht (§ 266b II). Erklärbar ist das trotz des gegenüber §§ 263, 266 geringeren Strafrahmens allenfalls damit, dass mit § 266b nicht nur das individuelle Vermögen, sondern auch der unbare Zahlungsverkehr geschützt sein soll (s. Rn 792).

2. Beziehung zwischen Täter und Verletztem

Privilegiert ist die Tat, wenn die verletzte Person **Angehöriger** (§ 11 I Nr 1), **Vormund** (§§ 1773 ff BGB) oder **Betreuer** (§§ 1896 ff BGB) ist oder der Täter mit dem Verletzten in **häuslicher Gemeinschaft** lebt. Zu den Angehörigen gehört nach § 11 I Nr 1a auch der Lebenspartner im Sinne des § 1 LPartG. Sind mehrere beteiligt, gilt das Antragserfordernis nur für den, bei dem die Beziehung vorliegt[4].

308

Unter einer **häuslichen Gemeinschaft** iS des § 247 ist vor allem der gemeinsam geführte Haushalt von Familienmitgliedern unter Einschluss des darin beköstigten Personals[5], aber auch jede sonstige **freigewählte** Wohn- und (nichteheliche) Lebensgemeinschaft zu verstehen, die auf eine gewisse Dauer angelegt und *ernstlich* von dem Willen getragen ist, die aus der persönlichen Bindung folgenden Verpflichtungen zu übernehmen[6].

309

Eine Gemeinschaft dieser Art besteht zB innerhalb eines Klosters, eines Internats oder einer studentischen Wohngemeinschaft, zumeist auch unter Bewohnern eines Altersheims. An einem *freien* Zusammenschluss fehlt es dagegen bei Patienten in einem Krankenhaus, Soldaten in einer Kaserne, den in einem Heim für Asylbewerber oder Flüchtlingslager Untergebrachten oder bei Insassen einer Straf- oder Verwahrungsanstalt.

BGHSt 29, 54 verneint das Vorhandensein eines *ernstlichen* Bindungswillens (und damit die Notwendigkeit des Strafantrags) bei demjenigen, der das Zusammenleben von vornherein allein dazu ausnutzen will, *strafbare Handlungen* gegenüber Mitgliedern der Gemeinschaft zu begehen. Auf das nur äußere Zusammenleben komme es hier ebenso wenig *allein* an, wie auf die zivilrechtliche Beurteilung eines *Verlöbnisses*, zu dem einem der Beteiligten der ernsthafte Wille fehlt.

Wo eine häusliche Gemeinschaft iS des § 247 bestand, fällt mit deren *Auflösung* das Antragserfordernis nicht weg[7]. Das gilt auch für die übrigen Beziehungen.

II. Diebstahl und Unterschlagung geringwertiger Sachen

Werden *geringwertige Sachen* gestohlen oder unterschlagen, ist für die Verfolgung der Tat – wie in den Fällen des § 247 – ein **Strafantrag** (§ 158 II StPO) des Verletzten erforderlich. Das gilt hier freilich nur dann, wenn die Strafverfolgungsbehörde ein Einschreiten nicht wegen des besonderen öffentlichen Interesses von Amts wegen für geboten hält. Anders als § 247 bezieht § 248a sich beim *Diebstahl* nur auf § 242, sodass

310

---

4 *Fischer*, § 247 Rn 5; *Lackner/Kühl*, § 247 Rn 3.
5 Vgl zum ehemaligen „Gesindediebstahl" BGH NJW 68, 1197.
6 BGHSt 29, 54, 57; OLG Hamm wistra 03, 356: ein stationärer Krankenhausaufenthalt hebt die Gemeinschaft nicht auf.
7 OLG Celle JR 86, 385 mit zust. Anm. *Stree*; OLG Hamm NJW 86, 734; zB auch nicht nach dem Tod des Lebenspartners, s. OLG Hamm wistra 03, 356.

diejenigen Diebstahlsfälle ausscheiden, die unter §§ 244, 244a fallen[8] oder bei denen das Vorliegen eines *besonders schweren Falles* zu bejahen, die Strafe also nach § 243 zu bestimmen ist[9]. Das kann trotz Geringwertigkeit der Beute zB in Fällen des § 243 I 2 Nr 7 (§ 243 II) oder auch dann so sein, wenn sich der Diebstahlsvorsatz auf alles Mitnehmenswerte bezieht, nach Verwirklichung des Regelbeispiels aber nur geringwertige Dinge vorgefunden werden[10] (s. dazu auch Rn 245 ff). Bei der Unterschlagung erfasst § 248a dagegen wie § 247 auch den *Veruntreuungstatbestand* des § 246 II.

§ 248a soll in Verbindung mit §§ 153 I, 153a StPO im Wege der sog. *prozessualen Lösung* die Behandlung der **Bagatellkriminalität** befriedigender regeln als zuvor[11]. Auf ihn wird in §§ 248c III, 263 II, 263a II, 265a III, 266 III und § 266b II verwiesen. Trotz geringer Schadenshöhe hält die Rechtsprechung es allerdings unter besonderen Umständen nicht für eine Verletzung schuldangemessenen Strafens, wenn das Gericht eine (kurze) Freiheitsstrafe verhängt. Richtig daran ist, dass allein der geringe Wert nicht notwendig verbürgt, dass es um eine bagatellarische Tat geht oder der Täter spezialpräventiver Einflussnahme nicht bedarf[12].

311 Zum Begriff der **Geringwertigkeit** gelten die zu § 243 II gemachten Ausführungen (Rn 242 ff) entsprechend. Entscheidend ist der objektive **Verkehrswert** der Sache zur Zeit der Tat[13]. Die Verhältnisse der Beteiligten werden zwar in der Regel, müssen aber nicht unter allen Umständen außer Betracht bleiben[14]. Der obere Grenzwert dürfte mittlerweile auch hier höher als bei den bis zur Währungsumstellung angenommenen 50 DM, nämlich bei 50 EUR liegen (Rn 242)[15].

Das Kriterium des **geringen Wertes** in § 248a ist rein wirtschaftlich zu verstehen. Bei der Entwendung oder Unterschlagung von Sachen, die keinen in Geld messbaren **Verkehrswert** haben, ist für § 248a kein Raum[16].

III. Irrtumsfragen

312 Ein Irrtum über die in §§ 247, 248a umschriebenen Antragsvoraussetzungen ist bedeutungslos, da er allein die **Verfolgbarkeit**, dh die *verfahrensrechtliche* Seite der Tat betrifft. In dieser Hinsicht kommt es nur auf die tatsächlichen Gegebenheiten, nicht auf die Vorstellung des Täters an (Rn 240)[17].

---

8 OLG Köln NJW 78, 652.
9 AA SK-*Hoyer*, § 248a Rn 6; wie hier *Fischer*, § 248a Rn 2; *Lackner/Kühl*, § 248a Rn 4.
10 BGHSt 26, 104, 105.
11 Näher dazu BVerfGE 50, 205; *Dreher*, Welzel-FS S. 917; *Krümpelmann*, Die Bagatelldelikte, 1966; *Vogler*, ZStW 90, 1978, 132, 151; s. auch *Reichert*, ZRP 97, 492 mit dem Vorschlag, den Diebstahl geringwertiger Sachen zum Privatklagedelikt zu machen.
12 BGH wistra 08, 101, 102; BayObLG NJW 03, 2926; s. auch OLG Stuttgart NJW 02, 1388 und *Hillenkamp*, JZ 05, 313, 317.
13 BGH NStZ 81, 62; ausschließlich hierauf abstellend HK-GS/*Duttge*, § 248a Rn 3.
14 BGHSt 6, 41, 43 (zu § 264a aF); *Lackner/Kühl*, § 248a Rn 5.
15 OLG Zweibrücken NStZ 00, 536; OLG Hamm NJW 03, 3145; OLG Frankfurt a.M. NStZ-RR 08, 311 mit Bespr. *Jahn*, JuS 08, 1024; für eine Obergrenze von 30 EUR dagegen OLG Oldenburg NStZ-RR 05, 111; vgl hierzu genauer *Henseler*, StV 07, 323 ff.
16 Vgl Rn 243 sowie BGH NJW 77, 1460 zur Entwendung von Strafakten; BayObLG JR 80, 299 in Bezug auf Personalausweise, Scheckkarten und Scheckformulare; krit. dazu *Jungwirth*, NJW 84, 954.
17 BGHSt 18, 123, 125 f; *Kindhäuser*, § 248a Rn 5; S/S-*Eser*, § 247 Rn 13; § 248a Rn 16; *Wessels/Beulke*, AT Rn 502.

Im **Fall 24** entfällt das Antragserfordernis nach § 247 für die **Diebstähle des H** zwar nicht deshalb, weil die „Verlobung" und die „häusliche Gemeinschaft" aufgelöst worden sind. Insoweit kommt es auf das Bestehen der jeweiligen Beziehung zur Zeit der Tat an. Da aber die Verlobung aufseiten des H nicht ernst gemeint und die häusliche Gemeinschaft von ihm allein zur Erleichterung der Straftaten eingegangen worden war, sind beide Merkmale zur Tatzeit nicht erfüllt[18]. Eines Strafantrages der K bedarf es deshalb nur, falls es sich bei den entwendeten Beträgen jeweils um kleinere Summen gehandelt haben sollte (§ 248a). Entbehrlich ist der Strafantrag freilich auch dann, wenn entweder der Gesamtwert des tatsächlich Erlangten deutlich über 50 EUR hinausgeht *und* Handlungseinheit[19] oder Fortsetzungszusammenhang[20] zwischen den Diebstählen anzunehmen ist oder die Staatsanwaltschaft bei einem relativen Antragsdelikt wie § 248a das öffentliche Interesse bejaht[21]. Auch der **Diebstahl der K** unterfällt § 247 nicht. Zwar ist für § 247 unschädlich, dass es sich um einen Diebstahl in einem schweren Fall nach §§ 242, 243 I 2 Nr 2 handelt. Auch hier scheitert die Privilegierung aber daran, dass weder Verlobung noch häusliche Gemeinschaft vorliegen. Dass K subjektiv von beidem ausgeht, hilft ihr nicht, da die Privilegierung auf kriminalpolitischen Zweckmäßigkeitserwägungen und nicht auf schuldmindernden Umständen beruht[22]. Da es sich nicht um eine geringwertige Sache handelt, kommt § 248a nicht in Betracht. Sollte sich auf dem Flohmarkt herausgestellt haben, dass die Nadel nur noch einen Verkehrswert von unter 50 EUR hatte, würde § 248a daran scheitern, dass K das beim Diebstahl nicht wusste und daher § 243 I 2 Nr 2 erfüllte (Rn 241)[23]. | **313**

3. Kapitel

Raub

§ 7   Der Grundtatbestand des Raubes

Fall 25: F schlendert durch eine Grünanlage und lässt ihre Handtasche an einem Finger der | **314**
linken Hand lose hin- und herpendeln, als von hinten der Radfahrer R naht, der es auf das Geld
der F abgesehen hat. Mit schnellem Griff erfasst er die Handtasche, die er wenige Meter weiter
zu Boden fallen lässt, nachdem er ihr die Geldbörse mit etwa 20 EUR Inhalt entnommen hat.

a) Strafbarkeit des R? **Rn 332**

b) Ändert sich die Beurteilung, wenn F die Absicht des R im letzten Moment erkannt hat und
die Handtasche mit beiden Händen am Trageriemen fest umklammert, R sein Ziel jedoch
gleichwohl erreicht, weil er die Tasche mit solcher Wucht an sich reißt, dass der Trageriemen
sich löst und in den Händen der F zurückbleibt? **Rn 332**

---

18 BGH JZ 89, 256; BGHSt 29, 54.
19 *Lackner/Kühl*, § 248a Rn 3.
20 S/S-*Eser*, § 248a Rn 13; s. dazu aber BGHSt 40, 138.
21 S. dazu HK-GS/*Duttge*, § 248a Rn 11; *Kindhäuser*, § 248a Rn 6.
22 S. zur parallelen Irrtumsproblematik bei Strafausschließungsgründen *Hillenkamp*, AT 11. Problem.
23 Abw. *Fahl*, JuS 01, 49.

I. Die Unrechtsmerkmale des Raubes

314a Im Grundtatbestand des Raubes (§ 249) sind alle objektiven und subjektiven Merkmale des **Diebstahls** (§ 242) enthalten. Insoweit wird auf die früheren Ausführungen verwiesen (vgl oben Rn 62 ff), die zum Tatobjekt und dessen Eigenschaften, der Tathandlung, zum Vorsatz und zur Zueignungsabsicht ohne Einschränkung verwertbar sind. Nimmt zB der Täter einem Rauschgifthändler nach Auslieferung der Ware das als Kaufpreis gezahlte Geld mit Gewalt wieder ab, fehlt es mangels Fremdheit der Sache am Raub, wenn aus dem Verbot des Handeltreibens (§ 29 I Nr 1 BtMG) die Nichtigkeit der Übereignung des Kaufpreises folgt (Rn 69)[1]. Zur im Raub gleichfalls enthaltenen **Nötigung** sind namentlich die Grundaussagen zu Gewalt und Drohung gültig[2], erfahren aber durch die in § 249 enthaltenen Zusätze Modifikationen. Die folgende Darstellung beschränkt sich auf die *Besonderheiten*, die den Raub im Vergleich zum Diebstahl und zur Nötigung auszeichnen.

Der objektive Tatbestand des Raubes ist wie der des einfachen Diebstahls durch das 6. StrRG (Rn 9) *unverändert* geblieben. Ebenso wie beim Diebstahl hat der Gesetzgeber aber im subjektiven Tatbestand der überkommenen eigennützigen Zueignungsabsicht die altruistische *Drittzueignungsabsicht* (s. dazu Rn 153 f) zur Seite gestellt.

315 An der **Gesamtkriminalität** sind Raub, räuberische Erpressung und räuberischer Angriff auf Kraftfahrer im Jahr 2006 mit einem Anteil von 0,9 % der registrierten Taten beteiligt; die Aufklärungsquote liegt etwa bei 52 % (vgl dazu die Übersicht in Rn 7). Am häufigsten ereignen sich Raubüberfälle in Großstädten ab 500 000 Einwohnern. In Gemeinden unter 20 000 Einwohnern werden mehr als 2 von 5 Raubüberfällen auf Geldinstitute und Poststellen verübt. Der Einsatz von Schusswaffen dominiert bei Angriffen auf Geldinstitute, Geschäfte, Werttransporte und auf Kraftfahrer. Frauen begehen das Delikt des Raubes relativ selten. Vor allem beim Handtaschenraub stellen Jugendliche und Heranwachsende einen hohen Anteil der Tatverdächtigen; Opfer der Tat sind hier zumeist ältere Frauen. Insgesamt wies die Raubkriminalität seit Jahren eine stark ansteigende Tendenz mit zunehmender Beteiligung jüngerer Altersgruppen auf[3]. Seit 2004 ist dagegen ein Rückgang zu verzeichnen, der im Jahr 2006 zum niedrigsten Stand seit 1993 geführt hat.

1. Grundstruktur und Schutzgüter des Raubes

316 Der **Tatbestand des Raubes** verbindet die Merkmale des Diebstahls mit einer qualifizierten Nötigung (= Gewalt gegen eine Person oder Drohung mit gegenwärtiger Gefahr für Leib oder Leben) zu einem *zweiaktigen* Delikt **eigenständiger Art**, auf das die §§ 247, 248a nicht anwendbar sind[4]. Der Räuber nötigt sein Opfer, die Wegnahme zu dulden. Gewalt oder Drohung werden von ihm als Mittel zu dem Zweck eingesetzt, die Wegnahme zu ermöglichen und Widerstand dagegen zu verhindern oder zu überwinden. Raub ist somit die Wegnahme fremder beweglicher Sachen *zwecks* Zueignung (= Sachangriff) *mittels* der in § 249 umschriebenen Nötigungshandlung (= Personenangriff). Nötigungsakt und nachfolgende Wegnahme bedürfen der finalen Verknüp-

---

1   BGH NStZ-RR 00, 234.
2   S. *Wessels/Hettinger*, BT I Rn 383 ff.
3   S. Einzelheiten bei *Eisenberg*, § 45 Rn 39 ff; *Kaiser*, § 60 Rn 2 ff; zur Strafzumessung beim Raub s. *Dölling*, Zipf-GS S. 177.
4   BGHSt 20, 235, 237 f; BGH NStZ-RR 98, 103.

fung (s. Rn 322). Daran fehlt es, wenn die Nötigung erst der Beutesicherung dient. Dann kann räuberischer Diebstahl (§ 252) vorliegen[5].

§ 249 geht den §§ 240, 242 ff als *lex specialis* vor[6]. **Geschützte Rechtsgüter** sind Eigentum und 317 persönliche Freiheit. Gewahrsam ist hier wie in § 242 (Rn 57) nicht selbstständig geschützt. Den Schwerpunkt bildet der Eigentumsschutz[7]; **Raub** ist ein **Eigentumsdelikt**. Die im selben Abschnitt des StGB geregelte **räuberische Erpressung** (§ 255) ist dagegen ein **Vermögensdelikt** (näher Rn 704 ff).

2. Qualifizierte Nötigungsmittel

Raubmittel sind – enger als bei der Nötigung – entweder **Gewalt gegen eine Person** 318 oder **Drohungen mit gegenwärtiger Gefahr für Leib oder Leben**.

a) Gewalt gegen eine Person

Gewalt gegen eine Person ist nur der **körperlich wirkende Zwang** durch eine un- 319 mittelbare oder mittelbare Einwirkung auf einen anderen, die nach der Vorstellung des Täters dazu bestimmt und geeignet ist, einen tatsächlich geleisteten oder erwarteten Widerstand zu überwinden oder unmöglich zu machen[8].

Da auch die einfache Gewalt iS des § 240 personenbezogen ist, ist die Bedeutung der qualifizierten Gewalt noch wenig geklärt. Einerseits geht es um die stärkere Betonung der Richtung der Gewalt, andererseits mit Blick auf die qualifizierte Drohung um einen intensiveren und die Entscheidungsfreiheit der Person belastenderen Eingriff[9]. Eine *rein seelische Zwangswirkung* (= *psychischer Zwang*) wie die Auslösung von Angst- oder Erregungszuständen genügt nicht[10]. Bei psychosomatischen Wirkungen ist Zurückhaltung geboten, um die Grenze zur Drohungsalternative nicht zu verwischen[11]. Auch wo eine Bedrohung mit einer Waffe „als gegenwärtiges Übel sinnlich empfunden" werden mag, handelt es sich nicht um Gewalt, sondern um Drohung mit einem zukünftigen Übel, weil sich das gegenwärtige seelische Missempfinden nur aus der gedanklichen Vorwegnahme des erst in Aussicht gestellten körperlichen Übels, verletzt oder erschossen zu werden, ergibt[12].

Die Anwendung von Gewalt erfordert nicht unbedingt einen besonderen Kraft- 320 aufwand[13]. Die Rückkehr von BVerfGE 92, 1, 17 (auch) zu diesem Erfordernis beschreibt zwar einen Kern des Gewaltbegriffs, bedeutet aber beim Wort genommen einen Rückschritt zu einer zu Recht aufgegebenen Rechtsprechung[14] und wird auch

---

5   BGH NStZ-RR 01, 41; *Maurach/Schroeder/Maiwald*, § 35 Rn 3.
6   BGHSt 20, 235, 237 f.
7   Für Gleichrangigkeit SK-*Günther*, § 249 Rn 2.
8   *Küper*, BT S. 179 f.
9   S. LK-*Träger/Altvater*, § 240 Rn 43; ausführliche Darstellung des Meinungsstandes bei *Blesius*, Raub-Gewalt 2004, S. 80 ff, 96 ff mit dem zu restriktiven Vorschlag, Gewalt gegen die Person ausschließlich mit der „tatbestandlichen Verletzung der §§ 223, 212, 239 StGB" gleichzusetzen (S. 102 ff); s. auch *Blesius*, Jura 04, 570; OLG Koblenz StV 08, 474, 475; LG Gera NJW 00, 159; krit. hierzu OLG Brandenburg NStZ-RR 08, 201, 202.
10 BGH StV 86, 61; LK-*Herdegen*, § 249 Rn 5; MK-*Sander*, § 249 Rn 13.
11 *Krey/Hellmann*, BT II Rn 186a; NK-*Kindhäuser*, vor § 249 Rn 25 f; SK-*Günther*, § 249 Rn 12.
12 AA BGHSt 23, 126, 127 f; wie hier A/W-*Heinrich*, § 17 Rn 6.
13 BGHSt 41, 182, 185; *Zöller*, GA 04, 152, 159 f.
14 S. *Krey*, BT I, 11. Aufl. 1998, Rn 330 ff, 340h ff; *Wessels/Hettinger*, BT I Rn 384 ff.

vom BVerfG[15] selbst nicht beachtet. Maßgebend ist nicht die vom Täter entwickelte körperliche Kraftentfaltung, sondern die **beim Opfer erzielte Zwangswirkung,** dh die Ausschaltung oder Überwindung jedweder Art von Widerstand durch körperlich wirkenden Zwang.

Die Rechtsprechung geht in dieser Hinsicht sehr weit. Allerdings hat der BGH im Rahmen des § 249 schon das *heimliche* Beibringen eines Betäubungsmittels sowie das Einsperren eines Menschen innerhalb eines Raumes durch bloßes Abschließen der Tür[16] zu Recht als Anwendung von **Gewalt gegen eine Person** angesehen, weil hier zwar keine nennenswerte Kraftentfaltung des Täters, wohl aber eine *erhebliche* körperliche Zwangswirkung beim *Opfer* gegeben ist. Das bloße Forttragen eines Bewusstlosen von der öffentlichen Straße zum Zwecke des Ausplünderns, das Wegschieben der Hand eines *Sterbenden* von seiner Gesäßtasche, in der sich die Geldbörse befand oder das *überraschende* Zugreifen auf eine Handtasche überschreiten dagegen die Schwelle der *Erheblichkeit* physischer Zwangs*wirkung* beim Opfer entgegen den zitierten Entscheidungen eher nicht[17]. Das gilt auch für ein einmaliges Besprühen des Gesichts mit einem nicht gesundheitsgefährdenden Deo-Spray, das erwartungsgemäß nur ein kurzfristiges Schließen der Augen bewirkt[18]. Beim überraschenden Entreißen von Sachen deutet sich zwar eine restriktivere Tendenz an, wenn nur die als wesentlicher Bestandteil der Wegnahme entfaltete und neben List und Schnelligkeit *maßgeblich* wirkende Gewalt als ausreichend angesehen wird. Ob sich diese Tendenz durchsetzt, steht aber noch dahin[19].

321 Entgegen einer häufig anzutreffenden und stereotyp wiederkehrenden Formulierung bedarf es zur Gewaltanwendung iS des § 249 nicht unbedingt einer *„unmittelbaren Einwirkung auf den Körper"* des Opfers, sei es durch dessen Berührung oder eine andere die Sinne beeinflussende Tätigkeit.

Richtig ist nur, dass **Gewalt gegen Sachen** *für sich allein* nicht genügt; wer eine Tür oder ein Fenster aufbricht, um an die Beute zu gelangen, begeht einen Einbruchsdiebstahl (§§ 242, 243 I 2 Nr 1), aber keinen Raub. Um Gewaltanwendung iS des § 249 handelt es sich jedoch dann, wenn eine unmittelbare Sacheinwirkung sich *mittelbar* **gegen eine Person** richtet, wie dies beim Verschließen einer Tür zum Zwecke des Einsperrens der Fall ist[20]. Dass § 249 entgegen BGHSt 1, 145, 147 nicht notwendigerweise eine „unmittelbare Einwirkung auf den Körper" des Opfers voraussetzt, hat BGHSt 23, 126, 127 zutreffend klargestellt.

Irreführend ist auch die Formulierung, dass die Einwirkung vom Opfer als körperlicher Zwang *„empfunden"* werden müsse. Die **körperliche Zwangswirkung** als Folge der Gewaltanwendung ist zwar unerlässlich. Sie braucht vom Opfer aber nicht unbedingt „empfunden" zu werden[21]. Vielmehr ist Gewalt iS des § 249 auch gegenüber **Schlafenden** und **Bewusstlosen** möglich, die von dem gewaltsamen Vorgehen des Täters nichts merken[22]. Vorausgesetzt ist freilich auch hier die Vorstellung des Täters, die Gewalt denkbarerweise doch entstehendem Widerstand entgegenzusetzen[23].

---

15 BVerfG NJW 02, 1031, 1032.
16 BGHSt 1, 145, 146 f; BGHSt 20, 194, 195.
17 Anders BGHSt 4, 210, 212; 16, 341, 342; 18, 329, 330 f; s. hierzu *Blesius*, Raub-Gewalt 2004, S. 91 ff, 107; *Fischer*, § 249 Rn 4b; *Krey/Hellmann*, BT II Rn 189.
18 Für Gewalt dagegen BGH NStZ 03, 89; *Eisele*, BT II Rn 294; HK-GS/*Duttge*, § 249 Rn 5.
19 Vgl BGH StV 86, 61; 90, 262 sowie den *Grenzfall* LG München NStZ 93, 188; zust. *Rengier*, BT I § 7 Rn 12.
20 BGHSt 20, 194, 195.
21 Das ist ua in BGHSt 23, 126 übersehen.
22 BGHSt 4, 210, 212; 25, 237, 238; einschränkend *Schünemann*, JA 80, 349, 350; *Seelmann*, S. 47.
23 *Mitsch*, BT II/1 § 3 Rn 21.

Schließlich braucht die Anwendung der Gewalt (das gleiche gilt für die Drohung) für **322** das Gelingen der Wegnahme weder **objektiv erforderlich**[24] noch auch nur **kausal** gewesen zu sein. Es genügt, dass sie nach der subjektiven Zwecksetzung des Täters als wesentlicher Bestandteil der Tat dazu dienen sollte, die Wegnahme durch Ausschaltung oder Überwindung eines in Rechnung gestellten Widerstandes zu ermöglichen[25] und so mit der Wegnahme **final verknüpft** war[26].

Es kommt also nicht darauf an, ob der Einsatz von Gewalt oder von Drohungen *conditio sine qua non* für das Gelingen der Wegnahme ist. Maßgebend in dieser Hinsicht sind allein die **Vorstellung und der Wille des Täters**. Demnach reicht es aus, dass dieser ihre Anwendung **für geeignet hält**, die Wegnahme zu ermöglichen. Die an Boden gewinnende *Gegenansicht*, die zum subjektiv-finalen Moment einen auch objektiv kausalen Zusammenhang fordert[27], verkennt, dass sich schon im Einsatz qualifizierter Nötigungsmittel zwecks Wegnahme der gesteigerte Unrechts- und Schuldgehalt des Raubes verwirklicht, der darin besteht, dass der Eigentum und Gewahrsam missachtende Täter auch noch die elementare persönliche Freiheitssphäre des Opfers nicht respektiert, aus der ihm Widerstand *droht*[28]. Fällt dieser unerwartet aus, entlastet den Täter das nicht. Der *Wortlaut* steht dieser § 249 mit § 252 harmonisierenden Auffassung nicht entgegen[29]. Mit *dieser* Vorschrift, nicht mit der eine durch die Nötigungsmittel beeinflusste Mitwirkung des Opfers verlangenden Erpressung ist Übereinstimmung geboten.

Ob die Gewalt sich gegen den Eigentümer, den Gewahrsamsinhaber oder gegen eine **323** andere zum Schutz des Gewahrsams bereite Person richtet, wie etwa gegen einen Begleiter des zu Beraubenden oder gegen den in einem Warenlager tätigen Nachtwächter, ist gleichgültig[30].

Auch insoweit genügt die **Vorstellung des Täters**, dass der Angegriffene der Wegnahme ein Hindernis in den Weg legen könnte[31].

Erscheinungsformen der Gewalt sind *vis absoluta* und *vis compulsiva*[32]; beide kommen **324** als Raubmittel in Betracht. Gewaltanwendung iS des § 249 kann auch die *Tötung des Opfers* zum Zwecke der Wegnahme sein[33].

b) Drohung mit gegenwärtiger Gefahr für Leib oder Leben

Der Gewaltanwendung stellt das Gesetz die **Drohung mit gegenwärtiger Gefahr für** **325** **Leib oder Leben** gleich. Die Nebeneinanderstellung von Leib und Leben spricht dafür, dass der Gesetzgeber eine Drohung mit einer völlig unerheblichen Körperbeein-

---

24 SK-*Günther*, § 249 Rn 36.
25 BGHSt 30, 375, 377; BGH StV 86, 61; BGH NStZ 93, 79; *Lackner/Kühl*, § 249 Rn 4; *Rengier*, BT I § 7 Rn 22; S/S-*Eser*, § 249 Rn 7.
26 BGHSt 41, 123, 124; *Gierhake*, JA 08, 431; *Eisele*, BT II Rn 309; *Küper* BT, S. 181; zum Fehlen einer solchen Verknüpfung s. BGH NStZ 03, 431; BGH NStZ-RR 02, 304 mit krit. Anm. *Walter*, NStZ 04, 153; BGH St 48, 365 mit krit. Anm. *Otto*, JZ 04, 364 sowie u. Rn 333 ff, gegen das Erfordernis finaler Verknüpfung de lege lata nicht überzeugend *Jakobs*, Eser-FS S.323 ff.
27 A/W-*Heinrich*, § 17 Rn 11; NK-*Kindhäuser*, § 249 Rn 12; SK-*Günther*, § 249 Rn 36, 43.
28 *Küper*, JZ 81, 571.
29 *Krey/Hellmann*, BT II Rn 192.
30 Vgl BGHSt 3, 297, 298 f; RGSt 67, 183, 186.
31 S/S-*Eser*, § 249 Rn 7.
32 Näher *Wessels/Hettinger*, BT I Rn 396.
33 RGSt 67, 183, 186; näher LK-*Herdegen*, § 249 Rn 17.

trächtigung nicht ausreichen lassen will[34]. Zum Begriff der Drohung gilt im Grundsatz nichts anderes als zur Nötigung (§ 240). Ob die Drohung ausführbar ist und ob der Täter sie verwirklichen will, ist auch hier belanglos. Maßgebend ist allein, dass sie den **Anschein der Ernstlichkeit erwecken** und vom Bedrohten ernst genommen *werden soll*. Da es beim Raub auf einen Kausalzusammenhang zwischen Nötigungsmittel und Wegnahme nicht ankommt (Rn 322), ist (jedenfalls) hier *nicht* erforderlich, dass das Opfer die Drohung *tatsächlich ernst nimmt*[35]. Infolgedessen fällt unter § 249 (nicht aber unter § 250 I Nr 1b, s. Rn 344a) die Bedrohung mit einer Schreckschuss- oder Spielzeugpistole[36] selbst dann, wenn das Opfer die Täuschung durchschaut. Zwar fehlt es dann an einem Drohungserfolg[37]. Das ist aber unschädlich, da das Gesetz mit der Drohung nur das den Handlungsunwert bestimmende Mittel beschreibt, mit dem der Täter das Rechtsgut der Willensfreiheit angreift, nicht aber auch einen (Zwischen-) Erfolg.

326 **Adressat der Drohung** kann jeder sein, der *nach der Vorstellung des Täters* zum Schutz des fremden Gewahrsams verpflichtet oder bereit ist. Ob das angedrohte Übel *ihn selbst*, eine ihm irgendwie *nahe stehende Person* oder sonst *jemanden* betrifft, für den er sich *verantwortlich* fühlt, ist im Grundsatz unerheblich[38]. Die Forderung, den Kreis insoweit auf *nahe stehende* Personen zu beschränken[39], hat den Umkehrschluss aus § 241 und die zu einseitige Prämisse gegen sich, der verlangte erhöhte Motivationsdruck könne *nur* bei Bedrohung solcher Personen entstehen. Sie macht freilich zu Recht darauf aufmerksam, dass das dem Dritten angekündigte Übel nach der Vorstellung des Täters vom Gewahrsamsinhaber als erhebliches eigenes und darin idR von einer Beziehung zum Dritten abhängiges Übel empfunden werden soll[40]. Steht nach dem Inhalt der Ankündigung der Umschlag der Gefahr in eine *erhebliche*[41] Leibesverletzung oder eine Tötung zB bei einer Fristsetzung[42] nicht *unmittelbar* bevor, ist von **Gegenwärtigkeit** gleichwohl schon zu reden, wenn entweder die Gefahr jederzeit in eine Schädigung umschlagen (Dauergefahr) oder der Schaden ohne sofortige Abwehrmaßnahmen voraussichtlich nicht mehr abgewendet werden kann[43]. Bedenken, die gegen eine solche Ausweitung des Begriffs der Gegenwärtigkeit zu §§ 32, 34 bestehen[44], treten hier zurück, weil es um die Beurteilung der Freiheitsbeeinträchtigung des Betroffenen, nicht aber um seine Eingriffsbefugnis gegenüber Dritten geht[45].

---

34 RGSt 72, 229, 230 f; MK-*Sander*, § 249 Rn 21.
35 S. zu diesem Problem allgemein *Küper*, BT S. 107 f, zum Raub S. 107, 114 f; aA NK-*Kindhäuser*, Vor § 249 Rn 24.
36 Vgl *Eisele*, BT II Rn 300.
37 Abl. daher *Rengier*, Maurer-FS S. 1195, 1201; die bei *Rengier*, BT I § 7 Rn 18 für diese Meinung zitierte Entscheidung BGH NJW 04, 3437 (dort bemerkte das Opfer das Drohmittel nicht) betrifft die anders gelagerte Verwendungsalternative in § 250 II Nr 1 (s. dazu Rn 350a).
38 Vgl *Küper*, BT S. 115 f; S/S-*Eser*, § 249 Rn 5; ob auch die Drohung des Täters mit Selbsttötung/-verletzung ausreicht, ist allerdings zweifelhaft, s. dazu HK-GS/*Duttge*, § 249 Rn 26.
39 *Mitsch*, BT II/1 § 3 Rn 36; *ders.*, NStZ 99, 617; *Zaczyk*, JZ 85, 1061; *ders.*, Anm. JR 99, 345.
40 Anders diff. NK-*Kindhäuser*, vor § 249 Rn 29 ff.
41 SK-*Günther*, § 249 Rn 18.
42 S. BGH NStZ-RR 98, 135; BGH NStZ 99, 406.
43 BGH NStZ 96, 494; BGH NJW 97, 265 mit Anm. *Geppert*, JK 97, StGB § 255/8; Anm. *Joerden*, JR 99, 120; BGH StV 99, 377 mit Anm. *Kindhäuser/Wallau* und *Zaczyk*, JR 99, 343.
44 S. dazu *Hillenkamp*, Miyazawa-FS S. 141, 152 ff.
45 BGH NJW 97, 266; *Küper*, BT S. 117 f; krit. *Joerden*, JR 99, 121; enger auch *Blanke*, Das qualifizierte Nötigungsmittel der Drohung mit gegenwärtiger Gefahr für Leib oder Leben 2007, S. 94 f, der der Einbeziehung des hier weiter verstandenen Dauergefahr mit beachtlichen Gründen entgegentritt.

3. Subjektiver Tatbestand, Tatbeteiligung und Versuch

a) Subjektiver Tatbestand

Der **Raubvorsatz** muss alle Merkmale des *zweiaktig* gegliederten objektiven Tatbe-   **327**
standes umfassen. Hinzukommen muss die **Absicht** des Täters, die fremde Sache *sich*
oder *einem Dritten* rechtswidrig zuzueignen. Insoweit kann einschließlich der auch
zum Raub wiederholt entschiedenen Fragen zur Rechtswidrigkeit der Zueignung und
des hierauf namentlich bei Geldschulden bezogenen Irrtums[46] auf die entsprechenden
Ausführungen zum Diebstahl (Rn 121 ff; 187 ff) verwiesen werden. Wer ein Gemälde
raubt, um es dem Eigentümer gegen „Lösegeld" (also ohne Leugnung des Eigentums,
s. Rn 159) zurückzugeben, hat ebenso wenig Zueignungsabsicht wie der, der eine Sache raubt, um sie zu vernichten oder, weil es ihm nur auf den Inhalt ankommt, sie wegzuwerfen[47]. Zueignungsabsicht fehlt auch dem, der eine Sache gewaltsam wegnimmt,
um sie als Druckmittel zur Durchsetzung einer Forderung zu benutzen (s. Rn 185).
Nimmt der Täter hierbei das Bestehen der Forderung irrig an, fehlt es zudem am Vorsatz *rechtswidriger* Zueignung[48]. Dazu ist zu beachten, dass der BGH seine zu § 253
im Zusammenhang mit Drogengeschäften entwickelte Rechtsprechung mittlerweile
auf § 249 übertragen hat. Danach liegt ein Irrtum über die Rechtswidrigkeit der erstrebten Zueignung aufgrund eines irrig angenommenen Anspruchs dann „nicht vor,
wenn sich der Nötigende lediglich nach den Anschauungen der einschlägig kriminellen Kreise als berechtigter Inhaber eines Zahlungsanspruchs gegen das Opfer fühlt"[49].
Hinzutreten muss schließlich der subjektiv-finale Zusammenhang zwischen Nötigung
und Wegnahme, der aber schon den objektiven Tatbestand prägt und daher dort zu erörtern ist (s. Rn 322)[50].

b) Beteiligung

Mittäter kann nur sein, wer **selbst** Zueignungsabsicht besitzt[51]. Das ist unproblema-   **328**
tisch gegeben, wenn sich die Beteiligten die Beute teilen, sie zusammen nutzen oder
verkaufen wollen. Will ein Beteiligter den durch die gemeinsame Wegnahme erlangten Mitgewahrsam dagegen sogleich der Verfügungsgewalt des Mitbeteiligten überlassen[52], bedurfte es zur Annahme der Mittäterschaft des Ersteren nach früherem
Recht anfechtbarer Konstruktionen, um im bloßen Weiterreichen oder Überlassen ein
Sich-Zueignen zu sehen (s. dazu Rn 154 f). Nach der durch das 6. StrRG (Rn 9) geschaffenen Gesetzeslage *kann* in solchen Fällen nun für Mittäterschaft ausreichende
Drittzueignungsabsicht vorliegen, *wenn* der Überlassende dem Mittäter dessen Zueig-

---

46 BGH StV 88, 526; 529; BGH StV 90, 407; 546; BGH StV 91, 515; BGH StV 00, 78; 78, 79; BGH StV
    04, 207; zur Abgrenzung von Mittäterschaft und Beihilfe s. BGH NStZ 06, 94.
47 S. *Graul*, JuS 99, 563; BGH NStZ 05, 155; BGH NStZ 04, 333.
48 S. BGH StV 99, 315.
49 BGH NStZ 08, 626 mit Bespr. *Bosch*, JA 09, 70 und Anm. *Kindhäuser*, StV 09, 355; zu § 253
    s. BGHSt 48, 322 und hier Rn 717; zum Betrug s. Rn 578.
50 *Rengier*, BT I § 7 Rn 7, 22; aA *Jäger*, BT Rn 288.
51 BGH StV 86, 61; BGH StV 90, 160; BGH NStZ 94, 29; 99, 510; BGH NStZ-RR 97, 297; 298.
52 BGHSt 17, 87, 92.

nung *ermöglichen und* die hierauf gerichtete Sachverschaffung *mitbeherrschen* will[53]. Davon ist bei der BGHSt 17, 87 zu Grunde liegenden Sachverhaltsgestaltung auszugehen, in der der die Taschen des Opfers während der gemeinsamen Gewaltanwendung durchsuchende Beteiligte die gefundenen Geldscheine dem Mittäter als Gläubiger des Opfers aushändigt, bei der zu BGH StV 90, 160 berichteten dagegen nicht. In ihr war der an einer Prügelei Beteiligte lediglich damit einverstanden, dass die übrigen Beteiligten das zu Boden geworfene Opfer ausraubten. Das reicht für Drittzueignungsabsicht nicht aus.

Auch fehlt bei einem so Beteiligten die zwischen Nötigung und Wegnahme vorausgesetzte *Finalität* (Rn 322). Auch sie ist – wie die Zueignungsabsicht – ein personengebundenes Tätermerkmal, das sich *mittäterschaftlicher Zurechnung* entzieht[54]. Fehlt es an der Zueignungsabsicht oder am Willen zur finalen Verknüpfung, kommt *unabhängig* vom Gewicht des Tatbeitrages *nur Beihilfe* in Betracht[55].

329 *Sukzessive* Mittäterschaft durch Eintritt in eine bereits begonnene und *noch nicht abgeschlossene* Ausführungshandlung (Gewaltanwendung oder Drohung iS des § 249 zum Zwecke der Wegnahme) ist entsprechend den allgemeinen Regeln möglich[56], die die Zurechnung eines bereits *abgeschlossenen* Geschehens verbieten[57].

Hatte der Angreifer dem bewusstlos geschlagenen Opfer die Geldbörse nebst Inhalt schon weggenommen, so wird ein Mitbeteiligter, der das Opfer gerade nicht berauben, sondern lediglich verprügeln wollte (§§ 224, 25 II), nicht dadurch Mittäter des Raubes, dass er sich (seine ursprüngliche Weigerung aufgebend) vom räuberisch handelnden Rädelsführer einen Beuteanteil aufdrängen lässt[58]. Auch *endet* die Möglichkeit sukzessiver Teilnahme (Mittäterschaft wie Beihilfe) *nach Vollendung* der Tat, wenn kein Fall iterativer Begehung vorliegt[59].

330 Wird ein zur Begehung eines einfachen Raubes bereits fest entschlossener Täter dazu bestimmt, bei der Tat eine Waffe zu verwenden, soll nach der Rechtsprechung[60] **Anstiftung** zum Tatganzen vorliegen. Der dafür maßgebliche Aspekt, dass der Unwertgehalt gegenüber dem ursprünglichen Plan erheblich erhöht worden sei, trägt diese Auffassung aber nicht. Wer die „Übersteigerung" eines Tatentschlusses veranlasst, haftet nur dann als Anstifter, wenn das hierdurch bewirkte Mehr *selbstständig strafbar* oder – wie bei einer Umstiftung vom Diebstahl zum Raub – gegenüber dem ursprünglich Geplanten ein *aliud* ist. In allen anderen Fällen ist nur **Beihilfe** gegeben[61].

Schwierig wird die Rechtslage bei einem **fingierten Raubüberfall**, den der betroffene Mitgewahrsamsinhaber mit dem eigentlichen Drahtzieher des Geschehens verabredet hat, ohne den aus-

---

53 S. Rn 153a und *Ingelfinger*, JuS 98, 535.
54 *Küper*, JZ 81, 571; SK-*Günther*, § 249 Rn 47.
55 BGH NStZ 94, 29.
56 BGH MDR/D 69, 533; vgl auch *Wessels/Beulke*, AT Rn 527.
57 BGH NStZ 97, 272.
58 Unklar BGH JZ 81, 596 mit abl. Besprechung *Küper*, JZ 81, 568; s. dazu auch *Freund/Schaumann*, JuS 95, 801; LK-*Herdegen*, § 249 Rn 20.
59 *Kindhäuser*, BT II § 13 Rn 31 f; *Lackner/Kühl*, § 249 Rn 6; *Rengier*, BT I § 7 Rn 44 ff; s. dazu LK-*Hillenkamp*, vor § 22 Rn 35 ff.
60 BGHSt 19, 339, 340 f; zust. SK-*Günther*, § 250 Rn 53.
61 *Bemmann*, Gallas-FS S. 273; *Ingelfinger*, JuS 95, 322 f; *Küpper*, JuS 96, 24; s. zum Streitstand *Hillenkamp*, AT 25. Problem.

führenden Komplizen in den Tatplan einzuweihen. Der als Gehilfe eingestufte Komplize kann nach BGH MDR/D 74, 724 nur wegen Beihilfe zum Diebstahl, nicht aber zum von ihm angenommenen Raub bestraft werden, da gegenüber dem betroffenen Mitgewahrsamsinhaber, der einverstanden war, keine *gewaltsame Wegnahme* und gegenüber dem nicht einverstandenen Mitgewahrsamsinhaber zwar Wegnahme, aber keine Gewalt und damit als Haupttat nur ein Diebstahl vorgelegen habe. Wird dem Täter vorgespiegelt, das Raubopfer sei mit einem fingierten Überfall einverstanden[62], fehlt es am Raubvorsatz. Ist bei einem geplanten Raubüberfall der den „Versuch" einleitende „Mittäter" zur Ausführung der Tat nicht mehr bereit, liegt kein den übrigen zurechenbarer Versuchsbeginn vor[63].

c) Versuch

Vollendet ist der Raub **nicht** schon mit der Gewaltanwendung oder Drohung, sondern erst bei Vollendung der mit diesen Mitteln erzwungenen *Wegnahme*[64]. Für sie gilt – wie beim Diebstahl – der sozial-normative Gewahrsamsbegriff[65]. Ist die Wegnahme geschehen, ändert an der eingetretenen Vollendung nichts, wenn der Täter die Beute aus Enttäuschung über den geringen Wert wegwirft, wohl aber, wenn er in dem weggenommenen Behältnis statt der begehrten eine für ihn wertlose Sache vorfindet. Dann liegt ein fehlgeschlagener Versuch vor[66]. **331**

Der **Versuch** beginnt idR – und dh, wenn die Wegnahme unmittelbar folgen soll – mit dem unmittelbaren Ansetzen zur Gewaltanwendung oder Drohung[67], das die Rechtsprechung etwa im Klingeln an der Tür des Opfers[68], nicht aber schon im Betreten des Treppenhauses sieht. Bei Beteiligung mehrerer kommt dann aber § 30 in Betracht[69].

> Im **Fall 25** ist zunächst zwischen Handtasche und Geldbörse zu unterscheiden: Wer nämlich ein **Behältnis** (wie etwa eine Hand- oder Aktentasche) wegnimmt, es aber **allein auf den Inhalt** abgesehen hat und das Behältnis wegwirft, sobald sein Inhalt entnommen ist, handelt in Bezug auf das Behältnis nicht mit Zueignungsabsicht[70]. Anders wäre nur zu entscheiden, wenn der Täter das Behältnis zum **Transport** der Beute verwenden will, denn dann erstreckt sich seine Aneignungsabsicht auch auf das Behältnis. Letzteres trifft im **Fall 25** nicht zu. Im **Fall 25a** liegt daher insoweit nur straflose Sachentziehung vor; in der Fallabwandlung (= **Fall 25b**) ist allerdings auf § 303 und § 240[71] einzugehen.
>
> Hinsichtlich der **Geldbörse** nebst Inhalt könnte dagegen ein Raub (§ 249) vorliegen. Ob das überraschende **Entreißen einer Handtasche** als Raub (§ 249) oder nur als ein listig eingefädelter Diebstahl (§ 242) zu beurteilen ist, hängt von den Umständen des Einzelfalles ab[72]. Ge- **332**

62 BGH JZ 95, 733.
63 BGHSt 39, 236, 238; *Hillenkamp*, Roxin-FS S. 708 ff; *Ingelfinger*, JZ 95, 704, 714.
64 BGHSt 20, 194, 195; LK-*Herdegen*, § 249 Rn 19.
65 S. dazu Rn 71 ff; ohne Auseinandersetzung mit ihm auf dem Bodesn des faktischen Gewahrsamsbegriffs nicht überzeugend *Hütwohl*, ZJS 09, 131 ff.
66 BGH NStZ 96, 599; BGH NStZ 04, 333; BGH NStZ 06, 686 mit Bespr. *Streng*, JuS 07, 422; für Vollendung dagegen LG Düsseldorf NStZ 08, 155, 156.
67 S. dazu LK-*Hillenkamp*, § 22 Rn 120 ff, 126.
68 BGHSt 26, 201, 203 f; 39, 236, 238.
69 OLG Hamm StV 97, 242; SK-*Günther*, § 249 Rn 44 ff.
70 Vgl BGH StV 90, 205; BGH NStZ 00, 531; BGH NStZ-RR 00, 343; BGH NStZ 04, 333; BGH MDR/D 75, 22; *Otto*, Jura 97, 473; krit. dazu LK-*Ruß*, § 242 Rn 59.
71 S. S/S-*Eser*, § 240 Rn 12.
72 Ebenso *Krey/Hellmann*, BT II Rn 188 f.

walt gegen eine Person iS des § 249 setzt zwar keinen besonderen Kraftaufwand, aber doch die Herbeiführung einer **körperlichen Zwangswirkung** zur Verhinderung oder Überwindung von Widerstand, dh mehr voraus, als zum bloßen Wegnehmen iS des § 242 erforderlich ist.

Führt – wie im **Fall 25a** – schon der schnelle *einfache* Zugriff des Täters auf die Sache zum Gewahrsamswechsel, ehe das Opfer darauf zu reagieren vermag, handelt es sich nur um einen sog. *offenen* **Diebstahl**, bei dem die Wegnahme *vor den Augen* und *gegen den Willen* des Betroffenen erfolgt[73]. § 248a ist dann anwendbar. Hält der Überfallene dagegen (wie insbesondere bei Erwartung des Angriffs) die Tasche derart fest in der Hand, dass sie ihm nur **mittels erheblicher Krafteinwirkung** entrissen werden kann (so im **Fall 25b**), bedarf es der Überwindung eines tatsächlich geleisteten oder erwarteten Widerstandes mit der Folge, dass bei gelungener Wegnahme **Raub** vorliegt[74]. Da § 249 keine Bagatellklausel enthält, kann – anders als in Fällen des § 243 II – auf §§ 242, 248a auch dann nicht zurückgegriffen werden, wenn R sich von vornherein nur eine geringwertige Beute vorgestellt haben sollte.

II. Sachentwendung bei fortwirkenden, nicht zu Raubzwecken geschaffenen Zwangslagen

333 **Fall 26:** A und B versteckten sich nach ihrem Ausbruch aus dem Gefängnis im Haus der geschiedenen Ehefrau E des A. Sie fesselten E und ihren Lebenspartner L. Dies geschah, um E sexuell zu missbrauchen und L daran zu hindern, ihr zu helfen. B zog ohne Wissen des A der noch gefesselten E später auf Grund eines spontanen Entschlusses die Uhr vom Arm, um sie zu behalten. Danach flohen A und B mit dem Pkw des L, nachdem sie ihm die Fahrzeugschlüssel abgenommen hatten. Ob sie sich zu diesem Vorgehen schon bei der Fesselung des L entschlossen hatten, ließ sich nicht mehr feststellen.

Haben sich A und B des Raubes schuldig gemacht? **Rn 337**

Im Falle des Raubes müssen die Nötigung des Opfers und die Wegnahme der fremden Sache in einer inneren, subjektiv-finalen Beziehung (Rn 322) und daher auch in einem bestimmten zeitlichen Verhältnis zueinander stehen[75].

Die Wegnahme darf nicht nur „gelegentlich" der Nötigungshandlung erfolgen. Die Nötigung darf dementsprechend nicht bloß Begleiterscheinung, sondern muss – zumindest nach der Vorstellung des Täters – das **Mittel** zur Wegnahme gewesen sein[76]. Dabei schadet es nichts, wenn der Täter *daneben* noch ein weiteres Ziel verfolgt[77]. Daraus ergibt sich, dass das Ausnutzen einer zunächst ausschließlich *aus anderen Gründen* geschaffenen oder entstandenen Zwangslage zu einer Sachentwendung nicht ohne weiteres Raub (§ 249) begründet. Zu solchen *anderen Gründen* gehört es nach BGH NStZ 82, 380 auch, wenn der Täter (ein Taxifahrer) bei der Gewaltanwendung nur das Fahrgeld wegnehmen will, auf das er einen *Anspruch* hat. In einem solchen Fall sei der Einsatz des Nötigungsmittels nicht – wie es der Raub vorsieht – von der Absicht *rechtswidriger* Zueignung begleitet. Auch das gehöre aber zu den Voraussetzungen der *raubspezifischen Finalität* (s. Rn 335). An diesen fehlt es anderseits nicht, wenn der Täter seinen zunächst nur auf die Weg-

---

73 Zutr. BGH StV 86, 61; 90, 262; zu weit BGHSt 18, 329.
74 BGH NJW 55, 1404; 02, 2043; aA *Mitsch*, BT II/1 § 3 Rn 24.
75 BGH NStZ-RR 02, 304 mit krit. Anm. *Walter*, NStZ 04, 153.
76 BGH MDR/H 84, 276; BGH NStZ 03, 431.
77 BGH StV 93, 79; *Fischer*, § 249 Rn 7.

nahme einer *bestimmten* Sache gerichteten Vorsatz während der Gewaltanwendung *erweitert*[78], wohl aber dann, wenn er den ursprünglichen Vorsatz aufgibt und sich ohne Fortsetzung der diesen begleitenden Gewalt einer ganz anderen Sache zuwendet[79]. Je nach den Tatumständen ist hier wie folgt zu unterscheiden:

1. Fortdauer der Gewaltanwendung

Fasst und verwirklicht der Täter seinen Wegnahmeentschluss während der **noch fort-** **334** **dauernden Gewaltanwendung**, so begeht er einen **Raub**, weil und wenn er die zunächst zu anderen Zwecken verübte Gewalt auf Grund eines neuen Tatentschlusses unter *aktiver* Aufrechterhaltung der körperlichen Zwangswirkung nunmehr als Mittel zum Zwecke der Sachentwendung benutzt.

So lag es im *Armbanduhrfall*[80], in dem der Täter ein Mädchen auf öffentlicher Straße gewaltsam an sich zog, um es zu küssen, bei dem Gerangel dessen linken Arm zu fassen bekam, dort eine Armbanduhr fühlte und diese auf Grund eines *neuen* Entschlusses an sich brachte, ohne dass das sich gegen die fortdauernde Gewalt*anwendung* heftig wehrende Mädchen dies bemerkte. Hier wurde die Gewaltanwendung fortgesetzt und umfunktioniert[81].

2. Ausnutzung der Gewaltwirkung

Anders ist zu entscheiden, wenn der Täter nur die fortdauernde **Wirkung** der von ihm **335** ohne Wegnahmevorsatz verübten **Gewalt** im Rahmen eines neuen Entschlusses zur Entwendung von Sachen **ausnutzt, ohne** dass die Nötigungs*handlung* als solche andauert[82]. Das gilt auch dann, wenn das Opfer auf Grund der vorangegangenen Gewaltanwendung bewusstlos ist[83]. Hier kommt lediglich Diebstahl (§ 242) in Betracht.

So lag es im schon erwähnten (Rn 333) Fall eines Taxifahrers. Ihm ging es bei Anwendung der Gewalt allein um die Durchsetzung seines Anspruchs auf Zahlung des Fahrpreises und deshalb nach der in solchen Fällen § 16 anwendenden Rechtsprechung (s. dazu Rn 327, 190) *subjektiv* nicht um *rechtswidrige* Zueignung. Hierum ging es erst, als er den den Fahrpreis weit übersteigenden gesamten Inhalt der zu Boden gefallenen Geldbörse des zahlungsunwilligen Fahrgastes in Höhe von 870 DM ohne weitere Gewaltakte an sich nahm und behielt. Dass der Fahrgast zu diesem Zeitpunkt von der Gewalt*wirkung* noch beeindruckt „auf allen vieren" davonkroch, reicht für den nötigen Zusammenhang ebensowenig aus, wie allgemein die Tatsache, dass die aus anderen Gründen verübte Gewaltanwendung nur „noch in der Weise fortwirkt, dass sich das Opfer im Zustand allgemeiner Einschüchterung befindet"[84].

Zu beachten ist allerdings, dass § 249 selbst *nach Abschluss der Gewaltanwendung* **336** anwendbar bleibt, wenn der Täter zur **Drohung** mit gegenwärtiger Gefahr für Leib

---

78 BGH NStZ-RR 97, 298.
79 S. dazu BGH NStZ 1995, 510; BGH NStZ-RR 1997, 298; *Rengier*, BT I § 7 Rn 37; *Walter*, NStZ 04, 154.
80 BGHSt 20, 32, 33.
81 *Krey/Hellmann*, BT II Rn 193; *Küper*, BT S. 181.
82 BGHSt 32, 88, 92; BGH StV 83, 460; BGH NJW 69, 619; LK-*Herdegen*, § 249 Rn 16.
83 BGH StV 95, 416; BGH NStZ 06, 508.
84 So die von *Jahn*, JuS 08, 741 besprochene Entscheidung des BGH (BeckRS 08, 07766) unter Berufung auf BGH NStZ 82, 380; 99, 510; BGH NStZ-RR 97, 298; BGHR StGB § 249 Abs. 1 Drohung 3; s. auch BGH NStZ 09, 325.

oder Leben übergeht[85]. Das kann in solchen Fällen namentlich dadurch geschehen, dass das Opfer das weiterhin einschüchternde Verhalten des Täters als konkludente Drohung erneuter Gewaltanwendung versteht, der Täter diese Situation erkennt und sie bewusst zum Zwecke der Wegnahme ausnutzt. Hier wird freilich der Grat zwischen **konkludenter** Drohung und bloßer Nichtbeseitigung der Gewaltwirkung durch **Unterlassen** schmal[86]. Letzteres ist aktiver Gewaltanwendung nicht gleichzusetzen (§ 13 I). Wer anders entscheidet, gerät in Gefahr, den nicht beweisbaren Verdacht eines Raubvorsatzes bei der Gewaltanwendung durch die Hintertür einer überdehnten Unterlassensstrafbarkeit abzugelten und zudem die Grenzen verbotener Finalität und bloßer Ausnutzung ohne sie entstandener Wirkung zu verwischen. Auch begünstigt eine solche Lösung den Täter, der sein Opfer schwer verletzt oder bewusstlos geschlagen und sich damit um die Möglichkeit gebracht hat, die Zwangslage aufzuheben. Schließlich fehlt in § 249 eine dem § 177 I Nr 3 entsprechende Vorschrift[87].

Nutzt jemand fortdauernde Tätlichkeiten eines Dritten ohne dessen Kenntnis und Einverständnis dazu aus, Wertsachen aus dem in der Nähe abgestellten Kraftwagen des Tatopfers zu entwenden, kommt nicht Raub, sondern gemäß §§ 242, 243 I 2 Nr 6 nur ein *besonders schwerer Fall* des Diebstahls in Betracht[88].

337 Im **Fall 26** hat B bezüglich der Uhr lediglich einen Diebstahl in einem besonders schweren Fall (§§ 242, 243 I 2 Nr 6) begangen, da sein spontaner Entschluss zu stehlen der Gewalt*anwendung* noch nicht zu Grunde lag. Das bloße Ausnutzen der allerdings pflichtwidrig aufrecht erhaltenen Fesselung *entspricht* als Unterlassen dem geforderten aktiven Gewalteinsatz nach umstrittener, aber zutreffender Ansicht nicht[89]. A kann mangels Vorsatzes und Zueignungsabsicht insoweit nicht Mittäter und mangels Vorsatzes auch nicht Gehilfe zu dem Exzess des B sein. Waren A und B bei der Fesselung des L bereits entschlossen, ihm die Fahrzeugschlüssel abzunehmen, hindert die zusätzliche Zielsetzung, ihn vom Helfen abzuhalten, die raubspezifische Finalität der Gewaltanwendung nicht[90]. Fassten sie den Entschluss erst später, gilt das zu B Gesagte entsprechend. Lässt sich das Geschehen insoweit nicht mehr aufklären, ist nach der hier vertretenen Ansicht nach dem Grundsatz in dubio pro reo von Letzterem auszugehen und nur wegen Diebstahls zu verurteilen. Auch die Gegenansicht muss diese wegen der Strafmilderungsmöglichkeit nach § 13 II günstigere Sachverhaltsalternative zu Grunde legen[91].

---

85 Lehrreich dazu BGH MDR/D 68, 17, 18; BGHSt 41, 123, 124 mit Bespr. *Krack*, JuS 96, 493.

86 Deshalb wird von der konkludenten Drohung nur bei unmissverständlichem Erklärungswert des schlüssigen Verhaltens gesprochen, s. *Fischer*, § 249 Rn 14; *Ingelfinger*, Küper-FS S. 201.

87 Wie hier *Eisele*, BT II Rn 311 f; *Ingelfinger*, Küper-FS S. 202 ff; *Krey/Hellmann*, BT II Rn 193a; *Küper*, BT S. 182 f; *Otto*, BT § 46 Rn 20; *Rengier*, BT I § 7 Rn 31; SK-*Günther*, § 249 Rn 34; diff. NK-*Kindhäuser*, § 249 Rn 24 f; aA BGHSt 48, 365 ff mit krit. Anm. *Baier*, JA 04, 431, 433; *Otto*, JZ 04, 364; *Walter*, NStZ 04, 623; ders., NStZ 05, 243; s. auch *Fischer*, § 249 Rn 12b, 14 ff; HK-GS/*Duttge*, § 249 Rn 14; dem BGH zust. *Gössel*, JZ 04, 254; *Lackner/Kühl*, § 249 Rn 4; zur Gefahr der Verdachtsstrafe s. *Hillenkamp*, Wassermann-FS S. 861, 864 f.

88 BGH StV 90, 159, 160.

89 Anders BGH JZ 04, 362.

90 BGH NStZ 93, 79.

91 S. *Lackner/Kühl*, § 1 Rn 17.

Raub, § 249

I. Tatbestand
  1. Objektiver Tatbestand
    a. Tatobjekt: • *Sache*
                    • *beweglich*
                    • *fremd*
    b. Tathandlung: • *Wegnahme*
                    → *Bruch fremden Gewahrsams*
                    Gewahrsam
                    ℗ faktischer oder sozial-normativer Begriff
                    fremd
                    ℗ Mitgewahrsam
                    Bruch
                    ℗ Einverständnis
                    (Raub ↔ räuberische Erpressung)
                    ℗ durch Dritte
                    (mittelbare Täterschaft ↔ Dreieckserpressung)
                    → *Begründung neuen Gewahrsams*
                    Gewahrsam
                    ℗ Gewahrsamsenklave
                    Begründung
                    ℗ Vollendung
    c. Tatmittel: **Einsatz qualifizierter Nötigungsmittel zur Wegnahme**
      (1) Nötigungsmittel: • ***Gewalt gegen eine Person***
                    ℗ Gewaltbegriff
                    ℗ Gewalt gegen Sachen als Gewalt gegen Personen
                    ℗ Adressat der Gewalt
                    • ***Drohung mit gegenwärtiger Gefahr für Leib/Leben***
                    ℗ Adressat des angedrohten Übels
      (2) Wegnahmebezug: • ***Wegnahme mit Gewalt/unter Anwendung***
                    von Drohungen
                    → finale Verknüpfung von Nötigung und Wegnahme
                    ℗ nur subjektive/auch objektiv kausale Verknüpfung
                    ℗ Ausnutzung nicht zu Raubzwecken geschaffener
                    Zwangslagen
  2. Subjektiver Tatbestand
    a. Vorsatz: • *jede Vorsatzart*
                    → Bedeutungskenntnis bzgl Fremdheit
    b. Zueignungsabsicht: • *Absicht rechtswidriger Zueignung*
                    → wie beim Diebstahl, § 242

II. Rechtswidrigkeit

III. Schuld

➔ **Qualifikationen, §§ 250, 251**

§ 8   Raubqualifikationen

338   **Fall 27:** T ist nachts in das einsam gelegene Haus der 74-jährigen O eingedrungen, um dort zu stehlen. Als er von der resoluten O überrascht wird, droht er, sie zu erschießen, falls sie sich der Mitnahme von schon auf dem Küchentisch zusammengetragenem Geld und Schmuck widersetze. Dabei zielt der mit einer Strumpfmaske versehene T mit einer echt wirkenden Spielzeugpistole auf O. O, die jahrelang Verkäuferin in einer Spielzeugwarenabteilung war, durchschaut die Täuschung und versucht daher, T aus der Küche zu drängen. Daraufhin überwältigt T die sich heftig wehrende O und fesselt sie mit einem Kabel, das er für den Notfall zu diesem Zweck bei sich trug. Nachdem er die Beute in einer Plastiktüte verstaut hatte, verließ T das Haus. Kurze Zeit später verstarb O an einem Herzinfarkt. Dieser war durch die angestrengte Gegenwehr, vor allem aber dadurch bedingt, dass sich O über den Verlust ihres Schmuckes sehr aufregte.

Strafbarkeit des T? **Rn 359**

I. Schwerer Raub

1. Überblick über die Neufassung des § 250

339   § 250 enthält *tatbestandlich* geformte, in seinen Absätzen I und II nach der Schwere des Unrechts voneinander abgeschichtete **Qualifikationen** zum Grundtatbestand des § 249. Kraft Verweisung gelten diese Erschwerungsgründe auch für den räuberischen Diebstahl (§ 252) und die räuberische Erpressung (§ 255).

340   § 250 ist durch das **6. StrRG (Rn 9)** *erheblich verändert* worden. Er verdankt seine jetzige Fassung der Beschlussempfehlung des Rechtsausschusses des Bundestages (BT-Ds 13/8991, S. 20 mit Begründung in BT-Ds 13/9064, S. 17 f), nahm aber von vornherein in der vom Gesetzgeber verfolgten Gesamtkonzeption zur Harmonisierung der Strafrahmen eine *Schlüsselstellung* ein[1]. Beklagt wurden zwei Missstände. Zum einen wich die überkommene Rechtsprechung, die zwar ohne überzeugenden Grund, in vermeintlicher richterlicher Gesetzesbindung aber unbeirrbar Scheinwaffen und andere verletzungsungeeignete Gegenstände unter § 250 I Nr 2 aF subsumierte[2], zur Vermeidung der von ihr selbst als unangemessen empfundenen Mindeststrafe von fünf Jahren in den in § 250 II aF geregelten minder schweren Fall in einem Maße aus, das zu einer praktischen Verkehrung des Regel-Ausnahme-Verhältnisses in § 250 I und II aF führte (BT-Ds 13/8587, S. 44). Zum anderen fand sich die hohe Mindeststrafandrohung des § 250 I aF, die schon in Fällen des bloßen Beisichführens einer Schusswaffe oder einer (Schein-) Waffe bei bloßer Verwendungsabsicht galt, auch in so schwerwiegenden Delikten wie Totschlag oder Vergewaltigung mit Todesfolge. Diese dem Ansehen des Strafgesetzgebers nach seiner eigenen Erkenntnis auf Dauer abträglichen (BT-Ds 13/8587, S. 44) Missstände will die Neufassung dadurch beseitigen, dass sie es bei der von der Rechtsprechung selbst beklagten „Weite des Tatbestandes"[3] in § 250 I Nr 1 nF zwar belässt[4], die Mindeststrafe insoweit aber auf drei Jahre verkürzt und die hohe Min-

---

1   RegE BT-Ds 13/8587, Begr. S. 44; s. im Einzelnen dazu *Kreß*, NJW 98, 642 f; SK-*Günther*, § 250 Rn 2 ff.
2   BGHSt 38, 116, 117; BGH NJW 89, 2549 mit abl. Bespr. *Hillenkamp*, JuS 90, 458.
3   BGH NJW 89, 2549.
4   Krit. *Hörnle*, Jura 98, 173; SK-*Günther*, § 250 Rn 5.

deststrafe von fünf Jahren den im Vergleich hierzu im Unrecht noch einmal deutlich gesteigerten Fällen des § 250 II nF vorbehält[5].

Die **neue Fassung** des § 250 stellt in I Nr 1a den Raub mit Waffen und gefährlichen **341** Werkzeugen, in I Nr 1b den Raub mit sonstigen Werkzeugen und Mitteln, die der Täter mit einer spezifischen Verwendungsabsicht bei sich führt, und in I Nr 2 den Bandenraub als *einfache* Qualifikationen unter eine gegenüber § 249 um zwei Jahre erhöhte Mindeststrafe. Diese Qualifikationen entsprechen der Regelung des § 244 I Nrn 1a, b, 2, die § 250 im Gesetzgebungsverfahren nachträglich angepasst worden ist (BT-Ds 13/9064, S. 17). Als weitere *einfache* Qualifikation sieht § 250 I Nr 1c das Schaffen der Gefahr einer schweren Gesundheitsschädigung für eine andere Person vor, die in § 244 keine Entsprechung hat. Das gilt auch für die *schweren* Qualifikationen des neu gefassten § 250 II, der die frühere Mindeststrafe von fünf Jahren nunmehr nur noch für die Fälle der Verwendung von Waffen oder gefährlichen Werkzeugen (II Nr 1), des bewaffneten Bandenraubes (II Nr 2) und der schweren körperlichen Misshandlung bzw des Schaffens von Todesgefahr (II Nr 3a, b) vorsieht.

In § 250 III findet sich jetzt die Regelung des **minder schweren Falles**[6], die für die einfachen wie die schweren Qualifikationen unterschiedslos gilt und deren Höchststrafdrohung gegenüber § 250 II aF um fünf Jahre auf zehn Jahre angehoben ist. Hohe Anforderungen an den minder schweren Fall stellt der BGH iR der Beschaffungskriminalität drogenabhängiger Täter[7].

2. Einfache Raubqualifikationen

a) Beisichführen von Waffen oder anderen gefährlichen Werkzeugen

§ 250 I Nr 1a setzt voraus, dass der Täter oder ein anderer Beteiligter eine Waffe oder **342** ein anderes gefährliches Werkzeug bei sich führt. Diese Erweiterung gegenüber § 250 I Nr 1 aF, der nur das Beisichführen einer *Schusswaffe* ausreichen ließ, entspricht wort- und inhaltsgleich der entsprechenden Neufassung des § 244 I Nr 1a und ging dieser im Gesetzgebungsverfahren auf Grund der Schlüsselstellung des § 250 sogar voraus (Rn 340 f). Die Ausführungen, die dort zum Begriff der Waffe (Rn 255 ff), des gefährlichen Werkzeugs (Rn 260 ff) und zum Beisichführen (Rn 256, 262 f) gemacht worden sind, gelten daher ohne Einschränkung auch hier.

Deshalb ist es auch beim Raub für das **Beisichführen** ausreichend, wenn der Täter **342a** eine *Waffe* erst *während der Tatausführung* und nur „aus Sicherheitsgründen" aus dem Schreibtisch des Tatopfers an sich nimmt[8]. Auch müssen sich – wie zu § 244 I Nr 1a – Waffe oder gefährliches Werkzeug so in der Nähe eines Beteiligten befinden, dass er sich ihrer in der Phase zwischen Versuch und *Voll*endung (nicht erst in der zwischen Voll- und *Be*endigung, s. Rn 256)[9] ohne nennenswerten Zeitaufwand oder besondere

---

5 Auch hierzu krit. *Hörnle*, Jura 98, 174; s. ferner *Dencker*, in: *Dencker* ua, Einführung in das 6. StrRG 1998, S. 8 ff.

6 S. dazu BGH NStZ-RR 01, 215; LG Verden, StV 06, 696 und Rn 359.

7 BGH NStZ 02, 31, 32 f.

8 BGH NStZ 85, 217.

9 *Geppert*, Jura 99, 604; diff. S/S-*Eser*, § 250 Rn 6 ff; bis zur Beendigung soll auch hier nach BGH NStZ 07, 332, 334 mit abl. Anm. *Kudlich*, JR 07, 381 reichen.

Schwierigkeiten bedienen kann. Wer Waffe oder gefährliches Werkzeug vor dem Eindringen in das Haus des Opfers im geparkten Pkw zurücklässt und sie erst wieder auf der Flucht zur Verfügung hat, erfüllt *beide* Voraussetzungen nicht[10]. Auch geht es zu weit, von einem Beisichführen zu sprechen, wenn der Täter es nach einer ohne Raubvorsatz vorgenommenen Fesselung im Verlaufe der anschließenden Wegnahme nur bei dieser belässt oder wenn bei einer telefonischen Drohung auf ein Mittel hingewiesen wird, das die Täter zuvor im Einflussbereich des Opfers deponiert haben[11]. Dagegen reicht es aus, wenn Waffe oder gefährliches Werkzeug in einem verschlossenen Rucksack mitgeführt werden[12]. Die **Waffe** muss auch hier funktionstüchtig[13], als *Waffe im technischen Sinn* einsatzbereit[14] und – woran es bei einer Schreckschusspistole fehlt[15] – generell dazu bestimmt sein, Menschen körperlich zu verletzen. Ist sie es, verliert sie ihre allein maßgebliche abstrakte Gefährlichkeit als Waffe weder nach Nr 1a noch in der Verwendungsvariante des § 250 II Nr 1, wenn auf Grund bestimmter außerhalb ihrer selbst liegender Umstände der Tatsituation – etwa weil sich der allein anwesende Kassierer hinter kugelsicherem Glas befindet – eine reale Gefahr nicht besteht[16]. Ein Gegenbeweis *konkreter* Ungefährlichkeit kommt insoweit nicht in Betracht (zur Frage der *Verwendung* in einem solchen Fall s. Rn 350). Ein nur mit Platzpatronen geladener Gasrevolver erfüllt diesen *Waffenbegriff* dagegen nicht[17]. Er kann freilich wie die Schreckschusspistole ein **gefährliches Werkzeug** (s. hierzu Rn 255, 260 ff)[18] darstellen. Dafür genügt es allerdings entgegen dem Vorlagebeschluss des 2. Senats[19] nicht, dass die Schreckschusspistole *objektiv* „innerhalb kürzester Zeit unmittelbar am Körper des Opfers zum Einsatz gebracht werden" *könnte* und als Schlaginstrument oder bei einem aufgesetzten Schuss dann erhebliche Verletzungen bewirken würde. Vielmehr ist es erforderlich, dass die Pistole gegebenenfalls in dieser Weise *verwendet* oder mit einer solchen Vorgehensweise *gedroht werden soll*[20]. Hierüber entscheidet der zur Bestimmung der Gefährlichkeit nach der hier vertretenen Auffassung vorausgesetzte **Verwendungsvorbehalt** (Rn 262b). Nach den Maßstäben der vom 3. Senat zunächst erwogenen, nun aber aufgegebenen Lösung[21] ist dagegen zu fragen, ob der Täter schon zuvor für alle möglichen Fälle das Werkzeug zur gegebe-

---

10 Anders BGH NStZ 98, 354.
11 Im ersteren Fall käme nur ein schwer vorstellbares Beisichführen durch Unterlassen in Betracht, s. dazu zu Recht krit. *Walter*, NStZ 04, 624 zu BGHSt 48, 365 (Rn 336); zur zweiten Konstellation s. BGH StV 94, 656 mit krit. Anm. *Kelker*, StV 94, 657 und *Otto*, Jura 97, 474.
12 Zu eng BayObLG StV 99, 383.
13 BGH NJW 98, 2915.
14 BGH NStZ 99, 448; bereits geladen muss die Schusswaffe nur für § 250 II Nr 1 sein, s. BGH NStZ-RR 07, 375.
15 AA BGHSt 48, 197; BGH NJW 06, 73, 74; s. dazu Rn 255; dem BGH zust. *Kindhäuser*, § 244 Rn 4; *Schmidt/Priebe*, BT II Rn 193; zurecht krit. dazu *Fischer*, § 250 Rn 5a-b.
16 BGH StV 99, 151; BGH NStZ 99, 301; BGHSt 45, 92, 93.
17 Missverständlich BGHSt 44, 103, 106 f; BGH StV 01, 274, 275; BGH JR 99, 33 mit krit. Anm. *Dencker*.
18 S. dazu *Hillenkamp*, BT 26. Problem.
19 BGH NJW 02, 2889, 2891; abl. BGH NStZ-RR 02, 265.
20 BGH NStZ 02, 31, 33; nicht vollständig klärend BGH NStZ 99, 301; wie hier *Erb*, JuS 04, 653, 656; gleiches gilt für einen Baseballschläger, vgl. BGH StV 08, 470.
21 BGH NStZ 99, 301; aufgegeben in BGHSt 52, 257, s. Rn 262d ff auch zu verbliebenen Vertretern dieser Lösung; zum „gefährlichen" Beisichführen eines Werkzeugs s. Rn 262 f.

nenfalls gefährlichen Verwendung bestimmt und bereitgelegt hat und sich dessen bei der Tatausführung bewusst ist.

Wer bei einer **Versuchshandlung** eine Waffe bei sich führt, sich ihrer dann jedoch entledigt, um die geplante Tat ohne Waffe zu vollenden, soll nach BGH NStZ 84, 216[22] wegen vollendeten schweren Raubes gemäß §§ 249, 250 I Nr 1 (= Nr 1a nF) zu bestrafen sein, weil es keinen **Teilrücktritt** von qualifizierenden Tatbestandsmerkmalen gebe. Der Grundgedanke des § 24 dürfte indessen der Anerkennung eines solchen Teilrücktritts nicht prinzipiell entgegenstehen[23]. Dass bei dem hier wie zu § 244 I Nr 1a für das gefährliche Werkzeug verlangten Verwendungsvorbehalt (Rn 262b) diese Alternative leer laufe, weil die Verwendungsabsicht immer schon den Versuch des § 250 II Nr 1 begründe[24], ist nach allgemeinen Versuchsgrundsätzen nicht zwingend und daher kein stichhaltiger Einwand gegen die hier empfohlene teleologische Reduktion[25].

b)   Raub mit sonstigen Werkzeugen oder Mitteln

§ 250 I Nr 1b setzt – wie die gleich lautende Vorschrift des § 244 I Nr 1b – voraus, **343** dass der Täter oder ein anderer Beteiligter *sonst* ein Werkzeug oder Mittel bei sich führt, um den Widerstand einer anderen Person durch Gewalt oder Drohung mit Gewalt zu verhindern oder zu überwinden. Angesichts der in der Reform *vorrangig* betriebenen Neugestaltung (Rn 340 f) des schweren Raubes gilt auch hier, dass die unter Verwertung der Motive des 6. StrRG entwickelten Aussagen zu der entsprechenden Regelung in § 244 I Nr 1b erst recht für § 250 I Nr 1b gelten. Die gesetzgeberische Absicht, mit dieser Vorschrift einen **Auffangtatbestand** zu schaffen und sie auf die sog. *Scheinwaffen* und solche Gegenstände zu erstrecken, die zwar zur gewaltsamen oder mit Gewalt drohenden, eine *objektive Leibesgefahr* aber *nicht* begründenden Überwindung von Widerstand eingesetzt werden, hat sich zunächst in § 250 I Nr 1b verwirklicht[26]. Auch bezieht sich die bestätigte[27] Erwartung, dass die zu *Raubfällen* entwickelten Einschränkungen der neueren Rechtsprechung (s. dazu schon Rn 266) auch zur Neufassung Beachtung finden, ausdrücklich auf diese Vorschrift. Infolgedessen ist auf Rn 263 ff zu verweisen.

Dabei ist allerdings daran zu erinnern (s. schon Rn 265), dass sich die Problematik der **344** **Scheinwaffe**[28] für § 250 nach wie vor in einem anderen Licht darstellt als zu § 244. Denn einerseits spricht der vor allem von der zum überkommenen Streit zwischen beiden Vorschriften differenzierenden Lehre[29] angeführte – Grund, dass die im Beisichführen einer zur Verwendung vorgesehenen Scheinwaffe liegende Bereitschaft zu einem *Angriff* auf die *Freiheit* der Willensentschließung und -betätigung und die dadurch *erhöhte Schutzbedürftigkeit* des Opfers zwar bei einer Bestrafung nach § 249,

---

22   Mit abl. Anm. *Zaczyk.*
23   Vgl zu diesem Fragenkreis HK-GS/*Duttge*, § 244 Rn 34; *Küper*, BT S. 76; *Streng*, JZ 84, 652 und Anm. NStZ 85, 359; *Wessels/Beulke*, AT Rn 643.
24   So *Schlothauer/Sättele*, StV 98, 507.
25   S. *Küper*, Hanack-FS S. 589; *Roxin*, JuS 79, 8.
26   BT-Ds 13/8587, S. 44 f; BT-Ds 13/9064, S. 18 f; BGH NJW 98, 2914; zu einem an sich § 250 I Nr 1 b erfüllenden Fall bloßer Fesselung s. BGHSt 48, 385, 367 ff; die Problematik dieses Falles liegt im Unterlassen, s. dazu Rn 336 f.
27   BGH NStZ 07, 332, 333.
28   S. zu ihr im Einzelnen *Wessels*, BT II Rn 338 ff und *Otto*, Jura 97, 473.
29   *Wessels*, BT II Rn 260; 338; weitere Nachweise bei *Hillenkamp*, BT, 8. Aufl., S. 156.

nicht aber bei bloßer Anwendung des § 242 berücksichtigt werde, auch heute *gegen die Notwendigkeit* der Einbeziehung von Scheinwaffen in § 250 I Nr 1b. Und zum anderen bildet die vom Gesetzgeber beabsichtigte Konstruktion eines Auffangtatbestandes für Scheinwaffen und Leibesgefahr nicht begründende Werkzeuge oder Mittel nach wie vor in § 250 einen *systemwidrigen Fremdkörper*, weil hier im Gegensatz zum neugefassten § 244 I *alle* übrigen Qualifikationen ihren Grund in der besonderen objektiven Gefährlichkeit von Tat und Täter finden. Mit der darin liegenden Unrechtssteigerung hält der Auffangtatbestand folglich nicht mit. Er beseitigt daher auch nicht den Druck, in § 250 III erneut schon *für den Regelfall* auszuweichen[30]. Es besteht deshalb nach wie vor in der Sache *Grund*, der differenzierenden Lehre zu folgen[31]. Der sie eröffnende Weg, Scheinwaffen und ungefährliche Mittel im Wege einer *teleologischen Reduktion* aus dem Tatbestand des § 250 I Nr 1b auszunehmen, ist mit der Neufassung aber *verlegt*[32]. Die zuvor bestehende planwidrige Unvollständigkeit des Gesetzes[33] hat das 6. StrRG zum *gesetzlichen Plan*, die Ungefährlichkeit zur Voraussetzung des Auffangtatbestandes gemacht. An diesem *zum Ausdruck gelangten* Willen kommt keine Auslegung vorbei (s. Rn 266)[34]. Die Fortsetzung der Rechtsprechung[35] steht folglich jetzt auf sicheren Füßen.

344a Infolgedessen bleibt nur, die Auswirkungen der gesetzgeberischen Entscheidung auch hier zu begrenzen. Dazu taugt als Maßgabe der Gedanke der Kompensation (s. Rn 264, 266). Er verbietet die Einbeziehung nach ihrem äußeren Erscheinungsbild offensichtlich ungefährlicher Gegenstände, die auf das mitbetroffene Rechtsgut der Freiheit nur durch listige Begleiterklärungen, nicht aber von sich aus *als Mittel* wirken (Rn 266)[36]. Auch ist § 250 I Nr 1b zu verneinen, wenn das Tatopfer die **Scheinwaffe** als solche erkennt[37]. Dass selbst in einem solchen Fall die „auf einem gesteigerten verbrecherischen Willen des Täters beruhende Einschüchterungssituation" objektiv vorliege[38], ist ersichtlich falsch, dass sie beabsichtigt ist, kein die fehlende Freiheitsbeeinträchtigung ausgleichender Grund. Es liegt zu § 250 nur eine Versuchskonstellation vor[39], die auch von der § 250 I Nr 1b zugedachten Auffangfunktion nicht erfasst wird[40]. **Andere ungefährliche Mittel** scheiden nach dem Kompensationsmaßstab aus, wenn sie nur zu einer kurzfristigen, die Erheblichkeitsschwelle nicht überschreitenden Beeinträchtigung der körperlichen Integrität oder Bewegungsfreiheit führen (sollen). So liegt es etwa bei einem zur Unterbindung von Hilfe-

---

30 S. BGH NStZ-RR 01, 215.
31 Übereinstimmende Bewertung bei *Bosch*, JA 07, 470; *Hörnle*, Jura 98, 173 f; *Mitsch*, BT II/1 § 3 Rn 59 f; SK-*Günther*, § 250 Rn 20 ff.
32 BGH NStZ 07, 332, 333; *Küper*, BT S. 468 f; *Mitsch*, ZStW 111, 1999, 102; SK-*Günther*, § 250 Rn 24; *Rengier*, BT I § 8 Rn 5 f.
33 S. dazu *Hillenkamp*, JuS 90, 458.
34 *Eisele*, BT II Rn 332; *Fischer*, § 250 Rn 10; *Heghmanns*, Rn 1494; *Lesch*, JA 99, 38; beschränkt auf Raub auch *Klesczewski*, GA 00, 257; krit. NK-*Kindhäuser*, § 244 Rn 28 ff; zweifelnd *Hörnle*, Jura 98, 173 f; nur mit Bedenken zust. *Krey/Hellmann*, BT II Rn 198c.
35 BGHSt 44, 103; BGH StV 98, 486; 487; 659; BGH NJW 98, 2914; 2915; BGH NStZ-RR 98, 295; BGH StV 99, 91; 92 mit Anm. *Lesch*, 209; BGH NStZ 99, 135; 136; BGH NStZ 07, 332, 333; Übersicht bei *Boetticher/Sander*, NStZ 99, 294.
36 BT-Ds 13/9064, S. 18; BGHSt 38, 116, 118; BGH NStZ 97, 184; BGH NStZ 98, 38; BGH NStZ 07, 332, 333 f mit Bespr. *Bosch*, JA 07, 468; *Jahn*, JuS 07, 503; *Kudlich*, JR 07, 781; BGH StV 08, 520; *Eisele*, BT II Rn 332; *Joecks*, § 250 Rn 14; MK-*Sander*, § 250 Rn 45; krit. hierzu *Fischer*, § 250 Rn 11 mwN; *Knupfer*, Schlüchter-FS S. 130 f; *Küper*, BT S. 470.
37 *Joecks*, § 250 Rn 13.
38 So BGH StV 90, 547 mit Anm. *Herzog*.
39 *Küper*, BT S. 470; *Rengier*, BT I § 8 Rn 9; *Geppert*, Jura 92, 500.
40 S. zu dieser in anderen Irrtumsfällen *Küper*, BT S. 469.

rufen während einer nur wenige Minuten dauernden Tatausführung mitgeführten Klebeband[41], beim Sprühen mit Deo-Spray, das lediglich zu einem kurzfristigen Schließen der Augen führt[42] oder bei einer losen Fesselung mit einem Kabel, aus der sich das Opfer nach kürzester Zeit selbst befreien kann[43].

Für Werkzeuge und Mittel ergeben sich danach Abstufungen. Ob zum Beispiel ein   **345** Schuh am Fuß ein gefährliches Werkzeug im Sinne des § 250 I Nr 1a, sonst ein Werkzeug oder Mittel im Sinne des § 250 I Nr 1b oder nicht einmal das ist, hängt von den konkreten Umständen des Einzelfalles ab. Dabei kommt es auf die Beschaffenheit der Schuhe, die im Verwendungsvorbehalt vorgestellte Heftigkeit der Tritte und insbesondere darauf an, gegen welche Körperteile die Tritte sich richten sollen[44]. „Bewaffnet" sich ein Täter mit schweren Springerstiefeln, um notfalls Widerstand des Opfers mit unkontrollierten Tritten gegen den Kopf zu brechen, liegt § 250 I Nr 1a 2. Alt. (kommt es dazu, § 250 II Nr 1 2. Alt., Nr 3) vor[45]. Will er sich auf einen immerhin schmerzhaften, Verletzungsgefahr aber ausschließenden Tritt gegen das Schienbein beschränken[46], ist § 250 I Nr 1b gegeben; soll es bei einem kurzfristigen Inschachhalten des zu Boden geworfenen Opfers durch das Stellen des Fußes auf den Bauch bleiben, nicht einmal das.

c)   Gesundheitsgefährdender Raub

§ 250 I Nr 1c qualifiziert den Raub, wenn durch die Tat eine andere Person in die **Ge-**   **346** **fahr einer schweren Gesundheitsschädigung** gebracht wird. Bei diesem Tatbestand handelt es sich nicht um ein erfolgsqualifiziertes Delikt iS des § 18, sondern um einen **Gefährdungstatbestand**, der den Eintritt der konkreten Gefahr einer schweren Gesundheitsschädigung und einen entsprechenden **Gefährdungsvorsatz** voraussetzt, wobei *dolus eventualis* genügt[47]. Beruht die Gefahr auf einer individuellen Schadensdisposition des Opfers, muss der Täter diese erkannt haben[48].

Der Begriff der **schweren Gesundheitsschädigung** ist nach seiner bisherigen Ver-   **347** wendung im Gesetz (zB in § 218 II Nr 1) und dem Willen des Gesetzgebers (RegE BT-Ds 13/8587, Begr. S. 27 f) mit der in § 250 I Nr 3 aF aufgeführten „schweren Körperverletzung" (§ 226 nF) nicht gleichzusetzen. Die Herbeiführung der Gefahr einer schweren Folge im Sinne des § 226 reicht sicher aus, ist aber nicht Voraussetzung. § 147 E 1962 machte die „schwere Schädigung an Körper oder Gesundheit" davon abhängig, dass der Verletzte erheblich verstümmelt, für immer oder für lange Zeit auffallend entstellt, im Gebrauch seines Köpers oder seiner Sinne, in seiner Fortpflanzungsfähigkeit, seinen seelischen Kräften oder seiner Arbeitsfähigkeit erheblich be-

---

41   S. BGH StV 99, 91.
42   AA BGH NStZ 03, 89.
43   Anders bei einer Fesselung mit Klebeband BGH NStZ 07, 332, 334.
44   *Hettinger*, JuS 82, 895, 376.
45   BGHSt 30, 375, 376.
46   OLG Stuttgart NJW 92, 850.
47   Vgl *Fischer*, § 250 Rn 15; *Krey/Hellmann*, BT II Rn 200b; S/S-*Eser*, § 250 Rn 24; SK-*Günther*, § 250 Rn 27.
48   BGH NJW 02, 2043 mit krit. Bespr. *Baier*, JA 03, 107; *Degener*, StV 03, 332; *Hellmann*, JuS 03, 17; *Schroth*, JR 03, 250.

einträchtigt wird oder in eine lebensbedrohende, eine qualvolle oder eine ernste und langwierige Krankheit verfällt[49]. Aus dieser beispielhaft gemeinten Aufzählung folgt, dass zwar auf einen abschließenden Katalog, nicht aber auf den § 226 zu Grunde liegenden Schweregrad verzichtet werden sollte[50]. Für hinreichend ernstlich, einschneidend und nachhaltig hält der BGH in diesem Sinne eine Gesundheitsschädigung jedenfalls dann, wenn zur Wiederherstellung der Gesundheit intensivmedizinische oder umfangreiche und langwierige Rehabilitationsmaßnahmen erforderlich sind[51].

Der andere, um dessen Gefährdung es geht, muss ein Tatunbeteiligter, braucht aber weder der Beraubte noch eine Person zu sein, von der Widerstand geleistet oder erwartet wird[52]. Erforderlich ist indessen, dass die Gefährdung **durch die Tat** herbeigeführt wird. Das bedeutet ein Zurückgehen der Gefährdung auf die raubspezifische, also durch die Raubmittel, nicht eine ausnahmsweise durch die Wegnahme (zB lebenswichtiger Medikamente)[53] heraufbeschworene Gefahr in der Zeitspanne zwischen Versuchsbeginn und Vollendung. Auch hier dürfen die engeren Voraussetzungen des § 252 nicht durch die Einbeziehung der Zeit bis zur Beendigung unterlaufen werden[54]. Auch reichen Gefährdungs- oder Verletzungshandlungen vor Versuchsbeginn[55] und ohne Wegnahmevorsatz nicht aus[56]. **Beispiele:** Bedrohung eines erkennbar schwer Herzkranken, Zurücklassen des gefesselten Opfers in der winterlichen Kälte oder in einer einsamen Gegend, Gefährdung von Kunden der überfallenen Bank durch Querschüsse. Erwächst dabei Lebensgefahr, geht § 250 II Nr 3b vor. Darauf, ob der drohende *Erfolg* eintritt oder nicht, kommt es nicht an, doch ist § 250 I Nr 1c auch dann erfüllt, wenn sich die qualifizierende Gefahr in einem entsprechenden Erfolg verwirklicht[57].

d) Bandenraub

348 Der **Bandenraub** (§ 250 I Nr 2) entspricht dem Vorbild des § 244 I Nr 2. Er hat sich durch das 6. StrRG (Rn 9) nicht verändert. Die Ausführungen zum Bandendiebstahl (Rn 269 ff) gelten entsprechend, da Wortlaut und gesetzgeberischer Wille eine Gleichbehandlung gebieten[58]. Daher sind die vom GrS des BGH[59] zu § 244 I Nr 2 entwickelten Thesen auf den Bandenraub zu erstrecken. Eine Bande setzt danach den Zusammenschluss von mindestens drei Personen (s. dagegen Rn 271a ff), ein Bandenraub nicht aber die Mitwirkung von wenigstens zwei Bandenmitgliedern vor Ort (s. dagegen Rn 272) und eine Mittäterschaft auch nicht die Anwesenheit am Tatort (s. dazu Rn 272a) voraus. Ausführungstat muss hier ein *Raub* sein. Beschränkt sich die Absprache bis dahin auf Diebstähle, hindert das die Anwendung des § 250 I Nr 2 nicht, wenn sich mindestens zwei Bandenmitglieder spontan entschließen, zum Raub

---

49 S. dazu auch *Küper*, BT S. 169 ff; *Schroth*, NJW 98, 2865 f; *Windhorst*, Der Rechtsbegriff der „schweren Gesundheitsschädigung" 2001 S. 61 ff, 100 ff.
50 *Hellmann*, JuS 02, 18; *Stein*, in: *Dencker* ua, Einführung in das 6. StrRG 1998, S. 103.
51 BGH NStZ-RR 07, 304, 306 (zu § 225 III 1).
52 *Mitsch*, BT II/1 § 3 Rn 68 ff; S/S-*Eser*, § 250 Rn 22 mwN.
53 AA *Krey/Hellmann*, BT II Rn 200a; wohl auch HK-GS/*Duttge*, § 250 Rn 9; wie hier *Fischer*, § 250 Rn 14; *Kindhäuser*, § 250 Rn 15.
54 *Kindhäuser*, BT II § 14 Rn 7; SK-*Günther*, § 250 Rn 31; aA BGHSt 38, 295, 298 f zu § 251; S/S-*Eser*, § 250 Rn 23; *Wessels*, BT II Rn 343.
55 S. *Eisele*, BT II Rn 339.
56 BGH StV 06, 418.
57 S/S-*Eser*, § 250 Rn 21.
58 BGHSt 46, 138, 141 mit Bespr. *Baier*, JA 01, 368.
59 BGHSt 46, 321.

überzugehen[60]. Hinter § 250 II Nr 2 tritt die einfache Qualifikation zurück. Der Erschwerungsgrund gilt auch für Teilnehmer, wenngleich § 250 I Nr 2 aus sprachlichen Gründen nur den „Täter" hervorhebt[61].

Liegen bei derselben Straftat mehrere Erschwerungsgründe iS des § 250 I vor, so ist nach hM lediglich *ein* (einziger) „schwerer Raub" anzunehmen[62]. Das gilt auch für § 250 II[63].

3. Schwere Raubqualifikationen

§ 250 II beschreibt gegenüber den einfachen Qualifikationen (§ 250 I Nrn 1a, b, c; 2) **349** im Unrecht nochmals gesteigerte Erschwerungsformen, die *durchweg* auf dem Gedanken **erhöhter Gefährlichkeit** beruhen. Dabei hat lediglich § 250 II Nr 3b einen Vorläufer im alten Recht. Die übrigen *schweren* Qualifikationen sind neu.

a) Verwendung von Waffen oder gefährlichen Werkzeugen

§ 250 II Nr 1 sieht gegenüber § 250 I Nr 1 gesteigertes Unrecht darin, dass der Täter **350** oder ein anderer Beteiligter die Waffe oder ein gefährliches Werkzeug **verwendet**. Dabei geht der Gesetzgeber davon aus, dass die **Verwendung** nicht nur im Einsatz als Verletzungs- oder Gefährdungsmittel, sondern auch als Mittel zur Drohung mit Gewalt liegen kann[64]. In jedem Fall müssen die Tatmittel der Nötigung und dürfen folglich nicht allein der Wegnahme (Zerschießen des Tresorschlosses) dienen[65].

Der Begriff der **Waffe** unterscheidet sich hier von dem in §§ 244 I Nr 1a, 250 I Nr 1a **350a** grundsätzlich nicht (s. Rn 255 ff, 342). Allerdings ergibt sich daraus, dass die Waffe als gefährliches Tatmittel nicht nur mitgeführt, sondern **verwendet** werden muss, dass sie im Zeitpunkt der Verwendung zwar nicht notwendig durchgeladen und entsichert[66], wohl aber bereits geladen und daher in ihrer objektiv gefährlichen Eigenschaft eingesetzt worden ist. Deshalb führt zwar eine Waffe bei sich (§ 250 I Nr 1a), wer das zugehörige, aufmunitionierte Magazin in seiner Jackentasche hat, verwendet aber die ungeladene Pistole in diesem Fall nicht als (gefährliche) Waffe, wenn er mit ihr das Opfer bedroht. Dass er durch Laden in Sekundenschnelle die Pistole als (gefahrliche) Waffe verwenden könnte, heißt nicht, dass er sie als solche verwendet[67]. Andererseits erfüllt die funktionsbereite und geladene Waffe den Waffenbegriff auch dann, wenn ein außerhalb der Waffe liegender Umstand – der allein bedrohte Kassierer befindet sich hinter kugelsicherem Glas – eine konkrete Leibes- oder Lebensgefahr aus-

---

60 BGH NStZ 99, 454; S/S-*Eser*, § 250 Rn 26.
61 *Fischer*, § 250 Rn 16; S/S-*Eser*, § 250 Rn 26.
62 Vgl BGH JR 95, 123 mit Anm. *v. Hippel*, aaO S. 125.
63 SK-*Günther*, § 250 Rn 57.
64 BT-Ds 13/8587, S. 45; *Geppert*, Jura 99, 605; HK-GS/*Duttge*, § 250 Rn 14; *Hörnle*, Jura 98, 174; *Küper*, BT S. 462; s. dazu BGHSt 45, 92, 94 f; BGH StV 98, 487; 01, 274; BGH JR 99, 33; BGH NStZ 99, 301; 02, 31, 33; BGH StV 08, 470; krit. *Lesch*, JA 99, 31 f.
65 *Mitsch*, BT II/1 § 3 Rn 80.
66 BGH NStZ-RR 01, 41; BGH NStZ-RR 07, 375.
67 BGHSt 45, 249, 251 f; BGH NStZ-RR 08, 342; MK-*Sander*, § 250 Rn 63.

schließt. Auch ist in einem solchen Fall die Waffe **verwendet**[68], weil es in dieser Alternative nur auf die abstrakte Gefährlichkeit funktionsbereiter Waffen ankommt[69], die Entstehung einer konkreten Gefahrensituation idR zudem nicht sicher ausschließbar und folglich ein Gegenbeweis konkreter Ungefährlichkeit auch nicht zu führen ist. Entgegen missverstehbarer Terminologie ist die ungeladene oder sonst funktionsuntüchtige „Waffe" keine Waffe im Sinne dieser Vorschriften. Sie kann lediglich **gefährliches Werkzeug** sein, wenn sie als Schlaginstrument oder – mit bloßen Platzpatronen geladen – aus nächster Nähe oder aufgesetzt verwendet und dadurch eine erhebliche Verletzungsgefahr hervorgerufen wird (Rn 342a)[70]. An Letzterem fehlt es, wenn das Opfer mit Klebeband nur gefesselt[71] oder ein Schlafmittel nur in harmloser Dosierung[72] verwendet wird. Wird das Opfer **bedroht**, muss sich die Gefährlichkeit darin erweisen, dass im Falle der Zufügung des angekündigten Übels die Gefahr erheblicher Verletzung entstünde[73]. Dabei genügt, dass es nur eines kurzen Handgriffs bedarf, um die Eignung, erhebliche Verletzungen zuzufügen, herbeizuführen[74]. Andererseits reicht die Verwendung einer funktionsuntüchtigen oder ohne Munition mitgeführten oder eben auch nur ungeladenen Schusswaffe für § 250 II Nr 1 nicht aus[75]. Sie ist – weil nicht funktionsbereit – keine „Waffe" und – weil verletzungsuntauglich – auch kein bei „Ausführung" der Drohung gefährliches Werkzeug. Dasselbe gilt für eine Spielzeugpistole[76] sowie eine **Schreckschusspistole**, soweit sich deren Benutzung darin erschöpft, die Existenz einer scharfen Schusswaffe vorzutäuschen[77] oder einen „Warnschuss" aus der Distanz abzugeben. Dass der Täter innerhalb kürzester Zeit von der Bedrohung mit einer mit Platzpatronen geladenen Schreckschusspistole dazu übergehen könnte, sie unmittelbar am Körper des Opfers in gefährlicher Weise zum Einsatz zu bringen, reicht entgegen dem Vorlagebeschluss des 2. Senats[78] für ihre Verwendung als gefährliches Werkzeug nicht aus. Auch begründet diese gefährliche Anwendungsmöglichkeit nicht die Eigenschaft einer Waffe (s. dazu Rn 255)[79]. Mit Recht werden diese „Scheinwaffen" daher allein § 250 I Nr 1b zugewiesen, solange der Täter von ihrer potenziell gefährlichen Einsatzweise keinen Gebrauch machen will.

Auch setzt eine Verwendung zur *Drohung* voraus, dass der Betroffene den Einsatz des Mittels wahrnimmt. Anders kann der Bedrohte in die für eine vollendete Drohung vorausgesetzte

---

68 AA BGH StV 99, 151.
69 BGH NStZ 99, 301; BGHSt 45, 92, 93 mit krit. Anm. *Mitsch*, NStZ 99, 617 und zust. Anm. *Zopfs*, JZ 99, 1062.
70 Vgl BGH StV 01, 274, 275; BGH NStZ 02, 31, 33; BGH NStZ-RR 04, 169.
71 BGH StV 99, 91; BGHSt 48, 365 (nur § 250 I Nr 1b); anders uU bei strammer Fesselung mit Kabelbinder, s. BGH NStZ-RR 04, 169.
72 BGH StV 98, 660.
73 *Küper*, BT S. 457, 462 f mit S. 441; aA *Dencker*, in: *Dencker* ua, Einführung in das 6. StrRG 1998, S. 14.
74 BGH NStZ-RR 01, 41.
75 BGHSt 45, 249, 251 f; BGH NJW 98, 2915; BGH StV 98, 487; 659; BGH NStZ 98, 567; die Zweifel in BGH NJW 98, 2914 beseitigt BGHSt 44, 103, 106; für die ungeladene Schreckschusspistole ebenso BGH NStZ-RR 04, 169.
76 BGH NStZ 99, 135.
77 BGH StV 98, 486; BGH NStZ-RR 98, 294; 358; BGH StV 99, 209; BGH NStZ-RR 07, 375.
78 BGH NJW 02, 2889, 2891.
79 AA BGHSt 48, 197 mit krit. Bespr. *Baier*, JA 04, 15 f; *Erb*, JuS 04, 653; *Fischer*, NStZ 03, 569.

Zwangslage nicht versetzt werden[80]. Der bloße Hinweis darauf, dass der Täter eine Waffe oder ein gefährliches Werkzeug bei sich führt, genügt zwar für sich genommen nicht, kann aber uU ebenso eine *konkludente* Drohung begründen[81] wie ein von dem dem Opfer entgegentretenden maskierten Täter vor dem Oberkörper gehaltener Baseballschläger[82]. Die Verwendung muss **bei der Tat** und deshalb auch hier zwischen Versuchsbeginn und Vollendung geschehen (s. Rn 256)[83]. Dabei reicht aus, wenn ein zunächst nur mit dem Vorbehalt eines ungefährlichen Einsatzes mitgeführtes Werkzeug (§ 250 I Nr 1b) erst *durch* seine Verwendung zum gefährlichen *wird*. Lässt man mit der Rechtsprechung die Qualifikation des Raubes nach § 250 II Nr 1 auch noch zwischen Vollendung und Beendigung zu[84], ist es irreführend, ihr Vorliegen von dem Bestehen einer „Beutesicherungsabsicht" abhängig zu machen[85]. Sie ist – bezogen auf den eigenen Besitz des gestohlenen oder geraubten Gutes – subjektives Tatbestandsmerkmal des § 252[86]. Geschieht der Einstieg in die Qualifikation noch iR des § 249, ist statt dessen das (Weiter-)Bestehen der Zueignungsabsicht zu verlangen. An beiden Absichten fehlt es, wenn es dem Täter nur noch darum geht, ohne Beute zu fliehen.

b) Bewaffneter Bandenraub

§ 250 II **Nr 2** enthält eine zusätzliche Qualifikation zum **Bandenraub**, die darin besteht, dass ein Beteiligter zwischen Versuchsbeginn und Vollendung (s. Rn 256) eine **Waffe** bei sich führt. Zu den Begriffen der Bande (Rn 271 f), der Waffe (Rn 255 ff, 342, 350a) und des Beisichführens (Rn 256) gilt das zu §§ 244, 250 bisher Gesagte entsprechend. Zu verlangen ist, dass die Waffe von einem Beteiligten mitgeführt wird, der an der Tatausführung unmittelbar mitwirkt. Nur dann ist von nochmals gesteigerter Gefährlichkeit zu sprechen. **351**

Die für § 250 II Nr 2 gegebene Begründung, hiermit solle der besonderen Gefährlichkeit bewaffneter Räuberbanden Rechnung getragen werden (BT-Ds 13/9064, S. 18), lässt offen, warum *gefährliche Werkzeuge* hier *nicht* einbezogen sind[87]. Wenn es nach ihr nicht richtig ist, „die *Verwendung* … eines Tapetenmessers oder von Salzsäure beim Raub einer niedrigeren Mindeststrafdrohung zuzuordnen, als die Verwendung einer Schusswaffe", gilt das für das Beisichführen in der Bande auch. Zur Korrektur dieser Ungereimtheit lässt der nullum-crimen-Satz freilich keinen Raum[88]. Man darf diese Entscheidung auch nicht dadurch unterlaufen, dass man – missverständlich (s. Rn 350a) – die ungeladene oder funktionsuntüchtige (Schuss-) Waffe oder ein „relativ kleines Messer"[89] unter den Begriff der Waffe subsumiert.

---

80 AA BE-*Becker*, S. 23, 79; wie hier BGH JR 05, 159 mit insoweit zust. Anm. *Gössel*; *Kudlich*, JuS 05, 189; BGH StV 08, 470. Stellt sich die beabsichtigte Wahrnehmung nicht ein, liegt ein fehlgeschlagener Versuch vor, der mit einem vollendeten Beisichführen nach § 250 I Nr 1a aus Gründen der Klarstellung in Idealkonkurrenz steht (NK-*Puppe*, vor § 52 Rn 14; aA BGH und *Gössel* aaO). Da die Täter den Schraubenzieher in BGH JR 05, 159 allerdings nur als Scheinwaffe eingesetzt haben, lag richtigerweise nur § 250 I Nr 1b vor, s. *Schlothauer*, StV 04, 655, 656.
81 BGH StV 98, 487; *Schroth*, NJW 98, 2864; enger *Baumanns*, JuS 05, 405, 406.
82 BGH StV 08, 470.
83 *Mitsch*, BT II/1 § 3 Rn 81.
84 So zB BGH NStZ 04, 263.
85 So aber BGH NStZ-RR 08, 342, 343.
86 Richtig daher BGH NStZ 09, 36 mit Bespr. *Deiters*, ZJS 08, 672.
87 Waffe und gefährliches Werkzeug müssen daher spätestens hier (s. aber schon Rn 255) voneinander abgegrenzt werden; zur Schwierigkeit, dies nach der Entscheidung BGHSt 48, 197 zu tun, s. *Fischer*, § 250 Rn 25.
88 Ebenso HK-GS/*Duttge*, § 250 Rn 17.
89 BayObLG StV 99, 383; diff. zum Messer dagegen BGHSt 43, 266, 267; BGH NStZ 98, 511; für ein Teppichmesser bejahend OLG Schleswig NStZ 04, 213; zum Messer mit „relativ langer Klinge" als gefährliches Werkzeug – nicht als Waffe – s. BGHSt 52, 257 und hier Rn 262f ff.

c) **Schwere körperliche Misshandlung und Lebensgefährdung**

352 Für die Qualifikation der **schweren körperlichen Misshandlung** (§ 250 II Nr 3a) gibt es weder in § 250 aF eine Entsprechung, noch eine Aussage des Gesetzgebers dazu, was unter ihr zu verstehen ist[90]. Ein Rückgriff auf die zu § 176 III Nr 2 aF (= § 176a IV Nr 1 nF) zu findenden Aussagen[91] muss berücksichtigen, dass Tatopfer dort ausschließlich Kinder sind. Da die schwere körperliche Misshandlung eine besonders gravierende Form der Gewaltausübung beschreibt, sind vorsätzlich herbeigeführte *schwere Gesundheitsschädigungen* im Sinne des § 250 I Nr 1c[92] oder *neben* einer *nicht unerheblichen* Beeinträchtigung der Körperintegrität *besonders rohe* Misshandlungen zu verlangen[93]. Heftige und mit Schmerzen verbundene Schläge erfüllen diese Voraussetzungen jedenfalls dann, wenn sie zu nicht unerheblichen Gesundheitsschäden führen[94]. Auch hier reicht nicht, dass die Misshandlung erst nach Tatvollendung einsetzt[95]. Der BGH, der auch diese Qualifikation noch in der Beendigungsphase zulässt, verlangt wenigstens einschränkend, dass die Misshandlungen von „einer weiteren Verwirklichung der Zueignungs- oder Bereicherungsabsicht getragen" und nicht nur durch einen räumlich-zeitlichen Zusammenhang mit dem jeweiligen Grundtatbestand (§§ 249, 255 oder 252) verbunden sind[96]. **§ 250 II Nr 3b** ist – wie § 250 I Nr 1c – konkretes Gefährdungsdelikt[97] und setzt infolgedessen die vorsätzliche Herbeiführung des **Gefahrerfolges** des **Todeseintritts** voraus. Diese Gefahr muss aus den qualifizierten Nötigungsmitteln entstehen. Berauben Sherpas Bergtouristen um wärmende Schlafsäcke und entsteht daraus Lebensgefahr, tritt ein unerlaubtes allgemeines Lebensrisiko an die Stelle raubspezifischer Gefahr[98] (s. dazu näher Rn 347, 355).

Schwerer Raub, § 250
I. Tatbestand
1. Objektiver Tatbestand
a. Verwirklichung des Grundtatbestandes, § 249
b. Qualifikation: objektive Merkmale der Qualifikationstatbestände

I Nr 1a: *(1) Tatmittel:* • *Waffe*
                     Ⓟ Gas-/Schreckschusspistole
                • *gefährliches Werkzeug*
                     Ⓟ objektive Waffengleichheit oder
                        Verwendungsvorbehalt

---

90 Krit. *Mitsch*, BT II/1 § 3 Rn 85; SK-*Günther*, § 250 Rn 47.
91 So *Fischer*, § 250 Rn 26; *Hörnle*, Jura 98, 174.
92 Die auch hier § 226 nicht erfüllen müssen, s. BGH NStZ-RR 07, 175.
93 S. dazu § 225 I und *Küper*, BT S. 234 f; enger BGH *Miebach* NStZ 94, 223 zu § 176 aF, *Lackner/Kühl*, § 250 Rn 4.
94 BGH NStZ 98, 461; s. auch BGH JR 01, 378, 379 mit Anm. *Kudlich* zu § 177 IV Nr 2a; BGH NStZ-RR 07, 175 begnügt sich mit heftigen und mit Schmerzen verbundenen Schlägen.
95 SK-*Günther*, § 250 Rn 49; aA *Fischer*, § 250 Rn 26: bis zur Beendigung.
96 BGH StV 09, 409 f mit Anm. *Dehne-Niemann*, ZIS 09, 377.
97 S/S-*Eser*, § 250 Rn 34; BGH NStZ 05, 156.
98 AA *Mitsch*, ZStW 111, 1999, 102 f; *Krey/Hellmann*, BT II Rn 201c; wie hier *Eisele*, BT II Rn 352 mit Rn 338.

	(2) Handlung:	• ***Beisichführen***
		℗ Zeitspanne
		℗ berufsmäßige Waffenträger
I Nr 1b:	*(1) Tatmittel:*	• ***sonstiges Werkzeug oder Mittel***
		→ Eignung zur Gewalt/Drohung
		℗ Scheinwaffen
		℗ Einschränkung bei evidenter Ungefährlichkeit
	(2) Handlung:	• ***Beisichführen***
		℗ Zeitspanne
I Nr 1c:	*(1) Tatobjekt:*	• ***andere Person***
	(2) Taterfolg:	• ***Gefahr einer schweren Gesundheitsschädigung***
	(3) Verursachung:	• ***durch die Tat***
		→ Zusammenhang zwischen Einsatz der Raubmittel und Gefahr
		℗ Zeitspanne
I Nr 2:	*(1) Tätereigenschaft:*	• ***Mitglied einer Bande***
		℗ Bande
		℗ Extraneus, § 28 II
	(2) Begehungsweise:	• ***unter Mitwirkung eines anderen Bandenmitglieds***
		℗ persönl. Mitwirkung am Tatort
		℗ Zahl der Mitglieder am Tatort
II Nr 1:	*(1) Tatmittel:*	• ***Waffe***
		℗ Gas-/Schreckschusspistole
		℗ Munition
		• ***gefährliches Werkzeug***
		→ Gefährlichkeit iSd § 224
	(2) Handlung:	• ***Verwenden***
		℗ Zeitspanne
II Nr 2:	*(1) Handlung:*	• ***Beisichführen einer Waffe***
		→ wie bei I Nr 1a
	(2) Tatzeit:	• ***bei einer Tat nach I Nr 2***
II Nr 3a:	*(1) Tatobjekt:*	• ***andere Person***
	(2) Taterfolg:	• ***schwere körperliche Misshandlung***
	(3) Tatzeit:	• ***bei der Tat***
		℗ Zeitspanne
II Nr 3b:	*(1) Tatobjekt:*	• ***andere Person***
	(2) Taterfolg:	• ***Todesgefahr***
	(3) Verursachung:	• ***durch die Tat***
		→ Zusammenhang zwischen Einsatz der Raubmittel und Gefahr
		℗ Zeitspanne

2. Subjektiver Tatbestand

a. Vorsatz:		• ***jede Vorsatzart***
		→ bzgl Grundtatbestand
		→ bzgl qualifizierender Umstände
b. Zueignungsabsicht:		• ***Absicht rechtswidriger Zueignung bzgl Tatobjekt***

> **c. Besondere subj. Merkmale:**
> I Nr 1a: Ⓟ Verwendungsvorbehalt
> I Nr 1b: • *spez. Verwendungsabsicht*
> I Nr 2: Ⓟ Handeln im Bandeninteresse
> **II. Rechtswidrigkeit**
> **III. Schuld**
> **IV. Minder schwerer Fall, § 250 III**

II. Raub mit Todesfolge

353 § 251 verdankt seine heutige Fassung im Wesentlichen dem EGStGB von 1975. Danach kommt es nicht mehr darauf an, ob der Tod des Opfers oder eines anderen Menschen Folge der *verübten Gewalt* ist[99]. Es genügt vielmehr, dass der Tod auf die spezifische Gefährlichkeit des **Raubes** zurückgeht. Das **6. StrRG** (Rn 9) hat vor ‚leichtfertig' das Wort ‚wenigstens' eingefügt und damit den Streit, ob § 251 aF auch bei vorsätzlicher Herbeiführung der Todesfolge anwendbar war, für § 251 nF im bejahenden Sinne erledigt (s. Rn 357)[100], den Inhalt der Vorschrift im Übrigen aber unverändert gelassen.

1. Folge und raubspezifische Gefahr

354 § 251 ist ein **erfolgsqualifiziertes** Delikt. Die qualifizierende *Folge* besteht im **Tod** eines *anderen* Menschen. Mit Blick auf die in § 250 I Nr 1c, II Nr 3 vorgegebene Beschränkung gehört (anders als bei gemeingefährlichen Delikten)[101] ein anderer *Beteiligter* nicht dazu. Andererseits besteht keine Einschränkung auf durch den Raub selbst Verletzte. § 251 erfasst auch den Fall, dass ein *Unbeteiligter* sein Leben etwa durch eine abirrende Kugel einbüßt[102].

355 Im tödlichen Ausgang muss sich – auch im Falle Unbeteiligter – stets die dem Raub anhaftende und ihm *eigentümliche* Gefahr für das Leben anderer niedergeschlagen haben. Für diesen **Gefahrverwirklichungszusammenhang** ist *dreierlei* vorausgesetzt:

Zum ersten muss ein ursächlicher **Zusammenhang** zwischen dem Einsatz der **qualifizierten Nötigungsmittel** und dem **Tod** bestehen. Danach reicht es zwar aus, dass das Opfer zB durch die von der *Drohung* ausgehende Schockwirkung zu Tode kommt[103]. Es genügt aber nicht, dass der Tod Folge oder Begleiterscheinung der Wegnahme ist. Denn wo das Opfer stirbt, weil ihm ein lebenswichtiges Medikament oder der schützende Schlafsack im winterlichen Gebirge ent-

---

99 Vgl zur aF BGHSt 22, 362, 363; 23, 126, 128 mit Anm. *Geilen,* JZ 70, 521.
100 BT-Ds 13/8587, S. 79; *Dencker,* in: *Dencker* ua, Einführung in das 6. StrRG 1998, S. 15; *Hörnle,* Jura 98, 174; *Lackner/Kühl,* § 251 Rn 2; BE-*Becker,* S. 80.
101 S. dazu *Hillenkamp,* JuS 77, 167; SK-*Wolters/Horn,* vor § 306 Rn 9.
102 BGHSt 38, 295, 297; *Fischer,* § 251 Rn 2; *Günther,* Hirsch-FS S. 547 f; SK-*Günther,* § 251 Rn 4; aA *Rengier,* Erfolgsqualifizierte Delikte und verwandte Erscheinungsformen 1986, S. 226 f.
103 OLG Nürnberg NStZ 86, 556.

wendet worden ist, verwirklicht sich ebenso wenig eine *raubspezifische* Gefahr, wie dort, wo die aus dem Fenster geworfene Beute einen Passanten tödlich trifft. Hier geht es um unerlaubt erhöhtes allgemeines Lebensrisiko. Davor schützen §§ 212 ff, nicht aber § 251[104]. Zum zweiten muss der **Zurechnungszusammenhang** gewahrt sein, der allgemein und namentlich in den Fällen der Erfolgsqualifikation[105] etwa dort zweifelhaft werden kann, wo die Folge nicht unmittelbar auf das Täterverhalten, sondern auch auf die Mitwirkung des Betroffenen oder Dritter zurückzuführen ist. Das ist hier nicht im Einzelnen zu entfalten[106]. Durch Gewalt oder massive Drohung ausgelöstes riskantes Ausweich- oder Fluchtverhalten wird aber idR[107] ebenso zurechenbar sein, wie der Tod bei einem verantwortbaren Hilfeleistungsversuch[108], nicht aber ein tödlicher Unfall bei Verfolgung des Täters[109]. Als drittes ist als **zeitliche Begrenzung** zu verlangen, dass die tödliche Handlung in die *Ausführungsphase* des Raubes fällt. Darunter ist – wie schon bei §§ 244, 250 – weder die Vorbereitungs- noch die Phase zwischen Vollendung und Beendigung zu verstehen. Während die erste Aussage unbestritten ist, wollen Rechtsprechung[110] und Teile der Literatur[111] die Flucht- und Beutesicherungsphase einbeziehen. Diese Ausdehnung eines an den inhaltlichen Vorgaben und den zeitlichen Grenzen des § 249 ausgerichteten **tatbestandsspezifischen** Gefahrzusammenhangs auf alle aus der **Konfrontation** mit dem Räuber insgesamt erwachsenden Gefahren[112] geschieht aber mit der die Verletzung des nullum-crimen-Prinzips nur unzulänglich verdeckenden Begründung, die Gefahren bewaffneter Beutesicherung seien nicht geringer als die bei einer mit der Waffe erzwungenen Wegnahme. Auch sei der seinen Fluchtweg freischießende Täter nicht besser zu stellen und der engere, Beutesicherungsabsicht verlangende § 252 nur in der Lage, einen Teil der besonders strafwürdigen Fälle zu erfassen[113]. Das alles ist richtig, nicht aber Gesetz. Es ist mit Bedacht fragmentarisch (Rn 6). Es verlangt die Todesfolge als Ergebnis innertatbestandlicher, der Wegnahme dienender Drohung oder Gewalt (§§ 249, 251) *oder* als Ergebnis einer außertatbestandlichen, dann aber auf Beutesicherung abzielenden Drohung oder Gewalt (§§ 252, 251). Dazwischen *ist* eine Lücke. Sie darf der Gesetzgeber, nicht aber der Richter schließen[114]. Das ist auch der Annahme entgegenzuhalten, es reiche aus, wenn der Tod aus einer Handlung folgt, die nicht mehr der Erlangung der Beute, sondern nur noch dazu dient, die Gegenwehr des Opfers zu unterbinden und dessen Flucht zu verhindern[115] oder die aus Wut über das gescheiterte Erpressungsvorhaben vorgenommen wird[116].

---

104 Wie hier *Eisele*, BT II Rn 359; *Fischer*, § 251 Rn 3; *Günther*, Hirsch-FS S. 546 f; *Mitsch*, BT II/1 § 3 Rn 94; *Rengier*, BT I § 9 Rn 4; S/S-*Eser*, § 251 Rn 4; für Einbeziehung dagegen *Heghmanns*, Rn 1508; *Herzberg*, JZ 07, 616 f; HK-GS/*Duttge*, § 251 Rn 5; *Krey/Hellmann*, BT II Rn 202; *Lackner/Kühl*, § 251 Rn 1; MK-*Sander*, § 251 Rn 6.

105 S. dazu BGHSt 33, 322; 38, 295, 298; *Kühl*, BGH-FS S. 248 ff.

106 S. *Wessels/Beulke*, AT Rn 185 ff, 192.

107 S. dazu und zur engeren Rechtsprechung *Wessels/Hettinger*, BT I Rn 301 f zu § 227.

108 Vgl BGHSt 39, 322, 324 ff zu §§ 222, 306 Nr 2 aF.

109 HK-GS/*Duttge*, § 251 Rn 8; *Kühl*, BGH-FS S. 261.

110 BGHSt 38, 295, 298 mit abl. Bespr. *Rengier*, NStZ 92, 589 und *Schroeder*, Anm. JZ 93, 52; BGH NJW 99, 1039 mit zust. Anm. *Schroth*, NStZ 99, 554; BGH NStZ 01, 371.

111 *Otto*, Jura 97, 475; S/S-*Eser*, § 251 Rn 4; *Wessels*, BT II Rn 346.

112 S. hierzu *Hefendehl*, StV 00, 110.

113 BGHSt 38, 295, 298.

114 IE ebenso *Eisele*, BT II Rn 361; *Fischer*, § 251 Rn 5; *Günther*, Hirsch-FS S. 544 f; HK-GS/*Duttge*, § 251 Rn 6; *Jäger*, BT Rn 303; *Kindhäuser*, § 251 Rn 6; *Kühl*, BGH-FS S. 264 f; MK-*Sander*, § 251 Rn 10 f; *Rengier*, BT I § 9 Rn 8; SK-*Günther*, § 251 Rn 8.

115 So aber BGH NJW 98, 3361 mit abl. Anm. *Geppert*, JK 99, StGB § 251/6; BGH NJW 99, 1039 mit abl. Bespr. *Hefendehl*, StV 00, 109 f.

116 BGH NStZ 03, 34.

2. Leichtfertigkeit

356 Obwohl es sich bei § 251 um ein **erfolgsqualifiziertes Delikt** handelt, ist abweichend von § 18 wenigstens **Leichtfertigkeit** erforderlich. Das entspricht dem Begriff der *groben Fahrlässigkeit*[117]. Die Leichtfertigkeit des Handelns muss sich gerade auf die **konkrete Todesverursachung** beziehen. Ihr Vorliegen darf nicht schon aus der Raubbegehung als solcher hergeleitet werden; andernfalls müsste nahezu jede (deutlich) vorhersehbare Todesfolge als leichtfertig verursacht gelten, was dem *einschränkenden* Zweck des Gesetzes gegenüber § 18 widersprechen würde[118]. Hat nur einer von **mehreren Beteiligten** die Todesursache gesetzt, haften die übrigen aus § 251, sofern die erfolgsursächliche Handlung **keinen Exzess**[119] darstellt und **ihnen ebenfalls Leichtfertigkeit zur Last fällt**. Versetzt ein Mittäter dem Opfer dagegen bewusst abredewidrig tödliche Stiche, statt es – wie vereinbart – nur niederzuschlagen, kann die nachträgliche Billigung dieses Verlaufs durch den die Stiche beobachtenden Zweiten dessen sukzessive Mittäterschaft zum Raub mit Todesfolge nach Beendigung der tödlichen Handlungen auch dann nicht mehr begründen, wenn der Tod erst danach eintritt. Vielmehr müsste er hierfür selbst noch mitursächlich werden[120]. Anderenfalls legte man ihm einen dolus subsequens zur Last.

357 Der vollendete § 251 geht den §§ 222, 227 als *lex specialis* vor. Mit §§ 212, 211 ist Tateinheit möglich. Nach BGHSt 26, 175 sollte das zwar seit der 1975 erfolgten Neufassung des § 251 nicht mehr gelten, weil im Text *nur noch* die *leichtfertige* Verursachung des Todes erschien[121]. Den Zielvorstellungen der Gesetzesreform wurde diese Ansicht jedoch nicht gerecht. Da der Wortlaut des § 251 aF auch kaum zu der erwähnten Auffassung zwang, war § 251 richtigerweise anzuwenden, wenn der Tod *mindestens leichtfertig* – und das hieß gegebenenfalls auch vorsätzlich – verursacht wurde. Tateinheit zwischen § 251 aF und §§ 212, 211 war daher weiterhin möglich[122]. Diese Auffassung hat das **6. StrRG** (Rn 9) mit der Einfügung des Wortes „wenigstens" *festgeschrieben*[123]. Die Erschwerungsgründe des § 250 treten nach hM hinter § 251 zurück[124].

3. Versuch und Rücktritt

358 Der **Versuch** des § 251 ist in *zwei Formen* möglich[125]. Zum einen ist denkbar, dass die Wegnahme nicht gelingt, der Täter aber mit dem bereits angewendeten Nötigungsmittel das Opfer zurechenbar und leichtfertig oder vorsätzlich tötet. Da der Versuch des § 249 strafbar ist und § 251 die erhöhte Strafe an die *Handlungsgefährlichkeit* des

---

117 Vgl OLG Nürnberg NStZ 86, 556; *Wessels/Beulke*, AT Rn 662.
118 Zutr. *Günther*, Hirsch-FS S. 551; *Lackner/Kühl*, § 251 Rn 2; S/S-*Eser*, § 251 Rn 6; weiter A/W-*Heinrich*, § 17 Rn 30.
119 BGH NJW 98, 3361.
120 AA BGH NStZ 08, 280; wie hier *T. Walter*, NStZ 08, 548, 549 ff.
121 Ebenso BGH NStZ 84, 453; zust. *Lagodny*, Anm. NStZ 92, 490; *Otto*, Jura 97, 475; *Rengier*, StV 92, 496; *Rudolphi*, Anm. JZ 88, 880.
122 Ebenso BGHSt 35, 257, 258; BGHSt GrS 39, 100, 108 f; *Alwart*, Anm. NStZ 89, 225; *Geilen*, Jura 79, 557, 613; *Laubenthal*, Anm. JR 88, 335; LK-*Jähnke*, § 212 Rn 40, 41; *Mitsch*, BT II/1 § 3 Rn 10 ff; S/S-*Eser*, § 251 Rn 9.
123 BT-Ds 13/8587, S. 79; BGH NStZ 03, 34; krit. *Küpper*, ZStW 111, 1999, 800 f.
124 BGHSt 21, 183, 184; diff. *Fischer*, § 251 Rn 12; aA S/S-*Eser*, § 251 Rn 10.
125 S. BGH NStZ 01, 371; BGH StV 02, 81; LK-*Hillenkamp*, vor § 22 Rn 108, 115.

Raubmitteleinsatzes knüpft, ist nach hM ein solcher *erfolgsqualifizierter Versuch* möglich[126], vorausgesetzt, es hat sich die spezifische Gefahr des zur Ermöglichung der Wegnahme eingesetzten Nötigungsmittels verwirklicht[127]. Die Bestrafung richtet sich folglich nach §§ 251, 22, die bei Leichtfertigkeit mit § 227 in Tateinheit stehen[128]. Gibt in einem solchen Fall der Täter die Wegnahme freiwillig auf, ist er trotz Eintritts der Folge **zurückgetreten** und Bestrafung nur nach § 222 oder § 227 denkbar. Für eine Anwendung der §§ 251, 22 fehlt es dann an einem hierfür vorausgesetzten[129] *strafbaren* Grunddeliktsversuch[130]. Das liegt hier nicht anders als dort, wo ein Täter von einem Raubversuch mit Waffen zurücktritt. Auch in einem solchen Fall ist – wie der Tod – ein qualifizierender Teil nicht revidierbar, Rücktritt aber nicht deshalb unmöglich. Ist der Raub nur versucht und auch die Folge ausgeblieben, war sie aber vom Vorsatz umfasst, ist auch diese *versuchte Erfolgsqualifizierung* nach §§ 251, 22 strafbar[131]. Auch hier beseitigt der Rücktritt vom Grunddeliktsversuch die Raubstrafbarkeit ganz[132]. Inwieweit das auch für den tateinheitlich gegebenenfalls[133] begangenen Mordversuch gilt, hängt davon ab, ob sich der Rücktritt vom Raubversuch auf den Mordversuch erstreckt.

T hat in **Fall 27** zunächst den Tatbestand des § 249 dadurch erfüllt, dass er der gefesselten O Geld und Schmuck in Zueignungsabsicht wegnahm und mit der Beute das Haus verließ. Die Wegnahme war durch das Zusammentragen auf dem Küchentisch noch nicht vollendet. Die in der Fesselung liegende Gewalt gegen O diente daher objektiv und subjektiv der mit dem Verstauen in der Tüte vollzogenen Gewahrsamsbegründung. Auf den nur zur hier fehlgeschlagenen Drohung erheblichen Streit, ob das Opfer die Drohung ernst nehmen (Rn 325) und ob das Nötigungsmittel für die Wegnahme *objektiv förderlich* sein *muss* (Rn 322), kommt es daher im Ergebnis nicht an. Ein qualifizierter Raub ist zunächst deshalb denkbar, weil T eine Spielzeugpistole verwandte, um den erwarteten Widerstand der O zu verhindern. Zwar reicht die Scheinwaffe für § 250 I Nr 1b aus. Durchschaut das Opfer aber die Täuschung, ist die objektive Ungefährlichkeit trotz der verwirklichten Verwendungsabsicht nicht ausreichend durch die *erhebliche* Beeinträchtigung der Willensfreiheit kompensiert. Insoweit liegt nur Versuchsunrecht vor (Rn 344). Gleichwohl ist § 250 I gegeben, weil T mit dem zwar verletzungsungeeigneten, Bewegungsfreiheit und körperliches Wohlbefinden aber nicht unerheblich beeinträchtigenden Kabel ein Mittel bei sich führte und einsetzte, um den Widerstand der O zu überwinden (§ 250 I Nr 1b). An einen minder schweren Fall (§ 250 III) ist zwar bei der Verwendung einer Scheinwaffe nach wie vor zu denken[134]. Er ist aber bei der „gestuften" Vorgehensweise des T nach nächtlichem Einbruch ausgeschlossen. Auch spricht die Verängstigung des Opfers durch Maskierung gegen ihn[135]. Vor allem ist aber auch § 251 erfüllt. Zwar würde die Aufregung

359

---

126 S. *Hillenkamp*, AT 16. Problem mwN; *Otto*, Jura 97, 476; BGH NJW 98, 3362.

127 Zu weit daher BGH NStZ 03, 34.

128 BGHSt 46, 24, 28 f mit zust. Anm. *Kindhäuser*, NStZ 01, 31; *Kudlich*, JA 00, 748.

129 Str., s. *Lackner/Kühl*, § 18 Rn 11.

130 BGHSt 42, 158, 160; *Beulke*, Rn 401; *Fischer*, § 251 Rn 8a; *Kudlich*, JuS 99, 355; *Küper*, JZ 97, 233 mwN; *Otto*, Jura 97, 476; *Rengier*, BT I § 9 Rn 19; *Sowada*, Jura 95, 653; aA *Wolters*, GA 07, 65 ff, der bei einer Verursachung der Todesfolge durch die Raubgewalt auch bei Ausbleiben der Wegnahme einen vollendeten Raub mit Todesfolge annimmt; dagegen überzeugend *Herzberg*, JZ 07, 615 ff.

131 S. *Mitsch*, BT II/1 § 3 Rn 104.

132 SK-*Günther*, § 251 Rn 21.

133 S. BGH NStZ 01, 194.

134 Krit. dazu BGH NStZ-RR 01, 215, 216.

135 BGH StV 98, 652 mit Anm. *Jahn*.

über den Verlust des Schmuckes als Ursache für den Tod nicht reichen. Insoweit ist der Tod Folge eines offenen Diebstahls, nicht aber einer *raubspezifischen* Gefahr. Es genügt aber, dass der Tod durch die Gewaltanwendung mitbedingt war. Dass der geleistete Widerstand Opferverhalten ist, schließt die Zurechnung nicht aus. Auch stört nicht, dass der Tod erst nach Vollendung der Tat eintritt. Entscheidend ist, dass die tödliche Handlung vor ihr lag. Schließlich ist Leichtfertigkeit zu bejahen. Wer ein 74-jähriges Opfer nachts aufschreckt, mit einer Scheinwaffe bedroht und sich in eine körperliche Auseinandersetzung mit ihm begibt, setzt grob sorgfaltswidrig das Risiko des tödlichen Ausgangs (Rn 356). § 251 verdrängt § 222 sowie § 250 II Nr 3b. Auch § 250 I Nr 1b tritt zurück (Rn 357). Da bei einer Verurteilung nach § 251 nicht zum Ausdruck kommt, dass ein Wohnungseinbruchsdiebstahl vorliegt, ist Idealkonkurrenz zu § 244 I Nr 3 vertretbar. Dahinter treten §§ 303, 123 zurück.

Raub mit Todesfolge, § 251

I. Tatbestand
  1. **Raub, § 249 (ggf iVm § 250)**
     → tatbestandsmäßiger, rechtswidriger und schuldhaft begangener Raub
  2. **Eintritt und Verursachung der schweren Folge: Tod eines anderen Menschen**
     • *Tod*
     • *anderer Mensch*
        → nicht Tatbeteiligte
        → auch andere als das Raubopfer
     • *Kausalzusammenhang*
  3. **Objektive Zurechnung**
     → Zurechnung der schweren Folge zum Verhalten des Täters nach allgemeinen Zurechnungsregeln
     → qualifikationsspezifische Zurechnung
        Ⓟ Anknüpfung: Handlung oder Erfolg des Grunddelikts?
        Ⓟ Realisierung der grunddeliktsspezifischen Gefahr
        Ⓟ zeitlicher Zusammenhang: Einbeziehung der Flucht- und Beutesicherungsphase
  4. **(Zumindest) Leichtfertigkeit hinsichtlich der Todesfolge**
     → Bezug zur konkreten Todesverursachung
     → auch bei vorsätzlicher Erfolgsherbeiführung

II. Rechtswidrigkeit

III. Schuld
  Insbesondere: Subjektive Vorhersehbarkeit der schweren Folge und des gefahrspezifischen Zusammenhangs

IV. Versuch und Rücktritt beim erfolgsqualifizierten Delikt

4. Kapitel

Raubähnliche Sonderdelikte

§ 9 Räuberischer Diebstahl und räuberischer Angriff auf Kraftfahrer

I. Räuberischer Diebstahl

Fall 28: T ist mit einem Dietrich in die Wohnung der abwesenden Frau F gelangt, um dort zu stehlen. Er durchsucht die Wohnung nach Schmuck und Bargeld; was ihm mitnehmenswert erscheint, steckt er in eine mitgeführte Aktentasche. Als er die Wohnung mit der Beute verlassen will, hört er, dass F zurückkehrt. T versteckt sich rasch hinter der Küchentür und entnimmt seiner Aktentasche einen 40 cm langen Holzknüppel, den er nach seiner unwiderleglichen Einlassung stets als „Pannenhilfe" bei sich führte. Als F einen Augenblick später die Küche betritt, versetzt er ihr damit von hinten zwei wuchtige Schläge auf den Kopf. Dabei geht es ihm darum, von der ihm flüchtig bekannten F nicht erkannt und an der Flucht nicht gehindert zu werden, aber auch, sich von der wertvollen Beute nicht trennen zu müssen. Ehe F wieder zu sich kommt, ist T auf und davon.

Strafbarkeit des T? **Rn 379**

360

§ 252 ist durch das **6. StrRG** (Rn 9) *unverändert* geblieben. Bedenkt man, dass der Gesetzgeber die Zueignungsdelikte durch das Hinzufügen von Drittzueignung oder darauf zielender Absicht nach dem Vorbild des E 1962 erweitert hat, ist der Verzicht auf eine entsprechende und in § 247 E 1962 auch vorgesehene Ergänzung der Eigenbesitzerhaltungsabsicht in § 252 nicht ohne weiteres einsichtig. Das gilt namentlich dann, wenn man in dieser Absicht nicht nur einen Ausdruck der dem Raub analogen *finalen* Verknüpfung zwischen qualifizierten Nötigungsmitteln und Gewahrsamsverletzung, sondern vor allem eine „modifizierte Zueignungsabsicht"[1] sieht. Ob die Frage der Angleichung vom Gesetzgeber entschieden oder übersehen worden ist, lässt sich den Materialien nicht entnehmen[2]. Auch bei einer unbewussten „Planwidrigkeit" steht einer Ergänzung um eine auf Drittbesitzerhaltung zielende Absicht aber das Analogieverbot entgegen[3]. Eine ausreichende Eigenbesitzerhaltungsabsicht hat dagegen, wer sich den Besitz der Beute erhalten will, weil er sie später einem Dritten zueignen möchte[4].

1. Rechtsnatur

Der **räuberische Diebstahl** (§ 252) ist kein erschwerter Fall des § 242, sondern ein raubähnliches Sonderdelikt[5], das in der nicht notwendig erfolgreichen[6] **Verteidigung der Diebesbeute mit Raubmitteln** besteht und bei dessen Verwirklichung der Täter

361

---

1 LK-*Herdegen*, § 252 Rn 17; *Küper*, BT S. 93; *ders.*, JZ 01, 732 f.
2 SK-*Günther*, § 252 Rn 19; *Freund*, ZStW 109, 1997, S. 482.
3 *Fischer*, § 252 Rn 9a; HK-GS/*Duttge*, § 252 Rn 21; *Lackner/Kühl*, § 252 Rn 5; S/S-*Eser*, § 252 Rn 7; aA *Lask*, Das Verbrechen des räuberischen Diebstahls 1999, S. 177.
4 *Weigend*, GA 07, 274, 284 f.
5 BGHSt 3, 76, 77; *Fischer*, § 252 Rn 1; aA *Perron*, GA 1989, 169; *Kratzsch*, JR 88, 397.
6 *Küper*, JZ 01, 731; OLG Hamm StV 05, 336, 337.

„gleich einem Räuber" bestraft wird. Die Erschwerungsgründe des Raubes (§§ 250, 251) gelten danach auch für den räuberischen Diebstahl[7].

362 Sachlich unterscheiden § 249 und § 252 sich dadurch, dass die Anwendung von Gewalt oder von Drohungen beim *Raub* der **Erlangung** des Gewahrsams, bei einem *räuberischen Diebstahl* dagegen der **Erhaltung** des schon erlangten Gewahrsams an der Beute dient[8].

Die Gleichbehandlung des räuberischen Diebstahls mit dem Raub erscheint trotz der in § 252 steckenden Selbstbegünstigung[9] deshalb berechtigt, weil es beim Betreffen des Täters *auf frischer Tat* oft nur von Zufälligkeiten abhängt, ob die **Wegnahme** bereits **vollendet** war oder nicht. Von demjenigen, der im unmittelbaren Anschluss an die Wegnahme Raubmittel zur Verteidigung der Diebesbeute einsetzt, ist zwar nicht sicher zu erwarten, dass er zu diesen Mitteln *auch zwecks Erlangung* des Gewahrsams gegriffen hätte, wenn er etwas früher überrascht worden wäre[10]. Sicher ist aber der Wille, den *schon erlangten* Gewahrsam mit Raubmitteln zu verteidigen, nicht weniger gefährlich als der Wille, die Wegnahme auf diese Weise zu ermöglichen[11]. Um die Gleichstellung des räuberischen Diebes mit dem Räuber zu rechtfertigen, ist die Auslegung des § 252 soweit wie möglich der des § 249 anzugleichen[12].

2. Objektiver Tatbestand

363 Der **objektive Tatbestand** des § 252 setzt voraus, dass der bei einem Diebstahl **auf frischer Tat betroffene Täter** nach Vollendung der Wegnahme gegen eine Person **Gewalt** verübt oder **Drohungen** mit gegenwärtiger Gefahr für Leib oder Leben anwendet.

a) Vortat und Anwendungsbereich

Geeignete **Vortat** iS des § 252 kann neben dem **Diebstahl** (§ 242) in all seinen Erscheinungsformen unter Einschluss der §§ 243 ff zwar keine räuberische Erpressung, wohl aber auch ein **vollendeter Raub** (§ 249) sein, in dem alle Diebstahlselemente enthalten sind[13]. Letzteres wird bedeutsam, wenn der Räuber die erschwerenden Umstände der §§ 250, 251 erst in *der* Zeitphase verwirklicht, die § 252 erfasst[14]. Das gilt vor allem dann, wenn man[15] in dieser Phase eine Qualifizierung des bereits vollendeten Raubes nach §§ 250, 251 richtigerweise (Rn 347; 355) ausschließt.

Ebenso wie der Raub kennt der räuberische Diebstahl keinerlei Privilegierung. Die **Geringwertigkeit** der Beute (§ 248a) ist daher für die Anwendbarkeit des § 252 belanglos[16].

---

7 BGH NStZ-RR 02, 237; BGH NStZ 09, 36.
8 BGH NStZ-RR 01, 41.
9 S. dazu *Mitsch*, BT II/1 § 4 Rn 4.
10 Krit. zu dieser in BGHSt 9, 255, 257; RGSt 73, 343, 345 zu findenden Hypothese *Küper*, JZ 01, 737.
11 LK-*Herdegen*, § 252 Rn 3; s. dazu auch BGH StV 87, 534; *Herzog*, Anm. EzSt StGB § 252 Nr 2; *Perron*, GA 1989, 145.
12 Weigend, GA 07, 276 f.
13 Nach vollendeter räuberischer Erpressung ist die Beuteverteidigung bloße Nötigung, s. BGH NStZ 05, 387; zum Raub als Vortat s. BGHSt 21, 377, 379 f; *Zöller*, JuS L 97, 89.
14 Näher BGHSt 20, 194, 197; 21, 377.
15 Entgegen BGHSt 38, 295, 298; BGH NStZ-RR 08, 342.
16 Vgl BGHSt 3, 76, 78; BGH MDR/D 75, 543; aA *Burkhardt*, NJW 75, 1687 und JZ 73, 110; dagegen *Krey/Hellmann*, BT II Rn 207.

Auf frischer Tat betroffen ist der Täter nach hM dann, wenn er bei **Ausführung**[17] oder **alsbald nach Vollendung** der Wegnahme **am Tatort** oder in dessen **unmittelbarer Nähe** von einem anderen wahrgenommen, bemerkt oder schlicht angetroffen wird[18].   **364**

Das Merkmal des **Betreffens auf frischer Tat** dient dazu, die Voraussetzungen **raumzeitlich** einzugrenzen, unter denen der zu Raubmitteln greifende Dieb einem Räuber gleichgestellt werden darf.

In **zeitlicher Hinsicht** beginnt der Anwendungsbereich des § 252 auch dann, wenn der Täter schon zuvor wahrgenommen worden ist, erst mit **Vollendung der Wegnahme**, während er spätestens mit der **tatsächlichen Beendigung** des Diebstahls endet[19]. Was im Rahmen des Nötigungsaktes vor Eintritt des Gewahrsamswechsels zur Ermöglichung der Wegnahme geschieht, wird von § 249 bereits unmittelbar erfasst. Was sich (nach gelungener Wegnahme) erst zu einem Zeitpunkt abspielt, in welchem der Dieb schon *gesicherten* Gewahrsam erlangt hatte und der Diebstahl *beendet* war (s. dazu Rn 119)[20], fällt unter den allgemeinen Nötigungstatbestand des § 240[21]. Dass überhaupt erst *nach Beendigung* § 252 den Anwendungsbereich des § 249 ablöse[22], hat als These zu Recht keine Anhängerschaft gefunden, da sie § 249 wie § 252 überdehnt.   **365**

Solange sich der Täter noch auf dem Anwesen des Bestohlenen, also in dessen räumlichem Herrschaftsbereich befindet, ist der Diebstahl in der Regel nicht beendet[23]. Eine Ausnahme bildet der Fall, in dem der Dieb die gestohlene Ware noch innerhalb des Ladenraums vollständig verzehrt[24]. Ist die aus einem Laden entwendete Beute bereits im Kofferraum des auf einem Parkplatz abgestellten Kraftwagens verstaut, und haben die Täter sodann (als Diebe unbemerkt und unbehelligt) die Heimfahrt angetreten, in deren Verlauf es nach einem Verkehrsverstoß zu einer Schießerei mit einer Polizeistreife kommt, so war der vorausgegangene Diebstahl schon abgeschlossen und beendet mit der Folge, dass hinsichtlich des neuen Tatgeschehens für § 252 kein Raum mehr ist[25].

Wie lange der Diebstahl nach Vollendung der Wegnahme eine „frische Tat" iS des § 252 bleibt, ist umstritten. Teilweise wird hierin eine schärfere Umgrenzung des Zeitraumes gesehen, in dem noch Notrechte (§ 127 StPO, §§ 229, 859 II BGB) wahrgenommen werden dürfen[26]. Die hM nimmt zutreffend an, dass der Diebstahl diesen Charakter spätestens verliert, sobald der Dieb *gesicherte* Sachherrschaft (= *gefestigten* Gewahrsam) erlangt hat und die Tat als *beendet* anzusehen ist[27]. Wer erst danach zu Nötigungsmitteln greift, tut dies nicht mehr *bei einem Diebstahlsgeschehen*. Sein Verhalten kommt auch nicht dem eines Räubers gleich. Ihm fehlt es *nach Sicherung* des Gewahrsams an einem raubähnlichen Bezug der Nötigungsmittel zu dessen Verletzung.   **366**

---

17 S. dazu *Küper*, BT S. 97, 99; *ders.*, Jura 01, 25; *Mitsch*, BT II/1 § 4 Rn 30.
18 BGHSt 9, 255, 257; 26, 95, 96; 28, 224, 228 f.
19 Vgl BGHSt 28, 224, 229; BGH StV 85, 13; NJW 87, 2687.
20 LK-*Hillenkamp*, vor § 22 Rn 37.
21 Zutr. BGH JZ 88, 471; LK-*Herdegen*, § 252 Rn 6; MK-*Sander*, § 252 Rn 7; S/S-*Eser*, § 252 Rn 3.
22 So *Dreher*, MDR 75, 529; *Schmidhäuser*, BT 8/51; 8/59; dagegen A/W-*Heinrich*, § 17 Rn 19.
23 BGH NJW 87, 2687; Rn 120.
24 Für § 252 ist dann kein Raum mehr: übersehen von LG Freiburg ZIS 06, 40 m. Anm. *Marlie*.
25 BGH JZ 88, 471.
26 *Kindhäuser*, § 252 Rn 12; *Rengier*, BT I § 10 Rn 7; ähnlich *Eisele*, BT II Rn 380.
27 BGHSt 28, 224, 229; *Fischer*, § 252 Rn 4; *Geilen*, Jura 79, 614, 670; SK-*Günther*, § 252 Rn 7; krit. HK-GS/*Duttge*, § 252 Rn 8 f; weiter *Gössel*, BT II § 15 Rn 12 ff; *Lackner/Kühl*, § 252 Rn 4; *Marlie*, ZIS 06, 44 f.

Je nach dem Ablauf des Geschehens kann ein vollendeter Diebstahl aber auch schon vor dem Beendigungszeitpunkt aufhören, eine *frische* Tat zu sein (so etwa im Fall BGHSt 28, 224: Dort hatte der Taxifahrer T während einer Autofahrt von Stuttgart in Richtung Hamm dem Fahrgast F unbemerkt die Brieftasche mit 15 500 DM entwendet und eingesteckt. Da F erst nach längerer Zeit, einer inzwischen zurückgelegten Fahrstrecke von 50 km und dem Verlassen der Autobahn argwöhnisch geworden war, ehe T an einsamer Stelle zu Tätlichkeiten gegen ihn griff und ihn aus dem Auto stieß, sah der BGH den von T verübten Diebstahl im Augenblick der Gewaltanwendung nicht mehr als *frische* Tat iS des § 252 an).

367 In **räumlicher Beziehung** muss der Täter alsbald nach Vollendung der Wegnahme entweder **am Tatort selbst** oder in dessen **unmittelbarer Nähe** betroffen sein[28]. Ist das der Fall, so genügt es, wenn der Einsatz der Nötigungsmittel erst während der sofort aufgenommenen Verfolgung im Verlauf seiner Flucht erfolgt, mag dies mittlerweile auch weit vom Ort der Entwendung entfernt sein[29]. Voraussetzung bleibt freilich, dass die Flucht *nicht* eine solche *Distanz* zwischen Täter und Verfolger schafft, dass die Gewahrsamssicherung die Vortat beendet[30].

Von solchen Verfolgungsfällen zu unterscheiden sind die Fälle, in denen zunächst nur der *Diebstahl als solcher* entdeckt worden ist und der **Dieb** auf Grund der sofort eingeleiteten Suche **erst während der Nacheile** „betroffen" wird. Hier bleibt bei Nötigungshandlungen lediglich für § 240 Raum.

b) Betreffen und Nötigungsmittel

368 Wer den Dieb „betrifft", ist gleichgültig; es kann der Sacheigentümer, der Gewahrsamsinhaber oder ein Dritter sein. § 252 ist auch anwendbar bei einem sog. *offenen* Diebstahl unmittelbar vor den Augen des Bestohlenen[31]. Was unter „**Betreffen**" zu verstehen ist, ist umstritten[32].

Den Kern der Umschreibung, der Täter müsse *bei einem Diebstahl* auf frischer Tat *betroffen* sein, bildet sicher der Fall, dass der Betroffene *als* ein des Diebstahls *Verdächtiger* vom Betreffenden mit den Sinnen **wahrgenommen**, dass er als Tatverdächtiger entdeckt, ertappt wird. Über diesen Fall hinaus muss es aber genügen, dass der Dritte den Täter bei der Tat sieht, beobachtet oder auch nur akustisch wahrnimmt. Einer subjektiven Verdachtsbildung bedarf es dagegen nicht[33]. Sie ist Voraussetzung prozessualen Handelns pro magistratu (§ 127 StPO), nicht aber Bedingung dafür, dass sich der Täter als einem Räuber gleich gefährlich erweist. Im Gegenteil ist In-Verdacht-Geraten ein eher mildernder Aspekt. Rechtsprechung[34] und überwiegende Lehre[35] gehen allerdings noch weiter, indem sie selbst auf das „Wahrnehmen" verzichten. Genügen soll jedes **raum-zeitliche Zusammentreffen**, sodass auch der Fall erfasst wird, in dem der Dieb dem Bermerktwerden

---

28 BGHSt 9, 255, 257; 28, 224, 228.
29 Vgl BGHSt 3, 76, 78; BGH GA 1962, 145; LK-*Herdegen*, § 252 Rn 14.
30 A/W-*Heinrich*, § 17 Rn 20.
31 BGH NJW 58, 1547; RGSt 73, 343, 345 f.
32 Zum Streitstand *Hillenkamp*, BT 27. Problem.
33 So aber *Haas*, Maiwald-FS S. 145, 167 ff; *Lask*, Das Verbrechen des räuberischen Diebstahls 1999, S. 124; *Schnarr*, JR 79, 315 f; SK-*Samson*, 4. Aufl., § 252 Rn 5; wie hier *Mitsch*, BT II/1 § 4 Rn 32; MK-*Sander*, § 252 Rn 11; *Schwarzer*, ZJS 08, 267 ff.
34 BGHSt 26, 95, 96 f; krit. BGHSt 28, 224, 227.
35 A/W-*Heinrich*, § 17 Rn 21; *Beulke*, Rn 424 f; *Fischer*, § 252 Rn 6; HK-GS/*Duttge*, § 252 Rn 15; *Jäger*, BT Rn 307; *Lackner/Kühl*, § 252 Rn 4; *Otto*, BT § 46 Rn 55; *Perron*, GA 1989, 163; *Rengier*, BT I § 10 Rn 8 ff; *Schmidt/Priebe*, BT II Rn 463; S/S-*Eser*, § 252 Rn 4; SK-*Günther*, § 252 Rn 13; *Wessels*, BT II Rn 357.

durch schnelles Zuschlagen zuvorkommt. Es leuchte nämlich nicht ein, dass der, der schon beim Stehlen oder – hierbei bemerkt – kurz nach Vollendung zuschlägt, wegen Raubes oder räuberischen Diebstahls mit all ihren Konsequenzen (§§ 250, 251) bestraft, hiervon aber für den Ausnahmefall verschont werde, in dem er kurz nach Vollendung dem Bemerktwerden durch Zuschlagen zuvorkommt. Ein Dieb, der Gewalt übt, unmittelbar bevor er bemerkt wird, müsse *genauso behandelt* werden, wie einer, der zuschlägt, nachdem er bemerkt worden ist[36]. Dass dies eine mit der ratio des § 252 begründbare Lösung wäre, ist behauptbar, dass es die Lösung des § 252 ist, aber nicht. Vielmehr ist der Wortsinn mit einem Analogieschluss sehr deutlich überschritten. Betroffen ist nicht, wer dem Betreffen zuvorkommt[37] und dem Opfer damit entweder jede Wahrnehmungsmöglichkeit abschneidet oder – was dem gleichkommt[38] – ihm erst mit dem Nötigungsmittel die Wahrnehmung aufzwingt. Ein solcher Täter wird nicht betroffen, sondern macht nur notgedrungen auf sich aufmerksam. Seine Privilegierung ist im Übrigen so unsinnig nicht. Denn zu der notwendigen Besitzerhaltungsabsicht wird in solchen Fällen noch deutlicher als sonst der Wille treten, nicht bloßgestellt und überführt zu werden[39]. Diese Vermutung der Selbstbegünstigungstendenz gibt der gesetzgeberischen Entscheidung einen vertretbaren Sinn.

Die **Nötigungsmittel** iS des § 252 entsprechen denen des Raubes (s. Rn 318 ff), so- **369** dass auch hier für Gewalt eine nicht ganz unerhebliche körperliche Zwangswirkung notwendig ist[40], an der es bei einem bloßen „Wegschubsen" oder „Sich-losreißen" mangeln kann[41]. Die Mittel müssen sich gegen einen anderen richten, von dem der Dieb – sei es auch nur irrtümlich – annimmt, dass er ihm den *gerade erlangten* Gewahrsam **zu Gunsten des Verletzten** wieder entziehen werde oder dass er dem Fortschaffen der Beute in anderer Weise ein Hindernis in den Weg legen könnte[42].

Schießt ein auf frischer Tat betroffener **Mittäter** zwecks Sicherung seiner Diebesbeute auf einen Komplizen, der hinter ihm herläuft und den er während der nächtlichen Flucht irrtümlich für einen Verfolger hält, liegt danach ein **vollendeter** schwerer räuberischer Diebstahl vor (§§ 252, 250 II Nr 1)[43]. Da in einem solchen Fall einer nur irrtümlich angenommenen Schutzbereitschaft eines vom Eigentümer oder bisherigen Gewahrsamsinhaber unterschiedenen Dritten keinerlei Restitutionschance vereitelt oder gefährdet wird, ist nach aA[44] nur ein wegen Opferuntauglichkeit versuchter räuberischer Diebstahl gegeben.

3. Subjektiver Tatbestand

Der **subjektive Tatbestand** verlangt *Vorsatz* und die *Absicht* des Täters, **sich im Be-** **370** **sitz des gestohlenen Gutes zu erhalten**. Die Absicht, einem *Dritten* den Besitz zu wahren, reicht nicht aus (s. Rn 360; aber auch Rn 373 f). Zu welchem Zeitpunkt der Entschluss zur Gewaltanwendung usw gefasst wird, ist belanglos[45].

---

36 BGHSt 26, 95, 97.
37 Ebenso *Geppert*, Jura 90, 556 f; *Haas*, Maiwald-FS S. 177 f; *Heghmanns*, Rn 1130; *Seier*, JuS 79, 338; vermittelnd *Kindhäuser*, BT II § 16 Rn 7.
38 AA *Küper*, BT S. 101.
39 S. zu solcher Motivbündelung OLG Zweibrücken StV 94, 545 f, OLG Köln StV 04, 490, 491; OLG Hamm StV 05, 336, 337.
40 LG Gera NJW 00, 159 mit krit. Anm. *Otto*, JK 01, StGB § 249/7; Rn 320.
41 S. OLG Koblenz StV 08, 474, 475, aber auch OLG Brandenburg NStZ-RR 08, 201, 202.
42 BGHSt 9, 162, 163 und 255; 28, 224, 230 f; LK-*Herdegen*, § 252 Rn 15.
43 Zum evtl. *Tötungsversuch* vgl insoweit BGHSt 11, 268; *Hillenkamp*, Die Bedeutung von Vorsatzkonkretisierungen 1971, S. 76 ff.
44 *Küper*, JZ 01, 735 mwN.
45 BGHSt 3, 76, 78.

371 Zur **Absicht** im vorgenannten Sinn gehört der Wille, eine Entziehung des gerade erlangten Gewahrsams *zu Gunsten* des *Bestohlenen* zu verhindern. Die Entziehung muss – und sei es auch nur nach Meinung des Täters – bereits gegenwärtig sein oder **unmittelbar bevorstehen**[46]. Nur dann steht die Behauptung des gerade eben begründeten Gewahrsams mit Raubmitteln dem Unrecht des Raubes gleich[47]. Hieran fehlt es, wenn die Zueignung etwa durch Verzehr oder Verbrauch schon unumkehrbar vollzogen ist[48]. Auch erfüllt § 252 nicht, wer die Notierung seines Kennzeichens nur in der Befürchtung gewaltsam verhindert, die Beute könne ihm später abgenommen werden[49]. Die Beutesicherungsabsicht braucht aber nicht das einzige Ziel des Handelns zu sein. Vielmehr kann sie mit dem Bestreben einhergehen, sich der Ergreifung zu entziehen[50]. Anders verhält es sich, wenn der flüchtende Dieb seine Beute im Stich lässt (sie zB fortwirft) oder sich ihrer nur nicht entledigt, um nicht überführt oder ergriffen zu werden[51] und beim Einsatz der Nötigungsmittel *nur noch* das Ziel im Auge hat, sich der Festnahme und Überführung zu entziehen. Hier fehlt es an der Absicht iS des § 252[52], die als eine Art „verlängerter" Zueignungsabsicht zu sehen ist[53] und deshalb nur gegeben ist, wenn diese noch besteht. Das ist zu verneinen, wenn der Besitzerhalt nur notwendiges Zwischenziel der ein Strafverfahren abwehrenden Selbstbegünstigung ist. Ein solcher Befund liegt nach der Lebenserfahrung nahe, wenn es sich nur um eine geringwertige Beute handelt[54].

372 Die **Vollendung** des räuberischen Diebstahls tritt mit dem **Einsatz der Nötigungsmittel** ein. Sie wird nicht dadurch ausgeschlossen, dass es dem Täter *nicht* gelingt, seine *Absicht* zu *verwirklichen* und sich im Besitz des gestohlenen Gutes zu erhalten[55].

Ein **Versuch** des § 252 kommt daher nur in Betracht, wenn schon die Anwendung der Nötigungsmittel über das Versuchsstadium nicht hinausgeht oder missglückt. Ein untauglicher Versuch liegt vor, wenn der Täter eine *ihm selbst* gehörende, irrtümlich für „*fremd*" gehaltene Sache weggenommen hatte. Zwar ist hier die Wegnahme vollendet, wenn die Sache im Gewahrsam eines anderen war. Die angesichts des gleichen Strafrahmens erforderliche Unrechtsäquivalenz zum vollendeten Raub stellt aber nur ein auch hier vollendeter Diebstahl her[56].

---

46 Vgl BGHSt 9, 162, 164; BGH StV 87, 196; *Mitsch*, BT II/1 § 4 Rn 52.
47 Weiter *Lackner/Kühl*, § 252 Rn 5; SK-*Günther*, § 252 Rn 22.
48 Hier ist der Diebstahl ohnehin schon beendet (Rn 365); zur lebensfremd unterstellten Befürchtung, die Beute durch Brechmittel zu verlieren, s. LG Freiburg ZIS 05, 40 mit krit. Anm. *Marlie*.
49 OLG Koblenz StV 08, 474, 475; aA *Küper*, JZ 01, 738; *ders.*, BT S. 94.
50 Vgl BGHSt 13, 64, 65; BGH GA 1984, 475, 476; BGH NStZ 00, 530, 531, BGH StV 05, 606, 607; OLG Köln NStZ 05, 448, 449.
51 OLG Zweibrücken JR 91, 383 mit Anm. *Perron;* OLG Brandenburg NStZ 08, 201, 202 f; s. aber auch OLG Köln NStZ 05, 448, 449 mit Anm. *Kudlich*, JuS 05, 1053.
52 Vgl BGHSt 9, 162; BGH NStZ 09, 36 mit Bespr. *Deiters*, ZJS 08, 672; OLG Köln StV 04, 490, 491; OLG Hamm StV 05, 336, 337; OLG Brandenburg NStZ-RR 08, 201.
53 OLG Zweibrücken StV 94, 545; *Küper*, BT S. 94; *Rengier*, BT I § 10 Rn 17.
54 OLG Hamm StV 05, 337; OLG Koblenz StV 08, 474, 475.
55 BGH NJW 68, 2386; OLG Hamm StV 05, 336, 337; *Küper*, Jura 01, 25.
56 Vgl *Küper*, Jura 01, 23.

4. Beteiligungsfälle

Dass es Mittäterschaft und Beihilfe zu § 252 gibt, ist unbestritten. Verteidigen Mittä- **373** ter des Diebstahls die im gemeinsamen Besitz befindliche Beute in der von § 252 geforderten Absicht, liegt Mittäterschaft vor. Stellt sich ein an der Vortat Unbeteiligter auf Veranlassung des Vortäters einem Verfolger in den Weg, ist das bei entsprechendem Förderungswillen *nach* vollendetem Diebstahl Beihilfe zu § 252[57]. In anders liegenden Fällen ergeben sich aus der *Struktur* des § 252 Besonderheiten.

Wenden **Mittäter** der *Vortat* die von § 252 geforderten Nötigungsmittel an, um die **373a** sich im Besitz eines weiteren Mittäters befindliche Beute im gemeinsamen Interesse gegen Entziehung zu sichern, sind auch die „Nicht-Besitzenden" Mittäter des § 252. Das ist heute zu Recht hM, weil der Besitz nach § 25 II zurechenbar und deshalb auch bei den „Nicht-Besitzenden" in Wahrheit von Besitz und der taterschaftsbegründenden Absicht zu reden ist, **sich** im Besitz des gestohlenen Gutes zu erhalten[58]. Auch ein **Gehilfe** der Vortat soll noch **Täter** des § 252 werden können, wenn er die Beutesicherungsabsicht mit Gewalt oder Drohung durchzusetzen sucht. Da für ihn eine Zurechnung über § 25 II aber entfällt, wird vorausgesetzt, dass **er** sich im (Mit-) **Besitz der Diebesbeute** befindet[59]. Einer solchen Annahme steht jedoch entgegen, dass § 252 in der gleichen Weise aus Diebstahls- und Nötigungselementen zusammengesetzt ist wie der Raub. Daraus folgt, dass **Täter** oder **Mittäter** des § 252 nicht anders als beim Raub nur sein kann, wer **beide Elemente** täterschaftlich verwirklicht[60].

An diesem auch für die Beteiligung die *Raubähnlichkeit* des § 252 wahrenden Erfordernis[61] hat **374** sich *im Grundsatz* durch das **6. StrRG** (Rn 9, 360) nichts geändert[62]. Zu bedenken ist allerdings zweierlei. Zum einen ist nach der Neufassung des § 242 Mittäter des Diebstahls, wer nach altem Recht **nur** deshalb bloßer Gehilfe war, weil er lediglich **Drittzueignungsabsicht** besaß. Für einen so Beteiligten hebt sich der alte Streit auf. Er kann auch nach der hier vertretenen Auffassung als (Mit-) Täter des § 252 bestraft werden, wenn er die in Drittzueignungsabsicht entwendete Sache dem Dritten noch nicht verschafft und sich zum Erhalt dieser Möglichkeit mit den Nötigungsmitteln des § 252 gegen eine drohende Entziehung zur Wehr gesetzt hat[63]. Zum anderen ist nach keiner Auffassung eine (mit-) täterschaftliche Begehung des § 252 denkbar, wenn der in Drittzueignungsabsicht handelnde Dieb dem Dritten die Zueignung schon durch Besitzverschaffung ermöglicht und danach Nötigungsmittel des § 252 im Drittbesitzerhaltungsinteresse eingesetzt hat. Einem solchen Beteiligten fehlt die für § 252 nach wie vor allein ausreichende Absicht, **sich** im Besitz des gestohlenen Gutes zu erhalten. *Darin* liegt bei einer Deutung der Besitzerhaltungsabsicht als verlängerter oder modifizierter Zueignungsabsicht nach deren Erweiterung auf Drittzueignungsfälle durch das 6. StrRG eine *Folgeunrichtigkeit des Gesetzes*, die sich aber durch er-

57 BGH StV 91, 349.
58 BGHSt 6, 248, 250; LK-*Herdegen*, § 252 Rn 18; NK-*Kindhäuser*, § 252 Rn 25; *Weigend*, GA 07, 281.
59 BGHSt 6, 248, 250; zust. *Fischer*, § 252 Rn 11; *Maurach/Schroeder/Maiwald*, BT I § 35 III Rn 40; *Otto*, BT § 46 Rn 65; SK-*Günther*, § 252 Rn 25.
60 Zutr. *Eisele*, BT II Rn 397; *Geilen*, Jura 80, 46; HK-GS/*Duttge*, § 252 Rn 27; *Lackner/Kühl*, § 252 Rn 6; LK-*Herdegen*, § 252 Rn 18; *Mitsch*, BT II/1 § 4 Rn 24; *Weigend*, GA 07, 281; so jetzt auch BGH StV 91, 349.
61 *Rengier*, BT I § 10 Rn 25.
62 AA wohl SK-*Günther*, § 252 Rn 25.
63 Dieser von *Weigend*, GA 07, 285 aufgegriffene Fall wird hier nicht anders gelöst als bei *Weigend*; es liegt in ihm auch keine Dritt-, sondern zunächst eine § 252 genügende Eigenbesitzerhaltungsabsicht vor; verkannt von *Krämer*, Jura 05, 837.

weitere Auslegung nicht beheben lässt (Rn 360). Sie zeigt sich auch im Vergleich von Raub und räuberischem Diebstahl. Wer in Drittzueignungsabsicht das Opfer niederschlägt, um dem Mittäter die Wegnahme zu ermöglichen, haftet als Mittäter des § 249, wer die Gewalt erst nach Vollendung der Wegnahme im Interesse des Erhaltes des Drittbesitzes einsetzt, dagegen allenfalls als Gehilfe zu § 252[64].

Beispiel: Stiehlt eine Frau F der Lokalbedienung die Geldtasche und stellt sich ihr Begleiter B dem aufmerksam gewordenen Personal unter Gewaltanwendung entgegen, um F die Flucht mit der Geldtasche zu ermöglichen[65], so ist B selbst dann nicht (Mit-) Täter eines räuberischen Diebstahls, wenn er sich bereits an der Vortat in *Drittzueignungsabsicht* mittäterschaftlich beteiligt hat. Ihm kommt es nur noch auf den Erhalt des der F die Zueignung ermöglichenden Fremdbesitzes an[66]. Ob B in einem solchen Fall Beihilfe zu § 252 leistet, hängt davon ab, ob seine für § 252 konstitutive Nötigung F's eigenes Verhalten zu einer Haupttat nach § 252 vervollständigt. Das ist nur möglich, wenn F selbst eine Beutesicherungsabsicht hat und ihr nach den allgemeinen Regeln der Täterschaftslehre das Verhalten des B zurechenbar ist[67]. Da es B an der für eine Täterschaft vorausgesetzten Absicht fehlt, kommt § 25 II als Zurechnungsnorm – da es hier um § 252 und nicht um § 240 geht – nicht in Betracht[68]. Handelt B im konkludent hergestellten Einvernehmen mit F, kann die altruistische Unterstützung der allein besitzerhaltungsinteressierten B dieser nach der subjektiven Teilnahmelehre ihres dominanten Interesses wegen allenfalls als mittelbarer Täterin zugerechnet werden[69]. Mit der Tatherrschaftslehre ließe sich dieses Ergebnis nur über die (umstrittene) Figur des dolosen, aber absichtslosen Werkzeugs erzielen[70]. Wer beides ablehnt, muss § 252 für F und B verneinen[71]. B ist dann aus §§ 240, 223, 257 (nicht aus § 255, s. Rn 377)[72], F gegebenenfalls wegen Anstiftung zur Nötigung zu bestrafen[73].

5. Erschwerungsgründe und Abgrenzungsfragen

375 Der räuberische Dieb ist **gleich einem Räuber** zu bestrafen. Diese Verweisung betrifft nicht nur den Strafrahmen des § 249, sondern auch die Anwendbarkeit der **§§ 250, 251**[74], die dann so zu lesen sind, als stünde an Stelle des Wortes „Raub" jeweils die Bezeichnung „räuberischer Diebstahl".

Da ein vollendeter Diebstahl (§ 242) aber erst durch den in § 252 umschriebenen Nötigungsakt zum *räuberischen* Diebstahl wird und § 251 voraussetzt, dass die Todesfolge „durch den räuberischen Diebstahl" verursacht worden ist, muss auch hier ein tatbestandsspezifischer Zusammenhang zwischen dem **Nötigungsvorgang** und der **Todesfolge** bestehen. Dass der Tod allein auf der vorausgegangenen *Wegnahmehandlung* beruht, genügt nicht (s. Rn 355).

376 **Konkurrenzprobleme** und **Abgrenzungsfragen** zwischen § 249 und § 252 können sich insbesondere dann ergeben, wenn erschwerende Umstände iS des § 250 erst nach

---

64 S. auch SK-*Günther* § 252 Rn 19, 24.
65 BGH StV 91, 349 mit Anm. *Ennuschat*, JR 91, 500; s. dazu auch *Witzigmann*, Das „absichtslos-dolose Werkzeug" 2009, S. 330 ff.
66 S. hierzu auch *Schmid-Hopmeier*, Das Problem der Drittzueignung 1999, S. 221 ff.
67 BGH StV 91, 349.
68 So aber *Rengier*, BT I § 10 Rn 20; dagegen zu Recht *Dehne-Niemann*, JuS 08, 59.
69 So BGH StV 91, 349.
70 S. *Küper*, BT S. 95 f.
71 So *Mitsch*, BT II/1 § 4 Rn 40; ebenso *Dehne-Niemann*, JuS 08, 593.
72 S/S-*Eser*, § 252 Rn 11.
73 S. die Falllösung bei *Hillenkamp*, JuS 03, 157, 160.
74 BGH NStZ-RR 02, 237; BGH NStZ 09, 36.

Vollendung der Wegnahme, aber vor Beendigung der Tat erfüllt werden. Zwei Fallgruppen sind hier zu unterscheiden:

(1) War die Vortat ein **Diebstahl** und greift der Täter erst nach vollendeter Wegnahme zur Gewaltanwendung gegen eine Person oder zu Drohungen mit gegenwärtiger Gefahr für Leib oder Leben, kommt allein § 252 in Verbindung mit § 250 in Betracht. Dies folgt daraus, dass ein Nötigungsakt **nach Vollendung der Wegnahme** nicht mehr deren „Mittel" sein kann, wie es § 249 voraussetzt, sondern lediglich der Sicherung des bereits erlangten Gewahrsams an der Beute dient[75]. Gegenüber der spezielleren Regelung in §§ 252, 250 treten die §§ 242 ff hier wegen Gesetzeseinheit zurück[76].

(2) War die Vortat ein **Raub**, tritt § 252 als mitbestrafte Nachtat zurück. Sind erschwerende Umstände erst nach der Vollendung, aber vor Beendigung des Raubes hinzugekommen, steht nach der **Rechtsprechung** nichts im Wege, die §§ 250, 251 über § 249[77] oder stattdessen über § 252 in Ansatz zu bringen[78]. Sicher ist allerdings, dass der Täter hier nicht zugleich wegen schweren Raubes *und* wegen schweren räuberischen Diebstahls verurteilt werden darf, weil sonst der Diebstahl, der in beiden Delikten enthalten ist, zweimal erfasst würde. Fraglich kann also nur sein, ob die §§ 249 ff den Vorrang genießen oder aber durch die §§ 252, 250 aufgezehrt werden sollen. BGH GA 1969, 347, 348 sagt dazu folgendes: „Zwischen diesen Taten besteht ... Gesetzeseinheit. Ebenso wie der vorausgegangene Diebstahl wird auch der Raub als Vortat durch das Verbrechen nach § 252 aufgezehrt, wenn nur dieses unter den erschwerenden Voraussetzungen des § 250 begangen ist. In dem umgekehrten Fall wird durch die Bestrafung wegen schweren Raubes der räuberische Diebstahl mitbestraft. Das gilt auch bei *gleichschweren* Tatbegehungen; da der Täter ohnehin als Räuber bestraft wird, also nicht erst *gleich einem Räuber* bestraft zu werden braucht, besteht dann auch kein Bedürfnis zur Anwendung des § 252"[79]. Geht man **richtigerweise** davon aus, dass Qualifikationen zu § 249 in der Phase zwischen Vollendung und Beendigung des Raubes nicht mehr möglich sind (Rn 342 mit Rn 256, Rn 355), verengt sich die Gültigkeit dieser Aussagen um diesen Fall. In ihm sind die §§ 250, 251 ausschließlich über § 252 anwendbar, entfallen also zB trotz Verwirklichung der erschwerenden Umstände, wenn es an der Beutesicherungsabsicht fehlt[80]. Richtet sich das Nötigungsmittel des nach diesen Grundsätzen zurücktretenden räuberischen Diebstahls gegen einen vom Raub noch nicht betroffenen Dritten, erscheint es richtig, Tateinheit zwischen §§ 249, 250 und der gegenüber dem Dritten verwirklichten Nötigung oder Bedrohung (§§ 240, 241) anzunehmen[81].

377

Führt der räuberische Diebstahl – was seine Vollendung nicht voraussetzt (Rn 372) – zum Erfolg, bedeutet er die erzwungene Duldung der Beutesicherung. Es liegt daher nicht fern, an eine gleichzeitige Verwirklichung einer **räuberischen Erpressung** (§§ 253, 255) zu denken. Sie wäre von auch praktischem Gewicht, wenn es etwa mangels zureichender Frische[82] oder deshalb an § 252 fehlt, weil die Vortat nicht Diebstahl oder Raub, sondern zB ein Betrug ist[83]. Dann ließen sich nur über §§ 253, 255 die Folgen auslösen, die bei gleichzeitiger Verwirklichung schon über § 252 gegeben sind.

378

75 BGHSt 28, 224, 226; BGH StV 85, 13; BGH NStZ-RR 01, 41; zur Gegenansicht: § 249 s. Rn 365.
76 S/S-*Eser*, § 252 Rn 13; diff. bei nur versuchter Gewaltanwendung LK-*Herdegen*, § 252 Rn 21.
77 Vgl BGHSt 20, 194, 197; BGHSt 38, 295, 299; BGH NStZ-RR 08, 342.
78 BGH NStZ 09, 36; für Letzteres *Isenbeck*, NJW 65, 2326; LK-*Herdegen*, § 252 Rn 10; vgl auch *Schünemann*, JA 80, 393 ff.
79 Zust. *Lackner/Kühl*, § 252 Rn 8; ebenso BGH NJW 02, 2043, 2044 mit Bespr. *Baier*, JA 03, 107, 110.
80 Ebenso *Krey/Hellmann*, BT II Rn 218; *Rengier*, BT I § 10 Rn 27; aA *Wessels*, BT II Rn 366.
81 BGH NJW 02, 2043, 2044; *Hellmann*, JuS 03, 20.
82 BGH StV 86, 530.
83 S. dazu BGHSt 41, 198, 203 f; *Hillenkamp*, JuS 97, 219 f.

Die Entscheidung der Frage ist umstritten. Die Rechtsprechung sieht teilweise eine tatbestandliche Sicherungserpressung als gegeben an, hält die gewaltsame Abwehr des Herausgabeanspruches aber für keine selbstständig bedeutsame Schädigung und will – falls § 252 nicht vorliegt – daher auf Nötigung und gegebenenfalls Körperverletzung zurückgreifen[84]. Vorzugswürdig ist gegenüber dieser Konkurrenz- die **Tatbestandslösung**. Abgesehen davon, dass die Erpressung schon an der in solchen Fällen häufig mangelnden Verfügung oder Nähebeziehung des Nötigungsopfers zum Vermögensinhaber scheitern wird[85], fehlt es im Regelfall am **Schaden**. Auf den Verlust des Gewahrsams an der entwendeten Sache kann man insoweit nicht abstellen, weil diese Einbuße schon mit der Vollendung des Diebstahls eingetreten ist. Das Vereiteln der Bemühungen um Wiedererlangung der gestohlenen Sache begründet für sich allein aber keinen neuen, den Gewahrsamsverlust übersteigenden Schaden iS des § 255[86]. Infolgedessen kann es zwischen dieser Vorschrift und § 252 keine Konkurrenzprobleme geben. Auch lebt § 255 nicht auf, wenn einzelne Voraussetzungen des § 252 – wie im Beispiel des Geldtaschendiebstahls (Rn 374) bei B – fehlen[87]. Dass die damit einhergehende Einschränkung der Figur der Sicherungserpressung zu einer entsprechenden Zurückhaltung gegenüber dem Sicherungsbetrug nötigt[88], ist richtig, aber auch sachangemessen (s. Rn 596)[89].

379 Im **Fall 28**[90] hat T bereits mit dem Einstecken von Schmuck und Bargeld in die mitgeführte Aktentasche nach beiden Gewahrsamsbegriffen (Rn 71 ff) den Diebstahl vollendet (§§ 242, 244 I Nr 3). Da er sich noch im generellen Gewahrsamsbereich der F befindet, ist sein Gewahrsam allerdings noch nicht endgültig gesichert, der Diebstahl folglich noch nicht beendet. Bejaht man im Stadium zwischen Vollendung und Beendigung mit einer Mindermeinung (Rn 365) noch Raub, ist dieser unproblematisch gegeben. Hält man in dieser Phase dagegen richtigerweise allein § 252 für einschlägig, soll dieser nach BGHSt 26, 95, 96 f nicht daran scheitern, dass T dem Bemerktwerden durch F durch schnelles Zuschlagen zuvorkommt. Da auch T's Besitzerhaltungsabsicht nicht durch die gleichzeitigen Motive von Scham und Flucht verdrängt wird und auch die übrigen Voraussetzungen des § 252 vorliegen, führt diese Lösung möglicherweise zu § 250 II Nr 3b, jedenfalls aber zu § 250 II Nr 1, da T mit dem Knüppel ein *gefährliches* Werkzeug *verwendet*[91]. Die gleichzeitig verwirklichte gefährliche Körperverletzung (§ 224 I Nrn 2, 5) steht hierzu in Idealkonkurrenz. Bestreitet man dagegen, dass betroffen wird, wer dem Betroffenwerden zuvorkommt (Rn 368), entfallen §§ 252, 250. Auch auf § 255 kann nicht zurückgegriffen werden (Rn 378). Übrig bleibt § 244 I Nr 3. Nr 1 ist zu verneinen, da T mangels eines entsprechenden Verwendungsvorbehalts bis zur Vollendung des Diebstahls kein (gefährliches) Werkzeug bei sich führt und die Phase zwischen Vollendung und Beendigung für eine solche Qualifikation nicht mehr taugt. Dass sich hinter T's Schutzbehauptung, er trage den Stock lediglich als „Pannenhilfe" mit sich herum, zumindest die zu irgendeinem Zeitpunkt vor der Tatbegehung getroffene subjektive Zweckbestimmung verbirgt, sich für alle Fälle zu „bewaffnen", liegt nahe, war aber offenbar nicht zu beweisen. Eine solche Bestimmung hätte dem 3. Senat des BGH nach seiner anfänglichen, jetzt aber aufgegebenen Rechtsprechung[92] ausgereicht, um vom Beisichführen eines *gefährlichen Werkzeugs* iS von § 244 I

84 So BGHSt 41, 198, 204; BGH MDR/H 87, 94; *Schröder*, MDR 50, 398, 400 f; SK-*Günther*, § 252 Rn 26.
85 *Lackner/Kühl*, § 255 Rn 3.
86 Überzeugend *Seier*, NJW 81, 2152, 2155 ff.
87 BGH StV 91, 350 im Anschluss an *Seier*, NJW 81, 2155; *Hillenkamp*, JuS 97, 219 f; 03, 161.
88 SK-*Günther*, § 252 Rn 27.
89 *Hillenkamp*, JuS 97, 220; *Otto*, BT § 51 Rn 152; vgl auch BGH JZ 84, 146.
90 S. zur Lösung auch *Hillenkamp*, BT 26. Problem mit Beispiel 2 und 27. Problem.
91 Vgl BGH StV 99, 91.
92 BGH NStZ 99, 301 iVm BGHSt 43, 266, 269 f, s. auch OLG Schleswig NStZ 04, 212, 214; aufgegeben in BGHSt 52, 257.

Nr 1a zu sprechen (s. Rn 262d ff). Nach der hier vertretenen Auffassung müsste zu einem entsprechenden Bewusstsein ein auf die konkrete Tat bezogener Verwendungsvorbehalt hinzutreten (s. Rn 262 ff und OLG Stuttgart – Urt. v. 5.5.2009, 4 Ss 144/09). Neben § 244 I Nr 3 sind § 224 I Nrn 2, 5 und § 240 gegeben. § 123 tritt zurück.

Räuberischer Diebstahl, § 252

I. Tatbestand

  1. Objektiver Tatbestand

    a. Vortat: **Diebstahl**
- → Diebstahl in all seinen Erscheinungsformen
- → Raub

    b. Tatsituation: **Betroffensein auf frischer Tat**
- *frische Tat*
  zeitlich
  - → Vollendung bis Beendigung der Wegnahme

  räumlich
  - → am Tatort oder in seiner unmittelbaren Umgebung
- *Betroffensein*
  - ℗ Wahrnehmen oder nur raum-zeitliches Zusammentreffen

    c. Tathandlung: **Einsatz qualifizierter Nötigungsmittel**
- *Gewalt gegen eine Person*
  - ℗ Gewaltbegriff
  - ℗ Gewalt gegen Sachen als Gewalt gegen Personen
  - ℗ Adressat der Gewalt
- *Drohung mit gegenwärtiger Gefahr für Leib oder Leben*
  - ℗ Adressat des angedrohten Übels

  2. Subjektiver Tatbestand

    a. Vorsatz:
- *jede Vorsatzart*

    b. Beutesicherungs-
       absicht:
- *Absicht, sich im Beutebesitz zu erhalten*
  - → eigener oder über § 25 II zurechenbarer Beutebesitz
  - → Beutesicherung als (Zwischen-) Ziel
  - → nur zu eigenen Gunsten
  - → Vorstellung gegenwärtigen/unmittelbar bevorstehenden Besitzentzugs
  - → Eintritt des Sicherungserfolges nicht erforderlich

II. Rechtswidrigkeit

III. Schuld

➔ Qualifikationen: **Bestrafung gleich einem Räuber**
- → Verweisung auf §§ 250, 251

II. Räuberischer Angriff auf Kraftfahrer

380 **Fall 29:** T hat mit der Prostituierten P in seinem Kraftwagen außerhalb der Stadt geschlechtlich verkehrt. Als er auf der Rückfahrt kurze Zeit anhält, um sich anhand der Tageszeitung über das Nachtprogramm der Lichtspieltheater zu vergewissern, drängt P ihn mit einer kränkenden Bemerkung zur Weiterfahrt. Da sie ihn schon vorher durch abfällige Äußerungen gereizt hat, gerät T in Wut. Er richtet seine ungeladene Gaspistole auf P, fordert „sein Geld" zurück und nimmt den 50-EUR-Schein, den er ihr als Entgelt ausgehändigt und den sie in ihre Manteltasche gesteckt hatte, mit Gewalt wieder an sich.

Strafbarkeit des T? **Rn 390**

Fall 30: T und M unterhielten einen Imbissbetrieb. Um sich auf unrechtmäßige Weise Ware zu verschaffen, bestellten sie bei einem auswärtigen Unternehmen Lebensmittel im Wert von 43 000 EUR. Den Verkaufsfahrer V dirigierten sie während der Anlieferungsfahrt telefonisch zu einem abgelegenen Ort. Als V dort ankam, den Motor abstellte und die Handbremse anzog, rissen T und M ihn aus dem Führerhaus und fesselten ihn. Alsdann luden sie die Ware in ihren Lkw und fuhren mit der Beute davon.

Strafbarkeit von T und M? **Rn 391**

1. Struktur des Delikts

381 § 316a I stellt die Verübung eines **Angriffs** auf *Leib*, *Leben* oder *Entschlussfreiheit* des **Führers** eines Kraftfahrzeugs oder eines **Mitfahrers** unter Strafe, wenn der Täter dabei die besonderen **Verhältnisse des Straßenverkehrs** *ausnutzt* und in der **Absicht** handelt, einen *Raub*, *räuberischen Diebstahl* oder eine *räuberische Erpressung* zu begehen. Das Delikt ist damit einerseits ein *Tätigkeitsdelikt*[93], dessen objektiver Tatbestand sich in der Verübung eines die Verhältnisse des Straßenverkehrs ausnutzenden, nicht notwendig „erfolgreichen"[94] Angriffs erschöpft. Es ist andererseits ein *Absichtsdelikt*, das weder die Begehung eines der genannten Delikte noch auch nur ein unmittelbares Ansetzen hierzu verlangt[95]. Der *Versuch* des räuberischen Angriffs ist strafbar (§§ 22, 23 I, 12 I). Er besteht im unmittelbaren Ansetzen zur Verübung des Angriffs. Die Vorschrift liegt auf der Nahtstelle zwischen den **Vermögens- und den Verkehrsdelikten**. Sie bezieht die Rechtfertigung der Vorverlegung der Strafbarkeit und der Verschärfung der Strafe gegenüber §§ 249, 252, 255 aus der hinzutretenden Gefährdung der Sicherheit und Funktionsfähigkeit des Straßenverkehrs (E 1962, Begr. S. 534)[96]. Ihr

---

93 AA BE-*Bayer*, S. 131; *Kindhäuser*, § 316a, Rn 1: Erfolgsdelikt (mit überschießender Innentendenz).
94 *Günther*, JZ 87, 27; *Roßmüller/Rohrer*, NVZ 95, 258 f; *Stein*, in: *Dencker* ua, Einführung in das 6. StrRG 1998, S. 126 unter Beschränkung auf den beendeten tauglichen Versuch; *Fischer*, § 316a Rn 6; näher dazu *Ingelfinger*, JR 00, 231.
95 S. zu beidem *Küper*, BT S. 20.
96 *Lackner/Kühl*, § 316a Rn 1; LK-*Sowada*, § 316a Rn 7; MK-*Sander*, § 316 Rn 2; BGH MDR/H 91, 104; BGHSt 39, 249, 250; BGHSt 49, 8, 11; 52, 44, 46 mit insoweit zust. Anm. *Dehne-Niemann*, NStZ 08, 319 f; BGH NStZ 04, 626; nach *Sowada*, Otto-FS S. 813 dient § 316a bezogen auf den Straßenverkehr der Vermeidung allein von (durch den Angriff drohenden) Unfallgefahren; hierin liegt die Gefahr der Ausblendung der gerade die Wehrfähigkeit des Opfers herabsetzenden Verhältnisse des Straßenverkehrs; nur für Schutz von Eigentum und Vermögen SK-*Wolters/Horn*, § 316a Rn 2.

Standort gibt diesem Rechtsgut besonderes Gewicht[97], macht diese Tat aber nicht zu einem (reinen) Verkehrsdelikt[98]. **§ 316a III** fügt eine der Struktur des § 251 entsprechende **Erfolgsqualifikation** hinzu[99]. Für sie muss der *mindestens leichtfertig* verursachte *Tod* die unmittelbare Folge des Angriffs oder der zur Verwirklichung der tatbestandsspezifischen Absicht eingesetzten Nötigungsmittel sein[100], soweit auch diese noch unter Ausnutzung der Verhältnisse des Straßenverkehrs angewendet und mit dem Tod deshalb in einen tatbestandsspezifischen Gefahrzusammenhang eingestellt werden[101].

Es besteht angesichts der gegenüber §§ 249, 252, 255 deutlich erhöhten und durch die **382** zusätzliche Gefährdung des Vertrauens in den Straßenverkehr nicht hinreichend erklärten **Mindest**strafandrohung von **fünf** Jahren nach wie vor Anlass, § 316a **eng auszulegen**[102]. Zwar hat das **6. StrG** (Rn 9) in § 316a I nF nach dem Vorbild des § 348 E 1962 und dessen Begründung (S. 533) nicht mehr schon das **Unternehmen** des Angriffs, sondern erst dessen **Verübung** unter Strafe gestellt und damit die im alten Recht vorgesehene **Gleichstellung** von Versuch und Vollendung (§ 11 I Nr 6) **aufgegeben**. Es hat aber damit allenfalls die Spitze der Kritik an dem für das Unternehmen einer Tätigkeit weit überzogenen Strafrahmen gekappt. Denn einerseits handelt es sich auch bei der Neufassung um ein Delikt, das im Vorfeld der genannten Eigentums- und Vermögensdelikte eine **bloße Tätigkeit** ohne notwendigen (Zwischen-) Verletzungserfolg für die Vollendung ausreichen lässt[103]. Und andererseits hat der Gesetzgeber trotz der frühen und die Individualrechtsgüter Leib, Leben oder Entschlussfreiheit nicht notwendig verletzenden Vollendung die in § 316a II aF vorgesehene **tätige Reue** mit der diese Vollendungsproblematik (s. dazu Rn 389) übergehenden Begründung **abgeschafft**, sie sei wegen der durch die Aufgabe des Unternehmensdelikts eröffneten Rücktrittsmöglichkeit vom Versuch (§ 24) überflüssig (RegE BT-Ds 13/8587, Begr. S. 51)[104]. Überlegungen, die Vorschrift, die ihren Ursprung im nationalsozialistischen Gesetz gegen Straßenraub mittels Autofallen vom 22.6.1938 (RGBl I 651)[105] hat, ganz zu beseitigen[106] oder wenigstens die Mindeststrafandrohung auf drei Jahre zurückzunehmen[107], hat sich der Gesetzgeber verschlossen.

---

97 *Geppert*, Jura 95, 311 mwN.
98 So aber BGHSt 22, 114, 117; *Günther* JZ 87, 377, 380 f; zu den Konsequenzen der Rechtsgutsbestimmung s. *Mitsch*, BT II/2 § 2 Rn 6 ff.
99 S. dazu *Stein*, aaO S. 127 f.
100 *Fischer*, § 316a Rn 19; s. im Einzelnen hierzu *Mitsch*, BT II/2 § 2 Rn 43 ff.
101 Diff. LK-*Sowada*, § 316a Rn 57.
102 BGHSt 49, 8, 11; BGH NStZ 00, 144; BGH StV 04, 140; *Ingelfinger*, JR 00, 232; *Küper*, BT S. 20 f; *Lackner/Kühl*, § 316a Rn 1; relativierend SK-*Wolters/Horn*, § 316a Rn 2a; *Wolters*, JR 02, 166.
103 Krit. auch zur nF daher *Hörnle*, Jura 98, 175; *Kreß*, NJW 98, 643.
104 Krit. dazu *Freund*, ZStW 109, 1997, 482; *Ingelfinger*, JR 00, 229; *Stein*, in: *Dencker* ua, Einführung in die 6. StrG 1998, S. 127; *Wolters*, JZ 98, 400; zur Anwendung von § 2 III s. *Mitsch*, JA 99, 665.
105 S. dazu *Fischer*, Jura 00, 434; *Geppert*, Jura 95, 311; *Steinberg*, NZV 07, 545.
106 *Freund*, ZStW 109, 1997, 482.
107 So der BR im Anschluss an den RefE BT-Ds 13/8587, S. 75.

2. Tatbestand

a) Verübung eines Angriffs

383 Einen **Angriff** auf Leib, Leben oder Entschlussfreiheit verübt, wer in feindseliger Absicht auf die genannten Rechtsgüter **einwirkt**[108]. Auch das Verüben setzt wie das vormalige Unternehmen nicht voraus, dass eine Beeinträchtigung der Rechtsgüter eintritt. Der Angriff muss lediglich zB durch Aussprechen der Drohung oder Abgabe eines Schusses *ausgeführt* werden (s. Rn 382, 388)[109]. Er kann mit dem beabsichtigten Angriff auf Eigentum und Vermögen zusammenfallen, muss es aber nicht. **Angreifer** kann jeder Außenstehende, aber auch der Fahrer selbst oder ein Mitfahrer sein[110].

383a Angriffe gegen Leib oder Leben zielen auf (erhebliche) Körperverletzung oder Tötung. Angriffe auf die Entschlussfreiheit sind alle Formen der Nötigung, soweit sie nicht schon Leibes- oder Lebensangriffe darstellen. Auch die Entschlussfreiheit beeinträchtigende Täuschungen kommen mit der Maßgabe in Betracht, dass sie eine den in § 240 aufgeführten Nötigungsmitteln vergleichbare Wirkung entfalten. So kann ein Angriff auf die Entschlussfreiheit nicht nur durch eine Autofalle (Errichtung einer Straßensperre; Spannen von Drähten über die Straße), sondern auch durch das ein bestimmtes Verhalten rechtlich erzwingende Vortäuschen eines Unfalls, einer polizeilichen Kontrolle oder durch Aufstellen irreführender, iS des Täters aber zu befolgender Verkehrszeichen verübt werden[111], nicht dagegen durch bloßes Verbergen der Raubabsicht oder durch die täuschende Angabe eines vermeintlichen Fahrziels oder -zwecks[112].

383b Der Angriff muss sich gegen den **Führer** eines Kraftfahrzeugs oder gegen einen **Mitfahrer** richten. Erforderlich ist, dass das Tatopfer diese Eigenschaft zum Tatzeitpunkt und dh bei Verüben des Angriffs besitzt. Hiervon ist aber nicht nur dann auszugehen, wenn das Opfer bei Beginn des Angriffs schon Führer oder Mitfahrer ist. Vielmehr reicht es aus, wenn das Opfer durch einen vor Fahrtantritt begonnenen Angriff zur (Mit-)Fahrt gezwungen und der Angriff während der Fahrt und nun unter Ausnutzung der besonderen Verhältnisse des Straßenverkehrs fortgesetzt wird[113]. Strengerer Anforderungen an die letztere Voraussetzung als sonst bedarf es in dieser Fallgestaltung nicht[114].

Als Führer eines Kraftfahrzeuges kommt zwar sicher nicht ein Fahrradfahrer, wohl aber ein Mofafahrer in Betracht[115]. Der 4. Senat des BGH bezeichnet als **Führer** eines Kraftfahrzeugs, wer das Fahrzeug in Bewegung zu setzen beginnt, es in Bewegung hält oder allgemein mit dem Be-

---

108 Ebenso *Eisele*, BT II Rn 403; LK-*Sowada*, § 316a Rn 14; *Rengier*, BT I § 12 Rn 8; auf Einwirkung verzichtet MK-*Sander*, § 316a Rn 26.

109 *Fischer*, Jura 00, 438 f; *Lackner/Kühl*, § 316a Rn 4; LK-*Sowada*, § 316a Rn 4, 9, 14; *Schmidt/Priebe*, BT II Rn 480.

110 Vgl BGHSt 13, 27, 31; 25, 315; MK-*Sander*, § 316a Rn 8; NK-*Herzog*, § 316a Rn 14.

111 Ebenso *Eisele*, BT II Rn 405; *Geppert*, Jura 95, 312; LK-*Sowada*, § 316a Rn 11; MK-*Sander*, § 316a Rn 11 ff; SK-*Wolters/Horn*, § 316a Rn 3c; S/S-*Cramer/Sternberg-Lieben*, § 316a Rn 4; *Sternberg-Lieben/Sternberg-Lieben*, JZ 04, 636; *Wolters*, GA 02, 315 f; aA *Duttge/Nolden*, JuS 05, 197 f; HK-GS/*Duttge*, § 316a Rn 6; *Mitsch*, BT II/2 § 2 Rn 15; diff. *Fischer*, § 316a Rn 7.

112 S. BGHSt 49, 8, 12 f; BGH StV 04, 140, 141; LK-*Sowada*, Rn 11.

113 BGHSt 52, 44, 45 ff mit krit. Bespr. *Bosch*, JA 08, 313; *Krüger*, NZV 08, 234; *Sowada*, HRRS 08, 136; im dortigen Fall war das Opfer, das bereits auf dem Fahrersitz Platz genommen hatte, nach der hier vertretenen Auffassung allerdings schon bei Beginn des Angriffs Führer eines Kfz; ebenso *Dehne-Niemann*, NStZ 08, 321 f.

114 So aber BGHSt 52, 44, 47, der den „Ausnahmefall" dann aber selbst nicht belegt.

115 BGHSt 39, 249 f.

trieb des Fahrzeugs und/oder mit der Bewältigung von Verkehrsvorgängen beschäftigt ist. Bei einem verkehrsbedingten Halt bleibt die Führereigenschaft hiernach unabhängig davon erhalten, ob der Fahrer zB an einer Ampel, Schranke oder im Stau den Motor abstellt oder nicht. Bei einem nicht verkehrsbedingten Halt soll das Abstellen des Motors dagegen idR die Führereigenschaft aufheben[116]. Letzteres leuchtet ebensowenig ein wie die vom 4. Senat des BGH aufgegriffenen Überlegungen, als **Führer** oder **Mitfahrer** Personen von vornherein auszuscheiden, die sich noch oder wieder außerhalb des Fahrzeugs aufhalten oder die Fahrt „zunächst einmal beendet" haben[117]. Diese Überlegungen beruhen zwar auf auch hier angeratenen (Rn 382) und daher anerkennenswerten Bemühungen um einengende Tatbestandsauslegung. Sie lassen sich aber weder aus dem Wortlaut noch aus der ratio und Struktur des § 316a herleiten. Anders als §§ 315c, 316 spricht § 316a nicht von einer Person, die „im Straßenverkehr ein Fahrzeug führt" und auch nicht von einer solchen, die in einem so geführten Fahrzeug „mitfährt". Vielmehr ist vom „Führer eines Kraftfahrzeugs" bzw einem „Mitfahrer" die Rede. Diese Begriffe sind ersichtlich weiter als die bloße Handlungsbeschreibung. Wenn der BGH gleichwohl die Führereigenschaft auf den Zeitraum einengt, in dem der Fahrzeuglenker „das Kraftfahrzeug in Bewegung zu setzen beginnt, es in Bewegung hält" oder sich im Falle des Aufenthalts im nicht bewegten Fahrzeug „mit der Bewältigung von Betriebs- oder Verkehrsvorgängen befasst"[118] und daraus für den Mitfahrer hergeleitet wird, er müsse Insasse eines so geführten Fahrzeugs sein[119], dann wird der begriffliche Unterschied zugunsten eines zu engen Verständnisses eingeebnet. Denn dass eine Person, die das Fahrzeug kurzfristig anhält, um einen Handyanruf entgegenzunehmen oder sich im Autoatlas der weiteren Fahrtroute zu vergewissern oder die im Stau bei abgeschaltetem Motor in einen kurzen Tiefschlaf oder gar wegen eines Kreislaufkollapses vorübergehend in Bewusstlosigkeit versinkt, hierdurch weder die Eigenschaft des Fahrzeugführers, noch ihre nach der ratio des § 316a vorausgesetzte und mit dieser Rolle verknüpfte Opferanfälligkeit einbüßt, liegt auf der Hand. Auch hebt all dies die den Schutzbereich im Grundsatz eröffnende Eigenschaft des bei solchen Geschehnissen anwesenden Mitfahrers nicht auf. Nichts anderes gilt, wenn der Führer des KfZ unter Hinterlassung des Mitfahrers für wenige Sekunden das Auto verlässt, weil er sich der hinreichenden Luftfüllung eines Vorderreifens versichern oder einen Passanten nach dem Weg fragen will. Ein Anhalten und Aussteigen aus solchen Gründen zeigt, dass die „Bewältigung von Verkehrsvorgängen" nicht notwendig und ausschließlich mit dem Aufenthalt im Fahrzeug verbunden ist und dass ein solches Aussteigen auch weder für den Führer noch für den (zurückbleibenden) Insassen Anlass gibt, ihre von § 316a ins Auge gefasste Schutzbedürftigkeit schon von vornherein auszuschließen[120]. Wer anders entscheidet, verknüpft nicht nur den Schutz mit einem die ratio des § 316a verfehlenden Formalismus, sondern gibt auch jede eigenständige Bedeutung der für diese ratio ausschlaggebenden weiteren Voraussetzung auf, dass der Täter „die besonderen Verhältnisse des Straßenverkehrs" ausnutzt[121]. Die Bemühungen um eine restriktive Gesetzesdeutung sind da-

---

116 BGHSt 49, 8, 14; 50, 169, 171 f; BGH NStZ-RR 06, 185, 186; zust. MK-*Sander*, § 316a Rn 17 ff; *Steinberg*, NZV 07, 548 f.

117 SK-*Wolters/Horn*, § 316a Rn 3; *Wolters*, GA 02, 308 ff; *ders.*, JR 02, 165; so jetzt auch BGHSt 49, 8, 14 f; BGH StV 04, 140, 141; zust. *Eisele*, BT II Rn 409; *Geppert*, JK 5/04, StGB § 316a/b; *Herzog*, JR 04, 259 f; *Jesse*, JR 08, 448 ff; *Krey/Hellmann*, BT II Rn 229; *Krüger*, NZV 04, 164 ff; *Rengier*, BT I § 12 Rn 15; *Sander*, NStZ 04, 501 ff; s. auch *Gössel*, BT II § 15 Rn 33, 36 ff; *Roßmüller/Rohrer*, NVZ 95, 254 f; 258; S/S-*Cramer/Sternberg-Lieben*, § 316a Rn 5; iS der hier geübten Kritik HK-GS/*Duttge*, § 316a Rn 7 ff und *Sowada*, Otto-FS S. 799, 803 ff mit dem Vorschlag, den Verlust der Führereigenschaft erst bei „Parken", nicht aber schon bei „Halten" anzunehmen; s. dazu LK-*Sowada*, § 316a Rn 22: die Ergebnisse entsprechen weitgehend den auch hier vertretenen.

118 BGHSt 49, 8, 14; 50, 164, 171; 52, 44, 45; BGH NStZ-RR 06, 185.

119 So zB *Fischer*, § 316a Rn 3, 5; diff. *Rengier*, BT I § 12 Rn 11, 25; Zweifel an der „Akzessorietät" des Mitfahrerbegriffs äußert *Küper*, BT S. 22.

120 S. dazu auch *Duttge/Nolden*, JuS 05, 196 f; *Sowada*, Otto-FS S. 803 ff; *Sternberg-Lieben/Sternberg-Lieben*, JZ 04, 636.

121 Als Folge des von ihm so genannten „Paradigmenwechsels in der Rechtsprechung" so auch gesehen von *Küper*, BT S. 23.

her sachgerechter dort aufzunehmen, wo es um den *funktionalen Zusammenhang* zwischen der Verübung des Angriffs und den besonderen Verhältnissen des Straßenverkehrs geht. Nur dort lassen sich mögliche Vor- und Nachwirkungen einer verkehrsbedingt gesteigerten Opferschutzwürdigkeit angemessen berücksichtigen.

b) Ausnutzung der besonderen Verhältnisse des Straßenverkehrs

384 Angriffsverübung, besondere Verhältnisse des Straßenverkehrs und Ausnutzung stehen in einer *Beziehung* zueinander. Verhältnisse des Straßenverkehrs *können* die Abwehr- und Schutzmöglichkeiten der im Verkehr eingebundenen Fahrzeugführer und Mitfahrer schwächen. Tun sie es, sind sie **besondere** im Sinne des § 316a[122]. Diese spezifische **Opferlage** muss der **Täter ausnutzen**[123]. Die darin liegende Instrumentalisierung der Verkehrsverhältnisse für Angriffszwecke **bezieht** sich auf den **Angriff** auf *Leib*, *Leben* oder *Entschlussfreiheit*, **nicht** auf die Ausübung der räuberischen Tat[124]. Dass die besonderen Verhältnisse des Straßenverkehrs für die Verwirklichung auch dieses Verhaltens von Bedeutung sein müssen[125], ist daher eine missverständliche Forderung. Eine solche Notwendigkeit besteht nur dort, wo – wie es praktisch allerdings häufig ist – der Angriff **zugleich** der Einsatz der qualifizierten Nötigungsmittel im Sinne des Raubes, des räuberischen Diebstahls oder der räuberischen Erpressung und diesen Delikten daher kein selbstständiger Angriff vorgeschaltet ist.

385 **Unter Ausnutzung der besonderen Verhältnisse des Straßenverkehrs** (so der inhaltlich nicht veränderte Text des § 316a aF) handelt der Täter nach der auch für die Neufassung im Grundsatz weiterhin gültigen[126] **Rechtsprechung**, wenn er die typischen Situationen und Gefahrenlagen des Kraftfahrzeugverkehrs in den Dienst seines Vorhabens stellt. Die Tat muss hiernach in **enger Beziehung** zur Benutzung des Fahrzeugs als **Verkehrsmittel** stehen[127]. Dazu reicht nicht schon, dass Gegenstand des Raubes oder der räuberischen Erpressung ein fahrbereites Kfz ist[128].

Bedeutsam in dieser Hinsicht sind nach der vor der Kehrtwende des 4. Senats liegenden Rechtsprechung insbesondere die **Gefahren**, die sich für den **Fahrer** aus der Beanspruchung durch das Lenken des Fahrzeugs im **fließenden Verkehr** und für die **Insassen** aus der Erschwerung von Flucht oder Gegenwehr, aus ihrer Isolierung und der Unerreichbarkeit fremder Hilfe ergeben. Auch wird die Möglichkeit genannt, das Opfer schnell an einsam gelegene Orte zu bringen. Das Ausnutzen dieser Gefahren soll nicht nur während der Fahrt oder im verkehrsbedingt haltenden Fahrzeug[129], sondern auch nach dem Aussteigen des Opfers möglich sein; dabei muss der geplante Überfall jedoch im unmittelbaren räumlichen und zeitlichen Zusammenhang mit dem Anhalten und Aussteigen stehen[130]. § 316a scheidet demnach aus, wenn das Fahrzeug nur als Beförderungsmittel zum Tatort benutzt wird[131], dieser selbst nach dem zu Grunde liegenden Tatplan aber zu

---

122 Zust. *Jesse*, JR 08, 448, 451.
123 *Günther*, JZ 87, 378; BGHSt 50, 169, 172; BGH NStZ-RR 06, 185.
124 S/S-*Cramer/Sternberg-Lieben*, § 316a Rn 6.
125 BGHSt 37, 256, 258; zu Recht krit. *Geppert*, Jura 95, 315.
126 BGH NStZ 01, 197; BGH StV 04, 141, 142; einschr. der 4. Senat des BGH (BGHSt 49, 8, 14; 50, 169, 172 ff; 52, 44, 47; StV 04, 140).
127 BGHSt 22, 114; 25, 315; 33, 378; BGH StV 97, 356.
128 BGHSt 24, 320; BGH NStZ-RR 97, 356; BGH NStZ 96, 389.
129 BGHSt 38, 196, 197.
130 BGHSt 33, 378, 381; BGH NStZ 89, 476; 96, 389.
131 BGH StV 02, 362; 363.

dem Verkehr als solchem keine ihm wesenseigene Beziehung hat[132]. Wird der räuberische Tatentschluss erst nach Beendigung der Fahrt gefasst, so fehlt es am Ausnutzen der besonderen Verhältnisse des Straßenverkehrs[133], und zwar auch dann, wenn der Täter schon während der Fahrt beabsichtigte, gegen den Kraftfahrer unmittelbar nach dem Anhalten des Fahrzeugs eine *andere* Straftat als die in § 316a genannten Delikte zu begehen (wie etwa eine körperliche Misshandlung iS des § 223) oder die Beendigung aus solchen Gründen erzwungen hat[134]. § 316a ist hiernach nicht nur beim Bereiten von Autofallen, sondern beispielsweise auch dann anwendbar, wenn der Täter das verkehrsbedingte Anhalten eines Kraftfahrzeugs vor einer Ampel zu Raubzwecken ausnutzt[135]. Tritt dagegen der Täter nur an ein geparktes Auto heran, um die Insassen zu berauben, besteht keine verkehrsspezifische Gefahrenlage[136]. An den Voraussetzungen des § 316a fehlt es gleichfalls, wenn das Opfer mit einem Kraftwagen zwar in eine einsame Gegend gelockt wird, der Raubüberfall jedoch (wie im Voraus geplant) erst nach einem längeren Fußmarsch in die umliegenden Weinberge stattfindet[137].

Diese zurückliegende **Rechtsprechung** ist **wenig übersichtlich**. Sie ließ sichere **386** Maßstäbe vermissen. Auf die Kerngefahren des **fließenden** Verkehrs hat sie sich angesichts auch darüber hinaus strafwürdiger Fallgestaltungen zu Recht nicht verengt[138], Grenzsicherheit in der Erweiterung aber kaum entwickelt. Hierbei ist freilich das Gesetz auch wenig hilfreich. **Ausgangspunkt** muss, wie auch der 4. Senat des BGH jetzt betont[139], die Besinnung auf **die** Verhältnisse des Straßenverkehrs sein, die Kfz-Führer oder Mitfahrer in besonderer Weise in ihren **Abwehr-** und **Schutzmöglichkeiten** beeinträchtigen. Nur sie stellen die gesteigerte Schutzlosigkeit her[140], die für den einzelnen Teilnehmer nicht behebbar und deren Ausnutzen daher für die sozial nützliche und notwendige Einrichtung des Straßenverkehrs gefährlich sowie gegenüber dem in ihn Eingebundenen auch verwerflich ist. Ihre Ausnutzung wird häufig Unfallgefahren hervorrufen, Bedingung ist das aber nicht[141]. Da der Mitfahrer anders als der Führer idR nicht mit der Bewältigung von Verkehrsvorgängen beschäftigt ist, sind für ihn uU andere Faktoren maßgeblich als bei jenem[142]. Bei diesem Ausgangspunkt stehen die Gefahren, die durch die Teilnahme am **fließenden**, den *verkehrsbedingten Halt* einschließenden **Straßenverkehr** erwachsen, ganz im Vordergrund[143]. Dabei spielt es keine Rolle, ob der Motor zB vor einer Ampel oder Bahnschranke vorübergehend abgestellt wird oder nicht[144]. Mit Recht werden dagegen Angriffe auf Fahrzeuginsassen

---

132   BGH StV 97, 356; BGH NJW 99, 510.
133   BGH NStZ 00, 144; 03, 35 mit Bespr. *Beckemper*, JA 03, 541; *Sowada*, Otto-FS S. 817 f.
134   Näher BGHSt 37, 256, 258; BGH StV 02, 361, 362.
135   BGHSt 25, 315, 317.
136   BGH StV 02, 362.
137   BGHSt 22, 114, 116; im dort gegebenen Fall 750 m vom Auto entfernt.
138   So noch SK-*Horn* (7. Aufl.), § 316a Rn 4.
139   BGHSt 49, 8, 11; 50, 189, 172.
140   *Günther*, JZ 87, 379.
141   So aber *Sowada*, Otto-FS S. 813 ff; Unfallgefahren können im Übrigen auch – was *Sowada* ausschließt – durch einen Angriff auf einen außerhalb des Fahrzeugs auf belebter Straße eine Reifenpanne behebenden Lkw-Fahrer oder – zB durch das eine Flucht vorbereitende Öffnen der Tür auf belebter Straße – trotz Abschaltens des Motors entstehen; vgl jetzt LK-*Sowada*, § 316a Rn 39.
142   Vgl *Eisele*, BT II Rn 418; *Heghmanns*, Rn 1554; LK-*Sowada*, § 316a Rn 33; *Rengier*, BT I § 12 Rn 25.
143   Ebenso LK-*Sowada*, § 316a Rn 28, 41 f; BGHSt 38, 196, 197 f; 49, 8, 14 f; 50, 169, 173. Enger *Joecks*, § 316a Rn 14a, der einen Angriff auf Insassen eines rollenden Fahrzeugs verlangt.
144   BGHSt 50, 169, 173 verlangt dagegen den „laufenden Motor"; wie hier *Eisele*, BT II Rn 416; *Rengier*, BT I § 12 Rn 13.

im ruhenden Verkehr[145] und auch solche ausgenommen, die das Opfer treffen, bevor es sich mit dem Ingangsetzen des Fahrzeugs beschäftigt[146]. Dass sich der Insasse auch im geparkten Fahrzeug „isoliert" und durch die räumliche Enge Abwehrchancen einbüßt, unterscheidet ihn nicht von einem Zeltbewohner und hat mit den besonderen Verkehrsverhältnissen nichts zu tun[147]. Wiederum anders liegen die Fälle des **nicht verkehrsbedingten Halts**. Hier will der 4. Senat § 316a selbst bei laufendem Motor verneinen, wenn sich nicht weitere verkehrsspezifische Umstände ergeben, die eine Beschäftigung mit dem Fahrzeug und/oder mit Verkehrsvorgängen erzwingen[148] und bei abgeschaltetem Motor offenbar § 316a vollständig ausschließen. Das dürfte aber zu eng sein. Wird der Fahrer unter Vorspiegelung eines Anhaltewunsches zum planmäßig herbeigeführten Halten an entlegenem Ort bestimmt[149] oder werden die Opfer mit ihrem die Beute enthaltenden Lkw an einen einsamen Ort dirigiert und dort *unmittelbar* nach Abstellen des Motors von den Tätern angegriffen[150], gebietet es der Sprachgebrauch nicht, schon nicht mehr vom Führer eines Kfz oder Mitfahrer oder von einer fehlenden Ausnutzung der besonderen Verhältnisse des Straßenverkehrs zu sprechen[151]. Er zwingt auch nicht dazu, **jedem**, der das Fahrzeug noch nicht bestiegen oder es bereits (vorübergehend) verlassen[152] hat, die Opfereigenschaft schon um deswillen zu bestreiten[153]. Hier kommt es allein auf das Ausnutzen von vor- oder noch fortwirkenden Verhältnissen des Straßenverkehrs an[154], immer vorausgesetzt, es lässt sich vom Opfer schon oder noch als dem Führer eines Kraftfahrzeugs oder einem Mitfahrer sprechen (s. Rn 383b). Wird das Opfer (erst) nach dem Aussteigen angegriffen, fehlt es an der erforderlichen Verknüpfung, wenn der Angriff keinerlei Beziehung zum Verkehrsgeschehen mehr aufweist[155], nicht dagegen, wenn zB der Fahrer nur schnell kontrolliert, ob das Vorderrad „platt" oder die Ladung noch gesichert ist und hierbei niedergeschlagen wird. Auch wenn der Angriff auf einen Taxifahrer erfolgt, während er das Taxi anhält, um das Fahrgeld zu kassieren, ist ein Ausnutzen der besonderen Verhältnisse des Straßenverkehrs noch zu bejahen. Darauf, ob er hierbei den Motor abstellt oder nicht, kann es nicht ankommen[156]. Freilich geraten solche Fälle aus der Kernzone heraus und sind daher eng zu begrenzen. Außerhalb des § 316a liegt

---

145   BGHSt 38, 196, 198; BGH StV 97, 356; 02, 363.
146   Hieran, nicht an der Eigenschaft des Führers eines Fahrzeugs, mangelt es in BGHSt 52, 44 bei dem Beginn des Angriffs.
147   BGH NStZ 96, 390; BGH NStZ-RR 97, 356; BGH NStZ 00, 144.
148   BGHSt 50, 169, 173 f nennt hierfür als Beispiele einen Angriff unmittelbar im Zusammenhang mit dem Anhaltevorgang, ein Losrollen des angehaltenen Fahrzeugs während der Gegenwehr oder das Belassen des Fußes auf der Bremse. BGH NStZ-RR 06, 185, 186 verneint solche Umstände, wenn der Wählhebel der Automatik sich in der Parkstellung befindet und kein Verkehrsaufkommen herrscht.
149   BGH NStZ 01, 197, 198; BGH JR 02, 163.
150   BGH NStZ 94, 340 mit krit. Bspr. von *Hauf*, NStZ 96, 40; *Roßmüller/Rohrer*, NZV 95, 253 ff.
151   So *Wolters*, GA 02, 308 ff; JR 02, 165.
152   S. BGH MDR/D 76, 988; 77, 638; BGHSt 18, 170, 171.
153   So aber *Günther*, JZ 87, 373 ff; *Joecks*, § 316a Rn 14; *Roßmüller/Rohrer*, NZV 95, 253 ff; SK-*Horn*, § 316a Rn 3; ihnen folgend BGHSt 49, 8, 14 f; BGH StV 04, 140, 141; s. dagegen schon Rn 383b.
154   Ebenso *Duttge/Nolden*, JuS 05, 196 f; HK-GS/*Duttge*, § 316a Rn 7 ff; abl. *Mitsch*, BT II/2 § 2 Rn 28; *Rengier*, BT I § 12 Rn 15.
155   BGH StV 04, 140.
156   BGH StV 04, 141, 142; anders BGHSt 49, 8, 15; 50, 169, 173 f; s. dazu aber auch BGH NStZ 04, 269.

es sicher, wenn ein zuvor iS dieser Vorschrift angegriffener Lkw-Fahrer im Koffer-raum eines Pkw solange herumgefahren wird, bis der Lkw von den übrigen Tätern entladen ist[157].

c) Subjektive Merkmale

Der subjektive Tatbestand setzt zunächst einen **Angriffsvorsatz** voraus. Dieser muss von dem **Bewusstsein** und **Willen** begleitet sein, bei Ausübung des Angriffs die be-sonderen Verhältnisse des Straßenverkehrs **auszunutzen**[158]. Ein solches Bewusstsein ist nicht dadurch ausgeschlossen, dass die Täter daneben auch auf ihre dem Opfer keine Abwehrchance lassende zahlenmäßige Überlegenheit setzen[159]. Planen die Tä-ter, den Angriff erst nach Beendigung der Fahrt an einem „stillen Ort" auszuführen, ist von einem solchen Bewusstsein und Willen nur zu sprechen, wenn Ort und Zeit des Angriffs in der konkreten Tätervorstellung noch im vorausgesetzten Zusammenhang mit den besonderen Verhältnissen des Straßenverkehrs stehen, was zB dann zutreffen kann, wenn die Täter das Opfer an einen abgelegenen Ort führen, um es dort noch im Auto zu berauben[160]. Hinzutreten muss schließlich die **Absicht**, einen Raub, einen räuberischen Diebstahl oder eine räuberische Erpressung zu begehen. Das setzt neben der konkreten Vorstellung von einer solchen Tat[161] auch voraus, dass der Täter die für diese Delikte geforderte Zueignungs-[162], Beutesicherungs- oder Bereicherungsabsicht hat. Die Absicht muss zudem bereits bei der Verübung des Angriffs vorliegen, darf also nicht erst nachträglich entstehen[163]. Dass auch die räuberische Tat noch unter Ausnutzung der Verhältnisse des Straßenverkers geschehen soll, ist nur zu verlangen, wenn Angriffs- und räuberisches Verhalten zusammenfallen (Rn 384). 387

3. Vollendung, Versuch und Rücktritt

Ist der **Angriff** ausgeführt, ist die Tat **vollendet**. Es bedarf weder einer **Auswirkung** dieses Angriffs auf das Opfer im Sinne eines Verletzungserfolges, noch gar einer ver-suchten oder vollendeten räuberischen Tat. Allerdings gehört nach der Rechtspre-chung zur Vollendung eines Angriffs auf die Entschlussfreiheit dazu, dass das Opfer wenigstens den objektiven Nötigungscharakter der Handlung wahrnimmt. Das ent-spricht der hier (Rn 383) verlangten Voraussetzung, dass der Täter mit dem Angriff auf das Rechtsgut des Verletzten **einwirkt**. Hieran kann es zB fehlen, wenn der später zu Beraubende das Fluchtmöglichkeiten vorsorglich abschneidende Aktivieren der Kindersicherung gar nicht bemerkt[164]. Dann kann aber Versuch vorliegen. Der **Ver-such** ist in der Neufassung nicht mehr der Vollendung gleichgestellt. Er ist als Verbre- 388

---

157 BGH NStZ 07, 35.
158 BGHSt 50, 169, 172 verlangt lediglich ein in tatsächlicher Hinsicht gegebenes Bewusstsein bezüg-lich der die Abwehrmöglichkeiten einschränkenden besonderen Verhältnisse des Straßenverkehrs.
159 Zweifelhaft deshalb BGHSt 49, 8, 16.
160 BGHSt 33, 378; *Günther*, JZ 87, 20 f; enger BGHSt 49, 8, 16.
161 BGH NStZ 97, 236.
162 Ggf auch Drittzueignungsabsicht, s. NK-*Herzog*, § 316a Rn 24.
163 BGH NStZ 97, 236; *Geppert*, Jura 95, 315; MK-*Sander*, § 316a Rn 43; SK-*Horn*, § 316a Rn 6.
164 S. BGH StV 04, 140, 141; BGHSt 49, 8, 12.

chensversuch selbstständig strafbar (Rn 381 f). Wann er **beginnt**, richtet sich nach § 22. Das war zum „Unternehmen" (§ 11 I Nr 6) in § 316a aF sachlich nicht anders. Die Kritik, die sich gegen eine den Versuchsbeginn (im Sinne des Unternehmens) weit vorverlegende Rechtsprechung richtete[165], gilt daher unverändert fort[166]. Danach ist weder im Einsteigen in ein Taxi noch im Einsteigenlassen des Opfers in das Fahrzeug des Täters ein unmittelbares Ansetzen zum körperlichen Angriff zu sehen, wenn dieser erst nach geraumer Zeit und längerer Fahrt geplant ist[167]. Vielmehr muss auf der Grundlage des Täterplanes der Angriff zeitlich und örtlich so nahe gerückt sein[168], dass zwischen der vorgenommenen Handlung und der Verübung des Angriffs keine wesentlichen Zwischenschritte mehr liegen und sich der dadurch eingetretene Zustand als unmittelbare Gefahr der Tatbestandsverwirklichung beschreiben lässt[169].

Aus dem Gebot restriktiver Auslegung (Rn 382) folgt, dass nicht nur der Beginn des Versuchs, sondern auch die **Vollendung** nicht zu früh angesetzt werden darf. Verlangt man hierfür das *Einwirken* auf die im Zusammenhang mit dem Angriff genannten Rechtsgüter (Rn 383) oder dass der Angriff das Opfer *erreicht* hat[170], kann es selbst bei einem „beendeten Versuch"[171] an der Vollendung noch fehlen, es sei denn, man setzt zusätzlich zum Vollzug der Angriffstätigkeit eine Berührung des Kernbereichs der Opfersphäre iS eines unmittelbaren Kontakts des Angriffsmittels mit dem geschützten Rechtsgut voraus[172]. Das ist ohne Einwirkung nicht denkbar. Darüber hinaus wird vorgeschlagen, den „Versuch" mit untauglichen Mitteln nicht in die Vollendung mit einzubeziehen[173]. Das lässt sich mit dem Charakter des § 316a als unechtes Unternehmensdelikt begründen[174].

389 Für einen **Rücktritt** (§ 24) bleibt nach der Struktur des Delikts nur ein schmaler Raum. Der Versuch liegt der Vollendung sehr nahe. Zu denken ist an die Fälle, in denen der Angriff zeitlich und örtlich im beschriebenen Sinne nahegerückt, eine unmittelbare **Einwirkung** auf das Opfer aber noch nicht erfolgt ist. Liegt eine solche **Einwirkung** dagegen vor, ist angesichts vollendeter Tat für Rücktritt selbst dann kein Platz, wenn es an einer **Auswirkung** (noch) fehlt. Das bedeutet eine Verschärfung gegenüber dem vormaligen Recht. Es ließ, wo ein „Erfolg" des Angriffs noch ausblieb, trotz Vollendung **tätige Reue** durch Erfolgsabwendung zu[175]. Diese Verschärfung ist vom Gesetzgeber wohl nicht bedacht. Er ging davon aus (BT-Ds 13/8587, S. 51), dass § 24 die Funktion des § 316 II übernehmen werde. Das aber ist wegen des frühen Vollendungszeitpunktes nach wie vor nicht der Fall[176]. Es ist deshalb nur scheinbar pa-

---

165 *Geppert*, NStZ 86, 553 f; *ders.*, Jura 95, 312 f; *Günther*, JZ 87, 23 ff; *Krey/Hellmann*, BT II Rn 226; *Roßmüller/Rohrer*, NZV 95, 258 ff.

166 *Küper*, BT S. 23 f.

167 So aber BGHSt 6, 82, 84; 18, 170, 173; BGH JZ 57, 226; s. auch BGHSt 33, 378, 381; krit. *Geppert*, Jura 95, 313; *Rengier*, BT I Rn 39.

168 *Günther*, JZ 87, 26; *Lackner/Kühl*, § 316a Rn 4; LK-*Sowada*, § 316a Rn 49; *Wolters*, GA 02, 313.

169 LK-*Hillenkamp*, § 316a Rn 85.

170 *Fischer*, § 316a Rn 13; s. auch BGHSt 49, 8, 12; BGH StV 04, 140, 141: Wahrnehmung des Nötigungscharakters der Handlung durch das Opfer.

171 Dann stets für Vollendung *Stein*, in: *Dencker* ua, Einführung in das 6. StRG 1998, S. 126 f.

172 So *Ingelfinger*, JR 00, 232.

173 *Fischer*, Jura 00, 440; *Ingelfinger* und *Stein* aaO.

174 LK-*Hillenkamp*, vor § 22 Rn 128; MK-*Sander*, § 316a Rn 27; krit. LK-*Sowada*, § 316a Rn 13.

175 BGHSt 10, 320, 323; BGH VRS 21, 206; LK-*Schäfer*, 10. Aufl., § 316a Rn 31.

176 *Freund*, ZStW 109, 1997, 482.

radox, den Gedanken einer analogen Anwendung tätiger Reue trotz ihrer Aufgabe für das geltende Recht zu erwägen[177].

Beispiele: Wer das dicht hinter einer Kurve über die Fahrbahn gespannte Seil beim Einfahren des zu beraubenden Motorradfahrers in die Kurve kappt, ist vom mangels Einwirkung noch *versuchten* Angriff zurückgetreten (§ 24 I). Reicht der mitgenommene Tramp T dem Fahrzeugführer mit K.o.-Tropfen durchsetzten Kaffee, um ihn nach Eintreten der Wirkung auszurauben, konnte er nach altem Recht Straffreiheit erlangen, wenn er durch die Aufforderung, den Finger in den Hals zu stecken, die Wirkung der Tropfen verhinderte (§ 316a II aF). Nach neuem Recht verlegt dagegen die Vollendung des Angriffs – er ist mit dem Beibringen trotz noch fehlender Auswirkung „verübt" – die Rücktrittsmöglichkeit. Nur wenn man tätige Reue durch Verhinderung des Angriffserfolges auch nach neuem Recht zulässt, ist der ungewollte Unterschied zum alten Recht zu beheben. Er mildert sich freilich deshalb etwas ab, weil bei der tätigen Reue alten Rechts nicht notwendig Straffreiheit, sondern auch nur – wie beim Versuch – Strafmilderung in Betracht kam. Lehnt man die Möglichkeit tätiger Reue ab, ist jedenfalls § 316a II anzuwenden[178].

Die Wegnahme des Geldscheines mittels Gewalt gegenüber P unter gleichzeitiger Drohung **390** mit einer *Scheinwaffe* erfüllt in **Fall 29** alle Merkmale des **schweren Raubes** (§§ 249, 250 I Nr 1b). Der 50-EUR-Schein war für T eine **fremde** Sache, da er durch Übereignung nach § 929 S 1 BGB in das **Eigentum der P** übergegangen war. Hieran bestehen nach § 1 ProstG (BGBl 2001 I 3983) heute keine Zweifel mehr[179]. Davon, dass dieser Geldschein jetzt der P gehörte, dürfte T ausgegangen sein; mit der Rückforderung *„seines Geldes"* war wohl nur das *„von ihm gezahlte"* Entgelt gemeint. Ein Anspruch auf Rückübereignung (§ 812 I BGB) stand dem T gemäß §§ 1, 2 S 1 ProstG nicht zu; die von ihm erstrebte Zueignung war daher objektiv widerrechtlich. Falls T (was für die weitere Erörterung unterstellt werden soll, aber Tatfrage ist) das Bestehen eines solchen Anspruchs auch nicht irrtümlich angenommen hat, bestehen gegen die Bejahung des § 249 keine Bedenken[180]. § 250 I Nr 1b ist gegeben, weil es sich bei der ungeladenen Gaspistole um eine – zum Schießen ungeeignete – *Scheinwaffe* gehandelt hat, die nach neuem Recht von § 250 I Nr 1b erfasst wird (Rn 343 f). Zu prüfen bleibt, ob A sich nach **§ 316a I** strafbar gemacht hat (bejahendenfalls wäre **Tateinheit** zwischen § 316a und § 250 I 1b anzunehmen)[181]. Das ist zu verneinen. Zwar hat T einen Angriff auf den Leib und die Entschlussfreiheit der Mitfahrerin P verübt, vorausgesetzt, das Fahrzeug ist aus dem geschilderten Anlass nur kurz angehalten und nicht geparkt. Dass T (unter dieser Voraussetzung) Kfz-Führer ist, schadet ebenso wenig wie dass der Angriff zugleich die qualifizierenden Nötigungsmittel im Sinne des § 249 erfüllt. Es liegt aber allein darin, dass A die P *innerhalb des haltenden Kraftwagens* angegriffen hat, noch kein „Ausnutzen der besonderen Verhältnisse des Straßenverkehrs". Sein Entschluss, der P den Geldschein wieder abzunehmen, stand **nicht in einer nahen Beziehung** zur Benutzung des Kraftfahrzeugs als **Verkehrsmittel**. Mit den dem Straßenverkehr wesenseigenen Gefahrenlagen hatte dieser Vorfall nichts zu tun[182].

177 Abl. *Eisele*, BT II Rn 423; LK-*Sowada*, § 316a Rn 52; MK-*Sander*, § 316a Rn 60; SK-*Wolters/ Horn*, § 316a Rn 8; S/S-*Cramer/Sternberg-Lieben*, § 316a Rn 10/14; unentschieden HK-GS/*Duttge*, § 316a Rn 16; wie hier *Küper*, BT S. 21; zum Streit über die Analogiefähigkeit des Gedankens der tätigen Reue s. *Hillenkamp*, in: Schöch, Wiedergutmachung und Strafe 1987, S. 81, 87 ff.
178 *Fischer*, § 316a Rn 16.
179 Zu früheren Bedenken aus § 138 BGB s. BGHSt, 6, 377, 378.
180 Zur Fallgestaltung bei *irriger Annahme* eines Rückzahlungsanspruchs vgl für den Bereich von Raub und Erpressung BGH StV 91, 515 und BGH StV 91, 20; s. ferner Rn 327, 717 und *Hillenkamp*, BT 23. Problem.
181 BGHSt 25, 224, 229.
182 Näher BGHSt 19, 191, 192; ebenso BGH GA 1979, 466 für die Beraubung von Autoinsassen auf einsamen Rastplätzen der Bundesautobahn.

391   T und M haben im **Fall 30** gemeinsam einen Raub – möglicherweise unter den erschwerenden Umständen des § 250 I Nr 1b (Fessel) – begangen. Der BGH[183] hat auch § 316a bejaht. Die Ausnutzung der besonderen Verhältnisse des Straßenverkehrs sieht er darin, dass V unter Vorspiegelung eines Treffpunkts an einen verkehrsarmen Ort gelockt und dort überfallen wurde, noch während er im Fahrzeug saß und durch dessen räumliche Enge in seinen Verteidigungsmöglichkeiten erheblich eingeschränkt war. Obwohl der BGH seinen im Urteil aufgeführten eigenen Vorgaben mit dieser Begründung kaum gerecht wird, kann man ihm in der Entscheidung dieses *Grenzfalles* iE zustimmen[184]. Wer in räuberischer Absicht durch eine in der Wirkung einer Nötigung gleichkommende Täuschung eines Kraftfahrzeugführers – die hier allerdings zweifelhaft ist (s. Rn 383) – eine Situation herstellt, in der Isolation und Enge die Abwehr- und Schutzmöglichkeiten erheblich einschränken[185], kann auch dann noch die besonderen Verhältnisse des Straßenverkehrs ausnutzen, wenn der Kfz-Führer an seinem (vorläufigen) Fahrtziel angelangt ist[186]. Das gilt jedenfalls so lange, als er noch mit dem Abstellen des Fahrzeugs in verkehrssicherer Weise beschäftigt ist. Wer einer solchen Person unter Hinweis auf einen engeren Führerbegriff in §§ 315a, c diese Eigenschaft abspricht[187], übersieht, dass es dort um eine täterschaftsbegründende, in § 316a aber schutzbewirkende Eigenschaft geht. Letztere kann auch noch von den unmittelbaren Nachwirkungen des Fahrens beeinflusst sein (s. Rn 383b).

Räuberischer Angriff auf Kraftfahrer, § 316a

I. Tatbestand

  1. Objektiver Tatbestand

    a. Tathandlung:
- *Verüben eines Angriffs*
  - Ⓟ Vollendung/Tätige Reue
- *auf Leib/Leben oder*
- *Entschlussfreiheit*
  - Ⓟ auch durch List/Täuschung
- *eines Kraftfahrzeugführers/Mitfahrers*
  - Ⓟ vor Antritt/nach Abschluss/bei Unterbrechung der Fahrt

    b. Tatsituation:
- *besondere Verhältnisse des Straßenverkehrs*
  - Ⓟ ruhender Verkehr/nicht verkehrsbedingter Halt
- *Ausnutzen*
  - → funktionaler Zusammenhang zwischen Opferlage und Angriff
  - Ⓟ Angriff unmittelbar vor Antritt/nach Abschluss/ bei Unterbrechung der Fahrt
  - Ⓟ Angriff außerhalb des Fahrzeugs

  2. Subjektiver Tatbestand

    a. Vorsatz:
- *jede Vorsatzart*
  - → bzgl des Angriffs
  - → bzgl des Ausnutzens der Verkehrsverhältnisse

---

183   BGH NStZ 94, 341.
184   Abl. dagegen *Hauf*, NStZ 96, 40; *Roßmüller/Rohrer*, NZV 95, 253 ff.
185   Auch hierauf soll es allerdings nicht mehr ankommen, s. MK-*Sander*, § 316a Rn 31.
186   Enger BGHSt 49, 8, 16; *Sowada*, Otto-FS S. 807.
187   So *Roßmüller/Rohrer*, NZV 95, 254 ff.; *Wolters*, GA 02, 310; wie hier trotz engeren Ausgangspunktes *Steinberg*, NZV 07, 549.

b. Absicht:	• *Absicht der Begehung einer Tat gem. §§ 249, 250, 252, 255* → konkrete Vorstellung von der Tat → Erfüllung der besonderen subjektiven Umstände der Tat → Absicht im Zeitpunkt des Angriffs → nicht erforderlich: → (versuchte) Tatausführung → Wille zur Ausnutzung der besonderen Verhältnisse des Straßenverkehrs

II. Rechtswidrigkeit

III. Schuld

IV. Minder schwerer Fall, § 316a II

➔ **Erfolgsqualifikation, § 316a III**

Teil II

Straftaten gegen sonstige spezialisierte Vermögenswerte

392 Zwischen die Eigentumsdelikte und die Straftaten gegen das Vermögen als Ganzes sind diejenigen Strafvorschriften einzuordnen, die den **Schutz spezialisierter Vermögenswerte** betreffen. Unter ihnen stehen die strafrechtlich erfassten Fälle der **Gebrauchsanmaßung** (§§ 248b, 290) und die **Entziehung elektrischer Energie** (§ 248c) dem Eigentumsschutz am nächsten. Etwas weiter davon entfernt sind die Bestimmungen über die **Jagd- und Fischwilderei** (§§ 292 ff), bei denen es um den Schutz von *Aneignungsrechten* geht, die bestimmten Personen vorbehalten sind. Schließlich gehören zu diesem Bereich die durch das Erste Gesetz zur Bekämpfung der Wirtschaftskriminalität (1. WiKG) vom 29.7.1976 (BGBl I 2034) in das StGB übernommenen **Insolvenzstraftaten** (§§ 283 ff) sowie die seit jeher hier geregelten **Straftaten gegen Einzelgläubigerrechte** unter Einbeziehung gewisser Gebrauchs- und Nutzungsrechte (§§ 288, 289).

Während die §§ 248b, 290 und die §§ 288, 289 in ihrer überkommen Fassung gelten, sind § 248c und die §§ 292 ff durch das **6. StrRG** (Rn 9) verändert worden. Von inhaltlichem Gewicht ist dabei vor allem die auch hier erfolgte Erweiterung der Zueignungsabsicht bzw Zueignung auf die Drittzueignung. Die zuvor als „Konkursstraftaten" bezeichneten Delikte des 24. Abschnitts des StGB sind durch Art. 60 des Einführungsgesetzes zur Insolvenzordnung vom 5.10.1994 (BGBl I 2911, 2940) mit Wirkung zum 1.1.1999 in „Insolvenzstraftaten" umbenannt und der Insolvenzordnung sprachlich angepasst worden.

5. Kapitel

Gebrauchs- und Verbrauchsanmaßung

§ 10 Unbefugter Gebrauch von Fahrzeugen und Pfandsachen sowie Entziehung elektrischer Energie

393 **Fall 31:** T hatte sich bei der Autovermietung V einen Pkw von Freitag bis Sonntag zum Wochenendtarif gemietet, gab den Wagen jedoch nach Ablauf der Mietzeit nicht zurück. Auch als V eine Verlängerung des Mietvertrages ablehnte und T zur unverzüglichen Abgabe aufforderte, kam T dem nicht nach. Vielmehr gebrauchte er den Pkw noch einige Tage weiter und entschloss sich erst zur Rückführung, nachdem seine Ehefrau E ihm dies dringend angeraten und sich bereit erklärt hatte, zur Ablieferung mitzukommen. V stellte Strafantrag.

Sind T und E nach § 248b zu bestrafen? **Rn 404**

Fall 32: T und M entdeckten auf dem Weg zu einer auswärtigen Party ein mit laufendem Motor abgestelltes Taxi. Kurz entschlossen setzten sie sich hinein und fuhren mit ihm zu dem 12 km entfernt und einsam gelegenen Haus, in dem die Party stattfand. Sie stellten das Taxi in der Nähe des Hauses auf einem Feldweg ab und ließen die Schlüssel stecken. Später gaben sie an, dass sie das Taxi dort stehen lassen wollten und fest damit gerechnet hätten, dass es alsbald entdeckt und dem Taxiunternehmer unversehrt wieder zurückgeführt werden würde. Tatsächlich wurde das Taxi erst sechs Wochen später aufgefunden.

Strafbarkeit von T und M? **Rn 405**

I. Unbefugter Gebrauch eines Fahrzeugs

1. Schutzzweck, Schutzobjekt und Berechtigter

Nach § 248b macht sich strafbar, wer ein Kraftfahrzeug oder ein Fahrrad **gegen den** **394** **Willen des Berechtigten** in Gebrauch nimmt. Die Vorschrift stellt damit einen bloßen „Gebrauchsdiebstahl" – auch furtum usus genannt – unter Strafe, der gewöhnlich straflos ist. Strafbarkeit ist nur gegeben, soweit die Tat nicht in anderen Vorschriften mit schwererer Strafe bedroht ist (= relative Subsidiarität). Der **Versuch** ist strafbar. Die Verfolgung tritt nur **auf Antrag** ein (§ 248b III).

Diese Regelung geht auf die frühere VO vom 20.10.1932 (RGBl I 496)[1] gegen unbefugten Gebrauch von Kraftfahrzeugen und Fahrrädern zurück. Sie dient dem **Schutz des Gebrauchsrechts**, das nicht unbedingt dem Eigentümer zustehen muss und dessen Ausübung vor allem deshalb erhöhten Gefahren ausgesetzt ist, weil die auf Straßen und Plätzen abgestellten Fahrzeuge leicht zu **Schwarzfahrten** missbraucht werden können und dabei häufig Schaden erleiden.

Kraftfahrzeuge iS der Legaldefinition des § 248b IV sind ua Autos aller Art, Motorräder, Mofas, **395** Luftfahrzeuge und Motorboote, *nicht* aber Anhänger, Segelboote und an Bahngleise gebundene Landkraftfahrzeuge wie Straßenbahnen oder Lokomotiven. Neben den Kraftfahrzeugen sind **Fahrräder** geschützt.

Berechtigter iS des § 248b ist derjenige, dem das **Recht zur Verfügung über den** **396** **Gebrauch** des Fahrzeugs oder Fahrrades zusteht. Das muss nicht notwendig der Eigentümer sein; in Betracht kommt vielmehr jeder dinglich oder obligatorisch Berechtigte, wie etwa ein Nießbraucher, Eigentumsvorbehaltskäufer oder ein Mieter[2].

Die Gegenmeinung, die § 248b als *Eigentumsdelikt* behandelt und grundsätzlich den Eigentümer als Berechtigten ansieht[3], ist zu eng. So lässt sich zB die Strafbarkeit dessen, der zwar mit Zustimmung des Eigentümers, aber **gegen den Willen des Nießbrauchers** handelt, nicht in Zweifel ziehen. Dass dann auf Antrag des Nießbrauchers uU sogar der Eigentümer selbst nach § 248b bestraft werden kann, ist keineswegs befremdlich, wie entsprechende Parallelen im Bereich des

---

1 S. dazu *Wagner*, JR 32, 253.
2 BGH VRS 39, 199; *Fischer*, § 248b Rn 2; LK-*Ruß*, § 248b Rn 6.
3 *Franke*, NJW 74, 1803; *Lackner/Kühl*, § 248b Rn 1; MK-*Hohmann*, § 248b Rn 1 f; SK-*Hoyer*, § 248b Rn 2; S/S-*Eser*, § 248b Rn 1, 7.

§ 289 oder des § 123 zeigen. Auch kann nur so der Käufer eines noch unter Eigentumsvorbehalt stehenden Fahrzeugs wirksam gegen unbefugten Gebrauch geschützt werden[4].

Ein *abgeleitetes* Gebrauchsrecht kann inhaltlich und zeitlich begrenzt sein; so ist der Entleiher oder Mieter eines Fahrzeugs regelmäßig nicht zur Weiterüberlassung an Dritte befugt[5].

2. Ingebrauchnehmen des Fahrzeugs

397 Den objektiven Tatbestand des § 248b I verwirklicht, wer das Kraftfahrzeug oder Fahrrad gegen den ausdrücklich erklärten oder mutmaßlich entgegenstehenden[6] Willen des Berechtigten in Gebrauch nimmt. Darunter fällt nicht jede beliebige Benutzung. **Ingebrauchnehmen** iS des § 248b ist nur die **bestimmungsgemäße Verwendung** des Fahrzeugs als Beförderungsmittel **zum Zwecke der Fortbewegung**, wobei es belanglos ist, ob dies mit oder ohne Ingangsetzen des Motors geschieht[7].

Danach handelt nicht tatbestandsmäßig, wer ein fremdes Kraftfahrzeug unbefugt **zum Übernachten benutzt** oder in einem Autobus als *blinder Passagier* mitfährt (Letzteres kann aber gegen § 265a verstoßen). Auch fehlt es an einer bestimmungsgemäßen Verwendung, wenn ein Fahrrad nur weggetragen wird, um es aus Verärgerung über den Eigentümer einige Straßenecken weiter wegzuwerfen[8].

398 Dem **Ingebrauchnehmen** stellt die Rechtsprechung das unbefugte **Ingebrauchhalten** zu Recht gleich[9].

Dem lässt sich nicht entgegenhalten, ein Strafwürdigkeitsvergleich mit §§ 242, 246 führe dazu, als Ausgleich für die fehlende Enteignungskomponente auch für § 248b eine *Wegnahme* zu verlangen[10]. Eine solche sieht § 248b als notwendiges Merkmal ganz eindeutig nicht vor[11]. Unternimmt ein Mechaniker beispielsweise mit dem ihm zur Reparatur *übergebenen* Kraftwagen eine **Schwarzfahrt**, so macht er sich nach § 248b strafbar. Das gleiche gilt für Schwarzfahrten durch Chauffeure und sonstige Angestellte. Auch lässt sich – wie der Fall des nach Erkennen der fehlenden Berechtigung vorgenommenen Weitergebrauchs[12] zeigt – von einem Ingebrauchnehmen ohne Überschreitung der Wortlautgrenze noch bei einer unberechtigten Weiterbenutzung sprechen. Und schließlich begeht derjenige, der nach Ablauf der vereinbarten Nutzungsdauer dem Berechtigten die Sache vorenthält, auch nicht lediglich eine (nicht strafwürdige) Vertrags-, sondern eine Verletzung des Gebrauchsrechts dessen, dem er die Rückgabe schuldet[13]. Das steht

---

4   Ebenso A/W-*Heinrich*, § 13 Rn 141; *Eisele*, BT II Rn 264; HK-GS/*Duttge*, § 248b Rn 1; *Mitsch*, BT II/2 § 1 Rn 11; NK-*Kindhäuser*, § 248b Rn 1.
5   Vgl BGH GA 1963, 344; OLG Neustadt MDR 61, 708.
6   *Rengier*, BT I § 6 Rn 4.
7   BGHSt 11, 44, 45 f und 47, 50.
8   BayObLG JR 92, 346.
9   Näher BGHSt 11, 47, 50; BGH GA 1963, 344; OLG Zweibrücken VRS 34, 444; OLG Schleswig NStZ 90, 340 mit krit. Anm. *Schmidhäuser*; anders AG München NStZ 86, 458 mit zust. Anm. *Schmidhäuser*; *Küper*, BT S. 222; MK-*Hohmann*, § 248b Rn 17 f; diff. SK-*Hoyer*, § 248b Rn 10 ff.
10   So aber *Schmidhäuser*, Anm. NStZ 86, 461.
11   OLG Schleswig NStZ 90, 340; S/S-*Eser*, § 248b Rn 5.
12   BGHSt 11, 47, 50.
13   AA A/W-*Heinrich*, § 13 Rn 142; *Krey/Hellmann*, BT II Rn 149; *Maurach/Schroeder/Maiwald*, BT I § 37 Rn 9; *Otto*, BT § 48 Rn 6.

strafloser Abweichung von vereinbarten Schranken eines noch bestehenden Gebrauchsrechts[14] keinesfalls gleich[15].

§ 248b ist kein *eigenhändiges* Delikt. Ein Ingebrauchnehmen kann daher auch darin **399** liegen, dass jemand sich durch einen anderen fahren lässt, etwa deshalb, weil er selbst keinen Führerschein besitzt[16] oder von einem Chauffeur „vorgefahren" werden möchte. Bloßes Mitfahren bei einer Fahrt, die der Lenker des Kraftwagens ohnehin unternommen hätte, genügt für sich allein aber ebenso wenig wie eine bloße Veranlassung der Fahrt. Hier ist wie sonst zwischen Täterschaft und Teilnahme zu unterscheiden[17]. Dabei kommt angesichts der fehlenden Eigenhändigkeit auch mittelbare Täterschaft in Betracht.

Die Ingebrauchnahme muss **gegen den Willen** des Berechtigten erfolgen. Bei einer **400** von ihm erteilten **Gebrauchserlaubnis** entfällt bereits der objektive Tatbestand des § 248b. Ist die Gebrauchserlaubnis bezüglich eines Kfz ausdrücklich an das Innehaben der für das Führen des Fahrzeugs einschlägigen Fahrerlaubnis geknüpft, erfüllt ein Mieter, der den Besitz dieser Fahrerlaubnis nur vortäuscht, den Tatbestand. Hierzu steht nicht in Widerspruch, wenn man den späteren bloß vertragswidrigen Gebrauch etwa durch das Fahren von Umwegen, durch Mitnahme von Anhaltern oder durch betrunkenes Fahren richtigerweise straflos lässt[18]. Eine mutmaßliche Einwilligung (s. Rn 401) schließt wie auch ein rechtfertigender Notstand (§ 904 BGB) erst die Rechtswidrigkeit aus[19].

Die irrige Vorstellung, dass der Berechtigte mit der Ingebrauchnahme **einverstanden** sei, schließt den **Tatbestandsvorsatz** ebenso aus (§ 16 I) wie die, der den Gebrauch Einräumende sei der Berechtigte.

Vollendet ist die Ingebrauchnahme mit dem Anfahren; das Einschalten der Zündung **401** zu diesem Zweck begründet **Versuch**. Das Delikt endet erst mit der Einstellung des Gebrauchs (= *Dauerdelikt*). Daher ist auch die Rückführung des Kraftfahrzeugs an den Berechtigten durch den, der das Fahrzeug unberechtigt in Gebrauch genommen hat, von § 248b noch erfasst[20]; wer dabei behilflich ist, ist folglich nicht mangels Haupttat straflos[21].

Liegt ein tatsächliches Einverständnis des Berechtigten in die Rückführung vor, sind Beihilfe *und* Haupttat schon nicht tatbestandsmäßig (Rn 400)[22]. Entspricht die Rückführung dagegen nur dem mutmaßlichen Willen des Berechtigten, fehlt es an einer *tatbestandsmäßigen* Haupttat nur dann, wenn man auch dem nur mutmaßlichen Einverständnis bei Delikten wie § 248b, die ein Handeln gegen den Willen des Berechtigten voraussetzen, bereits den Tatbestand ausschließende Kraft zu-

---

14 S. dazu *Heghmanns*, Rn 1175.
15 Ebenso *Eisele*, BT II Rn 271 f; *Fischer*, § 248b Rn 4; *Lackner/Kühl*, § 248b Rn 3; NK-*Kindhäuser*, § 248b Rn 6 f; *Rengier*, BT I § 6 Rn 7.
16 BGH VRS 19, 288; RGSt 76, 176.
17 *Küper*, BT S. 224; *Mitsch*, BT II/2 § 1 Rn 33 f.
18 LK-*Ruß*, § 248b Rn 7; krit. hierzu *Joecks*, § 248b Rn 11.
19 S. *Mitsch*, BT II/2 § 1 Rn 28 f.
20 Vgl HK-GS/*Duttge*, § 248b Rn 9; *Fischer*, § 248b Rn 6; anders *Wessels*, BT II Rn 388.
21 So aber OLG Düsseldorf JZ 85, 590.
22 *Rengier*, BT I § 6 Rn 4.

misst[23]; anderenfalls ist die Haupttat durch mutmaßliche Einwilligung gerechtfertigt. Für beide Fälle gilt, dass der mutmaßliche Wille die Strafbarkeit der Rückführung nur dann ausschließen kann, wenn das tatsächliche Einverständnis nicht einholbar ist. Nur dann lässt sich auch erwägen, ob schon der Gedanke der Risikoverringerung Täter und Gehilfe entlastet[24].

3. Verhältnis zu den Zueignungsdelikten

402 Wer ein Kraftfahrzeug oder Fahrrad gegen den Willen des Berechtigten in Gebrauch nimmt, eignet es sich regelmäßig auch dann an, wenn der Gebrauch nur vorübergehend gewollt ist (Rn 136). Geschieht die Ingebrauchnahme dadurch, dass der Täter das Fahrzeug wegnimmt, kommt daher **neben**[25] § 248b Diebstahl (und Unterschlagung) in Betracht, bezieht sich die unberechtigte Benutzung auf ein ohne Wegnahme in den Besitz des Täters geratenes Fahrzeug, Unterschlagung. Maßgeblich dafür, ob § 242 oder § 246 vorliegen und gegebenenfalls § 248b verdrängen, ist deshalb in Fällen der Wegnahme oder einer hinreichend klaren Manifestation die diese Handlungen begleitende Vorstellung darüber, ob das Fahrzeug an den Eigentümer ohne wesentliche Substanz- oder Werteinbuße zurückkehren soll oder nicht. Soll es das, fehlt es am Enteignungsvorsatz, soll es das nicht, liegt mit diesem Diebstahl oder Unterschlagung vor.

Die Entscheidung darüber, ob ein den Enteignungsvorsatz ausschließender „Rückführungswille" gegeben ist, macht die Rechtsprechung vor allem davon abhängig, ob der Täter die Rückkehr des Fahrzeugs dem Zufall überlässt. Dazu sei daran erinnert, dass die Enteignung bei der Entwendung von Kraftfahrzeugen und Fahrrädern keine geringeren Anforderungen zu stellen sind als sonst und dass die von der Rechtsprechung angeführten Beweisanzeichen[26] gegen einen Rückführungswillen einen gleichwohl nicht vorhandenen Enteignungsvorsatz nicht zu ersetzen vermögen (s. im Einzelnen Rn 142 ff). Auch ist darauf hinzuweisen, dass es in Fällen der Ingebrauchnahme durch Wegnahme nicht darum gehen kann, ob der Täter „von vornherein den Gewahrsam zu Gunsten des eigenen endgültig brechen" (= Diebstahl) oder ob er sich „mit nur zeitweiliger Brechung des fremden Gewahrsams begnügen" will (= § 248b)[27]. Vielmehr kommt es allein darauf an, ob der Täter nach Vollzug der Wegnahme dem Berechtigten die Sache selbst oder den in ihr verkörperten Wert auf Dauer entziehen oder ob er sie ohne wesentlichen Wertverlust in die Herrschaftssphäre des Eigentümers zurückgelangen lassen will.

403 Gegenüber derartigen Delikten mit gleicher oder ähnlicher Schutzrichtung tritt § 248b kraft ausdrücklicher **Subsidiaritätsklausel** zurück, soweit durch sie die Tat mit schwererer Strafe bedroht ist. Letzteres gilt iR des § 246 nur für die Veruntreuung nach Abs. 2[28]. Werden dagegen tateinheitlich zB § 315c I Nr 1a oder § 222 verwirklicht, ist es allein sachgerecht, auch aus § 248b zu bestrafen[29]. Anders fände die Beeinträchtigung des Gebrauchsrechts keinerlei Ausdruck. Dass die Subsidiaritätsklau-

---

23 So *Ludwig/Lange*, JuS 00, 449 f; zust. *Lackner/Kühl*, § 248b Rn 4; *Rengier*, BT I § 6 Rn 4.
24 S. zur Risikoverringerung *Roxin*, AT I § 11 Rn 53 f; *Wessels/Beulke*, AT Rn 193 ff.
25 *Küper*, BT S. 224.
26 BGH NStZ 96, 38.
27 So aber missverständlich BGH NJW 87, 266; BGH NStZ 96, 38.
28 Richtet sich die Tat gegen den Eigentümer, geht wegen der intensiveren Verletzungsform auch die einfache Unterschlagung vor, im Übrigen ist Tateinheit denkbar, s. *Lackner/Kühl*, § 248b Rn 6.
29 *Kindhäuser*, § 248b Rn 14; S/S-*Eser*, § 248b Rn 14.

sel auf Grund ihres weiter gefassten Wortlauts die Deutung im Sinne einer solchen relativen Subsidiarität dem Richter verbiete[30], ist nicht zuzugeben. Die „Tat" meint im Zusammenhang einer Subsidiaritätsklausel nicht nur den einheitlichen Lebensvorgang. Vielmehr macht der Begriff zur Bedingung, dass das Unrecht dieser Tat in den anderen Vorschriften zum Ausdruck kommt. Nur diese Auslegung bringt hier – wie zu § 246 (Rn 300a) und zu § 265b (Rn 667) – den Sinn der Klausel und die mit dem Konkurrenzverhältnis der Subsidiarität inhaltlich verbundene Bedeutung zur Geltung[31].

Durch eine Bestrafung nach § 248b wird der *Verbrauch an Treibstoff* mit abgegolten; da andernfalls für den Anwendungsbereich dieser Vorschrift kaum noch Raum bliebe, scheidet *insoweit* ein Rückgriff auf § 242 oder § 246 II aus[32].

Im **Fall 31** hat T nach Ablauf der Mietzeit und Ablehnung der Verlängerung den Pkw gegen den Willen von V in Gebrauch gehalten. Ob das dem in § 248b verlangten Ingebrauchnehmen entspricht, ist umstritten, aber richtigerweise zu bejahen, da durch die Weiterbenutzung das Gebrauchsrecht des V verletzt wird und von einem Ingebrauchnehmen auch bei einem jeweils neuerlichen Weitergebrauch gesprochen werden kann[33]. Dass T der V das Fahrzeug nicht auf Dauer, sondern nur vorübergehend vorenthalten wollte, zeigt seine Erkundigung, ob der Vertrag verlängerbar sei. Für eine Unterschlagung wäre zudem das bloße vertragswidrige Weitergebrauchen noch keine genügend eindeutige Manifestation[34] des Zueignungswillens. Erst mit der Rückführung des Pkw an V ist § 248b als Dauerdelikt abgeschlossen. Da V den T zur unverzüglichen Abgabe aufgefordert hat, wird man von einem Einverständnis mit der Rückführung durch T ausgehen können. Daher liegt eine für E's Teilnahme hinreichende Haupttat nicht (mehr) vor. Folglich ist nur T nach § 248b zu bestrafen. Da die Tat vollendet ist, kommt ein Rücktritt durch das Zurückführen des Fahrzeugs nicht in Betracht. Auch Strafmilderung wegen tätiger Reue sieht § 248b nicht vor. Der erforderliche Strafantrag ist gestellt.

404

Im **Fall 32** haben T und M gemeinschaftlich den Gewahrsam des Taxifahrers gebrochen und eigenen Gewahrsam begründet. Da sie das Taxi zu einer 12 km langen Fahrt nutzen wollten, handelten sie auch in der Absicht, sich das Fahrzeug (vorübergehend) anzueignen. Sie hatten aber die Vorstellung, dass das Taxi, das sie nur für diese Fahrt gebrauchen wollten, zum Taxiunternehmen alsbald und unversehrt zurückgelangen werde. Dann fehlt es für eine Zueignungsabsicht an der Vorstellung dauernder Enteignung. Dass T und M das Taxi dem Zugriff Dritter preisgaben und es so abgestellt haben, dass ein alsbaldiges Auffinden nicht gerade wahrscheinlich war, kann zwar im Prozess ihre Einlassung unglaubwürdig machen, nicht aber das tatsächliche Fehlen des Enteignungsvorsatzes ersetzen. Diebstahl ist daher abzulehnen[35] (s. auch Rn 144 f). T und M sind vielmehr nach §§ 248b, 25 II zu bestrafen. Da hierin kein eigenhändiges Delikt liegt, spricht nichts gegen eine mittäterschaftliche Begehensweise, wenn auch der Mitfahrer das Geschehen wie hier mitbeherrscht und an dem Gebrauch gleichberechtigt und mit gleichem Nutzen teilhat. Die Verfolgbarkeit der Tat setzt einen Strafantrag voraus.

405

30 So *Hohmann/Sander*, BT I § 4 Rn 16 unter Bezug auf BGH NJW 98, 465 f zu § 125; ebenso *Heghmanns*, Rn 1180; *Lackner/Kühl*, § 248b Rn 6 und BGHSt 47, 243, 244 zu § 246.
31 Wie hier *Eisele*, BT II Rn 274; *Fischer*, § 248b Rn 11; HK-GS/*Duttge*, § 248b Rn 15; *Rengier*, BT I § 6 Rn 8; SK-*Hoyer*, § 248b Rn 18.
32 BGH GA 1960, 182; *Küper*, BT S. 225; NK-*Kindhäuser*, § 248b Rn 13; krit. *Mitsch*, BT II/2 § 1 Rn 42; diff. *Maurach/Schroeder/Maiwald*, BT I § 37 Rn 11.
33 OLG Schleswig NStZ 90, 340.
34 *Krey/Hellmann*, BT II Rn 68; OLG Hamburg StV 01, 577.
35 BGH NStZ 96, 38.

Unbefugter Gebrauch eines Fahrzeugs, § 248b

I. Tatbestand
  1. Objektiver Tatbestand
    a. Tatobjekt:
- *Kraftfahrzeug*
  → § 248b IV
- *Fahrrad*

    b. Tathandlung:
- *Ingebrauchnahme*
  → bestimmungsgemäße Verwendung
  → Täterschaftsformen/Vollendung
  Ⓟ Ingebrauchhalten
- *gegen den Willen des Berechtigten*
  Ⓟ Berechtigter
  Ⓟ Einwilligung/mutmaßliche Einwilligung
    bei Rückführung

  2. Subjektiver Tatbestand
    Vorsatz:
- *jede Vorsatzart*
  Ⓟ Abgrenzung zu den Zueignungsdelikten
    (Rückkehrvorstellung)

II. Rechtswidrigkeit
III. Schuld
IV. Strafantrag, § 248b III
V. Subsidiarität, § 248b I aE
  → Subsidiarität gegenüber mit schwererer Strafe bedrohter Tat
  Ⓟ Reichweite der Subsidiaritätsklausel

II. Unbefugter Gebrauch von Pfandsachen

406 § 290 stellt den unbefugten Gebrauch von in Pfand genommenen Gegenständen unter Strafe. Es handelt sich hierbei um einen weiteren Fall des in der Regel straflosen furtum usus. Die in der Praxis fast bedeutungslose Vorschrift bezieht sich nur auf **öffentliche Pfandleiher**, dh auf Personen, die ein Pfandleihgewerbe betreiben und deren Geschäft allgemein zugänglich ist. Auf das Vorliegen einer sich auf den Täter beziehenden behördlichen Konzession kommt es nicht an, solange die Tat von einer in dem Gewerbebetrieb tätigen Person begangen wird[36]. Gebrauch iS des § 290 ist jede Nutzung der Sache, die mit ihrer Beschaffenheit verträglich ist und über die bloße Verwahrung hinausgeht[37]. Auch eine Weiterverpfändung kommt hierfür in Betracht[38]. Führt der Gebrauch zu einer wesentlichen Wertminderung der Sache, kann Unterschlagung vorliegen, die § 290 verdrängt.

Private Pfandgläubiger fallen nicht unter § 290; der Schutz des Eigentümers ist hier auf das Zivilrecht beschränkt (vgl § 1217 BGB). Die Eigenschaft als öffentlicher Pfandleiher ist kein besonderes persönliches Merkmal nach § 28 I[39], weil hiermit keine besondere Pflichtstellung, sondern nur der Kreis der für das Rechtsgut besonders „gefährlichen" Täter beschrieben ist.

---

36 RGSt 8, 269, 270.
37 Vgl BGHSt 11, 47, 48 f; *Kindhäuser*, § 290 Rn 5.
38 RGSt 8, 269, 271.
39 *Lackner/Kühl*, § 290 Rn 1; NK-*Wohlers*, § 290 Rn 3; aA *Gössel*, BT II § 18 Rn 129; SK-*Hoyer*, § 290 Rn 2.

III. Entziehung elektrischer Energie

Nach § 248c macht sich strafbar, wer einer elektrischen Anlage oder Einrichtung mit- **407**
tels eines nicht zur ordnungsmäßigen Entnahme bestimmten Leiters fremde elektrische Energie entzieht. Dabei stellt das Gesetz den, der dies in Zueignungsabsicht tut
(§ 248c I), unter schärfere Strafdrohung als den, der lediglich eine Schädigungsabsicht besitzt (§ 248c IV). In beiden Fällen lässt sich von einer *unbefugten Verbrauchs-*
anmaßung sprechen.

Die im Jahre 1900 in das StGB aufgenommene Vorschrift ist auf die reichsgerichtliche Rechtsprechung zurückzuführen, die das Bedürfnis der Bestrafung des „Stromdiebstahls" zwar anerkannte,
der elektrischen Energie aber mit Recht die Sachqualität (§ 242) absprach und sich zur Schließung der Strafbarkeitslücke für nicht berechtigt erklärte. Dass dies allein „Aufgabe der Gesetzgebung" sei, begründete das Reichsgericht zutreffend damit, dass der Strafrichter „den Mangel gesetzlicher Bestimmungen durch analoge Anwendung von Normen", die „für diesen Fall nicht
gegeben sind", auf Grund des „obersten Grundsatzes: nulla poena sine lege" nicht beheben[40] und
„das gewiß nicht zu verkennende Rechtsschutzbedürfnis der elektrischen Betriebe und Indus-
trien" mit Rücksicht auf diesen „Rechtssicherheit und persönliche Freiheit" gewährleistenden
Satz aus eigener Machtvollkommenheit nicht befriedigen dürfe[41].

In § 248c I findet sich ein dem Diebstahl nachgebildeter Tatbestand. Daher hat das 6. **408**
StRG (Rn 9) die dort erfolgte Erweiterung auf die Drittzueignungsabsicht auch hier
übernommen. Es hat zudem in § 248c III die zuvor schon hM[42] verankert, die eine entsprechende Anwendung der §§ 247, 248a empfahl. Da die elektrische Energie keine
Sache ist, sind die Begriffe der Fremdheit und der Zueignungsabsicht in übertragenem
Sinne zu verwenden[43]. Fremd ist der Strom danach dann, wenn dem Täter keine Befugnis zu seiner Entnahme zusteht. Zueignungsabsicht ist gegeben, wenn er den
Strom für sich verbrauchen oder einem Dritten den Verbrauch durch Zuleitung ermöglichen will[44]. Die Entziehung ist nur dann tatbestandsmäßig, wenn sie ohne Einverständnis[45] und mittels eines vom Berechtigten nicht zur ordnungsmäßigen Entnahme
bestimmten Leiters geschieht.

Nehmen frierende Büroangestellte entgegen der Weisung des Arbeitgebers in den Büroräumen in-
stallierte elektrische Heizungsgeräte in Anspruch oder bedienen sie das stromsperrende Münzkas-
siergerät zuvor mit Falschgeld, handeln sie danach nicht tatbestandsmäßig[46]; schließen sie dagegen mitgebrachte Heizungsgeräte eigenmächtig an, ist der Tatbestand des § 248c erfüllt. Die
wenig einleuchtende Differenzierung kann der Rechtsanwender nicht korrigieren[47]. Der praktisch
häufigste Fall ist nach der Rechtsprechung der, dass nach Abstellung der Stromzufuhr wegen Ge-
bührenrückstandes Strom unter Überbrückung der Unterbrechung oder aus wohnungsfremden
Stromquellen entnommen wird[48].

---

40 RGSt 29, 111, 116.
41 RGSt 32, 165, 186 f.
42 S. OLG Düsseldorf NStE Nr 1 zu § 248c; BT-Ds 13/9064, S. 17.
43 *Maurach/Schroeder/Maiwald*, BT I § 33 Rn 41; MK-*Hohmann*, § 248c Rn 6, 15; OLG Celle MDR 69,
   597.
44 OLG Celle MDR 69, 597.
45 *Mitsch*, BT II/2 § 1 Rn 51.
46 BayObLG MDR 61, 619; *Fischer*, § 248c Rn 3; aA SK-*Hoyer*, § 248c Rn 7.
47 *Kindhäuser*, § 248c Rn 8.
48 S. zB HansOLG Hamburg MDR 68, 257; OLG Celle, MDR 69, 597; OLG Düsseldorf NStE Nr 1 zu
   § 248c.

409 Auch in der als Antragsdelikt ausgestalteten Schädigungsalternative (§ 248c IV), in der die Verbrauchsanmaßung weder dem Täter noch einem Dritten nutzen, sondern nur dem Berechtigten Schaden zufügen soll, reicht es nicht aus, dass „stromfressende" Geräte des Berechtigten gegen dessen Willen eingeschaltet werden. Vielmehr muss auch hier mittels eines zur ordnungsmäßigen Entnahme nicht bestimmten Leiters der Strom entzogen werden. Dass für die wegen der „Stromvernichtung" sachbeschädigungsnahe Variante ein praktisches Bedürfnis besteht, ist bislang nicht erwiesen (BT-Ds 13/8587, S. 43). Der Gesetzgeber hat aber gleichwohl auch an diesem Tatbestand festgehalten (BT-Ds 13/8587, S. 63; 13/9064, S. 17). Der *Versuch* ist nur in den Fällen des § 248c I strafbar[49].

6. Kapitel

Verletzung von Aneignungsrechten

§ 11 Jagd- und Fischwilderei

410 **Fall 33:** T nahm als Jagdgast an einer Treibjagd teil. Eine von ihm getroffene Ricke flüchtete in ein Nachbarrevier und verendete dort etwa 40 m jenseits der Grenze. T holte das Tier aus dem fremden Jagdgebiet zurück und legte es eineinhalb Meter von der Grenze entfernt im Jagdgebiet des Jagdveranstalters nieder. Dabei ging er davon aus, dass das Reh vom Jagdherrn nach Beendigung der Jagd dort abgeholt und verwertet werden würde, was auch geschah. Eine Wildfolgevereinbarung zwischen dem Jagdveranstalter und dem Pächter des Nachbarreviers bestand nicht. Bevor T im Nachbarbezirk die Ricke aufnahm, bestieg er dort für kurze Zeit einen Hochsitz, weil er ein weiteres Reh entdeckt hatte. Er brachte in der Hoffnung, das Reh werde sich auf Schussweite nähern, die Waffe in Anschlag. Nach wenigen Minuten wechselte das Reh überraschend in das Revier des Jagdveranstalters und konnte nun von T vom Hochsitz aus erlegt werden.

Strafbarkeit des T? **Rn 421**

I. Jagdwilderei

411 In § 292 ist durch das **6. StrRG** (Rn 9) zum einen nach dem Vorbild des § 276 E 1962 (Begr., S. 451) klargestellt, dass die Tat nicht nur durch Verletzung des Jagdrechts, sondern auch des *Jagdausübungsrechts* (§§ 3 I, 11 I BJagdG) begangen werden kann und dass auch hier – wie nunmehr bei allen Zueignungsdelikten – eine *Zueignung an Dritte* genügt (BT-Ds 13/8587, S. 45). Zum anderen beseitigt die Neufassung das nach Meinung des Gesetzgebers „systemwidrige und unnötig komplizierte Strafrahmengefüge" des § 292 II, III aF, indem sie die früher zT als besonders schwere Fälle und zT als Qualifikation ausgestalteten Erschwerungsgründe in § 292 II als *Regelbeispiele* zusammenfasst (BT-Ds 13/8587, S. 45 f, 42 f). Dazu hat die Wilderei mit Schusswaffen auch eine inhaltliche Änderung erfahren (BT-Ds 13/8587, S. 68).

---

49 MK-*Hohmann*, § 248c Rn 19.

1. Rechtsgut und Schutzfunktion

Das Wesen der Jagdwilderei besteht vornehmlich in der **Verletzung fremden Aneig-** **412**
nungsrechts an Gegenständen, die dem Jagdrecht unterliegen (vgl dazu §§ 1, 2
BJagdG) und für die – da und solange sie herrenlos (§ 960 I 1 BGB) sind – der Schutz
der §§ 242, 246, 303 nicht greift.

Die **Schutzfunktion** des § 292 erschöpft sich allerdings nicht in der Wahrung des Aneignungsrechts als Vermögenswert. Die Strafdrohung bezweckt *auch* den Schutz des durch Hege erhaltenen
Wildbestandes[1]. Seine Bestätigung findet dies in den letzten drei Regelbeispielsfällen des § 292 II
Nr 2 sowie in § 1 BJagdG, wonach das Jagdrecht die ausschließliche Befugnis enthält, wild lebende Tiere **in einem bestimmten Revier zu hegen**, auf sie die Jagd auszuüben und sie sich als
Jagdbeute anzueignen. Auch erklärt die zusätzliche Schutzfunktion, warum § 248a nicht für anwendbar erklärt ist[2]. Die gesonderte Regelung des sog. Jagdfrevels steht dem nicht entgegen[3].

Das **Jagdrecht** als dingliches Recht folgt aus dem Eigentum am Grund und Boden, **413**
mit dem es untrennbar verbunden ist (§ 3 I BJagdG). Es darf nur in Jagdbezirken ausgeübt werden (§§ 3 III, 4 ff BJagdG). Die **Ausübung** des Jagdrechts ist übertragbar
und kann Gegenstand von Jagdpachtverträgen sein (näher §§ 11 ff BJagdG); in solchen Fällen geht das **Jagdausübungsrecht** dem Jagdrecht des Grundeigentümers vor
und kann daher auch von diesem verletzt werden[4]. Auf den Bundeswasserstraßen (wie
etwa in den Rheinstromjagdbezirken) steht das Jagdausübungsrecht nicht den Bun-
desländern, sondern der Bundesrepublik Deutschland zu[5].

Auf Grundflächen, die zu keinem Jagdbezirk gehören, und in befriedeten Bezirken **ruht die Jagd** **414**
(§ 6 S 1 BJagdG). **Befriedete Bezirke** sind ua **Hausgärten**, die unmittelbar an eine Behausung
anstoßen und durch irgendeine Umfriedung begrenzt oder sonst vollständig abgeschlossen sind
(vgl zB § 4 I b LJagdG NW). Der Grundeigentümer, der in ihnen dem Wilde nachstellt oder es
erlegt, begeht nach hM keine Jagdwilderei iS des § 292, sondern nur eine **Ordnungswidrigkeit**
iS des § 39 I Nr 1 BJagdG[6]. Dritte können dagegen das Jagdrecht des Eigentümers auch in befriedeten Bezirken verletzen und daher dort Wilderei begehen[7].

Der Anteil der Jagdwilderei an der registrierten **Gesamtkriminalität** reicht kaum an 0,1% heran; **415**
die Aufklärungsquote liegt im Jahr 2006 bei 32%. Das Dunkelfeld ist bei diesem Delikt vermutlich hoch; nur jede zehnte Tat dürfte überhaupt erfasst werden. Literarische Schilderungen und
Filme über Wilderei als Auflehnung gegen die Hoheitsgewalt[8] oder aus Jagdleidenschaft tragen
vielfach romantische bis heroisierende Züge. Die moderne Zeit hat in dieser Hinsicht viel verändert; gewaltsame Auseinandersetzungen zwischen Wilderern und Jagdberechtigten sind heute
eher selten. Auch kennzeichnet den Wandel, wenn Wilderei als eine „lukrative Sonderform des
Viehdiebstahls" bezeichnet wird[9].

---

1 *Hohmann/Sander*, BT I § 9 Rn 1; *Kindhäuser*, BT II § 11 Rn 1; *Lackner/Kühl*, § 292 Rn 1; LK-*Schüne-*
   mann, § 292 Rn 1–3; *Maurach/Schroeder/Maiwald*, BT I § 38 Rn 8; MK-*Zeng*, § 292 Rn 1; *Rengier*,
   BT I § 29 Rn 1; aA A/W-*Heinrich*, § 16 Rn 10; *Geppert*, Jura 08, 599; NK-*Wohlers*, § 292 Rn 1; SK-
   Hoyer, § 292 Rn 3; S/S-*Eser/Heine*, § 292 Rn 1; zur Deutung in der NS-Zeit s. RGSt 70, 220, 221 f.
2 LK-*Schünemann*, § 292 Rn 3.
3 LK-*Schünemann*, § 292 Rn 4; s. zur Regelung auch *Geppert*, Jura 08, 599.
4 *Krey/Hellmann*, BT II Rn 264; *Mitsch*, BT II/2 § 1 Rn 61; MK-*Zeng*, § 292 Rn 8.
5 BGH JZ 82, 809; aA *Wichmann*, JZ 82, 793.
6 LK-*Schünemann*, § 292 Rn 14; OLG Düsseldorf JMBl NW 62, 179; OLG Hamm GA 1961, 89; OLG
   Köln MDR 62, 671; aA *Furtner*, MDR 63, 98.
7 BayObLG NStZ 92, 187; *Lorz/Metzger/Stöckel*, Jagdrecht, Fischereirecht, 3. Aufl. 1998, § 6 Rn 6.
8 S. zur Geschichte *Lorz/Metzger/Stöckel*, Jagdrecht, Fischereirecht, 3. Aufl. 1998, Einl. Rn 5.
9 A/W-*Heinrich*, § 16 Rn 7; diff. MK-*Zeng*, § 292 Rn 3.

2. Objektiver Tatbestand

a) Tatobjekte und Tathandlungen

416 Der **Tatbestand** des § 292 I enthält zwei Alternativen:

417 **(1) Objekt** der *ersten* Alternative (§ 292 I Nr 1) ist ausschließlich **lebendes Wild** (= wild lebende, nach § 2 BJagdG *jagdbare* Tiere). Bestraft wird, wer solchem Wild nachstellt, es fängt, erlegt oder sich oder einem Dritten zueignet. Beim **Nachstellen** handelt es sich um ein *unechtes Unternehmensdelikt*[10]. Zur **Vollendung** der Wilderei in dieser Form genügt daher schon das **bloße** Nachstellen, dh jede Handlung, die unmittelbar – wenn auch erfolglos – auf das Fangen, Erlegen oder Zueignen des lebenden Wildes gerichtet ist[11]. Darunter fällt zB das Anpirschen, Auflauern und Durchstreifen des Jagdreviers mit gebrauchsbereiten Jagdwaffen sowie das Legen von Ködern oder Schlingen[12]. Derartige Handlungen bringen das Wild nach den Maßstäben des § 22 in die unmittelbare Gefahr, gefangen, erlegt oder zugeeignet zu werden und können sich daher jederzeit als letzter Zwischenschritt vor der Tatbestandsverwirklichung erweisen. Sie begründen daher deren Versuch[13]. Weiter sind die Grenzen des (unechten) Unternehmensdelikts nicht dehnbar. Wer schon das Aufsuchen geeigneter Plätze innerhalb des Wildwechsels zum Legen mitgeführter Schlingen ausreichen lässt, bezieht die Vorbereitungsphase mit ein und gibt damit den Charakter des Unternehmensdelikts preis[14]. Ob die Tatmittel tauglich sind oder nicht, ist gleichgültig[15]; tauglich sein muss aber das Objekt. Wer einer Hauskatze nachstellt, die er für eine Wildkatze hält, stellt dem „Wilde" nicht nach[16].

Die sonstigen Tathandlungen der ersten Alternative des § 292 I gewinnen nur dann selbstständige Bedeutung, wenn es an voraufgegangenen Nachstellungsakten fehlt (**Beispiel:** Ein Spaziergänger findet ein verlassenes, entkräftetes Rehkitz, das er aufhebt und mit nach Hause nimmt, um es aufzuziehen). **Fangen** heißt, ein Tier lebend in seine Gewalt bringen. **Erlegen** ist jede, auch die nicht weidmännische Art des Tötens. Eigennutz oder Gewinnsucht sind keine Voraussetzung[17]. Auf das Vorhandensein eines Zueignungswillens kommt es allein beim Merkmal des **Zueignens** an. Dabei verlangt das Sich-Zueignen neben der Gewahrsamsbegründung[18] nicht anders als bei der Unterschlagung (Rn 279) die nach außen erkennbare Betätigung des Willens, unter dauerndem Ausschluss des Aneignungsberechtigten wie ein Eigentümer über das Tatobjekt zu verfügen. Bei der Drittzueignung muss der Täter einem nicht aneignungsberechtigten Dritten willentlich die Zueignung ermöglichen, indem er ihm Gewahrsam verschafft oder die Möglichkeit der Herrschaftsbegründung eröffnet[19]. Die Verwirklichung mehrerer Modalitäten des § 292 I ändert am Vorliegen *eines* einheitlichen Delikts nichts.

---

10 Vgl *Eisele*, BT II Rn 991; *Fischer*, § 292 Rn 11; *Geppert*, Jura 08, 601; *Mitsch*, BT II/2 § 1 Rn 74; S/S-*Eser/Heine*, § 292 Rn 5; krit. LK-*Schünemann*, § 292 Rn 42.
11 *Schmidt/Priebe*, BT II Rn 955 f.
12 RGSt 14, 419; 20, 4.
13 LK-*Hillenkamp*, § 22 Rn 85; zust. MK-*Zeng*, § 292 Rn 26.
14 So zB RGSt 70, 220, 222 f; A/W-*Heinrich*, § 16 Rn 15; LK-*Schünemann*, § 292 Rn 42, 44; dagegen OLG Frankfurt NJW 84, 812.
15 AA bei absoluter Untauglichkeit LK-*Schünemann*, § 292 Rn 49.
16 *Geppert*, Jura 08, 601; *Jakobs*, AT 2. Aufl. 1991, 25/7; *Küper*, BT S. 239 f; LK-*Hillenkamp*, vor § 22 Rn 127; SK-*Hoyer*, § 292 Rn 14; aA A/W-*Heinrich*, § 16 Rn 15; *Kindhäuser*, BT II § 11 Rn 22; diff. *Eisele*, BT II Rn 891; MK-*Zeng*, § 292 Rn 42; NK-*Wohlers*, § 292 Rn 24.
17 RGSt 14, 419, 420.
18 *Kindhäuser*, § 292 Rn 11.
19 S. *Mitsch*, BT II/2 § 1 Rn 83; OLG Hamm NJW 56, 881.

(2) Die *zweite* Alternative (§ 292 I Nr 2) betrifft das Zueignen, Beschädigen oder **418** Zerstören **herrenloser Sachen**, die dem Jagdrecht unterliegen.

Welche Sachen das sind, ist in § 1 V BJagdG geregelt (= Fallwild, verendetes Wild, Abwurfstangen und die Eier jagdbaren Federwildes)[20]. Bei der **Tathandlung** übernimmt das Gesetz die in § 246 und § 303 enthaltenen Begriffe des Zueignens, Beschädigens und Zerstörens, wenngleich es hier nicht um den Schutz fremden *Eigentums* geht, sondern an dessen Stelle auf das Aneignungsrecht des Jagdausübungsberechtigten abzustellen ist. Zur Zueignung, die weder bei der Selbst- noch bei der Drittzueignung ein Wegschaffen der Beute aus dem fremden Jagdrevier voraussetzt, gilt das zu § 246 Gesagte sinngemäß (vgl oben Rn 279)[21].

b) Verletzung fremden Jagd- oder Jagdausübungsrechts

In beiden Tatbestandsalternativen des § 292 I muss die Tat **unter Verletzung frem-** **419** **den Jagd- oder Jagdausübungsrechts** begangen werden. **Täter** sind daher idR Personen, denen beide Rechte nicht zustehen. Ausnahmen bilden der Jagdausübungsberechtigte, der dort jagt, wo – wie etwa in einem in seinem Jagdrevier liegenden befriedeten Bezirk (§ 6 BJagdG) – das Jagdrecht ruht[22], der Jagdberechtigte selbst, der die Ausübung des Jagdrechts wirksam[23] verpachtet hat (§ 11 I BJagdG) oder ein Jagdgast, der die ihm eingeräumte (eine besondere Erlaubnis erfordernde) Abschussbefugnis überschreitet[24].

Maßgebend für diese Voraussetzung ist der **Standort des Wildes**, nicht der des Jägers[25]. Wer sich bei einer Treibjagd aus einem fremden Jagdrevier Wild zutreiben lässt, begeht Wilderei in der Form des Nachstellens[26]. Die Zulässigkeit der **Wildfolge**, dh der Verfolgung angeschossenen Wildes auf fremdes Jagdgebiet, hängt von einer entsprechenden Vereinbarung mit dem Jagdnachbarn ab, soweit es an einer gesetzlichen Regelung fehlt[27]. In Betracht kommt hier auch eine Rechtfertigung kraft mutmaßlicher Einwilligung, wenn das angeschossene Wild verfolgt und erlegt wird, um ihm erhebliche Qualen zu ersparen[28].

An **gewilderten Tieren** kann auch außerhalb des Jagdreviers durch Verstoß gegen die **420** *zweite* Alternative des § 292 I seitens Dritter noch Wilderei begangen werden, solange die **Herrenlosigkeit fortbesteht**. Diese endet erst, wenn das gewilderte Objekt in das Eigentum des Jagdausübungsberechtigten (§ 958 I BGB) oder eines gutgläubigen Erwerbers (§ 932 BGB) fällt[29]. Bei einem *abgeleiteten* Erwerb tritt § 292 allerdings hinter § 259 (Hehlerei) zurück[30].

---

20 Vgl dazu KG JW 36, 621.
21 S. auch LK-*Schünemann*, § 292 Rn 53.
22 BayObLG NStZ 92, 187.
23 AA NK-*Wohlers*, § 292 Rn 11.
24 Vgl RGSt 43, 439, 440; RG DR 41, 2059 Nr 14; *Fischer*, § 292 Rn 10.
25 *Kindhäuser*, § 292 Rn 5; MK-*Zeng*, § 292 Rn 17.
26 BayObLG GA 1955, 247, 249; *Lackner/Kühl*, § 292 Rn 4.
27 *Geppert*, Jura 08, 601; vgl dazu §§ 22a II BJagdG, 17 LJagdG BW; 29 LJagdG NW; BayObLG GA 1993, 121, 123; OLG Hamm NJW 56, 881; LK-*Schäfer*, 10. Aufl., § 292 Rn 49 ff.
28 NK-*Wohlers*, § 292 Rn 37; für Tatbestandsausschluss LK-*Schünemann*, § 292 Rn 52.
29 Näher RGSt 23, 89, 90 f; BayObLGSt 1954, 116; S/S-*Eser/Heine*, § 292 Rn 17.
30 LK-*Schünemann*, § 292 Rn 37.

421 Im **Fall 33** hat T als Jagdgast durch den Schuss auf die zunächst getroffene Ricke keine Wilderei begangen, soweit er sich mit diesem Schuss im Rahmen der ihm vom Jagdausübungsberechtigten eingeräumten Abschussbefugnis gehalten hat. Wohl aber hat er sich einer Wilderei gem. § 292 I Nr 2 schuldig gemacht, als er die im Nachbarrevier verendete Ricke zurückholte und dem Jagdberechtigten die Aneignung ermöglichte. Da dieses Vorgehen nicht durch eine Wildfolgevereinbarung[31] gedeckt war, handelt es sich um einen Fall einer schon nach altem Recht verbreitet für strafbar gehaltenen[32] und nach neuem Recht eindeutig strafbaren **Drittzueignung** eines nach § 1 V BJagdG dem Aneignungsrecht des im Nachbarrevier Jagdausübungsberechtigten unterliegenden verendeten Wildes. Glaubte T, das verendete Wild abholen zu dürfen, befand er sich im Verbotsirrtum[33]. Mit dem **Erlegen** des Rehs vom Hochsitz des Nachbarreviers aus begeht T dagegen keine Wilderei, weil der Standort des Wildes maßgeblich ist. T hat aber zuvor durch das Richten der Waffe auf das noch nicht in Schussweite befindliche Tier bereits dem Wilde **nachgestellt**. Da es nur noch vom Zufall abhing, ob das Reh sich noch im Nachbarrevier dem T ausreichend nähern werde oder nicht, wird man in dem In-Anschlag-Bringen der Waffe keine straflose Vorbereitungshandlung mehr sehen können, sondern ein unmittelbares Ansetzen zum Erlegen[34].

3. Zueignung gefangenen oder erlegten Wildes durch Dritte

422 Bei **gefangenem** oder **erlegtem Wild** sind im Rahmen des § 292 I unter Berücksichtigung des § 958 BGB in Verbindung mit §§ 1 ff BJagdG folgende Fallgestaltungen zu unterscheiden:

423 **Fall 34:** Der Jagdausübungsberechtigte J hat in seinem Revier einen Rehbock geschossen, in Besitz genommen und zum späteren Abtransport bereitgelegt. Der Spaziergänger S, der ihm aus der Ferne zugeschaut hat, nimmt das Tier an sich und verbringt es nach Hause, um es für sich zu verwenden.

Strafbarkeit des S?

Nach § 958 I BGB in Verbindung mit §§ 1 ff BJagdG wird an erlegtem Wild dadurch **Eigentum** erworben, dass es in **Eigenbesitz genommen** wird. Von diesem Augenblick an hört das Tier auf, taugliches Objekt der Wilderei zu sein; als **fremde** bewegliche Sache unterliegt es nunmehr dem Eigentumsschutz (§§ 242 ff)[35].

Im **Fall 34** hat S einen **Diebstahl** begangen, weil der von J begründete Gewahrsam im Zeitpunkt der Wegnahme durch S fortbestand (vgl dazu Rn 80).

---

31 S. § 22a BJagdG; BayObLG GA 1993, 121, 123.
32 S. BayObLG NJW 56, 881.
33 S/S-*Eser/Heine*, § 292 Rn 16.
34 S. zur Abgrenzung OLG Frankfurt NJW 84, 812; *Fischer*, § 292 Rn 11.
35 NK-*Wohlers*, § 292 Rn 17.

Fall 35: Der Spaziergänger S hat den Wilderer W im Jagdrevier des J beim Aufstellen von **424**
Fallen beobachtet. Bei Dämmerungsbeginn sucht S diese Stelle auf und eignet sich einen Hasen zu, den er verletzt, aber lebend in der Falle vorfindet und mit seinem Taschenmesser auf
möglichst schmerzlose Weise tötet.
Strafbarkeit des S?

Wer in einem **fremden Jagdgebiet** widerrechtlich Fallen aufstellt oder Schlingen
legt, erlangt nach der Verkehrsanschauung nicht schon mit dem *Einfangen* von Tieren,
sondern **erst durch reale Besitzergreifung** Gewahrsam an der Beute[36]. Anders liegt
es beim Auslegen von Netzen und Fanggeräten durch den **Jagd- oder Fischereiberechtigten selbst**[37].

Im **Fall 35** hat S § 292 I Nr 1 verwirklicht, sich also der **Wilderei** in der Form des *Erlegens* wie
des *Sichzueignens* schuldig gemacht. Der lebende, aber gefangene Hase war zwar seiner natürlichen Freiheit beraubt, aber weiterhin **herren- und gewahrsamslos, als S ihn erlegte.** Zu diesem Zeitpunkt unterlag er noch dem Jagdausübungs- und Aneignungsrecht des J.

Fall 36: Ändert sich die Beurteilung im **Fall 35**, wenn W den Hasen selbst erlegt, aus der Falle **425**
genommen, in seinen Rucksack gestopft und diesen am Waldrand versteckt hat, um ihn nach
Einbruch der Dunkelheit abzuholen, S ihm jedoch heimlich gefolgt ist und sich den Hasen zueignet, ehe W zum Versteck zurückkehrt? **Rn 426**

Ist ein gewildertes Tier vom Wilderer bereits in Besitz genommen und **eigener Gewahrsam an ihm begründet worden**, ist zu prüfen, ob das Tier gleichwohl noch ein
taugliches Objekt der Wilderei sein kann. Die hM vertritt den Standpunkt, dass gewilderte Tiere auch dann **herrenlos bleiben** und weiterhin dem alleinigen **Aneignungsrecht des Jagdausübungsberechtigten** unterliegen, wenn der Wilderer sie in Eigenbesitz genommen und aus dem Jagdrevier fortgeschafft hat[38].

Dem ist zuzustimmen. Der **Wilderer selbst** kann nach § 958 II BGB kein Eigentum **426**
erwerben, weil er fremdes Aneignungsrecht verletzt[39]. Der **Jagdausübungsberechtigte** erwirbt nach § 958 I BGB nicht schon dann Eigentum, wenn *irgendwer* das erlegte Wild in Eigenbesitz nimmt[40], sondern nur unter der Voraussetzung, dass die Be-
sitzbegründung entweder unmittelbar durch ihn oder seitens Dritter zu dem Zweck
erfolgt, ihm den Eigenbesitz zu verschaffen[41].

---

36 RGSt 23, 89.
37 RGSt 29, 216, 217.
38 BayObLGSt 1954, 116; *Eisele*, BT II Rn 990; LK-*Schünemann*, § 292 Rn 36; *Maurach/Schroeder/
Maiwald*, BT I § 38 Rn 14; MK-*Zeng*, § 292 Rn 21; S/S-*Eser/Heine*, § 292 Rn 17; Erman-*Ebbing*,
BGB, 12. Aufl. 2008, § 958 Rn 8; Palandt-*Bassenge*, BGB, 68. Aufl. 2009, § 958 Rn 4.
39 Nach *Otto*, BT § 50 Rn 25 soll das Wild hier aber Besitz- und Vermögensobjekt des Wilderers und damit
nicht mehr Objekt des § 292, sondern nur noch eines Vermögensdelikts (zB des § 259) sein können.
40 So die Mindermeinung: *Baur/Stürner*, Sachenrecht, 17. Aufl. 1999, § 53 Rn 73; *Heck*, Grundriß des
Sachenrechts, 1930, § 64, 6; *Westermann*, Sachenrecht, 5. Aufl. 1966, § 58 IV; *Wilhelm*, Sachenrecht,
3. Aufl. 2007, Rn 1038; s. zum Streit auch *Geppert*, Jura 08, 602 f.
41 Vgl RGSt 23, 89; BayObLGSt 1954, 116; *Krey/Hellmann*, BT II Rn 268; *Rengier*, BT I § 29 Rn 6;
Wessels, JA 84, 221; *Westermann/Gursky*, Sachenrecht, 7. Aufl. 1998, § 58 IV.

> Im **Fall 36** hat S sich nach § 292 I Nr 2 strafbar gemacht. Auch **erlegtes Wild** gehört zu den **Sachen**, die nach § 1 V BJagdG dem Aneignungsrecht des Jagdausübungsberechtigten unterworfen sind. Diese Eigenschaft verliert das Wild nicht dadurch, dass es der Wilderer in Eigenbesitz nimmt, da weder er noch der Jagdausübungs- und Aneignungsberechtigte hierdurch Eigentum erwirbt.

4. Vorsatz und Irrtumsfälle

427 Der Täter muss wissen, dass es sich um ein Tatobjekt des § 292, also namentlich um „Wild", „Abwurfstangen" oder „Eier von Federwild" (§ 1 I, V BJagdG) handelt. Wer hierüber irrt, handelt ohne Vorsatz[42]. Im Rahmen der Tatumstands- und Bedeutungskenntnis muss der **Vorsatz** des Täters (zumindest in der Form des *dolus eventualis*) zudem das Bewusstsein umfassen, fremdes Jagdrecht zu verletzen; hieran kann es fehlen, wenn der Täter glaubt, überfahrenes Wild unterliege nicht mehr dem Jagdrecht[43]. Die Beurteilung weiterer **Irrtumsprobleme**[44] ist umstritten; im Einzelnen ist wie folgt zu unterscheiden:

> **Fall 37:** Der Spaziergänger S stößt im Jagdrevier des J auf einen von diesem frisch geschossenen, mit Zweigen bedeckten und zum Abtransport bereitgelegten Rehbock. Er eignet sich das Tier in der Vorstellung zu, dass es von J oder von einem Wilderer erlegt und in Besitz genommen worden ist.
>
> Strafbarkeit des S? **Rn 428**

428 Wird Wild vom Jagdausübungsberechtigten erlegt und in Besitz genommen, wird von Dritten, die das Wild an sich nehmen – wie aus § 958 I BGB folgt – eine **fremde** Sache iS des § 242 weggenommen. War dagegen ein Wilderer am Werk, ist das Tier gemäß § 958 II BGB **herrenlos** und damit taugliches Objekt der Wilderei geblieben (§ 292 I Nr 2). Wird jede dieser beiden Möglichkeiten von der Vorstellung des Täters umfasst, ist ein sog. **alternativer Vorsatz** gegeben und aus *dem* Straftatbestand zu verurteilen, der nach Konkurrenzregeln vorgeht[45].

Ähnlich liegt es im Ergebnis, wenn der Täter sich gar keine Gedanken darüber macht, wer das Wild erlegt haben könnte. Das Fehlen einer detaillierten Vorstellung zur Frage der Fremdheit oder Herrenlosigkeit des von ihm entdeckten Tieres bedeutet nämlich nicht, dass er in der betreffenden Hinsicht *ohne Vorsatz* gehandelt hat. Vielmehr ist seine innere Einstellung zum Tatgeschehen bei lebensnaher Betrachtung so aufzufassen, dass es ihm gleichgültig ist, ob er mit der Entwendung des Wildes das Eigentum oder das Aneignungsrecht eines anderen verletzt. Ein **genereller Vorsatz** dieser Art schließt bei der maßgebenden Parallelwertung in der Laiensphäre alle wesentlichen Umstände ein, von denen bei der gegebenen Sachlage die Anwendbarkeit des § 242 oder des § 292 I Nr 2 abhängt[46].

---

42 S/S-*Eser/Heine*, § 292 Rn 15.
43 LK-*Schünemann*, § 292 Rn 71; zu Recht gegen Verbotsirrtum MK-*Zeng*, § 292 Rn 36.
44 Vgl auch *Mitsch*, BT II/2 § 1 Rn 87 ff; NK-*Wohlers*, § 292 Rn 31 ff.
45 LK-*Hillenkamp*, § 22 Rn 37; diff. *Wessels/Beulke*, AT Rn 231 ff; *Wessels*, JA 84, 221, 223.
46 Zust. NK-*Wohlers*, § 292 Rn 34.

Im **Fall 37** hat S objektiv einen Diebstahl an dem dem J gehörenden und in dessen Gewahrsam befindlichen Rehbock begangen. Da er diese Möglichkeit in seinen alternativen Vorsatz aufgenommen hat, ist er wegen vollendeten Diebstahls zu bestrafen. Das wäre nicht anders, wenn er sich keine konkreten Gedanken darüber gemacht hätte, wer den Rehbock erlegt hat. Auch wenn man richtigerweise in Fällen des dolus alternativus neben dem vollendeten Delikt einen Versuch des alternativ ins Auge gefassten für gegeben hält, bleibt es mangels Strafbarkeit der versuchten Wilderei bei diesem Ergebnis.

Fall 38: Der Landarbeiter L hat auf dem Wochenmarkt einen Hasen erstanden, den er zu Hause an die Tür seines Schuppens hängt, um ihm nach dem Abendbrot das Fell abzuziehen. In der irrigen Annahme, dass L den Hasen gewildert habe, entwendet der Nachbar N ihn zum alsbaldigen Verzehr. **429**

Hat N sich strafbar gemacht? **Rn 430**

Erfüllt der Täter objektiv den Tatbestand des Diebstahls (§ 242), weil das Wild Eigentum des Gewahrsamsinhabers ist, hält er es aber für gewildert und auf Grund einer entsprechenden Vorstellung in der Laiensphäre für *herrenlos*, **fehlt es am Diebstahlsvorsatz** (§ 16 I). § 242 entfällt mangels Kenntnis der Fremdheit aus subjektiven Gründen. Eine Bestrafung wegen **Wilderei** kommt ebenfalls nicht in Betracht, weil der Tatbestand des § 292 I Nr 2 **objektiv nicht verwirklicht** ist. Auf Grund der Fehlvorstellung des Täters liegt zwar ein *untauglicher Versuch* (= Untauglichkeit des Tatobjekts) der Zueignung vor. Dieser bleibt aber straflos, weil § 292 den **Versuch** der Wilderei nicht mit Strafe bedroht.

Diese Lücke im Gesetz muss hingenommen werden[47]. Sie lässt sich nicht mit der von *Welzel*[48] vertretenen Ansicht schließen, bei §§ 242, 292 komme es auf eine juristisch exakte *„Gehörensvorstellung"* nicht an, da es sich in beiden Fällen um Zueignungsdelikte (hier unter Verletzung des Eigentums, dort unter Missachtung des Aneignungsrechts) handele, was bedeute, dass Diebstahls- und Wildereivorsatz *gleichartig* seien[49]. Diese Betrachtungsweise, die zur Bestrafung wegen des jeweils *vollendeten Delikts* führen würde, ist dogmatisch nicht haltbar. Erstens ist die Wilderei kein Zueignungsdelikt (beim Nachstellen, Fangen und Erlegen kommt es auf eine *Zueignungsabsicht* nicht an, beim Beschädigen oder Zerstören von Sachen, die dem Jagdrecht unterliegen, ist für einen Zueignungswillen kein Raum) und auch nicht auf den Schutz des Aneignungsrechts beschränkt (Rn 412). Zweitens verstößt die von *Welzel* befürwortete Konstruktion gegen das Analogieverbot, das bei juristisch verschiedenartigen Tatobjekten (dh bei einer *fremden* Sache iS des § 242 und jagdbarem Wild bzw einer dem Jagdrecht unterliegenden *herrenlosen* Sache iS des § 292) nicht nur innerhalb des objektiven Tatbestandes, sondern auch im Vorsatzbereich zu beachten ist und das es gerade nicht zulässt, einen Wildereivorsatz dem andersartigen Diebstahlsvorsatz gleichzusetzen. Im Übrigen würde der Standpunkt von *Welzel* auch nicht nur den Weg zu § 242, sondern ebenso zu § 244 und ggf zu § 252 öffnen, was mit der **Garantiefunktion des Strafgesetzes** nicht zu vereinbaren wäre. Abzulehnen ist insoweit ferner die von *Jagusch* entwickelte **Plus-Minus-Theorie**, die in den einschlägigen Fällen bei irriger Annahme der Her- **430**

---

47   Vgl RG JW 1902, 298 Nr 19; *Krey/Hellmann*, BT II Rn 267 ff, 274; MK-*Zeng*, § 292 Rn 39; *Otto*, BT § 50 Rn 28 f.
48   Lb S. 363; ähnlich *Jakobs*, AT, 2. Aufl. 1991, 8/56.
49   Teilw. zust. *Fischer*, § 292 Rn 17.

renlosigkeit wie bei irriger Annahme der Fremdheit des Tatobjekts jeweils *vollendete Wilderei* für gegeben hält[50], weil im Eigentum das Aneignungsrecht als eine ein Minus bildende Vorstufe stecke. Auch diese Theorie verstößt gegen die Garantiefunktion des Strafgesetzes, da die subjektive Vorstellung des Täters den in Betracht kommenden Mangel am objektiven Tatbestand nicht zu ersetzen vermag[51].

> Im **Fall 38** kann L nicht wegen Diebstahls bestraft werden, weil er den Hasen nicht für fremd, sondern für herrenlos gehalten hat. Ihm fehlte daher der Vorsatz (§ 16 I). Die irrige Vorstellung, es handle sich um einen gewilderten Hasen, begründet lediglich einen straflosen (untauglichen) Versuch der Wilderei durch Zueignung. Da es in einem solchen Fall auch nicht möglich ist, an ein „dem Wilde Nachstellen" anzuknüpfen[52], bliebe N hier selbst dann straffrei, wenn man in das unechte Unternehmensdelikt des Nachstellens regelwidrig auch den Versuch am untauglichen Objekt miteinbezöge[53].

431 Unterschiedliche Auffassungen werden in der Rechtslehre auch bei der Beurteilung von Sachverhalten vertreten, in denen der Täter eine objektiv herrenlose Sache für „fremd" gehalten hat.

> **Fall 39:** Wie verhält es sich in **Umkehrung** des **Falles 38** mit der Strafbarkeit des N, wenn L den Hasen tatsächlich gewildert hatte, N aber irrtümlich davon ausging, der Gutsbesitzer G habe ihn in seinem Jagdrevier erlegt und dem bei ihm beschäftigten L geschenkt? **Rn 432**

432 Fehlt es **mangels Fremdheit** der Sache am objektiven Tatbestand des § 242, kommt ein vollendeter Diebstahl nicht in Betracht. Hält der Täter das in Wahrheit herrenlose Wild aber für fremd, ist wegen **versuchten Diebstahls** zu bestrafen (§§ 242, 22 = Versuch am untauglichen Objekt). Eine Bestrafung aus dem objektiv verwirklichten Tatbestand des § 292 I Nr 2 entfällt, weil der Täter nicht gewusst hat, dass das Wild gewildert und demnach noch herrenlos war[54].

Zum Teil wird angenommen, dass insoweit eine Bestrafung wegen **vollendeter Wilderei** möglich sei, weil der Diebstahlsvorsatz als qualitatives „*Plus*" den weniger weit reichenden Widereivorsatz als „*Minus*" mit einschließe[55]. Für eine derart *modifizierte* „Plus-Minus-Theorie" fehlt es ungeachtet ihrer dogmatischen Fragwürdigkeit jedoch an einem praktischen Bedürfnis, da der Unwertgehalt der Tat durch die Bestrafung des Täters wegen **versuchten Diebstahls** hinreichend erfasst wird.

> Im **Fall 39** fehlt es für eine Bestrafung wegen der objektiv verwirklichten Wilderei am entsprechenden Vorsatz, der auch nicht als Minus im Diebstahlsvorsatz steckt. Es liegt aber ein strafbarer Diebstahlsversuch am untauglichen Objekt vor.

---

50 LK-*Jagusch*, 8. Aufl., § 292 Anm. 6; ähnlich *Maurach/Schroeder/Maiwald*, BT I § 38 Rn 20.
51 Näher *v. Löbbecke*, MDR 74, 119; zust. LK-*Schünemann*, § 292 Rn 69 f; *Mitsch*, BT II/2 § 1 Rn 89.
52 Vgl zu dieser Ersatzkonstruktion *Waider*, GA 1962, 176, 182 ff; dagegen *Krey/Hellmann*, BT II Rn 274.
53 So zB *Kindhäuser*, BT II § 11 Rn 22; dagegen *Küper*, BT S. 240 sowie hier Rn 417.
54 Ebenso RGSt 39, 427, 433; *Krey/Hellmann*, BT II Rn 278; *Mitsch*, BT II/2 § 1 Rn 88; *Otto*, BT § 50 Rn 30; s. zu diesem Fall auch *Geppert*, Jura 08, 603 f.
55 A/W-*Heinrich*, § 16 Rn 19; *Maurach/Schroeder/Maiwald*, BT I § 38 Rn 20; dagegen *Eisele*, BT II Rn 996; *Rengier*, BT I § 29 Rn 10.

5. Strafantragserfordernis

Ein Strafantragserfordernis besteht im Wildereibereich in den durch § 294 erfassten **433** Fällen und damit namentlich dann, wenn der Verletzte Angehöriger (§ 11 I Nr 1) ist oder der Täter zB als Jagdgast die ihm gestattete Abschusszahl überschreitet und hierbei kein Regelbeispiel nach § 292 II erfüllt[56]. Ob darüber hinaus § 248a bei einem Verstoß gegen § 292 I *analog* anzuwenden und deshalb auch bei **geringem Wert** ein Antrag erforderlich ist, ist umstritten[57].

Diese Frage muss richtigerweise schon deshalb **verneint** werden, weil das Gesetz in dieser Hinsicht **keine unbewusste Regelungslücke** aufweist[58]. Dass der Gesetzgeber die sinngemäße Anwendbarkeit des § 248a lediglich für den Bereich der §§ 257, 259, 263, 263a, 265a, 266, 266b, nicht aber zugleich für § 292 vorgesehen hat, konnte schon bisher nicht als *Versehen* gedeutet, sondern nur als **Verzicht auf eine solche Regelung** im Falle der **Wilderei** aufgefasst werden, weil es für die gegenteilige Annahme an jedem Anhaltspunkt fehlte. Das 6. StrRG (Rn 9) hat diesen gesetzgeberischen Willen bestätigt. Es hat die zu § 248c bestehende Lücke geschlossen (§ 248c III), die zu § 292 aber nicht. Inhaltlich verletzt diese Entscheidung den Gleichheitsgrundsatz zwar nicht gegenüber dem nur ein Individualrechtsgut schützenden Diebstahl[59]. Sie kann sich auf den zusätzlichen Schutz der Hege des Wildbestandes als Allgemeinrechtsgut aber nicht gegenüber §§ 257, 266b berufen. Auch diese Delikte schützen nach hM neben dem Vermögen Güter der Allgemeinheit. Sachgerecht ist die Entscheidung deshalb zwar eher nicht. Sie ist aber vom Rechtsanwender mangels Willkür nicht korrigierbar.

6. Besonders schwere Fälle der Wilderei

So wie § 243 liegt den in § 292 II genannten Erschwerungsgründen nach der Neufassung durch das 6. StrRG (Rn 9) nunmehr die *Regelbeispielsmethode* (vgl dazu **434** Rn 193) mit der Folge zu Grunde, dass trotz Vorliegens der Merkmale eines Regelbeispiels der besonders schwere Fall verneint und umgekehrt trotz Nichtvorliegens ein atypischer besonders schwerer Fall bejaht werden kann. Anders als § 243 II enthält § 292 II allerdings keine Ausschlussklausel, wenn die Tat sich auf eine **geringwertige** Sache bezieht. Wie zu § 248a (s. Rn 433) kommt auch insoweit aber keine Analogie in Betracht[60]. Freilich ist bei Geringwertigkeit an einen nicht ausreichend schweren Ausnahmefall zu denken.

Für den, der **gewerbs-** oder **gewohnheitsmäßig** wildert, sieht § 292 II 2 Nr 1 eine ge- **435** genüber § 292 III aF abgemilderte Strafschärfung vor, die nunmehr der Strafdrohung für die übrigen Erschwerungsgründe entspricht.

Erscheint sie im Einzelfall als immer noch zu hoch, weil etwa der zur gewerblichen Wilderei entschlossene Täter lediglich einmal nachts dem Wilde erfolglos oder demselben Stück Wild mehrfach nachgestellt hat (Fälle, in denen schon die Erfüllung des Regelbeispiels zweifelhaft ist, s. Rn 230)[61], erlaubt es der Regelbeispielscharakter nun ohne Bedenken, die Regelwirkung zu verneinen.

---

56 NK-*Wohlers*, § 294 Rn 1, 3.
57 Bejahend S/S-*Eser/Heine*, § 292 Rn 1a, 19; wie hier *Lackner/Kühl*, § 292 Rn 8; LK-*Schünemann*, § 292 Rn 3.
58 Zust. MK-*Zeng*, § 294 Rn 10; NK-*Wohlers*, § 294 Rn 2.
59 AA A/W-*Heinrich*, § 16 Rn 16.
60 *Eisele*, BT II Rn 1000; NK-*Wohlers*, § 292 Rn 39; aA SK-*Hoyer*, § 292 Rn 26.
61 S. *Fischer*, § 292 Rn 23.

Diese Möglichkeit kann sich auf überkommene Streitfragen auch zu § 292 II 2 Nr 2 auswirken. Wird die Wilderei iS des § 292 I Nr 1 zB zur **Nachtzeit**, in der **Schonzeit**, unter **Anwendung von Schlingen** oder sonst unweidmännisch begangen, so liegt ein *besonders schwerer Fall* iS des § 292 II 2 Nr 2 nur in der Regel vor. Kommen im Einzelfall Milderungsgründe in Betracht, ist die Annahme eines besonders schweren Falles nicht mehr zwingend[62]. Die vormalige Mindermeinung, die den Strafschärfungsgründen schon der §§ 292 II, 293 II aF nur die Bedeutung von Regelbeispielen nach Art des § 243 I zugestehen wollte[63], ist durch das 6. StrRG (Rn 9) zum Gesetz geworden.

Deswegen besteht auch keine Notwendigkeit mehr, den Anwendungsbereich des § 292 II ausnahmslos auf primäre Wilbereihandlungen zu beschränken und davon solche Fälle zwingend auszunehmen, bei denen erst eine in zweiter Hand begangene Wilderei vorliegt[64]. Andererseits bleibt es bei der Einsicht, dass die Modalitäten „innerhalb der Schonzeit" und „unter Anwendung von Schlingen" lediglich für die Fälle des § 292 I Nr 1, nicht aber zB für die Zueignung von verendetem Wild passen. So ist es Sinn der Bestimmungen über die Schonzeit, Hege und Erhaltung des Wildbestandes zu sichern, nicht aber, gerade in dieser Zeit das Heraustragen von Abwurfstangen aus dem Revier zu verhindern. In einem solchen Fall ist daher schon die Indizwirkung zu verneinen. Ebenso setzt eine Begehung „zur Nachtzeit" voraus, dass der Täter die Dunkelheit gerade zur Ausführung der Tat und zur Verletzung des fremden Jagdrechts ausnutzt. Dieser funktionale Zusammenhang fehlt, wenn sich jemand zur Nachtzeit verendetes Wild zueignet, das er auf einer Landstraße gefunden hat oder das von ihm bei einer vorangegangenen Kollision mit seinem Kraftfahrzeug versehentlich getötet worden ist[65]. Auch dann kann schon die Indizwirkung nicht greifen. Andererseits ist dieses Regelbeispiel nicht auf § 292 I Nr 1 beschränkt; sein Grundgedanke, dem erhöhten Anreiz zum Wildern bei Nacht und den gesteigerten Gefahren bei Ausübung des Jagdschutzes zur Nachtzeit mit einer Verschärfung der Strafdrohung zu begegnen, kann auch für die Fälle des § 292 I Nr 2 zutreffen. Nicht weidmännisch ist außer dem genannten Legen von Schlingen zB das Auslegen vergifteter Köder im Bewusstsein, sich unjagdlich zu verhalten[66].

436 Nach § 292 II 2 Nr 3 ist auch die Tat, die von mehreren mit **Schusswaffen** ausgerüsteten Beteiligten begangen wird, ein idR besonders schwerer Fall. Die Beteiligten (s. zum Begriff § 28 II) müssen nach neuem Recht trotz des aus § 25 II stammenden Begriffs „gemeinschaftlich"[67] nicht mehr Mittäter sein[68], die Schusswaffen aber im Stadium der Tatausführung bei sich führen und sich zumindest zu zweit bewaffnet am Tatort befinden[69]. Vorausgesetzt wird bei § 292 II auch nach neuem Recht, dass der Vorsatz des Täters den straferhöhenden Umstand mit umfasst[70]. Insoweit gilt § 16 I entsprechend.

---

62 S. insoweit zu § 292 II aF: BGHSt 5, 211, 213; OLG Hamm NJW 62, 601; LK-*Schäfer*, 10. Aufl., § 292 Rn 86.
63 Vgl S/S-*Eser*, 25. Aufl., § 292 Rn 22 mwN.
64 So zur aF LK-*Schäfer*, 10. Aufl., § 292 Rn 35; ebenso zum neuen Recht aber LK-*Schünemann*, § 292 Rn 87 mit Rn 36.
65 BayObLGSt 1963, 86; MK-*Zeng*, § 292 Rn 56.
66 *Lackner/Kühl*, § 292 Rn 6; einschr. LK-*Schünemann*, § 292 Rn 95.
67 S. zum hieraus zu § 224 I Nr 4 entstandenen Streit *Hillenkamp*, BT 5. Problem.
68 BT-Ds 13/8587, S. 68; LK-*Schünemann*, § 292 Rn 97.
69 *Fischer*, § 292 Rn 25; NK-*Wohlers*, § 292 Rn 45; S/S-*Eser/Heine*, § 292 Rn 27.
70 Vgl OLG Celle MDR 56, 54.

II. Fischwilderei

Die einzelnen Tatbestände der **Fischwilderei** (§ 293)[71] sind denen des § 292 nachge- **437** bildet, wobei innerhalb des Tatbestandes ebenfalls zwei Alternativen zu unterscheiden sind. Sie hat das 6. StrRG den Änderungen des § 292 (Rn 411) angepasst.

Das zu § 292 Ausgeführte gilt hier sinngemäß; der Strafrahmen ist aber milder. Die Strafschärfungsgründe in § 293 II, III aF sind im 6. StrRG (Rn 9) als entbehrlich gestrichen worden. Zu beachten ist, dass Fische in *geschlossenen* Privatgewässern nach § 960 I 2 BGB nicht *herrenlos* sind, also dem Eigentumsschutz (§§ 242 ff) unterliegen. **Fischen** ist jede auf Fang oder Erlegen von wild lebenden Wassertieren gerichtete Handlung ohne Rücksicht darauf, ob sie zum Erfolg führt. Auch hier handelt es sich um ein unechtes Unternehmensdelikt, das nur den Versuch, nicht aber die Vorbereitung des Fangens oder Erlegens einbezieht[72]. Ein solches Versuchen setzt eine enge räumliche Beziehung zwischen Tathandlung und Gewässer voraus. Sofern der Täter sich mit seinem Fanggerät nicht auf dem Wasser befindet, muss er die Fangvorrichtung als solche im Gewässer ausgelegt haben[73]. Geht ein Fisch dem Fischereiberechtigten in das von diesem ausgelegte Netz, erwirbt der Berechtigte Besitz und Eigentum. Auf seine Kenntnisnahme kommt es nicht an. Wer einen solchen Fisch in Zueignungsabsicht wegnimmt, begeht einen Diebstahl[74].

Jagdwilderei, § 292

I. Tatbestand		
1. Objektiver Tatbestand		
A. § 292 I Nr 1		
a. Tatobjekt:	•	*Wild*
		→ wild lebende, nach § 2 BJagdG jagdbare Tiere
b. Tathandlung:	•	*Nachstellen*
		Ⓟ unechtes Unternehmensdelikt
	•	*Fangen*
	•	*Erlegen*
	•	*Sich oder Drittem Zueignen*
		→ objektiv-subjektive Sinneinheit
		→ Besitz-/Gewahrsamsbegründung
		Ⓟ nur (eindeutige) Manifestation des Zueignungswillens oder
		→ Aneignung
		→ Enteignung
		→ An- und Enteignung
		Ⓟ Zueignung gefangenen/erlegten Wildes
c. Tatfolge:	•	*Verletzung fremden Jagd(ausübungs)rechts*
		→ Maßgeblichkeit des Standorts des Wildes
		Ⓟ Wildfolge
B. § 292 I Nr 2		
a. Tatobjekt:	•	*Sache, die dem Jagdrecht unterliegt*
		→ herrenlose Sachen iSd § 1 V BJagdG
		Ⓟ gewilderte Tiere (nach Gewahrsamsbegründung durch Wilderer)

---

71 S. zur Regelung in der Constitutio Criminalis Carolina *Geppert*, Jura 08, 599.
72 S. dazu NK-*Wohlers*, § 293 Rn 5; anders auch hier LK-*Schünemann*, § 293 Rn 11 ff.
73 Vgl OLG Frankfurt NJW 84, 812.
74 S. RGSt 29, 216 und Rn 424.

b. Tathandlung:
- *Sich oder Drittem Zueignen*
- *Beschädigen*
- *Zerstören*

c. Tatfolge:
- *Verletzung fremden Jagd(ausübungs)rechts*

2. Subjektiver Tatbestand
Vorsatz:
- *jede Vorsatzart*
  - → Bedeutungskenntnis bzgl Verletzung fremden Jagd(ausübungs)rechts
  - Ⓟ Irrtum bzgl Herrenlosigkeit/Fremdheit der Sache (Wildereivorsatz/Diebstahlsvorsatz)

II. Rechtswidrigkeit

III. Schuld

IV. Besonders schwerer Fall, § 292 II
- → Regelbeispielscharakter
- → gesetzliche Merkmale/atypische Fälle

V. Strafantrag, § 294
- → analoge Anwendung des § 248a

---

7. Kapitel

Vereiteln und Gefährden von Gläubigerrechten

§ 12 Pfandkehr, Vollstreckungsvereitelung und Insolvenzstraftaten

I. Pfandkehr

438   **Fall 40:** Der in ständiger Geldnot zur Untermiete lebende Student S verbringt, als er in erheblichen Mietrückstand gerät, seine wertvolle Stereoanlage heimlich zu seinem Freund F. Auf dessen Angebot, eine von S dem mit F im selben Studentenwohnheim lebenden Kommilitonen K verpfändete Videokamera „vorsichtshalber" zurückzuholen und bei sich zu verwahren, geht S freudig ein. Noch am selben Tage holt S aus der Fotoabteilung eines Kaufhauses seinen dort zur Entwicklung gegebenen Film ab, indem er die Tüte, in der sich der entwickelte Film befindet, heimlich in seiner Jacke verbirgt und das Kaufhaus ohne zu zahlen verlässt.

Haben sich S und F strafbar gemacht? **Rn 444**

1. Schutzfunktion, Täterkreis und Tathandlung

439   Unter der zu eng gefassten Bezeichnung **Pfandkehr** (§ 289) schützt das Gesetz **Nutznießungsrechte** (§§ 1030 ff BGB), **Pfandrechte** (zB §§ 562, 583, 592, 647, 704,

1204 ff BGB), **Gebrauchsrechte** (vgl §§ 535, 581, 598 BGB) und **Zurückbehaltungsrechte** (zB §§ 273, 972, 1000 BGB, 369 HGB) dagegen, dass ihre Ausübung dem Berechtigten durch Wegnahme unmöglich gemacht wird. Zu den Gebrauchsrechten zählen auch das Recht des Vorbehaltskäufers beim Eigentumsvorbehalt (§ 449 BGB) und des Sicherungsgebers bei der Sicherungsübereignung, die Sache schon oder weiter zu gebrauchen[1]. Pfandkehr ist demnach eine Art „Besitzdiebstahl"[2], mit dem der Täter die geschützten Rechte eigenmächtig vereitelt.

Umstritten ist, ob auch das **Pfändungspfandrecht** (§ 804 ZPO) hierher gehört oder **440** ob § 136 I insoweit als *lex specialis* vorgeht. Im Hinblick auf die unterschiedliche **Schutzfunktion** (= Schutz der öffentlich-rechtlichen Verstrickung und staatlichen Verfügungsgewalt in § 136 I, Schutz der Rechtsausübung des Einzelnen in § 289) ist der Auffassung zu folgen, die das Pfändungspfandrecht in die geschützten Rechte jedenfalls dann mit einbezieht und je nach den Umständen **Tateinheit** zwischen § 289 und § 136 I für möglich hält, wenn dem Pfändungspfandrecht eine Forderung des Vollstreckungsgläubigers zu Grunde liegt[3].

Bei *gesetzlichen Pfandrechten* wie namentlich dem Vermieterpfandrecht ist darauf zu achten, dass **441** sie sich nur auf *pfändbare Sachen* erstrecken. Verbringt der säumige Mieter daher dem persönlichen Gebrauch dienende Sachen (§ 811 Nr 1 ZPO) außer Haus, macht er sich nicht nach § 289 strafbar. Bei den **Zurückbehaltungsrechten** macht es keinen Unterschied, ob sie auf *Vertrag* oder *Gesetz* beruhen. Ein dem Vermieter zur Umgehung der §§ 562 S 2 BGB, 811 ZPO eingeräumtes Zurückbehaltungsrecht an den eingebrachten Sachen des Mieters genießt jedoch keinen Schutz; die gegenteilige Ansicht in RGSt 37, 118, 125 f ist mit dem heutigen Verständnis der sozialstaatlichen Grundlagen dieser Regelungsmaterie nicht mehr zu vereinbaren[4].

§ 289 sieht zwei den **Täterkreis** betreffende Alternativen vor: die Begehung durch **442** den Sacheigentümer selbst oder durch einen im Eigentümerinteresse handelnden Dritten. **Tathandlung** ist in beiden Fällen die **Wegnahme** der Sache. Dieses Merkmal ist hier anders als beim Diebstahl (§ 242) in einem sehr weitgefassten Sinn zu verstehen. Es setzt keinen Gewahrsamsbruch, sondern nur die das Recht des Geschützten faktisch vereitelnde oder erheblich erschwerende[5] räumliche Entfernung der Sache aus dem **tatsächlichen Macht- und Zugriffsbereich des Rechtsinhabers** voraus, wie er insbesondere bei einem Vermieterpfandrecht besteht[6].

Würde man hier einen Gewahrsamsbruch wie in § 242 fordern, blieben alle *besitzlosen* gesetzlichen Pfandrechte ungeschützt, was dem Sinn und Zweck des Gesetzes, die *Vereitelung* der Ausü-

---

1 LK-*Schünemann*, § 289 Rn 7.
2 *Maurach/Schroeder/Maiwald*, BT I § 37 Rn 14.
3 Näher *Geppert*, Jura 87, 427; *Kindhäuser*, § 289 Rn 5; LK-*Schünemann*, § 289 Rn 6; *Mitsch*, BT II/2 § 5 Rn 122; MK-*Maier*, § 289 Rn 11 f; *Wessels/Hettinger*, BT I Rn 670 ff; offen gelassen in RGSt 64, 77, 78; diff. A/W-*Heinrich*, § 16 Rn 26; aA *Lackner/Kühl*, § 289 Rn 1 mwN.
4 Zutr. *Fischer*, § 289 Rn 1; LK-*Schünemann*, § 289 Rn 9; NK-*Wohlers*, § 289 Rn 8; anders *Maurach/Schroeder/Maiwald*, BT I § 37 Rn 16.
5 LK-*Schünemann*, § 289 Rn 14.
6 RGSt 37, 118, 126 ff; BayObLG JZ 81, 451; *Eisele*, BT II Rn 963; *Kindhäuser*, § 289 Rn 9; *Krey/Hellmann*, BT II Rn 284; *Lackner/Kühl*, § 289 Rn 3; *Mitsch*, BT II/2 § 5 Rn 126; *ders.*, JuS 04, 325 f; MK-*Maier*, § 289 Rn 15; *Rengier*, BT I § 28 Nr 7; *Schmidt/Priebe*, BT II Rn 919; aA *Arzt/Weber*, BT (1. Aufl.) § 16 Rn 29; *Bohnert*, JuS 82, 256; *Laubenthal*, JA 90, 38; NK-*Wohlers*, § 289 Rn 11 ff; *Otto*, Anm. JR 82, 32; SK-*Hoyer*, § 289 Rn 10; S/S-*Eser/Heine*, § 289 Rn 8; s. auch *Küper*, BT S. 450 f.

bung der geschützten Rechte zu unterbinden[7], widerspräche. So wäre der Vermieter gegen das „Rücken" des Mieters erst bei dem Mieter drohender Zwangsvollstreckung (§ 288) geschützt. Bei **Pfändungspfandrechten** ist freilich zu beachten, dass es auch vom Standpunkt der hM aus an einem *tatsächlichen Gewaltverhältnis* iS des § 289 zu Gunsten des Pfändungsgläubigers fehlt, wenn der Gerichtsvollzieher die gepfändete Sache gemäß § 808 II ZPO **im Gewahrsam des Schuldners belassen** hat; für eine Wegnahme (§ 289) ist in diesem Falle kein Raum[8].

2. Subjektiver Tatbestand

443 In **subjektiver Hinsicht** setzt § 289 neben dem *Tatbestandsvorsatz* ein Handeln in „*rechtswidriger Absicht*" voraus.

Für **Absicht** iS dieser Vorschrift reicht der hL wie zu § 288 direkter Vorsatz aus[9]. Dazu genügt es, wenn der Täter bezüglich des *Bestehens* des fremden Rechts nur Eventualvorsatz hat[10]. Ist der Täter ein Dritter, darf er nicht *lediglich eigene* Interessen verfolgen, vielmehr muss sein Wille darauf gerichtet sein, **dem Sacheigentümer** unter Verletzung des geschützten Rechts einen Vorteil zu verschaffen[11].

444 Im **Fall 40** hat S mit der Stereoanlage seine eigene Sache nach umstrittener, aber zutreffender Ansicht dem Vermieter dadurch „weggenommen", dass er sie heimlich zu F verbrachte. Damit entfernte er die Anlage aus dem „tatsächlichen Herrschafts- und Gewaltverhältnis des Vermieters", das vor allem auf der auf das Selbsthilferecht (§ 562b I BGB) gegründeten Möglichkeit beruht, die Entfernung von Sachen, die seinem Pfandrecht unterliegen, zu verhindern und sie selbst in Besitz zu nehmen[12]. Vorausgesetzt ist allerdings, dass die Stereoanlage dem Vermieterpfandrecht unterliegt[13]. Für F kommt insoweit Beihilfe zu § 289, auf die § 28 nicht anzuwenden ist[14], in Betracht, wenn man die Wegnahme eingeleitete Vereitelung des Pfandrechts erst mit der „Unterbringung" abgeschlossen sieht, anderenfalls § 257. Tut F, was er angeboten hat und holt die Videokamera zu sich, erfüllt sein pfandrechtsverletzendes Verhalten (vgl dazu §§ 1204, 1227, 1253 II BGB) zudem § 289. Dass die Sache in den unmittelbaren Besitz des Eigentümers zurückkehrt, ist bei einer Wegnahme zu Gunsten des Eigentümers nicht erforderlich, wenn sie in seinem Interesse verwahrt wird. Durch die Wegnahme des entwickelten Films, an dem S trotz der Entwicklung das Eigentum behält (§ 950 BGB), begeht S eine weitere Pfandkehr, da er hierdurch das Unternehmerpfandrecht (§ 647 BGB) und das Zurückbehaltungsrecht des Kaufhauses (§ 273 BGB) verletzt. Das laienhafte Bewusstsein, dass ein fremdes Sicherungsrecht besteht, ist nach der Lebenserfahrung anzunehmen[15]. Die Strafverfolgung ist hinsichtlich § 289 davon abhängig, dass der jeweils Verletzte **Strafantrag** stellt (§ 289 III).

---

7 *Fischer*, § 289 Rn 2; *Kindhäuser*, BT II § 10 Rn 9.
8 RGSt 64, 77, 78; anders LK-*Schünemann*, § 289 Rn 13.
9 LK-*Schünemann*, § 289 Rn 25; MK-*Maier*, § 289 Rn 21; *Rengier*, BT I § 28 Rn 8; für Absicht im Sinne zielgerichteten Willens S/S-*Eser/Heine*, § 289 Rn 9/10.
10 *Krey/Hellmann*, BT II Rn 285; MK-*Maier*, § 289 Rn 22; OLG Braunschweig NJW 61, 1274.
11 RG JW 31, 542 Nr 22.
12 BayObLG JZ 81, 451.
13 S. dazu LG Duisburg MDR 86, 682.
14 S/S-*Eser/Heine*, § 289 Rn 12.
15 S. dazu und zu §§ 242, 274 bezüglich der Tüte OLG Düsseldorf NJW 89, 115.

II. Vereiteln der Zwangsvollstreckung

Fall 41: Der Kunststudent K schuldet dem Kunsthändler G 3000 EUR aus Darlehen. Auch ist **445** er wegen Trunkenheit im Verkehr zu einer Geldstrafe von 30 Tagessätzen à 20 EUR verurteilt worden. Er verfügt über keine nennenswerten Barmittel, besitzt aber als Erbstücke einen Orientteppich im Wert von 5000 EUR sowie im annähernd gleichen Wert eine handsignierte Lithographie von *Friedensreich Hundertwasser*, an der er sehr hängt. Als G nach mehrfacher vergeblicher Mahnung die Beauftragung eines Anwalts androht und K auch eine Mahnung zur Zahlung der Geldstrafe erhält, schafft K in der zutreffenden Annahme, dass G es darauf absehen werde, den „Hundertwasser" im Wege der Pfändung an sich zu bringen, die Lithographie schleunigst zu seiner Bekannten B, die bereit ist, sie solange aufzuheben, bis die Schulden des K getilgt sind.

Haben sich K und B strafbar gemacht? **Rn 456**

1. Schutzgut und Gläubigerbegriff

Die gesetzliche Benennung des Tatbestandes des § 288 als **Vereiteln der Zwangs-** **446** **vollstreckung** ist in zweifacher Hinsicht ungenau: Zum einen braucht es zum Eintritt eines Vereitelungserfolges nicht zu kommen, vielmehr genügt ein darauf gerichtetes Verhalten des Schuldners (= *Vereitelungsabsicht*). Zum anderen schützt § 288 nicht etwa das Vollstreckungsrecht als solches, sondern allein das durch die Tat gefährdete **materielle Recht des Gläubigers auf Befriedigung aus dem Schuldnervermögen**[16]. **Gläubiger** iS dieser Vorschrift ist ohne Rücksicht auf das Vorhandensein oder Fehlen eines Vollstreckungstitels daher nur, wer im maßgeblichen Zeitpunkt einen bereits entstandenen (= nicht unbedingt auch fälligen), **sachlich begründeten und durchsetzbaren Anspruch** gegen den Schuldner hat[17]. Die gegenteilige Ansicht, die eine drohende Zwangsvollstreckung unabhängig vom Bestehen des Anspruchs genügen lassen will[18], verfälscht das Rechtsgut des § 288 und müsste selbst bei einer durch betrügerische Mittel erschlichenen Vollstreckung Schutz gewähren[19]. Das Bestehen des Anspruchs ist daher vom Strafrichter auch *selbstständig* zu prüfen; an ein den Anspruch bejahendes Zivilurteil ist er nicht gebunden[20].

§ 288 bildet für die Einzelvollstreckung eine gewisse Parallele zu den in §§ 283 ff geregelten Insolvenzstraftaten, die bei der Verbraucherinsolvenz zu beachten sind[21].

---

16 BGHSt 16, 330, 334; BGH NJW 91, 2420.
17 RG JW 37, 1336 Nr 41; *Eisele*, BT II Rn 931; *Fischer*, § 288 Rn 2; *Heghmanns*, Rn 1640; *Krey/Hellmann*, BT II Rn 289a; *Mitsch*, BT II/2 § 5 Rn 93; S/S-*Eser/Heine*, § 288 Rn 7 ff.
18 NK-*Wohlers*, § 288 Rn 2; SK-*Hoyer*, § 288 Rn 7.
19 LK-*Schünemann*, § 288 Rn 3.
20 BayObLGSt 1952, 224; aA im Falle der Rechtskraft LK-*Schünemann*, § 288 Rn 3 f; diff. MK-*Maier*, § 288 Rn 10 f.
21 S. M-G/B-*Bieneck*, § 87 Rn 6; BGH NJW 01, 1874, 1875.

2. Objektiver Tatbestand

447 Der **objektive Tatbestand** des § 288 setzt voraus, dass derjenige, dem auf Grund eines sachlich begründeten Anspruchs die Zwangsvollstreckung droht, Bestandteile *seines* Vermögens veräußert oder beiseite schafft.

a) Drohen der Zwangsvollstreckung und Tathandlung

448 Eine Zwangsvollstreckung „**droht**" nicht erst nach Klageerhebung oder Erteilung eines Vollstreckungsauftrags, sondern schon dann, wenn konkrete Anhaltspunkte darauf hindeuten, dass der Gläubiger seinen **Anspruch alsbald zwangsweise durchsetzen** wird[22].

Hat der Gläubiger einen Vollstreckungstitel erwirkt, darf ohne weiteres vom Drohen der Zwangsvollstreckung ausgegangen werden[23]. Auch eine Klageerhebung legt dies schon nahe. Wiederholte Mahnungen können auf die Vollstreckungsabsicht des Gläubigers beim Hinzutreten weiterer Umstände deuten[24]. Die Zwangsvollstreckung kann auch noch „drohen", wenn sie bereits begonnen hat, aber weitere Vollstreckungshandlungen zu erwarten sind, wie zB die Versteigerung der zuvor gepfändeten Sache[25].

449 Derjenige, dem die Zwangsvollstreckung droht, muss Bestandteile seines Vermögens **veräußern** oder **beiseite schaffen**. Der Begriff des **Vermögens** ist hier *rein vollstreckungsrechtlich* zu verstehen; zu seinen Bestandteilen zählen bei der Zwangsvollstreckung wegen einer Geldforderung alle pfändbaren Sachen und Rechte. Auch der **Sachbesitz** eines Vorbehaltskäufers gehört zu dem der Vollstreckung unterliegenden Schuldnervermögen[26]; wichtig ist das bei Herausgabeansprüchen iS des § 883 ZPO und bei einer Pfändung, die auf Betreiben des Vorbehaltsverkäufers in die ihm noch gehörende Sache erfolgt. **Unpfändbare** Sachen und Rechte werden bei der Zwangsvollstreckung wegen Geldforderungen (§§ 803 ff ZPO) vom Schutzzweck des § 288 dagegen nicht erfasst[27]. Das gleiche gilt für Forderungen, die dem Schuldner nur *zur Einziehung* abgetreten sind (sog. Inkassozession)[28] und für Vermögensgegenstände, an denen Dritten ein die Veräußerung hinderndes Recht iS des § 771 ZPO zusteht, sodass der Gläubiger sich daraus keine Befriedigung verschaffen kann[29].

450 **Veräußerung** iS des § 288 ist jede rechtsgeschäftliche Verfügung, durch die ein Vermögenswert (bei §§ 803 ff ZPO: *ohne* vollen Ausgleich) aus dem Schuldnervermögen ausgeschieden wird, sodass er dem Zugriff des Gläubigers **rechtlich entzogen** oder

---

22 RGSt 63, 341, 342 f; BGH MDR/H 77, 638; BGH NJW 91, 2420; *Küper*, BT S. 503; *Lackner/Kühl*, § 288 Rn 2; *Rengier*, BT I § 27 Rn 5; s. auch BGH NStZ 01, 485 f mit insoweit krit. Anm. *Krause*, NStZ 02, 43.
23 LK-*Schünemann*, § 288 Rn 16.
24 RGSt 20, 256, 257 f; 31, 22, 24 f.
25 Vgl RGSt 35, 62.
26 BGHSt 16, 330, 332 f; BGH GA 1965, 309, 310; s. auch BGH NJW 91, 2420; MK-*Maier*, § 288 Rn 18; krit. LK-*Schünemann*, § 288 Rn 25.
27 RGSt 71, 216, 218.
28 Vgl RGSt 72, 252, 253 ff.
29 LK-*Schünemann*, § 288 Rn 24; NK-*Wohlers*, § 288 Rn 9.

dessen Befriedigungsmöglichkeit verringert ist[30]. Bei einer drohenden *Geldvollstreckung* verbietet das Gesetz den *bloßen Austausch* gleichwertiger Vermögensstücke nicht[31]. Die Befriedigung *anderer* Gläubiger verwirklicht den Tatbestand nur, wenn ihnen eine *inkongruente* Deckung gewährt wird, auf die in dieser Form oder zu diesem Zeitpunkt kein Anspruch bestand[32] (näher dazu Rn 477 ff).

Beiseiteschaffen ist jede sonstige Handlung, durch die ein Gegenstand der Vollstreckung **tatsächlich entzogen** wird, ohne dass er rechtlich aus dem Schuldnervermögen auszuscheiden braucht.   **451**

Beispiele dafür bilden das räumliche Entfernen und Verbergen sowie das Zerstören von Sachen[33], nicht aber das bloße *Beschädigen*[34]. Namentlich für die Tatbegehung durch ein Beiseiteschaffen ist es unbefriedigend, dass der Täter strafbar bleibt, auch wenn er den zunächst erfolgreich beiseite geschafften Gegenstand reumütig und rechtzeitig in das Vermögen zurückgelangen lässt. Da es mangels Versuchsstrafbarkeit einen Rücktritt und mangels einer Reuevorschrift auch eine tätige Reue nicht gibt, ist das Ergebnis der Strafbarkeit de lege lata wohl hinzunehmen[35].

b) Täterschaft und Teilnahme

Täter kann dem Wortlaut des § 288 nach nur der **Vollstreckungsschuldner**, dh derjenige sein, dem die Zwangsvollstreckung droht und der aus irgendeinem Rechtsgrund zur Duldung der Zwangsvollstreckung in sein Vermögen verpflichtet ist, auch wenn es sich bei ihm nicht um den *persönlichen Schuldner* des Gläubigers handelt[36]. § 288 ist daher ein Sonderdelikt[37]. Ist eine juristische Person Vollstreckungsschuldner, ist wie auch im Übrigen § 14 zu beachten[38]. Schafft ein sonstiger Dritter auf Bitten des abwesenden Vollstreckungsschuldners dessen Vermögensbestandteile beiseite, kann der Vollstreckungsschuldner mangels Tatherrschaft[39] nicht mittelbarer und der Dritte mangels Sondereigenschaft nicht unmittelbarer Täter sein. Da es an einer Haupttat dann fehlt, ist auch der Erstere nicht Anstifter und der Letztere nicht Gehilfe. Diese Strafbarkeitslücke ist de lege lata hinzunehmen[40] (s. Rn 6). Die Gegenmeinung sucht sie dadurch zu überwinden, dass sie entweder den Vollstreckungsschuldner aufgrund seiner Pflichtenstellung zum unmittelbaren Täter oder aufgrund seiner Absicht zum mittelbaren Täter macht, der sich eines absichtslos-dolosen (oder qualifikationslos-dolosen) Werkzeugs bedient[41].   **452**

---

30   RGSt 61, 107; 62, 277; 66, 130, 131 f; 71, 227; *Haas*, JR 91, 272 und GA 1996, 117; *Küper*, BT S. 340 f; LK-*Schünemann*, § 288 Rn 28; MK-*Maier*, § 288 Rn 21.
31   BGH NJW 53, 1152; *Schmidt/Priebe*, BT II Rn 941.
32   RGSt 71, 227, 230 f; BayObLGSt 1952, 224; NK-*Wohlers*, § 288 Rn 12.
33   RGSt 19, 25, 26 f; BGH GA 1965, 309, 310; aA *Eisele*, BT II Rn 940.
34   RGSt 42, 62, 63 f; *Küper*, BT S. 340 f; LK-*Schünemann*, § 288 Rn 32; *Rengier*, BT I § 27 Rn 11; S/S-*Eser/Heine*, § 288 Rn 17.
35   S. aber auch LK-*Schünemann*, § 288 Rn 33 mit dem Vorschlag, § 288 als potenzielles Gefährdungsdelikt zu deuten.
36   RGSt 68, 108, 109; *Fischer*, § 288 Rn 5.
37   *Lackner/Kühl*, § 288 Rn 7.
38   LK-*Schünemann*, § 288 Rn 40; *Maurach/Schroeder/Maiwald*, BT I § 47 Rn 11.
39   Zum Streit s. *Mitsch*, BT II/2 § 5 Rn 108; *Herzberg*, Täterschaft und Tatherrschaft 1977, S. 31 ff; zu einem Fall mit Lösung s. *Mitsch*, JuS 04, 323, 324 f.
40   *Krey/Hellmann*, BT II Rn 292 ff; aA *Fischer*, § 288 Rn 5; LK-*Schünemann*, § 288 Rn 41.
41   S. zum Meinungsbild LK-*Schünemann*, § 288 Rn 41.

Die Möglichkeit der **Teilnahme** richtet sich im Übrigen nach den allgemeinen Vorschriften. So kann zB der Empfänger der Sache sich als *Gehilfe* strafbar machen[42]. Seine Strafe ist nicht nach § 28 I zu mildern, da die Schuldnereigenschaft keine persönliche Verantwortung gegenüber dem Gläubiger umschreibt[43].

3. Subjektiver Tatbestand und Antragserfordernis

453 In **subjektiver Hinsicht** muss der **Vorsatz** des Täters alle vorgenannten Tatumstände umfassen, wobei *dolus eventualis* genügt. Hinzukommen muss die **Absicht**, die **Befriedigung des Gläubigers dauernd oder zeitweilig zu vereiteln**[44].

Unter *Absicht* iS des § 288 ist nach zutreffender Auffassung der *direkte Vorsatz* in seinen beiden Formen zu verstehen. Es genügt deshalb, dass der Täter die Benachteiligung des Gläubigers als notwendige und sichere Folge seines Verhaltens vorausgesehen und in seinen Willen aufgenommen hat[45]. Verlangte man Absicht im Sinne des zielgerichteten Willens[46], würde der Gläubigerschutz erheblich verkürzt, da die Vereitelung oft nur die sicher vorhergesehene, aber unerwünschte Nebenfolge der erstrebten Rettung des Vermögensgegenstandes sein wird[47].

454 Der Vollstreckungsschuldner muss die **Befriedigung** des Gläubigers **allgemein** vereiteln wollen. Die bloße Absicht, eine *bestimmte Vollstreckungsmaßnahme* zu verhindern und **nur ein bestimmtes Vermögensstück dem Zugriff des Gläubigers zu entziehen**, erfüllt bei der Zwangsvollstreckung wegen einer Geldforderung den subjektiven Tatbestand des § 288 nicht, sofern noch andere greifbare Vermögenswerte vorhanden sind, die zur Befriedigung des Gläubigers ausreichen[48]. Das Vereiteln eines Anspruchs auf eine individuelle Sache ist dagegen tatbestandsmäßig, auch wenn Mittel zur Befriedigung des Schadensersatzanspruches verfügbar bleiben[49].

455 Ein Verstoß gegen § 288 wird nur **auf Antrag** verfolgt (§ 288 II). Antragsberechtigt ist jeder Gläubiger, von dessen Seite dem Täter die Zwangsvollstreckung drohte und dessen Befriedigung durch die Tat vereitelt werden sollte.

Werden bereits gepfändete Sachen beiseite geschafft, liegt zwischen § 288 und § 136 I **Tateinheit** vor. Auch mit § 246 kann Tateinheit bestehen[50].

456 Im **Fall 41** kommt eine Strafbarkeit von K und B nach § 288 nicht wegen der K nach erfolgloser Mahnung drohenden Beitreibung der **Geldstrafe**[51] in Betracht, weil der Staat hier in Ausübung der Strafrechtspflege und nicht als Gläubiger eines vermögensrechtlichen Befriedigungsrechts handelt[52]. K droht aber nach mehrfacher erfolgloser Mahnung und der als Bekundung

---

42 RGSt 20, 214, 215 f; zum *Beihilfevorsatz* vgl RG JW 30, 2536; einschr. LK-*Schünemann*, § 288 Rn 42.
43 *Lackner/Kühl*, § 288 Rn 7; LK-*Roxin* (11. Aufl.), § 28 Rn 56; aA LK-*Schünemann*, § 288 Rn 44.
44 BayObLGSt 1952, 224.
45 RGSt 27, 241; 59, 314; MK-*Maier*, § 288 Rn 36; S/S-*Eser/Heine*, § 288 Rn 19.
46 So NK-*Wohlers*, § 288 Rn 16; SK-*Hoyer*, § 288 Rn 17.
47 LK-*Schünemann*, § 288 Rn 37.
48 *Fischer*, § 288 Rn 13; *Küper*, BT S. 341 f; RG JW 30, 2536; BayObLGSt 1952, 224.
49 *Kindhäuser*, § 288 Rn 10
50 BGH GA 1965, 309, 310.
51 S. dazu *Meyer-Goßner*, StPO, 51. Aufl. 2008, § 459 Rn 1–5.
52 LG Bielefeld NStZ 92, 284; *Lackner/Kühl*, § 288 Rn 2; MK-*Maier*, § 288 Rn 9.

der Absicht, das Geld einzutreiben, zu verstehenden Ankündigung, einen Anwalt zu beauftragen, die Zwangsvollstreckung seitens des G[53], der einen sachlich begründeten Rückzahlungsanspruch aus **Darlehen** hat. In dieser Situation hat K den der Pfändung unterliegenden *Hundertwasser* durch das Verbringen zu B beiseite geschafft. Dem K ging es freilich lediglich darum, seinen „Hundertwasser" vor der Pfändung durch G zu retten. Da der Gläubiger einer *Geldforderung* aber keinen Anspruch darauf hat, sich aus einem *bestimmten* Vermögensstück seines Schuldners zu befriedigen, und der vorhandene Orientteppich im Wert von 5000 EUR nicht nur in gleicher Weise pfändbar war, sondern zur Befriedigung des G auch ersichtlich ausreichte, hat K sich nicht strafbar gemacht. Daher entfällt auch eine sonst denkbare Beihilfe der B, auf die § 28 I keine Anwendung fände.

Vereiteln der Zwangsvollstreckung, § 288

I. Tatbestand

  1. Objektiver Tatbestand

    a. Tatsituation:
- *Drohen der Zwangsvollstreckung*
  - → Zwangsvollstreckung
  - → droht dem Täter (unter Einschluss von § 14)
  - ℗ nur bei sachlich begründetem und durchsetzbarem Anspruch des Gläubigers

    b. Tatobjekt:
- *Bestandteil des Vermögens des Vollstreckungs-schuldners*
  - → vollstreckungsrechtlicher Vermögensbegriff

    c. Tathandlung:
- *Veräußern*
  - → rechtliche Entziehung des Vermögenswertes durch Versteigerung
  - → bei Vollstreckung einer Geldschuld: ohne Kompensation durch Gegenwert
- *Beiseiteschaffen*
  - → tatsächliche Entziehung des Vermögenswertes

    d. Tätereigenschaft:
- *Vollstreckungsschuldner (Sonderdelikt)*

  2. Subjektiver Tatbestand

    a. Vorsatz:
- *jede Vorsatzart*

    b. Absicht:
- *Absicht, die Befriedigung des Gläubigers zu vereiteln*
  - ℗ dolus directus in beiden Formen

II. Rechtswidrigkeit
III. Schuld
IV. Strafantrag, § 288 II

---

53 S. dazu RGSt 31, 22, 24 f; BGH MDR/H 77, 638.

III. Insolvenzstraftaten

1. Zweck und Rechtsnatur der Insolvenzdelikte

457 Das 1. WiKG vom 29.7.1976 (BGBl I 2034) hat die zuvor in §§ 239 ff KO geregelten **Konkursdelikte** grundlegend reformiert und wieder in das StGB übernommen. Den Tatbestand der Insolvenzverschleppung hat es dagegen in den einschlägigen Gesetzen belassen (s. zB § 401 AktG, § 84 GmbHG, § 148 GenG, § 130b, 177a HGB, § 141 VAG)[54]. Erst das mit dem 1.11.2008 in Kraft getretene Gesetz zur Modernisierung des GmbH-Rechts und zur Bekämpfung von Missbräuchen (MoMiG) hat die verstreuten Einzeltatbestände der **Insolvenzverschleppung** in § 15a InsO zusammengeführt. Es hat damit der insolvenzrechtlichen gegenüber der gesellschaftsrechtlichen Einordnung den Vorzug gegeben und nicht nur – unter Erweiterung des Adressatenkreises – die Insolvenzantragspflicht, sondern auch deren strafrechtliche Bewehrung in die Insolvenzordnung eingestellt[55]. Ziel der Reform von 1976 war es, das Konkursstrafrecht effektiver auszugestalten und Bedenken auszuräumen, die unter dem Blickwinkel des Schuldprinzips zum früher geltenden Recht geäußert worden waren[56]. Nach Art. 60 des Einführungsgesetzes zur neuen Insolvenzordnung vom 5.10.1994 (EGInsO, BGBl I 2911, 2941) haben die Konkursstraftaten ab 1.1.1999 die Bezeichnung **Insolvenzstraftaten** erhalten. Die gleichen sprachlichen Änderungen gelten seitdem auch bei §§ 283, 283d.

In welchem Maße sich die Neuordnung des Insolvenzrechts **inhaltlich** auf die im Wesentlichen nur redaktionell angepassten Insolvenzstraftaten der §§ 283 ff auswirkt, ist noch nicht abschließend geklärt[57]. Erwartet wurde vor allem, dass die gesetzgeberisch beabsichtigte Vorverlagerung der Insolvenzauslösung auch eine – nicht unproblematische[58] – **faktische Vorverlagerung** des strafrechtlichen Schutzes nach sich ziehen könnte[59]. Denkbar ist auch, dass sich die Gerichte infolge der Einbeziehung der Verbraucherinsolvenz in das Insolvenzverfahren (§§ 304 ff InsO) in Fällen der Insolvenz nicht selbstständig oder unternehmerisch handelnder Privatpersonen neben

---

54 S. dazu A/R-*Wegner*, VII 2 Rn 1 ff; HK-GS/*Bannenberg*, § 283 Rn 4; *Hellmann/Beckemper*, Rn 348 ff; W/J-*Köhler*, 7/10 ff; LG Potsdam wistra 05, 193.

55 S. § 15a IV und V InsO idF des MoMiG v. 23.10.2008 (BGBl I 2026); zur Begründung s. BR-Ds 354/07, S. 126 ff; zur Regelung im einzelnen s. *Dannecker/Knierim/Hagemeier*, Insolvenzstrafrecht 2009, Rn 26 f; 505 f; 515 ff.

56 S. *Dannecker/Knierim/Hagemeier*, Insolvenzstrafrecht 2009, Rn 19 ff; dort Rn 28 ff auch zur Entwicklung des europäischen Insolvenzstrafrechts.

57 S. hierzu *Erdmann*, Die Krisenbegriffe der Insolvenzstraftatbestände 2007, S. 112 f; LK-*Tiedemann*, vor § 283 Rn 3 f, 10 f, 88 f, 125 f, 139, 143 f, 152 f, 176, 180 und passim; MK-*Radtke*, vor §§ 283 ff Rn 2 ff (näher zur Zahlungsunfähigkeit und zur Überschuldung); *Moosmayer*, Der Einfluß der Insolvenzordnung 1999 auf das Insolvenzstrafrecht, 1997; *Röhm*, Zur Abhängigkeit des Insolvenzstrafrechts von der Insolvenzordnung 2002, S. 63 ff; SK-*Hoyer*, vor § 283 Rn 1 f; S/S-*Stree/Heine*, vor § 283 Rn 1a; *Uhlenbruck*, wistra 96,1 ff; W/J-*Beck*, 6/59 ff; zur Insolvenzrechtsreform durch die Insolvenzordnung – InsO – vom 5.10.1994, BGBl I 2866, s. *Häsemeyer*, Insolvenzrecht, 4. Aufl. 2007, S. 71 ff; *Jauernig*, Zwangsvollstreckungs- und Insolvenzrecht, 20. Aufl. 1996, S. 274 f; *Pick*, NJW 95, 992.

58 S. *Lackner/Kühl*, § 283 Rn 8; diese abl. MK-*Radtke*, vor §§ 283 ff Rn 6.

59 S. *Moosmayer*, Einfluß 1997, S. 33, 152, 155 ff; M-G/B-*Bieneck*, § 75 Rn 49; *Otto*, BT § 61 Rn 79; S/S-*Stree/Heine*, vor § 281 Rn 1a; *Weyand*, Konkursdelikte, 5. Aufl. 2001, S. 28 f; ein erstes Beispiel dafür bildet BGH wistra 07, 312; s. dazu Rn 462.

§ 288 vermehrt mit § 283 befassen werden. Der BGH[60] hat jedenfalls angedeutet, dass er in §§ 304 ff InsO eine faktische Erweiterung des Täterkreises sehe und die Anwendung des § 283 auch nicht dann ausschließe, wenn dem Privatschuldner nur ein Gläubiger gegenüberstehe. Dass sich allerdings § 283 für die Sanktionierung von Verbraucherbankrotthandlungen eignet, wird mit beachtlichen Gründen bestritten[61]. Auch deshalb wird de lege ferenda eine Sonderregelung angeregt[62].

Bei den Insolvenzdelikten handelt es sich um folgende Tatbestände: **Bankrott** **458** (§§ 283, 283a), **Verletzung der Buchführungspflicht** (§ 283b), **Gläubigerbegünstigung** (§ 283c) und **Schuldnerbegünstigung** (§ 283d). Diese Vorschriften dienen dem **Zweck**, die Gesamtheit der Gläubiger (gegebenenfalls auch nur eines einzigen Gläubigers)[63], einschließlich der Arbeitnehmer des Täters[64] vor einer Gefährdung oder Beeinträchtigung ihrer Befriedigung aus dem zur etwaigen Insolvenzmasse gehörenden Schuldnervermögen zu schützen (= Vermögensschutz). Hieran hat sich durch die Insolvenzrechtsreform nichts geändert[65]. Im Allgemeininteresse soll damit zugleich nach zutreffender Ansicht[66] die Funktionsfähigkeit der Kreditwirtschaft[67] als Teil der Gesamtwirtschaft[68] gesichert werden, deren Belange durch Insolvenzdelikte zumeist mitbetroffen sind[69]. Nur unter diesem Blickwinkel ist die weite Vorverlagerung des Vermögensschutzes zu begründen. In abgeschwächtem Maße hat das auch bei Privatinsolvenzen Bedeutung[70].

Die Verluste, die der deutschen Volkswirtschaft alljährlich durch Insolvenzausfälle entstehen, gehen wertmäßig in die Milliarden[71]. Die Zahl der Insolvenzen mit ihren teilweise verhängnisvollen Begleiterscheinungen (Zusammenbruch weiterer Unternehmen aus dem Kreis der Zulieferer und Warenabnehmer, Vernichtung von Arbeitsplätzen, Minderung des Steueraufkommens, Erschütterung des allgemeinen Vertrauens in die Redlichkeit kaufmännischer Geschäftsführung usw) zeigt keine eindeutige Tendenz. Während die Verbraucherinsolvenzen namentlich in Ostdeutschland zunehmen, ist zu den Unternehmensinsolvenzen in Ost- und Westdeutschland ein eher leicht rückläufiger Trend zu verzeichnen, der sich allerdings nicht auf die Schadenshöhe erstreckt[72]. Man schätzt, dass ein großer Teil dieser Insolvenzen (etwa ein Drittel) mit kriminellen Verhaltensweisen zu tun hat, wenngleich Verurteilungen wegen Bankrotts (vor allem im Hinblick auf die Schwierigkeit der

---

60 BGH NJW 01, 1874 mit Anm. *Krause* NStZ 02, 42; *Krüger*, wistra 02, 52; *Schramm*, wistra 02, 55; Falllösungen bei *Hellmann/Beckemper*, Rn 285 ff.
61 M-G/B-*Bieneck*, § 75 Rn 52 f; *Röhm*, Abhängigkeit 2002, S. 260 ff, 273 f; s. hierzu auch *Hellmann/Beckemper*, Rn 285 ff; W/J-*Beck*, 6/60 ff.
62 *Röhm*, Abhängigkeit 2002, S. 279 ff, 287 ff; zust. M-G/B-*Bieneck*, § 75 Rn 54.
63 S. BGH NJW 01, 1874, 1875.
64 *Fischer*, vor § 283 Rn 3.
65 LK-*Tiedemann*, vor § 283 Rn 48; *Moosmayer*, Einfluß 1997, S. 122; zur Diskussion um die geschützten Rechtsgüter s. *Dannecker/Knierim/Hagemeier*, Insolvenzstrafrecht 2009, Rn 33 ff.
66 Abl. *Erdmann*, Die Krisenbegriffe der Insolvenzstraftatbestände 2007, S. 72 ff; *Hefendehl*, Kollektive Rechtsgüter im Strafrecht 2002, S. 274; MK-*Radtke*, vor §§ 283 ff Rn 15 f.
67 A/R-*Wegner*, VII 1 Rn 3; HK-GS/*Bannenberg*, § 283 Rn 3; LK-*Tiedemann*, vor § 283 Rn 54 ff; *Moosmayer*, Einfluß 1997, S. 133 ff; M-G/B-*Bieneck*, § 75 Rn 96; *Otto*, BT § 61 Rn 80; enger *Gössel*, BT II § 28 Rn 1 f; *Hellmann/Beckemper*, Rn 251; *Maurach/Schroeder/Maiwald*, BT I § 48 Rn 8; NK-*Kindhäuser*, vor § 283 Rn 19; SK-*Hoyer*, vor § 283 Rn 5 f.
68 *Lackner/Kühl*, § 283 Rn 1; S/S-*Stree/Heine*, vor § 283 Rn 2.
69 *Röhm*, Abhängigkeit 2002, S. 64 ff, 72 ff.
70 LK-*Tiedemann*, vor § 283 Rn 54.
71 Vgl *Dannecker/Knierim/Hagemeier*, Insolvenzstrafrecht 2009, Rn 3; *Schwind/Gehrich*, JR 80, 228; LK-*Tiedemann*, vor § 283 Rn 12; W/J-*Beck*, 6/3 f.
72 *Dannecker/Knierim/Hagemeier*, Insolvenzstrafrecht 2009, Rn 2 f; W/J-*Beck*, 6/1 ff, 53 ff.

Ermittlungen und des Schuldnachweises) nur in relativ wenigen Fällen zu verzeichnen sind (zumeist unter 5 %). Für das Jahr 2006 weist die **Polizeiliche Kriminalstatistik** in der Bundesrepublik 6032 Insolvenzstraftaten (ohne Konkurs- bzw Insolvenzverschleppung)[73] mit einer Aufklärungsquote von 99,6 % aus; dahinter verbirgt sich indessen ein namentlich wegen geringer Aussagebereitschaft und dem Interesse an nichtstrafrechtlicher Konflikterledigung hohes Dunkelfeld[74]. Der Gesetzgeber erhofft sich durch die Reform auch eine Erleichterung der Aufklärung[75].

459 Bei den einschlägigen Tatbeständen des Insolvenzstrafrechts (§§ 283–283d) handelt es sich überwiegend um **abstrakte Gefährdungsdelikte**[76]. Die *konkrete* Gefahr einer Benachteiligung sämtlicher oder einzelner Gläubiger wird hier somit nicht vorausgesetzt[77].

Eine gewisse Abmilderung erfährt diese dogmatische Einordnung dadurch, dass die in § 283 I, II zum Straftatbestand gehörende **wirtschaftliche Krise** (vgl Rn 461 f) *typischerweise* eine Gefahrenlage für die geschützten Rechtsgüter bildet und dass im Wege der einschränkenden Gesetzesauslegung (mangels Strafbedürfnisses) die **Strafbarkeit verneint** werden kann, wenn das abstrakt gefährliche Verhalten im Einzelfall *erwiesenermaßen* zu dem später eingetretenen Zusammenbruch **in keinerlei Beziehung** gestanden und keine beeinträchtigenden Auswirkungen gehabt hat[78].

2. Bankrott

Fall 42: Der Schuhhändler S ist durch Fehleinkäufe und mangelnde Anpassungsfähigkeit in finanzielle Schwierigkeiten geraten. Als er zu der Einsicht kommt, dass die Schulden ihm über den Kopf gewachsen sind und er wirtschaftlich am Ende ist, entschließt er sich, alsbald die Eröffnung des Insolvenzverfahrens zu beantragen (vgl § 13 InsO). An seinem Grundstück, dessen Verkehrswert mindestens 300 000 EUR beträgt und das mit Grundpfandrechten in Höhe von 275 000 EUR belastet ist, bestellt er zuvor jedoch für seine Mutter M, der er über ihre Rentenbezüge hinaus eine Zuwendung für ihren Lebensabend machen möchte, eine Grundschuld von 30 000 EUR. Von einem Sparguthaben von 12 000 EUR, das er für Notzeiten angelegt hat, hebt er einen Betrag von 4000 EUR ab, den er in der Folgezeit für seinen Lebensunterhalt verbraucht. Bei seinen Auskünften, die er dem Insolvenzverwalter einige Zeit später nach der Eröffnung des Insolvenzverfahrens erteilt, verschweigt er die Existenz dieses Sparguthabens.

Hat S sich gemäß §§ 283 ff strafbar gemacht? **Rn 472**

460 Die den **Bankrott** regelnde Bestimmung des **§ 283** fasst die in **Abs. 1 Nrn 1–8** umschriebenen Tathandlungen in der Weise zusammen, dass sie *während* einer **wirtschaftlichen Krise** vorgenommen werden müssen, die das Gesetz als Zustand der

---

73 S. dazu *Dannecker/Knierim/Hagemeier*, Insolvenzstrafrecht 2009, Rn 17.
74 S. *Eisenberg*, § 47 Rn 38 ff; *Kaiser*, § 74 Rn 39 ff; *Röhm*, Abhängigkeit 2002, S. 6 ff.
75 S. RegE EGInsO BT-Ds 12/3803, S. 100.
76 NK-*Kindhäuser*, vor § 283 Rn 34; *Otto*, BT § 61 Rn 81; diff. LK-*Tiedemann*, § 283 Rn 2; zu Differenzierungen unter den einzelnen Delikten s. MK-*Radtke*, vor §§ 283 ff Rn 18 ff.
77 Vgl dazu *Wessels/Beulke*, AT Rn 29.
78 Näher BGHSt 28, 231, 234; BGH JZ 79, 75, 77; OLG Hamburg NJW 87, 1342; BayObLG wistra 03, 30; 357; *Maurer*, wistra 03, 253; *Rönnau*, NStZ 03, 530 f; *Schlüchter*, Anm. JR 79, 513; *Hellmann/Beckemper*, Rn 251 und *Maurach/Schroeder/Maiwald*, BT I § 48 Rn 9 bezeichnen den Bankrott deshalb als abstrakt-konkretes, *Trüg/Habetha*, wistra 07, 365 sogar als konkretes Gefährdungsdelikt.

Überschuldung oder der drohenden bzw eingetretenen **Zahlungsunfähigkeit** bezeichnet. Diesen Tatbeständen stellt § 283 II die Fälle gleich, in denen der Schuldner durch eine der in § 283 I genannten Verhaltensweisen seine Überschuldung oder Zahlungsunfähigkeit **herbeiführt**, dh wenigstens mitverursacht[79]. Bei der Auslegung der die Krise begründenden Merkmale bieten die Legaldefinitionen der Insolvenzordnung eine erste und gewichtige Orientierung, ohne den Inhalt angesichts der unterschiedlichen Ziele und Aufgaben beider Rechtsgebiete für das Strafrecht verbindlich vorzugeben[80]. Insbesondere dort, wo Grundprinzipien des Strafrechts es erzwingen, ist die anzustrebende Einheitlichkeit des Begriffsverständnisses iS einer Harmonisierung mit diesen Prinzipien soweit wie nötig preiszugeben[81].

a) Wirtschaftliche Krise

Überschuldung liegt vor, wenn die Passiven das Aktivvermögen übersteigen, das $\quad$ 461
Vermögen des Schuldners also, wie es § 19 II S 1 InsO[82] ausdrückt, „die bestehenden Verbindlichkeiten nicht mehr deckt". Um sie zu ermitteln, bedarf es eines Überschuldungsstatus in Form einer Vermögensbilanz, die über die tatsächlichen Werte des Vermögens Auskunft gibt[83]. Die Ermittlung geschieht nach betriebswirtschaftlichen Erkenntnissen[84], wobei nicht die Bilanzwerte, sondern die **realen Gegenwartswerte** unter Berücksichtigung der konkret in Betracht kommenden Verwertungsmöglichkeiten in Ansatz zu bringen sind. Im Einzelnen herrscht hier Unsicherheit. Umstritten war vor allem, ob generell die sog. Zerschlagungswerte[85] oder die Betriebsfortführungswerte[86] maßgebend sind. Nach § 19 II InsO ist nunmehr nach der (nicht modifizierten) zweistufigen Prüfungsmethode zu verfahren[87]. Danach ist bei der Bewertung des Schuldnervermögens vorrangig nach den Going-concern-Werten zu entscheiden, wenn sich die Fortführung des Unternehmens als wahrscheinlich erweist[88]. Dabei ist hierfür im Strafrecht die gegenüber § 19 II S 2 InsO abgeschwächte Prognose ausreichend, dass die Fortführung nicht ganz unwahrscheinlich ist[89]. Fehlt es an einer solchen Prognose, sind die Liquidationswerte zu Grunde zu legen.

---

[79] S. dazu OLG Frankfurt wistra 97, 274 mit krit. Bespr. *Krause*, NStZ 99, 161; BGH NJW 01, 1874.

[80] *Achenbach*, Schlüchter-GS S. 257; A/W-*Heinrich*, § 16 Rn 56; *Dannecker/Knierim/Hagemeier*, Insol venzstrafrecht 2009, Rn 54, 172; *Erdmann*, Die Krisenbegriffe der Insolvenzstraftatbestände 2007, S. 112 f; S/S-*Stree/Heine*, § 283 Rn 50a; für Inhaltsgleichheit M-G/B-*Bieneck*, § 75 Rn 48 ff; *Röhm*, Abhängigkeit 2002, S. 201; s. auch *Fischer*, vor § 283 Rn 6; SK-*Hoyer*, § 283 Rn 10.

[81] S. MK-*Radtke*, vor §§ 284 ff Rn 5 ff.

[82] In der bis zum 17.10.2008 und ab dem 1.1.2011 wieder geltenden Fassung, s. Art. 5, 6 III, 7 des Gesetzes zur Umsetzung eines Maßnahmenpakets zur Stabilisierung des Finanzmarktes (Finanzmarktstabilisierungsgesetz-FMStG) v. 17.10.2008, BGBl I 1982.

[83] BGH JZ 03, 804, 805 mit Anm. *Beckemper*; Beispiel bei W/J-*Beck*, 6/98 ff.

[84] OLG Düsseldorf wistra 83, 121, 122.

[85] So *Franzheim*, wistra 84, 212; NK-*Kindhäuser*, vor § 283 Rn 93 f.

[86] So *Schlüchter*, MDR 78, 265.

[87] *Hellmann/Beckemper*, Rn 255; *Röhm*, Abhängigkeit 2002, S. 171; s. auch *Degener*, Rudolphi-FS S. 405, 414 ff; krit. *Erdmann*, Die Krisenbegriffe der Insolvenzstraftatbestände 2007, S. 198 ff.

[88] *Bieneck*, StV 99, 43 f; *Bittmann*, wistra 99, 11; *Lackner/Kühl*, § 283 Rn 6; LK-*Tiedemann*, vor § 283 Rn 155; MK-*Radtke*, vor §§ 283 ff Rn 4; *Moosmayer*, Einfluß 1997, S. 163 f; *Uhlenbruck*, wistra 96, 6; OLG Düsseldorf DB 98, 1856.

[89] *Lackner/Kühl*, § 283 Rn 6; LK-*Tiedemann*, vor § 283 Rn 155; enger *Bittmann*, wistra 99, 17; MK-*Radtke*, vor §§ 283 ff Rn 71 f verlangt für Überschuldung, dass alle anerkannten Bewertungsmethoden zu ihr gelangen.

461a   Seit dem 18.10.2008 lautet § 19 II InsO: „Überschuldung liegt vor, wenn das Vermögen des Schuldners die bestehenden Verbindlichkeiten nicht mehr deckt, es sei denn,
die Fortführung des Unternehmens ist nach den Umständen überwiegend wahrscheinlich". Mit dieser Rückkehr zu dem sog. zweistufigen modifizierten Überschuldungs-
begriff, den der BGH in Zivilsachen bis zum Inkrafttreten der InsO vertreten hatte,
verspricht sich der Gesetzgeber, dass in der gegenwärtigen Finanzkrise bilanzielle
Überschuldungen keinen Zwang zu einem Insolvenzantrag auslösen, wenn nach überwiegender Wahrscheinlichkeit die Finanzkraft des Unternehmens mittelfristig zur
Fortführung ausreicht. Der Ausschluss der Überschuldung bei positiver Fortführungs-
prognose soll bis zum 31.12.2010 gelten. Danach tritt § 19 II InsO in der bis zum
17.10.2008 gültigen Fassung wieder in Kraft[90].

462   **Zahlungsunfähig** ist nach bisheriger Definition, wer mangels der erforderlichen Geldmittel voraussichtlich *fortdauernd* außer Stande ist, seine fälligen Zahlungsverpflichtungen ganz oder *im Wesentlichen* zu erfüllen[91]. Die Zahlungsunfähigkeit ist idR durch
eine stichtagsbezogene Gegenüberstellung der fälligen und eingeforderten Verbindlichkeiten und der zu ihrer Tilgung vorhandenen oder herbeizuschaffenden Mittel festzustellen[92]. Voraussetzung für sie ist die Illiquidität des Schuldners. Hierbei sind nach
der Rechtsprechung sämtliche Einkünfte unabhängig davon zu berücksichtigen, ob sie
aus Straftaten herrühren oder – was erheblichen Zweifeln begegnet – durch strafbare
Zweckentfremdung tatsächlich eingesetzt werden[93]. Der Verzicht des Gesetzgebers auf
die Kriterien der „Wesentlichkeit" und der „Dauerhaftigkeit" in der Legaldefinition der
Zahlungsunfähigkeit in § 17 II InsO soll die Verfahrenseröffnung im Sinne des Mas-
seerhalts vorverlagern[94]. Diese insolvenzverfahrensrechtliche Zielsetzung hindert das
Strafrecht aber nicht, für das Einsetzen der mit Strafe bewehrten Handlungs- und Un-
terlassungspflichten des Schuldners den überkommen engeren Begriff beizubehalten[95]. Dafür streitet, dass der Gesetzgeber das Insolvenz*strafrecht* durch die Reform
nicht umgestalten und eine Vorverlagerung der Strafbarkeitsgrenzen folglich auch
nicht bewirken wollte. Dem entspricht es, wenn der 5. Strafsenat des BGH an der überkommen Definition festhält[96]. Dass er es auf dem Hintergrund des gesetzlichen
Wandels ohne Begründung tut, hat ihm allerdings die (wenig einleuchtende) Deutung
durch den 1. Senat eingetragen, er wolle wohl mit dem Aufgreifen der herkömmlichen

---

90   Die Regelung findet sich im FMStG (s. Fn 82); s. dazu *Ahrendt*, NJW 09, 964; *Dahl*, NZI 08, 719;
     Möhlmann-Mahlau/Schmitt, NZI 09, 19; *Wackerbarth*, NZI 09, 145; die Begründung zur Rückkehr zu
     der von BGHZ 119, 201, 214 vertretenen Position findet sich in BT-Ds 16/10600, S. 21 (zu Art. 5); zu
     den Folgen eines solchen „Zeitgesetzes" s. *Dannecker/Knierim/Hagemeier*, Insolvenzstrafrecht 2009,
     Rn 55.
91   Näher BGH wistra 00, 18, 20; BGH NJW 01, 1875; OLG Düsseldorf NJW 88, 3166; DB 98, 1856;
     BayObLG BB 97, 850; s. auch *Hellmann/Beckemper*, Rn 256.
92   BGH JZ 03, 804, 805.
93   BGH wistra 07, 308 unter Berufung auf BGH NJW 1982, 1952, 1954.
94   Krit. *Häsemeyer*, Insolvenzrecht, 4. Aufl. 2007, S. 148 f; *Uhlenbruck*, wistra 96, 5; zur Zahlungsunfä-
     higkeit iS des § 17 InsO s. die zivilrechtliche Entscheidung BGH wistra 05, 432.
95   Zur Legitimation s. *Achenbach*, Schlüchter-GS S. 270 f; *Eisele*, BT II Rn 886; *Dannecker/Krierim/
     Hagemeier*, Insolvenzstrafrecht 2009, Rn 67 ff; ähnlich *Bittmann*, wistra 98, 323; diff. LK-*Tiedemann*,
     vor § 283 Rn 125 ff; MK-*Radtke*, vor §§ 283 ff Rn 75 ff; *Moosmayer*, Einfluß 1997, S. 151 ff, 155 ff;
     aA *Bieneck*, StV 99, 44; *Lackner/Kühl*, § 283 Rn 7.
96   BGH wistra 07, 308.

Merkmale kaum die „Zivilrechtsakzessorietät der Strafnorm" aufkündigen, sondern hiermit nur zu der für Zahlungsunfähigkeit nicht ausreichenden Zahlungsstockung abgrenzen. Der 1. Senat will demgegenüber – entgegen der hier empfohlenen Linie – die Merkmale der „Dauer" und „Wesentlichkeit" aufgeben und auch von „Zahlungsstockung" nur reden, wenn der Mangel an flüssigen Mitteln innerhalb „von maximal drei Wochen" behebbar ist[97]. Wohin der BGH insgesamt geht, ist hiernach noch offen. Zahlungsunfähigkeit **droht** nach § 18 II InsO, wenn der Schuldner voraussichtlich nicht in der Lage sein wird, die bestehenden Zahlungspflichten im Zeitpunkt der Fälligkeit zu erfüllen. Die hierfür sorgfältig zu erstellende Gesamtprognose muss den Eintritt der Zahlungsunfähigkeit wahrscheinlicher erscheinen lassen als deren Verneinung. Steht dieser Zustand nahe bevor, ist das Merkmal des Drohens erfüllt[98].

Anzeichen in dieser Hinsicht können ua sein: fruchtlose Pfändungen, sich häufende Wechselproteste, unerwartet hohe Steuernachforderungen, plötzliches Fälligstellen sämtlicher Altschulden, ein rapider Ertragsverfall ohne ausreichende Reserven, ein (mindestens) dreimonatiger Rückstand auf Sozialversicherungsbeiträge und dergleichen mehr[99].

b) Tathandlungen

Die **Tathandlungen** sind in § 283 I Nrn 1–8 im Einzelnen beschrieben[100]. Dabei setzt **463** § 283 I Nr 1 beispielsweise voraus, dass der Täter bei Überschuldung oder bei drohender oder eingetretener Zahlungsunfähigkeit **Vermögensbestandteile**, die im Falle der Eröffnung des Insolvenzverfahrens zur Insolvenzmasse gehören, **beiseite schafft** oder **verheimlicht**. Nach §§ 35, 36 InsO fällt das gesamte Vermögen des Schuldners in die Insolvenzmasse, soweit es der Zwangsvollstreckung unterliegt und ihm zur Zeit der Eröffnung des Insolvenzverfahrens gehört[101]. Bei einzelnen Tathandlungen (s. § 283 I Nrn 1, 2, 3) muss der Täter **den Anforderungen einer ordnungsgemäßen Wirtschaft** zuwider handeln, eine Voraussetzung, die die Strafbarkeit nur des kaufmännischen Wirtschafters, nicht aber des privaten Verbrauchers (s. zur Verbraucherinsolvenz Rn 457) begrenzt[102].

Unter einem **Beiseiteschaffen** iS des § 283 I Nr 1 ist jede Handlung zu verstehen, die **464** einen Vermögensbestandteil durch räumliches Verschieben oder durch ein Verändern der rechtlichen Lage dem **Gläubigerzugriff entzieht** oder diesen Zugriff erheblich

---

97 BGH wistra 07, 312 mit krit Anm. *Wegner*, wistra 07, 386 (zu beiden Entscheidungen) und zust. Bespr. *Natale/Bader*, wistra 08, 413; zur Zahlungsunfähigkeit iE übereinstimmend *Erdmann*, Die Krisenbegriffe der Insolvenzstraftatbestände 2007, S. 114ff; *Fischer*, vor § 283 Rn 6, 8 ff; HK-GS/ *Bannenberg*, § 283 Rn 9.

98 *Lackner/Kühl*, § 283 Rn 8; LK-*Tiedemann*, vor § 283 Rn 138 f; *Otto*, Bruns-GS 1980, S. 280 f; *Moosmayer*, Einfluß 1997, S. 166 ff; zur Problematik des Begriffs s. auch W/J-*Beck*, 6/89 f.

99 Näher BGH JZ 79, 75, 76; BGH wistra 92, 145, 146; 93, 184; 00, 18, 21; BGH JZ 03, 804, 805 f; *Bittmann/Volkmer*, wistra 05, 167; *Fischer*, vor § 283 Rn 10.

100 S. zB zu Nr 1 OLG Frankfurt NStZ 97, 551; zu Nr 5 BGH NStZ 98, 247; zu Nr 1 und Nr 5 BGH NStZ 02, 327; zu Nr 7b BGH wistra 98, 105 mit Anm. *Doster*, wistra 98, 326; BGH StV 02, 199, 200; zu Nrn 5, 7b OLG Düsseldorf StV 99, 28; BGH JZ 03, 804, 805 f; zu Nr 8 BGH wistra 00, 136 f und Rn 465b; s. ferner Rn 473 ff und den Überblick bei *Hellmann/Beckemper*, Rn 265 ff, 295 ff.

101 Vgl dazu BGH NStZ 95, 86; *Hellmann/Beckemper*, Rn 262 ff.

102 *Bieneck*, StV 99, 43; LK-*Tiedemann*, vor § 283 Rn 110 f; *Moosmayer*, Einfluß 1997, S. 79f; *Röhm*, Abhängigkeit 2002, S. 267 ff.

erschwert, ohne dass dies im Rahmen einer ordnungsgemäßen Wirtschaft geschieht oder ein entsprechender, **alsbald greifbarer Gegenwert** in das Schuldnervermögen gelangt[103].

Ob es sich um eine rechtsgeschäftliche oder rein tatsächliche Verfügung über den betreffenden Gegenstand handelt, ist hiernach gleichgültig. Entscheidend ist allein, dass die Möglichkeit des Zugriffs zum Zwecke der Befriedigung zulasten der Gläubiger vereitelt oder verkürzt wird. Dabei ist unerheblich, dass der Schuldner Zugriff auf den beiseitegeschafften oder verheimlichten Vermögensbestandteil behält[104].

465 Den Begriff des **Verheimlichens** iS des § 283 I Nr 1 erfüllt jedes Verhalten, durch welches das Vorhandensein eines Vermögensbestandteils oder dessen Zugehörigkeit zur Insolvenzmasse der Kenntnis des Insolvenzverwalters oder der Gläubiger entzogen wird[105]. **Beispiele** dafür bilden unrichtige Angaben gegenüber dem Insolvenzverwalter, das Ableugnen des Besitzes sowie die Verletzung von Auskunfts- und Anzeigepflichten, soweit sie den Erfolg der Irreführung nach sich ziehen[106].

465a Nach § 283 I Nrn 5, 7b macht sich ua strafbar, wer **Handelsbücher**, zu deren Führung er gesetzlich verpflichtet ist, zu **führen unterlässt** oder die **Bilanz** seines Vermögens **nicht** in der vorgeschriebenen Zeit **aufstellt**. Bei diesen Tatbeständen handelt es sich wie bei den gleichlautenden Tathandlungen in § 283b I Nrn 1, 3b um **echte Unterlassungsdelikte**. Deshalb stellt sich die Frage, ob auch derjenige tatbestandsmäßig handelt, dem wegen persönlicher oder finanzieller Unfähigkeit die Möglichkeit fehlt, seinen Pflichten selbst oder durch die Beauftragung fachkundiger Helfer nachzukommen. Die Rechtsprechung nimmt eine strafrechtliche Verantwortung nur an, wenn der Täter zur Erfüllung der Pflichten selbst oder im Wege der Delegation[107] in der Lage ist[108]. Fehlt ihm dagegen die nötige Sachkenntnis und auch das Geld für die Bezahlung einer fachkundigen Person, soll der Tatbestand entfallen, weil niemandem Unmögliches abverlangt werden könne[109]. Dem ist in dieser Allgemeinheit aber nicht zu folgen; denn wer sich aus eigenem Entschluss in den Kreis der Pflichtigen begibt, muss sich im Grundsatz die Fähigkeit oder Möglichkeit zur Gebotserfüllung erhalten. Das lässt sich mit den Grundsätzen der omissio libera in causa, besser aber damit begründen, dass von der bei Unmöglichkeit grundsätzlich fehlenden Gebotswidrigkeit des Unterlassens unter der Voraussetzung *verschuldeten* Unvermögens eine Ausnahme zu

---

103 Vgl *Dannecker/Knierim/Hagemeier*, Insolvenzstrafrecht 2009, Rn 956 ff; MK-*Radtke*, § 283 Rn 13 ff; NK-*Kindhäuser*, § 283 Rn 12, 15; BGHSt 34, 309, 310; RGSt 61, 107, 108; 64, 138, 140 f; 66, 130, 131.
104 OLG Frankfurt NStZ 97, 551 mit krit. Bespr. *Krause*, NStZ 99, 161.
105 RGSt 64, 138, 140 f.
106 BGHSt 11, 145; BGH GA 1956, 123; *Hellmann/Beckemper*, Rn 268; für den Erfolg reicht die vorübergehende Beeinträchtigung von Kenntnis und Zugriffsmöglichkeit, s. *Fischer*, § 283 Rn 5; S/S-*Stree/Heine*, § 283 Rn 5.
107 Zu den Pflichten bei Auswahl und Kontrolle des Beauftragten s. BGH wistra 00, 136.
108 BGH wistra 98, 105 mit krit. Anm. *Doster*, wistra 98, 326; BGH NStZ 98, 247; BGH JZ 03, 804 mit insoweit krit. Anm. *Beckemper*; OLG Düsseldorf StV 99, 28; krit. auch *Rönnau*, NStZ 03, 530; *Biletzki*, NStZ 99, 540; *Lackner/Kühl*, § 283 Rn 20.
109 So die seit BGHSt 28, 231, 232 f und BayObLG wistra 90, 201, 202 stRspr: vgl BGH StV 02, 199, 200; NStZ 03, 546, 548; BGH wistra 07, 308, 309; KG NStZ 08, 406. Gesamtbilanz bei *Hillenkamp*, Tiedemann-FS S. 949.

machen ist. Ein Verschulden ist dabei dann abzulehnen, wenn der Täter die zunächst noch verbliebene Liquidität nur dadurch einbüßt, dass er die Mittel zur Erfüllung anderweitiger Verbindlichkeiten aufbraucht. Ein Vorrang der Erfüllung strafrechtlich bewehrter Pflichten ist hier ebenso wenig anzuerkennen wie zu § 266a (s. Rn 787)[110].

Die in § 283 I aufgezählten Bankrotthandlungen müssen, wie schon eingangs erwähnt, während einer **wirtschaftlichen Krise** (bei Überschuldung oder bei drohender bzw eingetretener Zahlungsunfähigkeit) vorgenommen werden. Handlungen, die erst *nach* dem wirtschaftlichen Zusammenbruch erfolgen, können ebenfalls genügen[111]. **466**

c) Subjektiver Tatbestand und objektive Bedingung der Strafbarkeit

§ 283 I setzt (ebenso wie dessen Abs. 2) vorsätzliches Handeln voraus, wobei Eventualvorsatz ausreicht. Der **Vorsatz** des Täters muss neben der Tathandlung im Falle des § 283 I das Vorhandensein der dort umschriebenen wirtschaftlichen Krise umfassen und sich im Falle des § 283 II darauf erstrecken, dass sein Verhalten die Krise als Taterfolg herbeiführt. **467**

Objektive Bedingung der Strafbarkeit[112] aller Bankrotthandlungen ist nach § 283 VI (auf den die nachfolgenden Strafvorschriften in der ihnen angepassten Weise Bezug nehmen), dass der Schuldner seine Zahlungen eingestellt hat oder dass über sein Vermögen das Insolvenzverfahren eröffnet oder der Eröffnungsantrag mangels Masse abgelehnt worden ist[113]. **468**

Eine **Zahlungseinstellung**, die keiner ausdrücklichen Erklärung bedarf und für die eine bloße Zahlungsstockung nicht genügt[114], liegt dann vor, wenn der Schuldner wegen eines Mangels an Geldmitteln aufhört, seine fälligen Zahlungsverpflichtungen ganz oder im Wesentlichen zu erfüllen. Zahlungseinstellung setzt für das Strafrecht Zahlungsunfähigkeit, für die sie nach § 17 II 2 InsO ein (widerlegbares) Indiz ist, voraus[115]. Bloße Zahlungsunwilligkeit genügt hiernach nicht[116].

Darüber hinaus ist mit der hM zu fordern, dass zwischen der Bankrotthandlung und dem Tatbestandsannex iS des § 283 VI wenigstens ein äußerer, rein **tatsächlicher Zusammenhang** besteht, der erkennen lässt, dass die wirtschaftliche Krise, in der die Tathandlung vorgenommen wurde, **nicht überwunden** werden konnte, sondern sich bis zur Zahlungseinstellung, Eröffnung des Insolvenzverfahrens oder deren Ablehnung mangels Masse **fortentwickelt** hat[117]. Steht fest, dass ein solcher Zusam- **469**

---

110 S. *Hillenkamp*, Tiedemann-FS S. 964 ff; *Hellmann/Beckemper*, Rn 325 ff jeweils mwN; dort auch zur denkbaren Pflicht, die Geschäftstätigkeit einzustellen (s. dazu auch *Dannecker/Knierim/Hagemeier*, Insolvenzstrafrecht 2009, Rn 1002; *Fischer*, § 283 Rn 23a zu § 283 I Nr 5); zur Lösung über die omissio libera in causa s. MK-*Radtke*, § 283b Rn 14.

111 Vgl BGHSt 1, 186, 191.

112 *Mitsch*, BT II/2 § 5 Rn 143.

113 Vgl BGHSt 28, 231, 234; §§ 11 ff, 26 InsO.

114 BGH NJW 91, 980; SK-*Hoyer*, vor § 283 Rn 14.

115 LK-*Tiedemann*, vor § 283 Rn 143 f; *Moosmayer*, Einfluß 1997, S. 178 ff; aA MK-*Radtke*, vor §§ 283 ff Rn 99.

116 AA *Bieneck*, StV 99, 45; *Fischer* vor § 283 Rn 13; *Hellmann/Beckemper*, Rn 273; *Lackner/Kühl*, § 283 Rn 27; *Maurach/Schroeder/Maiwald*, BT I § 48 Rn 15; *Otto*, BT § 61 Rn 102; wie hier LK-*Tiedemann*, vor § 283 Rn 144.

117 Näher BGHSt 28, 231, 233; BGH JZ 79, 75; BGH NStZ 08, 401, 402; *Moosmayer*, Einfluß 1997, S. 183 ff; *Schlüchter*, JR 79, 513.

menhang (zB wegen zwischenzeitlicher Überwindung der ursprünglichen Krise) **ausgeschlossen** ist, entfällt ein Strafbedürfnis[118] und damit die Strafbarkeit der betreffenden Tathandlung. Etwaige Zweifel in dieser Hinsicht sollen zulasten des Täters gehen[119].

d) Übrige Fragen

470 § 283 ist ein **Sonderdelikt**[120]. **Täter** kann (wie aus § 283 VI und § 283d hervorgeht) nur der **Schuldner** oder gemäß § 14 I dessen vertretungsberechtigtes Organ, ein vertretungsberechtigter Gesellschafter oder ein sonstiger gesetzlicher Vertreter sein[121]. In Fällen des Unterlassens bedarf es einer besonderen Garantenstellung. Die Schuldnereigenschaft begründet sie nicht[122].

Soweit es nicht um Taten nach § 283 I Nrn 5 oder 7 geht, können auch Nichtkaufleute Täter sein[123]. Die Möglichkeit der **Teilnahme** richtet sich nach den allgemeinen Regeln. § 28 I ist nicht anwendbar, weil die Schuldnereigenschaft keine Pflichtstellung höchstpersönlicher Art, sondern rechtsgutsbezogen ist[124].

471 Während § 283 III den **Versuch** mit Strafe bedroht, umschreibt § 283a zu § 283 I – III **Regelbeispiele** für *besonders schwere Fälle* des Bankrotts (Handeln aus Gewinnsucht, wissentliches Herbeiführen einer wirtschaftlichen Notlage für *viele* Personen oder der Gefahr eines Verlustes ihrer dem Täter anvertrauten Vermögenswerte)[125]. § 283 IV, V regelt ergänzend, unter welchen Voraussetzungen und in Bezug auf welche Tatbestandsmerkmale **Fahrlässigkeit** bzw **Leichtfertigkeit** genügt.

472 **Mehrere** nacheinander begangene **Bankrotthandlungen** werden durch die Zahlungseinstellung oder Entscheidung im Insolvenzverfahren (§ 283 VI) nicht zu einer rechtlichen Einheit verbunden[126]. Ihre Konkurrenz richtet sich vielmehr nach dem Verhältnis der Bankrotthandlungen untereinander. Das Verheimlichen eines bereits beiseite geschafften Vermögensbestandteils ist *mitbestrafte* Nachtat zum Beiseiteschaffen[127]. § 283 ist auch dann anwendbar, wenn durch die Bankrotthandlung lediglich die Befriedigung nur *eines* Anspruchs vereitelt werden soll. Dem steht nicht entgegen, dass

---

118 A/W-*Heinrich*, § 16 Rn 58; MK-*Radtke*, vor §§ 283 ff Rn 92, 103 ff; SK-*Hoyer*, vor § 283 Rn 18.
119 So OLG Hamburg NJW 87, 1342; *Arzt/Weber*, BT § 16 Rn 58; *Tiedemann*, NJW 77, 777; W/J-*Köhler*, 7/117; krit. dazu *Lackner/Kühl*, § 283 Rn 29; NK-*Kindhäuser*, vor § 283 Rn 110.
120 *Fischer*, vor § 283 Rn 18 ff; *Kindhäuser*, § 283 Rn 56.
121 S. dazu *Dannecker/Knierim/Hagemeier*, Insolvenzstrafrecht 2009, Rn 47 ff; *Jordan*, Jura 99, 304; *Seier*, JuS 98, 46 f; SK-*Hoyer*, § 283 Rn 100 ff; W/J-*Köhler*, 7/97; zu den Buchführungsdelikten s. *Moosmayer*, NStZ 00, 295; zur Teilnahme von professionellen Beratern s. M-G/B-*Häcker*, § 95 Rn 1 ff mit § 96 Rn 1 ff; zur Strafbarkeit des Geschäftsführers einer in Deutschland agierenden „Limited" s. AG Stuttgart wistra 08, 226 mit Anm. *Schumann*; *Dannecker/Knierim/Hagemeier*, Insolvenzstrafrecht 2009, Rn 7 ff.
122 *Lackner/Kühl*, § 283 Rn 4.
123 BGH NJW 01, 1875; krit. *Röhm*, Abhängigkeit 2002, S. 266.
124 *Lackner/Kühl*, § 283 Rn 25; S/S-*Stree/Heine*, § 283 Rn 65; aA *Hellmann/Beckemper*, Rn 294; LK-*Tiedemann*, § 283 Rn 228; MK-*Radtke*, § 283 Rn 80.
125 S. dazu *Hellmann/Beckemper*, Rn 311; *Seier*, JuS 98, 48.
126 BGHSt 1, 186, 190; BGH wistra 98, 105 mit diff. Anm. *Doster*, wistra 98, 328.
127 LK-*Tiedemann*, § 283 Rn 234; S/S-*Stree/Heine*, § 283 Rn 66; teilweise anders BGHSt 11, 145, 146 f und BGH wistra 82, 231, wonach *eine* einheitliche Straftat vorliegen soll.

der einzige Gläubiger seine Forderungen auch im Wege der Einzelzwangsvollstreckung befriedigen kann und dann durch § 288 geschützt ist[128].

Im **Fall 42** hat S im Zustand der Überschuldung und drohenden Zahlungsunfähigkeit Verfügungen zulasten von der Zwangsvollstreckung unterliegenden Gegenständen (s. für das Grundstück § 864 ZPO; für das Sparvermögen §§ 803, 828 ff ZPO) seines Vermögens getroffen, durch die er sich des Bankrotts gemäß § 283 I Nr 1 schuldig gemacht haben könnte. § 283 I Nr 1 würde freilich verdrängt, wenn § 283c als *privilegierende* Sondervorschrift in Betracht käme. Daran könnte man hier deshalb denken, weil M gegen S keinen Anspruch auf eine Zuwendung in Form der Grundschuldbestellung hatte. § 283c verlangt als Begünstigten jedoch einen „Gläubiger" und bringt damit unmissverständlich zum Ausdruck, dass derjenige, dem die *inkongruente* Sicherung oder Befriedigung gewährt wird, im Zeitpunkt der Leistung bereits Gläubiger gewesen sein muss. Sein Gläubigerrecht muss schon bestanden haben, *bevor* ihm die Sicherung oder Befriedigung verschafft wird. An dieser Voraussetzung fehlt es, wenn durch ein und dieselbe Handlung das Gläubigerrecht begründet und zugleich eine Sicherung oder Befriedigung gewährt wird[129]. Wer – wie M – bei Empfang der Leistung überhaupt keine Forderung gegen den späteren Gemeinschuldner besessen hat, scheidet erst recht als „Gläubiger" iS des § 283c aus[130]. Zu prüfen bleibt daher, ob S das Grundstück und den von seinem Sparguthaben abgehobenen Geldbetrag iS des § 283 I Nr 1 **beiseite geschafft** hat.

Das ist im Blick auf die **Belastung des Grundstücks mit einer Grundschuld** zu Gunsten der M zu bejahen. Hierdurch ist der Vermögensbestand des S verringert und das Befriedigungsinteresse seiner Gläubiger nachteilig berührt worden, weil die bis zu diesem Zeitpunkt schon bestehenden Grundpfandrechte den **Verkehrswert des Grundstücks nicht erschöpften** und der zu erwartende **Überschuss** den Insolvenzgläubigern zugute gekommen wäre[131]. Der Umstand, dass der Insolvenzverwalter die Verfügung des S gemäß § 134 I InsO anfechten kann, ist strafrechtlich ohne Bedeutung und schließt die Tatbestandsmäßigkeit des Verhaltens iS des § 283 I Nr 1 nicht aus. Bezüglich des **Sparguthabens** liegt zunächst im Abheben des Betrages von 4000 EUR kein Beiseiteschaffen iS des § 283 I Nr 1, weil an die Stelle der Forderung, die S insoweit eingebüßt hat, sogleich ein entsprechender Geldbetrag als gleichwertiges Äquivalent in sein Vermögen geflossen und dieses in seinem Bestand daher nicht verringert ist. Zu fragen bleibt, ob im **Verbrauch** der 4000 EUR ein Beiseiteschaffen zu erblicken ist. Die Verwendung von Geld oder anderen Gegenständen **zum Lebensunterhalt** in den Grenzen des *angemessenen* Aufwandes dient indessen einer geordneten Lebensführung und hält sich im Rahmen einer **ordnungsgemäßen Wirtschaft**. Ein solches Verhalten ist – auch wenn das aus dem Wortlaut der Norm nicht unmittelbar folgt – kein Beiseiteschaffen iS des § 283 I Nr 1, was indirekt dadurch bestätigt wird, dass § 283 I Nr 2 nur den übermäßigen, wirtschaftlich unvertretbaren Aufwand missbilligt[132].

S könnte jedoch Bestandteile seines Vermögens **verheimlicht** haben, als er die Existenz des Sparguthabens dem Insolvenzverwalter gegenüber verschwieg. S war dem Insolvenzverwalter gemäß § 97 InsO zur Auskunft über den Bestand seines pfändbaren Vermögens und über alle das Verfahren betreffenden Verhältnisse verpflichtet. Selbst wenn er keine falschen Erklärungen abgegeben, sich vielmehr darauf beschränkt haben sollte, die Existenz des Sparguthabens zu verschweigen, wäre sein pflichtwidriges Unterlassen ein **Verheimlichen** iS des § 283 I

---

128 BGH NJW 01, 1875.
129 Vgl RGSt 35, 127.
130 Näher BGHSt 35, 357; S/S-*Stree/Heine*, § 283c Rn 12; *Vormbaum*, Jura 80, 422 und GA 1981, 101.
131 Vgl RGSt 66, 130.
132 Näher RGSt 66, 88; vgl auch BGHSt 34, 309, 310; BGH JR 82, 29 mit Anm. *Schlüchter; Seier*, JuS 98, 47.

Nr 1[133]. S hat vorsätzlich, rechtswidrig und schuldhaft gehandelt. Da über sein Vermögen das Insolvenzverfahren eröffnet ist, ist auch die objektive Bedingung der Strafbarkeit (§ 283 VI) eingetreten. Seine Tathandlungen betreffen verschiedene Vermögensgegenstände. Zwischen dem Beiseiteschaffen des Grundstücks und dem Verheimlichen des Sparguthabens ist daher Tatmehrheit (§ 53) anzunehmen.

3. Verletzung der Buchführungspflicht

473 **Fall 43:** A, der geschäftsführende und vertretungsberechtigte Gesellschafter einer OHG, hat es vorsätzlich unterlassen, die ihm obliegende Pflicht zur Erstellung von Bilanzen für die Jahre 1995 und 1996 rechtzeitig zu erfüllen. Er holt dieses Versäumnis im Frühjahr 1998 nach. Ende 1998 verliert die OHG infolge eines Konjunktureinbruchs ihren einzigen Großabnehmer, für den sie als Zulieferer tätig war und der seinen Geschäftsbetrieb einstellt. Diesen Ausfall übersteht die OHG nicht. Im Frühjahr 1999 wird über ihr Vermögen das Insolvenzverfahren eröffnet.

Hat A ein Insolvenzdelikt begangen? **Rn 475**

Die **Verletzung der Buchführungspflicht** (§ 283b) weist Parallelen zu § 283 I Nrn 5–7 auf, setzt aber keine wirtschaftliche Krise des Schuldners voraus und bildet gegenüber § 283 einen *subsidiären* Vorfeld- und Auffangtatbestand[134]. Er beschreibt ein Sonderdelikt, das sich nur an Vollkaufleute richtet[135]. Ihnen wird durch § 283b die gesetzlich vorgesehene Führung und Aufbewahrung der Handelsbücher und die Aufstellung der Bilanzen iS einer ordnungsgemäßen Wirtschaftsführung und einer im Insolvenzfall gerechten Befriedigung der Gläubiger auch strafrechtlich geboten.

Begeht der Täter die Tat dadurch, dass er es **unterlässt**, Handelsbücher zu führen oder Bilanzen aufzustellen, trifft ihn strafrechtliche Verantwortung nur in dem zu § 283 I Nrn 5, 7b bereits abgesteckten Rahmen (Rn 465a). Von einer **Erschwerung der Übersicht** durch nicht ordnungsgemäße Buchführung ist dann zu sprechen, wenn es einem sachverständigen Dritten nicht gelingt, sich innerhalb angemessener Zeit einen Überblick über den Vermögens- und Schuldenstand des Unternehmens zu verschaffen[136]. **Bilanzfälschungen** zu Täuschungszwecken werden nicht zwangsläufig von § 283b erfasst. So ist der Tatbestand des § 283b I Nr 3a beispielsweise dann nicht erfüllt, wenn der Täter neben den ordnungsgemäß geführten Büchern und wahrheitsgemäß erstellten Bilanzen davon abweichende *besondere* Bilanzen mit *unrichtigem* Inhalt angefertigt hat, um sie bei Banken einzureichen und sich so in betrügerischer Weise (§ 263) weiteren Kredit zu verschaffen[137].

474 Zwischen dem tatbestandsmäßigen Verhalten und dem Eintritt der auch in § 283b III vorausgesetzten und in § 283 VI beschriebenen objektiven Bedingung der Strafbarkeit muss auch hier wenigstens ein äußerer, rein tatsächlicher **Zusammenhang** bestehen[138].

---

133 Näher BGH GA 1956, 123; RGSt 66, 88.
134 *Kindhäuser*, § 283b Rn 1.
135 LK-*Tiedemann*, § 283b Rn 4.
136 BGH NStZ 98, 247.
137 Näher BGHSt 30, 186, 187.
138 *Biletzki*, NStZ 99, 540; *Fischer*, § 283b Rn 3; *Hellmann/Beckemper*, Rn 323; BayObLG StV 04, 321; näher MK-*Radtke*, § 283b Rn 19 ff.

Zu seiner Bejahung reicht es beispielsweise aus, wenn die Bilanzierungspflicht bei Eröffnung des Insolvenzverfahrens noch nicht erfüllt ist und vom Insolvenzverwalter erledigt werden muss[139].

Im **Fall 43** ist für § 283 I Nr 7b in Verbindung mit § 14 I Nr 2 kein Raum, da die OHG sich im Zeitpunkt der Pflichtverletzung des A nicht in einer wirtschaftlichen Krise befand. Die Anwendbarkeit des § 283 II in Verbindung mit § 283 I Nr 7b scheidet ebenfalls aus, da der Verstoß gegen die §§ 238 ff, 240 II 3, 242 III HGB für die im Jahre 1998 eingetretene Krise weder ursächlich noch mitursächlich war. In Betracht kommt allein eine **Verletzung der Buchführungspflicht** gemäß § 283b I Nr 3b in Verbindung mit § 14 I Nr 2. Der Tatbestand dieses *abstrakten* Gefährdungsdelikts ist in objektiver wie in subjektiver Hinsicht gegeben, da A es vorsätzlich unterlassen hat, der ihm obliegenden Bilanzierungspflicht in der vorgeschriebenen Zeit zu genügen. Umstände, aus denen sich die Unmöglichkeit rechtzeitiger Pflichterfüllung ergeben könnte, liegen nicht vor. Auch ist mit der Eröffnung des Insolvenzverfahrens die objektive Bedingung der Strafbarkeit eingetreten. A hat allerdings die Aufstellung der Bilanzen für die Jahre 1995 und 1996 schon längere Zeit vor der Eröffnung des Insolvenzverfahrens nachgeholt. Irgendwelche negativen Auswirkungen seiner voraufgegangenen Pflichtverletzung im Zeitpunkt der Eröffnung sind nicht ersichtlich. Da der wirtschaftliche Zusammenbruch der OHG in keinerlei Beziehung zu ihrer Buchführungs- und Bilanzierungspflicht steht, sondern allein darauf beruht, dass der Verlust des einzigen Großabnehmers ihren Geschäftsbetrieb mit in den finanziellen Ruin gerissen hat, fehlt es an jeglichem Zusammenhang zwischen der Eröffnung des Insolvenzverfahrens und den früheren Versäumnissen des A. Unter diesen Umständen begründet die Verletzung der Bilanzierungspflicht **keine Strafbarkeit** gemäß § 283b I Nr 3b, III iVm § 14 I Nr 2[140].

475

4. Gläubigerbegünstigung

Fall 44: Im Verlauf einer Konjunkturkrise gerät der Bauunternehmer B in finanzielle Schwierigkeiten. Als er zahlungsunfähig geworden ist und keinen Ausweg mehr sieht, wickelt er vor dem sich anbahnenden wirtschaftlichen Zusammenbruch noch folgende Geschäfte ab: Mit dem Rest seines Bargeldes zahlt er ein Darlehen von 5000 EUR, das gerade fällig geworden ist, an seinen Freund F zurück. Dem Lieferanten L, mit dem er ebenfalls befreundet ist und der schon seit Monaten auf die Begleichung einer Kaufpreisforderung von 2800 EUR wartet, übergibt er einen Kundenscheck im Betrage von 2500 EUR, den L dankend entgegennimmt und sofort seinem Konto bei der Stadtsparkasse gutschreiben lässt. Dem Kaufmann K, der für ihn auf 3 Monate eine selbstschuldnerische Bürgschaft bis zur Höhe von 20 000 EUR übernommen hatte und jetzt Befreiung von der dadurch entstandenen Verbindlichkeit verlangt, überlässt er im Wege der Sicherungsübereignung zwei Baufahrzeuge, durch deren Verwertung K einen Erlös von 18 000 EUR erzielt.

Hat B, über dessen Vermögen inzwischen das Insolvenzverfahren eröffnet worden ist, sich strafbar gemacht? **Rn 484**

476

---

139   BGHSt 28, 231, 232; OLG Hamburg NJW 87, 1342; S/S-*Stree/Heine*, § 283b Rn 7.
140   S. näher dazu SK-*Hoyer*, § 283b Rn 6.

a) Grund der Privilegierung

477 Eine **Gläubigerbegünstigung** (§ 283c) begeht, wer in Kenntnis seiner Zahlungsunfähigkeit einem Gläubiger eine Sicherheit oder Befriedigung gewährt, die dieser **nicht** oder **nicht in der Art** oder **nicht zu der Zeit** zu beanspruchen hat, und ihn dadurch absichtlich oder wissentlich vor den übrigen Gläubigern begünstigt. Im Verhältnis zu § 283 ist § 283c eine *privilegierende* Sondervorschrift mit einem milderen Strafrahmen[141]. Der Grund für die Privilegierung liegt darin, dass der Schuldner hier immerhin an einen Gläubiger zahlt und lediglich die *gleichmäßige* Befriedigung der (Insolvenz-) Gläubiger beeinträchtigt, nicht aber den Zugriff auf sein Vermögen und dessen Verwertung zur Abdeckung seiner Zahlungsverpflichtungen zu hintertreiben sucht[142]. Daraus ist zu schließen, dass hier bei dem Begriff des „Gläubigers" nur solche Personen gemeint sein können, die nicht zugleich Gemeinschuldner sind oder im Sinne des Insolvenzstrafrecht an dessen Stelle handeln. Der Geschäftsführer einer Handelsgesellschaft, der zugleich deren Gläubiger ist und sich selbst eine inkongruente Befriedigung gewährt, ist daher nicht nach § 283c, sondern nach § 283 I Nr 1 zu bestrafen[143].

b) Tatbestand und Teilnahme

478 Die **Tathandlung** besteht im Gewähren der Befriedigung oder einer Sicherheit an einen Gläubiger, demgegenüber es sich bei der Leistung um eine **inkongruente Deckung** handelt, weil er im Zeitpunkt der Tat keinen fälligen Anspruch auf sie hat[144]. Das kann an dreierlei Gründen liegen:

479 (1) **Nicht zu beanspruchen** hat ein Gläubiger die ihm gewährte Leistung, wenn seine Forderung nicht oder nicht mehr durchgesetzt werden kann (wie bei Spiel und Wette nach § 762 BGB oder wegen Verjährung gemäß § 214 BGB) oder wenn ihr ein nach § 119 ff BGB anfechtbares Rechtsgeschäft zu Grunde liegt.

Ohne Bedeutung ist insoweit, ob die den Vorteil gewährende Rechtshandlung des Schuldners nach den einschlägigen Vorschriften der Insolvenzordnung (§§ 129 ff InsO) vom Insolvenzverwalter angefochten werden kann[145]. Denn wie ein Vergleich zwischen § 143 InsO und § 142 I BGB zeigt, haben die *insolvenzrechtliche* und die *bürgerlichrechtliche* Anfechtung nichts miteinander zu tun.

480 (2) **Nicht in der Art** ist der erlangte Vorteil zu beanspruchen, wenn er gegenüber dem Anspruch des Gläubigers eine *andersartige* Leistung darstellt, wie etwa die Hingabe von Waren, die Abtretung einer Forderung oder die Einräumung einer sonstigen Sicherheit an Stelle der geschuldeten Geldleistung[146].

---

141 S. dazu *Hartwig*, Bemmann-FS S. 316 ff.
142 Vgl *Fischer*, § 283c Rn 1; *Mitsch*, BT II/2 § 5 Rn 152; MK-*Radtke*, § 283c Rn 1; BGHSt 8, 55, 56; 35, 357, 359; BGH NStZ 96, 543.
143 BGHSt 34, 221 ff; krit. dazu *Achenbach*, BGH-FS S. 606 ff; *Hartwig*, Bemmann-FS S. 321 ff, 338; SK-*Hoyer*, § 283c Rn 5; *Winkelbauer*, Anm. JR 88, 33; abl. *Weber*, Anm. StV 88, 16.
144 *Kindhäuser*, § 283c Rn 13; *Lackner/Kühl*, § 283c Rn 3 ff; LK-*Tiedemann*, § 283c Rn 12.
145 RGSt 66, 88, 90.
146 BGHSt 16, 279, 280; BGH MDR/H 79, 457.

Etwas anderes gilt freilich dann, wenn dem Schuldner nach den ursprünglich getroffenen Vereinbarungen (also nicht lediglich in Erwartung der Insolvenz) das Recht zur Leistung an Erfüllungs statt oder eine anderweitige Ersetzungsbefugnis eingeräumt worden war[147]. Besonderheiten gelten ferner für die Sicherung der Honorarforderungen des vom Schuldner mit der Abwicklung beauftragten Rechtsanwalts[148].

(3) **Nicht zu der Zeit** besteht ein Anspruch auf die erfolgte Leistung, wenn diese bei einer betagten Forderung vor deren Fälligkeit oder bei einer aufschiebend bedingten Forderung vor Eintritt der Bedingung erbracht wird. **481**

In **subjektiver Hinsicht** muss der Täter zur Verwirklichung des § 283c I in Kenntnis seiner Zahlungsunfähigkeit handeln (*dolus eventualis* genügt insoweit nicht)[149] und den Begünstigungserfolg absichtlich oder wissentlich (also mindestens mit direktem Vorsatz) herbeiführen. Im Übrigen, dh in Bezug auf die Gläubigerstellung des Begünstigten und die Inkongruenz der ihm gewährten Deckung, genügt einfacher **Vorsatz** unter Einschluss des *dolus eventualis*[150]. Einen Fahrlässigkeitstatbestand kennt § 283c (ebenso wie § 283d) nicht. **482**

Durch die bloße Annahme der inkongruenten Sicherung oder Befriedigung macht der begünstigte Gläubiger sich nicht der Beihilfe schuldig (= *notwendige* Teilnahme)[151]. Strafbar wird seine Beteiligung nur bei einer darüber hinausgehenden Tätigkeit; das gilt insbesondere für die **Anstiftung**[152]. **483**

> B hat im **Fall 44** die genannten Gläubiger (F, L und K) zumindest *wissentlich* vor den übrigen Gläubigern **begünstigt**, indem er ihnen in Kenntnis seiner Zahlungsunfähigkeit Vorteile mit dem Ziel einräumte, ihnen rascher, in besserer Weise oder mit größerer Aussicht auf Erfolg Befriedigung hinsichtlich ihrer bereits bestehenden Ansprüche zu verschaffen. Fraglich ist allein, ob es sich bei diesen Leistungen um eine **inkongruente Deckung** iS des § 283c gehandelt hat. Die Antwort darauf ergibt sich aus den Regeln des bürgerlichen Rechts[153]. So war der Anspruch des F gegen B auf **Rückzahlung des Darlehens** von 5000 EUR fällig. Da F exakt das erhalten hat, was er zur fraglichen Zeit der Art und der Höhe nach beanspruchen konnte, ist ihm eine *kongruente* Deckung gewährt worden. Insoweit hat B daher den objektiven Tatbestand des § 283c nicht erfüllt. Für einen Rückgriff auf § 283 I Nr 1 ist bei dieser Sachlage kein Raum, weil im Erbringen der geschuldeten Leistung an den Gläubiger F kein Beiseiteschaffen der 5000 EUR liegt, die damit verbundene Benachteiligung der übrigen Gläubiger vielmehr nur eine unvermeidliche Begleiterscheinung der die Besserstellung des F bezweckenden Handlung des B war[154]. L hat hingegen an Stelle der ihm gebührenden **Geldleistung** (= Zahlung von 2800 EUR) einen **Kundenscheck** über 2500 EUR erhalten. Darin ist, anders als bei der Hingabe eines *eigenen* Schecks, ebenso wie in der Übertragung eines Kundenwechsels **484**

---

147 Vgl BGH *Herlan* GA 1956, 348; S/S-*Stree/Heine*, § 283c Rn 10.
148 Vgl BGHSt 35, 357, 362.
149 *Fischer*, § 283c Rn 8; MK-*Radtke*, § 283c Rn 22.
150 Vgl *Eisele*, BT II Rn 912; *Fischer*, § 283c Rn 8; LK-*Tiedemann*, § 283c Rn 30; S/S-*Stree/Heine*, § 283c Rn 16; *Vormbaum*, GA 1981, 101, 122; diff. NK-*Kindhäuser*, § 283c Rn 17 f.
151 RGSt 61, 314.
152 RGSt 65, 416, 417; BGH NJW 93, 1278 mit Bespr. *Sowada*, GA 1995, 60; BGH *Herlan* GA 1967, 265.
153 RGSt 66, 88, 90.
154 Näher dazu BGHSt 8, 55, 57 f zu §§ 241, 239 I Nr 1 KO, denen heute die §§ 283c, 283 I Nr 1 StGB entsprechen; s. auch *Hellmann/Beckemper*, Rn 338.

eine **inkongruente Deckung** iS des § 283c zu erblicken. Während die Hingabe eines *eigenen* Schecks eine Form der bargeldlosen Zahlung darstellt und dem Gläubiger nur die *ihm zustehende* Befriedigung verschaffen soll, enthält die Weitergabe eines Kundenschecks (schon im Hinblick auf Art. 12 ScheckG, wonach der Aussteller für die Zahlung des Schecks haftet) eine *zusätzliche* Leistung des Schuldners, die der Gläubiger nicht zu beanspruchen hat. Die in § 283c I vorausgesetzte **Artverschiedenheit** zwischen dem, was der Gläubiger zu verlangen hat, und dem, was er erhält, ist somit gegeben[155]. Ähnlich verhält es sich bei der **Sicherstellung** des K durch B. Das befristete Auftragsverhältnis, das zwischen beiden bestand und zur Bürgschaftsverpflichtung des K geführt hatte, war abgelaufen. Als ihm die Baufahrzeuge übereignet wurden, konnte K lediglich **Befreiung von seiner Verbindlichkeit** fordern. Ein solcher Befreiungsanspruch begründet aber ebenso wie ein Zahlungsanspruch für sich allein keinen Anspruch auf Gewährung von **Sicherheiten**. Infolgedessen hat K von B eine **inkongruente Deckung** erhalten, die er in dieser Art nicht zu beanspruchen hatte[156]. Im **subjektiven Tatbestand** ist sorgfältig zu prüfen, ob B die Inkongruenz der dem L und dem K gewährten Deckung erkannt oder billigend in Kauf genommen hat. Ein diesbezüglicher Irrtum hätte gemäß § 16 I 1 vorsatzausschließende Wirkung. Ist der subjektive Tatbestand des § 283c I gegeben, kann beim **Tatbestandsannex** (§ 283c III) der erforderliche Zusammenhang zwischen der objektiven Bedingung der Strafbarkeit und den Tathandlungen des B damit begründet werden, dass von deren Auswirkungen jeweils *dieselben* Gläubiger betroffen waren.

5. Schuldnerbegünstigung

485 § 283d ist durch Art. 60 EGInsO dem neuen Insolvenzrecht ebenso wie § 283 sprachlich, darüber hinaus aber auch inhaltlich insoweit angepasst, als das neue Insolvenzrecht die vormalige Zweispurigkeit von Konkurs- und Vergleichsverfahren zu Gunsten eines einheitlichen Insolvenzverfahrens beseitigt hat[157].

486 Der Tatbestand der **Schuldnerbegünstigung** (§ 283d) nimmt die in § 283 I Nr 1 umschriebenen Tathandlungen auf, erfasst jedoch einen anderen Täterkreis, und zwar **außenstehende Dritte**, die *mit Einwilligung* oder *zu Gunsten*[158] des in einer wirtschaftlichen Krise befindlichen Schuldners mit dem Ziel tätig werden, die Gesamtheit der Gläubiger durch eine Schmälerung der ihrem Zugriff unterliegenden Aktivmasse zu benachteiligen[159]. Da solche Personen aber nicht die gleiche Verantwortung für die geschützten Rechtsgüter und die Befriedigung der Gläubiger trifft wie den Schuldner selbst, stellt § 283d in verschiedener Hinsicht engere Strafbarkeitsvoraussetzungen auf als § 283.

So genügt im Rahmen der Krise *Überschuldung* nicht. Abweichend von § 283 II scheiden auch solche Bankrotthandlungen aus, die erst *zur Herbeiführung* der Krise führen. Schließlich muss der Täter die dem Schuldner drohende Zahlungsunfähigkeit positiv kennen (§ 283d I Nr 1) oder vorsätzlich in einer Situation (= nach Zahlungseinstellung, in einem Insolvenzverfahren usw) tätig werden, in welcher die wirtschaftliche Krise des Schuldners evident geworden ist (§ 283d I Nr 2). Zur objektiven Bedingung der Strafbarkeit (§ 283d IV) gilt dagegen die gleiche Regelung wie bei § 283.

---

155 Näher BGHSt 16, 279, 280; LK-*Tiedemann*, § 283c Rn 16.
156 Näher BGH MDR/H 79, 457.
157 S. *Häsemeyer*, Insolvenzrecht, 4. Aufl. 2007, S. 5 f, 73; *Moosmayer*, Einfluß 1997, S. 25.
158 S. dazu *Jordan*, Jura 99, 307; *Kindhäuser*, § 283d Rn 4 f; *Mitsch*, BT II/2 § 5 Rn 160.
159 Vgl BGHSt 35, 357, 359; *Fischer*, § 283a Rn 2.

An der Tat kann auch der Schuldner selbst als Anstifter oder Gehilfe teilnehmen, so- **487**
weit sein Tatbeitrag nicht als Mittäterschaft erfasst werden kann, die in *seiner* Person
nach § 283 I Nr 1 zu ahnden wäre[160]. Liegt in der Verwirklichung des § 283d durch
den außenstehenden Dritten zugleich eine Teilnahme an der Bankrotthandlung des
Schuldners (§ 283 I Nr 1), so tritt diese Teilnahme nach allgemeinen Regeln hinter die
von ihm begangene Schuldnerbegünstigung zurück[161].

---

160 MK-*Radtke*, § 283d Rn 5.
161 Näher A/W-*Heinrich*, § 16 Rn 64; *Lackner/Kühl*, § 283d Rn 7.

Teil III

Straftaten gegen das Vermögen als Ganzes

8. Kapitel

Betrug und Erpressung

§ 13 Betrug und Computerbetrug

I. Schutzgut und Tatbestandsaufbau des Betrugs

488 Der Betrugstatbestand des § 263 I ist durch das 6. StrRG (Rn 9) unberührt geblieben. Neu gefasst ist dagegen einerseits § 263 III. Hier hat der Gesetzgeber die zuvor unbenannten besonders schweren Fälle durch fünf Regelbeispiele ersetzt (s. dazu BT-Ds 13/8587, S. 18, 42). Zudem ist in § 263 V nach dem Vorbild des § 260a ein neuer Verbrechenstatbestand des gewerbsmäßigen Bandenbetrugs eingefügt worden (s. dazu BT-Ds 13/8587, S. 43).

489 **Betrug** (§ 263) ist die Schädigung fremden Vermögens, die der Täter zur Erlangung eines rechtswidrigen Vermögensvorteils für sich oder einen Dritten dadurch bewirkt, dass er durch Täuschung eine irrtumsbedingte Verfügung über das Vermögen veranlasst (= *Vermögensverschiebungsdelikt*). **Geschütztes Rechtsgut** ist das **Vermögen** in seiner Gesamtheit als **Inbegriff aller wirtschaftlichen Güter**[1], nicht dagegen „Wahrheit" oder „Freiheit"[2]. Betrug ist folglich ein Vermögensdelikt, das nicht jede und nicht eine Täuschung für sich, sondern nur die vermögensschädigende Täuschung mit Strafe bedroht[3].

490 Zwischen den objektiven Merkmalen des Betrugstatbestandes muss daher ein *durchlaufender ursächlicher Zusammenhang* bestehen; außerdem muss das ungeschriebene Tatbestandsmerkmal der **Vermögensverfügung** des Getäuschten das **Bindeglied** zwischen dem Irrtum des Opfers und der Vermögensbeschädigung und dem vom Täter (für sich oder für einen Dritten) erstrebten Vermögensvorteil bilden. Auf Grund dieser Deliktsstruktur ist es notwendig, bei Betrugsfällen innerhalb der Sachprüfung eine bestimmte Reihenfolge einzuhalten, die sich aus der am Schluss der Betrugserörterung (nach Rn 597) befindlichen Übersicht ergibt.

491 Statistisch weist der **Betrug**[4] seit Jahren eine stark ansteigende Tendenz auf. Mit einem Anteil von 15,1 % an der Gesamtkriminalität nimmt er in der Kriminalitätshäufigkeit im Jahr 2006

---

1 BGHSt 16, 220, 221; 34, 199.
2 S. hierzu zu Recht abl. A/W-*Arzt*, § 22 Rn 26 f.
3 BGHSt 51, 10, 15; BGH StV 00, 478, 479; BGH wistra 06, 228, 229; OLG Köln wistra 09, 126 f.
4 Zum Betrug als Wirtschaftsdelikt s. A/R-*Gallandi*, V 1 Rn 50 ff, 223 ff; *Eisenberg*, § 47 Rn 24 ff; *Kaiser*, § 74 Rn 24; M-G/B-*Nack*, §§ 47, 48; rechtsvergleichend s. *T. Walter*, Betrugsstrafrecht in Frankreich und Deutschland, 1999.

den 3. Platz ein. Vor ihm rangieren lediglich die Diebstahlsdelikte; auf dem 4. Platz folgt die Sachbeschädigung. 2006 wurden in der Bundesrepublik 954 277 Betrugsfälle registriert. Der Aufklärungsquote von 83,8 % steht ein vermutlich hohes Dunkelfeld gegenüber, da eine Anzeige häufig unterbleibt, weil das Opfer den Betrug nicht bemerkt, um den Verlust seines Ansehens fürchtet (= nicht als „der Dumme dastehen" möchte) oder seinerseits etwas zu verbergen hat (manche „schwarze Kasse" von Steuersündern geht beim Geldanlageschwindel wieder verloren)[5]. Andererseits gibt es eine beträchtliche Anzahl von Verfahren, in denen die Staatsanwaltschaft vom Anzeigeerstatter als kostengünstiger Schuldeneintreiber eingesetzt wird[6]. Unter den Tätern fällt der geringe Anteil junger Personen und der vergleichsweise hohe Anteil von weiblichen Tatverdächtigen auf[7]. Durch ihr sicheres, oft formvollendetes Auftreten, ihre Gerissenheit, Anpassungsfähigkeit und Überredungskunst gelingt es Betrügern bisweilen mühelos, die Unerfahrenheit, Arglosigkeit und Leichtgläubigkeit oder bestimmte Daseinsängste und Zukunftssorgen ihrer Opfer auszunutzen. Man muss nur den *Haarverdicker-*[8] oder den *Siriusfall*[9] nachlesen oder sich in die Welt des Okkultbetruges begeben[10], um sich ein Bild davon zu machen, auf welch grotesken Unsinn Menschen hereinfallen können. Deshalb verdienen auch vereinzelte Vorschläge, den Betrugstatbestand bei vermeidbaren Irrtümern zulasten der Geschädigten einzuschränken (vgl Rn 510), keine Zustimmung[11]. Auch sorglose Menschen gegen die Folgen ihrer eigenen Sorglosigkeit zu schützen, macht iR des Betrugstatsbestands zweifellos Sinn[12]. Im *Haarverdickerfall* (aaO S. 201) erklärt der BGH den in der marktschreierischen Reklame liegenden Umstand, dass die Besteller bei hinreichend sorgfältiger Prüfung die Täuschung hätten erkennen können, für unerheblich. Im *Siriusfall* (aaO S. 43) hat der BGH einen solchen Gedanken nicht einmal in Erwägung gezogen und den Umstand, dass das Opfer dort „völlig unglaubhaften Suggestionen erlegen" war, mit dem kurzen Hinweis abgetan, „das Erstaunliche des Vorganges entlaste den Täter nicht". Wiederholt vorkommende Fälle, in denen namentlich älteren Menschen mit üblen Tricks und oft märchenhaft anmutenden Täuschungen ihre Ersparnisse abgeschwindelt werden, machen deutlich, wie unangebracht es wäre, durch eine einschränkende Anwendung des § 263 Betrügern Freiräume eröffnen zu wollen[13]. Dazu sind auch beim „Verkauf von Illusionen" nur eingeschränkt Abstriche zu machen[14]. Eine dem Opfer zurechenbare Taterleichterung kann bei der Strafzumessung berücksichtigt werden[15].

---

5 Vgl auch BGH wistra 08, 426 (Erwerb eines „echten" Doktortitels).

6 *Fischer*, § 263 Rn 4.

7 *Eisenberg*, § 45 Rn 119 f.

8 BGHSt 34, 199 zu § 263.

9 BGHSt 32, 38 zu §§ 211, 25 I 2. Alt.; krit. zum mitenthaltenen Betrug *Hilgendorf*, Tatsachenaussagen und Werturteile im Strafrecht 1998, S. 110, 120 f, 201 f.

10 S. dazu *Hillenkamp*, Schreiber-FS S. 137, 141 ff; ferner *Thomma*, Die Grenzen des Tatsachenbegriffs 2003, S. 141 ff mit dem Versuch, diese Fälle über den Tatsachenbegriff weitgehend aus dem Betrug auszuscheiden.

11 *Hillenkamp*, Vorsatztat und Opferverhalten 1981, S. 21 ff, 29 ff, 39 ff, 85 f; zust. LK-*Tiedemann*, vor § 263 Rn 36; im Zusammenhang mit „Phishing" zust. *Stuckenberg*, ZStW 118, 2006, 895 ff; zum geschichtlichen Ursprung dieses Gedankens s. *Vogel*, in: Schünemann, Strafrechtssystem und Betrug 2002, S. 89, 105 ff.

12 Anders BGHSt 47, 1, 4; s. dazu *Arzt*, Tiedemann-FS S. 595, 602 f.

13 S. dazu *Hillenkamp*, Vorsatztat und Opferverhalten 1981, S. 195 f.

14 *Arzt*, Hirsch-FS S. 436 ff, 447; *Hillenkamp*, Schreiber-FS S. 137, 143 ff; s. zum Kartenlegen LG Ingolstadt NStZ-RR 05, 313; zur Illusion auf eine Gewinnchance bei Tele-Gewinnspielen s. *Becker/Vebrich/Voß*, MMR 07, 149.

15 S. *Hillenkamp*, Vorsatztat und Opferverhalten 1981, S. 294 ff; ebenso NK-*Kindhäuser*, § 263 Rn 52; *Petropoulos*, Die Berücksichtigung des Opferverhaltens beim Betrugstatbestand 2005, S. 171 ff; krit. *Jänicke*, Gerichtliche Entscheidungen als Vermögensverfügung 2001, S. 283 ff; für eine „Feinsteuerung" der einzelnen Tatbestandsmerkmale durch den Gedanken der Opfermitverantwortung A/W-*Arzt*, § 20 Rn 6.

491a Inwieweit es im deutschen Strafrecht bei dem hiermit angedeuteten hohen Schutzniveau angesichts der Entwicklung des europäischen Gemeinschaftsrechts bleiben kann und wird, ist noch nicht mit Sicherheit abzusehen. Die Absenkung des Schutzes gegen unlautere Geschäftspraktiken durch die Richtlinie 2005/29/EG auf Aussagen, die geeignet sind, eine informierte, aufmerksame und verständige Person zu täuschen, gibt Vorschlägen Auftrieb, auch jenseits grenzüberschreitender Fälle sektoral oder im Ganzen Täuschungen aus dem Betrugstatbestand herauszunehmen, die diese Eignung nicht besitzen[16]. Nach der hier eingenommenen Position ist dieser Entwicklung im Rahmen des rechtlich Zulässigen entgegenzutreten.

II. Der objektive Tatbestand des § 263

492 **Fall 45:** Bei Durchsicht seiner Kontoauszüge stellt der Altwarenhändler A fest, dass seinem zuvor leeren Girokonto bei der Bank auf Grund einer Fehlbuchung irrtümlich ein Betrag von 12 000 000 EUR gutgeschrieben worden ist, der für die X-GmbH bestimmt war. Unter Verwendung einer Auszahlungsquittung hebt A 5 000 000 EUR schleunigst ab, um sie für eigene Zwecke auszugeben. Weitere 6 000 000 EUR überweist er auf das Konto eines Gläubigers, dem er diesen Betrag schuldet.

Fall 46: Gleich darauf kauft A im Geschäft des G eine Kiste Zigarren zum Preis von 30 EUR, die er mit einem 50-EUR-Schein bezahlt. Während des Wechselns wird G durch einen Telefonanruf abgelenkt. In der irrigen Annahme, dass A ihm einen 100-EUR-Schein übergeben habe, legt G als Wechselgeld 70 EUR statt 20 EUR auf den Ladentisch. A steckt den gesamten Betrag wortlos ein, obwohl er den Irrtum des G sofort erkannt hat.

Hat A in den **Fällen 45** und **46** durch Täuschung einen Irrtum iS des § 263 erregt oder unterhalten? **Rn 498, 507**

1. Täuschung über Tatsachen

493 Die **Betrugshandlung** besteht in einer **Täuschung über Tatsachen** mittels einer wahrheitswidrigen Behauptung oder durch ein sonstiges Verhalten, das einen bestimmten Erklärungswert hat und der Irreführung anderer dient[17]. Schon die Täuschung setzt begrifflich die **Einwirkung** auf die Vorstellung des anderen voraus[18], woran es bei vollautomatisch ablaufenden Geschäften fehlt[19]. Der Irrtum stellt sich als spiegelbildliches Ergebnis *dieser Einwirkung* dar. Deshalb bereitet jemand möglicherweise eine Täuschung vor, täuscht aber noch nicht, wenn er nur den Gegenstand einer Vorstellung beim Opfer verändert. Folglich ist auch die dadurch unrichtig werdende Vorstellung, die ignorantia facti, kein betrugsrelevant entstandener Irrtum. Wer sich heimlich in ein Verkehrsmittel schleicht, bewirkt zwar, dass die denkbare Vorstellung des gewissenhaften Schaffners, es befinde sich kein blinder Passagier im Zug, falsch wird, täuscht aber erst, wenn er sich auf die Frage: noch jemand ohne Fahr-

---

16 S. hierzu *Hecker*, Europäisches Strafrecht, 2. Aufl. 2007, § 9 Rn 33 ff; *Soyka*, wistra 07, 127 ff, 132 sowie – zurückhaltender – *Dannecker*, ZStW 117, 2005, 711 ff; zur „Eignung" s. auch *Mühlbauer*, NStZ 03, 651.
17 Zur denkbaren Einschränkung durch europäische Vorgaben s. Rn 491a.
18 LK-*Tiedemann*, § 263 Rn 23; BGHSt 47, 1, 3, 5.
19 OLG Karlsruhe NJW 09, 1287, 1288.

schein? nicht meldet. Erst dann und dadurch entsteht der Irrtum iS des Betrugs[20]. Dabei ist andererseits – wie auch sonst – nicht zwingend, dass der Täter selbst oder allein auf das Opfer einwirkt. So erschöpfen sich die möglichen Tathandlungen des Prozessbetrügers idR nicht in seinem eigenen Vorbringen. Vielmehr wird er dieses oft durch einen Beweisantritt ergänzen, durch den ein gutgläubiger oder zur Falschaussage angestifteter Zeuge als Mittler der Unwahrheit hinzutritt[21]. Auch kann nach den im Verfahren gegen Mitglieder des Nationalen Verteidigungsrates der DDR entwickelten Grundsätzen[22] nach der insoweit allerdings zweifelhaften Rechtsprechung in mittelbarer Täterschaft täuschen, wer die in einem Wirtschaftsunternehmen durch Organisationsstrukturen bestimmten Rahmenbedingungen so ausnutzt, dass die von den Angestellten vorgenommene Täuschung als regelhafter Ablauf unbedingt tatbereiter „Rädchen" im Unternehmensgetriebe erscheint. Auf die für mittelbare Täterschaft sonst vorausgesetzte Gutgläubigkeit[23] dieser Angestellten kommt es für die Tatherrschaft unter solchen Voraussetzungen nicht an[24].

Nach der sprachlich ungenauen und sich überschneidenden Umschreibung in § 263 kann die Täuschung durch *Vorspiegelung* „falscher" oder durch *Entstellung* oder *Unterdrückung* wahrer Tatsachen begangen werden. Statt von Täuschung kann man daher auch von Vorspiegeln als Oberbegriff sprechen[25]. Beide Begriffe machen deutlich, dass sie eine *objektiv-subjektive* Sinneinheit darstellen, die in all ihren Ausformungen das **Bewusstsein** der Unrichtigkeit des Behaupteten voraussetzt. Wer dieses Bewusstsein nicht hat, täuscht schon nicht[26]. Aus § 264 IV lässt sich das Gegenteil nicht herleiten, weil § 264 I keine Täuschung voraussetzt[27]. Eine neuere Auffassung begrenzt die Täuschung auf Täterverhalten, das einen zum Erhalt der „Vermögensverwaltungsfreiheit" bestehenden *Wahrheitsanspruch* des Opfers verletzt. Hierin liegt die Gefahr, den von § 263 allein bezweckten Vermögensschutz zu verkürzen[28].

---

20 LK-*Lackner*, 10.Aufl., § 263 Rn 78: notwendig ist „Überlistung"; S/S-*Cramer/Perron*, § 263 Rn 36 f; die Gegenmeinung verfälscht Vorbereitungshandlungen zur Täuschung oder ersetzt die Täuschung durch bloße Irrtumsverursachung; vertreten wird sie von A/W-*Arzt*, § 20 Rn 45 ff; *Krey/Hellmann*, BT II Rn 338; *Mitsch*, BT II/1 § 7 Rn 52; s. auch *Rotsch* ZJS 08, 135 f.

21 BGHSt 43, 317, 320 mit Anm. *Momsen*, NStZ 99, 306.

22 BGHSt 40, 218, 236 ff.

23 S. zB BGH wistra 01, 144.

24 BGH NStZ 98, 568 mit krit. Anm. *Dierlamm*; BGHSt 48, 331, 341 ff; zu einem Beispiel, in dem die Voraussetzungen fehlen, s. BGH wistra 08, 57 f; zur Übertragung dieser Konstruktion auf private Fernsehsender s. die Nachweise in Rn 577 (Call-in Shows).

25 S. *Küper*, BT S. 288; *Kargl*, ZStW 114, 2007, 268 f verlangt ein „(arg-)listiges Verhalten"; daraus werden Einschränkungen bei konkludenter Täuschung und Täuschung durch Schweigen hergeleitet.

26 *Eisele*, BT II Rn 495; *Küper*, BT S. 289; *Lackner/Kühl*, § 263 Rn 6; *Rengier*, BT I § 13 Rn 5; *H. Schneider*, StV 04, 538 f; *Wittig*, Das tatbestandsmäßige Verhalten des Betrugs 2004, S. 210, 383; s. auch A/R-*Gallandi*, V 1 Rn 99, 220; aA *Fischer*, § 263 Rn 10; *Heghmanns*, Rn 1208; HK-GS/*Duttge*, § 263 Rn 8; NK-*Kindhäuser*, § 263 Rn 58; *Pawlik*, Das unerlaubte Verhalten beim Betrug 1999, S. 81 f; diff. MK-*Hefendehl*, § 263 Rn 74; s. auch BayObLG NJW 99, 1648; warum bei einer objektiv-subjektiven Sinneinheit „Konfusion im Gutachtenaufbau" drohen soll (so *Kindhäuser/Nikolaus*, JuS 06, 194), ist unerfindlich.

27 So aber *Krey/Hellmann*, BT II Rn 337a; *Mitsch*, BT II/1 § 7 Rn 25.

28 S. zu diesem Ansatz von *Kindhäuser*, ZStW 103, 1991, 398; *ders.*, Bemmann-FS S. 339; *Muñoz*, GA 05, 129 und *Pawlik*, Das unerlaubte Verhalten beim Betrug 1999, S. 74, 83, 139 ff krit. *Kargl*, Lüderssen-FS S. 613; *Krack*, List als Tatbestandsmerkmal 1994, S. 71 mit Antikritik *Pawlik*, aaO, S. 104; MK-*Hefendehl*, § 263 Rn 52; *Vogel*, Keller-GS S. 313, 318 ff; zur Verkürzung des Opferschutzes SK-*Hoyer*, § 263 Rn 5.

a) Tatsachenbegriff

494 **Tatsachen** sind konkrete Vorgänge oder Zustände der Vergangenheit oder Gegenwart, die dem **Beweise zugänglich** sind. Zukünftige Ereignisse fallen nicht unter diesen Begriff[29]. Dagegen ist es für das Vorliegen einer Tatsache ohne Bedeutung, ob das Geschehene oder Bestehende zu den Erscheinungen der Außenwelt oder zum Bereich des Innenlebens gehört. Neben *äußeren* Tatsachen (**Beispiel:** Herkunft oder Beschaffenheit einer Sache, Üblichkeit eines Preises, Zahlungsfähigkeit einer Person usw)[30] erfasst § 263 auch *innere* Tatsachen, wie etwa das Vorhandensein einer Überzeugung oder bestimmter Kenntnisse und Absichten, zB der Bereitschaft, hingegebenes Geld an einem Wallfahrtsort in den Opferstock zu legen[31]. Auch solche Tatsachen sind „intersubjektiver Nachprüfbarkeit" zugänglich[32].

495 Infolgedessen kommt es bei einer **Zechprellerei** als Bargeschäft nicht darauf an, ob der Täter nur seine Zahlungsbereitschaft (= *innere* Tatsache) oder mangels präsenter Geldmittel auch seine Zahlungsfähigkeit (= *äußere* Tatsache) vorspiegelt[33].

Ebenso kann die Täuschungshandlung bei Kreditgeschäften die **Kreditwürdigkeit** als *äußere* Tatsache und den **Zahlungswillen** als *innere* Tatsache, nicht aber die Rückzahlungsfähigkeit als zukünftige Tatsache betreffen. Dabei muss dem Getäuschten allerdings bewusst werden, dass es um ein Kreditgeschäft geht[34].

496 Den Gegensatz zur Tatsachenbehauptung bilden reine **Meinungsäußerungen** und bloße **Werturteile**. Ihre Abgrenzung zur Ersteren ist wegen der fließenden Übergänge bisweilen schwierig[35]. Maßgebend ist, ob die Äußerung ihrem objektiven Sinngehalt nach einen **greifbaren, dem Beweise zugänglichen Tatsachenkern** enthält oder nicht.

Im Wesentlichen geht es hier um dieselben Abgrenzungsprobleme wie bei den Beleidigungsdelikten[36]. Wer als Händler Waren abnimmt, von denen der Vertreiber behauptet, sie verkauften sich von selbst, weil sie eine Marktlücke füllten, sitzt nur werbenden Meinungsäußerungen auf, die sich in der Prognose einer künftigen geschäftlichen Entwicklung erschöpfen. Behauptet der Vertreiber auch die Konkurrenzlosigkeit des Produkts, fügt er freilich eine Tatsachenbehauptung hinzu[37]. Wer andere zum Kauf von Aktien durch die Zusicherung überredet, diese würden bald

---

29 RGSt 56, 227, 231 f; krit. *Maurach/Schroeder/Maiwald*, BT I § 41 Rn 27.
30 Vgl LK-*Tiedemann*, § 263 Rn 11.
31 Vgl RGSt 42, 40, 42; BGHSt 2, 325, 326; 15, 24, 26; BGH wistra 87, 255 f; OLG Düsseldorf wistra 96, 32; LK-*Tiedemann*, § 263 Rn 20.
32 *Maurach/Schroeder/Maiwald*, BT I § 41 Rn 27.
33 *Krey/Hellmann*, BT II, Rn 337 ff; näher zu diesem Komplex BGH GA 1972, 209; OLG Hamburg NJW 69, 335; LK-*Tiedemann*, § 263 Rn 9 ff, 38 f; S/S-*Cramer/Perron*, § 263 Rn 28; krit. *Hilgendorf*, Tatsachenaussagen und Werturteile im Strafrecht 1998, S. 128; NK-*Kindhäuser*, § 263 Rn 75; *Pawlik*, Das unerlaubte Verhalten beim Betrug 1999, S 94 f; *Thomma*, Die Grenzen des Tatsachenbegriffs 2003, S. 329 ff; vgl auch BGH NJW 83, 2827; 02, 1059 sowie OLG Düsseldorf JR 82, 343 zu vergleichbaren Fällen des **Benzintankens** durch Zahlungsunwillige (s. dazu auch Rn 184).
34 Näher insoweit BayObLG JR 58, 66; OLG Köln NJW 67, 740; OLG Frankfurt NStZ-RR 98, 333; *Hillenkamp*, JuS 03, 157 f; S/S-*Cramer/Perron*, § 263 Rn 25 ff.
35 Vgl BGH JR 58, 106; *Graul*, JZ 95, 595.
36 Vgl *Wessels/Hettinger*, BT/1 Rn 492, 504; *Hilgendorf*, Tatsachenaussagen und Werturteile im Strafrecht 1998, S. 230 ff, 237.
37 BGH wistra 92, 255 f; OLG Frankfurt wistra 86, 31, 32.

an der Börse gehandelt, im Wert erheblich steigen und sich als Gewinn bringende Kapitalanlage erweisen, weil hinter der Muttergesellschaft finanzstarke und einflussreiche Geschäftsleute stünden, äußert nicht nur seine *Meinung* über die *künftige* Entwicklung des betreffenden Unternehmens, sondern stellt eine **Behauptung tatsächlicher Art** auf (= es handele sich um Aktien eines kapitalkräftigen, Gewinn bringenden Unternehmens, dessen Marktchancen in Bank- und Börsenkreisen günstig beurteilt würden)[38]. Die Bezeichnung einer Kapitalanlage als „sicher" oder „risikolos" kann als pauschale Anpreisung verstanden werden, wenn die Anleger über die wesentlichen betriebswirtschaftlichen Rahmendaten in Kenntnis gesetzt werden. Fehlen solche Informationen, kann der gleichen Aussage aber auch ein tatsächlicher Hintergrund zukommen. Die nicht näher unterfütterte Bezeichnung als „sicher" oder „risikolos" legt dann nämlich nahe, dass eine Absicherung besteht, die bei mündelsicheren Anlagen und dem dort vorgesehenen Sicherheitsstandard vorhanden ist. Demgegenüber fehlt **allgemeinen Redewendungen, übertreibenden Anpreisungen** und insbesondere der sog. **marktschreierischen Reklame** (= es handele sich um die „meistgekaufte" Rasierklinge oder das „beste Waschmittel der Welt" usw) zumeist ein greifbarer Tatsachenkern und der Charakter einer ernsthaft aufgestellten Behauptung[39]. Die Geltendmachung überhöhter Inkassogebühren bedeutet in der Regel nur eine strafrechtlich irrelevante Täuschung über die **Rechtslage**, deren Bewertung und Einschätzung sich freilich mit Tatsachenbehauptungen verbinden kann[40]. Erklärt ein Rechtsanwalt der Wahrheit zuwider, es gebe gerichtliche Entscheidungen, die seine (falschen) Rechtsbehauptungen bestätigten, reicht das für eine(n) Täuschung(sversuch) gegenüber dem Richter ebenso wenig aus wie die Äußerung der Rechtsauffassung, ein bestimmter Sachverhalt erfülle die Voraussetzungen einer anspruchsbegründenden Norm[41].

b) Täuschung durch aktives Tun

Vorspiegeln einer falschen Tatsache bedeutet, einen in Wirklichkeit nicht vorliegenden Umstand tatsächlicher Art einem anderen gegenüber als vorhanden oder gegeben hinstellen[42].   **497**

Ob das mit Worten in Form einer **wahrheitswidrigen Erklärung** oder **auf andere Weise** geschieht, wie etwa durch das Vorlegen von Waren an der Kasse nach heimlichem Austausch der Preisschilder oder ein Verkaufsangebot nach Manipulationen am Kilometerzähler eines Gebraucht- oder Mietwagens[43], ist gleichgültig. Es kommt auch nicht darauf an, ob das Vorspiegeln **ausdrücklich** oder im Wege des **schlüssigen** (– **konkludenten**) Handelns erfolgt. Wesentlich ist nur, dass auf die Vorstellung des Betroffenen eingewirkt wird und dass dem Verhalten des Täters ein bestimmter Erklä-   **498**

---

38 BGH MDR/D 73, 18.

39 Im Einzelfall Tatfrage und je nach den Umständen sorgfältig zu prüfen; s. dazu BGHSt 48, 331, 344 f mit insoweit zust. Anm. *Beulke*, JR 05, 40 f; BGHSt 34, 199, 201 mit Bespr. von *Müller-Christmann*, JuS 88, 109 f; *Lackner/Kühl*, § 263 Rn 5; *Mitsch*, BT II/1 § 7 Rn 18 ff; krit. *Kargl*, Lüderssen-FS S. 624 f, 631; zum Tatsachengehalt der Warenkennzeichnung als ‚bio' oder ‚öko' s. *Arzt*, Lampe-FS S. 673 f, 680.

40 OLG Frankfurt NJW 96, 2172; s. zur politischen Bewertung der sowjetischen Haltung zur Restitution von Enteignungen OLG Karlsruhe JR 97, 299 mit abl. Anm. *Kindhäuser*, 301 und krit. Bespr. *Fahl*, JA 98, 361; zur Rechtsbehauptung als Tatsachenbehauptung s. *Hilgendorf*, Tatsachenaussagen und Werturteile im Strafrecht 1998, S. 205 ff, 222; *Krey/Hellmann*, BT II Rn 342 ff.

41 S. OLG Koblenz NJW 01, 1364 mit krit. Bespr. *Protzen*, wistra 03, 208; OLG Karlsruhe JZ 04, 101 mit krit. Anm. *Puppe*; *Kretschmer*, GA 04, 459 f; LK-*Tiedemann*, § 263 Rn 19; MK-*Hefendehl*, § 263 Rn 71.

42 S. S/S-*Cramer/Perron*, § 263 Rn 6; *Schumann*, JZ 79, 588.

43 BayObLG MDR 62, 70; OLG Hamm NJW 68, 1894; LG Marburg MDR 73, 66.

rungswert zukommt. Dieser ist für eine Täuschung konstitutiv[44]. Maßgebend für seine Ermittlung ist, wie die **Verkehrsauffassung** das Verhalten versteht und bei objektiver Beurteilung verstehen darf[45].

Hebt – wie im **Fall 45** – ein Kontoinhaber durch ein Bankversehen auf sein Konto geleitetes Geld ab oder tilgt er mit ihm durch Überweisung bestehende Verbindlichkeiten, lässt sich eine Täuschung möglicherweise darin sehen, dass er den Bankangestellten über die von ihm erkannte **Fehlbuchung** nicht aufklärt. Bevor man sich auf eine solche (subsidiäre) Täuschung durch Unterlassen mit der schwierigen Frage einer Aufklärungspflicht einlässt, ist sorgfältig zu prüfen, ob nicht eine Täuschung durch ausdrückliches oder konkludentes Tun gegeben ist. Letzteres hat die bisherige Rechtsprechung mit der Erwägung bejaht, dass der Auszahlungs- oder Überweisungsauftrag die Erklärung einschließe, ein entsprechendes Guthaben sei vorhanden[46]. Diese Behauptung hielt jene Rechtsprechung bei einer **Fehlbuchung** für unwahr, weil durch sie kein entsprechendes Guthaben entstehe. Sie hat deshalb in solchen Fällen Betrug angenommen, wenn der getäuschte Bankangestellte den Auftrag in dem durch diesen mit bedingten Glauben an das Guthaben ausführte[47]. Bei einer durch einen **Dritten** vorgenommenen **Fehlüberweisung** wurde eine Täuschung dagegen verneint, weil durch sie der Kunde im Verhältnis zu seiner Bank ein entsprechendes Guthaben erwerbe und daher dessen Vorhandensein nicht vorspiegeln könne. Eine Täuschung konnte in diesen Fällen folglich nur in der unterlassenen Aufklärung des irrtümlich Überweisenden liegen, für deren Vornahme es aber regelmäßig an einer Garantenpflicht fehlte[48]. Für einen untauglichen Versuch des § 263 blieb hiernach Raum, wenn der Kunde in der irrigen Annahme handelte, dass eine Fehlbuchung erfolgt sei[49]. Diese von der Lehre weitgehend gebilligte Rechtsprechung hat der **BGH** insoweit zurecht **aufgegeben**, als an dem Entstehen eines Guthabens **auch** bei einer **Fehlbuchung** nicht zu zweifeln ist und deshalb eine entsprechende konkludente Behauptung auch in einem solchen Fall unwahr ist[50]. Der BGH hat darüber hinaus angesichts der gängigen Bankpraxis, Überweisungen auch ohne ausreichende Kontodeckung vorzunehmen, in Abrede gestellt, dass mit einem Überweisungsauftrag überhaupt mehr als das Begehren, die Überweisung auszuführen, erklärt werde und diesem Begehren die Eignung abgesprochen, bei dem zur Prüfung der Kontodeckung bzw der Kreditlinie verpflichteten Bankangestellten eine betrugsrelevante Fehlvorstellung hervorzurufen. Hiernach fehlt jedenfalls dem **Überweisungsauftrag** (der allein Gegenstand der BGH-Entscheidung ist) die Täuschungsqualität[51]. Da aber auch für die **Abhebung** gilt, dass mit einer nach überkommener Ansicht in ihr enthaltenen Behauptung, ein entsprechendes Guthaben zu besitzen, nichts Unwahres erklärt wird, kommt auch insoweit nur eine Täuschung durch Unterlassen in Betracht (s. Rn 507).

---

44 Dass das Opfer von dem behaupteten Sachverhalt ausgehen darf, ist Folge des Erklärungswerts, kann ihn aber nicht ersetzen, anders *Frisch*, Jakobs-FS S. 101 f.

45 Näher LK-*Tiedemann*, § 263 Rn 23, 28 ff; *Maurach/Schroeder/Maiwald*, BT I § 41 Rn 39 ff; S/S-*Cramer/Perron*, § 263 Rn 11 ff; OLG Köln wistra 91, 115, 116; konkretisierend *Kindhäuser*, Tiedemann-FS S. 579; zum Erklärungsinhalt in der Zahlungsvollstreckung s. *Wagemann*, GA 07, 146; bei Fernseh-Telefongewinnspielen *Schröder/Thiele*, Jura 07, 816 (s. dazu Rn 577); krit. zur hiermit verbundenen Abgrenzung einer Täuschung durch Tun oder Unterlassen *Wittig*, Das tatbestandsmäßige Verhalten des Betrugs 2005, S. 251 ff, 284 ff.

46 S. zuletzt OLG Celle StV 94, 188 mit krit. Anm. *Schmoller.*

47 OLG Karlsruhe Justiz 78, 173; OLG Köln JR 61, 433 mit zust. Anm. *Schröder.*

48 S. BGHSt 39, 392, 395, 398 ff; OLG Celle StV 94, 188.

49 S. OLG Stuttgart JR 79, 471.

50 BGHSt 46, 196 mit iE zust. Anm. *Joerden*, JZ 01, 614, *Hefendehl*, NStZ 01, 281 und *Krack*, JR 02, 25; s. auch *Valerius*, JA 07, 781 f; krit. *Ranft*, JuS 01, 856.

51 Zust. *Eisele*, BT II Rn 507; *Joecks*, § 263 Rn 45 f; *Krack*, JR 02, 25; *Rengier*, BT I § 13 Rn 8a; SK-*Hoyer*, § 263 Rn 35; S/S-*Cramer/Perron*, § 263 Rn 16c; iE auch *Pawlik*, Lampe-FS S. 689, 696 ff; krit. *Heger*, JA 01, 538; *Otto*, Jura 02, 609.

Bei einer förmlichen **öffentlichen Ausschreibung** enthält die Abgabe eines Angebots **499** die schlüssige Behauptung, dass dieses Angebot ohne vorherige Absprache zwischen den Bietern zustande gekommen ist[52]. Mit der Eingehung einer vertraglichen Verpflichtung ist in der Regel die stillschweigende Erklärung des Schuldners verbunden, dass er zur Erfüllung des Vertrages bereit ist[53]. Wer in einem Hotel oder Restaurant **Getränke und Speisen bestellt**, bringt daher konkludent zum Ausdruck, dass er zahlungsfähig und zahlungswillig sei (vgl Rn 494 f). Demgegenüber enthält die bloße Entgegennahme der vorher vereinbarten Beherbergungsleistungen durch einen *nachträglich zahlungsunfähig gewordenen* **Hotelgast** in aller Regel nicht die Behauptung fortbestehender Zahlungsfähigkeit[54]. Im **Angebot einer Sache zum Kauf** liegt die schlüssige Erklärung, zu ihrer Veräußerung befugt und zur Eigentumsverschaffung im Stande zu sein. Die **Hingabe eines Schecks** zur Begleichung einer Schuld umfasst zumindest die Zusicherung, dass er bei Vorlage eingelöst werde; umstritten ist nur, ob und inwieweit damit zugleich eine Deckungszusage verbunden ist[55].

Wer einer Bank einen Scheck zur Einlösung vorlegt, behauptet, da es hierauf für die einlösende **499a** Bank nicht ankommt, nicht, dass der aus dem zugrundeliegenden Schuldverhältnis erwachsene Anspruch (noch) besteht, wohl aber konkludent, dass die wesentlichen Scheckvoraussetzungen vom Scheckaussteller erfüllt worden sind[56] und dass der Inhalt des Schecks dem Willen des Ausstellers entspricht. Dazu gehört der Umstand, dass nur eine mittels Begebungsvertrags legitimierte Person, nicht aber ein Dritter, der in strafbarer Weise in den Besitz des Schecks geraten ist, den Scheck einreicht[57]. Wer eine Ware oder Leistung zu einem bestimmten Preis anbietet, behauptet damit allein noch nicht die Angemessenheit oder Üblichkeit des verlangten Preises[58]. Maßgebend in dieser Hinsicht sind aber die näheren Umstände im Einzelfall, aus denen sich (wie etwa bei Werkverträgen mit einer marktüblichen Vergütung) auch Ausnahmen von den allgemeinen Regeln ergeben können[59]. Nach diesen Regeln behauptet ein Kunde an der Kaufhauskasse nicht, er habe außer der vorgelegten keine (verdeckte) Ware bei sich[60]. Auch ist einem an sich eindeutigen **Angebot** an *Firmen*, gegen Entgelt in bestimmte Verzeichnisse aufgenommen zu werden, nicht schon der konkludente Erklärungswert einer Rechnung zu entnehmen, nur weil das Angebotsformular nach Farbe und Gestaltung der **Rechnung** einer Gerichtskasse ähnlich sieht[61]. Die Begründung hierfür ergibt sich allerdings nicht aus einer Opfermitverantwortung[62], sondern aus der verkehrsüblichen Verteilung des Informations- und Orientierungsrisikos (s. Rn 506). Dieses macht *geschäftlich erfahrenen* Personen wie Kaufleuten zur Auflage, kaufmännische Schreiben ganz zu lesen und deshalb zB ein auf den ersten Blick als Rechnung erscheinendes Schriftstück

---

52 BGHSt 47, 84, 86 f; s. dazu auch Rn 698.
53 BGH wistra 98, 177.
54 Vgl BGH MDR/D 73, 729; OLG Hamburg NJW 69, 335; *Beulke*, Rn 202; *Rengier*, BT I § 13 Rn 9; *Triffterer*, JuS 71, 181; s. zum Streitstand *Hillenkamp*, BT 28. Problem.
55 Vgl BGHSt 3, 69, 71; 24, 386, 389; BGH wistra 82, 188; LK-*Tiedemann*, § 263 Rn 42; zur Vorlage von Inhaber- und Orderschecks s. BGH NStZ 08, 396; BGH StV 09, 244, 245; BayObLG NJW 99, 1648.
56 BGH StV 02, 82.
57 BGH StV 09, 244, 245.
58 Vgl BGH JZ 89, 759; OLG Stuttgart NStZ 85, 503 mit krit. Anm. *Lackner/Werle;* BayObLG NJW 94, 1078; S/S-*Cramer/Perron*, § 263 Rn 17c.
59 Näher *Graul*, JZ 95, 595.
60 *Hillenkamp*, JuS 97, 221 mwN; *Pawlik*, Das unerlaubte Verhalten beim Betrug 1999, S. 87.
61 LG Frankfurt wistra 00, 72, 73.
62 Zutr. *Garbe*, NJW 99, 2869; *Geisler*, NStZ 02, 86, 89; missverständlich BGHSt 47, 1, 4 (s. dazu schon Rn 491 und A/W-*Arzt*, § 20 Rn 49a).

auch ohne besonderen Hinweis auf die Rückseite als Vertragsangebot zu identifizieren[63]. Bei *nichtkaufmännischen Adressaten* wie durch einen Todesfall betroffenen Bürgern muss dagegen der Absender den Angebotscharakter eindeutig zu erkennen geben. Fasst er das Schreiben so ab, dass der Eindruck einer Zahlungspflicht entsteht und die Hinweise auf den Angebotscharakter völlig in den Hintergrund treten, liegt darin eine konkludente Täuschung. Dieses Ergebnis lässt sich sachgerechter aus der in diesem Falle beim Anbietenden liegenden Informationslast und dem Gedanken des § 305c BGB[64] als daraus herleiten, dass der Täter die Behauptung wahrer Tatsachen[65] planmäßig einsetzt und damit unter dem Anschein äußerlich verkehrsgerechten Verhaltens gezielt die Schädigung des Adressaten verfolgt, die Irrtumserregung also nicht bloße Folge, sondern Zweck der Handlung ist[66]. Wäre das maßgeblich, bestünde kein Grund, zwischen kaufmännischem und nichtkaufmännischem Verkehr zu unterscheiden[67]. Dient die Einreichung einer **Lastschrift** dem Bankkunden nicht wie üblich als Instrument des bargeldlosen Zahlungsverkehrs, sondern der Kreditbeschaffung, ist die Vorlage der Lastschrift eine konkludente Täuschung über die übliche Verwendung[68]. Ob ein Rechtsreferendar bei Antritt seines Referendardienstes konkludent erklärt, er sei nicht gleichzeitig auch in einem anderen Bundesland zugelassen und werde folglich nicht die Rolle eines „doppelten Referendars" einnehmen, ist zweifelhaft, wohl aber eher zu verneinen[69].

499b Wann beim Abschluss einer **Wette** eine konkludente Täuschung vorliegt, ist umstritten. Stellt man für die Auslegung eines rechtsgeschäftlich bedeutsamen Verhaltens neben der für die Verkehrsauffassung maßgeblichen konkreten Situation auf den jeweiligen Geschäftstyp und die dabei typische Pflichten- und Risikoverteilung zwischen den Partnern ab[70], wird man sowohl in Fällen der sog. *Spätwette*, als auch in Fällen einer *vorsätzlichen Manipulation* des die Wette betreffenden (Sport-)Ereignisses von der schlüssigen Täuschung dessen ausgehen müssen, der bei seinem Wettangebot die Kenntnis des Ergebnisses bzw dessen manipulative Beeinflussung[71] verschweigt. Ge-

---

63 BGH NStZ 97, 186; OLG Frankfurt NStZ 97, 187; diff. *Garbe*, NJW 99, 2868; abl. *Geisler*, NStZ, 02, 86, 89.

64 S. dazu *Eisele*, BT II Rn 499; *Geisler*, NStZ 02, 88 f; vgl auch *Kasiske*, GA 09, 360 ff, der den richtigen Ausgangspunkt der Informationslast und -obliegenheit durch die Bezugnahme auf die Viktimodogmatik (S. 367) unnötig der gegen sie vorzubringenden Kritik aussetzt.

65 *Schröder*, Peters-FS 1974 S. 153; deshalb Täuschung bezweifelnd *Joecks*, § 263 Rn 36b; krit. auch *Paschke*, Der Insertionsoffertenbetrug 2006, S. 105 ff.

66 So aber BGHSt 47, 1, 5 mit iE zust. Bespr. von *Loos*, JR 02, 77; *Otto*, Jura 02, 607; *Rose*, wistra 02, 13; BGH wistra 01, 386, 387; BGH wistra 04, 103, 104 mit Anm. *H. Schneider*, StV 04, 537; krit. *Scheinfeld*, wistra 08, 169 ff; aus gemeinschaftsrechtlicher Sicht *Dannecker*, ZStW 117, 2005, 713 f; s. auch *Hoffmann*, GA 03, 610, 616 f, der stattdessen neben dem täuschenden Gesamteindruck die Inanspruchnahme von aus einer aktuellen Geschäftsbeziehung stammendem Vertrauen fordert; für *Rath*, Gesinnungsstrafrecht 2002, S. 7 ff, 51 f handelt es bei der Begründung des BGH um Kriminalunrecht nicht begründendes Gesinnungsunrecht; diese von *Paschke*, Der Insertionsoffertenbetrug 2006, S. 84 relativierte Kritik mündet in den diskussionswürdigen Vorschlag, eine konkludente Täuschung über den Gedanken der protestatio facto contraria zu entwickeln, S. 179 ff.

67 Für Täuschung in beiden Fällen BGH wistra 04, 103, 104 mit Hinweis auf die Erledigung solcher Schreiben durch (nichtkaufmännisches) Büropersonal; OLG Frankfurt NStZ-RR 02, 47; NJW 03, 3215, 3216; *Eisele*, BT II Rn 499; *Fischer*, § 263 Rn 16; *Geisler* NStZ 02, 89; *Rengier*, BT I § 13 Rn 5e; *Schmidt/Priebe*, BT II Rn 538; *H. Schneider*, StV 04, 539; SK-*Hoyer*, § 263 Rn 50; krit. zur Begründung des BGH auch *Baier*, JA 02, 366; *Krack*, JZ 02, 613; *Maurach/Schroeder/Maiwald*, BT I § 41 Rn 41; *Pawlik*, StV 03, 297.

68 BGHSt 50, 147, 155; BGH NStZ 07, 647.

69 OLG Saarbrücken NJW 07, 2868, 2869, das auch zu Recht eine Täuschung durch Unterlassen verneint (s. Rn 506); abw. *Fahl*, Jura 08, 455; *Kudlich*, JA 08, 74.

70 So BGH NJW 07, 782, 784 (Fall *Hoyzer*); s. dazu auch *Jäger*, BT Rn 312b ff.

71 Die nach *Krack*, ZIS 07, 105 ff nicht notwendig der Täter selbst vornehmen muss.

schäftsgrundlage einer Wette ist die beiderseitige Ungewissheit über den Ausgang des Wettereignisses und das Vertrauen darauf, dass das „wettgegenständliche Risiko" von keinem der Wettpartner manipuliert wird. Daher ist weder die Annahme, der Wettende erkläre konkludent, den Ausgang des Wettereignisses (noch) nicht zu kennen, eine „willkürliche Konstruktion"[72], noch die Deutung, das Fehlen eines Manipulationsversuchs sei miterklärt, eine den Tatsachen nicht mehr entsprechende „Übernormativierung" der Täuschung[73]. Beides ist schlüssig behauptet[74]. Damit liegt eine Täuschung durch konkludentes Tun vor, gegen deren Annahme nicht eingewandt werden kann, sie beruhe auf bloßer Fiktion und überspiele unzulässig die möglicherweise fehlende Garantenpflicht, deren es zur Bejahung einer Täuschung durch Unterlassen bedürfte[75]. Sind die Erklärungen wie dargelegt zu verstehen, ist es folgerichtig, in der Person des Wettannehmers in dessen sachgedanklichem Mitbewusstsein (s. Rn 509) einen dementsprechenden Irrtum anzunehmen[76]. Ob es zur Schadensbegründung der vom BGH neu eingeführten Figur eines „Quotenschadens" bedarf, ist allerdings zweifelhaft (s. dazu Rn 540a). Zu Täuschung und Irrtum nicht anders zu entscheiden ist der Fall, in dem der Täter Lebensmittel mit noch nicht abgelaufenem Haltbarkeitsdatum in einem Supermarkt versteckt und sie nach Ablauf des Datums vorlegt, um die für einen solchen „Fund" **ausgelobte** Prämie zu erhalten[77].

Falsch iS des § 263 ist eine Tatsachenbehauptung, wenn ihr Inhalt mit der **objektiven Sachlage** nicht übereinstimmt. Insoweit gilt das zur Falschheit von Aussagen bei §§ 153 ff Ausgeführte hier sinngemäß[78].   **500**

Entstellt wird eine wahre Tatsache, wenn ihr Gesamtbild zwecks Irreführung verändert oder ihre Darstellung durch das Hinzufügen oder Weglassen wesentlicher Einzelheiten **verfälscht** wird. Ein **Unterdrücken** wahrer Tatsachen kann in jedem Handeln liegen, das den betreffenden Umstand der Kenntnis anderer Personen entzieht[79].   **501**

Zwischen dem Vorspiegeln falscher und dem Entstellen oder Unterdrücken wahrer Tatsachen gibt es keine scharfe Trennungslinie, vielmehr gehen diese Erscheinungsformen der Täuschungshandlung zumeist ineinander über. Das gilt insbesondere bei der *unvollständigen* Darstellung von Tatsachen, die ein anderer für vollständig hält und halten soll. Soweit der Täter hier das Richtige entstellt oder zB durch Bestreiten unterdrückt, spiegelt er zugleich etwas Falsches vor[80]. Wer Erdbeeren in Körben zum Verkauf anbietet und den minderwertigen Inhalt   **502**

---

72 So aber BGHSt 16, 120, 121 gegen RGSt 62, 415 im sog. Spätwettenfall.
73 Gegen diesen Vorhalt von *Jahn/Maier*, JuS 07, 217 f überzeugend *Krack*, ZIS 07, 107 f; *Radtke*, Jura 07, 450 f.
74 So im Anschluss an BGHSt 29, 165, 167 f (Pferderennen) LG Berlin bei *Jahn*, JuS 06, 567 und BGH NJW 07, 782, 783 f für den Fall der Manipulation (offen zur Spätwette BGH NJW 07, 782, 785); dem BGH stimmen insoweit zu: *Bosch*, JA 07, 391; *Engländer*, JR 07, 477 f; *Feinendegen*, NJW 07, 787; *Krack*, ZIS 07, 105 ff; *Radtke*, Jura 07, 450 f; mit anderer Begründung auch *Kubiciel*, HRRS 07, 70 f; *Saliger/Rönnau/Kirch-Heim*, NStZ 07, 363; zu LG Berlin s. *Fasten/Oppermann*, JA 06, 69; *Hartmann/Niehaus*, JA 06, 432; *Schlösser*, NStZ 05, 423; eine Falllösung findet sich bei *Heissler/Marzahn*, ZJS 08, 638.
75 So die Bedenken von *Kutzner*, JZ 06, 713, *Schlösser*, NStZ 05, 426; *Trüg/Habetha*, JZ 07, 878.
76 So BGH NJW 07, 782, 785; näher dazu *Krack*, ZIS 07, 108; abl. *Trüg/Habetha*, JZ 07, 881 f.
77 OLG München NJW 09, 1288 mit Bespr. *Kudlich*, JuS 09, 467.
78 Vgl *Wessels/Hettinger*, BT I Rn 741 ff.
79 Vgl OLG Köln JR 61, 433.
80 Vgl RGSt 70, 151.

mit einer Schicht der besten Qualität überdeckt, spiegelt vor, die gesamte Menge bestehe aus erstklassiger Ware. Zugleich unterdrückt er die wahre Tatsache, dass der größere Teil minderwertig ist.

c) Täuschung durch Unterlassen

503 Eine **Täuschung** ist aber nicht nur durch aktives (= ausdrückliches oder schlüssiges) Tun, sondern nach zutreffender und hM auch durch **Unterlassen** möglich[81]. Voraussetzung dafür ist, dass der Unterlassende **im Stande** und als **Garant rechtlich verpflichtet** ist, die Entstehung oder Fortdauer eines Irrtums mit seinen vermögensschädigenden Konsequenzen zu verhindern. Außerdem muss sein Untätigbleiben dem sozialen Sinngehalt nach einer Täuschung durch aktives Tun entsprechen (= sog. *Entsprechensklausel* in § 13 I Halbsatz 2)[82]. Das Nähere dazu ist den allgemeinen Regeln der **unechten Unterlassungsdelikte** zu entnehmen[83].

504 In **Übungsarbeiten** ist es ratsam, sich auch bei einem durch Unterlassen verübten Betrug **aufbaumäßig** an dem weiter unten skizzierten Aufbaumuster zu orientieren und die dort angegebene Prüfungsreihenfolge einzuhalten. Das bedeutet, dass anders als sonst bei unechten Unterlassungsdelikten nicht mit dem Vermögensschaden als tatbestandlichem (End-) Erfolg[84], sondern mit der Täuschung zu beginnen und hier zu fragen ist, ob der Täter zur Verhinderung oder zur Beseitigung des Irrtums als Zwischenerfolg kraft einer Garantenstellung verpflichtet war. Da für einen **Betrug durch Unterlassen** nur Raum bleibt, wo nicht bereits eine Täuschung durch *aktives Tun* vorliegt, ist bei Erörterung der Täuschung gegebenenfalls *zuvor* diese Möglichkeit zu erörtern[85].

505 Als Grundlage einer **Garantenstellung** und der daraus folgenden **Aufklärungspflicht**[86] wird nach der hergebrachten formellen Pflichtenlehre[87] zunächst das **Gesetz** selbst herangezogen (vgl § 666 BGB für die Auskunftspflicht des Beauftragten, § 19 VVG für Anzeigepflichten des Versicherungsnehmers, § 60 I SGB I für die Pflicht des Empfängers von Sozialleistungen zur Mitteilung von Änderungen der leistungser-

---

81 Vgl BGHSt 39, 392, 398; BayObLG NJW 87, 1654 mit Anm. *Hillenkamp*, JR 88, 301; *Maaß*, Betrug verübt durch Schweigen, 1982; aA *Grünwald*, H. Mayer-FS S. 281, 291; *Naucke*, Zur Lehre vom strafbaren Betrug 1964, S. 214; dagegen *Ranft*, Jura 92, 67; zur damit notwendigen Abgrenzung zwischen Tun und Unterlassen s. *Heghmanns*, Rn 1202 f; krit. zu dieser Aufgabe *Wittig*, Das tatbestandsmäßige Verhalten des Betrugs 2005, S. 251 ff, die iE bei Bestehen eines der Garantenstellung entsprechenden „Sorgeverhältnisses" gegenüber dem Betrugsopfer aber auch zur Täuschung gelangt, S. 382, 384 ff.

82 S. *Hillenkamp*, Anm. JR 88, 303; *Krey/Hellmann*, BT II Rn 356 ff; LK-*Tiedemann*, § 263 Rn 73 f; nach *Kargl*, ZStW 119, 2007, 281 ff bleiben hierdurch nur zwei Fallgruppen für einen Betrug durch Unterlassung übrig; *Roxin*, AT II § 32 Rn 230 lehnt die Anwendung der Entsprechensklausel auf den Betrug ab.

83 Vgl LK-*Tiedemann*, § 263 Rn 53 ff; *Wessels/Beulke*, AT Rn 697, 707 ff; BGH NJW 00, 3013, 3014; abw. *Frisch*, Herzberg-FS S. 744 ff.

84 So aber *Samson*, Strafrecht II S. 142, 278.

85 Vgl *Mitsch*, BT II/1 § 7 Rn 27; *Runte*, Jura 89, 128; s. dazu auch BGH NJW 07, 782, 785.

86 Einen anderen Ansatz vertritt *Seibert*, Die Garantenpflichten beim Betrug 2006. Hiernach bezieht sich die Garantenpflicht ausschließlich auf das Vermögen (S. 157 ff), während die Aufklärungspflicht wesentliche Voraussetzung der Entsprechensklausel ist und eine Garantenpflichtqualität nicht aufweisen muss (S. 271 ff); nach *Frisch*, Herzberg-FS S. 744 ff, 750 ff ist eine von der Garantenpflicht zu unterscheidende Wahrheitspflicht ausschlaggebend.

87 S. *Wessels/Beulke*, AT Rn 716; s. auch die Aufreihung bei *Eisele*, BT II Rn 509 ff; *Fischer*, § 263 Rn 23–30; HK-GS/*Duttge*, § 263 Rn 18 ff.

heblichen Verhältnisse[88], § 138 ZPO für die Wahrheitspflicht der Parteien im Zivilprozess usw). Offenbarungspflichten können sich hiernach ferner aus einem **pflichtwidrigen Vorverhalten**[89], aus einem vertraglich oder außervertraglich begründeten **besonderen Vertrauensverhältnis**[90] und nach wohl noch hM in eng begrenzten Ausnahmefällen auch unmittelbar aus dem Grundsatz von **Treu und Glauben** ergeben[91].

Während gegen die Herleitung einer Garantenpflicht aus § 242 BGB auf Grund dessen unsicherer Begrenzungen schon das Bestimmtheitsgebot streitet, liegt die allgemeine **Gefahr solcher Aufreihungen** in der Vernachlässigung des in der neueren Lehre entwickelten *materiellen* Garantengedankens[92]. Hiernach ist zur Überwachung bestimmter Gefahrenquellen oder zur Verteidigung bestimmter Rechtsgüter nur derjenige verpflichtet, der das auf die Verletzung des von seinem Schutz in besonderer Weise abhängigen Rechtsguts zulaufende Geschehen beherrscht und zur Abwendung der Verletzung von der Rechtsordnung auf Posten gestellt ist. Für Letzteres ist beim Betrug maßgeblich, dass der die Aufklärung Unterlassende auf Grund einer besonders begründeten Einstandspflicht gerade für das Vermögen[93] mit der durch die Eingriffsweise bedingten Beschränkung auf die verfügungs- und vermögensbezogene Irrtumsfreiheit garantiert[94]. Dabei ist zu berücksichtigen, dass das Orientierungs- und Aufklärungsinteresse nach sozialer Übereinkunft und den Gepflogenheiten des Geschäftsverkehrs auch beim irrenden Opfer liegen kann[95]. Daher geht es zu weit, *jede* Vertragsbeziehung als ausreichende Grundlage für die Bejahung von Aufklärungspflichten anzusehen oder aus § 242 BGB eine *generelle* Offenbarungspflicht ableiten zu wollen[96]. Andererseits ist die Annahme der „Sperrwirkung" einer fehlenden Vermögensbetreuungspflicht iS des § 266 nicht sachgerecht, weil eine solche Pflicht zwar idR Aufklärung gebietet, ihr Fehlen angesichts der andersartigen Schutzrichtung des Betrugs nicht aber ohne weiteres von einer Aufklärungspflicht befreit[97]. Wer Verträge schließt, bei denen jeder Teil seine Interessen und seinen Vorteil zu wahren sucht, darf nicht erwarten, dass sein Partner ihm das verkehrsübliche Geschäfts- und Orientierungsrisiko durch Aufdeckung all dessen abnimmt, was sich für ihn ungünstig auswirken könnte. Die **Rechtspflicht** zur Aufklärung kann sich hier von vornherein

506

---

88 S. dazu *Bohnert*, NJW 03, 3611 (BAföG); OLG Köln NStZ 03, 374; HansOLG Hamburg, wistra 04, 151 (Arbeitslosengeld) mit Anm. *Peglau*, wistra 04, 316; OLG München NStZ 09, 156.
89 OLG Stuttgart NJW 69, 1975.
90 Vgl BGH NJW 81, 1231; GA 1965, 208.
91 Näher BGHSt 6, 198, 199; 39, 392, 398; BGH NJW 97, 1439; BayObLG NJW 87, 1654 mit krit. Anm. *Hillenkamp*, JR 88, 301 und *Otto*, JZ 87, 626; *Jäger*, BT Rn 325; NK-*Kindhäuser*, § 263 Rn 163; s. dazu auch *Hellmann*, JA 88, 73; *Rengier*, JuS 89, 802; *Seier*, NJW 88, 1617.
92 S. hierzu SK-*Rudolphi*, § 13 Rn 21 f; LK-*Tiedemann*, § 263 Rn 53; relativierend MK-*Hefendehl*, § 263 Rn 136 ff.
93 Nur insoweit übereinst. der Ansatz von *Seibert*, Die Garantenpflichten beim Betrug 2006, S. 177 ff; zutr. OLG Saarbrücken NJW 07, 2868, 2869 ff, das eine Garantenstellung des „doppelten Referendars" deshalb zu Recht verneint; zust. daher *Kargl*, wistra 08, 123.
94 S. dazu näher A/W-*Arzt*, § 20 Rn 44; *Fischer*, § 263 Rn 22.
95 BGHSt 39, 392, 398; OLG Stuttgart NStZ 03, 554; LK-*Tiedemann*, § 263 Rn 30, 68, 74; *Pawlik*, Lampe-FS S. 689, 696 ff, 702 f, 705 f.
96 *Krey/Hellmann*, BT II Rn 353; weiter *Rengier*, BT I § 13 Rn 12.
97 AA *Lüderssen*, Kohlmann-FS S. 177; *Seelmann*, NJW 81, 2132; wie hier *Pawlik*, Das unerlaubte Verhalten beim Betrug 1999, S. 112; SK-*Hoyer*, § 263 Rn 56; für eine Beschränkung auf die Verletzung von kommunikativen Verkehrspflichten *Vogel*, Keller-GS S. 313, 322 f.

nur auf Umstände beziehen, die für die Willensentschließung des anderen erkennbar von **wesentlicher Bedeutung** sind. Des Weiteren müssen im Einzelfall Besonderheiten vorliegen, die ein Verschweigen dieser Umstände als eine nach Sozialüblichkeit und Gepflogenheit des redlichen Geschäftsverkehrs unzulässige Überbürdung des Orientierungs- und Aufklärungsrisikos und nicht nur als moralisch anstößiges Verhalten erscheinen lassen. Dafür ist die Gefahr eines besonders großen Schadens, eines übereilten Entschlusses durch einen geschäftlich ganz Unerfahrenen oder gar das Bestehen besonderer Beziehungen im „zwischenmenschlichen Bereich" je für sich kein hinreichender Grund[98]. Auch ist von *geschäftlich erfahrenen* Personen wie Kaufleuten (nicht dagegen von durch einen Todesfall unmittelbar betroffenen Bürgern)[99] zu erwarten, dass sie ein kaufmännisches Schreiben nicht als Rechnung missdeuten, sondern als Vertragsangebot erkennen[100]. Dagegen hat nach diesen Maßstäben die Rechtsprechung den Verkäufer eines **Gebrauchtwagens** mit Recht für verpflichtet gehalten, den Kaufinteressenten auch ungefragt darauf hinzuweisen, dass es sich bei dem Kaufobjekt um ein sog. „Unfallfahrzeug" handelt[101]. Auch kommen Offenbarungspflichten dann in Betracht, wenn die Vertragsanbahnung erkennbar mit der Erwartung einer fachkundigen Beratung verbunden ist oder wenn das Vertragsverhältnis gerade dem Zweck dient, den anderen Teil vor Schaden zu bewahren[102]. Wer aus Eigenbedarf kündigt, trägt gegenüber dem gekündigten, aber noch nicht ausgezogenen Mieter das Orientierungsrisiko über den nachträglich entfallenen Grund, Eigenbedarf geltend zu machen, und hat eine dementsprechende Pflicht zur Information[103].

507 Im **Fall 46** stellt sich die Frage, ob A durch sein Schweigen getäuscht hat. Dazu ist zunächst festzustellen, dass in der bloßen Entgegennahme einer Leistung nicht die schlüssige Erklärung liegt, dass sie vom Leistenden geschuldet werde oder dass sie den bestehenden Anspruch nicht übersteige. Hierfür trägt das Orientierungsrisiko der Leistende[104]. Allerdings war A in der Lage, den **ohne sein Zutun entstandenen** und von ihm in keiner Weise geförderten Irrtum des G durch den Hinweis zu beseitigen, dass er lediglich mit einem 50-EUR-Schein bezahlt habe. **Rechtlich verpflichtet** war er dazu aber **nicht**, da sich beim Fehlen *besonderer*, den materiellen Garantengedanken begründender *Umstände* aus einem Kaufvertrag alltäglicher Art eine diesbezügliche Aufklärungspflicht nicht herleiten lässt (= schlichtes **Ausnutzen** eines schon bestehenden Irrtums)[105]. Mangels *Garantenstellung* des A fehlt es hier daher auch an einer Täuschung durch pflichtwidriges Unterlassen. A hat lediglich einen ohne sein Zutun entstandenen und seiner Aufklärungslast nicht unterfallenden Irrtum ausgenutzt. Das ist nicht strafbar[106]. Ebenso ist nach den in BGHSt 46, 196 entwickelten Grundsätzen auch im **Fall 45** zu entscheiden. Die nach Verneinung einer konkludenten Täuschung (s. Rn 498) allein übrig

---

98 BGHSt 39, 392, 398 ff; OLG Stuttgart NStZ 03, 554; abw. OLG Düsseldorf NJW 87, 854.
99 BGHSt 47, 1 mit abl. Bespr. *Pawlik*, StV 03, 297.
100 BGH NStZ 97, 186; OLG Frankfurt NStZ 97, 187; diff. *Garbe*, NJW 99, 2868; aA BGH wistra 04, 103; OLG Frankfurt NStZ-RR 02, 47; NJW 03, 3215; *Geisler*, NStZ 02, 89; s. dazu Rn 499a.
101 OLG Nürnberg MDR 64, 693 Nr 93; BayObLG NJW 94, 1078; vgl auch BGH NJW 67, 1222.
102 Näher LK-*Tiedemann*, § 263 Rn 61 ff.
103 BayObLG JR 88, 301 mit insoweit zust. Anm. *Hillenkamp*, 303; *Rengier*, BT I § 13 Rn 14; abl. *Hellmann*, JA 88, 80; ihm zust. MK-*Hefendehl*, § 263 Rn 170.
104 LK-*Lackner*, 10. Aufl., § 263 Rn 39; OLG München NStZ 09, 156.
105 BGHSt 39, 392, 398; OLG Köln NJW 80, 2366 und JZ 88, 101; s. dazu auch Rn 513.
106 S. *Rengier*, BT I § 13 Rn 7.

bleibende **Täuschung durch Unterlassen** scheitert hiernach an der **fehlenden Pflicht** des A, die Bank auf die Fehlbuchung und die sich hieraus ergebende Stornierungsmöglichkeit hinzuweisen. Eine Garantenstellung aus Ingerenz scheide aus, weil A die Gefahrenlage nicht herbeigeführt[107], sondern die versehentliche Gutschrift nur ausgenutzt habe. Aus dem **Girovertrag** (§ 676 f BGB) ergebe sich jedenfalls dann keine Aufklärungspflicht, wenn sie nicht konkret vereinbart sei. Auch aus der vom jeweiligen (Zu-) Fall abhängigen Höhe des Schadens will der BGH (an sich zurecht, s. Rn 506) schließlich nichts anderes herleiten. Ob das allerdings auch für eine **Barabhebung** in Höhe von 5 000 000 EUR gilt, ist deshalb zweifelhaft, weil dann der Bank anders als bei einer Überweisung (vgl §§ 676g I 1, 676d II 1 BGB) die Möglichkeit einer Schadensabwendung aus der Hand genommen und ihr Verlustrisiko deutlich gesteigert ist. Hier ist der Schutz des generell berechtigten Vertrauens der Bank, dass Buchungsfehler nicht zu derlei einschneidenden (vgl § 263 III 2 Nr2) und unmittelbaren Schädigungen ausgenutzt werden, jedenfalls erwägenswert[108].

2. Erregen oder Unterhalten eines Irrtums

Durch die Täuschung muss im Getäuschten ein **Irrtum erregt** oder **unterhalten** werden (zur Zurechnung des Wissens bei Personenmehrheiten s. Rn 528). **Irrtum** iS des § 263 ist jede unrichtige, der Wirklichkeit nicht entsprechende Vorstellung über Tatsachen. Unrichtig und irrtumsbehaftet kann eine Vorstellung auch dann sein, wenn sie in einem wesentlichen Punkt lückenhaft ist. **Reines Nichtwissen** ohne jede konkrete Fehlvorstellung reicht nach zutreffender Auffassung im Rahmen des § 263 ebenso wenig aus, wie eine Fehlvorstellung, die nur durch die Veränderung des Gegenstandes, auf den sie sich bezieht, entstanden ist. In solchen Fällen der *ignorantia facti* fehlt es an der dem Betrug wesenseigenen Überlistung[109]. — 508

Der **Irrtum** des Getäuschten braucht freilich nicht das Ergebnis eines im Bewusstsein substantiiert ablaufenden Denkprozesses zu sein. Ein unreflektiertes **sachgedankliches Mitbewusstsein** am Rande des Vorstellungsinhalts genügt zur Irrtumsbejahung ebenso wie die **aus bestimmten Tatsachen abgeleitete Vorstellung,** dass in der betreffenden Hinsicht *„alles in Ordnung"* sei[110]. Letzteres trifft beispielsweise für den Schaffner im Zuge zu, der auf seine Frage, ob *„noch jemand ohne Fahrkarte"* sei, keine Antwort erhält. Kellner im Restaurant pflegen bei der Entgegennahme von Bestellungen auch ohne „gezieltes Nachdenken" in der Vorstellung zu handeln, dass der Gast zur Barzahlung bereit und im Stande ist. Wer Geld in Empfang nimmt, sieht es als selbstverständlich an, dass man ihm kein Falschgeld anbietet. Auch im Sparkas- — 509

---

107 Insoweit zweifelnd *Joerden*, Anm. JZ 01, 615.

108 Abl. aber *Krack*, JR 02, 26; *Ranft*, JuS 01, 857.

109 RGSt 42, 40; KG JR 86, 469; *Küper*, BT S. 227 f; LK-*Tiedemann*, § 263 Rn 78; *Maurach/Schroeder/Maiwald*, BT I § 41 Rn 57; S/S-*Cramer/Perron*, § 263 Rn 36; anders OLG Celle MDR 57, 436; A/W-*Arzt*, § 30 Rn 45 ff; *Rotsch*, ZJS 08, 135 f; s. auch hier Rn 493; krit. und mit anderer Definition *T. Walter*, Betrugsstrafrecht in Frankreich und Deutschland 1999, S. 173 ff.

110 BGH wistra 06, 421, 424; OLG Hamburg NJW 83, 768; *Blei*, BT § 61 III 1; *Fischer*, § 263 Rn 35, 35a; LK-*Tiedemann*, § 263 Rn 79; *Seelmann*, NJW 80, 2545, 2550; krit. *Frisch*, Herzberg-FS S. 733.

senverkehr wird der auszahlende Angestellte in aller Regel davon ausgehen, dass der ein Sparbuch Vorlegende zur Verfügung über das Sparguthaben berechtigt ist[111], nicht aber auch davon, dass der aufgrund einer (Fehl)Überweisung gutgeschriebene Betrag dem Kontoinhaber gegenüber dem Überweisenden zusteht[112]. Im Einzelfall ist das aber **Tatfrage** und durch Beweiserhebung zu klären[113].

Die Rechtsprechung ist insoweit zT recht großzügig verfahren[114], macht aber nunmehr zB zu Recht die Einschränkung, dass Personen, denen die Kontrolle der sachlichen und rechnerischen Richtigkeit einer Forderung nicht obliegt, auch keine entsprechende Vorstellung unterstellt werden darf, wenn sie eine von zuständiger Stelle ausgefertigte Auszahlungsanordnung bedienen oder einen Scheck zur Einlösung entgegennehmen, und dass ein Täter, der davon weiß, auch keinen Irrtumserregungsvorsatz hat[115]. Aus ähnlichen Gründen kann es angesichts der begrenzten Prüfungspflicht des Apothekers bei Vorlage eines kassenärztlichen Rezepts, das nicht notwendige Medikamente verordnet, an einem tatbestandsmäßigen Irrtum fehlen[116]. Obwohl der Einreicher eines Inhaberschecks regelmäßig schon durch dessen Besitz legitimiert ist, gehört dagegen nach dem BGH ein etwaiges Abhandenkommen – ebenso wie die formellen Scheckvoraussetzungen – zu den Umständen, über die sich der entgegennehmende Bankangestellte Gedanken macht, um Schadensersatzansprüche gegen die Bank abzuwehren[117].

510 Der Getäuschte muss die behauptete Tatsache **für wahr halten** oder zumindest von der **Möglichkeit ihres Wahrseins** ausgehen. Wem die Wahrheit ganz gleichgültig ist, der irrt ebenso wenig[118] wie der, der die Möglichkeit der Unwahrheit nicht nur erkennt, sondern sie ernst nimmt und sich iS des dolus eventualis mit dieser Möglichkeit unter billigender Inkaufnahme abfindet. Ein solches „Opfer" lässt sich sehenden Auges und folglich nicht irrend auch auf die für möglich gehaltene Unwahrheit ein[119]. Bloße **Zweifel** an der Richtigkeit des Behaupteten schließen aber nach zutreffender Ansicht die Bejahung eines Irrtums nicht aus[120]. § 263 verlangt vom Getäuschten kein

---

111 Die dazu in RGSt 39, 239, 242 geäußerten Bedenken widersprechen der Lebenswirklichkeit; vgl dazu auch OLG Köln NJW 81, 1851; *Schmidt/Priebe*, BT II Rn 578; krit. hierzu LK-*Tiedemann*, § 263 Rn 88.

112 OLG Düsseldorf wistra 08, 34, 35.

113 OLG Düsseldorf NJW 89, 2003; HK-GS/*Duttge*, § 263 Rn 24; *Lackner/Kühl*, § 263 Rn 19.

114 Vgl BGHSt 2, 325, 326 im *Deputatkohlenfall;* BGHSt 24, 257, 260 zum sog. *Prozessbetrug* im Mahnverfahren; krit. hierzu *Seier*, ZStW 102, 1990, 563; LK-*Tiedemann*, § 263 Rn 90.

115 BGH StV 94, 82; 97, 410; BGH NStZ 00, 375, 376; BGH NStZ 02, 144, 145; BGH NStZ 05, 157, 158; BGH StV 06, 583, 584 mit Bespr. *Bosch*, JA 07, 70; BGH NStZ 08, 340 f; OLG Frankfurt NStZ-RR 98, 333 mit Anm. *Otto*, JK 99, StGB § 263/52; AG Siegburg NJW 04, 3725 mit Anm. *Kudlich*, JuS 05, 566.

116 BGHSt 49, 17, 20 f mit Bespr. *Herrsch*, wistra 06, 63; *Taschke*, StV 05, 406; zum Vorstellungsbild einer Bankangestellten im Fall einer vorgespiegelten Einzugsermächtigung im Lastschriftverfahren s. OLG Hamm JZ 77, 610, 612 mit krit. Bespr. *Soyka*, NStZ 04, 538.

117 BGH StV 09, 244 f; zur konkludenten Täuschung in solchen Fällen s. Rn 499a.

118 *Mitsch*, BT II/1 § 7 Rn 59.

119 Zu Recht, wenn auch mit anderer, sich nämlich auf das Fehlen mittelbarer Täterschaft stützender Begründung, nur bei dieser „Zweifelsqualität" Irrtum verneinend auch *Kindhäuser*, § 263 Rn 100; *ders.*, BT II § 27 Rn 34; *Kindhäuser/Nikolaus*, JuS 06, 197; SK-*Hoyer*, § 263 Rn 74 f; ähnlich *Gaugel*, Die Dogmatik der konkludenten Täuschung 2000, S. 43 ff; *Kargl*, Lüderssen-FS S. 620 f; vgl auch KG StV 06, 584; nichts anderes besagt die von MK-*Hefendehl*, § 263 Rn 224 sog. bewusste Risikoentscheidung.

120 BGH MDR/D 72, 307; BGH wistra 90, 305; 92, 97; BGHSt 47, 83, 88 und eingehend BGH NJW 03, 1198 mit krit. Anm. *Beckemper/Wegner*, NStZ 03, 315; *Krüger*, wistra 03, 297; dem BGH zust. *Idler*, JuS 04, 1038 ff; *Fischer*, § 263 Rn 33a, *Eisele*, BT II Rn 520.

Fürwahrhalten iS des *Überzeugtseins* oder einer dahin tendierenden überwiegenden Wahrscheinlichkeit[121], sondern nur ein (die Vermögensverfügung auslösendes oder mitbestimmendes) **Fürmöglichhalten.**

Das folgt schon daraus, dass der durch § 263 verbotenen Angriffsart der Überlistung auch der zum Opfer fällt, der trotz seines Zweifels verfügt. Auch hat eine falsche Vorstellung von der Wahrheit, wer eine andere als die wirklich gegebene Tatsache für möglich hält: wer zweifelt, irrt, auch wenn ihn dabei das Bewusstsein eines möglichen Irrtums begleitet[122]. Dass er bei in zumutbarer Weise behebbaren Zweifeln den Irrtum beseitigen könnte, ändert daran nichts. Auch lässt sich die Vernachlässigung dieser Möglichkeit nicht dazu benutzen, dem Opfer der Täuschung die Schutzbedürftigkeit abzusprechen und das Strafrecht gegenüber (versäumtem) Selbstschutz für subsidiär zu erklären. Damit wird an die Stelle des Irrtumsbegriffs eine vom Gesetz abweichende kriminalpolitische Entscheidung gesetzt, die nicht begründbare Freiräume für betrügerisches Verhalten eröffnet und die Aufgabe des unverzichtbaren Schutzes auch der Unerfahrenen und Leichtgläubigen nahe legt[123]. In diese Richtung gehende Vorschläge[124] haben daher zu Recht auch in der Rechtsprechung keine Gefolgschaft gefunden[125].

Der Täter **erregt** einen Irrtum, wenn er ihn durch **Einwirkung auf die Vorstellung** **des Getäuschten** hervorruft. Auch eine **Mitverursachung** reicht dafür aus[126]. Darauf, ob die Unrichtigkeit der Behauptung bei hinreichend sorgfältiger Prüfung erkennbar gewesen wäre, kommt es nicht an.

511

Maßgebend ist nicht, worauf sich das Opfer vernünftigerweise nicht mehr einlassen sollte[127] oder wovon der Getäuschte bei gehöriger Aufmerksamkeit *hätte ausgehen müssen,* sondern nur, wovon er **tatsächlich ausgegangen ist.** Leichtgläubigkeit und mitwirkende Fahrlässigkeit schließen daher weder den ursächlichen noch den Zurechnungszusammenhang zwischen Täuschung und

---

121 S. dazu *Krey/Hellmann,* BT II Rn 373; iS der Wahrscheinlichkeitsforderung *Heghmanns,* Rn 1210.
122 A/W-*Arzt,* § 20 Rn 65; *Hillenkamp,* Vorsatztat und Opferverhalten 1981, S. 23; *Amelung,* Eser-FS S. 20 f sieht hierin eine wortlautüberschreitende Analogie.
123 Dagegen zu Recht BGHSt 34, 199, 201; zu Tendenzen in diese Richtung im Gemeinschaftsrecht s. Rn 491a.
124 S. zB *Amelung,* GA 1977, 1; *ders.,* Eser-FS S. 19 ff; *Beulke,* Rn 205; *Giehring,* GA 1973, 1, 16, 20 ff; *R. Hassemer,* Schutzbedürftigkeit und Strafrechtsdogmatik 1981; *Hennings,* Teleologische Reduktion des Betrugstatbestandes aufgrund von Mitverantwortung des Opfers 2002, beschränkt auf „Risikogeschäfte"; *Jänicke,* Gerichtliche Entscheidungen als Vermögensverfügung iS des Betrugstatbestandes 2001, S. 197 ff, 294 ff; *Naucke,* Peters-FS S. 109 ff; *Schünemann,* in: Schünemann, Strafrechtssystem und Betrug 2002, S. 51, 80 ff; s. auch *Beckemper/Wegner,* NStZ 03, 315 f, die die objektive Zurechnung verneinen wollen, „wenn vom Opfer auf Grund seiner Zweifel erwartet werden kann, dass es sich gegen den Anreiz der Verfügung selbst schützt"; dem wenig folgerichtig zust. *Krey/Hellmann,* BT II Rn 373a.
125 S. BGH NJW 03, 1198; LG Hildesheim MMR 05, 130, 131. Näher zu dieser Frage *Achenbach,* Jura 84, 602; *Herzberg,* GA 1977, 289; *Hillenkamp,* Vorsatztat und Opferverhalten 1981, S. 21 ff, 85 ff; *Kargl,* Lüderssen-FS S. 621, 631; *ders.,* ZStW 119, 2007, 256 f; HK-GS/*Duttge,* § 263 Rn 25; *Kindhäuser,* Bemmann-FS S. 357 f; *Krack,* List als Straftatbestandsmerkmal 1994, S. 38 ff; LK-*Tiedemann,* § 263 Rn 84 f; *Loos/Krack,* JuS 95, 204; *Maurach/Schroeder/Maiwald,* BT I § 41 Rn 59 ff; NK-*Kindhäuser,* § 263 Rn 51 f; *Pawlik,* Das unerlaubte Verhalten beim Betrug 1999, S. 52 ff; *Petropoulos,* Die Berücksichtigung des Opferverhaltens beim Betrugstatbestand 2005, S. 119 ff; SK-*Günther,* § 263 Rn 53 ff; *Stuckenberg,* ZStW 118, 2006, 895 ff; *Wittig,* Das tatbestandsmäßige Verhalten des Betrugs 2005, S. 311 ff, 357 ff, 364 f; *Wittmann,* Wissenszurechnung im Strafrecht 2006, S. 38 ff; s. zum Streitstand *Hillenkamp,* BT 29. Problem mit Beispiel 2 zu BGH NJW 03, 1198; *Küper,* BT S. 228 f.
126 OLG Celle StV 94, 189 f.
127 So aber *Rengier,* Roxin-FS S. 822 f; s. dazu aber auch Rn 491a.

Irrtumserregung aus[128]. Infolgedessen bleibt es bei der erforderlichen Verknüpfung auch dann, wenn der Lieferant bei fortlaufenden Warenlieferungen auf Grund offen bleibender Rechnungen den Mangel der anfangs vorgespiegelten Zahlungsfähigkeit und -willigkeit hätte erkennen können. Hier bedarf es allerdings der sorgfältigen Prüfung, ob er nicht die Unwahrheit der Tatsachenbehauptung erkannt und sich gleichwohl zu weiteren Leistungen entschlossen hat[129].

512 **Unterhalten** wird ein Irrtum dadurch, dass der Täter eine bereits vorhandene Fehlvorstellung **bestärkt** oder deren **Aufklärung verhindert oder erschwert**. Ob das durch *aktives Tun* oder ein *pflichtwidriges Unterlassen in Garantenstellung* geschieht, ist gleichgültig. Von dem **Unterhalten** eines Irrtums ist jedoch dessen **bloßes Ausnutzen** ohne Aufklärungspflicht zu unterscheiden; Letzteres ist nicht tatbestandsmäßig iS des § 263[130].

513 Da es in den Risiko- und Aufklärungsbereich des Leistenden gehört, dass die Schuld, auf die er zahlt, besteht und die Leistung den Anspruch nicht übersteigt, bedeutet das schweigende Entgegennehmen einer Zuvielzahlung in aller Regel ein solches bloßes Ausnutzen des beim Leistenden bereits bestehenden Irrtums. Es bleibt straflos, wenn nicht eine Garantenpflicht den Betreffenden zur Aufklärung zwingt[131] (s. dazu **Fall 46** mit Rn 507).

3. Vermögensverfügung

a) Begriff und Funktion der Verfügung

514 Durch den in ihm erregten oder unterhaltenen Irrtum muss der Getäuschte zu einer **Verfügung** über sein Vermögen oder das eines Dritten veranlasst werden. Dieses ungeschriebene Tatbestandsmerkmal stellt den in § 263 vorausgesetzten *ursächlichen Zusammenhang* zwischen dem Irrtum und der Vermögensbeschädigung her (= sog. *Transport- oder Verbindungsfunktion* der Vermögensverfügung)[132]; zugleich ermöglicht es die bisweilen recht schwierige Abgrenzung zwischen Sachbetrug und Diebstahl (= *Abgrenzungsfunktion* der Vermögensverfügung; s. dazu Rn 618 ff) und sichert so die Eigenart des Betrugs als **Selbstschädigungsdelikt**, bei dem der Getäuschte den schädigenden Erfolg gleichsam als Werkzeug des Täters[133] selbst bewirkt. Der Begriff der **Vermögensverfügung** ist nicht zivilrechtlich, sondern im **rein tatsächlichen Sinne** zu verstehen. Neben rechtsgeschäftlichen Dispositionen (= Bestellung von Waren, Gewährung eines Darlehens, Übernahme einer Bürgschaft, Erlass einer Forderung usw) und staatlichen Hoheitsakten (= Abweisung einer Klage oder Verurteilung zu einer Leistung im Zivilprozess, Inhaftierung eines obdachsuchenden und sich fälschlich be-

---

128 BGHSt 34, 199, 201; BGH wistra 92, 95, 97; BGH NJW 95, 1844; BGH NJW 04, 3569, 3577; *Garbe*, NJW 99, 2869; aA *Ellmer*, Betrug und Opfermitverantwortung 1986, S. 287; *Naucke*, Peters-FS S. 109; diff. *Hilgendorf*, Tatsachenaussagen und Werturteile im Strafrecht 1998, S. 199 ff, 202 f; *Kasiske*, GA 09, 360, 367 will dort, „wo sich das Opfer selbst ohne weiteres die notwendigen Informationen beschaffen kann", schon die (konkludente) Täuschung ausschließen.

129 S. BGH NStZ 93, 440; BGH wistra 98, 179; *Fischer*, § 263 Rn 33b.

130 Vgl BGH JZ 89, 550.

131 BGHSt 39, 392, 398; *Joerden*, Anm. JZ 94, 423 f; *Lackner/Kühl*, § 263 Rn 20.

132 Vgl RGSt 64, 226, 228 f; 76, 82, 86 f.

133 S. dazu *Graul*, Brandner-FS S. 814, 821 f; *Kindhäuser*, Bemmann-FS S. 339; *ders.*, Dahs-Fs S. 75; *Küper*, BT S. 394.

zichtigenden Nichtsesshaften usw)[134] umfasst er **jedes tatsächliche Handeln, Dulden oder Unterlassen** des Getäuschten, das bei diesem selbst oder bei einem Dritten unmittelbar zu einer Vermögensminderung im wirtschaftlichen Sinn führt[135].

Eine tatsächliche Verfügung dieser Art (= Weggabe von Geld oder von sonstigen Sachen usw) kann auch ein Kind oder ein Geschäftsunfähiger treffen[136].

An einer Vermögensverfügung iS des § 263, die den Vermögensschaden **unmittelbar**   515
(dh ohne weiteres *eigenmächtiges* Handeln des Täters) herbeiführt, fehlt es ua dann, wenn die Täuschung des Opfers dem Täter nur die **Möglichkeit zur nachfolgenden Wegnahme von Sachen** und damit zur *Fremdschädigung* oder zur Vornahme einer anderen deliktischen Handlung, wie etwa zur Fälschung eines Bestellscheins oder zum „Abkassieren" der Verbindungsentgelte nach erschlichener Einrichtung einer 0190er-Nummer, eröffnen soll[137], (näher zur Abgrenzung zwischen „Trickdiebstahl" und Betrug Rn 618 ff).

Die **Vermögensminderung** kann in einem wirtschaftlichen Nachteil beliebiger Art   516
bestehen (wie etwa in der Belastung des Vermögens mit einer Verbindlichkeit, im Verlust einer Sache, einer Forderung, eines Rechts oder einer realen Erwerbsaussicht usw). Ihr *Eintritt* als *solcher* hat bereits Bedeutung für den **Verfügungsbegriff**[138]. Die davon zu trennende (und letztlich entscheidende) Frage, ob diese Vermögensminderung durch einen gleichzeitig erfolgten Vermögenszuwachs **kompensiert** und wirtschaftlich voll ausgeglichen wird, gehört dagegen zum Merkmal der **Vermögensbeschädigung** und ist erst im Rahmen der Schadensberechnung zu stellen[139].

b) Verfügungsbewusstsein

Ob der Getäuschte *bewusst* oder *unbewusst* verfügt, ist bei Forderungen, Rechten und   517
Erwerbsaussichten belanglos[140]; *außerhalb* des sog. Sachbetrugs setzt § 263 **kein Verfügungsbewusstsein** voraus[141]. Beim Sachbetrug ist es allerdings nötig, um den Charakter des Betrugs als Selbstschädigungsdelikt zu wahren und ihn vom fremdschädigenden Diebstahl abzugrenzen[142]. Eine **Vermögensverfügung** kann daher auch darin

---

134 S. hierzu *Jänicke*, Gerichtliche Entscheidungen als Vermögensverfügung 2001; LK-*Tiedemann*, § 263 Rn 104.
135 *BGHSt* 14, 170, 171.
136 *Kindhäuser*, § 263 Rn 133.
137 Vgl zum Letzteren einerseits OLG Hamm wistra 82, 152, 153, andererseits BGHSt 50, 174, 177 f mit Anm. *Eidam*, JR 06, 254; *Kudlich*, JuS 05, 1133; kritisch zum Ganzen, in seinen Schlussfolgerungen jedoch nicht überzeugend *Joecks*, Zur Vermögensverfügung beim Betrug 1982; s. dazu näher Rn 575a, 618 ff.
138 Es ist deshalb vertretbar, den Vermögensbegriff in Zweifelsfällen schon bei der Verfügung zu problematisieren und wenn nötig festzulegen; die besseren Gründe sprechen aber dafür, diese Sachfrage erst iR des Vermögensschadens zu entscheiden, so auch *Rengier*, BT I § 13 Rn 29.
139 Vgl BGHSt 31, 178, 179; *Küper*, BT S. 395 und nachfolgend zu Rn 544 ff.
140 AA MK-*Hefendehl*, § 263 Rn 240 ff; *Otto*, BT § 51 Rn 28 ff; *Ranft*, Jura 92, 68; SK-*Hoyer*, § 263 Rn 175 f, 181.
141 Näher BGHSt 14, 170, 172; OLG Hamm NJW 69, 620; *Eisele*, BT II Rn 536; *Fischer*, § 263 Rn 44; HK-GS/*Duttge*, § 263 Rn 29; *Maurach/Schroeder/Maiwald*, BT I § 41 Rn 73.
142 S. *Küper*, BT S. 396 mwN; *Rengier*, BT I § 13 Rn 24; OLG Düsseldorf NJW 88, 923; verneinend auch insoweit LK-*Tiedemann*, § 263 Rn 118.

liegen, dass eine Warenbestellung in dem täuschungsbedingten Glauben, es handele sich nur um die Anforderung eines Werbeprospekts, **unterschrieben** oder dass ein **Anspruch nicht geltend gemacht** wird, dessen Existenz dem Betroffenen infolge der Täuschung verborgen bleibt[143], nicht aber darin, dass der Vermögensinhaber die Verschiebung einer Sache aus dem Vermögen in die dritte Hand unbewusst nur „geschehen lässt".

518   **Fall 47:** Um den Kassenbestand zwecks späterer Einbehaltung des erzielten Überschusses zu erhöhen, gibt der am Fahrkartenschalter der Eisenbahn tätige B allen eiligen Reisenden jeweils 1 EUR Wechselgeld zu wenig zurück. Die Betroffenen bemerken das nicht, weil niemand von ihnen das Wechselgeld nachzählt.

Haben die Reisenden eine ihr Vermögen mindernde *Verfügung* iS des § 263 getroffen? **Rn 519**

519   B hat in schlüssiger Form vorgespiegelt, das Wechselgeld in voller Höhe ausbezahlt zu haben; in Wirklichkeit fehlte daran 1 EUR. Bei den Reisenden wurde dadurch eine unrichtige Vorstellung hervorgerufen. Ihnen blieb verborgen, dass ihr Zahlungsanspruch in Höhe von 1 EUR noch fortbestand. Die **Vermögensverfügung** der Reisenden ist darin zu erblicken, dass sie die unvollständige Leistung des B hinnahmen und es **unbewusst unterließen**, die ihnen verbliebene Restforderung geltend zu machen. Das wirkte sich zu ihren Ungunsten auch *unmittelbar vermögensmindernd* aus, weil ihr Anspruch unter den gegebenen Umständen ohne sofortige Geltendmachung nicht mehr zu realisieren war und – ungeachtet seines *rechtlichen* Fortbestehens – **wirtschaftlich wertlos** wurde. Da die sonstigen Voraussetzungen des § 263 ebenfalls vorliegen, hat B sich des Betrugs schuldig gemacht[144].

c)   Ursächlicher und funktionaler Zusammenhang

520   So wie für den Irrtum eine Mitverursachung durch die Täuschung ausreicht (Rn 511), genügt es zur Bejahung des **ursächlichen Zusammenhanges** zwischen Täuschungshandlung und Verfügung, dass die Erregung oder Unterhaltung des Irrtums für die Vermögensverfügung des Getäuschten **mitbestimmend** war; sie braucht nicht deren *alleinige* Ursache gewesen zu sein[145]. Maßgebend ist dabei nach allgemeinen Regeln die Verknüpfung zwischen dem **wirklichen Geschehensablauf** und dem konkreten Erfolg[146].

521   **Fall 48:** Der Hochstapler H hat sich unter adeligem Namen in das Vertrauen der Fabrikantenwitwe F eingeschlichen und ihr die Ehe versprochen. Er spiegelt ihr vor, dass er zum Aufbau einer neuen Existenz kurzfristig 20 000 EUR benötige. F glaubt ihm und überlässt ihm diesen

---

143   Vgl RGSt 52, 163, 164; 70, 225; OLG Düsseldorf JZ 85, 251; OLG Stuttgart NJW 69, 1975; LK-*Tiedemann*, § 263 Rn 103; anders *Bockelmann*, BT I S. 96; *Hansen*, MDR 75, 533; krit. zum Ganzen *Miehe*, Unbewußte Verfügungen 1987, der auch beim Sachbetrug ein Verfügungsbewußtsein für entbehrlich hält, aber verlangt, dass der Getäuschte wenigstens den äußeren Vorgang der Sachbewegung erkennt, das Vermögen daher betroffen weiß und „für diese Sachbewegung gewonnen wird", S. 77.

144   Näher RGSt 52, 163.

145   RGSt 76, 82, 86 f; BGH wistra 99, 419, 420.

146   Vgl *Wessels/Beulke*, AT Rn 161.

Betrag als Darlehen. Wie von vornherein geplant, macht H sich daraufhin aus dem Staube und gibt das gesamte Geld in einem Spielkasino aus. Dem Rat ihres Anwalts, Strafanzeige wegen Betrugs zu erstatten, widerspricht F mit dem Hinweis, sie könne „dem charmanten H nicht gram sein; da er ihr viel Lebensfreude geschenkt habe, würde sie ihm die 20 000 EUR *auch zu Spielzwecken* überlassen haben, wenn er sie darum gebeten und sich zu seiner Spielleidenschaft bekannt hätte".

War die Täuschungshandlung des H bei dieser Einstellung der F ursächlich für deren Vermögensverfügung? **Rn 522**

Auszugehen ist hier von dem **realen Umstand**, dass F den falschen Angaben des H geglaubt **522** und sich im Vertrauen auf deren Richtigkeit zur Hingabe des Darlehens entschlossen hat. Der von H erregte Irrtum ist somit für die Vermögensverfügung der F zumindest **mitbestimmend** gewesen. Da *hypothetische Ersatzbedingungen* nach der Conditio-sine-qua-non-Formel bei Feststellung des ursächlichen Zusammenhangs nicht hinzugedacht werden dürfen, lässt sich die Ursächlichkeit der Irrtumserregung für die konkrete Vermögensverfügung nicht mit dem Hinweis darauf verneinen, dass F dem H die 20 000 EUR auch dann gegeben hätte, wenn er ihr seine Spielleidenschaft und seine wirkliche Verwendungsabsicht offenbart hätte[147]. Denn der **tatsächliche Verlauf der Willensbildung** *verliert sein Dasein und seine Rechtswirkungen nicht dadurch, dass ein gedachter* Verlauf mit dem gleichen Endergebnis an seine Stelle hätte treten *können*, aber nicht getreten ist. Er bleibt die wirkliche Grundlage der betreffenden Vermögensverfügung. Die reale Verknüpfung zwischen dem Irrtum der F, dem H die Gründung einer neuen Existenz zu ermöglichen, und der dadurch veranlassten oder mitveranlassten Darlehensgewährung, wird nicht dadurch beseitigt, dass F bei wahrheitsgemäßen Angaben andere Erwägungen zur Geldhingabe angestellt *hätte* (zB Dankbarkeit gegenüber H, Verständnis für seine Spielleidenschaft usw), die sie jedoch **tatsächlich nicht angestellt hat**. An einer *irrtumsbedingten* Vermögensverfügung iS des § 263 ist daher im **Fall 48** nicht zu zweifeln[148].

Die Möglichkeit, dass der Getäuschte die Vermögensverfügung auch beim Durch- **523** schauen der wahren Zusammenhänge getroffen hätte, vermag demnach am ursächlichen Zusammenhang nichts zu ändern, wenn der Irrtum für die konkrete Verfügung **tatsächlich** bestimmend oder wenigstens *mitbestimmend* war. Anders liegt es dagegen, falls der Getäuschte das ihm Vorgespiegelte zwar für wahr gehalten, die Vermögensverfügung jedoch **aus ganz anderen Gründen** getroffen hat (**Beispiele:** Jemand glaubt einem als Bettler auftretenden Schwindler, gibt ihm das Almosen aber nicht aus Hilfsbereitschaft, sondern *ausschließlich* deshalb, weil er den lästigen Bittsteller möglichst rasch loswerden will; A gewährt der D trotz erheblicher Zweifel an der von ihr vorgetäuschten Rückzahlungsbereitschaft ein Darlehen allein deshalb, weil er D „fesch" findet und sich „ein bißchen in sie verschaut" hat)[149].

Ob der Getäuschte sich des **vermögensmindernden Charakters** seiner Verfügung be- **524** wusst war oder nicht, spielt für den ursächlichen Zusammenhang keine Rolle. Davon zu unterscheiden ist die auf einer anderen Ebene liegende Streitfrage, ob es *über den*

---

147 Vgl LK-*Tiedemann*, § 263 Rn 123; *Wessels/Beulke*, AT Rn 161.
148 Eingehend dazu BGHSt 13, 13, 14 f; BGH MDR/D 58, 139, 140; BGH StV 02, 132 f; *Lenckner*, NJW 71, 599.
149 S. BGH StV 02, 132 f; *Hillenkamp*, JuS 03, 157 f; *Mitsch*, BT II/1 § 7 Rn 63.

Kausalzusammenhang hinaus einer besonderen **funktionalen Beziehung** zwischen Irrtum und Vermögenseinbuße in dem Sinne bedarf, dass dem Getäuschten die **vermögensschädigende Wirkung seiner Verfügung verborgen geblieben sein** muss.

525 Die These, dass § 263 nur die **unbewusste** Selbst- oder Drittschädigung erfasse, wird von der hM abgelehnt[150].

526 Die Vertreter der Mindermeinung halten § 263 bei einer **bewussten Selbstschädigung** für unanwendbar, relativieren ihren Standpunkt aber über die sog. **Zweckverfehlungslehre**, wonach die objektiven Voraussetzungen des Betrugstatbestandes gegeben sein sollen, wenn eine irrtumsbedingte Leistung den ihr immanenten **sozialen Zweck verfehlt** und der Verfügende dies infolge der Täuschung nicht erkannt hat, sodass *insoweit* eine *unbewusste* Selbstschädigung vorliegt[151].

527 Die besseren Gründe sprechen für die hM, da sie einen umfassenderen Vermögensschutz gewährleistet und sachlich nicht zu rechtfertigende Strafbarkeitslücken im Grenzbereich zwischen Betrug und Erpressung vermeidet. Die praktische Bedeutung der Streitfrage ist freilich gering, weil die **Zweckverfehlungslehre** unter dem Blickwinkel einer wirtschaftlich sinnlosen Ausgabe auch unabhängig von der Theorie der *unbewussten Selbstschädigung* vertreten werden kann und ihrem Grundgedanken nach als **Element des Schadensbegriffs**[152] bereits Eingang in die Rechtsprechung gefunden hat[153]. Darauf ist beim Tatbestandsmerkmal der **Vermögensbeschädigung** zurückzukommen (Rn 550 ff).

528 Noch nicht abschließend geklärt sind Fälle, in denen auf der **Opferseite Personenmehrheiten** mit auf den Gegenstand der Täuschung bezogen **unterschiedlichen Kenntnissen** stehen. So ist es denkbar, dass der Geschädigte den wahren Sachverhalt kennt, die verfügende Person (s. zum Dreiecksbetrug Rn 636 ff) aber täuschungsbedingt irrt. Umgekehrt kann der Verfügende die Täuschung durchschauen und gleichwohl verfügen, ohne den Geschädigten aufzuklären. Schießlich kann es so sein, dass sich der verfügende Vermögensinhaber durch Hilfspersonen (wie Rechtsanwälte, Steuerberater oder Wirtschaftsprüfer) beraten lässt, die die Täuschung erkennen, die Verfügung aber gleichwohl nicht verhindern[154].

Im erstgenannten Fall wird man angesichts des unleugbaren Irrtums des Verfügenden einen *vollendeten* Betrug nur verneinen können, wenn dem Geschädigten die Verhinderung der Verfügung rechtzeitig möglich und zumutbar war. Hat der Vermögensinhaber oder der für das Vermögen zuständige Sachwalter das manipulative Vorgehen selbst vorgeschlagen, ist diese Voraussetzung gegeben. Zwar wird auch dann aufgrund eines täuschungsbedingten Irrtums verfügt[155], der Schaden beruht in einem solchen Fall aber nicht zurechenbar darauf, sondern auf dem bewusst selbst-

---

150 RGSt 70, 255, 256; BGHSt 19, 37, 45; BGH NJW 95, 539; OLG Düsseldorf NJW 88, 922; *Deutscher/Körner*, JuS 96, 296; *Dölling*, JuS 81, 570; *Fischer*, § 263 Rn 44; *Herzberg*, JuS 72, 570; *Hilgendorf*, JuS 94, 466; *Schmoller*, JZ 91, 117; weitere Nachweise bei *Gerhold*, Zweckverfehlung und Vermögensschaden 1988, S. 19, 56 ff.

151 Vgl *Maurach/Schroeder/Maiwald*, BT I § 41 Rn 120 ff; *Rudolphi*, Klug-FS S. 315; *S/S-Cramer/Perron*, § 263 Rn 41, 102.

152 Dagegen *Graul*, Brandner-FS S. 805.

153 Vgl BGHSt 19, 37, 45; BGH NJW 95, 539; OLG Hamm NJW 82, 1405.

154 S. zu solchen Konstellationen BGH NJW 03, 1198, 1199 f; BayObLG NStZ 02, 91 f; *Eisele*, BT II Rn 522 ff; *Fischer*, § 263 Rn 39–39b; *LK-Tiedemann*, § 263 Rn 82; *Rengier*, Roxin-FS S. 823 f; weiterführend *Eisele*, ZStW 116 (2004), 15.

155 BGH StV 06, 297 verneint einen Irrtum, weil es bei einer Ableitung der Verfügungsbefugnis vom Sachwalter auf dessen Kenntnis ankomme; krit. dazu *Brand/Vogt*, wistra 07, 408; s. zur Lösung auch *Rengier*, BT I § 13 Rn 21b–d; *Wittmann*, Wissenszurechnung im Strafrecht 2006, S. 86.

schädigenden Verhalten des Vermögensinhabers bzw dem pflichtwidrigen Verhalten des Sachwalters. Da der Täuschende das weiß, liegt auch kein versuchter Betrug vor. Für den Sachwalter kommt ggf eine Untreue unter Beteiligung des Täuschenden in Betracht. Diese Lösung setzt allerdings voraus, dass der Vermögensinhaber oder Sachwalter nicht ihrerseits vom Täuschenden über den wahren Umfang der Täuschung im Unklaren gelassen wurden[156]. In den beiden anderen Sachverhaltsgestaltungen ist die Kenntnis der Verfügenden bzw der beratenden Hilfspersonen dem Vermögensinhaber zuzurechnen, wenn diese Personen nach den Maßstäben der Lagertheorie (s. Rn 641) zum Vermögenskreis des Vermögensinhabers zu zählen sind. Dann liegt nur versuchter Betrug vor. Behält allerdings der Gehilfe seine Kenntnis mit dem Wissen des Täuschenden dem Geschäftsherrn bewusst vor oder handelt mit jenem kollusiv zusammen, ist die Grundlage der Zurechnung zerstört. Hier wird idR ein Betrug unter Beteiligung der Hilfsperson gegeben sein[157].

Verfügt der Mitarbeiter einer **Behörde**, kommt es auf seine Vorstellung bzw die Vorstellungen desjenigen an, der nach der Organisationsstruktur die Verfügung zu verantworten hat. Die Kenntnis irgendeines anderen Behördenmitarbeiters kann der Behörde nicht zugerechnet werden[158].

4. Vermögensbeschädigung

Durch die Vermögensverfügung des Getäuschten muss dessen Vermögen oder das eines Dritten **unmittelbar geschädigt** werden.   **529**

a) Vermögensbegriff

Der Begriff des strafrechtlich geschützten **Vermögens** ist umstritten und in seinen   **530**
Randbereichen noch nicht abschließend geklärt. Seine Entwicklung in Rechtsprechung und Wissenschaft ist geprägt durch eine Abkehr von extremen Auffassungen und eine Hinwendung zu vermittelnden Lehrmeinungen[159].

Die ältere, heute nicht mehr vertretene **juristische Vermögenstheorie** sah im Vermögen   **531**
nur die Summe der einzelnen Vermögensrechte[160]. Im Gegensatz zu ihr stand ursprünglich der **rein wirtschaftliche Vermögensbegriff**, der „alle geldwerten Güter einer Person" umfasst und neben nichtigen Ansprüchen aus verbotenen oder unsittlichen Geschäften auch Werte einschließt, die man widerrechtlich oder sonst in missbilligenswerter Weise erlangt hat. Diese extrem wirtschaftlich orientierte Betrachtungsweise wurde durch RGSt 44, 230 in die Rechtsprechung übernommen und später durch BGHSt 2, 364 bekräftigt[161]. Ihre wichtigste Konsequenz besteht darin, dass sich im sog. Ganovenum-

---

156 Die für die Lösung vorauszusetzende Eigenverantwortlichkeit richtet sich nach den Maßstäben für die Wirksamkeit einer Einwilligung, s. *Eisele*, JZ 08, 524 zu BGH JZ 08, 52; iE zust. auch *Krack*, ZIS 08, 518, 520 f.

157 S. BayObLG NStZ 02, 91; *Otto*, Jura 02, 611. *Eisele*, ZStW 116, 2004, 15, 23 f, 29, 30 ff, *Rengier*, BT I § 13 Rn 21e und LK-*Tiedemann*, § 263 Rn 82 stützen diese Ergebnisse nicht auf Wissenszurechnung, sondern auf die allgemeinen Regeln der objektiven Zurechnung; eine Zurechnung des Wissens von *Hilfspersonen* lehnt *Wittmann*, Wissenszurechnung im Strafrecht 2006, S. 137 f mit der Folge eines vollendeten Betrugs ab.

158 OLG München NStZ 09, 156 f; diff. *Fischer*, § 263 Rn 39; s. auch A/W-*Arzt*, § 20 Rn 81a.

159 Zum Streit s. *Hillenkamp*, BT 31. Problem; *Küper*, BT S. 365 ff; *Kühl*, JuS 89, 505; *Otto*, Jura 93, 424.

160 Vgl RGSt 3, 332, 333; 11, 72, 76; *Binding*, Lehrbuch des Gemeinen Deutschen Strafrechts BT, 1. Bd., 2. Aufl. 1902, S. 238 ff.

161 Zust. *Fahl*, JA 95, 205; *Haft/Hilgendorf*, BT S. 92; *Heghmanns*, Rn 1229; *Jäger*, BT Rn 357; *Krey/Hellmann*, BT II Rn 433 f; *Sonnen*, JA 82, 593; nahest. *Fischer*, § 263 Rn 54 ff.

feld kein strafrechtsfreier Raum[162] bilden kann und dass es keine wirtschaftlichen Werte gibt, die gegen Betrug, Erpressung, Untreue und dergleichen ungeschützt sind.

532 Zwischen den vorgenannten Auffassungen hat sich in der Rechtslehre zunehmend die **juristisch-ökonomische Vermittlungslehre** durchgesetzt[163], die in unterschiedlichen Varianten zum Vermögen einer Person alle Wirtschaftsgüter zählt, die ihr „ohne rechtliche Missbilligung" zukommen[164] oder die ihr „unter dem Schutz der Rechtsordnung" zu Gebote stehen[165].

533 Vereinzelt wird eine **personale Vermögenstheorie** befürwortet, die von der Funktion des Vermögens als „Grundlage der Persönlichkeitsentfaltung" ausgeht und im Zuge der Schadensfeststellung vorrangig auf die Minderung der wirtschaftlichen Potenz des Vermögensträgers und den mit der Verfügung angestrebten Zweck abstellt[166]. Ihren Ausgangspunkt, das Vermögen mit der Reichweite seiner Wirkungsmacht gleichzusetzen und damit eine Herrschaftsposition zu beschreiben, teilt der **normativ-ökonomische Vermögensbegriff** *Hefendehls*[167]. Nach ihm ergibt sich Vermögen, wenn eine Person über mit der Rechtsordnung vereinbare Potentiale wirtschaftlicher Betätigung mit Hilfe zivilrechtlich anerkannter Durchsetzungsmöglichkeiten nach ihrem Belieben verfügen und externen Störfaktoren effektiv begegnen kann. Der so genannte **funktionale Vermögensbegriff** versteht unter Vermögen die Verfügungsmacht einer Person über die ihr rechtlich zugeordneten übertragbaren Güter[168].

534 Die neuere Rechtsprechung hält im Prinzip am bewährten und als **Ausgangspunkt vorzugswürdigen**[169] wirtschaftlichen Vermögensbegriff fest[170], ergänzt und korrigiert ihn jedoch in teilweiser Übereinstimmung mit der juristisch-ökonomischen Vermittlungslehre zur Vermeidung von Wertungswidersprüchen zwischen Zivilrecht und Strafrecht durch Einbeziehung normativer Wertungen[171]. Typisch dafür ist der in der Sache durch das Gesetz zur Regelung der Rechtsverhältnisse der Prostituierten

---

162 Zu seinen Gefahren s. *Hillenkamp*, Vorsatztat und Opferverhalten 1981, S. 204 f.
163 S. LK-*Tiedemann*, § 263 Rn 127, 132.
164 *Gössel*, BT II § 21 Rn 121; *Lenckner*, JZ 67, 105; *Seelmann*, S. 72; S/S-*Cramer/Perron*, § 263 Rn 82 ff; enger *Zieschang*, Hirsch-FS S. 837, 840.
165 *Franzheim*, GA 1960, 269; *Mitsch*, BT II/1 § 7 Rn 84; *Rengier*, BT I § 13 Rn 55; *Tenckhoff*, Anm. JR 88, 126; nicht auf die Vermögensposition, sondern auf den Tauschwert und seine rechtliche Anerkennung bezogen SK-*Hoyer*, § 263 Rn 118, 121; s. auch *Nelles*, Untreue zum Nachteil von Gesellschaften 1991, S. 426; krit. *Kargl*, JA 01, 714.
166 Vgl *Alwart*, JZ 86, 563; D. *Geerds*, Jura 94, 309; *ders.*, Wirtschaftsstrafrecht und Vermögensschutz 1990, S. 116 ff; *Otto*, Die Struktur des stafrechtl. Vermögensschutzes 1970, S. 34 ff, 69; *Winkler*, Der Vermögensbegriff beim Betrug usw 1995; krit. dazu LK-*Lackner*, 10. Aufl., § 263 Rn 124.
167 *Hefendehl*, Vermögensgefährdung und Exspektanzen 1994, S. 93 ff; *ders.*, in: Schünemann, Strafrechtssystem und Betrug 2002, S. 185, 228 ff; MK-*Hefendehl*, § 263 Rn 333 ff; s. auch LK-*Schünemann*, § 266 Rn 134.
168 NK-*Kindhäuser*, § 263 Rn 35 ff; *Kindhäuser/Nikolaus*, JuS 06, 198.
169 A/W-*Arzt*, § 20 Rn 15 f, 91; LK-*Tiedemann*, § 263 Rn 132.
170 S. BGHSt 34, 199, 203; 38, 186, 190, 196 mit krit. Bespr. *Ranft*, wistra 94, 41; BGH JR 03, 162 mit zust. Anm. *Engländer*; OLG Düsseldorf NJW 88, 922; 94, 3367; wistra 95, 276, 277; OLG Celle StV 96, 155; KG NJW 01, 86.
171 HK-GS/*Duttge*, § 263 Rn 39; krit. dazu *Krey*, BT II, 12. Aufl., Rn 433 ff.

(ProstG vom 20.12.2001, BGBl I 3983)[172] zwar überholte, methodisch aber beispielhaft bleibende Beschluss des BGH im Dirnenlohnfall[173], wonach keinen Betrug beging, wer eine **Prostituierte** um den vereinbarten Lohn prellte.

In der Begründung dieser Entscheidung wurde die seinerzeit herrschende und erst durch die Entscheidung des VG Berlin NJW 01, 983 ins Wanken geratene Ansicht zugrundegelegt, dass die zwischen Prostituierten und ihren Kunden geschlossenen Vereinbarungen sittenwidrig und damit zivilrechtlich unwirksam seien (anders jetzt § 1 ProstG). Hier heißt es: „Zwar kann auch die Möglichkeit, die eigene Arbeitskraft zur Erbringung von Dienstleistungen zur Verfügung zu stellen, zum Vermögen im Sinne des § 263 StGB gehören, wenn solche Leistungen üblicherweise nur gegen Entgelt erbracht werden. Das gilt aber nicht für Leistungen, die verbotenen oder unsittlichen Zwecken dienen. Das Strafrecht würde sich in Widerspruch zur übrigen Rechtsordnung setzen, wenn es im Rahmen des Betrugstatbestandes nichtigen Ansprüchen Schutz gewährte, die aus verbotenen oder unsittlichen Rechtsgeschäften hergeleitet werden. Die Prostitution verstößt auch nach heutiger Auffassung regelmäßig gegen die guten Sitten (BGHZ 67, 119, 122 ff). Die Aussicht der Prostituierten, durch sexuelle Leistungen den versprochenen oder üblichen Lohn zu erhalten, gehört deshalb **nicht** zum **strafrechtlich geschützten Vermögen**. Geschützt bleibt, was die Prostituierte als Entgelt erlangt hat. Zu weitergehender Pönalisierung besteht kein Anlass. Für die Gegenmeinung spricht auch nicht, dass die Einkünfte der Prostituierten einkommensteuerpflichtig sind. Für die Besteuerung ist es unerheblich, ob ein Verhalten, das den Tatbestand eines Steuergesetzes erfüllt, gegen ein gesetzliches Verbot oder gegen die guten Sitten verstößt (§ 40 AO 1977)." Nach diesen Grundsätzen gehörte auch der „Anspruch" **Telefonsex** anbietender Personen auf das vereinbarte Entgelt nicht zum durch Betrug geschützten Vermögen[174]. Wer, wie von vornherein beabsichtigt, das Entgelt nicht entrichtete, beging infolgedessen keinen vollendeten und – entgegen LG Mannheim NJW 95, 3398 – auch keinen versuchten Betrug. Vielmehr kam bei entsprechender Vorstellung nur ein strafloses Wahndelikt in Betracht[175] (s. zur jetzigen Rechtslage Rn 566).

Erwerbsaussichten und andere Positionen, die **nicht unter dem Schutz der Rechtsordnung** stehen, gehören danach nicht zum strafrechtlich geschützten Vermögen[176]. Insoweit nimmt das Vermögen auch am Wandel der Rechtsordnung teil. Diese **Korrektur** des wirtschaftlichen Vermögensbegriffs erscheint zwar unabweisbar, weil eine rein wirtschaftliche Betrachtungsweise dort in einen unannehmbaren Widerspruch zur Gesamtrechtsordnung führt, wo sie nicht unter dem Schutz dieser Ordnung stehende vermögenswerte Positionen einbezieht. Sie birgt aber die Gefahr, den Betrüger zu ermutigen, „seine Opfer in den Kreisen der sittlich schwachen Personen zu suchen"[177], die Befriedungsfunktion des Strafrechts in einem von seinen Schranken befreiten Bereich aufzugeben und dadurch ohne legitimierenden Sinn Freiräume für wirtschaftliche Schädigungen zu eröffnen[178]. In der *Verwirkung* des Vermögensschutzes durch missbilligenswertes Opferverhalten eine Rechtfertigung hierfür zu su-

535

---

172 S. dazu *Heger*, StV 03, 350, 355; *Rautenberg*, NJW 02, 650; *v. Galen*, Rechtsfragen der Prostitution 2004, Rn 314 ff; *Trede*, Auswirkungen des ProstG auf das Straf- und Ordnungswidrigkeitenrecht 2006, S. 238 ff; *Ziethen*, NStZ 03, 184.

173 BGH JR 88, 125 mit Anm. *Tenckhoff*, 126; *Barton*, StV 87, 485 und Bespr. von *Bergmann/Freund*, JR 88, 189; s. auch BGHSt 26, 346, 347 f; 31, 178.

174 OLG Hamm NJW 90, 342 mit Anm. *Wöhrmann*.

175 S. *Abrahams/Schwarz*, Jura 97, 355; *Behm*, NStZ 96, 317; *Scheffler*, JuS 96, 1070.

176 Ebenso OLG Hamm NJW 89, 2551.

177 RGSt 44, 230, 249.

178 S. *Hillenkamp*, Vorsatztat und Opferverhalten 1981, S. 108 ff, 204 f; *Krey*, BT II, 12. Aufl., Rn 435.

chen, verbietet sich deshalb, weil dieser Gedanke dem Strafrecht fremd und das Unrecht ersichtlich auf beide Seiten verteilt ist[179]. Man wird daher die juristische Einschränkung des wirtschaftlichen Vermögensbegriffes auf die wenigen Fälle beschränken müssen, in denen die Gesamtrechtsordnung, die freilich nicht auf das im *Grundgesetz* verkörperte Wertesystem reduzierbar ist[180], die fragliche Vermögensposition eindeutig missbilligt. Bestandteile des strafrechtlich geschützten Vermögens sind demgemäß alle Güter und Positionen, denen ein **wirtschaftlicher Wert** beizumessen ist und die **mangels ausdrücklicher rechtlicher Missbilligung** unter dem **Schutz der Rechtsordnung stehen** (= wirtschaftlicher Vermögensbegriff mit *normativer* Schranke)[181]. **Dazu zählen beispielsweise** dingliche und obligatorische **Rechte** unter Einschluss auch klagloser[182], nicht aber nach §§ 134, 138 BGB nichtiger Forderungen, **Anwartschaften**[183] sowie tatsächliche **Erwerbsaussichten**, soweit sie hinreichend konkretisiert sind[184], auf einer rechtlich legitimen Grundlage basieren[185] und daher dem Inhaber die störungsfreie Entwicklung zum Vollwert ermöglichen. Unter diesen Voraussetzungen ist von einer **vermögenswerten Exspektanz** zu sprechen, deren täuschungsbedingte Beeinträchtigung nicht die bloße und für den Betrug unzureichende Vereitelung einer Vermögensmehrung, sondern den schadenbegründenden Verlust einer bereits zum Vermögensbestandteil erstarkten Gewinnchance bedeuten kann[186]. Ferner gehört die Möglichkeit zum Vermögen, die eigene **Arbeitskraft** zur Erbringung von Dienstleistungen einzusetzen, wenn diese üblicherweise nur gegen Entgelt erbracht[187] und nicht zu verbotenen oder sittenwidrigen Zwecken verlangt werden[188] sowie der redlich, aber auch der widerrechtlich, also zB durch Diebstahl erlangte **Besitz** an Sachen[189].

536 Nach §§ 858, 859 BGB genießt auch der unrechtmäßige Besitzer Schutz gegen verbotene Eigenmacht. Darf man ihn also nicht bestehlen, berauben oder erpressen, so kann für den Betrug nichts

---

179 Ebenso *Bockelmann*, JZ 52, 464; LK-*Lackner*, 10. Aufl., § 263 Rn 242.
180 AA *Zieschang*, Hirsch-FS S. 831.
181 LK-*Tiedemann*, § 263 Rn 132; S/S-*Cramer/Perron*, § 263 Rn 82 f; in der Sache auch *Eisele*, BT II Rn 568; *Rengier*, BT I § 13 Rn 55, 58; *Satzger*, Jura 09, 519; vgl auch BGHSt 16, 220, 221, 34, 199, 203; BGH NStZ 86, 455; JR 88, 125.
182 RGSt 40, 21, 29 f; 68, 379.
183 BGH JR 78, 298; BGHSt 31, 178, 179.
184 Zu diese Voraussetzung zu Lebzeiten des Erblassers idR nicht erfüllenden **Erb**aussichten s. OLG Stuttgart NJW 99, 1564 mit Anm. *Thomas*, NStZ 99, 622; *Eisele*, Weber-FS S. 271, 278 ff; zur Testaments- und Erbfallschleichung s. *Schroeder*, NStZ 1997, 575 ff; *Hoyer*, Schroeder-FS S. 497 ff.
185 NK-*Kindhäuser*, § 263 Rn 241 ff; BGHSt 17, 147, 148; 34, 379, 390 f; BayObLG NJW 94, 208 mit Bespr. *Hilgendorf*, JuS 94, 468 f; OLG Düsseldorf JR 94, 522 mit Anm. *Ranft*, 523.
186 S. *Hefendehl*, in: Schünemann, Strafrechtssystem und Betrug 2002, S. 135, 230 f, 237 ff; *Lackner/Kühl*, § 263 Rn 34; LK-*Schünemann*, § 266 Rn 135; MK-*Hefendehl*, § 263 Rn 339 ff; hierzu beim sog. Rabattbetrug BGH NStZ 04, 557 f; KG wistra 05, 37, 38; OLG Stuttgart NStZ-RR 07, 347, 348.
187 BGH NJW 01, 981.
188 BGH JR 88, 125; BGH NStZ 01, 534; LK-*Tiedemann*, § 263 Rn 138; krit. *Fischer*, § 263 Rn 67 ff; *Krey/Hellmann*, BT II Rn 439; s. auch *Heinrich*, GA 1997, 32.
189 BGHSt 14, 386, 388; BGH JR 88, 125; BGH NStZ 08, 627 mit abl. Anm. *Kindhäuser*, StV 09, 355; BayObLG NJW 87, 1654; A/W-*Arzt*, § 20 Rn 115a; LK-*Tiedemann*, § 263 Rn 140; *Rengier*, BT I § 13 Rn 59; *Tenckhoff*, Anm. JR 88, 126; anders zum deliktisch erlangten Besitz *Eisele*, BT II Rn 573; *Maurach/Schroeder/Maiwald*, BT I § 41 Rn 99; S/S-*Cramer/Perron*, § 263 Rn 95; *Zieschang*, Hirsch-FS S. 837; diff. SK-*Hoyer*, § 263 Rn 125; zum Streitstand s. auch *Küper*, BT S. 365 ff.

anderes gelten[190]. Dient der Einsatz betrügerischer Mittel ihm gegenüber allerdings nur dem Ziel, dem **Sacheigentümer** den ihm gebührenden Besitz zurückzuverschaffen, so fehlt es an der Rechtswidrigkeit des vom Täter erstrebten Vermögensvorteils und damit an einer Strafbarkeitsvoraussetzung des § 263 (s. dazu Rn 581 ff).

Der staatliche Anspruch auf Zahlung einer Geldstrafe gehört wegen der **besonderen Natur der** **537** **Geldstrafe** als Sanktionsmittel des Strafrechts nicht zu dem durch § 263 geschützten Vermögen des Staates[191]. Sinn der Geldstrafe ist es nicht, die staatlichen Kassen zu füllen, auch wenn den daraus fließenden Einnahmen im Staatshaushalt wirtschaftliche Bedeutung zukommen mag[192]. Gleiches muss für ein **Verwarnungs-** oder **Bußgeld** nach dem OWiG gelten[193]. Wer daher einen Parkschein manipuliert, um die Politessen von der Festsetzung eines Verwarnungs- oder Bußgeldes abzuhalten, bewirkt damit keine Vermögensverfügung[194]. Da die Nacherhebung der Benutzungsgebühr nicht von den Politessen betrieben wird, soll es insoweit bezüglich des im Fall nur versuchten Betrugs an Vorsatz und Stoffgleichheit fehlen.

b) Vermögensschaden

Der Vermögensschaden im Rahmen des § 263 ist anhand eines **objektiv individuali-** **538** **sierenden Beurteilungsmaßstabes** nach dem **Prinzip der Gesamtsaldierung** unter Berücksichtigung einer etwaigen unmittelbaren **Schadenskompensation** festzustellen: Durch einen Vergleich zwischen dem Vermögensstand unmittelbar *vor* und unmittelbar *nach* der Vermögensverfügung ist zu ermitteln, ob eine **nachteilige Vermögens-** **differenz** eingetreten ist, ohne dass diese Einbuße durch ein **unmittelbar** aus der Vermögensverfügung fließendes **Äquivalent wirtschaftlich voll ausgeglichen** wird. Spätere Entwicklungen wie eine Schadensvertiefung oder ein Schadensausgleich berühren den Schaden nicht mehr. Sie sind nur noch für die Strafzumessung von Bedeutung[195]. Ein Schaden liegt hiernach ohne weiteres vor, wenn durch die Verfügung ein zum geschützten Vermögen gehöriger Bestandteil entzogen oder das Vermögen mit einer Verbindlichkeit belastet, ein Gegenwert in das Vermögen aber nicht eingebracht wird. Erlangt der Betroffene dagegen einen Gegenwert, ist von einem **Vermögens-** **schaden** nur dort zu sprechen, wo die Einbuße größer ist als der zugeflossene Wert[196], das Opfer also im Ergebnis **ärmer** geworden ist. Dass sich das Opfer auf Grund der Täuschung nur geschädigt *fühlt*, reicht ebensowenig aus, wie die Feststellung, das Opfer habe in Folge des Irrtums eine Verfügung getroffen, die es bei Kenntnis der tat-

---

190 S. zum Streit auch innerhalb der juristisch-ökonomischen Vermittlungslehre *Küper*, BT S. 370 f.

191 AA *Otto*, BT § 51 Rn 83, der Straflosigkeit aber aus § 258 V herleiten will; wie hier *Rengier*, BT I § 13 Rn 54b; näher dazu *Jänicke*, Gerichtliche Entscheidungen als Vermögensverfügung 2001, S. 363 ff, 418, 433 f; BGHSt 38, 345, 351 f; OLG Karlsruhe NStZ 90, 282; BayObLG JR 91, 433 mit Anm. *Graul;* BGH NJW 98, 1568, 1576.

192 S. dazu *Hillenkamp*, Lackner-FS S. 455.

193 *Jänicke*, Gerichtliche Entscheidungen als Vermögensverfügung 2001, S. 440 ff; BGH wistra 07, 258 (Beschränkung des Betrugs daher auf die Gebühr).

194 OLG Köln NJW 02, 527; s. dazu *Hecker*, JuS 02, 224.

195 *S/S-Cramer*, § 263 Rn 106; BGHSt 16, 220, 221; 321, 325; 22, 88, 89; 23, 300, 302; 34, 199, 203; BGH wistra 99, 263, 265; BGH NStZ 09, 330 unter Verweis auf BGHSt 30, 388, 389 f; missverständlich ist die Rede von einem „endgültigen Schaden" im amtlichen Leitsatz 2; zurecht krit. insoweit *Ransiek/Reichling*, ZIS 09, 315, 316 f; zur Bedeutung des „Endschadens" für die Strafzumessung in Fällen schadensgleicher Vermögensgefährdung (Rn 571) s. *Schlösser*, StV 08, 548.

196 *Lackner/Kühl*, § 263 Rn 36; LK-*Tiedemann*, § 263 Rn 159; s. zur im Ausgang objektiven Schadensberechnung *Satzger*, Jura 09, 521 f.

sächlichen Umstände nicht vorgenommen hätte, da sonst der Betrug als Vermögens-schädigungsdelikt zum Vergehen gegen die Wahrheit im Geschäftsverkehr umfunktio-niert würde[197].

5. Schadensberechnung

a) Eingehungs- und Erfüllungsbetrug

539 Bei vertraglichen Austauschgeschäften ist zunächst zwischen einem **Eingehungs-** und einem **Erfüllungsbetrug** zu unterscheiden[198].

Bei einem sog. **Eingehungsbetrug** (= Täuschung bei Vertragsschluss), auf den namentlich dann abzustellen ist, wenn es zum tatsächlichen Leistungsaustausch oder wenigstens zur Leistung des Getäuschten nicht kommt[199] oder der spätere Austausch den Betrugstatbestand nicht mehr ver-wirklicht[200], sind die **beiderseitigen Vertragsverpflichtungen** miteinander zu vergleichen. Ein **Vermögensschaden** und damit ein bereits mit dem Vertragsabschluss *vollendeter* Betrug[201] liegt hier nur dann vor, wenn der Anspruch, den der Getäuschte erlangt hat, in seinem wirtschaftlichen Wert hinter der von ihm übernommenen Verpflichtung zurückbleibt[202]. Zu beurteilen ist das nach **objektiven Wertmaßstäben** unter Einbeziehung der **persönlichen Bedürfnisse und individuel-len Verhältnisse** des Betroffenen (= sog. *„persönlicher Einschlag"*). Maßgebend für die Beja-hung eines Schadens ist jedoch nicht dessen subjektive Einschätzung, sondern das **vernünftige Urteil eines objektiven Betrachters**[203]. Danach ist von einem Eingehungsschaden idR zu spre-chen, wenn das Versprochene gegenüber der vom Getäuschten geschuldeten Leistung (beachte dazu § 433 I 2 BGB) minderwertig oder der Versprechende leistungsunfähig oder leistungsunwil-lig ist[204]. Da es im Stadium des Eingehungsbetrugs zu einem Leistungsaustausch noch nicht ge-kommen ist, wird es an einer die Betrugs*vollendung* bewirkenden *schadensgleichen Vermögens-gefährdung* (s. dazu Rn 571), um die es in den Fällen des Eingehungsbetrugs geht[205], dagegen fehlen, wenn und solange sich der Getäuschte durch die Zug-um-Zug-Einrede[206] oder sonstige rechtlich institutionalisierte Schadensverhinderungsmöglichkeiten[207] vor der effektiven Vermö-genseinbuße noch zu schützen vermag. Das gilt bei etwaigen Widerrufsrechten nach §§ 312 ff, 355 ff BGB, aber auch bei anderen Möglichkeiten der Lösung von der eingegangenen Verpflich-tung allerdings idR nur dann, wenn der in seinem Vermögen Gefährdete diese Rechte kennt und

---

197 BGH NStZ-RR 01, 41, 42; BGHSt 51, 10, 15; s. hierzu im Zusammenhang mit einem „Rabattbetrug" OLG Stuttgart StV 07, 132 f; NStZ-RR 07, 347 f (s. auch Rn 541).
198 S. A/W-*Arzt*, § 20 Rn 94/1; *Satzger*, Jura 09, 526 ff.
199 S. zur grundsätzlichen Subsidiarität des Eingehungs- gegenüber dem Erfüllungsbetrug *Küper*, BT S. 385 f; LK-*Tiedemann*, § 263 Rn 274; *Müller-Christmann*, JuS 88, 112; diff. *K. Klein*, Das Verhält-nis von Eingehungs- und Erfüllungsbetrug 2003, S. 162 ff, 262 ff.
200 BGHSt 22, 38 f.
201 Zu Einwänden gegen die Vollendungsstrafbarkeit s. *K. Klein*, Das Verhältnis von Eingehungs- und Erfüllungsbetrug 2003, S. 115 ff; LK-*Tiedemann*, § 263 Rn 175.
202 BGHSt 51, 165, 174 f, 177; BGH NJW 91, 2573; BGH NStZ 04, 557, 558.
203 BGHSt 16, 220, 221; 321, 325; 32, 22, 23; BGH NJW 85, 1563; BGH wistra 08, 149, 150; *Fischer*, § 263 Rn 103; *Ranft*, JR 94, 523.
204 S/S-*Cramer/Perron*, § 263 Rn 128. Eine eigenständige Ermittlung des Schadens findet sich bei *Wahl*, Die Schadensbestimmung beim Eingehungs- und Erfüllungsbetrug 2007, zsfsd. S. 202 ff.
205 *Fischer*, § 263 Rn 94 f; *Küper*, BT S. 386 f; *Rengier*, BT I § 13 Rn 83; BGHSt 45, 1, 4 f; 51, 165, 174 ff; BayObLG NJW 99, 663.
206 S. dazu OLG Düsseldorf JR 94, 522 mit Anm. *Ranft*; BGH wistra 98, 59, 60; 01, 423, 424; 05, 222, 223; *Eisele*, BT II Rn 551.
207 S. LK-*Tiedemann*, § 263 Rn 176; s. zum Grundstückskauf OLG Stuttgart JR 02, 214 mit Anm. *Erb*.

ihrer Ausübung keine erheblichen Hindernisse entgegenstehen[208]. Daran kann es zB einem betrügerisch erzielten Haftungsausschluss nach § 444 BGB fehlen[209].

Beim **Anstellungsbetrug**, einem Unterfall des Eingehungsbetrugs, kommt es nach der Rechtsprechung ausschließlich auf den Eingehungsschaden an, weil die Erfüllung der Zahlungsverpflichtung durch den Getäuschten auch bei Aufrechterhaltung der ursprünglichen Täuschung keine neue Verwirklichung des Betrugstatbestandes bedeute[210]. Bei diesem Typus des Eingehungsbetrugs ist nach BGHSt 45, 1, 4 f „der Vermögensstand vor und nach dem Vertragsabschluß durch einen Wertvergleich der vertraglich begründeten gegenseitigen Ansprüche zu ermitteln. Zu vergleichen sind danach die beiderseitigen Vertragsverpflichtungen. Wenn der Wert des Anspruchs auf die Leistung des Täuschenden (hier: die von dem Angeklagten zu erbringende Amtsführung) hinter dem Wert der Verpflichtung zur Gegenleistung des Getäuschten (hier: dem Wert des von der Behörde versprochenen Geldes) zurückbleibt, ist der Getäuschte geschädigt. Da die Vertragspflichten bei Vertragsabschluß – nicht aber die künftig erbrachten Leistungen im Rahmen der Vertragserfüllung – zu vergleichen sind, handelt es sich um einen Gefährdungsschaden, der schadensgleich sein muss, um einen Vermögensschaden zu begründen … Der Vermögensschaden muss hier auf Grund einer ex-ante-Betrachtung ermittelt werden. Bei diesem Wertvergleich kann bei längerer Dauer des Dienstverhältnisses aber auch die spätere tatsächliche Leistung des Verpflichteten als Indiz für die bei Vertragsschluß bestehende Gefährdung herangezogen werden". **539a**

Gleichfalls um einen Eingehungs-, und nicht um einen Erfüllungsbetrug handelt es sich dann, wenn jemand **Waren** oder **Dienstleistungen unter dem Namen eines Anderen bestellt**, um diesen zu beunruhigen oder zu ärgern und der Andere die Annahme ablehnt[211]. Maßgeblich für den Schaden ist hier nicht, ob das angegriffene Vermögen nach der Abwicklung des Geschäfts (zB dadurch, dass die gelieferte Ware – wie eine Pizza – nicht anderweitig verwertbar ist) geschädigt ist, sondern nur, ob der Vermögensbestand durch den Abschluss des Vertrags selbst eine Einbuße erlitten hat. Das ist hier deshalb so, weil die Anlieferer gegen den vermeintlichen Auftraggeber keinen Anspruch erwerben und die analog §§ 177, 179 BGB gegen den wahren Besteller erwachsenden Ansprüche wegen dessen Anonymität und fehlender Zahlungsbereitschaft wirtschaftlich wertlos sind. Fehlen dürfte es allerdings an der Bereicherungsabsicht, da der erstrebte Ärger nicht die Kehrseite des Schadens und der erworbene Anspruch nicht als Vermögenswert erstrebt ist[212]. Das ist auch gegen einen ohnehin nicht überzeugend konstruierbaren Erfüllungsbetrug einzuwenden[213]. **539b**

Im Falle des sog. **Erfüllungsbetrugs** ist zwischen dem *echten* und dem *unechten* Erfüllungsbetrug zu unterscheiden[214]. Beim **echten** Erfüllungsbetrug entschließt sich der Vertragspartner erst nach Vertragsabschluss, nicht vertragsgemäß zu leisten und hierüber zu täuschen. Dann sind die vertraglich **geschuldete** und die **tatsächlich erbrachte Leistung** miteinander zu vergleichen. Er gibt sich dabei eine **nachteilige Differenz** zulasten des Getäuschten (= er erhält weniger, als ihm zusteht, oder bezahlt mehr, als er von Rechts wegen müsste), liegt ein Vermögensschaden vor. Das gilt selbst dann, wenn die Leistung des Täuschenden an sich ihren Preis wert ist, hinter dem ver- **540**

---

208 S. *Krey/Hellmann*, BT II Rn 452; *Küper*, BT S. 386 f; MK-*Hefendehl*, § 263 Rn 457 ff; zu Stornierungs- und Rücktrittsrechten s. auch Rn 546.
209 Nicht erörtert von OLG München wistra 09, 126.
210 BGHSt 22, 38 f; s. dazu *Fischer*, § 263 Rn 91; *Heghmanns*, Rn 1255 f; HK-GS/*Duttge*, § 263 Rn 58; LK-*Tiedemann*, § 263 Rn 274.
211 Einen Eingehungbetrug bejahen in diesem heute auch von § 238 I Nr 3 erfassten Fall BayObLG JR 72, 344 und LG Kiel NStZ 08, 219.
212 IE ebenso *Joecks*, § 263 Rn 117; *Maurach*, JR 72, 346; *Schröder*, JZ 72, 26; S/S-*Cramer/Perron*, § 263 Rn 167; s. auch hier Rn 579.
213 Für Erfüllungsbetrug *Herzberg*, JuS 72, 185; *Maurach/Schroeder/Maiwald*, BT I § 43 Rn 136; dagegen zu Recht *Blei*, JA 72, 435 (StR 115).
214 S. *Eisele*, BT II Rn 554 ff; *Küper*, BT S. 387, 389; LK-*Tiedemann*, § 263 Rn 202; *Rengier*, BT I § 13 Rn 74a, 75; *Schmidt/Priebe*, BT II Rn 639 ff.

traglich Geschuldeten aber zurückbleibt. Die hierzu vor der Modernisierung des Schuldrechts allgemein für erforderlich erachtete Unterscheidung zwischen Gattungs- und Stückschulden beim Kaufvertrag erweist sich durch die Schuldrechtsreform als nicht mehr sachgerecht, da hiernach der Käufer auch bei einer Stückschuld einen „originären Anspruch auf Verschaffung einer mangelfreien Sache" (§§ 433 I 2, 434 BGB) hat, „zu dem im Fall einer zugesicherten Eigenschaft ein Anspruch aus der übernommenen Garantie" hinzutritt. Weicht die erbrachte von der geschuldeten Leistung aufgrund eines Sachmangels oder des Fehlens einer zugesicherten Eigenschaft ab, stellt sich folglich bei beiden Schuldarten durch die Annahme der Leistung als Erfüllung ein Vermögensschaden ein[215]. Will man angesichts des weiter bestehenden (Nach)Erfüllungsanspruchs im nur unbewusst-faktischen Verzicht auf die mit diesem Anspruch begründete Exspektanz auf die eigentlich geschuldete Leistung noch keine schadensgleiche Gefährdung sehen, wird man den Erfüllungsschaden erst bejahen, wenn der Getäuschte mit seiner Leistung den Vertrag erfüllt[216]. Beim **unechten** Erfüllungsbetrug wird bereits im Rahmen des Verpflichtungsgeschäfts zB darüber getäuscht, eine Hose sei aus „reiner Schurwolle" oder ein Gebrauchtwagen habe nur die halbe Laufleistung[217]. Diese Täuschung und der darauf beruhende Irrtum wirken in der Erfüllungsphase fort. Ist in solchen Fällen die erbrachte Leistung (= die Hose aus Zellwolle, der Gebrauchtwagen mit der doppelten Fahrleistung) den vereinbarten Preis nicht wert, liegt Betrug vor[218]. Entspricht der Preis dagegen dem Marktwert der gelieferten Ware, fehlt es jedenfalls an einem Eingehungsschaden, weil die zu liefernde Sache auch ohne die zugesicherten Merkmale den vereinbarten Preis wert ist und daher ein ausgeglichenes Verpflichtungsgeschäft vorliegt. Dass die Ware den gezahlten Preis wert ist, spricht aber auch gegen einen Erfüllungsschaden. Der Käufer wird hier lediglich um die erhoffte Gewinnerwartung, eine rein schurwollene Hose oder einen weniger gefahrenen Gebrauchtwagen zu einem günstigen Preis zu erhalten, gebracht[219], nicht aber wirtschaftlich ärmer. Der unechte Erfüllungsbetrug ist daher entgegen einer verbreiteten Meinung[220] nicht wie der echte Erfüllungsbetrug, sondern mangels Schadens wie die sogleich in Rn 541 ff besprochene Fallgruppe zu entscheiden.

540a Im Falle einer **manipulierten Sportwette** mit festen Quoten (sog. Oddset-Wette) hat das LG Berlin schon beim Abschluss des Wettvertrages eine schadensgleiche Vermögensgefährdung beim Wettanbieter in Höhe des möglichen Wettgewinns (abzüglich des Einsatzes) angenommen und hiermit einen Eingehungsschaden begründet. Das weist der BGH[221] deshalb zurück, weil bei einem Eingehungsschaden die Gefahr des endgültigen Verlustes bereits so groß sein müsse, dass sie schon im Zeitpunkt des Abschlusses eine schadensgleiche Minderung des Vermögens bedeute. Davon könne aber keine Rede sein, wenn der Eintritt des Nachteils beim Wettanbieter trotz der Manipulation nicht einmal überwiegend wahrscheinlich sei. Gleichwohl wird ein Eingehungsschaden dann in Gestalt eines „*Quotenschadens*" für den Fall bejaht, dass es zu einem *Spielgewinn nicht kommt*. Wenn zur Eingehung der vertraglichen Verpflichtungen der Austausch von Einsatz und Wettschein hinzukomme, sei maßgeblich, „dass der Wettanbieter täuschungsbedingt aus seinem Vermögen eine Gewinnchance" ein-

---

215 Zur Anpassung an die Schuldrechtsreform s. *Küper*, BT S. 388 f; *ders.*, Tiedemann-FS S. 625 f.

216 So *Küper*, Tiedemann-FS S. 632 ff; selbst dann kann nach der Konzeption von *Wahl*, Die Schadensbestimmung beim Eingehungs- und Erfüllungsbetrug 2007, S. 167 ff der Schaden noch fehlen. Jedenfalls bei Unkenntnis der anspruchsbegründenden Tatsachen (s. dazu *Wahl*, S. 141) dürfte aber bereits bei Annahme der Leistung eine hinreichende Vermögensgefährdung bestehen.

217 BGHSt 16, 220, 223 f; BayObLG NJW 87, 2457; s. auch BayObLG NJW 99, 663 mit Anm. *Bosch*, wistra 99, 410 und Bespr. *Rengier*, JuS 00, 644.

218 *Rengier*, BT I § 13 Rn 74, 74a.

219 LK-*Tiedemann*, § 263 Rn 202; *Tenckhoff*, Lackner-FS S. 686.

220 S/S-*Cramer/Perron*, § 263 Rn 137 ff, *Otto* JZ 93, 657; *Schneider*, JZ 96, 916; *Seyfert*, JuS 97, 29.

221 BGHSt 51, 165, 174 ff (Fall *Hoyzer*).

räume, „die (unter Berücksichtigung der Preisbildung des Wettanbieters) gemessen am Wetteinsatz zu hoch" sei. Der Manipulator habe nämlich das Risiko, das jeder Wettanbieter seiner kaufmännischen Kalkulation zugrunde lege, „erheblich zu seinen Gunsten verschoben" und die daraus resultierende deutlich vergrößerte Chance nicht (quotengerecht) bezahlt. Der Täuschende verschaffe sich also eine höhere Gewinnchance, als der Wettanbieter ihm für den gezahlten Preis bei richtiger Risikoeinschätzung „verkaufen" würde. Kommt es zur *Auszahlung eines Wettgewinns*, sei „das Verlustrisiko in einen endgültigen Vermögensverlust der jeweiligen Wettanbieter in Höhe der Differenz zwischen Wetteinsatz und Wettgewinn umgeschlagen" und ein Gewinn ausbezahlt, „auf den der Wettende wegen der Spielmanipulation keinen Anspruch" habe. In dieser Höhe sei das Vermögen des Wettanbieters gemindert und gerade diese Bereicherung erstrebe der Wettende auch an[222]. Ob sich diese Überlegungen durchsetzen, bleibt abzuwarten. Sie werden für beide denkbaren Wettausgänge kritisiert. Bedenkenswert erscheint vor allem, im auch vom BGH als hinzukommende Besonderheit erwähnten Austausch von Wetteinsatz und Wettschein schon einen wegen der Manipulation zu Ungunsten des Wettanbieters vermögensrelevant gestörten *Leistungsaustausch* zu sehen, der die Voraussetzungen des Erfüllungsbetrugs verwirklicht[223]. Das würde die schwierige Konstruktion eines Eingehungsbetrugs überflüssig machen. Die Problematik der Zurechenbarkeit des Schadens bei Gewinnauszahlung entfiele gleichwohl nicht, weil dieser Schaden den vorangegangenen überträfe und auch für das Regelbeispiel des § 263 III 2 Nr 2 von Bedeutung ist.

b) Vermögensschutz und Dispositionsfreiheit

Um die **Schutzrichtung** des § 263 geht es bei der Frage, ob eine **Vermögens**beschädigung auch dann bejaht werden kann, wenn der Getäuschte im Rahmen eines Austauschverhältnisses für seine Leistung zwar eine **wirtschaftlich gleichwertige Gegenleistung** erhalten hat, die **vertragliche Verpflichtung** beim Durchschauen der wahren Zusammenhänge jedoch **nicht** eingegangen wäre. Diese Frage ist zu verneinen, weil der Betrug nur das Vermögen, nicht aber die **Dispositionsfreiheit** des Vermögensinhabers schützt[224].   541

Fall 49: Der Händler H bietet dem arglosen Käufer K an der Wohnungstür einen Orientteppich im Verkehrswert von 800 EUR zum regulären Verkaufspreis von 800 EUR mit der wahrheitswidrigen Behauptung an, es handele sich um einen Sonderpreis im Rahmen einer zeitlich begrenzten Werbeaktion seiner Firma; der normale Listenpreis für den Teppich betrage 1800 EUR. Um sich diese vermeintliche Gewinnchance nicht entgehen zu lassen, erwirbt K den für ihn brauchbaren, aber nicht dringend benötigten Teppich gegen Zahlung von 800 EUR. Ohne die Täuschung hätte er sich auf den Kauf nicht eingelassen.   542

Hat K einen Vermögensschaden erlitten? **Rn 543**

---

222 BGHSt 51, 165, 177 f; krit. *Fischer*, § 263 Rn 75a.
223 So *Krack*, ZIS 07, 109 f; ihm zustimmend *Engländer*, JR 07, 479; *Radtke*, Jura 07, 451 f. *Saliger/Rönnau/Kirch-Heim*, NStZ 07, 364 ff, 367 ff verneinen einen Schaden bei Vertragsschluss, halten aber einen (zurechenbaren) Auszahlungsschaden bei Gewinn für möglich; s. auch *Rengier*, BT I § 13 Rn 97a f; Falllösung bei *Heissler/Marzahn*, ZJS 08, 638, 641 ff.
224 BGHSt 51, 10, 15; KG JR 98, 43 f; OLG Köln wistra 09, 126 f.

543 Eine irrtumsbedingte Vermögensverfügung des K liegt zunächst im **Abschluss des Kaufvertrages**, der ihn zur Zahlung des vereinbarten Kaufpreises verpflichtete (§ 433 II BGB). Aus diesem Rechtsgeschäft hat K indessen einen **kompensationsfähigen Lieferungsanspruch** (§ 433 I BGB) erlangt, dessen Wert die von ihm übernommene Verpflichtung auch unter Berücksichtigung seiner individuellen Bedürfnisse **wirtschaftlich voll ausgleicht**. Infolgedessen fehlt es an einer dem K nachteiligen Vermögensdifferenz im Sinne eines Eingehungsschadens. Auch im Zuge der in einem solchen Fall vorrangig erörterungsbedürftigen **Vertragserfüllung** hat K keinerlei Schaden erlitten; vielmehr hat sein Vermögen sich lediglich **in seinen Bestandteilen verändert**. An die Stelle des Bargeldes von 800 EUR ist der ihm übereignete Teppich im gleichen Wert getreten. Der objektive Tatbestand des § 263 ist somit nicht erfüllt[225]. Ob K *sich geschädigt fühlt*, spielt keine Rolle, da seine subjektive Einschätzung nicht maßgebend ist. Auch bleibt sein Vertrauen darauf, im Vergleich zum angeblichen Listenpreis des Teppichs einen Gewinn von 1000 EUR zu erzielen, außer Betracht, da § 263 seiner **Schutzrichtung** nach nur die **Verhinderung von Vermögensschäden**, des **Ärmerwerdens**, bezweckt, nicht aber dazu bestimmt ist, bloße *Gewinnerwartungen* zu schützen[226]. K ist auch nicht etwa deshalb geschädigt, weil er den Teppich bei Kenntnis der Wahrheit nicht gekauft hätte. Wollte man *darin* einen Schaden erblicken, verlöre der **Betrug** seinen Charakter als **Vermögensdelikt** und müsste als Angriff auf die *wirtschaftliche Dispositionsfreiheit* aufgefasst werden[227].

544 Die Verfügungsfreiheit als solche ist strafrechtlich allein gegen Gewalt und Drohung (vgl §§ 240, 253), nicht gegen Täuschung und List geschützt. Bloße Eingriffe in die wirtschaftliche Dispositionsfreiheit des Getäuschten reichen daher zur Bejahung des § 263 nicht aus[228]. An einer Vermögensbeschädigung fehlt es demnach, wenn die vermögensmindernde Wirkung der irrtumsbedingten Verfügung durch einen **unmittelbar** mit ihr verbundenen **Vermögenszuwachs wirtschaftlich voll ausgeglichen** wird (= sog. **Schadenskompensation**).

c) Schadenskompensation durch gesetzliche Ansprüche und Rechte

545 Zur **Schadenskompensation** geeignet ist neben einer wertgleichen Gegenleistung auch die Tatsache, dass der Getäuschte eine fällige und einredefreie Verbindlichkeit erfüllt[229]. Ungeeignet sind dagegen Vorteile, die dem Geschädigten aus Gründen zufließen, die nicht **unmittelbar auf der maßgebenden Vermögensverfügung beruhen**, sondern zu ihr – wie zB freiwillige Leistungen Dritter oder Entschädigungen durch die öffentliche Hand – nur in einem äußeren Zusammenhang stehen. Sie bleiben hier ebenso unberücksichtigt wie eine nachträgliche **Schadensbeseitigung**[230]. **Nicht kompensationsfähig** sind ferner alle **gesetzlichen Ansprüche und Rechte**, die dem

---

225 Grundlegend dazu BGHSt 16, 321, 325 im sog. *Melkmaschinenfall*; vgl ferner BGH NJW 83, 1917; OLG Hamm NStZ 92, 593.

226 *Graul*, Brandner-FS S. 806; LK-*Tiedemann*, § 263 Rn 201; *Mitsch*, BT II/1 § 7 Rn 96.

227 S. dazu *Otto*, Jura 02, 613.

228 Vgl Rn 489 und BGH StV 95, 254; OLG Düsseldorf NJW 91, 1841; *Rengier*, BT I § 13 Rn 69 f; anders *Kindhäuser*, ZStW 103, 1991, 398.

229 *Küper*, BT S. 391.

230 Vgl RGSt 41, 24, 25 f; BGH NStZ 99, 353; LK-*Tiedemann*, § 263 Rn 161 f; krit. *T. Walter*, Tiedemann-FS S. 763; zur ähnlichen Problematik beim Vermögensnachteil iS des § 266 s. BGH NStZ 86, 455.

Betroffenen gerade auf Grund der Täuschung erwachsen, wie etwa Schadensersatzansprüche aus §§ 823 II, 826 BGB oder Bereicherungsansprüche aus §§ 812 ff BGB[231]. Auch kann sich nicht auf eine Leistung als anrechenbarem Gegenwert berufen, wer diese ohnehin ohne Entgelt zu erbringen hat[232].

Dasselbe gilt für **Anfechtungs-** und **Gewährleistungsrechte**[233]. Ob das gesetzliche Unternehmerpfandrecht (§ 647 BGB) schlechthin unberücksichtigt bleibt, ist umstritten[234]. Die Abgabe einer selbstschuldnerischen Bürgschaft begründet dann noch keine schadensgleiche Vermögensgefährdung, wenn der Bürge die Auszahlung wegen Mangelhaftigkeit der Ware ebenso wie der Schuldner verweigern (§§ 768 I, 437 I Nrn 1, 2 BGB) oder wenn er über einen auf Grund der Zahlungsfähigkeit des Schuldners vollwertigen Rückgriffsanspruch verfügen kann[235]. Bei einem **vereinbarten Rücktrittsrecht** (nicht aber bei bloßer *Stornierungsbereitschaft*)[236] fehlt es in der Regel am Eintritt einer schadensgleichen Vermögensgefährdung, wenn der getäuschte Vertragspartner seine Leistung noch nicht erbracht hat, lediglich vertraglichen Ansprüchen des Täters ausgesetzt ist und seine Verpflichtung durch einfache einseitige Erklärung wieder beseitigen kann[237]. Anders liegt es, sobald er erfüllt hat; hier bildet das ihm eingeräumte Rücktrittsrecht zumeist keinen vollwertigen Ausgleich für die schon erfolgte Vermögensminderung[238]. Der Versuch, für diese Ergebnisse die Eigenverantwortlichkeit des Opfers für seinen Selbstschutz und den vermeintlichen Vorrang solcher Selbstschutzmöglichkeiten vor staatlichem Schutz heranzuziehen[239], beruht auf einem anfechtbaren Verständnis des Subsidiaritätsprinzips (s. Rn 510 f)[240], dessen Heranziehung es hier nicht bedarf.

546

d) Individueller Schadenseinschlag

Entspricht der Verkehrswert einer Gegenleistung rein rechnerisch dem der Leistung des Getäuschten, so kommt eine Vermögensbeschädigung nach den Grundsätzen des **individuellen Schadenseinschlags**[241] gleichwohl in Betracht, wenn **besondere Umstände** hinzutreten. Nach der hierzu grundlegenden Entscheidung BGHSt 16, 321, 326 ff[242] ist dies insbesondere der Fall, wenn der Erwerber
– die angebotene Leistung nicht oder nicht in vollem Umfange zu dem vertraglich vorausgesetzten Zweck oder in anderer zumutbarer Weise verwenden kann,
– oder durch die eingegangene Verpflichtung zu vermögensschädigenden Maßnahmen genötigt wird,

547

231 BGH MDR/D 70, 13; *Lackner/Kühl*, § 263 Rn 36a; S/S-*Cramer/Perron*, § 263 Rn 120.
232 BGHSt 26, 346, 348; *Stoffers*, Jura 95, 117 ff zu § 253.
233 BGHSt 21, 384, 386; 23, 300, 302 f; BGH NJW 85, 1563.
234 Bejahend BayObLG JZ 74, 189 = JR 74, 336 mit krit. Anm. *Lenckner*; diff. *Amelung*, NJW 75, 624; *D. Meyer*, MDR 75, 357.
235 BGH NStZ 98, 570.
236 S. BGHSt 23, 300, 303 f; *Rengier*, BT I § 13 Rn 85.
237 BGH MDR/D 71, 546.
238 Näher BGHSt 34, 199, 203 mit Anm. *Bottke*, JR 87, 428 und Bespr. von *Müller-Christmann*, JuS 88, 108.
239 *Luipold*, Die Bedeutung von Anfechtungs-, Widerrufs-, Rücktritts- und Gewährleistungsrechten für das Schadensmerkmal des Betrugstatbestandes 1998, S. 208 f.
240 S. dazu *Hillenkamp*, Vorsatztat und Opferverhalten 1981, S. 175 ff.
241 S. dazu A/W-*Arzt*, § 20 Rn 92 f; *Eisele*, BT II Rn 581 ff; *Fischer*, § 263 Rn 85 ff; *Heghmanns*, Rn 1263 ff; *Krey/Hellmann*, BT II Rn 457 ff; *Lackner/Kühl*, § 263 Rn 48 ff; LK-*Tiedemann*, § 263 Rn 177 ff; *Rengier*, BT I § 13 Rn 76 ff; *Satzger*, Jura 09, 522 ff; OLG Hamm wistra 82, 152, 153; krit. *Kindhäuser*, § 263 Rn 179.
242 S. dazu *Fahl*, JA 95, 198.

– oder infolge der Verpflichtung nicht mehr über die Mittel verfügen kann, die zur ordnungsmäßigen Erfüllung seiner Verbindlichkeiten oder sonst für eine seinen persönlichen Verhältnissen angemessene Wirtschafts- oder Lebensführung unerlässlich sind.

548 Am Eintritt eines Vermögensschadens ist nach der ersten, zu Recht weitgehend anerkannten[243] Leitlinie zB nicht zu zweifeln, wenn einem Abonnenten oder Käufer unter Vorspiegelung falscher Tatsachen wissenschaftliche Zeitschriften oder Unterrichtswerke „aufgeschwatzt" werden, die als solche zwar *ihren Preis wert* sind, das Verständnis des Bestellers jedoch weit übersteigen oder sonst nach dem Urteil eines objektiven Betrachters[244] **für seine speziellen Zwecke und individuellen Bedürfnisse nicht brauchbar** sind[245]. Bei einem Gebrauchtwagen, der zwar seinen Preis wert ist, der aber eine deutlich höhere Laufleistung als die vertraglich zugesicherte aufweist, macht die Rechtsprechung eine Schädigung nach diesen Maßstäben von der eher die Ausnahme bildenden Voraussetzung abhängig, dass es dem Käufer erkennbar auf Grund besonderer individueller Verhältnisse mehr als gewöhnlich auf geringe Reparaturbedürftigkeit oder höhere Verkehrssicherheit angekommen ist[246]. Ein in dem Erlangten verkörperter Gegenwert bleibt dann regelmäßig unberücksichtigt und schlägt nur dann schadensmindernd oder -ausschließend zu Buche, wenn das Tatopfer im Stande ist, ihn ohne finanziellen und zeitlichen Aufwand zu realisieren[247].

Vereinbarungen oder Zusicherungen über die **Herkunft** einer Ware oder deren **Beschaffenheit** können im Rahmen der Schadensberechnung Bedeutung gewinnen, wenn der Wirtschaftsverkehr Waren bestimmten Ursprungs (zB Hopfen aus einem bestimmten Anbaugebiet) oder bestimmter Beschaffenheit höher bewertet als andere, objektiv gleichwertige Waren (wie etwa deutsche Markenbutter gegenüber qualitätsgleicher Auslandsbutter)[248]. Wer beispielsweise für ein **Badesalz** dessen hohen Preis nur deshalb zahlt, weil ihm vorgetäuscht wird, es werde aus der in Bad Reichenhall zur Badetherapie verwendeten Natursole gewonnen, während es sich in Wirklichkeit um ein (als Vieh-, Streu- und Pökelsalz verwendbares) **reines Siedesalz** handelt, erleidet einen Vermögensschaden, selbst wenn Badesalz aus der erwähnten Natursole gar nicht in den Handel kommt[249]. Entscheidend ist hier, dass der Käufer angesichts der besonderen Herkunfts- und Beschaffenheitsangaben für seine Leistung kein *gleichwertiges* Äquivalent erhält.

549 Die praktische Bedeutung der beiden übrigen, miteinander eng zusammenhängenden individuellen Schadensbegründungen ist gering[250]. Gedacht ist vor allem an Fälle, in denen vermögensschädigende Maßnahmen getroffen oder Verpflichtungen eingegangen werden, um eine vermeintlich einmalige günstige Kaufgelegenheit wahrzunehmen, bei der in Wahrheit zum Marktpreis verkauft wird. Bedenken gegen die An-

---

243 HK-GS/*Duttge*, § 263 Rn 63; LK-*Tiedemann*, § 263 Rn 178.

244 Krit. dazu aus der Sicht des personalen Vermögensbegriffs *Geerds*, Jura 94, 315; s. auch *Jakobs*, JuS 77, 231.

245 BGHSt 23, 300, 301; BGH NJW 90, 1921, 1923; OLG Köln JR 57, 351 und NJW 76, 1222; weitergehend *Schmoller*, ZStW 103, 1991, 92.

246 OLG Hamm NStZ 92, 593; OLG Düsseldorf JZ 96, 913 mit Anm. *Schneider*.

247 BGHSt 51, 10, 15 f; die von BGHSt 16, 321, 326 benannte Verwendung „in anderer zumutbarer Weise" hatte RGSt 16, 1, 9 in einer „ohne jede Mühe und jedes Bedenken" verwirklichbaren „Wiederverkäuflichkeit" gesehen.

248 BGHSt 8, 46, 49; 12, 347, 352 f.

249 BGH NJW 80, 1760.

250 S. nur BayObLG NJW 73, 633; OLG Köln, MDR 74, 157.

nahme einer Schädigung, die sich aus dem Erfordernis der Unmittelbarkeit der Schadenszufügung und der bewussten Aufsichnahme des Vermögensopfers durch den Betroffenen ergeben, sind zwar mit Mühe ausräumbar, belegen aber den Grenzfallcharakter dieser Sachverhaltsgestaltungen[251].

e) Soziale Zweckverfehlung

Um die Berücksichtigung der individuellen Verhältnisse des betroffenen Vermögensinhabers und des sog. „persönlichen Schadenseinschlags" innerhalb der Schadensermittlung geht es auch bei den Fällen, die man unter dem Gesichtspunkt der **sozialen Zweckverfehlung** und der **wirtschaftlich sinnlosen Ausgabe** zusammenfasst.

550

Allgemein anerkannt ist, dass derjenige einen Betrug begeht, der durch unwahre Angaben über zuteilungserhebliche Tatsachen sich oder einem Dritten **zweckgebundene öffentliche Mittel** verschafft, die zur Förderung bestimmter sozialpolitischer oder wirtschaftspolitischer Ziele dienen (= Förderung des sozialen Wohnungsbaues, der Gewerbeansiedlung in strukturschwachen Gebieten, der Unterstützung Hilfsbedürftiger usw) und dergleichen Subventionsleistungen dann nicht zweckgebunden einsetzt[252]. Die Fehlleitung derartiger Mittel bildet nach einhelliger Auffassung einen Vermögensschaden iS des § 263.

Umstritten und noch nicht abschließend geklärt ist dagegen, inwieweit sich dies auf eine vergleichbare **subjektive Zwecksetzung und deren Verfehlung im privaten Bereich** übertragen lässt[253]. Will man der Gefahr einer Subjektivierung des Schadensbegriffs[254] und einer Verfälschung der Schutzrichtung durch deren Ausdehnung auf die *Dispositionsfreiheit* wirksam begegnen, wird man hier von folgender Richtlinie ausgehen müssen: Zur **Schadensbegründung** geeignet kann nur eine **objektivierbare**, der konkreten Leistung **immanente** und **wirtschaftlich relevante Zwecksetzung** sein, nicht jedoch die Verknüpfung einer Vermögenszuwendung mit *bloßen Affektionsinteressen* und Zielvorstellungen *beliebiger* Art. Da die *Irrtumsbedingtheit* einer Vermögensverfügung für sich allein noch keinen Schaden darstellt, ist ein Motivirrtum, der nicht den wirtschaftlich relevanten Gehalt der Leistung selbst betrifft oder der die Erreichung des sozialen Leistungszwecks nicht in Frage stellt, grundsätzlich auszuscheiden[255]. Wie die nachfolgenden Beispiele verdeutlichen, ist dabei zwischen **unentgeltlichen Zuwendungen** und **Austauschgeschäften** zu unterscheiden.

551

Bei den **unentgeltlichen Zuwendungen** handelt es sich vornehmlich um das Erschleichen „verlorener Zuschüsse" sowie um Fälle des **Bettel-** und **Spendenbetrugs**. Hier muss die richtige Lösung Gewähr leisten, dass ein **bloßes Affektionsinteresse**

552

---

251   S. LK-*Tiedemann*, § 263 Rn 180.
252   Vgl BGHSt 19, 37, 44 f; BGH NJW 82, 2453; BGH wistra 06, 228 f mit Anm. *Bosch*, JA 06, 492 und Bespr. *Idler*, JuS 07, 904; KG JR 62, 26; OLG Hamm NJW 82, 1405; *Lackner/Kühl*, § 263 Rn 56; LK-*Tiedemann*, § 263 Rn 183.
253   S. *Küper*, BT S. 398 f.
254   Ganz abl. daher A/W-*Arzt*, § 20 Rn 111 f.
255   So mit Recht BGH NJW 95, 539; BGH wistra 03, 457, 459; HK-GS/*Duttge*, § 263 Rn 67; LK-*Lackner*, 10. Aufl., § 263 Rn 167; *Küpper/Bode*, JuS 92, 642; krit. MK-*Hefendehl*, § 263 Rn 668.

bei *unentgeltlichen* Zuwendungen im Rahmen des § 263 ebenso unberücksichtigt bleibt, wie dies bei *entgeltlichen* Rechtsgeschäften der Fall ist[256].

553 **Fall 50:** Mit der wahrheitswidrigen Behauptung, dass seine Mutter plötzlich verstorben sei und ihm nicht genügend Geld für die Heimreise zur Verfügung stehe, erschwindelt der Gastarbeiter G von seinem Arbeitgeber A einen „verlorenen Zuschuss" von 500 EUR zur angeblich geplanten Teilnahme an der Beerdigung. In Wirklichkeit hat G vor, einige Tage im Betrieb „blau zu machen" und das Geld zu verjubeln.

Strafbarkeit nach § 263? **Rn 554**

Fall 51: S sammelt im Bezirk einer Pfarrgemeinde für die Caritas. Zur Steigerung des Spendeneifers trägt er zu Beginn der Sammelliste eine in Wahrheit nicht erfolgte Spende des A in Höhe von 30 EUR ein. Um nicht hinter A zurückzustehen, spenden die Nachbarn und zahlreiche Bekannte des A ebenfalls mindestens 30 EUR, während sie sich sonst mit 10 oder 20 EUR als Spende begnügt hätten.

Strafbarkeit nach § 263? **Rn 555**

554 Im **Fall 50** hat die durch Täuschung herbeigeführte unentgeltliche Zuwendung des A an G den ihr immanenten und wirtschaftlich relevanten **Zweck verfehlt**. Sie war in objektiv erkennbarer Weise als **Sozialleistung** bestimmt, wurde jedoch dadurch, dass G sie zweckwidrig verwenden wollte, für A zu einer **wirtschaftlich sinnlosen** und sein Vermögen schädigenden Ausgabe. G hat einen Betrug begangen.

555 Anders liegt es im **Fall 51**, in welchem das BayObLG[257] die Voraussetzungen des § 263 schon deshalb bejaht hat, weil der von S erregte Irrtum für die Spendenhöhe der Betroffenen mitbestimmend war. Diese Erwägung allein reicht aber unter den hier gegebenen Umständen für eine Bestrafung wegen Betrugs nicht aus. Sie geht nämlich daran vorbei, dass der mit den Spenden verfolgte **soziale Zweck** (= die Bereitstellung von Geldern für das Hilfswerk der Caritas) jeweils erreicht worden ist, sodass die finanzielle Leistung für jeden Spender eine **wirtschaftlich sinnvolle Ausgabe** blieb. Zwar war die Höhe des Geldopfers bei einer Reihe von Spendern durch den von S erregten Irrtum mitveranlasst; die Bedeutung *dieses Motivirrtums* erschöpfte sich jedoch in einem **reinen Affektionsinteresse** (= nicht hinter A zurückzustehen und nicht weniger freigebig zu erscheinen als dieser), das zur „Schadensbegründung" nicht ausreicht[258].

556 Auch bei **Austauschverträgen,** bei denen der Austausch der Güter mit einem sozialen Zweck verbunden wird, ist die Annahme eines Schadens möglich, wenn der vereinbarte Zweck für den Abschluss des Geschäfts entscheidend war und alsdann verfehlt wird[259]. Hier kommt allerdings der **Gleichwertigkeit von Leistung und Gegenleistung** auch gegenüber dem Gesichtspunkt der *Zweckverfehlung* Bedeutung zu:

---

256 Näher LK-*Lackner*, 10. Aufl., § 263 Rn 162, 171.
257 BayObLG NJW 52, 798 Nr 30; s. dazu diff. LK-*Tiedemann*, § 263 Rn 185.
258 Ebenso BGH NJW 95, 539; *Deutscher/Körner*, JuS 96, 296; *Eisele*, BT II Rn 590; *Fischer*, § 263 Rn 79; *Gallas*, Beiträge zur Verbrechenslehre 1968, S. 226, 258; *Gerhold*, Zweckverfehlung und Vermögensschaden 1988, S. 54; *Rengier*, BT I § 13 Rn 65 f; *Rudolphi*, Klug-FS S. 315; S/S-*Cramer/ Perron*, § 263 Rn 102; anders *Gössel*, BT II § 21 Rn 170 ff; gegen die Verneinung eines Schadens *Graul*, Brandner-FS S. 806 ff.
259 BGH wistra 03, 457, 459; S/S-*Cramer/Perron*, § 263 Rn 105 (sog. gemischter Vertrag).

Fall 52: A bietet an der Tür Künstlerpostkarten, sortiert zu je 10 Stück, zum Preis von 10 EUR **557**
zum Kauf an. Ihr wirklicher Wert beträgt allenfalls 5 EUR. Die Höhe des Preises rechtfertigt
A stets mit dem wahrheitswidrigen Hinweis, der Erlös komme behinderten Kindern zugute,
von denen die Karten „*mit dem Munde gemalt*" seien. Alle Karten tragen auf der Rückseite einen kleinen Stempelaufdruck dieses Inhalts, den A zu Täuschungszwecken jedoch selbst angebracht hat.

Betrug gegenüber den gutgläubigen Käufern? **Rn 559**

Fall 53: Ändert sich die Beurteilung im **Fall 52**, wenn die Karten ihren Preis von 10 EUR **558**
vollauf wert sind und A nur in der Absicht schwindelt, nicht abgewiesen zu werden und seinen
Umsatz zu steigern? **Rn 560**

Im **Fall 52** fehlt es an der wirtschaftlichen **Ausgeglichenheit** von Leistung und Gegenleistung, **559**
sodass die getäuschten Käufer schon aus diesem Grunde einen **Vermögensschaden** erleiden.
Für die Hingabe von 10 EUR erhalten sie nur einen Gegenwert von 5 EUR. An der Strafbarkeit
gemäß § 263 I besteht hier aber angesichts der Kenntnis der Überteuerung nur dann kein Zweifel, wenn man die Verfehlung des mit dem Kauf der Postkarten verknüpften sozialen Zwecks
zur Schadensbegründung heranzieht (zum *Strafantragserfordernis* beachte insoweit § 263 IV
in Verbindung mit § 248a).

Demgegenüber sind Leistung und Gegenleistung im **Fall 53 wirtschaftlich voll ausgeglichen**, **560**
da die Postkarten (was bei Gegenständen anderer Art im Einzelfall zu prüfen bliebe) für die
Käufer brauchbar sind und es sich nicht um eine nutzlose Anschaffung gehandelt hat. Enttäuscht wird hier nur die sozial motivierte Erwartung der Käufer, dass der Erlös behinderten
Kindern zugute komme. Im Falle der wirtschaftlichen **Gleichwertigkeit von Leistung und
Gegenleistung** genügt Letzteres für sich allein zur Annahme einer Vermögensbeschädigung
jedoch nicht[260]. Dass die getäuschten Käufer die ihnen angebotenen Postkarten bei Kenntnis
der wahren Sachlage nicht gekauft hätten, ändert am Ergebnis nichts, weil § 263 weder Treu
und Glauben im Geschäftsverkehr noch die Verfügungsfreiheit als solche schützt, vielmehr
eine Vermögenseinbuße fordert, die nicht durch einen unmittelbar erlangten Vermögenszuwachs wirtschaftlich voll ausgeglichen wird[261].

Die Lösung aller unter dem Begriff der Zweckverfehlung zusammengeführten Fall **561**
gruppierungen ist im Fluss[262]. Auf dem Hintergrund bislang nicht vollends aus-
geräumter Bedenken gegen die auch hier vorausgesetzte Deutung idealer Zwecker-
reichung als wirtschaftlich bedeutsamer Kompensation, mit der ein Schaden
trotz eigentlich eindeutigen wirtschaftlichen Ärmerwerdens (s. **Fall 51**) ausschließbar sein soll, ist namentlich der Vorschlag diskussionswürdig, die Problematik in das
Täuschungsmerkmal vorzuverlagern. Hiernach ist von einer *betrugsrelevanten* Täu-

---

260 Näher OLG Köln NJW 79, 1419; *Achenbach*, Jura 84, 602; *Beulke*, Rn 222; *Küpper/Bode*, JuS 92,
642; *Mayer*, Jura 92, 238; S/S-*Cramer/Perron*, § 263 Rn 105; *Sonnen*, JA 82, 593; anders insoweit
OLG Düsseldorf wistra 90, 200; *Maurach/Schroeder/Maiwald*, BT I § 41 Rn 120; s. auch SK-*Hoyer*,
§ 263 Rn 224.
261 Vgl BGHSt 16, 220, 222 und 321, 325.
262 Krit. zum Ganzen mit jeweils neuen Lösungsansätzen *Kindhäuser*, ZStW 103, 1991, 398; LK-*Tiedemann*, § 263 Rn 184 f; *Schmoller*, JZ 91, 117; *Pawlik*, Das unerlaubte Verhalten beim Betrug 1999,
S. 273 ff.

schung nur zu sprechen, wo sie dem Täter dazu dient, seinem Opfer das Bewusstsein von dem wirtschaftlichen oder eben auch – in Fällen des Handelns als homo beneficus – dem sozialen Sinn seiner Verfügung zu nehmen[263]. Die mit der Verlagerung in die Täuschung vereinzelt verbundene Folgerung, die *soziale* Zweckverfehlung ganz dem Betrug zu entziehen[264], ist allerdings angesichts der nicht selbst verantworteten, sondern fremdbestimmten Sinnlosigkeit des Vermögensopfers unannehmbar.

f) Einsatz von Vermögenswerten zu missbilligten Zwecken

562 Umstritten ist, wie weit der Schutz des Vermögens durch § 263 reicht, wenn es **zu rechtswidrigen oder unsittlichen Zwecken eingesetzt** wird.

563 **Fall 54:** A lebt mit seinem Nachbarn N in Streit. B bietet ihm an, gegen Vorauszahlung von 200 EUR dem N in der kommenden Nacht sämtliche Fensterscheiben einzuwerfen. Auf diesen Vorschlag geht A freudig ein. In Wirklichkeit denkt B gar nicht daran, seine Zusage einzuhalten; sein Ziel war es, den leichtgläubigen A um die 200 EUR zu prellen.

Hat B sich des Betrugs schuldig gemacht? **Rn 564**

564 Bei der Beantwortung dieser Frage ist die Einsicht zu Grunde zu legen, dass entgegen verbreiteter Ansicht[265] eine Verwirkung der Schutz*würdigkeit* des Vermögens auf Grund missbilligenswerten Opferverhaltens nicht anzuerkennen ist. Aus der vermeintlichen zivilrechtlichen Versagung eines Anspruchs auf die Rückabwicklung des Geschäfts ist das für das Strafrecht nicht herleitbar[266]. Soweit man sich zur Begründung dieser Versagung auf § 817 S. 2 BGB beruft[267], ist zudem verkannt, dass sich diese Vorschrift nur auf bereicherungsrechtliche Ansprüche bezieht, wegen ihres Ausnahmecharakters einer Rückforderung nach §§ 985, 826 oder § 823 II BGB iVm § 263 aber nicht entgegensteht[268]. Auch ergibt es keinerlei Sinn, dem Schädiger nur wegen der Verfolgung unerlaubter oder anstößiger Zwecke seitens des Getäuschten einen Freibrief zu erteilen, sich auf Kosten des von ihm Überlisteten zu bereichern und sich die Vermögenswerte zu verschaffen, die dieser aufs Spiel setzt, um ein rechtlich missbilligtes Ziel zu erreichen. Ein wegen seiner Herkunft, Entstehung oder Verwendung schlechthin schutzunwürdiges Vermögen kennt die Rechtsordnung nicht. Aus den Vorschriften über Einziehung und Verfall ist das Gegenteil nicht her-

---

263 So mit beachtlichen Gründen *Graul*, Brandner-FS S. 813 ff, 818 in Anlehnung an *Schröder*, NJW 62, 721; mit anderer und anfechtbarer Begründung auch *Pawlik*, aaO S. 157 f; s. auch *Merz*, Bewußte Selbstschädigung und die Betrugsstrafbarkeit nach § 263 StGB 1999, 121 ff, 186.

264 So *Mitsch*, BT/2 § 7 Rn 39 f; s. auch *Merz*, Bewußte Selbstschädigung und die Betrugsstrafbarkeit nach § 263 StGB 1999, 121 ff, 186.

265 S. *Beulke*, Rn 232; *Cramer*, Vermögensbegriff und Vermögensschaden 1968, S. 243 f; *Mitsch*, BT II/1 § 7 Rn 41.

266 KG NJW 01, 86.

267 S. zB *Hecker*, JuS 01, 231.

268 BGH JR 03, 163 mit Anm. *Engländer*; *Hillenkamp*, JuS 03, 163; ferner *Spickhoff*, JZ 02, 970; eine Rückforderung nach §§ 823 II BGB iVm § 263 kann allerdings rechtsmissbräuchlich sein, wenn sie – wie zB bei zuvor betrügerisch verlorenem Haschisch – auf die (Wieder)Herstellung eines strafbaren Zustands zielt, s. dazu BGHSt 48, 322, 327 und Rn 717.

leitbar[269], weil sich der Sinn dieser Sanktion ersichtlich nicht im *privaten* Einbehalt des missbräuchlich eingesetzten Vermögens erfüllt. Einer Bestrafung wegen Betrugs steht zudem nicht entgegen, dass es sich bei der mit der Hingabe guten Geldes erschlichenen Vorleistung um eine sog. *bewusste Selbstschädigung* handelt[270]. Damit würde verkannt, dass sich der Einsatz von Vermögenswerten zu unerlaubten Zwecken nicht mit einer *zweckfreien* bewussten Vermögensentäußerung auf eine Stufe stellen lässt[271].

In **Fall 54** liegt in der **Hingabe des Geldes** eine irrtumsbedingte[272] Vermögensverfügung, die den A um 200 EUR ärmer macht, ohne dass er ein den Verlust ausgleichendes Äquivalent erhält. Die zwischen ihm und B getroffene Abrede war zwar nach § 138 I BGB **sittenwidrig und nichtig**; den Eintritt eines **Vermögensschadens** iS des § 263 hindert das jedoch nicht, weil den Schutz seines Vermögens vor betrügerischer Schädigung nicht verliert, wer es zu rechtswidrigen Zwecken einsetzt.

Die Rechtsprechung hat den hier vertretenen Standpunkt in zwei neueren Entscheidungen bestätigt. Dabei ging es im Fall des BGH[273] um vermeintliche Rauschgifthändler, im Fall des KG[274] um einen nur zum Schein bereiten Auftragsmörder, denen jeweils ein angesichts der fehlenden Leistungsbereitschaft verlorener Vorschuss gezahlt wurde. Das auf dem Boden des wirtschaftlichen Vermögensbegriffs gewonnene[275] Ergebnis stimmt hier mit dem juristisch-ökonomischen Standpunkt (Rn 535) überein[276]. In Fällen dieser Art ist allerdings stets auf den richtigen Ansatz zu achten: Für den Schaden des Vorleistenden ist nicht das Ausbleiben der sittenwidrigen Gegenleistung, sondern der Umstand maßgebend, dass er durch Täuschung zu einer vermögensmindernden Verfügung bestimmt worden ist, die angesichts ihrer Zweckverfehlung für ihn eine **wirtschaftlich sinnlose Ausgabe** bedeutet und ihn um das Geleistete ärmer macht. Der Täuschende wird damit auch nicht etwa gezwungen, das rechtswidrige Angebot einzulösen; denn er wird nicht dafür bestraft, dass er es unterlassen hat, die Leistung zu erbringen, sondern deshalb, weil er **den Vorleistenden in betrügerischer Weise geschädigt** und ihn in Bereicherungsabsicht „um sein redlich besessenes Geld gebracht" hat[277]. Wie § 826 BGB zeigt, würde auch das Zivilrecht dem so geschädigten Opfer nicht jeden Schutz versagen[278]. Auf diese Begründung ist auch dann abzustellen, wenn die Gegenleistung nicht vollständig, aber zu einem ge-

565

---

269 S. dazu RGSt 44, 230; BGHSt 48, 322, 330; *Hillenkamp*, Vorsatztat und Opferverhalten 1981, S. 104 ff, 108 ff; LK-*Tiedemann*, § 263 Rn 138; krit. *Fischer*, § 263 Rn 66, 69; aA mit Hinweis auf §§ 73, 74 *Kindhäuser/Wallau*, NStZ 03, 152 f; ebenso LG Regensburg NStZ-RR 05, 312, 313; dagegen *Gröseling*, NStZ 01, 517.

270 Vgl Rn 524 ff; anders *Freund/Bergmann*, JR 91, 357; *Seelmann*, S. 72; *Seier*, JuS-Lernbogen 1996, L 21; S/S-*Cramer/Perron*, § 263 Rn 150.

271 Zutr. LK-*Lackner*, 10. Aufl., § 263 Rn 242; *Otto*, Jura 93, 424; *Zieschang*, Hirsch-FS S. 845.

272 AA *Mitsch*, BT II/1 § 7 Rn 41; *ders.*, JuS 03, 122, 126: schon keine betrugsrelevante Täuschung.

273 BGH NStZ 02, 33 mit Bespr. *Heger*, JA 02, 454.

274 KG NJW 01, 86 mit zust. Bespr. *Baier*, JA 01, 286; *Gröseling*, NStZ 01, 515; abl. dagegen *Hecker*, JuS 01, 228.

275 KG NJW 01, 86; *Krey/Hellmann*, BT II Rn 443.

276 S. *Hillenkamp*, JuS 03, 162; A/W-*Arzt*, § 20 Rn 115 ff; *Eisele*, BT II Rn 571; HK-GS/*Duttge*, § 263 Rn 49; *Lackner/Kühl*, § 263 Rn 35; *Rengier*, BT I, § 13 Rn 60.

277 *Hillenkamp*, Vorsatztat und Opferverhalten 1981, S. 109; grundlegend RGSt 44, 230, 246 ff.

278 S. *Spickhoff*, JZ 02, 970, 977.

wichtigen Teil ausbleibt, statt 35 kg Haschisch also zB nur 4 kg und 31 kg Schokolade geliefert werden[279].

566 Ebenso verhielt es sich, wenn eine Straßendirne ihren „Freier" zur Vorauszahlung veranlasste, ohne ihrerseits erfüllungsbereit zu sein. Für den umgekehrten Fall, dass der „Freier" die Dirne um den vereinbarten Lohn prellt, sollte es nach BGHSt 4, 373 dagegen am objektiven Tatbestand des § 263 fehlen, weil die *körperliche Hingabe* keine Vermögensverfügung sei und „dem Geschlechtsverkehr für das Recht kein in Geld zu veranschlagender Wert zukomme". Die Aussicht einer Dirne, durch unsittliche Leistungen den versprochenen oder üblichen Lohn zu erhalten, gehörte nach dem BGH[280] nicht zum strafrechtlich geschützten Vermögen. Diese Aussagen haben durch **§ 1 ProstG** (vom 20.12.2001, BGBl I 3983 mit Begr. in BT-Ds 14/5958, S. 4) mit dem 1.1.2002 ihre in § 138 BGB wurzelnde Geltung verloren. Daher liegt jetzt in beiden Fällen ein Betrug vor[281]. Zu **beachten** ist aber, dass es dann am Vermögensschaden fehlt, wenn das Opfer der Täuschung seine **Arbeitskraft in strafbarer Weise** einsetzt, ohne anschließend die in Aussicht gestellte Vergütung zu erhalten. Der so aufgewendeten Arbeitskraft wohnt nach der juristisch-ökonomischen Lehre kein durch § 263 geschützter Wert inne[282]. Führt also der Lohnmörder den Mord aus, ohne den versprochenen Lohn zu erhalten, ist er schon nicht um einen geschützten Vermögensbestandteil gebracht. Im Übrigen ist seine Lohnforderung nichtig, sodass auch insoweit Betrug ausscheidet (Rn 569). Ein Widerspruch zum Schutz des Auftraggebers liegt hierin nicht: der Besitz am Geld ist durch die Rechtsordnung geschützt, das Mordhandwerk dagegen nicht.

g) Ansprüche aus gesetz- oder sittenwidrigen Geschäften

567 Ob **Ansprüche**, die gemäß §§ 134, 138 BGB **rechtlich keinen Bestand** haben, Gegenstand eines Betrugs sein können, wenn ihnen im Einzelfall ein wirtschaftlicher Wert beizumessen ist, wird ebenfalls nicht einheitlich beurteilt.

Fall 55: A und B haben bei einem Einbruchsdiebstahl Schmuck von hohem Wert erbeutet, den A zu Geld machen soll; von dem Erlös sollen beide vereinbarungsgemäß je 50 % erhalten. A erzielt 3000 EUR, übergibt dem B indessen nur 1000 EUR mit der Behauptung, „mehr habe er nicht herausholen können". Der leichtgläubige B fällt darauf herein.

Hat A den B in strafbarer Weise betrogen? **Rn 570**

---

568 Die heute hM verneint das mit der Begründung, dass Ansprüche aus gesetz- oder sittenwidrigen Rechtsgeschäften **nicht zum strafrechtlich geschützten Vermögen gehören**[283]. Die Gegenmeinung stellt darauf ab, ob der nichtige Anspruch für den Be-

---

279 Für Betrug auch in diesem Fall zu Recht BGH JR 03, 163 mit zust. Anm. *Engländer*; krit. dagegen *Kindhäuser/Wallau*, NStZ 03, 152; *Mitsch*, JuS 03, 122; SK-*Hoyer*, § 263 Rn 132; *Swoboda*, NStZ 05, 476, 480 ff.

280 BGH JR 88, 125 mit Anm. *Tenckhoff*, 126.

281 *Fischer*, § 263 Rn 68; *Rengier*, BT I § 13 Rn 57, 60; *Trede*, Auswirkungen des ProstG auf das Straf- und Ordnungswidrigkeitenrecht 2006, S. 239 ff; *v. Galen*, Rechtsfragen der Prostitution 2004, Rn 396, 398; diff. *Ziethen*, NStZ 03, 184; die Wertung ist auf Fälle des Telefonsex übertragbar, s. *Beulke*, Rn 235; *Fischer*, § 263 Rn 68; HK-GS/*Duttge*, § 263 Rn 51.

282 Ebenso BGH NStZ 01, 534; A/W-*Arzt*, § 20 Rn 119, 120c; *Hecker*, JuS 01, 228; *Lackner/Kühl*, § 263 Rn 34; aA *Krey/Hellmann*, BT I Rn 439, 441; *Otto*, JK 02, StGB § 263/64.

283 Vgl BGH JR 88, 125; LK-*Tiedemann*, § 263 Rn 151; MK-*Hefendehl*, § 263 Rn 431; *Rengier*, BT I § 13 Rn 58.

troffenen einen wirtschaftlichen Wert besessen hat oder nicht; im ersten Fall soll Raum für das Vorliegen einer Vermögensbeschädigung sein[284].

Zumeist sind nichtige Forderungen aus wirtschaftlicher Sicht schon deshalb wertlos, weil es im konkreten Fall an der Leistungsbereitschaft des „Schuldners" fehlt. Dann wirkt sich der Meinungsstreit im Ergebnis nicht aus. Die Dinge können aber anders liegen, wenn besondere Bindungen (zB aus enger Freundschaft oder Komplizenschaft) zwischen den Beteiligten bestehen, die erwarten lassen, dass der andere Teil die ihm obliegende Leistung aus freien Stücken erbringen wird. Hier würde eine rein tatsächliche Erwerbsaussicht existieren, die bei hinreichender Konkretisierung Vermögenswert haben könnte.

Für den Fall eines sog. **Komplizenbetrugs** hat der BGH in seiner früheren Rechtsprechung, die noch von der **rein wirtschaftlichen Betrachtungsweise** geprägt war, ein Indiz für den wirtschaftlichen Wert der nichtigen Forderung darin gesehen, dass sich der täuschende Hehler der Erfüllung des Erlösabkommens nicht schlechthin entzogen, sondern immerhin einen Teilbetrag an den Vortäter gezahlt habe[285]. Ob eine solche Schlussfolgerung stichhaltig ist, erscheint indessen zweifelhaft. Man könnte aus dem Verhalten des Hehlers ebenso gut schließen, dass er hinsichtlich der *gesamten* Forderung bzw des **Mehrbetrages von 500 EUR** gerade nicht leistungswillig war[286].

569 Nach der inzwischen herrschenden und auch hier zu Grunde gelegten (s. Rn 534 f) **juristisch-ökonomischen Vermittlungslehre** scheitert die Anwendbarkeit des § 263 in derartigen Fällen bereits daran, dass Ansprüche, die aus gesetz- oder sittenwidrigen Abmachungen hergeleitet, aber von der Rechtsordnung ausdrücklich (§§ 134, 138 BGB) missbilligt werden, nicht zum strafrechtlich geschützten Vermögen gehören[287]. Nur von diesem Standpunkt aus lassen sich Wertungswidersprüche zwischen Zivilrecht und Strafrecht vermeiden. Auf die Frage nach dem wirtschaftlichen Wert der betreffenden Ansprüche kommt es dann nicht mehr an.

570 Im **Fall 55** hat B es infolge der Täuschung **unterlassen**, den vollen Anteil am wirklich erzielten Erlös zu fordern und seinen (gemäß § 138 I BGB nichtigen, rechtlich also nicht existenten) „Anspruch" auf Zahlung der restlichen 500 EUR gegen A geltend zu machen. Dass B dadurch einen **Schaden** iS des § 263 erlitten hat, ist entgegen BGHSt 2, 364 aber unabhängig davon zu verneinen, ob die Teilerfüllung durch A dem „Anspruch" einen wirtschaftlichen Wert verschafft. Der fehlende Schaden folgt schon aus dem Rechtsgrund der Nichtigkeit des Anspruchs, der die Aussicht auf Erfüllung aus dem von § 263 geschützten Vermögen ausnimmt.

h) Schadensgleiche Vermögensgefährdung

571 Die hM erkennt als Vermögensbeschädigung auch eine **konkrete** (*„schadensgleiche"*) **Vermögensgefährdung** an, sofern sie bereits mit einer aus feststehenden Tatsachen herzuleitenden[288] Verschlechterung der gegenwärtigen Vermögenslage verbunden ist, die sich namentlich dann schon als **schadensbegründend** erweist[289], wenn

---

284 Vgl *Fischer*, § 263 Rn 64 ff mwN; *Heghmanns*, Rn 1260; *Krey/Hellmann*, BT II Rn 435.
285 BGHSt 2, 364, 370 im Drehbankfall.
286 Vgl *Lenckner*, JZ 67, 105, 109 Fn 27 und Fall 55, der BGHSt 2, 364 entspricht.
287 So jetzt auch BGH NStZ 01, 534.
288 BGH StV 95, 24; BGH wistra 04, 60.
289 *Küper*, BT S. 384; LK-*Tiedemann*, § 263 Rn 168; BGHSt 15, 24, 27; 21, 112, 113; 34, 394, 395; BGH JR 1990, 517 mit Anm. *Keller*; krit. dazu *Bung*, in: Jenseits des rechtsstaatlichen Strafrechts 2007, 363 ff; *Riemann*, Vermögensgefährdung und Vermögensschaden 1989, S. 60 ff.

dem Bedrohten keine in seiner Macht liegenden Möglichkeiten zu Gebote stehen, den Umschlag der Gefahr in den endgültigen Verlust zu vermeiden[290]. Der BGH will eine konkrete Gefährdung als Schaden nur dann anerkennen, wenn der Eintritt wirtschaftlicher Nachteile überwiegend wahrscheinlich[291] ist, der Betrogene also ernstlich mit wirtschaftlichen Nachteilen zu rechnen hat. Macht man mit dieser Voraussetzung Ernst, besteht kein Anlass, den von Rechtsprechung und Lehre entwickelten Begriff und die mit ihm verbundene Schadensbegründung aufzugeben[292]. Sie folgt aus dem wirtschaftlichen Ausgangspunkt des Vermögens- und Schadensbegriffs und ist weder entbehrlich noch eine Verschleierung vermeintlich nur gegebenen Versuchsunrechts[293]. Vielmehr beschreibt sie einen nach wirtschaftlichen Maßstäben bereits eingetretenen „Gefährdungsschaden". Dazu passt auch der Vorschlag nicht, dem Täter die Möglichkeit einer **tätigen Reue** einzuräumen. Für eine analoge Anwendung des in §§ 264, 264a, 264b, 298 enthaltenen Gedankens[294] ist schon angesichts des Fehlens einer planwidrigen Regelungslücke kein Raum. Im Übrigen würde ein solches Institut die in der Anerkennung einer „schadensgleichen" Vermögensgefährdung als Vermögensschaden liegende *Gefahr* verstärken, materielles Versuchsunrecht schon als Vollendung auszugeben. In Betracht kommt eine schadensbegründende Vermögensgefährdung vor allem in Fällen des **Eingehungsbetrugs** (s. Rn 539 ff)[295], im Bereich des **Kreditbetrugs**, des **Gutglaubenserwerbes** und der **Preisgabe einer Geheimzahl**, die den Zugang zu einem Konto oder einem Tresor eröffnet.

572 Beim **Kreditbetrug** liegt in der Kreditgewährung regelmäßig ein Schaden, wenn die Gegenforderung wegen Vermögenslosigkeit oder Zahlungsunwilligkeit kein gleichwertiges Äquivalent darstellt. Hier können aber *Sicherheiten*, wie zB eine Sicherungshypothek, eine hinlängliche Kompensation bedeuten, wenn sie zur Deckung des Risikos ausreichen und dem Gläubiger ohne erheblichen zeitlichen und finanziellen Aufwand sowie unmittelbar, und dh vor allem ohne notwendige Mitwirkung des zahlungsunwilligen Schuldners, zur Verfügung stehen[296]. Hinsichtlich der Werthaltigkeit solcher Sicherheiten ist auf den Zeitpunkt der Vermögensverfügung abzustellen[297]. Stundet ein Gläubiger unter dem Einfluss einer Täuschung eine Forderung

---

290 S. *Hefendehl*, Vermögensgefährdung und Exspektanzen 1994, S. 129 ff; *ders.*, in: Schünemann, Strafrechtssystem und Betrug 2002, S. 185, 233, 243 ff; LK-*Schünemann*, § 266 Rn 146; eine sehr weit gehende Vermeidemacht entwickelt *Wahl*, Die Schadensbestimmung beim Eingehungs- und Erfüllungsbetrug 2007, S. 185; 203 ff.

291 BGHSt 51, 165, 177; BGH StV 08, 526, 527.

292 So aber der 1. Strafsenat in BGH NStZ 09, 330, 331, mit insoweit zust. Anm. *Ransiek/Reichling*, ZIS 09, 315; abl. wie hier *Brüning*, ZJS 09, 300, 302 f; zur entsprechenden Entwicklung zu § 266 s. die Entscheidung des 1. Senats in JR 08, 426, 428 mit insoweit zu Recht krit. Anm. *Beulke/Witzigmann* S. 430, 433. Der 2. Senat gibt in BGHSt 52, 323, 336, 338 den Begriff des „Gefährdungsschadens" zu Recht nicht auf; s. zusf. auch *Satzger*, Jura 09, 524 f.

293 S. *Fischer*, NStZ-Sonderheft 09, 8, 11 ff mwN; vgl auch A/W-*Arzt*, § 20 Rn 97.

294 Dafür tritt *U. Weber*, Tiedemann-FS S. 637, 642 ff ein; zu den Einwänden gegen eine Analogie s. *Hillenkamp*, in: Schöch, Wiedergutmachung und Strafrecht 1987, S. 88 ff; gegen den Vorschlag *Webers* auch *Fischer*, NStZ-Sonderheft 09, 8, 15 f.

295 *Küper*, BT S. 385 f.

296 S. BGH wistra 92, 142; 95, 28; 00, 350; BGH NStZ 99, 353; BGH NStZ-RR 09, 206; *Rengier*, BT I § 13 Rn 92; S/S-*Cramer/Perron*, § 263 Rn 162a.

297 BGH NStZ 09, 150.

oder nimmt er einen Zwangsvollstreckungsantrag zurück, begründet dieses Verhalten nur dann eine schadensgleiche Vermögensgefährdung, wenn dadurch eine Verschlechterung der Aussichten eintritt, den Anspruch zu befriedigen. Daran fehlt es, wenn der Schuldner schon im Zeitpunkt des Gläubigerhandelns kein pfändbares Vermögen mehr hat[298].

Fall 56: T hat sich von X ein Moped für eine Fahrt nach auswärts geliehen. Unterwegs versagt das Moped. T schiebt es zur Reparaturwerkstatt des O, der ihn auf die Notwendigkeit einer größeren Reparatur aufmerksam macht. T bietet daraufhin dem O das Moped für 130 EUR zum Kauf an und verspricht, die Papiere zuzusenden. O, der T zunächst für den Eigentümer hält, kauft das Moped, schöpft jedoch, als die Papiere nicht kommen, Verdacht und gibt das Moped später dem X zurück, nachdem er den wahren Sachverhalt erfahren hat.

Hat T gegenüber O einen Betrug begangen? **Rn 576**

573

Erhebt in Fällen des **gutgläubigen Erwerbs** der ehemalige Eigentümer gegen den Erwerber eine Herausgabeklage (§ 985 BGB), liegt das **Prozessrisiko** bei ihm, da den Kläger gemäß § 932 BGB die **Beweislast** für die Behauptung trifft, dass der Käufer beim Erwerb **nicht in gutem Glauben gehandelt** habe. Mit Rücksicht darauf hat das Reichsgericht ursprünglich einen Schaden des gutgläubigen Erwerbers verneint[299]. Später hat es sich jedoch von dieser zivilrechtlichen Betrachtungsweise gelöst und den Standpunkt vertreten, ein Gutglaubenserwerb sei zumeist **wirtschaftlich weniger wert** als der Erwerb vom Berechtigten. Dies folge daraus, dass der Gutgläubige uU Aufwendungen zur Verteidigung seines Erwerbes machen müsse und sich ggf an einer beabsichtigten Weiterveräußerung der Sache gehindert sehe; zudem sei ein Erwerb vom Nichtberechtigten mit einem „*sittlichen Makel*" behaftet[300].

574

Der Bundesgerichtshof hat der *Makeltheorie* eine deutliche Absage erteilt, ist aber der neueren Linie unter dem Blickwinkel der schadensgleichen **konkreten Vermögensgefährdung** gefolgt. Er stellt dabei jedoch zu Recht ganz auf die Besonderheiten des Einzelfalles und rein wirtschaftliche Erwägungen ab[301]. Ob eine Vermögensbeschädigung iS des § 263 zu bejahen oder zu verneinen ist, hängt danach wesentlich von den **beteiligten Personen**, der **Art des Vertragsobjekts** und den **sonstigen Umständen** ab, unter denen sich Veräußerung und Erwerb abgespielt haben. Sie müssen für eine gerichtliche Auseinandersetzung die konkrete Gefahr begründen, in ihr zu unterliegen oder aus wirtschaftlicher Rücksichtnahme die Sache herauszugeben[302].

575

In den Besitz einer EC-Karte mit der dazugehörigen **Geheimzahl** oder der **Zahlenkombination** für einen Safe gelangen Täter nicht selten entweder durch Nötigung (s. Rn 713) oder durch Täuschung des Opfers. Die Rechtsprechung zu solchen Fällen ist

575a

---

298 S. BGH StV 03, 447; BGH wistra 03, 232, 233; BayObLG NStZ 04, 503.
299 RGSt 49, 16; so auch *Maurach/Schroeder/Maiwald*, BT I § 41 Rn 125; S/S-*Cramer/Perron*, § 263 Rn 111.
300 RGSt 73, 61.
301 BGHSt 3, 370, 372; 15, 83, 87; BGH StV 03, 447, 448.
302 S. hierzu im Einzelnen A/W-*Arzt*, § 20 Rn 98; *Eisele*, BT II Rn 574; *Hefendehl*, Vermögensgefährdung und Expektanzen 1994, S. 353 ff; *Küper*, BT S. 384 f; *Lackner/Kühl*, § 263 Rn 43; *Mitsch*, BT II/1 § 7 Rn 105; *Rengier*, BT I § 13 Rn 90 f; s. auch *Beulke*, Rn 252.

nicht einheitlich. Einige Entscheidungen gehen von einer schadensgleichen Vermögensgefährdung aus[303]. Andere verneinen eine schon tatbestandsrelevante Gefährdung aber zurecht[304]. Der Betrugs- (oder Erpressungs-)Schaden wird hier erst durch das weitere Handeln des Täters, nicht aber unmittelbar durch das Opfer herbeigeführt[305].

576 Dass T **im Fall 56** den O durch Täuschung zu einer Vermögensverfügung bewogen hat, liegt klar auf der Hand. Problematisch erscheint allein die Frage der **Vermögensbeschädigung.** Da das veräußerte Moped dem X *nicht* im Sinne des § 935 BGB *abhanden gekommen* war, hat O an ihm *kraft guten Glaubens* **Eigentum erworben** (§§ 929, 932 BGB). Gleichwohl ist zweifelhaft, ob dieser Vermögenszuwachs die Zahlung des vereinbarten Kaufpreises an T **wirtschaftlich voll ausgleicht,** da sich nicht ausschließen lässt, dass X dem O angesichts der fehlenden Papiere beim Kauf Bösgläubigkeit vorwirft (vgl § 932 II BGB), mit dieser Begründung die Wirksamkeit der Veräußerung leugnet und den O möglicherweise sogar mit einem Prozess überzieht. Aus solchen Gründen hat BGHSt 15, 83 hier Betrug bejaht[306].

i) Weitere Einzelfälle

577 In zahlreichen weiteren Fallgruppierungen zeigen sich wiederkehrende Probleme, die Zweifel aufwerfen können, ob der Betrugstatbestand erfüllt ist. Ihre Erarbeitung muss dem **Selbststudium** überlassen bleiben. Hinzuweisen ist zB auf die Problematik

– des **Abrechnungsbetrugs** durch Kassenärzte. Hier hat der BGH entschieden, dass ein Kassenarzt, der im Rahmen des vertraglich vereinbarten Abrechungssystems Leistungen unter einer bestimmten Gebührenordnungsnummer abrechnet, *konkludent* behauptet, dass die erbrachte Leistung unter die Leistungsbeschreibung dieser Nummer fällt, zu den kassenärztlichen Versorgungsleistungen gehört und nach den allgemeinen Bewertungsmaßstäben abgerechnet werden darf. Trifft das nicht zu, weil der Arzt nicht anerkannte Leistung (zB Magnetfeldbehandlung) unter einer für sie nicht vorgesehenen Gebührennummer abrechnet, so wird die kassenärztliche Vereinigung über einen maßgeblichen Umstand getäuscht. Die auf dieser falschen Abrechnungsgrundlage erfolgte Vergütung beruht auf dem entsprechenden Irrtum und führt zu einem dem Umfang der unberechtigt geltend gemachten Leistungen entsprechenden Schaden[307]. Mit dieser Rechtsprechung wird der Schutzbereich des Art. 12 I 1 GG nicht berührt[308].

---

303 So zB BGHR StGB § 263 Abs. 1 Konkurrenzen 6; BGHR StGB § 263a Anwendungsbereich 1 mit krit. Bespr. *Mühlbauer*, NStZ 03, 650 ff; BGH NStZ-RR 04, 333, 334; Thüringer OLG wistra 07, 236, 237.

304 So in vergleichbaren Fällen BGHR StGB § 263 Abs. 1 Vermögensverfügung 2 (Überlassen einer Kundenkarte); BGH NStZ 06, 38 (Versteckpreisgabe); BGHSt 50, 174, 177 f (Erschleichen eines „0190er" Nummernvertrags).

305 S. Rn 713, 615; aA *Fischer*, § 263 Rn 46, 55; *Stuckenberg*, ZStW, 118, 2006, 899 ff; diff. *Graf*, NStZ 07, 330.

306 S. hierzu *Hillenkamp*, BT 32. Problem; der Kfz-Brief ist kein „Traditionspapier". Zum Erwerb des Eigentums ist daher seine Übergabe nicht erforderlich, s. BGH NStZ-RR 07, 201.

307 BGH NStZ 1993, 388; s. auch BGH NStZ 95, 85 mit Anm. *Hellmann*, NStZ 95, 232; A/R-*Gallandi*, V 1 Rn 264 ff; A/R-*Seier*, V 2 Rn 233 zu § 266 in solchen Fällen; *Gaidzik*, wistra 98, 329.

308 BVerfG NStZ 98, 29; zum Betrug durch vertragsärztliche Tätigkeit in unzulässigen Beschäftigungsverhältnissen s. *Stein*, MedR 01, 124; BGH NJW 03, 1198, 1200 mit Bespr. *Beckemper/Wagner* NStZ 03, 315; *Idler*, JuS 04, 1037; *Krüger*, wistra 03, 297; zum Betrug gegenüber Krankenkasse und Apotheker bei kassenärztlicher Verordnung nicht notwendiger Medikamente s. BGHSt 49, 17, 18 ff mit Bespr. *Taschke*, StV 05, 406; s. auch Rn 509 f; zur Untreue in diesem Fall s. *Brandts/Seier*, Herzberg-FS S. 811, 814 ff; zum Abrechnungsbetrug insg. s. *Hancok*, Abrechnungsbetrug durch Vertragsärzte, 2006; *Hellmann/Herffs*, Der ärztliche Abrechnungsbetrug, 2006; *Herffs*, Der Abrechnungsbetrug des Vertragsarztes, 2002; zur staatsanwaltlichen Praxis s. *Badle*, NJW 08, 1028.

– des **Anstellungsbetrugs**. Beim Anstellungsbetrug geht es um eine Form des *Eingehungsbetrugs*[309], bei dem dann von einer „schadensgleichen" Vermögensgefährdung des Einstellenden zu sprechen ist, wenn die von ihm zugesagten geldlichen Leistungen die vom Eingestellten übernommenen Dienste wertmäßig übersteigen[310]. Davon kann trotz der Erwartung einer den tatsächlichen Anforderungen entsprechenden Leistung uU auch dann gesprochen werden, wenn mit der Höhe der Vergütung vorausgesetzte besondere Qualifikationen oder persönliche Eigenschaften wie Vertrauenswürdigkeit und Zuverlässigkeit fehlen[311]. Insoweit kommt auch das Verschweigen von Vorstrafen in Betracht, soweit eine Aufklärung gebietende Garantenpflicht anzunehmen ist[312]. Bei *Beamten* begründet das Nichtvorliegen vorgespiegelter laufbahnrechtlicher Ernennungsvoraussetzungen stets einen Schaden, nicht aber ohne weiteres das Verschweigen der persönlichen „Würdigkeit" entgegenstehender charakterlich-sittlicher Mängel[313]. Die vom BVerfG[314] zwar zu Recht nicht beanstandete, in der Sache aber den Schutzbereich des § 263 überdehnende Annahme eines Betrugs bei Verschweigen einer MfS-Mitarbeit durch einen Polizeibeamten ist daher mit Grund in die Kritik geraten[315]. Der BGH[316] will aber bei der Annahme einer schadensgleichen Vermögensgefährdung bleiben, wenn sich auf Grund der verschwiegenen, persönliche Unzuverlässigkeit begründenden Tatsache das Einstellungsermessen der Behörde „auf Null" reduziert hätte[317].

– des Betrugs bzw Betrugsversuchs gegenüber einem **Makler**[318]. Hier schließt BGHSt 31, 178 aus der Regelung des § 652 I BGB, dass ein Vermögensschaden und damit *vollendeter* Betrug gegenüber einem Makler erst vorliegen könne, wenn durch das wirksame Zustandekommen des nachgewiesenen oder vermittelten Geschäfts der Vergütungsanspruch gegen den Auftraggeber erworben ist und sich dieser Anspruch als „minderwertig" erweist.

– der sog. **Baubetrügereien**[319] und der unzulässigen **Preisabsprachen** bei öffentlichen **Ausschreibungen**[320] (s. zum **Submissionsbetrug** genauer Rn 697 f). In dieser Fallgruppe geht es um nach §§ 1, 25 GWB verbotene Absprachen bei öffentlichen Ausschreibungen, deren Bestrafung häufig an Beweisschwierigkeiten zum Vermögensschaden scheitert[321]. Diese hindern zwar eine Aburteilung nach dem 1997 eingeführten und als abstraktes Gefährdungsdelikt ausgestalteten § 298 (s. Rn 699) nicht. Die Problematik bleibt aber gleichwohl erhalten, weil angesichts der unterschiedlichen Schutzrichtungen zwischen § 263 und § 298 Idealkonkurrenz besteht[322].

---

309 BGHSt 45, 1, 4 f; Rn 539a.
310 *Lackner/Kühl*, § 263 Rn 52.
311 BGHSt 17, 254, 256 f, 259; BGH NJW 1978, 2042.
312 S. *Krey/Hellmann*, BT II Rn 484 ff; zu weitgehend BGH NJW 1978, 2042 mit krit. Bespr. *Miehe*, JuS 1980, 263 ff; *Rengier*, BT I § 13 Rn 98 ff, 101; *Schmidt/Priebe*, BT II Rn 627.
313 LK-*Tiedemann*, § 263 Rn 224; MK-*Hefendehl*, § 263 Rn 521; zum Schaden bei Einstellung eines „doppelten Referendars" (OLG Saarbrücken NJW 07, 2868) s. näher *Kargl*, wistra 08, 123 ff.
314 BVerfG NStZ 98, 506.
315 S. LG Berlin NStZ 98, 302; KG JR 98, 434; *Protzen*, NStZ 97, 525.
316 BGHSt 45, 1, 4 f, 9 mit krit. Anm. *Geppert*, NStZ 99, 305; *Jahn*, JA 99, 628; *Jerouschek/Koch*, GA 01, 273; *Otto*, JZ 99, 738; *Prittwitz*, JuS 00, 335; *Saliger*, ZStW 112, 2000, 600 ff; *Seelmann*, JR 00, 164; s. auch OLG Dresden NStZ 00, 259.
317 S. zum Ganzen auch *Geppert*, Hirsch-FS S. 525; *Protzen*, Der Vermögensschaden beim sog. Anstellungsbetrug 2000, S. 252 ff; zum „Wissenschaftsbetrug" in diesem Zusammenhang s. *Jerouschek*, GA 99, 420; *Ottermann*, Wissenschaftsbetrug und Strafrecht 2006, S. 256 ff.
318 BGHSt 31, 178, 180; *Bloy*, Anm. JR 84, 123; *Lenckner*, Anm. NStZ 83, 409; *Maaß*, JuS 84, 25; *Wagner*, Sonnenschein-GS S. 887.
319 *F. Geerds*, NStZ 91, 57.
320 BGHSt 16, 367; 38, 186; 47, 83; BGH wistra 01, 103, 104; *Baumann*, NJW 92, 1661; *Bruns*, NStZ 83, 385; *Cramer*, Anm. NStZ 93, 42; *Joecks*, wistra 92, 247; *Kramm*, Anm. JZ 93, 422; krit. dazu *Hefendehl*, JuS 93, 805; weiterführend *Satzger*, Der Submissionsbetrug 1994.
321 BGH NJW 97, 3034, 3038; *Oldigs*, Möglichkeiten und Grenzen der strafrechtlichen Bekämpfung von Submissionsabsprachen 1998, S. 63 ff; *Otto*, BT § 61 Rn 142; S/S-*Cramer/Perron*, § 263 Rn 137a; s. auch *Grüner*, JuS 01, 882.
322 *Otto*, BT § 61 Rn 151; *Rengier*, BT I § 13 Rn 101a.

– des Betrugs gegenüber Mitkonkurrenten, Veranstaltern, Zuschauern usw durch **Doping**[323].

– des **Parteienbetrugs**. Wer in den Rechenschaftsbericht einer Partei tatsächlich nicht geleistete Spenden natürlicher Personen oder – ohne entsprechenden Hinweis – sog. Einflussspenden aufnimmt, damit die Partei nach Einreichung des Berichts und Antrag auf staatliche Förderung staatliche Mittel in ihr tatsächlich nicht zustehender Höhe erhält, macht sich nach BGH NJW 04, 3569, 3576 ff (Fall *Kremendahl*) des Betrugs schuldig, wenn der Präsident des Deutschen Bundestags auf Grund der falschen Angaben (gleichgültig, ob vermeidbar, s. BGH aaO 3577 und Rn 511) irrt und deshalb für die Partei staatliche Mittel in tatsächlich nicht berechtigter Höhe festsetzt[324].

– Zum **Tanken ohne Zahlungsbereitschaft** an Benzinzapfsäulen mit Selbstbedienung s. Rn 184 mit Nachweisen; für § 263 ist hier nur bei einer Täuschung des Tankstellenpersonals durch den Täter Raum (= sog. Besitzbetrug hinsichtlich des Kraftstoffs)[325].

– Zwar offenbar nicht von den Staatsanwaltschaften, zunehmend aber in der Literatur werden **von Privatsendern im Fernsehen** veranstaltete „**Call-in Shows**", in denen man mit sehr geringer Gewinnchance an Ratespielen durch kostenpflichtige Telefonanrufe, deren Gebühr zu einem erheblichen Teil an die Sender abgeführt wird, teilnehmen kann, unter den Betrugstatbestand subsumiert. Als Täter sollen die Moderatoren, nach den Grundsätzen der Organisationsherrschaft in Betrieben (s. Rn 493) aber auch die für die Sendung Verantwortlichen (uU unter Verwirklichung von Regelbeispielen) in Betracht kommen, s. *Becker/Ulbrich/Voß*, MMR 07, 149; *Eiden*, ZIS 09, 59; *Noltenius*, wistra 08, 285; *Oehme*, JA 09, 39; *Schröder/Thiele*, Jura 07, 814; zur Einordnung als Glücks- oder Geschicklichkeitsspiel s. *Ernst*, MMR 05, 735, 738 ff; vgl dazu auch BGHSt 36, 74 (Hütchenspiel).

III. Subjektiver Tatbestand

1. Vorsatz

578 Der **Vorsatz** muss sich auf alle Merkmale des objektiven Tatbestandes unter Einschluss der sie verbindenden Kausalbeziehung erstrecken. Eventualvorsatz genügt, soweit es sich nicht um das Vorspiegeln einer die eigene Person betreffenden inneren Tatsache handelt. Hier ist Wissentlichkeit verlangt[326]. Ein Schädigungsvorsatz entfällt zB beim Darlehensbetrug oder der betrügerischen Einwerbung von Kapitaleinlagen

---

323 S. dazu *Ackermann*, Strafrechtliche Aspekte des Pferdeleistungssports 2007, 47 ff; *Cherkeh*, Betrug (§ 263 StGB), verübt durch Doping im Sport 2000; *L.C. Hamm*, Sportspezifische Manipulation als Anwendungsfall des Strafrechts 2005, S. 142 ff; *Kerner/Trüg*, JuS 04, 140; *Leipold*, NJW-Spezial 06, 423; *Momsen-Pflanz*, Die sportethische und strafrechtliche Bedeutung des Dopings 2005; *Schattmann*, Betrug des Leistungssportlers im Wettkampf 2008; s. auch *Kargl*, NStZ 07, 489; *Kudlich*, JA 07, 90 ff (de lege ferenda).

324 S. zu BGH NJW 04, 3569 *Saliger/Sinner*, NJW 05, 1073; ausführlich zum Parteienbetrug vor und nach der Novellierung des Parteiengesetzes durch die 8. Parteiengesetznovelle vom 28. Juni 2002 (BGBl I 2268) *Saliger*, Parteiengesetz und Strafrecht 2005, S. 493 ff, 689 ff; s. auch *Faust*, Zur möglichen Untreuestrafbarkeit im Zusammenhang mit Parteispenden 2006.

325 Näher BGH NJW 83, 2827 und OLG Köln NJW 02, 1059 zum Betrugsversuch, wenn der Täter irrig davon ausgeht, er werde vom Personal beobachtet. Zur Anwendbarkeit des § 255 bzw des § 240 beim Zufahren auf den im Wege stehenden Tankwart, um mit dem betrügerisch erlangten Benzin das Weite zu suchen, s. BGH NJW 84, 501 sowie Rn 736; Fallvarianten bei *Lange/Trost*, JuS 03, 961.

326 RGSt 30, 333, 335 f; OLG Celle GA 1957, 220; HK-GS/*Duttge*, § 263 Rn 75; diff. *Dencker*, Grünwald-FS S. 80.

nach Auffassung des BGH[327] nicht schon deshalb, weil der Täter beabsichtigt, hofft oder glaubt, den Umschlag der erkannten *schadensgleichen Vermögensgefährdung* in den endgültigen Schaden abwenden zu können. Kennt er die die Rückzahlung gefährdenden und damit die die Minderwertigkeit des Rückzahlungsanspruchs begründenden Umstände, reicht das für Vorsatz aus. Allerdings muss – liegt kein direkter Vorsatz vor – auch das voluntative Element hinreichend belegt sein[328]. Es muss sich aber auch bei einem „*Gefährdungsschaden*" (s. Rn 571) nur auf das den Schaden begründende Verlustrisiko, nicht dagegen auf die Realisierung dieses Risikos in einem für den Betrug nirgends zu verlangenden „Endschaden" erstrecken. Die zu § 266 für solche Fälle vom 2. Senat entwickelte gegenteilige Aussage[329] löst die zwingende Kongruenz von objektivem und subjektivem Tatbestand zum Schadensmerkmal auf und ist deshalb zu § 266 (s. Rn 779a) wie zu § 263 abzulehnen. Letzteres legt die Begründung des 2. Senats selbst nahe[330].

Dass der Täter sich unter dem Geschädigten eine andere Person als die wirklich benachteiligte vorstellt, schließt den Vorsatz gleichfalls nicht aus[331]. Nach zutreffender und hM muss der Tatbestandsvorsatz auch die Rechtswidrigkeit des vom Täter erstrebten Vorteils umfassen[332].   **578a**

Wer irrig annimmt, dass auf den erstrebten Vermögensvorteil ein fälliger, rechtlich begründeter Anspruch bestehe, befindet sich im Tatbestandsirrtum und handelt in dieser Hinsicht gemäß[333] § 16 I 1 ebenso wenig vorsätzlich wie der, der einen nur vermeintlich unberechtigten Anspruch abwehrt[334]. In solchen Fällen begeht der Täter daher mangels Tatentschlusses selbst dann keinen Betrugsversuch, wenn er die Durchsetzung oder Abwehr mit Mitteln der Täuschung betreibt[335]. Dabei ist freilich mit BGHSt 48, 322, 328 f zu beachten, dass es als Grundlage für einen Tatbestandsirrtum nicht ausreicht, wenn sich der Täuschende nur nach den Anschauungen der einschlägig kriminellen Kreise als „berechtigter" Inhaber eines Anspruchs fühlt. Vielmehr muss er sich vorstellen, dass der Anspruch auch von der Rechtsordnung anerkannt und infolgedessen mit gerichtlicher Hilfe durchsetzbar ist. Hat umgekehrt der Täter einen fälligen Anspruch auf den erstrebten Vorteil, weiß dies aber nicht oder wehrt er einen nur vermeintlich bestehenden Anspruch durch Täuschung ab, liegt ein untauglicher Versuch vor[336]. Für die juristisch-ökonomische Betrachtungsweise handelt es sich bei diesen Irrtumskonstellationen um eine irrige Vorstellung schon zum Schaden (s. Rn 583), sodass es bei einer irrigen Annahme eines Anspruchs bereits am Schädigungsvorsatz fehlt[337].

---

327 BGH wistra 01, 423, 424; BGHSt 48, 331, 346 ff mit krit. Anm. *Beulke*, JR 05, 40 f.
328 BGH StV 07, 581.
329 BGHSt 51, 100, 121 ff; s. dazu *Fischer*, StraFO 08, 269 ff.
330 BGHSt 51, 100, 123; offenbar für Übertragbarkeit auf § 263 aber *Fischer*, § 263 Rn 106b, c.
331 BGH MDR/D 72, 571.
332 BGH MDR/D 56, 10; BGH MDR/H 92, 320; BGHSt 42, 268 mwN.
333 *Lackner/Kühl*, § 263 Rn 62; abw. *Roxin*, AT I § 12 Rn 142: analog; s. Rn 190.
334 *Rengier*, BT I § 13 Rn 113.
335 BGHSt 42, 268, 272; BGH NStZ 03, 663.
336 BGHSt 42, 268, 272 f mit Anm. *Arzt*, JR 97, 469; *Kudlich*, NStZ 97, 432; LK-*Hillenkamp*, § 22 Rn 181.
337 S. S/S-*Cramer/Perron*, § 263 Rn 175; *Küper*, BT S. 84; iE ebenso NK-*Kindhäuser*, § 263 Rn 370 ff; SK-*Hoyer*, § 263 Rn 275.

2. Absicht rechtswidriger Bereicherung

a) Absicht

579 Die **Absicht, sich** oder einem **Dritten** einen rechtswidrigen Vermögensvorteil zu verschaffen, ist gegeben, wenn es dem Täter **auf die Erlangung des Vorteils ankommt**, mag dieser von ihm auch nur als Mittel zu einem anderweitigen Zweck und damit als Zwischenziel erstrebt werden (= sog. *Bereicherungsabsicht* als zielgerichteter Erfolgswille). Nicht erforderlich ist, dass die Vorteilserlangung die eigentliche Triebfeder, das Motiv oder das *in erster Linie* erwünschte Ziel seines Handelns ist[338].

Hinsichtlich dieses **Absichtsmerkmals** genügt ein dem *dolus eventualis* entsprechendes Wissen und Wollen nicht, vielmehr muss der Täter den Vorteil für sich *oder* für einen Dritten **erstreben**[339]. Daran dürfte es dem mangeln, der für einen anderen Waren bestellt, nur um ihn zu ärgern[340]. Eventualvorsatz reicht aber insoweit aus, als es sich um die **Rechtswidrigkeit** des erstrebten Vorteils handelt[341].

580 Als **Vermögensvorteil** iS des § 263 ist **jede günstigere Gestaltung der Vermögenslage** anzusehen, gleichgültig, ob diese in einer Vermehrung der Aktivposten, im Nichterbringen einer geschuldeten Leistung oder in der Befreiung von einer Verbindlichkeit besteht[342].

§ 263 setzt nicht voraus, dass der Täter den erstrebten Vorteil auch wirklich erlangt. **Vollendet** ist der *vorsätzlich* und in *Bereicherungsabsicht* begangene Betrug schon mit dem Eintritt der Vermögensbeschädigung[343].

b) Rechtswidrigkeit des erstrebten Vorteils

581 Der erstrebte Vermögensvorteil muss **objektiv rechtswidrig** sein. Das ist der Fall, wenn auf ihn kein rechtlich begründeter Anspruch besteht[344].

582 **Fall 57:** Der Gläubiger G hat dem Schuldner S ein Darlehen in Höhe von 800 EUR gewährt. Bei Rückzahlung dieses Betrages hat S eine Quittung erhalten, es aber versäumt, sich den Schuldschein von G zurückgeben zu lassen. Einige Zeit darauf ist G verstorben. Sein Alleinerbe E entdeckt den Schuldschein im Nachlass und besteht gutgläubig auf dessen Einlösung.

---

338 Vgl BGHSt 16, 1; 18, 246, 248; *Fahl*, JA 97, 110; *Rengier*, JZ 90, 321; zusf. *Küper*, BT S. 89; LK-*Tiedemann*, § 263 Rn 251 f.

339 BGHSt 16, 1, 5; BGH MDR/D 75, 22; zur Kritik an der wenig klar gefassten Formel der Rechtsprechung s. *Küper* BT S. 89.

340 AA BayObLG JZ 72, 25 mit abl. Anm. *Schröder* und zust. Bespr. *Herzberg*, JuS 72, 19; LG Kiel NStZ 08, 219; *Rengier*, BT I § 13 Rn 104; das BVerfG EuGRZ 06, 603, 604 sieht in einer solchen Annahme (dort des OLG Schleswig) keinen Verstoß gegen das Willkürverbot; wie hier *Eisele*, BT II Rn 598; *Jahn*, JuS 07, 385; *Joecks*, § 263 Rn 117; S/S-*Cramer/Perron*, § 263 Rn 167. Zur aufgedrängten Waren- oder Dienstleistungsbestellung s. § 238 I Nr 3 und hier Rn 539b.

341 Lehrreich dazu BGHSt 31, 178, 181; 42, 268, 271; OLG Bamberg NJW 82, 778; krit. *Gössel*, Zipf-GS S. 228.

342 Vgl BGHSt 42, 268, 271; OLG Stuttgart NJW 62, 502.

343 BGH NJW 84, 987; *Lackner/Kühl*, § 263 Rn 63.

344 BGHSt 3, 160, 162 f; 19, 206, 215 f; 20, 136, 137; BayObLG StV 90, 165; OLG Bamberg NJW 82, 778.

Schließlich verklagt er den S, der in seinen Unterlagen vergeblich nach der Quittung sucht, auf Rückzahlung des Darlehens. Um die 800 EUR nicht noch einmal zahlen zu müssen, stellt S eine unechte Quittung mit der Unterschrift des G her, die er im Prozess vorlegt. Da niemand an der Echtheit der Quittung zweifelt, wird die Klage des E abgewiesen.

Hat S sich strafbar gemacht? **Rn 584**

Hat der Täter einen einredefreien und fälligen Anspruch auf den erstrebten Vorteil, **583** kommt ein Betrug ebenso wenig in Betracht wie dann, wenn er die Abwehr eines tatsächlich nicht bestehenden Anspruchs betreibt. Da das verfolgte Ziel der Rechtsordnung entspricht, wird der Vorteil nicht dadurch rechtswidrig, dass er mit unlauteren Mitteln erstrebt wird. Daher führen falsche Angaben oder gefälschte Beweismittel im Prozess, die zur wegen Beweisschwierigkeiten gefährdeten Durchsetzung eines bestehenden oder zur ebenso gefährdeten Abwehr eines nichtbestehenden Anspruchs eingesetzt werden (sog. *Selbsthilfebetrug*), nicht zum Betrug[345]. Da nach einer rein wirtschaftlichen Betrachtungsweise die Erfüllung eines beweisgefährdeten Anspruchs ebenso ein Schaden ist wie der „Verlust" einer unbegründeten, aber wegen der Beweislage aussichtsreichen Forderung, kann Betrug hiernach nur mangels Rechtswidrigkeit des erstrebten Vermögensvorteils entfallen[346]. Eine der inneren Folgerichtigkeit der Gesamtrechtsordnung verpflichtete juristisch-ökonomische Schadensbestimmung (s. Rn 535) muss demgegenüber schon die betrugsrelevante Schädigung verneinen[347]. Wer nur leistet, wozu er verpflichtet und wer nur verliert, was ihm von Rechts wegen nicht zugestanden ist, hat keinen Schaden[348]. Strafbarkeitslücken im Bereich des sog. *Prozessbetrugs* entstehen dadurch nicht, weil die §§ 153 ff und 267 ff bei einer Täuschung des Richters für einen ausreichenden Schutz sorgen.

Im **Fall 57** hat S zur Täuschung im Rechtsverkehr eine unechte Urkunde hergestellt **584** (§ 267 I)[349]. Fraglich ist, ob auch ein Betrug zum Nachteil des E vorliegt (= sog. *Prozessbetrug* in Form des *Selbsthilfebetrugs*). Durch Vorlage der unechten Quittung hat S den Richter getäuscht und zur Abweisung der Klage, dh zur Vornahme einer irrtumsbedingten Verfügung über das Vermögen des E veranlasst. Ohne die Täuschungshandlung des S hätte E mit seiner Klage Erfolg gehabt, weil der Besitz des Schuldscheins eine ihm günstige Prozesslage geschaffen hatte und S nicht im Stande war, den ihm obliegenden Beweis für die Rückzahlung des Darlehens zu erbringen. Da zum Vermögen nach **wirtschaftlicher** Betrachtungsweise auch Werte gehören können, die man **zu Unrecht** innehat, liegt der **Schaden** des E hiernach darin, dass seine *prozessuale Erfolgschance* und die damit verbundene *reale Erwerbsaussicht* mit Abweisung der Klage zunichte gemacht wurden. Diesen Erfolg hat S vorsätzlich und in der Absicht herbeigeführt, seine eigene Vermögenslage durch Abwendung seiner Verurteilung günstiger zu gestalten. Gleichwohl entfällt der subjektive Tatbestand des § 263, weil S für sich **keinen „rechtswidrigen" Vorteil** erstrebt hat. Maßgebend dafür, ob ein Vermögensvorteil ob-

345 BGHSt 42, 268, 271 f; *Fischer*, § 263 Rn 111; LK-*Tiedemann*, § 263 Rn 194, 231; s. auch OLG München NStZ 07, 157 mit Bespr. *Kraatz*, Jura 07, 531; krit. A/W-*Arzt*, § 20 Rn 125.
346 *Krey/Hellmann*, BT II Rn 499.
347 LK-*Tiedemann*, § 263 Rn 186, 194, 231, 265; *Maurach/Schroeder/Maiwald*, BT I § 41 Rn 134, 145; *Rengier*, BT I § 13 Rn 112; BGHSt 42, 268, 272; s. dazu auch *Eisele*, BT II Rn 605 f und OLG Düsseldorf JR 98, 478 mit Anm. *Krack* und *Kösch*, Der Status des Merkmals „rechtswidrig" 1999, S. 59.
348 BGH NStZ-RR 00, 140.
349 S. dazu auch *Krack*, Anm. JR 98, 479.

jektiv rechtswidrig ist oder nicht, ist **allein das sachliche Recht**. Materiellrechtlich war die Klage des E gegen S jedoch unbegründet, weil dieser das Darlehen schon zurückgezahlt hatte (vgl §§ 488 I 2, 362 I BGB). Das von S verfolgte Ziel (= Abwendung seiner Verurteilung zur nochmaligen Rückzahlung) stand also mit dem **materiellen Recht** in Einklang und wurde nicht dadurch rechtswidrig, dass S sich bei seiner Verwirklichung *unerlaubter Mittel* bediente[350]. Legt man einen **juristisch-ökonomischen** Vermögensbegriff zu Grunde, fehlt es bereits am Schaden, da E nichts verloren hat, was ihm rechtlich zustünde. Hält S sein Verhalten für Betrug, ist das ein Wahndelikt.

c) Unmittelbarkeitsbeziehung

585 Der Täter muss, da es sich beim Betrug um ein *Vermögensverschiebungsdelikt* handelt, den rechtswidrigen Vermögensvorteil in der Weise erstreben, dass er **unmittelbar** zulasten des **geschädigten Vermögens** geht; der Vorteil muss gewissermaßen die Kehrseite des Schadens, nicht allerdings dessen genaues Gegenstück, bilden[351]. Der zur Kennzeichnung dieses Verhältnisses gebrauchte Begriff der *„Stoffgleichheit"* ist daher ungenau, bisweilen sogar irreführend[352]. Die gemeinte **Unmittelbarkeitsbeziehung** ist dann gegeben, wenn Schaden und Vorteil sich in der Weise entsprechen, dass sie **durch ein und dieselbe Vermögensverfügung vermittelt** werden, also nicht auf jeweils verschiedene Verfügungen zurückzuführen sind[353].

586 Praktische Bedeutung gewinnt dies vor allem dort, wo **Provisionsvertreter** Kunden mittels Täuschung zu Bestellungen veranlassen, um von ihrer Firma für die angeblich ordnungsgemäß erlangten Aufträge vorschussweise Provision zu kassieren. Eine Stoffgleichheit zwischen dem vom Vertreter angestrebten Vorteil, der Provision, und dem Schaden der Besteller liegt dann nicht vor. Betrug zum Nachteil der **Kunden** ist hier gleichwohl unschwer zu begründen, wenn man beachtet, dass der Täter (auch) in der Absicht handelt, zunächst **seiner Firma** einen rechtswidrigen Vermögensvorteil in Gestalt der **erschlichenen Bestellungen** zu verschaffen. Das ist ein sog. *fremdnütziger* Betrug, bei dem die Bestellung seitens der Kunden auf der einen Seite den Schaden und auf der anderen Seite den Vermögensvorteil bewirkt[354]. An der „Stoffgleichheit" fehlt es dagegen, wenn es dem Verursacher eines Verkehrsunfalles durch Verleugnen seines Verschuldens gegenüber der Versicherung nicht darauf ankommt, dieser die Schadenserstattung gegenüber dem Geschädigten zu ersparen (keine Drittbereicherungs*absicht*), sondern allein darauf, sich den Schadensfreiheitsrabatt zu erhalten. Dieser Vorteil ist nicht die Kehrseite des Schadens, den der Geschädigte durch die unterbliebene Erstattung an seinem Vermögen erleidet[355]. Ebenso mangelt es an

---

350 BGHSt 3, 160, 162 f; 20, 136, 137 f; BGH NJW 82, 2265; BGH NStZ 88, 216; BGH NJW 97, 750.
351 BGH NStZ 03, 264; *Fischer*, § 263 Rn 108.
352 *Küper*, BT S. 90; *Lackner/Kühl*, § 263 Rn 59; BGHSt 34, 379, 391; missverständlich ist auch die Rede vom „Spiegelbild" zB bei *Heghmanns*, Rn 1277.
353 Näher BGHSt 6, 115, 116; 21, 384, 385 f; 34, 379, 391; BayObLG NJW 87, 1654 und NStZ 94, 491; OLG Düsseldorf NJW 93, 2694; iE übereinstimmend HK-GS/*Duttge*, § 263 Rn 79; *Straßer*, 100 Jahre Stoffgleichheit 2002, S. 99 ff, 107 f.
354 Vgl *Jäger*, BT Rn 371 f; *Krey/Hellmann*, BT II Rn 453 ff; MK-*Hefendehl*, § 263 Rn 720; S/S-*Cramer/Perron*, § 263 Rn 169; BGHSt 21, 384, 385 f; OLG Braunschweig NJW 61, 1272.
355 BayObLG NStZ 94, 491.

der Stoffgleichheit, wenn der Täter einem Handwerker betrügerisch den Auftrag erteilt, in einem ihm nicht gehörenden Miethaus die Heizung zu sanieren, und damit die Absicht verfolgt, sich den Mietern gegenüber fälschlich als Eigentümer des Hauses ausgeben und die Miete einziehen zu können[356].

d) Bereicherungsabsicht und Teilnahme

Eine Täterschaft setzt in all ihren Formen voraus, dass der Beteiligte **selbst** Bereicherungsabsicht hat. Da der Tatbestand allerdings auch eine **Drittbereicherungsabsicht** ausreichen lässt, ist **Mittäterschaft** nicht dadurch ausgeschlossen, dass ein Beteiligter nur die Bereicherung eines Mittäters erstrebt[357]. Andererseits macht das Vorliegen einer Drittbereicherungsabsicht den Beteiligten nicht notwendig zum Mittäter. Vielmehr ist auch in dieser Tatbestandsalternative für die Abgrenzung von Mittäterschaft und Beihilfe auf die allgemein dazu geltenden Grundsätze abzustellen. Wer mit Drittbereicherungsabsicht *alle* Tatbestandsmerkmale des Betrugs selbst erfüllt, ist danach regelmäßig Täter, wer weder Tatherrschaft noch den Willen dazu hat, dagegen Gehilfe[358]. Dabei kann eine **Beihilfe** zum Betrug schon begehen, wer dem Täter etwa mit einem gefälschten Sachverständigengutachten ein entscheidendes Tatmittel willentlich an die Hand gibt und dabei bewusst das Risiko erhöht, dass mithilfe dieses Mittels ein Betrug begangen wird. Auf eine genauere Kenntnis von Opfer, Tatzeit oder näheren Einzelheiten der konkreten Begehungsweise kommt es für die Beihilfe nicht an[359]. Handelt es sich um berufstypisches und damit „neutral" erscheinendes Verhalten zB eines Bankangestellten oder eines Rechtsanwalts oder Notars[360], liegt Beihilfe nach den zitierten Entscheidungen nur vor, wenn die Förderung einem erkennbar tatgeneigten Haupttäter gilt und sich der Gehilfe mit diesem solidarisiert[361]. Nach der Rechtsprechung schließt die bloße Mitwirkung im Vorbereitungsstadium auch Mittäterschaft nicht aus[362]. Ferner wird – sehr weitgehend – eine Beihilfe durch Unterlassen für einen Polizeibeamten für möglich gehalten, der außerdienstlich von einem Betrug mit hohem Schaden Kenntnis erhält und nichts unternimmt[363]. Dahinter steht – wie oft – der schwer oder nicht beweisbare Verdacht einer Beteiligung durch aktives Tun[364]. Beihilfe nach Vollendung des Betrugs ist nur bei iterativer Tatbegehung möglich[365]. Für den Versuchsbeginn, der zwar regelmäßig, aber nicht notwendig in der Vornahme der Täuschungshandlung liegt[366], gilt in Fällen der Beteiligung die Gesamtlösung[367].

587

---

356 BGH NStZ-RR 02, 10; weitere Beispiele fehlender Stoffgleichheit in BGHSt 49, 17, 23; BGH NStZ 04, 557, 558.
357 LK-*Tiedemann*, § 263 Rn 283.
358 BGH StV 97, 411; S/S-*Cramer/Perron*, § 263 Rn 180.
359 BGHSt 42, 135, 138 mit Anm. *Kindhäuser*, NStZ 97, 273; *Loos*, Jura 97, 297; *Schlehofer*, StV 97, 412; BGH NStZ-RR 00, 326.
360 BGH wistra 00, 340, 341; 459, 460; BGH StV 00, 479, 480.
361 S. dazu *Hillenkamp*, AT 28. Problem.
362 BGH StV 99, 317; BGH NStZ 02, 145, 146.
363 BGH wistra 00, 92, 93 mit Anm. *Wollweber*, wistra 00, 338.
364 S. dazu *Hillenkamp*, Wassermann-FS S. 861, 864.
365 LK-*Hillenkamp*, vor § 22 Rn 35 ff; aA BGH wistra 01, 378; BGH NStZ 02, 482.
366 S. LK-*Hillenkamp*, § 22 Rn 94; BGH NStZ 02, 433, 435.
367 BGH StV 99, 24; BGH wistra 00, 379, 381; LK-*Hillenkamp*, § 22 Rn 173; *Wessels/Beulke*, AT Rn 611.

IV. Regelbeispiele und Qualifikation

1. Regelbeispiele

588 Das 6. StrRG (Rn 9) hat in Anlehnung an § 253 E 1962 die zuvor unbenannten „besonders schweren Fälle" des Betrugs durch fünf Regelbeispiele ersetzt, um dem Tatrichter durch deren „maßstabbildende Bedeutung"[368] genauere Anhaltspunkte für die Strafzumessung zu geben. In rechtsstaatlicher Sicht ist diese Lösung der zuvor bestehenden überlegen[369]. Inhaltlich knüpfen die Regelbeispiele weitgehend an Umstände an, die nach Rechtsprechung und Literatur bereits auf der Grundlage des alten Rechts als besonders schwere Fälle zu werten oder in anderen Strafzumessungsvorschriften schon zu finden waren (BT-Ds 13/8587, S. 42)[370].

589 Bei den **Regelbeispielen** des § 263 III 2 Nrn 1–5 handelt es sich wie bei denen des Diebstahls (§ 243 I 2 Nrn 1–7) um **Strafzumessungsregeln**, die den dort entwickelten Grundsätzen folgen. Auch hier ist die Annahme eines besonders schweren Falles bei Vorliegen eines Beispiels daher – etwa im Falle einer erheblichen Taterleichterung durch das Opfer – nicht zwingend[371], aber die keiner zusätzlichen Begründung bedürftige Regel und im Ausnahmefall auch gestattet, wo es an den Voraussetzungen fehlt (s. Rn 198 f)[372]. Für Versuch, Vorsatz und Teilnahme gelten die zu § 243 dargelegten Besonderheiten entsprechend (s. Rn 201 ff). Dass der Täter ein Regelbeispiel nur vermeintlich erfüllt, reicht nicht aus (s. Rn 207)[373]. Für eine Beihilfe ist auf sie selbst, nicht auf die Schwere der Haupttat abzustellen (s. Rn 210)[374]. Auch ist § 243 II gemäß § 263 IV auf alle Regelbeispiele wie auf den atypischen schweren Fall anzuwenden[375].

590 In **§ 263 III 2 Nr 1** ist das **gewerbsmäßige** Handeln ebenso wie das als Mitglied einer **Bande**, die sich zur fortgesetzten Begehung von Taten verbunden hat, in Anlehnung an §§ 243 I 2 Nr 3, 244 I Nr 2 (s. dazu Rn 230; 270 ff) als Regelbeispiel genannt. Dabei ist die bandenmäßige Begehung hier nicht von der Mitwirkung eines anderen Bandenmitgliedes abhängig. Die Bande muss aber nach der Entscheidung des GrS des BGH[376] aus mindestens drei Personen bestehen, die sich, was sie von bloßen Mittätern unterscheiden soll, auf eine gewisse Dauer zu zukünftiger Deliktsbegehung verbunden haben. Dass sie sich, wie zB ein Zahnarzt und das ihn beliefernde Dentallabor, geschäftlich gegenüberstehen, hindert nicht das „Ziehen an einem Strang", wenn sie sich zur betrügerischen Schädigung eines Dritten (hier der kassenärztlichen Vereini-

---

368 BGHSt 28, 318, 320.
369 *Freund*, ZStW 109, 1997, 471; *Hohmann/Sander*, BT/1 § 11 Rn 172; *Kudlich*, JuS 98, 469; krit. *Stächelin*, StV 98, 100.
370 Vgl BGH NJW 91, 2574; BGH StV 96, 34.
371 BGH NStZ 04, 265, 266; zur Taterleichterung durch das Opfer s. LG Gera NStZ-RR 96, 167; *Hillenkamp*, Vorsatztat und Opferverhalten 1981, S. 295 ff; zum Vorliegen mehrerer Regelbeispiele s. BGH wistra 04, 262, 263.
372 S. zum Verzicht auf zusätzliche Begründung BGH NJW 04, 2394, 2395; zur Begründung von Abweichungen BGH wistra 03, 460, 461; OLG Karlsruhe NStZ-RR 02, 333.
373 *Tiedemann/Waßmer*, Jura 00, 539.
374 BGH wistra 01, 105.
375 S. dazu *Mitsch*, ZStW 111, 1999, 113 f.
376 BGHSt 46, 321; s. dazu Rn 271a und BGH wistra 02, 21; BGH NStZ 02, 200, 201; 07, 269.

gung) zusammengetan haben[377]. Da nach der Rechtsprechung (s. Rn 271, 271c) nicht nur Mittäter, sondern auch Gehilfen eine Bande mitbegründen können, ist die Bande als Zurechnungsgrundlage nicht geeignet. Eine Zurechnung gegenseitiger Tatanteile kann auch in der Bande folglich nur über § 25 II zwischen Mittätern erfolgen[378]. Auch wer Bandenmitglied ist, kann allerdings wegen einer Tat, die aus der Bande heraus begangen wird, als Täter oder Teilnehmer nur bestraft werden, wenn er an der konkreten Tat *mitgewirkt* hat. Die Abgrenzung zwischen Täterschaft und Teilnahme richtet sich dann nach den hier auch sonst geltenden Grundsätzen[379]. Neben Betrug ist als Bandendelikt auch Urkundenfälschung möglich[380]. Der Gewerbsmäßigkeit steht nicht entgegen, dass der Täter mit dem erlangten Geld nur alte Schulden abtragen will. Auch muss er seinen Lebensunterhalt nicht zwingend allein oder auch nur überwiegend durch die Begehung der Straftaten bestreiten wollen, solange er nur in der Absicht handelt, sich durch die wiederholte Begehung eine fortlaufende Einnahmequelle von einiger Dauer und einigem Umfang zu verschaffen[381]. Fließen die Vermögensvorteile in eine von ihm beherrschte Gesellschaft, reicht seine jederzeitige Zugriffsmöglichkeit aus[382]. Weder der Gewerbsmäßigkeit noch der bandenmäßigen Begehung steht es entgegen, wenn es bei nur einer Tat bleibt oder die Einzeldelikte der Betrugsserie aus Rechtsgründen in gleichartiger Tateinheit zusammentreffen. Maßgeblich ist allein, dass bei der Ausführung der Tat die für die gewerbs- bzw bandenmäßige Begehung jeweils erforderliche spezifische Absicht bestand. Sie setzt im Unterschied zur Bereicherungsabsicht eigennütziges, auf tätereigene Einnahmen zielendes Handeln voraus[383].

§ 263 III 2 Nr 2 knüpft die Regelwirkung zunächst an einen **Vermögensverlust großen Ausmaßes**[384]. Der sich hier (wie in § 267 III 2 Nr 2) auf den beim Verletzten tatsächlich eingetretenen, wenn auch nicht notwendig bleibenden[385] Schaden beziehende Begriff des „großen Ausmaßes" findet sich auch in §§ 264 II 2 Nr 1, 335 II Nr 1 und § 370 III 2 Nr 1 AO[386]. Er setzt eine aus dem Rahmen durchschnittlicher Betrugsschäden nach objektivem Maßstab erheblich herausfallende Schädigung voraus, die nach der insoweit zweifelhaften, vom BGH aber mittlerweile übernommenen gesetzgeberischen Vorstellung (BT-Ds 13/8587, S. 43) in Anlehnung an § 264 II 2 Nr 1[387] erst bei 100 000 DM = 50 000 EUR[388] beginnen, als Vermögens**verlust** aber durch eine nur **591**

377 BGH NStZ 07, 269, 270; das hier wieder verwendete Ziehen „am selben Strang" ist als Kriterium von BGHSt 46, 321, 325 ff aufgegeben worden, s. dazu Rn 271.
378 BGH wistra 07, 100, 101.
379 BGH StV 07, 579, 580.
380 Zum Auslegungsstreit insoweit s. *Fischer*, § 263 Rn 120b; MK-*Hefendehl*, § 263 Rn 769 f.
381 S. BGH wistra 03, 460, 481; BGH NStZ 08, 282 f.
382 BGH wistra 08, 379.
383 BGHSt 49, 177, 181, 186 ff.
384 BGH NJW 91, 2574; BGH MDR/D 75, 368; s. zu beiden Regelbeispielen der Nr 2 *Peglau*, wistra 04, 7.
385 BGH wistra 02, 339 mit abl. Anm. *Joecks*, StV 04, 17 und zust. Bespr. von *Hannich/Röhm*, NJW 04, 2063.
386 S. dazu BGH wistra 94, 228, 229.
387 S. dazu *Fischer*, § 264 Rn 46; LK-*Tiedemann*, § 264 Rn 147; S/S-*Lenckner/Perron*, § 264 Rn 74.
388 S. dazu BGHSt 48, 360; BGH wistra 09, 236, 237; LK-*Tiedemann*, § 263 Rn 298; jetzt auch *Fischer*, § 263 Rn 122; s. auch schon BGH StV 02, 144.

schadensgleiche Vermögensgefährdung noch nicht auslösbar sein soll[389]. Das ist angesichts der Gleichsetzung von schadensgleicher Vermögensgefährdung und Schaden[390] zwar nicht unbedenklich, lässt sich aber mit einer gegenüber dem Schaden engeren Bedeutung des Verlusts rechtfertigen. Auf dem Boden dieser Auffassung kann es auch den (beim Diebstahl für möglich gehaltenen, s. Rn 206) Fall eines Versuchs in einem besonders schweren Fall nicht geben, in dem die Tat versucht bleibt und ein Vermögensverlust großen Ausmaßes beabsichtigt war[391]. Für die zweite Alternative genügt dagegen die **Absicht**[392], eine **große Zahl**[393] von Menschen durch rechtlich selbstständige Betrugshandlungen in die **konkrete Gefahr** des Verlustes von Vermögenswerten zu bringen[394]. Davon ist auszugehen, wenn der Täter durch das zur Tatbegehung verwendete Medium eine unbestimmte Vielzahl von Opfern ansprechen will[395]. *Juristische* Personen scheiden als „Menschen" aus[396].

592   Das Regelbeispiel des **§ 263 III 2 Nr 3** erfüllt, wer eine andere Person in **wirtschaftliche Not** bringt. Davon ist hier – wie in §§ 283a 2 Nr 2, 291 II 2 Nr 1 – zu sprechen, wenn das Opfer einer solchen Mangellage ausgesetzt wird, dass ihm die Mittel für lebenswichtige Aufwendungen für sich oder auch für unterhaltsberechtigte Personen fehlen[397].

593   Ein weiteres Regelbeispiel erfüllt, wer seine Befugnisse oder Stellung als **Amtsträger** missbraucht, **§ 263 III 2 Nr 4**. Dieses Regelbeispiel stimmt mit § 264 II 2 Nr 2 und § 370 III 2 Nr 2 AO überein. Wer Amtsträger ist, ergibt sich aus § 11 I Nr 2. § 28 II ist entsprechend anwendbar. Der Missbrauch der Befugnisse setzt ein täuschendes Handeln innerhalb an sich gegebener Zuständigkeit, der Missbrauch der Stellung die Ausnutzung durch das Amt sonst gegebener Möglichkeiten voraus[398].

594   Das im Gesetzgebungsverfahren erst später eingefügte Regelbeispiel des **§ 263 III 2 Nr 5** (BT-Ds 13/8587, S. 85) nimmt Merkmale des alten **Versicherungsbetrugs** (§ 265 aF) auf und steht im engen Zusammenhang mit dessen Ersetzung durch § 265 nF. Es wird daher dort behandelt (Rn 658 ff).

---

389   S. BGHSt 48, 354, 355 ff; mit zust. Anm. *Krüger*, wistra 04, 146; *Gallandi*, NStZ 04, 268; beiden Aussagen iE zust. A/W-*Arzt*, § 20 Rn 135; *Eisele*, BT II Rn 612; *Rotsch*, ZStW 117, 2005, 577, 591 ff, 597 ff; für Einbeziehung auch der Vermögensgefährdung dagegen MK-*Hefendehl*, § 263 Rn 775; s. zu beiden Urteilen die krit. Bespr. von *Hannich/Röhm*, NJW 04, 2061; *Lang ua*, NStZ 04, 528; ferner *Krüger*, wistra 05, 247.

390   S. dazu auf dem Hintergrund der Kontroverse um den Gefährdungsschaden *Fischer*, NStZ-Sonderheft 09, 8, 12.

391   BGH StV 07, 132; BGH NStZ-RR 09, 206.

392   Sicheres Wissen reicht aus, *Kindhäuser*, § 263 Rn 229.

393   S. dazu *Joecks*, § 263 Rn 127: mindestens fünfzig; LK-*Tiedemann*, § 263 Rn 299: mindestens zehn; MK-*Hefendehl*, § 263 Rn 779; S/S-*Cramer/Perron*, § 263 Rn 188d: mindestens zwanzig; BGH JR 99, 210 (= BGHSt 44, 175) mit Anm. *Ingelfinger* zu § 306b.

394   S. dazu BT-Ds 13/8587, S. 64; *Mitsch*, BT II/1 § 7 Rn 130; *Otto*, BT § 51 Rn 108.

395   OLG Jena NJW 02, 2404.

396   BGH wistra 01, 59.

397   BGH NStZ-RR 07, 269; *Mitsch*, BT II/1 § 7 Rn 131; S/S-*Stree/Heine*, § 291 Rn 44.

398   LK-*Tiedemann*, § 263 Rn 301; *Mitsch*, BT II/1 § 7 Rn 132.

2. Qualifikation

§ 263 V ist § 260a nachgebildet und hat in § 244a iVm § 243 I 2 Nr 3 eine Parallele. **595**
Es handelt sich bei dieser **Banden-** und **Gewerbsmäßigkeit** (s. dazu Rn 230, 270 ff)
verknüpfenden Begehungsweise auch im minder schweren Fall (§ 12 III) um ein **Verbrechen**, das als **Qualifikation** ausgestaltet und auf das § 30 anwendbar ist[399]. Auch
hier soll eine Bande mindestens drei Personen voraussetzen[400]. Die Vorschrift zielt gemeinsam mit § 263 VII auf die Bekämpfung der organisierten Kriminalität. Sie erweitert den Kreis der in Betracht kommenden Delikte um die §§ 263a, 264, 268 und 269.
Dass Vermögensvorteile großen Ausmaßes erlangt werden, ist als zunächst vorgesehene weitere Voraussetzung (BT-Ds 13/8587, S. 10, 43) fallen gelassen (BT-Ds 13/
8587, S. 64) und als Ausgleich dafür eine Strafmilderung für minder schwere Fälle
eingefügt worden (BT-Ds 13/9064, S. 19).

V. Sicherungsbetrug und Verfolgbarkeit

1. Sicherungsbetrug

Mitbestrafte Nachtat soll ein Betrug dann sein, wenn er nur die bereits aus einem **596**
Eigentums- oder Vermögensdelikt erlangten Vorteile sichern soll, ohne dass der Täter einen neuen selbstständigen Vermögensschaden – etwa bei Dritten[401] – verursacht. Dies gilt nach hM insbesondere dort, wo der Vortäter durch falsche Angaben
gegenüber dem Verletzten die Geltendmachung von Rückgewähr- oder Schadenser-
satzansprüchen vereitelt (= sog. **Sicherungsbetrug**)[402]. Gegen diese Konstruktion ist
jedenfalls dann etwas einzuwenden, wenn keine „Erweiterung oder Vertiefung des
schon durch das Eigentumsdelikt verursachten Schadens"[403] gegeben ist. Dann fehlt
es bereits am Tatbestand des Betrugs[404]. Daher verbleibt es zB bei der Verheimlichung zuvor im Kaufhaus entwendeter Ware an der Kasse beim Diebstahl, auch
wenn die Kassiererin auf Grund einer Täuschung die Herausforderung des Diebesguts unterlässt[405].

2. Verfolgbarkeit

§ 263 IV erklärt nicht nur § 243 II, sondern auch § 247 und § 248a für entspre- **597**
chend anwendbar. Danach besteht für den *Bagatell-* und den *Haus-* und *Familien-
betrug* ein **Strafantragserfordernis**. Im letztgenannten Fall kommt als Antrags-

---

399 BGH NStZ-RR 07, 269; *Mitsch*, BT II/1 § 7 Rn 126 f.
400 BGH wistra 02, 21; BGHSt 49, 177, 187; s. dagegen Rn 271a.
401 BGH wistra 08, 423, 424.
402 BGH GA 1957, 409, 410; 1958, 369, 370; 1961, 83; LK-*Tiedemann*, § 263 Rn 325 ff; *Schröder*,
    MDR 50, 398.
403 BGH StV 92, 272.
404 S. *Otto*, BT § 51 Rn 152; vertiefend *Sickor*, GA 07, 590.
405 *Hillenkamp*, JuS 97, 220, 222; zur entsprechenden Frage bei der „Sicherungserpressung" s. ebenso
    Kienapfel, Anm. JR 84, 389; *Seier*, NJW 81, 2157; Rn 378.

berechtigter nur der Geschädigte, nicht auch der davon personenverschiedene Getäuschte in Betracht[406]. Zum Beginn der **Verjährung** beim Betrug ist § 78a zu beachten[407].

Betrug, § 263

I. Tatbestand

  1. Objektiver Tatbestand

    a. Täuschung:
  - *Tatsachen*
    - → Abgrenzung zum Werturteil
  - *Vorspiegeln falscher Tatsachen*
  - *Entstellen/Unterdrücken wahrer Tatsachen*
    - → durch aktives/konkludentes Tun
    - → durch Unterlassen
      - Ⓟ Garanten(Aufklärungs)pflicht

    b. Irrtum:
  - *Irrtum*
    - Ⓟ Irrtum bei Zweifeln
    - Ⓟ ignorantia facti ↔ sachgedankliches Mitbewusstsein
  - *Erregung/Unterhaltung*
    - → Mitverursachung

    c. Vermögensverfügung:
  - *vermögensmindernde Verfügung*
    - → Unmittelbarkeit
    - → Freiwilligkeit ⎫ Ⓟ Diebstahl ↔ Betrug
    - → Verfügungs- ⎭
      bewusstsein
  - *des Getäuschten*
    - → Vermögensinhaber (Selbstschädigung)
    - → Dritter (Fremdschädigung)
      - Ⓟ Dreiecksbetrug oder Diebstahl in mittelbarer Täterschaft

    d. Vermögensschaden:
  - *Vermögensminderung*
    - Ⓟ Vermögensbegriff
    - Ⓟ schadensgleiche Vermögensgefährdung
  - *Ausbleiben einer Kompensation*
    - Ⓟ individueller Schadenseinschlag
    - Ⓟ bewusste Vermögensminderung/Zweckverfehlung

    e. Kausalität:
  - *Kausalzusammenhang zwischen den 4 Merkmalen*
    - Ⓟ funktionaler Zusammenhang Irrtum
      - → Verfügung

  2. Subjektiver Tatbestand
    a. Vorsatz:
  - *jede Vorsatzart*

---

406   Vgl RGSt 74, 167; näher zum Ganzen *Naucke*, Lackner-FS S. 695.
407   *Otto*, Lackner-FS S. 715, 723 ff; BGH wistra 04, 228.

b. **Bereicherungsabsicht:** • *Absicht, sich oder Drittem rechtswidrigen*
Vermögensvorteil zu verschaffen
Vermögensvorteil des Täters/eines Dritten
Ⓟ Stoffgleichheit von Schaden und Vorteil
dolus directus 1. Grades bzgl Vermögens-
vorteil
objektive Rechtswidrigkeit des Vermögens-
vorteils
→ nicht bei fälligem, einredefreien
Anspruch
zumindest dolus eventualis bzgl Rechts-
widrigkeit
Ⓟ Irrtum bzgl Rechtswidrigkeit

II. Rechtswidrigkeit
III. Schuld
IV. Privilegierung (Strafantrag, § 263 IV iVm. §§ 247, 248a)
V. Besonders schwerer Fall, § 263 III
➔ **Qualifikation, § 263 V**

VI. Computerbetrug

Fall 58: O hatte seine ec-Karte der T überlassen, ihr seine zugehörige Geheimzahl mitgeteilt und ihr gestattet, sich 2000 EUR für eine Reise abzuheben. Diese Reise fand dann aber nicht statt. T hob gleichwohl bei acht Gelegenheiten unter Einsatz von Karte und Geheimnummer Geldbeträge in einer Gesamthöhe von 10 800 EUR vom Konto des O ab, ohne dass dieser damit einverstanden war.

Hat sich T nach § 263a strafbar gemacht? **Rn 615**

Fall 59: 1995 präparierte T 2500 schwedische 5-Kronen-Münzen im Wert von je etwa 1 DM durch Überkleben der Schmalseiten mit Klarsichtfolie so, dass ihr Durchmesser dem eines 5-DM-Stückes entsprach. Mit einem Teil dieser Münzen bediente er in der Spielbank einen Geldspielautomaten und erzielte dabei einen Gewinn von 182 5-DM-Münzen. Das gelang ihm deshalb, weil der elektronische Münzprüfer in dem Spielautomaten defekt war. T hatte mit dem Vorhandensein eines solchen Münzprüfers gerechnet, von dem Defekt aber nichts gewusst.

Hat sich T nach § 263a strafbar gemacht? **Rn 616**

1. Zweck, Rechtsgut und Einordnung der Vorschrift

Der Computerbetrug (§ 263a) ist durch das 2. WiKG vom 15.5.1986 (BGBl I 721) in **598** das StGB eingefügt worden. Er soll *Lücken* im Vermögensschutz *schließen*, die durch den zunehmenden Einsatz von Datenverarbeitungssystemen entstanden waren, bei denen ein im Betrug vorausgesetzter menschlicher Irrtum nicht möglich ist[408].

---

408 Näher dazu *Bühler*, MDR 87, 448; *Haft*, NStZ 87, 6; *Lackner*, Tröndle-FS S. 41; *Lenckner/Winkelbauer*, CR 86, 654; *Möhrenschlager*, wistra 86, 123, 131; *Otto*, Jura 93, 612; *Schlüchter*, Zweites Ge-

599 Die Vorschrift stellt neue Manipulationsformen zum Nachteil fremden Vermögens unter Strafe, deren Besonderheit im Vergleich zum Betrug (§ 263) darin besteht, dass hier nicht ein *Mensch getäuscht* und zu einer *irrtumsbedingten Vermögensverfügung* veranlasst, sondern der Schaden durch die Manipulation eines Datenverarbeitungssystems herbeigeführt wird. § 263a übernimmt infolgedessen aus § 263 zwar den vollständigen subjektiven Tatbestand und das Merkmal der Vermögensbeschädigung, ersetzt die dort vorgesehene Täuschungshandlung jedoch durch eine Reihe weit gefasster Computermanipulationen. Geschützt ist wie beim Betrug das **Vermögen**[409].

Nach § 263a wird bestraft, wer vorsätzlich und in der Absicht, sich oder einem Dritten einen rechtswidrigen Vermögensvorteil zu verschaffen, das **Vermögen** eines anderen dadurch **beschädigt**, dass er das **Ergebnis eines Datenverarbeitungsvorganges** durch unrichtige Gestaltung des Programms, durch Verwendung unrichtiger oder unvollständiger Daten, durch unbefugte Verwendung von Daten oder sonst durch unbefugte Einwirkung auf den Ablauf **beeinflusst**. Der Versuch ist mit Strafe bedroht; nach § 263a II gilt § 263 II-VII entsprechend. Mit dem am 28.12.2003 in Kraft getretenen 35. Strafrechtsänderungsgesetz (BGBl I, 2838), das der Umsetzung des Rahmenbeschlusses des Rates der EU vom 28.05.2001 zur Bekämpfung von Betrug und Fälschung im Zusammenhang mit unbaren Zahlungsmitteln dient, hat der Gesetzgeber schon die bloße Vorbereitung eines Computerbetruges durch Herstellen, Sich-Verschaffen uä eines Computerprogramms, dessen Zweck die Begehung einer Tat nach § 263a I ist, in § 263a III (mit der Möglichkeit tätiger Reue, § 263a IV) unter Strafe gestellt[410]. Bislang ungeklärt ist hierzu, wann die Voraussetzung erfüllt ist, dass der „objektive Zweck" des Programms gerade die Begehung eines Computerbetrugs ist. Die bloße Eignung hierzu kann jedenfalls nicht ausreichen[411].

600 Aus der hierdurch insgesamt sichtbar werdenden **Betrugsähnlichkeit** wird überwiegend[412] die Forderung abgeleitet, die Vorschrift **betrugsnah** auszulegen[413]. Dem ist im Grundsatz zu folgen, um die Struktur- und Wertgleichheit beider Delikte zu wahren und der Auffangfunktion des neuen Tatbestandes gerecht zu werden[414]. Geschehen kann das freilich nur in den Grenzen, die Wortlaut und Betrugsäquivalenz der einzelnen Merkmale zulassen[415].

---

setz zur Bekämpfung der Wirtschaftskriminalität 1987, S. 85; *Tiedemann*, JZ 86, 865; BGH NJW 07, 2864, 2866; BGH NJW 07, 2864, 2866; s. zum Schutz des kartengestützten Zahlungsverkehrs näher *Heinz*, Maurer-FS S. 1111.

409 BGHSt 40, 331, 334.

410 S. dazu *Heger*, ZIS 08, 496, 498; *Husemann*, NJW 04, 104, 107 und – wegen der Ausdehnung der Strafbarkeit in das Vorfeld zu Recht kritisch – *Duttge*, Weber-FS S. 285; zum Verdacht einer solchen Tat s. LG Karlsruhe wistra 06, 317.

411 S. dazu *Fischer*, § 263a Rn 30 ff; HK-GS/*Duttge*, § 263a Rn 35; vgl auch BVerfG NJW 06, 2318, 2319 zu dem strukturähnlichen § 22b I Nr 3 StVG sowie *Cornelius*, CR 07, 682 und *Popp*, GA 08, 375 zur parallelen Problematik bei § 202c.

412 Abl. *Achenbach*, Gössel-FS S. 481; *Mitsch*, BT II/2 § 3 Rn 22; *Ranft*, NJW 94, 2574; einschr. *Otto*, BT § 52 Rn 29.

413 BGHSt 47, 160, 162 f; BGH NStZ 05, 213; OLG Düsseldorf NStZ-RR 98, 137; OLG Karlsruhe NStZ 04, 333, 334; *Hilgendorf*, JuS 99, 542; *Rengier*, BT I § 14 Rn 1; SK-*Hoyer*, § 263a Rn 6; S/S-*Cramer/Perron*, § 263a Rn 2; iE auch *Kindhäuser*, Grünwald-FS S. 285.

414 *Lackner/Kühl*, § 263a Rn 2.

415 LK-*Tiedemann*, § 263a Rn 6, 16.

2. Tatbestand

a) Zwischenfolge, Erfolg und Bereicherungsabsicht

Der Tatbestand unterscheidet vier Tathandlungen. Für alle vier gilt gemeinsam, dass **601**
sie als tatbestandliche **Zwischenfolge**[416] zunächst das **Ergebnis eines Datenverarbei-**
tungsvorganges beeinflussen müssen. Dabei treten der Datenverarbeitungsvorgang
und dessen Beeinflussung an die Stelle von Irrtum und Verfügung beim Betrug[417].

Den recht allgemein gehaltenen Begriff des „Datenverarbeitungsvorganges" erläutert **602**
das Gesetz nicht. Er ist weit auszulegen. **Daten** sind nach allgemeiner Ansicht ko-
dierte Informationen. Zur **Datenverarbeitung** gehören alle technischen Vorgänge, bei
denen durch Aufnahme von Daten und ihre Verknüpfung nach Programmen bestimmte Arbeitsergebnisse erzielt werden. **Beeinflusst** im Sinne des § 263a wird das
Ergebnis eines Datenverarbeitungsvorganges, wenn eine der im Gesetz genannten
Tathandlungen in den Verarbeitungsvorgang des Computers Eingang findet, seinen
Ablauf irgendwie mitbestimmt und eine Vermögensdisposition auslöst. Dass der Datenverarbeitungsvorgang *bereits in Gang befindlich* ist, setzt dessen Ergebnisbeein-
flussung in *keiner Variante* voraus. Sie kann vielmehr auch in einem Anstoßen oder
Auslösen des Vorganges liegen[418], da auch hierdurch auf den Ablauf eingewirkt wird.

Unmittelbare Folge der in dieser Weise beeinflussten Vermögensdisposition muss die **603**
Beschädigung fremden **Vermögens** sein. Der Begriff des Vermögens deckt sich wie
der des Schadens mit dem des Betrugs. Dass die durch Abhebungen mit einer gestohlenen Kennkarte geschädigte Bank möglicherweise einen Schadensersatzanspruch gegen den Karteninhaber hat, bedeutet daher zB hier wie beim Betrug (s. Rn 545 f)
keine hinreichende Kompensation. Dass die Bank geschädigt ist, folgt daraus, dass sie
gegenüber einem Kontoinhaber, auf dessen Konto ohne seinen Auftrag oder sonstigen
Rechtsgrund Belastungsbuchungen vorgenommen werden, keinen Aufwendungser-
satzanspruch nach §§ 670, 675 I BGB hat, da die Auszahlung nicht aufgrund wirksa-
mer Weisung des Berechtigten (§ 665 BGB), sondern durch das Handeln eines Unbefugten erfolgt[419]. Da das Konto des Bestohlenen allerdings zunächst belastet wird,
kommt auch ein Computerbetrug in Form eines Dreiecksbetruges zulasten des Konto-
inhabers in Betracht. Dessen Schaden besteht in einer schadensgleichen Vermögensgefährdung, da er die Abbuchung entdecken und die Rückbuchung gegen den denkbaren Einwand, er habe seine Aufbewahrungspflichten grob fahrlässig verletzt (ein Fall,
in dem der Schaden bei ihm verbleiben kann[420]) erst noch durchsetzen muss[421]. Die
unmittelbar vermögensmindernde Wirkung des Verarbeitungsergebnisses gewähr-

---

416 LK-*Tiedemann*, § 263a Rn 65.
417 *Lackner/Kühl*, § 263a Rn 16; SK-*Hoyer*, § 263a Rn 5; Beispiele für deren Fehlen in BGH NStZ 05,
     213; AG Gera NStZ-RR 05, 213, 214.
418 BGHSt 38, 120, 121; *Beulke*, Rn 375; *Eisele*, BT II Rn 630; *Fischer* § 263a Rn 20; *Mitsch*, BT II/2
     § 3 Rn 27; SK-*Hoyer*, § 263a Rn 12.
419 BGH NJW 01, 1508; BGH NStZ 08, 396, 397.
420 *Beulke*, Rn 376.
421 *Rengier*, BT I § 14 Rn 17a; s. auch *Goeckenjahn*, wistra 08, 128, 132; *Stuckenberg*, ZStW 118 (2006),
     878, 898 f.

leistet die Strukturgleichheit mit dem Betrug. Sie ist zB gegeben, wenn am Ende der Verarbeitung eine zivilrechtliche Verfügung (etwa eine Gutschrift) oder eine verpflichtende Erklärung des Geschädigten (etwa ein Rentenbescheid)[422] steht. Sie fehlt dagegen, wo die Manipulation des Ergebnisses dem Täter nur als Hilfsmittel einer Täuschung dient, die – wie zB die Vorlage und das Einlesen einer unberechtigt weiterbenutzten AOK-Versicherungskarte beim Arzt[423] – zu einer Verfügung des Opfers führt (= § 263). Sie fehlt auch dort, wo die Beeinflussung dem Täter nur die Möglichkeit eröffnet, die Schädigung selbst vorzunehmen. So wie der Betrug steht auch § 263a zum Diebstahl im Verhältnis der **Exklusivität**[424].

604 In **subjektiver** Hinsicht deckt sich § 263a mit der in § 263 getroffenen Regelung. Der Wille des Täters muss hier darauf gerichtet sein, gerade durch das Ergebnis des manipulierten oder unbefugt vorgenommenen Datenverarbeitungsvorganges einen rechtswidrigen Vermögensvorteil zu erlangen (= sog. „Stoffgleichheit" zwischen dem erstrebten Vorteil und der Vermögensbeschädigung). Hat der Täter einen fälligen Anspruch auf den Vorteil, fehlt es an der Rechtswidrigkeit der angestrebten Bereicherung[425]. Irrt der Täter über den Mangel seiner Befugnis, liegt ein Tatbestandsirrtum vor[426].

b) Tathandlungen

605 Bei den **Tathandlungen** zählt das Gesetz vier verschiedene Modalitäten auf, deren Einzelmerkmale *betrugsspezifisch* auszulegen sind, soweit sie sich an den in § 263 normierten Täuschungsbegriff anlehnen[427].

606 Das gilt insbesondere für die *unrichtige Gestaltung des Programms* und die *Verwendung unrichtiger oder unvollständiger Daten*. Als **Programm** bezeichnet man jede in Form von Daten fixierte Anweisung an den Computer. Daraus folgt, dass die in der ersten Variante beschriebene Programm-Manipulation nur eine wegen ihrer besonderen Gefährlichkeit hervorgehobene *spezielle* Ausprägung der in der zweiten Variante aufgeführten Inputmanipulationen ist[428]. **Unrichtig** in betrugsspezifischem Sinne ist eine Programmgestaltung immer dann, wenn sie zu Ergebnissen führt, die nach der zu Grunde liegenden Aufgabenstellung und den Beziehungen zwischen den Beteiligten so nicht bewirkt werden dürfen, der materiellen Rechtslage also widersprechen. Es kommt danach nicht auf eine subjektive, vom Willen des Systembetreibers abhängige, sondern auf eine am Maßstab der Aufgabenstellung des Verarbeitungssystems zu messende **objektive Unrichtigkeit** an[429].

---

422 *Lackner/Kühl*, § 263a Rn 18; *Maurach/Schroeder/Maiwald*, BT I § 41 Rn 237.
423 S. dazu OLG Hamm NStZ 06, 574, 575.
424 LK-*Tiedemann*, § 263a Rn 65; *Otto*, Anm. JR 00, 215; SK-*Hoyer*, § 263a Rn 49 f; S/S-*Cramer/Perron*, § 263a Rn 21, 23.
425 Thüringer OLG wistra 07, 237; hier wird allerdings iE zu Recht (s. Rn 615) der Missbrauch der unter falschem Vorwand erschwindelten Karte nicht unter § 263a subsumiert.
426 *Lackner/Kühl*, § 263a Rn 24.
427 Näher LK-*Tiedemann*, § 263a Rn 16; S/S-*Cramer/Perron*, § 263a Rn 2; SK-*Hoyer*, § 263a Rn 24, 31, 46; abw. *Ranft*, NJW 94, 2574 und JuS 97, 19.
428 LK-*Tiedemann*, § 263a Rn 27.
429 *Hilgendorf*, JuS 97, 131; HK-GS/*Duttge*, § 263a Rn 6; *Lackner*, Tröndle-FS S. 55 f; *Rengier*, BT I § 14 Rn 7; SK-*Hoyer*, § 263a Rn 24; aA NK-*Kindhäuser*, § 263a Rn 14 f.

Beispiele: Jemand bewirkt durch eine entsprechende Computermanipulation, dass auf von ihm eingerichtete Konten Kindergeld-, Gehalts- oder Rentenbeträge für nicht existierende Personen überwiesen werden. Oder: Ein Lohnbuchhalter, der sich regelmäßig Vorschüsse auf sein Gehalt zahlen lässt, programmiert den Computer so, dass dieser allmonatlich die Tilgung der betreffenden Vorschüsse ausweist[430].

Schließt man richtigerweise aus der Betrugsähnlichkeit, dass § 263a ausscheidet, wenn ein der vorgenommenen Tathandlung entsprechendes Täuschungsverhalten gegenüber einer Person nicht zum Betrug führen würde[431], muss man § 263a verneinen, wenn in einem Antrag auf Erlass eines **Mahnbescheides** im automatisierten Mahnverfahren (§ 689 I 2 ZPO) falsche Angaben gemacht und in die maschinelle Bearbeitung eingespeist werden. Hier fehlt es an Täuschungs- und Irrtumsäquivalenz, weil auch im nichtautomatisierten Verfahren der Rechtspfleger nicht gehalten ist, die Wahrheit der dem Anspruch zu Grunde liegenden Angaben zu überprüfen[432].

Der Tatbestand des § 263a ist mangels erstrebter Vermögensverschiebung nicht erfüllt, wenn ein **607** von der Konkurrenz bestochener Programmierer die Datenverarbeitungsanlage durch eine Fehlprogrammierung vorsätzlich lahm legt, oder wenn der Vermögensschaden darin besteht, dass der Computer infolge der Manipulation falsche Arbeitsergebnisse liefert, die gerade ihrer Mangelhaftigkeit wegen unverwertbar sind. In Fällen dieser Art bedarf es der Prüfung, ob andere Strafvorschriften (wie zB § 303b) eingreifen.

In der 3. Variante wird die **unbefugte Verwendung von Daten** unter Strafe gestellt. **608** Hiermit wird jetzt auch der schon oben (Rn 163 ff) erörterte **Missbrauch von Geldautomatenkarten** erfasst[433]. Dies hat der Gesetzgeber dadurch klargestellt, dass er die ursprüngliche Entwurfsfassung um die Modalität der unbefugten Verwendung von Daten deshalb erweiterte, weil Zweifel bestanden, ob unrichtige Daten verwendet (2. Variante), wer am Bankomaten unbefugt fremde, aber „richtige" Codenummern eingibt (BT-Ds 10/5058, S. 30). Daten im Sinne dieser Begehungsweise sind zweifelsfrei die dem Kontoinhaber zugeteilte Geheimnummer und die im Magnetstreifen der Karte gespeicherten Informationen. **Beeinflusst** wird das Ergebnis des Datenverarbeitungsvorganges nicht nur, wenn es sich in Form eines Widerspruchs zwischen Ist- und Sollbeschaffenheit als inhaltlich unrichtig erweist, sondern auch dann, wenn **sein Zustandekommen** von der unbefugten Datenverwendung abhängt[434]. Zweck dieser Tatbestandsmodalität ist es gerade, einem solchen **Computermissbrauch** vorzubeugen und fragwürdige Ersatzkonstruktionen, zu denen einzelne Gerichte und ein Teil der Rechtslehre gegriffen hatten, künftig entbehrlich zu machen[435].

---

430 S. dazu *Sieg*, Jura 86, 352.
431 *Lackner*, Tröndle-FS S. 54 ff; S/S-*Cramer/Perron*, § 263a Rn 2.
432 *Lackner/Kühl*, § 263a Rn 20 iVm § 263 Rn 17 mit Hinweis auf § 692 I Nr 2 ZPO; iE ebenso MK-*Wohlers*, § 263a Rn 28; aA OLG Düsseldorf NStZ 91, 586.
433 Nach BGH NJW 08, 1394 ist auch der Täter erfasst, der sich unbefugt Gelder von fremden Konten verschafft, indem er Überweisungsträger dieser Konten fälscht, vorausgesetzt, die Überweisungsträger werden nur in automatischer Weise auf ihre Echtheit überprüft (sonst § 263); zur Wahlfeststellung bei Unaufklärbarkeit s. *v. Heintschel-Heinegg*, JA 08, 660.
434 BGHSt 38, 120, 121; BayObLG NJW 91, 438, 440 und JR 94, 476; *Cramer*, Anm. JZ 92, 1032; *Krey/Hellmann*, BT II Rn 513a; *Schlüchter*, JR 93, 493; anders *Ranft*, wistra 87, 79 und NJW 94, 2574.
435 Zur früher umstrittenen Anwendbarkeit der §§ 242 ff oder des § 246 beim Geldautomatenmissbrauch s. beispielsweise BayObLG NJW 87, 663, 665 (= Rückgriff auf §§ 242, 243 I 2 Nr 2), BGHSt 35, 152 und OLG Stuttgart NJW 87, 666 (= Rückgriff allein auf § 246) sowie OLG Hamburg NJW 87, 336 und OLG Schleswig NJW 86, 2652 (= Annahme einer Strafbarkeitslücke); weitere Nachweise zum Meinungsstreit oben bei Rn 168 ff.

609 Allerdings hängt der Umfang, in dem § 263a den Bankomatenmissbrauch erfasst, maßgeblich davon ab, wie das Merkmal **unbefugt** zu verstehen ist[436]. Deutet man es „**computerspezifisch**" so, dass sich der der Datenverwendung entgegenstehende und die Verwendung unbefugt machende Wille des Betreibers im Computerprogramm niedergeschlagen haben muss[437], verengt man die Reichweite erheblich und schließt vor allem den Missbrauch durch den kontoüberziehenden Berechtigten aus. Erklärt man demgegenüber mit einer **subjektivierenden** Deutung jede Verwendung für unbefugt, die dem wirklichen oder mutmaßlichen Willen des Betreibers[438] oder dem „vertraglich vereinbarten Dürfen"[439] widerspricht, verwandelt man den Computerbetrug in eine reines Vertragsunrecht einbeziehende allgemeine Computeruntreue. Zustimmung verdient daher der Versuch, auch in dieser Variante durch ein **betrugsspezifisches** Verständnis die Struktur- und Wertgleichheit mit dem Betrug zu wahren. Danach setzt das Verhalten Täuschungsäquivalenz voraus. Sie ist gegeben, wenn die Verwendung der Daten gegenüber einer Person Täuschungscharakter hätte[440], woran es zB wie bei der bloßen Ausnutzung eines bereits vorhandenen Irrtums fehlt (s. Rn 512), wenn der Täter einen im Risikobereich des Betreibers liegenden technischen Defekt dazu nutzt, eine Leistung unentgeltlich in Anspruch zu nehmen[441].

610 Hiernach macht sich der **nichtberechtigte** Karteninhaber, der sich einer manipulierten[442] oder durch verbotene Eigenmacht rechtswidrig erlangten[443] Codekarte bedient, nach § 263a zulasten der (kartenausgebenden) Bank[444] strafbar, weil er einem Bankangestellten in einem solchen Fall seine fehlende Berechtigung konkludent vortäuschen müsste[445]. Die subjektivierende Auffassung stimmt hiermit iE überein[446].

610a Überzieht der **Kontoinhaber** selbst vertragswidrig sein Konto, indem er durch Abhebungen am Bankomaten den ihm eingeräumten Kreditrahmen (und eine bisweilen darüber hinaus bestehende Toleranzgrenze) überschreitet, liegt nach der subjektivie-

---

436 S. dazu *Hillenkamp*, BT 36. Problem.
437 So *Lenckner/Winkelbauer*, CR 86, 657; ebenso *Achenbach*, JR 94, 295; *ders.*, Gössel-FS S. 494 f; *Arloth*, Jura 96, 357 f; OLG Celle NStZ 89, 367; nahest. *Schönauer*, wistra 08, 445, 450, der zusätzlich eine „Irrtumsäquivalenz" fordert.
438 BGHSt 40, 331, 335; BayObLG JR 94, 289; *Hilgendorf*, JuS 97, 132; *Mitsch*, JZ 94, 883 f; *Otto*, BT § 52 Rn 40.
439 So *Maurach/Schroeder/Maiwald*, BT I § 41 Rn 233; *Mitsch*, BT II/2 § 3 Rn 23.
440 Grundlegend *Lackner*, Tröndle-FS S. 52 ff; im Grundsatz zust. *Beulke*, Rn 378; *Eisele*, BT II Rn 637; *Fischer*, § 263a Rn 11; *Heghmanns*, Rn 1304; *Jäger*, BT Rn 543; LK-*Tiedemann*, § 263a Rn 44, 46 ff; *Mühlbauer*, wistra 03, 248; *Rengier*, BT I § 14 Rn 14; *Schmidt/Priebe*, BT II Rn 678; SK-*Hoyer*, § 263a Rn 16, 19; *Zöller*, Jura 03, 639 f; BGHSt 38, 120, 121 f; BGHSt 47, 160; BGH NJW 08, 1394; OLG Köln NJW 92, 126 f; OLG Düsseldorf NStZ-RR 98, 137; OKG Karlsruhe NJW 09, 1287, 1288; iE auch MK-*Wohlers*, § 263a Rn 44; krit. *Kindhäuser*, Grünwald-FS S. 295.
441 OLG Karlsruhe NStZ 04, 333, 334; nach OLG Braunschweig NJW 08, 1464 soll in einem solchen Fall aber die 4. Tatbestandsvariante in Betracht kommen.
442 BGHSt 38, 120, 123; BayObLGSt 93, 36.
443 BGHSt 47, 160, 162; erlangt der Karteninhaber die Karte vom Aussteller durch Täuschung über seine Identität, ist er berechtigter Karteninhaber, s. BGHSt 47, 160, 162; 50, 175, 179; OLG Köln NJW 92, 125.
444 S. BGH NJW 01, 1508 mit Anm. *Fad*, JA-R 01, 112; zur Schadensbegründung s. dort und *Krey/Hellmann*, BT II Rn 513b sowie – auch zum denkbaren Computerdreiecksbetrug – hier Rn 603.
445 LK-*Tiedemann*, § 263a Rn 48 f; SK-*Hoyer*, § 263a Rn 31; iE auch NK-*Kindhäuser*, § 263a Rn 46.
446 *Hilgendorf*, JuS 97, 134.

renden Auffassung § 263a unzweifelhaft vor. Unter den Anhängern der vorzugswürdigen betrugsspezifischen Deutung ist die Lösung dagegen **umstritten**[447]. Teilweise wird § 263a verneint, weil das vertragswidrige Überschreiten der Kreditgrenze gegenüber einem Bankangestellten ohne dessen Täuschung möglich sei[448] und man im Übrigen bei der Prüfung der Täuschungsäquivalenz nicht auf einen fiktiven Bankangestellten abstellen dürfe, der die Interessen der Bank umfassend wahrnimmt, sondern nur auf einen solchen, der sich mit Fragen befasst, die auch der Computer prüft[449]. Dem daraus gezogenen Schluss der Tatbestandslosigkeit ist aber mit der überwiegenden Meinung entgegenzutreten[450]. Da ein Bankangestellter des kartenausgebenden Instituts nach Erschöpfung des Überziehungsrahmens nicht auszahlen dürfte und daher den Kontostand vor Auszahlung überprüfen würde, bedürfte es einer konkludenten Täuschung darüber, dass der in Anspruch genommene Betrag noch gedeckt ist. Der Bankomat dieses Instituts verfährt nicht anders. Er verweigert die Auszahlung, wenn die Prüfung ergibt, dass der Überziehungskredit (und eine etwa gewährte Toleranz) erschöpft sind. Damit liegt aber täuschungsäquivalentes Verhalten vor[451]. Benutzt der Karteninhaber den Geldautomaten einer fremden Bank, beschränkt sich auch hier die Prüfung nicht auf den „Verfügungsrahmen"[452]. Vielmehr erstreckt sie sich darauf, ob die Karte gesperrt ist. Daher besteht auch hier kein Anlass, die Täuschungsäquivalenz zu verneinen, auch wenn sich die Prüfung nicht unmittelbar auf den Kreditrahmen erstrecken sollte. Anderenfalls kehrte man zu der zu engen computerspezifischen Deutung des Merkmals „unbefugt" zurück[453]. Daran, dass auch ein vom Kontoinhaber begangener Geldautomatenmissbrauch Strafe verdient, kann man kaum zweifeln; ihn nach § 263a zu ahnden, ist durchaus sachgerecht[454]. Dass die Banken als Opfer es dem Täter leicht machen und sich möglicherweise nicht aller zur Verfügung stehenden Selbstschutzmöglichkeiten bedienen, ist wie beim Betrug kein hinreichender Grund, den Schutzbereich des Tatbestandes um diese Fallgruppe zu verkürzen[455].

Wegen der unterschiedlichen Strafdrohung in § 263a und § 266b wird von manchen angenommen, ein Geldautomatenmissbrauch durch **den Kontoinhaber selbst** werde nicht von § 263a,   **611**

---

447   S. *Heinz,* Maurer-FS, S. 1127 ff; *Küper,* BT S. 43 f; vgl auch *Beulke,* Rn 386; *Kempny,* JuS 07, 1084; *Valerius,* JA 07, 781.

448   A/W-*Heinrich,* § 21 Rn 53 f; *Krey/Hellmann,* BT II Rn 513c; SK-*Hoyer,* § 263a Rn 35; S/S-*Cramer/ Perron,* § 263a Rn 11.

449   BGHSt 47, 160, 163 mit Bespr. *Kudlich,* JuS 03, 537; *Altenhain,* JZ 97, 752, 758; *Zöller,* Jura 03, 640; krit. gegenüber dem Heranziehen einer „Vergleichsfigur" MK-*Wohlers,* § 263a Rn 44; im Zusammenhang mit „Domain-Reservierungen" in gleicher Weise einschränkend OLG Karlsruhe NJW 09, 1287, 1288.

450   *Bernsau,* Der Scheck- und Kreditkartenmißbrauch durch den berechtigten Karteninhaber 1990, S. 154 ff, 191 f; *Beulke,* Rn 387; *Eisele/Fad,* Jura 02, 311; LK-*Tiedemann,* § 263a Rn 51; *Lackner,* Tröndle-FS S. 53 f.

451   AA *Jäger,* BT Rn 544; *Krey/Hellmann,* BT II Rn 513c; MK-*Wohlers,* § 263a Rn 46; vgl als Beispiele dazu den Sachverhalt in den Entscheidungen OLG Schleswig NJW 86, 2652; OLG Stuttgart NJW 88, 981; LG Karlsruhe NStZ 86, 71.

452   So aber BGHSt 47, 160, 163; *Krey/Hellmann,* BT II Rn 513c.

453   *Lackner/Kühl,* § 263a Rn 14; *Mühlbauer,* wistra, 03, 249.

454   Vgl dazu *Lackner/Kühl,* § 263a Rn 14; *Maurach/Schroeder/Maiwald,* BT I § 41 Rn 233; *Otto,* JR 87, 221; *Tiedemann,* JZ 86, 865, 869; ausführlich zum Ganzen *Bernsau,* aaO S. 134 ff.

455   S. *Hillenkamp,* Vorsatztat und Opferverhalten 1981, S. 18 ff; 46 f; 180 ff; MK-*Wohlers,* § 263a Rn 9; LK-*Tiedemann,* § 263a Rn 51 iVm Rn 5.

sondern von dem milderen Straftatbestand des **§ 266b** erfasst[456] oder durch ihn verdrängt[457]. Auch wird vorgeschlagen, im Wege einer „Rechtsfolgenbeschränkung" das Strafmaß für § 263a dem § 266b zu entnehmen[458]. Der 2. Senat des **BGH** hat sich diesen Vorschlägen iE insoweit angenähert, als er § 263a mangels Betrugsäquivalenz verneint (s. Rn 610) und stattdessen § 266b für grundsätzlich einschlägig erklärt. Das soll dann im Falle vertragswidriger Bargeldabhebungen des Berechtigten an einem Geldautomaten des kartenausgebenden Instituts zur vollständigen Straflosigkeit führen, weil es bei dieser Sachlage an dem in § 266b vorausgesetzten Drei-Partner-System fehle, das die Untreueähnlichkeit erst herstelle und die erhöhte Schutzbedürftigkeit des Kartenausgebers auslöse. Missbräuchliche Barabhebungen des zahlungsunfähigen oder -unwilligen Karteninhabers an Automaten dritter Kreditinstitute erfüllen hiernach dagegen § 266b, weil sie sich von der Bareinlösung eines garantierten ec-Schecks bei einer Drittbank nicht wesentlich unterschieden[459]. Gegen diese Auffassung bestehen jedoch Bedenken. Einmal wird die codierte ec-Karte in Fällen dieser Art nicht als Scheckkarte mit der für sie vormals wesentlichen Garantiefunktion, sondern lediglich in ihrer Eigenschaft als „Automatenschlüssel" benutzt. Das zeigt sich mit der Aufhebung des Eurocheckssystems zum 31.12.2001[460] noch deutlicher als zuvor, weil die ec-Karte seitdem zwar nach wie vor in der zuletzt genannten Funktion, nicht aber mehr als Scheckkarte einsetzbar ist[461]. Infolgedessen lässt sie sich nicht einmal mehr als „Scheckkarte" iS des § 266b bezeichnen[462], auch wenn sie weiterhin möglicherweise als VR-BankCard, Maestrooder S-Card das ec-Logo trägt. Zum anderen enttäuscht der Kontoinhaber hier nicht nur das ihm von seinem Geldinstitut mit der Kartenüberlassung entgegengebrachte Vertrauen. Vielmehr greift er auch die Sicherungseinrichtungen an, mit denen seine Bank oder Sparkasse den automatisierten Geldauszahlungsverkehr zu schützen sucht. Dieser zusätzliche, über § 266b hinausreichende Handlungsunwert rechtfertigt die Anwendung des § 263a mit der dort vorgesehenen höheren Strafdrohung.

612 In der 4. Tatvariante wird die **sonst unbefugte Einwirkung auf den Ablauf** unter Strafe gestellt. Sie soll als Auffangtatbestand für strafwürdige Fälle dienen, die von den ersten drei Tatvarianten nicht erfasst oder durch die Entwicklung neuer Techniken erst möglich werden[463]. Unter sie fällt zB der Abbruch einer durch ein Mietkartentelefon hergestellten Telefonverbindung, bevor es zur Abbuchung der Gebühren auf der eingeführten Telefonkarte kommt[464]. Ihre Auffangfunktion wirkt sich namentlich dann aus, wenn man für die *Verwendung* von Daten im Sinne der 2. und 3. Variante verlangt, dass die Daten in den Datenverarbeitungsvorgang eingegeben werden[465]. Dann fällt das **Leerspielen von Geldautomaten** durch die Verwendung von rechts-

---

456 OLG Stuttgart NJW 88, 981; *Huff*, NJW 87, 815; *Joecks*, § 266b Rn 14; *Meier*, JuS 92, 1017; *Mitsch*, JZ 94, 877, 881; S/S-*Cramer*, 26. Aufl., § 263a Rn 19; *Schulz/Tscherwinka*, JA 91, 119; *Weber*, JZ 87, 215; *Zielinski*, Anm. CR 92, 223, 227; diff. *Maurach/Schroeder/Maiwald*, BT I § 45 Rn 78.
457 NK-*Kindhäuser*, § 263a Rn 49.
458 *Bernsau*, aaO S. 181 ff; s. zum Streit *Hillenkamp*, BT 36. Problem, 2. Beispiel; dort auch zu Stimmen, die weder § 263a noch § 266b anwenden wollen.
459 BGHSt 47, 160, 164 ff; s. dazu *Beckemper*, JA 02, 545; *Kudlich*, JuS 03, 538; zust. *Fischer*, § 263a Rn 14a; *Zielinski*, JR 02, 342.
460 S. dazu *Baier*, ZRP 01, 454.
461 *Krey/Hellmann*, BT II, Rn 513c.
462 A/W-*Heinrich*, § 21 Rn 43a; *Rengier* BT I § 19 Rn 2; die Beibehaltung der Begriffe „Scheckkarte" in § 266b und „Euroscheck" in § 152b dient der Aburteilungsmöglichkeit von Altfällen, s. *Husemann* NJW 04, 104, 108.
463 *Fischer*, § 263a Rn 18; OLG München NStZ 08, 403, 404.
464 OLG München NStZ 08, 403 mit Bespr. *Schönauer*, wistra 08, 445; der Inhaber des Mietkartentelefons erreichte mit solchen „Sekundenverbindungen" hohe Gebührenumsätze, an denen er beteiligt war. Zur Betrugsäquivalenz s. S. 405.
465 *Rengier*, BT I § 14 Rn 10, 31.

widrig erlangten Kenntnissen über den Programmablauf deshalb *ausschließlich* unter die 4. Variante, weil bei Betätigung der Risikotaste nur das Sonderwissen über die Daten verwendet, die rechtswidrig erlangten Daten aber nicht selbst in das Verarbeitungssystem eingegeben werden[466]. **Unbefugt** ist die **Einwirkung** bei betrugsnaher Auslegung in einem solchen Fall deshalb, weil der Glücksspieler nach den zur Teilnahme an einer Wette entwickelten Maßstäben (s. Rn 499b) dem hinzugedachten Automatenbetreiber gegenüber konkludent erklären würde, dass er kein wie immer erworbenes Sonderwissen besitze, mit dem er die im Datenverarbeitungsvorgang programmierte Gewinnchance zu seinen Gunsten beeinflussen könne[467]. Ist die Programmkenntnis rechtswidrig erlangt, ließe sich die Täuschungsäquivalenz auch damit begründen, dass gegenüber dem Spielbetreiber im Verschweigen des Sonderwissens eine die dann ingerenzbedingte Aufklärungspflicht verletzende Täuschung durch Unterlassen läge[468]. Verfehlt ist es allerdings, auch die Nichtkenntnis eines Automatendefekts zum konkludenten Erklärungsinhalt oder den Wissenden hierüber aufklärungspflichtig zu machen[469].

Der Tatbestand des § 263a ist in **zahlreichen Fallgestaltungen** zu erwägen, die nur zum Teil bei seinem Inkrafttreten schon bekannt waren. In den Gesetzesmaterialien erwähnt ist zB die missbräuchliche Benutzung des sog. Btx-Systems (vgl BT-Ds 10/5058 S 30)[470]. Dem behandelten Geldautomatenmissbrauch verwandt ist das missbräuchliche Einsetzen einer Geldkarte im electronic-cash-Verfahren[471]. § 263a kommt weiter in Betracht bei Verwendung eines Telefonkartensimulators, bei unbefugtem Telefonieren mit einem fremden Mobiltelefon, beim missbräuchlichen Einsatz von Kreditkarten im Internet und beim Einsatz einer Pay-TV-Piratenkarte, bei der Einrichtung und Nutzung von Dialern und beim password fishing (= phishing)[472]. **613**

---

466 *Mitsch*, BT II/2 § 3 Rn 25; für „Verwendung" dagegen BayObLG JR 91, 298 mit insoweit zust. Anm. *Neumann*, 301; *Hilgendorf*, JuS 97, 131; offen gelassen in BGHSt 40, 331, 334.

467 Auf die Parallele zum Wettbetrug macht zu Recht HK-GS/*Duttge*, § 263a Rn 24 aufmerksam; wie im Text *Krey/Hellmann*, BT II Rn 518d; *Rengier* BT I § 14 Rn 32; unter Betonung, dass die Kenntnis rechtswidrig erlangt sein müsse, bejahen eine konkludente Täuschung auch A/W-*Heinrich*, § 21 Rn 47; *Hilgendorf*, JuS 97, 130, 132; *Lackner/Kühl*, § 263a Rn 45; LK-*Tiedemann*, § 263a Rn 61; SK-*Hoyer*, § 263a Rn 45; S/S-*Cramer/Perron*, § 263a Rn 17.

468 *Eisele*, BT II Rn 648; iE ebenso BGHSt 40, 331; BayObLG JR 94, 289; *Mitsch*, JZ 94, 877, 882; anders *Achenbach*, Anm. JR 94, 293; *Maurach/Schroeder/Maiwald*, BT I § 41 Rn 234; MK-*Wohlers*, § 263a Rn 58; *Neumann*, Anm. StV 96, 375; *Schulz*, JA 95, 538; *Zielinski*, Anm. NStZ 95, 345.

469 AA OLG Braunschweig JR 08, 435, 436 mit Anm. *Niehaus/Augustin*; wie hier OLG Karlsruhe NStZ 04, 333, 334; *Eisele*, BT II Rn 649; *Rengier* BT I § 14 Rn 30a; *Vogt/Brandt*, Jura 08, 305, 306.

470 LK-*Tiedemann*, § 263a Rn 56.

471 S. dazu *Altenhain*, JZ 97, 752; *Rossa*, CR 97, 219; SK-*Hoyer*, § 263a Rn 41.

472 S. in der Reihenfolge der Aufzählungen dazu LG Würzburg NStZ 00, 374; *Hecker*, JA 04, 762, 768; *Hefendehl*, NStZ 00, 348. *Busch/Giessler*, MMR 01, 586; *Hellmann/Beckemper*, JuS 01, 1095. *Laue*, JuS 02, 359; *Schmidt/Priebe*, BT II Rn 678; *H. Scheffler*, CR 02, 151. *Fülling/Rath*, JuS 05, 598; *Gercke*, CR 05, 606, 608; *Krutisch*, Strafbarkeit des unberechtigten Zugangs zu Computerdaten und systemen 2004, S. 164 ff; *Popp*, NJW 04, 3517; *ders.*, MMR 06, 84; AG Hamm CR 06, 70 mit Anm. *Werner*; *Heghmanns*, wistra 07, 167, 169; *Kögel*, wistra 07, 206; *Popp*, MMR 06, 84; beim Phishing ist zwischen der idR straflosen Erlangung der Daten (s. zu dieser Lücke *Graf*, NStZ 07, 129; *Goeckenjahn*, wistra 09, 47, 49 ff) und ihrer möglicherweise nach § 263a strafbaren, weil unbefugten Verwendung zu unterscheiden, s. dazu *Goeckenjan*, wistra 08, 128, 131 f und *Stuckenberg*, ZStW 118, 2006, 906 ff, der das Erlangen aber auch schon als Betrug ansieht (s. 894 ff); vgl auch Rn 898 mit Fn 189 zur Geldwäsche. Überblicke zum Missbrauch kartengestützter Zahlungssysteme finden sich bei *Eisele/Fad*, Jura 02, 305; *Heinz*, Maurer-FS, S. 1111; *Kempny*, JuS 07, 1084; *Valerius*, JA 07, 778.

614 Dass § 263a als Sonderregelung die §§ 242, 246 beim Geldautomatenmissbrauch ausschließt bzw verdrängt, ist zutreffende Meinung[473]. Allerdings ist der den Missbrauch ermöglichende Diebstahl der Karte (s. Rn 164) nach BGH NJW 01, 1508[474] keine mitbestrafte Vortat zu § 263a. Vielmehr ist hiernach Tatmehrheit gegeben. Liegt § 263 vor, tritt dagegen § 263a zurück[475]. Hat der Täter eine ec-Karte betrügerisch erlangt[476], soll der nach dem BGH mit ihr durch Bargeldabhebungen begehbare § 266b mit § 263 in Tateinheit stehen[477] (s. Rn 795). Zwischen § 263 und § 263a ist Wahlfeststellung möglich, wenn sich nicht aufklären lässt, ob Überweisungsträger durch (dann getäuschte) Bankangestellte oder nur in „automatisierter Weise" überprüft worden sind. Nach den Grundsätzen der Postpendenz wird dagegen nach § 263a bestraft, wenn feststeht, dass ein Computerbetrug vorliegt, aber ungewiss ist, ob der Täter zuvor einen Betrug begangen hat[478].

615 Im **Fall 58** hat T in der Absicht, sich rechtswidrig um 10 800 EUR (die zugestandenen 2000 EUR waren an den Reisezweck gebunden) zu bereichern, das Konto des O belastet und dadurch dessen Vermögen geschädigt[479]. Sie hat auch das Ergebnis des Datenverarbeitungsvorganges des Bankomaten durch das *Ingangsetzen* seines Ablaufs[480] beeinflusst. Dies geschah durch Verwendung der PIN-Nummer des O und damit von Daten[481]. Die Annahme eines Computerbetrugs hängt damit maßgeblich davon ab, ob die Verwendung der Daten **unbefugt** war. Das lässt sich mit einer subjektivierenden Deutung darauf stützen, dass die Überlassung von Karte und PIN-Nummer den AGB der Banken und damit dem Willen des Systembetreibers widerspricht. Auch tritt hinzu, dass T die Beschränkung im Innenverhältnis zu O nicht eingehalten und deshalb vertragswidrig gehandelt hat[482]. Nach der zutreffenden **betrugsspezifischen** Auslegung ist dagegen entscheidend, ob ein täuschungsäquivalentes Verhalten vorliegt. Das wird zwar mit der Überlegung bejaht, der Täter müsse einem Bankangestellten eine ihm fehlende, nach außen wirksame Befugnis behaupten[483]. Da er die Verfügungsmacht aber auf Grund der Überlassung der Karte durch den Karteninhaber hat, muss er sie – wie bei einer gegenüber der Bank nicht beschränkten Vollmacht – auch nicht vortäuschen. Daher ist der Täuschungswert zu verneinen[484]. Eher liegt Untreueverhalten vor. Da T's Zugang zum Vermögen des O nicht auf einer rechtsgeschäftlichen Verfügungsmacht beruht, kommt allerdings nur der Treubruchstatbestand in Betracht. Hier fehlt es aber angesichts der Begrenzung auf einen fest umgrenzten Abhebungsvorgang an der Treuepflicht[485]. Strafbar ist T daher allen-

---

473 Näher BGHSt 38, 120, 124 f; S/S-*Cramer/Perron*, § 263a Rn 42; anders *Ranft*, JuS 97, 19 sowie Anm. JR 89, 165.
474 Mit Anm. *Fad*, JA-R 01, 110.
475 *Lackner/Kühl*, § 263a Rn 27; auch § 370 AO kann § 263a verdrängen, s. BGH NJW 07, 2864, 2866 f.
476 Zur schadensgleichen Vermögensgefährdung in solchen Fällen s. BGH NStZ 09, 329.
477 BGHSt 47, 160, 167 f; s. dazu *Mühlbauer*, NStZ 03, 650, 655.
478 BGH NJW 08, 1394, 1395 mit Bespr. *v. Heintschel-Heinegg*, JA 08, 660; BGH NStZ 08, 396.
479 Vgl S/S-*Cramer*, 26. Aufl., § 263a Rn 28.
480 OLG Köln NJW 92, 125; aA *Kleb-Braun*, JA 86, 259; *Ranft*, wistra 87, 83 f.
481 Vgl LK-*Tiedemann*, § 263a Rn 50 iVm Rn 21.
482 *Mitsch*, JZ 94, 877, 882; NK-*Kindhäuser*, § 263a Rn 51.
483 *Lackner/Kühl*, § 263a Rn 14; *Rengier*, BT I § 14 Rn 20.
484 Vgl OLG Düsseldorf NStZ-RR 98, 137 mit abl. Anm. *Otto*, JK 99, StGB § 263a/9 und abl. Bespr. *Hilgendorf*, JuS 99, 542; OLG Köln NJW 92, 126 f; OLG Dresden StV 05, 443; HK-GS/*Duttge*, § 263a Rn 18; LK-*Tiedemann*, § 263a Rn 50; *Meyer*, JuS 92, 1017; S/S-*Cramer/Perron*, § 263a Rn 12; SK-*Hoyer*, § 263a Rn 39; ebenso bei Missbrauch einer zum dienstlichen Gebrauch überlassenen Mobilfunkcodekarte LG Bonn NJW 99, 3726.
485 S. S/S-*Cramer/Perron*, § 263a Rn 12; anders bei der eingeräumten Befugnis, Geldbeträge für eine angemessene Lebensführung abzuheben, OLG Hamm NStZ-RR 04, 111, 112.

falls wegen Unterschlagung[486], da auch § 266b entfällt. Auch O hat sich nicht nach § 266b strafbar gemacht[487]. Hat der Täter sich in solchen Fällen in den Besitz von Karte und Geheimnummer zB durch die unwahre Behauptung gebracht, er wolle nur die Kontoauszüge für den Karteninhaber abholen oder diesem eine Schuld begleichen, soll nach der Rechtsprechung (nur) § 263 gegeben sein[488]. Das ist deshalb zweifelhaft, weil den Vermögensschaden nicht schon die Überlassung von Karte und PIN-Nummer, sondern erst die hierdurch ermöglichte Abhebung durch den Täter herbeiführt, der Schaden also nicht die unmittelbare Folge der Verfügung ist[489].

Da im **Fall 59** der elektronische Münzprüfer defekt war, hat T den Schaden ohne Beeinflussung des Ergebnisses eines Datenverarbeitungsvorganges bewirkt. Daher kommt nur ein **versuchter** Computerbetrug in Betracht. T rechnete damit, dass er durch eine Einwirkung auf den Ablauf der Münzprüfung das Prüfergebnis in seinem Sinne beeinflussen könne[490]. Durch die Benutzung präparierter Münzen war die Einwirkung nach allen hierzu vertretenen Ansichten unbefugt, was T auch wusste. Ihm war bekannt, dass er gegenüber einer gedachten Kontrollperson die präparierten Münzen als 5-DM-Stücke hätte ausgeben müssen. Da T den Automatenbetreiber schädigen und sich an dem Gewinn rechtswidrig bereichern wollte, scheint der **Tatentschluss** demnach vorzuliegen. Das OLG Celle[491] hat das aber zu Recht verneint, weil T an den Gewinn nach seiner Vorstellung erst kommen konnte, wenn er nach Eröffnung der Spiel- und Gewinnmöglichkeit durch den Münzprüfer den Spielautomaten bediente, sich den Gewinn erspielte und ihn an sich nahm. Unter diesen Voraussetzungen fehlt es an der auf Grund der Betrugsäquivalenz zu fordernden **Unmittelbarkeit**[492] des die Verfügung ersetzenden Ergebnisses des Datenverarbeitungsvorganges für den Schaden. Daran ändert auch nichts, dass mit der Überlistung des Münzprüfers bereits eine *Vermögensgefährdung* eintritt[493]. Diese entspricht der Gewahrsamslockerung beim Trickdiebstahl, die für Betrug dort aber ebenfalls nicht ausreicht[494]. Der Versuch, die vom OLG Celle gegebene zutreffende Begründung durch die behauptete „Unwichtigkeit" des Datenverarbeitungsvorganges zu ersetzen, scheitert am elementaren Gewicht des Prüfungsvorganges für den *Vermögensschutz*[495], zu dem der Vermögensinhaber den Münzprüfer einsetzt[496]. Das OLG Celle hat daher zu Recht wegen Diebstahls verurteilt. Dabei liegt die Bejahung eines besonders schweren Falles (§ 243 I 2 Nr 2) nahe (s. Rn 229)[497].

616

---

486   So OLG Köln NJW 92, 127; s. dazu Rn 170 f.
487   BGH NStZ 92, 278; *Löhnig*, Jura 98, 838.
488   BGHR StGB § 263a Anwendungsbereich 1; Thüringer OLG wistra 07, 236, 237.
489   Das Thüringer OLG wistra 07, 236, 237 setzt sich hierüber unter Berufung auf *(Tröndle)/Fischer*, § 263 Rn 46 hinweg; s. auch *Stuckenberg* ZStW 118, 2006, 899 ff und hier Rn 575a.
490   Nach OLG Düsseldorf NStZ 99, 249; JR 00, 212 mit abl. Anm. *Otto* soll bei „Überlistung" nur der Münzprüfung schon keine Einflussnahme auf den eigentlichen Datenverarbeitungsvorgang vorliegen; ebenso MK-*Wohlers*, § 263 Rn 59.
491   OLG Celle JR 97, 345.
492   *Lenckner/Winkelbauer*, CR 86, 659.
493   So aber *Hilgendorf*, Anm. JR 97, 349; *Mitsch*, JuS 98, 313.
494   *Krey/Hellmann*, BT II Rn 389, 391; zweifelnd S/S-*Cramer*, 26. Aufl., § 263a Rn 26.
495   Abl. gegen *Hilgendorf*, Anm. JR 97, 349 f daher auch LK-*Tiedemann*, § 263a Rn 22.
496   Nicht überzeugend daher auch *Mitsch*, JuS 98, 334.
497   S. zu weiteren Delikten *Biletzki*, JA 97, 749; *Hilgendorf* und *Mitsch*, jeweils aaO; OLG Düsseldorf JR 00, 212 mit krit. Anm. *Otto*; s. zu einer Fallvariante *Jerouschek/Kölbel*, JuS 01, 780.

Computerbetrug, § 263a

I. Tatbestand

  1. Objektiver Tatbestand

    a. Tathandlung: **Datenverarbeitungsvorgang beeinflussende Handlungen**

- *unrichtige Gestaltung des Programms*
  - Ⓟ Unrichtigkeit
- *Verwendung unrichtiger/unvollständiger Daten*
  - Ⓟ Unrichtigkeit
  - Ⓟ Verwendung ohne Eingabe der Daten
- *unbefugte Verwendung von Daten*
  - Ⓟ Verwendung ohne Eingabe der Daten
  - Ⓟ Deutung der Unbefugtheit (Bankomatenfälle)
- *unbefugte Einwirkung auf den Ablauf*

    b. Zwischenfolge:
- *Beeinflussung des Ergebnisses einer Datenverarbeitung*
  - → Eingang der Handlung in den Verarbeitungsvorgang
  - Ⓟ Beeinflussung durch Ingangsetzen

    c. Taterfolg:
- *Vermögensschaden*
  Vermögensminderung
  - → wie beim Betrug, § 263
  Ausbleiben einer Kompensation
  - → wie beim Betrug, § 263
  Unmittelbarkeit zwischen Beeinflussung und Schaden

  2. Subjektiver Tatbestand

    a. Vorsatz: • *jede Vorsatzart*

    b. Bereicherungsabsicht: • *Absicht, sich oder Drittem rechtswidrigen Vermögensvorteil zu verschaffen*
  - → wie beim Betrug, § 263

 II. Rechtswidrigkeit

III. Schuld

IV. Privilegierung (Strafantrag, § 263a II iVm § 263 IV, 247, 248a)

 V. Besonders schwerer Fall, § 263a II iVm § 263 III, IV

→ Qualifikation, § 263a II iVm § 263 V

§ 14 Abgrenzung zwischen Betrug und Diebstahl

Die Abgrenzung zwischen Betrug und Diebstahl ist kein folgenloses „dogmatisches **617** Glasperlenspiel"[1]. Ob ein Betrug *oder* ein Diebstahl vorliegt, hat für den **Verletzten** zivilrechtliche Konsequenzen. Einerseits ist ein Gutglaubenserwerb nur der gestohlenen, nicht aber der ertrogenen Sache ausgeschlossen (§ 935 I BGB). Zum anderen ist der Versicherungsschutz häufig auf den Diebstahl beschränkt. Für den **Täter** führt § 242 möglicherweise in die Qualifikationen der §§ 244, 244a, die beim Betrug in dessen Regelbeispielen nur eine sehr begrenzte Entsprechung haben. Zudem ist ein räuberischer Diebstahl (§ 252), der schwere Raubqualifikationen (§§ 250, 251) eröffnet, nur bei § 242, nicht aber bei einem Betrug als Vortat möglich. Andererseits kann ein strafbarer Besitzbetrug vorliegen, wo ein Gebrauchsdiebstahl (§ 248b) ausschiede. Infolgedessen ist die Abgrenzungsfrage oft von erheblichem **praktischen Gewicht**[2].

I. Sachbetrug und Trickdiebstahl

Fall 60: A klingelt bei Frau F an der Etagentür. Als sie öffnet, behauptet A, er komme im **618** Auftrag des E-Werkes, um den Zähler zu überprüfen. Auf Grund dieser erfundenen Angabe verschafft A sich Zutritt zur Wohnung. Während F nach seinen Anweisungen auf dem Flur den Zähler beobachtet und ihn durch Zuruf über Lauf oder Stillstand der Zählerscheibe unterrichtet, schaltet A in den einzelnen Räumen alle Lichtquellen ein und aus. Dabei sucht er rasch nach Wertgegenständen; was er für mitnehmenswert hält, steckt er ein. Mit dem Hinweis, dass ein neuer Zähler eingebaut werden müsse, entfernt er sich schließlich. Erst später entdeckt F, dass sie auf einen Schwindler hereingefallen ist und einen erheblichen Verlust erlitten hat.

Ist F einem Betrug oder einem Diebstahl zum Opfer gefallen? **Rn 621**

1. Ausschlussverhältnis

Die Abgrenzung zwischen dem sog. **Sachbetrug** und dem mit einer Täuschung ver- **619** bundenen sog. **Trickdiebstahl** betrifft die Frage, ob eine **Vermögensverfügung** iS des § 263 oder eine **Wegnahme** iS des § 242 vorliegt. Kennzeichnend für den Betrug ist, dass die Vermögensbeschädigung auf einer **Vermögensverfügung** beruht, die das Ergebnis eines irrtumsbedingten, durch Überlistung erschlichenen **Willensentschlusses** des Getäuschten ist und die sich *ohne weitere deliktische Handlung des Täters* unmittelbar vermögensmindernd auswirkt. Im Gegensatz dazu wird der Schaden des Verletzten beim Diebstahl durch den **eigenmächtigen Zugriff** des Täters auf die Sache, dh durch deren **Wegnahme** und den damit eintretenden Gewahrsamsverlust herbeigeführt. Betrug ist ein **Selbst-**, Diebstahl ein **Fremdschädigungsdelikt**. Daraus folgert

---

1 So aber *Dreher*, JR 66, 29 und GA 1969, 56.
2 S. *Hillenkamp*, JuS 97, 218 ff; MK-*Hefendehl*, § 263 Rn 231.

die hM zu Recht, dass ein einheitlicher tatsächlicher Vorgang in Bezug auf dieselbe Sache und gegenüber demselben Vermögensträger nicht Betrug und vollendeter Diebstahl zugleich sein kann, dass sich diese Tatbestände vielmehr **gegenseitig ausschließen**. Diese **Exklusivitätsthese** zielt nicht nur ergebnisorientiert auf die Vermeidung einer wenig sinnvollen Idealkonkurrenz zwischen beiden Delikten[3]. Vielmehr leitet sie sich unmittelbar aus der gegensätzlichen Natur beider Tatbestände ab[4].

2. Abgrenzungskriterien

620 Die maßgeblichen **Abgrenzungskriterien** sind zunächst im Bereich der **Verfügung** zu suchen. Hier kennzeichnet vor allem die **Unmittelbarkeit** des Schadenseintritts auf Grund der Verfügung diese als *Gebeakt*. Wo dieser bewirkt, dass sich der Täter die Sache nicht noch selbst nehmen muss, ist das Bild der **Selbstschädigung** erfüllt. Zu ihm gehört nach verbreiteter Ansicht auch, dass sich das Opfer der **Verfügung** über die Sache **bewusst** und mit dem Gewahrsamsverlust **einverstanden** ist. Ist es das nicht, liegt weder Geben noch ein Einverständnis mit der als Gegenstück zu bedenkenden **Wegnahme**, sondern **Fremdschädigung** vor. Davon ist schließlich auch zu reden, wenn der Verfügende keinerlei Nähe- oder **Obhutsverhältnis** zum geschädigten Vermögen und damit keine Macht zu einer dem Vermögensinhaber zurechenbaren und ihn vertretenden Selbstschädigung hat. Das wird bei der Unterscheidung zwischen Betrug und Diebstahl in mittelbarer Täterschaft bedeutsam.

621 Im **Fall 60** hat A die F erfolgreich getäuscht. Darin allein, dass diese ihm den Zutritt zu ihrer Wohnung gestattet hat, liegt jedoch noch **keine Vermögensverfügung** im Sinne eines auf ihre wirtschaftlichen Güter einwirkenden Verhaltens. Vielmehr erleichtert F nur den Zugriff auf ihr Eigentum. F wird daher erst durch ein **weiteres eigenmächtiges Handeln** des A (= Wegnahme der Wertsachen) **geschädigt**. Es liegt **Fremd-**, nicht Selbstschädigung vor. A hat daher keinen Betrug, sondern einen Diebstahl begangen (= sog. *Trickdiebstahl*)[5].

a) Unmittelbarkeit

622 Diebstahl statt Betrug ist **mangels Unmittelbarkeit** dann anzunehmen, wenn das Verhalten des Getäuschten in der Aushändigung einer Sache **ohne vollständigen Ge-**

---

3 Krit. *Küper*, BT S. 395; *Stuckenberg*, ZStW 118, 2006, 901 ff.
4 S. LK-*Tiedemann*, § 263 Rn 98; ferner *Hillenkamp*, JuS 97, 220 ff; *Krey/Hellmann*, BT II Rn 388 ff; SK-*Hoyer*, § 263 Rn 160; **grundlegend** BGHSt 17, 205; 18, 221; 41, 198; LK-*Tiedemann*, § 263 Rn 98 ff. S. ferner OLG Düsseldorf NJW 88, 922; A/W-*Arzt*, § 20 Rn 79 ff; *Beulke*, Rn 249; *Biletzki*, JA 95, 857; *Eisele*, BT II Rn 49; *Geiger*, JuS 92, 834; *Geppert*, JuS 77, 69; *Gössel*, BT II § 21 Rn 135; *Kindhäuser*, BT II Rn 43, 54; *Lackner/Kühl*, § 263 Rn 22; *Otto*, ZStW 79, 1967, 59; *Rengier*, BT I § 13 Rn 31; *Roxin/Schünemann*, JuS 69, 372, 376; *Schmidt/Priebe*, BT II Rn 586; mit etwas anderer Begründung auch MK-*Hefendehl*, § 263 Rn 272, 800. Zur **Gegenansicht**, die Tateinheit zwischen Betrug und Diebstahl für möglich hält, s. ua *Heghmanns*, Rn 1234; *Herzberg*, ZStW 89, 1977, 367; *Joecks*, Zur Vermögensverfügung beim Betrug 1982, S. 122, 137; *Lenckner*, Anm. JZ 66, 320; *Miehe*, Unbewußte Verfügungen 1987, S. 54 ff, 102; *Walter*, Jura 02, 420 f. Vgl zu diesem Fragenkreis auch NK-*Kindhäuser*, § 242 Rn 53 ff, § 263 Rn 204 ff; *Offermann-Burckart*, Vermögensverfügungen Dritter im Betrugstatbestand 1994.
5 S. dazu BGH MDR/D 74, 15; *Mitsch*, BT II/1 § 7 Rn 68; MK-*Hefendehl*, § 263 Rn 275.

wahrsamswechsel besteht, sodass die fortbestehende Gewahrsamsbeziehung des Berechtigten vom Täter noch durch ein **weiteres eigenmächtiges Handeln** beseitigt werden muss[6].

Fall 61: A hat sich eine Schirmmütze mit der Aufschrift „Gepäckträger" aufgesetzt und veranlasst so durch die wahrheitswidrige Behauptung, dass sie ihr Gepäck nicht in den Wartesaal mitnehmen dürfe, die Reisende R, ihren Koffer in einem Schließfach der Bahnhofshalle unterzubringen. Nachdem R ihm die erforderliche Geldmünze zum Einwerfen übergeben hat, stellt A ihren Koffer in ein Fach mit der Nr 700, zieht den Schlüssel ab und händigt der ahnungslosen R den Schlüssel zu einem anderen (leeren) Schließfach aus. Während R sich im Wartesaal aufhält, holt A ihren Koffer aus dem Schließfach und verschwindet damit.

Betrug oder Diebstahl hinsichtlich des Koffers? **Rn 625**

Die diesem Fall zu Grunde liegende Sachverhaltsgestaltung hat die Rechtsprechung **623** wiederholte Male beschäftigt.

So wollte sich A im **Brieftaschenfall**[7] im Foyer eines Konzerngebäudes eine Zigarette anzünden und begann, in seinen Taschen danach zu suchen. Dabei nahm er seine Brieftasche mit 38 000 DM aus dem Jackett. Da er in der anderen Hand einen Gegenstand hatte, bat er seinen Bekannten B, die Brieftasche für einen Moment zu halten. B kam dieser Bitte nach, fasste aber sogleich den Entschluss, sich das Geld des A anzueignen. Unter dem Vorwand, er müsse mal eben telefonieren, komme aber sofort zurück und werde dann auch Zigaretten mitbringen, entfernte er sich, ohne dass A Veranlassung sah, sich die Brieftasche zurückgeben zu lassen. B begab sich zum Ausgang, eilte zum Flugplatz und flog mit seiner Beute nach Italien. Später wurde er gefasst und in erster Instanz wegen Betrugs zum Nachteil des A verurteilt. Auf seine Revision änderte das OLG Köln den Schuldspruch zutreffend dahin ab, dass ihm ein **Diebstahl** zur Last falle[8].

Um Diebstahl und nicht um Betrug handelte es sich auch im **Autowäscherfall**[9], in welchem der Getäuschte seinen Pkw in die Tiefgarage eines Kaufhauses gefahren und dort einem angeblichen Kaufhausangestellten auf dessen Behauptung hin ausgehändigt hatte, dass die Kaufhaustankstelle gerade eine kostenlose „Wasch-Werbewoche" durchführe. Während der anschließenden Spazierfahrt, um deren Ermöglichung es ihm (ohne Rückführungswillen) allein ging, verursachte der Täter mit dem Pkw des in dieser Weise geprellten Eigentümers mehrere Unfälle, bis er ihn schließlich irgendwo stehen ließ.

Der BGH führt hierzu aus, dass auch ein erschlichenes Einverständnis den Tatbestand **624** des § 242 ausschließen könne. Es wird aber gesehen, dass in diesen Fällen die Übergabe des Koffers, der Brieftasche und der Fahrzeugschlüssel an den Täter noch keinen Gewahrsamswechsel an den Gegenständen bewirkt, sondern nur eine **Gewahrsams-lockerung** zur Folge gehabt hat, die der Täter zur Wegnahme ausnutzt. „Das durch Täuschung erlangte Einverständnis muss sich auf die erstrebte Gewahrsamsänderung in ihrem vollen Umfang erstrecken. Willigt der Getäuschte nur in eine Lockerung seines Gewahrsams ein und muss der Täter daher noch durch eine weitere eigenmächtige Handlung den vorbehaltenen Gewahrsamsrest brechen, so liegt darin eine Wegnahme

---

6 LK-*Tiedemann*, § 263 Rn 106.
7 OLG Köln MDR 73, 866.
8 Ähnlich OLG Düsseldorf NJW 90, 923; BGH GA 1987, 307.
9 BGH VRS 48, 175.

der Sache. Die ihr vorausgegangene Vermögensgefährdung durch Ermöglichung des Diebeszugriffs ist nicht schon als Schaden im Sinne des Betrugstatbestandes anzusehen." Daher liegt in diesen Fällen nach der Rechtsprechung § 242 vor. Dem ist iE zuzustimmen. Zwar wird man im Einzelfall eine schadensgleiche Vermögensgefährdung als Zwischenstadium nicht immer leugnen können[10]. Das darf aber nicht darüber hinweg täuschen, dass der eigentlich gewollte und auch erreichte Schaden hier nicht die **unmittelbare** Folge des Verhaltens des Tatopfers, sondern des hierdurch erst ermöglichten Täterverhaltens ist, mit dem sich der Täter *erst nimmt*, was ihm zuvor noch nicht überantwortet ist. Damit ist von **Fremd**-, nicht aber von **Selbstschädigung** zu sprechen[11].

625 Im **Fall 61** hat R ihren bisherigen Gewahrsam nicht etwa dadurch auf A übertragen, dass sie ihm den Koffer ausgehändigt und es sodann unbewusst unterlassen hat, die Herausgabe des richtigen Schließfachschlüssels zu verlangen. Das durch Täuschung bewirkte Verhalten der arglosen R hat dem A nur die Möglichkeit verschafft, den Koffer im Wege des Gewahrsamsbruchs an sich zu bringen. In der geschilderten Schlüsselmanipulation lag nur eine Gewahrsamslockerung. Sie führt nicht zu einem eigenständigen Betrug. Vielmehr bildet sie nur das täuschungsgeprägte Vorbereiten der geplanten Wegnahme des Koffers. Da R ohne ihr Einverständnis von der tatsächlichen Sachherrschaft über ihren Koffer ausgeschlossen worden ist, hat A sich nicht des Betrugs, sondern des **Diebstahls** schuldig gemacht[12].

626 Ähnliche Probleme wirft das Stellen einer sog. **Wechselgeldfalle** auf. Dort bedarf es indessen einer differenzierten Betrachtungsweise[13]. Legt der Täter zB den großen Schein vor sich auf den Schaltertisch, geht das Eigentum auf die Bank idR noch nicht über. Streicht er dann den Schein mitsamt dem Wechselgeld ein, liegt nur Betrug vor, weil und wenn weder Eigentum noch Gewahrsam aufseiten der Bank begründet worden sind[14].

b) Freiwilligkeit

627 Aus dem Wesen der Verfügung als eines selbstschädigenden Gebeaktes wird weiter gefolgert, dass die Überlassung der Sache zwar irrtumsbedingt, im Übrigen aber **freiwillig** geschehen müsse[15]. Bei einer **vorgetäuschten Beschlagnahme** durch angebliche Kriminal- oder Vollstreckungsbeamte ist danach *nicht das äußere Erscheinungsbild* des Gebens oder Nehmens, sondern allein die Frage entscheidend, ob die irrtumsbedingte Hingabe der Sache oder die Duldung ihrer Wegnahme **auf einer innerlich freien Willensentschließung des Getäuschten beruht** oder nicht.

---

10 *Herzberg*, ZStW 89, 1977, 367; MK-*Hefendehl*, § 263 Rn 276, 278 mit teilweise abw. Ergebnissen; *Stuckenberg*, ZStW 118, 2006, 901 ff.

11 *Jäger*, BT Rn 210; *Krey/Hellmann*, BT II, Rn 384 ff, 397 ff; *Lackner/Kühl*, § 263 Rn 22; 25 f; LK-*Tiedemann*, § 263 Rn 106; SK-*Hoyer*, § 263 Rn 16; dass hier nichts mehr (weg)*genommen* werde – so *Rotsch*, GA 08, 68 –, überzeugt nicht.

12 Näher BGH MDR/D 66, 199; ähnlich BGH MDR/H 87, 446.

13 S. dazu RG JW 19, 321; BayObLG NJW 92, 2041 mit Anm. *Graul*, JR 92, 519; OLG Celle NJW 59, 1981; *Eisele*, BT II Rn 532 f; *Fahl*, JA 96, 40; MK-*Hefendehl*, § 263 Rn 279 ff; *Roxin/Schünemann*, JuS 69, 372.

14 LK-*Tiedemann*, § 263 Rn 107.

15 S. *Küper*, BT S. 397 f; LK-*Tiedemann*, § 263 Rn 102, 120.

Fall 62: Der Kassenbote B hat im Auftrag des Firmeninhabers F Lohngelder bei einer Bank **628** abzuholen. Als er die Bank wieder verlässt, tritt A auf ihn zu, gibt sich als Kriminalbeamter aus und fordert ihn unter Vorzeigen einer gefälschten Dienstmarke auf, ihm die Aktentasche mit den Lohngeldern in Höhe von rd. 20 000 EUR auszuhändigen, da diese „wegen des Verdachts der Steuerhinterziehung beschlagnahmt" seien. B erwidert, er könne der Aufforderung ohne vorherige Rückfrage bei F nicht nachkommen. Dem Hinweis des A, dass alles vom Polizeipräsidium aus geklärt werde und dass er ihm dorthin folgen müsse, schenkt B Glauben. Im Präsidium durchquert A mit B mehrere Abteilungen; schließlich weist er ihn an, auf der Bank vor dem Dienstzimmer des Polizeipräsidenten Platz zu nehmen, ihm die Aktentasche zu übergeben und zu warten, bis er hereingerufen werde. B tut, was A von ihm verlangt. Dieser selbst geht durch eine Flügeltür weiter und verschwindet sodann mit seiner Beute durch einen Notausgang.

Betrug oder Diebstahl? **Rn 631**

In Fällen wie diesen könnte man geneigt sein, in der Übergabe der Sache an den „Hoheitsträger" eine *Verfügung* zu erblicken, weil damit ein *vollständiger Gewahrsamswechsel* verbunden ist und das äußere Erscheinungsbild auf das Vorliegen einer Gewahrsamsübertragung hindeutet. Dem steht jedoch entgegen, dass sich das Opfer nur der Staatsgewalt und dem vermeintlich von ihr ausgehenden Zwang fügen will. Ist der Getäuschte mit dem Gewahrsamsverlust **nicht** *aus freien Stücken* **einverstanden**, nimmt er ihn vielmehr nur unter dem **Druck der Vorstellung** hin, dass **Widerstand nicht zulässig oder zwecklos** sei, so liegt zwar noch ein selbst gefasster Willensentschluss, aber keine *freiwillig* zu Stande gekommene Vermögensverfügung iS des § 263, sondern eine **Wegnahme** iS des § 242 vor[16]. Daran ändert sich auch dann nichts, wenn der Getäuschte an der Gewahrsamsänderung durch aktives Tun selbst mitwirkt (zB durch Öffnen von Behältnissen, Hingabe der „*beschlagnahmten*" Sache usw). Maßgebend ist allein, dass sein diesbezüglicher Beitrag **nicht das Ergebnis eines innerlich freien Willensentschlusses**, sondern eine Folge des ihn bedrängenden **Zwanges** ist[17].

Rechtsprechung und Rechtslehre begründen die Verneinung eines Betrugs hier zumeist damit, **630** dass es an einer *freiwilligen* Vermögensverfügung iS des § 263 fehle[18]. Die Entscheidung BGHSt 18, 221, 223 formuliert diesen Standpunkt wie folgt: „Daß für die Grenzziehung zwischen Betrug und Diebstahl die innere Willensrichtung des Verletzten maßgebend sein kann, trifft allerdings zu. Duldet dieser die Wegnahme, so kann darin eine Verfügung iS des Betrugstatbestandes nur gesehen werden, wenn das Dulden auf einem freien Willensentschluß beruht, mag er auch durch einen Irrtum beeinflußt sein. Wird dagegen der Gewahrsam ohne sein Einverständnis aufgehoben, so liegt nicht Betrug, sondern Diebstahl vor. Einen solchen nimmt die Rechtsprechung deshalb auch dann an, wenn der Täter durch die falsche Behauptung einer behördlichen Beschlagnahme die Herausgabe einer fremden beweglichen Sache fordert und sie erreicht, selbst wenn das

---

16 AA *Miehe*, Unbewußte Verfügungen 1987, S. 74 ff, der schon den Rückzug aus der „Zuständigkeit" für die Sache als Verfügung ansieht; wie hier HK-GS/*Duttge*, § 263 Rn 30; *Jäger*, BT Rn 206; MK-*Hefendehl*, § 263 Rn 237; diff. NK-*Kindhäuser*, § 242 Rn 54; krit. *Rotsch*, GA 08, 66; *ders.*, ZJS 08, 135.

17 Näher BGHZ 5, 365, 368 ff; BGH NJW 52, 796 Nr 26; 53, 73; 95, 3129; S/S-*Cramer/Perron*, § 263 Rn 63 mwN; krit. dazu *R. Schmitt*, Spendel-FS S. 575.

18 Vgl BGHZ 5, 366, 368 ff; *Geppert*, JuS 77, 69; *Hillenkamp*, JuS 94, 771; *Krey/Hellmann*, BT II Rn 404 ff; *Küper*, Anm. NJW 70, 2235; SK-*Hoyer*, § 263 Rn 166 verneint den Verfügungswillen.

Opfer die Wegnahme nicht nur duldet, sondern die Sache dem Täter auf dessen Verlangen aushändigt; denn hier ist für einen eigenen freien Willensentschluß des Opfers, das sich dem Zwang fügt, kein Raum."

631 Im **Fall 62** liegt daher trotz des äußerlichen Bildes eines Gebeaktes ein Diebstahl vor. Dabei ist der Grund für den Ausschluss der Freiwilligkeit der Sachverschaffung naturgemäß nicht die betrugsnotwendige Irrtumsbefangenheit des B, sondern die Tatsache, dass bei ihm von einem wenigstens im Übrigen freien Willensentschluss nicht die Rede sein kann. Für diese Annahme muss man nicht auf wenig zeitgemäße „obrigkeitsstaatliche Vorstellungen"[19], sondern kann allein darauf abstellen, dass B die Sache so oder so – und dh auch im Falle eines erwogenen Widerstandes – verloren sieht.

632 Die Verknüpfung des Kriteriums der *Freiwilligkeit* mit dem Verfügungsbegriff des § 263 lässt sich allerdings, so einleuchtend und sachgerecht sie in den *Beschlagnahmefällen* auch ist, nicht einschränkungslos durchhalten[20]. Zwar ist es richtig, dass der Betrug als Selbstschädigungsdelikt voraussetzt, dass das Opfer der Täuschung einen Gegenstand aus seinem Vermögen – wenn auch täuschungsbedingt, so doch im Übrigen auf Grund eines *innerlich freien* Entschlusses – weggibt. Aus diesem regelmäßig oder doch häufig anzutreffenden Erscheinungsbild des Betrugs darf aber nicht gefolgert werden, dass es *stets* und *unter allen Umständen* an einer Vermögensverfügung iS des § 263 *fehle*, wenn zu der Irrtumsbefangenheit der Willensentschließung des Getäuschten Zwang hinzutritt, die Verfügung also nicht *frei von jedem inneren Zwang* gewesen ist.

633 Das beweist die Entscheidung BGHSt 7, 197 (**Chantagefall**) mit folgendem Sachverhalt: Frau F hatte zu dem in bestem Rufe stehenden Kaufmann K ehebrecherische Beziehungen unterhalten, aus denen ein (kurz nach der Geburt gestorbenes) Kind hervorgegangen war. Um das Ansehen des K zu schonen, hatte F den im Jahre 1944 gefallenen B (einen Bruder ihrer Freundin) als Erzeuger angegeben. In der Absicht, ihren Vater und sich auf Kosten des K zu bereichern, spiegelte F dem K nach dem Ende des Krieges vor, der als gefallen gemeldete B sei plötzlich zurückgekehrt und verlange jetzt von ihr Schweigegeld; er habe ihr angedroht, im Weigerungsfalle alles an die Öffentlichkeit zu bringen und insbesondere die Familie des K über das Vorgefallene zu informieren. K glaubte der F und zahlte an sie insgesamt 16 000 Reichsmark Schweigegeld, um die ihm peinlichen Enthüllungen seitens des B abzuwenden. Der BGH hat hier die Auffassung der Strafkammer gebilligt, dass F sich nicht der Erpressung (s. Rn 725), sondern des Betrugs zum Nachteil des K schuldig gemacht habe. Eine Drohung iS des § 253 habe hier nicht vorgelegen, weil F nicht den Eindruck erweckt habe, dass der Eintritt des Übels von ihrem Willen abhängig sei[21]. F habe vielmehr die Rolle einer Hilfesuchenden gespielt, die selbst vor der Ausführung einer erpresserischen Drohung habe geschützt werden wollen. Dass F durch die Täuschung in K die Vorstellung eines ihm (angeblich von B) drohenden Übels hervorgerufen und ihn so **in eine Zwangslage versetzt** habe, genüge nicht zur Bestrafung wegen Erpressung, lasse aber eine Bestrafung **wegen Betrugs** zu.

---

19 Für Betrug aus diesem Grunde *Maurach/Schroeder/Maiwald*, BT I § 33 Rn 31; s. auch *Rengier*, BT I § 13 Rn 34 f, der es aus solchen Gründen schon an einer „Willensbildung" fehlen lassen will.

20 Krit. insoweit A/W-*Arzt*, § 20 Rn 75 f; *Herzberg*, JuS 72, 570; *Rengier*, BT I § 13 Rn 32 ff; *ders*, JuS 81, 654.

21 Vgl dazu *Wessels/Hettinger*, BT I Rn 402; für *Küper*, GA 06, 439, 456 ff, 465 f liegt hier der Fall einer von ihm sog. „fraudulösen Warnung" vor, die die Qualität einer Drohung erreicht.

Wenn die Anwendbarkeit des § 263 hiernach richtigerweise nicht daran scheitert, dass **634** der Täter (ohne dabei zu den Mitteln des § 253 zu greifen) sein Opfer durch Täuschung auch in eine psychische Zwangslage versetzt, muss man von Freiwilligkeit selbst bei hinzutretendem Zwang noch sprechen. Dass damit eine erhebliche Einschränkung des Freiwilligkeitskriteriums verbunden ist, ist richtig, dass in ihr seine Preisgabe liege, aber nicht. Denn während im **Beschlagnahmefall** das Opfer die Sache so oder so verloren sieht, schreibt sich im **Chantagefall** der Verletzte die Entscheidung über den Verlust des Geldes mit gutem Recht selbst noch zu. Dann aber lässt sich die Zahlung auch noch als freiwillige Selbstschädigung begreifen.

Auf Grund der Notwendigkeit dieser Einschränkung wird bisweilen empfohlen, schon in den **Beschlagnahmefällen** das für richtig gehaltene Ergebnis (= Bestrafung **wegen Diebstahls** und nicht wegen Betrugs) statt aus der Verfügung aus den Merkmalen des Diebstahlstatbestandes abzuleiten und die Lösung beim **Wegnahmebegriff** des § 242 zu suchen[22]. Maßgebend sei dann, nunmehr freilich unter dem Blickwinkel des tatbestandsausschließenden Einverständnisses und einer eventuellen Zustimmung des Betroffenen zur Gewahrsamsänderung, die *Freiwilligkeit* oder *Unfreiwilligkeit* des **Gewahrsamsverlustes**. Da zur Bejahung einer **Wegnahme** genüge, dass der Gewahrsam ohne den Willen des Gewahrsamsinhabers aufgehoben, der Gewahrsamswechsel also **ohne dessen Einverständnis** vollzogen wird, liege ein Gewahrsamsbruch vor. Wer eine angebliche Beschlagnahme duldet oder daran in der Weise aktiv mitwirkt, dass er Türen oder Behältnisse öffnet, den Aufbewahrungsort bestimmter Sachen nennt oder diese dem Täter gar auf dessen Verlangen aushändigt, erkläre dadurch ersichtlich nicht sein Einverständnis zu dem, was geschieht, sondern beuge sich nur dem vermeintlichen Zwang in der Vorstellung, Widerstand sei nicht zulässig und daher zwecklos. Bejahe man so die *Unfreiwilligkeit* des Gewahrsamsverlustes und das Vorliegen einer Wegnahme iS des § 242, sei für einen Rückgriff auf § 263 kein Raum mehr[23], das Ergebnis somit zugleich auch in jener Hinsicht vorgezeichnet. Daher habe die Empfehlung, bei **Beschlagnahmefällen** in Übungs- und Examensarbeiten nicht von § 263 auszugehen, sondern erst § 242 zu prüfen[24], einiges für sich.

Hierzu ist zu sagen, dass nicht der Lösungsweg als solcher, sondern das klare, vollständige **Erfassen des Sachproblems** entscheidend ist. Das aber bleibt auf beiden Lösungswegen gleich. Beginnt man mit Diebstahl, stellt sich bei der Wegnahme die *Abgrenzungsfrage* zum Betrug, beginnt man mit Betrug, dieselbe Frage bei der Verfügung zum Diebstahl. Beide Male ist zu entscheiden, wie frei der Wille sein muss, um ein Einverständnis mit der Wegnahme (*und damit* eine freiwillige Verfügung) oder eine freiwillige Verfügung (*und damit* ein Einverständnis in die Wegnahme) zu bejahen. Um die Sachfrage der Freiwilligkeit führt demnach kein Lösungsweg herum. In den Beschlagnahmefällen ist deshalb die Entscheidung gegen ein wirksames Einverständnis zugleich die Entscheidung gegen eine freiwillige Verfügung und diese Frage nicht etwa noch „offen"[25]. Das gilt natürlich nur, wenn man die Exklusivitätsthese zu Grunde legt und ihr zufolge für § 263 keinen Raum mehr sieht, wenn eine Wegnahme vorliegt[26].

c) Verfügungsbewusstsein

Will man den Charakter des Betrugs als Selbstschädigungsdelikt wahren und den Betrug **635** vom fremdschädigenden Diebstahl abgrenzen, ist schließlich beim Sachbetrug

---

22 So *Wessels*, BT II Rn 601; ähnl. *Arzt/Weber*, BT § 20 Rn 76, 78; OLG Hamburg HESt 2, 19.
23 Vgl BGHSt 17, 205, 209.
24 *Arzt/Weber*, BT § 20 Rn 76, 78; *Rengier*, BT I § 13 Rn 37.
25 So ganz deutlich in der Falllösung bei *Samson*, Strafrecht II S. 27 f.
26 Anders *Miehe*, Unbewußte Verfügungen 1987, S. 101 ff, der bei einer vorgetäuschten Beschlagnahme Tateinheit zwischen § 242 und § 263 für möglich hält.

Verfügungsbewusstsein zu verlangen (s. Rn 517). Der Grund hierfür liegt darin, dass das Opfer einer Täuschung sich hier nicht selbstschädigend verhält, wenn ihm auf Grund der Täuschung gar nicht bewusst wird, dass es Gewahrsam überträgt oder eine Gewahrsamsverschiebung nicht hindert. Dann kann auch von einem **Einverständnis** mit dem Gewahrsamswechsel keine Rede sein. Vielmehr liegt Wegnahme vor[27]. Praktisch bedeutsam wird dies namentlich in Fällen, in denen der Täter verdeckte Ware an der Kasse eines Selbstbedienungsladens vorbeischmuggelt[28].

Hier wird es häufig schon an Täuschung und Irrtum fehlen. Selbst dann aber, wenn ein Kunde auf eine ausdrückliche Frage der Kassiererin die verborgene Ware verleugnet, fehlt es am Betrug. In solchen Fällen geht es dem Täter darum, „den Gewahrsam ohne Wissen und damit ohne Einverständnis des Getäuschten aufzuheben", ihm also die Wegnahme zu verschleiern, nicht aber, ihn zur Weggabe zu bewegen. Deshalb ist es richtig, statt eines Betrugs einen Diebstahl anzunehmen, wenn der Täter in seinem Einkaufswagen Waren unter Werbeprospekten verbirgt und die Kasse nach Bezahlung nur der vorgelegten Ware passiert[29]. Auf die Art des Verbergens kann es nicht ankommen, sodass auch in einem toten Winkel[30] oder in der Originalverpackung gekaufter Ware[31] versteckte Gegenstände durch Diebstahl erlangt werden[32]. Auch ein Forderungsbetrug ist dann nicht gegeben. Das liegt nicht nur daran, dass das Geschehen seinen Charakter als „Nehmeakt" nicht dadurch verliert, dass „der Berechtigte den Dieb infolge der Täuschung" entlässt[33]. Vielmehr fehlt es auch an einem neben der Fremdschädigung selbstständigen, vom Geschädigten personal mitgestalteten Schaden[34]. An einem auf das Tatobjekt konkretisierten Verfügungsbewusstsein fehlt es dagegen nicht, wenn jemand als Käufer in einem Selbstbedienungsladen einen Karton mit darin verpackten Babywindeln öffnet, ihn an Stelle der Windeln mit mehreren Stangen Zigaretten füllt, mit Klebestreifen wieder verschließt und den Karton sodann zwecks Bezahlung und Übereignung (zum darauf angegebenen Preis für die Windelpackung) an der Kasse vorlegt. Die bewusste und willentliche Übergabe „des Kartons samt Inhalt" durch die Kassiererin enthält dann eine irrtumsbedingte **Vermögensverfügung** iS des § 263, sodass für eine *Wegnahme* iS des § 242 kein Raum bleibt. Anders als in den Fällen verborgener Ware, in denen sich das Verfügungsbewusstsein auf diese mangels Kenntnis nicht erstrecken kann, will die Verkäuferin über die ausgetauschte Ware nur in Unkenntnis ihrer Eigenschaften (= error in obiecto) verfügen[35].

---

27 *Krey/Hellmann*, BT II Rn 386a; *Küper*, BT S. 396; *Rengier*, BT I § 13 Rn 24; *S/S-Cramer/Perron*, § 263 Rn 60, 63a.
28 S. dazu *Hillenkamp*, JuS 97, 217, 220 ff; ferner *Beulke*, Rn 129; *Fahl*, JuS 04, 885; *Jäger*, BT Rn 203 ff; *Küper*, BT S. 397.
29 BGHSt 41, 198; OLG Zweibrücken NStZ 95, 448; zust. *Hillenkamp*, JuS 97, 221; MK-*Hefendehl*, § 263 Rn 250 f; *Scheffler*, JR 96, 342; *Zopfs*, NStZ 96, 190; ein Fall, in dem auch *Miehe*, Unbewußte Verfügungen 1987, S. 54 ff, 60 f, 70 das von ihm verlangte „Mindestmaß personaler Beteiligung" und damit Betrug verneint.
30 BayObLGSt 88, 5.
31 OLG Köln NJW 84, 810; *Vitt*, NStZ 94, 134.
32 AA OLG Düsseldorf NJW 88, 922; *Fahl*, JuS 04, 889; *Otto*, BT § 40 Rn 36; *Rengier*, BT I § 13 Rn 39; wie hier *Jäger*, BT Rn 204; MK-*Hefendehl*, § 263 Rn 252; S/S-*Cramer/Perron*, § 263 Rn 63a.
33 So LK-*Lackner*, 10. Aufl., § 263 Rn 106; ebenso *Biletzki*, JA 95, 859 f; *Roßmüller/Rohrer*, Jura 94, 472.
34 *Hillenkamp*, JuS 97, 222; ebenso LK-*Tiedemann*, § 263 Rn 120; krit. *Rotsch*, GA 08, 66 ff.
35 OLG Hamm OLGSt § 263, S. 165; *Fahl*, JuS 04, 888; *Roßmüller/Rohrer*, Jura 94, 471; für Diebstahl dagegen MK-*Hefendehl*, § 263 Rn 255; s. zu diesem Fragenkreis auch *Brocker*, JuS 94, 205; *Rotsch*, JA 04, 537 f; *Schmitz*, JA 93, 350; *Stoffers*, JR 94, 205.

II. Diebstahl in mittelbarer Täterschaft und sog. Dreiecksbetrug

Fall 63: A beobachtet auf dem Bahnsteig des Hauptbahnhofs, dass der Reisende R sich zu einem Verkaufsstand begibt und seinen Koffer unbeaufsichtigt zurücklässt. Auf diesen Koffer zeigend, erteilt A dem gerade vorbeikommenden Gepäckträger G den Auftrag, ihm „seinen" Koffer zum Ausgang zu tragen, was auch geschieht. Dort entlohnt A den gutgläubigen G und macht sich mit seiner Beute aus dem Staub.

636

Fall 64: A hat durch Zufall erfahren, dass Frau F das Pelzhaus P telefonisch beauftragt hat, ihren Persianermantel abzuholen und um 20 cm zu verlängern. Er wartet ab, bis F das Haus verlässt. Sodann meldet er sich bei dem Hausmädchen H, gibt sich als Bote des P aus und lässt sich von der gutgläubigen H den Pelzmantel der F übergeben, den er umgehend in Hehlerkreisen absetzt.

Betrug oder Diebstahl in mittelbarer Täterschaft? **Rn 642, 646**

1. Dreipersonenverhältnisse

Beim Betrug kann die Verfügung des Getäuschten sein eigenes Vermögen oder das eines Dritten schädigen. Verfügender und Geschädigter brauchen nicht identisch zu sein (s. oben Rn 514).

637

Das zeigt sich zB in den Fällen des Selbstbedienungsladens, in denen im Betrugsfall die Kassiererin über Vermögensgegenstände des Ladeninhabers verfügt. Nur *Getäuschter* und *Verfügender* müssen personengleich sein, weil es sonst an der durchlaufenden Kausalkette zwischen den objektiven Tatbestandsmerkmalen des § 263 fehlen würde (vgl Rn 489).

Daraus ergibt sich die Möglichkeit eines sog. **Dreiecksbetrugs**, an dem drei Personen beteiligt sind (= der Täter, der irrtumsbedingt Verfügende und der Geschädigte). Dessen Konstruktion setzt freilich voraus, dass der Getäuschte **rechtlich** oder (auf Grund einer besonderen Nähebeziehung zum betroffenen Vermögen) **rein tatsächlich** im Stande war, über das Vermögen des Dritten zu **verfügen**[36] und dass trotz der Verfügung eines Vermögensfremden das Bild vom **Selbstschädigungsdelikt** erhalten bleibt. Die in solchen Fällen notwendig werdende Abgrenzung eines solchen Dreiecksbetrugs vom **Diebstahl in mittelbarer Täterschaft** im Bereich der *listigen* Sachverschaffung stößt auf Schwierigkeiten und hat zahlreiche Kontroversen ins Leben gerufen.

Veranlasst der Täter den von ihm Getäuschten beispielsweise zur Hingabe einer Sache, die einem Dritten gehört, so hängt die rechtliche Beurteilung und deliktische Einordnung der Tat davon ab, ob man das Vorliegen einer dem Vermögensinhaber **zurechenbaren Vermögensverfügung** iS des § 263 bejaht[37] oder ob man annimmt, der Getäuschte habe nur die Rolle des *gutgläubigen Werkzeugs* bei einem **Gewahrsamsbruch** und einer (vom Hintermann inszenierten) **Wegnahme** iS des § 242 gespielt[38].

---

36 Vgl BGHSt 18, 221, 223 f; BayObLG GA 1964, 82; *Geppert*, JuS 77, 69; LK-*Tiedemann*, § 263 Rn 116; S/S-*Cramer/Perron*, § 263 Rn 65.
37 Beispiel: BGHSt 18, 221.
38 Vgl dazu OLG Stuttgart JZ 66, 319 mit zust. Anm. *Lenckner*, wo die ahnungslose Zimmerwirtin die Fahrzeugschlüssel zum Kraftwagen ihrer gerade abwesenden Untermieterin aus deren Zimmer geholt und sie an eine Schwindlerin ausgehändigt hatte; s. zum Streitstand *Hillenkamp*, BT 30. Problem; *Küper*, BT S. 402 ff.

2. Abgrenzungskriterien

638 Nach allgemein anerkannter Auffassung[39] liegt keine Wegnahme, sondern eine **Vermögensverfügung** iS des § 263 vor, wenn der Getäuschte bei seiner Einwirkung auf das fremde Vermögen Rechtshandlungen vornimmt oder Gewahrsamsdispositionen trifft, zu denen er kraft Gesetzes, behördlichen Auftrags, Rechtsgeschäfts oder einer zumindest stillschweigend erteilten Ermächtigung *an sich* **rechtlich befugt** war (zB als Insolvenzverwalter, Testamentsvollstrecker, gesetzlicher Vertreter, Bevollmächtigter oder im Rahmen einer damit vergleichbaren Stellung) und die er daher **subjektiv** in dem irrtumsbedingten Glauben vornimmt, hierzu auch *konkret* berechtigt zu sein. Ist die Sachüberlassung, um deren Beurteilung es geht, durch eine solchermaßen angenommene Handlungsbefugnis gedeckt, so schließt das **Einverständnis des Getäuschten mit dem Gewahrsamsübergang** eine *Wegnahme* in derselben Weise aus wie das Einverständnis des Sacheigentümers.

639 **Fraglich** und umstritten ist indessen, ob das Verhalten des Getäuschten dem Vermögensinhaber **nur** in Fällen dieser Art, dh ausschließlich dann (wie eine eigenhändige Weggabe) zugerechnet werden darf, wenn es sich subjektiv auf eine entsprechende Ermächtigungsgrundlage stützen kann. Das wird von der von einer Mindermeinung vertretenen **Ermächtigungs-** oder **Befugnistheorie** behauptet[40]. Dem ist aber nicht zu folgen. Die zivilrechtlich orientierte Befugnistheorie begibt sich nämlich in ihrer allein möglichen subjektivierenden Fassung (s. Rn 638) der von ihr reklamierten Zurechnungsgrundlage einer objektiv bestehenden Verfügungsberechtigung im Grunde selbst. Zudem passt sie nicht zu dem *wirtschaftlich* ausgerichteten Vermögens- und Verfügungsbegriff des § 263 und trägt der Eigenständigkeit strafrechtlicher Begriffsbildung gegenüber dem Zivilrecht nicht genügend Rechnung[41]. Gegen ihren Ausschließlichkeitsanspruch spricht ferner, dass sie der Vermögensverfügung im Abgrenzungsbereich zur Wegnahme zu enge Grenzen setzt und im konkreten Fall zur Frage nach der Reichweite einer etwaigen Ermächtigung (etwa bei Hausangestellten oder sonstigen Hilfskräften) auch keinesfalls klarere Lösungen ermöglicht als die herrschende Meinung. Es kann auch[42] keine Rede davon sein, dass § 263 nicht dem *Bestandsschutz* diene, sondern nur die „Vermögensnutzung" bzw „Vermögensmehrung" sichern wolle und dass die Überlistung eines Gewahrsamshüters mit einer bloßen „Bewacherfunktion" von § 263 nicht erfasst werde, weil „es keinen Unterschied begründe, ob der Täter einen Tresor aufbreche oder einen Nachtwächter überliste". Einschränkungs- und Umdeutungsversuche dieser Art finden im Gesetz keine Stütze.

---

39 *Küper*, BT S. 404; *Lackner/Kühl*, § 263 Rn 29.
40 *Amelung*, GA 1977, 1, 14; *Backmann*, Die Abgrenzung des Betrugs von Diebstahl und Unterschlagung 1974, S. 127 ff; *Heghmanns*, Rn 1244; *Joecks*, Zur Vermögensverfügung beim Betrug 1982, S. 131, 135; *Mitsch*, BT II/1 § 7 Rn 74; MK-*Schmitz*, § 242 Rn 100 f; SK-*Hoyer*, § 263 Rn 144 ff; deutlicher iS der hier dargestellten subjektivierten – s. dazu *Kindhäuser*, ZStW 103, 1991, 417; *Küper*, BT S. 404 – Befugnistheorie *Krey/Hellmann*, BT II Rn 413, 417; MK-*Hefendehl*, § 263 Rn 286, 289; *Otto*, BT § 51 Rn 44; *Schünemann*, GA 1969, 46.
41 *Pawlik*, Das unerlaubte Verhalten beim Betrug 1999, S. 217; zum Einwand gegen die subjektivierende Variante s. *Küper*, BT S. 406; ihm folgend *Rotsch*, JA 04, 534.
42 Entgegen *Joecks*, Zur Vermögensverfügung beim Betrug 1982, S. 86, 114, 129; krit. hierzu auch MK-*Hefendehl*, § 263 Rn 265 ff.

Andererseits ginge es aber zu weit, die Anwendbarkeit des § 263 schon dann bejahen **640**
zu wollen, wenn der Getäuschte nur *rein tatsächlich in der Lage* war, über das Vermögen des Geschädigten zu verfügen. Anklänge einer solchen **rein faktischen Nähetheorie** finden sich in der Rechtsprechung[43]. Hier würde es an einem tauglichen Abgrenzungskriterium zum Diebstahl in mittelbarer Täterschaft fehlen, der ebenfalls voraussetzt, dass das gutgläubige Werkzeug des Täters zur Einwirkung auf das fremde Vermögen im Stande war. Zudem bietet die rein tatsächliche Zugriffsmöglichkeit keinen Grund, dem Vermögensinhaber die Schädigung zuzurechnen.

Wo in Dreiecksfällen eine **fremde Sache** den Gegenstand der Tat bildet, ist daher mit **641**
der hM eine klare Grenzziehung zwischen *Vermögensverfügung* und *Wegnahme* nur zu gewinnen, wenn man für den fremdschädigenden **Dreiecksbetrug** neben dem rein **tatsächlichen Verfügenkönnen** ein besonderes normatives **Näheverhältnis** des Getäuschten zu dem betroffenen Vermögen voraussetzt, das schon vor der Tat bestanden haben muss und den Getäuschten in eine *engere*, Zurechnung legitimierende Beziehung zum Vermögenskreis des Geschädigten bringt als einen beliebigen Außenstehenden (sog. **Lagertheorie**)[44]. Von *Hintergrund* und *Ergebnissen* dieser Lehre entfernt man sich nur wenig, wenn man von der geforderten, Zurechnung begründenden „Kompetenz" des Verfügenden verlangt, dass sie als „Ausprägung der Selbstbindung des betroffenen Vermögensinhabers" aus dessen *Autonomie* hergeleitet erscheint[45]. Etwas wesentlich anderes will auch die kaum unbestimmtere „Lagermetaphorik" nicht sagen[46].

Bedeutung hat das vor allem, wo Mitgewahrsamsinhaber, Angestellte, Verkäuferinnen, Hausmädchen, Dienstboten und andere Gewahrsamshüter vom Täter in eine Sachverschiebung eingeschaltet werden.

3. Folgerungen

Hiernach ist **Diebstahl** in mittelbarer Täterschaft anzunehmen, wenn der Getäuschte **642**
vor der Tat **in keinerlei Obhutsbeziehung** zu der Sache gestanden hat, um deren Erlangung es dem Täter geht, auf sie vielmehr – ebenso wie der Täter selbst – **von außen her** zugreifen muss und daher als Werkzeug ihrer **Wegnahme** erscheint.

---

43 RGSt 25, 244, 247; BGHSt 18, 221, 223 f; BayObLG GA 1964, 82; OLG Hamm NJW 69, 620; s. auch *Gribbohm*, NJW 67, 1897; der faktischen Nähetheorie nahest. *Kindhäuser*, § 263 Rn 151 ff; *Kindhäuser/Nikolaus*, JuS 06, 295.
44 Vgl *Beulke*, Rn 246; *Geppert*, JuS 77, 69; *Eisele*, BT II Rn 540; *Herzberg*, ZStW 89, 1977, 367, 407; HK-GS/*Duttge*, § 263 Rn 33; *Jäger*, BT Rn 343; LK-*Tiedemann*, § 263 Rn 116; *Lenckner*, Anm. JZ 66, 320; *Maurach/Schroeder/Maiwald*, BT I § 41 Rn 80; *Rengier*, BT I § 13 Rn 47; S/S-*Cramer/Perron*, § 263 Rn 66; wohl auch *Schmidt/Priebe*, BT II Rn 597 (faktische und Lagertheorie werden nicht getrennt); konkretisierend *Offermann-Burckart*, Vermögensverfügungen Dritter im Betrugstatbestand 1994, S. 148 ff, 169.
45 So *Pawlik*, Das unerlaubte Verhalten beim Betrug, 1999, S. 206 ff.
46 S. *Pawlik* selbst, aaO S. 210, 217; trotz mit *Pawlik* übereinstimmendem Ausgangspunkt: der Verfügende muss ein vom Vermögensinhaber „abgeleitetes Recht auf Wahrheit gegenüber dem Täuschenden" haben, gelangt *Kindhäuser*, § 263 Rn 151 ff; *ders.*, ZStW 103, 1991, 398 ff, 415 ff, 420; *ders.*, Bemmann-FS S. 538 ff auf dem Boden der von ihm sog. **Wirksamkeitstheorie** zu stärker abweichenden Ergebnissen, s. hierzu krit. *Krack*, List als Tatbestandsmerkmal 1994, S. 72 ff; *Pawlik*, aaO S. 217 f; SK-*Hoyer*, § 263 Rn 147.

> So liegt es im **Fall 63**, wo der Gepäckträger G in keiner engeren oder näheren Beziehung zum Koffer des R stand als der das Geschehen planmäßig lenkende A. Hier ist **Diebstahl** in mittelbarer Täterschaft zu bejahen, da A den gutgläubigen G als Werkzeug zur Ausführung der Wegnahmehandlung eingesetzt hat.

643 Im Gegensatz dazu handelt es sich um die Herbeiführung einer irrtumsbedingten **Vermögensverfügung** und einen Fall des **Dreiecksbetrugs**, wenn der Getäuschte auf Grund einer schon vorhandenen **Obhutsbeziehung** zur Sache – *bildlich gesprochen* – „im Lager des Geschädigten" stand, beim Vollzug der Vermögensverschiebung also faktisch als „Repräsentant" des Sachherrn tätig geworden ist und dabei subjektiv in der Vorstellung gehandelt hat, unter den für gegeben gehaltenen Umständen zu der konkreten Verfügung legitimiert zu sein[47].

Daraus folgt zugleich, dass nicht § 263, sondern § 242 eingreift, wenn ein Gewahrsamshüter die ihm durch seinen Aufgabenbereich gesetzten Grenzen **bewusst** überschreitet und den Gewahrsamswechsel eigenmächtig herbeiführt[48].

644 Für das erwähnte Näheverhältnis genügt es freilich nicht, dass der Getäuschte *irgendwo* „im Lager" des Geschädigten gestanden hat und in dessen Herrschaftssphäre in irgendeiner Weise beschäftigt war. Eine *engere* Beziehung zum betroffenen Vermögen existiert nur, wenn der Getäuschte gerade zum konkreten Tatobjekt eine **Obhutsbeziehung** und **Hüterstellung** gehabt hat; allein das rechtfertigt es, ihn hinsichtlich der erschlichenen Weggabe und des Einverständnisses mit dem Gewahrsamsübergang als **Repräsentanten** des Sachherrn zu behandeln und den Vorgang dem Anwendungsbereich des § 263 zuzuordnen.

So ist die Obhut über die Garderobe und Wäsche der Chefin zwar einem Hausmädchen, nicht jedoch dem Hausgärtner anvertraut. Wird dieser durch Täuschung veranlasst, den Pelzmantel der Hausfrau in Befolgung eines ihm vorgespiegelten Auftrags herauszugeben, wird er zum gutgläubigen Werkzeug eines Angriffs auf fremdes Eigentum (§ 242), trifft aber keine Vermögensverfügung iS des § 263.

645 Auf der anderen Seite kann jemand, der nicht im Herrschaftsbereich des Sacheigentümers tätig ist, in einem besonderen Näheverhältnis zu dessen Vermögen stehen, sofern sich zu einzelnen Vermögensgegenständen eine konkrete Obhutsbeziehung bejahen lässt.

Dies gilt insbesondere, wenn der Betreffende Allein- oder Mitgewahrsam an der fremden, in seiner Obhut stehenden Sache hat, wie es für den Finder gemäß § 966 I BGB zutrifft oder im **Sammelgaragenfall** bei dem von der Garagenverwaltung eingesetzten Wächter der Fall war, der zu jedem eingestellten Fahrzeug den Zweitschlüssel verwahrte[49].

646 Im **Fall 64** wird man davon ausgehen dürfen, dass es (wie im Regelfall üblich) zum Aufgabenkreis des Hausmädchens H gehörte, bei Abwesenheit der F die Obhut über deren Habe auszuüben und bei der Erledigung von Aufträgen mitzuwirken, die F im Rahmen dieses Tätigkeitsbereichs erteilt hatte. Vom Standpunkt der hM aus hat A sich somit nicht des Diebstahls, sondern allein des **Betrugs** schuldig gemacht.

---

47 BGHSt 18, 221, 224; näher dazu *Küper*, BT S. 405; auf Letzteres verzichtet *Fischer*, § 263 Rn 50.
48 Vgl LK-*Lackner*, 10. Aufl., § 263 Rn 114; *Otto*, ZStW 79, 1967, 59, 81; anders *Rengier*, JZ 85, 565.
49 S. hierzu BGHSt 18, 221, 224 und *Hillenkamp*, BT 30. Problem.

Der Grundsatz, dass **Vermögensverfügung** und **Wegnahme** einander begrifflich und **647**
aus sachlich-systematischen Gründen ausschließen, soweit es um ein und denselben
Tatvorgang geht, gilt auch für den Dreiecksbetrug[50]. Maßgebend dafür ist, dass der
Getäuschte auf Grund seiner Obhuts- und Hüteraufgabe als **Repräsentant** des geschädigten Sachherrn fungiert und dass die Annahme einer mit § 263 in Tateinheit
stehenden *Wegnahme* dem Sinn des Geschehens nicht gerecht würde. Rechnet man
nämlich dem Sachherrn oder dem entfernteren Mitgewahrsaminhaber das Verhalten
eines solchen Repräsentanten wie eigenes Verhalten zu, so entfällt für den Betroffenen die Möglichkeit, sich insoweit auf das Fehlen seines Einverständnisses zu berufen
und die durch Überlistung erschlichene **Weggabe** der Sache außerdem als eine *Wegnahme* iS des § 242 zu deklarieren. Selbstschädigung und Fremdschädigung schließen einander aus.

Eine Mindermeinung hält dagegen im Sammelgaragenfall[51] und in ähnlich liegenden Fällen Tat- **648**
einheit zwischen Betrug und Diebstahl für möglich, weil der geschädigte Sacheigentümer mit
dem Verlust seines (Allein- oder Mit-) Gewahrsams nicht einverstanden gewesen sei[52]. Zustimmung verdient diese Ansicht aus den oben genannten Gründen sowie auch deshalb nicht, weil sie
den Anwendungsbereich des räuberischen Diebstahls (§ 252) auf typische Betrugssachverhalte
erweitern würde[53].

Ob eine besondere, schon vor der Tat begründete **Nähebeziehung** des Getäuschten **649**
zum Vermögen des Geschädigten auch dort zu fordern ist, wo es nicht um die Abgrenzung zwischen *Sachbetrug* und *Diebstahl* (also zwischen Verfügungsbegriff und Wegnahme), sondern um die Möglichkeit eines „Dreiecksbetrugs" in Bezug auf **Forderungen, Rechte** oder tatsächliche **Erwerbsaussichten** geht, ist umstritten und noch
nicht abschließend geklärt. Da es einen „Forderungsdiebstahl" nicht gibt, kann hier
die Entscheidung gegen Betrug Straflosigkeit bedeuten.

Die hM in Rechtsprechung und Lehre verneint diese Frage stillschweigend oder ausdrücklich[54].
Dem ist aber deshalb zu widersprechen, weil das Näheverhältnis nicht nur zur Abgrenzung von
Diebstahl und Betrug, sondern auch zur Wahrung der Natur des Betrugs als Selbstschädigungsdelikt zu fordern ist. Den Vorzug dürfte daher eine *vermittelnde Ansicht* verdienen, die darauf
abzielt, die an das Näheverhältnis zu stellenden Anforderungen für *diesen* Problembereich in
sachgerechter Weise anzupassen[55]. In Fällen des **Prozessbetrugs** reicht danach aus, dass dem
Gericht durch das Gesetz die Zugriffsmacht auf das streitbefangene Vermögen der Parteien eingeräumt ist[56].

---

50 Vgl BGHSt 17, 205, 209; LK-*Tiedemann*, § 263 Rn 116.
51 BGHSt 18, 221.
52 *Haas*, GA 1990, 204 ff; *Herzberg*, ZStW 89, 1977, 367, 387; *Lenckner*, Anm. JZ 66, 320; S/S-*Cramer/
    Perron*, § 263 Rn 67 mwN.
53 S. zu diesen Bedenken auch BGHSt 41, 198, 203 f.
54 Vgl BGHSt 17, 147, 148 f; 24, 386, 389; zur Gegenansicht s. BayObLG wistra 98, 157 mit Anm. *Otto*,
    JK 99, StGB § 263/51; *Schröder*, Anm. JZ 72, 707, 709.
55 Näher dazu OLG Celle NJW 94, 142 mit krit. Bespr. *Krack/Radtke*, JuS 95, 17 und *Linnemann*, wistra
    94, 169; LK-*Tiedemann*, § 263 Rn 117; *Maurach/Schroeder/Maiwald*, BT I § 41 Rn 81; *Rengier*, BT I
    § 13 Rn 49; MK-*Hefendehl*, § 263 Rn 290 ff; für gleiche Anforderungen SK-*Hoyer*, § 263 Rn 177.
56 S. *Kretschmer*, GA 04, 460 f; *Schmidt/Priebe*, BT II Rn 599; S/S *Cramer*, § 263 Rn 69; krit. *Fahl*, Jura
    96, 74; krit. (auch) aus solchen Gründen zum Näheverhältnis, aber ohne überzeugendes Gegenkonzept
    Ebel, Jura 07, 897; 08, 256.

§ 15 Versicherungsmissbrauch, Vortäuschen eines Versicherungsfalls und Erschleichen von Leistungen

I. Versicherungsmissbrauch

650 § 265 ist durch das 6. StrRG (Rn 9) auf Anregung des Bundesrates (BT-Ds 13/8587, S. 65) nach dem Vorbild des § 256 II E 1962[1] neu gefasst. Er bezweckt zwar wie § 265 aF (Versicherungsbetrug) eine Vorverlegung des Strafrechtsschutzes im Bereich des Versicherungsmissbrauchs, dehnt den Schutz aber über die Feuer- und Havarieversicherung[2] auf weitere **Sachversicherungen** aus und löst durch den Verzicht auf das Erfordernis „betrügerische Absicht" den Missbrauch von seiner engen Anbindung an den Betrug[3]. Kommt es zur Ausführung eines (Versicherungs-) Betrugs, geht § 263 mit dem dann möglicherweise erfüllten, gleichfalls durch das 6. StrRG neu eingeführten Regelbeispiel des § 263 III 2 Nr 5 vor, das sich an den vormaligen Versicherungsbetrug (§ 265 aF) anlehnt. Beide Neuerungen sind im Zusammenhang zu sehen[4].

651 **Fall 64:** Der Fuhrunternehmer F ist hoch verschuldet. Er „überlässt" gegen Zahlung von 30 000 EUR einen nur wenig gebrauchten, 150 000 EUR werten Lkw dem A, der Mitglied einer international agierenden Autoschieberbande ist. F beabsichtigt – was A weiß –, den gegen Diebstahl versicherten Lkw der Versicherung als gestohlen zu melden. A wird, noch bevor F den „Schadensfall" der Versicherung anzeigen kann, wenig später an der deutsch-polnischen Grenze gefasst.

Sind F und A nach § 265 zu bestrafen? **Rn 657**

1. Struktur und Schutzgut

652 Der Versicherungsmissbrauch ist weder ein Untreue- noch ein (spezieller) Betrugstatbestand. Er kann der Vorbereitung eines Betrugs dienen, wenn beispielsweise der Versicherungsnehmer die Tat selbst begeht, um den – durch die vorsätzliche Herbeiführung des Versicherungsfalls eingebüßten (§ 81 VVG) – Anspruch gegenüber der Versicherung geltend zu machen. Geschieht das, tritt § 265 auf Grund der in ihrem Wortlaut zu engen **Subsidiaritätsklausel** gegenüber dem (versuchten oder vollendeten) Betrug auch dann zurück, wenn der Betrug gegenüber dem Versicherungsmissbrauch eine selbstständige Tat darstellt[5]. Der Versicherungsmissbrauch kann aber

---

1 Begr. S. 427 f; s. dazu BT-Ds 13/8587, S. 87; das VVG ist hier in der seit 1.1.2008 gültigen Fassung zitiert.
2 Zu deren Geschichte s. *Ebel*, Jura 97, 187.
3 BT-Ds 13/9064, S. 19; *Kreß*, NJW 98, 643.
4 S. zur Entstehungsgeschichte und Reform *Zopfs*, VersR 99, 265; für ersatzlose Streichung von §§ 265, 263 III 2 Nr 5 *Wirth*, Zur Notwendigkeit des strafrechtlichen Schutzes des Privatversicherungswesens durch Sondernormen 2004, der angesichts der verneinten Notwendigkeit de lege lata eine restriktive Auslegung des § 265 anrät, zusf. S. 331 ff.
5 *Bröckers*, Versicherungsmißbrauch 1999, S. 164; *Lackner/Kühl*, § 265 Rn 6; MK-*Wohlers*, § 265 Rn 34; *Mitsch*, BT II/2 § 3 Rn 133; BGHSt 45, 211, 213 f versteht „die Tat" im prozessualen Sinn; ebenso *Fischer*, § 265 Rn 17; *Kindhäuser*, § 265 Rn 10.

auch so begangen werden, dass es zu einem Betrug oder Betrugsversuch weder kommt noch kommen soll. So liegt es dann, wenn ein Dritter den Versicherungsfall herbeiführt, ohne dass der Versicherungsnehmer seinen Anspruch verliert[6]. Beide Varianten erweisen die zum Vergehen herabgestufte (und gegenüber § 265 aF daher mildere)[7] Vorschrift als **Auffangtatbestand**, der das **Vermögen** der Versicherung, aber **auch** die **soziale Leistungsfähigkeit der Versicherer** schützt. Dass § 265 gegebenenfalls hinter § 263 zurücktritt, legt die Vorschrift nicht einseitig auf Vermögensschutz fest[8].

Warum in den Schutz des § 265 *nur* die **Sach**versicherer und nicht auch die Haftpflicht-, Lebens- und Unfallversicherer[9] einbezogen sind, entbehrt einsichtiger Begründung. Auch lässt die Vorschrift bei der Schadensfallvortäuschung und -ausnutzung kaum bedachte Lücken. Beides berechtigt zur Kritik, auch wenn man die Notwendigkeit der Vorschrift nicht bestreitet[10].

2. Tatobjekt und Tathandlungen

Tatobjekt ist eine gegen Untergang, Beschädigung, Beeinträchtigung der Brauchbarkeit, Verlust oder Diebstahl versicherte Sache. Auf Fremdheit oder Beweglichkeit kommt es nicht an. **Versichert** ist die betroffene Sache, wenn über sie ein Versicherungsvertrag abgeschlossen und förmlich zu Stande gekommen ist, mag er auch anfechtbar oder nach § 74 III VVG wegen Überversicherung nichtig sein[11]. Belanglos ist insoweit auch, ob eine fällige Versicherungsprämie rechtzeitig gezahlt worden ist oder nicht[12]. Das gilt angesichts der (abstrakten) Gefährdung auch dann, wenn der Versicherer wegen Verzugs des Versicherungsnehmers (§ 37 II, 38 II VVG) von seiner Leistungspflicht frei geworden ist[13].   **653**

Die **Tathandlungen** des **Beschädigens** und **Zerstörens** haben hier keine andere Bedeutung als die, die ihnen bei der Sachbeschädigung bis zur Reform des § 303 (Rn 11) beigelegt wurde (Rn 20 ff). Einschränkend ist aber zu verlangen, was auch für die Beeinträchtigung der Brauchbarkeit gilt: Der Erfolg der Handlung muss unter das versicherte Risiko fallen[14]. Die **Beeinträchtigung der Brauchbarkeit** setzt eine nicht   **654**

---

6   BT-Ds 13/9064, S. 19 f unter Berufung auf E 1962, Begr. S. 427 f; BGHSt 51, 236, 238 f; weiteres Beispiel bei *Tiedemann/Waßmer*, Jura 00, 533, 538.
7   S. BGH wistra 98, 225.
8   So aber *Bröckers*, Versicherungsmißbrauch 1999, S. 94; *Geppert*, Jura 98, 363; NK-*Hellmann*, § 265 Rn 13; *Rengier*, BT I § 15 Rn 2; nur für Schutz der sozialen Leistungsfähigkeit HK-GS/*Duttge*, § 265 Rn 1; *Jäger*, BT Rn 523; MK-*Wohlers*, § 265 Rn 4; *Otto*, BT § 61 Rn 1; wie hier BE-*Klipstein*, S. 85; *Eisele*, BT II Rn 654; *Hörnle*, Jura 98, 176; *Lackner/Kühl*, § 265 Rn 1; *Mitsch*, BT II/2 § 3 Rn 111; *Rönnau*, JR 98, 442, 445; S/S-*Cramer/Perron*, § 265 Rn 2.
9   S. dazu LK-*Tiedemann*, Nachtrag § 265 Rn 2.
10   Insgesamt krit. *Zopfs*, VersR 99, 268, 270; s. auch MK-*Wohlers*, § 265 Rn 7; *Wolff*, Die Neuregelung des Versicherungsmißbrauchs 2000, S. 133 ff.
11   BGHSt 8, 343, 344 f; A/W-*Heinrich*, § 21 Rn 126; MK-*Wohlers*, § 265 Rn 13; S/S-*Cramer/Perron*, § 265 Rn 6; bei Nichtigkeit aA NK-*Hellmann*, § 265 Rn 21.
12   BGHSt 35, 261 f; *Geppert*, Jura 98, 384.
13   LK-*Tiedemann*, Nachtrag § 265 Rn 3; aA MK-*Wohlers*, § 265 Rn 13 (mit dem zweifelhaften Hinweis auf „Selbstschutzmöglichkeiten" der Versicherung); *Otto*, BT § 61 Rn 2; S/S-*Cramer/Perron*, § 265 Rn 6; enger *Wolff*, aaO S. 76.
14   E 1962, Begr. S. 428; *Geppert*, Jura 98, 384; HK-GS/*Duttge*, § 265 Rn 9; *Schroth*, BT S. 165; S/S-*Cramer/Perron*, § 265 Rn 8; iE auch *Bröckers*, Versicherungsmißbrauch 1999, S. 124 f.

unwesentliche Minderung der Funktionsfähigkeit voraus, die auch ohne Substanzverletzung denkbar ist[15]. **Beiseitegeschafft** ist eine Sache nach der Vorstellung des E 1962 (Begr. S. 428) dann, „wenn sie der Verfügungsmöglichkeit des Berechtigten räumlich entzogen ist"[16]. Das kann vornehmlich durch Diebstahl geschehen, ist aber auch durch jede strafbare oder sonst verbotene Eigenmacht denkbar, die zum – versicherten – Verlust der Sache führt. Die Beschränkung des Beiseiteschaffens auf eine Entziehung gegen oder ohne den Willen des Versicherten ist nach der ratio des § 265 aber zu eng. Nach ihr muss auch das die Vortäuschung eines Versicherungsfalls ermöglichende Verbergen der Sache vor der Versicherung durch den Versicherten selbst ausreichen[17]. Auch liegt bei der kollusiven Übernahme der Sache ein Beiseiteschaffen durch den Abnehmer vor, wenn der Anschein des Abhandenkommens erweckt werden soll[18]. Die bloß wahrheitswidrige Behauptung eines Diebstahls ohne ein Wegschaffen oder Verstecken der Sache reicht allerdings nicht aus[19]. **Überlässt** der versicherte Sachherr durch Übertragung der Sachherrschaft oder durch Zulassen der Herrschaftsbegründung[20] die Sache einem Dritten, um ihm die Weiterveräußerung zu ermöglichen, schafft dieser Dritte die Sache beiseite. Anders lässt sich die Absicht des Gesetzgebers nicht verwirklichen, in Fällen der Kfz-Verschiebung auch den professionellen Schieber als Täter zu erfassen[21]. Dass die Tat auch durch Unterlassen begangen werden kann, lässt sich kaum bestreiten. Nicht anders als beim Betrug ist dann aber auf eine die materielle Garantenlehre einbeziehende Begründung der Garantenstellung (s. Rn 506) und die in § 13 I verlangte Entsprechung (s. Rn 503) zu achten[22].

3. Subjektiver Tatbestand

655 Der Täter muss den Tatbestand **vorsätzlich** verwirklichen, die Tathandlung also bewusst gegen eine Sache richten, von der er weiß, dass sie einer der aufgeführten Versicherungsarten unterfällt. Dazu muss die **Absicht** treten, sich oder einem Dritten Leistungen aus der Sachversicherung[23] zu verschaffen[24]. Dafür ist hier wie sonst nicht erforderlich, dass es sich bei der Leistungsverschaffung um das Endziel handelt[25]. Anders als nach § 265 aF muss die Absicht *nicht* mehr *betrügerisch* sein. Infolgedessen

---

15 *Otto*, BT § 61 Rn 4; *Lackner/Kühl*, § 265 Rn 3.
16 Krit. hierzu NK-*Hellmann*, § 265 Rn 26 f.
17 A/W-*Heinrich*, § 21 Rn 127; BE-*Klipstein*, S. 85 f; *Geppert*, Jura 98, 384; *Otto*, BT § 61 Rn 4; *Mitsch*, BT II/2 § 3 Rn 123; *Rengier*, BT I § 15 Rn 2a; enger *Lackner/Kühl*, § 265 Rn 3.
18 LK-*Tiedemann*, Nachtrag § 265 Rn 8; enger HK-GS/*Duttge*, § 265 Rn 11.
19 *Fischer*, § 265 Rn 6; vgl zur Auslegung des entsprechenden Merkmals in § 151 öStGB *Fabrizy*, StGB, 8. Aufl. 2002, § 151 Rn 3; *Kirchbacher/Presslauer*, in: Wiener Kommentar zum StGB, 2. Aufl. 2002, § 151 Rn 5.
20 *Eisele*, BT II Rn 659; S/S-*Stree/Sternberg-Lieben*, § 149 Rn 6; RGSt 59, 214, 216 f; enger *Rönnau*, JR 98, 444.
21 S. BT-Ds 13/8587, S. 65; 13/9064, S. 19; *Fischer*, § 265 Rn 7; *Hörnle*, Jura 98, 176; aA HK-GS/*Duttge*, § 265 Rn 11; *Rönnau*, JR 98, 443 f.
22 Deshalb zurückhaltend *Joecks*, § 265 Rn 15; MK-*Wohlers*, § 265 Rn 20; s. aber auch *Lackner/Kühl*, § 265 Rn 5.
23 S. dazu NK-*Hellmann*, § 265 Rn 9.
24 *Joecks*, § 265 Rn 9; *Otto*, BT § 61 Rn 5.
25 E 1962, Begr. S. 428; S/S-*Cramer/Perron*, § 265 Rn 13; zu weit *Bröckers*, Versicherungsmißbrauch 1999, S. 155, nach dem dolus eventualis ausreichen soll.

kommt es auf die Rechtswidrigkeit der erstrebten Versicherungsleistung nicht an[26]. Den subjektiven Tatbestand erfüllt daher auch der Dritte, dessen Verhalten dem Versicherungsnehmer nicht im Rahmen des § 68 VVG zuzurechnen und daher nicht geeignet ist, den Versicherungsanspruch zu Fall zu bringen. Auch wer dem Versicherungsnehmer die ihm zustehende Versicherungsleistung durch Herbeiführung des Versicherungsfalls verschaffen will, erfüllt folglich § 265[27].

4. Vollendung und Versuch

Die Tat ist **früh vollendet**. Da sie die Schadensmeldung an den Versicherer nicht voraussetzt, kann sie sich äußerlich in einem „an sich" unverbotenen, im privaten Lebensbereich des Täters verbleibenden Verhalten erschöpfen, wenn etwa der Versicherungsnehmer in seinem Haus die versicherte Sache mit entsprechender Absicht zerstört[28]. Eine solche Handlung birgt für das Vermögen und die soziale Leistungsfähigkeit der Versicherungen eine ähnlich geringe Gefahr wie etwa das häusliche Herstellen einer unechten Urkunde für die Sicherheit des Rechtsverkehrs. Es hätte daher nahe gelegen, die Möglichkeit **tätiger Reue** vorzusehen (vgl § 151 II öStGB). Das ist unterblieben. Diese gesetzgeberische Entscheidung ist hinzunehmen. Mit einer analogen Anwendung des § 306e lässt sich nicht helfen[29]. Dem Gesetzgeber waren solche Überlegungen zu §§ 310, 265 aF bekannt. Er hat aber – anders als etwa in §§ 264 V, 264a III, 265b II[30] und § 320 – von einer Regelung abgesehen. Eine planwidrige Lücke ist darin nicht zu erkennen.

656

Obwohl § 265 die Strafbarkeit bereits weit in das Vorbereitungsstadium vorverlegt, hat der Gesetzgeber auf eine **Versuchsstrafbarkeit** nicht verzichtet. Er hält sie – wenig einleuchtend – wegen der Gefährlichkeit der Tat für unentbehrlich[31]. Insoweit ist ein Rücktritt naturgemäß möglich. Tritt der Täter allerdings erst von einem schon versuchten (Versicherungs-) Betrug zurück, erfasst der Rücktritt nicht den bereits vollendeten Versicherungsmissbrauch. Seiner Bestrafung steht die Subsidiaritätsklausel dann nicht entgegen[32].

657

Im **Fall 64** ist es zu einem versuchten Betrug gegenüber der Versicherung noch nicht gekommen, weil F zur täuschenden Einwirkung auf das Vorstellungsbild des Sachbearbeiters noch nicht unmittelbar angesetzt hat. Mangels Haupttat entfällt auch eine strafbare Beteiligung des A.

---

26 *Maurach/Schroeder/Maiwald*, BT I § 41 Rn 201; krit. dazu *Hörnle*, Jura 98, 176; *Rönnau*, JR 98, 445.
27 E 1962, Begr. S. 427; BT-Ds 13/9064, S. 19 f; A/W-*Heinrich*, § 21 Rn 131; BE-*Klipstein*, S. 86; *Geppert*, Jura 98, 386; *Rengier*, BT I § 15 Rn 3.
28 Beispiele bei *Hörnle*, Jura 98, 176; *Rönnau*, JR 98, 445.
29 AA *Geppert*, Jura 98, 385; wie hier *Eisele*, BT II Rn 662; *Lackner/Kühl*, § 265 Rn 5; *Mitsch*, BT II/2 § 3 Rn 131; *Rengier*, BT I § 15 Rn 4; *Rönnau*, JR 98, 446; *Schroth*, BT S. 165.
30 Für deren analoge Anwendung *Kindhäuser*, § 265 Rn 9; *Maurach/Schroeder/Maiwald*, BT I § 41 Rn 204; MK-*Wohlers*, § 265 Rn 32; S/S-*Cramer/Perron*, § 265 Rn 15; *Wirth*, Zur Notwendigkeit des strafrechtlichen Schutzes des Privatversicherungswesens durch Sondernormen 2004, S. 244 ff.
31 BT-Ds 13/9064, S. 26; E 1962, Begr. S. 428; zust. NK-*Hellmann*, § 265 Rn 39; krit. *Sander/Hohmann*, NStZ 98, 277; *R. Schröder*, Versicherungsmißbrauch – § 265 StGB, 2000, S. 139 ff; *Stächelin*, StV 98, 100.
32 BE-*Klipstein*, S. 85; *Fischer*, § 265 Rn 14, 17; *Mitsch*, ZStW 111, 1999, 119; aA *Kindhäuser*, § 265 Rn 9; MK-*Wohlers*, § 265 Rn 34.

Eben dieses Ergebnis hielt der Gesetzgeber im Hinblick auf die beträchtlichen Schäden durch Kraftfahrzeugverschiebungen, die sich zum Nachteil der Versicherungsnehmer auswirken, für „nicht länger hinnehmbar"[33]. Die Strafbarkeitslücke ist nun durch § 265 geschlossen.

F hat in der Absicht, sich die Versicherungsleistung zu verschaffen, A den gegen Diebstahl versicherten Lkw überlassen, A hat den Lkw beiseite geschafft. Seine Bestrafung setzt freilich voraus, dass es auch ihm wenigstens als notwendiges Zwischenziel darauf ankommt, F die Versicherungsleistung zu verschaffen. Das wird man in Fällen wie diesen idR deshalb annehmen können, weil der Deal den beiderseitigen Gewinn zur Geschäftsgrundlage hat[34]. Verneint man Absicht, liegt eine Beihilfe zum durch F begangenen Versicherungsmissbrauch vor[35].

II. Vortäuschen eines Versicherungsfalls

Fall 65: Der Bauer B ist hochverschuldet. Um ihm die Versicherungssumme zu verschaffen, legt sein Sohn S ohne Wissen des B in dem gegen Brand versicherten Hofgebäude Feuer. Der gesamte Hof brennt ab. Die Beteiligung des S bleibt unentdeckt. B macht den Versicherungsanspruch geltend und erhält die Versicherungssumme von seiner Versicherungsgesellschaft ausbezahlt.

Strafbarkeit von B und S gemäß §§ 263, 265? **Rn 664**

1. Das Regelbeispiel des § 263 III 2 Nr 5

658 Ein **besonders schwerer Fall** des **Betrugs** liegt nach § 263 III 2 Nr 5 vor, wenn der Täter die Tat dadurch begeht, dass er einen Versicherungsfall vortäuscht, nachdem er oder ein anderer zu diesem Zweck eine Sache von bedeutendem Wert in Brand gesetzt, durch eine Brandlegung ganz oder teilweise zerstört oder ein Schiff zum Sinken oder Stranden gebracht hat. Nach der Vorstellung des Gesetzgebers soll dieses neue, nach dem Vorbild des § 253 S 2 Nr 5b E 1962 (Begr. S. 426; s. BT-Ds 13/8587, S. 85) eingefügte **Regelbeispiel** den wesentlichen Regelungsgehalt des § 265 aF übernehmen (BT-Ds 13/9064, S. 18). Sein Wortlaut weicht aber nicht unerheblich von dieser Vorschrift ab.

a) Tatobjekte und Vorbereitungshandlungen

659 Objekt der **1. Alternative** ist eine Sache von bedeutendem Wert. Hierfür ist der objektive Verkehrswert maßgeblich, der eine Höhe von mindestens 1000 EUR erreichen muss[36]. Versichert muss die Sache im Gegensatz zu § 265 aF nicht sein[37]. In Brand ge-

---

33 BT-Ds 13/8587, S. 65; NK-*Hellmann*, § 265 Rn 6.
34 AA zum Beiseiteschaffen und zur Absicht *Rönnau*, JR 98, 444 f; auch MK-*Wohlers*, § 265 Rn 23 verneint hier Absicht.
35 Einschr. auch insoweit *Rönnau*, JR 98, 444.
36 S. näher S/S-*Heine*, vor § 306 Rn 15; MK-*Hefendehl*, § 263 Rn 785 und SK-*Wolters/Horn*, vor § 306 Rn 11: 1200 EUR.
37 S. dazu Rn 660; *Kindhäuser*, § 263 Rn 232; *Mitsch*, BT II/1 § 7 Rn 133; MK-*Hefendehl*, § 263 Rn 784.

setzt ist die Sache, wenn sie derart vom Feuer ergriffen ist, dass dieses auch nach dem Entfernen oder Erlöschen des Zündstoffes selbstständig weiterbrennen kann[38]. In Übereinstimmung mit der Neufassung der Brandstiftungsdelikte durch das 6. StrRG (Rn 9) reicht es auch aus, dass die Sache durch eine Brandlegung ganz oder teilweise zerstört, also zB durch die Explosion des Brandmittels vernichtet wird[39]. Objekt der **2. Alternative** ist ein Schiff, das zum Sinken oder Stranden gebracht werden muss. Dazu genügt, dass der Täter eine Teilüberflutung des Schiffes unter Verlust der Lenkbarkeit oder dessen Auflaufen auf den Strand herbeiführt[40]. Auch das Schiff muss nicht versichert sein.

b)   Vortäuschung eines Versicherungsfalls

In **beiden Alternativen** müssen die beschriebenen Handlungen bereits in der alsdann vom Täter des Betrugs auch **verwirklichten Absicht** vorgenommen worden sein, einen **Versicherungsfall vorzutäuschen**. Nach dem Wortlaut liegt die Vortäuschung eines Versicherungsfalls nur vor, wenn das Ereignis, dessen Eintritt notwendige Bedingung der Leistungspflicht des Versicherers ist (= Versicherungsfall)[41], vorgespiegelt wird. Das ist dann der Fall, wenn die (zB verbrannte) Sache oder das (zB untergegangene) Schiff fälschlicherweise als der versicherte Gegenstand ausgegeben werden. Insoweit ergibt der Verzicht darauf, dass die Sache oder das Schiff versichert sein müssen, Sinn. Entgegen dem missverständlich gefassten Wortlaut wird man aber in Übereinstimmung mit dem gesetzgeberischen Willen, den wesentlichen Regelungsgehalt des § 265 aF zu übernehmen, auch dann vom Vortäuschen eines Versicherungsfalls sprechen müssen, wenn der tatsächlich versicherte Gegenstand betroffen, der Versicherungsfall also eingetreten, der Versicherungsanspruch aber nicht entstanden oder der Versicherer von seiner Leistungspflicht frei geworden ist[42] und der Täter das weiß.   **660**

Trotz Eintritts des Versicherungsfalls wird der Versicherer namentlich dann frei, wenn der Versicherungsnehmer den Versicherungsfall vorsätzlich herbeiführt (§ 81 I VVG). Dafür reicht ein einverständliches Zusammenwirken mit einem Dritten als Täter aus[43]. Auch ohne ein solches Zusammenwirken soll sich der Versicherungsnehmer nach der Rechtsprechung ferner das Verhalten als eigenes zurechnen lassen müssen, wenn es sich bei dem Dritten um einen sog. **Repräsentanten** des Versicherungsnehmers oder um den **wahren wirtschaftlich Versicherten** handelt[44]. Als Repräsentanten sieht die Rechtsprechung (auch im Verhältnis von Ehegatten zueinander) jeden an, der auf Grund eines tatsächlichen Vertretungsverhältnisses die Obhut über die versicherte Sache ausübt oder der sonst innerhalb des versicherten Risikos befugt ist, in einem nicht ganz unbedeutenden Umfang selbstständig für den Versicherten zu handeln und dabei dessen Rechte und Pflichten als Versicherungsnehmer wahrzunehmen[45]. Die bloße familienrechtliche Verbundenheit   **661**

---

38   Vgl BGHSt 16, 109, 110; 18, 363, 364.
39   S. *Wessels/Hettinger*, BT I Rn 958; *Küper*, BT S. 219.
40   RGSt 35, 399, 400.
41   S. *Prölss/Martin*, VVG, 27. Aufl. 2004, § 1 Rn 31; *Rüffer/Halbach/Schimikowski*, VVG, 1. Aufl. 2009, § 1 Rn 61.
42   Ebenso LK-*Tiedemann*, § 263 Rn 302; HK-GS/*Duttge*, § 263 Rn 98; *Mitsch*, BT II/1 § 7 Rn 133; *Wolters*, JZ 98, 399.
43   BGH NStZ 86, 314; LK-*Tiedemann*, § 265 aF Rn 29.
44   S. zu beiden Begriffen näher *Prölss/Martin*, VVG, 27. Aufl. 2004, § 6 Rn 57 ff; § 75 Rn 12; *Rüffer/Halbach/Schimikowski*, VVG, 1. Aufl. 2009, § 28 Rn 102 ff; § 81 Rn 67 ff.
45   Näher BGH NJW 76, 2271; BGH StV 89, 299; BGH NJW 07, 2038.

unter Angehörigen reicht hierfür allein nicht aus[46]. Als wahrer wirtschaftlich Versicherter wird nicht schon der potenzielle Erbe, wohl aber etwa der an der Geschäftsführung unbeteiligte Alleingesellschafter einer versicherten GmbH angesehen[47]. Diesen Annahmen gegenüber ist Zurückhaltung geboten, wie sich an den stetig wachsenden Anforderungen an die Zurechnung von Handlungen Dritter in der Rechtsprechung selbst zeigt[48].

662 Mit der Vortäuschung des Versicherungsfalls ist das Regelbeispiel bereits erfüllt. Ein besonders schwerer Fall kann folglich schon im **Betrugsversuch** liegen. Da zu ihm mit der Täuschung bereits unmittelbar angesetzt wird, muss der Täter zugleich in „betrügerischer Absicht" (§ 265 aF) handeln. Danach muss er für sich oder einen Dritten mit der Versicherungssumme einen **objektiv rechtswidrigen Vermögensvorteil** erstreben. Da mit der Vortäuschung des Versicherungsfalls notwendig das Wissen verbunden ist, dass der Versicherungsfall oder der Versicherungsanspruch nicht vorliegen, hat der Täter stets die erforderliche Kenntnis der Rechtswidrigkeit des erstrebten Vermögensvorteils. Sie kann auch dann nicht fehlen, wenn ein Dritter die vorbereitende Einwirkung vorgenommen hat. Auch in diesem für § 263 III 2 Nr 5 ausreichenden Fall **täuscht** den Versicherungsfall nur vor, wer weiß, dass durch die Handlung des Dritten der Versicherungsfall oder der Versicherungsanspruch nicht gegeben bzw der Versicherer von seiner Leistungspflicht frei geworden ist.

2. Zum Verhältnis von § 265 zu § 263 I, II, III 2 Nr 5

663 Ein Betrug durch Vortäuschen eines nicht eingetretenen Versicherungsfalls setzt einen Versicherungsmissbrauch nicht voraus. So liegt es zB, wenn der Täter ein abgemeldetes Fahrzeug in Brand setzt und später behauptet, es handele sich um seinen versicherten Pkw. Hier wird allein wegen Betrugs bestraft. Andererseits folgt einem Versicherungsmissbrauch trotz Einforderung der Versicherungssumme kein (Versicherungs-)Betrug, wenn ein Dritter den Versicherungsmissbrauch begeht, ohne den Versicherungsanspruch zu Fall zu bringen. Das ist dann gegeben, wenn der Dritte nicht mit dem Versicherten zusammenwirkt und auch nicht Repräsentant oder wahrer Versicherter ist. Hier begeht weder der Versicherte noch der Dritte in mittelbarer Täterschaft einen Betrug. Folglich ist nur der Dritte nach § 265 zu bestrafen[49]. Einen (Versicherungs-)Betrug bereitet dagegen mit einem Versicherungsmissbrauch vor, wer bezüglich einer iS des § 265 versicherten Sache den Versicherungsfall mit den dort bestimmten Handlungen herbeiführt und damit den Versicherungsanspruch verwirkt, weil er Versicherungsnehmer, dessen Repräsentant oder wahrer Versicherter ist. Darin liegt zugleich die Vorbereitung eines (Versicherungs-) Betrugs in einem besonders schweren Fall, wenn der Versicherungsmissbrauch durch die vorbereitenden Handlungen des § 263 III 2 Nr 5 verwirklicht wird. Kommt es nicht mehr zum Betrug oder wenigstens zu dessen Versuch, bleibt es bei § 265. Täuscht dagegen der Täter den Versicherungsfall in „betrügerischer Absicht" vor, tritt § 265 hinter § 263 in seiner jewei-

---

46 BGH NStZ 87, 505.
47 *Ranft*, Jura 85, 501.
48 S. *Prölss/Martin*, VVG, 27. Aufl. 2004, § 61 Rn 3.
49 So lag es in BGHSt 51, 236, 238 f.

ligen Verwirklichungsform auch dann zurück, wenn es sich nicht um eine einheitliche Tat handelt (s. Rn 652). Begeht ein Repräsentant ohne Wissen des Versicherungsnehmers einen Versicherungsmissbrauch, und macht der Versicherungsnehmer seinen vermeintlichen Anspruch gutgläubig geltend, kommt für den Repräsentanten ein Betrug in mittelbarer Täterschaft in Betracht, der § 265 verdrängt[50].

Im **Fall 65** macht B einen Versicherungsanspruch geltend, der besteht. S hat mit seiner Brandstiftung den Versicherungsfall herbeigeführt. Auch ist der Versicherer von seiner Leistungspflicht nicht frei geworden, weil S als bloßer Angehöriger und denkbarer Erbe weder Repräsentant noch schon wahrer wirtschaftlich Versicherter ist. Daher begeht weder B noch S (in mittelbarer Täterschaft) einen (Versicherungs-) Betrug in einem besonders schweren Fall. S hat sich aber nach § 265 strafbar gemacht, weil er eine gegen (Brand-) Beschädigung versicherte Sache zerstört hat, um seinem Vater Leistungen aus der Versicherung zu verschaffen. Dass B die Leistung rechtlich beanspruchen kann, steht § 265 nicht entgegen. Vielmehr stand gerade auch dieser Fall dem Gesetzgeber bei der Verselbstständigung des § 265 gegenüber § 263 als strafwürdig vor Augen[51]. Wendet sich in einem solchen Fall B, weil er von der Tat des S erfahren hat, in dem irrigen Glauben an die Versicherung, ihm stünde kein Anspruch zu, wird verbreitet (statt eines Wahndelikts) ein untauglicher Betrugsversuch angenommen. Die dann nur vermeintliche Erfüllung des Regelbeispiels löst dessen Strafrahmen nach zutreffender Ansicht nicht aus (s. Rn 207)[52]. – Ist nach der Strafbarkeit insgesamt gefragt, ist neben § 306a auch an § 306b II Nr 2 zu denken, wenn der Täter des § 265 einen (Versicherungs-) Betrug ermöglichen will[53]. Richtigerweise wird man angesichts der hohen Mindeststrafe von 5 Jahren aus § 306b II Nr 2 aber den Fall ausnehmen müssen, in dem die Brandstiftung nur der Vorbereitung eines Versicherungsbetrugs dient[54]. Der BGH, der dafür keinen Anlass sieht, nimmt von den zu ermöglichenden Straftaten lediglich die tateinheitlich begangenen § 265 und § 303 (bezüglich des Inventars) aus, da insoweit keine „anderen" Straftaten vorlägen[55].

664

Versicherungsmissbrauch, § 265

I. Tatbestand
  1. Objektiver Tatbestand
    a. Tatobjekt:
      • *versicherte Sache*
        → (auch eigene/auch unbewegliche) Sache
        → Versicherung gegen Untergang etc
        ℗ Gültigkeit des Versicherungsvertrages
    b. Tathandlung:
      • *Beschädigen*
      • *Zerstören*
      • *Beeinträchtigung in der Brauchbarkeit*
      • *Beiseiteschaffen*
      • *Überlassung an einen anderen*

---

50 *Lackner/Kühl*, § 263 Rn 9.
51 E 1962, Begr. S. 427 f; BT-Ds 13/9064, S. 20; *Geppert*, Jura 98, 385 f; *Rönnau*, JR 98, 441.
52 *Tiedemann/Waßmer*, Jura 00, 539 mwN.
53 S. MK-*Hefendehl*, § 263 Rn 787; *Stein*, in: *Dencker* ua, Einführung in das 6. StrRG 1998, S. 106 f.
54 *Fischer*, § 306b Rn 9a, b; *Hecker*, GA 1999, 338, 342; *Mitsch*, ZStW 111, 1999, 114 f; aA BGHSt 45, 211, 216 ff mit abl. Anm. *Schlothauer*, StV 00, 138; zust. dagegen *Radtke*, Anm. JR 00, 428; *Rönnau*, JuS 01, 328.
55 BGHSt 51, 236, 239 ff; s. zum Streit *Hillenkamp*, BT 16. Problem.

      c. Taterfolg: • *Eintritt des Versicherungsfalls*
                     → Erfolg iR des versicherten Risikos
  2. **Subjektiver Tatbestand**
    a. **Vorsatz:**   • *jede Vorsatzart*
    b. **Absicht:**   • *Absicht, sich oder einem Dritten eine*
                        Versicherungsleistung zu verschaffen
                        → kein Erfordernis der Rechtswidrigkeit
                           der Versicherungsleistung
  II. Rechtswidrigkeit
  III. Schuld
  IV. Subsidiarität, § 265 I aE
     Ⓟ Verhältnis zu § 263 III 2 Nr 5 (Begriff der Tat)

III. Erschleichen von Leistungen

665   **Fall 66:** Durch Überklettern eines Zaunes verschafft A sich unter Umgehung der Kasse ohne Eintrittskarte Zugang zu einem noch nicht ausverkauften Fußballspiel der Bundesliga. Innerhalb des Stadions wirft er gefälschte Münzen, deren Unechtheit er erst nach Empfang erkannt hatte, in einen Zigarettenautomaten. Da die Münzen nach Umfang und Gewicht echten Euro-Münzen entsprechen, fällt eine Schachtel Zigaretten in die Ausgabevorrichtung, sodass A sie an sich nehmen kann. Wie ist der Sachverhalt strafrechtlich zu beurteilen? **Rn 678**

1. Tatbestandsüberblick

666   Die durch Gesetz vom 28.6.1935 (RGBl I 839) eingefügte Bestimmung des § 265a enthält drei **Auffangtatbestände**, die innerhalb des **Vermögensschutzes** gegenüber dem Betrug (§ 263) Lücken schließen sollen[56] und die im Verhältnis zu **schwereren Delikten mit gleicher Schutzrichtung** nur **subsidiär** gelten. Im Einzelnen erfasst § 265a die Erschleichung der **Beförderung durch ein Verkehrsmittel**, des **Zutritts** zu einer **Veranstaltung oder Einrichtung** sowie der **Leistung eines Automaten** oder eines öffentlichen Zwecken dienenden **Telekommunikationsnetzes**.

667   Aus der gesetzlich gegenüber Tatbeständen mit schwererer Strafdrohung angeordneten **Subsidiariät**, die sich auf Delikte mit *gleicher Schutzrichtung*[57] und damit vor allem auf §§ 242, 263, 263a bezieht, folgt das Zurücktreten des § 265a namentlich in Fällen, in denen die entgeltliche Leistung nur durch Täuschung einer **Kontrollperson** zu erlangen und daher Betrug gegeben ist[58]. Da sich der BGH angesichts der weiter gefassten Subsidiaritätsklausel an der (auch für die §§ 246, 248b zu fordernden, s. Rn 300a, 403) Beschränkung des Zurücktretens gegenüber Delikten mit gleicher

---

56 S. dazu RGSt 68, 65; LK-*Tiedemann*, § 265a Rn 3.
57 HK-GS/*Duttge*, § 265a Rn 27; MK-*Wohlers*, § 265a Rn 69; NK-*Hellmann*, § 265a Rn 50; *Rengier*, BT I § 16 Rn 1; S/S-*Lenckner/Perron*, § 265a Rn 14; aA *Lackner/Kühl*, § 265a Rn 8.
58 BGHSt 16, 1; OLG Düsseldorf NJW 90, 924; S/S-*Lenckner/Perron*, § 265a Rn 1.

Schutzrichtung (zu Unrecht) gehindert sieht[59], steht zu erwarten, dass er auch hier nicht anders entscheidet. Das würde beispielsweise zu dem wenig einleuchtenden Ergebnis führen, dass aus § 265b nicht zu bestrafen ist, wer während der erschlichenen Beförderung gegenüber einem Fahrgast eine gefährliche Körperverletzung (§ 224) begeht.

§ 265a bezieht sich nur auf **entgeltliche** Leistungen, Veranstaltungen und Einrichtun- **668** gen (= Theatervorstellungen, Konzerte, Fernsprechverkehr, Schwimmbäder, Tiergärten usw). Das ergibt sich aus der Vermögensschutzfunktion der Vorschrift sowie aus dem für alle vier Varianten gemeinsam geltenden Erfordernis der Absicht, das Entgelt nicht zu entrichten. Eine solche Zielsetzung setzt die Entgeltlichkeit als **ungeschriebenes objektives Tatbestandsmerkmal** voraus[60]. Wer sich als nicht zugelassener Teilnehmer auf ordnungswidrigem Wege den Zutritt zu einer **unentgeltlichen** Veranstaltung verschafft, begeht daher möglicherweise einen Hausfriedensbruch, macht sich aber nach § 265a ebenso wenig strafbar wie der, der nur die bereits erworbene Monatskarte oder den zur unentgeltlichen Nutzung berechtigenden Ausweis nicht bei sich führt[61], einen gebührenfreien Geldwechselautomaten benutzt[62] oder ein öffentliches Schwimmbad zu einer (Nacht-)Zeit aufsucht, in der es geschlossen ist.

2. Erschleichen als Ausführungshandlung

Die **Tathandlung** wird für alle Tatbestände des § 265a durch das Merkmal des **Er-** **669** **schleichens** umschrieben. Dieser Begriff setzt nach einhelliger Meinung weder eine Täuschung noch ein „Einschleichen"[63] voraus, ist im Übrigen aber umstritten. Zum Teil wird darunter jede unbefugte Inanspruchnahme der Leistung verstanden[64]. Nach anderer Auffassung bedarf es eines Verhaltens, das Sicherungsvorkehrungen des Berechtigten umgeht, die das Entrichten der Leistung gewährleisten sollen[65], oder das den Charakter des Verheimlichens oder der Erweckung des Anscheins einer ordnungsmäßigen Benutzung aufweist[66]. Die in solchen Wendungen anklingende Täuschungsähnlichkeit wird als Forderung teils aus dem Begriff des Erschleichens[67], teils

---

59 BGH NJW 98, 465; BGHSt 47, 243, 244.
60 *Küper*, BT S. 53; MK-*Wohlers*, § 265a Rn 26; *Rengier*, BT I § 16 Rn 2; zur Berücksichtigung des häufigen Bagatellcharakters der Tat in der Strafzumessung s. OLG Brandenburg StV 09, 361; OLG Stuttgart NStZ 07, 38.
61 BayObLG NJW 86, 1504; OLG Koblenz NJW 00, 86 mit Anm. *Kudlich*, NStZ 01, 90; AG Tiergarten StV 08, 647, 648; NK-*Hellmann*, § 265a Rn 38; SK-*Günther*, § 265a Rn 3; anders nur bei paralleler Nutzung einer übertragbaren Karte durch einen Dritten, s. MK-*Wohlers*, § 265a Rn 31; *Zieschack/Rau*, JR 09, 244 f.
62 OLG Düsseldorf NJW 00, 158; *Kudlich*, JuS 01, 22.
63 BGH NJW 09, 1091, 1092 unter Berufung auf die Begründung zu § 347 des Entwurfs eines Allgemeinen Deutschen StGB aus dem Jahr 1927, krit. zur Entscheidung *Alwart*, JZ 09, 478; *Zieschack/Rau*, JR 09, 244.
64 OLG Stuttgart MDR 63, 236; OLG Hamburg NJW 87, 2688.
65 *Lackner/Kühl*, § 265a Rn 6; *Kindhäuser*, § 265a Rn 11.
66 BayObLG NJW 69, 1042; *Bockelmann*, BT I S. 118; beides verbindend MK-*Wohlers*, § 265a Rn 39. Letzteres greift BGH NJW 09, 1091 mit Bespr. *Bosch*, JA 09, 470 auf.
67 *Fischer*, § 265a Rn 4; LK-*Tiedemann*, § 265a Rn 16, 34 ff; *Mitsch*, BT II/2 § 3 Rn 136.

aber auch aus einer § 263a entsprechenden (s. dazu Rn 600) Betrugsnähe des § 265a hergeleitet[68], die aber in dieser Deutlichkeit hier nicht besteht. Richtigerweise ist im Hinblick auf die deliktstypischen Besonderheiten der Einzeltatbestände des § 265a wie folgt zu **differenzieren**[69]:

670 Beim **Automatenmissbrauch** und beim Erschleichen von **Telekommunikationsleistungen** genügt jede unbefugte, der Entgeltshinterziehung dienende Inanspruchnahme der Leistung durch eine **ordnungswidrige Benutzung** der technischen Vorrichtungen, in der eine Überlistung des die Entgeltlichkeit sichernden Mechanismus liegt[70]. Das kann zB durch Einwerfen von Falschgeld geschehen[71].

671 Davon erfasst wird nicht die bloße **Ausnutzung technischer Defekte** an Automaten[72]. Auch reicht das bloße Herstellen einer telefonischen Verbindung zu dem Zweck nicht aus, den Hörer nach dem „Durchklingeln" (entsprechend der vorherigen Verabredung mit dem Partner oder aus Gründen der nächtlichen Ruhestörung) rasch wieder aufzulegen, um die Gebühr zu ersparen; die Leistung iS des § 265a ist nämlich erst mit dem **Herstellen der Sprechverbindung** erschlichen[73]. Das Erschleichen geschieht im Telekommunikationsnetz zB durch ein Eingreifen in die Gebührenerfassung oder den unbefugten Anschluss an das Netz, nicht aber zB durch das unbefugte Führen von Privatgesprächen auf einem Dienstapparat[74]. Beim nur nicht angemeldeten **Schwarzhören** oder **Schwarzfernsehen** fehlt es an der vorausgesetzten Überlistung von Sicherungsmechanismen[75]. Auch die Bargeldbeschaffung aus einem **Geldautomaten** durch unbefugte Verwendung der an den Kontoinhaber ausgegebenen **Codekarte** fällt nicht unter § 265a, sondern unter den Tatbestand des Computerbetrugs (§ 263a). Hier liegt zwar ein täuschungsäquivalentes Verhalten gegenüber dem Vermögensinhaber (s. Rn 610), nicht aber ein ordnungs- und regelwidriges Manipulieren des Mechanismus vor (Rn 167). Zudem ist an der Entgeltlichkeit der Leistung zu zweifeln[76].

672 Bei der **Beförderungs-** und **Zutrittserschleichung** setzt der Begriff des **Erschleichens** ein Verhalten voraus, das sich entweder mit dem **äußeren Anschein der Ordnungsmäßigkeit** umgibt oder die vorhandenen **Kontrollmaßnahmen umgeht oder ausschaltet**. Während die letztere Aussage allen Voraussetzungen, die an das Erschleichen in dieser Tatbestandsvariante gestellt werden, genügt, werden an den Anschein der Ordnungsmäßigkeit unterschiedlich strenge Anforderungen gestellt[77]. Die Rechtsprechung neigt – durch das BVerfG[78] unbeanstandet – dazu, eine nur unbefugte Inanspruchnahme einer erschlichenen gleichzusetzen, indem sie das schlichte Nicht-

---

68 So HK-GS/*Duttge*, § 265a Rn 1, 13; SK-*Günther*, § 265a Rn 3.
69 Für einheitliche Auslegung dagegen *Fischer*, § 265 Rn 3 ff, 5; wie hier NK-*Hellmann*, § 265a Rn 14.
70 *Arloth*, CR 96, 362; *Küper*, BT S. 40; *Lackner/Kühl*, § 265a Rn 6a; OLG Karlsruhe NJW 09, 1287, 1288.
71 LK-*Tiedemann*, § 265a Rn 42.
72 HK-GS/*Duttge*, § 165a Rn 16; NK-*Hellmann*, § 265a Rn 24; OLG Karlsruhe wistra 03, 116, 117.
73 Vgl LK-*Tiedemann*, § 265a Rn 51; *Mitsch*, BT II/2 § 3 Rn 149; NK-*Hellmann*, § 265a Rn 29; S/S-*Lenckner/Perron*, § 265a Rn 10; aA LG Hamburg MDR 54, 630; *Brauner/Göhner*, NJW 78, 1469; *Herzog*, GA 1975, 257.
74 *Eisele*, BT II Rn 672; MK-*Wohlers*, § 265a Rn 51.
75 LK-*Tiedemann*, § 265a Rn 44; zum Missbrauch von Kabelfernsehanschlüssen s. *Krause/Wuermeling*, NStZ 90, 526.
76 *Krey/Hellmann*, BT II Rn 517 f; *Schroth*, NJW 81, 730 f.
77 S. *Küper*, BT S. 53 f.
78 BVerfG NJW 98, 1135.

lösen eines Fahrscheines oder die unterlassene Entwertung ausreichen lässt[79]. Dem hat sich der BGH auf Vorlagebeschluss des OLG Naumburg, das sich die auch hier vertretene täuschungsäquivalente Deutung zu eigen machen wollte, angeschlossen[80]. Diese Auslegung wird dem Sinn des Erschleichens aber nicht gerecht. Das ergibt sich daraus, dass die äußere Tathandlung dann auch von dem ordnungsgemäßen Benutzer erfüllt, die handlungsbeschreibende, hier auf die Täuschungsähnlichkeit verweisende Bedeutung also aufgegeben und damit das Erschleichen seines spezifischen Unrechtsgehalts entkleidet würde[81]. Es ist daher zu verlangen, dass der Täter etwa durch „Entwertung" eines ungültigen Fahrausweises, durch Ausweichen vor einer Fahrkartenkontrolle oder ein Durchschreiten von Sperren oder Schleusen ein über bloß unauffälliges Auftreten hinausgehendes verdeckendes oder verschleierndes Verhalten an den Tag legt[82]. Um diese Einschränkung zu begründen, bedarf es der zweifelhaften[83] Erwägung nicht, wer Kontroll und Sicherungsmaßnahmen abbaue, verdiene den Strafrechtsschutz nicht. Vielmehr ist sie aus dem Wortsinn selbst und daraus herzuleiten, dass ebenso wie ein Schwarzhören oder Schwarzfernsehen auch ein schlichtes Schwarzfahren für das Unrecht des Erschleichens nicht ausreicht[84]. Dieses ist dagegen bei einem *kollusiven Zusammenwirken* mit einer vom Veranstalter eingesetzten Aufsichtsperson gegeben[85]; hier tritt § 265a aber zurück, falls darin eine Anstiftung oder Beihilfe zur Untreue (§ 266) liegt.

Wer im Rahmen einer **Protestdemonstration** gegen eine angekündigte **Fahrpreiserhöhung** einen Straßenbahnwagen ausschließlich zum Verteilen von Flugblättern betritt und das auch nach dem Anfahren bis zur nächsten Haltestelle *ohne Fahrschein* fortsetzt, **erschleicht** keine Beförderungsleistung, sondern begeht Hausfriedensbruch[86]. Dieser offenen Inanspruchnahme der Leistung ohne Entgelt steht es nicht gleich, wenn der Täter erst anlässlich einer Kontrolle das Fehlen des Fahrausweises und seine Absicht, einen solchen (nach-) zu lösen, offenbart. Ein solches Verhalten führt lediglich zur Beendigung des bis dahin verwirklichten Dauerdelikts[87]. **673**

---

79 OLG Hamburg NJW 87, 2688; JR 92, 40; OLG Düsseldorf NStZ 92, 84; NJW 00, 2120; OLG Stuttgart MDR 89, 841; OLG Frankfurt/M NStZ-RR 01, 269; BayObLG StV 02, 428; zust. *Hagemann*, Rechtliche Probleme des Schwarzfahrens 2008, S. 89; *Rengier*, BT I § 16 Rn 6; *Wessels*, BT II Rn 637; noch weiter *Hauf*, DRiZ 95, 18 ff.
80 BGH NJW 09, 1091 mit Bespr. *Bosch*, JA 09, 470; krit. *Alwart*, JZ 09, 478; *Zieschack/Rau*, JR 09, 244.
81 A/W-*Heinrich*, § 21 Rn 20; *Fischer*, § 265a Rn 4; *Kindhäuser*, § 265a Rn 8; *Krey/Hellmann*, BT II Rn 512a.
82 *Fischer*, § 265a Rn 4, 6; *Ingelfinger*, StV 02, 429, 430; *Lackner/Kühl*, § 265a Rn 6a; *Mitsch*, BT II/2 § 3 Rn 162; *Ranft*, Jura 93, 84; *Schall* JR 92, 1; S/S-*Lenckner/Perron*, § 265a Rn 11; enger *Alwart*, JZ 86, 563 und Anm. NStZ 91, 588; *Albrecht*, Anm. NStZ 88, 222.
83 S. zu ihr MK-*Wohlers*, § 265a Rn 38; hiergegen *Hillenkamp*, Vorsatztat und Opferverhalten 1981, S. 47; *Schall*, JR 92, 1.
84 HK-GS/*Duttge*, § 265 Rn 21 f; SK-*Günther*, § 265a Rn 18; unter Betonung der Opfermitverantwortung LK-*Tiedemann*, § 265a Rn 47.
85 *Lackner/Kühl*, § 265a Rn 6a; *Tiedemann/Waßmer*, Jura 00, 535; aA *Eisele*, BT II Rn 675; *Rengier*, BT I § 16 Rn 7.
86 BayObLG NJW 69, 1042.
87 BayObLG StV 02, 428 mit Anm. *Ingelfinger*.

3. Leistungs- und Warenautomaten sowie Einrichtungen

674 Ein **Automat** iS von § 265a ist ein technisches Gerät, dessen mechanische oder elektronische Steuerung[88] bewirkt, dass die abrufbare, vom Automaten selbsttätig erbrachte Leistung von der Entrichtung des Entgelts abhängig gemacht wird[89]. Bei einem **Automatenmissbrauch** ist im Rahmen des § 265a zwischen **Leistungs-** und **Warenautomaten** zu unterscheiden. Zu den letztgenannten gehören alle Geräte, die Waren, Wertzeichen, Fahrscheine, Eintrittskarten und dergleichen ausgeben. Der Geldwechselautomat ist Warenautomat[90]. Leistungsautomaten sind ua Fernsprechgeräte, Spielautomaten und Musikboxen. Bei Geldspielautomaten mischen sich die Eigenschaften: Die Gewährung des durch Gewinnchancen angereicherten Spielvergnügens ist Leistung, der Gewinn selbst Ware[91]. Der Tatbestand des § 265a erfasst zwar entgegen der noch hM[92] nicht nur die Leistungs-, sondern beide Arten von Automaten[93]. Auf Grund der **Subsidiaritätsklausel** ist jedoch nicht nach dieser Vorschrift, sondern wegen **Diebstahls** (§ 242 in Verbindung mit § 248a) zu bestrafen, wer durch den **Einwurf von Falschgeld** oder in anderer Weise den Mechanismus eines **Warenautomaten** missbräuchlich auslöst und sich so die Möglichkeit verschafft, Waren ohne Entgelt zu entnehmen (= *Wegnahme* in Zueignungsabsicht)[94]. Dabei ist, da das Einverständnis des Automatenbetreibers in *beiden Fällen* fehlt, nicht zwischen einem ordnungswidrigen Anstoßen des dann funktionsgerechten Ablaufs und einer funktionswidrigen Einwirkung von außen zu differenzieren[95].

Die gegen die Annahme einer Wegnahme im Sinne des § 242 gerichteten Bedenken von *Dreher*[96] sind nicht stichhaltig, da es erkennbar am **Willen** des Automatenaufstellers **fehlt**, Gewahrsam und Eigentum an denjenigen zu übertragen, der den Mechanismus des Gerätes **ordnungswidrig** in Gang setzt (s. Rn 108). Das gilt auch, wenn jemand **Geld** aus einem Geldwechselautomaten erlangt, nachdem er den eingeführten Geldschein wieder zurückzieht[97] oder Geld aus einem *Spielautomaten* entwendet, indem er dessen Antriebsauslöser durch einen technischen Trick überlistet[98] (zur Anwendbarkeit des § 243 I 2 Nr 2 bei *weiteren* Einwirkungen von außen **auf das Spielwerk** des Automaten s. Rn 229). Nach einer Mindermeinung[99] soll in den vorgenannten Fällen nicht ein Diebstahl, sondern eine Unterschlagung vorliegen, weil es für die Bejahung einer *Weggabe* bzw einer Übergabe (an Stelle einer Wegnahme iS des § 242) keinen Unterschied ma-

---

88 Ob auch computergesteuerte Automaten erfasst oder § 263a vorbehalten sind, ist umstritten, s. NK-*Hellmann*, § 265a Rn 23; *Laue*, JuS 02, 359, 361.

89 Bei späterer Abrechnung einer ohne Entgeltentrichtung abrufbaren Leistung entfällt § 265a, s. OLG Karlsruhe NJW 09, 1287, 1288.

90 OLG Düsseldorf JR 00, 212.

91 OLG Celle JR 97, 346; OLG Düsseldorf NStZ 99, 248.

92 *Krey/Hellmann*, BT II Rn 517; *Lackner/Kühl*, § 265a Rn 2; *Maurach/Schroeder/Maiwald*, BT I § 41 Rn 214; NK-*Hellmann*, § 265a Rn 19 ff; S/S-*Lenckner/Perron*, § 265a Rn 4.

93 A/W-*Heinrich*, § 21 Rn 13; *Eisele*, BT II Rn 668; *Fischer*, § 265a Rn 11; HK-GS/*Duttge*, § 265a Rn 6 f; *Kindhäuser*, § 265a Rn 16; *Mitsch*, JuS 98, 313; MK-*Wohlers*, § 265a Rn 11; *Otto*, BT § 52 Rn 14 f.

94 BGH MDR 52, 563; BayObLGSt 1955, 120; s. auch *Mitsch*, BT II/2 § 3 Rn 146 f.

95 Im ersten Fall für § 265a dagegen *Otto*, BT § 52 Rn 15; SK-*Günther*, § 265a Rn 11.

96 *Dreher*, Anm. MDR 52, 563.

97 OLG Düsseldorf JR 00, 212 mit abl. Anm. *Otto*; *Biletzki*, Anm. NStZ 00, 424; *Kudlich*, JuS 01, 20.

98 Lehrreich BayObLGSt 1955, 120; BayObLG NJW 81, 2826 mit zust. Anm. *Meurer*, JR 82, 292; OLG Koblenz NJW 84, 2424; OLG Stuttgart NJW 82, 1659; *Albrecht*, JuS 83, 101; aA AG Lichtenfels NJW 80, 2206 mit abl. Anm. *Seier*, JA 80, 681 und *Schulz*, NJW 81, 1351.

99 A/W-*Heinrich*, § 21 Rn 14 mit § 13 Rn 150.

chen könne, ob eine Person (wie im Bereich des § 263) oder „ein die Person ersetzender Automat" auf Falschgeld hereinfalle. Diese Argumentation ist jedoch aus den schon erwähnten Gründen nicht schlüssig[100]. § 246 ist lediglich dann anzuwenden, wenn jemand *versehentlich* (also ohne Wegnahmevorsatz) eine falsche oder eine ausländische Münze einwirft und seinen Irrtum erkennt, ehe er sich sodann die durch den Automaten ausgeworfene Ware oder das als Gewinn erzielte Geld nach erfolgtem Spiel zueignet.

Unter das öffentlichen Zwecken dienende **Telekommunikationsnetz** fallen neben **675**
den Fernsprech- und Fernschreibnetzen auch die drahtlose Übermittlung und das Internet[101]. Ein Erschleichen (s. Rn 671) liegt hier nicht in einer nur unbefugten Benutzung eines fremden Anschlusses, wohl aber zB in der Verwendung einer unberechtigt selbst wieder aufgeladenen Telefonkarte[102]. Unter den Begriff der **Einrichtung**, der hier sehr weit zu ziehen ist, fällt jede Sachgesamtheit, die der Befriedigung menschlicher Bedürfnisse dienen soll und der Allgemeinheit oder einem größeren Kreis von Personen zur Verfügung steht. Ob die betreffende Einrichtung (wie etwa ein Parkhaus, ein Museum, eine Gemäldegalerie, ein Planetarium oder eine Toilettenanlage) eine vermögenswerte Leistung, einen Kunstgenuss oder einen Vorteil sonstiger Art bietet, ist belanglos. Wer eine **Veranstaltung** – also zB ein Konzert oder eine Kinovorstellung – mit gültiger Eintrittskarte besucht, erschleicht sich den Zutritt zu ihr nicht dadurch, dass er einen besseren als den bezahlten Platz in Anspruch nimmt. Anders liegt es, wenn der Besucher einer Kunstsammlung ohne dafür gültige Zusatzkarte den Zutritt zB zu einer in einem abgegrenzten Raum befindlichen und entgeltpflichtigen Sonderausstellung erschleicht[103].

Weder ein Leistungsautomat noch eine Einrichtung im Sinne des § 265a ist die **Parkuhr**[104]. Sie erbringt keine Leistung und ermöglicht auch nicht den Zutritt zum Parkplatz. Vielmehr hebt ihre (auch ordnungswidrige) Benutzung nur das Parkverbot befristet auf[105].

4. Vorsatz, Versuch und Verfolgbarkeit

Der **Vorsatz** muss sich insbesondere auf die **Entgeltlichkeit** der Leistung erstrecken; **676**
wer irrig annimmt, dass es sich um eine *unentgeltliche* Veranstaltung handele, befindet sich im Tatbestandsirrtum (§ 16 I 1). Hinzukommen muss die **Absicht**, das Entgelt nicht oder nicht in voller Höhe zu entrichten. Hieran fehlt es bei dem, der seine ordnungsgemäß gelöste Monatsfahrkarte nur zuhause vergessen hat[106] oder der sich zur Nachtzeit den Zutritt zu einem geschlossenen Schwimmbad erschleicht. Für den **Absichtsbegriff** als solchen gilt das zu § 263 Gesagte sinngemäß[107].

Der **Versuch** ist mit Strafe bedroht. Vor allem bei der Beförderungs- und der Zutritts- **677**
erschleichung zu einer Veranstaltung tritt früh Vollendung ein. Ein Rücktritt durch

---

100 Näher *Meurer*, Anm. JR 82, 292, 293.
101 *Hellmann/Beckemper*, JuS 01, 1096; *Laue*, JuS 02, 361.
102 *Krey/Hellmann*, BT II Rn 512b; *Hecker*, JA 04, 768.
103 Im 1. Fall anders NK-*Hellmann*, § 265a Rn 43; wie hier insoweit MK-*Wohlers*, § 265a Rn 24.
104 *Küper*, BT S. 44 f; *Maurach/Schroeder/Maiwald*, BT I § 41 Rn 214.
105 BayObLG JR 91, 433 mit Anm. *Graul*; *Fischer*, § 265a Rn 14; *Lackner/Kühl*, § 265a Rn 5.
106 OLG Koblenz NJW 00, 86; *Lackner/Kühl*, § 265a Rn 7.
107 BayObLG NJW 69, 1042; vgl Rn 579 ff.

nachträgliche Entrichtung des Entgelts oder Zahlung einer „Vertragsstrafe" kommt daher nicht in Betracht[108]. Eines **Strafantrags** bedarf es gemäß § 265a III nur unter den in §§ 247, 248a genannten Voraussetzungen.

678 Im **Fall 66** hat A keine Kontrollperson getäuscht; für die Annahme eines Betrugs (§ 263) ist daher kein Raum. Er hat aber die Eingangskontrollen umgangen und sich den Zutritt zu dem Bundesligaspiel dadurch verschafft, dass er die Stadionumzäunung in der Absicht überklettert hat, das Eintrittsgeld nicht zu entrichten. Dieses Verhalten erfüllt alle Merkmale der **Zutrittserschleichung** (§ 265a I). Außerdem liegt ein **Hausfriedensbruch** (§ 123) vor, weil A in ein **befriedetes Besitztum** widerrechtlich und schuldhaft eingedrungen ist. Dass der Fußballverein als Veranstalter die vorhandenen Zuschauerplätze nur **zutrittsberechtigten Gästen** zur Verfügung stellen, andere dagegen fern halten will, versteht sich von selbst. Zwischen § 265a und § 123, die verschiedene Rechtsgüter schützen, besteht nach überwiegender Ansicht Tateinheit (§ 52; zum **Strafantragserfordernis** s. §§ 265a III, 123 II). – Durch den Einwurf des Falschgeldes und die Entnahme der Zigarettenschachtel hat A sich des **Inverkehrbringens** von **Falschgeld**[109] und nach der hier vertretenen Meinung des **Diebstahls** (§§ 242, 248a) schuldig gemacht, der § 265a verdrängt. Da im Einwerfen des Falschgeldes schon der Beginn des Wegnehmens liegt, stehen beide Delikte (§§ 242, 147) in **Tateinheit** (§ 52).

Erschleichen von Leistungen, § 265a

I. Tatbestand

   1. Objektiver Tatbestand

      a. Tatobjekt:
- *Leistung*
  eines Automaten
  ℗ Warenautomat
  eines Telekommunikationsnetzes
- *Beförderung durch ein Verkehrsmittel*
- *Zutritt zu einer Veranstaltung/Einrichtung*
- *Entgeltlichkeit der Leistung*

      b. Tathandlung:
- *Erschleichen*
  ℗ Erfordernis täuschungsähnlichen Verhaltens

   2. Subjektiver Tatbestand

      1. Vorsatz:
- *jede Vorsatzart*

      2. Absicht:
- *Absicht, Entgelt nicht (vollständig) zu entrichten*

II. Rechtswidrigkeit
III. Schuld
IV. Privilegierung (Strafantrag, § 265a III iVm §§ 247, 248a)
V. Subsidiarität, § 265a I aE
   ℗ Reichweite der Subsidiaritätsklausel

---

108 SK-*Günther*, § 265a Rn 22.
109 § 147; s. dazu *Wessels/Hettinger*, BT I Rn 937.

§ 16 Subventions-, Kapitalanlage-, Kredit- und Submissionsbetrug

Fall 67: Der Frühinvalide F, der stundenweise einen kleinen Süßwarenkiosk betreibt, lebt in **679** sehr ärmlichen Verhältnissen. Auf seinen Antrag hat das Sozialamt der Stadt S ihm zu Beginn der winterlichen Jahreszeit eine Unterstützung aus dem Sozialhilfefonds gewährt. Später stellt sich heraus, dass F, ohne vorsätzlich zu handeln, wesentliche Umstände aus grober Nachlässigkeit nicht oder nicht vollständig angegeben hatte.

Hat F sich strafbar gemacht? **Rn 686**

I. Subventionsbetrug

1. Schutzzweck und Deliktsnatur

§ 264 ist durch das 1. WiKG vom 29.7.1976 (BGBl I 2034) als neuer Straftatbestand **680** eingeführt worden. Die Vorschrift schützt in erster Linie das **Allgemeininteresse** an einer **wirkungsvollen staatlichen Wirtschaftsförderung durch Subventionen**, deren Bewilligung und Gewährung von jeder **missbräuchlichen Inanspruchnahme** frei bleiben soll[1]. Daneben ist auch das **Vermögen** der öffentlichen Hand mitgeschützt, das durch eine ungerechtfertigte Inanspruchnahme der nur in begrenztem Umfang zur Verfügung stehenden Mittel und die damit verbundene Vereitelung des Vergabezwecks Schaden erleidet[2].

§ 264 III ist durch das 6. StrRG (Rn 9) eingefügt worden. Das EG-Finanzschutzgesetz vom **681** 10.09.1998 (BGBl II 2322) hat § 264 I um eine neue Nr 2 erweitert und § 264 VII neu gefasst[3]. Die vom Gesetzgeber gewählte Bezeichnung als **Subventionsbetrug** ist ungenau und irreführend, da § 264 gegenüber § 263 eine **selbstständige und abschließende Sonderregelung** enthält, bei der es auf eine Verwirklichung der Betrugsmerkmale gerade nicht ankommt. Seinen Mindestvoraussetzungen nach setzt der Tatbestand des § 264 I in Nrn 1, 3 und 4 lediglich eine der Täuschungshandlung ähnliche, mit ihr aber angesichts der für Nrn 1 bis 3 auch vorgesehenen leichtfertigen Begehensweise strukturell nicht übereinstimmende Verhaltensweise und *keine* durch eine irrtumsbefangene Verfügung vermittelte *Verletzung* oder *konkrete Gefährdung* eines Angriffsobjekts voraus; die Tat bildet ein als Tätigkeitsdelikt ausgestaltetes **abstraktes Gefährdungsdelikt**[4], das dementsprechend früher voll- und beendet ist als der Betrug[5].

---

1 Ebenso OLG Hamburg NStZ 84, 218; ähnlich HK-GS/*Duttge*, § 264 Rn 3; LK-*Tiedemann*, § 264 Rn 11; S/S-*Lenckner/Perron*, § 264 Rn 4.

2 *Eisele*, BT II Rn 683; *Lackner/Kühl*, § 264 Rn 1; *Mitsch*, BT II/2 § 3 Rn 37; *Rengier*, BT I § 17 Rn 3; nur für Vermögensschutz *Fischer*, § 264 Rn 2b; *Hellmann/Beckemper*, Rn 801; *Krey/Hellmann*, BT II Rn 520; *Ranft*, JuS 86, 445.

3 S. dazu A/R-*Wattenberg*, IV 2 Rn 1 f; M-G/B-*Bender*, § 52 Rn 4.

4 BGHSt 34, 265, 267 f; S/S-*Lenckner/Perron*, § 264 Rn 5; W-J-*Dannecker*, 2/133; anders LK-*Tiedemann*, § 264 Rn 17, der in § 264 ein schlichtes *Tätigkeitsdelikt* erblickt; MK-*Wohlers*, § 264 Rn 12 (Kumulationsdelikt); näher zum 1. WiKG und zu den Reformzielen *Hack*, Probleme des Tatbestandes Subventionsbetrug, § 264 StGB, 1982; *Heinz*, GA 1977, 193, 225; *Löwer*, JZ 79, 621; *Sannwald*, Rechtsgut und Subventionsbegriff, § 264 StGB, 1982. S. zum Ganzen auch die kritische Rechtsprechungsübersicht von *Ranft*, NJW 86, 3163.

5 BGH wistra 08, 348; OLG München NStZ 06, 630, 631; krit. dazu BGH wistra 07, 217.

682 Ergänzt und ausgefüllt wird § 264 durch die im 1. WiKG (Art. 2) normierten Vorschriften des **Subventionsgesetzes** (SubvG), die ua die Bezeichnung der subventionserheblichen Tatsachen seitens des **Subventionsgebers** gegenüber dem **Subventionsnehmer** (§ 2 SubvG) und dessen Offenbarungspflicht bei der Inanspruchnahme von Subventionen (§ 3 SubvG) näher regeln.

683 Mit § 264 IV hat der Gesetzgeber im Kernstrafrecht erstmalig ein in der Form der **Leichtfertigkeit** fahrlässig begehbares Vermögensschutzdelikt geschaffen. Der wesentliche Grund hierfür ist in den erheblichen Schwierigkeiten zu sehen, den Nachweis des Vorsatzes zu führen[6].

2. Subventionsbegriff

684 **Subventionen** iS des § 264 sind nach der Legaldefinition in § 264 VII Nr 1 nur Leistungen aus **öffentlichen Mitteln** nach Bundes- oder Landesrecht an **Betriebe** oder **Unternehmen** (unter Einschluss des öffentlichen Unternehmens, § 264 VII S 2), nicht dagegen an öffentlich-rechtliche Gebietskörperschaften[7]. Die Leistungen müssen wenigstens zum Teil ohne marktmäßige Gegenleistung gewährt werden und der **Förderung der Wirtschaft** dienen[8]. In Betracht kommen Hilfeleistungen in Katastrophenfällen, zinsverbilligte Darlehen, verlorene Zuschüsse uä[9]. § 264 VII Nr 2 bezieht Leistungen aus öffentlichen Mitteln nach dem Recht der Europäischen Gemeinschaften mit ein, verzichtet hier aber auf die Voraussetzung, dass sie der Förderung der Wirtschaft dienen[10].

685 *Sozialleistungen* an **Privatpersonen** (zB in Form des Wohngeldes, des Kindergeldes oder der Ausbildungsförderung)[11] und öffentliche Leistungen, die nicht wenigstens teilweise zur Förderung der Wirtschaft, sondern für **andere Zwecke**, insbesondere für *kulturelle* Aufgaben, Bildungseinrichtungen und dergleichen bestimmt sind, werden von § 264 VII Nr 1 **nicht** erfasst[12]. Das Erschleichen solcher nach Bundes- oder Landesrecht gewährten Leistungen ist nur im Rahmen des § 263 mit Strafe bedroht.

686 Im **Fall 67** kommt ein Betrug (§ 263) zum Nachteil der Stadt S unter dem Blickwinkel der *Fehlleitung zweckgebundener Sozialmittel* schon deshalb nicht in Betracht, weil F **nicht vorsätzlich** gehandelt hat. **Leichtfertigkeit** ist nur im Bereich des **Subventionsbetrugs** gemäß § 264 I Nrn 1 bis 3, IV mit Strafe bedroht. Nach dem Vorstehenden fehlt es für die Anwendbarkeit dieses Tatbestandes aber schon an einer Subvention im Sinne der Legaldefinition des § 264 VII Nr 1. F hat sich daher nicht strafbar gemacht.

---

6 Anders *Tiedemann*, AT Rn 61 f; BT Rn 134; krit. hierzu *Hillenkamp*, in: *Achenbach* ua, Recht und Wirtschaft 1985, S. 237 ff, 247; *Mitsch*, BT II/2 § 3 Rn 60; MK-*Wohlers*, § 264 Rn 110; zu Beweisproblemen des § 264 insgesamt s. A/W-*Heinrich*, § 21 Rn 55, 64, 73; *Detzner*, Rückkehr zum „klassischen Strafrecht" und die Einführung einer Beweislastumkehr 1998; zur Verfassungsmäßigkeit der Vorschrift s. NK-*Hellmann*, § 264 Rn 6.
7 LG Mühlhausen NJW 98, 2069; s. dazu *Achenbach*, NStZ 98, 561.
8 S. dazu umfassend dazu *Schmidt*, GA 1979, 121.
9 S. *Lackner/Kühl*, § 264 Rn 6; *Tiedemann*, BT Rn 132.
10 S. dazu *Fischer*, § 264 Rn 12; W-J-*Dannecker*, 2/133; zu EU-Subventionen im Agrarbereich s. *Janovsky*, NStZ 98, 120; *Kaiser*, § 74 Rn 29 ff.
11 S. *Fischer*, § 264 Rn 2, 10; *Mitsch*, BT II/2 § 2 Rn 46.
12 *Hellmann/Beckemper*, Rn 805; *Otto*, BT § 61 Rn 13.

Subventionen, die auf Grund **steuerrechtlicher Vorschriften** gewährt werden, fallen **687** nach der gesetzgeberischen Grundkonzeption und dem prinzipiellen **Vorrang des Steuerstrafrechts** auch dann nicht unter § 264, wenn sie in Geldleistungen statt in einer bloßen Steuerermäßigung bestehen[13].

3. Tathandlungen und Strafbarkeit

Die in § 264 I Nrn 1, 3 und 4 umschriebenen **Tathandlungen** (= unrichtige oder un- **688** vollständige Angaben, pflichtwidriges In-Unkenntnis-Lassen und Gebrauchen einer durch unrichtige oder unvollständige Angaben erlangten Bescheinigung im Subventionsverfahren) müssen sich auf vom Subventionsgeber oder vom Gesetz mit hinreichender Deutlichkeit als **subventionserheblich** iS des § 264 VIII in Verbindung mit § 2 SubvG bezeichnete Tatsachen[14] beziehen, wobei § 264 I Nr 4 auch eine Bescheinigung über die *Subventionsberechtigung* als solche genügen lässt[15]. Da Leichtfertigkeit genügt (§ 264 IV), Täuschen aber begrifflich das Wissen um die Unwahrheit voraussetzt (s. Rn 493), sind die Tathandlungen nicht mit der Täuschung gleichzusetzen[16]. Das Merkmal des Handelns „für einen anderen" in § 264 I Nr 1 ist weit auszulegen; es genügt, dass die Angaben *zu Gunsten* des Subventionsnehmers gemacht werden. Täter kann daher uU auch der in das Subventionsverfahren eingeschaltete Amtsträger sein, sofern ihm nicht die Erteilung des Bewilligungsbescheides obliegt[17]. Dagegen, dass der Amtsträger nur Teilnehmer sein können soll[18], spricht § 264 II 2 Nr 2. Nach § 264 I Nr 2 macht sich strafbar, wer eine Verwendungsbeschränkung verletzt.

Vollendet ist der Verstoß gegen § 264 I Nr 1, sobald die falschen Angaben, die für den Antrag- **689** steller oder den anderen vorteilhaft sind, dem Subventionsgeber gegenüber gemacht werden[19]. Zweifelhaft und umstritten ist, unter welchen Voraussetzungen die betreffenden Angaben iS dieser Vorschrift „**vorteilhaft**" sind[20]. Nach Ansicht des BGH ist dies schon dann der Fall, wenn sie im Zeitpunkt ihres Vorbringens **geeignet** erscheinen, das Subventionsverfahren günstig zu beeinflussen; dass die Voraussetzungen für eine Subventionsgewährung *aus einem anderen Grunde* gegeben waren, der erstrebte Vorteil also auch ohne die Falschangaben hätte erlangt werden können, soll an der Tatbestandsmäßigkeit des Verhaltens nichts ändern[21]. Im Anschluss an OLG Karlsruhe NJW 81, 1385 steht die Rechtslehre überwiegend auf dem gegenteiligen

---

13 Vgl LK-*Tiedemann*, § 264 Rn 161 f; MK-*Wohlers*, § 264 Rn 36; NK-*Hellmann*, § 264 Rn 17; zur Abgrenzung einer Steuervorteilserschleichung iS der Abgabenordnung gegenüber dem Betrug und dem Subventionsbetrug s. *Fuhrhop*, NJW 80, 1261.
14 BGHSt 44, 233; LG Magdeburg wistra 05, 155, 156 f; NK-*Hellmann*, § 264 Rn 50 ff; zum Fehlen dieser Bezeichnung bei EG-Subventionen s. W-J-*Dannecker*, 2/134.
15 Näher *Müller-Emmert/Maier*, NJW 76, 1657, 1659; *Schmidt-Hieber*, NJW 80, 322; BGH JR 81, 468 mit krit. Anm. *Tiedemann*; BayObLG NJW 82, 2202.
16 AA NK-*Hellmann*, § 264 Rn 74; s. auch MK-*Wohlers*, § 264 Rn 81: „vorspiegeln".
17 BGHSt 32, 203, 208; OLG Hamburg NStZ 84, 218; *Maurach/Schroeder/Maiwald*, BT I § 41 Rn 172; *Ranft*, JuS 86, 445; *Rengier*, BT I § 17 Rn 6.
18 *Otto*, BT § 61 Rn 20.
19 BGHSt 34, 265, 267; zur Vollendung und Beendigung s. auch BGH wistra 07, 217; 08, 348; OL G München NStZ 06, 630, 631.
20 S. *Achenbach*, BGH-FS S. 608 ff.
21 BGHSt 34, 265, 270; 36, 373, 375 f; zust. *Achenbach*, Anm. JR 88, 251; *Meine*, wistra 88, 13; MK-*Wohlers*, § 264 Rn 89; *Otto*, BT § 61 Rn 19.

Standpunkt[22]. Dem ist zu folgen, weil das im Betrugstorso des § 264 sich nicht unbedenklich verflüchtigende Unrecht[23] eine Auslegung verlangt, die eine Gefährdung des mitgeschützten Vermögens voraussetzt[24].

690 Da § 264 nicht nur das Vorfeld des Betrugs abdecken, sondern auch die Fälle der **erfolgreichen Subventionserschleichung** erfassen will, entspricht seine *Strafdrohung* derjenigen des Betrugstatbestandes. Für *besonders schwere Fälle* sieht § 264 II unter Aufzählung von Regelbeispielen Freiheitsstrafe von 6 Monaten bis zu 10 Jahren vor. Gemäß § 264 III gilt § 263 V entsprechend. **Tätige Reue** wird gemäß § 264 V in Anlehnung an § 24 I durch Gewährung von Straffreiheit belohnt[25]. Bei der Beteiligung mehrerer ist der Grundgedanke des § 24 II sinngemäß anzuwenden[26].

691 Wo eine Bestrafung nach § 264 entfällt, bleibt ein Rückgriff auf § 263 bzw §§ 263, 22 zulässig[27]; im Übrigen wird ein Verstoß gegen § 263 durch die Bestrafung gemäß § 264 I mit abgegolten[28]. Praktische Bedeutung hat § 264 zB bei der Inanspruchnahme von Investitionszulagen[29].

II. Kapitalanlagebetrug

692 Zur Bekämpfung des Anlageschwindels hat das 2. WiKG 1986[30] den Straftatbestand des § 264a geschaffen, der wie die §§ 264, 265b namentlich zur Beseitigung von Beweisschwierigkeiten[31] im **Vorfeld des Betrugs** angesiedelt ist. Über den individuellen Vermögensschutz potenzieller Kapitalanleger[32] hinaus soll diese neue Vorschrift dazu dienen, einer Erschütterung des allgemeinen Vertrauens in den Kapitalmarkt vorzubeugen[33]. Daraus erklärt sich, dass das Gesetz hier nur Angaben in Prospekten, Darstellungen und Übersichten über den Vermögensstand gegenüber einem **größeren Kreis von Personen** erfasst, nicht aber Unredlichkeiten in Verhandlungen mit Einzelpersonen, die aus dem Schutzbereich der Norm ausgeklammert sind und für die es weiterhin bei § 263 bleibt. Bei der Ausgestaltung des § 264a hat der Gesetzgeber wie

---

22 Näher *Kindhäuser*, JZ 91, 492; *Lüderssen*, wistra 88, 43; M-G/B-*Bender*, § 52 Rn 18 f; *Mitsch*, BT II/2 § 3 Rn 56; NK-*Hellmann*, § 264 Rn 87; *Ranft*, NJW 86, 3163, 3166; S/S-*Lenckner/Perron*, § 264 Rn 47 mwN.
23 S. *Hack*, Probleme des Tatbestandes des Subventionsbetruges 1982, S. 112 ff; *Hillenkamp*, in: *Achenbach* ua, Recht und Wirtschaft 1985, S. 237 f, 247.
24 *Eisele*, BT II Rn 692; *Lackner/Kühl*, § 264 Rn 18; SK-*Günther*, § 264 Rn 58; *Tenckhoff*, Bemmann-FS, S. 469 ff, 478; krit. *Achenbach*, BGH-FS S. 611 ff.
25 Zur ratio s. A/W-*Heinrich*, § 21 Rn 59 f; *Krack*, NStZ 01, 505.
26 MK-*Wohlers*, § 264 Rn 121; S/S-*Lenckner/Perron*, § 264 Rn 69.
27 BGH NJW 82, 2453; *Lackner/Kühl*, § 264 Rn 31.
28 BGHSt 44, 233, 243; BGH wistra 07, 217; näher A/W-*Heinrich*, § 21 Rn 75 f; LK-*Tiedemann*, § 264 Rn 134, 161; S/S-*Lenckner/Perron*, § 264 Rn 87; aA MK-*Wohlers*, § 264 Rn 124.
29 Näher dazu *Hentschel*, wistra 00, 81; M-G/B-*Küster*, § 15 Rn 6 f; BayObLG NJW 82, 457; OLG Koblenz JZ 80, 736; zur Kriminologie des Subventionsbetrugs s. *Kaiser*, § 74 Rn 24 ff.
30 S. LK-*Tiedemann*, § 264a Rn 1.
31 S. NK-*Hellmann*, § 264a Rn 3; s. aber auch *Tiedemann*, BT Rn 341.
32 Zur Beschränkung auf dieses Rechtsgut s. *Jacobi*, Der Straftatbestand des Kapitalanlagebetrugs 2000, S. 15 ff, 51; NK-*Hellmann*, § 264a Rn 9f.
33 Vgl A/R-*Joecks*, X 1 Rn 7; *Lackner/Kühl*, § 264a Rn 1; *Otto*, BT § 61 Rn 38 f; abl. gegenüber dem „Vertrauen" MK-*Wohlers*, § 264a Rn 5, der (Rn 6) „allein die Funktionsfähigkeit des Kapitalanlagemarkts als Institution geschützt" sieht; zu Erscheinungsformen, zur Strafverfolgungspraxis und zu Reformvorschlägen s. *v. Schönborn*, Kapitalanlagebetrug 2003, S. 55 ff, 79 ff, 101 ff.

in § 264 auf das Erfordernis einer Vermögensbeschädigung und des dazu gehörenden Opferverhaltens (= Vornahme einer irrtumsbedingten Vermögensverfügung) verzichtet[34]; das Gleiche gilt in subjektiver Hinsicht für die bei § 263 unerlässliche Bereicherungsabsicht. § 264a I, II bedroht schon das bloße **Aufstellen unrichtiger vorteilhafter Angaben** sowie das **Verschweigen nachteiliger Tatsachen** hinsichtlich der für die Anlageentscheidung **erheblichen**[35] Umstände in einer bestimmten Angebotssituation mit Strafe. Verschweigen bedeutet ein bewusstes „Nichtsagen" oder Verheimlichen, wofür nicht ausreicht, dass über bestehende Verflechtungen erst an „später" Stelle, dort aber zutreffend Auskunft gegeben wird[36].

Aufklärungspflichtig sind danach alle Umstände, die für den verständigen, durchschnittlich vorsichtigen Kapitalanleger, in dessen Rolle sich der Herausgeber des Prospekts zu versetzen hat, Einfluss auf den Wert, die Chancen und die Risiken einer Kapitalanlage haben. Dabei liegt es auf der Hand, dass Prospektangaben schon ihrer Funktion nach nicht auf Vollständigkeit angelegt sein können. Die Offenbarungspflicht ist daher auf die wertbildenden Umstände zu beschränken, die nach den Erwartungen des Kapitalmarkts für die Anleger bei ihrer Investitionsentscheidung von Bedeutung sind[37]. Zu den Einzelheiten der gesetzlichen Regelung im Übrigen sei auf § 264a I und II verwiesen[38]. § 264a III belohnt „tätige Reue" unter den dort genannten Voraussetzungen mit Straffreiheit[39]. Auf Grund des überindividuellen Rechtsgutsschutzes besteht zwischen § 263 und § 264a gegebenenfalls Tateinheit[40]. **693**

III. Kreditbetrug

Die durch das 1. WiKG 1976 eingefügte Vorschrift des § 265b betrifft bestimmte Täuschungshandlungen im **Vorfeld des Betrugs**[41]. Ihr Anwendungsbereich beschränkt sich aber auf Kreditgeschäfte, bei denen Kreditgeber und Kreditnehmer ein **Betrieb** oder **Unternehmen** iS des § 265b III Nr 1 sind. **694**

Kredite, die an Privatpersonen oder die von Privatpersonen gewährt werden, scheiden hiernach aus. Für sie gilt lediglich § 263[42]. Das gleiche gilt für Kredite an erst zu gründende Unternehmen[43]. **Täter** eines **Kreditbetrugs** iS des § 265b I Nrn 1, 2 kann allerdings jedermann, also auch eine Privatperson und uU ähnlich wie beim Subventionsbetrug (s. Rn 688) auch ein Mitarbeiter des Kreditgebers[44] sein. Eine Begriffsbestimmung des **Kredits** findet sich in § 265b III Nr 2[45]. § 265b I Nr 1a ist mit dem Bestimmtheitsgrundsatz (Art. 103 II GG) vereinbar[46].

---

34 OLG Köln StV 00, 28.
35 Zur nicht unbedenklichen Unbestimmtheit dieses Merkmals (und anderer) s. A/W-*Heinrich*, § 21 Rn 85 ff.
36 BVerfG NJW 08, 1726, 1727.
37 S. BGH JR 06, 248 mit zust. Anm. *Ziemann*; *Fischer*, § 264a Rn 15; LK-*Tiedemann*, § 264a Rn 47 ff.
38 S. auch M-G/B-*Schmid*, § 27 Rn 102 ff; *Mitsch*, BT II/2 § 3 Rn 90 ff, Falllösungen bei *Hellmann/Beckemper,* Rn 1 ff.
39 Näher zum Ganzen *Achenbach*, NJW 86, 1835; *Joecks*, wistra 86, 142; zu § 264a im Zusammenhang mit der Einführung des Euro s. *Schröder*, NStZ 98, 552.
40 MK-*Wohlers*, § 265a Rn 75; *Otto*, BT § 61 Rn 67; *Rengier*, BT I § 17 Rn 11; aA *Lackner/Kühl*, § 264a Rn 17 mit § 265b Rn 10.
41 Zur Legitimation im Hinblick auf Beweisschwierigkeiten zu § 263 s. *Tiedemann*, AT Rn 66; BT Rn 313 ff.
42 Zur Unterscheidung von Kreditbetrug iwS und ieS M-G/B-*Nack*, § 50 Rn 52 ff; 86 ff.
43 BayObLG NStZ 90, 439.
44 S. näher dazu *Mitsch*, BT II/2 § 3 Rn 177; einschr. MK-*Wohlers*, § 265b Rn 42.
45 Hierunter fallen zB auch „Genussscheine", s. OLG Celle wistra 08, 196, 197.
46 BGHSt 30, 285, 286 ff.

695 Die Tat ist ein **abstraktes Gefährdungsdelikt.** Schutzgut ist neben dem **Vermögen** des einzelnen Kreditgebers auch das **Allgemeininteresse** an der Verhütung von Gefahren, die sich aus dem Kreditschwindel für die inländische Kreditwirtschaft ergeben[47]. Anders als § 264 geht § 265b dem § 263 nicht vor; nach BGHSt 36, 130, 131 f tritt § 265b hinter einem vollendeten oder versuchten Betrug zurück[48]. Auch hier ist aber wie zu § 264a Tateinheit anzunehmen[49].

696 In subjektiver Hinsicht ist stets **Vorsatz** erforderlich. Einen *Leichtfertigkeitstatbestand* kennt § 265b im Gegensatz zu § 264 IV nicht. Die **Vollendung** setzt nicht voraus, dass ein Vermögensschaden eintritt[50].

Die Regelung zur **tätigen Reue** (§ 265b II) deckt sich im Wesentlichen mit derjenigen des § 264 V[51].

IV. Submissionsbetrug

1. Submissionsabsprachen und Submissionsbetrug

697 Vor allem öffentliche Aufträge über Waren oder gewerbliche Leistungen werden – nach Maßgabe des Haushalts- und Europarechts – im Wege einer Ausschreibung (= Submission) vergeben. Die Ausschreibung soll das für den Auftraggeber günstigste Angebot unter den Bedingungen eines freien Wettbewerbs ermitteln[52]. Dabei kommt es nicht selten zu sog. **Submissionsabsprachen,** in denen sich Anbieter darauf verständigen, welches Mitglied des von ihnen gebildeten Submissionskartells den Zuschlag erhalten und zu welchem Preis es den Auftrag bekommen soll. Durch ungünstigere Scheinangebote der übrigen an der Absprache Beteiligten wird eine Vergabe des Auftrags an das ausgesuchte Mitglied des Kartells erreicht[53]. Werden zur Absicherung der Absprache Angehörige der Vergabestelle einbezogen, kommt es nicht selten zu Bestechungs- und Bestechlichkeitsdelikten[54]. Auch kann Betrug zum Nachteil von an der Absprache unbeteiligten Mitbewerbern vorliegen[55].

698 Von einem **Submissionsbetrug** iS des **§ 263** wird dann gesprochen, wenn die Kartellmitglieder dem Ausschreibenden die Absprache verheimlichen und ihm infolgedessen konkludent vortäuschen, dass es sich um echte Wettbewerbsangebote handle[56], der

---

47 Vgl OLG Stuttgart NStZ 93, 545; nur für Vermögensschutz *Maurach/Schroeder/Maiwald*, BT I § 41 Rn 166.
48 Zust. *Fischer*, § 265b Rn 41; *Lackner/Kühl*, § 265b Rn 10; NK-*Hellmann*, § 265b Rn 69.
49 LK-*Tiedemann*, § 265b Rn 14, 115; *Otto*, BT § 61 Rn 37; für Tateinheit zwischen § 265b und bloßem Betrugsversuch auch *Kindhäuser*, Anm. JR 90, 520.
50 BGH NStZ 03, 539, 540.
51 Näher zum Ganzen A/R-*Hellmann*, IX 1; *Lampe*, Der Kreditbetrug, §§ 263, 265b StGB 1980; M-G/B-*Nack*, § 50 Rn 86 ff; *Mitsch*, BT II/2 § 3 Rn 170 ff; zur praktischen Bedeutung, namentlich in der Insolvenz, s. W-J-*Köhler*, 7/297 f sowie *Reiter/Methner*, VuR 03, 128; Falllösungen bei *Hellmann/Beckemper*, Rn 194 ff.
52 S. näher *Satzger*, Der Submissionsbetrug 1994, S. 27 ff, 32 f.
53 *Oldigs*, Möglichkeiten und Grenzen der strafrechtlichen Bekämpfung von Submissionsabsprachen 1998, S. 10 ff; *Satzger*, Der Submissionsbetrug 1994, S. 38 ff.
54 *Hohmann*, NStZ 01, 567; *König*, JR 97, 401; Fallbeispiel bei *Rössner/Guhra*, Jura 01, 403; zu den verursachten Schäden s. *Dölling*, Gutachten C, 61. DJT, 1996, C 25 ff; W-J-*Dannecker*, 16/9 f.
55 BGH wistra 97, 144, 145.
56 S. dazu BGHSt 47, 83 mit zust. Bespr. *Rönnau*, JuS 02, 545; *Rose*, NStZ 02, 41.

Auftraggeber dem ausgesuchten Mitglied den Zuschlag auf Grund eines entsprechenden Irrtums erteilt und dadurch einen (Eingehungs-) Schaden erleidet[57]. Von Letzterem sollte allerdings nach der anfänglichen Rechtsprechung[58] bei einem trotz der Absprache „scharf kalkulierten" und „angemessenen" Angebot nicht die Rede sein können. Der durch diese Entscheidung ausgelösten großen Zurückhaltung in der strafrechtlichen Verfolgung von Submissionsabsprachen hat auch die spätere Rechtsprechung kaum abgeholfen, die die Möglichkeit einer Vermögensschädigung dadurch erweiterte, dass sie als Vergleichsmaßstab zur Schadensberechnung nicht den „angemessenen", sondern den Preis zu Grunde legte, der sich voraussichtlich im freien Wettbewerb ohne Absprache gebildet hätte[59]. Die Berechnung dieses hypothetischen Wettbewerbspreises stößt offensichtlich trotz der von der Rechtsprechung angeführten Indizien, die für einen gegenüber dem vereinbarten geringeren Wettbewerbspreis sprechen sollen[60], in der Praxis auf so erhebliche (Beweis-) Schwierigkeiten, dass es nur selten zur Verurteilung kommt[61]. Stehen die Höhe der Schmiergeld- und Ausgleichszahlungen und ihre Berücksichtigung im Preisangebot allerdings fest, macht der BGH mit der Schadensbegründung nicht viel Federlesens, da dann der erzielbare Preis der erzielte Preis abzüglich des absprachebedingten Preisaufschlags sei[62].

2. Wettbewerbsbeschränkende Absprachen bei Ausschreibungen

Um die namentlich im öffentlichen (Bau-) Bereich erheblichen Schaden stiftenden **699** Submissionsabsprachen strafrechtlich besser erfassen zu können, hat das Gesetz zur Bekämpfung der Korruption vom 13.08.1997 (BGBl I 2038 ff)[63] unter der Überschrift „**Straftaten gegen den Wettbewerb**" dem so neubenannten 26. Abschnitt des StGB mit § 298 eine Vorschrift vorangestellt, **die wettbewerbsbeschränkende Absprachen bei Ausschreibungen (§ 298 I)** oder freihändiger Vergabe eines Auftrages nach vorangegangenem Teilnahmewettbewerb (§ 298 II)[64] verbietet. Anders als § 264b des vom Bundesrat erarbeiteten Entwurfs eines Korruptionsgesetzes (BR-Ds 298/96)[65],

---

57   Ausführlich *Grützner*, Die Sanktionierung von Submissionsabsprachen 2003, S. 161 ff, 308; *Oldigs*, Möglichkeiten und Grenzen 1998, S. 60 ff; *Satzger*, Der Submissionsbetrug 1994, S. 57 ff; zur Übertragbarkeit der Grundsätze auf die freihändige Vergabe mit Angebotsanfrage s. BGHSt 47, 83, 87 f; krit. dazu *Satzger*, JR 02, 392; *Walter*, JZ 02, 255.

58   BGHSt 16, 367, 373 f.

59   OLG Frankfurt NJW 90, 1057; BGHSt 38, 186, 190 ff, s. dazu *Hellmann/Beckemper*, Rn 717 ff; *Tiedemann*, BT Rn 144 ff.

60   BGHSt 38, 186, 194 ff.

61   Vgl BGH NJW 95, 737, aber auch BGH NJW 97, 3034, 3037 f; BGH wistra 01, 103, 104; *Otto*, BT § 61 Rn 142; *ders.*, wistra 99, 42 ff. S. zur Entwicklung der Rechtsprechung und zur Schadenskonstruktion instruktiv *Moosecker*, Lieberknecht-FS S. 407 ff; *Satzger*, ZStW 109, 1997, 357 ff; s. auch A/W-*Heinrich*, § 21 Rn 104 ff; *Fischer*, § 298 Rn 3; *Grüner*, JuS 01, 882; *Regge/Rose/Steffens*, JuS 99, 160 f.

62   BGHSt 47, 83, 88; krit. hierzu *Rönnau*, JuS 02, 549 f; *Satzger*, JR 07, 391; s. auch *Best*, GA 03, 157.

63   S. dazu LK-*Tiedemann*, vor § 298 Rn 1 f; zum Phänomen der Korruption s. näher *Dölling*, in: Dölling (Hrsg.), Handbuch der Korruptionsprävention 2007, 1/1 ff.

64   Vgl dazu BGHSt 47, 83; hier geht es allerdings im 2. Fall um ein Verhandlungsverfahren, s. dazu *Walter*, JZ 02, 256.

65   Vergleichende Gegenüberstellung bei *Bangard*, wistra 97, 167 und *Möhrenschlager*, JZ 96, 829 f; s. auch *Dahs*, Kriminelle Kartelle? Zur Entstehungsgeschichte des § 298 StGB, 1998; *Grützner*, aaO S. 399 ff.

der als „Ausschreibungsbetrug" im Vorfeld des Betrugs das Vermögen des Ausschreibenden schützen sollte, folgt das geltende Recht der Konzeption eines abstrakten Gefährdungsdelikts, das vorrangig[66] dem **Schutz des freien Wettbewerbs**, den man freilich als verletzt ansehen kann[67], daneben aber auch des **Vermögens** des Veranstalters der Ausschreibung und der Mitbewerber dient[68]. Hieraus ist zu folgern, dass § 298 einen gleichzeitig erfüllten Submissionsbetrug nicht verdrängt[69], sondern mit diesem in Tateinheit steht[70]. Nur so ist die Möglichkeit der Annahme eines besonders schweren Falls nach § 263 III zu erhalten[71].

700 Auf eine **Betrugsähnlichkeit** hat der Gesetzgeber weitgehend **verzichtet**[72]. Es entfällt nicht nur die Voraussetzung des schwer nachweisbaren Vermögensschadens[73]. Vielmehr sind schon Täuschung und Irrtum zwar Regel-, nicht aber zwingende Merkmale des Tatbestands. Auch wenn die Absprache nicht verheimlicht wird, kann der Wettbewerb zum Nachteil der nichtkartellangehörigen Unternehmen beeinträchtigt werden. Zudem ist besonders strafwürdig, wer als Bieter kollusiv mit einem Mitarbeiter des Veranstalters zusammenarbeitet, dessen Kenntnis jenem zurechenbar ist[74]. Eine solche vertikale Absprache ist allerdings für sich genommen nicht tatbestandsmäßig. Vielmehr setzt § 298 auch in einem solchen Fall eine horizontale Absprache zwischen Kartellmitgliedern voraus[75]; denn rein vertikalen, von § 299 erfassten Absprachen fehlt die für horizontale Submissionsabsprachen, insbesondere für Ringvereinbarungen im Bauwesen, typische, wirtschaftspolitisch gefährliche Tendenz zur Wiederholung, die mit § 298 bekämpft werden soll. Die Vorschrift erfasst nicht nur Vergabeverfahren der öffentlichen Hand[76], sondern auch Ausschreibungen durch private Unternehmen[77]. Sie müssen sich auf Waren oder gewerbliche Leistungen beziehen. Da es sich bei § 298 um die Übernahme einer Ordnungswidrigkeit nach §§ 1, 25, 38 I Nrn 1 und 8 in der bis zum 31.12.1998 geltenden Fassung des GWB in das Kernstrafrecht handelt[78], kann für diese Begriffe auf die einschlägigen, seit dem 1.1.1999

---

66 Nicht vorrangig, sondern nur: *Kuhlen*, Lampe-FS S. 744 ff; MK-*Hohmann*, § 298 Rn 4 f; SK-*Rudolphi*, § 298 Rn 5; *Vormbaum*, Schroeder-FS S. 649 ff.

67 LK-*Tiedemann*, § 298 Rn 9; *Tiedemann*, AT Rn 186.

68 BT-Ds 13/5584, S. 13; *Dölling*, ZStW 112, 2000, 348; LK-*Tiedemann*, § 298 Rn 9 f; krit. zu Letzterem *Hellmann/Beckemper*, Rn 668 (nur Schutzreflex); *Pasewaldt*, ZIS 08, 84; NK-*Dannecker*, § 298 Rn 12.

69 So aber *Krey*, BT II, 12. Aufl., Rn 534b; *Wolters*, JuS 98, 1102.

70 *Achenbach*, WuW 97, 959; *Fischer*, § 298 Rn 22; *König*, JR 97, 402; *Korte*, NStZ 97, 516; *Lackner/Kühl*, § 298 Rn 9; M-G/B-*Gruhl*, § 58 Rn 20; *Otto*, BT § 61 Rn 151; *Pasewaldt*, ZIS 08, 90 f; *Regge/Rose/Steffens*, JuS 99, 162; für Subsidiarität des § 298 *Maurach/Schroeder/Maiwald*, BT II § 68 Rn 9.

71 BT-Ds 13/5584, S. 14; für dessen Aufnahme in § 298 *Walter*, JZ 02, 256.

72 S/S-*Heine*, § 298 Rn 1.

73 S. *Bottke*, ZRP 98, 219.

74 BT-Ds 13/8584, S. 14; LK-*Tiedemann*, § 298 Rn 38; *Otto*, wistra 99, 41; für Beschränkung auf Täuschungsfälle *Dölling*, Gutachten C, 61. DJT, 1996, C 95; *König*, JR 97, 402.

75 So zu Recht BGHSt 49, 201, 205 ff mit zust. Anm. *Dannecker*, JZ 05, 49; *Otto*, BT § 61 Rn 145; *Pasewaldt*, ZIS 08, 87; s. auch HK-GS/*Bannenberg*, § 298 Rn 11.

76 So aber *Joecks*, § 298 Rn 2; zur Erstreckung der Vorschrift auf ausländische Ausschreibungen s. *Möhrenschlager*, in: Dölling (Hrsg.), Handbuch der Korruptionsprävention 2007, 8/146 ff; *Tiedemann*, BT Rn 192 f.

77 BGH StV 03, 451; *Hellmann/Beckemper*, Rn 725; *Lackner/Kühl*, § 298 Rn 2; LK-*Tiedemann*, § 298 Rn 20; MK-*Hohmann*, § 298 Rn 50; einschränkend *Pasewaldt*, ZIS 08, 86.

78 S. *Kleinmann/Berg*, BB 98, 277.

in §§ 1, 81 GWB enthaltenen[79] kartellrechtlichen Bestimmungen zurückgegriffen werden (BT-Ds 13/5584, S. 14). Als **Tathandlung** reicht die Absprache nicht aus. Insofern ist die Überschrift des § 298 missverständlich[80]. Vielmehr muss ein Angebot abgegeben worden und zugegangen[81] sein, das auf der rechtswidrigen Absprache beruht[82]. Absprachen sind auch durch bloße Abstimmungen herstellbar, die freilich über ein bewusstes Parallelverhalten und „Vorgespräche" hinausgehen[83] und die Qualität eines bindenden Übereinkommens haben müssen[84]. Die Absprache muss **rechtswidrig** sein. Das ist sie dann, wenn sie gegen das Kartellverbot des § 1 GWB verstößt[85]. Da die diesbezügliche Rechtswidrigkeit Tatbestandsmerkmal ist, muss sich hierauf der Vorsatz beziehen[86]. Angesichts der weiten Vorverlegung des Vollendungszeitpunkts eröffnet § 298 III die Möglichkeit tätiger Reue (BT-Ds 13/5584, S. 14 f).

Eine besondere Regelung von **Täterschaft und Teilnahme** fehlt. Obwohl § 298 jedenfalls im formalen Sinn kein Sonderdelikt ist[87], wird der Täterkreis mit beachtlichen Gründen auf Kartellmitglieder beschränkt[88]. Mitarbeiter des Veranstalters scheiden als Täter dann aus[89]. Bei der Abgrenzung zwischen Täterschaft und Teilnahme ist zu berücksichtigen, dass die Tathandlung nicht in der Absprache, sondern in dem Abgeben eines Angebots liegt. Auch ist auf die Stellung des Handelnden im Unternehmen zu achten[90]. § 298 ist auch durch Unterlassen begehbar[91].

3. Bestechlichkeit und Bestechung im geschäftlichen Verkehr

Ausschreibungen folgt nicht selten der Versuch, den Zuschlag durch Vorteilsgewährungen an den Entscheidungsträger zu erlangen[92]. Handelt es sich um Ausschreibungen im Bereich der öffentlichen Hand, sind in aller Regel die §§ 331 ff einschlägig. Ihr Anwendungsbereich ist durch die Erweiterung des § 11 I Nr 2c um die Wörter „unbeschadet der zur Aufgabenerfüllung gewährten Organisationsform" durch das Gesetz zur Bekämpfung der Korruption vom 13.08.1997 (BGBl I 2038 ff) noch um die Fälle angewachsen, die die Rechtsprechung[93] mit der Erwägung ausgeschlossen hatte, dass keine Aufgaben der öffentlichen Verwaltung wahrgenommen würden, wenn die Verwaltung ihre Ziele mithilfe von Vereinigungen des Privat-

701

---

79 S. zum neuen Kartellordnungswidrigkeitenrecht *Achenbach*, wistra 99, 241, 243; M-G/B-*Gruhl*, § 58 Rn 32 f; M-G/B-*Müller-Gugenberger*, § 57 Rn 47 ff.
80 LK-*Tiedemann*, § 298 Rn 26.
81 S. dazu *Kindhäuser*, § 298 Rn 6; *Kuhlen*, Lampe-FS S. 752; *Pasewaldt*, ZIS 08, 87 f.
82 SK-*Rudolphi*, § 298 Rn 7, 9; S/S-*Heine*, § 298 Rn 14.
83 *Achenbach*, WuW 97, 959; *König*, JR 97, 402; *Korte*, NStZ 97, 516; MK-*Hohmann*, § 298 Rn 73; für Ersetzung des Begriffs Absprache durch Abstimmung BR-Ds 553/96, S. 6.
84 *Fischer*, § 298 Rn 9; LK-*Tiedemann*, § 298 Rn 32.
85 *Kuhlen*, Lampe-FS S. 754 ff; LK-*Tiedemann*, § 298 Rn 33 f; *Mitsch* BT II/2 § 3 Rn 204.
86 *Kindhäuser*, § 298 Rn 7, 9; *Lackner/Kühl*, § 298 Rn 3, 5; LK-*Tiedemann*, § 298 Rn 43; Zweifel bei *Fischer*, § 298 Rn 10, 18.
87 S. NK-*Dannecker*, § 298 Rn 18; *Tiedemann*, BT Rn 188.
88 LK-*Tiedemann*, § 298 Rn 15; MK-*Hohmann*, § 298 Rn 103.
89 NK-*Dannecker*, § 298 Rn 21; offen gelassen von BGHSt 49, 201, 208.
90 *Fischer*, § 298 Rn 17; LK-*Tiedemann*, § 298 Rn 46 ff.
91 MK-*Hohmann*, § 298 Rn 110.
92 S. *Möhrenschlager*, JZ 96, 828.
93 BGHSt 38, 199, 203; s. dazu jetzt BGHSt 50, 299, 303 ff mit Bespr. *Saliger*, NJW 06, 3379 f; BGH wistra 07, 302, 304 f.

rechts verfolge[94]. Werden im Bereich privater Ausschreibungen **Angestellte** oder **Beauftragte** eines **geschäftlichen Betriebs** bestochen, kommt § 299 in Betracht. Diese Vorschrift, die naturgemäß auch außerhalb des hier erörterten Zusammenhangs Geltung beansprucht, stellt in Anlehnung an die §§ 331 ff die Bestechlichkeit (§ 299 I) und die Bestechung (§ 299 II) im **geschäftlichen Bereich** unter Strafe. Sie hat ihren weitgehend inhaltsgleichen Vorläufer in § 12 UWG aF[95]. Seine Übernahme in das **Kernstrafrecht**[96] soll das Bewusstsein der Bevölkerung schärfen, dass es sich auch bei der Korruption im geschäftlichen Bereich um eine Kriminalitätsform handelt, die nicht nur die Wirtschaft selbst betrifft, sondern Ausdruck eines allgemein sozialethisch missbilligten Verhaltens ist[97]. Im Gefolge einschlägiger internationaler Bekämpfungsmaßnahmen zur Korruption steht eine Neufassung des § 299 zur Beratung an[98].

702 **Schutzgut** des § 299 ist der **lautere und faire Wettbewerb**. § 299 schützt aber auch den Mitbewerber vor Bevorzugung anderer durch Schmiergeldzahlungen sowie den Geschäftsherrn vor Treuepflichtverletzungen seiner Angestellten[99]. Beide Personengruppen gehören daher zu den Antragsberechtigten des zum relativen Antragsdelikt umgewandelten Tatbestands (§ 301 I, II)[100]. **Täter** der Bestechlichkeit (§ 299 I) können als Sonderpflichtige[101] nur Angestellte oder Beauftragte eines geschäftlichen Betriebes sein, die bei der Bestechung (§ 299 II) Adressaten der Vorteilsgewährung usw sind, nicht aber der Betriebsinhaber selbst[102]. In Anlehnung an §§ 331 ff reicht die Vorteilsgewährung usw an einen Dritten aus. Die Tat muss sich im geschäftlichen Verkehr mit dem Ziel der Beeinflussung des lauteren Wettbewerbs ereignen[103]. Der Begriff des Wettbewerbs ist nach der Rechtsprechung weit auszulegen und erfasst deshalb auch schon ein dem eigentlichen Wettbewerb vorgeschaltetes Zulassungsverfahren[104].

---

94 BT-Ds 13/5584, S. 12 f; *Dölling*, ZStW 112, 2000, 337; ein Angestellter der Deutschen Bahn AG fällt nach BGHSt 49, 211, 219 nicht unter § 11 I Nr 2c und eröffnet als Bestochener daher § 299 II.

95 S. dazu NK-*Dannecker*, § 299 Rn 1; zur Verwertbarkeit der Rechtsprechung hierzu s. BGHSt 49, 214, 229; zur Vorgeschichte s. *Ulbricht*, Bestechung und Bestechlichkeit im geschäftlichen Verkehr 2007, S. 5 ff; zu Erscheinungsformen s. *Pragal*, Die Korruption 2006, S. 17 ff.

96 Krit. dagegen BR-Ds 553/96, S. 6; *Dölling*, Gutachten C, 61. DJT, 1996, C 84 f; *König*, JR 87, 401; *Wolters*, JuS 98, 1103.

97 BT-Ds 13/5584, S. 15; LK-*Tiedemann*, § 299 Entstehungsgeschichte; Fallbeispiel bei *Hellmann/Beckemper*, Rn 761.

98 S. den Entwurf der BReg in BR-Ds 548/08 vom 10.8.2007 und dazu *Rönnau/Golombek*, ZRP 07, 193; ferner *Kienle/Kappel*, NJW 07, 3534; zum jetzigen Stand s. *Fischer*, § 299a Rn 1a; LK-*Tiedemann*, vor § 298 u. § 299 Entstehungsgeschichte; krit. *Rönnau*, StV 09, 302, 305 ff; *Zöller*, GA 09, 137, 145 ff.

99 *Fuhrmann*, in: *Erbs/Kohlhaas*, 1997, § 12 UWG Rn 2; LK-*Tiedemann*, § 299 Rn 1 ff; SK-*Rudolphi*, § 299 Rn 1; S/S-*Heine*, § 299 Rn 2.

100 S. dazu *Wolters*, JuS 98, 1103.

101 A/W-*Heinrich*, § 49 Rn 57; *Lackner/Kühl*, § 299 Rn 2; LK-*Tiedemann*, § 299 Rn 10; MK-*Diemer/Krick*, § 299 Rn 3; *Otto*, BT § 61 Rn 154.

102 *Kienle/Kappel*, NJW 07, 3531; s. dazu krit. *Tiedemann*, BT Rn 213; *Winkelbauer*, Weber-FS S. 385 ff, 391 ff; zur Täterschaft eines Vertragsarztes s. *Klötzer*, NStZ 08, 12; *Sahan*, ZIS 07, 69; *Tiedemann*, BT Rn 210a; eines Vorstandsmitglieds einer AG *Brand/Wostry*, WRP 08, 637.

103 *Otto*, BT § 61 Rn 158 ff, 167; s. dazu in Fällen einer Unternehmensübernahme § 33 III Wertpapiererwerbs- und Übernahmegesetz und *Moosmayer*, wistra 04, 406 f.

104 BGHSt 49, 214, 228 f; für restriktive Auslegung *Gercke/Wollschläger*, wistra 08, 5.

Was „außerhalb von Erwerb und Berufsausübung"[105] geschieht, ist nicht erfasst. Im Übrigen entsprechen Struktur und Begrifflichkeiten den §§ 331 ff[106]. Das gilt namentlich für den „Vorteil"[107] und die „Unrechtsvereinbarung"[108], aber auch für die Tathandlungen[109]. Nicht tatbestandsmäßig sind nach dem Gesetzestext Belohnungen für bereits erbrachte Leistungen oder die Sicherung des allgemeinen Wohlwollens des Vorteilsempfängers. Insoweit ist § 299 gegenüber §§ 331, 332 enger[110]. Auch muss es sich um eine Situation des Wettbewerbs gegenüber Mitbewerbern handeln, da die angestrebte Bevorzugung die sachfremde Entscheidung zwischen zumindest zwei Bewerbern bedeutet[111]. § 299 III erstreckt die Vorschrift auf Handlungen im ausländischen Wettbewerb[112].

§ 300 benennt zwei **Regelbeispiele** für besonders schwere Fälle, die § 263 III 2 Nr 1 und spiegelbildlich Nr 2 1. Alt. bzw § 264 II 2 Nr 1 ähneln. Das „große Ausmaß" des Vorteils hat sich am jeweiligen Tatbestand zu orientieren[113]. Unter 25 000 EUR wird man es nicht ansetzen dürfen[114]. Von einer Bande wird auch hier die Rechtsprechung erst bei drei Personen ausgehen (s. dazu Rn 271a).

§ 17 Erpressung, räuberische Erpressung und erpresserischer Menschenraub

> **Fall 68:** D hat dem E ein Gemälde von sehr hohem Wert gestohlen, das als Werk eines bekannten Meisters nur schwer abzusetzen ist. Daher verfährt D wie folgt: Mit der Androhung, dass E sein Gemälde nicht wieder sehen werde, wenn er die Polizei einschalte oder nicht zahle, bietet er dem E das unersetzliche Kunstwerk gegen ein Lösegeld von 20 000 EUR zum Rückerwerb an. Um Schlimmeres zu verhüten, geht E auf den Handel ein und erhält das sorgfältig verpackte Gemälde gegen Zahlung von 20 000 EUR zurück.
>
> Liegt eine Erpressung oder nur ein Fall der Nötigung vor? **Rn 715, 718, 719**

703

---

105 BGHSt 2, 396, 403; zur gebotenen weiten Auslegung des Wettbewerbsbegriffs s. BGHSt 49, 211, 228 f.

106 S. dazu *Wessels/Hettinger*, BT I Rn 1098 ff.

107 „Großzügiger" M-G/B-*Blessing*, § 53 Rn 17 ff; wie hier *Möhrenschlager*, in: Dölling (Hrsg.), Handbuch der Korruptionsprävention 2007, 8/95; Beispiele bei *Zöller*, GA 09, 137, 139.

108 *Fischer*, § 299 Rn 13; *Lackner/Kühl*, § 299 Rn 4; einschr. SK-*Rudolphi*, § 299 Rn 8; zur „Klimapflege" s. HK-GS/*Bannenberg*, § 299 Rn 19; *Tiedemann*, BT Rn 205.

109 S. zu ihnen *Mitsch*, BT II/2 § 3 Rn 222 ff.

110 LK-*Tiedemann*, § 299 Rn 29; MK-*Diemer/Krick*, § 299 Rn 16.

111 BGH NJW 03, 2996, 2997; BGHSt 49, 214, 228; *Fischer*, § 299 Rn 14.

112 S. dazu *Haft/Schwoerer*, Weber-FS S. 367, 378 ff; *Pelz*, ZIS 08, 333; *Rönnau*, JZ 07, 1084; *ders.*, StV 09, 251; *Vormbaum*, Schroeder-FS S. 653 ff; die Vorschrift ist mit Wirkung zum 30.8.2002 hinzugefügt worden, s. *Rönnau*, StV 09, 302.

113 BT-Ds 13/5584, S. 15; *Schaupensteiner*, Kriminalistik 97, 702; *Wittig*, wistra 98, 8; *Wolters*, JuS 98, 1103.

114 MK-*Diemer/Krick*, § 300 Rn 2; NK-*Dannecker*, § 300 Rn 5; s. aber auch *Kindhäuser*, § 300 Rn 2: 10 000 EUR als Untergrenze.

I. Erpressung

1. Deliktsstruktur und Schutzgüter

704 **Erpressung** (§ 253) ist die vom Bereicherungsstreben getragene Nötigung eines anderen zur Preisgabe eigener oder fremder Vermögenswerte. In ihrer tatbestandlichen Struktur ähnelt diese Straftat dem Betrug, mit dem sie den Charakter eines **Vermögensverschiebungsdelikts** teilt. Der wesentliche Unterschied zwischen ihnen liegt darin, dass der Eintritt des Vermögensschadens bei der **Erpressung** auf einer durch **Nötigung erzwungenen** *Handlung, Duldung* oder *Unterlassung* beruht, während die Vermögensbeschädigung beim **Betrug** die unmittelbare Folge einer durch **Täuschung erschlichenen** *Vermögensverfügung* sein muss. Typisch für die Erpressung ist ihr Freikaufcharakter; das Opfer erkauft sich durch die ihm abgenötigte Leistung die Beendigung der Zwangswirkung und die künftige Freiheit von Zwang[1], bisweilen auch nur die Abwendung von Schaden. Dabei kann das Opfer Gefahr laufen, sich selbst strafbar zu machen. Das gilt namentlich dann, wenn mit Schutzgeldzahlungen kriminelle Vereinigungen unterstützt werden[2].

705 Der Erpresser benutzt den Angriff auf die persönliche Entschlussfreiheit des Opfers als Mittel zur Herbeiführung der erstrebten Vermögensverschiebung. Den Schwerpunkt der Rechtsgutsverletzung bildet der Angriff auf das fremde Vermögen[3]. Die Tat in ihrer Gesamtheit ist daher ein Vermögensdelikt. **Geschützte Rechtsgüter** sind das **Vermögen** und die **persönliche Entscheidungsfreiheit**[4]. Systematisch stehen § 253 und § 255 zueinander im Verhältnis von **Grundtatbestand** und **Qualifikation**.

2. Objektiver Tatbestand

706 Zum **äußeren Tatbestand** des § 253 gehört, dass ein Mensch durch Gewalt oder Drohung mit einem empfindlichen Übel zu einer Handlung, Duldung oder Unterlassung **genötigt** und dadurch dem **Vermögen** des Genötigten oder eines Dritten **ein Nachteil zugefügt** wird.

a) Nötigungsmittel

707 Bezüglich der **Nötigungselemente** des § 253 kann auf die Ausführungen zu § 240 verwiesen werden[5], weil sich die Tatbestände in dieser Hinsicht in ihrem Wortlaut vollständig und nach ihrem Inhalt im Wesentlichen decken.

Im Hinblick darauf, dass sich das abgenötigte Verhalten nach an Anhängerschaft zwar verlierender, gleichwohl aber zutreffender Ansicht als **Vermögensverfügung** darstellen muss, kommt ab-

---

1 *Mitsch*, NStZ 95, 499; *Rengier*, JuS 81, 654; zur Erpressung von Unternehmen durch für Abnehmer gefährliche Manipulationen an (Verkaufs-)Produkten s. anschaulich *Moseschus*, Produkterpressung 2004, S. 28 ff; zu §§ 253, 255 S. 102 ff.
2 S. dazu *Arzt*, JZ 01, 1052; *A/W-Heinrich*, § 18 Rn 21; für durchgehende Straflosigkeit des Opfers *Fischer*, § 253 Rn 23a.
3 *Lackner/Kühl*, § 253 Rn 1; *Maurach/Schroeder/Maiwald*, BT I § 42 Rn 12.
4 BGHSt 19, 342, 343; 41, 123, 125.
5 S. *Wessels/Hettinger*, BT I Rn 383 ff, 401 ff sowie BGH NStZ 85, 408.

weichend von § 240 als **Gewalt** iS des § 253 allerdings nur **vis compulsiva**, dh die willensbeugende Gewalt, nicht dagegen *vis absoluta* in Betracht[6]. Zur **Drohung** mit einem Unterlassen wird von der Rechtsprechung auch für §§ 253, 255[7] daran festgehalten, dass sie ohne Handlungspflicht den Tatbestand erfüllt[8]. Gewinnt die Fortdauer des Übels, das der Täter nicht aufzuhalten droht, ein dem Eintritt eines neuen Übels gleichwertiges Gewicht oder verlangt der Drohende für die Abhaltung des Übels eine dem Bedrohten schwer zumutbare Gegenleistung, soll das selbst dann gelten, wenn der Handlungsspielraum des Bedrohten durch das Angebot des Täters tatsächlich erweitert ist[9]. Wie bei der Nötigung muss auch bei der Erpressung der Täter bei der Drohung mit dem Verhalten eines Dritten vorgeben, er werde den Dritten „bei Nichtvornahme der geforderten Vermögensverfügung"[10] in der befürchteten Richtung beeinflussen. Gibt der Täter vor, er werde nur gegen Zahlung von Geld den erfundenen Dritten von dessen geplanter Übelszufügung abzuhalten versuchen, soll hiernach nicht Erpressung, möglicherweise aber Betrug vorliegen[11]. Dazu ist allerdings zu bedenken, dass darin im entschiedenen Fall die Drohung liegt, etwas zu unterlassen – nämlich die Abwendung eines tödlichen Angriffs –, wozu der Täter denkbarerweise sogar nach § 323c verpflichtet ist. Mit den Aussagen zur Drohung mit Unterlassen ist diese Entscheidung daher nicht ohne weiteres vereinbar. Dass das angedrohte Übel Dritte betreffen soll, ist auch bei der Erpressung ebenso unschädlich (s. Rn 326)[12] wie, dass die Drohung nicht ausführbar ist, solange nur das Opfer die Drohung ernst nehmen soll. Dass sich der Täter dabei einen Aberglauben des Opfers zunutze macht, hindert die Annahme einer Drohung nicht[13].

b) Vermögensverfügung

Im Mittelpunkt der Diskussion um den Tatbestand der Erpressung steht die Frage, ob die Anwendbarkeit der §§ 253, 255 davon abhängt, dass die durch Nötigung erzwungene Handlung, Duldung oder Unterlassung eine **Vermögensverfügung** ist. Praktische Bedeutung gewinnt dies vor allem bei der gewaltsamen *Wegnahme* von Sachen zum Zwecke des vorübergehenden Gebrauchs[14] und bei einer gewaltsamen Pfandkehr[15]. Hier wird der Nötigungsakt nicht von § 255, sondern nur von § 240 erfasst, falls man die umstrittene Frage mit der vormals hL bejaht. **708**

Auf Grund der parallelen Struktur zwischen § 263 und § 253[16] als Selbstschädigungsdelikt wird in der Rechtslehre noch immer verbreitet die Auffassung vertreten, dass der Tatbestand der Erpressung eine **Vermögensverfügung** des Genötigten voraus- **709**

---

6 So – näher nachfolgend – die zutreffende Lehre im Gegensatz namentlich zur Rechtsprechung, s. dazu *Küper*, BT S. 407; *Rengier*, BT I § 11 Rn 13.
7 Zu § 240 s. BGHSt 31, 195, 200 ff; *Hillenkamp*, BT 7. Problem; *Wessels/Hettinger*, BT I Rn 407 ff, eine BGHSt 31, 195 – Drohung mit Nichtaufhalten einer Strafanzeige wegen Ladendiebstahls – entsprechende Fallkonstellation zu § 253 findet sich in OLG Karlsruhe NJW 04, 3724.
8 BGHSt 44, 251, 252; OLG Oldenburg NJW 08, 3012, 3013 insoweit abl. Bespr. *Kudlich*, JA 09, 901; s. auch *Jäger*, BT Rn 375; der Rechtsprechung zust. *Eisele*, BT II Rn 715; *Hillenkamp*, JuS 97, 822; MK-*Sander*, § 253 Rn 12; s. auch *Hartmann*, JA 98, 947.
9 BGHSt 44, 68, 74 ff – Fall *Vogel* mit Anm. *Sinn*, NStZ 00, 195; s. zu dieser Fallgruppe *Fischer*, § 253 Rn 7a; SK-*Günther*, § 253 Rn 38; zum Fall *Vogel* s. auch *Lagodny/Hesse*, JZ 99, 316; *Liebernickel*, Erpressung ausreisewilliger DDR-Bürger, 2000.
10 So wörtlich BGH NStZ 96, 435; zur Abgrenzung von Drohung und Warnung s. *Küper*, GA 06, 439 ff.
11 BGH NStZ-RR 07, 16.
12 S. *Esser*, Jura 04, 277; zur juristischen Person als Nötigungsopfer s. *Wallau*, JR 00, 312.
13 S. *Hillenkamp*, JuS 03, 163; *ders.*, Schreiber-FS S. 135, 137 f.
14 BGHSt 14, 386, 390 mit abl. Anm. *Schnellenbach*, NJW 60, 2154; BGH NStZ-RR 99, 103.
15 RGSt 25, 435.
16 Krit. zu diesem Ansatz *Küper*, Lenckner-FS S. 503 f; ihm weitgehend zust. *Erb*, Herzberg-FS S. 211 ff.

setzt[17]. Über die an sie zu stellenden Anforderungen herrscht innerhalb dieser Meinung dann allerdings Streit (s. Rn 713).

710 Im Gegensatz dazu hält die Rechtsprechung das Vorliegen einer Vermögensverfügung bei §§ 253, 255 nicht für unbedingt notwendig. In dem Bestreben, alle als gleich gefährlich beurteilten Verhaltensweisen auch gleich schwer zu bestrafen, sucht der BGH jede durch Gewalt gegen eine Person oder durch Drohung mit gegenwärtiger Gefahr für Leib oder Leben herbeigeführte Vermögensverschiebung entweder über den Tatbestand des **Raubes** (§ 249) oder den der **räuberischen Erpressung** (§ 255) zu erfassen. Demnach soll es ggf genügen, dass der Täter zur **vis absoluta** greift[18] und sich so die Möglichkeit verschafft, die **vermögensschädigende Handlung** – zB durch *Wegnahme* einer Sache – **selbst vorzunehmen**[19]. Von diesem Standpunkt aus läge in jedem Raub zugleich eine räuberische Erpressung; im Verhältnis zur generellen Regelung des § 255 wäre § 249 dann das *speziellere* Gesetz[20]. Wer nicht Räuber iS des § 249 ist, weil er *ohne Zueignungsabsicht* und nur mit dem Willen zur Gebrauchsanmaßung gehandelt hat, würde dennoch über § 255 „gleich einem Räuber" bestraft[21].

711 Wollte man der Rechtsprechung folgen, wäre der Tatbestand des Raubes (§ 249) gegenüber § 255 überflüssig[22]; denn dass jemand zu den Mitteln des Raubes greift, um *völlig wertlose* Sachen oder Liebhaberstücke „unter voller Werterstattung" an sich zu bringen[23], kommt in der Praxis nicht vor. Andererseits würde der ausufernde Rückgriff auf § 255 für eine Reihe von Delikten (zB im Bereich der §§ 248b, 289, 292) **Möglichkeiten der Strafschärfung** schaffen, die das Gesetz dort nicht vorsieht. Zudem führte die Anwendung nichtqualifizierter Nötigungsmittel bei einem Diebstahl[24] zur Erpressung, obwohl die Eigentumsschutzdelikte erst bei qualifizierten Nötigungsmitteln in § 249 ein erhöhtes Strafmaß vorsehen. Das **System der Wertstufenbildung** innerhalb des Strafrahmens der einzelnen Vermögensdelikte könnte dadurch weitgehend unterlaufen werden. Das kann aber schwerlich im Sinne des Gesetzes sein. Den Vorzug verdient daher die Lehre, die den Tatbestand der **Erpressung** als

---

17 A/W-*Heinrich*, § 17 Rn 15 ff; § 18 Rn 14; *Beulke*, Rn 405 f; *Eisele*, BT II Rn 275 f; *Fischer*, § 253 Rn 5; *Heghmanns*, Rn 1460; HK-GS/*Duttge*, § 253 Rn 7, 13 f; *Joecks*, § 255 Rn 4; *Krey*, BT II, 12. Aufl., Rn 304; *Lackner/Kühl*, § 253 Rn 3; *Maurach/Schroeder/Maiwald*, BT I § 42 Rn 6 ff; MK-*Sander*, § 253 Rn 13 ff; *Otto*, ZStW 79, 1967, 59, 85; *ders.*, BT § 53 Rn 4; *Rengier*, BT I § 11 Rn 13, 25 ff; *ders.*, JuS 81, 654; *Schmidt/Priebe*, BT II Rn 765; SK-*Samson*, 4. Aufl., § 253 Rn 5; S/S-*Eser*, § 253 Rn 8, 8a; *Schröder*, ZStW 60, 1941, 33, 83.
18 S. dazu zust. *Kindhäuser*, § 253 Rn 21.
19 BGHSt 7, 252, 254; 14, 386, 390; 25, 224, 228; 32, 88; 41, 123, 125; 42, 196, 199; BGH NStZ-RR 99, 103; zust. *Geilen*, Jura 80, 50; *Hecker*, JA 98, 305; *Jäger*, BT Rn 376; *Kretschmer*, Jura 06, 221; *Krey/Hellmann*, BT II Rn 305; LK-*Herdegen*, § 253 Rn 6 ff; *Lüderssen*, GA 1968, 257; *Schünemann*, JA 80, 486; *Seelmann*, S. 94; SK-*Günther*, vor § 249 Rn 13 ff; § 253 Rn 16; *Tausch*, Die Vermögensverfügung des Geschädigten – notwendiges Merkmal der Erpressungstatbestände? 1995, S. 73 ff; krit. gegenüber der „Verfügungstheorie" auch *Mitsch*, BT II/1 § 6 Rn 40; NK-*Kindhäuser*, vor § 249 Rn 47 ff; § 253 Rn 16 f.
20 So BGHSt 14, 386, 390; 41, 123, 125; dagegen auch SK-*Günther*, vor § 249 Rn 13.
21 Übersicht über den Streitstand bei *Geppert/Kubitza*, Jura 85, 276; *Hecker*, JA 98, 301 f; *Hillenkamp*, BT 33. Problem; *Küper*, BT S. 409 ff.
22 S. dazu *Kindhäuser*, BT II § 18 Rn 7 ff.
23 So die Gegenargumente von *Schünemann*, JA 80, 486, 488.
24 Sog. kleiner Raub, SK-*Günther*, § 253 Rn 17.

selbstständigen Deliktstyp behandelt, dem die Aufgabe zufällt, diejenigen Vermögensverletzungen zu erfassen, die nicht schon als Eigentums- oder Vermögensdelikte anderen Charakters im StGB geregelt sind. Entsprechend ihrer Parallelstruktur unterscheiden Betrug und Erpressung sich somit nur dadurch, dass die vermögensschädigende Verfügung dort durch *Täuschung erschlichen* und hier durch *Nötigung erzwungen* wird[25].

Dieser Lehre wird häufig entgegengehalten, bei fehlender Zueignungsabsicht (**Beispiel:** Wegnahme eines Taxis mit Raubmitteln zum Zwecke des vorübergehenden Gebrauchs unter alsbaldiger Rückgabe an den Berechtigten)[26] begünstige sie den brutalen, zur *vis absoluta* greifenden Gewalttäter, indem sie dessen Nötigungshandlung nur über § 240 erfasse, während sie denjenigen, der lediglich mit gegenwärtiger Gefahr für Leib oder Leben *drohe* und so eine Vermögensverfügung (= Übertragung des Sachbesitzes an sich) erzwinge, gemäß §§ 253, 255 wegen räuberischer Erpressung bestrafe[27]. Diese Bedenken hätten Gewicht, wenn *vis absoluta* im Vergleich zur Drohung stets das brutalere Nötigungsmittel wäre. Davon kann aber keine Rede sein. Ein Taxifahrer, der dem Täter seinen Kraftwagen überlässt, weil er mit einer geladenen und entsicherten Schusswaffe bedroht wird, hat beispielsweise eine gefährlichere Situation zu bestehen als ein anderer, den der Täter durch rasches Abschließen der Tür im Warteraum des Taxenstandes einsperrt (= *vis absoluta*)[28] und der so zur Duldung der Wegnahme gezwungen wird. Richtig ist allein, dass der strafrechtliche Vermögensschutz im hier erörterten Bereich verbesserungsbedürftig ist und dass bei der augenblicklichen, durch das 6. StrRG (Rn 9) unverändert gelassenen Gesetzeslage weder die Auffassung der Rechtsprechung noch die hier bevorzugte Lehre zu vollauf befriedigenden Ergebnissen führen. Während die Letztere sich auf die besseren *dogmatischen* Gründe stützen kann, muss man der Rechtsprechung zugestehen, dass sie aus *kriminalpolitischer* Sicht bei der Bekämpfung der Gewaltkriminalität nicht ohne Vorzüge[29] und mit dem Wortlaut der §§ 253, 255 vereinbar ist.

Die Entscheidung für eine Vermögensverfügung verlangt die Beschreibung ihrer **inhaltlichen Beschaffenheit**[30]. Leitet man das Erfordernis der Verfügung aus der strukturellen Verwandtschaft zum Betrug und der für beide Delikte charakteristischen Selbstschädigung ab, liegt es nahe, sich unter Berücksichtigung der Besonderheiten der Erpressung an den Verfügungsbegriff des Betrugs (s. Rn 620 ff) anzulehnen. Ein **unbewusstes Unterlassen** kann dann bei der **Sacherpressung** nicht Vermögensverfügung iS des § 253 sein, weil es zum Wesen der Willensbeugung durch kompulsive Gewalt oder Drohung gehört, dass der Genötigte zu einem *willensgesteuerten*, *bewussten* Verhalten bestimmt wird. Das schließt auch vis absoluta als Nötigungsmittel aus. Mindestvoraussetzung ist daher ein **willensgetragenes**, die Vermögensverschiebung **bewusst** herbeiführendes Verhalten[31]. Da auch unterhalb der Schwelle zur vis absoluta das Nötigungselement der Erpressung erheblichen Zwang bewirkt, kann **Freiwilligkeit** nicht im gleichen Sinn wie beim Betrug gefordert werden. Maßgeblich für die Erhaltung des Selbstschädigungscharakters ist insoweit, dass der Genötigte eine für sich durchhaltbare, das Vermögen bewahrende Verhaltensalternative oder seine Mitwirkung als notwendig und die Übergabe des Vermögensbestandteils daher

712

713

---

25 S. dazu *Rengier*, JuS 81, 654 und JZ 85, 565; krit. *Küper*, Lenckner-FS S. 495 ff.
26 Vgl BGHSt 14, 386.
27 Vgl *Geilen*, Jura 80, 50, 51; *Schünemann*, JA 80, 486, 488.
28 Vgl BGHSt 20, 194, 195; BGH GA 1965, 57.
29 Vgl dazu LK-*Herdegen*, § 249 Rn 21, 24.
30 *Küper*, BT S. 414 ff.
31 *Rengier*, BT I § 11 Rn 37; S/S-*Eser*, § 253 Rn 8; krit. A/W-*Heinrich*, § 17 Rn 17.

als *seine* Entscheidung sieht. Letzteres ist dann gegeben, wenn das Erpressungsopfer für den Zugang zu seinem Vermögen eine „Schlüsselstellung" innehat[32], die beispielsweise in der Kenntnis einer Zahlenkombination oder eines Verstecks, nicht aber im bloßen Besitz des (Tresor)Schlüssels[33] liegen kann. Auch wenn der Täter aus der Sicht des Opfers in solchen Fällen auf seine Mitwirkung angewiesen ist, ist der Schluss nicht zwingend, es komme auf die **unmittelbar** vermögensmindernde Wirkung des Opferverhaltens dann nicht an[34]. Vielmehr bleiben auch aus der Erpressung die Sachverhaltsgestaltungen ausgeschlossen, in denen die Eröffnung des Zugangs zum Vermögen nur den **fremdschädigenden** Zugriff des Täters ermöglicht[35]. Denn wenn auch das Vermögen nach der „Aufschlüsselung" für den Täterzugriff offen liegt, ist seine Schädigung *ohne* Aushändigung des geforderten Teils noch nicht „definitiv"[36]. Vielmehr hängt sie dann noch von fremdschädigendem Zugreifen ab. Bei einer mit Nötigungsmitteln erzwungenen Preisgabe der zu einer EC-Karte gehörigen Geheimnummer ist zwar dann, wenn der Täter schon im Besitz der Karte ist und die Abhebung kurz bevorsteht, die Annahme einer schadensgleichen Vermögensgefährdung nicht ausgeschlossen. Auch hier sollte man aber nicht anders als beim Betrug (s. Rn 624) die Unmittelbarkeit verneinen, da der eigentliche Schaden erst durch die von § 263a erfasste (s. Rn 610) unbefugte Verwendung der Karte herbeigeführt wird[37].

In jedem Fall muss das Opfer *durch* die Zwangswirkung des Nötigungsmittels zu der vom Täter erstrebten Handlung bewegt und in diesem Sinne der Wille des Opfers gebeugt worden sein. Daran fehlt es, wenn das Opfer *nur* aus ermittlungstaktischen Gründen zahlt, nicht aber, wenn die Furcht vor der Verwirklichung der Drohung neben dem Rat der Polizei zu zahlen *mitbestimmend* ist[38].

714 **Genötigter** und **Verfügender** müssen **personengleich** sein, während *Genötigter* und *Geschädigter* nicht identisch zu sein brauchen[39]. Wie im Falle des Betrugs kann der Nachteil auch das Vermögen eines Dritten treffen, zu welchem der Genötigte auf Grund eines **Näheverhältnisses** derart in Beziehung steht, dass er tatsächlich im Stande ist, über Vermögensgegenstände des Vermögensinhabers zu verfügen.

Welche Anforderungen bei einer solchen **Dreieckserpressung** im Einzelnen an dieses „Näheverhältnis" zu stellen sind, ist noch weitgehend ungeklärt[40]. Sieht man in der Erpressung ein dem Betrug strukturverwandtes Selbstschädigungsdelikt, sind auch hier die Überlegungen zum (Drei-

---

32 *Hauf*, BT I S. 109; *Krey*, BT II, 12. Aufl., Rn 300, 305; *Küper*, NJW 78, 956; *ders.*, Jura 83, 288; *Lackner/Kühl*, § 253 Rn 3; *Tenckhoff*, JR 74, 492; krit. dazu *Biletzki*, Jura 95, 637; *Hecker*, JA 98, 305; *Rengier*, BT I § 11 Rn 34 f, 37.

33 Ihn kann man gegebenenfalls dem Opfer abnehmen; daher liegt in BGH NStZ-RR 07, 375 in beiden Tatvarianten angesichts der Lebensbedrohung Raub vor. Anders der BGH unter Rekurs auf das äußere Erscheinungsbild, s. dazu Rn 730.

34 So aber *Lackner/Kühl*, § 253 Rn 3; *Otto*, BT § 53 Rn 5; *Tenckhoff*, JR 74, 492.

35 *Hillenkamp*, JuS 90, 455 f; ebenso *Hellmann*, JuS 96, 524, in dessen Fall Erpressung zu bejahen sein dürfte; s. auch BGH NStZ 06, 38 mit krit. Anm. *Hoyer*, ZIS 06, 140.

36 So aber *Küper*, Lenckner-FS S. 506.

37 Anders BGH NStZ-RR 04, 333, 334; wie hier *Rengier*, BT I § 11 Rn 36, 38, 47 ff; diff. *Graul*, Jura 00, 208.

38 BGHSt 41, 368, 371; BGH JR 99, 117.

39 Näher BGH NStZ 87, 222; BGHSt 41, 123, 125 f; BGH NStZ-RR 97, 321 mit Anm. *Cramer*, NStZ 98, 299 und *Krack*, NStZ 99, 134.

40 Übersicht bei *Ingelfinger*, JuS 98, 537 f; krit. *Erb*, Herzberg-F S. 716 ff.

ecks-) Betrug unter Berücksichtigung der Besonderheiten der Erpressung fruchtbar zu machen[41]. Danach ist zu verlangen, dass der verfügende Dritte **im Lager** des Vermögensinhabers steht (s. Rn 641)[42], naturgemäß hier aber nicht, dass er subjektiv in der Vorstellung handelt, zu der konkreten Vermögenspreisgabe berechtigt zu sein[43]. Obwohl die Gegenmeinung eine Verfügung nicht verlangt, setzt auch sie ein „Näheverhältnis" voraus[44]. Nach Ansicht des BGH bedeutet Erpressung in solchen Fällen die „erzwungene Preisgabe von … fremden Vermögenswerten, deren Schutz der Genötigte wahrnehmen kann und will". Deshalb müsse der Genötigte spätestens im Zeitpunkt der Tatbegehung „auf der Seite des Vermögensinhabers stehen". Das wird für die „in Erfüllung ihrer Aufgaben an Stelle des Geschädigten" handelnde Polizei[45] wie für die Lebensgefährtin des Geschädigten bejaht[46]. Der Sache nach ist hierin eine Annäherung an die These zu sehen, dass es sich bei der Erpressung um ein Selbstschädigungsdelikt handelt[47].

c) Vermögensnachteil

Der Begriff des **Vermögensnachteils** in § 253 deckt sich mit dem Merkmal der Ver- **715** mögensbeschädigung in § 263[48]. Die Rechtsprechung legt daher auch hier eine wirtschaftliche Betrachtungsweise zu Grunde, die aber bei § 253 nicht anders als zu § 263 (s. dazu Rn 534) normative Begrenzungen erfährt[49]. Das zeigt sich zB daran, dass die Erzwingung einen Straftatbestand erfüllender Leistungen oder des Verzichts auf einen Beuteanteil trotz ihres wirtschaftlichen Wertes keine Schädigung des Opfers bedeuten sollen[50]. Das stimmt mit dem juristisch-ökonomischen Vermögensbegriff überein (Rn 566, 568). Dem entspricht es auch, wenn der mangelnden Werthaltigkeit einer Forderung kein selbstständiges Gewicht beigemessen wird, wo die Forderung rechtlich nicht besteht[51]. Der wirtschaftliche Ausgangspunkt wird demgegenüber deutlich, wenn die Rechtsprechung dem einen Nachteil abspricht, der aufgrund der Drohung nur darauf verzichtet, eine ohnehin wertlose, weil gänzlich uneinbringliche Forderung geltend zu machen[52]. Die Herbeiführung einer konkreten Vermögensgefährdung kann wie beim Betrug (s. Rn 571) genügen[53]. An ihr fehlt es zB, wenn eine Geldübergabe im Rahmen einer Erpressung von der Polizei so überwacht wird, dass dem Täter keine

---

41 So auch *Eisele*, BT II Rn 729 f; *Esser*, Jura 04, 278; *Kindhäuser*, BT II § 17 Rn 42 ff; *Krey*, BT II, 12. Aufl., Rn 306; *Heghmanns*, Rn 1466; *Maurach/Schroeder/Maiwald*, BT I § 42 Rn 29; MK-*Sander*, § 253 Rn 23; *Rengier*, BT I § 11 Rn 30; abw. Konzeptionen bei *Fischer*, § 253 Rn 11; *Mitsch*, BT II/1 § 6 Rn 43 ff.

42 IE nahe stehend *Röckrath*, Die Zurechnung von Dritthandlungen bei der Dreieckserpressung 1991, S. 67 ff; dazu *Maurach/Schroeder/Maiwald*, BT I § 42 Rn 30.

43 *Biletzki*, JA 96, 162; *Küper*, BT S. 417; *Otto*, Anm. JZ 95, 1020 f.

44 SK-*Günther*, § 253 Rn 18.

45 BGHSt 41, 368, 371.

46 BGHSt 41, 123, 125 f; näher, teils krit. zu dieser Entscheidung *Krack*, JuS 96, 493; *Mitsch*, Anm. NStZ 95, 499; *Otto*, Anm. JZ 95, 1020; abl. *Wolf*, Anm. JR 97, 73; dagegen zutr. *Ingelfinger*, JuS 98, 537 f. S. zum Ganzen auch *Rengier*, JZ 85, 565.

47 *Geppert*, JK 90, StGB, § 255/9; krit. *Kindhäuser*, § 253 Rn 24 ff, 30 f.

48 Vgl BGH StV 96, 33.

49 BGHSt 44, 251, 254 f.

50 BGH NStZ 01, 534; BGH NStZ-RR 09, 106.

51 BGH NStZ 08, 627 mit Anm. *Kindhäuser*, StV 09, 355.

52 BGH NStZ 07, 95, 96.

53 Vgl BGHSt 34, 394 zur erzwungenen Hingabe eines Schuldscheins für eine nicht bestehende Forderung; BGH NStZ-RR 98, 233; 00, 234 f; BGH NStZ 00, 197; HK-GS/*Duttge*, § 253 Rn 17; MK-*Sander*, § 253 Rn 24 f.

Chance bleibt, mit dem Geld zu entkommen[54]. Durch das schädigende Ereignis gegen Dritte erwachsende Ansprüche schließen andererseits auch bei der Erpressung den Schaden nicht aus[55].

Im **Fall 68** hat D den objektiven Tatbestand des § 253 I verwirklicht: Die Ankündigung, dass E sein wertvolles Gemälde „nicht wieder sehe", wenn er sich dem Ansinnen des D nicht beuge, enthält unbestritten die **Drohung** mit einem empfindlichen Übel, weil D hier zu unterlassen androht, was zu tun er rechtlich verpflichtet ist[56]. Dadurch ist E zur Zahlung des Lösegeldes, dh zu einer sein Vermögen *unmittelbar* schädigenden Handlung (= Vermögensverfügung) genötigt worden, was nach allen hierzu vertretenen Auffassungen als Bindeglied zwischen Nötigungsmittel und Schädigung reicht. Zu prüfen bleibt, ob es an einem **Vermögensnachteil** im Hinblick darauf fehlen könnte, dass E gegen Hingabe des Geldes das Gemälde zurückerhalten hat. Diesen Standpunkt, wonach hier nur für § 240 statt für § 253 Raum bliebe, hat das OLG Hamburg in der Tat eingenommen[57]. Dem ist der BGH[58] jedoch mit Recht – wenn auch nicht in Übereinstimmung mit einer rein wirtschaftlichen Betrachtungsweise[59] – entgegengetreten. Denn da D gemäß §§ 985, 861 BGB zur **unentgeltlichen Rückgabe** der Diebesbeute verpflichtet war, gleicht die Wiedererlangung des Kunstwerkes durch E nur den *schon vorher angerichteten Diebstahlsschaden* aus, nicht aber den Verlust des Lösegeldes in Höhe von 20 000 EUR. In dieser Hinsicht fehlt es an einem *anrechenbaren* Gegenwert und an den Voraussetzungen für eine Einbeziehung in die Schadensberechnung. Im Verhältnis zum **Lösegeldschaden** bildet die Rückgabe des Diebesgutes, die auf einer schon vorher entstandenen *gesetzlichen* Verpflichtung beruht, kein **kompensationsfähiges Äquivalent** (vgl dazu Rn 545).

3. Subjektiver Tatbestand

716 In **subjektiver Hinsicht** setzt die Erpressung *Vorsatz* und die *Absicht* voraus, sich oder einen Dritten **zu Unrecht zu bereichern**. Trotz der anderen sprachlichen Fassung entspricht dies sachlich der beim Betrug geforderten Absicht, sich oder einem Dritten einen **rechtswidrigen Vermögensvorteil** zu verschaffen[60]. Auf die diesbezüglichen früheren Ausführungen kann daher verwiesen werden (vgl Rn 579 ff).

717 Einen vermögenswerten Vorteil erstrebt zB, wer vor der geplanten Zerstörung ein Fahrzeug zunächst als Fluchtmittel nutzen[61], nicht aber, wer das dem Opfer zur Verhinderung eines Hilferufs abgepresste Handy weder nutzen noch verkaufen, sondern alsbald nach der Tat wegwerfen will[62]. Auch muss zwischen dem angestrebten Vorteil und dem vom Opfer erlittenen Schaden **Stoffgleichheit** bestehen[63]. Daran fehlt es bei einer eigenmächtigen Inpfandnahme von Wertgegenständen, um den Betroffenen zur Zahlung seiner Schulden zu veranlassen[64]. **Rechtswidrig** ist der erstrebte Vermögensvorteil, wenn der Täter oder der Dritte nach materiellem Recht auf ihn **keinen**

---

54   BGH StV 98, 80; 661; s. dazu StV 99, 94.
55   BGH NStZ-RR 04, 333, 334 f.
56   Näher *Hillenkamp*, BT 7. Problem; *Puppe*, Anm. JZ 89, 596; *Wessels/Hettinger*, BT I Rn 407.
57   OLG Hamburg JR 74, 473; ebenso *Trunk*, JuS 85, 944.
58   BGHSt 26, 346, 347 f; ebenso *Stoffers*, Jura 95, 113 ff.
59   S. *Graul*, JuS 99, 566.
60   BGH NStZ 89, 22; 96, 39.
61   BGH NStZ 96, 39.
62   OLG Jena NStZ 06, 450.
63   BGH NStZ 02, 254 mit Bespr. *Baier*, JA 02, 457; NK-*Kindhäuser*, § 253 Rn 35.
64   S. BGH NJW 82, 2265; BGH NStZ 88, 216; BGH StV 99, 315; s. dazu *Bernsmann*, NJW 82, 2214; *Graul*, JuS 99, 564.

Anspruch hat. Dem steht es nach BGHSt 48, 322, 326 f[65] gleich, wenn einem denkbaren Rück-gewähr- oder Ersatzanspruch Treu und Glauben deshalb entgegenstehen, weil seine Erfüllung – wie bei der Rückgabe betrügerisch erlangter Drogen – einen strafbaren Zustand herbeiführen würde. Besteht dagegen ein Anspruch – wie zB der Prostituierten gemäß § 1 ProstG nach erbrach-ter Leistung[66] – und ist er fällig und einredefrei, so wird der **Vorteil** nicht dadurch rechtswidrig, dass seine Erlangung im Wege der Nötigung oder sonstwie *mit unerlaubten Mitteln* durchgesetzt wird[67]. Gleiches soll für die Durchsetzung einer Forderung auch dann gelten, wenn sie bestritten wird und vor Gericht eingeklagt werden müsste. Entscheidend soll sein, dass sie nach materiellem Recht besteht[68]. Auch soll es an der Rechtswidrigkeit des erstrebten Vorteils mangeln, wenn der Täter durch die erzwungene Ausstellung von Wechseln keine zweite selbstständige Verbindlich-keit begründen, sondern nur die Durchsetzung seiner bestehenden Forderung erleichtern will[69]. Wer als Käufer von Rauschgift betrogen wurde, weil er statt Haschisch Schokolade erhalten hat, kann sein Geld (vor Vermischung) nach § 985 BGB herausverlangen[70] und hat zudem nach §§ 823 II BGB, 263 sowie § 826 BGB einen Schadensersatzanspruch. Macht er ihn mit Nöti-gungsmitteln geltend, erstrebt er keinen rechtswidrigen Vorteil. § 817 BGB steht dieser Wertung ebenso wenig entgegen[71], wie die gegebenenfalls bezüglich des eingesetzten Geldes eröffnete Möglichkeit von Einziehung oder Verfall[72]. Auch wer sich das ihm entwendete Diebesgut mit er-presserischen Mitteln zurückholt, soll angesichts der Tatsache, dass auch der Dieb Besitzschutz gegenüber Dritten genießt, keine rechtswidrige Bereicherung anstreben und folglich nur wegen Nötigung strafbar sein, wenn er sein Recht mit Waffengewalt durchsetzt[73]. Da hierdurch aber eine gegenüber dem Eigentümer rechtswidrige Besitzposition (wieder) hergestellt und die Vermögens-zuordnung – worauf es hier ankommt – durch den nur possessorischen Besitzschutzanspruch nicht begründet wird, kann das kaum überzeugen[74]. Wer irrig annimmt, dass auf die erstrebte Be-reicherung ein *rechtlich begründeter Anspruch* bestehe, befindet sich – nicht anders als bei Dieb-stahl (s. Rn 190) und Betrug (s. Rn 578) – im **Tatbestandsirrtum**, sodass § 253 entfällt[75]; uU kommt dann eine Bestrafung wegen Nötigung in Betracht[76]. Der auf die Schädigung und die Rechtswidrigkeit der Bereicherung bezogene Vorsatz bleibt dagegen erhalten, wenn der Täter mit der Möglichkeit rechnet, dass der angenommene Anspruch nicht besteht und sich hiermit abfin-det[77]. Das gilt auch dann, wenn sich der Erpresser nur nach den Anschauungen der einschlägig kriminellen Kreise, nicht aber im Einklang mit den Wertvorstellungen der Rechtsordnung als be-rechtigter Inhaber eines Anspruchs gegen das Opfer fühlt[78]. Wer Drittbereicherungsabsicht hat, muss nicht notwendig (Mit-) Täter sein. Fehlt es am tatherrschaftsbegründenden Umfang der Tat-beteiligung und eigenem Tatinteresse, liegt trotz dieser Absicht nur Beihilfe vor[79].

---

65 Mit Anm. *Kühl*, NStZ 04, 387 und Fallbespr. *Käßner/Seibert*, JuS 06, 810, 812.
66 S. dazu BGH NStZ 02, 481, 482; *Ziethen*, NStZ 03, 184; *Trede*, Auswirkungen des ProstG auf das Straf- und Ordnungswidrigkeitenrecht 2007, S. 40 ff, 274 ff.
67 Vgl BGHSt 3, 160, 162 f; 20, 136, 137; BGH StV 00, 79, 80; BGH NStZ-RR 04, 45.
68 BGH StV 09, 357 f; BGH NStZ-RR 09, 17, 18.
69 BGH NStZ 09, 386.
70 BGH NStZ-RR 00, 234.
71 BGH NJW 92, 310; BGH JR 03, 163 mit Anm. *Engländer*; *Hillenkamp*, JuS 03, 163; aA *Hecker*, JuS 01, 231.
72 So aber *Kindhäuser/Wallau* NStZ 03, 152, 154; *Mitsch*, JuS 03, 122, 123 f; s. dagegen BGHSt 48, 322, 329 und Rn 564.
73 BGH NStZ-RR 08, 76.
74 Zu Recht krit. daher *Bauer*, Jura 08, 851; *Dehne-Niemann*, NStZ 09, 37, der das für richtig gehaltene Ergebnis aber auf einen Anspruch aus § 812 I 1 BGB stützen will; dem BGH zust. *Eisele*, BT II Rn 741.
75 BGH NStZ 88, 216; BGH StV 99, 315; BGH StV 00, 78, 79 mit Bespr. *Jahn/Dickmann*, JA 00, 541; BGH JR 03, 163; BGH NStZ 02, 481.
76 Vgl BGHSt 4, 105, 106 f; BGH NJW 86, 1623; *Krey/Hellmann*, BT II Rn 319 ff.
77 BGH JR 99, 336 mit Anm. *Graul*.
78 S. BGHSt 48, 322, 328 f; BGH NStZ 08, 626 und Rn 578.
79 BGH StV 98, 540.

718 Im **Fall 68** hat D **vorsätzlich** und in der **Absicht** gehandelt, sich in Gestalt der 20 000 EUR, auf die er keinerlei Anspruch hatte, einen **rechtswidrigen Vermögensvorteil** zu verschaffen. Diese Besserstellung seiner Vermögenslage bildete die Kehrseite des dem E zugefügten Schadens; an der sog. „**Stoffgleichheit**" zwischen Vorteil und Nachteil, die durch *ein und dieselbe Vermögensverfügung vermittelt* worden sind, besteht hiernach kein Zweifel[80]. Damit ist auch der **subjektive Tatbestand** des § 253 I gegeben.

4. Rechtswidrigkeit und Vollendung

719 Die **Rechtswidrigkeit der Tat im Ganzen** ist nach der **Zweck-Mittel-Relation** des § 253 II zu beurteilen, die mit der in § 240 II getroffenen Regelung übereinstimmt; das zur *Nötigung* Gesagte gilt hier also entsprechend[81]. Die Bejahung der **Verwerflichkeit** liegt bei der Erpressung allerdings näher, da sie mit der angestrebten rechtswidrigen Bereicherung stets auf ein zumindest rechtswidriges Zwischenziel gerichtet ist[82]. Die Rechtsprechung zieht hier wie bei der Nötigung[83] einer durch „Prinzipien" konkretisierten Feststellung der Verwerflichkeit[84] eine zu dem Urteil sittlicher oder sozialer Unerträglichkeit führende Gesamtbetrachtung vor, die sich nicht an „moralischer Bedenklichkeit", sondern an der „Beachtung der Position des Opfers" orientiert[85].

Im **Fall 68** sind alle Voraussetzungen des § 253 II erfüllt. Schuldausschließungsgründe sind nicht ersichtlich, ebenso nicht Erschwerungsgründe iS des § 253 IV. D ist daher gemäß § 253 I, II zu bestrafen.

720 Zur **Vollendung** der Erpressung genügt es, dass die abgenötigte Vermögensverfügung den **Nachteil** unmittelbar herbeigeführt hat. Die Verursachung einer schadensbegründenden Vermögensgefährdung reicht aus (s. Rn 715). Dass der Täter die erstrebte Bereicherung wirklich erreicht, ist nicht erforderlich[86]. Weiß der Täter nicht, dass er einen Anspruch auf den erstrebten Vorteil hat, kommt (nur) **Versuch** in Betracht[87].

721 Der **Versuch** beginnt mit dem unmittelbaren Ansetzen zur Nötigungshandlung (zB mit der Übergabe des Drohbriefes). Das erfolglose Bemühen, in das Haus des zu Erpressenden zu gelangen, reicht für sich allein nicht aus; hier fehlt es noch am Beginn einer *Einwirkung auf den Willen* des

---

80 Vgl RGSt 67, 200; BGH MDR/H 80, 106; zur denkbaren Strafbarkeit eines von E beauftragten Lösegeldboten s. *Rönnau*, JuS 05, 481, 484 ff.
81 S. *Wessels/Hettinger*, BT I Rn 421 ff.
82 S. A/W-*Heinrich*, § 18 Rn 18; *Joecks*, § 253 Rn 19; SK-*Günther*, § 253 Rn 35; einschr. MK-*Sander*, § 253 Rn 36 f; zu einem Fall eines nach der Vorstellung des Täters erlaubten Zwecks s. BGHSt 17, 328, 331 f zu § 240.
83 S. *Küper*, BT S. 244 ff.
84 S. aber BGHSt 39, 133, 137: Prinzip des Vorrangs staatlicher Zwangsmittel; OLG Karlsruhe NJW 04, 3724: fehlende Konnexität.
85 S. BGHSt 44, 68, 81; *Fischer*, § 240 Rn 41.
86 BGHSt 19, 342, 344.
87 BGH NStZ 08, 214: Fall des „umgekehrten Tatbestandsirrtums"; vgl dazu auch BGHSt 42, 268, 272 (zu § 263) und LK-*Hillenkamp*, § 22 Rn 218, 228; *Rengier*, BT I § 11 Rn 64a.

Opfers[88]. Ebenso liegt es, wenn die Täter durch Betrug an das Geld des Opfers gelangen und sich dabei nur vorbehalten haben, notfalls zusätzlich zur Täuschung Nötigungsmittel einzusetzen. Wird das nicht erforderlich, liegt noch kein unmittelbares Ansetzen vor[89]. Erhält der Erpresser weniger als gefordert, ist die Tat vollendet, der weitergehende, auf Erlangung der höheren Summe zielende Versuch aber fehlgeschlagen[90]. Entspricht die übergebene Sache dagegen nicht der Erwartung des Täters und gibt er sie deshalb zurück, liegt nur Versuch vor[91].

5. Konkurrenzen

Das **Verhältnis** des § 253 **zu anderen Tatbeständen** ist umstritten. Tateinheit mit **Betrug** bei einem Zusammentreffen von Drohung und Täuschung kommt nur in Ausnahmefällen, wie etwa dann in Betracht, wenn die zur Willensbeeinflussung eingesetzten Mittel voneinander unabhängig sind und die darauf beruhende, für den Betrug unbestritten zu verlangende Vermögensverfügung sowohl dem Einfluss der Drohung als auch dem Einfluss der Täuschung zuzuschreiben und trotz der Drohung noch als für § 263 hinreichend freiwillig (s. Rn 632 ff) zu bezeichnen ist[92]. Ein **Beispiel** dafür bildet die Hingabe von Geld als Darlehen aus Furcht vor der Drohung mit einer Strafanzeige *und* im Vertrauen auf die außerdem vorgespiegelte, in Wirklichkeit aber fehlende Rückzahlungsbereitschaft des Täters[93].

    722

Dient die Täuschung jedoch lediglich dem Zweck, die Ausführbarkeit der Drohung vorzuspiegeln, deren Wirkung zu verstärken oder das in Aussicht gestellte Übel in einem besonders grellen Licht erscheinen zu lassen, so bildet sie einen Bestandteil der Drohung und geht in dieser auf mit der Folge, dass der Täter nur wegen Erpressung oder räuberischer Erpressung zu bestrafen ist[94].

    723

Die Begründung für dieses fast einhellig anerkannte Ergebnis ist allerdings nicht einheitlich: Neben der Ansicht, dass hier für § 263 schon *tatbestandlich* kein Raum bleibe[95], weil das Opfer nicht *freiwillig* verfüge und keine *unbewusste* Selbstschädigung vorliege[96], oder dass es einer differenzierten Betrachtungsweise bedürfe[97], steht die Auffassung, dass die Problemlösung auf der **Konkurrenzebene** zu suchen sei[98]. Hiernach wird bei einer Kombination zwischen Täuschung und Drohung, bei der die Täuschung in der Drohung als deren wesentlicher Bestandteil aufgeht, der in Betracht kommende Betrug durch eine Bestrafung des Täters nach § 253 bzw § 255 **mit abgegolten**. Vorzugswürdig ist demgegenüber eine **Tatbestandslösung**, die bereits eine *betrugsrelevante* Täuschung verneint, wo die Täuschung nur der Unterstützung der Drohung dient. Hier ist die Täuschung nicht „wesentlicher" – und damit gleichberechtigter – „Bestandteil der Drohung"[99], sondern nur Erhärtung ihres *willensbeugenden* Kerns. Die List des Betrugs liegt daher nicht vor.

---

88   BGH MDR/D 75, 21 zu §§ 22, 30 II.
89   LK-*Hillenkamp*, § 22 Rn 129 f; aA BGH NStZ 02, 33.
90   BGHSt 41, 368, 371.
91   BGH StV 08, 356.
92   RG HRR 1941, 169.
93   BGHSt 9, 245, 247.
94   BGHSt 23, 294.
95   Vgl BGHSt 23, 294.
96   Vgl *Küper*, Anm. NJW 70, 2253; *Seelmann*, JuS 82, 915.
97   *Günther*, ZStW 88, 1976, 960, 975 ff.
98   *Eisele*, BT II Rn 748; *Herzberg*, JuS 72, 570; *Krey/Hellmann*, BT I § 11 Rn 75; S/S-*Eser*, § 253 Rn 37; *Wessels*, BT II Rn 682.
99   So aber BGHSt 23, 296; wie hier HK-GS/*Duttge*, § 253 Rn 8 f, 40.

Dass nur mit der Konkurrenzlösung ein Gehilfe, der von der Drohung des Haupttäters nichts weiß und der bloß die Täuschung fördern will, wegen **Beihilfe zum Betrug** zu bestrafen ist, ist richtig[100], angesichts der Rarität solcher Fälle aber ohne Gewicht[101]. Zur sog. **Sicherungserpressung** *nach* einem Betrug s.u. Rn 736 f.

724 Wer einen anderen durch Drohung mit einem empfindlichen Übel zur Begehung eines Diebstahls nötigt, um sich die dabei erlangte Beute aushändigen zu lassen, macht sich der *Anstiftung zum Diebstahl* (§§ 242, 26) in Tateinheit mit Nötigung (§ 240) schuldig, begeht aber keine Erpressung (§ 253), wenn der Genötigte nicht bereits vor der Tat in einem **besonderen Näheverhältnis** zu dem betroffenen Vermögen stand, vielmehr **von außen her** darauf einwirkt (s. dazu Rn 714).

725 Wer in Bereicherungsabsicht **vortäuscht**, dass er selbst von einem anderen erpresst werde, und auf diese Weise den Getäuschten unter Hinweis auf eine ihm angeblich drohende Enthüllung zur Zahlung eines Schweigegeldes veranlasst, macht sich nicht der Erpressung, sondern allein des **Betrugs** schuldig (näher Rn 632 ff)[102]. Nur Betrug soll auch dann vorliegen, wenn der Täter dem Opfer eine von einem Dritten drohende Lebensgefahr nur vorspiegelt und anbietet, gegen Geldzahlung darauf hinzuwirken, die Gefahr abzuwenden[103].

Erpressung, § 253

I. Tatbestand
  1. Objektiver Tatbestand
    a. Tathandlung: • *Nötigen*
    b. Tatmittel: • *Gewalt*
         Ⓟ Gewaltbegriff
         Ⓟ nur vis compulsiva
       • *Drohung mit einem empfindlichen Übel*
         Ⓟ Adressat des Übels ≠ Adressat der Nötigung
         Ⓟ Drohung mit Unterlassen
    c. Nötigungserfolg: • *Handlung, Duldung oder Unterlassung*
         → Kausalität Nötigung (Zwangswirkung)
           → Verhalten
         Ⓟ abgenötigtes Verhalten = jedes beliebige Verhalten (auch unter vis absoluta) oder Vermögensverfügung
         Ⓟ wenn Verfügung: → Unmittelbarkeit
                          → Freiwilligkeit
                          → Verfügungsbewusstsein
         Ⓟ Dreieckserpressung (Näheverhältnis)
    d. Taterfolg: • *Vermögensnachteil*
         → wie Vermögensschaden beim Betrug, § 263

---

100   BGHSt 11, 66, 67.
101   S. Rn 6 und *Hillenkamp*, JuS 94, 771.
102   BGHSt 7, 197; BGH NStZ 96, 435; SK-*Günther*, § 253 Rn 12; mit beachtlichen Gründen für die Annahme einer Drohung dagegen Küper, GA 06, 439, 465 f („fraudulöse Warnung" = Drohung).
103   BGH NStZ-RR 07, 16; s. dazu Rn 707.

2. **Subjektiver Tatbestand**
   a. **Vorsatz:**   • *jede Vorsatzart*
   b. **Bereicherungs-**
      absicht: • *Absicht, sich oder Dritten zu Unrecht zu bereichern*
                                 → wie Bereicherungsabsicht beim Betrug, § 263

II. **Rechtswidrigkeit**
   1. **Allgemeine Rechtfertigungsgründe**
   2. **Verwerflichkeit iSd § 253 II**

III. **Schuld**

IV. **Besonders schwerer Fall, § 253 IV**
   → **Qualifikation, § 255**

II. Räuberische Erpressung

Fall 69: T ist in das Haus des V eingedrungen. Er findet dort den 11-jährigen Sohn S des auf einer Couch schlafenden V vor. T stellt sich zwischen S und V und fordert S mit den Worten „Wenn du mir nicht das Geld gibst, dann steche ich deinen Papi ab" auf, ihm die Suche nach Bargeld abzunehmen. Ein Messer hat T nicht dabei und auch nicht vor, V etwas anzutun. Er rechnet aber damit, dass S seine Drohung ernst nimmt. Das tut S auch und öffnet eingeschüchtert einen Wandtresor, dessen Zahlenkombination ihm bekannt ist. Anschließend händigt er T die darin befindlichen 10 000 EUR aus.

Strafbarkeit des T? **Rn 734**

726

1. Tatbestandsstruktur und Nötigungsmittel

Wird eine Erpressung durch **Gewalt gegen eine Person** oder unter Anwendung von **Drohungen mit gegenwärtiger Gefahr für Leib oder Leben** begangen, so liegt eine **räuberische Erpressung** vor (§ 255).

727

Die qualifizierten Nötigungsmittel stimmen mit denen des Raubes überein (s. dazu Rn 318 ff). Allerdings scheidet vis absoluta aus (s. Rn 707; 731). Das Erfordernis der *Leibes- oder Lebensgefahr* betrifft nur die **Drohung** und nicht etwa die vom Täter verübte Gewalt[104]. **Gegenwärtig** ist eine Gefahr, wenn das Umschlagen in eine Verletzung unmittelbar bevorsteht oder wenn bei natürlicher Weiterentwicklung der Dinge der Eintritt eines Schadens sicher oder doch höchstwahrscheinlich ist, falls nicht alsbald Abwehrmaßnahmen ergriffen werden, wenn (also) der ungewöhnliche Zustand nach menschlicher Erfahrung und natürlicher Weiterentwicklung der gegebenen Sachlage jederzeit in einen Schaden umschlagen kann[105]. Eine Dauergefahr reicht danach aus (s. schon Rn 326). Wird die Übelszufügung an den ergebnislosen Ablauf einer nicht zu lang bemessenen (Zahlungs-) Frist geknüpft, ist die Gefahr bereits ge-

---

104 BGHSt 18, 75 f.
105 BGH NJW 89, 176; 1289; BGH NJW 97, 265 mit Anm. *Geppert*, JK 97, StGB, § 255/8; Anm. *Joerden*, JR 99, 120; BGH StV 99, 377 mit Anm. *Kindhäuser/Wallau* und *Zaczyk*, JR 99, 343; *Fischer*, § 255 Rn 2; HK-GS/*Duttge*, § 255 Rn 5; *Rengier*, BT I § 11 Rn 11.

genwärtig[106]. Soll das angedrohte **Übel** nicht den zur Verfügung Aufgeforderten, sondern einen **Dritten** betreffen, ist auch bei der Erpressung zu verlangen, dass das Übel vom Verfügenden als erhebliches eigenes empfunden wird (Rn 326)[107]. Wer eine **fortwirkende**, zunächst ohne Nötigungsvorsatz und Bereicherungsabsicht erfolgte **Drohung** *mit gegenwärtiger Leibes- oder Lebensgefahr* auf Grund eines neugefassten Tatentschlusses dazu benutzt, das eingeschüchterte Opfer zur Herausgabe seiner Geldbörse zu bestimmen, macht sich der räuberischen Erpressung schuldig[108].

728 Im Falle einer räuberischen Erpressung ist der Täter „gleich einem Räuber" zu bestrafen. Diese Verweisung in § 255 bezieht sich nicht nur auf den Strafrahmen des § 249, sondern auch auf die **Erschwerungsgründe** des Raubes (§§ 250, 251)[109].

Daher gelten auch die Ausführungen hierzu (Rn 342 ff) entsprechend. Danach hat die Rechtsprechung zB eine **räuberische Erpressung** in der qualifizierten Form des § 250 I Nr 2 aF bei Gegenständen zu Recht verneint, die schon nach ihrem äußeren Erscheinungsbild offensichtlich ungefährlich und deshalb nur auf Grund einer zusätzlichen Täuschung als bedrohliche Scheinwaffen anzusehen sind[110]. Das ist auch zu § 250 I Nr 1b nF die zutreffende Lösung (s. Rn 344). Ebenso kann für §§ 255, 250 II Nr 1 nF die Verwendung einer Schreckschusspistole als bloßes Drohmittel nicht ausreichen, soweit nur eine geladene Schusswaffe vorgetäuscht werden soll[111].

2. Abgrenzung zum Raub

729 Während der **Räuber** (§ 249) sein Opfer zur *Duldung der Wegnahme* von Sachen zwingt, nötigt der **räuberische Erpresser** (§ 255) den Betroffenen, *selbst* eine vermögensmindernde Handlung vorzunehmen, eine vermögenserhaltende Tätigkeit zu unterlassen oder ein vermögensschädigendes Tun zu dulden, das über die Wegnahme einer Sache hinausgeht (s. dazu schon Rn 708 ff).

730 Anders als bei der Abgrenzung zwischen Betrug und Diebstahl in Fällen einer vorgetäuschten Beschlagnahme (vgl dazu Rn 627 ff) soll es nach Auffassung der Rechtsprechung bei der Abgrenzung zwischen Raub und räuberischer Erpressung **nicht auf die innere Willensentschließung** des Opfers, sondern allein auf das **äußere Erscheinungsbild** des Gebens (= dann § 255) oder Nehmens (= dann § 249) ankommen[112]. Entsprechendes soll bei der Dreieckserpressung gelten[113].

Danach liegt bei einem Täter, der qualifizierte Nötigungsmittel zur **Erlangung einer Sache** einsetzt und Zueignungsabsicht hat, Raub vor, wenn sich der Täter die Sache nimmt, unter den glei-

---

106 BGH NStZ-RR 98, 135; BGH NStZ 99, 406; BGH StV 99, 377. *Blanke*, Das qualifizierte Nötigungsmittel der Drohung mit gegenwärtiger Gefahr für Leib oder Leben 2007, S. 94 f, 219 f stimmt den vorstehenden Aussagen unter der Voraussetzung zu, dass die Frist „derart kurz bemessen ist, dass die Gefahr normativ betrachtet als unmittelbar bevorstehend" angesehen werden kann (s. aber auch Rn 326).

107 *Lackner/Kühl*, § 255 Rn 1.

108 Lehrreich OLG Frankfurt NJW 70, 342.

109 Vgl BGHSt 27, 10, 11; BGH NJW 94, 1166 mit krit. Anm. *Kelker*, StV 94, 657; BGH NStZ-RR 06, 12; auch ein minder schwerer Fall nach § 250 III kommt in Betracht, BGH NStZ 09, 37.

110 BGH NStZ-RR 96, 356; BGH StV 98, 77.

111 BGH NStZ-RR 98, 358; BGH NStZ-RR 07, 375 ff; s. genauer Rn 350a, 255.

112 BGHSt 7, 252, 255; 41, 123, 125; BGH NStZ 99, 350; BGH NStZ-RR 07, 375; krit. hierzu *Erb*, Herzberg-FS S. 721 ff.

113 BGH NStZ-RR 97, 321 mit Anm. *Cramer*, NStZ 98, 299 und *Krack*, NStZ 99, 134; SK-*Günther*, § 249 Rn 30.

chen Bedingungen im Übrigen dagegen eine räuberische Erpressung, wenn er sich die Sache geben lässt. Ob dieser Gebeakt auf (Rest-) Freiwilligkeit beruht, ist gleichgültig, denn auf den Verfügungscharakter kommt es nach der Rechtsprechung gerade nicht an[114]. Fehlt es – wie zB bei einer mit qualifizierten Nötigungsmitteln erzwungenen Gebrauchsanmaßung – dagegen an der Zueignungsabsicht, ist das äußere Erscheinungsbild gleichgültig[115]. Da Raub mangels Zueignungsabsicht ausscheidet, soll unabhängig vom Sichgebenlassen (Handlung iS des § 253) oder einem Nehmen (Duldung der Wegnahme im Sinne des § 253) Erpressung vorliegen. Der Raub ist so gesehen das durch Zueignungsabsicht und äußerliche Wegnahme geprägte speziellere Delikt gegenüber der allgemeinen Erpressung, die eingreift, wenn eines der beiden Raubelemente fehlt[116]. Fehlt es allerdings auch an der Bereicherungsabsicht, kann naturgemäß auch keine Erpressung vorliegen[117].

Im Gegensatz dazu stellt die „Verfügungstheorie" bei der Abgrenzung zwischen § 255 **731** und § 249 zu Recht auf das Vorliegen oder Fehlen einer *willensgesteuerten* **Vermögensverfügung** mit der Folge ab, dass *vis absoluta* im Rahmen des § 255 als Gewaltmittel ausscheidet. Zur räuberischen **Sacherpressung** gehört daher eine **Willensbeugung** und eine darauf beruhende Mitwirkung des Opfers in Gestalt einer *willentlichen* Gewahrsamsübertragung, deren Vorliegen durch das äußere Erscheinungsbild des „Hingebens" indiziert[118], nicht aber abschließend begründet wird. Gibt das Erpressungsopfer die Sache heraus, weil es sie – wie bei der Drohung „Geld oder Leben"[119] – so oder so verloren sieht, liegt mangels durchhaltbarer Verhaltensalternative trotz äußerer Herausgabe Wegnahme vor.

Die bloße Preisgabe eines Verstecks oder anderer Geheimnisse (zB über die Zahlenkombination **732** des Tresors), mit deren Hilfe dem Täter sodann die geplante Wegnahme von Wertsachen gelingt, ist noch kein „Vermögensnachteil" iS der §§ 253, 255, reicht also nicht aus, um diese Vorschriften an Stelle des § 249 anzuwenden[120]. Sie bedeutet auch kein Einverständnis mit der anschließenden Wegnahme durch den Täter[121]. Vielmehr ist es dessen fremdschädigender Zugriff, der den Schaden herbeiführt. Daher ist Raub und nicht räuberische Erpressung gegeben[122].

Dieser Auffassung liegt die Annahme zu Grunde, dass sich Raub und räuberische Er- **733** pressung wie Diebstahl und Betrug ausschließen. Das eine ist Fremd-, das andere Selbstschädigungsdelikt (s. dazu schon Rn 713)[123].

> Im **Fall 69** hat T gegenüber S eine Drohung mit gegenwärtiger Gefahr für Leib und Leben **734**
> des V ausgesprochen. Dass die Drohung weder ausführbar ist noch ausgeführt werden soll, ist
> belanglos. Maßgebend ist allein, dass der Bedrohte die Ausführung der Drohung *für möglich*
> hält, infolgedessen in Furcht versetzt und dadurch zu einer entsprechenden Willensentschlie-

---

114 Unklar daher MK-*Sander*, § 253 Rn 21.
115 BGH NStZ-RR 99, 103.
116 S. *Küper*, BT S. 409 ff mwN.
117 BGH NStZ-RR 98, 235.
118 Zutr. *Rengier*, JuS 81, 654, 657.
119 S. dazu *Samson*, Strafrecht II S. 109.
120 BGH MDR/H 84, 276; krit. *Graul*, Jura 00, 208; s. dazu schon Rn 713.
121 AA *Küper*, BT S. 415 f.
122 S. BGH NStZ 06, 38; *Hellmann*, JuS 96, 524; *Hillenkamp*, JuS 90, 455 f; für Erpressung dagegen *Hecker*, JA 98, 305 f; *Küper*, Lenckner-FS S. 506.
123 Ausführliche Wiedergabe der Begründungen bei *Hillenkamp*, BT 33. Problem; *Küper*, BT S. 412 ff; zu abw. Meinungen bei der Dreieckserpressung s. *Ingelfinger*, JuS 98, 538.

ßung bestimmt wird[124]. Unerheblich ist auch, dass das Übel V und nicht S treffen soll, wenn nur der Genötigte dadurch unter einen der Bedrohung seiner eigenen Person vergleichbaren Handlungsdruck gerät. Das kann man bei einer gegen den eigenen Vater gerichteten Drohung sicher bejahen[125]. Da S nach dem äußeren Erscheinungsbild das Geld T übergeben und T die von S für den schlafenden Vater wahrgenommene Schutzfunktion für dessen Vermögen durch Nötigung aufgehoben hat, liegt nach der Rechtsprechung eine **Dreieckserpressung** vor[126]. Nicht anders entscheidet die Verfügungstheorie: S steht im Lager des V und trifft eine Verfügung, da er eine „Schlüsselstellung" gegenüber dem geschädigten Vermögen innehat und außer der „Aufschlüsselung" auch die Übergabe selbst vollzieht. Seine Minderjährigkeit steht der Annahme einer (faktischen) Verfügung nicht entgegen. Hierdurch ist bei V unmittelbar ein Vermögensverlust entstanden, auf den sich T's Absicht rechtswidriger Bereicherung richtet. Eine Qualifikation nach § 250 I Nr 1b kommt nicht in Betracht, da hierfür die konkludente Behauptung, ein Messer bei sich zu führen, nicht ausreicht. Ein zugleich begangener Raub in mittelbarer Täterschaft scheidet nach beiden Auffassungen aus[127]. Nach der hier vertretenen Auffassung (Rn 723) liegt auch ein Dreiecksbetrug schon tatbestandlich nicht vor.

3. Rechtsprechungsbeispiele

735 Aus der umfänglichen Rechtsprechung zur räuberischen Erpressung seien zwei Entscheidungsbeispiele herausgegriffen, die sich zur Vertiefung und Einübung eignen.

736 – Nach BGH NJW 84, 501 begeht nicht eine räuberische Erpressung, sondern lediglich eine Nötigung, wer sich **einen durch Betrug erlangten Vorteil** in der Weise sichert, dass er auf Grund eines neu gefassten Entschlusses den Geschädigten mit Gewalt gegen eine Person an der Durchsetzung seiner Forderung hindert.

In dem betreffenden Fall hatte der Angeklagte an einer **Selbstbedienungstankstelle** Benzin im Wert von rund 150 DM in der vorgefassten Absicht getankt, ohne Bezahlung davonzufahren. Zu diesem Zweck hatte er falsche Kennzeichen an seinem Auto angebracht (zum Betrug in solchen Fällen s. Rn 577). Als der Tankwart sich ihm in den Weg stellte, um ihn am Davonfahren zu hindern, fuhr er mit Vollgas auf ihn zu, sodass dieser zur Seite springen musste.

Der BGH führt aus, § 255 greife zwar ein, wenn jemand auf Grund eines entsprechenden Tatplans nach vorausgegangener Täuschung unmittelbar anschließend zur Gewaltanwendung übergehe, um das Opfer zur endgültigen Hinnahme der erzwungenen Vermögensbeschädigung zu nötigen. Deshalb liege eine räuberische Erpressung vor, wenn es einem Taxifahrer im Rahmen eines vom Täter spätestens während der Fahrt gefassten Entschlusses bei Beendigung der Fahrt durch Anwendung von Gewalt unmöglich gemacht werde, seine Fahrpreisforderung durchzusetzen[128]. So habe der Fall hier jedoch nicht gelegen, da der Angeklagte den Entschluss zur Gewaltanwendung *erst nach Abschluss der betrügerischen Handlung* spontan gefasst habe. Der Angeklagte habe sich unter den gegebenen Umständen den bereits durch Betrug erlangten

---

124 BGHSt 23, 294, 295 f; 26, 309, 310 f; BGH JZ 85, 1059 mit Anm. *Zaczyk*.
125 S. *S. Cramer*, Anm. NStZ 98, 300.
126 Vgl BGHSt 41, 123, 125 f; BGH NStZ-RR 97, 321; dazu *Geppert*, JK 98, StGB, § 255/9.
127 Vgl BGH NStZ-RR 97, 321; *Ingelfinger*, JuS 98, 538 auch zu abw. Meinungen.
128 BGHSt 25, 224; das gilt allerdings nur bei einer „werthaltigen" Forderung, BGH NStZ 07, 95, 96; 08, 627.

Vorteil **gesichert**, dem Betroffenen dadurch aber **keinen weiteren Schaden** zugefügt, auch nicht in Form einer Vertiefung oder Verfestigung des durch den Betrug entstandenen Schadens. Das Tatbestandselement der Vermögensschädigung, das den Betrug begründet habe, dürfe dem Angeklagten nicht zur Begründung des Erpressungstatbestandes erneut angelastet werden[129].

Aus den gleichen Erwägungen ist kein Raum für § 255, sondern nur für § 240, wenn sich jemand nach einem bereits *beendeten* Diebstahl die dadurch erlangten Vorteile in der Weise zu erhalten sucht, dass er ein Herausgabeverlangen des Bestohlenen mit einer gefährlichen Drohung abwehrt[130].

Hinter den Entscheidungen BGH NJW 84, 501 und BGH MDR/H 87, 94 steht eine **737** unterschiedliche Konzeption. Während in der zuerst genannten Entscheidung die „**Sicherungserpressung**" schon **tatbestandlich** keine Erpressung ist, weil es an einer gegenüber dem Betrug selbstständigen Schädigung fehlt, soll im zweiten Fall trotz gleicher Lage der Tatbestand erfüllt, die Sicherungserpressung aber als **mitbestrafte Nachtat** anzusehen sein. Die **Tatbestandslösung** ist vorzugswürdig, weil der Schaden schon durch die Vortat eingetreten und dazu nicht begründbar ist, warum ein Verbrechen gegenüber einem Vergehen eine nicht ins Gewicht fallende Nachtat sein soll (s. Rn 378)[131].

Aus diesen Gründen hätte es der BGH auch bei der Entscheidung des LG Stuttgart belassen sollen, nach der sich der Täter eines vollendeten Betrugs auch dann nur wegen Nötigung und nicht wegen Erpressung strafbar macht, wenn er bei Begehung des Betrugs schon plante, notfalls Nötigungsmittel zur Erlangung der Beute oder zur Abwehr eines anschließenden Herausgabeverlangens einzusetzen, nur das Letztere dann aber tut[132]. Auch hier ist durch die Nötigung kein über den Betrug hinausgehender Schaden entstanden. Folglich fehlt es auch an der für die Erpressung erforderlichen Verknüpfung zwischen Nötigung und Nachteilszufügung[133].

– Nach BGHSt 32, 88, 89 ff kann sich der räuberischen Erpressung schuldig machen, **738** wer ein Hotel unter Anwendung von Gewalt gegenüber dem Hotelportier mit seinem Gepäck verlässt, weil er nicht mehr in der Lage ist, die Hotelrechnung zu bezahlen. Der Vermögensnachteil kann in einem solchen Fall in der **Beeinträchtigung des gesetzlichen Pfandrechts des Gastwirts** (§ 704 BGB) liegen. Voraussetzung dafür ist, dass die eingebrachten Sachen des Gastes der Pfändung unterliegen (§ 704 S 2 iVm § 562 I 2 BGB).

In dem betreffenden Fall hatte das Landgericht diesen Anknüpfungspunkt nicht erkannt, die auf § 255 gestützte Verurteilung vielmehr damit begründet, das Vermögen der Hotelleitung sei geschädigt, weil der Angeklagte den Portier genötigt habe, das *Verlassen des Hotels ohne Bezahlung* zu dulden.

Der BGH beanstandete diese Begründung zu Recht mit dem Hinweis, die Forderung des Hoteliers auf Begleichung der Rechnung sei durch die gegen den Portier verübte

---

129 S. dazu auch *Kienapfel*, Anm. JR 84, 388; *Seier*, JA 84, 321; BGH MDR/H 88, 452.
130 BGH MDR/H 87, 94; s. auch BGHSt 41, 198, 203 f.
131 *Hillenkamp*, JuS 97, 219 f; *Seier*, NJW 81, 2155 ff; zum Streitstand s. auch *Rengier*, BT I § 11 Rn 53 ff; SK-*Günther*, § 252 Rn 26 f.
132 BGH NStZ 02, 33; s. dazu schon Rn 721.
133 S. dazu *Kindhäuser*, § 253 Rn 33.

Gewalt nicht geschmälert oder in ihrer Durchsetzbarkeit beeinträchtigt worden. Insoweit fehle es an der notwendigen Kausalität zwischen der Nötigungsfolge und dem in Betracht kommenden Nachteil[134]. Geeigneter Ansatz für § 255 könne hier allein das in § 704 BGB normierte Pfandrecht sein; in dieser Hinsicht bedürfe der Sachverhalt weiterer Aufklärung[135].

Räuberische Erpressung, § 255

I. Tatbestand
  1. Objektiver Tatbestand
    a. Tathandlung: • *Nötigen*
    b. Tatmittel: • *Gewalt gegen eine Person*
          Ⓟ Gewaltbegriff
          Ⓟ nur vis compulsiva
          Ⓟ Gewalt gegen Sachen als Gewalt gegen Personen
         • *Drohung mit gegenwärtiger Gefahr für Leib/Leben*
          Ⓟ Adressat des Übels ≠ Adressat der Nötigung
          Ⓟ Gegenwärtigkeit
          Ⓟ Drohung mit Unterlassen
    c. Nötigungserfolg: • *Handlung, Duldung oder Unterlassung*
          → Kausalität Nötigung (Zwangswirkung)
          → Verhalten
          Ⓟ abgenötigtes Verhalten = jedes beliebige Verhalten (auch unter vis absoluta) oder Vermögensverfügung (Abgrenzung Raub ↔ räuberische Erpressung)
          Ⓟ wenn Verfügung:→ Unmittelbarkeit
                       → Freiwilligkeit
                       → Verfügungsbewusstsein
          Ⓟ Dreieckserpressung (Näheverhältnis)
    d. Taterfolg: • *Vermögensnachteil*
          → wie Vermögensschaden beim Betrug, § 263
  2. Subjektiver Tatbestand
    a. Vorsatz: • *jede Vorsatzart*
    b. Bereicherungs-
       absicht: • *Absicht, sich oder Dritten zu Unrecht zu bereichern*
          → wie Bereicherungsabsicht beim Betrug, § 263

II. Rechtswidrigkeit
  1. Allgemeine Rechtfertigungsgründe
  2. Verwerflichkeit iSd § 253 II

III. Schuld

➜ **Qualifikationen: Bestrafung gleich einem Räuber**
    → Verweisung auf §§ 250, 251

---

134   S. dazu SK-*Günther*, § 255 Rn 5.
135   Näher dazu *Jakobs*, Anm. JR 84, 385; *Otto*, Anm. JZ 84, 143; *Sonnen*, JA 84, 319 ff.

III. Erpresserischer Menschenraub

Fall 70: T betrat das Juweliergeschäft des J, ließ sich dort von J mehrere sehr wertvolle **739** Schmuckstücke „zum Vergleich" vorlegen, zog dann – wie von vornherein geplant – eine geladene und entsicherte Pistole aus der Jackentasche und hielt sie mit dem Ausruf „Überfall, keine Bewegung" J an die Schläfe. Alsdann raffte T die Schmuckstücke an sich und ließ den vor Schreck erstarrten J zurück.

Strafbarkeit des T? **Rn 745**

1. Tatbestandsstruktur und Schutzgut

Der **erpresserische Menschenraub** (§ 239a) ist als **Verbrechen**, dessen Versuch **740** und Verabredung strafbar sind[136], in Tatbestandsmerkmalen und Struktur der Geiselnahme (§ 239b) eng verwandt. Im Unterschied zu dieser verfolgt der Täter des § 239a den **Zweck**, sich durch eine **Erpressung rechtswidrig zu bereichern**. Die geplante Tat muss also alle Voraussetzungen der Erpressung erfüllen. Dazu gehört auf der Opferseite nach der hier vertretenen Auffassung, dass das abgepresste Verhalten eine Verfügung wäre (s. Rn 708 ff, 745) und zudem Vermögenswert besäße, woran es zB bei einer dem Opfer angesonnenen Straftat fehlte[137]. Die **1. Alternative** des Tatbestandes setzt die benannte Absicht als die Tathandlung des Entführens oder Sich-Bemächtigens lediglich begleitendes inneres Moment voraus, das sich mit der Vorstellung verbinden muss, die durch die Handlung ausgelöste Sorge des Opfers um sein eigenes Wohl oder die Sorge eines Dritten um das Wohl des Opfers zu der Erpressung **auszunutzen**. In der **2. Alternative** muss eine noch ohne solche Vorstellungen und Absicht geschaffene Entführungs- oder Bemächtigungslage vom Täter tatsächlich zu einer solchen **Erpressung ausgenutzt**, zu der Erpressung also wenigstens im Sinne des § 22 unmittelbar angesetzt werden[138]. Während die ursprüngliche Fassung des § 239a sich auf das für dieses Delikt charakteristische **Dreiecksverhältnis** dadurch beschränkte, dass allein die Sorge eines Dritten um das Wohl des durch die Entführung oder Bemächtigung Betroffenen ausgenutzt werden sollte, hat der Gesetzgeber 1989 das Delikt auf **Zwei-Personen-Verhältnisse** erweitert[139]. Entführungs- (Bemächtigungs-) und Erpressungsopfer können seitdem identisch sein.

Auch wenn mit der Erpressung ein Angriff auf das Vermögen geplant oder ausgeführt **741** wird, handelt es sich bei § 239a seinem Schwerpunkt und seiner systematischen Stellung nach **nicht** um ein **Vermögens-**, sondern um ein die persönliche Freiheit und Unversehrtheit des Opfers[140] und gegebenenfalls die Freiheit des Dritten schützendes

---

136 Zur Abgrenzung s. BGH StV 99, 593.
137 BGH NStZ-RR 09, 106; vgl auch *Heghmanns*, Rn 1530.
138 BGH NJW 97, 1082.
139 Zur Gesetzgebungsgeschichte s. *Satzger*, Jura 07, 114 f.
140 Nur für Letzteres MK-*Renzikowski*, § 239a Rn 3 ff.

Delikt gegen Persönlichkeitswerte[141]. Wegen des engen Sachzusammenhangs mit der Erpressung wird der Tatbestand gleichwohl hier in seinen Grundzügen und seinen gegenüber § 239b bestehenden Abweichungen im Überblick dargestellt[142].

2. Tatbestand

742 Der **objektive** Tatbestand weist in den beiden Tatbestandsalternativen zwei gleichwertige Handlungsmöglichkeiten auf. Das **Entführen** unterwirft als Vorstufe[143] oder Modalität[144] des Sich-Bemächtigens das Opfer einer **Veränderung seines Aufenthaltsorts** mit der Wirkung, dass es der Herrschaftsgewalt des Täters ausgeliefert ist. Einer solchen Ortsveränderung bedarf es beim **Sich-Bemächtigen** nicht. Eines anderen Menschen[145] bemächtigt sich, wer ihn zwecks Benutzung als Geisel **physisch in seine Gewalt bringt**[146] oder eine schon – zB über das eigene Kind[147] – bestehende Gewalt so verändert, dass es zu einer erheblichen Minderung der Geborgenheit des Opfers kommt[148]. Dabei genügt das In-Schach-Halten mit einer Waffe[149]. Gelingt die Begründung der Verfügungsgewalt, reichen auch Scheinwaffen als Tatmittel aus[150]. Wie das Beispiel des (Kleinst-) Kindes zeigt, ist weder eine Freiheitsberaubung noch stets die Tatsache vorausgesetzt, dass sich das Opfer von Entführung oder Bemächtigung seiner Lage bewusst wird[151]. Der Tatbestand entfällt nicht dadurch, dass sich eine Austauschgeisel zur Verfügung stellt[152]. Eine Person, die sich nur zum Schein als Geisel nehmen lässt, genügt als Tatopfer dagegen nicht[153]. Der Täter muss in der **1. Tatbestandsalternative vorsätzlich** und in der **Absicht** gehandelt haben, die Sorge des Opfers um sein Wohl oder die Sorge eines (beliebigen)[154] Dritten, der auch der Staat sein kann[155], um das Wohl des Opfers[156] zu einer Erpressung (s. dazu Rn 740, 745) auszunutzen. Dazu muss der Täter die beschriebene Absicht bereits zeitgleich mit der Tathandlung besitzen und einen **zeitlich-funktionalen Zusammenhang** zwischen der

---

141 *Brambach*, Probleme der Tatbestände des erpresserischen Menschenraubes und der Geiselnahme 2000, S. 77; *Krey/Hellmann*, BT II Rn 322; *Lackner/Kühl*, § 239a Rn 1; *Nikolaus*, Zu den Tatbeständen des erpresserischen Menschenraubes und der Geiselnahme 2003, S. 97 f, 135, 199; aA S/S-*Eser*, § 239a Rn 3.
142 Zu den Einzelheiten s. *Wessels/Hettinger*, BT I Rn 449 ff.
143 *Wessels/Hettinger*, BT I Rn 454.
144 SK-*Horn/Wolters*, § 239a Rn 4.
145 S. dazu *Mitsch*, BT II/2 § 2 Rn 68 ff.
146 BGH NStZ 96, 276; 02, 31, 32; *Küper*, BT S. 271 ff.
147 S. BGHSt 26, 70, 71 f.
148 *Eisele*, BT II Rn 775; *Krey/Hellmann*, BT II Rn 334; *Rengier*, BT II § 24 Rn 7; *Wessels/Hettinger*, BT I Rn 457; *Nikolaus*, aaO S. 111 ff setzt die Umwandlung eines Personensorgeverhältnisses in ein Gewahrsamsverhältnis voraus.
149 BGH NStZ 86, 166; JZ 87, 366.
150 *Rengier*, GA 85, 318 f; BGH NStZ 99, 509 mit Bespr. *Baier*, JA 00, 191; BGH StV 99, 646 mit insoweit abl. Anm. *Renzikowski*; abl. auch *Fischer*, § 239a Rn 4a, b mit der Forderung nach einer objektiv abstrakt gefährlichen Bemächtigungslage, die bei Scheinwaffen ausscheidet.
151 BGH StV 99, 646; A/W-*Heinrich*, § 18 Rn 35; *Mitsch*, BT II/2 § 2 Rn 75.
152 HK-GS/*Rössner/Lenz*, § 239a Rn 3; LK-*Träger/Schluckebier*, § 239a Rn 3.
153 *Rengier*, BT II § 24 Rn 8; *Satzger*, Jura 07, 116.
154 S. *Rheinländer*, Erpresserischer Menschenraub 2000, S. 70, 85 f.
155 *Kindhäuser*, § 239a Rn 9.
156 S. *Lackner/Kühl*, § 239a Rn 4.

Entführungs- oder Bemächtigungslage und der angestrebten Erpressung planen[157]. Letzteres geschieht nach der Rechtsprechung dadurch, dass Entführungsopfer oder Dritter *während der Dauer* und *unter Ausnutzung* der geschaffenen Zwangslage – also nicht erst nach deren Beendigung[158] – erpresst werden sollen und dass es im Drei-Personen-Verhältnis die Vorstellung des Täters ist, dass der Dritte gerade auf Grund der ihm bekannt gemachten Bemächtigungslage die geforderte Leistung erbringt[159].

Während es im **Entführungsfall** im Drei- wie im Zwei-Personen-Verhältnis die Re-   **743** gel ist, dass der Täter durch die Entführung für das Entführungsopfer eine **eigenständige Bemächtigungslage** schafft, die ihm als Grund- und Ausgangslage dafür dienen soll, das Opfer oder einen Dritten unter Ausnutzung der entstandenen Sorge um das Wohl des Opfers zu erpressen, ist die Einhaltung dieser den funktionalen Zusammenhang zwischen Bemächtigungslage und Bereicherungsversuch kennzeichnenden Abfolge beim **Sich-Bemächtigen im Zwei-Personen-Verhältnis** weniger selbstverständlich. Hier lässt sich in herkömmlichen Fällen räuberischer Erpressung von einem Sich-Bemächtigen häufig schon dann reden, wenn der Täter – etwa durch die Bedrohung mit einer Schusswaffe – lediglich das qualifizierte Nötigungsmittel des § 255 anwendet und „im gleichen Atemzuge" das Opfer zur Herausgabe eines Vermögensbestandteils nötigt. Damit würden zahlreiche Fälle alltäglicher räuberischer Erpressung eo ipso zum erheblich höher zu bestrafenden erpresserischen Menschenraub[160]. Um diese vom Gesetzgeber schwerlich gewollte und angesichts des frühen Vollendungszeitpunkts nur noch strafmindernde tätige Reue (§ 239a IV) zulassende Folge zu vermeiden, ist für § 239a eine der Entführungslage in Fällen des Sich-Bemächtigens **vergleichbar stabile** Bemächtigungslage zu verlangen, die der Täter für ein **weiteres** erpresserisches Verhalten auszunutzen trachtet[161]. Dass das Entstehen einer solchen Bemächtigungslage auf den unfreiwilligen Vorschlag eines zuvor schon mit Raubgewalt konfrontierten Opfers, einen Bankomaten aufzusuchen, zurückgeht, ist ohne Belang. Entscheidend ist allein, dass sich die eigenständige Bedeutung der Bemächtigungslage darin erweist, dass über die in jeder mit Gewalt verbundenen Nötigungshandlung liegende Beherrschungssituation hinaus eine weitergehende Druckwirkung auf das Opfer sich gerade aus der stabilisierten Bemächtigungslage ergeben und der Täter beabsichtigen muss, diese Lage für sein erpresserisches Vorgehen auszunutzen[162]. Nach BGH NStZ 99, 509[163] gilt das auch im Drei-Personen-Verhältnis[164],

---

157 S. BGH NStZ-RR 03, 328.
158 BGH NStZ 08, 569, 570; BGH NStZ-RR 09, 16, 17; A/W-*Heinrich*, § 18 Rn 36; *Eisele*, BT II Rn 779; *Rengier*, BT II § 24 Rn 14.
159 BGH StV 97, 302 f; BGH NStZ-RR 97, 100; BGH NStZ 99, 509; BGH NStZ 05, 508; *Küper*, BT S. 274; *Wessels/Hettinger*, BT I Rn 458.
160 S. *Graul*, in: Vom unmöglichen Zustand des Strafrechts 1995, S. 345 ff.
161 BGHSt 40, 350, 359; BGH JR 98, 125 mit krit. Anm. *Renzikowski*; BGH NStZ-RR 04, 333, 334; BGH NStZ-RR 09, 16 f; krit. hierzu *Fischer*, § 239a Rn 8; wegen mangelnder Bestimmtheit auch *Eisele*, BT II Rn 785; *Satzger*, Jura 07, 119.
162 BGH-NStZ 06, 448, 449; s. dazu *Satzger*, Jura 07, 115 (Beispielsfall 3).
163 Mit Bespr. *Immel*, NStZ 01, 67.
164 Enger *Rheinländer*, Erpresserischer Menschenraub 2000, S. 261; abw. Lösung bei *Nikolaus*, aaO S. 137 ff, 200 f. Nachweise zum umfassenden und krit. Schrifttum zu dieser Rechtsprechung bei *Küper*, BT S. 273 ff; *Lackner/Kühl*, § 239a Rn 4a; *Wessels/Hettinger*, BT I Rn 458.

versteht sich hier aber regelmäßig von selbst[165]. An ihr kann es fehlen, wo mit der (angestrebten) Erpressungshandlung zugleich die Bemächtigungslage entfiele[166] oder eine nur sehr „kurzzeitige Machtausübung" vorliegt[167]. Eine „hilflose Lage" iS von § 237 aF[168], wird mit ihr häufig einhergehen, ist aber mit ihr nicht identisch.

744 Während in der 1. Tatbestandsalternative die Tat bereits **vollendet** ist, wenn der Täter mit der beschriebenen Vorstellung und Absicht das Opfer entführt oder sich des Opfers bemächtigt hat, bedarf es in der **2. Alternative** zwar nicht der Vollendung[169], wohl aber des Beginns der Ausführung der Erpressung iS des Versuchs. Dabei muss der Täter die ohne Erpressungsabsicht geschaffene Lage in gleicher (funktionaler) Weise ausnutzen (wollen) wie in der 1. Alternative[170]. Da das Gesetz eine **vom Täter geschaffene** Bemächtigungslage voraussetzt, kann der sogenannte **Trittbrettfahrer**, der dieses Geschehnis nur vortäuscht, nicht Täter sein[171]. Für die tätige Reue ist ein freiwilliges Handeln nicht erforderlich (s. § 239a IV)[172]. Verursacht der Täter durch die Tat **wenigstens leichtfertig** den **Tod** des Opfers, ist die **Erfolgsqualifikation** des § 239a III gegeben. Durch die Einfügung des Wortes „wenigstens" ist durch das 6. StrRG (Rn 9) hier wie in § 251 klargestellt, dass im Einklang mit der bisherigen Rechtsprechung[173] auch die vorsätzliche Tötung erfasst wird. Zur tatbestandsspezifischen Gefahr und ihrer Verwirklichung im Todeserfolg gilt das zu § 239b Gesagte entsprechend[174].

745 Im **Fall 70** hat T einen schweren Raub nach §§ 249, 250 II Nr 1 begangen, indem er J unter Drohung mit gegenwärtiger Gefahr für Leib und Leben[175] die trotz der Gewahrsamslockerung noch im Gewahrsam des J befindlichen Schmuckstücke weggenommen und bei der Tat eine einsatzbereite Schusswaffe als Drohmittel verwendet hat. Ob auch ein erpresserischer Menschenraub nach § 239a I 1. Alt. in Form des Sich-Bemächtigens vorliegt, ist aus zweierlei Gründen zweifelhaft. Zum einen hat T den J bedroht, um einen **Raub** zu begehen, der nach der hier vertretenen „Verfügungstheorie" zur Erpressung in einem Exklusivitätsverhältnis steht. Legt man diese Ansicht zu Grunde, kommt hier nur § 239b in Betracht. Ob für die Rechtsprechung der Weg zu § 239a eröffnet bleibt, ist zweifelhaft. Zwar sieht sie den Raub als spezielle Ausformung und „Sonderfall" der Erpressung, was eine Anwendung des § 239a auch im Falle des Raubes nahe legt[176]. Anderseits betont die Rechtsprechung, dass Raub und eben nicht Er-

---

165   BGH NStZ 02, 31, 32; *Jäger*, BT Rn 119; krit. *Fischer*, § 239a Rn 8a.

166   *Küper*, BT S. 274 f; ihm zust. HK-GS/*Rössner/Lenz*, § 239a Rn 15; *Zöller*, JA 00, 481.

167   *Immel*, Die Gefährdung von Leib und Leben durch Geiselnahme 2001, S. 218 ff, 382.

168   So der Vorschlag von *Brambach*, Probleme der Tatbestände des erpresserischen Menschenraubes und der Geiselnahme 2000, S. 196 ff mit daraus abgeleiteter, aber nicht überzeugender Beschränkung der Bemächtigung auf Fälle der vis absoluta.

169   So aber *Elsner*, JuS 06, 784, 788; MK-*Renzikowski*, § 239a Rn 68. Der Begriff „Erpressung" steht wie der des Diebstahls in § 243 (s. dazu Rn 202) für Vollendung und Versuch; wie hier BGH NJW 1997, 1082, 1083; *Eisele*, BT II Rn 788; *Satzger*, Jura 07, 117.

170   Näher zur 2. Alt. *Mitsch*, BT II/2 § 2 Rn 102 ff.

171   LK-*Träger/Schluckebier*, § 239a Rn 19; MK-*Renzikowski*, § 239a Rn 65.

172   *Krey/Hellmann*, BT II Rn 328; *Rengier*, BT II § 24 Rn 39.

173   BGH NStZ 94, 481.

174   S. *Wessels/Hettinger*, BT I Rn 459 ff; ferner *Fischer*, § 239a Rn 18.

175   Zur Bedeutung dieser Alternative im Gegensatz zur bereits zugefügten Gewalt für § 239a s. S/S-*Eser*, § 239a Rn 12.

176   S. *Ingelfinger*, JuS 98, 533; S/S-*Eser*, § 239a Rn 11.

pressung gegeben ist, wenn nach dem äußeren Erscheinungsbild – wie hier – weggenommen wird[177]. Daraus könnte man schließen, dass auch die Rechtsprechung im Falle des Raubes § 239a verneinen und auf § 239b zurückgreifen müsste[178]. Das hat der BGH aber nunmehr ausdrücklich verneint, weil der engere Tatbestand des Raubes zwar die *Anwendung, nicht* aber das gleichzeitige *Vorliegen* des Tatbestandes der räuberischen Erpressung ausschließe und der Täter deshalb mit dem Raub immer auch eine räuberische Erpressung zu begehen beabsichtige[179]. In beiden Fällen scheitert der jeweilige Tatbestand dann aber zum anderen nach der zu Recht um Restriktion bemühten Rechtsprechung an der **nicht** hinreichend **stabilisierten** und gegenüber der qualifizierten Nötigung nur uneigenständigen **Bemächtigungslage**: Das Sich-Bemächtigen durch die Bedrohung mit der Pistole geschieht durch das Raubmittel, das im unmittelbaren Anschluss die Duldung der Wegnahme erzwingt. Dann ist lediglich Raub gegeben[180].

Erpresserischer Menschenraub, § 239a

A. Entführungstatbestand, § 239a I 1. Alt.

  I. Tatbestand

    1. Objektiver Tatbestand
      a. Tatobjekt: • *ein (anderer) Mensch*
      b. Tathandlung: • *Entführen*
                  → Veränderung des Aufenthaltsortes
                  ℗ Freiwilligkeit (Austauschgeisel)
              • *Sich-Bemächtigen*
                  → Begründung physischer Verfügungsgewalt (ohne Ortswechsel)
                  ℗ Bemächtigung mittels Scheinwaffe

    2. Subjektiver Tatbestand
      a. Vorsatz: • *jede Vorsatzart*
      b. Absicht: • *Absicht der Begehung einer Erpressung unter Ausnutzung der Sorge des Opfers oder eines Dritten um das Wohl des Entführungs-/Bemächtigungsopfers*
                  → zum Zeitpunkt des Entführens/Sich-Bemächtigens
                  → Ausführung der Absicht nicht erforderlich

          Erpressungsabsicht
                  → Absicht rechtswidriger Bereicherung
                  ℗ Absicht, Raub zu begehen (Verhältnis Raub ↔ räuberische Erpressung)

          Ausnutzungsabsicht
                  ℗ zeitlich-funktionaler Zusammenhang zwischen durch Tathandlung geschaffener stabiler Bemächtigungslage und geplanter Erpressung

---

177   Vgl BGH NStZ-RR 97, 321.
178   S. *Rengier*, BT II § 24 Rn 13.
179   BGH NStZ 02, 31, 32; BGH NStZ 03, 604, 605; BGH NStZ-RR 04, 333, 334; BGH NStZ 06, 448, 449; BGH NStZ-RR 09, 16, 17.
180   Oder räuberische Erpressung, s. BGH NStZ-RR 07, 365; zur Falllösung im Einzelnen s. *Ingelfinger*, JuS 98, 531 ff; zu weiteren Fällen s. *Hartmann*, JA 98, 946, 952; *Hellmann*, JuS 96, 527 f; *Tag*, JuS 96, 909 ff; zum Versuch s. BGH JR 00, 293 mit Anm. *Dey*; zum Aufbau der Fallbearbeitung s. *Zöller*, JA 00, 476.

II. Rechtswidrigkeit

III. Schuld

IV. Tätige Reue, § 239a IV

➔ Erfolgsqualifikation, § 239a III

B. Ausnutzungstatbestand, § 239a I 2. Alt.

  I. Tatbestand
    1. Objektiver Tatbestand
      a. Tatobjekt: • *ein (anderer) Mensch*
      b. Tathandlung: • *Entführen (s.o.)*
                  → noch ohne Erpressungsabsicht
               • *Sich-Bemächtigen (s.o.)*
                  → noch ohne Erpressungsabsicht
               • *Erpressung unter Ausnutzung der geschaffenen Lage*
                  Ⓟ auch bei Raub (Verhältnis Raub ↔ räuberische Erpressung)
                  → zumindest Erpressungsversuch (Raubversuch) mit entsprechender Bereicherungsabsicht (Zueignungsabsicht)

    2. Subjektiver Tatbestand
      a. Vorsatz: • *jede Vorsatzart*
      b. Absicht: • *Absicht rechtswidriger Bereicherung (Zueignung)*

  II. Rechtswidrigkeit

  III. Schuld

  IV. Tätige Reue, § 239a IV

➔ Erfolgsqualifikation, § 239a III

9. Kapitel

Untreue und untreueähnliche Delikte

§ 18 Die Tatbestände der Untreue und der untreueähnlichen Delikte

746   **Fall 71:** Die Hausfrau F, die an einem Datenverarbeitungskursus teilnimmt, hat von dem Büroausstatter B einen PC gemietet, auf dem sie zunächst fleißig übt. Als F später aber die Lust am Kursus verliert, veräußert sie den PC als angeblich ihr gehörend für 500 EUR an den gutgläubigen Erwerber E, um mit dem Erlös Rechnungsrückstände für Strom- und Gasverbrauch zu tilgen.

Hat F sich zum Nachteil des B der Untreue schuldig gemacht? **Rn 766**

I. Übersicht zu § 266

1. Schutzgut und Deliktscharakter

Untreue (§ 266) ist die Schädigung fremden Vermögens durch vorsätzliche Verlet- **747**
zung einer Vermögensbetreuungspflicht. **Geschütztes Rechtsgut** ist nach hM allein
das **Vermögen**[1].

Soweit damit das **Vertrauen** in die Pflichttreue des Täters und die Redlichkeit des Rechts- und
Wirtschaftsverkehrs als eigenständige Rechtsgüter ausgeschieden werden sollen[2], ist dem zuzustimmen. Auch ist richtig, dass die **Dispositionsfreiheit** und **-befugnis** des Vermögensinhabers
wie beim Betrug nicht neben das Vermögen als Schutzgut tritt[3] und die Beschränkung der Dispositionsbefugnis des Berechtigten für sich allein auch für die Feststellung eines Vermögensschadens
nicht ausreicht[4]. Da aber das Opfer einer Untreue durch seine Auslieferung an die Dispositionsmacht des Täters, der das Vermögen „von innen heraus" aushöhlt[5], besonders gefährdet ist, konstituiert die Missachtung der Dispositionsfreiheit des Verletzten Handlungs- *und* Erfolgsunrecht
der Untreue wesentlich mit[6]. Das zeigt sich deutlich, wenn im Fall „schwarzer Kassen" die dem
Vermögensinhaber vorenthaltene „Möglichkeit zur Disposition über das eigene Vermögen ... zum
Kern der von § 266 StGB geschützten Rechtsposition" gezählt[7] und Pflichtverletzung und Schaden „verwendungszweck-unabhängig", und dh ohne Rücksicht darauf bestimmt werden, ob der
Täter im selbstdefinierten Interesse des Berechtigten handelt[8]. Bei der sog. Haushaltsuntreue wird
der Vermögensnachteil auch mit der Beeinträchtigung der „politischen Gestaltungsbefugnis" des
Haushaltsgebers begründet[9].

Da § 266 im Gegensatz zu §§ 253, 263 kein Bereicherungsstreben des Täters voraus- **748**
setzt, ist die Untreue kein Vermögensverschiebungsdelikt, sondern ein reines **Fremdschädigungsdelikt**.

Die heutige Regelung, die an die Stelle der unzulänglichen Kasuistik des § 266 aF getreten ist und
dem früheren Meinungsstreit zwischen der **Missbrauchs-** und **Treubruchstheorie** durch deren
Vereinigung ein Ende gesetzt hat[10], beruht auf der Gesetzesnovelle vom 26.5.1933 (RGBl I 295).
Das EGStGB hat den § 266 III aF dadurch erweitert, dass die entsprechende Anwendung der
§§ 243 II, 247 und 248a vorgesehen wurde. Durch das 6. StRG (Rn 9) ist dazu auch die für den
Betrug geschaffene Regelung der besonders schweren Fälle (§ 263 III) für entsprechend anwend-

---

1 Vgl BGH NJW 00, 154, 155; A/R-*Seier*, V 2 Rn 10; LK-*Schünemann*, § 266 Rn 28; *Maurach/*
   Schroeder/Maiwald, BT I § 45 Rn 1; NK-*Kindhäuser*, § 266 Rn 1; S/S-*Lenckner/Perron*, § 266
   Rn 1.
2 LK-*Schünemann*, § 266 Rn 28; *Mitsch*, BT II/1 § 8 Rn 1; auch Gläubigerschutz scheidet aus, BGH
   NJW 00, 154.
3 BGHSt 43, 293, 297.
4 BGHSt 51, 100, 113 f (Fall *Kanther*).
5 *Rönnau*, ZStW 119 (2007), 887, 890.
6 *Hillenkamp*, NStZ 81, 166; *Mansdörfer*, JuS 09, 114, 115; *Ransiek*, ZStW 116 (2004), 635, 646 ff;
   BGH NStZ 84, 550.
7 BGHSt 52, 324, 339 (Fall *Siemens*); krit. dazu *Bosch*, JA 09, 235; *Jahn*, JuS 09, 175 f; *Knauer*, NStZ
   09, 153; *Satzger*, NStZ 09, 297, 303; teils zust. *Rönnau*, StV 09, 246, 249.
8 BGHSt 51, 100, 112 ff (Fall *Kanther*); krit. hierzu *Dierlamm*, Widmaier-FS S. 607, 609 ff; *Saliger*,
   NStZ 07, 545, 546 ff; *Saliger/Gaede*, HRRS 08, 57, 70.
9 BGHSt 43, 293, 297 ff mit dazu abl. Anm. *Brauns*, JR 98, 381; BGH NStZ 03, 541, 542 mit
   Anm. *Wagner*; krit. *Saliger*, ZStW 112 (2000), 563, 589 ff; *v. Selle*, JZ 08, 178, 180 f.
10 Näher dazu *Küper*, BT S. 360; LK-*Schünemann*, § 266 Rn 4 ff.

bar erklärt worden (§ 266 II nF). Von der Einführung der Versuchsstrafbarkeit[11] hat der Gesetzgeber abgesehen[12]. De lege ferenda wird eine Beschränkung auf den Missbrauchstatbestand vorgeschlagen[13].

2. Tatbestandliche Ausgestaltung

749 § 266 I umfasst zwei Tatbestandsalternativen: den **Missbrauchs-** und den **Treubruchstatbestand**. Der letztgenannte enthält wiederum zwei Varianten, die sich dadurch unterscheiden, dass die erste von einer rechtlich begründeten Vermögensbetreuungspflicht ausgeht, während die zweite ein rein tatsächliches Treueverhältnis als Grundlage dieser Pflicht ausreichen lässt. Wie der **Missbrauchs-** und der **Treubruchstatbestand** sich zueinander verhalten, ist umstritten. Die Mindermeinung beurteilt beide als selbstständig und begrifflich verschieden[14]. Zustimmung verdient jedoch die hM, die im Missbrauchstatbestand nur einen enger und präziser gefassten, *speziell* geregelten Anwendungsfall des Treubruchstatbestandes erblickt, ihm also gegenüber dem Letzteren den **Vorrang** als *lex specialis* einräumt[15].

750 Im Anschluss an die neuere Rechtsprechung[16] hat sich inzwischen die Auffassung durchgesetzt, dass die Verletzung einer **Vermögensbetreuungspflicht** nicht nur im **Treubruchstatbestand**, sondern auch im **Missbrauchstatbestand** vorausgesetzt wird[17]. Dieser Ansicht ist beizupflichten. Für sie spricht, dass sich die Wendung „… und dadurch dem, dessen Vermögen er zu betreuen hat …" auf beide Tatbestandsalternativen bezieht und dass an die speziellere Form der Untreue keine geringeren Anforderungen als an die allgemeinere zu stellen sind. Auch trägt diese Auffassung der anerkannten Notwendigkeit Rechnung, einer Ausuferung des § 266 vorzubeugen und seinen Anwendungsbereich durch eine **restriktive Auslegung** sachgerecht zu begrenzen. Die nach wie vor breit vertretene Gegenmeinung[18] beachtet nicht hinreichend, dass ohne Verletzung einer besonderen Betreuungspflicht der Missbrauchstatbestand Fallgestaltungen erfasst, die trotz gleicher Strafandrohung im Handlungsunrecht hinter der Untreue erheblich zurückbleiben. Das spricht auch gegen eine „verdünnte" Vermögensbetreuungspflicht, die für den Missbrauchstatbestand in unterschiedlichen Abstufungen genügen soll[19]. Dass durch die Anreicherung des

---

11   S. BT-Ds 13/8587, S. 10, 43 und dazu krit. *Matt/Saliger*, in: Irrwege der Strafgesetzgebung 1999, S. 217.

12   Zur Bedeutung der Untreue im Wirtschaftsleben s. A/R-*Seier*, V 2 Rn 4 ff, 207 ff; M-G/B-*Schmid*, § 31.

13   *Kargl*, ZStW 113 (2001), 565, 590 ff; s. zu weiteren Reformvorschlägen LK-*Schünemann*, § 266 Rn 187 ff; *Perron*, GA 09, 218, 232 f.

14   BGH NJW 54, 1616; LK-*Schünemann*, § 266 Rn 11 ff; S/S-*Lenckner/Perron*, § 266 Rn 2.

15   Vgl BGH JR 83, 515; OLG Hamm NJW 68, 1940; A/W-*Weber*, § 22 Rn 79; *Eisele*, BT II Rn 812; *Maurach/Schroeder/Maiwald*, BT I § 45 Rn 11; MK-*Dierlamm*, § 266 Rn 21; SK-*Samson/Günther*, § 266 Rn 5; zu den daraus folgenden Aufbaufragen s. *Kindhäuser*, § 266 Rn 8; *Kohlmann*, JA 80, 228.

16   BGHSt 24, 386, 387; 33, 244, 250; BGH wistra 91, 305, 307.

17   Vgl A/W-*Weber*, § 22 Rn 68; *Eisele*, BT II Rn 832 f; *Fischer*, § 266 Rn 6, 18; *Joecks*, § 266 Rn 23; *Krey/Hellmann*, BT II Rn 542; *Lackner/Kühl*, § 266 Rn 4; *Maurach/Schroeder/Maiwald*, BT I § 45 Rn 18; *Rengier*, BT I § 18 Rn 2, 8; nahest. NK-*Kindhäuser*, § 266 Rn 34; für Identität der Anforderungen an die Pflicht in beiden Tatbeständen BGHSt 50, 331, 341 f; MK-*Dierlamm*, § 266 Rn 30.

18   *Heghmanns*, Rn 1607; *Labsch*, Jura 87, 345; LK-*Schünemann*, § 266 Rn 11 ff; *Miehe*, JuS 80, 262; *Otto*, BT § 54 Rn 7 f; krit. auch A/R-*Seier*, V 2 Rn 53 f.

19   S. *Eisele*, GA 01, 377, 380 f; *Eser IV*, Fall 17 Rn 41; *Mitsch*, BT II/1 § 8 Rn 19; S/S-*Lenckner/Perron*, § 266 Rn 2; *Wegenast*, Missbrauch und Treubruch 1994, S. 134 ff; zum Streitstand s. *Hillenkamp*, BT 34. Problem; HK-GS/*Beulekmann*, § 266 Rn 7; *Küper*, BT S. 362 f; *Nelles*, Untreue zum Nachteil von Gesellschaften 1991, S. 218 ff, 502 ff.

Missbrauchstatbestandes um die Vermögensbetreuungspflicht auch dieser an deren Unbestimmtheit teilhat, ist richtig, angesichts der tatbestandsbeschränkenden Funktion dieses Merkmals aber unbedenklich[20].

II. Missbrauchstatbestand

1. Verfügungs- und Verpflichtungsbefugnis

Der **Missbrauchstatbestand** des § 266 ist erfüllt, wenn der Täter die ihm durch Gesetz, behördlichen Auftrag oder Rechtsgeschäft eingeräumte **Befugnis,** über fremdes Vermögen zu verfügen oder einen anderen zu verpflichten, **missbraucht** und dadurch dem, dessen **Vermögensinteressen er zu betreuen** hat[21], **Nachteil zufügt.**   **751**

Als die verlangte Befugnis begründende Rechtsverhältnisse kommen hier vor allem in Betracht: das gesetzlich vorgesehene Vermögenssorgerecht der Eltern gegenüber ihren Kindern (§ 1626 BGB), die Vertretungsbefugnis des Vormundes (§ 1793 BGB), des Betreuers (§ 1896 BGB)[22], des Testamentsvollstreckers (§ 2205 BGB), des Richters oder Rechtspflegers in Nachlasssachen[23], des Insolvenzverwalters (§§ 22, 56, 80 InsO)[24] und des Gerichtsvollziehers (§§ 753, 814 ff ZPO)[25] sowie die rechtsgeschäftlich begründete Vertretungsmacht von Bevollmächtigten (§§ 164 ff BGB, § 54 HGB)[26], Prokuristen (§ 48 HGB) und der gesellschaftsrechtlichen Organe[27]. All diesen Personen ist gemeinsam, dass aus ihrer Stellung idR eine Vertretungsmacht erwächst, die ihnen Verfügungs- und Verpflichtungsbefugnisse gegenüber fremdem Vermögen gewährt. Damit ist die „Rechtsmacht" **nicht** vergleichbar, die dem Täter nach den Regeln des **Rechtsscheins** oder des **Gutglaubensschutzes** (zB §§ 932 BGB; 56, 366 II, III HGB) ermöglichen, den Vermögensinhaber bindende Rechtshandlungen vorzunehmen. Diese Fälle scheiden folglich aus dem Missbrauchstatbestand aus[28].

2. Vermögensbetreuungspflicht

Gegenstand der auch für den Missbrauchstatbestand zu verlangenden (s. Rn 750) **Vermögensbetreuungspflicht** muss die *Geschäftsbesorgung für einen anderen* in einer nicht ganz unbedeutenden Angelegenheit mit einem Aufgabenkreis von einigem Gewicht und einem gewissen Grad von Verantwortlichkeit sein[29]. Die Anforderungen,   **752**

---

20   AA *Kargl*, ZStW 113 (2001), 565, 588 ff; für Verfassungswidrigkeit des § 266 insgesamt mangels Bestimmtheit MK-*Dierlamm*, § 266 Rn 3 ff.
21   Das ist beim Geschäftsführer einer GmbH die Gesellschaft und nicht der (stille) Gesellschafter, s. BGHSt 51, 29, 31 f.
22   S. dazu OLG Stuttgart NJW 99, 1564.
23   BGHSt 35, 224, 227 mit Anm. *Otto*, JZ 88, 883.
24   S. dazu zB BGH wistra 98, 150, 151.
25   Vgl dazu BGHSt 13, 274, 276.
26   S. zur Bankvollmacht und einer dieser gleichstehenden Überlassung von ec-Karte und persönlicher Geheimzahl OLG Hamm wistra 03, 356; S/S-*Cramer/Perron*, § 263a Rn 12.
27   S. zB BGH NJW 97, 66; BGH wistra 97, 146; LG Düsseldorf NJW 04, 3275 und BGH NJW 06, 522, 523 *(Mannesmann)*; M-G/B-*Schmid*, § 31 Rn 11; zu Organen ideeller Vereine s. *Eisele*, GA 01, 377, 386 ff.
28   A/R-*Seier*, V 2 Rn 45; HK-GS/*Beukelmann*, § 266 Rn 24; *Küper*, BT S. 362; MK-*Dierlamm*, § 266 Rn 24; NK-*Kindhäuser*, § 266 Rn 130; *Rengier*, BT I § 18 Rn 5; S/S-*Lenckner/Perron*, § 266 Rn 4; BGH wistra 92, 66.
29   Vgl BGHSt 13, 315, 317; 24, 386, 387; 33, 244, 250; *Saliger*, JA 07, 327 f; *Schreiber/Beulke*, JuS 77, 656.

die § 266 in dieser Hinsicht stellt, lassen sich nicht in eine allgemein gültige Formel zwängen; sie sollten angesichts ihrer die Gleichheit des Unrechts begründenden Funktion aber auch für den schärfer umrissenen Missbrauchstatbestand nicht weniger streng sein als innerhalb des wegen seiner Weite bedenklichen Treubruchstatbestandes (s. Rn 750)[30]. Ihnen ist um so eher Genüge getan, je größer das Maß an Selbstständigkeit, Bewegungsspielraum und Entscheidungsfreiheit für den Betreuungspflichtigen ist (s. im Einzelnen u Rn 769 ff).

3. Missbrauchshandlung

753 Ein **Missbrauch** iS der *ersten* Alternative des § 266 I ist nur in der Form des **rechtsgeschäftlichen** oder **hoheitlichen Handelns** möglich. Untreuehandlungen *rein tatsächlicher* Art (zB die widerrechtliche Verwendung fremder Gelder für eigene Zwecke, das Verkommenlassen von Gegenständen durch mangelnde Pflege usw) fallen nicht unter den Missbrauchs-, sondern unter den Treubruchstatbestand[31]. Die Rechtsprechung ist in dieser Hinsicht nicht frei von Widersprüchen[32]. Den Angelpunkt für die Anwendbarkeit der *ersten* Alternative des § 266 I im konkreten Fall bildet der Vergleich zwischen dem **Innen-** und **Außenverhältnis** der Vertretungsmacht; entscheidend sind dabei die oft unterschiedlichen Rechtsschranken zwischen dem *internen* **Dürfen** und dem *externen* **Können**. Ein **Missbrauch** der Verpflichtungs- oder Verfügungsbefugnis liegt vor, wenn der Täter im Rahmen seines rechtsverbindlich wirkenden **Könnens** die Grenzen des im *Innenverhältnis* einzuhaltenden **rechtlichen Dürfens** bewusst überschreitet[33].

754 Am besten lässt sich das anhand der §§ 49, 50 HGB verdeutlichen, die für den **Prokuristen** den Umfang seines **rechtlichen Könnens im Außenverhältnis** in der Weise regeln, dass abweichende Vereinbarungen und Einschränkungen **nur für das Innenverhältnis** Bedeutung haben. Handelt ein Prokurist zB der ihm erteilten Weisung, den Wareneinkauf bis zur Behebung eines finanziellen Engpasses zu drosseln und vorerst ohne Zustimmung des Firmenchefs keine neuen Wechselverbindlichkeiten einzugehen, vorsätzlich zuwider, so **missbraucht** er seine **Verpflichtungsbefugnis**. Die Wirksamkeit der Wechselverpflichtung im Verhältnis zu Dritten bleibt davon gemäß §§ 49, 50 HGB unberührt. Erwächst der Firma daraus durch Wechselproteste, Vollstreckungsmaßnahmen von Wechselgläubigern usw ein Nachteil, bezüglich dessen der Prokurist zumindest mit *dolus eventualis* gehandelt haben müsste, so ist der Missbrauchstatbestand der Untreue erfüllt.

755 Ähnliche Regelungen wie §§ 49, 50 HGB sieht das Gesetz auch anderswo vor (vgl § 126 HGB, § 37 GmbHG und § 82 AktG). Wie weit die Befugnisse des Betreuungspflichtigen im Innenverhältnis reichen und was seine Pflicht ihm konkret gebietet oder verbietet, richtet sich (soweit nicht **Gesetz** oder **Satzung** vorgehen) in **erster Linie** nach den mit dem Vermögensinhaber getroffenen **Vereinbarungen**; ergänzend sind

---

30 Anders *Wessels*, BT II Rn 702; für Identität BGH NJW 06, 522, 525.
31 *Jäger*, BT Rn 389.
32 Krit. dazu *Heinitz*, H. Mayer-FS S. 433; vgl auch *Arzt*, Bruns-FS S. 365.
33 Vgl BGH JR 85, 28 mit Anm. *Otto;* A/W-*Weber*, § 22 Rn 31; *Eisele*, BT II Rn 819; *Kindhäuser*, § 266 Rn 40; *Krey/Hellmann*, BT II Rn 545 ff.

die Sorgfaltsanforderungen heranzuziehen, die ein ordentlicher und gewissenhafter Geschäftsführer zu beobachten hat[34].

Zur näheren Bestimmung und Veranschaulichung dieses Fragenkreises findet sich eine hier im Einzelnen nicht aufführbare Kasuistik[35], deren Aussagen sich nach der Rechtsstellung des Handelnden und nach der Art des vorgenommenen Geschäfts richten. So steht zB den entscheidungstragenden **Organen einer Gesellschaft** ein Handlungsspielraum zu, wenn ein über die bisherige Unternehmenstätigkeit hinausreichendes Geschäftsfeld erschlossen, eine am Markt bislang nicht vorhandene Geschäftsidee verwirklicht oder in eine neue Technologie investiert werden soll. Hier obliegt es dem Entscheidungsträger allerdings, sich durch eine uU sachkundig beratene Analyse der Chancen und Risiken eine möglichst breite Entscheidungsgrundlage zu verschaffen[36]. Zu den Pflichten des **Anwalts** eines Geschäftsunfähigen aus dem Mandatsverhältnis zählt es, dass er eine für seinen Mandanten vereinnahmte Versicherungsleistung ordnungsgemäß an diesen weiterleitet. An den gesetzlichen Vertreter darf er die Summe nur auszahlen, wenn dieser das Geld nach den Grundsätzen einer wirtschaftlichen Vermögensverwaltung anlegt (§ 1642 BGB) und Schenkungen aus dem Vermögen des Kindes grundsätzlich ausgeschlossen sind. Zu einer ordnungsgemäßen Anlageform gehört dabei auch, dass eine eindeutige Zuordnung des Vermögenswertes zu dem Vermögen des Kindes ohne Weiteres möglich ist. Auch muss der Anwalt dafür sorgen, dass das Geld die Vermögenssphäre des Geschäftsunfähigen gesichert erreicht. Diese aus dem anwaltlichen Geschäftsbesorgungsvertrag folgende Leistungssicherungspflicht ist

756

---

34 *Hillenkamp*, NStZ 81, 167; *Joecks*, § 266 Rn 18.

35 Näher BGHSt 46, 30; 47, 148; OLG Karlsruhe wistra 05, 72, 75 f; *Feigen*, Rudolphi-FS S. 445; *Gallandi*, wistra 01, 281; *Keller/Sauer*, wistra 02, 365; *Knauer*, NStZ 02, 399; M-G/B-*Nack*, § 66 Rn 1 ff; *Martin*, Bankuntreue 2000 zur Untreue bei **Kreditvergabe** durch Bank- und Sparkassenangestellte. BGHSt 49, 17, 23 f; dazu *Taschke*, StV 05, 406 zur Untreue bei **kassenärztlicher Verschreibung**. BGHSt 3, 23, 25 zu Untreuehandlungen des **Geschäftsführers** einer noch nicht eingetragenen **GmbH**; BGHSt 34, 379 und 35, 333 zur Untreue des Geschäftsführers einer GmbH bei Verfügungen, die das Stammkapital der Gesellschaft angreifen. BGH NJW 04, 2248 *(Bremer Vulkan)*; dazu *Arnold*, Jura 05, 844; *Kasiske*, wistra 05, 81; *Krause*, JR 06, 51; *Kudlich*, JuS 04, 1117; *Ransiek*, wistra 05, 121; *Saliter*, NStZ 05, 269; *Wattenberg*, StV 05, 523; zur Untreue von AG-Vorstandsmitgliedern zum Nachteil abhängiger GmbH = ein Fall der **Konzernuntreue**, s. dazu *D. Busch*, Konzernuntreue 2004; *Höf*, Untreue im Konzern 2006. LG Düsseldorf NJW 04, 3275; BGHSt 50, 331 *(Mannesmann/Vodafone)*; dazu *Bernsmann*, GA 07, 219, 220 ff; *Braum*, KritV 04, 67; *Dittrich*, Die Untreuestrafbarkeit von Aufsichtsratsmitgliedern 2007; *Geesch*, Otto-FS S. 561; *Günther*, Weber-FS S. 311; *Hamm*, NJW 05, 1993; *Hanft*, Jura 07, 58; *Hohn*, wistra 06, 161; *Jakobs*, NStZ 05, 276; *Krause*, StV 06, 307; *Kubiciel*, NStZ 05, 353; *Kudlich*, JA 06, 171; *Ransiek*, NJW 06, 814; *Schünemann*, Organuntreue 2004; *ders.*, NStZ 05, 473; *ders.*, NStZ 06, 196; *Tiedemann*, Weber-FS S. 319; *ders.*, ZIP 04, 2056; *Vogel/Hocke*, JZ 06, 568 zur Untreue bei Gewährung von **Anerkennungsprämien** durch **Aufsichtsrats-** und **Vorstandsmitglieder** einer AG. Zur Vermögensbetreuungspflicht von **Aufsichtsratsmitgliedern** s. *Dittrich*, Die Untreuestrafbarkeit von Aufsichtsratsmitgliedern 2007; *Lüderssen*, Lampe-FS S. 727; *Rönnau/Hohn*, NStZ 04, 113; *Saliger*, JA 07, 330; *Schilha*, Die Aufsichtsratstätigkeit in der AG im Spiegel strafrechtlicher Verantwortung 2007; *Schünemann*, Organuntreue 2004; *Tiedemann*, Tröndle-FS S. 319; *Zech*, Untreue durch Aufsichtsratsmitglieder einer Aktiengesellschaft 2007; zur „**Vorstandsuntreue**" in der AG s. *Brammsen*, wistra 09, 85; zur Untreue zum Nachteil von **Personengesellschaften** s. die gleichnamige Schrift von *Soyka* 2008; BGH GA 1977, 342 zu Risikogeschäften eines **Testamentsvollstreckers**. BGH NStZ 82, 331 zur Verpflichtung des **Notars**, ihm zur Verwahrung anvertraute Gelder sofort einem *Anderkonto* zuzuführen. Zu Untreuehandlungen beim **Finanzbeamten** s. BGH NStZ 98, 91; BGH NJW 07, 2864, 2866; allgemein im öffentlichen Dienst s. *Fabricius*, NStZ 93, 414. Zur Untreue durch **Insolvenzverwalter** s. *Schramm*, NStZ 00, 398. Zur Untreue von **Organen ideeller Vereine** s. *Eisele*, GA 01, 377. Zur Untreue bei **Stiftungen** s. *Lassmann*, Stiftungsuntreue 2008; *Saliger*, Non Profit Law Yearbook 2005, S. 209 ff. Zur Einrichtung **schwarzer Kassen** s. BGH NStZ 00, 206; BGHSt 51, 100 *(Kanther)*; 52, 324 *(Siemens)*; *Rönnau*, Tiedemann-FS S. 713; *Saliger*, NStZ 07, 545; *Strelczyk*, Die Strafbarkeit der Bildung schwarzer Kassen 2008; *Weimann*, Die Strafbarkeit der Bildung schwarzer Kassen gem. § 266 (Untreue) 1996.

36 BGH StV 06, 299, 301.

nach dem BGH[37] zugleich eine Treuepflicht iS des § 266, die der Anwalt verletzt, wenn er voraussieht, dass der gesetzliche Vertreter mit den zugewandten Geldern pflichtwidrig verfährt oder wenn er es sogar hierauf anlegt. Der **Oberbürgermeister** einer Stadt muss bei der Einstellung eines Amtsträgers das kommunalrechtliche Sparsamkeits- und Wirtschaftlichkeits-Gebot beachten, darf aber im Interesse einer effektiven Aufgabenerfüllung bei der Bemessung der Vergütung auch Gesichtspunkte wie Mitarbeiterzufriedenheit, Motivation, Verantwortungsbewusstsein und Fortbildungsbereitschaft berücksichtigen[38].

757   Die Zustimmung des Vermögensinhabers zu geschäftlichen Dispositionen, die ein gesteigertes Wagnis enthalten und als sog. **Risikogeschäfte** die Gefahr eines Fehlschlags iS einer Vermögensschädigung in sich bergen[39], kann zu einer entsprechenden **Erweiterung** der im Innenverhältnis maßgebenden **Grenzen des rechtlichen Dürfens** führen. Demzufolge fehlt es an einer Pflichtverletzung[40] und damit an einer Verwirklichung des Missbrauchstatbestandes, wenn und soweit der Abschluss des riskanten Geschäfts nach sorgfältiger Abwägung der Risiken und Chancen erfolgt[41] und durch eine *wirksame* Einwilligung des Vermögensinhabers gedeckt war[42].

758   Dabei handelt es sich bei einer solchen Einwilligung in die Untreue um ein **tatbestandsausschließendes Einverständnis**[43]. Da § 266 den Unrechtsgehalt der Tathandlung aus einer **Pflichtverletzung** dessen herleitet, der die fremden Vermögensinteressen wahrzunehmen hat, hat das Einverständnis des Vermögensinhabers hier (anders als zB das tatbestandsausschließende Einverständnis bei § 240 oder § 177) *normativen* Charakter und nicht lediglich *rein tatsächliche* Bedeutung. Daher schließt nicht schon ein bloß „natürliches Einverständnis", sondern nur eine *wirksame* Einwilligung des Vermögensinhabers bzw seines gesetzlichen Vertreters eine **Pflichtverletzung** iS des § 266 aus[44]. Im Rahmen des § 266 kann die *Wirksamkeit* des Einverständnisses (ähnlich wie bei Eingriffen in die körperliche Unversehrtheit) nicht ohne Rücksicht auf die **Einwilligungsfähigkeit**[45], auf etwaige **Willensmängel**, eine evtl. fehlende Aufklärung über außergewöhnlich hohe Risiken eines in Aussicht genommenen Ge-

---

37   BGH NJW 06, 3219, 3223; hier ging es um eine hohe Summe aus einer den Geschäftsunfähigen begünstigenden Unfallversicherung; s. auch *Scheja*, Das Verhältnis zwischen Rechtsanwalt und Mandant im Hinblick auf den Straftatbestand der Untreue 2006.

38   BGH NStZ 08, 87, 89.

39   S. zum Risikogeschäft im Einzelnen *Hillenkamp*, NStZ 81, 161 ff; ferner *Hellmann*, ZIS 07, 433 ff; *Ransiek*, ZStW 116 (2004), 634 ff; *Rose*, wistra 05, 281 ff; *Waßmer*, Untreue bei Risikogeschäften 1996; krit. *Martin*, Bankuntreue 2000, S. 96 ff.

40   *Hellmann*, ZIS 07, 435; *Mitsch*, BT II/1 § 8 Rn 29: am Missbrauch; wie hier *Rönnau*, Tiedemann-FS S. 713, 717 f.

41   BGHSt 46, 30, 34; 47, 148, 149 f, BGH StV 04, 424 f; zum Maßstab beim Abschluss eines Vergleichs s. OLG Karlsruhe NJW 06, 1682.

42   Vgl BGHSt 3, 23, 25; *Hillenkamp*, NStZ 81, 165 f; *Maurach/Schroeder/Maiwald*, BT I § 45 Rn 46 ff; *Rose*, wistra 05, 285 ff; *Waßmer*, Untreue bei Risikogeschäften 1996, S. 32 ff, 57 f.

43   So BGHSt 50, 331, 342; BGH NJW 00, 154, 155; BGH NJW 03, 2996, 2998; A/W-*Weber*, § 22 Rn 70; *Eisele*, BT II Rn 821; *Fischer*, § 266 Rn 24; *Heghmanns*, Rn 1609; *Hillenkamp*, NStZ 81, 161, 165; *Jordan*, JR 00, 137; LK-*Schünemann*, § 266 Rn 100; MK-*Dierlamm*, § 266 Rn 129; NK-*Kindhäuser*, § 266 Rn 66; *Rengier*, BT I Rn 20c; S/S-*Lenckner/Perron*, § 266 Rn 21; *Schramm*, Untreue und Konsens 2005, S. 52 ff, 57 ff; anders BGHSt 9, 203, 216 = *rechtfertigende* Einwilligung.

44   Vgl BGHSt 34, 379, 384; iE nicht anders *Hellmann*, ZIS 07, 435 f; s. zur Einwilligung beschränkt Geschäftsfähiger *Schramm*, Untreue und Konsens 2005, S. 75 ff.

45   Vgl BGHSt 9, 203, 216.

schäfts und die vorhandene oder mangelnde Erfahrung des Einwilligenden in kommerziellen Angelegenheiten beurteilt werden[46].

Beispiel: Die reiche, aber geschäftlich unerfahrene Fabrikantenwitwe F hat ihrem Bekannten B, **759** den sie mit einer Generalvollmacht ausstattet, die Verwaltung ihres Privatvermögens übertragen. Nach einigen Gewinn bringenden Aktienkäufen kann B der Versuchung, sich mit dem Geld der F an einer höchst riskanten Börsenspekulation zu beteiligen, nicht widerstehen. Zuvor hat F sich auf sein Drängen mit dem betreffenden Vorhaben einverstanden erklärt, ohne dessen Risiken auch nur andeutungsweise erkannt zu haben. Dass F nicht zu überblicken vermochte, worauf sie sich einließ, war dem B vor Einholung ihrer Zustimmung klar. – In einem solchen Fall stünde bei einem Fehlschlagen des Spekulationsgeschäfts außer Zweifel, dass das (auf fehlender Aufklärung, irrigen Vorstellungen und mangelnder geschäftlicher Erfahrung beruhende) und daher unwirksame[47] Einverständnis der F das Vorliegen einer **Pflichtverletzung** iS des Missbrauchstatbestandes nicht ausschließt, weil F (wie B wusste) nicht im Stande war, die **Tragweite ihrer Entscheidung** zu erfassen und das ihr drohende Risiko sachgerecht einzuschätzen. Sinn der Bestellung des B zum Vermögensverwalter war es ja gerade, die F wegen ihrer geschäftlichen Unerfahrenheit vor Fehlentscheidungen dieser Art zu bewahren. War das Einverständnis der F aus den genannten Gründen aber unwirksam, blieb B im Innenverhältnis an die Sorgfaltsregeln einer **Risikopolitik** gebunden, die ein ehrlicher und gewissenhafter Vermögensverwalter zu beachten hat und die es nicht gestatten, das zu betreuende Vermögen bei Spekulationsgeschäften mit einer außergewöhnlich hohen Verlustgefahr aufs Spiel zu setzen[48].

Dieses Beispiel zeigt, dass die **Wirksamkeit** eines Einverständnisses des Vermögens- **760** inhabers im Bereich der Untreue bei der Frage, ob es das Vorliegen einer *Pflichtverletzung* und damit bereits den Tatbestand des § 266 ausschließt, im Prinzip nach den gleichen Grundsätzen zu beurteilen ist, wie dies bei einer *rechtfertigenden* Einwilligung zu geschehen pflegt[49]. Es muss sich um eine **autonome** Entscheidung des Vermögensinhabers handeln.

Die **Wirksamkeit** des Einverständnisses setzt naturgemäß voraus, dass der Vermö- **761** gensinhaber von den Maßnahmen des Treuepflichtigen Kenntnis hat. Dass eine Treugeberin entgegen den ein Verbot der Bestechung im geschäftlichen Verkehr enthaltenden Compliance-Vorschriften in ihrem Betrieb stillschweigend mit der Bildung „schwarzer Kassen" zur Finanzierung solcher Bestechungen einverstanden ist, darf nicht ohne konkreten Nachweis unterstellt werden[50]. Andererseits wäre ein solches Einverständnis nicht deshalb unwirksam, weil es sich auf denkbare Straftaten bezöge[51]. Die Wirksamkeit des Einverständnisses kann freilich daran scheitern, dass es selbst **gesetzwidrig** ist (so zB zustimmende Beschlüsse des Studentenparlaments zur Wahrnehmung des allgemeinpolitischen Mandats durch den Allgemeinen Studenten-

---

46 S. A/R-*Seier*, V 2 Rn 344; NK-*Kindhäuser*, § 266 Rn 67; *Waßmer*, Untreue bei Risikogeschäften 1996, S. 32 ff; BGH NStZ 97, 124.
47 Vgl dazu aber auch LK-*Schünemann*, § 266 Rn 100.
48 Vgl BGH wistra 82, 148, 150; GA 1977, 342; BGH StV 04, 424, 425; *Hillenkamp*, NStZ 81, 167; LK-*Hübner*, 10. Aufl., § 266 Rn 87; *Waßmer*, Untreue bei Risikogeschäften 1996, S. 58 ff.
49 Vgl dazu *Kindhäuser*, § 266 Rn 54 f; *Wessels/Beulke*, AT Rn 371; möglicherweise Grund für den BGH, in BGHSt 9, 203, 216 von einer *rechtfertigenden* Einwilligung zu sprechen; offen gelassen in BGHSt 30, 247, 249; wie hier *Rengier*, BT I § 18 Rn 20c.
50 BGHSt 52, 323, 335 (Fall *Siemens*).
51 *Ransiek*, StV 09, 321; *Weber*, Seebode-FS S. 437, 442.

ausschuss)[52] oder eine **Pflichtverletzung** is des § 266 darstellt. Das gilt insbesondere für die ungetreue Zustimmung der Mitgliederversammlung eines Vereins[53] wie von Aufsichtsorganen einer Aktiengesellschaft zu Untreuehandlungen des Vorstandes oder von GmbH-Gesellschaftern zur missbräuchlichen Verschiebung von Vermögenswerten durch den Geschäftsführer einer (Einmann-) Gesellschaft[54].

762 Die Frage nach dem Vorliegen eines wirksamen Einverständnisses zu Risikogeschäften und dergleichen soll nach verbreiteter Auffassung nur außerhalb einer *weisungsgebundenen* Geschäftsführung auftreten. Wer nämlich als Betreuungspflichtiger Weisungen unterworfen sei und bei riskanten geschäftlichen Dispositionen nach Erfüllung der ihm obliegenden Beratungspflicht[55] lediglich eine **verbindliche Weisung** seines Geschäftsherrn befolge, handele nicht pflichtwidrig, sondern pflichtgemäß. Ein *Missbrauch* seiner Verpflichtungs- oder Verfügungsbefugnis is des § 266 sei insoweit nicht denkbar; nur *weisungswidriges* Verhalten könne hier den Untreuetatbestand erfüllen. Führe die Befolgung einer verbindlichen Weisung zu Vermögenseinbußen und Verlusten, treffe die Verantwortung dafür (kraft seiner Weisungsbefugnis) allein den Geschäftsherrn[56]. Dieser Unterscheidung ist aber entgegenzutreten. (An-) Weisungen, Zustimmungen und Einwilligungen sind nur unterschiedliche Modalitäten der Festlegung einer Vermögens- oder Risikopolitik im Innenverhältnis zwischen Vermögensinhaber und Treupflichtigem. Ihre Wirksamkeit und Wirkung richtet sich ohne Unterschied nach den beschriebenen Regeln des Einverständnisses[57].

763 Missbrauch und Pflichtverletzung müssen sich jeweils aus **Art** und **Inhalt** des Geschäfts ergeben. Wer zB als Vertreter oder Inkassobevollmächtigter Forderungen *auftragsgemäß* einzieht, dabei jedoch in der Absicht handelt, das Geld für eigene Zwecke zu verwenden, missbraucht seine Verfügungsbefugnis nicht[58]. Der **Verbrauch des Geldes** entgegen der Ablieferungspflicht kann indessen den Treubruchstatbestand des § 266 erfüllen.

764 Für die Pflichtverletzung im Sinne des Missbrauchstatbestandes bei einer **Kreditvergabe** ist nach dem BGH[59] maßgebend, ob die Entscheidungsträger, unter denen sich auch für den Fall des Einstimmigkeitsprinzips unterschiedliche Verantwortlichkeiten ergeben können[60], ihre banküblichen Informations- und Prüfungspflicht bezüglich der wirtschaftlichen Verhältnisse des Kreditnehmers gravierend vernachlässigt haben. Anhaltspunkte hierfür können sich aus einer Verletzung der in

---

52 BGHSt 30, 247, 249; OLG Hamm NJW 82, 190, 192; hierzu (bei Einrichtung schwarzer Kassen) in der Privatwirtschaft *Rönnau*, Tiedemann-FS S. 713, 718 ff.
53 OLG Hamm wistra 99, 350, 353.
54 Vgl BGHSt 34, 379, 384 f; 35, 333, 337; BGH NJW 97, 66; BGH NJW 00, 154, 155 mit Bespr. *Gehrlein*, NJW 00, 1089; BGH NJW 03, 2996, 2998; *Achenbach*, BGH-FS S. 596 ff; *Brammsen*, DB 89, 1609; *Fischer*, § 266 Rn 52 ff; *Kindhäuser*, § 266 Rn 56 ff; LK-*Schünemann*, § 266 Rn 100; MK-*Dierlamm*, § 266 Rn 137 ff; *Schramm*, Untreue und Konsens 2005, S. 91 ff; *Waßmer*, Untreue bei Risikogeschäften 1996, S. 51 ff, 80 ff; *Wodicka*, Die Untreue zum Nachteil der GmbH 1993, S. 210 ff, 249 ff, 274 ff; *Zieschang*, Kohlmann-FS S. 351; s. auch die Nachweise zu den Fällen *Mannesmann* und *Bremer Vulkan* in Fn 35.
55 S. dazu BGH JZ 84, 682.
56 So zB BGH GA 1977, 342; S/S-*Lenckner/Perron*, § 266 Rn 20; *Wessels*, BT II Rn 712; näher dazu *Nelles*, Untreue zum Nachteil von Gesellschaften 1991, S. 563 ff.
57 *Waßmer*, Untreue bei Risikogeschäften 1996, S. 35 ff; einschr. *Schramm*, Untreue und Konsens 2005, S. 61 f.
58 BGH wistra 84, 143; S/S-*Lenckner/Perron* § 266 Rn 19; *Wittig/Reinhart*, NStZ 96, 467; anders LK-*Hübner*, 10. Aufl., § 266 Rn 71 mit dem nicht überzeugenden Hinweis, der *böse Wille* begründe bereits das Vorliegen einer bösen Tat.
59 BGHSt 46, 30, 35; 47, 148.
60 S. dazu *Knauer*, NStZ 02, 399, 403 f.

§ 18 KWG normierten Pflichten[61] sowie zB aus der Eigennützigkeit[62] ergeben. Macht der **Vorstand einer AG** aus deren Vermögen Zuwendungen an einen **Fußballverein**, ergibt sich die Pflichtwidrigkeit nach der anfechtbaren und vom 3. Senat im Mannesmann-Verfahren nicht geteilten[63] Auffassung des 1. Senats erst bei einer *gravierenden* gesellschaftsrechtlichen Pflichtverletzung. Für eine solche sollen die fehlende Nähe zum Unternehmensgegenstand, fehlende innerbetriebliche Transparenz und das Vorliegen sachwidriger Motive wie namentlich die Verfolgung rein persönlicher Präferenzen sprechen[64]. Richtig hieran ist, dass strafbares Handeln insoweit auf den *evident unvertretbaren* Verstoß gegen *allgemein anerkannte Wertungen* beschränkt bleiben sollte, und dass die angeführten Kriterien hierfür Indizien sind[65]. Demgegenüber reicht die Berufung auf eine Verletzung des allgemeinen Schädigungsverbots für eine Treuepflichtverletzung schwerlich aus[66].

Da beide Untreuetatbestände nur eine Pflichtverletzung (Befugnismissbrauch; Treuepflichtverletzung) voraussetzen, können sie gleichermaßen durch **Tun** und **Unterlassen** verwirklicht werden[67]. Dabei tritt die Treue- an die Stelle der Garantenpflicht. § 13 I ist nicht anwendbar[68]. Das gilt richtigerweise auch für § 13 II[69]. **765**

Eine **Befugnis** iS der *ersten* Alternative des § 266 I kann so zB durch Schweigen im Falle des § 362 HGB oder durch das Unterlassen einer Mängelrüge (§ 377 II HGB)[70], uU auch durch Verjährenlassen einer Forderung durch den mit ihrer Geltendmachung beauftragten Rechtsanwalt[71] missbraucht werden. Bei einem als Risikogeschäft einzuordnenden Vergleich liegt ein Missbrauch vor, wenn die Vertreter einer Krankenkasse auf durch einen Abrechnungsbetrug wahrscheinlich entstandene Rückzahlungsansprüche gegenüber der Witwe des Arztes in einer nach den für ordnungsgemäßes Verwaltungshandeln geltenden Normen und Grundsätzen nicht mehr vertretbaren Weise verzichten[72].

Im **Fall 71** war F zwar im Stande, dem gutgläubigen E nach §§ 929, 932 BGB Eigentum an dem PC des B zu verschaffen. Die rechtliche Möglichkeit dazu war jedoch nur eine **Folge der Schutzwirkung**, die das BGB zu Gunsten eines redlichen Dritten mit dem Besitz einer Sache und dem dadurch erzeugten **Rechtsschein** verbindet (vgl § 1006 I BGB). Eine *Befugnis*, über **766**

---

61 BGHSt 47, 148, 149 ff mit krit. Bespr. von *Keller/Sauer*, wistra 02, 365 und *Knauer*, NStZ 02, 399; s. dazu auch *Ransiek*, ZStW 116 (2004), 671 ff.
62 BGHSt 46, 30, 34.
63 S. BGHSt 50, 331, 343 f; s. zu beiden Entscheidungen *Jäger*, BT Rn 388.
64 BGHSt 47, 187, 197; s. dazu MK-*Dierlamm*, § 266 Rn 154 ff; *Otto*, Kohlmann-FS S. 187; *Saliger*, JA 07, 329 f; s. zur nach § 87 AktG zu beurteilenden Ausschüttung von Anerkennungsgebühren im Fall *Mannesmann* ausführlich LG Düsseldorf NJW 04, 3275 ff, das nicht von einer „gravierenden" Verletzung ausgehen wollte; zum Problem der „Bestimmtheit" s. in diesem Zusammenhang *Lüderssen*, Schroeder-FS S. 569.
65 Zutr. Gleichsetzung bei *Lackner/Kühl*, § 266 Rn 20b; s. hierzu auch *Ignor/Sättele*, Hamm-FS S. 211, 220; *Otto*, Tiedemann-FS S. 693, 695 ff; *Rönnau*, ZStW 119 (2007), 887, 909 ff; *Tiedemann*, AT Rn 120.
66 So aber BGHSt 50, 331, 336, 343 f; siehe dazu *Deiters*, ZIS 06, 152; *Krause*, StV 06, 308; *Ransiek*, NJW 06, 814; *Schünemann*, NStZ 06, 196; *Thomas*, Hamm-FS S. 767.
67 *Lackner/Kühl*, § 266 Rn 2; SK-*Samson/Günther*, § 266 Rn 38.
68 Anders BGHSt 52, 182, 189; 323, 334; zust. *Rönnau*, StV 09, 246, 247; wie hier *Fischer*, § 266 Rn 27; *Rengier*, BT I § 18 Rn 20a.
69 *Schmidt/Priebe*, BT II Rn 745; SK-*Rudolphi*, § 13 Rn 4, 6; aA BGHSt 36, 227; BGH NStZ-RR 97, 357; BGH NJW wistra 07, 3366, 3367; *Lackner/Kühl*, § 266 Rn 2; MK-*Dierlamm*, § 266 Rn 128.
70 Näher LK-*Schünemann*, § 266 Rn 54; *Seebode*, Anm. JR 89, 301.
71 S. BGH JR 83, 515 mit Anm. *Keller*; LK-*Schünemann*, § 266 Rn 54.
72 OLG Karlsruhe NJW 06, 1682 f.

den betreffenden Gegenstand zu verfügen, lässt sich daraus nicht herleiten[73]. Infolgedessen ist hier kein Raum für die Annahme, dass F eine ihr im Verhältnis zu B zustehende *Befugnis* iS des § 266 missbraucht haben könnte. Der Tatbestand der **Untreue** in all seinen Erscheinungsformen entfällt im **Fall 71** außerdem deshalb, weil die Obhutspflicht des Sachmieters als *bloße Nebenpflicht* keine „**Vermögensbetreuungspflicht**" begründet[74]. F hat sich daher lediglich der **veruntreuenden Unterschlagung** schuldig gemacht (§ 246 II).

4. Nachteilszufügung

767 Durch die Missbrauchshandlung muss demjenigen, dessen Vermögensinteressen der Täter zu betreuen hat, ein **Nachteil** (= Vermögensschaden) zugefügt werden (näher dazu Rn 775 ff). Der Vermögensnachteil muss auf die Pflichtwidrigkeit zurückführbar sein und mit ihr in einem Zurechnungszusammenhang stehen[75].

III. Treubruchstatbestand

768 **Fall 72:** In einem kleineren Bahnhof obliegt dem im Schalterdienst tätigen S die alleinige Verwaltung der Fahrkartenkasse. Die Tageseinnahmen sind von ihm bei Dienstschluss mit der Endsumme in ein Ablieferungsbuch einzutragen und gegen Quittung der Sammelkasse zuzuführen. Zweimal monatlich erfolgt eine Gesamtabrechnung. Um persönliche Schulden zu begleichen, hat S Geld aus der Kasse entnommen, das Ablieferungsbuch unrichtig geführt und den Fehlbetrag dadurch verschleiert, dass er spätere Einnahmen unter falschen Daten verbucht hat.

Strafbarkeit des S? **Rn 780**

1. Treueverhältnis, Vermögensbetreuungspflicht und Pflichtverletzung

769 Den **Treubruchstatbestand** verwirklicht, wer die ihm kraft Gesetzes, behördlichen Auftrags, Rechtsgeschäfts oder auf Grund eines faktischen Treueverhältnisses obliegende **Pflicht zur Wahrnehmung fremder Vermögensinteressen verletzt** und dadurch dem, dessen Vermögensinteressen er zu betreuen hat, **Nachteil zufügt**. Das **Treueverhältnis** kann demnach auf denselben Grundlagen wie beim Missbrauchstatbestand beruhen, kann sich aber im Gegensatz zu diesem auch aus einem tatsächlichen Verhältnis ergeben. Letzteres kommt namentlich dann in Betracht, wenn das zugrunde liegende Geschäft aus rechtlichen Gründen nichtig ist, bei Gültigkeit aber eine rechtliche Treuepflicht entstehen ließe[76]. Die Treuepflicht kann auch für einen Dritten durch ein Rechtsgeschäft mit dem primär Treuepflichtigen begründet werden[77]. Die

---

73 BGHSt 5, 61, 62 f.
74 Vgl BGHSt 22, 190, 191; *Maurach/Schroeder/Maiwald*, BT I § 45 Rn 31.
75 BGHSt 46, 30, 34; *Mansdörfer*, JuS 09, 114, 116 f; *Weber*, Seebode-FS S. 437, 445.
76 *Lackner/Kühl*, § 266 Rn 10.
77 BGH NStZ 00, 375, 376.

Pflichtverletzung kann in rechtsgeschäftlichem wie in tatsächlichem Verhalten (wie zB dem Bezahlen einer gegen einen Mitarbeiter verhängten Geldstrafe oder Geldbuße aus Bank- oder Verbandsvermögen[78] oder einem kreditschädigenden und dadurch Schadensersatzansprüche auslösenden Interview[79]) liegen, das auch hier in Tun wie Unterlassen bestehen kann. Der Gefahr, dass die fast uferlose Weite dieses Tatbestandes[80] nahezu jede Vertragsverletzung pönalisieren könnte, suchen Rechtsprechung und Lehre mit unterschiedlichen Akzentuierungen[81] durch relativ **strenge Anforderungen** an die **Vermögensbetreuungspflicht** zu begegnen: Vorausgesetzt wird, dass die Pflicht zur Wahrnehmung fremder Vermögensinteressen den *typischen* und *wesentlichen Inhalt* des rechtlich begründeten oder faktisch bestehenden Treueverhältnisses bildet, also dessen **Hauptgegenstand** und nicht eine *bloße Nebenpflicht* ist[82].

Die allgemeine Pflicht, einen Vertrag zu erfüllen und dabei auf die Interessen des anderen Teils **770** Rücksicht zu nehmen, ist keine *„Vermögensbetreuungspflicht"* iS des § 266[83]. Infolgedessen genügt das Nichterfüllen einfacher Vertragspflichten bei Kauf-, Miet-, Werk- oder Arbeitsverträgen den Anforderungen des Treubruchstatbestandes nicht[84]. Vielmehr muss die verletzte Pflicht in besonderem Maße den Vermögensinteressen des Vertragspartners dienen, gerade deshalb vereinbart sein und – als rechtsgeschäftlich eingegangene Pflicht – zugunsten des Vertragspartners Elemente einer Geschäftsbesorgung aufweisen[85]. Aus dem Auftrag einer Versicherungsgesellschaft, Berechtigte aus einer Lebensversicherung über die Anlage frei gewordener Gelder zu beraten und ihnen das Geld auszuhändigen, falls es nicht zu einem neuen Vertrag kommt, folgt keine Vermögensbetreuungspflicht[86]. Auch eine Sicherungszession im Rahmen einer Kreditgewährung begründet für den Kreditnehmer im Allgemeinen nur Nebenpflichten, während die Hauptpflicht sich darauf beschränkt, den gewährten Kredit zurückzuzahlen[87]. Bei Beamten reicht deren allgemeine Treuepflicht für § 266 nicht aus, vielmehr bedarf es insoweit einer sich aus dem konkreten Aufgabenbereich ergebenden Vermögensbetreuungspflicht[88]. Eine solche ergibt sich zB für den über staatliche *Subventionen* entscheidenden Amtsträger. Den Subventionsempfänger soll eine solche Pflicht dagegen nicht treffen, da er nicht fremd-, sondern eigennützig die eigene Wertschöpfung steigern soll[89].

Rein *mechanische Tätigkeiten* wie die Erledigung von Botendiensten oder Schreibarbeiten **771** beiten begründen ebenso wenig ein Treueverhältnis iS des § 266 wie Verwandtschaft,

---

78 S. dazu OLG Frankfurt StV 90, 112; *Hillenkamp*, BT 12. Problem; *Ignor/Rixen*, wistra 00, 448; *Kranz*, ZJS 08, 471, 473 ff; *Spatschek/Ehnert*, StraFO 05, 266 ff; diff. *Otto*, Tiedemann-FS S. 693, 699 ff.
79 S. den Fall *Kirch/Breuer* BGHZ ZIP 06, 317; dazu *Jäger*, Otto-FS S. 593.
80 Für Verfassungswidrigkeit daher *Kargl*, ZStW 113 (2001) 589 und MK-*Dierlamm*, § 266 Rn 3, dagegen *Ransiek*, ZStW 116 (2004), 640 ff.
81 S. die Gegenüberstellung bei *Küper*, BT S. 374 ff.
82 BGHSt 1, 186, 189; 22, 190, 191; eine Übersicht bieten A/R-*Seier*, V 2 Rn 127 ff; *Fischer*, § 266 Rn 36 f; *Kindhäuser*, § 266 Rn 36–39; M-G/B-*Schmid*, § 31 Rn 92 ff. Für die Ersetzung dieser Umschreibung durch „Garantenpflicht" *Jakobs*, Dahs-FS S. 49, 55 f, 58 f.
83 BGHSt 33, 244, 251.
84 Vgl BGHSt 22, 190, 191; BGH wistra 98, 61 mit Anm. *Otto*, JK 98, StGB, § 266/16; BGH NStZ-RR 00, 236 mit Anm. *Otto*, JK 01, StGB, § 266/20; für den „Sicherheitseinbehalt" bei einem Werkvertrag macht das OLG München NStZ 06, 632 hiervon eine Ausnahme.
85 BGHSt 52, 182, 186 f.
86 BGH StV 02, 143.
87 BGH wistra 84, 143.
88 BGH StV 95, 73; nahe liegend bei gleichzeitiger Erfüllung des § 370 III Nr 2 AO durch Finanzbeamtin, BGH NStZ 98, 91; s. auch LG Dresden NStZ 06, 633 für eine einem Polizeibeamten vom LKA zum Betanken des Dienstfahrzeugs überlassene Kreditkarte.
89 So BGH NJW 04, 2248, 2251 f *(Bremer Vulkan)*; BGHSt 49, 147, 155 f.

Freundschaft oder alte Bekanntschaft als solche[90]. **Mindestvoraussetzung** der Betreuungspflicht ist stets, dass es sich nach den **gesamten Umständen** des Einzelfalles um eine nicht ganz unbedeutende Angelegenheit mit einem Aufgabenkreis von einigem Gewicht und einem gewissen Grad von Verantwortlichkeit handelt. **Anzeichen** dafür sind Art, Umfang und Dauer der jeweiligen Tätigkeit, ein etwaiger, der Missbrauchsalternative typischerweise innewohnender und ihr vergleichbarer Entscheidungsspielraum des Verpflichteten und das Maß seiner Selbstständigkeit.

Während in der Lehre die beiden zuletzt genannten Gesichtspunkte zu Recht eine gewichtige Rolle spielen, weil der Vermögensinhaber einem Treupflichtigen nur unter der Voraussetzung einer gewissen Bewegungsfreiheit des Täters gegenüber dem Fremdvermögen in ähnlicher Weise ausgeliefert ist, wie dem, der eine Verfügungs- oder Verpflichtungsbefugnis besitzt[91], schätzt die Rechtsprechung diese Aspekte eher gering. Daher bejaht sie zB bei einer vertrags- bzw gesetzwidrigen Verwendung der Mieterkaution durch den Vermieter den Treubruchstatbestand[92], obwohl „der Vermieter für den Umgang mit der Mieterkaution nach § 550b Abs. 2 S 1 BGB nur einen relativ engen Entscheidungsspielraum hat" (vgl § 551 III BGB nF). Es verbiete sich, den Vermieter mit „Diensten der Handreichung" gleichzusetzen, wie sie von Kellnern, Lieferausträgern, Chauffeuren und Boten erbracht würden. Unter Bezugnahme auf diese Entscheidung bejaht umgekehrt das BayObLG[93] einen Treubruch des Mieters, der vertragswidrig ein als Mietkaution eingerichtetes Postsparbuch auflöst. Nach diesen Maßstäben soll auch ein Abgeordneter einen Treubruch begehen können, der unter Verstoß gegen eng gezogene Richtlinien Parlamentsbesucher aus seinem spärlich ausgestatteten „Besuchertopf" ins Theater einlädt[94]. Mit solchen Entscheidungen ist die Gefahr nicht gebannt, die Treupflichtwidrigkeit zur bloßen Vertrags- oder Regelverletzung zu verwässern[95].

772 Nach der Rechtsprechung macht sich ein Rechtsanwalt, der Gelder für sich verwendet, die er für seinen Mandanten entgegengenommen oder von seinem Mandanten zB zur Stellung einer Kaution erhalten hat, ebenso der Untreue schuldig, wie der, der treuwidrig Geld mit Hilfe einer ihm zur Bestreitung des angemessenen Lebensunterhalts überlassenen Scheckkarte mit Geheimzahl abhebt[96]. Allgemein sollen beim Einkassieren, Verwalten und Abliefern von Geld für andere die Höhe der anvertrauten Mittel und der Umstand eine Rolle spielen, ob zur Kontrolle der Einnahmen Bücher zu führen oder Abrechnungsunterlagen zu erstellen sind[97]. Ohne jede eigene Dispositionsbefugnis reicht das für die vorausgesetzte fremdnützige Vermögensfürsorge aber nicht ohne weiteres aus. Ein hinreichendes Maß an Selbstständigkeit fehlt, wenn die zu er-

---

90 Vgl RGSt 69, 58, 60 ff; 279, 280 f.
91 *Mitsch*, BT II/1 § 8 Rn 42; MK-*Dierlamm*, § 266 Rn 48; S/S-*Lenckner/Perron*, § 266 Rn 23, 23a; SK-*Samson/Günther*, § 266 Rn 27, 29.
92 BGHSt 41, 224, 227 ff mit krit. Bespr. *Sowada*, JR 97, 28 und *Satzger*, Jura 98, 570; *Saliger*, JA 07, 328; abl. *Lackner/Kühl*, § 266 Rn 12; Falllösung bei *Beulke*, Rn 470 ff; die Entscheidung betrifft eine Wohnraummiete; für die Gewerberaummiete will BGHSt 52, 182, 185 ff mit krit. Bespr. *Bosch*, JA 08, 658 und *Kretschmer*, JR 08, 348 jedenfalls die *gesetzliche* Herleitung einer Vermögensfürsorgepflicht nicht gelten lassen.
93 BayObLG wistra 98, 157 mit krit. Bespr. *Satzger*, JA 98, 926; OLG Zweibrücken wistra 07, 275 leitet aus beiden Entscheidungen (trotz auch abw. Rechtsprechung, s. OLG Düsseldorf wistra 94, 3) eine staatsanwaltschaftliche „Obliegenheit zur Anklageerhebung" ab.
94 OLG Koblenz NJW 99, 3277; s. auch *Lesch*, ZRP 02, 159.
95 LG Mainz StV 01, 296.
96 BGH wistra 04, 61 mwN zu beiden Konstellationen im Fall des Rechtsanwalts; KG NJW 07, 3366; OLG Hamm NStZ-RR 04, 111 (s. dazu auch Fall 58 mit Rn 615).
97 Näher BGHSt 13, 315, 319; BGH GA 1979, 143; BGH wistra 89, 60, 61.

füllenden Pflichten angesichts ihrer untergeordneten Bedeutung in allen Einzelheiten vorgegeben sind und keinerlei Dispositionsbefugnis besteht. So ist beispielsweise für § 266 bei dem Bürgermeister einer Gemeinde oder deren Kassenleiter, dem die Abwicklung des Zahlungsverkehrs obliegt[98], ebenso Raum wie bei dem Leiter einer Verkaufsfiliale[99], nicht aber, wenn ein Bankangestellter nur das *von anderen* vereinnahmte ausländische Geld einzusortieren und das von anderen herauszugebende Geld bereitzulegen hat[100]. Einen Ausgleich gegenüber einem eng begrenzten Spielraum soll nach der Rechtsprechung allerdings das Fehlen von Kontrolle und die dadurch dem Täter eröffnete Möglichkeit schaffen, ohne Steuerung und Überwachung durch den Treugeber auf dessen Vermögen zuzugreifen[101]. Selbst dort, wo vertragliche Beziehungen zur Entstehung eines Treueverhältnisses iS des § 266 geführt haben, fällt nicht jede Einzelverpflichtung zwangsläufig in den Schutzbereich dieser Norm. Wer zB Gelder seines Mandanten Gewinn bringend anlegen soll und das auch getan hat, diese Vermögenswerte bei Beendigung des Vertrages aber nicht rechtzeitig herausgibt, verletzt nicht die von § 266 erfasste Treue-, sondern nur eine schlichte Schuldnerpflicht, die sich von Herausgabe- und Rückerstattungspflichten anderer Schuldverhältnisse ohne Treueabrede nicht wesentlich unterscheidet[102]. Wer bestimmenden Einfluss auf Vergabeentscheidungen und Auftragserteilungen zB als Ärztlicher Direktor einer Universitätsklinik hat, muss im Rahmen seiner Treuepflicht auf günstige Vertragsabschlüsse für den Treugeber hinwirken. Hingegen ist die Pflicht, persönliche Provisionen, personengebundene Spenden oder gar Schmiergelder ggf an den Geschäftsherrn herauszugeben (§ 667 BGB), keine Treue-, sondern nur eine allgemeine Herausgabepflicht, deren Verletzung bei Beamten zu dienstrechtlichen Konsequenzen, nicht aber in die Untreue führen kann[103].

Von dem **Grundsatz**, dass eine bestehende Vermögensbetreuungspflicht zugleich mit dem ihr zu Grunde liegenden Rechtsverhältnis **erlischt** und dass danach etwaige Herausgabe- oder Abwicklungspflichten bloße Schuldnerpflichten sind, kann es Ausnahmen geben. Das gilt zB für die Beendigung einer Vormundschaft oder eines Betreuungsverhältnisses[104].

Das Einziehen des „*Brötchengeldes*" durch einen Bäckerjungen oder die Entgegennahme des Kaufpreises für Gegenstände des täglichen Lebens durch ein Lehrmädchen, das diese Dinge nebst Quittung überbringt, entspricht den Anforderungen des § 266 ebenso wenig, wie die bloße Abrede, übergebene Waren weiterzuverkaufen und den Erlös abzuführen[105]. Hier reicht der Schutz des § 246 völlig aus. Anders verhält es sich beim Einziehen von Nachnahmebeträgen durch Postbeamte sowie bei der Inkassotätigkeit von Schalterbediensteten der Banken, der Post und der Bahn[106]. **773**

---

98   BGH NStZ 03, 540, 541; BGH NStZ 94, 586; BGH NStZ 07, 579 mit Anm. *Dierlamm*.
99   BGH wistra 04, 105, 107.
100   BGH NStZ 83, 455.
101   BGH wistra 08, 427, 428 (Geldtransporteur).
102   S. dazu BGH NStZ 86, 361; BGH NStZ-RR 00, 236; BGH StV 02, 142.
103   BGHSt 47, 295, 297 f; *Kindhäuser/Goy*, NStZ 03, 291; *Rönnau*, JuS 03, 232.
104   RGSt 45, 434; OLG Stuttgart NJW 99, 1566; *Fischer*, § 266 Rn 32.
105   OLG Düsseldorf NJW 98, 690; 00, 529; anders nur, wenn es sich um ein echtes Kommissionsgeschäft iS der §§ 383 ff HGB handelt.
106   RGSt 73, 235; BGHSt 13, 315, 317 ff; BGH wistra 89, 60, 61; abw. LK-*Hübner*, 10. Aufl., § 266 Rn 32, 37.

774 Im Rahmen der sog. **Ganovenuntreue** ist zu unterscheiden: von Untreue iS des § 266 kann keine Rede sein, wenn jemand **gesetz-** oder **sittenwidrigen Abreden**, die er mit einem anderen getroffen hat, lediglich nicht nachkommt[107]. Andererseits ist es (je nach Lage des Einzelfalles) nicht ausgeschlossen, dass sich jemand nach der *zweiten* Alternative des § 266 I aufgrund eines faktischen Treueverhältnisses strafbar macht, wenn er sich abredewidrig **an Geldern bereichert**, die sein Auftraggeber ihm zur **Verwendung für gesetzwidrige Zwecke** anvertraut hatte. Aus solchen Gründen Schädigungsfreiheit zu schaffen, ist ohne erkennbaren Gewinn[108].

2. Nachteilszufügung

775 **Folge** des pflichtwidrigen Handelns oder Unterlassens muss die Zufügung eines **Nachteils** zulasten desjenigen sein, dessen Vermögensinteressen der Täter zu betreuen hat. Dafür ist die Identität der *zu schützenden* und der *verletzten* Interessen erforderlich. Die Pflichtwidrigkeit der Handlung allein reicht für den Nachteil der Untreue ebenso wenig aus, wie die Irrtumsbedingtheit der Disposition des Getäuschten zur Bejahung des Betrugsschadens. Erforderlich ist ein durch die Pflichtwidrigkeit erst bewirkter Nachteil[109]. Der Begriff des **Nachteils** in § 266 I hat im Grundsatz dieselbe Bedeutung wie die **Vermögensbeschädigung** in § 263[110].

775a Das gilt auch für die **„schadensgleiche" Vermögensgefährdung**[111]. Man sollte sie weder für den Betrug (s. dazu Rn 571) noch für die Untreue aufgeben. Sie folgt als eine Art der Schadensbegründung dem wirtschaftlichen Ausgangspunkt des Vermögens- und Schadensbegriffs. Ihre Voraussetzungen sind durch eine jahrzehntelange Rechtsprechung hinreichend bestimmt. Nimmt man sie im Hinblick auf das zu fordernde, die Schadensgleichheit begründende konkrete Verlustrisiko ernst, besteht keine Gefahr, die Untreue zum Gefährdungsdelikt oder einen bloßen, bei der Untreue straflosen Versuch zum vollendeten Delikt zu verfälschen[112]. Auch rechtfertigen weder vermeintlich größere Unbestimmtheiten des § 266 gegenüber § 263 noch eine angeblich zu beobachtende, die Führungskräfte der Wirtschaft unangemessen bedrohende „Anwendungshypertrophie" es, die in zahllosen, die „große" Wirtschaftskriminalität gar nicht betreffenden Fällen bewährte und bei wirtschaftlicher Ausrichtung des Schadensbegriffs unverzichtbare Schadensbeschreibung durch den „Gefährdungsschaden" (jedenfalls) für § 266 preiszugeben[113]. Eine solche Preisgabe lässt sich weder in der Rich-

---

107 Vgl BGH MDR/H 79, 456; *Eisele*, BT II Rn 841.
108 *Hillenkamp*, Vorsatztat und Opferverhalten 1981, S. 195 f; ebenso BGHSt 8, 254, 256 ff; A/W-*Weber*, § 22 Rn 55; *Haft/Hilgendorf*, S. 125; HK-GS/*Beukelmann*, § 266 Rn 15; LK-*Hübner*, 10. Aufl., § 266 Rn 79; *Rengier*, BT I § 18 Rn 19; anders *Joecks*, § 266 Rn 29; MK-*Dierlamm*, § 266 Rn 149; *Kindhäuser*, § 266 Rn 35; *Maurach/Schroeder/Maiwald*, BT I § 45 Rn 28; S/S-*Lenckner/Perron*, § 266 Rn 31; s. zum Streitstand *Hillenkamp*, BT 35. Problem; *Küper*, BT S. 378 f.
109 BGHSt 43, 293, 297; 46, 30, 34; 47, 295, 301 f; BGH NStZ 01, 248, 251; BGHSt 43, 293; NK-*Kindhäuser*, § 266 Rn 94, 99.
110 Vgl BGHSt 40, 287, 294 ff; 43, 293, 297; BGH wistra 88, 26; *Munz*, Haushaltsuntreue 2001, S. 61 ff.
111 BGHSt 44, 376, 384; 46, 30, 34; 47, 8, 11; 52, 182, 188; OLG Stuttgart NJW 99, 1564; *Ransiek*, ZStW 116 (2004), 659 ff; *Saliger*, JA 07, 331 ff; für eine eigenständige Bestimmung der schadensgleichen Vermögensgefährdung für § 266 *Mansdörfer*, JuS 09, 114, 116 f; *Perron*, Tiedemann-FS S. 737, 739 ff.
112 S. zur Gefahr, die Straflosigkeit des Versuchs zu unterlaufen, *Bosch*, wistra 01, 257; *Matt/Saliger*, in: Irrwege der Strafgesetzgebung 1999, S. 234 ff; *Mosenheuer*, NStZ 04, 181; *Saliger*, ZStW 112 (2000), 565 ff, 574 ff.
113 So zu Recht *Fischer*, NStZ-Sonderheft 09, 8 f, 11 ff mit umfassenden Nachweisen zu der zitierten Kritik; s. zu ihr nur *Bernsmann*, GA 09, 296 ff; *Beulke*, Eisenberg-FS S. 245 ff; *Perron*, GA 09, 219, 222 („Allzweckwaffe"), 231 ff; *Ransiek*, ZStW 116 (2004), 634: „§ 266 passt immer".

tung rechtfertigen, dass die bisher unter den Begriff fallenden Sachverhalte als bloßes Versuchsunrecht ausschieden, noch umgekehrt so, dass der Begriff „entbehrlich" sei, weil in den unter ihn subsumierten Fällen bereits ein „endgültiger Vermögensnachteil" eingetreten und deshalb mit der Rede von einer schadensgleichen Vermögensgefährdung nur eine „Scheinproblematik" bezeichnet werde. Der 1. Strafsenat, der so argumentiert[114], verlangt nicht nur zu Unrecht einen „endgültigen" Schaden, sondern setzt unzulässig diesen mit einem nur prognostizierten hohen Verlustrisiko gleich. Für diesen letzteren, durch einen bereits eingetretenen „endgültigen" Verlust gerade noch nicht gekennzeichneten Fall ist der Begriff der schadensgleichen Vermögensgefährdung klärend und deshalb gerade nicht „entbehrlich"[115]. Daher ist mit dem 2. Senat an der Figur der schadensgleichen Vermögensgefährdung festzuhalten[116]. Dass man dann im Einzelfall darüber streiten kann, ob ein Gefährdungsschaden schon vorliegt oder ob – etwa beim Führen „schwarzer Kassen" – nicht schon stattdessen ein Schaden durch Verlust eingetreten ist[117], versteht sich von selbst und ist kein Argument gegen die „Institution". Nicht folgerichtig und daher abzulehnen ist allerdings die vom 2. Senat erhobene Forderung[118], bei einem mit dolus eventualis in Kauf genommenen Gefährdungsschaden die Kongruenz zwischen objektivem und subjektivem Tatbestand aufzulösen und eine Billigung der Realisierung der Gefahr zu verlangen. Gibt man hierfür als Grund an, es gehe beim Gefährdungsschaden materiell um bloßes Versuchsunrecht, müsste man den Gegnern Recht geben und die schadensgleiche Vermögensgefährdung als Schadensbegründung aufgeben (s. dazu Rn 778 ff).

Auch die zum Betrug entwickelten **Grundsätze der Schadensberechnung** gelten bei der Untreue sinngemäß[119]. So fehlt es an einem Nachteil, wenn der Vermögensinhaber bei einem Vergleich des gesamten Vermögens vor und nach der belastenden Handlung[120] nicht ärmer geworden ist. Das ist zB dann der Fall, wenn der eingetretene Verlust durch gleichzeitig erlangte **Vorteile**, die *unmittelbar* auf dem pflichtwidrigen Verhalten beruhen, **wirtschaftlich voll ausgeglichen** wird[121], nicht aber dann, wenn das freiwillige Opfer Dritter, wie im Fall des Spendenaufrufs des ehemaligen Bundeskanzlers *Kohl*, nur zu einer nachträglichen Schadensbeseitigung führt[122]. Die Recht- **775b**

114 S. BGH JR 08, 426 (zu § 266) mit krit. Bespr. von *Beulke/Witzigmann*, JR 08, 430, 432 f; *Peglau*, wistra 08, 430; *Rübenstahl*, NJW 08, 2454; *Schünemann*, NStZ 08, 430, 432; *Selle/Wietz*, ZIS 08, 471, 474; *Wegner*, wistra 08, 343; BGH NStZ 09, 330, 331 (zu § 263) mit insoweit zust. Anm. *Ransiek/Reichling*, ZIS 09, 315; abl. wie hier *Brüning*, ZJS 09, 300, 302 f; s. auch *Satzger*, Jura 09, 518, 524 ff. Näher zur Begründung dieser Wende *Nack*, StraFO 08, 277 ff.
115 Zutr. *Fischer*, StraFO 08, 269 ff; *ders.*, NStZ-Sonderheft 2009, 8 ff.
116 BGHSt 51, 100, 113 ff; BGH StV 07, 581; BGHSt 52, 323, 336, 338; ebenso der 5. Senat, s. BGHSt 52, 182, 188 f.
117 Im *Kanther*-Fall (BGHSt 51, 100) hat der BGH eine konkrete Vermögensgefährdung, im *Siemens*-Fall (BGHSt 52, 323) dagegen (insoweit unter Aufgabe seiner Position im *Kanther*-Fall) einen Schaden durch Verlust angenommen. Zur Grenze zwischen noch nicht schadensgleicher Gefährdung und Schaden s. BGHSt 52, 182, 188 f.
118 S. die Nachweise in der vorstehenden Fn.
119 S. NK-*Kindhäuser*, § 266 Rn 94 ff; *ders.*, Lampe-FS S. 709, 722 ff; 50, 299, 313 ff; zum Nachteil im Zusammenhang mit Schmiergeld- (s. dazu BGH NJW 06, 2864, 2867) und Provisionszahlungen im Kick-back-Verfahren s. zusf. BGHSt 49, 317, 332 ff; zur Übertragung der Grundsätze der Schadensberechnung bei der Einstellung von Beamten oder Angestellten zu § 263 auf § 266 s. BGH wistra 06, 307, 308; und dazu *Bernsmann*, StV 05, 576; *ders.*, GA 07, 219, 223 ff; *Saliger*, NJW 06, 3377 ff; *Schünemann*, NStZ 06, 196, 199 ff; *Vogel*, JR 05, 123 *(Fuchs-Panzer)*.
120 BGH NStZ 97, 543; BGH NStZ-RR 06, 175, 176; BGH wistra 07, 21 f.
121 BGHSt 31, 232, 234.
122 S. hierzu und zur kontroversen Beurteilung der Strafbarkeit der Entgegennahme anonymer Spenden für die CDU LG Bonn NStZ 01, 375; *Krüger*, NJW 02, 1178 und *Schwind*, NStZ 01, 349 mwN; ferner *Fischer*, § 266 Rn 46 ff, 70 f; grundlegend zur Parteienuntreue *Saliger*, Parteiengesetz und Strafrecht 2005, zum Fall Kohl und zur Hessen-CDU S. 696 ff; zum Hessen-Fall s. OLG Frankfurt NJW 04, 2028; *Matt*, NJW 05, 389 und BGHSt 51, 100 mit Anm. *Bosch*, JA 08, 148 und Bespr. *Saliger*, NStZ 07, 545.

sprechung beruht zwar auch hier auf dem wirtschaftlichen Vermögensbegriff[123], löst sich aber zu Recht (Rn 535) von einer *rein* wirtschaftlichen Betrachtung, wenn sie den Vermögensschaden verneint, wo die entstandene Lage im Einklang mit der materiellen Rechtsordnung steht, und daher in der Erfüllung eines fälligen und einredefreien Anspruchs auch dann keinen Nachteil sieht, wenn der Gläubiger die Forderung nur schwer hätte beweisen können[124]. Eine bloße Wiedergutmachung der durch die pflichtwidrige Handlung verursachten Nachteilszufügung ändert indessen auch hier an der Tatbestandsverwirklichung nichts[125]. Auch ist weder die durch pflichtwidrigen Einsatz von Bestechungsgeldern entstehende vage Chance, einen im Ergebnis vorteilhaften Vertrag abzuschließen, noch gar die darauf nur zielende Absicht des Täters ein zur Kompensation geeigneter Vermögenswert[126].

776 An dem bei §§ 253, 263 strikt durchgeführten Grundsatz, dass **gesetzliche Ersatzansprüche** gegen den Täter im Rahmen der Schadensermittlung nicht zu berücksichtigen, dh **nicht kompensationsfähig** sind, hält die Rechtsprechung in **Untreuefällen** nicht uneingeschränkt fest. So hat BGHSt 15, 342, 344 bei konkursfremden Verfügungen durch einen **Konkursverwalter** eine Nachteilszufügung unter der Voraussetzung verneint, dass der zum Ausgleich gewillte Täter „eigene flüssige Mittel in entsprechender Höhe zum Ersatz ständig bereithält"[127]. Unter der gleichen Voraussetzung macht sich ein Anwalt nicht strafbar, der Gelder seines Mandanten nicht auskehrt, weil er aufrechnen will, dann aber die Erklärung der Aufrechnung versäumt[128]. Unerlässlich ist dabei allerdings die fortwährende Zahlungsbereitschaft und -fähigkeit des Täters[129]. Als Nachteil ist auch die **pflichtwidrig unterlassene Vermögensmehrung** anzusehen[130]. In Fällen von (struktureller) **Ämterpatronage** ist ein Nachteil der öffentlichen Hand nicht aufweisbar, § 266 daher nicht gegeben[131].

777 Pflichtwidrigkeit und Nachteil sind andererseits bei der Untreue eng miteinander verzahnt. Das zeigt sich deutlich bei Risikogeschäften. Verstößt der Täter hier gegen eine Verhaltensregel, die den Vermögensinhaber vor zu hohen Verlustrisiken schützt, ergibt sich der Vermögensnachteil im Sinne eines Risikoschadens idR von selbst[132]. Aber auch in anderen Fällen sorgt schon der Missbrauch der Dispositionsmacht für eine Nähe zum Schaden. So begründen Verstöße gegen haushaltsrechtliche Vorschrif-

---

123 BGH wistra 99, 350, 354.
124 BGH NStZ 04, 205, 206; OLG Hamm wistra 99, 420, 422 f.
125 BGH NStZ 86, 455.
126 BGHSt 52, 323, 338; zur Schadensfeststellung in solchen Fällen s. *Dierlamm*, Widmaier-FS S. 607, 612 ff; *Fischer*, NStZ-Sonderheft 09, 8, 17 f; *Ransiek*, StV 09, 321 ff; *Satzger*, NStZ 09, 297, 302 f; *Schünemann*, NStZ 08, 431, 433; vgl auch *Saliger*, Parteiengesetz und Strafrecht 2005, S. 218 ff. Zur Schädigung durch Auslösen von straf- und bußgeldrechtlichen Sanktionen s. *Weber*, Seebode-FS S. 437.
127 Weiterführend BGH NStZ 95, 233; zust. *Lackner/Kühl*, § 266 Rn 17; *Maurach/Schroeder/Maiwald*, BT I § 45 Rn 45; MK-*Dierlamm*, § 266 Rn 184; abl. S/S-*Lenckner/Perron*, § 266 Rn 42.
128 KG NStZ 08, 405, 406.
129 BGH MDR/H 83, 281; BGH wistra 04, 61 f; BGHSt 52, 182, 188 f.
130 MK-*Dierlamm*, § 266 Rn 185; *Otto*, BT § 54 Rn 33.
131 S. dazu *Lindenschmidt*, Zur Strafbarkeit der parteipolitischen Ämterpatronage in der staatlichen Verwaltung 2004, S. 46 ff mit einem Vorschlag de lege ferenda S. 178.
132 *Hillenkamp*, NStZ 81, 166 f; *Waßmer*, Untreue bei Risikogeschäften 1996, S. 144 ff, 150; enger *Hellman*, ZIS 07, 439 f; zum Risikoschaden bei Kreditgeschäften s. BGHSt 46, 30, 34; M-G/B-*Nack*, § 66 Rn 96 ff; krit. *Martin*, Bankuntreue 2000, S. 124, 128; weiterführend *Ransiek*, ZStW 116 (2004), 646 ff, 659 ff.

ten zwar bei der Haushaltsuntreue nicht von selbst den Nachteil[133]. Wer aber unter Missachtung der Dispositionsfreiheit des Haushaltsgebers Geldmittel zweckentfremdet, schädigt das Vermögen, auch wenn der Ausgabe eine gleichwertige Leistung gegenübersteht[134]. Fehlt es auch an der Zweckentfremdung, kann der Schaden nach den Grundsätzen des individuellen Schadenseinschlags in der Beschneidung der „politischen Gestaltungsbefugnis" liegen[135]. Wird dem Vermögensinhaber durch Manipulationen des Treunehmers das Vorhandensein von Vermögenswerten verschleiert, kann schon die deshalb fehlende Zugriffsmöglichkeit des Treugebers den Schaden begründen[136]. Dieser enge Zusammenhang zwischen Nachteil und selbst bestimmter Disposition folgt aus der Natur der Untreue, die einen Einfluss der Verletzung der inneren Bindung des Täters an das betreute Vermögen auch auf den Schaden legitimiert[137].

3. Vorsatz

Der **Vorsatz** des Täters muss sich nicht anders als sonst auf alle objektiven Merkmale der jeweils verwirklichten Tatbestandsalternative erstrecken. Bedingter Vorsatz genügt. Vorsätzlich ungetreu handelt danach nur, wer die ihm obliegende Vermögensbetreuungspflicht kennt, sie wissentlich und willentlich verletzt und dabei zumindest in Kauf nimmt, dass ein ernsthaft für möglich gehaltener Nachteil beim Vermögensinhaber eintritt. Da der Pflichtverstoß Tatbestandsmerkmal ist, gehört die Kenntnis der Pflichtwidrigkeit zum Vorsatz[138]. Da sich die Pflicht idR nicht aus § 266 selbst, sondern aus dem Tatbestand vorgelagerten Normen ergibt, muss sich der Täter durch eine hinreichende Parallelwertung in der Laiensphäre des Grundes und der Grenzen seiner Pflicht gewahr sein. Ist er es, liegt ein Verbotsirrtum fern[139]. Soweit das Einverständnis des Vermögensinhabers tatbestandsausschließend wirkt (s. Rn 758), schließt seine irrige Annahme durch den Täter gemäß § 16 I eine vorsätzliche Pflichtverletzung aus. Bezüglich des Schädigungsvorsatzes gilt nichts besonderes. Schädigungsabsicht ist möglich, aber nicht notwendig. Direkter oder bedingter Vorsatz reichen aus. Auf die Einführung einer Bereicherungsabsicht hat der Gesetzgeber verzichtet. Untreue ist ein Schädigungsdelikt. 778

Für den **dolus eventualis** gilt im Grundsatz nichts anderes als sonst. Die Rechtsprechung stellt allerdings an ihn seit den Tagen des Reichsgerichts im Zusammenhang 779

---

133 BGH NStZ 01, 248, 251.
134 BGH NStZ 84, 550; OLG Koblenz NJW 99, 3277.
135 BGHSt 43, 293, 299 im Anschluss an BGHSt 16, 321, 325 ff; BGH NStZ 01, 248, 251 mit Anm. *Dierlamm/Wagner* 372; s. auch M-G/B-*Schmid*, § 32 Rn 22 ff; *Munz*, Haushaltsuntreue 2001, S. 87 ff, 105 ff, 172; *Rübenstahl/Wasserburg*, NStZ 04, 521 ff; *G. Wolf*, Die Strafbarkeit der rechtswidrigen Verwendung öffentlicher Mittel 1997, S. 58 ff, 109 ff; krit. *Saliger*, ZStW 112 (2000), 589 ff; *Schünemann*, StV 03, 463 ff; *v. Selle*, JZ 08, 178 180 f.
136 BGHSt 52, 323, 338 f.
137 S. dazu krit. *Rönnau*, Tiedemann-FS S. 713, 734 f.
138 Str., s. LK-*Schünemann*, § 266 Rn 153 f mwN.
139 S. zu der Annahme eines solchen im *Mannesmann*-Verfahren durch das LG Düsseldorf NJW 04, 3275, 3285 die Stellungnahme in BGH NJW 06, 522, 529 (in BGHSt 50, 331 nicht mit abgedruckt) sowie *Hohn*, wistra 06, 164; *Ransiek*, NJW 06, 816; s. auch BGHSt 52, 182, 190 f. Zur Abgrenzung von untauglichem Versuch und Wahndelikt bei sog. *Vorfelddirrtümern* s. LK-*Hillenkamp*, § 22 Rn 210 ff.

mit der Untreue **besonders strenge Anforderungen**[140]. Bezweckte sie damit – was verbreitet angenommen wird – die Weiten und Vagheiten des objektiven Tatbestandes über die subjektive Tatseite zu „korrigieren", wäre dies der falsche Weg. Die Grenzen des objektiven Tatbestandes sind diesem selbst zu setzen[141]. Gegen die regelmäßig gegebene Begründung, der Tatrichter sei angesichts der oft komplexen und mehrdeutigen Strukturen des Wirtschaftslebens und der Weite und Unbestimmtheit des Tatbestandes der Untreue gehalten, auf die *Feststellung* des Vorsatzes besondere Sorgfalt anzuwenden *und* die *(begrifflichen) Anforderungen* der höchstrichterlichen Rechtsprechung an die *voluntative Seite* namentlich bei nicht eigensüchtigem Vorgehen des Täters nicht nur formelhaft, sondern inhaltlich zu beachten, ist aber nichts einzuwenden. Das geschieht auch in anderen Bereichen, in denen gegen die Annahme eines dolus eventualis – wie zB bei Tötungsdelikten – wiederkehrende Umstände sprechen[142].

779a   Besteht der Nachteil (wie idR bei sog. Risikogeschäften) in einer **schadensgleichen Vermögensgefährdung**, soll hiernach der Grad der Wahrscheinlichkeit des Schadenseintritts allein kein Kriterium dafür sein, dass der Täter den Erfolg im Sinne des dolus eventualis auch gebilligt hat[143]. Umgekehrt soll die Tatsache, dass eine Jahre währende schadensgleiche Gefährdung nicht in einen Verlust umgeschlagen ist, dafür sprechen, dass der Täter sich mit einer Schädigung nicht abgefunden, sondern auf ihr Ausbleiben vertraut hat[144]. Liegt allerdings ein erkanntes besonders hohes und schwer beherrschbares Verlustrisiko vor, ist darin nach der Rechtsprechung ein Indiz für die Billigung der schadensgleichen Gefährdung zu sehen[145]. Stets muss sich der Täter damit abfinden, dass er dem seiner Betreuung anvertrauten Vermögen Schaden zufügt[146]. Dafür genügt bei einer mit *dolus eventualis* verursachten schadensgleichen Vermögensgefährdung, dass der Täter mit der Möglichkeit eines für die Schadensbegründung hinreichenden hohen Verlustrisikos ernsthaft rechnet und sich hiermit abfindet. Entgegen der neueren Rechtsprechung des 2. Senats[147] ist eine darüber hinausgehende „Billigung der Realisierung der Gefahr" iS eines Sich-Abfindens mit einem „endgül-

---

140   Vgl nur BGH NStZ 97, 543; BGH wistra 00, 60, 61; 03, 463, 464; s. dazu auch LK-*Schünemann*, § 266 Rn 151; NK-*Kindhäuser*, § 266 Rn 123.

141   *Dierlamm*, NStZ 97, 535; *Feigen*, Rudolphi-FS S. 459 f; *Fischer*, § 266 Rn 78a; *Hillenkamp* NStZ 81, 163 f; LK-*Schünemann*, § 266 Rn 151 ff; MK-*Dierlamm*, § 266 Rn 238; S/S-*Lenckner/Perron*, § 266 Rn 50; *Waßmer*, Untreue bei Risikogeschäften 1996, S. 156 ff.

142   Zur Tötungshemmschwelle s. BGH NStZ 1984, 19; 1986, 550; BGHSt 36, 1, 15. BGHSt 46, 30, 35 und 47, 148, 157 verweisen aber auch auf Entscheidungen zur Körperverletzung (BGHSt 36, 1, 9) und zur Urkundenfälschung im Rahmen einer Strafverteidigung (BGHR StGB § 15 Vorsatz, bedingter 8).

143   BGHSt 46, 30, 35; s. dazu *Beulke*, JR 05, 41.

144   BGHSt 100, 121 f (Fall *Kanther*); s. dazu krit. *Bernsmann*, GA 07, 219, 229 ff; *Ransiek*, NJW 1727, 1729.

145   BGHSt 47, 148, 157.

146   BGH wistra 86, 25; BGH NStZ 86, 455.

147   BGH NStZ 07, 704, 705 mit Anm. *Schlösser*, NStZ 08, 397 im Anschluss an BGHSt 51, 100, 121 f; s. zu diesen Entscheidungen *Fischer*, StraFO 08, 269; *ders.*, NStZ- Sonderheft 09, 8, 13 f; gegen ihn *Nack*, StraFO 08, 277; krit. auch *Bernsmann*, GA 07, 219, 229 ff; *Perron*, Tiedemann-FS S. 737, 766 f; *Rönnau*, Tiedemann-FS S. 713, 731 ff; *Saliger*, NStZ 07, 545, 550; *Schlösser*, StV 08, 548; *Weber*, Eisenberg-FS S. 371, 374; zust. *Ignor/Sättele*, Hamm-FS S. 211, 224 f; *Kempff*, Hamm-FS S. 255, 262 ff; der 5. Senat folgt dem 2. in BGHSt 52, 182, 189 f; vgl auch A/W-*Weber*, § 22 Rn 78; *Eisele*, BT II Rn 859; *Joecks*, § 266 Rn 32; *Rengier*, BT I § 18 Rn 23a, b.

tigen" Verlust nicht zu verlangen. Der Senat sieht mit seinem Vorschlag Bedenken gegen ein in der schadensgleichen Vermögensgefährdung nach seiner Auffassung lediglich verwirklichtes Versuchsunrecht zerstreut, weil es durch einen auf wirkliche Vollendung zielenden „Tatentschluss" kompensiert werde[148]. Das ist aber eine doppelt angreifbare Lösung. Einerseits ist es dem Richter verwehrt, materielles Versuchsunrecht mit einem auf Vollendung zielenden Vorsatz zu einer vollendeten Tat zusammenzuschmieden. Wäre der „Gefährdungsschaden" nur eine Vorstufe des im Gesetz verlangten Nachteils, müsste man ihn als dem Verlust gleichwertige Schadensform stattdessen aufgeben. Andererseits liegt es nicht in Richtermacht, bei Delikten ohne überschießende Innentendenz eine solche zu „erfinden" und damit die dogmatisch unauflösbare Kongruenz zwischen objektivem und subjektivem Tatbestand aufzukündigen[149]. Deshalb ist daran festzuhalten, dass eine zutreffend begründete schadensgleiche Vermögensgefährdung ein Schaden *ist* und sich der Vorsatz in seinen beiden Komponenten nur auf das den Gefährdungsschaden begründende Verlustrisiko beziehen muss.

Im **Fall 72** erfüllt das Verhalten des S alle Merkmale der *veruntreuenden* Unterschlagung. **780**
Fraglich ist, ob darin zugleich eine **Untreue** liegt. Der Missbrauchstatbestand des § 266 I entfällt mit Rücksicht darauf, dass S zur eigenmächtigen Verfügung über die ihm anvertrauten Gelder nicht befugt ist und dass Pflichtwidrigkeiten *rein tatsächlichen* Charakters allein vom **Treubruchstatbestand** des § 266 I erfasst werden. (Für den Missbrauchstatbestand ist[150] auch dann kein Raum, wenn ein **Schalterbeamter** Fahrkarten unter dem amtlich festgesetzten Preis verkauft, denn seine Rechtsmacht *im Außenverhältnis* reicht in dieser Hinsicht nicht weiter als seine *interne* Befugnis. Wo **Können** und **Dürfen** sich decken, der Täter also zugleich seine Vertretungsmacht im Außenverhältnis überschreitet, greift an Stelle des Missbrauchstatbestandes der **Treubruchstatbestand** ein)[151]. Im Hinblick auf den *Grad seiner Verantwortlichkeit* und das *Maß seiner Selbstständigkeit* bei der Kassenverwaltung ist eine **Vermögensbetreuungspflicht** des S zu bejahen. Diese Pflicht hat S dadurch verletzt, dass er sich einen Teil des Geldes rechtswidrig zugeeignet hat[152]. **Nachteilszufügung** durch S und Vorsatz in Bezug auf alle Merkmale des objektiven Unrechtstatbestandes sind ohne Schwierigkeit festzustellen. Insgesamt hat S sich daher der **Untreue** (§ 266 I *zweite* Alternative) schuldig gemacht. § 246 II tritt im Wege der Gesetzeskonkurrenz (Konsumtion) zurück (s. Rn 289, 300)[153].

---

4. Fragen des Allgemeinen Teils und Regelbeispiele

Vollendet ist die Untreue mit **Eintritt des Vermögensnachteils**, der auch bei einer **781**
schadensgleichen Vermögensgefährdung gegeben ist. Der Versuch ist nicht mit Strafe

---

148 BGHSt 51, 100, 123.
149 *Kühne*, StV 02, 199 hat schon BGHSt 47, 148 einen „überschießenden Vorsatz" unterstellt; s. hierzu in Bezug auf BGHSt 51, 100 *Bernsmann*, GA 07, 219, 230; *Saliger*, NStZ 07, 545, 550; *Schünemann* NStZ 08, 431.
150 Entgegen einem obiter dictum in BGHSt 13, 315, 316.
151 S. *Küper*, BT S. 361.
152 Näher BGHSt 13, 315.
153 *Küper*, Jura 96, 207 f.

bedroht (s. Rn 748). **Täter** oder Mittäter dieses Sonderdelikts kann nur sein, wer selbst vermögensbetreuungspflichtig ist[154]. Außenstehende kommen lediglich als **Teilnehmer** in Betracht; nach hM ist auf sie § 28 I anzuwenden[155]. Liegen der Untreuehandlung Kollektiventscheidungen zu Grunde, treten schwierige Fragen des Allgemeinen Teils auf [156].

782   Aus dem Kreis der **Rechtfertigungsgründe** können die *mutmaßliche* Einwilligung und der *rechtfertigende* Notstand (§ 34) hier praktische Bedeutung gewinnen[157].

783   In § 266 II wird für **besonders schwere Fälle** auf die Regelbeispiele des Betrugs verwiesen. Dieser Verweis ist nur von sehr begrenztem Sinn. Abgesehen von den Regelbeispielen des § 263 III 2 Nr 2 1. Alt.[158] und Nr 3 ist die Regelung des § 263 III für schwere Fälle der Untreue entweder nicht einschlägig oder wenig sachangemessen[159], wie zB die gleichzeitig strafbegründende wie nach § 263 III 2 Nr 4 strafschärfende Wirkung der Amtsträgerschaft erweist[160]. § 243 II ist entsprechend anwendbar. Das gilt auch für § 247. Stellen die geschädigten Mitgesellschafter keinen Strafantrag, kann die Tat gleichwohl verfolgt werden, wenn auch die GmbH selbst einen Vermögensnachteil erlitten hat[161].

784   Zu den **Konkurrenzfragen** sei auf die Übersicht bei *LK-Schünemann*, § 266 Rn 167 ff verwiesen. Tateinheit ist beispielsweise möglich zwischen Untreue und Betrug, Diebstahl, Bestechlichkeit und Urkundenfälschung[162], uU auch zwischen Bankrott und Untreue, soweit die vom Täter verfolgten Interessen nicht ausschließlich in die eine oder in die andere Richtung weisen[163]. Handlungen eines **GmbH-Geschäftsführers** werden nur dann von § 283 erfasst, wenn sie für die Gesellschaft und (zumindest auch) in deren Interesse vorgenommen werden, während § 266 eingreift, wenn die vermögensschädigende Handlung *gesellschaftsfremden* Zwecken dient, vom Geschäftsführer also aus *eigennützigen* Beweggründen oder *im Interesse Dritter* vorgenommen wird. Hat der Geschäftsführer seine umfassende Verwaltungs- und Verfügungsbefugnis über das Vermögen der Gesellschaft allerdings im Insolvenzverfahren verloren, scheidet § 266 bereits mangels Tätereigenschaft aus[164]. § 246 I tritt auf Grund der Subsidiaritätsklausel hinter § 266 zurück. Für § 246 II gelten dagegen die allgemeinen Regeln[165].

---

154   Vgl BGH StV 95, 73.
155   BGH wistra 97, 100; 07, 306, 307; BGH NStZ RR 08, 6; 09, 102; *Fischer*, § 266 Rn 80; *Joecks*, § 266 Rn 34; MK-*Dierlamm*, § 266 Rn 243; *Seier*, JuS 98, 49; anders S/S-*Lenckner/Perron*, § 266 Rn 52.
156   S. BGHSt 47, 148, 156; vgl auch BGHSt 37, 106, 125 ff, 129 ff; OLG Stuttgart JZ 1980, 774; *Knauer*, NStZ 02, 399, 403; *Martin*, Bankuntreue 2000, S. 73 ff; MK-*Dierlamm*, § 266 Rn 245 ff.
157   Vgl BGHSt 12, 299, 304 mit Anm. *Bockelmann*, JZ 59, 495; *Küper*, JZ 76, 515; zur mutmaßlichen Einwilligung bei Risikogeschäften s. *Hellmann*, ZIS 07, 437; *Hillenkamp*, NStZ 1981, 167; zur Unterscheidung zwischen mutmaßlichem Einverständnis und mutmaßlicher Einwilligung s. *Schramm*, Untreue und Konsens 2005, S. 227 ff, 235 ff.
158   Für die auch hier als „Verlust" eine schadensgleiche Gefährdung nicht ausreicht, s. BGH wistra 07, 306, 307; vgl ferner BGH wistra 01, 348, 349 sowie BGH wistra 04, 20 mit Rn 591; Zweifel am Vorliegen einer Untreue hierzu bei *Rotsch*, wistra 04, 300.
159   LK-*Schünemann*, § 266 Rn 176 f.
160   BGH NStZ 00, 592; krit. dazu S/S-*Lenckner/Perron*, § 266 Rn 53.
161   BGH NStZ-RR 07, 79, 80.
162   BGHSt 8, 254; 17, 361 f; 18, 312, 313; *Bittmann*, wistra 02, 405.
163   BGHSt 28, 371, 372 f; 30, 127, 130; 34, 221, 223 f; BGH NStZ 87, 279; krit. zur Interessentheorie *Achenbach*, BGH-FS S. 600 ff; *Weber*, Anm. StV 88, 16; *Winkelbauer*, Anm. JR 88, 33.
164   BGH NStZ 98, 193; s. dazu *Bittmann/Rudolph*, wistra 00, 401.
165   LK-*Schünemann*, § 266 Rn 169; *Rengier*, BT I § 18 Rn 29 f.

Untreue, § 266

I. Tatbestand
  1. Objektiver Tatbestand
    A. Missbrauchstatbestand, § 266 I 1. Alt.
      a. Tathandlung: **Missbrauch der erteilten Verfügungs-/ Verpflichtungsbefugnis**
- *Verfügungs-/Verpflichtungsbefugnis bzgl fremden Vermögens*
  - → durch Gesetz, behördlichen Auftrag, Rechtsgeschäft
  - Ⓟ Rechtsschein/Gutglaubensschutz
- *Missbrauch*
  - → Überschreiten des rechtlichen Dürfens iRd rechtlichen Könnens
  - → durch rechtsgeschäftliches/hoheitliches Handeln
  - Ⓟ Anforderungen an tatbestandsausschließendes Einverständnis
  - Ⓟ Treuwidrigkeit bei Risikogeschäften
  - Ⓟ Missbrauch durch Unterlassen

      b. Treueverhältnis:
- *Vermögensbetreuungspflicht*
  - Ⓟ Erfordernis und Inhalt der Treuepflicht
  - Ⓟ § 28 bei Teilnehmern

      c. Taterfolg:
- *Vermögensnachteil*
  - → grds wie Vermögensschaden beim Betrug, § 263
  - Ⓟ Verknüpfung Pflichtwidrigkeit – Nachteil

    B. Treubruchstatbestand, § 266 I 2. Alt.
      a. Treueverhältnis:
- *Vermögensbetreuungspflicht*
  - → aus rechtlichem oder faktischem Treueverhältnis
  - Ⓟ Inhalt der Treuepflicht
  - Ⓟ Ganovenuntreue
  - Ⓟ § 28 bei Teilnehmern

      b. Tathandlung:
- *Verletzung der Vermögensbetreuungspflicht*
  - → durch rechtliches oder faktisches Verhalten

      c. Taterfolg:
- *Vermögensnachteil*
  - → wie beim Missbrauchstatbestand

  2. Subjektiver Tatbestand
    Vorsatz:
- *jede Vorsatzart*
  - Ⓟ strengere Anforderungen an dolus eventualis

II. Rechtswidrigkeit
III. Schuld
IV. Privilegierung (Strafantrag, § 266 II iVm §§ 247, 248a)
  V. Besonders schwerer Fall, § 266 II iVm §§ 263 III, 243 II

IV. Vorenthalten und Veruntreuen von Arbeitsentgelt

1. Vorenthalten von Sozialversicherungsbeiträgen

785 § 266a ist durch das 2. WiKG in das StGB eingefügt, durch das Gesetz zur Erleichterung der Bekämpfung von illegaler Beschäftigung und Schwarzarbeit vom 23.7.2002 (BGBl I 2787) geändert und durch das Gesetz zur Intensivierung der Bekämpfung der Schwarzarbeit vom 23.7.2004 (BGBl I 1842) in seine ab dem 1.8.2004 geltende Fassung gebracht worden. In den Absätzen 1 und 2 fasst das Gesetz die zuvor verstreuten Normen über das **Vorenthalten von Sozialversicherungsbeiträgen** zu einem neuen Straftatbestand zusammen, der den **Schutz der Solidargemeinschaft** bezweckt und dem Ziel dienen soll, das Beitragsaufkommen der Sozialversicherungsträger und (trotz Verzichts auf ausdrückliche Nennung)[166] der Bundesanstalt für Arbeit strafrechtlich zu gewährleisten[167]. Während zunächst nur das Vorenthalten der **Arbeitnehmerbeiträge** durch den Arbeitgeber unter Strafe stand, hat der Gesetzgeber 2004 im neu eingefügten Absatz 2 nunmehr unter den dort näher beschriebenen betrugsähnlichen Bedingungen auch das Vorenthalten der **Arbeitgeberbeiträge** erfasst. Ob durch die Vorschrift insgesamt auch das individuelle Vermögen des Arbeitnehmers geschützt ist, ist umstritten[168], für Absatz 3 aber nicht zweifelhaft. Nach § 266a können seit dem 2. WiKG – weil es entgegen dem vormaligen Gesetzeszustand nicht mehr auf „einbehalten", sondern auf „vorenthalten" ankommt – auch Fälle geahndet werden, in denen Arbeitgeber und Arbeitnehmer im Wege des einvernehmlichen Handelns verabredet haben, bei Lohnzahlungen etwa für Schwarzarbeit keine Sozialversicherungsbeiträge abzuführen[169]. Eine solche Vereinbarung ist unbeachtlich. Für die Beurteilung, ob ein sozialversicherungspflichtiges Arbeitsverhältnis vorliegt, sind allein die tatsächlichen Gegebenheiten maßgeblich. Liegt danach ein Arbeitsverhältnis vor, können die Vertragsparteien die sich hieraus ergebenden Beitragspflichten nicht durch eine abweichende vertragliche Gestaltung beseitigen. Nach den tatsächlichern Verhältnissen bemessen sich auch die Sozialversicherungsbeiträge[170].

786 Täter des **§ 266a I und II** können nur der Arbeitgeber und die diesem in § 266a V gleichgestellten Personen sein. Daher ist § 266a I, II ein **echtes Sonderdelikt**[171]. Der Begriff des Arbeitgebers ist nach den Grundsätzen des Sozialversicherungs- und ergänzend des Arbeitsrechts zu bestimmen[172]. Ist der Arbeitgeber eine GmbH, ist ihr

---

166 S. BT-Ds 14/8221, S. 18.
167 Näher *Martens*, wistra 86, 154; *Mitsch*, JZ 94, 877, 887; BGH NStZ 90, 588; BGHZ 144, 311, 321; wistra 92, 144.
168 S. befürwortend *Tag*, Das Vorenthalten von Arbeitnehmerbeiträgen zur Sozial- und Arbeitslosenversicherung 1994, S. 33 ff; ebenso LK-*Gribbohm*, § 266a Rn 5; wie hier *Fischer*, §266a Rn 2.
169 HK-GS/*Beukelmann*, § 266a Rn 17; LK-*Gribbohm*, § 266a Rn 41, 53; M-G/B-*Heitmann*, § 36 Rn 22 f; NK-*Tag*, § 266a Rn 6, 57 f; SK-*Hoyer*, § 266a Rn 19 ff.
170 BGH JZ 09, 526, 527 mit Anm. *Joecks*.
171 *Lackner/Kühl*, § 266a Rn 2; MK-*Radtke*, § 266a Rn 7; SK-*Hoyer*, § 266a Rn 6.
172 *Otto*, BT § 61 Rn 70; *Tag,* Das Vorenthalten von Arbeitnehmerbeiträgen zur Sozial- und Arbeitslosenversicherung 1994, S. 45; zur Arbeitgebereigenschaft bei der Beschäftigung eines „Scheinselbstständigen" s. *U. Schulz*, NJW 06, 183.

Geschäftsführer gemäß § 14 I Nr 1 iVm § 35 I GmbHG Täter[173]. Das gilt freilich nicht, wenn als Geschäftsführerin nur eine „Strohfrau" agiert, der die tatsächliche Möglichkeit zur Erfüllung der Zahlungspflicht fehlt[174].

Den Tatbestand des **§ 266a I** erfüllt, wer in dieser Eigenschaft **Beiträge** des **Arbeit-**   786a
nehmers[175] zur Sozialversicherung einschließlich der Arbeitsförderung der Einzugsstelle **vorenthält**, sie also nicht spätestens am Fälligkeitstag an diese abführt. Diesen
Vorwurf zieht nicht auf sich, wer der Kasse eine Einzugsermächtigung erteilt und für
hinreichende Deckung auf dem Konto sorgt[176]. Bei Schwarzarbeit berechnet der BGH
die für den Schuldumfang bedeutsame Höhe der vorenthaltenen Sozialversicherungsbeiträge nach § 14 II 2 SGB IV[177]. Teilzahlungen waren zur Zeit der Geltung des
§ 266a aF bei einer fehlenden ausdrücklichen Tilgungsbestimmung durch den Arbeitgeber idR auf fällige *Arbeitnehmer*anteile zu verrechnen, sodass es die Einzugsstelle
nicht in der Hand hatte, durch Anrechnung auf den Arbeitgeberanteil den Arbeitgeber
strafbar werden zu lassen[178]. Nach der auch die Arbeitgeberbeiträge nunmehr strafbe-
wehrt erzwingenden Neufassung findet eine gleichmäßige Anrechnung statt[179]. Ob
auch der Arbeitgeber, der zugleich keinerlei Lohn mehr an den Arbeitnehmer aus-
zahlt, den Beitrag vorenthält[180], war umstritten[181], ist durch die Neufassung des Absatz
1 im Jahre 2002 aber im bejahenden Sinne entschieden worden[182]. Das ist zu begrü-
ßen, weil auch dann von einem Vorenthalten zu sprechen und nicht einzusehen ist,
dass der Arbeitgeber, der bei gleicher finanzieller Lage um die Weiterzahlung der
Löhne bemüht ist, schlechter stehen soll als der, der die Lohnzahlung einstellt.

Nach **§ 266a II** ist nun auch das Vorenthalten der **Arbeitgeberbeiträge** unter Strafe   786b
gestellt. Dabei gilt die in Absatz 1 getroffene Klarstellung zum Vorenthalten auch hier.
Während Absatz 1 der Untreue ähnelt, hat der Gesetzgeber durch die Anlehnung des
§ 266a II an den Tatbestand der Steuerhinterziehung (§ 370 I AO) diese Vorschrift
eher betrugsähnlich ausgestaltet. Das Vorenthalten ist deshalb nur dann strafbar, wenn
der Arbeitgeber der zuständigen Stelle über sozialversicherungsrechtlich erhebliche
Tatsachen wie zB die Zahl oder die Lohnhöhe seiner Arbeitnehmer entweder unrichtige oder unvollständige Angaben macht oder die Stelle über solche Tatsachen in Unkenntnis lässt. Mit diesen Voraussetzungen will der Gesetzgeber ein über die bloße

---

173   *Mitsch*, BT II/2 § 4 Rn 10; MK-*Radtke*, § 266a Rn 11; *Pananis*, in: Ignor/Rixen, Handbuch Arbeits-
      strafrecht 2002, Rn 724.
174   OLG Hamm NStZ-RR 01, 173; zum Nebeneinander von formell bestelltem und faktischem Ge-
      schäftsführer s. BGHSt 47, 318, 325 f; dazu *Radtke*, NStZ 03, 154, 156; *Tag*, JR 02, 521.
175   BGH NStZ 96, 543; OLG Frankfurt StV 99, 32; der Arbeitnehmer muss (ggf nach den Kollisionsnor-
      men des europäischen Sozialversicherungsrechts) in Deutschland sozialversicherungspflichtig sein,
      s. dazu BGHSt 51, 124, 127 f mit Bespr. *Zimmermann*, ZIS 07, 407; BGHSt 51, 224, 228 f mit Bespr.
      Rübenstahl, NJW 07 3538; BGH JZ 08, 366 mit Anm. *Heger*.
176   OLG Düsseldorf StV 09, 193.
177   BGH JZ 09, 526 ff mit Anm. *Joecks*.
178   BayObLG wistra 99, 119, 120; *Mitsch*, BT II/2 § 4 Rn 21; MK-*Radtke*, § 266a Rn 35 f; NK-*Tag*,
      § 266a Rn 64; S/S-*Lenckner/Perron*, § 266a Rn 10a.
179   S. *Fischer*, § 266a Rn 11; HK-GS/*Beukelmann*, § 266a Rn 19.
180   So zB BGHZ 144, 311, 313 f mit Anm. *Bittmann* und *Wegner*; *Heghmanns*, wistra 01, 51; BGHSt 47,
      318; OLG Dresden NStZ 01, 198; OLG Celle JR 97, 478 mit abl. Anm. *Gribbohm*.
181   AA OLG Hamm NJW-RR 99, 915 mit abl. Anm. *Wegner*, NStZ 00, 261; *Bittmann*, wistra 99, 441.
182   S. dazu *Fischer*, § 266a Rn 12.

Nichtzahlung einer eigenen Schuld hinausreichendes strafwürdiges Unrecht bezeichnen. Namentlich in der Unterlassungsalternative wird es mangels Irrtums der Stelle oft nicht zugleich den Tatbestand des Betrugs erfüllen. Diese Lücke will der Gesetzgeber schließen. Das Vorenthalten der Beiträge von Arbeitgebern zur Sozialversicherung ist bei geringfügigen Beschäftigungen in Privathaushalten als bloße Ordnungswidrigkeit von der Strafbarkeit nach § 266a ausgenommen[183].

786c Für den **subjektiven Tatbestand** reicht jede Vorsatzform aus[184]. Ist der Täter über § 14 für die Abführung verantwortlich, muss er seine Stellung in wenigstens laienhafter Parallelwertung erfassen[185]. Eine Neuerung gegenüber dem vor dem 2. WiKG geltenden Recht stellt § 266a VI dar, der nach dem Modell der steuerstrafrechtlichen Selbstanzeige (§§ 371, 378 III AO) in bestimmten wirtschaftlichen Engpasssituationen ein **Absehen von Strafe** ermöglicht[186]. Neu eingefügt sind mit Absatz 4 drei Regelbeispiele für einen besonders schweren Fall[187]. Die Annahme eines Fortsetzungszusammenhangs lehnt die Rechtsprechung auch zu § 266a ab[188]. Enthält der Arbeitgeber Beiträge des Arbeitnehmers dadurch vor, dass er gegenüber der Einzugsstelle falsche Angaben über die Anknüpfungstatsachen für die Beiträge macht, liegt in der Regel ein Betrug vor, der § 266a I nach der bisherigen Rechtsprechung verdrängte[189], jetzt aber nach der Begründung der Neufassung gegenüber § 266a I (wie auch gegebenenfalls gegenüber § 266a II) zurücktreten soll[190].

787 Die praktische Bedeutung und die Probleme des bisher im Vordergrund stehenden § 266a I lassen sich am **Beispiel** einer Entscheidung des BGH in Zivilsachen[191] aufzeigen.

Im der Entscheidung zu Grunde liegenden Fall führte der Geschäftführer G einer sich in einer wirtschaftlichen Krise befindlichen GmbH die zum 15.03. fälligen, den Monat Februar betreffenden Sozialversicherungsbeiträge der bei der GmbH beschäftigten Arbeitnehmer erst Anfang April ab und blieb die für März 1993 zum 15.04. fälligen Arbeitnehmeranteile für die im März noch gezahlten Löhne schuldig. Zu diesem Zeitpunkt war die wenig später in den Konkurs gegangene GmbH bereits zahlungsunfähig, da G zuvor mit den restlichen liquiden Mitteln in „kongruenter Deckung" Verbindlichkeiten der GmbH bedient hatte. G wurde von der Sozialversicherungsträgerin AOK auf Schadensersatz in Höhe der vorenthaltenen Märzbeiträge (119 890 DM) verklagt.

Der BGH bestätigte das landgerichtliche Urteil, das der Klage stattgegeben hatte. Voraussetzung dafür ist, dass G ein zu Gunsten der AOK wirkendes Schutzgesetz verletzt hat[192]. Das hat der

---

183 S. die Begründung zur 2004 vorgenommenen Erweiterung in BR-Ds 155/04, S. 75 ff; zu ihr *Fischer*, § 266a Rn 19 ff; NK-*Tag*, § 266a Rn 85 ff; *Rönnen/Kirch-Heim*, wistra 05, 321; S/S-*Lenckner/Perron*, § 266a Rn 11a.
184 BGH NJW 02, 1123, 1125; BGHSt 47, 318, 323.
185 BGH wistra 04, 26, 28 f (in BGHSt 48, 307 ff nicht mit abgedruckt).
186 S. dazu NK-*Tag*, § 266a Rn 123 ff; S/S-*Lenckner/Perron*, § 266a Rn 21 ff.
187 S. dazu *Fischer*, § 266a Rn 26 ff; *Lackner/Kühl*, § 266a Rn 16a ff.
188 OLG Frankfurt a.M. NStZ-RR 99, 104.
189 BGH NJW 03, 1821, 1823 f; BGH wistra 03, 262, 265.
190 BGH wistra 07, 307; 08, 180, 181; s. dazu auch *Steinberg*, wistra 09, 55.
191 BGH NJW 97, 1237 mit iE zust. Bespr. von *Heger*, JuS 98, 1090 und *Hellmann*, Anm. JZ 97, 1005 sowie iE abl. Anm. *Tag*, BB 97, 1115; s. zur Lösung auch *Hellmann/Beckemper*, Rn 845 ff.
192 S. *Heger*, JuS 98, 1091; auch in BGH NJW 02, 1123 geht es hierum; § 266a als Schutzgesetz bejaht die hM im Zivilrecht, s. BGH wistra 05, 339, 340.

BGH in der strafbaren Erfüllung des § 266a I gesehen. **Arbeitgeber** ist die GmbH. Gemäß **§ 14 I Nr 1** ist diese strafbegründende Eigenschaft G als vertretungsberechtigtem Organ der GmbH zuzurechnen. Er ist daher **tauglicher Täter**. Ihm obliegt die Aufgabe, für die Erfüllung öffentlich-rechtlicher Pflichten, zu denen die Abführung der Arbeitnehmerbeiträge gehört, zu sorgen[193]. Als solcher hat er bei Fälligkeit die Arbeitnehmeranteile der Sozialversicherung der Einzugsstelle vorenthalten. Da es sich bei § 266a I um ein **Unterlassungsdelikt** handelt, ist zu erwägen, ob die zum Zeitpunkt der Fälligkeit der Märzbeiträge eingetretene **Zahlungsunfähigkeit** den Tatbestand nach dem Grundsatz nemo ultra posse obligatur ausschließt[194]. Das wird bisweilen mit der dem strafrechtlichen Schuldprinzip nicht angemessenen, aus dem Zivilrecht abgeleiteten Begründung verneint, jedermann habe für seine finanzielle Leistungsfähigkeit ohne Rücksicht auf Verschulden einzustehen[195]. Demgegenüber ist darauf abzustellen, ob nach den Grundsätzen der omissio libera in causa[196] dem Täter ein Vorwurf daraus zu machen ist, dass er die Zahlungsunfähigkeit zB dadurch schuldhaft verursacht hat, dass er trotz erkennbar auf ihn zukommender Liquiditätsprobleme keine ihm möglichen und zumutbaren Rücklagen gebildet hat. Auf diesem Wege gelangt der BGH mit der Erwägung zur Strafbarkeit, G habe bei Bedienung anderer Forderungen den jedenfalls „vor dem Konkurs" bestehenden Vorrang des Sozialversicherungsanspruchs schuldhaft missachtet[197]. Diesen Vorrang soll die Regelung des § 266a V (aF = VI nF) voraussetzen. Herleitbar sei er aber vor allem aus der Strafbewehrung des Sozialversicherungsanspruchs, die ihn gegenüber anderen Ansprüchen höherwertig mache und deshalb den Pflichtigen nach den Maßstäben der Pflichtenkollision zwinge, ihn vorrangig zu bedienen[198]. Obwohl dieser Argumentation ein Zirkelschluss zugrunde liegt und sie dem Versicherungsträger einen vom Recht nicht gewährten Vorzug verschafft[199], hat auch der 2. Zivilsenat des BGH sich nunmehr „mit Rücksicht auf die Einheit der Rechtsordnung" der Vorranglehre angeschlossen[200]. Danach ist der Arbeitgeber nicht mehr frei, Leistungen an andere Gläubiger zu erbringen, auch wenn sie den Grundsätzen kongruenter Deckung entsprechen[201]. § 266a I liegt daher nach der Rechtsprechung vor.

---

193 BGH NStZ 97, 125.
194 S. OLG Frankfurt StV 99, 32; OLG Hamm StV 02, 545; zur Zumutbarkeit s. *Lackner/Kühl*, § 266a Rn 10; S/S-*Lenckner/Perron*, § 266a Rn 10; vgl auch *Hillenkamp*, Tiedemann-FS S. 949 (zu § 283 I Nrn 5, 7).
195 OLG Celle JR 97, 479; aufgegeben von OLG Celle NJW 01, 2985.
196 S. dazu BGHSt 47, 318, 321 f; OLG Hamm wistra 03, 73, 74; OLG Düsseldorf StV 09, 193, 194; A/R-*Bente*, XII 2 Rn 34; A/W-*Weber*, § 23 Rn 14; *Fischer*, § 266a Rn 15a; *Heger*, JuS 98, 1093; SK-*Hoyer*, § 266a Rn 51ff; *Tag*, Das Vorenthalten von Arbeitnehmerbeiträgen zur Sozial- und Arbeitslosenversicherung 1994, S. 118 ff; krit. hierzu *Hellmann*, JZ 97, 1005 f; *Renzikowski*, Weber-FS S. 334, 341 ff; dazu, dass die omissio libera in causa hier zur Lösung besser taugt als zu der verwandten Frage zu § 283 I Nrn 5, 7 (s. dazu Rn 465a) s. *Hillenkamp*, Tiedemann-FS S. 967.
197 BGH JZ 97, 1003; zust. *Heger*, JuS 98, 1093 f; *Hellmann*, JZ 97, 1006; s. auch LG Leipzig NStZ 98, 304.
198 Dem folgte BGHSt 47, 318, 321 f mit insoweit abl. Bespr. von *Radtke*, NStZ 03, 154, 156; *Tag*, JR 02, 521, 522 f; BGHSt 48, 307, 311 f mit Bespr. *Bittmann*, wistra 04, 327; *Radtke*, NStZ 04, 562; *Rönnau*, NJW 04, 976 dehnte den Vorrang auf die Phase nach bestehender Insolvenzreife aus; BGH wistra 06, 17, 18 (mit Anm. *Sinn*, NStZ 07, 155) hält hieran trotz der gegenteiligen hM im Zivilrecht – s. dazu BGH wistra 05, 339, 340 – fest; s. hierzu *Kutzner*, NJW 06, 413; *Radtke*, Otto-FS. S. 695, 703 ff; *Rönnau*, wistra 07, 81; *C. Schröder*, GmbHR 05, 736; *Tiedemann*, BT Rn 559 ff.
199 NK-*Tag*, § 266a Rn 71 ff.
200 BGHZ JZ 08, 44, 45 f mit Anm. *Rönnau*; s. dazu auch *Bittmann*, wistra 07, 406, beide auch zu noch ungeklärten Folgen dieser „Anpassung"; dem BGH zust. A/W-*Weber*, § 23 Rn 14.
201 So aber mit Recht MK-*Radtke*, § 266a Rn 44; *Radtke*, NStZ 03, 154, 156; *Tag*, BB 97, 116 f; *dies.*, JR 02, 521, 522 f; s. zu BGHSt 47, 318 auch *Röhm*, DZWIR 03, 36; *Wegner*, wistra 02, 382; ausführlich mit diff. Stellungnahme SK-*Hoyer*, § 266a Rn 60 ff, 66 ff.

2. Heimliches Nichtabführen einbehaltenen Arbeitsentgelts an Dritte

788 Einen anderen Komplex regelt § 266a III, bei dem es sich um ein untreue- und betrugsähnliches Verhalten[202] des Arbeitgebers zum Nachteil seines Arbeitnehmers und damit um ein **Vermögensdelikt**[203] handelt. Zum **Tatbestand** gehört hier ein **zweifaches Unterlassen** des Arbeitgebers: das **Nichtabführen** einbehalteter Teile des Arbeitsentgelts an einen Gläubiger des Arbeitnehmers und dessen **mangelnde Unterrichtung** hiervon im Zeitpunkt der Fälligkeit oder unmittelbar danach[204].

In Betracht kommen hier *einbehaltene* Teile des Arbeitsentgelts bei vermögenswirksamen Leistungen, bei einer freiwilligen Höher- oder Weiterversicherung, bei einer Lohnabtretung oder Pfändung und dergleichen. Mit Rücksicht auf die bereits in der Abgabenordnung vorhandene Regelung (§§ 370, 378, 380 AO) ist die Lohnsteuer in § 266a III 2 ausgeklammert worden[205].

V. Missbrauch von Scheck- und Kreditkarten

789 **Fall 73:** T ist Inhaber eines Girokontos bei der Postbank. Sein Konto ist überzogen, der Dispositionskredit erschöpft. T gelingt es in dieser ihm bewussten Situation, an vier aufeinander folgenden Tagen unter Ausnutzung eines technischen Defekts eines Bankomaten der Postbank durch Verwendung seiner codierten Postbank-Scheckkarte und seiner Geheimnummer in 322 Einzelhandlungen Beträge von je 400 bzw 500 EUR in einer Gesamthöhe von 158 700 EUR dem Bankomaten zu entnehmen.

Strafbarkeit des T? **Rn 797**

Fall 74: T verkauft seine Kreditkarte an S. Dieser soll mit ihr Einkäufe tätigen, durch den Weiterverkauf der so erworbenen Luxusgegenstände seine Spielschulden begleichen und so sein weiteres Mitwirken an der Spielrunde, an der auch T teilnimmt, finanzieren. T meldet die Karte als verloren und macht S seine Unterschrift zugänglich, damit dieser die Einkaufsbelege mit der Unterschrift des T versehen kann. S erwirbt auf diese Weise Waren im Gesamtwert von 123 175 EUR.

Strafbarkeit von T und S nach § 266b? **Rn 798**

1. Zweck der Vorschrift

790 Ob bei einem **Scheckkartenmissbrauch** (s. dazu Rn 793) durch den Karteninhaber für § 263 oder § 266 Raum blieb oder ob im Regelfall weder die eine noch die andere Vorschrift in Betracht kam, war in Rechtsprechung und Rechtslehre vor 1986 umstritten.

Untreue (§ 266) schied hier aus, weil dem Scheckkarteninhaber im Verhältnis zu seiner Bank oder Sparkasse **keine Vermögensbetreuungspflicht** im dort vorausgesetzten Sinne oblag. Betrug

---

202 *Lackner/Kühl*, § 266a Rn 1.
203 *Kindhäuser*, § 266a Rn 1; MK-*Radtke*, § 266a Rn 6; *Otto*, BT § 54 Rn 56.
204 S. näher dazu *Fischer*, § 266a Rn 22 ff; *Mitsch*, BT II/2 § 4 Rn 35 ff.
205 Zu Einzelheiten s. S/S-*Lenckner/Perron*, § 266a Rn 12 ff; *Tag*, Das Vorenthalten von Arbeitnehmerbeiträgen zur Sozial- und Arbeitslosenversicherung 1994, S. 146 ff.

(§ 263) scheiterte zumeist daran, dass es im Hinblick auf die Garantiezusage des Geldinstituts beim Schecknehmer an einem **Irrtum** über das Vorhandensein einer ausreichenden Deckung fehlte. Die anders lautende, wegen Betrugs strafende Praxis[206] hatte in der Rechtslehre zu Recht keinen Anklang gefunden[207].

Für den Fall des **Kreditkartenmissbrauchs** durch einen Karteninhaber, der wusste, dass er die monatlich anfallenden Abrechnungen mangels verfügbarer Geldmittel nicht unverzüglich begleichen konnte, hatte auch der BGH eine Strafbarkeitslücke angenommen, soweit es an einer betrügerischen Erlangung der Kreditkarte fehlte[208].

Diesem die aufgezeigten **Lücken** zwischen Betrug und Untreue heraufbeschwörenden Meinungsstreit hat das 2. WiKG 1986 durch die in § 266b getroffene Sonderregelung ein Ende setzen wollen[209]. Nach dieser Vorschrift macht sich strafbar, wer die ihm durch die Überlassung einer Scheck- oder Kreditkarte eingeräumte Möglichkeit, den Aussteller zu einer Zahlung zu veranlassen, **missbraucht** und diesen **dadurch schädigt**. **791**

2. Tatbestand

Mit diesem auf die Vermögensbetreuungspflicht verzichtenden, im Übrigen aber **untreueähnlichen** Delikt[210] wird das **Vermögen** der Kartenaussteller geschützt. Der mittelbare Schutz des unbaren Zahlungsverkehrs ist lediglich ein Reflex[211]. Dafür spricht, dass gemäß § 266b II die Regelung des § 248a hier entsprechend gilt[212]. Der **Täterkreis** ist auf *berechtigte* Karteninhaber eingegrenzt, weil nur ihnen die Möglichkeit „eingeräumt" ist, den Aussteller zu einer Zahlung zu veranlassen[213]. Für Nichtberechtigte bleibt es bei der Anwendbarkeit des § 263. Die Tat ist daher ein *Sonderdelikt* und die Tätereigenschaft wegen des dem Karteninhaber eingeräumten Vertrauens ein *besonderes persönliches Merkmal* iS des § 28 I[214]. **792**

Scheckkarten waren namentlich die auf Grund von Vereinbarungen der europäischen Kreditwirtschaft einheitlich gestalteten „Eurocheque"-Karten, deren Wesen in ihrer besonderen **Garantiefunktion** lag. **793**

Stimmten Unterschrift und Kontonummer von Scheck- und Scheckkarte überein, war die Scheckkartennummer auf der Rückseite des Schecks vermerkt und der Scheck innerhalb der Gültigkeitsdauer der Karte ausgestellt, garantierte der Kartenaussteller die Einlösung des Schecks bis zu einem bestimmten Betrag. Das **Missbrauchsmerkmal** in § 266b entsprach hier dann – von der

---

206 Vgl BGHSt 24, 386; OLG Hamburg NJW 83, 768.
207 Vgl ua *Otto*, Jura 83, 16; *Steinhilper*, Jura 83, 401; *Vormbaum*, JuS 81, 18.
208 BGHSt 33, 244; s. dazu *Rengier*, BT I § 19 Rn 11.
209 Vgl dazu BGH JZ 87, 208; GA 1987, 263; KG JR 87, 257.
210 S. LK-*Gribbohm*, § 266b Rn 2.
211 A/R-*Hellmann*, IX 2 Rn 33*; Kindhäuser*, § 266b Rn 1; *Otto*, BT § 54 Rn 41; SK-*Hoyer*, § 266b Rn 3; aA BGH NStZ 93, 283; *Bernsau*, Der Scheck- oder Kreditkartenmissbrauch durch einen berechtigten Karteninhaber 1990, S. 64, 77 f; *Lackner/Kühl*, § 266b Rn 1.
212 Dagegen *Bernsau*, aaO S. 78.
213 MK-*Radtke*, § 266b Rn 4; NK-*Kindhäuser*, § 266b Rn 4; S/S-*Lenckner/Perron*, § 266b Rn 7.
214 *Fischer*, § 266b Rn 21; HK-GS/*Beukelmann*, § 266b Rn 3; *Maurach/Schroeder/Maiwald*, BT I § 45 Rn 75; M-G/B-*Nack*, § 49 Rn 34.

Vermögensbetreuungspflicht abgesehen – der ersten Alternative des § 266 I. Der Täter hielt sich nach außen im Rahmen seines rechtlichen Könnens, das Kreditinstitut zu verpflichten, überschritt im Innenverhältnis zum Aussteller der Karte aber die Grenzen seines rechtlichen Dürfens. Ein Missbrauch der **Scheckkarte** lag danach beispielsweise vor, wenn deren Inhaber unter Vorlage der Scheckkarte einen Scheck hingab, dessen Einlösung zwar durch seine Bank oder Sparkasse garantiert, für den auf seinem Konto aber keine Deckung oder kein ausreichender Kredit vorhanden war.

794 Einen **Scheckkartenmissbrauch** in der geschilderten Art gibt es deshalb **nicht mehr**, weil die europäischen Banken das Ende des **garantierten Euroscheckverkehrs** zum 31.12.2001 beschlossen haben[215]. Die vormalige eurocheque-Karte (ec-Karte) wird nicht mehr ausgegeben, auch wenn das ec-Logo auf an ihre Stelle tretenden Karten (zB der VR-BankCard, der Maestro- oder der S-Card) noch zu finden ist. Auch die beim Kunden noch verbliebenen Karten haben ihre ursprüngliche Funktion mit der Einstellung des Garantieverfahrens verloren. Sie sind daher nur noch in ihren schon bisher mit ihnen verbundenen Eigenschaften, also namentlich als Geldautomaten- oder electronic-cash-Karten verwendbar. Als **Folge** dieser Entwicklung entfällt nicht nur der klassische Scheckkartenmissbrauch (iS der Rn 793)[216]. Vielmehr wird man auch die ohnehin zu bestreitende (s. Rn 611) Möglichkeit nicht mehr behaupten können, der Kartenmissbrauch an gegenüber dem kartenausgebenden Institut fremden Bankomaten lasse sich unter § 266b subsumieren[217]. Da es der Maestro-Karte an jeder Beziehung zum Scheck fehlt, § 266b aber wie § 152a IV zwischen Scheck- und sonstigen (Kredit-) Karten ausdrücklich unterscheidet, bedeutete die weitere Subsumtion dieser Karte unter den Begriff der Scheckkarte eine verbotene Analogie[218], der sich die zitierte Entscheidung des BGH durch die empfohlene Gleichbehandlung der Bargeldabhebung am fremden Bankomaten mit dem garantierten Scheckverfahren für Fälle vor dem 1.1.2002 bereits bedenklich angenähert hat. Einwände aus dem Analogieverbot sprechen auch dagegen, die Maestro-Card zwar nicht als Scheck-, wohl aber als Kreditkarte auszugeben; denn dass sich die Abläufe beim Einsatz klassischer Kreditkarten und beim electronic-cash-Verfahren „ähneln" oder sich „vergleichen" lassen, berechtigt ebenso wenig wie die Annahme, eine unterschiedliche Behandlung leuchte nicht ein, den auf Universalkreditkarten gemünzten Begriff der Kreditkarte auf die Maestro-Card anzuwenden[219]. Das ließe sich nur durch einen gesetzgeberischen Eingriff erreichen[220].

795 Die Fälle des **Geldautomatenmissbrauchs** durch unbefugte Verwendung einer Codekarte werden nicht von § 266b, sondern von § 263a erfasst. Das gilt auch für die wenigen verbleibenden Fälle, in denen die Codekarte mit der Scheckkarte des Kontoin-

---

215 S. dazu *Baier*, ZRP 01, 454.
216 S. *Krey/Hellmann*, BT II Rn 550a; *Rengier*, BT I § 19 Rn 2; der Weitergebrauch des Begriffs „Scheckkarte" in § 266b dient (wie der des „Euroschecks" in § 152b) der Aufarbeitung der Altfälle, s. *Husemann*, NJW 04, 104, 108.
217 So noch BGHSt 47, 160, 164 f; ihm folgend *Joecks*, § 266b Rn 14.
218 AA A/W-*Weber*, § 23 Rn 48a, dem die Subsumtion der Maestro-Card unter den Begriff der Scheckkarte „zwanglos möglich erscheint"; wie hier *Eisele*, BT II Rn 871; *Rengier* BT I S. 19 Rn 2.
219 Wie hier *Lackner/Kühl*, § 266a Rn 3, 4; aA *Rengier*, BT I § 19 Rn 23, 25; ebenso *Brand*, JR 08, 496, 498 f; *ders.*, WM 08, 2194, 2196 f, 2200 mit umfassenden Nachweisen zum Streitstand.
220 S. zu Vorschlägen in verschiedene Richtungen *Baier*, ZRP 01, 454, 457 ff.

habers kombiniert war und dieser sich nach Erschöpfung seines Girokontos entgegen den Abmachungen mit seiner Bank Bargeld aus Geldautomaten verschaffte (s. dazu schon Rn 610a f). Die Kombination beider Funktionen in einer Karte war zwar im Interesse der Vereinfachung gewollt, im Grunde aber zufällig und beliebig und darf nicht darüber hinwegtäuschen, dass am Geldautomaten die Karte vom Berechtigten gerade nicht in ihrer (vormaligen) Garantiefunktion, sondern als bloßer Automatenschlüssel benutzt wurde[221]. Das gilt unabhängig davon, ob der Karteninhaber sich eines instituteigenen oder eines institutsfremden Bankomaten bedient hat[222]. Wer statt § 263a die Vorschrift des § 266b für anwendbar hielt, musste dagegen beim Abheben am instituteigenen Automaten angesichts des dann fehlenden Drei-Personen-Verhältnisses zur Straffreiheit kommen[223].

Bei der **Kreditkarte** (zB der American-Express-Card; Diners-Club-Karte; Eurocard; Visacard) handelt es sich um einen vermögensschädigenden **Missbrauch**, wenn der Täter mit der Verwendung der Karte gegen die aus dem Kreditkartenvertrag resultierenden Pflichten verstößt, also zB durch Wareneinkäufe oder Inanspruchnahme von Dienstleistungen Verpflichtungen eingeht, obwohl er weiß, dass seine finanzielle Lage den Kontoausgleich nicht gestattet. Als Kreditkarten iS des § 266b kommen nur Karten im „Drei-Partner-System" in Frage, **nicht** aber **Kundenkarten** im „Zwei-Partner-System"[224]. Das ergibt sich aus Wortlaut und Struktur des § 266b. Im Zwei-Partner-System wird die Karte nicht zur **Veranlassung einer Zahlung** (an einen Dritten für dessen Leistung) und daher auch nicht zur **Auslösung einer Garantieverpflichtung** genutzt. Damit fehlt es an einer dem Missbrauch der Untreue verwandten Situation. Es wird nur ein Kredit im **Verhältnis zum Aussteller** erschlichen[225]. In solchen Fällen ist eine Begrenzung des Strafrahmens des § 263 durch den des § 266b zu erwägen[226].

Erreicht der Karteninhaber bereits die **Ausstellung** und Aushändigung der Kreditkarte durch **betrügerisches Handeln**, kann in der dann in aller Regel gegebenen schadensgleichen Vermögensgefährdung der für die Vollendung des § 263 hinreichende Erfolg liegen. Wer das verneint, muss bei Ausbleiben eines Karteneinsatzes auf Strafe verzichten[227]. Die durch einen § 266b erfüllenden Einsatz der Karte eintretende Vertiefung des Schadens[228] kann es rechtfertigen, Tateinheit zwischen §§ 263, 266b anzunehmen[229]. Sieht man das Rechtsgut des § 266b allerdings nur im Vermö-

---

221 S. zum früheren Streitstand *Hillenkamp*, BT, 9. Aufl., 36. Problem; A/R-*Hellmann*, IX 2 Rn 81 ff; *Lackner/Kühl*, § 266b Rn 3.

222 LK-*Gribbohm*, § 266b Rn 10 f.

223 So BGHSt 47, 160, 165 ff; zust. *Fischer*, § 266b Rn 7.

224 BGHSt 38, 281, 282 ff mit krit. Anm. *Otto*, JZ 92, 1139; *Ranft*, NStZ 93, 185; zust. A/R-*Hellmann*, IX 2 Rn 92 ff; *Eisele*, BT II Rn 876; *Fischer*, § 266b Rn 10; *Lackner/Kühl*, § 266b Rn 4; LK-*Gribbohm*, § 266b Rn 18 ff; M-G/B-*Nack*, § 49, Rn 42; *Mitsch*, JZ 94, 885; MK-*Radtke*, § 266b Rn 26; SK-*Hoyer*, § 266b Rn 11; auch *Rengier*, BT I § 19 Rn 4 ff hält an der Differenzierung zwischen Universal- und Kundenkreditkarten fest, kommt aber durch die Einbeziehung des „Vier-Partner-Systems" im Anschluss an *Brand*, WM 08, 2194 und JR 08, 496 zu teilweise abw. Ergebnissen.

225 *Krey/Hellmann*, BT II Rn 562c; *Lackner/Kühl*, § 266b Rn 4; LK-*Gribbohm*, § 266b Rn 18 f; S/S-*Lenckner/Perron*, § 266b Rn 5.

226 *Kindhäuser*, § 266b Rn 12.

227 S. A/R-*Hellmann*, IX 2 Rn 72; dazu *Rengier*, BT I § 13 Rn 88.

228 BGHSt 47, 160, 168; s. dazu auch BGH NStZ 09, 329.

229 IE so *Rengier*, BT I § 19 Rn 21. *Jäger*, BT Rn 363 sieht in § 266b eine mitbestrafte Nachtat.

gen (Rn 792), liegt es näher, § 263 als mitbestrafte Vortat anzusehen. Zu erinnern bleibt, dass auch der Kreditkartenmissbrauch nur vom **berechtigten** Karteninhaber begehbar ist (Rn 792)[230].

796 Die **Schädigung** ist wie der Nachteil bei der Untreue zu verstehen. Wie dort kann es daher an einem Schaden fehlen, wenn der Täter bei Überschreitung der ihm im Innenverhältnis gezogenen Kreditlinie jederzeit willens und in der Lage ist, das Konto auszugleichen[231]. Irrt er über diese Möglichkeit, fehlt es am Vorsatz. An einem Schaden fehlt es auch, wenn der Karteninhaber, der die Karte Dritten überlässt, den Kartenausgeber schadlos stellt[232].

797 In einem **Fall 73** vergleichbaren Sachverhalt hat das BayObLG[233] den Angeklagten freigesprochen. Dabei geht es zu Recht davon aus, dass § 266 mangels Vermögensbetreuungspflicht und § 263 mangels Täuschung – auch eine Pflicht gegenüber der Bank, über den Defekt aufzuklären, wird verneint – nicht vorliegen. Zu **§ 266b** will sich das Gericht mit OLG Stuttgart[234] noch darüber hinwegsetzen, dass die Scheckkarte hier nicht als solche, sondern als Codekarte benutzt wird. Scheitern müsse § 266b aber am Missbrauch deshalb, weil die hierfür im „Drei-Partner-System" typische Vertrauensbruchsituation nicht gegeben sei. Zwar könne man abweichend von BGHSt 38, 281, 282 ff bei Bankomatenabhebungen auch im Zwei-Partner-Verhält-nis noch davon sprechen, dass der Aussteller zu einer Zahlung veranlasst werde. Mit der Ausnutzung eines zufälligen Defekts werde aber nicht rechtliches Können über internes Dürfen hinaus ausgeübt. – Richtigerweise ist dieses Ergebnis bereits damit zu begründen, dass es hier schon am Gebrauch einer Scheckkarte mangelt und dass sich der Missbrauch von Scheck- wie Kreditkarten auf Drei-Personen-Verhältnisse beschränkt[235]. Dass das Bayerische Oberste Landesgericht freispricht, ist ohne Eingehen auf § 263a bzw §§ 242, 246 dann allerdings verwunderlich[236]. Möglicherweise hat für die Nichterörterung des § 263a eine Rolle gespielt, dass die bloße Ausnutzung eines Defekts kein täuschungsäquivalentes Verhalten (s. dazu Rn 609) ist.

798 Im **Fall 74** haben weder S noch T § 266b verwirklicht. Im Verhältnis zum Kartenaussteller ist **unberechtigter** Inhaber nicht nur, wer die Karte dem Berechtigten stiehlt, sondern auch, wem die Karte von diesem entgegen den Vereinbarungen zwischen ihm und dem Aussteller zur Benutzung überlassen wird und der sie alsdann missbraucht[237]. Daher macht sich S nicht nach § 266b strafbar. Auch die von T vorgenommene unberechtigte Weitergabe seiner Kreditkarte an S erfüllt nicht das Missbrauchsmerkmal. Zwar wird damit das interne Dürfen überschritten. Die Vorschrift schützt aber nicht vor jeder Art vertragswidriger Benutzung und den damit verbundenen Missbrauchsmöglichkeiten. Sie richtet sich nur gegen den an sich berechtigten Karteninhaber, soweit er unter Verwendung der Karte Leistungen in Anspruch nimmt, obwohl er weiß, dass er zum Ausgleich nicht in der Lage sein wird. Nur für dieses weder nach § 266 noch nach § 263 strafbare Verhalten, nicht für das bereits herkömmlich von § 263 oder § 266 erfasste, ist § 266b gedacht[238].

---

230 *Krey/Hellmann*, BT II Rn 562c.
231 *Lackner/Kühl*, § 266b Rn 6; MK-*Radtke*, § 266b Rn 44; *Otto*, BT § 54 Rn 49; vgl auch *Bernsau*, aaO S. 113 ff.
232 LG Dresden NStZ 06, 633; zust. *Eisele*, BT II Rn 868; *Geppert*, JK 4/07, StGB § 266/30.
233 BayObLG StV 97, 596.
234 OLG Stuttgart NJW 1988, 982.
235 Letzterem zust. BGHSt 47, 160, 165 f.
236 S. *Achenbach*, NStZ 98, 563; *Otto*, JK 98, StGB § 266b/4; näher dazu *Hillenkamp*, BT 9. Aufl., 36. Problem, 2. Beispiel; *Löhnig*, JR 99, 362.
237 *Bernsau*, aaO S. 106; LK-*Gribbohm*, § 266b Rn 5; MK-*Radtke*, § 266b Rn 4.
238 S. BGH NStZ 92, 278 mit Verweis auf §§ 263, 267 und Beihilfe hierzu; A/R-*Hellmann*, IX 2 Rn 76 ff.

Missbrauch von Scheck- und Kreditkarten, § 266b

I. Tatbestand
  1. Objektiver Tatbestand
    a. Täter: • *berechtigter Inhaber einer Scheck-/Kreditkarte*
                 → Berechtigung durch Überlassung durch den Karten-
                   ausgeber
                 Ⓟ Überlassung der Karte durch berechtigten Inhaber
                   an Dritten
                 Ⓟ Behandlung der ec-Karte
    b. Tathandlung: • *Missbrauch der Möglichkeit, den Aussteller zur Zahlung*
                   zu veranlassen
                 Ⓟ Benutzung der Kreditkarte
                    → nur im Drei-Partner-System
                    → auch im Zwei-Partner-System
                 Ⓟ Benutzung der ec-Karte
                    → am institutsfremden Bankomat
                    → am institutseigenen Bankomat
    c. Taterfolg: • *Schädigung*
                    → wie Vermögensnachteil bei der Untreue, § 266
  2. Subjektiver Tatbestand
    Vorsatz: • *jede Vorsatzart*

II. Rechtswidrigkeit
III. Schuld
IV. Privilegierung (Strafantrag, § 266b II iVm § 248a)

10. Kapitel

Begünstigung, Hehlerei und Geldwäsche

§ 19   Begünstigung

Fall 75: Beim Einbruch in einen Juwelierladen hat A Schmuck und Uhren erbeutet. Noch in   **799**
der Tatnacht gibt er seiner Frau F eine wertvolle Herrenarmbanduhr mit dem Auftrag, sie am
nächsten Tag seinem Bekannten B als Geschenk zu überbringen. F weiß, dass die Uhr gestohlen ist und dass A dem B aus einem bestimmten Anlass Dank schuldet. Am anderen Morgen
wird A verhaftet; dabei findet die Polizei auch einen Teil der Diebesbeute. Im Laufe des Tages
führt F, die befürchtet, dass auch die Uhr gefunden werden könnte, den ihr erteilten Auftrag
aus.

Hat F sich strafbar gemacht? **Rn 816**

Fall 76: T entriss einem Geldboten mit Gewalt zwei Geldbomben, die 30 000 EUR enthielten.
Auf seiner Flucht wurde er vom Zeugen Z verfolgt. Dieser beobachtete, wie T die Geldbomben in einem Gebüsch nahe der Straße verbarg und sich dann entfernte. Z nahm die Geldbom-

ben an sich und übergab sie der mittlerweile eingetroffenen Polizei, die das Versteck alsdann observierte. Eine Stunde später kam T mit seiner Ehefrau F zurück, die er zwischenzeitlich getroffen und gebeten hatte, für ihn die beiden Geldbomben aus dem Gebüsch zu holen. F erklärte sich dazu bereit, um ihrem Mann zu helfen. Als sie im Gebüsch vergeblich nach den Geldbomben suchte, wurde sie von der Polizei festgenommen.

Strafbarkeit der F? **Rn 822**

I. Übersicht

1. Gesetzesreform

800   Der mit dem Begriff der **Begünstigung** umschriebene Unrechtsbereich, den das 6. StrRG (Rn 9) unberührt gelassen hat, ist schon im Zuge einer weiter zurückliegenden Strafrechtsreform umgestaltet worden. Das EGStGB vom 02.03.1974 (BGBl I 503) hat die frühere Zusammenfassung der *persönlichen* und *sachlichen* Begünstigung in § 257 aF nach dem Vorbild der §§ 289, 447 E 1962 (s. BT-Ds 7/550, S. 248) beseitigt. Während die persönliche Begünstigung unter der Bezeichnung „Strafvereitelung" in §§ 258, 258a ihren Platz gefunden hat[1], beschränkt § 257 sich jetzt auf die sachliche Begünstigung[2]. Die Tat ist Vergehen; der Versuch ist nicht mit Strafe bedroht[3].

2. Schutzgut und Deliktseinordnung

801   Die **Begünstigung** (§ 257) besteht darin, dass der Täter einem anderen in der Absicht **Hilfe leistet**, ihm die aus einer *rechtswidrigen* Tat (§ 11 I Nr 5) erlangten Vorteile zu sichern. Gelingen muss diese Sicherung nicht. Es handelt sich daher um ein **Gefährdungsdelikt**[4]. Die **Vortat** muss sich **nicht unbedingt gegen** fremdes **Vermögen** gerichtet haben; so kann beispielsweise die Erschleichung der Approbation als Arzt durch Urkundenfälschung, eine Bestechung oder auch – wie im Falle des Ankaufs von Kontendaten – die Ausspähung von Daten (§ 202a) oder ein Verstoß gegen § 17 UWG genügen[5]. Auch der Vorteil, dessen Sicherung die Tat bezweckt, braucht kein Vermögensvorteil zu sein. In aller Regel ist das jedoch der Fall, sodass der Begünstiger zumeist – ebenso wie der Vortäter – fremde Vermögensinteressen verletzt.

802   Ihrem Wesen nach schützt die Strafbestimmung des § 257 **Individual-** wie **Allgemeininteressen**[6]. Belange des Einzelnen sind betroffen, soweit der Begünstiger durch

---

1   Vgl dazu *Wessels/Hettinger*, BT I Rn 717 ff.

2   Näher zur Reform *Stree*, JuS 76, 137; krit. *Hruschka*, JR 80, 221.

3   Ausführlich zur Neufassung *Geppert*, Jura 80, 269, 327; zur kriminologischen Problematik des § 257 s. *Geerds*, GA 1988, 243.

4   S. näher *Küper*, BT S. 205 f („verselbstständigtes objektiviertes Versuchsdelikt"); MK-*Cramer*, § 257 Rn 4.

5   Vgl *Fischer*, § 257 Rn 2; HK-GS/*Pflieger*, § 257 Rn 6; S/S-*Stree*, § 257 Rn 5; zum Fall der Weitergabe Liechtensteiner Kontendaten an den BND und deutsche Steuerbehörden (beachte dazu § 257 III 1) s. *Sieber*, NJW 08, 881, 884; *Trüg/Habetha*, NJW 08, 887, 888; zur Strafbarkeit der die Anlage ermöglichenden „Helfer" nach § 257 s. *Bielefeld/Prinz*, DStR 08, 1122, 1123.

6   *Rengier*, BT I § 20 Rn 2; SK-*Hoyer*, § 257 Rn 1; aA *Altenhain*, Das Anschlussdelikt 2002, S. 269: nur das staatliche Recht zur Entziehung der Vorteile; s. auch NK-*Altenhain*, § 257 Rn 6.

die **nachträgliche Unterstützung** der Vortat eine Entziehung der daraus gewonnenen Vorteile zu Gunsten des durch die Vortat Verletzten und die noch gegebene Möglichkeit der Schadensbeseitigung zu vereiteln sucht. Um einen **Angriff auf die Rechtspflege** handelt es sich in jedem Falle, da es deren Aufgabe ist, den durch die Vortat beeinträchtigten **gesetzmäßigen Zustand wiederherzustellen.** Die Erfüllung dieser Aufgabe behindert der Täter, indem er die **Restitution erschwert** oder **vereitelt**[7]. Die Vorschrift dient zugleich generalpräventiven Zwecken, indem sie den Vortäter nach der Tat isoliert. So wie ihm bei der Tat nicht geholfen werden darf, soll ihm auch nach der Tat keine Hilfe zuteil werden[8]. Hierdurch werden mittelbar auch die durch die Vortat angegriffenen Rechtsgüter geschützt[9].

Dass in der Regel die Vortat ein Vermögensdelikt ist, rechtfertigt es nicht, das Delikt nur als Vermögensdelikt zu sehen[10], wohl aber, die Begünstigung trotz ihrer Doppelnatur (= Straftat gegen die Rechtspflege mit stark vermögensbezogenem Einschlag) bei den Vermögensdelikten darzustellen und damit dort einzuordnen, wo der Schwerpunkt ihres Anwendungsbereichs liegt[11].

II. Tatbestand

1. Merkmale der Vortat

Die Begünstigung ist eine **Anschlusstat**. **Vortat** iS des § 257 kann daher nur eine **bereits begangene** Tat sein. Sie muss den objektiven und subjektiven Tatbestand eines nicht notwendig dem Schutz fremden Vermögens dienenden (Rn 801) Strafgesetzes erfüllen, rechtswidrig sein (§ 11 I Nr 5) und dem Vortäter einen Vorteil verschafft haben, dessen Sicherung Gegenstand der Begünstigung ist.   **803**

Ist die Vortat **beendet**, kommt bei einer Hilfeleistung nur noch Begünstigung (gegebenenfalls iVm Geldwäsche) in Betracht[12]. Vollständig abgeschlossen braucht die Vortat aber nicht zu sein. Begünstigung ist auch vor deren Beendigung, also zB zu einem Zeitpunkt möglich, in welchem die Diebesbeute nach soeben vollendeter Wegnahme noch nicht in Sicherheit gebracht ist[13]. Hier kann es zu Abgrenzungsschwierigkeiten und Überschneidungen zwischen **Begünstigung** und **Beihilfe zur Vortat** kommen, **wenn** man mit der wohl noch hM[14] eine (sukzessive) Beihilfe im Stadium zwischen Vollendung und Beendigung für möglich hält. Ob dann das eine oder das andere anzunehmen ist, soll von den Umständen des Einzelfalles abhängen und im Wesentlichen Tatfrage sein. Vor allem die Rechtsprechung richtet sich dabei nach der kaum zuverlässig ermittelbaren Vorstellung und Willensrichtung der Beteiligten[15]: wolle der Helfer die Haupttat fördern,   **804**

7 Vgl BGHSt 24, 166, 167; 36, 277, 280; BGH NStZ 94, 187; A/W-*Heinrich,*, § 27 Rn 1; *Amelung*, JR 78, 227, 231; *Geppert*, Jura 94, 442; 07, 592; *Rengier*, BT I § 20 Rn 2; *Zipf*, JuS 80, 24.

8 S. BGHSt 42, 196, 197; *Heghmanns*, Rn 1676; *Mitsch*, BT II/1 § 9 Rn 3; *Weisert*, Der Hilfeleistungsbegriff bei der Begünstigung 1999, S. 266 ff; krit. dazu *Hörnle*, Schroeder-FS S. 483 f, 489 f, 494.

9 S. *Seel*, Begünstigung und Strafvereitelung durch Vortäter und Vortatteilnehmer 1999, S. 18 ff im Anschluss an *Miehe*, Honig-FS S. 91 ff; ähnlich *Wilbert*, Begünstigung und Hehlerei 2007, S. 87 f.

10 AA *Otto*, BT § 57 Rn 1; wie hier *Eisele*, BT II Rn 1012.

11 Vgl BGHSt 23, 360, 361; E 1962, Begr. S. 455; *Mitsch*, BT II/1 § 9 Rn 1 ff.

12 BGH StV 98, 25; BGH NStZ 00, 31; 08, 152.

13 BGHSt 4, 132, 133; aA *Otto*, BT § 57 Rn 4.

14 S. S/S-*Cramer/Heine*, § 27 Rn 17; *Wessels/Beulke*, AT Rn 583 mwN; vgl zu § 257 auch *Beulke*, Rn 288 f.

15 BGHSt 4, 132, 133; OLG Köln NJW 90, 587.

soll Beihilfe, wolle er den Vorteil aus der Tat sichern, Begünstigung vorliegen[16]. Eine Unterstützung, die noch der **Vortat selbst** zugute kommt und auch **ihre erfolgreiche Beendigung fördern** soll, ist nach einer anderen, die Möglichkeit der Überschneidung ebenfalls zugrundelegenden Meinung dagegen mit Rücksicht auf § 257 III stets als **Beihilfe** zu bestrafen; ein etwaiger Verstoß gegen § 257 I soll dahinter zurücktreten[17]. Als Grund hierfür wird angegeben, der Hilfeleistende könne nicht deshalb von der uU strengeren Haftung wegen Beihilfe verschont bleiben, weil er zugleich eine Vorteilssicherung erstrebe[18]. Das leuchtet ein. **In aller Regel** stellt sich das Abgrenzungsproblem nach formeller Vollendung der meisten der hier als Vortat in Betracht kommenden Delikte[19] allerdings nicht. Da das Stadium zwischen Vollendung und Beendigung unbestimmt und die Hilfeleistung nach der Tat vom Gesetzgeber durch die §§ 257, 258, 259, 261 nur ausschnittweise und unter einschränkenden Voraussetzungen unter Strafe gestellt ist, verdient die Ansicht den Vorzug, die nach Vollendung der Tat eine Beihilfe grundsätzlich[20] nicht mehr zulässt[21]. Liegt eine Überschneidung ausnahmsweise vor, ist nach Konkurrenzgrundsätzen zu entscheiden. Das gilt auch für die Fälle, in denen die erst nach der Tat wirkende Begünstigungshandlung schon vor der Vortatvollendung erbracht worden ist[22].

805   Die Vortat muss **tatsächlich begangen** worden sein; es reicht nicht aus, dass der Täter dies nur irrtümlich annimmt. Auf ihre **Verfolgbarkeit** kommt es dagegen nach hM nicht an (wichtig bei Eintritt der Verjährung oder beim Fehlen eines erforderlichen Strafantrags).

Ist die Vortat ein Antragsdelikt, so bedarf es allerdings nach § 257 IV 1 zur **Strafverfolgung wegen Begünstigung eines Strafantrags**, sofern der Begünstiger als *fiktiver* Täter oder Beteiligter der Vortat nur auf Antrag verfolgt werden könnte. War die Vortat zB ein Haus- und Familiendiebstahl (§ 247), hängt die Strafverfolgung wegen Begünstigung gemäß § 257 I, IV 1 von einem Strafantrag des Bestohlenen ab, wenn dieser *Angehöriger* des Begünstigers ist oder mit ihm in *häuslicher Gemeinschaft* lebt.

2. Tathandlung

806   Als **Tathandlung** genügt nach umstrittener[23] aber zutreffender Meinung jede **Hilfeleistung**, die **objektiv geeignet** ist, die durch die Vortat erlangten oder entstandenen **Vorteile** dagegen zu sichern, dass sie dem Vortäter **zu Gunsten des Verletzten entzogen** werden[24].

---

16   Ebenso HK-GS/*Pflieger*, § 257 Rn 9; MK-*Cramer*, § 257 Rn 24.
17   Vgl *Maurach/Schroeder/Maiwald*, BT II § 101 Rn 6; *Laubenthal*, Jura 85, 630; *Vogler*, Dreher-FS S. 405, 417; *Wessels*, BT II Rn 746; iE ähnlich *Weisert*, Der Hilfeleistungsbegriff bei der Begünstigung 1999, S. 217 ff, 222.
18   S/S-*Stree*, § 257 Rn 8.
19   S. zur notwendigen Differenzierung LK-*Hillenkamp*, vor § 22 Rn 34 ff.
20   Zu Ausnahmen s. LK-*Hillenkamp*, vor § 22 Rn 36 f.
21   S. A/W-*Heinrich*, § 27 Rn 20; *Eisele*, BT II Rn 1019; *Joecks*, § 257 Rn 8; LK-*Schünemann*, § 27 Rn 42; NK-*Altenhain*, § 257 Rn 11; *Rengier*, § 20 Rn 18; ähnlich SK-*Hoyer*, § 257 Rn 23; s. auch *B. Wolff*, Begünstigung 2002, S. 89, 113, 120.
22   S. dazu *B. Wolff*, Begünstigung 2002, S. 70 f, 131, 134.
23   S. zum Streit *Hillenkamp*, BT 37. Problem; *Küper*, BT S. 205 f.
24   BGHSt 4, 122, 221; *Eisele*, BT II Rn 1021; *Fischer*, § 257 Rn 7; *Geppert*, Jura 07, 592; *Heghmanns*, Rn 1687; *Kindhäuser*, § 257 Rn 12; *Krey/Heinrich*, Strafrecht Bes. Teil/1, 14. Aufl. 2008, Rn 631; *Lackner/Kühl*, § 257 Rn 3; LK-*Ruß*, § 257 Rn 13; *Mitsch*, BT II/1 § 9 Rn 32; MK-*Cramer*, § 257 Rn 16 f; NK-*Altenhain*, § 257 Rn 21; *Rengier*, BT I § 20 Rn 10; *Stoffers*, Jura 95, 122; *Vogler*, Dreher-FS S. 405, 421; *Zipf*, JuS 80, 24; *Zieschang*, Die Gefährdungsdelikte 1998, S. 333 ff; *ders.*, Küper-FS S. 733, 734 f.

Dass die Lage des Vortäters dadurch tatsächlich verbessert und das Handlungsziel erreicht wird, ist eine Forderung, die heute zu Recht nicht mehr erhoben wird[25]. In der Beschränkung des Tatbestandes auf bloße Hilfeleistung liegt der Verzicht auf den Eintritt eines Erfolges. Auf der anderen Seite reicht die irrige Vorstellung des Täters, sein Ziel durch eine objektiv untaugliche Beistandsleistung erreichen zu können, nicht aus[26]. Bei einem solchen Verständnis würde die gesetzgeberische Entscheidung gegen die Strafbarkeit eines (untauglichen) Versuchs der zur Täterschaft aufgewerteten Beihilfe unterlaufen und der Begriff des Hilfeleistens ohne sachlichen Grund anders als in § 27 bestimmt[27].

An der **objektiven Eignung** des Handelns im vorgenannten Sinn fehlt es, wenn der **807** Vortäter sich des **Vorteils**, den er aus der Vortat **erlangt** haben muss, bereits endgültig entäußert hatte[28], ihn aus anderen Gründen nicht mehr innehat[29], wozu nicht zählt, dass die Polizei aus der Vortat stammendes Geld nur vorläufig sichergestellt hat[30], oder ihn von Rechts wegen behalten darf (zB deshalb, weil er den Verletzten inzwischen beerbt hat).

Beispiele für Begünstigungshandlungen sind das Aufbewahren oder Mitwirken beim Verbergen der entwendeten Gegenstände, das Unkenntlichmachen gestohlener Kraftwagen durch Umlackieren, das Abheben des Geldes von einem durch Diebstahl erlangten Sparbuch[31], das Leisten von Hilfe beim Absetzen der Deliktsbeute[32], falsche Angaben gegenüber den Ermittlungsbehörden[33] und dergleichen. Erfasst ist demnach die beihilfeähnliche unselbstständige Unterstützung des Vortäters bei dessen Bemühen um Vorteilssicherung ebenso wie die „täterschaftliche" Vorteilssicherung[34]. Handlungen, die als „neutrales" Alltagsverhalten von der Beihilfe ausgenommen werden könnten, dürften hier wegen der geforderten Begünstigungsabsicht ihre Tatbestandsmäßigkeit nicht einbüßen[35].

Aus der Schutzfunktion des § 257 ergibt sich, dass die Hilfeleistung darauf abzielen **808** muss, dem Vortäter die aus der Vortat gewonnenen Vorteile **gegen ein Entziehen zu Gunsten des Verletzten** zu sichern. Handlungen, die lediglich der **Sacherhaltung** (Beispiel: Füttern gestohlener Tiere), dem Schutz gegen Naturgewalten (bei Hochwasser, Sturm usw) oder der Abwehr rechtswidriger Angriffe dienen, liegen außerhalb des Begünstigungstatbestandes[36].

Hilfe iS des § 257 kann uU auch durch ein pflichtwidriges **Unterlassen** in Garanten- **809** stellung[37] geleistet werden, wie etwa dann, wenn Eltern nichts dagegen unternehmen, dass ihre minderjährigen Kinder gestohlene oder gehehlte Sachen ins Haus schaffen und dort aufbewahren[38].

---

25 S. aber SK-*Hoyer*, § 257 Rn 18 (graduelle Besserstellung durch Erschwerung der Restitution).
26 BGH JZ 85, 299; *Bockelmann*, BT I S. 175; schwankend A/W-*Heinrich*, § 27 Rn 6 f.
27 Zur Wiederbelebung der auch ungeeignete Handlungen einbeziehenden „Interessenförderungstheorie" s. *Weisert*, Der Hilfeleistungsbegriff bei der Begünstigung 1999, S. 74 ff, 210 ff; s. dagegen NK-*Altenhain*, § 257 Rn 19.
28 BGHSt 24, 166, 167 f.
29 BGH JZ 85, 299; NStZ 94, 187.
30 BGH NStZ 00, 259 mit Anm. *Geppert*, JK 00, StGB § 257/5.
31 RGSt 39, 236 f.
32 BGHSt 2, 362, 363; 4, 122, 123.
33 RGSt 54, 41.
34 *Küper*, BT S. 206.
35 Vgl A/W-*Heinrich*, § 27 Rn 8; *Hillenkamp*, AT 27. Problem.
36 RGSt 60, 273, 278; 76, 31, 33.
37 BGH StV 1993, 27; *Eisele*, BT II Rn 1022; *Rengier*, BT I § 20 Rn 13.
38 Vgl RG DR 43, 234; LK-*Ruß*, § 257 Rn 15; S/S-*Stree*, § 257 Rn 17.

3. Vorsatz und Begünstigungsabsicht

a) Vorsatz

810 Der in subjektiver Hinsicht erforderliche **Vorsatz** muss – zumindest in der Form des *dolus eventualis* – die Vorstellung umfassen, dass der in Betracht kommende Vorteil *unmittelbar* aus einer rechtswidrigen Vortat iS des § 11 I Nr 5 stammt. Nähere Einzelheiten zur Person des Vortäters, zur Art der Vortat und zur Beschaffenheit des Vorteils brauchen – ähnlich wie bei der Beihilfe[39] – dem Begünstiger nicht bekannt zu sein[40]. Etwaige Fehlvorstellungen in der Hinsicht, ob eine für den Vortäter versteckte Kassette Bargeld oder Schmuck enthält und ob sie nebst Inhalt durch Diebstahl oder Hehlerei in dessen Hand gelangt ist, sind bedeutungslos. Ein Irrtum, der die Art der Vortat betrifft, ist allerdings dann beachtlich, wenn er aus der Sicht des Hilfswilligen die Möglichkeit einer Vorteilssicherung ausschließt[41].

b) Begünstigungsabsicht

811 Zum subjektiven Tatbestand des § 257 I gehört außerdem die **Absicht**, dem Begünstigten die **Vorteile** der rechtswidrigen Vortat zu **sichern**.

812 Ob der Sicherungserfolg erreicht wird, ist belanglos; es genügt, dass der Täter ihn erstrebt. Dafür ist notwendige[42], aber nicht hinreichende[43] Voraussetzung, dass der Täter die Vorteilssicherung als mögliche Folge seines Handelns in sein Bewusstsein aufgenommen hat[44]. **Beabsichtigt** iS des § 257 I ist die Vorteilssicherung immer erst dann, wenn es dem Hilfeleistenden darauf ankommt, im Interesse des Vortäters die Wiederherstellung des gesetzmäßigen Zustandes zu verhindern oder zu erschweren. Diese Zielsetzung muss sein Verhalten im Wesentlichen bestimmt haben, braucht aber weder der einzige Zweck des Handelns noch dessen Beweggrund gewesen zu sein[45].

813 Der **Vorteil**, um dessen Sicherung es dem Hilfeleistenden geht, muss **unmittelbar** aus der rechtswidrigen Vortat erwachsen sein[46]. Die hM[47] dehnt den Begriff der Unmittelbarkeit[48] im Bereich der Begünstigung (§ 257) *weiter* aus als im Falle der Hehlerei (§ 259); begründet wird dies damit, dass § 257 anders als § 259 nicht von „erlangten Sachen", sondern ganz allgemein nur von den „Vorteilen der Tat" spreche[49]. Geldbe-

---

39 BGHSt 42, 135, 138.
40 BGHSt 4, 221, 224; RGSt 76, 31, 33 f; OLG Frankfurt NJW 05, 1727, 1735.
41 Näher BGHSt 4, 221.
42 BGH NStZ 00, 259.
43 BGH NStZ 00, 31.
44 BGH NStZ 00, 259.
45 Näher BGHSt 4, 107, 108 f; BGH NStZ 92, 540; 94, 187; GA 1985, 321, 322; OLG Düsseldorf NJW 79, 2320; *Lackner/Kühl*, § 257 Rn 5; LK-*Ruß*, § 257 Rn 18; *Zipf*, JuS 80, 24; im Liechtensteiner Kontendaten-Fall iS eines notwendigen Zwischenziels des BND bejaht von *Trüg/Habetha*, NJW 08, 888; für *Otto*, BT § 57 Rn 9 reicht sicheres Wissen, dagegen SK-*Hoyer*, § 257 Rn 28.
46 BGHSt 24, 166, 168; BGH NStZ 87, 22; *Lackner/Kühl*, § 257 Rn 5.
47 *Eisele*, BT II Rn 1026 f; *Fischer*, § 257 Rn 6; *Maurach/Schroeder/Maiwald*, BT II § 101 Rn 9; im Ansatz enger *Mitsch*, BT II/1 § 9 Rn 53; *Rengier*, BT I § 20 Rn 8 f.
48 Krit. zu ihm SK-*Hoyer*, § 257 Rn 13; ebenso NK-*Altenhain*, § 257 Rn 17.
49 Vgl zu den divergierenden Ansichten LK-*Ruß*, § 257 Rn 11; *Miehe*, Honig-FS S. 91; S/S-*Stree*, § 257 Rn 23.

träge, die aus strafbaren Handlungen stammen, sollen zB auch dann noch taugliches Objekt einer Begünstigung sein können, wenn sie über Bankkonten geleitet worden sind und zwischenzeitlich in Wertpapieren angelegt waren[50].

Ob es sich noch um die „Vorteile der Tat" iS des § 257 I handelt, ist nach Ansicht des BGH keine Frage bloßer Sachidentität, sondern von der Eigenart der Vortat abhängig. War diese ein **Betrug**, soll die dort maßgebende wirtschaftliche Betrachtungsweise auch auf § 257 ausstrahlen. Wörtlich heißt es in BGHSt 36, 277, 282 hierzu: „Im vorliegenden Fall hat der Vortäter durch Betrug von den Kapitalanlegern Vermögensvorteile erlangt, die ihm vermittels Verrechnungsschecks zugeflossen sind. Diese verkörpern einen geldwerten Vorteil, der sich durch Bankeinzug und Gutschrift auf einem Bankkonto des Vortäters in dessen Vermögen realisiert und so lange unmittelbar im Sinne des § 257 ist, wie er im Vermögen des Vortäters verbleibt und dessen alleinigem Zugriff zur Verfügung steht. Unerheblich bei der gebotenen wirtschaftlichen Betrachtungsweise ist, in welcher Weise oder Verkörperung der geldwerte Vorteil in diesem Rahmen jeweils vorhanden ist. Es ändert nichts, wenn er auf ein anderes Konto des Vortäters transferiert oder auch bei einer Bank zu Gunsten des Vortäters in börsengehandelten Wertpapieren angelegt wird, die der Inhaber jederzeit frei verkaufen kann und die ihm so einen raschen Zugriff wie auf Bargeld ermöglichen. Hierbei handelt es sich um finanztechnische Vorgänge, nicht um „Kettenzwischenglieder", die die Unmittelbarkeit des aus der Vortat erlangten Vermögensvorteils in Frage stellen könnten. Maßgeblich ist nur, dass der erlangte geldwerte Vorteil wirtschaftlich im Vermögen des Vortäters noch in dem Zeitpunkt nachvollziehbar vorhanden ist und einem Zugriff zu Gunsten des Betrugsgeschädigten offen steht, in dem die Hilfeleistung zur Sicherung dieses Vorteils einsetzt."

814

Nach der Rechtsprechung[51] muss die Hilfe des Begünstigers nicht unbedingt darauf gerichtet sein, dem Vortäter den **Besitz** der gestohlenen Sache zu erhalten. Denn der Vorteil, den ein Diebstahl vermittelt, liegt vor allem in der Möglichkeit, über die entwendete Sache nach Belieben *wie ein Eigentümer* zu verfügen. Infolgedessen ist die Begünstigung nicht auf die Sicherung des Sachbesitzes beschränkt; sie kann auch die **Sicherung der angemaßten eigentümerähnlichen Verfügungsgewalt** durch ein Mitwirken beim Absetzen oder Verschenken der Sache zum Ziel haben[52]. In diesem Sinne soll von einer Vorteilssicherung sogar dann die Rede sein können, wenn der Täter durch einen Rückverkauf der Sache an den Eigentümer für einen dem Vortäter günstigen Absatz sorgt[53]. Stellt der Täter seinen eBay-account einem Dieb zur Verfügung, um hierüber gestohlene Ware abzusetzen, ist das nur dann eine Begünstigung, wenn auch die Absicht vorliegt, den Dieb vor der Wiederentziehung des Diebesguts zu bewahren. Die anschließende Auskehrung des Erlöses an den Dieb erfüllt § 257 nicht, weil es insoweit an der Unmittelbarkeit des Vorteils mangelt[54].

815

Hiernach sind im **Fall 75** die objektiven und subjektiven Merkmale des § 257 I erfüllt. F hat durch die Ausführung des Auftrags dem A ermöglicht, durch eine Schenkung mit der Uhr wie ein Eigentümer zu verfahren. Darauf kam es der F ebenso an, wie darauf, die befürchtete Re-

816

---

50 Vgl BGHSt 36, 277, 282 mit zust. Anm. *Keller*, JR 90, 480; BGHSt 46, 107, 117; s. zur „wirtschaftlichen" Betrachtungsweise auch OLG Frankfurt NJW 05, 1727, 1734; unter Berufung auf Art. 103 II GG enger BGH NStZ 87, 22.
51 BGHSt 2, 362, 363; 4, 122, 124.
52 Näher BGHSt 4, 122, 124; *Küper*, BT S. 207.
53 OLG Düsseldorf NJW 79, 2320; aA *Geppert*, Jura 07, 594; SK-*Hoyer*, § 257 Rn 30; s. dazu *Kindhäuser*, § 257 Rn 18; *Küper*, BT S. 208 f; *Stoffers*, Jura 95, 122 ff.
54 BGH StV 08, 520, 521 mit Bespr. *Kudlich*, JA 08, 656.

stitution durch die Polizei zu verhindern. Ob außerdem Hehlerei in Betracht kommt (Tateinheit zwischen § 257 und § 259 ist möglich), hängt ua davon ab,ob man den Begriff des *Absetzens* und des *Absetzenhelfens* in § 259 mit der hM auf die *entgeltliche* Veräußerung beschränkt[55]. Die Absicht, B zu bereichern, wird man bejahen können.

4. Tatvollendung

817 **Vollendet** ist die Tat bereits mit dem **Hilfeleisten** in Begünstigungsabsicht; auf den Eintritt des angestrebten Erfolges kommt es nicht an[56]. Die hM lässt zur Tatvollendung schon das *unmittelbare Ansetzen* zu einer Unterstützungshandlung ausreichen, die objektiv geeignet ist, dem Vortäter die Vorteile der Tat gegen ein Entziehen zu Gunsten des Verletzten zu sichern[57]. Was sich noch im Stadium bloßer Vorbereitung bewegt, genügt danach zur Tatbestandsverwirklichung nicht. Eine analoge Anwendung der für gewisse Unternehmensdelikte geltenden speziellen Rücktrittsregelung (vgl §§ 83a, 316a II aF) oder des § 261 IX[58] auf die Begünstigung ist nicht möglich, da insoweit keine planwidrige Gesetzeslücke besteht[59].

III. Selbstbegünstigung und Begünstigung durch Vortatbeteiligte

1. Selbstbegünstigung

818 § 257 I bedroht nur die **Fremdbegünstigung** mit Strafe; die dort umschriebene Hilfe muss *„einem anderen"* geleistet werden. Die **Selbstbegünstigung** als solche ist nicht tatbestandsmäßig und daher nicht nach § 257 I strafbar. Sie unterläuft auch nicht das Solidarisierungsverbot, mit dem § 257 den Vortäter isolieren und mit dieser Aussicht von der Tat abhalten will[60]. Wer durch die Handlung, die eine Selbstbegünstigung enthält, jedoch zugleich **einen anderen Straftatbestand** verwirklicht (zB den der Falschverdächtigung oder der Urkundenfälschung), bleibt in *dieser* Hinsicht natürlich nicht straffrei.

2. Auswirkungen der Vortatbeteiligung

819 Wegen Begünstigung wird nach der Regelung in § 257 III 1 nicht bestraft, wer wegen **Beteiligung an der Vortat strafbar** ist. Dies gilt jedoch nicht für Vortatbeteiligte

---

55 Vgl RGSt 32, 214, 215 f; BGH NJW 76, 1950 mwN; anders S/S-*Stree*, § 259 Rn 32; näher Rn 868, 871.
56 BGH StV 94, 185.
57 Näher LK-*Ruß*, § 257 Rn 14; S/S-*Stree*, § 257 Rn 19; krit. dazu *Geppert*, Jura 80, 269, 275; 07, 593.
58 Dafür *Schittenhelm*, Lenckner-FS S. 534 ff.
59 Zutr. *Lackner/Kühl*, § 257 Rn 7; MK-*Cramer*, § 257 Rn 27; anders *Rengier*, BT I § 20 Rn 20; S/S-*Stree*, § 257 Rn 27.
60 *Joerden*, Lampe-FS S. 771, 781 f; *Seel*, Begünstigung und Strafvereitelung 1999, S. 31.

(= Täter, Mittäter oder Teilnehmer), die einen an der Vortat **Unbeteiligten** zur Begünstigung **anstiften** (§ 257 III 2)[61].

Der Strafausschluss in § 257 III 1 lässt die Tatbestandsmäßigkeit und Rechtswidrigkeit des Verhaltens unberührt. Er beruht auf der Erwägung, dass die **Begünstigung** als **nachträgliche Unterstützung der Vortat** durch eine Bestrafung wegen Beteiligung an eben jener Vortat abgegolten ist. Dieser Grundgedanke der *mitbestraften Nachtat* greift aber nur dann durch, wenn der Begünstiger wegen der Vortatbeteiligung auch **wirklich strafbar** ist[62]. Er versagt dagegen, wenn der Begünstiger wegen seiner Mitwirkung an der Vortat nicht bestraft werden kann (zB deshalb nicht, weil insoweit zu seinen Gunsten ein Schuldausschließungsgrund eingreift oder weil sich eine strafbare Beteiligung an der Vortat nicht zweifelsfrei feststellen lässt).

§ 257 III 2 enthält eine auf die überholte Schuldteilnahmetheorie zurückgreifende und daher fragwürdige[63] Regelung: Ein Vortatbeteiligter, der auf Unbeteiligte einwirkt, kann **Anstifter** zu einer Begünstigung sein, die ihm selbst zugute kommt.

IV. Verfolgbarkeit

Unter den in § 257 IV 1 genannten Voraussetzungen wird die dem Vortäter gewährte **820** Begünstigung nur auf Antrag, mit Ermächtigung oder auf Strafverlangen verfolgt. Maßgebend ist insoweit die objektive Sachlage, nicht die Vorstellung des Begünstigers.

Die Bedeutung der Verweisung auf § 248a in § 257 IV 2 ist umstritten[64]. Dem Sach- **821** zusammenhang nach kann die sinngemäße Anwendung des § 248a nicht auf den Charakter und das Gewicht der Vortat, sondern allein auf den **Vorteil selbst** bezogen werden, um dessen Sicherung es geht. Daraus folgt, dass die Verweisung auf § 248a nur dann aktuell wird, wenn die Begünstigungshandlung der Sicherung eines **Vermögensvorteils** von objektiv **geringem Wert** dienen soll[65].

Im **Fall 76** ist zunächst zu klären, ob der von T begangene Raub mit dem Verbergen der Beute **822** versucht, vollendet oder beendet war. Die **Beobachtung** durch Z hat den Gewahrsamswechsel faktisch nicht verhindern können. Auch in sozial-normativer Sicht hat T Gewahrsam an den Geldbomben begründet. **Vollendet** war der Raub also sicher, als F eingriff. Der BGH[66] sieht hier im Verbergen der Beute zudem einen „unabänderlichen Abschluss" des Rechtsgutsangriffs, der trotz der nicht endgültigen Beutesicherung den Raub **beende**. Dann ist auch nach der Rechtsprechung nicht mehr zwischen Beihilfe und Begünstigung abzugrenzen. Begünstigung kann in einem solchen Fall nur annehmen, wer den untauglichen Begünstigungsversuch für ausreichend hält (s. Rn 806). § 258 VI ist (ebenso wie § 258 V) auf § 257 allenfalls dann **analog** anwendbar, wenn – anders als hier – die Strafvereitelung nach der Vorstellung des

---

61 Zur – teils sehr restriktiven – Auslegung dieser Vorschrift s. *Lackner/Kühl*, § 257 Rn 8; NK-*Altenhain*, § 257 Rn 38; krit. *Seel*, Begünstigung und Strafvereitelung 1999, S. 72, 88 f.
62 S. *Fischer*, § 257 Rn 5; *Geppert*, Jura 94, 444 f; aA SK-*Hoyer*, § 257 Rn 8.
63 S. *Hauf*, BT I S. 132; *Lackner/Kühl*, § 257 Rn 8; LK-*Ruß*, § 257 Rn 22; s. aber auch *Seel*, Begünstigung und Strafvereitelung 1999, S. 72.
64 Vgl *Heghmanns*, Rn 1694; *Lackner/Kühl*, § 257 Rn 10.
65 *Otto*, BT § 57 Rn 16.
66 BGH NJW 85, 814.

Täters nicht ohne gleichzeitige sachliche Begünstigung erreicht werden kann[67]. Richtigerweise fehlt es hier aber an der vorausgesetzten objektiven Sicherungseignung der Handlung, da der Vortäter T den zunächst erlangten Vorteil im Zeitpunkt der Hilfeleistung nicht mehr innehat[68]. Danach ist F straflos.

Begünstigung, § 257

I. Tatbestand
   1. Objektiver Tatbestand
      a. Vortat: • *rechtswidrige Tat*
          → tatbestandsmäßige und rechtswidrige Tat
          → eines anderen
            Ⓟ Vortatbeteiligung
          → die bereits tatsächlich begangen ist
            Ⓟ Abgrenzung Begünstigung ↔ sukzessive Beihilfe
            bei unbeendeter Tat
          → unmittelbar aus der Vortat stammender
            (idR Vermögens-) Vorteil
      b. Tathandlung: • *Hilfe leisten*
          → gegen Entziehung des Vorteils
          Ⓟ Eignung zur Vorteilssicherung
   2. Subjektiver Tatbestand
      a. Vorsatz: • *jede Vorsatzart*
      b. Absicht: • *Vorteilssicherungsabsicht zugunsten des Vortäters*

II. Rechtswidrigkeit
III. Schuld
IV. Strafausschluss, § 257 III 1
V. Strafantrag, § 257 IV

---

§ 20 Hehlerei und Geldwäsche

I. Schutzgut und Wesen der Hehlerei

1. Gesetzesreform

823 Der durch das 6. StRG (Rn 9) unberührt gebliebene Tatbestand der **Hehlerei** (§ 259) ist durch das EGStGB 1975 geringfügig geändert und sprachlich neu gefasst worden. Seitdem wird die Vortat nicht mehr als *„strafbare Handlung"*, sondern als eine *gegen fremdes Vermögen gerichtete* **„rechtswidrige Tat"** iS des § 11 I Nr 5 bezeichnet. Die

---

67 BGH StV 95, 586; *Lackner/Kühl*, § 258 Rn 16 f; offen gelassen in BGH NStZ 00, 259 mit Anm. *S. Cramer*, NStZ 00, 246.
68 S. zum Fall *Küper*, JuS 86, 862.

Tathandlung des „Verheimlichens"[1] ist entfallen; sie hat nur noch im Rahmen des § 257 Bedeutung. Die jetzige Fassung: „Wer eine Sache … ankauft oder sonst **sich oder einem Dritten verschafft**" deckt ohne sachliche Änderung den zuvor beschriebenen Bereich des „Ankaufens, Ansichbringens und Zum-Pfande-Nehmens" ab. Das frühere *„Mitwirken zum Absatz"* kehrt in der sachlich unklaren und umstrittenen Formulierung **„absetzt** oder **absetzen hilft"** wieder[2]. Schließlich ist die Absicht, **sich oder einen Dritten zu bereichern**, an die Stelle der früheren *Vorteilsabsicht* getreten.

2. Schutzgut und Unrechtsgehalt

Die geltende Fassung des § 259 stellt in Übereinstimmung mit der bislang hM klar, **824** dass **geschütztes Rechtsgut** das **Vermögen** ist. Ein Vermögensschaden ist nicht vorausgesetzt. Die Hehlerei ist somit ein durch bestimmte Tätigkeiten gekennzeichnetes **Vermögensgefährdungsdelikt**[3]. Ihr Wesen besteht in der **Aufrechterhaltung** der durch die Vortat geschaffenen **rechtswidrigen Vermögenslage** durch **einverständliches Zusammenwirken** mit dem Vortäter oder dessen Besitznachfolger (= sog. *Aufrechterhaltungs-* oder *Perpetuierungstheorie*)[4].

Von dieser Schutzguts- und Wesensbestimmung abweichende Lehren wie die Theorie der *Resti-* **825** *tutionsvereitelung*[5], die *Nutznießungs-* oder *Ausbeutungstheorie*[6] und die Auffassung von einem *alle* Rechtsgüter schützenden Verbot der Nachtathilfe[7] sind durch die Neufassung des § 259 gegenstandslos geworden[8]. Allerdings wird der von der letztgenannten Auffassung[9] im Anschluss an die Entscheidung des Großen Senats[10] betonte Aspekt des Schutzes allgemeiner, durch das Hehlereiunwesen beeinträchtigter **Sicherheitsinteressen** zunehmend in den Rang eines mitgeschützten Rechtsguts erhoben[11] und für die Auslegung des Tatbestandes herangezogen[12]. Das geschieht deshalb zu Recht, weil das Verbot der Hehlerei schon die – Vermögensdelikte generell fördernde – Bereitschaft des Hehlers bekämpfen will, bei der Abnahme der Beute mitzuhelfen, da mit dieser Bereitschaft der Dieb der Sorge um die gefahrlose Verwertung der Beute enthoben und so ein ständiger Anreiz für die Begehung von Vermögensstraftaten geschaffen wird.

Der Anteil der Hehlerei an der erfassten **Gesamtkriminalität** liegt zusammen mit Begünstigung, **826** Geldwäsche und Strafvereitelung im Jahr 2006 bei 0,5 %; die Aufklärungsquote von 97,0 % lässt

---

1 Vgl dazu BGHSt 2, 135, 138.
2 Vgl dazu BGHSt 27, 45, 48 gegen BGH NJW 76, 1698.
3 Näher *Arzt*, NStZ 81, 10; *Berz*, Jura 80, 57; *Geppert*, Jura 94, 100; *Küper*, Stree/Wessels-FS S. 407; *Lackner/Kühl*, § 259 Rn 1; *Roth*, JA 88, 193, 258; *Rudolphi*, JA 81, 1 und 90; s. auch KG NJW 06, 3016, 3017; aA *Altenhain*, Das Anschlussdelikt 2002, S. 269.
4 BGHSt GrS 7, 134, 137; 27, 45; 42, 196, 198; OLG Düsseldorf JZ 78, 35; LK-*Ruß*, § 259 Rn 1.
5 Vgl *Schröder*, MDR 52, 68.
6 Vgl *Geerds*, GA 1958, 129.
7 So *Miehe*, Honig-FS S. 91.
8 Vgl *Eser*, Strafrecht IV S. 189; *Geppert*, Jura 94, 100.
9 *Miehe*, Honig-FS S. 92, 105.
10 BGHSt 7, 134, 141 f.
11 *Eisele*, BT II Rn 1072; *Mitsch*, BT II/1 § 10 Rn 3; MK-*Lauer*, § 259 Rn 3; *Rudolphi*, JA 81, 4 ff; *Seelmann*, JuS 88, 39; SK-*Hoyer*, § 259 Rn 2 f; dagegen A/W-*Heinrich*, § 28 Rn 3; *Geppert*, Jura 94, 100 f; *Jahn/Palm*, JuS 09, 502; NK-*Altenhain*, § 259 Rn 2; *Roth*, JA 88, 194 ff; *Wilbert*, Begünstigung und Hehlerei 2007, S. 123; zum Streit s. *Küper*, BT S. 283; *ders.*, Probleme der Hehlerei bei ungewisser Vortatbeteiligung 1989, S. 44 ff mwN; zum Aspekt der Unterstützung „illegaler Märkte" s. *Hörnle*, Schroeder-FS S. 485 ff.
12 BGHSt 42, 196, 197.

auf eine hohe Dunkelziffer schließen[13]. Im Volksmund ist „der Hehler genau so schlimm wie der Stehler"[14]; dem entspricht die allgemeine Überzeugung, dass viele Diebstähle und Raubüberfälle nicht begangen würden, wenn den Tätern nicht die Absatzwege des Hehlergewerbes offenstünden. Diese Ansicht liegt auch der Rechtsprechung zu Grunde, die den Hehler auch als „Zuhälter der Diebe" bezeichnet[15]. Dabei steht naturgemäß nicht die immerhin auch verbreitete Gelegenheitshehlerei im Vordergrund[16]. Vielmehr ist an gewerbsmäßige Hehlerei zu denken. Vor allem die Diebstähle von Kunstgegenständen, Orientteppichen und Antiquitäten, von hochwertigen Kraftfahrzeugen und Versandgütern der unterschiedlichsten Art gehen auf **organisierte, mit Absatzhelfern verbundene Banden** zurück[17].

II. Gegenstand und Vortat der Hehlerei

827 **Fall 77:** A hat dem Barbesucher B einen 500-EUR-Schein entwendet und damit im Lederwarengeschäft des L eine Handtasche für 100 EUR erworben. Diese Handtasche nebst einem 100-EUR-Schein aus dem von L erhaltenen Wechselgeld schenkt A seiner Freundin F, nachdem er sie zuvor über alle Einzelheiten des Geschehens informiert hat.

Liegt in der Annahme des Geschenks durch F eine Hehlerei? **Rn 839**

1. Tatobjekt

828 **Tatobjekt** der Hehlerei kann allein eine **Sache** (= ein körperlicher Gegenstand), nicht eine Forderung, ein Recht oder ein *wirtschaftlicher Wert* als solcher sein[18]. Das StGB kennt nur eine **Sachhehlerei**, keine Werthehlerei. Auch Daten sind kein Hehlereiobjekt. Deshalb liegt – wenn der Datenträger dem Informanten gehörte – auch im Liechtensteiner Kontendaten-Fall keine Hehlerei der deutschen Behörden vor[19].

Papiere, die Rechte oder Ansprüche verkörpern, wie Wechsel, Schecks, Sparbücher, Fahrkarten oder Gepäckscheine, sind „Sachen", fallen also unter § 259[20].

829 Gleichgültig ist, ob es sich um eine bewegliche oder unbewegliche[21], um eine fremde, herrenlose oder sogar eigene Sache des Täters oder Vortäters handelt. Im Gegensatz zu den Zueignungsdelikten (§§ 242 ff) ist der Anwendungsbereich des § 259 *nicht* auf *fremde bewegliche* Sachen beschränkt (wenngleich hier in der Praxis das Schwergewicht liegt).

---

13 *Eisenberg*, § 45 Rn 108.
14 Die deshalb bestehende Möglichkeit einer *Wahlfeststellung* (RGSt 68, 257) erstreckt sich nach BGH NStZ 08, 646 nicht auf den Wohnungseinbruchsdiebstahl.
15 BGHSt 7, 134, 142; 42, 196, 200.
16 S. dazu *Eisenberg*, § 45 Rn 109.
17 Näher *H.J. Schneider*, Jura 84, 169, 172; *Geerds*, GA 1988, 243.
18 Vgl dazu *Heinrich*, JZ 94, 938.
19 S. *Busch/Giessler*, MMR 2001, 586, 590, 595; *Scheffler/Dressel*, ZRP 00, 517; s. dort auch zur sog. Geheimnishehlerei nach § 17 II Nr 2 UWG, die im Liechtensteiner Fall von Bedeutung ist; s. zu § 259 in diesem Zusammenhang *Göres/Kleinert*, NJW 08, 1353, 1357; *Trüg/Habetha*, NJW 08, 887, 888; *Schünemann*, NStZ 08, 305, 308; *Sieber*, NJW 08, 881, 883; *Stahl/Demuth*, DStR 08, 600; zum Fall s. auch *Kölbel*, NStZ 08, 241.
20 BGH NJW 78, 170; BayObLG JR 80, 299; OLG Düsseldorf NJW 90, 1493.
21 Vgl RGSt 56, 335, 336.

Hehlerei ist zB an gewilderten **herrenlosen** Tieren (§§ 292, 293)[22] ebenso möglich wie an **eigenen** Sachen des Täters, die ein anderer zu dessen Gunsten im Wege der Pfandkehr (§ 289)[23] in seinen Besitz gebracht hat.

2. Zusammenhang zwischen Vortat und Hehlerei

Das Gesetz nennt als **Gegenstand** der Hehlerei **Sachen**, die „ein *anderer* gestohlen oder sonst durch eine gegen fremdes Vermögen gerichtete **rechtswidrige Tat erlangt**" hat. Um ein Vermögensdelikt im *engeren* Sinne braucht es sich dabei nicht zu handeln[24]. Als eine gegen fremdes Vermögen gerichtete Vortat iS des § 259 ist vielmehr jede (den Anforderungen des § 11 I Nr 5 entsprechende) Tat anzusehen, die unter **Verletzung fremder Vermögensinteressen** zu einem deliktischen Sacherwerb und *unmittelbar dadurch* zu einer **rechtswidrigen Vermögenslage** geführt hat. Da die Hehlerei sich nur auf Sachen bezieht, ist unter einer solchen Vermögenslage der rechtswidrige Sachbesitz zu verstehen[25].
830

Vortat zur Hehlerei kann somit nicht nur ein Zueignungsdelikt (§§ 242 ff), ein Vermögensverschiebungsdelikt (§§ 253, 263)[26], Untreue (§ 266), Wilderei (§§ 292, 293), Pfandkehr (§ 289) oder Hehlerei (= sog. *Kettenhehlerei*)[27], sondern uU auch eine Urkundenfälschung (§ 267)[28], Begünstigung (§ 257)[29] oder Nötigung (§ 240)[30] sein. Andererseits scheiden die Geldfälschungsdelikte (§§ 146 ff), die Bestechungstatbestände (§§ 331 ff), Versicherungsbetrug und Versicherungsmissbrauch und Verstöße gegen die öffentliche Ordnung als solche[31] hier ebenso aus wie bloße Ordnungswidrigkeiten. Der Vortäter muss die Sache durch die Vortat erlangt haben. Dass sie durch die Vortat erst hervorgebracht wird, reicht deshalb nicht aus[32].
831

Die **Vortat** muss den objektiven und subjektiven Tatbestand eines Strafgesetzes verwirklicht haben[33], rechtswidrig begangen und in Bezug auf die Sacherlangung **rechtlich abgeschlossen** sein[34]. Ein **Versuch** genügt nur, wenn er zur Sacherlangung geführt hat[35].
832

Ob den Vortäter ein *persönlicher Schuldvorwurf* trifft oder ob ein solcher mangels Schuldfähigkeit, infolge eines unvermeidbaren Verbotsirrtums oder im Hinblick auf das Eingreifen eines Ent-
833

22 Vgl RGSt 63, 35, 38.
23 BGH wistra 88, 25; RGSt 18, 303, 304.
24 *Fischer*, § 259 Rn 3; HK-GS/*Pflieger*, § 259 Rn 6; *Jäger*, BT Rn 401; *Joecks*, § 259 Rn 8.
25 *Krey/Hellmann*, BT II Rn 572; *Küper*, BT S. 279; S/S-*Stree*, § 259 Rn 1.
26 Vgl dazu RGSt 59, 128.
27 BGHSt 27, 45; 33, 44, 48; BGH GA 1957, 176, 177.
28 Vgl BGH NJW 69, 1260; RGSt 52, 95 f; s. dazu auch *Husemann*, NJW 04, 108; abl. MK-*Lauer*, § 259 Rn 29.
29 RGSt 39, 236 ff.
30 BGH MDR/D 72, 571; abl. MK-*Lauer*, § 259 Rn 29.
31 Vgl BGH MDR/D 75, 543; zu § 269 als Vortat s. – verneinend – LG Würzburg NStZ 00, 374, dazu *Hefendehl*, NStZ 00, 349 f; *Otto*, JK 00, StGB § 263a/11; zu Versicherungsbetrug und -missbrauch s. – verneinend – BGH StV 05, 329 mit Anm. *Rose*, JR 06, 109.
32 LK-*Ruß*, § 259 Rn 9.
33 Näher BGHSt 4, 76, 78; zur Frage, wie genau die Vortat feststellbar sein muss, s. *Kudlich/Kessler*, NStZ 08, 62, 64.
34 BGHSt 13, 403, 405; BGH MDR/H 95, 881; s. auch OLG München wistra 07, 37, 38.
35 *Fischer*, § 259 Rn 10; *Rengier*, BT I § 22 Rn 5.

schuldigungsgrundes entfällt, ist unerheblich[36]. Es kommt auch nicht darauf an, ob der Vortäter sich auf einen *persönlichen Strafausschließungsgrund* berufen kann und ob die Vortat *verfolgbar* ist oder nicht. Stellt sich der Täter allerdings eine taugliche Vortat nur irrig vor, ist nur ein untauglicher Hehlereiversuch gegeben[37].

834 Im Verhältnis zur Vortat bildet die Ausführungshandlung des Hehlers eine sog. **Anschlusstat.** In dieser Hinsicht bringt die Fassung des § 259 klar zum Ausdruck, dass die **Sacherlangung durch den Vortäter** der Hehlerei **rechtlich und zeitlich vorausgehen** muss. Die betreffende Sache muss den Makel des strafrechtswidrigen Erwerbs bereits an sich tragen, ehe sie Gegenstand einer Hehlerei sein kann[38]. Wo die beiderseits maßgebenden Verhaltensweisen dicht beieinander liegen oder gar zeitlich zusammenfallen, können sich Abgrenzungsschwierigkeiten zwischen **Beteiligung an der Vortat** und **Hehlerei** ergeben. Praktisch bedeutsam wird das vor allem im Bereich der Zueignungsdelikte, insbesondere bei der Unterschlagung[39].

835 Die Rechtsprechung macht die **Bestrafung wegen Hehlerei** (ggf in Tateinheit oder Tatmehrheit mit Beihilfe zur Vortat) hier davon abhängig, dass die deliktische Sacherlangung durch den Vortäter **rechtlich und zeitlich abgeschlossen** war, bevor die von § 259 erfasste Tat begangen wurde. Hinsichtlich der Zeitspanne, die zwischen der jeweiligen Betätigung liegen muss, begnügt sie sich allerdings mit so minimalen Anforderungen, dass beide unmittelbar aufeinander folgen und nahezu ineinander übergehen können[40]. Die hL stimmt dem trotz dieser in Fällen der Unterschlagung geringen Trennschärfe mit Recht zu[41]. Die Mindermeinung, die es ausreichen lässt, dass die Vortat durch eine *Verfügung zu Gunsten des Hehlers* begangen wird[42], überdehnt den Wortlaut („gestohlen … hat") und verwischt die Grenzen zwischen Vortatbeteiligung und Anschlusstat. Wer schon zur Entstehung der rechtswidrigen Besitzlage beiträgt, beteiligt sich an der Vortat und verwirklicht nicht das Unrecht der Hehlerei[43]. Eine „Beendigung" der Vortat, insbesondere des Diebstahls (§ 242), ist allerdings auch vom Standpunkt der hM aus nicht zu fordern[44].

836 **Erlangt** iS des § 259 ist eine Sache daher dann, wenn die rechtswidrige Besitzlage beim Vortäter hergestellt ist. Das kann auch dann gegeben sein, wenn sich die Sache bei Begehung der Vortat schon im Alleingewahrsam des Vortäters befunden, dieser sodann aber (wie etwa im Falle der Unterschlagung) seinen bisherigen *Fremdbesitz* in *Eigenbesitz* umgewandelt hat[45].

---

36 BGHSt 1, 47, 50; LK-*Ruß*, § 259 Rn 3; S/S-*Stree*, § 259 Rn 10; *Zöller/Frohn*, Jura 99, 379; zT abw. *Bockelmann*, NJW 50, 850 und BT I S. 162.
37 BGH wistra 93, 264, 265; BGH NStZ 99, 351.
38 RGSt 55, 145 f; 59, 128; BGH StV 89, 435; 02, 542.
39 S. dazu BGH NStZ 94, 486; OLG Stuttgart NStZ 91, 285 mit krit. Anm. *Stree.*
40 So BGHSt 13, 403 im Schrottentwendungsfall und BGH NJW 59, 1377 zum Verhältnis zwischen §§ 246, 259 für den Treibstoff-Abfüllvorgang in einem Tanklager.
41 Vgl A/W-*Heinrich*, § 28 Rn 9; *Beulke*, Rn 293; *Eisele*, BT II Rn 1079; *Geppert*, Jura 94, 100; HK-GS/ *Pflieger*, § 259 Rn 13; *Jäger*, BT Rn 402; *Jahn/Palm*, JuS 09, 502; *Krey/Hellmann*, BT II Rn 583; *Lenz*, Die Vortat der Hehlerei 1994, S. 267 ff; LK-*Ruß*, § 259 Rn 11; *Maurach/Schroeder/Maiwald*, BT I § 39 Rn 22; MK-*Lauer*, § 259 Rn 40, 42; *Rengier*, BT I § 22 Rn 6; *Schmidt/Priebe*, BT II Rn 833; NK-*Altenhain*, § 259 Rn 11.
42 *Eser*, Strafrecht IV S. 193; *Haft/Hilgendorf*, BT S. 66; *Küper*, Stree/Wessels-FS S. 467; *ders.*, Jura 96, 205; *Otto*, BT § 58 Rn 8; S/S-*Stree*, § 259 Rn 15.
43 S. zum Streit *Hillenkamp*, BT 38. Problem.
44 *Fischer*, § 259 Rn 8; so aber OLG Hamburg NJW 66, 2227.
45 RGSt 55, 145 ff; 58, 230; S/S-*Stree*, § 259 Rn 13.

3. Fortbestehen der rechtswidrigen Vermögenslage

Nach hM ist Hehlerei nur an solchen Sachen möglich, die **unmittelbar** durch die Vortat **erlangt** sind und hinsichtlich deren die dadurch begründete **rechtswidrige Vermögenslage** im Augenblick der Hehlereihandlung **noch fortbesteht**. Dies bedeutet, dass die *gehehlte* Sache mit der durch die Vortat *erlangten* Sache *körperlich identisch* sein muss[46]. Die **Ersatzhehlerei** ist straflos.   **837**

An Surrogaten (= Ersatzsachen), die *wirtschaftlich* an die Stelle einer gestohlenen Sache getreten sind, setzt sich die Rechtswidrigkeit der Vermögenslage (= auch *„Bemakelung"* genannt) nicht fort. **Taugliches Objekt** der Hehlerei können solche **Ersatzsachen** nur dann sein, wenn **ihr Erwerb** im Rahmen der „Umtauschaktion" auf einer **erneuten rechtswidrigen Tat** beruht[47]. Von diesen Grundsätzen ist auch bei **Wechselgeld**, das der Täter gegen gestohlenes Geld eintauscht, keine Ausnahme zu machen. Die Mindermeinung, die das befürwortet, indem sie von der *Sachqualität* des Geldes absieht und den **Wertsummengedanken** auf § 259 überträgt[48], löst die tatbestandlichen Grenzen der Hehlerei auf und ist mit der **Aufrechterhaltungstheorie** nicht zu vereinbaren[49].   **838**

> Im **Fall 77** hat F nicht den von A gestohlenen 500-EUR-Schein, sondern die damit gekaufte **Handtasche** sowie einen Teil des von L erlangten **Wechselgeldes** als Geschenk angenommen. Die Handtasche ist als Surrogat des gestohlenen Geldes kein taugliches Hehlereiobjekt. Das gilt nach zutreffender Ansicht auch für das Wechselgeld. Handtasche und Wechselgeld sind von A auch nicht auf Grund einer erneuten Tat erlangt. An einem Betrug gegenüber L fehlt es hier, weil L kraft guten Glaubens gemäß §§ 929, 932, 935 II BGB **Eigentum am 500-EUR-Schein** erhalten, durch Hingabe der Handtasche und des Wechselgeldes somit keinen Vermögensschaden iS des § 263 erlitten hat (vgl dazu Rn 575). Demnach hat F im **Fall 77** keine Hehlerei begangen.   **839**

Anders verhält es sich mit Rücksicht auf die in § 935 I BGB getroffene Regelung, wenn nicht *gestohlenes Geld* eingewechselt oder sonst umgesetzt, sondern eine **gestohlene Sache anderer Art** veräußert und zu Geld gemacht wird.   **840**

> **Fall 78:** A hat dem Barbesucher B einen Goldring aus dem Jackett entwendet und für 500 EUR an den gutgläubigen E, der A für den Eigentümer hielt, veräußert. Von dem Erlös überlässt A seiner Freundin F, die in alles eingeweiht ist, zwei 100-EUR-Scheine als Geschenk.
>
> Sind diese Geldscheine taugliches Objekt einer Hehlerei?   **841**

A hat dem E vorgespiegelt, ihm Eigentum an dem Ring verschaffen zu können. In Wirklichkeit war er dazu nicht in der Lage (vgl § 935 I BGB), sodass E bei Abwicklung des Kaufvertrages 500 EUR gezahlt hat, ohne dafür ein *vollwertiges Äquivalent* erhalten zu haben. Der Bestoh-

---

46 BGH NJW 69, 1260; RGSt 58, 117; *Lackner/Kühl*, § 259 Rn 8; *Mitsch*, BT II/1 § 10 Rn 30; *Stree*, JuS 61, 50 mwN.
47 Vgl *Fischer*, § 259 Rn 7; LK-*Ruß*, § 259 Rn 14 f; *Maurach/Schroeder/Maiwald*, BT I § 39 Rn 10; MK-*Lauer*, § 259 Rn 45; S/S-*Stree*, § 259 Rn 14.
48 *Roxin*, H. Mayer-FS S. 467; ebenso *Blei*, BT § 72 III; *Eser*, Strafrecht IV S. 192; *Rudolphi*, JA 81, 1, 4.
49 Näher RGSt 23, 53, 54; 26, 317 ff; OLG Braunschweig NJW 52, 557; *Berz*, Jura 80, 57, 61; *Krey/Hellmann*, BT II Rn 575; *Rengier*, BT I § 22 Rn 14; *Zöller/Frohn*, Jura 99, 380.

lene B, dessen Eigentum fortbesteht, kann von E jederzeit Herausgabe des Ringes fordern (§ 985 BGB). Die 500 EUR, die A als Erlös erzielt und von denen F 200 EUR in Kenntnis ihrer Herkunft an sich gebracht hat, waren somit **durch Betrug** (§ 263) erlangt, dh *ihrerseits* taugliches Objekt der Hehlerei. Zwar hatte E dem A diese Geldscheine gemäß § 929 BGB übereignet. Unter den hier gegebenen Umständen berührt das die Anwendbarkeit des § 259 jedoch nicht, weil es sich **nicht** um einen **Eigentumserwerb von Bestand**, sondern lediglich um einen *anfechtbaren* Erwerb gehandelt hat[50], der dem A seitens des E gemäß §§ 123 I, 823 II, 826 BGB wieder entzogen werden kann. Die insoweit bestehende **widerrechtliche Vermögenslage** hat F im einverständlichen Zusammenwirken mit A *vorsätzlich* und in *Bereicherungsabsicht* aufrechterhalten, sodass ihrer Bestrafung wegen Hehlerei (§ 259) nichts im Wege steht (zum Merkmal des „Sichverschaffens" durch Annahme der 200 EUR als Geschenk vgl Rn 847 ff).

842   Eine fehlerhaft erlangte Sache bleibt aber nicht zwangsläufig und nicht unbedingt für die gesamte Zeit ihrer Existenz taugliches Objekt der Hehlerei. Sie hört vielmehr auf, es zu sein, sobald die **Widerrechtlichkeit der Vermögenslage wegfällt** und ihre „*Bemakelung*" durch einen **Eigentumserwerb von Bestand endet**. Die „Bemakelung" lebt auch dann nicht wieder auf, wenn die Sache später in die Hand eines Zweit- oder Dritterwerbers gelangt, der die ursprüngliche Fehlerhaftigkeit des Verschaffungsaktes gekannt hat.

843   **Fall 79:** In der irrigen Annahme, es mit einem Wildhändler zu tun zu haben, hat der gutgläubige Gastwirt G gegen Zahlung des üblichen Kaufpreises von W einen Rehbock erworben, den dieser tags zuvor im Revier des J gewildert hatte. Kurz nach dem Weggang des W erfährt G von dem bei ihm einkehrenden Landarbeiter L, woher der Rehbock wirklich stammt. Da er sich scheut, in seinem Betrieb gewilderte Tiere zu verarbeiten, bietet er dem L den Rehbock für ein Drittel des Preises, den er an W hat zahlen müssen, zum Kauf an. Nach kurzem Zögern geht L darauf ein.

Strafbarkeit nach § 259?

W hatte den Rehbock gewildert (§ 292), ihn somit als *herrenlos* bleibende Sache (vgl §§ 960 I, 958 II BGB sowie Rn 425) durch eine rechtswidrige Vortat erlangt. Im Augenblick seiner Veräußerung an G handelte es sich um ein taugliches Tatobjekt iS des § 259. G hat aber keine Hehlerei begangen, weil er *gutgläubig* war und sein Verhalten den subjektiven Tatbestand des § 259 I nicht erfüllt. Im Gegensatz dazu war L als Zweiterwerber über die Herkunft des Rehbocks voll im Bilde. Die Frage, ob *er* sich im Wege des „Sichverschaffens" der Hehlerei schuldig gemacht hat, ist jedoch ebenfalls zu verneinen, und zwar deshalb, weil im Zeitpunkt *seines* Erwerbs kein taugliches Tatobjekt iS des § 259 mehr vorhanden war. Denn die rechtswidrige Vermögenslage hinsichtlich des gewilderten Rehbocks hatte mit dem Gutglaubenserwerb des G gemäß §§ 929, 932 BGB ihr Ende gefunden. Für § 935 I ist *hier* kein Raum; wild lebende Tiere in der Freiheit stehen in niemandes Besitz, können dem Jagdberechtigten im Falle des Wilderns also nicht „abhanden kommen". Bei einem solchen unanfechtbaren Eigentumserwerb von Bestand entfällt die bisherige „*Bemakelung*" der Sache. Sie lebt auch nicht dadurch wieder auf, dass L die *ursprüngliche* Fehlerhaftigkeit des Verschaffungsakts gekannt hat. Im

---

50   S. dazu SK-*Hoyer*, § 259 Rn 11.

Fall 79 scheidet eine Bestrafung wegen Hehlerei somit für G wie für L aus (unter den gegebenen Umständen kommt bei L auch die Annahme eines *untauglichen Versuchs* iS der §§ 259, 22 nicht in Betracht)[51].

Ähnlich liegt es, wenn ein Kunstmaler Leinwand und Farbe stiehlt, daraus ein **Gemälde** herstellt und dieses einem Eingeweihten entgeltlich oder unentgeltlich überlässt. Hier schafft § 950 BGB in der Person des „Herstellers" die Voraussetzungen für einen **Eigentumserwerb von Bestand**, sodass § 259 StGB bezüglich des Gemäldes unanwendbar ist[52]. Demgegenüber schließt die Entstehung von **Miteigentum** durch **Vermischung von Geldscheinen** (§ 948 BGB), die jemand teils *unterschlagen* und teils *als Gehalt* bezogen hat, die Möglichkeit der Hehlerei durch einen bösgläubigen Darlehensnehmer nicht aus, soweit der Betrag des ihm gewährten Darlehens *den Miteigentumsanteil des Vortaters* übersteigt[53]. In einem solchen Fall ist der *Mehrbetrag* zwangsläufig mit den durch Unterschlagung erlangten Geldscheinen identisch; an ihnen besteht die **Widerrechtlichkeit der Vermögenslage** trotz der Vermischung fort. **844**

III. Hehlereihandlungen

Die **Tathandlung** des Hehlers kann darin bestehen, dass er die „*bemakelte*" Sache **ankauft** oder sonst **sich oder einem Dritten verschafft** oder dass er sie **absetzt** oder **absetzen hilft**. Alle diese Begehungsformen setzen das **einverständliche Zusammenwirken** zwischen dem Hehler und dem Vortäter oder dessen Besitznachfolger voraus; erst dieses Einvernehmen stellt die innere Verbindung zwischen Hehlerei und Vortat her[54] (s. näher Rn 858). **845**

Fall 80: Der Dieb D hat seinem ahnungslosen Bekannten B einen Posten gestohlener Autoreifen zur Aufbewahrung übergeben. Geraume Zeit später erfährt B, dass D als „Serieneinbrecher" verhaftet worden ist. Nach Durchsicht der einschlägigen Presseberichte wird ihm klar, dass es sich bei den Autoreifen um Diebesgut handelt. Diese Situation nutzt B in der Weise zu seinem Vorteil aus, dass er die Autoreifen paarweise veräußert und den Erlös – wie geplant – für sich verwendet. **846**

Kann B als Hehler bestraft werden? **Rn 859**

1. Sich oder einem Dritten verschaffen

„**Sich oder einem Dritten verschaffen**" entspricht sachlich dem Merkmal des „Ansichbringens" des § 259 aF[55]. **847**

---

51 Vgl dazu *Wessels/Beulke*, AT Rn 619, 622.
52 Vgl RGSt 57, 159 f; BayObLG JZ 79, 694.
53 Vgl RGSt 29, 155 f; im Ergebnis ebenso, in der Begründung aber fragwürdig BGH JR 58, 466 mit krit. Anm. *Mittelbach*.
54 BGHSt 7, 134, 137; 10, 151, 152; 27, 45 f; 42, 196, 197; krit. dazu *Hruschka*, JR 80, 221; *Roth*, Eigentumsschutz nach der Realisierung von Zueignungsunrecht 1986, S. 116 f; zusf. *Küper*, BT S. 282 ff.
55 BGHSt 2, 355, 357; 6, 59, 60; vgl auch *Arzt*, JA 79, 574; *Küper*, BT S. 279 f.

a) Einvernehmliche Erlangung der Verfügungsgewalt

848 Das **Verschaffen** muss in der bewussten und gewollten **Übernahme der tatsächlichen Verfügungsgewalt** *zu eigenen Zwecken* im Wege des **abgeleiteten Erwerbs** und des **einverständlichen Zusammenwirkens** mit dem Vortäter oder dem sonstigen Vorbesitzer bestehen[56]. Dabei bedarf es allerdings keines „kollusiven" Handelns in dem Sinne, dass auf beiden Seiten Unrechtsbewusstsein zu fordern wäre[57]. Es genügt vielmehr, dass das beiderseitige Einvernehmen sich auf die Erlangung der eigentümergleichen Verfügungsgewalt durch den Erwerber bezieht und dass es im Zeitpunkt des „Verschaffens" noch fortbesteht. So kann es zB bei einem gutgläubigen Erwerb von Hehlereiware über eBay liegen[58].

849 In der Regel fällt der Vorgang des „Verschaffens" mit der Gewahrsamserlangung zeitlich zusammen. Unerlässlich ist das jedoch nicht. Möglich ist auch, dass zunächst nur der Gewahrsam als solcher erworben wird (zB bei einer Übergabe zur Ansicht oder zur Aufbewahrung sowie uU bei einem Tätigwerden von Hilfspersonen), während die Übernahme der Verfügungsgewalt *zu eigenen Zwecken* durch Herstellung des Einvernehmens mit dem anderen Teil später nachfolgt[59]. Zur Erlangung der tatsächlichen Verfügungsgewalt kann auch die Begründung **mittelbaren Besitzes** genügen (näher Rn 855)[60]. Das gilt selbst dann, wenn der Vortäter unmittelbarer Besitzer bleibt[61].

850 An dem Zustandekommen des beiderseitigen Einverständnisses fehlt es aber, wenn jemand eine gestohlene Sache, die ihm der Vorbesitzer mit dem Willen zur Verschaffung voller Verfügungsgewalt **heimlich zugesteckt** hat, *unerwartet* in seinem Besitz vorfindet und sich nach dieser Entdeckung entschließt, die Sache **nicht für eigene Zwecke zu verwenden**, sondern sie zu vernichten[62].

851 Das einverständliche Geben und Nehmen muss darauf angelegt sein, dem Erwerber eine vom Vorbesitzer unabhängige, **eigentümergleiche Verfügungs-** oder **Mitverfügungsgewalt** über die Sache *zu eigenen Zwecken* zu verschaffen[63]. **Zu eigenen Zwecken** wird die Verfügungsgewalt nur dann übernommen, wenn das Verhalten darauf abzielt, die Sache dem Vermögen des Täters oder des Dritten einzuverleiben, für den das Tätigwerden erfolgt. In dieser Hinsicht reicht die Annahme als **Pfand** oder **Darlehen** aus[64], nicht aber die Gewahrsamserlangung zum Zwecke der Aufbewahrung, des Umarbeitens[65], der Vernichtung[66] oder des *bloßen Gebrauchs* als Entleiher oder Mieter[67]. Der sog. **Verkaufskommissionär**, der die „*bemakelte*" Sache **für Rechnung des Vorbesitzers** veräußern soll, erlangt ebenfalls keine Verfügungsgewalt *zu eigenen Zwecken*; sein Handeln lässt sich daher nur der Begehungsform des „Absetzens" zuordnen[68].

---

56 BGHSt 15, 53, 56; 27, 45, 46; BGH NStZ 95, 544.
57 OLG Düsseldorf JZ 78, 35; S/S-*Stree*, § 259 Rn 42; aA *Kindhäuser*, § 259 Rn 19.
58 BGH wistra 08, 423; dass Eigentum nach § 935 BGB nicht erworben werden kann, steht dem Verschaffen (von Diebesgut) naturgemäß nicht im Wege.
59 BGHSt 5, 47, 49; 15, 53, 58; RGSt 64, 326 f.
60 BGHSt 27, 160, 163; *Martens*, JA 96, 248; *Maurach/Schroeder/Maiwald*, BT I § 39 Rn 30 mwN.
61 MK-*Lauer*, § 259 Rn 71.
62 BGHSt 15, 53, 59.
63 BGHSt 33, 44, 46.
64 BGH JR 58, 466.
65 BGHSt 10, 151, 152 f.
66 BGHSt 15, 53, 56; BGH NStZ 95, 544.
67 BGH StV 87, 197.
68 BGH GA 1983, 472; NJW 76, 1698; s. auch schon RG 55, 58.

Wer stattdessen den Verkaufskommissionär der Alternative des „Sich-Verschaffens" zuschlägt[69], **852** setzt diesen zu Unrecht dem Verfügungsgewalt zu eigenen Zwecken begründenden Ankäufer gleich und entzieht dem „Absetzen" dessen gewichtigste Fallgruppe. Verlangt man zu Letzterem einen Absatzerfolg, bewirkt diese Umschichtung zudem, dass das hiernach zunächst nur versuchte Absetzen zu einer vollendeten Hehlerei avanciert. Dafür gibt es keinen sachlichen Grund. Ein „Sichverschaffen" iS des § 259 liegt auch dann nicht vor, wenn jemand dem Dieb durch Zahlung von Lösegeld ein gestohlenes Kunstwerk „abkauft", **um es an den Berechtigten zurückzugeben** und im rein faktischen Sinne dessen *bisherige* Eigentümerposition wiederherzustellen[70].

Typisch für die Fälle des Sichverschaffens ist, dass der Vortäter oder Vorbesitzer sich **853** der bemakelten Sache zu Gunsten des Hehlers entäußert und diesen in die Lage versetzt, mit ihr nach eigenem Gutdünken zu verfahren. Überträgt er die Sache an eine Mehrheit von Personen, so genügt es, wenn diese (wie etwa die Mitglieder einer Gesellschaft) untereinander nur **Mitverfügungsgewalt** erlangen[71]. Überlässt der Vortäter dem anderen lediglich Mitgewahrsam, ohne sich selbst der Verfügungsgewalt vollständig zu entledigen, so liegt darin nicht ohne weiteres ein hehlerischer Erwerb[72]. Vielmehr muss hier danach unterschieden werden, ob die gemeinsame Berechtigung darin besteht, dass beide auf Grund der getroffenen Absprache **nur gemeinschaftlich** über die Sache verfügen können, oder ob jeder für sich **unabhängig vom Willen des anderen** verfügungsberechtigt sein soll.

Im erstgenannten Fall scheidet Hehlerei in der Form des Sichverschaffens aus, da sich der Vortäter **854** der Sache infolge des ihm verbliebenen Mitspracherechts nicht im eigentlichen Sinne entäußert hat. Auch der andere hat die bemakelte Sache nicht zu *eigener* Verfügungsgewalt erworben; daran hindert ihn das Mitspracherecht des Vortäters. Die für den Hehlereitatbestand wesentliche **Perpetuierung der rechtswidrigen Vermögenslage** lässt sich bei bloßer Mitverfügungsgewalt von Vortäter und Erwerber nur dann bejahen, wenn beide Teile übereinkommen, dass **jeder für sich allein**, der Erwerber also nach eigenem Gutdünken und unabhängig vom Willen des Vortäters über die Sache soll verfügen können[73].

b) Problemfälle

Ob man sich an hinterlegten Sachen, die sich im Gewahrsam eines zur Herausgabe bereiten Dritten befinden, die tatsächliche Verfügungsgewalt schon durch den Erwerb der entsprechenden **Auslösungsbefugnis** verschaffen kann, ist umstritten[74]. Während die überwiegende Lehre im Anschluss an BGHSt 27, 160, 163 bereits beim Erwerb eines **Pfandscheins**, der die Verfügung über das Pfand zum eigenen Nutzen ermöglichen soll, ein Sichverschaffen des Pfandes bejaht[75], wird das von einer Mindermeinung mit beachtlichen Gründen bestritten[76]. Stattdessen wird Hehlerei am Pfand-

---

69 So *Dencker*, Küper-FS S. 9 ff; s. dazu *Küper*, BT S. 282 f.
70 Vgl RGSt 40, 15, 47 ff zu § 257; BayObLGSt 1959, 78; zu Rückverkaufsfällen durch einen Dritten s. *Stoffers*, Jura 95, 113.
71 BGHSt 35, 172, 175; BGH NStZ-RR 05, 236.
72 S. BGH StV 99, 604; BGH StV 05, 87; *Küper*, BT S. 280 f.
73 BGHSt 33, 44, 46 f; 35, 172, 175; BGH StV 99, 604; BGH StV 05, 87.
74 S. zum Streit *Hillenkamp*, BT 39. Problem.
75 *Lackner/Kühl*, § 259 Rn 11; LK-*Ruß*, § 259 Rn 19; *Rengier*, BT I, § 22 Rn 25; SK-*Hoyer*, § 259 Rn 24; S/S-*Stree*, § 259 Rn 21.
76 *Schall*, JuS 77, 180; *ders.*, NJW 77, 2221; s. dazu auch *Joecks*, § 259 Rn 22.

schein erwogen[77]. Von der Begründung eigener Verfügungsmacht wird man in solchen Fällen erst sicher sprechen können, wenn die Auslösungsmacht einen jederzeit ungehinderten Zugriff auf die Sache gewährt. Das ist nicht ohne weiteres bei einem Pfandschein, wohl aber bei Überlassung einer Garderobenmarke, eines Gepäckscheins oder eines Schließfachschlüssels der Fall, die die Inbesitznahme der Sache ohne Umstände gestatten.

856   Umstritten ist auch, ob im bloßen **Mitverzehr** von Nahrungs- oder Genussmitteln ein „Sichverschaffen" iS des § 259 zu erblicken ist. Die wohl hM lehnt dies mit Recht ab, soweit der zum Mitverzehr Eingeladene – wie in der Regel – **keine** vom Gastgeber *unabhängige* **Verfügungs-** oder **Mitverfügungsgewalt** an dem ihm Dargebotenen erlangt[78].

Nicht der Eingeladene, sondern der Gastgeber pflegt zu bestimmen, *was* und *wie viel* zum gemeinsamen Verzehr bereitgestellt wird. Letztlich ist das aber Tatfrage. Im Einzelfall *kann* es durchaus so liegen, dass der Mitverzehrende unabhängig von den übrigen Beteiligten an der Verfügungsgewalt teilhat. Wo das zutrifft, ist Raum für die Anwendbarkeit des § 259[79]. Ähnlich liegt es bei Mitverzehr, Mitverbrauch oder Mitnutzung vom Ehemann oder Lebenspartner gestohlener Gegenstände im Rahmen gemeinsamer Haushaltsführung, in der sich der Vortäter idR ein die alleinige Verfügungsmacht ausschließendes Mitspracherecht vorbehalten wird[80].

857   Das **Sichverschaffen** durch **abgeleiteten Erwerb** *im Einvernehmen* mit dem Vorbesitzer steht in deutlichem Gegensatz zu den Verschaffungsakten in anderen Straftatbeständen, bei denen die Erlangung der tatsächlichen Verfügungsgewalt über das Tatobjekt auf einem **eigenmächtigen Zugriff** des Täters beruht. Wer dem Vortäter beispielsweise eine gestohlene Sache widerrechtlich **wegnimmt**, kann sich je nach der Art seines Vorgehens des **Diebstahls** oder des **Raubes** schuldig machen, ist aber nicht Hehler.

Obwohl sich auch in solchen Fällen von einer **Perpetuierung** der rechtswidrigen Besitzlage sprechen lässt[81], ist das der Hehlerei eigentümliche Tatbild nicht erfüllt. Wie das „Ankaufen" deutlicher macht, geht es um einverständlichen Erwerb, mit dem der Hehler zum Gehilfen des Vortäters nach dessen abgeschlossener Tat wird.

858   Ein *einverständliches Zusammenwirken* mit dem Vortäter oder dessen Besitznachfolger fehlt nach der neueren Rechtsprechung des BGH auch dann, wenn diesem die *bemakelte* Sache durch Nötigung oder Erpressung entzogen wird. Das verdient Beifall. Eine derartige Sachentziehung, die sich gerade *gegen* den Vortäter richtet, ist nämlich nicht von der Bereitschaft geprägt, diesem bei der Verwertung oder dem Weiterverschieben der Deliktsbeute zu helfen. Auch schafft die Aussicht, die erhoffte Beute durch Erpressung oder Nötigung zu verlieren, keinen Anreiz, Vermögensstraftaten zu

---

77   OLG Schleswig NJW 75, 2217; *Schall*, JuS 77, 180.
78   BGHSt 9, 137, 138; BGH NJW 52, 754 Nr 24; NStZ 92, 36; A/W-*Heinrich*, § 28 Rn 10; LK-*Ruß*, § 259 Rn 21; *Mitsch*, BT II/1 § 10 Rn 37; aA aber *Maurach/Schroeder/Maiwald*, BT I § 39 Rn 31; NK-*Altenhain*, § 259 Rn 29; S/S-*Stree*, § 259 Rn 24; Insichbringen als stärkste Form des „Ansichbringens" (= § 259 aF).
79   Vgl BGH NStZ 88, 271.
80   BGH StV 99, 604.
81   S. *Küper*, BT S. 283; *Roth*, JA 88, 206 ff.

begehen. Damit scheiden diese Fälle aus dem eingangs (Rn 824 f) beschriebenen Schutzbereich der Hehlerei aus[82]. Gleiches muss gelten, wenn die Sache dem Vortäter durch *Täuschung* abgelistet wird[83], auch wenn die Aussicht, gegebenenfalls „über's Ohr gehauen zu werden", nicht in gleicher Weise demotivierend wirkt.

> Im **Fall 80** hatte B lediglich *Verwahrungsbesitz* im Einvernehmen mit D erworben. Die **eigentümergleiche Verfügungsgewalt** über die gestohlenen Autoreifen hat er sich dagegen erst durch einen **eigenmächtigen Zueignungsakt** in Form der *abredewidrigen* Veräußerung verschafft. Dieses Verhalten erfüllt den Tatbestand der einfachen **Unterschlagung** (§ 246 I), nicht den der Hehlerei[84] (zum Merkmal des „Anvertrautseins" iS des § 246 II vgl Rn 295 ff). **859**

Das **Ankaufen** ist lediglich ein Beispielsfall des „Verschaffens", muss also dessen Erfordernissen voll entsprechen[85]. Der Abschluss des obligatorischen Kaufvertrages verwirklicht somit für sich allein den Tatbestand des § 259 noch nicht[86]. **860**

2. Absetzen und Absetzenhelfen

> **Fall 81:** Der Dieb D hat mehrere wertvolle Gemälde alter Meister gestohlen, die später im Besitz des A vorgefunden und dort polizeilich beschlagnahmt worden sind. A hatte sie in Kenntnis ihrer Herkunft übernommen, um sie als sog. Verkaufskommissionär für Rechnung des D zu veräußern, der ihm für den Fall des erfolgreichen Absatzes eine Belohnung in Höhe von 5000 EUR zugesagt hatte. Für alle Abmachungen mit den Kaufinteressenten sollte A freie Hand haben. Zur Beschlagnahme ist es erst gekommen, nachdem A die Kunstwerke einer Reihe von Interessenten, die ihm durch seine Bekannte B vermittelt worden waren, zur Besichtigung vorgeführt hatte. **861**
>
> Haben A und B sich der Hehlerei schuldig gemacht? **Rn 869, 873**

Hehlerei begeht ferner, wer die „*bemakelte*" Sache **absetzt** oder **absetzen hilft**. Diese Begehungsformen sind seit der Neufassung des § 259 durch das EGStGB an die Stelle der früheren Tatmodalität „*Mitwirken zum Absatz*" getreten. Eine wesentliche Änderung oder Einschränkung des Hehlereitatbestandes war insoweit nicht beabsichtigt. Durch die Einfügung des „**Absetzens**" sollte lediglich klargestellt werden, dass Hehler auch derjenige ist, der die Sache zwar im Einverständnis mit dem Vortäter oder Vorbesitzer, aber **sonst völlig selbstständig** *für dessen Rechnung* veräußert (BT-Ds 7/550, S. 252 f). **862**

---

82 BGHSt 42, 196, 200 mit Anm. *Hruschka*, JZ 96, 1135 und *Kudlich*, JA 02, 674; ebenso A/W-*Heinrich*, § 28 Rn 12; *Gleß*, Jura 03, 501; *Rudolphi*, JA 81, 1; *Zöller/Frohn*, Jura 99, 381 f; iE auch *Otto*, Jura 88, 606; *ders.*, JK 97, StGB § 259/16; anders LK-*Ruß*, § 259 Rn 17; S/S-*Stree*, § 259 Rn 42; RGSt 35, 278, 280 f.
83 So *Eisele*, BT II Rn 1088; *Fischer*, § 259 Rn 13; *Heghmanns*, Rn 1706; *Jäger*, BT Rn 405; *Kindhäuser*, § 259 Rn 18; *Küper*, BT S. 284; *Mitsch*, BT II/1 § 10 Rn 38; MK-*Lauer*, § 259 Rn 61; *Rengier*, BT I § 22 Rn 21a; *Schmidt/Priebe*, BT II Rn 836; aA *Krey/Hellmann*, BT II Rn 587a; *Lackner/Kühl*, § 259 Rn 10; *Maurach/Schroeder/Maiwald*, BT I § 39 Rn 24.
84 Näher BGHSt 10, 151, 152 f; 15, 53, 56; 27, 45, 46.
85 Vgl BGHSt 5, 47, 49; BGH NStZ-RR 05, 236.
86 Vgl RGSt 73, 104 ff; *Fischer*, § 259 Rn 10.

a) Begriffliche Abgrenzung

863 **Absetzen** ist das Unterstützen eines anderen beim Weiterschieben der „*bemakelten*" Sache durch **selbstständiges** Handeln (= Tätigwerden für fremde Rechnung, aber „in eigener Regie"). **Absetzenhelfen** ist dagegen die weisungsabhängige, **unselbstständige** Unterstützung, die dem **Vortäter** (= dem Dieb, Räuber, Betrüger usw, aber auch dem sog. „Zwischenhehler") bei dessen Absatzbemühungen gewährt wird. Beide Begehungsformen des Hehlens betreffen zwar unterschiedliche Tätigkeiten, stehen innerhalb des § 259 aber **gleichgeordnet** nebeneinander. Zwischen ihnen besteht kein „Stufenverhältnis"; jede von ihnen verwirklicht den Tatbestand der Hehlerei im Wege des **täterschaftlichen Handelns**[87].

864 Die Frage, warum der Gesetzgeber die dem Vortäter geleistete **Absatzhilfe** in § 259 **tatbestandlich verselbstständigt** hat und wie diese **Hehlerei durch Absetzenhelfen** (= Täterschaft iS des § 259) sich von der bloßen **Beihilfe zur Hehlerei** eines anderen abgrenzen lässt, ist wie folgt zu beantworten: § 259 setzt ein *einverständliches Zusammenwirken* zwischen dem Vortäter oder dessen Besitznachfolger und dem Hehler voraus. Wer die Vortat selbst (= als Täter oder Mittäter) begangen hat, kann nicht mit sich in einer Person „zusammenwirken", also nicht sein eigener Hehler sein[88]. *Seine* Bemühungen, die rechtswidrig erlangte Sache abzusetzen, werden vom Tatbestand des § 259 nicht erfasst. Wer ihn dabei unterstützt, fördert ein insoweit *tatbestandsloses* Handeln und kann *mangels Haupttat* nicht wegen „Beihilfe zur Hehlerei" bestraft werden. Um diese kriminalpolitisch bedenkliche Lücke zu schließen, hat der Gesetzgeber das **Absetzenhelfen** (= früher das „Mitwirken zum Absatz") als besondere Form des Hehlens in den Tatbestand des § 259 aufgenommen, dh einen Fall des *bloßen Hilfeleistens* **tatbestandlich verselbstständigt** (vgl als Parallele dazu § 257 I).

Daraus kann aber nicht entnommen werden, dass nunmehr jede Form der unselbstständigen Absatzhilfe ohne Rücksicht darauf, *wem* sie zugute kommt und ob sie unmittelbar dem Vortäter oder lediglich dem Sacherwerber (= sog. Verschaffungshilfe) zuteil wird, **täterschaftliches Handeln** iS des „Absetzenhelfens" (§ 259) ist. Zu sachgerechten Ergebnissen führt allein die Auffassung, dass die Tatmodalität des *Absetzenhelfens* sich nur auf die (unter dem Blickwinkel des § 259 *tatbestandslosen* und insoweit nicht strafbaren) Absatzbemühungen des **Vortäters** unter Einschluss des *im Eigeninteresse* handelnden **Zwischenhehlers** bezieht. In dieser Hinsicht ist § 259 somit *restriktiv* auszulegen und auf diejenige Unterstützungstätigkeit zu beschränken, die mangels einer tatbestandsmäßigen Haupttat (vgl § 27 I) sonst straflos bleiben müsste. Jede **anderweitige Absatzförderung** ist dagegen ebenso wie die „Verschaffungshilfe" als **Beihilfe zur Hehlerei** zu bestrafen (§§ 259, 27)[89]. Praktische Konsequenzen hat dies für das sog. *Milderungsprivileg* des Gehilfen (§ 27 II 2) und die Straflosigkeit einer lediglich *versuchten* Beihilfe.

---

87 BGHSt 26, 358, 362; 27, 45, 48.
88 BGHSt 7, 134, 137; 33, 50, 52.
89 Ebenso BGHSt 26, 358, 362; 27, 45, 52 zu IIc der Entscheidungsgründe; BGH NStZ 09, 161; vgl auch BGHSt 33, 44, 49; BGH NStZ 94, 486; 99, 351; BGH wistra 08, 146, 147; *Küper*, BT S. 6; S/S-*Stree*, § 259 Rn 37.

b) Vollendung und Absatzerfolg

Fraglich ist, ob die Tatmodalitäten des *Absetzens* und des *Absetzenhelfens* das **Gelin-** 865
gen des Absatzes voraussetzen[90]. Diese Frage ist naturgemäß nur dort von Bedeutung, wo es an einem Absatzerfolg mangelt. Beim Verschiffen gestohlener Fahrzeuge
soll zB ein solcher schon vorliegen, wenn die Zugriffsmöglichkeiten der Eigentümer
durch das Verbringen der Fahrzeuge in verplombten Containern auf das Schiff „ganz
erheblich zu Gunsten der Empfänger der Fahrzeuge" eingeschränkt waren. Dass die
Polizei dann die Container vor dem Auslaufen des Schiffs noch sichergestellt hat, soll
daran nichts ändern[91].

Für das Merkmal „Mitwirken zum Absatz" in § 259 aF ließ die hM zur **Deliktsvollen-** 866
dung jede Tätigkeit genügen, die geeignet war, den Vortäter oder Vorbesitzer bei seinen Bemühungen um eine wirtschaftliche Verwertung der „*bemakelten*" Sache zu unterstützen, ohne Rücksicht darauf, ob der Absatz gelungen war oder nicht[92]. Der
Wortlaut der **neuen Gesetzesfassung** wird dagegen überwiegend in dem Sinne verstanden, dass es nunmehr eines *erfolgreichen* Absatzes bedürfe, und zwar in *beiden*
Tatmodalitäten[93] oder zumindest dort, wo es um das **Absetzen** als solches gehe[94].
Nachdem der BGH zunächst nur für den Fall des **Absetzenhelfens** an der herkömmlichen Rechtsprechung festgehalten hatte[95], kehrte er schließlich **insgesamt zur bis-**
herigen Linie zurück[96]. Neben dem Hinweis, dass man unter „Absetzen" rein sprachlich durchaus die „darauf gerichtete Tätigkeit" verstehen könne, stützt der BGH sich
vorwiegend auf das (nicht bestreitbare) Argument, mit der Neufassung des § 259 habe
der **Gesetzgeber** insoweit am bisherigen Rechtszustand **nichts ändern wollen**.

Diesen Standpunkt der Rechtsprechung wird man hinnehmen müssen, auch wenn er 867
in dogmatischer Hinsicht zu Zweifeln Anlass bietet und in der Rechtslehre überwiegend abgelehnt wird[97].

Mit dem Einwand allein, dass im **Absetzen** nur die Kehrseite des **Verschaffens** liege, dass beide
Begehungsformen deckungsgleich ausgelegt werden müssten und dass der Absetzende eine Perpetuierung der durch die Vortat geschaffenen rechtswidrigen Vermögenslage erst bewirke, wenn

---

90 S. zum Streitstand *Hillenkamp*, BT 40. Problem; *Küper*, BT S. 8 ff.
91 BGH NStZ 08, 570.
92 BGHSt 22, 206, 207; BGH NJW 55, 350; LK-*Ruß*, § 259 Rn 24 mwN; aA *Stree*, GA 1961, 33.
93 OLG Köln NJW 75, 987; *Blei*, JA 74, 527; *Küper*, JuS 75, 633; S/S-*Stree*, § 259 Rn 32, 38.
94 So BGH NJW 76, 1698; *Bockelmann*, BT I S. 166; *Geerds*, GA 1988, 256; *Kindhäuser*, § 259 Rn 27.
95 BGHSt 26, 358.
96 BGHSt 27, 45, 47 ff; BGH NJW 79, 2621; GA 1983, 472; NStZ 90, 539; NStZ-RR 00, 266; wistra 06,
   16; die abweichende Ansicht in NJW 76, 1698 ist vom 2. Senat des BGH aufgegeben worden; ebenso
   A/W-*Heinrich*, § 28 Rn 19; *Beulke*, Rn 307; *D. Meyer*, MDR 75, 721; *Rosenau*, Anm. NStZ 99, 352;
   auf dem Boden der „Interessenförderungstheorie" auch *Weisert*, Der Hilfeleistungsbegriff bei der Begünstigung 1999, S. 195 f; vermittelnd *Mitsch*, BT II/1 § 10 Rn 52; zur Absatzhilfe zust. *Beulke*,
   Rn 307.
97 Vgl etwa *Bergmann/Freund*, JuS 91, 224; *Berz*, Jura 80, 57, 65; *Eisele*, BT II Rn 1100; *Fischer*, § 259
   Rn 19d; *Heghmanns*, Rn 1708; HK-GS/*Pflieger*, § 259 Rn 29; *Jäger*, BT Rn 408; *Jahn/Palm*, JuS 09,
   504; *Krey/Hellmann*, BT II Rn 591; *Kunz*, Jura 97, 155; *Lackner/Kühl*, § 259 Rn 13; *Maurach/Schroe-*
   der/Maiwald, BT I § 39 Rn 34; MK-*Lauer*, § 259 Rn 82 f; NK-*Altenhain*, § 259 Rn 45; *Otto*, BT § 58
   Rn 22; *Rengier*, BT I § 22 Rn 35; *Roth*, JA 88, 204; *Rudolphi*, JA 81, 90, 92; *Schmidt/Priebe*, BT II
   Rn 845, 849; *Schwabe/Zitzen*, JA 05, 195 f; SK-*Hoyer*, § 259 Rn 20; S/S-*Stree*, § 259 Rn 32, 38;
   Zieschang, Schlüchter-GS S. 403, 408 ff; *Zöller/Frohn*, Jura 99, 383.

die tatsächliche Verfügungsgewalt von ihm in eine andere Hand übergehe, lässt sich der Standpunkt des BGH jedenfalls nicht entkräften. Dabei wird nämlich übersehen, dass die rechtswidrige Besitzposition nicht erst in der Hand des Erwerbers, sondern schon in der Hand des Absetzenden aufrechterhalten wird und dass aus kriminalpolitischer Sicht kein Anlass besteht, die *eigenständigen* Begehungsformen des Absetzens und des Absetzenhelfens in jeder Hinsicht mit dem „Verschaffen" gleichzusetzen. Die Wesenszüge des *hehlerischen Erwerbes* decken sich durchaus nicht mit denen des hehlerischen Absatzes. Während Erwerbsbemühungen erst einsetzen können, wenn ein Erwerbsinteressent vorhanden ist und ein konkreter Verschaffungsakt in die Wege geleitet wird, dessen einzelne Stadien (Vorbereitung, Versuch, Vollendung) einer klaren Abgrenzung zugänglich sind, liegt es beim Absetzen und Absetzenhelfen ganz anders. Hier muss erst in den verschiedensten Kreisen nach Erwerbsinteressenten Ausschau gehalten und vielerlei unternommen werden, um (unter fortwährender Aufrechterhaltung der rechtswidrigen Vermögenslage) die **wirtschaftliche Verwertung der Deliktsbeute** sicherzustellen. Wer die Realität der organisierten Hehlerbanden kennt, wird nicht bestreiten, dass es Formen der **Absatzhilfe** gibt, die dem Schuldgehalt und ihrer **Gefährlichkeit** nach andere Hehlereihandlungen erheblich übertreffen (man denke nur an das Zerlegen und Umschleifen unersetzlicher Kostbarkeiten, wie zB der Monstranzen aus dem seinerzeit entwendeten Kölner Domschatz, oder an das „Frisieren" gestohlener Kraftwagen durch hilfsbereite Handlanger)[98]. Die herrschende Lehre schafft für Absatzbemühungen ein weites Feld der Straflosigkeit, ehe sie bei § 259 die Zone des strafbaren Versuchs zu erreichen vermag. Dem Schutzzweck des Gesetzes wird sie nicht hinreichend gerecht. Schließlich würde nach ihr, wenn man den „Verkaufskommissionär" dem „Sich-Verschaffen" statt dem „Absetzen" zuschlüge (s. dazu Rn 851 f), dessen Tat schon eher vollendet sein als beim Absetzen. Dafür gibt es aber keinen sachlichen Grund.

c) Bedeutung im Einzelnen

868 Im Einzelnen fällt unter den **Begriff** des **Absetzens** jede im Fremdinteresse, aber *selbstständig* erfolgende **wirtschaftliche Verwertung** der *„bemakelten"* Sache, die wie im Falle des „Verkaufskommissionärs" (s. Rn 851 f) nur durch deren **entgeltliche** Veräußerung an Dritte[99], nicht aber durch ein Verschenken geschehen kann[100] (s. auch Rn 871). Nach der Rechtsprechung soll sogar die Veräußerung an den Verletzten selbst den Tatbestand erfüllen, sofern dies nicht zwecks Wiederherstellung seiner *ursprünglichen* Eigentümerposition geschieht[101]. Zur Begründung wird angeführt, dass der Absetzende auch in solchen Fällen zur Aufrechterhaltung der durch die Vortat geschaffenen widerrechtlichen Vermögenslage beitrage, indem er die wirtschaftliche Verwertung des Hehlereiobjekts übernehme und zu Gunsten des Vortäters dessen angemaßte Verfügungsgewalt realisiere. Dem ist aber mit der überwiegenden Meinung[102] entgegenzuhalten, dass die Rückveräußerung an den Eigentümer **nicht geeignet** ist, die **rechtswidrige Besitzlage** aufrecht zu erhalten. Ohne eine solche Perpetuierung ist aber das Unrecht der Hehlerei nicht gegeben[103]. Auch verwirklicht

---

98   Vgl dazu BGH NJW 78, 2042.
99   BGH NJW 76, 1950; BGHSt 27, 45, 48; *Eisele*, BT II Rn 1097; *Fischer*, § 259 Rn 18; LK-*Ruß*, § 259 Rn 27; MK-*Lauer*, § 259 Rn 85; *Rengier*, § 22 Rn 29.
100 AA *Küper*, BT S. 7; NK-*Altenhain*, § 259 Rn 46; *Roth*, JA 88, 204.
101 RGSt 30, 401 f; 54, 124 f; zust. A/W-*Heinrich*, § 28 Rn 16; *Wessels*, BT II Rn 809.
102 *Eisele*, BT II Rn 1099; *Fischer*, § 259 Rn 16; *Joecks*, § 259 Rn 24; *Kindhäuser*, § 259 Rn 23; *Lackner/Kühl*, § 259 Rn 14; LK-*Ruß*, § 259 Rn 27; *Maurach/Schroeder/Maiwald*, BT I § 39 Rn 32; *Mitsch*, BT II/1 § 10 Rn 48; MK-*Lauer*, § 259 Rn 86; NK-*Altenhain*, § 259 Rn 47; *Rengier*, BT I § 22 Rn 30; S/S-*Stree*, § 259 Rn 33; *Stoffers*, Jura 95, 115.
103 BGHSt 43, 110, 111.

den Tatbestand des § 259 nicht, wer nicht für fremde Rechnung handelt, sondern eine zu eigener Verfügung erlangte Sache *im Eigeninteresse* absetzt.

Im **Fall 81** waren die Gemälde gestohlen, also durch eine rechtswidrige Vortat (§ 11 I Nr 5) erlangt, die fremde Vermögensinteressen verletzt. Ein *„Sichverschaffen"* seitens des A scheidet aus, weil A die tatsächliche Verfügungsgewalt nicht *zu eigenen* Zwecken, sondern im Einvernehmen mit dem Vortäter zu dem Zweck übernommen hat, die Veräußerung **für Rechnung des D** vorzunehmen. In Betracht kommt allein ein **Absetzen** iS des § 259. Den Anforderungen dieses Merkmals ist dadurch Rechnung getragen, dass A den Absatz *in eigener Regie* organisieren und *selbstständig* erledigen sollte[104]. Dass die beabsichtigte Veräußerung nicht gelungen ist, steht nach zutreffender Ansicht der **Vollendung** der Tat nicht im Wege. Angebote an „Interessenten" lassen auch erwarten, dass die rechtswidrige Besitzlage aufrecht erhalten wird. Auch die erforderliche Eignung ist damit gegeben. A hat daher eine vollendete Hehlerei in der Form des Absetzens begangen. **869**

Absetzenhelfen als Hehlereihandlung iS des § 259 ist nur die weisungsgebundene, *unselbstständige* Unterstützung, die dem **Vortäter** auf Grund beiderseitigen Einvernehmens gewährt wird und die **objektiv geeignet** ist, dessen Bemühungen zur wirtschaftlichen Verwertung der *„bemakelten"* Sache zu fördern[105]. Für diese schon beim Absetzen vorausgesetzte Eignung soll es nach der neueren Rechtsprechung nicht auf eine abstrakt generalisierende Betrachtung[106], sondern auf die Erfolgsgeeignetheit des Bemühens des Täters im konkreten Fall ankommen[107]. Auf diese Weise wird – entsprechend der zu § 257 erhobenen Forderung (s. Rn 806) – der untaugliche Versuch einer Hilfeleistung aus dem (vollendeten) Tatbestand ausgeschieden. Allerdings soll ein hier im Gegensatz zu § 257 strafbarer Versuch (§ 259 III) vorliegen[108]. Ungeeignet, die rechtswidrige Vermögenslage aufrecht zu erhalten, ist danach eine Hilfe, die dem Vortäter bei dessen Versuch geleistet wird, die Sache an den Eigentümer rückzuveräußern oder an einen vom Helfer benannten verdeckten Ermittler[109] bzw eine nicht im Polizeidienst stehende Vertrauensperson[110] zu verkaufen. In beider Hand wird die rechtswidrige Besitzlage nicht perpetuiert. **870**

Beispiele: Hinweise auf Absatzmöglichkeiten, Vermittlung von Kontakten mit Interessenten, Bereitstellen von Räumen zur Durchführung der Verkaufsverhandlungen, Hinschaffen des Diebesgutes zum Abnehmer oder zum vorgesehenen Umsatzort, Umwechseln gestohlenen Geldes, uU auch die tätige Förderung des Geldumsatzes durch Beraten des Vortäters[111], Umlackieren gestohlener Kraftwagen, Zerlegen von Schmuck, Umschleifen von Edelsteinen usw[112]. Das *bloße Mitverprassen* des erbeuteten Geldes ist dagegen keine Absatzhilfe[113]. Das Aufbewahren der Beute,

---

104 Vgl BGHSt 27, 45, 48; BGH NJW 76, 1698.
105 BGHSt 26, 358; 27, 45, 48.
106 So noch BGH NStZ 90, 539.
107 BGHSt 43, 110, 111 mit Anm. *Endriß*, NStZ 98, 463; *Krack*, NStZ 98, 462; *Otto*, JK 98, StGB § 259/18; *Rosenau*, NStZ 99, 352; *Seelmann*, JR 98, 342; krit. *Fischer*, § 259 Rn 19; abl. *Zieschang*, Schlüchter-GS S. 403, 411 ff.
108 BGHSt 43, 110; *Fischer*, § 259 Rn 19.
109 Vgl BGHSt 43, 110.
110 BGH NStZ-RR 00, 266 mit Bespr. *Baier*, JA 00, 923.
111 Vgl BGHSt 10, 1 f mit krit. Anm. *Maurach*, JZ 57, 184.
112 BGHSt 26, 358, 362 f.
113 BGHSt 9, 137, 138 f.

um den späteren Absatz zu ermöglichen, genügt für sich allein ebenfalls nicht, erfüllt aber regelmäßig den Tatbestand der Begünstigung (§ 257)[114].

871 Im Überbringen gestohlener Sachen *als Geschenk* liegt nach zutreffender Meinung nur dann ein Absetzenhelfen iS des § 259, wenn das „Verschenken" zur Abgeltung von Diensten oder in Erwartung einer Gegenleistung erfolgt, also wenigstens zum Teil *entgeltlichen* Charakter hat[115]. Ggf ist hier § 257 an Stelle des § 259 zu prüfen[116].

872 **Vortäter** iS des § 259, dem Absatzhilfe geleistet werden kann, ist zwar auch der sog. „**Zwischenhehler**". Dazu rechnen nach dem Sinn und Zweck der Vorschrift aber nur Hehler, die **sich** die „*bemakelte*" Sache **zu eigentümergleicher Verfügungsgewalt verschafft** haben und sie sodann **im Eigeninteresse** abzusetzen suchen, in Bezug auf *diesen* Absatz also den Tatbestand des § 259 nicht verwirklichen (= kein Absetzen für *einen anderen* und für *dessen Rechnung*)[117].

873 Dadurch, dass B dem A Kaufinteressenten zugeführt hat, kann sie sich im **Fall 81** der **Absatzhilfe** (§ 259) oder der **Beihilfe zur Hehlerei** des A (§§ 27, 259) schuldig gemacht haben. B hat jedoch nicht dem *Vortäter* D, sondern dem A Hilfe zum Zwecke des Absetzens der Beute geleistet; mit D ist B gar nicht in Verbindung getreten. Insoweit entfällt daher eine Absatzhilfe iS des § 259. Auch bezogen auf A liegt eine Absatzhilfe nicht vor. A ist kein Zwischenhehler; als sog. Verkaufskommissionär des D ist er vielmehr Absetzer iS des § 259 (Rn 851 f). Seine Absatzbemühungen verwirklichen den **Tatbestand der Hehlerei**, sodass Dritte *daran* in strafbarer Weise *teilnehmen* können. Die einem solchen **Absatzhehler** gewährte Unterstützung ist aber (wie in Rn 864 dargelegt) nach allgemeinen Regeln als *Beihilfe zur Hehlerei* zu bestrafen. B hat sich daher im **Fall 81** (nur) der **Beihilfe zur Hehlerei** des A schuldig gemacht, sodass ihr auch das in § 27 II 2 vorgesehene Milderungsprivileg zugute kommt[118].

IV. Subjektiver Tatbestand

1. Vorsatz

874 Zum **Vorsatz** des Hehlers gehört neben dem Bewusstsein des einverständlichen Zusammenwirkens insbesondere die Vorstellung, dass die den Gegenstand der Tat bildende Sache durch eine *rechtswidrige Vortat* iS des § 259 erlangt ist und dass die Rechtswidrigkeit der Vermögenslage noch fortbesteht[119]. Das erforderliche Vorsatzwissen braucht aber nicht in allen Einzelheiten konkretisiert zu sein; so reicht die Annahme irgendeiner gegen fremde Vermögensinteressen gerichteten Vortat aus[120]. *Even-*

---

114 Vgl BGHSt 2, 135, 137; BGH NJW 89, 1490 mit krit. Anm. *Stree*, JR 89, 384.
115 RGSt 32, 214, 215 f; LK-*Ruß*, § 259 Rn 27; *Rudolphi*, JA 81, 90, 92; aA S/S-*Stree*, § 259 Rn 32, wonach selbst *unentgeltliche* Verfügungen genügen sollen.
116 Vgl BGHSt 4, 122, 124.
117 Vgl BGH NJW 79, 2621; BGHSt 33, 44, 48; BGH NStZ 99, 351 mit Anm. *Otto*, JK 00, StGB § 259/20.
118 Näher BGH StV 89, 435; BGHSt 27, 45, 52.
119 NK-*Altenhain*, § 259 Rn 56 f.
120 BGH NStZ 92, 84; KG JR 66, 307.

tualvorsatz genügt[121]. Auf ihn darf beim Kauf von Gegenständen in Internetauktionen aber nicht schon deshalb geschlossen werden, weil zB ein Navigationsgerät zum „Schnäppchenpreis" bei einem Startangebot von 1 EUR zu einem Drittel des Neupreises von einem Anbieter aus Polen erworben wird. Auch liegt er nur vor, wenn sich der Täter mit der als möglich erkannten Tatbestandsverwirklichung wenigstens abfindet[122].

Erfährt der Täter erst *nach* der Gewahrsamserlangung, dass die Sache aus einer rechtswidrigen **875** Vortat stammt, so hängt die Anwendbarkeit des § 259 davon ab, ob es im weiteren Verlauf des Geschehens zur Herstellung des unerlässlichen Einvernehmens mit dem Vortäter oder Vorbesitzer und zu einer Tathandlung iS des § 259 kommt[123]. Bringt der Täter eine Sache zunächst in der Absicht an sich, sie zur Verhinderung der Überführung des Vortäters zu vernichten, so begründet er damit nicht die erforderliche Verfügungsgewalt zu eigenen Zwecken. Fasst der Täter dann später doch den Entschluss, die Sache zu verkaufen, kann dieser Gesinnungswandel den vorausgegangenen Akt nicht nachträglich zur Hehlerei machen[124].

Fahrlässigkeit reicht weder für § 259 noch für die Steuerhehlerei nach § 374 AO aus, ist aber in § 148b GewO für den Fall der Hehlerei von Edelmetallen und Edelsteinen unter Strafe gestellt, wenn der Täter fahrlässig nicht erkennt, dass es sich um bemakeltes Gut handelt.

2. Bereicherungsabsicht

Der Hehler muss ferner in der **Absicht** handeln, sich oder einen Dritten zu **bereichern** **876** (= Streben nach Gewinn in Gestalt eines geldwerten Vermögensvorteils). Ob auch der Vortäter „Dritter" in diesem Sinne sein kann, ist umstritten[125]. Für die die Frage verneinende Ansicht spricht neben der Entstehungsgeschichte des Gesetzes auch der Wortlaut des § 259, dessen heutige Fassung den Vortäter als „anderen" bezeichnet und ihn von dem „Dritten" unterscheidet, dem man die bemakelte Sache verschaffen kann. Bei der Bereicherungsabsicht des Hehlers verdient diese *engere* Auffassung zumindest dann den Vorzug, wenn es dem Täter nur darauf ankommt, dem Vortäter den rechtswidrig erlangten Vermögensvorteil in der Gestalt **des Sachbesitzes** zu erhalten[126]. Derartige Fälle werden von § 257, nicht aber von § 259 erfasst[127].

Am subjektiven Tatbestand des § 259 kann es bei einem Austausch *gleichwertiger* **877** Leistungen fehlen[128], wenngleich die Absicht, den üblichen Geschäftsgewinn zu erzielen, bereits genügt[129]. Der Besitz fremder Ausweispapiere ist wie überhaupt der bloße Besitz für sich allein kein *geldwerter* Vorteil, weil sonst jedes Sich-Verschaffen

---

121 BGH NStZ 83, 264.
122 S. LG Karlsruhe MMR 07, 796 mit Anm. *Meckbach* und *Jahn*, JuS 08, 174; BGH StV 00, 258; zum dolus eventualis bei Auf- und Verkäufern von als „unverkäuflich" gekennzeichneten Warenproben (zB Parfum-Testern) s. *Kudlich/Kessler*, NStZ 08, 62, 66 f.
123 Vgl BGHSt 2, 135, 138; BGH NJW 55, 350; RGSt 64, 326 f.
124 BGHSt 15, 53, 56.
125 Bejahend BGH JR 80, 213 mit abl. Anm. *Lackner/Werle*; *Mitsch*, BT II/1 § 10 Rn 62; *ders.*, JuS 99, 375 f; S/S-*Stree*, § 259 Rn 50; verneinend BGH NStZ 95, 595; *Beulke*, Rn 309; *Lackner/Kühl*, § 259 Rn 17; *Rengier*, BT I § 22 Rn 38; *Maurach/Schroeder/Maiwald*, BT I § 39 Rn 41.
126 So BGH NStZ 95, 595; *Paeffgen*, Anm. JR 96, 346.
127 *Fischer*, § 259 Rn 27; MK-*Lauer*, § 259 Rn 109.
128 Vgl BGH MDR/D 67, 369; OLG Hamm NStZ-RR 03, 237, 238.
129 RGSt 58, 122.

in Bereicherungsabsicht geschähe[130]. Hehlerei ist aber möglich, wenn der Täter mit der Besitzerlangung einen auf die Verbesserung seiner Vermögenslage hinauslaufenden Zweck verfolgt[131]. Im Unterschied zu Betrug und Erpressung muss der erstrebte Vermögensvorteil nach hM nicht **rechtswidrig** sein[132]. Auch *Stoffgleichheit* zwischen Hehlereigegenstand und Vorteil ist hiernach nicht notwendig[133].

Insbesondere beim *Absetzen* und *Absetzenhelfen* (vgl dazu **Fall 81**) ist es belanglos, ob der Täter die ihm in Aussicht gestellte Belohnung aus der Deliktsbeute oder aus *externen* Mitteln erstrebt.

Das Handeln in Bereicherungsabsicht kennzeichnet den Unrechtsgehalt der Hehlerei, ist folglich **tatbezogen** und nicht zu den *besonderen persönlichen Merkmalen* iS des § 28 zu rechnen[134].

V. Vollendung und Versuch

878 **Fall 82:** A hat bei seinem Bekannten B einen angeblich ihm gehörenden, in Wirklichkeit gestohlenen Reifen für einen Lastzug untergestellt. Wenig später informiert er den B darüber, dass der Diebstahl entdeckt worden sei. Zugleich schlägt er vor, B möge den Reifen aufbewahren, bis Gras über die Sache gewachsen sei; alsdann solle durch beiderseitiges Bemühen ein Abnehmer gesucht und der Erlös geteilt werden. B ist damit einverstanden. Zu mehr kommt es nicht, weil die Polizei schon am Tage darauf den Reifen sicherstellt.

Hat B sich der Hehlerei schuldig gemacht? **Rn 881**

879 Beim **Sichverschaffen** und **Ankaufen** gehört zur Vollendung, dass der Erwerber eine vom Vortäter unabhängige (Mit-) Verfügungsgewalt erlangt hat, die ihn in die Lage versetzt, selbstständig über die Sache zu verfügen. Für den Versuch gilt insoweit nichts Besonderes[135]. Bezieht man mit der Rechtsprechung in die Modalitäten der **Absatzhehlerei** auch die *vorbereitende* Tätigkeit zum Zwecke des Absatzes mit ein, bleibt für Vorbereitung und Versuch wenig Raum. Gleichwohl ist auch hier von einer straffreien Vorbereitungs- wie einer Versuchszone auszugehen[136]. So liegt in der bloßen Aufbewahrung der Diebesbeute mit dem Versprechen, sich *demnächst* um einen Abnehmer zu bemühen, noch keine Verwirklichung dieses Hehlereimerkmals, auch nicht in der Form des gemäß § 259 III mit Strafe bedrohten **Versuchs**[137]. Die Grenze zwischen *Vorbereitung* und *Versuch* ist unter solchen Umständen erst überschritten, wenn weitere Umstände hinzukommen, die als **unmittelbares Ansetzen** zu einer den **Absatz fördernden Tätigkeit** anzusehen sind. Für den BGH kommt es für die Abgrenzung zwischen einer straflosen Hilfe bei der bloßen Vorbereitung eines Absatzes und einer strafbaren versuchten oder vollendeten Absatzhilfe darauf an, ob die Hilfe-

---

130 *Otto*, Jura 85, 155.
131 BGH GA 1986, 559; BGH MDR/H 96, 118.
132 MK-*Lauer*, § 259 Rn 106; abw. A/W-*Heinrich*, § 28 Rn 29; *Roth*, JA 88, 259 f; diff. Otto, BT § 58 Rn 28.
133 BGH MDR/H 96, 118; BayObLG JR 80, 299 mit Anm. *Paeffgen*; *Fischer*, § 259 Rn 23; aA *Arzt*, NStZ 81, 10, 14; *Seelmann*, JuS 1988, 41.
134 Näher *Stree*, JuS 76, 137, 144; *Wessels/Beulke*, AT Rn 558.
135 S. LK-*Ruß*, § 259 Rn 40.
136 S. *Küper*, BT S. 10 f mwN; *Rengier*, BT I § 22 Rn 39 f.
137 BGHSt 2, 135, 137.

leistung im Vorfeld eines im Einzelnen noch nicht absehbaren und auch noch nicht konkret geplanten Absatzes erfolgte oder sich in einen bereits festgelegten Absatzplan fördernd einfügte und den Beginn des Absatzvorganges darstellte[138].

Ein **Versuch** ist danach zu bejahen, wenn der Täter sich bereits um einen Kaufinteressenten bemüht oder in Verkaufsverhandlungen eintritt[139]. Je nachdem, was der Tatplan vorsieht, kann ein **Beginn tätiger Absatzhilfe** uU aber auch schon in der Übernahme zur Aufbewahrung als solcher liegen, wie etwa dann, wenn der Verwahrer die „*bemakelte*" Sache zur nahe bevorstehenden Abholung durch einen schon bestimmten Erwerber bereithalten soll[140] und der Vortäter daher mit seinen Absatzbemühungen bereits begonnen hat. Letzteres wird man für den Versuch der Absatzhilfe generell verlangen müssen[141] (zu einem Fall des untauglichen Versuchs s. Rn 833). **880**

> Im **Fall 82** ist B über die **reine Vorbereitung** des erst für eine *spätere Zeit* geplanten Absatzes nicht hinausgegangen. Die Voraussetzungen der Versuchsstrafbarkeit gemäß § 259 I, III sind daher nicht gegeben[142]. Sein Verhalten verwirklicht allerdings den Tatbestand der Begünstigung (§ 257 I); die Aufbewahrung des Diebesgutes bildet ein typisches Beispiel des dort geforderten und genügenden „Hilfeleistens" (s. dazu Rn 806 ff). **881**

VI. Vortatbeteiligung und Hehlerei

> **Fall 83:** Durch einen „todsicheren Tipp" und den Hinweis, dass er zur Übernahme der Beute gegen gute Bezahlung bereit sei, hat A die Diebeskumpane B, C und D zu einem nächtlichen Einbruch in die Werkstatt des Juweliers J bestimmt. Nach erfolgreichem Verlauf teilen die drei eine Reihe von Schmuckstücken unter sich auf; den größeren Teil der Beute überbringen sie dem A, der jedem von ihnen einen Anteil am geschätzten Erlös sofort auszahlt. Auf dem Nachhauseweg kauft B dem D eine Perlenkette ab, die dieser bei der Aufteilung erhalten hat, die B jedoch seiner Mutter schenken will. **882**
>
> Strafbarkeit der Beteiligten? **Rn 887**

1. Vortäterschaft und Hehlerei

Täter und **Mittäter der Vortat** können an den von ihnen erlangten Sachen nicht zugleich Hehlerei begehen. Zumindest der *erste* Hehler muss, wie § 259 nF ausdrücklich klarstellt, im Vergleich zu ihnen „*ein anderer*" sein. Auch wird durch den Vortäter kein neues Rechtsgut verletzt[143]. Stiftet der Vortäter den Hehler an, liegt eine mitbestrafte Nachtat vor[144]. **883**

---

138 BGH NStZ 08, 152, 153 (mit Bespr. *Bosch*, JA 08, 231) in Abgrenzung zu BGH NStZ 94, 395 und BGH wistra 06, 16.
139 BGH MDR/D 71, 546.
140 Vgl S/S-*Stree*, § 259 Rn 52.
141 S. *Küper*, BT S. 11 mwN; *Mitsch*, BT II/1 § 10 Rn 71; BGH wistra 06, 16, 17.
142 Näher BGH NJW 89, 1490.
143 *Lackner/Kühl*, § 259 Rn 18.
144 *Geppert*, Jura 94, 103.

Ob § 259 auch bei einem späteren Rückerwerb der Beute bzw eines Beuteanteils entfällt, ist strei-tig (vgl Rn 885 f). Lässt sich im Strafverfahren nicht klären, ob der Angeklagte an der Vortat (zB am Betrug oder an einer räuberischen Erpressung) als Mittäter beteiligt war, steht jedoch fest, dass er einen Teil der Beute in Kenntnis der Vortat erst von deren Täter erhalten hat, so bejaht der BGH die Zulässigkeit einer Verurteilung wegen Hehlerei[145].

2. Vortatteilnahme und Hehlerei

884 **Anstifter** und **Gehilfen** der Vortat, die im Anschluss an deren Begehung hehlerisch handeln, machen sich nach hM der **Hehlerei** schuldig, und zwar selbst dann, wenn die Vortatteilnahme von vornherein darauf abzielte, sich die Beute oder bestimmte Teile daraus zur eigentümergleichen Verwendung zu verschaffen[146]. In einer Grundsatzent-scheidung des GrS ist diese Auffassung mit stichhaltigen Argumenten näher begrün-det worden. Ihr folgt die hL[147], teils mit der bedenkenswerten Einschränkung, dass durch die Vortat kein „Anrecht" auf die Beute erworben worden ist, die Übertragung auf den Hehler durch den Vortäter also nicht in Erfüllung einer „Verbindlichkeit", son-dern „frei" geschieht[148].

3. Rückerwerb der Beute durch den Vortäter

885 Umstritten ist, ob **Vortäter** dann wegen Hehlerei zu bestrafen sind, wenn sie nach Aufgabe ihrer ursprünglichen Verfügungsgewalt die Beute bzw einen Beuteanteil zu-rückerwerben oder beim Absatz mitwirken. Für den Fall, dass ein Mittäter den Anteil eines Mitbeteiligten **nach Beuteteilung** hinzuerworben hatte, hat der BGH zu § 259 aF das Vorliegen einer Hehlerei bejaht[149].

Begründet wurde dies damit, dass auch der Dieb wiederum einen Diebstahl begehe, wenn er dem Erwerber die Beute wegnehme. Warum die Beurteilung zur Strafbarkeit seines Verhaltens anders ausfallen solle, wenn er die neue Verfügungsgewalt durch *Hehlerei* statt durch *Diebstahl* erlange, sei nicht einzusehen.

886 Seit der Reform des Hehlereitatbestandes lässt sich dieser Standpunkt des BGH nicht mehr aufrechterhalten, da der **Vortäter**, der allein oder als Mittäter **gestohlen** hat, nicht dadurch „*ein anderer*" iS des § 259 nF wird, dass er die Beute bzw einen Beu-teanteil später wiedererlangt oder zum Absatz mitwirkt. Hinzu kommt, dass es dem Charakter der Hehlerei als Vermögensdelikt nicht entsprechen würde, hier das Vorlie-gen einer *erneuten* Rechtsgutverletzung seitens des Vortäters anzunehmen[150].

Zumindest würde in Fällen dieser Art der Grundgedanke der *mitbestraften Nachtat* durchgreifen[151].

---

145 BGHSt 35, 86, 89; BGH JZ 89, 504; näher dazu *Geppert*, Jura 94, 100; *Küper*, Probleme der Hehlerei bei ungewisser Vortatbeteiligung 1989; ferner *Wolter*, Anm. NStZ 88, 456.
146 Vgl BGHSt 33, 50, 52.
147 BGHSt 7, 134; 33, 50, 52; A/W-*Heinrich*, § 28 Rn 38; diff. S/S-*Stree*, § 259 Rn 56 f.
148 So S/S-*Stree*, § 259 Rn 57; BGH NJW 87, 77; OLG München wistra 07, 37; abl. NK-*Altenhain*, § 259 Rn 77.
149 BGHSt 3, 191, 194 gegen RGSt 34, 304 ff.
150 Vgl dazu *Lackner/Kühl*, § 259 Rn 18; S/S-*Stree*, § 259 Rn 54; anders *Geppert*, Jura 94, 100, 104; *Kindhäuser*, § 259 Rn 6; *Rengier*, BT I § 22 Rn 43: Tatmehrheit.
151 So *Eser*, Strafrecht IV S. 193; *Krey/Hellmann*, BT II Rn 578.

Im **Fall 83** haben B, C und D sich des gemeinschaftlich begangenen Diebstahls in einem *be-* **887** *sonders schweren Fall* schuldig gemacht (§§ 242, 243 I 2 Nr 1, 25 II). A ist in dieser Hinsicht als **Anstifter** (§ 26) zu bestrafen. Weder diese Tatsache noch seine Zusage, die Beute abzuneh-men, hindern seine Bestrafung auch wegen Hehlerei (§§ 242, 243 I 2 Nr 1, 26, 259, 53)[152]. B ist dagegen als Mittäter der Vortat bezüglich des Erwerbes der Perlenkette von C trotz der zwi-schenzeitlichen Beuteteilung nicht wegen Hehlerei zu bestrafen.

VII. Verfolgbarkeit und Strafschärfung

1. Verweisung auf §§ 247, 248a

Unter den Voraussetzungen der §§ 247, 248a hängt die **Strafverfolgung** wegen Heh-   **888** lerei gemäß § 259 II von einem Strafantrag des durch die Vortat Verletzten ab[153]. Im Rahmen des § 248a kommt es lediglich darauf an, ob die **gehehlte Sache** von *gerin-gem Wert* ist[154]; dass auch die erstrebte Bereicherung geringwertig sein müsse, kann nicht zusätzlich verlangt werden[155]. Das Bagatellunrecht prägt der geringe Wert der weiterverschobenen Sache, selbst wenn ausnahmsweise ein größerer Vermögensvor-teil angestrebt wird.

2. Qualifikationen

Die **gewerbsmäßige Hehlerei** (§ 260 I Nr 1) bildet einen **qualifizierten Fall** im Ver-   **889** hältnis zu dem in § 259 normierten Grundtatbestand. **Gewerbsmäßig** handelt, wer sich aus der wiederholten Tatbegehung eine fortlaufende Einnahmequelle von eini-gem Umfang und einer gewissen Dauer verschaffen will[156]. Die Gewerbsmäßigkeit ist ein strafschärfendes persönliches Merkmal iS des § 28 II, trifft den Gehilfen also nur, wenn er selbst gewerbsmäßig handelt[157].

Neu im Gesetz ist der Tatbestand der **Bandenhehlerei** (§ 260 I Nr 2)[158].   **890**

Zum Bandenbegriff gilt das zu § 244 Gesagte entsprechend (s. Rn 271 f)[159]. Die Kenntnis mehre-rer oder gar sämtlicher Mitglieder einer Bande setzt der BGH[160] nicht voraus, wenn nur der Täter mit wenigstens einem anderen die Bandenabrede getroffen hat. Für §§ 260, 260a kommt es anders als in §§ 244 I Nr 2, 244a I, 250 I Nr 2 (s. Rn 272) auf die Mitwirkung wenigstens eines anderen

---

152 Zum Konkurrenzverhältnis vgl BGHSt 22, 206 ff.
153 MK-*Lauer*, § 259 Rn 126.
154 Vgl BT-Ds 7/550 S. 253; *Fischer*, § 259 Rn 29; *Kindhäuser*, § 259 Rn 2; LK-*Ruß*, § 259 Rn 44; *Stree*, JuS 76, 137, 144.
155 *Lackner/Kühl*, § 259 Rn 22.
156 BGHSt 1, 383; BGH NStZ 95, 85; als Qualifikation gehört § 260 I Nr 1 in den Urteilstenor, BGH NStZ-RR 07, 111.
157 BGH wistra 08, 379.
158 S. zur Vermögensstrafe BVerfGE 105, 135.
159 BGH wistra 02, 57; zur aus Dieben und Hehlern gemischten Bande s. BGHSt GrS 46, 321; für An-passung des Begriffs an die organisierte Kriminalität *Erb*, NStZ 98, 541 f.
160 BGH NStZ 96, 495.

Bandenmitglieds am Tatort nicht an. Das ist *hier* im Gegensatz zu dort allgemeine Meinung[161], weil in §§ 260, 260a die Wendung „unter Mitwirkung eines anderen Bandenmitglieds" mit Bedacht (s. Rn 272) fehlt. Damit ist *hier* auch entschieden, dass für (Mit-) Täterschaft Tatortpräsenz nicht Voraussetzung ist (zum Streit hierzu beim Bandendiebstahl und -raub s. Rn 272a).

891 Die **gewerbsmäßige Bandenhehlerei** (§ 260a) ist ebenfalls durch das OrgKG als weitere Qualifikation zu § 259 geschaffen worden. Der Tatbestand kombiniert die Merkmale der Bandenhehlerei mit dem Erfordernis des gewerbsmäßigen Handelns[162]. Die Tat ist Verbrechen, kann über § 30 somit schon im Vorfeld der eigentlichen Tatausführung erfasst werden. Zwischen ihr und einem schweren Bandendiebstahl nach § 244a I Nr 2 iVm § 243 I 2 Nr 3 ist eine Wahlfeststellung möglich[163].

Hehlerei, § 259

I. Tatbestand
  1. Objektiver Tatbestand
    a. Tatobjekt:
- *Sache*

    b. Vortat:
- *Diebstahl oder sonst gegen fremdes Vermögen gerichtete rechtswidrige Tat*
  - → nicht notwendig Vermögensdelikt ieS
  - Ⓟ Erfordernis einer bzgl der Sacherlangung abgeschlossenen Vortat
  - → Fortbestehen der durch die Vortat begründeten rechtswidrigen Vermögenslage
  - Ⓟ Unmittelbarkeitszusammenhang/Ersatzhehlerei
    - → Surrogate

    c. Täter:
- **Vortat = Tat eines anderen**
  - → Ausschluss des Täters/Mittäters der Vortat
  - Ⓟ Rückerwerb der Beute durch den Vor(mit)täter

    d. Tathandlung:
- *sich oder einem Dritten verschaffen*
  - → vom Vortäter unabhängige (Mit-) Verfügungsgewalt
  - → Verfügungsgewalt zu eigenen Zwecken
  - Ⓟ Mitverzehr
  - Ⓟ Erwerb der Auslösungsbefugnis für hinterlegte Sachen
- *Ankaufen*
- *Absetzen*
  - → selbstständiges Handeln zugunsten des Vortäters
  - Ⓟ Entgeltlichkeit
  - Ⓟ Rückveräußerung an den Eigentümer
  - Ⓟ Absatzerfolg
- *Absetzenhelfen*
  - → unselbstständige Unterstützung der Absatzbemühungen des Vortäters
  - Ⓟ Erfolgsgeeignetheit der Hilfe
  - Ⓟ Absatzerfolg

---

161 S. BGH NStZ 95, 85; 96, 495 mit zust. Anm. *Miehe*, StV 97, 247; BGH NStZ 00, 473; *Erb*, NStZ 98, 539.
162 Krit. dazu *Erb*, NStZ 98, 541.
163 BGH NStZ 00, 473.

- *einverständliches Zusammenwirken mit dem Vortäter*
    Ⓟ Entzug der Sache durch Nötigung/Täuschung

2. **Subjektiver Tatbestand**
    a. **Vorsatz:** • *jede Vorsatzart*
    b. **Absicht:** • *Absicht, sich oder Dritten zu bereichern*
        → kein Erfordernis der Rechtswidrigkeit des erstrebten Vorteils
        → kein Erfordernis der Stoffgleichheit des erstrebten Vorteils
        Ⓟ Vortäter als Dritter

II. Rechtswidrigkeit

III. Schuld

→ **Privilegierungen (Strafantrag, § 259 II iVm §§ 247, 248a)**
    Ⓟ Bezugspunkt der Geringwertigkeit

→ **Qualifikationen, §§ 260, 260a**

VIII. Geldwäsche und Verschleierung unrechtmäßig erlangter Vermögenswerte

Fall 84: T hat bei einem Raubüberfall 50 000 EUR erbeutet. Von dem Geld erwirbt er beim   **892**
gutgläubigen Juwelier J für 10 000 EUR eine goldene Damenarmbanduhr, die er seiner Freundin schenken will, und überlässt seinem eingeweihten Bekannten B 500 EUR, der das Geld zusammen mit weiteren, redlich erworbenen 50 000 EUR zur Anschaffung eines neuen Pkw verwendet.

Sind die Damenarmbanduhr, der Pkw des B und das von J gutgläubig entgegen genommene Geld taugliche Objekte des § 261?

Fall 85: Mit einem weiteren Teil des Geldes aus dem Raubüberfall (Fall 84) bezahlt T den Einkauf von Lebensmitteln für seinen täglichen Bedarf beim Kolonialwarenhändler K, die Rechnung seines Zahnarztes Z für eine dringend notwendig gewordene Zahnbehandlung und das Honorar seines „Hausanwalts" H für die Verteidigung in einer Strafsache.

Sind K, Z und H nach § 261 II Nr 1, V zu bestrafen, wenn sie die Verhältnisse des T kannten und sich ihnen der Verdacht, dass das Geld aus einem Verbrechen stammt, hätte aufdrängen müssen? **Rn 901, 902**

1. Entstehung, Zweck und Rechtsgut

Der Tatbestand der **Geldwäsche** (§ 261) beruht in seiner wesentlichen Gestalt auf   **893**
dem OrgKG vom 15.7.1992 (BGBl I 1302), dem Verbrechensbekämpfungsgesetz vom 28.10.1994 (BGBl I 3186) und dem Gesetz zur Verbesserung der Bekämpfung der Organisierten Kriminalität vom 4.5.1998 (BGBl I 845)[164]. Mit seiner Hilfe soll die Verschleierung unrechtmäßig erlangter Vermögenswerte und die Vereitelung ih-

---

164 Zu den zahlreichen weiteren Eingriffen in den Gesetzestext s. *Fischer*, § 261 Rn 1.

rer Wiederauffindung (Abs. 1) bekämpft und das der Tarnung dienende Einschleusen solcher Vermögensgegenstände aus dem Bereich der Organisierten Kriminalität in den legalen Finanz- und Wirtschaftskreislauf (= **Geldwäsche**)[165] unterbunden, zudem der häufig mit dem Täter der Geldwäsche nicht identische Vortäter isoliert und der inkriminierte Gegenstand verkehrsunfähig gemacht werden (Abs. 2; BT-Ds 12/989, S. 26 f).

Zur Steigerung der Wirksamkeit der Geldwäschebekämpfung dient das Gesetz über das Aufspüren von Gewinnen aus schweren Straftaten (**Geldwäschegesetz-GWG**), das Kredit-, Finanz- und Versicherungsinstituten bei Bargeschäften und Geschäften mit elektronischem Geld ab 15 000 EUR bestimmte Identifizierungs-, Aufzeichungs- und Anzeigepflichten auferlegt, in die schon durch das Geldwäschebekämpfungsgesetz aus dem Jahr 2002 (BGBl I 3105) infolge der Geldwäsche-Richtlinie 2001/97/EG mit den Rechtsanwälten, Notaren, Steuerberatern, Immobilienmaklern, Spielbanken ua neue Berufsgruppen einbezogen wurden[166]. Der Gesetzgeber erwartet, dass das beim Geldwaschen „sichtbar" werdende illegale Geld den Strafverfolgungsbehörden einen Ansatz bietet, auf dieser „Papierspur" in die Strukturen der Organisierten Kriminalität einzudringen und dass es gelingt, mit der über Einziehung und Erweiterten Verfall (§ 261 VII) möglichen Entziehung der finanziellen Grundlagen den Nerv der Organisierten Kriminalität zu treffen[167]. In der seit August 2008 geltenden Neufassung des GWG (BGBl. I 1690)[168] findet sich der Katalog der Verpflichteten in § 3 I GWG, die 15 000-Euro-Grenze in § 2 II GWG. In § 261 hat das Ergänzungsgesetz, das vor allem die Bekämpfung der Terrorismusfinanzierung im Auge hat, nur geringfügig eingegriffen[169].

894 Mit § 261 sollen **Strafbarkeitslücken** geschlossen werden, die die §§ 257 ff bei Geldwäschevorgängen vor allem deshalb offen lassen, weil die betroffenen Gegenstände nicht stets aus gegen fremdes Vermögen gerichteten Taten stammen, es sich um nicht mehr erfasste Surrogate oder nicht um Sachen, sondern um Guthaben, Forderungen und dergleichen handelt oder es an der jeweils vorausgesetzten Absicht mangelt[170]. **Geschützt** wird die „Aufgabe der inländischen staatlichen Rechtspflege, die Wirkungen von Straftaten zu beseitigen" (BT-Ds 12/989, S. 27). Neben diesen Schutz der **Rechtspflege** tritt nach verbreiteter und zutreffender Meinung in § 261 II – wie in

---

165 Umfassend zur Geldwäsche s. die Beiträge in *Herzog/Mülhausen*, Geldwäschebekämpfung und Gewinnabschöpfung 2006 (zum Tatbestand der Geldwäsche darin *Nestler*, §§ 13–22); zu Arten und Techniken der Geldwäsche s. *Hoyer/Klos*, Geldwäsche. 2. Aufl. 1998, S. 8 ff; M-G/B-*Häcker*, § 51 Rn 1 ff; Überblick bei *Hombrecher*, JA 05, 68.

166 S. dazu *Burger*, wistra 02, 6; *v. Galen*, NJW 03, 117; *Gentzik*, Die Europäisierung des Geldwäschestrafrechts 2002, S. 55 ff; *Wegner*, NJW 02, 794, 2276; zu den Auswirkungen s. die empirische Studie von *Kilchling/Lukas*, Gefährdung von Rechtsanwälten, Steuerberatern, Notaren und Writschaftsprüfern durch Geldwäsche 2005, S. 91 ff.

167 BT-Ds 12/989, S. 26; zur die Erwartungen bisher nicht erfüllenden Praxis der Gewinnabschöpfung s. *Kaiser*, wistra 00, 121.

168 S. dazu *Möhrenschlager*, Berichte aus der Gesetzgebung, wistra 08 (Heft 10, S. V); *Hetzer*, Kriminalistik 08, 468.

169 In § 261 VII entfällt die Einbeziehung des für verfassungswidrig erklärten (BVerfGE 105, 135) § 43a zur Vermögensstrafe. In den Vortatenkatalog wurden §§ 271, 348 aufgenommen, s. BT-Ds 16/9098, S. 5.

170 S. BT-Ds 12/989, S. 26; BGHSt 50, 347, 353 f (dort auch zum Verhältnis zur Hehlerei, s. dazu auch *Schramm*, wistra 05, 245; *ders.* wistra 08, 245); *Arzt*, NStZ 90, 2; *Flatten*, Zur Strafbarkeit von Bankangestellten bei der Geldwäsche 1996, S. 19 ff; *Krey/Dierlamm*, JR 92, 353; *Otto*, Jura 93, 329; *Schmidt/Priebe*, BT II Rn 860 ff; 880a.

§ 257 – auch der Schutz der durch die Vortat verletzten Interessen[171]. Eine abweichende Rechtsgutsbestimmung rückt den wenig fassbaren überindividuellen Aspekt des Vertrauens in die Solidität und Sauberkeit des legalen Finanz- und Wirtschaftssystems in den Vordergrund[172]. Das ist schon deshalb abzulehnen, weil der Tatbestand auf solchem Hintergrund zusätzlich an **Bestimmtheit** verlöre. Durch die Kombination unübersichtlich beschriebener Katalogtaten mit einer Vielfalt von Tathandlungen, die nahezu jedweden Umgang mit „kontaminierten" Gegenständen unter Strafe stellen, „bewegt sich" nach Auffassung des BGH[173] die Vorschrift ohnehin schon „an der Grenze der Verständlichkeit". Um eine ausreichende Bestimmtheit herzustellen, empfiehlt er eine „restriktive Auslegung der Tatbestandsmerkmale", mit der nur solche Verhaltensweisen als tatbestandsmäßig erscheinen, die „sich ohne Weiteres und sicher dem Wortlaut der Bestimmung unterordnen lassen". In ein solches Bemühen fügt sich eine zu vage Rechtsgutbestimmung nicht ein. Auch die Auffassung, das ohnehin konturenlose Merkmal des „Herrührens" lasse im Hinblick auf § 261 als Auffangtatbestand „eine weite Auslegung zu"[174], passt hierzu nicht. Der **Versuch** ist nur im Falle durchgehend vorsätzlicher Tatbestandserfüllung, nicht also bei einer Kombination mit Leichtfertigkeit (§ 261 V) strafbar[175].

Der als Umsetzung internationalen und europäischen Rechts zu sehende Tatbestand der Geldwäsche[176] ist auf Grund seiner bislang geringen Effizienz[177] anhaltenden Bemühungen um Verbesserung ausgesetzt, mit denen in der Praxis sichtbar gewordenen Anwendungsschwierigkeiten begegnet werden soll[178]. Bereits mit dem Geldwäschebekämpfungsgesetz 2002 (BGBl I 3105) und dem Gesetz zur Verbesserung der Bekämpfung der Organisierten Kriminalität vom 4.5.1998 (BGBl I 845) haben das Geldwäschegesetz und mit Letzterem auch § 261 Änderungen erfahren. Dabei stand in § 261 neben einer **erheblichen Erweiterung** des **Vortatenkatalogs** zB um die (gewerbs- oder bandenmäßig begangenen) §§ 242, 253, 259, 263a sowie die §§ 373, 374 AO[179] und dem Verzicht auf die gewerbs- oder bandenmäßige Begehung bei §§ 332 I, III, 334 die **Aufgabe** der Voraussetzung im Vordergrund, dass die **Vortat** die **Tat eines anderen** sein muss[180].

---

171 *Eisele*, BT II Rn 1109; *Jahn/Ebner*, JuS 09, 597; *Lackner/Kühl*, § 261 Rn 1; LK-*Ruß*, § 261 Rn 4; *Krey/Hellmann*, BT II Rn 605b; *Mitsch*, BT II/2 § 5 Rn 3; MK-*Neuheuser*, § 261 Rn 7, 12; *Rengler*, BT I § 23 Rn 4; zusf. HansOLG Hamburg NJW 00, 673, 674; weiter diff. NK-*Altenhain*, § 261 Rn 11 ff; nur für Schutz der Rechtspflege *Otto*, BT § 96 Rn 28.

172 *Lampe*, JZ 94, 125; *Schittenhelm*, Lenckner-FS S. 528; *J. Vogel*, ZStW 109, 1997, 350 ff; s. auch *Bottke*, wistra 95, 124; *Findeisen*, wistra 97, 121.

173 BGH NJW 08, 2516, 2517.

174 So aber BGH NStZ 09, 328, 329.

175 OLG Karlsruhe NStZ 09, 269, 270; zum untauglichen Versuch s. BGH NStZ 08, 465, 466.

176 S. dazu BGHSt 50, 347, 354 ff; *Ambos*, ZStW 114, 2002, 236; *Dannecker*, Jura 98, 83; *Hetzer*, ZRP 01, 266; *Hoyer/Klos*, Geldwäsche, 2. Aufl. 1998, S. 292 f; *Korte*, NJW 98, 1464; *Maurach/Maiwald*, BT II § 101 Rn 16, 19; *Nelles*, in: *Nelles*, Money, money, money 2004, S. 109 ff; *Schubarth*, Bemmann-FS S. 430 ff.

177 S. *Oswald*, wistra 97, 328.

178 S. zu den zahllosen Änderungen *Fischer*, § 261 Rn 1; im Zusammenhang mit der Bekämpfung des Terrorismus *Hetzer*, ZRP 02, 407.

179 Zu § 370a AO im 2002 neu gefassten Abs. 1 S. 3 s. *Fischer*, § 261 Rn 1 sowie *Oberloskamp*, StV 02, 611.

180 S. zur Neuregelung – auch des GWG – *Hund*, ZRP 97, 180; *Kreß*, wistra 98, 121; *J. Meyer/Hetzer*, NJW 98, 1020 sowie Rn 893.

2. Tatbestand

a) Tatobjekt, Vortat und Täter

895 **Gegenstand** der Tat können alle vermögenswerten beweglichen und unbeweglichen Sachen sowie Rechte sein (wie etwa Bargeld, Buchgeld, Forderungen, Wertpapiere, Immobilien, Edelsteine, Kunstobjekte und dergleichen)[181], die aus einem **Verbrechen** (§ 261 I 2 Nr 1) oder einem in § 261 I 2 Nrn 2–5 genannten **Vergehen**[182] im weitesten Sinne „herrühren". Die in § 261 II normierte Strafbarkeit entfällt allerdings mangels tauglichen Tatobjekts nach Abs. 6, wenn zuvor ein Dritter den Gegenstand erlangt hatte, ohne hierdurch eine Straftat zu begehen. So soll es zB liegen, wenn ein Bankräuber das geraubte Geld auf ein Konto einzahlt, ohne dass die kontoführende Bank eine Straftat (= eine Geldwäsche oder Hehlerei)[183] begeht, und der Räuber alsdann die Forderung an einen in die Vorgänge Eingeweihten abtritt[184]. Gleiches soll gelten, wenn Strafverteidiger sich eine zuvor aus der Beute einer Katalogtat zur Haftverschonung hinterlegte Kaution zur Abdeckung ihrer Honorarforderung nach Abtretung des Rückzahlungsanspruchs auszahlen lassen[185]. Auch wird erwogen, den Strafverteidiger hiernach für straflos zu erklären, der sein Honorar nicht bar, sondern von einem Konto überwiesen erhält, auf das der Vortäter die „Beute" zuvor eingezahlt hat[186]. Gegen solche Konstruktionen spricht, dass gutgläubige Institutionen wie die Bank oder die Hinterlegungsstelle dann ohne weiteres und entgegen der Zwecksetzung des § 261 als Geldwäschereien benutzt werden könnten. Richtigerweise wird man daher die Forderung gegen Bank oder Hinterlegungsstelle, über die der Vortäter zugunsten eines Dritten verfügt, als aus dem Tatgegenstand herrührend bezeichnen und den bösgläubigen Abtretungsempfänger daher wegen Geldwäsche belangen müssen[187].

896 Der wenig bestimmte Begriff des „**Herrührens**" erfasst nach der Vorstellung des Gesetzgebers bewusst auch eine **Kette von Verwertungshandlungen**, bei der der ursprüngliche Gegenstand unter Beibehaltung seines Wertes durch einen anderen **ersetzt** wird. Anders als bei der Hehlerei soll der Zugriff des § 261 damit nicht schon nach einem „Waschvorgang" enden. Andererseits rührt aus der Vortat hiernach nicht mehr her, was in seinem Wert durch Weiterverarbeitung im Wesentlichen auf eine selbstständige spätere Leistung Dritter zurückzuführen ist[188]. Zugrundezulegen ist danach eine **wirtschaftliche Betrachtungsweise**[189]. Von ihr klingt allerdings nur wenig

---

181 Einschränkend *Geurts*, ZRP 97, 252; weiter *Cebulla*, wistra 99, 281; s. genauer *Voß*, Die Tatobjekte der Geldwäsche 2007.

182 S. hierzu im Einzelnen *Fischer*, § 261 Rn 10 ff; *Maurach/Schroeder/Maiwald*, BT II § 101 Rn 20 ff; NK-*Altenhain*, § 261 Rn 37 ff.

183 *Lackner/Kühl*, § 261 Rn 6; SK-*Hoyer*, § 261 Rn 25; weiter *Fischer*, § 261 Rn 27.

184 *Maiwald*, Hirsch-FS S. 636, 640; aA NK-*Altenhain*, § 261 Rn 88; SK-*Hoyer*, § 261 Rn 24.

185 BGHSt 47, 68, 79 f; zur vom BGH hier verneinten Frage der Erstreckung dieser Ausnahme auf Taten nach Abs. 1 s. Rn 901 und *Rengier*, BT I § 23 Rn 16 f; OLG Karlsruhe NJW 05, 767, 769.

186 S. *Hamm*, NJW 00, 638; krit. dazu *Lüderssen*, StV 00, 208; s. zum Problem auch Rn 900, 902.

187 *Fischer*, § 261 Rn 29; MK-*Neuheuser*, § 261 Rn 69.

188 BT-Ds 12/989, S. 27; *Lackner/Kühl*, § 261 Rn 5; s. näher zu diesem schwer eingrenzbaren Begriff *Barton*, NStZ 93, 159; *Körner*, NStZ 96, 64; *Lampe*, JZ 94, 123; *Leip*, Der Straftatbestand der Geldwäsche 1995, S. 66 ff; *Otto*, Jura 93, 330; Beispiele bei A/R-*Löwe-Krahl*, XIII Rn 20 ff.

189 *Flatten*, Zur Strafbarkeit von Bankangestellten bei der Geldwäsche 1996, S. 70 f; *Otto*, BT § 96 Rn 31; OLG Karlsruhe NJW 05, 767, 768.

an, wenn es genügen soll, dass „zwischen dem Gegenstand und der Vortat ein Kausalzusammenhang" besteht, der Gegenstand sich also aus der Vortat „ableiten" lässt[190].

Als **Beispiele** hatte der Gesetzentwurf (BR-Ds 507/92, S. 28) die folgenden Fälle beschrieben: „Zahlt ein Täter den Gewinn aus Betäubungsmittelgeschäften bar auf sein Bankkonto ein, so rührt das Bankguthaben aus der Vortat her. Bezahlt er mit dem Bankguthaben Schmuck oder Wertpapiere, dann rühren auch diese Gegenstände aus der Vortat her. Nimmt der Täter anschließend bei der Bank ein Darlehen auf und gibt er die Wertpapiere als Sicherheit, dann hat das ausgezahlte Darlehen seine Ursache ebenfalls in der Vortat. Erwirbt er mit diesem Darlehen zB ein Grundstück, rührt auch dieses aus der Vortat her. Erwirbt der Täter dagegen mit illegal erlangtem Geld Unternehmensanteile, so rühren zwar diese Anteile, nicht aber die von dem Unternehmen produzierten Gegenstände aus der Vortat her. Zur Vermischung von legalem mit illegalem Geld ist anzumerken: kauft ein Täter einen Pkw für 10 000 DM, die in Höhe von 1000 DM illegaler Herkunft sind, so rührt das Auto insoweit aus der Vortat her; auf vom Bundesgerichtshof für die Hehlerei aufgestellte Grundsätze über die Vermischung von Geld (zB BGH NJW 1958, 1244) kann zurückgegriffen werden."

Die jeweilige **Vortat**, die gemäß § 261 VIII auch im Ausland begangen sein kann[191], **897** muss in ihren **wesentlichen** Merkmalen festgestellt[192] und vom Täter wenigstens in groben Zügen als Katalogtat erfasst werden[193]. Soweit sie **gewerbsmäßig** begangen sein muss, muss dieses persönliche Merkmal beim **Täter** der Vortat vorliegen. Handelt nur ein Gehilfe gewerbsmäßig, reicht das nicht aus[194]. Nach der 1998 erfolgten (s. Rn 893) Neufassung des § 261 muss die Vortat aber **nicht** mehr die Tat „eines anderen" sein (§ 261 I 1, V). Danach kann nicht nur wie bisher der **Teilnehmer** an der Vortat die Geldwäsche als **Täter** begehen, sondern auch ein **Mittäter**. Seine Strafbarkeit ist nicht mehr auf die Fälle beschränkt, in denen die Rechtsprechung sie bei Zweifeln an der Vortatbeteiligung nach den Grundsätzen der Postpendenzfeststellung zuließ[195]. Der Gesetzgeber hat zudem die Strafbarkeit auf die Fälle erstrecken wollen, in denen eine **Alleintäterschaft** bezüglich der Vortat möglich, aber nicht nachweisbar ist und der Geldwäscher infolgedessen weder wegen der Vortat noch wegen Geldwäsche bestraft werden konnte. Im Gefolge der Neuregelung sieht § 261 IX 2 in Anlehnung an § 257 III 1 einen **persönlichen Strafausschließungsgrund** vor, nach dem wegen Geldwäsche nicht bestraft wird, wer wegen **Beteiligung** an der Vortat **strafbar** ist. Dieser Strafausschließungsgrund dehnt die Straflosigkeit über den strafbaren Vortäter auf die an der Vortat in strafbarer Weise sonst beteiligten Personen aus[196], lässt aber andererseits die Strafbarkeit von Personen zu, die den Vortäter bei dessen Geldwäsche unterstützen[197]. Dass die Vortat im Zeitpunkt der Geldwäschehandlung schon voll-

---

190 BGH NStZ 09, 328, 329 (Bestechungsgelder); mit einer restriktiven Auslegung (s. Rn 894) verträgt sich das nicht; s. zum „Herrühren" A/W-*Arzt*, § 29 Rn 13 ff; *Eisele*, BT II Rn 1113 f; *Jahn/Ebner*, JuS 09, 599 f; *Rengier*, BT I § 23 Rn 7 ff.

191 S. dazu *Lütke*, wistra 01, 85.

192 BVerfG wistra 06, 418, 419; *Kreß*, wistra 98, 125; enger *Bernsmann*, StV 98, 46; *Klos*, Anm. wistra 97, 236.

193 BGH wistra 03, 260, 261.

194 BGH NJW 08, 2516 f.

195 S. dazu BGH NStZ 95, 500; BGH wistra 98, 25; krit. zur Neuregelung *Bernsmann*, Amelung-FS S. 381.

196 BT-Ds 13/8651, S. 11; *Hund*, ZRP 97, 181; *J. Meyer/Hetzer*, NJW 98, 1020; krit. zu dieser Erstreckung *Kreß*, wistra 98, 126.

197 S. *Schittenhelm*, Lenckner-FS S. 537 f.

oder beendet ist, setzt § 261 IX 2 nicht voraus[198]. Folgt man dem BGH[199], kann auch ein nach § 261 IX 2 strafloser Vortatbeteiligter der für eine Bande (§ 261 IV 2) nach der neueren Rechtsprechung (s. Rn 271b) erforderliche Dritte sein.

b) Tathandlungen

898 Die **Tathandlungen**, die sich vielfach überschneiden, sind in den Absätzen 1 und 2 des § 261 näher umschrieben. Für sie gilt das **Vorsatzerfordernis** uneingeschränkt; *Leichtfertigkeit* genügt nach § 261 V nur insoweit, als es um die Herkunft des betreffenden Gegenstandes geht[200]. § 261 I beschreibt Verhaltensweisen, die die Rechtspflege dadurch beeinträchtigen, dass der Gegenstand verborgen, seine Herkunft verschleiert oder seine Überführung in die Hand der Strafverfolgungsorgane vereitelt oder *konkret*[201] gefährdet wird. Nach § 261 II Nr 1 macht sich strafbar, wer den Gegenstand sich oder einem Dritten verschafft, nach Nr 2, wer ihn verwendet oder verwahrt.

Für das **Gefährden** des **Auffindens** wird das Herbeiführen einer konkreten Gefahr verlangt, die beispielsweise gegeben ist, wenn das inkriminierte Geld ins Ausland gebracht wird, um es dort in den Verkehr zu bringen. Wie bei der Begünstigung (Rn 807) und der Hehlerei (Rn 870) muss auch bei der Geldwäsche das Bemühen des Täters zur Erreichung des Erfolges *konkret geeignet* sein, woran es fehlt, wenn der Gegenstand einem verdeckt ermittelnden Polizeibeamten ausgeliefert werden soll[202]. In einem solchen Fall bleibt es nach dem BGH beim § 261 III strafbaren Versuch[203]. Für das **Sichverschaffen** bedarf es wie bei § 259 der Begründung einer vom Vortäter unabhängigen Verfügungsgewalt, für die eine nur vertragliche Verpflichtung des Vortäters zu späterer Leistung nicht ausreicht[204]. Auch im Übrigen gilt insoweit das zur Verschaffungshandlung des § 259 Gesagte entsprechend (BT-Ds 12/989, S. 27), sodass ein ohne Einverständnis erfolgter Erwerb auch § 261 nicht erfüllt[205]. Liegt Hehlerei (objektiv) vor, sperrt sie § 261 nicht[206].

3. Tatbestandseinschränkungen

899 Im Rahmen von – verdeckt geführten – **Ermittlungen** kann es zur Ergreifung von Hintermännern oder zur Gewinnung weiterer Ermittlungsansätze notwendig werden, Finanztransaktionen anzuregen, durchzuführen oder geschehen zu lassen, die bei einer am Wortlaut orientierten Auslegung den Tatbestand der Geldwäsche erfüllen. **Ermittler** oder auch **Bankangestellte**, die im Einvernehmen mit den Strafverfolgungsorganen an solchen Transaktionen beteiligt sind, geraten dadurch in die Gefahr, sich

---

198 BGH NStZ 00, 653, 654.
199 BGH JR 06, 432, 434 f mit abl. Anm. *Krack*.
200 S. zur Leichtfertigkeit näher BGHSt 43, 158, 165 ff mit Anm. *Arzt*, JR 99, 79; BGHSt 50, 347, 351 f; LG Köln MMR 08, 259, 260; *Otto*, JK 98, StGB § 261/2; *Sauer*, wistra 04, 89; zur Strafbarkeit von beim sog. phishing (Rn 613) eingesetzten Finanzagenten wegen leichtfertiger Verkennung der Herkunft des Geldes s. *Neuheuser*, NStZ 08, 492, 496 f.
201 OLG Karlsruhe NStZ 09, 269, 270.
202 S. BGH StV 99, 94 – Fall *Zlof* mit Anm. *Jahn*, JA 99, 186 und *Krack*, JR 99, 472.
203 BGH StV 99, 95.
204 BGHSt 43, 149, 152.
205 A/W-*Arzt*, § 29 Rn 26; *Eisele*, BT II Rn 1122; *Fischer*, § 261 Rn 24; abw. *Lackner/Kühl*, § 261 Rn 8; NK-*Altenhain*, § 261 Rn 114; *Otto*, BT § 96 Rn 34.
206 BGHSt 50, 347, 352 ff mit Anm. *Herzog/Hoch*, StV 08, 524; *Schramm*, wistra 08, 245.

wegen Geldwäsche strafbar zu machen. Der Gesetzgeber ist gleichwohl der Anregung[207] nicht gefolgt, dergleichen Handlungen vom Tatbestand auszunehmen. Eine am Schutzgut der staatlichen Rechtspflege orientierte teleologische Auslegung führt nach seiner Auffassung zu dem Ergebnis, dass Handlungen, die der Strafverfolgung dienen, außerhalb des **Schutzzwecks** der Strafnorm des § 261 liegen und daher vom Tatbestand ohnehin nicht erfasst werden[208]. Diese Überzeugung ist angesichts des in § 261 II hinzutretenden Schutzes der durch die Vortat verletzten Interessen zwar nicht zweifelsfrei. Die Straflosigkeit wird sich aber gleichwohl überwiegend aus den Grundsätzen herleiten lassen, die für die Beurteilung der Strafbarkeit auch anderer im Zusammenhang mit (verdeckten) Ermittlungen geschehender „Taten" entwickelt worden sind[209].

Vergleichbar ungeklärt ist auch, inwieweit **sozial-** oder **berufsadäquate** Verhaltensweisen von § 261 auszunehmen sind[210]. Lassen sich bei Geschäften des alltäglichen Lebens oder bei notwendig werdender ärztlicher oder juristischer Beratung Verkäufer, Ärzte oder Anwälte mit Geld bezahlen, von dem sich aufdrängt, dass es aus einschlägigen Vortaten stammt, führt ein strikt eingehaltenes „Isolierungsgebot" ähnlich wie die Bestrafung entsprechender „Strafvereitelungshandlungen" uU zur Verkürzung elementarer Lebenschancen des Vortäters[211]. Auch wenn § 261 ein eigenständiger Tatbestand und nicht eine besondere Form der Beteiligung an der Vortat ist[212], wird man in engen Grenzen solche Verhaltensweisen nach den Maßstäben straffrei lassen können, die für die Straflosigkeit der Teilnahme durch neutrale Alltagshandlungen gelten[213]. Auch die Entgegennahme von Unterhaltsleistungen aus kontaminiertem Geld wird man in diesen Fragenkreis einschließen müssen[214].

900

> Im **Fall 84** ist die Damenarmbanduhr als vollständig mit „schmutzigem" Geld bezahltes Surrogat „bemakelt" und daher taugliches Objekt des § 261. Nimmt die Freundin des T sie in Kenntnis oder in leichtfertiger Unkenntnis (§ 261 V) der Zusammenhänge entgegen, ist sie nach § 261 II Nr 1 (ggf iVm V) zu bestrafen (Sichverschaffen). Geldwäsche kommt also auch in Fällen in Betracht, in denen § 259 wegen der Straflosigkeit der sog. „Ersatzhehlerei" aus-

901

---

207 *Kraushaar*, wistra 96, 170.

208 BT-Ds 13/8651, S. 9 f; zust. *Hund*, ZRP 97, 181; NK-*Altenhain*, § 261 Rn 130 f; krit. *Kreß*, wistra 98, 126; eine teleologische Reduktion des § 261 schlägt *Brüning*, wistra 06, 241, 243 ff für den Insolvenzverwalter bei kontaminierter Vermögensmasse vor.

209 Vgl zB BGH StV 81, 549; *Krey*, Rechtsprobleme des strafprozessualen Einsatzes Verdeckter Ermittler 1993, Rn 440 ff, 525 ff, 551 ff, 562 ff; s. auch *Hillenkamp*, AT 5. und 24. Problem, jeweils Fall 2.

210 Zu einer beabsichtigten „Sozialadäquanzklausel" in der Gesetzgebungsgeschichte s. BT-Ds 11/7663, S. 7; HansOLG Hamburg NJW 00, 673, 674 f.

211 S. *Kargl*, NJ 01, 63.

212 BGHSt 43, 149, 152; BGHSt 50, 347, 357 mit Anm. *Herzog/Hoch*, StV 08, 524.

213 S. *Hillenkamp*, AT 28. Problem und – mit unterschiedlichen Grenzziehungen – *Amelung*, Grünwald-FS S. 9 ff; A/W-*Arzt*, § 29 Rn 39 ff; *Barton*, StV 93, 156 ff; *Eisele*, BT II Rn 1131; *Heghmanns*, Rn 1742 ff; HK-GS/*Hartmann*, § 261 Rn 6; *Kindhäuser*, § 261 Rn 13; *Kreß*, wistra 98, 126; *Lackner/Kühl*, § 261 Rn 5; *Rengier*, BT I § 23 Rn 22; für „alltägliche" Bankgeschäfte zu Recht abl. *Flatten*, Zur Strafbarkeit von Bankangestellten bei der Geldwäsche 1996, S. 118 ff, 150; ganz abl. *Fischer*, § 261 Rn 30 ff, 36, 38; MK-*Neuheuser*, § 261 Rn 71 ff; NK-*Altenhain*, § 261 Rn 122 ff; zum Honorar des Strafverteidigers s. Rn 902 und *Beulke*, Rudolphi-FS, S. 391 ff; *Hefendehl*, Roxin-FS S. 145 ff.

214 S. dazu A/W-*Arzt*, § 59 Rn 50 f; *Jahn/Ebner*, JuS 09, 601.

scheidet. – Inwieweit ein Gegenstand noch aus einer Katalogtat „herrührt", ist aber dann zweifelhaft, wenn nur ein relativ geringer Teil „bemakelten" Wertes darin enthalten ist. Der von B gekaufte Pkw ist mit 50 000 EUR „sauberen" Geldes bezahlt worden. Fraglich ist, ob die „schmutzigen" 500 EUR den ganzen Pkw gleichsam „vergiftet" haben. Grundsätzlich rührt ein Gegenstand auch dann aus einer Katalogtat her, wenn nur ein Teil bemakelten Wertes in ihm enthalten ist. Um jedoch uferlose „Ausdehnungen" zu vermeiden, wird über Mindestanteile diskutiert[215]. Das im Pkw des B enthaltene eine Prozent „bemakelten" Wertes dürfte nach der maßgeblichen wirtschaftlichen Betrachtungsweise nicht ausreichen, um das ganze Fahrzeug zu „kontaminieren", sodass der Pkw kein taugliches Objekt des § 261 ist[216]. – Grundsätzlich endet die Bemakelung eines Gegenstandes auch dann nicht, wenn jemand – wie hier J nach §§ 932, 935 II BGB – Eigentum an ihm erwirbt. Zum Schutz des allgemeinen Rechtsverkehrs schließt jedoch § 261 VI die Strafbarkeit *nach Abs. 2* aus, wenn ein Dritter zuvor den Gegenstand erlangt hat, ohne eine Straftat (= eine Geldwäsche oder eine Hehlerei)[217] zu begehen. Da J gutgläubig war und damit durch die Entgegennahme des Geldes keine Straftat begangen hat, kann sich gemäß § 261 VI niemand mehr – auch nicht ein Bösgläubiger – in Beziehung auf das Geld nach § 261 II strafbar machen. Nach Wortlaut und gesetzgeberischem Willen *nicht* ausgeschlossen ist allerdings eine Strafbarkeit nach *§ 261 I.* Um Spannungen mit Abs. 2 zu verhindern, sind solche Gegenstände aber insgesamt von § 261 auszunehmen, die einmal in makelloser Weise gutgläubig erworben worden sind[218]. Danach kann an dem von J gutgläubig erworbenen Geld keine Geldwäsche mehr begangen werden. – Ist T wegen des Raubüberfalls strafbar, kommt eine Bestrafung nach § 261 I bis V für ihn nicht in Betracht (§ 261 IX 2).

902 Im **Fall 85** geht dem berechtigten Anliegen des § 261 II, den Vortäter zu isolieren und den inkriminierten Gegenstand verkehrsunfähig zu machen, die allgemeine Solidaritätspflicht gegenüber einem Mitbürger, ihm die Befriedigung der notwendigsten alltäglichen Lebensbedürfnisse zu ermöglichen, allenfalls dann vor, wenn diesem – was angesichts der Sozialhilfe kaum je praktisch werden dürfte – keine „sauberen" Mittel zur Bestreitung seiner Bedürfnisse zur Verfügung stehen sollten. Dann ließe sich K's Verhalten im Wege teleologischer Reduktion von § 261 II ausnehmen. Hierfür lässt sich im Übrigen der in der neueren Rechtsprechung des BGH zunehmend aufgegriffene Gedanke anführen, dass äußerlich neutrales (und berufsadäquates) Verhalten straflos bleiben muss, wenn dessen rechtsgutsverletzende Wirkung nur bloße Folge, nicht aber Zweck dieses Verhaltens ist[219].

Dass auch **Honorarzahlungen** für eine **Strafverteidigung** ausgenommen werden können, erscheint dagegen nicht nur angesichts der Möglichkeit der Pflichtverteidigung zweifelhaft. Zwar hat das HansOLG Hamburg[220] mit beachtlichen Erwägungen[221] geltend gemacht, dass eine Subsumtion der Entgegennahme des aus Katalogtaten stammenden Verteidigerhonorars unter § 261 II Nr 1 und die daraus entstehende Gefahr der Einleitung eines Ermittlungsverfahrens gegen den Verteidiger auf Grund des Anfangsverdachts einer Geldwäsche in das Recht auf die Wahl eines Verteidigers und das Vertrauensverhältnis zwischen Verteidiger und Man-

---

215 S. *Barton*, NStZ 93, 159, 163; nach OLG Karlsruhe NJW 05, 767, 769 darf der inkriminierte Anteil „aus wirtschaftlicher Sicht nicht völlig unerheblich sein".

216 Für „Totalkontamination" auch in einem solchen Fall NK-*Altenhain*, § 261 Rn 77; bezogen auf einen „Teilgegenstand" ebenso *Petropoulos*, wistra 07, 241, 246; ihm zust. HK-GS/*Hartmann*, § 261 Rn 17.

217 S. *Maiwald*, Hirsch-FS S. 645 f; SK-*Hoyer*, § 261 Rn 25.

218 So *Lackner/Kühl*, § 261 Rn 5; *Rengier*, BT I § 23 Rn 16 f; aA *Fischer*, § 261 Rn 28; *Jahn/Ebner*, JuS 09, 601; *Mitsch*, BT II/2 § 5 Rn 35; *Kindhäuser*, § 261 Rn 12; NK-*Altenhain*, § 261 Rn 85; OLG Karlsruhe NJW 05, 767, 769; vermittelnd *Maiwald*, Hirsch-FS S. 642 ff.

219 Vgl BGH NStZ 01, 430, 431; BGH StV 00, 22, 23.

220 HansOLG Hamburg StV 00, 140; s. jetzt auch BVerfG NJW 04, 1305, 1307 ff.

221 Zust. daher *Rengier*, BT I (7. Aufl.) § 23 Rn 17; iE auch SK-*Hoyer*, § 261 Rn 21.

dant in einer Weise eingriffen, dass das von der Verfassung gewährleistete Recht auf freie Berufsausübung des Rechtsanwalts und auf faires Verfahren gegenüber dem Beschuldigten verletzt würden. Es hat deshalb vorgeschlagen, Honorarzahlungen, die nicht unmittelbare Opferrechte auf Wiedergutmachung beeinträchtigten und – weil weder überzogen noch nur zum Schein gefordert[222] – auch nicht § 261 I erfüllten, im Wege verfassungskonformer Auslegung vom Tatbestand des § 261 II Nr 1 auszunehmen[223]. Mit diesem die grundsätzliche Gleichwertigkeit von Pflicht- und Wahlverteidigung vernachlässigenden[224] „Wahlverteidigerprivileg" ist aber zu wenig bedacht, dass die Aussicht, sich aus der „Beute" den (vermeintlich) besten Verteidiger „leisten" zu können, dem Isolierungsgebot (Rn 893) erheblichen Schaden zufügt und zur Förderung organisierter Kriminalität fraglos beiträgt. Weder die Verfassung und die durch sie gewährleistete Institution der Verteidigung noch die ratio des § 261 II gebieten daher eine so umfängliche Reduktion und vermögen auch die Rechtfertigung nicht zu tragen[225]. Straffrei bleibt der Verteidiger daher mit Gewissheit nur dann, wenn Vorsatz oder Leichtfertigkeit fehlen oder § 261 VI eingreift. Verneint man aus solchen Gründen die Tatbestandsmäßigkeit des Verhaltens des H nicht, wäre er nach den von BGH zu § 261 II, V entwickelten Maßstäben zu bestrafen, wenn sich die Herkunft des Geldes „aus einer Katalogtat nach der Sachlage geradezu aufdrängt und der Täter gleichwohl handelt, weil er dies aus besonderer Gleichgültigkeit oder grober Unachtsamkeit außer acht läßt"[226]. Diesen Standpunkt hat sich unter Zurückweisung der Argumentation des HansOLG Hamburg BGHSt 47, 68 zu eigen gemacht[227]. Die Gründe legen nahe, dass die Entscheidung bei der Bezahlung ärztlicher Behandlung mit „kontaminiertem" Geld nicht anders ausfallen, Z also ebenfalls wegen Geldwäsche strafbar sein würde[228]. Das **BVerfG**[229] hat mittlerweile zum Verteidigerhonorar einen zwischen den gegensätzlichen Ansichten hindurchsteuernden Standpunkt eingenommen. Dass die Annahme eines Honorars oder Honorarvorschusses durch einen Strafverteidiger den Tatbestand des § 261 II Nr 1 erfüllen kann, hält es für eine verfassungsrechtlich nicht zu beanstandende Auffassung. Enger als der BGH sieht das BVerfG in der Strafvorschrift des § 261 II Nr 1 aber einen Eingriff in die verfassungsrechtlich verbürgte freie Berufsausübung des Strafverteidigers, der bei einer uneingeschränkten Anwendung des Geldwäschetatbestands die Berufsfreiheit unverhältnismäßig einschränkte und dadurch das Institut der Wahlverteidigung gefährdete. Daher müsse die Vorschrift verfassungskonform einengend dahin ausgelegt werden, dass die Honorarannahme durch einen Strafverteidiger **nur bei positiver Kenntnis** der inkriminierten Herkunft des Honorars den Tatbestand erfüllt[230]. Ein Anfangsverdacht setzt deshalb voraus, dass greifbare Anhaltspunkte dafür bestehen, dass das Geld aus einer Katalogtat *herrührt*[231] und der Strafverteidiger zum Zeitpunkt der Honorarannahme bösgläubig war. Indizien hierfür sind zB die außergewöhnliche Höhe des Honorars oder die Art und Weise der Erfüllung der Honorar-

---

222 Krit. hierzu *Reichert*, Anm. NStZ 00, 316.

223 Für eine begrenzte Rechtfertigungslösung dagegen zB *Ambos*, JZ 02, 80; *Bernsmann*, StV 00, 40; *Hamm*, NJW 00, 636 unter Ausschluss von Vorsatzfällen; *Hombrecher*, Geldwäsche durch Strafverteidiger 2001, S. 147 ff.

224 Gegen dieses Argument *Lüderssen*, StV 00, 206; *Wohlers*, StV 01, 426.

225 Ebenso *Fischer*, § 261 Rn 32 ff; NK-*Altenhain*, § 261 Rn 127 ff; *Schäfer/Wittig*, NJW 00, 1387.

226 BGHSt 43, 158, 168; s. dazu *Schmidt*, JR 01, 451; dazu, dass Leichtfertigkeit und grobe Fahrlässigkeit iS des Zivilrechts nicht identisch sind, s. BGHSt 50, 347, 352.

227 Zust. A/W-*Arzt*, § 29 Rn 48a; *Katholnigg*, JR 02, 30; *Neuheuser*, NStZ 02, 647; *Peglau*, wistra 01, 641; krit. *Ambos*, JZ 02, 70; *Gotzen/Schneider*, wistra 02, 121; *Hefendehl*, Roxin-FS S. 145; *Matt*, GA 02, 137; s. auch *Fad*, JA 02, 14.

228 S. dazu SK-*Hoyer*, § 261 Rn 21; S/S-*Stree*, § 261 Rn 17.

229 BVerfG NJW 04, 1305, 1306 (= BVerfGE 110, 226).

230 Ebenso *Beulke*, Rudolphi-FS S. 391ff., der unterhalb sicherer Kenntnis den objektiven Tatbestand ausschließt; so iE auch *Winkler*, Die Strafbarkeit des Strafverteidigers jenseits der Strafvereitelung 2005, S. 294 ff, 301.

231 S. dazu im Zusammenhang mit dem Verteidigerhonorar *E. Müller*, Müller-FS 2008, S. 477, 483 ff.

forderung[232]. Diese Vorgaben sind mit der freilich nicht zweifelsfreien[233] Rechtsprechung des BGH zur Straflosigkeit neutraler Alltagsverrichtungen im Übrigen wohl vereinbar und geeignet, den bislang geführten Streit in einer die Verteidiger zufrieden stellenden Weise beizulegen[234]. Tritt ein Strafverteidiger mit seiner Verhaltensweise im Übrigen aus seiner Rolle als Organ der Rechtspflege heraus, gelten die genannten Einschränkungen nicht[235]. Auch wird bislang nicht erwogen, die einschränkende Auslegung auf eine uU tateinheitlich begangene Hehlerei zu erstrecken[236].

Geldwäsche, § 261

I. Tatbestand
 1. Objektiver Tatbestand
  a. Vortat:
  - *rechtswidrige Tat iSd § 261 I 2, VIII*
    - → Verbrechen oder
    - → Vergehen nach § 261 I 2 Nr 2–5
    - → nicht zwingend Tat eines anderen
    - → auch im Ausland begangene, dort strafbewehrte Tat iSd Abs. 1

  b. Tatobjekt:
  - *Gegenstand*
    - → nicht lediglich Geld oder Sache iSd § 90 BGB
  - *aus der Vortat herrührend*
    - → Erfassung der Surrogate
    - ℗ Wertsteigerung durch Weiterverarbeitung
    - ℗ geringer Anteil der Bemakelung

  c. Täter:
  - *jedermann*
    - → auch Vortatbeteiligter

  d. Tathandlung:
  - *Verbergen/Verschleiern, § 261 I 1*
  - *Verschaffen, § 261 II Nr 1*
  - *Verwahren/Verwenden, § 261 II Nr 2*
    - ℗ teleologische Reduktion
      - → Abs. 6 auch bei Handlungen nach Abs. 1
      - → Handlungen im Einvernehmen mit Strafverfolgungsorganen
      - → sozial- und berufsadäquate Verhaltensweisen (zB Verteidigerhonorar)

---

232 BVerfG NJW 05, 1707, 1708.
233 S. *Rath*, Gesinnungsstrafrecht 2002, S. 3 ff, 47 ff.
234 Erste Zustimmung fand sich bei *Dahs/Krause/Widmaier*, NStZ 04, 261; s. zum Urteil des BVerfG ferner *Barton*, JuS 04, 1033; *Eisele*, BT II Rn 1125; *Fahl*, JA 04, 704 (mit Falllösung JA 04, 624); *Fischer*, NStZ 04, 473; *v. Galen*, NJW 04, 3304; *Jäger*, BT Rn 421; *Matt*, JR 04, 321; *Müssig*, wistra 05, 201; s. auch *Bussenius*, Geldwäsche und Strafverteidigerhonorar 2004, S. 188 ff; *Fertig*, Grenzen einer Inkriminierung des Wahlverteidigers wegen Geldwäsche 2007; *Lee*, Die Beteiligung des Strafverteidigers an der Geldwäscherei 2006; in der Arbeit von *Balzer*, Die berufstypische Strafbarkeit des Verteidigers 2004 ist die Entscheidung noch nicht berücksichtigt; krit. NK-*Altenhain*, § 261 Rn 127 f.
235 OLG Frankfurt NJW 05, 1727, 1733 mit Bespr. *Herzog/Temba/Warius*, StV 07, 542.
236 OLG Hamburg NJW 00, 673, 682; NK-*Altenhain*, § 261 Rn 128; für eine Übertragung auf die Begünstigung aber OLG Frankfurt 05, 1727, 1735.

  2. **Subjektiver Tatbestand**
     a. **Vorsatz:** • *jede Vorsatzart*
     b. **Kombination:** • *Leichtfertigkeit bzgl Herrühren aus der Vortat, § 261 V*
        • *Vorsatz im Übrigen*

 II. **Rechtswidrigkeit**

III. **Schuld**

IV. **Strafausschluss/Strafmilderung**
   1. **Strafbarkeit wegen Beteiligung an der Vortat, § 261 IX 2**
   2. **Freiwillige Unterstützung der Strafverfolgungsbehörden, § 261 IX 1, X**

 V. **Besonders schwerer Fall, § 261 IV**

Sachverzeichnis

Die Angaben beziehen sich auf die Randnummern.

Abgeleiteter Erwerb 848, 857 f
Abgrenzung zwischen
– Absatzhehlerei und Beihilfe zur Hehlerei
  870 ff.
– Begünstigung und Beihilfe zur Vortat 804
– Betrug und Diebstahl 617 ff., 636 ff
– Bctrug und Erpressung 722 f
– Diebstahl und Gebrauchsanmaßung 142 ff
– Diebstahl und Jagdwilderei 422 ff
– räuberischer Diebstahl und Raub 362
– Diebstahl und Sachbeschädigung sowie
  Sachentziehung 137 ff
– Diebstahl und Unterschlagung 57 f, 85 ff,
  277
– Hehlerei und Teilnahme an der Vortat 834 f
– Raub und räuberische Erpressung 729 ff
– Sachbeschädigung und Sachentziehung 32
Ablationstheorie 110
Abrechnungsbetrug 577
Absatzerfolg 865 ff
Absetzen 862 ff, 868
Absetzenhelfen 862 ff, 870
Absicht
– betrügerische A. 655, 662
– der Befriedigungsvereitelung 453 f
– der Bereicherung 579 ff, 716 f, 876 f
– der Besitzerhaltung 370 f
– der Drittzueignung 127, 153 ff
– der Entgeltshinterziehung 668, 676
– der Rechtsvereitelung 443
– der Vorteilssicherung 811
– rechtswidriger Zueignung 127 ff, 149,
  327 f
Affektionsinteresse 551
Alleingewahrsam 85 ff
Amtsträger 593, 701
Aneignung 137 ff
Aneignungsrechte 412, 422 ff
Anfechtungsrechte 546
Angehörige 308
Angriff auf Kraftfahrer 380 ff
Ankaufen 860
Anmaßung der Eigentümerrechte 134, 154 ff
Anschlusstat 804, 834
Ansichbringen 823, 847

Ansprüche
– aus nichtigen Geschäften 562, 567 ff
Anstellungsbetrug 539, 577
Anvertrautsein 295 ff
Anwartschaften 535a
Apprehensionstheorie 110
Arbeitsentgelt (Vorenthalten) 785 ff
Arbeitskraft 535 f, 566
Arbeitsmittel (Zerstörung) 38
Aufbaufragen
– bei der Abgrenzung zwischen Betrug und
  Diebstahl 634
– beim Betrug 489, 504
– beim Untreuetatbestand 749
Aufklärungspflicht (Betrug) 505 f
Aufrechterhaltungstheorie 824
Ausgleich
– von Kassenfehlbeträgen mit Fremdmitteln
  283 ff
– der Vermögensminderung durch ein
  Äquivalent 538 ff
Auslegung (berichtigende) 290
Ausnutzen
– der Hilflosigkeit (§ 243) 233
– eines Irrtums 507, 512 f
– der Verhältnisse des Straßenverkehrs 384 ff
– einer fortwirkenden Zwangslage 335 f
Ausschlussklausel (§ 243 II) 238 ff
Ausschreibung
– wettbewerbsbeschränkende Absprachen
  699 f
– Ausschreibungsbetrug 577, 697 f
Ausschreibungsbetrug 577, 697 f
Aussonderung von Gattungssachen 278
Austauschverträge 556
Ausübung des Jagdrechts 411, 413, 419
Ausweispapiere 162
Automatenkarte (Geldverkehr) 163 ff, 607 ff,
  795
Automatenmissbrauch 666, 670, 674

Bagatelltaten 240, 310, 597, 821, 888
Bande
– Begriff 271, 271a
– und Betrug 590, 595

– und Hehlerei 890 ff
– Mitgliedschaft 270
Bandendiebstahl 269 ff
– Bande 271
– bandenmäßige Begehung 272, 272a
– schwerer B. 273
Bandenhehlerei 890 f
Bandenraub
– bewaffneter B. 351
– einfacher B. 348
Bankautomaten 163, 607 ff
Bankrott 460 ff
Bauwerk 35 ff
Beendigung
– des Diebstahls 119
– der Vortat 804
Beförderungserschleichung 666, 672
Befriedete Bezirke 414
Befugnis-(Ermächtigungs-)Theorie 639
Begünstigung 799 ff
Behältnis
– Begriff 225
– Gewahrsam am Inhalt 93
Beiseiteschaffen 449, 451, 463 f, 654
Beisichführen (von Waffen etc) 254, 256,
    262 f, 342, 342a
Bemakelung 574, 838, 842, 868
Beobachtung der Wegnahme 114
Bereicherungsabsicht
– beim Betrug 579 ff
– bei der Erpressung 716 f
– bei der Hehlerei 876 f
Beschädigen 20 ff, 654
Beschlagnahme (Vortäuschung) 627 ff
Besitz (und Gewahrsam) 81, 276, 290,
    292
Besitzdiener 82
Besitzentziehung 32
Besonders schwere Fälle
– des Bankrotts 471
– des Betrugs 588 ff, 658 ff
– des Diebstahls 192 ff
– der Jagdwilderei 434 ff
– der Untreue 783
Bestandteile des Vermögens 449, 535
Bestechlichkeit/Bestechung 701 f
Betätigung des Zueignungswillens 279 ff
Betreffen auf frischer Tat 364
Betrug 488 ff
– Abgrenzung zum Diebstahl 617 ff, 636 ff
– Abgrenzung zur Erpressung 722 f
– Aufbaumuster 489

Betrugsarten
– Abrechnungsbetrug 577
– Anstellungsbetrug 539, 577
– Ausschreibungsbetrug 577, 697 f
– Bettelbetrug 551 ff
– Computerbetrug 598 ff
– Dirnenbetrug 534, 566
– Dreiecksbetrug 636 ff
– Eingehungs- und Erfüllungsbetrug 539 f
– Kapitalanlagebetrug 692 ff
– Komplizenbetrug 568
– Kreditbetrug 694 ff
– Parteienbetrug 577
– Provisionsbetrug 586
– Prozessbetrug 584, 649
– Selbsthilfebetrug 583
– Sicherungsbetrug 596
– Spendenbetrug 551 ff
– Submissionsbetrug 577, 697 f
– Subventionsbetrug 679 ff
– Telefonsex 534
– Wettbetrug 499b, 540a
– Zechprellerei 495
Beweglichkeit von Sachen 67
Bewusstloser (Schlafender)
– Ausnutzung fremder Notlagen (§ 243 I 2
    Nr 6) 233
– Gewahrsamswille 75
– Zwangswirkung (§ 249) 321
Bibliotheken 43
Buchführungspflichten 473 ff

Call-in Show 577
Codekartenmissbrauch 163 ff, 607 ff, 671,
    795
Computerbetrug 598 ff
Computersabotage 53

Daten
– Datenveränderung 50, 55
– Datenverarbeitung 53
– Verwendung von Daten 607
Datenveränderung 50
Dereliktion 174
Diebesfalle 106
Diebstahl 56 ff
– Abgrenzung zum Betrug 617 ff, 636 ff
– zur Gebrauchsanmaßung 142 ff
– zur Sachbeschädigung/Sachentziehung
    137 ff
– zur Unterschlagung 57 f, 85 ff
– Diebstahlsobjekt 62 ff

– subjektiver Tatbestand 121 ff
– Vollendung/Beendigung 119 f
– Wegnahme 71 ff
– Zueignungsabsicht 127 ff
Diebstahlsarten
– Bandendiebstahl 269 f
– D. mit Waffen 253 ff
– D. geringwertiger Sachen 310 f
– D. in mittelbarer Täterschaft 636 ff
– Einbruchsdiebstahl 212 ff
– Einsteigediebstahl 216
– Gebrauchsdiebstahl 394
– gemeinschädlicher D. 232
– Haus- und Familiendiebstahl 306 ff
– räuberischer D. 360 ff
– Trickdiebstahl 617 ff
– Wohnungseinbruchsdiebstahl 267 f
Dirnenbetrug 534, 566
Dispositionsfreiheit 541
Dreiecksbetrug 636 ff
Dreieckserpressung 714
Drittbereicherungsabsicht 579, 587
Drittzueignung (-sabsicht)
– beim Diebstahl 127 f, 153 ff
– bei Entziehung elektrischer Energie 408
– bei der Jagdwilderei 411
– bei Unterschlagung 276, 281 f
Drohen der Vollstreckung 448
Drohung
– mit gegenwärtiger Gefahr für Leib oder
  Leben 325 f, 727
– mit einem empfindlichen Übel 707, 727

Eigentumsdelikt 1
Einbruchsdiebstahl 212 ff
Eingehungsbetrug 539 f, 698
Einrichtung 675
Einsteigediebstahl 216
Einverständliches Zusammenwirken 845 ff,
  857
Einverständnis
– bei der Diebesfalle 106
– beim Gewahrsamsbruch 92, 103 ff, 330
– beim Risikogeschäft 758 ff
– bei der Sachbeschädigung 13b, 13c
Einwilligung
– beim eigenmächtigen Geldwechseln 189
– bei der Sachbeschädigung 13b, 13c, 33
– bei der Untreue 758 ff
Enteignung 142 ff
Entführen 742
Entstellen von Tatsachen 493

Entziehung elektrischer Energie 64, 407 ff
Erfüllungsbetrug 539 f
Erlangtsein (unmittelbares) 830 ff
Erpresserischer Menschenraub 739 ff
Erpressung 703 ff
– Abgrenzung zum Betrug 722 f
– Abgrenzung zum Raub 729 ff
Erpressungsarten
– Dreieckserpressung 714
– räuberische Erpressung 726 ff
– erpresserischer Menschenraub 739 ff
– Sicherungserpressung 378, 737
Ersatzsachen (Hehlerei) 837 f
Erschleichen von Leistungen 665 ff
Erwerbsaussichten 535 f
Europäische Union 8b

Fahrrad 395
Falsche Schlüssel 217 f
Falsche Tatsachen 497, 500
Familiendiebstahl 306 ff
Fehlbuchung und Fehlüberweisung 498
Fehlleitung zweckgebundener Mittel 550 ff
Finderlohn 174
Fischwilderei 437
Freiwilligkeit 627 ff, 713
Fremdheit von Sachen 17, 68 ff
Fremdschädigung (-sdelikt) 619, 713, 733,
  748
Fundunterschlagung 281, 292
Furtum usus (Gebrauchsdiebstahl) 394

Gänsebuchtfall 153
Ganoven
– betrug 568
– untreue 774
Gaspistole 255, 342a
Gattungsschulden 189
Gebäude 214
Gebrauchsanmaßung 393 ff
– Abgrenzung zum Diebstahl 142 ff
– Rückführungswille 143 f
Gebrauchsdiebstahl 394
Gebrauchsfähigkeit von Schusswaffen 259
Gebrauchsrechte 439
Geldautomatenkarte 163 ff, 608 ff, 671, 795
Geldschulden 189
Geldspielautomat 186, 229, 613
Geldwäsche 892
– Bankangestellte 899
– Ermittler 899
– Geldwäschegesetz 893
– Sozialadäquanz 900

Gemeinschädlicher Diebstahl 232
Geringwertigkeit
– Begriff 242 f, 311
– Irrtumsfälle 241, 312
– und § 243 II 238 ff
– und § 248a 240, 310 f
– Vorsatzwechsel 247 ff
Gesamtsaldierung 538
Gesundheitsgefährdender Raub 346 f
Gewährleistungsrechte 546
Gewahrsam
– Begriff 71, 73
– Begründung 77, 109 ff
– und Besitz 81, 290
– Bruch 103 ff
– faktischer Gewahrsamsbegriff 71, 73, 114
– Gewahrsamshüter 82, 88
– Gewahrsamswille 75
– Inhaberschaft 78
– Lockerung und Verlust 80, 97, 624
– Mitgewahrsam 84 ff
– sozial-normativer Gewahrsamsbegriff 71, 73, 114
– Verkehrsauffassung 78 f
Gewahrsamslockerung 80, 97, 624
Gewalt 319 ff, 707, 727
Gewerbsmäßigkeit
– beim Betrug 590, 595
– beim Diebstahl 230
– bei der Hehlerei 889 ff
– bei der Jagdwilderei 435
Gläubigerbegünstigung 476 ff
Gläubigerrechte
– Gefährdung, Vereitelung 439 ff
Gleichwertigkeit
– von Leistung und Gegenleistung 539 f, 556

Handtaschenraub 320, 332
Häusliche Gemeinschaft 308 f
Haus- und Familiendiebstahl 306 ff
Hausgarten (befriedeter Bezirk) 414
Haustiere 174
Hehlerei 823 ff
– Bandenhehlerei 890
– an Ersatzsachen (Surrogaten) 838
– gewerbsmäßiges Handeln 889
– am Pfandschein 855
– und Vortatbeteiligung 882 ff
– Zwischenhehler 864, 872
Herrenlose Sachen 17, 68, 412, 418

Herrühren 896
Hilfeleisten 801, 806 ff

Identität
– zwischen Getäuschtem und Verfügendem 489, 514
– von bemakelter und gehehlter Sache 837 f
Illationstheorie 110
Inbrandsetzen/Brandlegung 659
Ingebrauchnehmen eines Fahrzeugs 397
Insolvenzordnung 457
Insolvenzstraftaten 457 ff
– Bankrott 460 ff
– Gläubigerbegünstigung 476 ff
– Schuldnerbegünstigung 485 ff
– Verletzung der Buchführungspflicht 473 ff
Irrtum
– beim Betrug 508 ff
– über die Eigentums- oder Gewahrsamsverhältnisse 124
– über die Geringwertigkeit des Tatobjekts 241, 312
– im Rahmen der Jagdwilderei 427 ff
– über die Rechtswidrigkeit des Vermögensvorteils 578, 717
– über die Rechtswidrigkeit der Zueignung 190, 294, 327
– bei Zweifeln 510

Jagdwilderei 410 ff
– Jagdausübungsrecht 411, 413, 419
– Jagdberechtigter 412
– Jagdrecht 411 ff
– Wild 417, 422
Juristischer Vermögensbegriff 531
Jur.-ökonomischer Vermögensbegriff 532, 535

Kapitalanlagebetrug 692 ff
Kassenfehlbeträge
– Ausgleich mit Fremdmitteln 283 ff
Kirchendiebstahl 231
Kollusives Zusammenwirken 848, 898
Komplizenbetrug 568
Konkursstraftaten
– s. Insolvenzstraftaten 457 ff
Kontrektationstheorie 110
Kraftfahrzeuge 395
Kreditbetrug 694 ff
Kreditkarte 789, 795
Kreditwürdigkeit (Vorspiegeln) 495

Ladendiebstahl 61, 114 ff, 635
Lagertheorie 641, 714
Leerspielen von Geldautomaten 186, 229, 613
Legitimationspapiere 160 ff
Leiche
– als Diebstahlsobjekt 66
– Gewahrsamswille 75
– Leichenfledderei 292
Leichtfertigkeit
– bei der Geldwäsche 898, 902
– beim erpresserischen Menschenraub 744
– beim Raub mit Todesfolge 356
– beim Subventionsbetrug 683

Makeltheorie 574
Manifestation des Zueignungswillens 279 ff
Missbrauch
– von Geldautomatenkarten 163 ff, 607 ff,
  789 ff
– von Scheck- und Kreditkarten 764, 789 ff
Missbrauchstatbestand (Untreue) 751 ff
Mitbestrafte Nachtat im Rahmen
– des Betruges 596
– des räuberischen Diebstahls 378
– der Hehlerei 886
– der Unterschlagung 301 ff
Mitgewahrsam 84
Mitverzehr 856

Nachschlüsseldiebstahl 217
Nachstellen 417
Nichtige Forderungen 567 f
Nichtwissen 508
Nutznießungsrechte 439

Objekt
– des Diebstahls 62
– der Hehlerei 828 f
– der Jagdwilderei 417 f
Objekts- und Vorsatzwechsel 245 ff
Öffentliche Anlagen, Sammlungen 42, 46
Organisierte Kriminalität 271, 826, 893

Perpetuierungstheorie 824, 854
Persönlicher Schadenseinschlag 547 ff
Personale Vermögenstheorie 533
Pfändungspfandrecht 440
Pfandkehr 438 ff
Pfandrecht 439, 738
Pfandsachen 406
Pfandschein (Hehlerei) 855
Prostitution 534, 566

Provisionsbetrug 586
Prozessbetrug 584, 649

Raub 314 ff
– Beteiligung 328 ff
– Raubmittel 318 ff
– finale Verknüpfung 322, 327, 333 ff
Raubarten
– Bandenraub 348 ff
– schwerer Raub 338 ff
– Raub mit Todesfolge 353 ff
Räuberischer Angriff auf Kraftfahrer 380 ff
– Verhältnisse des Straßenverkehrs 384 ff
– Verübung eines Angriffs 383
Räuberischer Diebstahl 360 ff
– Besitzerhaltungsabsicht 370 f
– Beteiligung 373 f
– Betreffen 368
– und räuberische Erpressung 378
– auf frischer Tat 364 ff
Räuberische Erpressung 726 ff
– und räuberischer Diebstahl 378
Rechtswidrigkeit
– der Bereicherung 581, 717, 877
– der Erpressung 719
– der Sachbeschädigung 13b, c, 31c, 33
– der Vermögenslage 830, 837 ff
– des Vermögensvorteils 581, 716 f, 877
– der Zueignung 187, 294, 327
Regelbeispiele
– atypischer Fall 199
– Gesetzgebungsmethode 193, 198
– und Qualifikation 193 f
– Regelwirkung 198 f
– Teilnahme 210
– Versuch 201 ff
– Vorsatz 210
– s. auch Besonders schwere Fälle
Repräsentantenhaftung 661, 663 f
Restitutionsvereitelung 802, 825
Risikogeschäft 757 ff, 778
Rückführungswille 143 f
Rücktritt und tätige Reue
– beim räuberischen Angriff auf Kraftfahrer
  382, 389
– beim Raub mit Todesfolge 358
– beim Raub mit Waffen 342
Rücktrittsrecht 546
Rückveräußerung 158 f

Sabotagehandlungen 55
Sachbeschädigung
– Beschädigen 20 ff, 47

– Einwilligung 13b, c, 31c
– Erheblichkeit 30
– Verunstaltung 19, 20, 22
– Zustandsveränderung 20a, 25
– Zerstören 31, 47
Sachbeschädigungsarten
– einfache S. 11 ff
– gemeinschädliche S. 39 ff
Sachbetrug 618 ff
Sache (Begriff) 15, 63 ff
– Beweglichkeit 67, 278
– Fremdheit 17, 68 ff, 278
– herrenlose Sachen 17, 68, 412, 418
– Tiere 15
Sachentziehung 32
Sachherrschaft 71, 75
– tatsächliche S. 71
– Sachherrschaftswille 75
Sachwerttheorie 20, 131
Sammelgut 68
Sammlung (öffentliche) 41
Schaden
– s. Vermögensschaden 538 ff
Schadenseinschlag (individueller)
547 ff
Scheckkarte 789 ff
Scheindrohung 325
Scheinwaffe 265 ff, 344
Schlafender (Bewusstloser)
– Ausnutzung fremder Notlagen (§ 243 I 2
Nr 6) 233
– Gewahrsamswille 75
– Zwangswirkung (§ 249) 321
Schlüssel (falscher) 217 ff
Schonzeit 435
Schreckschusspistole 255, 325, 342a, 350a,
728
Schuldnerbegünstigung 485 ff
Schusswaffe 255, 261, 342, 436
Schutzvorrichtung 223 ff
Schwarzfahren 672
Schwarzfernsehen/Schwarzhören 671
Schwerer Raub 338 ff
– Bandenraub 348 ff
– gesundheitsgefährdender Raub
346 f
Scheinwaffe 344
– mit Waffen/gefährlichen Werkzeugen
342 f, 350 f
– mit sonstigen Werkzeugen oder Mitteln
343 ff
Selbstbegünstigung 818

Selbsthilfebetrug 583
Selbstschädigung 514, 525 f, 619, 649, 713,
733
Sichbemächtigen (Bemächtigungslage) 742 f
Sicherungsbetrug 596
Sicherungserpressung 378, 737
Sicherungsetikett 114, 228
Sicherungsübereignung 281
Sichverborgenhalten 221
Sichverschaffen 847 ff, 898
Sichzueignen 127 ff, 281
Sinken- und Strandenmachen 658
Sittenwidrigkeit
– und Betrug 535, 562 ff
– und Veruntreuung 296
Sonderdelikt 452, 470, 473, 781, 786, 792
Sparbuch 160
Spendenbetrug 551 ff
Steuerstrafrecht 687
Stoffgleichheit 585, 717
Strafrechtsreformgesetz, sechstes 9
– Abgrenzung Diebstahl/Unterschlagung 85
– Bandendiebstahl 252
– Betrug 488, 588
– Diebstahl 58, 127, 153 ff, 214, 239, 267,
300
– Diebstahl mit Waffen usw 252, 260, 263,
265
– Drittzueignung 127, 153 ff
– Entziehung elektrischer Energie 408 f
– Fischwilderei 437
– Jagdwilderei 411, 433 f
– Kreditbetrug 694 ff
– räuberischer Angriff auf Kraftfahrer 382,
389 f
– räuberischer Diebstahl 360, 374
– Raub mit Todesfolge 353, 357
– schwerer Raub 340 f, 344, 351
– Unterschlagung 58, 276, 282, 291,
300 ff
– Untreue 748, 783
– Versicherungsmissbrauch 650
– Wohnungseinbruchsdiebstahl 193 f, 267 f
Submissionsbetrug 697 f
Substanztheorie 130 f
Substanzverletzung 20, 28
Subsidiaritätsklausel
– Erschleichen von Leistungen 667, 674
– unbefugter Gebrauch von Fahrzeugen
403
– Unterschlagung 58, 277, 299 ff
– Versicherungsmissbrauch 652

Subventionen 684
Subventionsbetrug 679 ff

Tätige Reue
– räuberischer Angriff auf Kraftfahrer 382,
  389
– Versicherungsmissbrauch 656
Täuschung 493 ff
– durch aktives Tun 497 f
– durch Unterlassen 503 ff
– durch konkludentes Verhalten 498
Tanken ohne Zahlungsbereitschaft 184, 577,
  736
Tatsachen
– Abgrenzung zu Meinungsäußerung/
  Werturteil 496
– äußere/innere T. 494 f
Telefonsex 534
Tiere (als Sachen) 15
Todesfolge (beim Raub) 353 ff
Treubruchstatbestand 768 ff
Trickdiebstahl 618 ff

Überschuldung 461
Umschlossener Raum 213
Unbefugter Gebrauch
– von Fahrzeugen 393 ff
– von Pfandsachen 406
Unbrauchbarmachen 29, 51
Unglücksfall 233
Unmittelbarkeitsbeziehung
– bei der Begünstigung 813 ff
– beim Betrug 529, 585 f, 622 ff
– bei der Geldwäsche 896
– bei der Hehlerei 837 f
Unterschlagung 275 ff
– Abgrenzung zum Diebstahl 57 f, 85 ff
– Auffangtatbestand 57, 277
– Besitz oder Gewahrsam 290 ff
– Kassenfehlbestände 283 ff
– Subsidiaritätsklausel 58, 277, 299 ff
– Verhältnis zur Untreue 289
– Zueignung 279 ff
Unterschlagungsarten
– Fundunterschlagung 281, 292
– Leichenfledderei 292
– U. geringwertiger Sachen 310 f
– veruntreuende U. 295 ff
Untreue 746 ff
– Missbrauchstatbestand 751 ff
– Treubruchstatbestand 768 ff

Ursächlicher Zusammenhang (Betrug) 511,
  520 ff

Vandalismus 13
Verändern des Erscheinungsbildes 31a ff
Veräußerung 450
Verbrauchsanmaßung 407
Vereinigungstheorie 132 ff
Vereiteln der Zwangsvollstreckung 445 ff
Verfügung
– s. Vermögensverfügung 514 ff
Verfügungs-/Verpflichtungsbefugnis 751
Verfügungsbewusstsein 517, 635, 713
Vergessen/Verlieren von Sachen 97, 98
Verkehrsanschauung
– beim Gewahrsam 78 ff
Verkehrswert 242 f, 311, 547
Verletzung der Buchführungspflicht 473 ff
Vermischung von Geld 281, 844
Vermögensbegriff 530 ff
Vermögensbetreuungspflicht 750, 769 ff, 789
Vermögensdelikt 1
Vermögensgefährdung 539, 571 ff, 575
Vermögensminderung 514, 516
Vermögensnachteil 715, 767, 775
Vermögensschaden
– Ausgleich, Kompensation 538, 545
– Begriff 538
– Berechnung 539 ff
– Dispositionsfreiheit 541
– individueller Schadenseinschlag 547 ff
– Vermögensgefährdung 539, 571, 575
– Zweckverfehlung 526 f, 550 ff
Vermögensverfügung
– Abgrenzung zur Wegnahme 619 ff
– beim Betrug 514 ff, 585
– bei der Erpressung 708 ff
– und Freiwilligkeit 627 ff, 713
– und Unmittelbarkeitsbeziehung 515, 585,
  622, 713
– mehraktige V. 528
– Verfügungsbewusstsein 517, 635, 713
– funktionaler Zusammenhang 520 ff
Vermögensverlust großen Ausmaßes 591
Vermögensvorteil 579 ff, 716 f, 821, 876
Verpfändung 281
Verschaffen (Hehlerei) 848, 855 ff
Versicherungsbetrug 594, 650, 658 ff
Versicherungsfall
– Vortäuschen eines V. 658 ff
– und Versicherungsmissbrauch 654
Versicherungsmissbrauch 650 ff

Vertretbare Sachen 189
Verunstalten 19 ff
Veruntreuende Unterschlagung 295 ff
Veruntreuung von Arbeitsentgelt 788
Verwarnungszettel 183
Verweildiebstahl 212, 221
Vis absoluta/compulsiva 324, 707, 712 f
Vollendung
– des Angriffs auf Kraftfahrer 388 f
– der Begünstigung 817
– des Betruges 580
– des Diebstahls 119
– des räuberischen Diebstahls 370
– des erpresserischen Menschenraubs 744
– der Erpressung 720
– des unbefugten Fahrzeuggebrauchs 401
– der Hehlerei 879
– der Untreue 781
– der Wegnahme 99
Vollstreckungsschuldner 452, 454
Vorenthalten von Arbeitsentgelt 785 ff
Vorsatz- und Objektswechsel 125, 245 ff
Vorspiegeln falscher Tatsachen 497
Vortäuschen
– einer Beschlagnahme 629 ff
– eines Versicherungsfalls 658 ff
Vortat
– der Begünstigung 803 ff
– Beteiligung an der Vortat 819, 882 ff
– der Geldwäsche 897
– der Hehlerei 830 ff
Vorteilssicherung 813 f

Waffe
– Begriff 255, 259
– Beisichführen 254, 256, 342
– Funktionsfähigkeit 259
– Scheinwaffe 265 ff, 344
– Schusswaffe 255
– berufsmäßige Waffenträger 257 f
Waffen- und Sprengstoffentwendung 234
Warenautomat 674
Wechselgeldfalle 626
Wegnahme
– Begriff 71, 442
– Gewahrsam 71 ff, 442
– von Legitimationspapieren 160
– eines Taschenbuchs 182
– eines Verwarnungszettels 183
– Vollendung 99, 119
Werkzeug
– Beisichführen 262

– zum ordnungswidrigen Öffnen 219
– Scheinwaffe 265 ff, 344
– Verwendungsabsicht/-vorbehalt 262, 264
– gefährliches W. 260 ff, 342
– sonstiges W. 264, 343
Wertsummentheorie 189, 838
Wettbewerbsbeschränkende Absprachen bei Ausschreibungen 699 ff
Wiederholbarkeit der Zueignung 301 ff
Wilderei 410 ff
Wildfolge 419
Wirtschaftliche Krise 459 f, 466
Wirtschaftlicher Vermögensbegriff 534
Wirtschaftsstraftaten 8a, b
Wohnung 193, 214, 267
Wohnungseinbruchsdiebstahl 193 f, 214, 267 f

Zahlungsbereitschaft (Zahlungsfähigkeit/Zahlungswille) 494
Zahlungseinstellung 468
Zahlungsunfähigkeit (Insolvenz) 462
Zechprellerei 495
Zerstören
– wichtiger Arbeitsmittel 38
– von Bauwerken 35
– Begriff 31
– von Gegenständen der Verehrung, Kunst usw 41 ff
– sonstiger Sachen 31
– versicherter Sachen 654
Zueignung
– Abgrenzung zur Gebrauchsanmaßung 128, 142 ff
– Abgrenzung zur Sachbeschädigung und Sachentziehung 137 ff
– Absicht der Z. 149 ff, 280, 294
– Aneignung 137 ff
– Begriff 127 ff
– Drittzueignungsabsicht 127, 153 ff
– Einzelfragen zur Zueignungsabsicht 157 ff
– Enteignung 142 ff
– Jagdwilderei 417, 422 ff
– Manifestation der Z. 279 ff
– Rechtswidrigkeit der Z. 187, 190, 294
– Substanz-, Sachwert- und Vereinigungstheorie 131 ff
– „gleichzeitige" Z. 300
– „wiederholte" Z. 301 ff
– typische Zueignungsakte 281 ff
Zulassen einer Pfändung 281

Zum-Pfand-Nehmen 823
Zurückbehaltungsrechte 439
Zutrittserschleichung 672
Zwangslage
– Ausnutzen einer fortwirkenden Zwangs-
 lage 334, 727

Zwangsvollstreckung
– Drohen 448
– Vereiteln 446 ff
Zwangswirkung (Gewalt) 319 ff
Zweck-Mittel-Relation 719
Zweckverfehlung 526 f, 550 ff